Kirchengeschichte am Oberrhein

ökumenisch und grenzüberschreitend

verlag regionalkultur

Titelbild:	Die Bronzeplastik „Begegnung" des Münchener Bildhauers Josef Fromm. Im Hintergrund die „Brücke der zwei Ufer", entworfen von dem Pariser Architekten Marc Minram. Foto: Tilmann Krieg, Dipl Designer AGD (Photography - Fine Arts - Design)
Titel:	Kirchengeschichte am Oberrhein – ökumenisch und grenzüberschreitend
Herausgeber:	Im Auftrag der Arbeitsgemeinschaft Christlicher Kirchen (ACK) herausgegeben von Klaus Bümlein, Marc Feix, Barbara Henze und Marc Lienhard
Redaktion:	Albrecht Haizmann und Albert de Lange
Bildredaktion:	Albert de Lange
Bildnachweis:	Nicht in allen Fällen war es der Bildredaktion möglich, den Rechteinhaber der Abbildungen ausfindig zu machen. Berechtigte Ansprüche werden selbstverständlich im Rahmen der üblichen Vereinbarungen abgegolten.
Übersetzungen und Lektorat:	Gerhard Philipp Wolf
Herstellung:	verlag regionalkultur (vr)
Satz:	Harald Funke (vr)
Umschlaggestaltung:	Harald Funke (vr)
Endkorrektorat:	Monika Pleyer (vr)

ISBN 978-3-89735-773-0

Das Buch kann zugleich als Band Nr. 30 der Veröffentlichungen des Vereins für Pfälzische Kirchengeschichte gezählt werden.

Bibliographische Information der Deutschen Bibliothek
Die Deutsche Bibliothek verzeichnet diese Publikation in der Deutschen Nationalbibliographie; detaillierte bibliographische Daten sind im Internet über http://dnb.ddb.de abrufbar.

Diese Publikation ist auf alterungsbeständigem und säurefreiem Papier (TCF nach ISO 9706) gedruckt, entsprechend den Frankfurter Forderungen.

verlag regionalkultur
Ubstadt-Weiher • Heidelberg • Basel

Korrespondenzadresse:
Bahnhofstraße 2 • D-76698 Ubstadt-Weiher
Tel. 07251 36703-0 • Fax 07251 36703-29
E-Mail kontakt@verlag-regionalkultur.de • *Internet* www.verlag-regionalkultur.de

Vorwort

Das ökumenische Geschichtswerk, das wir hier vorlegen, ist aus vielfachen Impulsen erwachsen. Alle diese Impulse sind selbst auch Gegenstand des Buches. Besonders in der Einführung und im Nachwort kommen die zahlreichen ökumenischen Initiativen am Oberrhein und ihre Dynamik in den Blick. In diesem Vorwort soll nur die eine Linie nachgezeichnet werden, die unmittelbar zur Entstehung des Buches geführt hat.

Zum 50. Jahrestag des Kriegsendes im Jahr 1995 haben christliche Kirchen im Elsass und in Baden erstmals gemeinsam ökumenische Gedenkveranstaltungen vorbereitet und – in Bühl wie Straßburg – durchgeführt. Daran anknüpfend regten die beteiligten Kirchen deutsch-französische Konsultationen an, um die Kontakte zu vertiefen und ihnen Dauer zu verleihen. Maßgebliche Anstöße dazu kamen von der Arbeitsgemeinschaft Christlicher Kirchen (ACK) Region Südwest (Pfalz), die selbst schon zuvor einen solchen Kontakt mit den Kirchen im Saarland, in Lothringen und in Luxemburg geknüpft hatte – und bis heute pflegt.

Mehrere ökumenische Konsultations-Tagungen und Fachtage folgten nun (1995 und 1997 auf dem Liebfrauenberg, 2002 auf dem Odilienberg und 2003, 2005, 2007 und 2010 in Straßburg). Zur Vorbereitung dieser Tagungen war schon 1995 eine Koordinations- und Kontaktgruppe eingerichtet worden, die dann zu einer ständigen Kommission, später Fachgruppe, der ACK in Baden-Württemberg wurde. Diese Kommission traf sich seit 1995 zwei- bis dreimal im Jahr. Ihr gehören Vertreter von elsässischen, pfälzischen, badischen und württembergischen Kirchen an.

Jean-Pierre Siefer (Ökumenische Kommission im Elsass) und Michael Schmitt (Bistum Speyer, zugleich ACK Südwest) gehörten kontinuierlich der Gruppe die ganzen 17 Jahre lang bis 2012 an. Die Geschäftsführer der ACK in Baden-Württemberg Wolfgang Thönissen, Johannes Ehmann und Albrecht Haizmann folgten einander als Moderatoren der Gruppe. Lange Jahre war Edouard Vogelweith (für die Erzdiözese Straßburg) eine prägende Gestalt, bis 2003 auch Jean-Jacques Reutenauer (für die protestantischen Kirchen im Elsass und für den „Conseil d'Églises chrétiennes de Strasbourg et en Alsace"). Heute ist die römisch-katholische Kirche im Elsass durch Marc Feix und Jean-Georges Boeglin vertreten. Auch die Kirchen in Baden, Württemberg und der Pfalz waren und sind in der Gruppe stets ökumenisch vertreten.

Tagungsorte waren meist Karlsruhe und Straßburg, aber auch Kehl, Offenburg, Landau oder Baden-Baden. Gesprächsgegenstände und Arbeitsthemen gab es in den vergangenen 17 Jahren viele. Eine wichtige Funktion der regelmäßigen Treffen war der gegenseitige Austausch von Informationen und Erfahrungen hin und her über den Rhein. Aber auch gemeinsame Projekte und Veranstaltungen wurden – über die bereits genannten Tagungen hinaus – vorbereitet und durchgeführt.

Das Pfingstmontagstreffen „Mit Christus Grenzen überschreiten" in Straßburg im Jahr 2000 war der erste ökumenische Höhepunkt in der Geschichte der Gruppe. Es folgte die gemeinsame Beschäftigung mit der Charta Oecumenica, deren Unterzeichnung im Jahr 2001 Straßburg zu einem ökumenischen Gravitationszentrum in Europa machte. Seit 2009 wurden als Frucht dieser Kooperation das Ökumenische Hausgebet im Advent der ACK in Baden-Württemberg und das Ökumenische Gebet im Advent der ACK Südwest auch in französischer Übersetzung angeboten. Der grenzüberschreitende „Ökumenische Tag der Schöpfung" 2010 in Kehl wurde gemeinsam vorbereitet, ebenso zuletzt das Forum „Wie glauben? – grenzüberschreitend ökumenisch!" beim Christentreffen „États généraux du christianisme" der französischen Zeitschrift La Vie in Straßburg 2012.

Aus einem Vortrag von Frau Prof. Dr. Elisabeth Parmentier bei der Konsultations-Tagung der deutsch-französischen Fachgruppe 2005 in Straßburg zum Thema „Ökumene gestalten in einer europäischen Grenzregion" ging der Anstoß hervor zu dem Buchprojekt: „Kirchengeschichte am Oberrhein – ökumenisch und grenzüberschreitend". Es wurde auf den Weg gebracht als Beitrag in einem Prozess zum Teilen und Heilen der Erinnerungen am Oberrhein („Healing of Memories") – wie wir es von der Versöhnungsarbeit in anderen Regionen mit starken geschichtlich bedingten Verwerfungen kennen. Seither wurde von einer durch die ACK eigens dafür eingesetzten Expertengruppe daran gearbeitet. Nun liegt das fertige Buch – pünktlich zum 40-jährigen Jubiläum der 1973 gegründeten ACK in Baden-Württemberg – vor.

Die vier Herausgeber legen den Lesern dieses Buches das Ergebnis jahrelanger ökumenischer und grenzüberschreitender Zusammenarbeit vor in dem Bewusstsein, dass in vieler Hinsicht erst ein Anfang gemacht, ein Versuch gewagt wurde. Einiges ist vorläufig oder unvollständig geblieben. Basel etwa konnte – trotz mancher Anläufe – leider nicht seiner Bedeutung für die Region am Oberrhein entsprechend einbezogen und gewürdigt werden.

Das Projekt hat viel Mut und die gemeinsame Arbeit am Thema viel Geduld erfordert. Denn das Ziel war ehrgeizig: ein multilateral ökumenischer und vielfach grenzüberschreitender geschichtlicher Erinnerungsprozess – über geographische, kulturelle, regionale, nationale, sprachliche und politische Grenzen hinweg. Wir hatten zu lernen, die eigene Geschichte mit den Augen der anderen zu sehen. Wir entdeckten auch, dass uns die geschichtliche Erfahrung der jeweiligen Nachbarn am Oberrhein nicht genau vertraut war. Wir mussten sie erst ins eigene Blickfeld rücken. Die dazu nötigen langen gemeinsamen Wege selbst bedeuteten freilich für die Beteiligten großen Gewinn.

Die Arbeit des Übersetzers und Lektors Gerhard Philipp Wolf, dem hier ausdrücklich gedankt sei, hat immer wieder an den sprachlichen Formulierungen die inhaltlichen Unterschiede zu Tage gefördert: theologische, kulturelle, nationale, philosophische. Übersetzen, das zeigte sich deutlich, hat nicht nur eine sprachliche Dimension. In den Bezeichnungen und Benennungen sind die geschichtlich gewachsenen unterschiedlichen Perspektiven festgehalten und aufbewahrt. Solche Unterschiede spielen auch heute zwischen den beiden Rheinufern noch eine wichtige Rolle, manche scheinen sich sogar zu verstärken. Umso wichtiger ist es – das lehrt uns die

Geschichte des Oberrheins –, dass wir miteinander im Gespräch bleiben und gemeinsam daran arbeiten, Konflikte zu überwinden. Das ist ein heikles und ehrgeiziges Projekt: an getrennte Erinnerungen anknüpfend die Voraussetzungen für einen gemeinsamen Erinnerungsprozess zu schaffen. Die große Herausforderung besteht darin, unsere Region durch grenzüberschreitende Zusammenarbeit humaner zu gestalten. Dadurch leisten wir als Grenzregion einen wesentlichen Beitrag zur europäischen Einigung.

Die Herausgeber danken im Namen der ACK allen beteiligten Kirchen für ihre großzügige finanzielle Unterstützung, mit der sie das Projekt ermöglicht, und für die Treue, mit der sie es begleitet haben. Albert de Lange, dem Geschäftsführer der Expertengruppe, und Albrecht Haizmann, dem Geschäftsführer der ACK in Baden-Württemberg, danken sie für die Moderation der Sitzungen, die Koordination der Arbeit und die Redaktion des Buches, dem Verein für Pfälzische Kirchengeschichte und den ACK-Mitgliedskirchen für großzügige Druckkostenzuschüsse.

> *„Die Vielfalt der regionalen, nationalen, kulturellen und religiösen Traditionen betrachten wir als Reichtum Europas. Angesichts zahlreicher Konflikte ist es Aufgabe der Kirchen, miteinander den Dienst der Versöhnung auch für Völker und Kulturen wahrzunehmen. Wir wissen, dass der Friede zwischen den Kirchen dafür eine ebenso wichtige Voraussetzung ist"* (Charta Oecumenica, Abschnitt 8).

Am Oberrhein sind die Landschaften durch den Rhein gleichermaßen voneinander getrennt und miteinander verbunden, die Regionen und ihre Bewohner in besonderer Weise aufeinander bezogen, die Kirchen in besonderer Weise aneinander gewiesen. Ihr gegenseitiges Verhältnis über den Rhein hinweg ist aber auch in besonderem Maße geschichtlich befrachtet und belastet durch ein wechselvolles Hin und Her von Verschiebungen, Trennungen, Auseinandersetzungen, Kriegen, Verwerfungen und Vertreibungen.

Die Kirchen in dieser Region haben ihre Zusammenarbeit aufgenommen. Diese Zusammenarbeit soll wachsen und ausstrahlen. Dazu ist eine geistesgegenwärtige Wahrnehmung, aber auch geschichtliches Bewusstsein nötig – ein Bewusstsein für die geschichtlich gegebenen Voraussetzungen und Hindernisse einer fruchtbaren Zusammenarbeit. In diesem Sinne will unser Buch der heilenden Erinnerung an Vergangenes, der dankbaren Würdigung des gemeinsamen Reichtums und der freudigen Entdeckung zukünftiger Möglichkeiten dienen. Es ist ein Anfang!

KLAUS BÜMLEIN, MARC FEIX, BARBARA HENZE, MARC LIENHARD

Inhaltsverzeichnis

Was verstehen wir unter Ökumene?
Eine Einführung

Marc Lienhard

Das vorliegende Werk geht der Frage nach, welche Rolle die christlichen Kirchen in der Vergangenheit am Oberrhein gespielt haben und auch heute noch spielen. Dabei beachten wir insbesondere das Verhältnis der Kirchen zueinander.

Im Unterschied zu vielen anderen Regionen Frankreichs gibt es im Elsass seit dem 16. Jahrhundert eine Vielfalt von Kirchen, die nicht immer friedlich zusammengelebt haben. Dies trifft auch für die anderen Gebiete des Oberrheins zu, vor allem für Baden, die Pfalz und die Nordschweiz. Die Spannungen zwischen den Kirchen waren allerdings nicht nur konfessioneller Art, sondern wurden auch durch die Konfrontation zwischen Deutschland und Frankreich bestimmt. Im Zeitraum von 1870 bis 1945 haben drei Kriege zahlreiche Todesopfer sowie materielle Verluste verursacht und manchmal dauerhafte Feindschaften ausgelöst. Viele Elsässer wurden während dieser Kriege vertrieben oder sind geflohen. Anstatt jedoch vor dem Nationalismus zu warnen und für Frieden und Versöhnung einzutreten, haben die Kirchen oft den Krieg gerechtfertigt, wie viele Predigten belegen. Auch haben die Prediger, manchmal unter Zwang, meistens jedoch aus eigenem Antrieb, Maßnahmen unterstützt, die zur Diskriminierung derer, die auf der anderen Rhein- oder Vogesenseite lebten, führten.

So will dieses Werk einen Beitrag zur Aufarbeitung der Geschichte am Oberrhein leisten. Es möchte zeigen, welche Faktoren das Leben und die Rolle der christlichen Kirchen auf Dauer bestimmt und zu konfessionellen wie politischen Gegensätzen geführt haben, die über Jahrhunderte hin bestehen blieben. Die Trennungen und Konflikte der Vergangenheit haben die menschlichen Beziehungen am Oberrhein belastet und sind auch heute noch nicht vergessen. Diese Wunden müssen zuerst in aller Deutlichkeit angesprochen werden, bevor sie durch Dialog, Buße und Versöhnung geheilt werden können.

Wir wollen allerdings ebenso auf diejenigen Stimmen und Initiativen eingehen, die im Verlauf der letzten Jahrzehnte einen Beitrag zur Aufarbeitung der Geschichte geleistet haben, denn sie sind noch viel zu wenig bekannt. Auch die Kirchen sind ja nicht untätig geblieben. Die ökumenische Bewegung ist nach 1945 wesentlich stärker geworden, und dies hat konkrete Auswirkungen in der Praxis gezeigt. Die Kirchen haben nicht nur Gemeinschaft miteinander gesucht, sondern sich auch in vielfältiger Weise für die Überwindung von Grenzen eingesetzt und sich gegen die nationalistische Überhöhung eines Volkes oder Landes gewehrt.

Trotz dieser positiven Entwicklung ist jeder Triumphalismus unangebracht. Vieles bleibt noch zu tun, denn die jahrhundertealten Trennungen und die oft exklusiven Identifizierungen mit der eigenen Identität haben tiefe Gräben gezogen. Insbesondere sind wir herausgefordert, weil die Ökumene in der letzten Zeit anscheinend keine Fortschritte mehr macht. Kann man den Auftrag Jesu, „dass sie alle eins seien" (Joh. 17,20), denn übergehen und zur eigenen überkommenen konfessionellen Identität mit ihren Feindbildern zurückkehren?

Welchen Weg soll man in der Ökumene gehen?

Die Autorinnen und Autoren dieser Veröffentlichung sind Christen. Sie bewegen sich in der Spannung zwischen dem, was sie bereits erreicht haben, und dem, was sie noch zu tun haben. Alle Christen leben einerseits in dem Vertrauen, dass Christus sie zusammenführt. Er hat die Einheit der Kirche geschenkt: „Ein Leib und ein Geist, ein Herr, ein Glaube, eine Taufe, ein Gott und Vater aller" (Eph. 4,4–6). Alle Christen sind vereint in dem Glauben an den dreieinigen Gott und durch die Gewissheit, dass allen Menschen das Heil zugesagt ist. Selbst wenn diese Einheit noch verborgen ist durch die Trennungen zwischen den Kirchen, so ist sie doch schon da. Wir bekennen sie, da wir ja die *eine* Kirche bekennen.

Andererseits sind wir dazu berufen, die Einheit, die Christus uns schon geschenkt hat, sichtbar zu machen. Wir sind nicht die Ersten. Auch in der Vergangenheit waren sich die Christen bewusst – wie mangelhaft auch immer –, dass die Kirchen ein gemeinsames Fundament jenseits aller konfessionellen Trennungen haben. Heute leben die Kirchen im Allgemeinen friedlich zusammen. Wir sind aufgefordert, diese Einheit, die Christus uns geschenkt hat, zu bezeugen und durch gemeinsame Gottesdienste, durch wachsende Gemeinschaft zwischen den Kirchen und durch einen gemeinsamen Dienst in und an der Gesellschaft weiter zu entwickeln.

Die konfessionellen Trennungen haben am Oberrhein – wie in anderen Teilen der Welt – dazu geführt, dass unser Blick auf diese eine Kirche, die wir alle bekennen, getrübt wurde. Zwar führen sich alle Kirchen auf den Herrn zurück und verstehen sich als Kirche Jesu Christi, aber theologisch haben sie unterschiedliche Vorstellungen, wie man zu Christus kommt. Ist er durch seinen Geist unmittelbar gegenwärtig oder vermittelt durch das Amt? Welche Autorität kommt der Kirche zu – beziehungsweise der Hierarchie? Diese Unterschiede haben zu Spannungen zwischen den Kirchen geführt, die auch heute noch andauern.

Solche Unterschiede sind nicht nur Ausdruck der Sünde des Menschen, auch wenn Machtkämpfe und andere Übel die Kirchen und Konfessionen prägen. Sie lassen ebenso ein Ringen um die Wahrheit erkennen. Dieses Bestreben gilt es bei den Christen und den Kirchen anderer Konfessionen zu respektieren.

Das Zusammenleben unserer Kirchen im Rheintal war im Verlauf der Geschichte von zahllosen Fehlentwicklungen und Leiderfahrungen geprägt. Oft haben die Kirchen mit Unterstützung der weltlichen Autoritäten diejenigen diffamiert und unterdrückt, die nicht mit ihren Lehren und Gebräuchen übereinstimmten. Eine solche Abgrenzung von Andersgläubigen findet man schon in den Bekenntnisschriften des 16. Jahrhunderts[1]. Sie betreffen nicht nur das Verhältnis zwischen Katholiken und Protestanten, sondern auch zwischen Lutheranern und Reformierten oder Täufern. Natürlich dienten diese Abgrenzungen in erster Linie der eigenen theologischen Standortbestimmung und der Wahrheitsfindung, aber sie führten auch dazu, dass Andersgläubige im gesellschaftlichen Leben diskriminiert wurden.

Die am 22. April 2001 in Straßburg unterzeichnete *Charta Oecumenica* (siehe Farbbild 1) räumt ein: „Menschliche Schuld, Mangel an Liebe und häufiger Missbrauch von Glaube und Kirchen für politische Interessen haben die Glaubwürdigkeit des christlichen Zeugnisses schwer beschädigt." Und diese Charta zeichnet den Weg für uns vor: „Ökumene beginnt deshalb für die Christinnen und Christen mit der Erneuerung der Herzen und der Bereitschaft zu Buße und Umkehr. Wichtig ist es, die geistlichen Gaben der verschiedenen christlichen Traditionen zu erkennen, voneinander zu lernen und sich so beschenken zu lassen."[2]

Eine solche Haltung ist umso notwendiger, weil wir glauben, dass alle Kirchen auf je ihre Art und Weise Ausdruck der einen Kirche Christi sind. Wohl gibt es hier verschiedene Auffassungen. Einige Kirchen betonen, dass gerade sie diese eine Kirche Christi sind. Andere Kirchen dagegen denken mehr aus dem Bewusstsein heraus, dass keine einzige Kirche allein mit der Kirche Christi identisch ist. Alle Kirchen aber leben in der Erwartung, dass die Fülle der Kirche erst künftig sichtbar wird, und sind sich bewusst, dass keine Kirche für sich allein die ganze Wirklichkeit Christi besitzt. In der Vergangenheit haben die Kirchen sich gegeneinander abgegrenzt und betont, was sie von den anderen unterscheidet. In der Gegenwart haben sie erkannt, was sie den anderen Kirchen verdanken und was sie von ihnen lernen können.

Unter Berufung auf 1.Kor. 11,19 („Spaltungen müssen sein") schrieb Joseph Ratzinger 1986: „War es für die katholische Kirche in Deutschland und darüber hinaus nicht in vieler Hinsicht gut, dass es neben ihr den Protestantismus mit seiner Liberalität und seiner Frömmigkeit, mit seinen Zerrissenheiten und mit seinem hohen geistigen Anspruch gegeben hat? [...] Umgekehrt – könnte man sich eigentlich nur eine protestantische Welt denken? Oder ist der Protestantismus in all seinen Aussagen, gerade als Protest, nicht so vollständig auf den Katholizismus bezogen, dass er ohne ihn kaum vorstellbar bliebe?"[3]

Welche Einheit?

Im 20. Jahrhundert sind mehrere Entwürfe zur Verwirklichung der Einheit entstanden[4]. Das Zweite Vatikanische Konzil hat nicht mehr die alte Vorstellung von der Rückkehr der „getrennten Brüder" in die römische Kirche aufgegriffen, aber dem katholischen Ökumene-Modell fehlen dennoch klare Konturen. Auf protestantischer Seite hat man im Allgemeinen die noch auf der Vollversammlung des Ökumenischen Rates der Kirchen in Neu Delhi im Jahr 1961 geäußerte Vorstellung von der Aufhebung konfessioneller Identitäten in „einem einzigen Leib" aufgegeben. Mit der Leuenberger Konkordie zwischen Lutheranern, Reformierten und unierten Kirchen[5] wurde 1973 ein neues Modell entwickelt. Demnach gewähren „Kirchen verschiedenen Bekenntnisstandes aufgrund der gewonnenen Übereinstimmung im Verständnis des Evangeliums einander Gemeinschaft an Wort und Sakrament [...]" und erstreben „eine möglichst große Gemeinsamkeit in Zeugnis und Dienst an der Welt".

Die in den Bekenntnisschriften des 16. Jahrhunderts ausgesprochenen Verwerfungen „betreffen [...] nicht den gegenwärtigen Stand der Lehre der zustimmenden Kirchen". Trotzdem behalten die Bekenntnisse aus früheren Zeiten ihre Gültigkeit. Die Leuenberger Konkordie unterscheidet zwischen der Erklärung der Kirchengemeinschaft, die mit der Annahme der Konkordie vollzogen wird, und der Verwirklichung dieser Gemeinschaft, die nur über einen andauernden Prozess des Zeugnisses und des Dienstes einerseits und in der theologischen Weiterarbeit andererseits erreicht wird.

Von katholischer Seite meinten Heinrich Fries und Karl Rahner[6], dass die Gemeinschaft zwischen den Kirchen auf der Basis der Anerkennung der grundlegenden Wahrheiten des Christentums – Autorität der Heiligen Schrift, Apostolisches Glaubensbekenntnis und das Nicaeno-Constantinopolitanum – möglich sei. Diese Gemeinschaft solle durch gegenseitige Anerkennung der Ämter, durch Gemeinschaft in Verkündigung und Abendmahl und durch die Einsetzung eines in allen Kirchen ausgeübten Bischofsamtes zum Ausdruck kommen. Andere Theologen glaubten dagegen, einen grundlegenden Gegensatz zwischen Katholiken und Protestanten herausstellen zu müssen. Dieser rühre von ihren ganz unterschiedlichen Vorstellungen des Grundgeschehens des christlichen Glaubens her, nämlich wie Jesus Christus zu uns kommt und sein Werk zu empfangen sei. Auch hätten sie ein anderes Verständnis des Heiligen Geistes und seines Wirkens[7].

Für viele bedeutete die Gemeinsame Erklärung zwischen Lutheranern und Katholiken über die Rechtfertigungslehre im Jahre 1999[8] einen entscheidenden Durchbruch, auch wenn sich eine Reihe von Theologen (vor allem in Deutschland) gegen sie ausgesprochen hat. Diese Erklärung beruht auf einem sogenannten „differenzierten Konsens". Das bedeutet, dass man seine Einigkeit in Grundwahrheiten der Rechtfertigungslehre ausspricht, zugleich jedoch unterschiedliche Zugänge zulässt, die nicht mehr als trennend eingestuft werden. Damit liegt ein neues Modell vor: „versöhnte Verschiedenheit". Es bleibt abzuwarten, wie dieses Modell auf der Ebene kirchlicher Institutionen umgesetzt wird. Es ist aber schon jetzt eine Aufforderung – auch an die Kirchen des Oberrheins –, nicht alle Unterschiede im Glauben und kirchlichen Leben als trennend zu betrachten, sondern vielmehr zu lernen, vielfältige Formen des Glaubens und des gottesdienstlichen Lebens zu akzeptieren, ohne dass sie einer Gemeinschaft im Wege stehen. Das Zusammenleben der Kirchen am Oberrhein könnte zu einem Experimentier- und Erprobungsfeld dieses ökumenischen Modells werden.

Die Geschichte unserer Kirchen ist gewiss reich an Spaltungen und Verwerfungsurteilen. Es besteht kein Anlass, sie zu verschleiern, vielmehr sollten wir sie in aller Demut, in einem Geist von Reue und gegenseitiger Vergebung in eigener Verantwortung übernehmen und gleichzeitig überprüfen, ob sie in der Gegenwart überhaupt noch auf unsere Partner zutreffen[9].

Wir müssen heute auf dem Weg zu dem Ziel vorankommen, dass wir die Einheit der Kirchen, die schon in Jesus Christus gegeben ist, sichtbar machen und unsere Gemeinschaft vertiefen. In den letzten Jahren gab es unverkennbar Anzeichen eines Überdrusses gegenüber der ökumenischen Bewegung. Anerkannte Theologen haben sich gegen den Konsens-Ökumenismus gewandt, den sie für unergiebig und zu doppelsinnig halten. Sie befürworten eine Rückkehr zur starken eigenen Identität, zu einer „Ökumene der Profile", ohne dabei den Dialog unter den Kirchen und die Praktizierung bestimmter Formen von Gemeinschaft auszuschließen. Es steht fest, dass das Bemühen um die Einheit, wie sie in den Konsens-Texten zum Ausdruck kommt und in den letzten Jahrzehnten zweifellos deutliche Fortschritte gemacht hat, nicht der einzige Weg zur gegenseitigen Annäherung ist. Gemeinsames Handeln und Gebet sind weitere Formen der Ökumene. Stehen sie aber im Gegensatz zum ökumenischen Dialog? Entscheidend ist in jedem Fall, dass wir nicht mehr in die (direkten oder unterschwelligen) Konfrontationen der Vergangenheit zurückfallen dürfen, sondern die ökumenischen Bemühungen fortzusetzen haben. Der Oberrhein mit seiner kirchlichen und territorialen Vielfalt und einer an unterschiedlichsten Konflikten reichen Geschichte ist ein Terrain, das ganz besonders für das Experiment Ökumene geeignet ist.

Der Beitrag der Kirchen zur Versöhnung zwischen den Völkern

Die Kirchen haben sich in der Vergangenheit oft mit den Ländern oder Nationen identifiziert, in denen sie verwurzelt waren. Erst im 20. Jahrhundert hat ihre Verkündigung wieder zum Kern des Evangeliums zurückgefunden, der die Überwindung nationalistischer Abkapselung und Engführung ermöglicht. Aufgrund der biblischen Botschaft, die die Kirchen vermitteln möchten, können Volk oder Nation nicht als absolute oder letzte Autoritäten betrachtet werden, denn Gott allein ist absolut. Die Völker sind Realitäten, die erst im Verlauf der Geschichte entstanden sind. Sie bilden einen Rahmen, der dem Einzelnen Unterstützung bietet und seine Vergesellschaftung ermöglicht. Als „vorletzte" Realitäten sollten sie nicht religiös überhöht werden.

Die Kirchen verkündigen Jesus Christus. Mit ihm – so lautet ihre Botschaft – sei eine Kraft in die Welt gekommen, die die Menschen nicht nur mit Gott, sondern auch untereinander versöhnt. Insbesondere in Gegenden, die von militärischen Auseinandersetzungen und daraus folgenden Feindseligkeiten heimgesucht worden sind, ist es wichtig, zur Versöhnung aufzurufen. Außerdem verpflichtet die Verkündigung Jesu Christi dazu, sich jeder Art von Ausgrenzung zu versagen, die so oft in Grenzgebieten praktiziert worden ist. In Jesus Christus „ist weder Jude noch Grieche" (Gal. 3,28). Für christliche Kirchen und ihre Gläubigen gibt es zwar nationale und regionale Grenzen, aber im eigentlichen Sinn keinen Ausländer, der nicht verdient hätte, im gegebenen Fall – in welcher Form auch immer – aufgenommen zu werden.

Die Kirchen kennen die Folgen des Turmbaus zu Babel (Gen. 11), d. h. die Vielfalt der Sprachen. Sie verwenden unterschiedliche Sprachen und haben diese durch ihre Schriften, durch Gottesdienste und Katechese – vor allem seit dem 16. Jahrhundert – auch gestaltet. Sie feiern jedoch auch Pfingsten und wissen deshalb, dass der Heilige Geist sie aufruft, ihre kulturellen und sprachlichen Eigenheiten zu überwinden – nicht um sie zu beseitigen, sondern um einander durch die Einbeziehung anderer Sprachen zu bereichern. So sind die Kirchen Orte für die Vermittlung und den Austausch zwischen den Kulturen.

In diesem Zusammenhang sei daran erinnert, dass das griechische Wort *oikumene* nicht allein die Kirche, sondern die ganze bewohnte Welt meint. Gerade durch ihren Glauben an Gott, der seine Gnade allen Menschen anbietet, gehört die Überwindung von Grenzen zur Botschaft der Kirchen. Dies gilt nicht nur für den missionarischen Dienst an Völkern in der Ferne, sondern auch und gerade für die Annäherung und Versöhnung von Nachbarvölkern in Europa, die durch die Geschichte zu Feinden geworden waren.

Die Kirchen bieten heute diesen Völkern ein Konzept an, das ihrer Begegnung und Versöhnung dienlich sein kann. Es ist das schon angesprochene Modell der „versöhnten Verschiedenheit", das die Kirchen zuerst in den Beziehungen untereinander erprobt haben. Sie haben nämlich erkannt, dass die Einförmigkeit in Liturgie und Lehre weder möglich noch wünschenswert ist, wenn man eine Gemeinschaft anstrebt, die auf dem Kern des Glaubens beruht. Es ist zu fragen, ob dieses Konzept auch auf nichtkirchlicher Ebene für den Austausch unter den Völkern erfolgversprechend sein könnte. Es wäre von wesentlicher Bedeutung, angesichts der Nivellierung von Kulturen durch die Globalisierung, die regionalen und nationalen Besonderheiten aufrechtzuerhalten oder sie wieder neu zu entdecken. Damit sollte keine Politik der Ausgrenzung betrieben werden, wie dies in früheren Zeiten der Fall war. Es sollte vielmehr Raum für diesen Reichtum an Erfahrungen und Traditionen geschaffen werden, damit auch andere davon profitieren können und so dieses Erbe für die ganze Menschheit fruchtbar wird.

Die Kirchen am Oberrhein verkündigen nicht nur eine Botschaft, die sie mit allen christlichen Kirchen gemeinsam haben, sie vermitteln nicht nur das Modell der „versöhnten Verschiedenheit", sondern sie tragen auch direkt zu den Bemühungen um Austausch und Wiederversöhnung zwischen den Völkern bei. Sie tun das durch die Aufarbeitung ihrer Erfahrungen, durch die Organisation grenzüberschreitender Begegnungen, welche viele Bewohner von beiden Seiten des Rheins zusammenführen, durch konkrete, oft gemeinsam durchgeführte Hilfsprojekte für Bedürftige. Kurzum, unsere Kirchen wollen nicht länger in den konfessionellen oder politischen Grenzen der Vergangenheit verharren, sondern sich den anderen Kirchen gegenüber öffnen und aktiv zur Versöhnung und zum Frieden über die Grenzen hinweg beitragen.

Anmerkungen

1 Marc Lienhard, Die Verwerfung der Irrlehre und das Verhältnis zwischen lutherischen und reformierten Kirchen. Eine Untersuchung zu den Kondemnationen der Bekenntnisse des 16. Jahrhunderts, in: *Gemeinschaft der reformatorischen Kirchen. Auf dem Weg II*, Zürich 1971, S. 69–152; ders., Les condamnations prononcées par la Confession d'Augsbourg contre les Anabaptistes, in: Jean-Georges Rott/Simon L. Verheus (Hgg.), *Anabaptistes et dissidents au XVIe siècle. Täufertum und radikale Reformation im 16. Jahrhundert*, Baden-Baden/Bouxwiller, 1987, S. 467–479; ders., Controverses et dialogues entre luthériens et réformés, in: Marc Venard (Hg.), *Histoire du christianisme*, Bd. VIII: *Le temps des confessions (1530–1620/1630)*, Paris 1992, S. 281–299; dt. Übersetzung: Heribert Smolinsky (Hg.), *Geschichte des Christentums*, Bd. VIII: *Die Zeit der Konfessionen (1530–1620/1630)*, Freiburg i. Br. 1992, S. 309–330.

2 *Charta Oecumenica. Leitlinien für die wachsende Zusammenarbeit unter den Kirchen in Europa* (EPD-Dokumentation 1, 18A), Frankfurt a. M. 2001; Zitate aus Abschnitt 3.

3 Joseph Ratzinger, Zum Fortgang der Ökumene: Brief an den Moderator dieses Heftes, in: *Theologische Quartalschrift* 166 (1986), Heft 4, S. 242–248, hier S. 246.

4 Harding Meyer, Les modèles d'unité que nous trouvons actuellement dans l'Église, in: *Unité des Chrétiens* 27 (Juli 1977), S. 16–21; ders., *Ökumenische Zielvorstellungen*, Göttingen 1996; Marc Lienhard, *Identité confessionnelle et quête de l'unité. Catholiques et protestants face à l'exigence œcuménique*, Lyon 2007, S. 168–190.

5 Marc Lienhard, *Lutherisch-reformierte Kirchengemeinschaft heute. Der Leuenberger Konkordienentwurf im Kontext der bisherigen lutherisch-reformierten Dialoge*, Frankfurt a. M. 1972, 2. Aufl., 1973; ders., *Identité confessionnelle et quête de l'unité*, S. 117–135, 185–186; Elisabeth Schieffer, *Von Schauenburg nach Leuenberg. Entstehung und Bedeutung der Konkordie reformatorischer Kirchen in Europa*, Paderborn 1983; Wilhelm Hüffmeier/Udo Hahn (Hgg.), *Evangelisch in Europa. Etre protestant en Europe. 30 Jahre Leuenberger Kirchengemeinschaft*, Frankfurt a. M. 2005.

6 Heinrich Fries/Karl Rahner, *Einigung der Kirchen – Reale Möglichkeit*, Freiburg i. Br. 1983.

7 Eilert Herms, *Einheit der Christen in der Gemeinschaft der Kirchen. Die ökumenische Bewegung der römischen Kirche im Lichte der reformatorischen Theologie. Antwort auf den Rahner-Plan*, Göttingen 1984.

8 Siehe dazu die 3 Bde. von Harding Meyer, *Versöhnte Verschiedenheit*, Frankfurt a. M./Paderborn, I (1998), II (2000), III (2009); André Birmelé, *La communion ecclésiale. Progrès œcuméniques et enjeux méthodologiques*, Paris/Genf 2000.

9 Karl Lehmann/Wolfhart Pannenberg (Hgg.), *Lehrverurteilungen kirchentrennend?*, Freiburg i. Br./Göttingen 1986.

1. Der Oberrhein als geographischer, kultureller und kirchlicher Raum

Hans Ammerich/Hermann Ehmer/Frank Hennecke

Der Begriff „Oberrhein" erfreut sich großer Beliebtheit und wird zumeist ohne nähere Definition verwendet. Er dient dazu, räumliche Zusammenhänge zu bezeichnen oder die Verbreitung bestimmter Phänomene innerhalb eines Raumes zu umschreiben, wie beispielsweise die Entstehung von Siedlungen, Wirtschaft, Verkehr und Handel oder die Entfaltung von Kultur und Religion.

1.1. Der Oberrhein als Naturraum

Frank Hennecke

Der Oberrhein wird dominiert, ja geradezu definiert vom Flusslauf des Rheins, der in der Mitte eines großräumigen tektonischen Grabenbruchs liegt. Dieser Flusslauf ist das durchgängige Zentrum, hat bestimmte Randbedingungen und erzeugt spezifische Ökosysteme als den jeweiligen Inbegriff eines bestimmten Verhältnisses von Geologie, Klima und Lebensraum[1].

So ist zunächst der Flusslauf zu betrachten. Der Lauf des Oberrheins beginnt im Süden an der Biegung in Basel und endet am Eintritt in den Mittelrhein bei Bingen im Norden, wenn man nicht das Knie bei Mainz bereits als Ende gelten lassen will. Die Nord-Süd-Ausdehnung ist groß, und so treten auch bereits unterschiedliche Klimazonen und verschiedene Kulturräume hervor. Damit lässt sich eine gewisse geographische, klimatische und auch landsmannschaftliche Zäsur auf der Höhe etwa einer schrägen Linie zwischen Worms und Darmstadt feststellen, wo im Westen der Pfälzer Wald zurücktritt und sich das Rheinhessische Hügelland öffnet und im Osten der Odenwald zur Main-Niederung abfällt.

Zum Flusslauf des Rheins gehört nicht nur dessen Flussbett, sondern auch dessen Einzugsgebiet. Hierzu zählen die Zuflüsse aus den Vogesen, dem Schwarzwald, dem Pfälzer Wald und dem Odenwald. Mit dem Neckar reicht das Einzugsgebiet des Rheins weit in den südwestdeutschen Raum hinein. Der Main im Norden mit dessen weit in den Osten ausgreifendem Einzugsgebiet kann indes nicht mehr dem Oberrheingraben zugerechnet werden. Insgesamt bestimmen die Wasserqualität der verschiedenen Zuflüsse und deren jahreszeitlich schwankende Durchlaufvolumina das aquatische Ökosystem und die Lebensräume im Oberrheingraben[2].

Der Oberrheingraben ist eine Tiefebene. Der Rhein fließt durch eine Niederung. Dort sammeln sich die Zuflüsse von den angrenzenden Gebirgen. Er hat zugleich ein geringes Gefälle, sodass sich das Wasser in der Ebene ausdehnt. Dies hat zwei charakteristische Folgen: Zum einen weiträumige Auengebiete, zum anderen Hochwasser. Die Rheinauen, vor allem im südlichen Oberrheingraben[3], aber auch in der Südpfalz sind höchst wertvolle und sensible Lebensräume

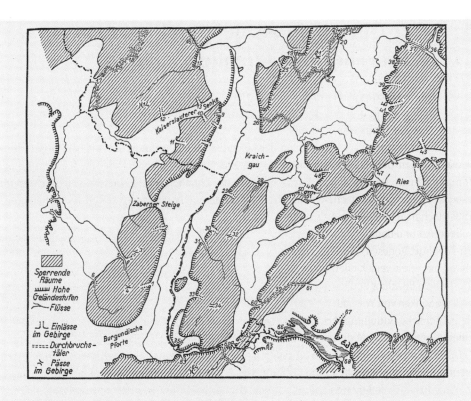

Die natürliche Wegsamkeit von Südwestdeutschland auf Grund der Geländebeschaffenheit.

(Nach H. SCHREPFER. Der Südwesten. S. 524.)

1 Münstertalpforte, 2 Breuschtalpforte, 3 Paß von Saales, 4 Schluchtpaß, 5 Pforte von St. Dié, 6 Pforte von Epinal, 7 Pforte von Landau (Queichtal), 8 Pforte von Neustadt, 9 Pforte von Dürkheim, 10 Kaiserlauterer Pforte, 11 Westrichpforte, 12 Clantalpforte, 13 Pforte von Langmeil, 14 Paß von Hamborn, 15 Kreuznacher Pforte, 16 Rheindurchbruch durchs Schiefergebirge, 17 Trierer Pforte, 18 Moseldurchbruch, 19 Aschaffpforte, 20 Pforte von Gemünden, 21 Paß von Rohrbrunn, 22 Maindurchbruch zwischen Spessart und Odenwald, 23 Saaletal, 24 Sinntalpforte, 25 Mümlingpforte, 26 Heidelberger Pforte, 27 Pforte von Wertheim, 28 Enztalpforte (Porta Hercyniae), 29 Murgtalpforte, 30 Renchtalpforte, 31 Kinzigpforte, 32 Kniebispässe, 33 Dreisampforte, 34 Paßlandschaft Turner-Hinterzarten, 35 Wiesentalpforte, 36 Bamberger Pforte, 37 Maindurchbruch zwischen Haßbergen und Steigerwald, 38 Pforte von Ebrach, 39 Pforte von Iphofen, 40 Pforte von Windsheim, 41 Pforte von Steinach, 42 Pforte von Rothenburg, 43 Pforte von Gunzenhausen, 44 Pforte von Dinkelsbühl, 45 Pforte von Crailsheim (Jagsttal), 46 Pforte von Hall (Kochertal), 47 Pforte von Ellwangen, 48 Murrtalpforte, 49 Remstalpforte, 50 Pforte von Cannstatt, 51 Neckardurchbruch durch die Schwäbischen Keuperhöhen, 52 Pforte von Treuchtlingen, 53 Pforte von Wassertrüdingen, 54 Wörnitzpforte, 55 Pforte von Aalen, 56 Brenztalgasse, 57 Geislinger Steige, 58 Reutlinger Pforte (Honauer Steige), 59 Donaudurchbruch durch die Alb, 60 Pforte von Immendingen, 61 Pforte von Sigmaringen, 62 Klettgauer Tal, 62a Klettgauer Pforte, 63 Ergolzpforte, 64 Hauenstein, 65 Thurgaupforte, 66 Hegaupforte, 67 Pforte von Ravensburg, 68 Alpines Rheintal, 69 Illerpforte, 70 Lechpforte.

·—·—· Reichsgrenze von 1919.

Bild 1: Die natürliche Wegsamkeit von Südwestdeutschland auf Grund der Geländebeschaffenheit (Aus: Historischer Atlas von Baden-Württemberg. Erläuterungen, hg. von der Kommission für geschichtliche Landeskunde in Baden-Württemberg in Verbindung mit dem Landesvermessungsamt Baden-Württemberg, Stuttgart 1972–1988, Beiwort zur Karte II,3: Geologische Übersichtskarte von Süddeutschland, bearb. von Helmut Hölder und Hermann Grees (1975), S. 15)

für zahlreiche Tiere und Pflanzen, bilden aber auch kleinklimatische Räume mit hoher Luftfeuchtigkeit und der für Sumpfgebiete charakteristischen Schnakenpopulation. Die Hochwasser wiederum haben für menschliche Siedlungen zerstörende Wirkung und können Naturräume verändern. Das Hochwasser wird von den Menschen seit jeher als elementare Bedrohung aus der Umwelt erfahren (vgl. Farbbild 2)[4]. Dass es auch von den Menschen selbst durch Veränderung der Flussläufe und der Bewirtschaftung der umliegenden Gebirgsabhänge verursacht sein kann, ist allerdings erst in jüngster Zeit voll in das Blickfeld geraten.

Das Oberrheingebiet ist aber nicht nur Ebene. Gebirgsausläufer, Reste von Steilufern, Auswaschungen und Schwemmlandgebiete erzeugen vor allem im nördlichen Elsass und in der Südpfalz eine flache Hügelstruktur, die über den Feuchtgebieten liegt und wiederum eine je spezifische Vegetation mit entsprechenden Lebensräumen hervorbringt und sich auf die landwirtschaftliche Bewirtschaftung auswirkt[5].

Begrenzt und dadurch gerade geschaffen wird der Oberrheingraben durch die angrenzenden Mittelgebirge: Vogesen, Süd- und Nordschwarzwald[6], Pfälzer Wald und Odenwald. Diese Mittelgebirge mit ihren verschiedenen Gesteinsformationen und Höhenlagen und demzufolge unterschiedlichem Bewuchs und jeweils spezifischen Randzonen bestimmen und gliedern, unterbrochen durch die Senken von Wasgau und Kraichgau, das Landschaftsbild des gesamten Oberrheingrabens. Die menschliche Raumnutzung hängt entscheidend von diesen je besonderen naturräumlichen Bedingungen ab und hat daher auch verschiedene Kulturräume hervorgebracht.

Der Oberrheingraben ist Folge eines tektonischen Grabenbruchs. Die tektonische Bruchlinie erzeugt gelegentlich leichtere Erdbeben. In den Randzonen haben sich Reste des Vulkanismus erhalten, die als Heilquellen am westlichen Rand des Schwarzwaldes und am Ostrand des Pfälzer Waldes hervortreten und dort eine Heilbäderkultur haben entstehen lassen. Der Vulkankegel des Kaiserstuhls steht als erratischer Block für einen früheren aktiven Vulkanismus. Er bildet einen Natur- und Kulturraum eigener Art.

1.2. Der Oberrhein als Siedlungs- und Wirtschaftsraum

Frank Hennecke

Der Oberrheingraben war schon in der Frühzeit ein bevorzugter Lebensraum für Menschen[7]. Es genügt hier, einige Entwicklungslinien der Raumnutzung eher typologisch nachzuzeichnen, mit denen zugleich die späteren Belastungspfade der Umwelt benannt werden. Eine gewisse historische Kontinuität vom Beginn der römischen Herrschaft am Oberrhein bis hin zur Gegenwart kann hierbei angenommen werden.

Die primäre Raumnutzung durch den Menschen und damit eine Veränderung der natürlichen Umwelt besteht in der Siedlung. An naturräumlich geeigneten Standorten ist es am Oberrhein früh zu relativ dichter Besiedlung gekommen. Von einer ethnisch-kulturellen Einheit der Bevölkerung kann allerdings nicht gesprochen werden; dass die Unterschiede auch geschichtsmächtig waren, ist anzunehmen, kann hier aber nicht weiter verfolgt werden. Immerhin verläuft etwa quer zur Mitte des Oberrheingrabens die Grenzlinie zwischen der fränkischen und der alemannischen Bevölkerung, die bis zum heutigen Tag als kulturelle, sprachliche und politische Differenz wirksam ist. Naturräumlich geeignet sind für die Besiedlung unterschiedliche Standorte, die entweder hochwassersicher oder verkehrsgünstig gelegen sind oder die die Ernährungssicherheit gewährleisten und wohl auch militärische Sicherheit bieten. An den Eckpunkten des Oberrheinlaufs sind mit Mainz und Basel überragende Kulturstädte entstanden. Insgesamt durchzieht den Oberrheingraben ein dichtes Siedlungsnetz, das bis an die Randzonen der Mittelgebirge heranreicht und dort auch jeweils spezifische Siedlungsformen hervorgebracht hat. Siedlung aber beansprucht Boden, den sie dem naturhaften Zusammenhang entzieht.

Siedlung erzeugt Verkehr. Der Oberrhein ist Verkehrsraum. Der Verkehr wächst, wenn durch unterschiedliche Raumnutzung und hiermit verbundene räumliche Arbeitsteilung unterschiedliche Wirtschaftszweige entstehen und ein Güteraustausch erfolgt. Darüber hinaus aber ist das Oberrheingebiet Durchzugsraum für weit ausgreifende Handels- und Verkehrsströme vom Süden bis hin zum mitteleuropäischen Norden und Osten. Verkehr führt zum Verkehrswegebau; es sind gerade die ausgebauten Verkehrswege, die für die Raumnutzung und das Landschaftsbild des Oberrheingrabens zumindest in der neueren Geschichte charakteristisch sind. Ebenso spezifisch ist als Verkehrsweg der Rhein selbst. Jedenfalls in dem Maße, wie er schiffbar ist, bildet er im westlichen Mitteleuropa die Wasserstraße schlechthin.

Ebenso elementar wie die Siedlung ist, damit sachnotwendig zusammenhängend, die Landwirtschaft. Für die Landwirtschaft bietet der Oberrheingraben günstige Voraussetzungen, aber auch lokal unterschiedliche Bedingungen. Jedenfalls sichert der Raum die agrarischen Lebensvoraussetzungen der Menschen. Wie die Siedlung greift auch die Landwirtschaft in die natürlichen Räume ein und verwandelt diese durch Urbarmachung, Rodung, Trockenlegung, Bodenbearbeitung, Fruchtanbau – auch mit nicht endemischen Fruchtpflanzen –, Ernte, Bewässerung, Düngung, Viehwirtschaft, Beweidung in kulturelle bewirtschaftete Ökosysteme, in Kulturräume.

Die Wälder in der Ebene und auf den angrenzenden Gebirgen unterliegen seit jeher der menschlichen Nutzung[8]. Die Nutzung besteht in der Gewinnung von Holz als Energieträger und als Baustoff, aber auch in der Jagd. Nutzungsart und Nutzungsintensität im einzelnen variieren am Oberrhein je nach dem unterschiedlichen Baumbestand in den einzelnen Zonen und nach der jeweiligen Zugänglichkeit und den Transportbedingungen. Den Transport begünstigen die gebirgigen Gefällelagen und die Wasserläufe des Rheins und seiner Nebenflüsse. Insbesondere im südlichen Schwarzwald haben diese Transportmöglichkeiten, verbunden mit der Qualität des Holzes, die Nutzungsintensität erhöht[9]. Die „Holländer Tannen", die auf dem Rhein vom Schwarzwald nach Holland verfrachtet wurden, sind geradezu sprichwörtlich geworden (siehe Farbbild 3). Die aus dem Schwarzwaldholz gewonnene Holzkohle diente der Eisenverhüttung und der Glasindustrie am Ostabhang des Gebirges. Auch im Pfälzer Wald dienten natürliche oder künstlich angelegte Wasserläufe, die neuerdings wieder freigelegten Triftbäche, dem Holztransport (siehe Farbbild 4). Die Waldnutzung findet freilich ihre Grenze am Maß des natürlichen Nachwuchses. Demzufolge ist früh eine Forstwirtschaft entstanden, die durch gezielte Aufforstung zugleich den Nachwuchs und die Nutzung sichert. So hat insbesondere im Pfälzer Wald die Allmende-Ordnung eine gemeinnützige Waldwirtschaft hervorgebracht. Der später viel verwendete Begriff der „Nachhaltigkeit" als Nutzungsbegrenzung auf das Maß der Regeneration hat in der Forstwirtschaft seinen Ursprung[10]. Im Bereich des damaligen Fürstbistums Speyer hat eine frühe Forstordnung bereits im 18. Jahrhundert die nachhaltige Waldbewirtschaftung vorgeschrieben[11].

Der Oberrheingraben begünstigt wegen der Klimabedingungen und wegen der Nord-Süd-Ausrichtung der Berghänge seit jeher den Weinbau. Der Weinbau ist am Oberrhein die signifikanteste Wirtschaftsform. Er prägt die Kultur weiter Landstriche. Dabei lassen sich durchaus verschiedene Anbauzonen unterscheiden, die vom Anbau unterschiedlicher Sorten, der jeweiligen Lage in der Ebene oder an den Hängen, von der jeweiligen Bodenbeschaffenheit, den jeweiligen regionalen Anbaukulturen und lokalen Vermarktungsformen bestimmt werden[12]. Nicht nur der Weinbau selbst, sondern die verschiedenen Anbaugebiete im Elsass, im Breisgau, im Markgräfler Land, am Kaiserstuhl, an der Bergstraße, in der Pfalz, in Rheinhessen prägen wie kaum eine andere Raumnutzung das landschaftliche und kulturelle Gesicht des Oberrheingrabens. Es ist der Wein, der das Lebensgefühl des gesamten Raumes bestimmt. Erkauft und gleichsam gefährdet wird eine solche Lebensqualität freilich durch die Monokultur des Rebenanbaus, die sich indes in einer üppigen Kulturlandschaft zeigt.

Siedlung, Ernährungssituation und Verkehrslage erzeugen in sich entwickelnden Gesellschaften Städte und mit ihnen Gewerbe, Handwerk und später Industrie. Der Oberrheingraben war nie nur ein landwirtschaftlicher Raum. Die historische Entwicklung hat insbesondere seit dem frühen 19. Jahrhundert den Oberrhein mit den wachsenden Städten in den Ballungszonen zu einem Industrieraum gemacht.

Wirtschaft hängt auch von Bodenschätzen ab. Am Oberrhein lassen sich verschiedene Bodenschätze gewinnen, auch wenn der Raum nicht durch Bergbau bestimmt wird. Eine gewisse Zeit schürfte man im Rheinsand nach Gold. Bedeutender aber ist die Nutzsteingewinnung durch Steinbrüche an den Berghängen, an denen, je nach geologischer Situation, Buntsandstein, Granit, Quarzporphyr abgebaut wird. Die Wasserläufe begünstigen den Transport. Hinzu kommt Kiesgewinnung in den Rheinauengebieten. Es ist allerdings der Abbau von Bodenschätzen und Bodenmaterial, wodurch die Naturlandschaft nachhaltig verändert wird. Wo der Eingriff erfolgt, ist er tiefgreifend für die Berghänge, für das Landschaftsbild, für die Wassersituation. Am Oberrheingraben sind diese Eingriffe jedoch verhältnismäßig kleinräumig geblieben oder durch Renaturierungsprozesse wie zum Beispiel Steilhänge oder Baggerseen ausgeglichen worden.

Die Qualität der Wirtschaft hängt von den geographischen Bedingungen der jeweiligen Lage ab. Es ist zunächst der natürliche Raum, der der Wirtschaft die Art der Nutzung ermöglicht und das Maß des Wachstums bestimmt[13]. Für die Wirtschaft hält der Oberrheingraben sehr günstige Bedingungen bereit. Der Raum ist vom Klima begünstigt: Er ist fast bis auf Meereshöhe tief gelegen, die eingrenzenden Gebirge mildern Winde, dämpfen Luftbewegungen und verursachen Niederschläge, die Rheinniederung hält Wasser bereit, die Öffnung zur Burgundischen Pforte bewirkt zumindest im südlichen Teil milde Temperaturen, einen zeitigen Frühlingsbeginn und lange Übergangszeiten im Herbst. Die Liebhaber der Südpfalz, des südlichen Elsass und des

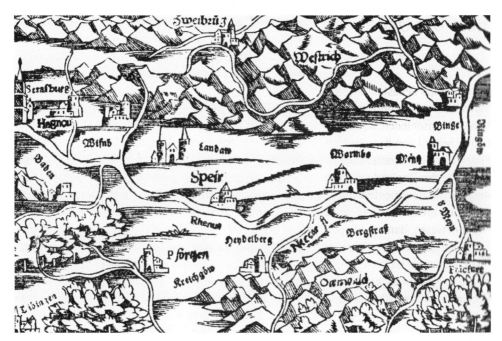

Bild 2: Eine Karte des mittleren Rheinverlaufs aus der 1588 erschienenen Ausgabe der Kosmographie Sebastian Münsters

Breisgaus fühlen sich in einem fast schon mediterran bestimmten Lebensraum[14]. Der Raum ist zudem von der Geographie her begünstigt: Die Ebene erleichtert den Siedlungsbau, die Landwirtschaft, den Gütertransport, den Verkehr. Die partielle Schiffbarkeit des Rheins kommt hinzu. Die lange Nord-Süd-Ausdehnung vom Sundgau und dem Alpenvorland bis hin zum Rhein-Main-Gebiet macht den Raum zu einem der großen europäischen Verkehrswege. Der Raum liegt nahe zur kulturellen Welt des europäischen Westens, ist Teil Frankreichs oder Grenzland hierzu. Zum Süden hin öffnen sich die Wege zu mediterranen Räumen. Die verkehrsgünstige Lage hat den Oberrheingraben in der Geschichte aber auch häufig genug zum Durchgangsland nicht immer nur friedlicher Verkehrs- und Bevölkerungsbewegungen werden lassen. So hat der Oberrheingraben eine alte und seit der römischen Spätzeit auch christliche Geschichte.

1.3. Der Oberrhein als religiös-kirchlicher Kulturraum

HERMANN EHMER/HANS AMMERICH

Der Geograph Sebastian Münster (1489–1552) spricht zwar nicht vom Oberrhein, doch ist bei ihm diese Bezeichnung im Ansatz durchaus vorhanden. In seiner *Kosmographie* (nach der postum 1588 erschienenen Ausgabe) gibt Münster eine „Beschreibung des Rheinstrams auff der Gallier Seiten/ von dem under Elsaß biß gen Mentz". Er führt hier folgendes aus: „Vor langen Zeiten hat diese Landtschafft gehört/ wie auch das Elsaß/ zu dem Landt Gallia/ das sich nach der lenge des Rheins [von Westen] herauß biß an Rhein gestreckt hat/ unnd darumb findt man auch dass Argentoratum, das ist/ Straßburg/ und Agrippina, das ist/ Cöln/ werden von den Alten under die Stett Gallie gezehlt/ wiewol Cöln nach Christi geburt gebauwen/ nie in Gallia gewesen; dann zu denselbigen zeiten und lang darvor haben die Teutschen dieselbige Seiten des Rheins inngehabt/ ist auch daselbst die Teutsche und nicht die Frantzösische Sprach im brauch gewesen."[15]

Diese Ausführungen beziehen sich auf die Diskussion unter den Humanisten, ob das Elsass zur Gallia oder zur Germania gehöre (vgl. Farbbild 5). Zum anderen redet Münster hier nur von der linken Rheinseite, doch verdeutlicht eine beigegebene Karte, dass sich der behandelte Raum nicht nur von Straßburg bis Bingen erstreckt, sondern auch eine West-Ost-Ausdehnung hat, die die Vogesen und den Pfälzer Wald einbezieht, ebenso wie Baden, den Kraichgau und den Odenwald bis zum Main.

Der Begriff „Oberrhein" wurde dann im 19. Jahrhundert erstmals richtig geläufig. Der großherzoglich-badische Archivar Franz Josef Mone aus Karlsruhe benutzte bei der Gründung der *Zeitschrift für die Geschichte des Oberrheins* (ZGO) 1850 die Raumbezeichnung „Oberrhein" im geographischen Sinne. Die Zeitschrift sollte das gesamte Oberrheingebiet abdecken[16]. Die Fruchtbarkeit des von Mone in die wissenschaftliche Terminologie eingeführten Begriffs „Oberrhein" zeigt sich dann an der Arbeit des Geographen und Landeskundlers Friedrich Metz (1890–1969), die 1925 mit dem lapidaren Titel *Die Oberrheinlande* erschien und dem Aufweis der Einheit der Landschaften links und rechts des Rheinstroms von Basel bis zum Binger Loch diente, die er mit dem geologischen Bau, der geographischen Ausgestaltung und in der geschichtlichen Entwicklung begründet sah[17]. Auf Friedrich Metz berief man sich, als 1960 in Karlsruhe die „Arbeitsgemeinschaft für geschichtliche Landeskunde am Oberrhein" gegründet wurde. Zwar dachte der Initiator der Arbeitsgemeinschaft, Günther Haselier, Archivar am Generallandesarchiv Karlsruhe, zunächst nur an die Erforschung des Karlsruher Raums, doch weitete sich, wie die (in Anlehnung an die ZGO erfolgte) Namensgebung dokumentiert, das Arbeitsgebiet von Anfang an auf den Oberrhein aus.

Unter geographischen Gesichtspunkten ist das Oberrheingebiet – wie bereits ausgeführt wurde – relativ einfach abzugrenzen: Es handelt sich um das Oberrheinische Tiefland von Basel bis Bingen. In anderen Wissenschaftszweigen wird der Oberrheinname sehr uneinheitlich gebraucht. Aus kulturgeographischer Perspektive kann der Oberrhein im Norden bereits mit Mannheim enden. Archäologische Forschungen lassen bei der Raumbestimmung auch noch den nördlichen Oberrhein gelten. Verwirrend ist die Situation in der Kunstgeschichte[18]. So werden die Gebiete von Basel bis Straßburg als „oberrheinischer Kunstraum" bezeichnet; auch das Bodenseegebiet wird damit einbezogen. Die Abgrenzung zum Mittelrhein wird ebenfalls diskutiert, sodass Worms und Mainz dem mittelrheinischen Gebiet zugeordnet werden.

Wie bei den Kunsthistorikern, so besteht auch bei den Profanhistorikern keine Einigkeit darüber, wie das Oberrheingebiet zu umschreiben und abzugrenzen ist. So werden die Gebiete um Mainz, Worms und Speyer schon als mittelrheinisch angesehen; sie werden aber andererseits auch dem nördlichen Oberrhein zugerechnet. Diese wenigen Hinweise zeigen, dass verschiedene Fragestellungen und Perspektiven unterschiedliche Raumwahrnehmungen bewirken. „Andererseits deutet sich auch hier zugleich an, dass die Randunschärfe und Offenheit der an einer oder der europäischen Hauptverkehrsachse gelegenen Oberrheinlande möglicherweise durchaus typische Merkmale der Landschaft bzw. der Landschaften dieses Raumes sind. Außerdem war es im Blick auf die landesgeschichtliche Forschung wohl eben jene Unschärfe des Oberrheinnamens, die ihm unter sich wandelnden Rahmenbedingungen immer wieder eine besondere Attraktivität verlieh, wobei sich diese Landschaftsbezeichnung nicht zuletzt auch als politisch instrumentalisierbar erwies."[19]

Die Verwendung des Begriffs „Oberrhein" zeigt, wie sehr diese Landschaftsbezeichnung vom Wandel der politischen Verhältnisse und von unterschiedlichen Absichten bestimmt ist. Benutzt man mit Heinz Krieg den Begriff der „Historischen Landschaft", so lässt sich dieser als „verdichtetes Kommunikationsgefüge einer bestimmten Phase der Vergangenheit"[20] verstehen. Wenn man von „räumlicher Verdichtung" spricht, dann soll dies einen Raum bezeichnen, der von vornherein nicht scharf abgegrenzt ist. Vielmehr wird dieser Raum durch einen besonders intensiven Austausch verschiedener städtischer, höfischer und kirchlicher Zentren bestimmt. Beim Begriff „Oberrhein" handelt es sich nicht nur um den Rheingraben von Basel bis Bingen, sondern auch um die Vogesen und den Schwarzwald.

Um ein Kommunikationsgefüge als „Historische Landschaft" bezeichnen zu können, ist es notwendig, viele „Verdichtungspunkte" und Charakteristika herauszustellen. Damit ergäbe sich auch eine Abhebung von benachbarten Räumen, etwa dem „Mittelrhein". Franz Staab charakterisiert den Raum „Mittelrhein" folgendermaßen: „Den Kern des Gebietes bilden die Lande des Erzbistums Mainz und des Bistums Worms am Rhein, während die entsprechenden Abschnitte des Erzbistums Trier und des Bistums Speyer schon Grenzräume darstellen. Mittelpunkt dieser Geschichtslandschaften war zweifellos Mainz, wie Profan- und Kunsthistoriker übereinstimmend herausgearbeitet haben."[21]

Auf Grund des Charakters des Oberrheins als „Durchgangsgebiet" darf man mit Heinz Krieg vermuten, „dass sich hier verschiedenste von außen kommende Einflüsse sammelten, die sich dabei in einer derart signifikanten Art und Weise bündelten, dass tatsächlich ein spezifisches Wirkungsgefüge verdichteter Kommunikation ausgemacht werden könnte, das es gegebenenfalls rechtfertigen würde, dieses Phänomen sinnvoller Weise als ‚Historische Landschaft' zu fassen"[22].

So lässt sich festhalten, dass der Begriff „Oberrhein" als kirchengeschichtlicher Raum in Analogie zur „Historischen Landschaft" zweifellos tauglich ist. Es stellt sich hier ein Raum dar,

Bild 3: Die mittelalterlichen Diözesen am Oberrhein (Aus: Das Erzbistum Freiburg 1827–1977, hg. vom Erzbischöflichen Ordinariat, Freiburg 1977, S. 13. Grafik J. Hof, Konstanz)

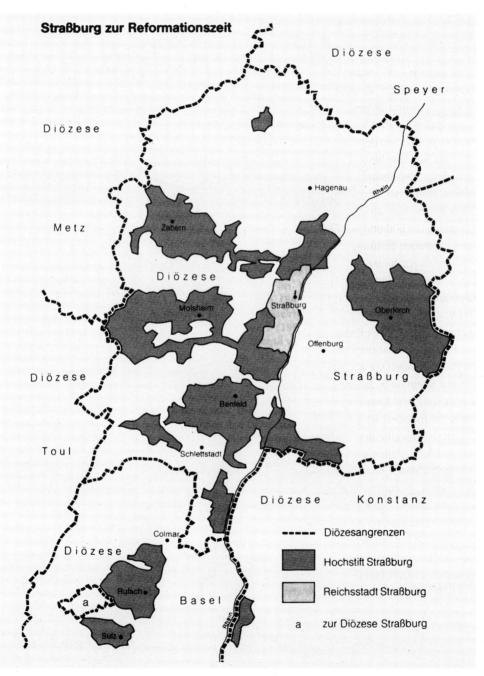

Bild 4: Straßburg zur Reformationszeit (Aus: Anton Schindling/Walter Ziegler (Hgg.), Die Territorien des Reichs im Zeitalter der Reformation und Konfessionalisierung. Land und Konfession 1500–1650, Bd. 5: Der Südwesten, Münster 1993, S. 72)

der nicht abgeschlossen ist und zahlreiche Bezüge nach außen aufweist. Dies ist deswegen von Bedeutung, weil wir Kirchengeschichte als Landesgeschichte betreiben. Dies bedeutet freilich, dass für kirchengeschichtliche Zwecke der Begriff „Oberrhein" je nach der Periode, um die es geht, die eine oder andere Änderung erfahren muss. Es soll deshalb im Folgenden der Raumbegriff „Oberrhein" für die verschiedenen Perioden der Kirchengeschichte stichprobenartig auf seine Bedeutung untersucht werden.

Das Christentum tritt in der 1. Hälfte des 4. Jahrhunderts in den Oberrheinraum in einer besonderen Situation des Römischen Reichs ein, als der obergermanisch-rätische Limes aufgegeben war und sich Rom hinter eine im Wesentlichen von Rhein, Bodensee und Donau gebildete Grenze zurückgezogen hatte[23]. Den Christengemeinden in den *civitates* am Rhein von Konstanz bis Mainz, über Basel, Straßburg, Speyer und Worms, standen auf der anderen Seite des Stroms die heidnischen Alamannen oder Sueben gegenüber. Mit der Eroberung der Alamannia durch König Chlodwig um 500 und ihrer Eingliederung in das Frankenreich der Merowinger schoben sich die gleichnamigen Bistümer, die dann – mit Ausnahme von Basel – in der Kirchenprovinz Mainz zusammengeschlossen waren, in einem langwierigen Prozess über den Rhein nach Osten und Norden vor[24]. Lediglich Basel, das dann zur Kirchenprovinz Besançon zählte, blieb auf das linke Rheinufer beschränkt. Straßburg hingegen ist mit seiner Ausdehnung zwischen den Kämmen der Vogesen und des Schwarzwalds am deutlichsten als oberrheinisches Bistum zu erkennen, während die anderen Bistümer auch an anderen Landschaftsräumen Anteil gewannen[25].

Für den Aufbau einer Seelsorgeorganisation bedienten sich die Bischöfe im 7. und besonders im 8. Jahrhundert vor allem auch der Klöster, wie Weißenburg, Lorsch, Reichenau und St. Gallen. Die vor allem im 7. Jahrhundert erscheinenden Eremiten, wie Fridolin in Säckingen, Trudpert im Breisgau und Amarinus im elsässischen Thurtal, hatten eine örtlich begrenzte Wirksamkeit. Im 8. Jahrhundert ist die Zahl der Klöster in der Straßburger Diözese dank der Gründungen der Herzogsfamilie der Etichonen links und rechts des Rheins vergleichsweise groß[26]. Im Karolingerreich stellen dann die Gebetsverbrüderungen der großen Klöster ein Netzwerk dar, das weit über die Oberrheinlande hinausgeht. Gleiches gilt für die seit dem 10. Jahrhundert einsetzende Reformbewegung von Gorze und Cluny, für die schließlich rechts des Rheins im 11. Jahrhundert die Klöster St. Blasien und Hirsau wichtig wurden. Hirsau liegt zwar in der Speyerer Diözese und jenseits des Schwarzwaldkamms, doch ist es wegen seiner Bedeutung im Zusammenhang mit den Oberrheinlanden zu nennen, nicht zuletzt wegen der Verwandtschaft des Grafen Adalbert von Calw als Neugründer des Klosters mit den elsässischen Grafen von Egisheim. Die Wirksamkeit von Hirsau erfasste nicht nur Schwaben, das Elsass und Franken, sondern reichte bis Thüringen und Kärnten[27].

Noch viel mehr als die cluniazensische Reform umfassten die Zisterzienser[28] die gesamte westliche Christenheit, doch sind im Einzelnen wieder oberrheinische Bezüge sichtbar. Hier stammen die Zisterzienserklöster allesamt von Morimond ab, von dem aus Lützel im Sundgau gegründet worden war, das seinerseits Neuburg bei Hagenau gründete. Von Neuburg aus erfolgten die Gründungen von Herrenalb und Maulbronn. Letzterem waren unterstellt die Zisterzienserinnenklöster Königsbrück bei Hagenau und Heilsbruck bei Edenkoben, ebenso wie das Priorat Pairis in den Vogesen bei Kaysersberg. Diese Beispiele sollen hier für den Zisterzienserorden genügen, weitere ließen sich für die Stifte der Augustinerchorherren, Prämonstratenser und anderer aufzeigen.

Die im 13. Jahrhundert aufkommenden Bettelorden fanden ihr Betätigungsfeld gerade in der Städtelandschaft des Oberrheins. Bei den Dominikanern wurde es bald notwendig, die ursprüngliche Provinz Teutonia in verschiedene *nationes* aufzuteilen. 1304 zählten dazu Alsatia (mit der Schweiz), Suevia, Bavaria (mit Österreich) und Brabantia. Während sich die Männerkonvente der Predigt und der Seelsorge widmeten, standen bei den Frauenkonventen der liturgische Dienst und das gemeinsame Leben im Vordergrund.

Während die Dominikaner von Westen an den Rhein kamen – die erste von Paris ausgehende Gründung war Köln –, gelangten die Franziskaner von Süden nach Deutschland, wo Augsburg die erste Gründung wurde. Die deutsche Ordensprovinz wurde 1239 aufgeteilt in die sächsische, kölnische und oberdeutsche Provinz, die Alemannia superior. Zur letzteren zählten die Konvente links und rechts des Oberrheins. Als weiblicher Zweig der Franziskaner sind die Klarissen zu nennen. Das hier Gesagte gilt auch für die übrigen Bettelorden, wie die Augustinereremiten, die Wilhelmiten und die Karmeliter. Auch die Kartäuser und Pauliner sollen hier übergangen werden. Wichtiger ist für unseren Zusammenhang ein Blick auf die spätmittelalterliche Kirchenreform, die den Oberrhein schon wegen der beiden Konzilsorte Konstanz und Basel besonders betraf. Bei dieser Reform, die wesentlich bei den Klöstern ansetzte, ging es nicht nur um die erneute Einschärfung der monastischen Regeln, sondern auch um eine religiöse Vertiefung, eine Erneuerung der Spiritualität. Gleichwohl kam die große Strukturreform der Kirche nicht zustande. Bedeutsam ist hingegen, dass die weltlichen Gewalten bei der Durchsetzung von Reformen vielfach eine zentrale Rolle spielten. Es ist nicht zu verkennen, dass hier der Grund für das in der Reformation des 16. Jahrhunderts so wichtige landesherrliche Kirchenregiment gelegt wurde. Es war somit möglich, beispielsweise elsässische Mönche und Nonnen als Träger der Reform in württembergischen Klöstern einzusetzen.

Die spätmittelalterlichen Reformen verweisen daher auf die Reformation des 16. Jahrhunderts, ebenso auf die Bewegung des Humanismus. Für den höfischen Humanismus, der insbesondere an den Bischofsresidenzen verankert war, steht der Wormser Bischof Johann von Dalberg (1482–1503), der als kurpfälzischer Kanzler (1487–1497) zumeist in Heidelberg residierte[29]. Zugleich gewann der Humanismus, besonders durch Rudolf Agricola (1444–1485), Einfluss auf die Universität Heidelberg, wo sich eine eigene humanistische Tradition ausbildete. Vergleichbare Vorgänge zeichneten sich in den oberrheinischen Universitäten Freiburg und Basel ab. Weiterhin ist der städtische Humanismus zu erwähnen, so in Schlettstadt mit Beatus Rhenanus und Jakob Wimpfeling, in Straßburg mit Sebastian Brant. Als kleineres humanistisches Zentrum erscheint rechts des Rheins noch Pforzheim. Im Kontakt mit allen stand Erasmus von Rotterdam. Damit wurden die geistigen Grundlagen gelegt für Theologen wie Martin Bucer von Schlettstadt und Philipp Melanchthon von Bretten, die vom Humanismus herkommend in die Reformation hineinwuchsen[30].

Die Reformation beginnt mit der von Luthers 95 Thesen von 1517 ausgelösten evangelischen Bewegung, als die wir die in vielfältigen Arten geäußerte Zustimmung zu diesem neuen Reformansatz bezeichnen (vgl. S. 48ff.). Es verwundert nicht, dass Luther schon früh Verbindungen an den Oberrhein hatte[31]. Die persönliche Begegnung Luthers mit dem Oberrhein fand am 26. April 1518 durch seine Heidelberger Disputation statt, die offenbar die studentische Jugend elektrisierte, die Professorenschaft aber weitgehend unberührt ließ. Im Hörsaal der Heidelberger Artistenfakultät waren aber als Studenten die meisten Männer versammelt, die wenig später in unserem Raum aktiv die Reformation betrieben[32]. Die ersten reformatorischen Maßnahmen in unserem Raum sind daher in Straßburg, Konstanz, Reutlingen und Schwäbisch Hall zu verzeichnen. Die wichtigsten Teilnehmer der Heidelberger Disputation waren Martin Bucer von Schlettstadt und Johannes Brenz von Weil der Stadt. Bucer wurde der Reformator von Straßburg. Von dort aus hatte er überragenden Einfluss auf die Reformation in Südwestdeutschland – insbesondere für die Reichsstadtreformation – und auf Hessen. Johannes Brenz, der Reformator von Schwäbisch Hall, war für die Reformation in der fränkischen Markgrafschaft Brandenburg und in der Reichsstadt Nürnberg, dann auch für das Herzogtum Württemberg von großer Bedeutung[33].

Die Reformation bewirkte auch Scheidungen und Trennungen. So wandte sich ein großer Teil der Humanisten nach der Diskussion um den freien Willen zwischen Luther und Erasmus von dem Wittenberger Reformator ab. Es hatte sich gezeigt, dass das humanistische Menschenbild nicht mit dem reformatorischen in Übereinstimmung zu bringen war. Die folgenreichste Trennung wurde durch den Abendmahlsstreit hervorgerufen. Im Zwinglischen Abendmahlsverständnis äußert sich zweifellos humanistisches Denken, das um die Bedeutung der Symbole wusste. Ihm war das der sakramentalen Realität verhaftete lutherische Denken entgegengesetzt. In

Bild 5: Martin Bucer (1491–1551). Medaille von Friedrich Hagenauer, Köln 1543 (© Staatliche Münzsammlung München. Foto: Nicolai Kästner)

Bild 6: Bei diesem „Bekandtnuß" handelt es sich um die von Martin Bucer bearbeitete deutsche Übersetzung der Confessio Tetrapolitana. (© Bayerische Staatsbibliothek München)

dieser Auseinandersetzung konstituierte sich der Oberrhein mit einer eigenen oberdeutschen Abendmahlstheologie, die zwischen den Gegensätzen zu vermitteln suchte. Das wichtigste Dokument dieser oberdeutschen Theologie, die maßgeblich von Martin Bucer geprägt wurde, war die *Confessio Tetrapolitana*, vertreten auf dem Augsburger Reichstag 1530 durch Straßburg, Konstanz, Memmingen und Lindau[34]. Dieser oberdeutschen Theologie entsprach ein besonderer Typ der Stadtreformation mit einem obrigkeitlich bestimmten, ethisch ausgerichteten Kirchenordnungsmodell, wie es nicht nur durch Bucer, sondern vor allem auch durch Ambrosius Blarer[35] repräsentiert wurde und von Straßburg und Konstanz ausgehend die oberdeutschen Reichsstädte bis Augsburg, Ulm und Esslingen geprägt hat.

Durch Blarer gelangte die oberdeutsche Theologie auch nach Württemberg, dem zentralen südwestdeutschen Territorium. Doch hatte nun bereits eine Gegenwirkung begonnen – eigentlich schon mit dem Brenzschen *Syngramma Suevicum* von 1525 –, die 1536 zur Wittenberger Konkordie führte, die die oberdeutschen Städte mit der lutherischen Reformation verband. Eine eigene oberdeutsche Theologie verschwand damit. Eine der ersten Auswirkungen war die Entlassung Blarers aus württembergischen Diensten 1538. Mit dem Ende des Schmalkaldischen Kriegs und dem Interim war vollends das Ende einer eigenständigen reichsstädtischen Theologie gekommen. Johann Marbach (1521–1581), bereits 1545 von Isny nach Straßburg berufen, steht für die Hinwendung von Straßburg zum Luthertum[36]. Die Bedeutung des Oberrheins für das Täufertum kann hier nur angedeutet werden (siehe dazu unten S. 53, 154). Von Zürich strahlte diese Bewegung nach Augsburg, Waldshut und Straßburg aus. Es scheint, dass das täuferische Anliegen besonders in Straßburg ernst genommen wurde.

Die Bedeutung des Straßburger Gymnasiums, wie es von Johannes Sturm (1507–1589) eingerichtet worden ist, soll nur kurz angesprochen werden[37]. Sturms Konzept der *sapiens atque eloquens pietas* (der gebildeten und beredten Frömmigkeit) stellt ein eigenständiges Modell der höheren Bildung neben Melanchthon dar, das in Pfalz-Neuburg (Lauingen), in Württemberg, in der Kurpfalz, in Pfalz-Zweibrücken, aber auch in Braunschweig und Kursachsen Beachtung und Nachahmung fand. Johannes Sturm steht auch für die Verbindung zwischen den französischen Hugenotten und den deutschen Protestanten, ebenso für einen innerprotestantischen Ausgleich, womit er die oberdeutsche Position erneuerte, was ihm aber die Gegnerschaft der Lutheraner eintrug.

Der Augsburger Religionsfrieden von 1555 verknüpfte Reformation und Territorialisierung. Von nun an war die konfessionelle Situation mit der jeweiligen Landesherrschaft verbunden. Am Oberrhein brachten der Dreißigjährige Krieg und der Westfälische Frieden das Vordringen Frankreichs an die Rheingrenze. Dies war, besonders durch die Reunionen und die Kriege Ludwigs XIV., mit einer Rekatholisierung verbunden, die nicht nur das Straßburger Münster betraf, sondern auch die Ursache für Simultaneen, etwa in der Kurpfalz und in Pfalz-Zweibrücken, bildete[38].

Die Evangelisch-Theologische Fakultät der Universität Straßburg behielt gleichwohl ihre Bedeutung für den Protestantismus. Ebenso nahm die Universität insgesamt im 18. Jahrhundert einen europäischen Rang ein und bestätigte somit die Mittlerrolle Straßburgs zwischen Deutschland und Frankreich eindrucksvoll. So traf 1770/71 Goethe in Straßburg mit Herder und Jung-Stilling zusammen. Zu diesem Aufenthalt Goethes in Straßburg gehört auch die Romanze mit der Pfarrerstochter Friederike Brion in Sesenheim[39].

Bevor die Französische Revolution und das Zeitalter Napoleons den Nationalstaat herbeiführten, muss hier noch eine weitere oberrheinische Persönlichkeit genannt werden: Johann Friedrich Oberlin (1740–1826), seit 1767 Pfarrer in Waldersbach im Steintal an der Grenze des Elsass zu Lothringen. Oberlin (Farbbild 6) wurde Vorbild für die Diakonie des 19. Jahrhunderts. Alles, was hier an Neuem eingeführt wurde, angefangen vom Diakonissenamt über Kindergärten, Sparkasse und dergleichen, findet sich schon bei Oberlin und musste nur noch aufgegriffen und umgesetzt werden. Es bedurfte also – zumindest für Süddeutschland – nicht der Anregung von Theodor Fliedner (1800–1864), weil bei Oberlin schon die entscheidenden Weichenstellungen erfolgt waren, den Herausforderungen der sozialen Frage des 19. Jahrhunderts zu begegnen. Einer von denen, die Oberlin und sein Wirken an Ort und Stelle studiert haben, war Gustav Werner (1809–1887). Ihm ging es um die Verchristlichung der Welt, gerade der modernen Industriewelt. Hier war der Oberrhein – wie so oft in der Geschichte – wieder einmal einen Herzschlag früher am Puls der Zeit als andere Regionen.

1.4. Der Oberrhein als Wirtschaftsraum seit dem 19. Jahrhundert

Frank Hennecke

Die in Abschnitt 2 beschriebenen Entwicklungslinien menschlicher Wirtschaft am Oberrhein haben jedenfalls bis zum Beginn des 19. Jahrhunderts keine derartigen Veränderungen der natürlichen Lebensumwelt hervorgebracht, die subjektiv von den Menschen als Bedrohung empfunden wurden oder objektiv als Zerstörung eines natürlichen Gleichgewichts bezeichnet werden könnten. Selbstverständlich sind Nutzungskonflikte um begrenzte natürliche Ressourcen historisch feststellbar, da diese der menschlichen Wirtschaft und Geschichte immanent sind. Solche Konflikte sind gewiss frühe Erfahrungen der Knappheit von Ressourcen, bezeichnen aber jedenfalls im Oberrheingebiet noch keine Situation, in der das gesamte den Menschen umgebende Lebensumfeld großräumig und unentrinnbar von der Zerstörung bedroht war. Das Verhältnis von Mensch und Umwelt war vielmehr von Grund auf davon geprägt, dass der Mensch die Bedingungen seines Lebens und seiner wirtschaftlichen und kulturellen Entwicklung einer übermächtigen Natur erst mühsam abringen musste. Die Natur war gewiss die Voraussetzung des Lebens, aber zugleich eine menschenfeindliche und bedrohende Macht. Dem Urwald, der Steppe, dem Sumpfland muss nutzbarer Boden abgerungen werden; der Kälte muss Heizung, dem Unwetter fester Bau entgegengesetzt werden. Die Dürre muss durch Bewässerung bekämpft, das Hochwasser eingedämmt, der Sumpf als Infektionsherd trockengelegt werden. Erst im Kampf mit der Natur ist die Kultur entstanden. Der Sieg über die Natur schafft Lebensraum für den Menschen.

Es ist offenkundig, dass unter solchen Lebensbedingungen ein „Umweltproblem" im heutigen Sinne nicht entstehen kann. Es ist vielmehr umgekehrt etwas ganz anderes entstanden: Die Schaffenskraft des Menschen hat in einem gleichgewichtigen Kampf die Naturkräfte nicht vernichtet, sondern umgeformt; die noch begrenzten Eingriffsmöglichkeiten des Menschen haben der Natur Raum, Stoff und Zeit gelassen, sich auf die anthropogenen Veränderungen evolutionär einzustellen und symbiotisch mit dem Menschen etwas hervorzubringen, was den Menschen zum Kulturmenschen macht: die Kulturlandschaft. In der Kulturlandschaft sind ökonomische und ökologische Systeme in ein Gleichgewicht eingetreten. Die Kulturlandschaft ist der Lebensraum des Menschen. Deren jeweils spezifische Eigenschaften bestimmen die verschiedenen Kulturen. So ist denn auch der Oberrhein eine der großen Kulturlandschaften Europas, die sich ihrerseits in regionale Teillandschaften wie das Elsass, den Breisgau, den Kaiserstuhl, das Markgräfler Land, die Rheinpfalz, mit je spezifischen Merkmalen ausdifferenziert.

Bild 7: Die BASF (Badische Anilin- und Sodafabrik) um 1900. Postkarte (© Stadtarchiv Ludwigshafen)

Die überkommenen Kulturlandschaften sind zugleich Heimat und Lebensform für die Menschen. Ihr Verlust betrifft die Menschen in ihrer Existenz. Ihre Bewahrung ist ethisches Gebot und Aufgabe einer wertegebundenen Politik. Es ist genau diese Grundsituation, die sich etwa seit Beginn des 19. Jahrhunderts langsam zu verändern beginnt. Nach Ende der napoleonischen Kriege begann, nachdem sich die politischen Grenzen und überhaupt die

politischen Verhältnisse auf zunächst unabsehbare Dauer konsolidiert hatten, im Oberrheingebiet eine verhältnismäßig lange Zeit des Friedens. Die wirtschaftliche Nutzung des Raumes
in den genannten Entwicklungslinien nahm quantitativ zu[40]. Auf der anderen Seite führte
das Bevölkerungswachstum in der Mitte des 19. Jahrhunderts zu Hunger und Not; Auswanderungen nach Amerika, insbesondere aus der Pfalz[41], waren die Folge. Die Menschen sahen
in ihrem angestammten Lebensraum keine Zukunft mehr. Gleichwohl wuchsen die Städte.
Die Industrialisierung begann. Mit der Gründung der BASF Aktiengesellschaft im Jahr 1865
in Ludwigshafen am Rhein, am damals bayerischen Rheinufer gegenüber Mannheim, geschah
die wichtigste und folgenreichste Industriegründung der Epoche und des besagten Raumes[42].
Auch Straßburg, das Elsass, Karlsruhe, Mannheim, Basel wurden Industrie-Standorte. Erhöhte
Raumnutzung, gestiegenes Verkehrsaufkommen waren die Folge. Die früheren Nutzungspfade
der Umwelt begannen, sich in Belastungspfade zu verwandeln; hierauf wird in Kapitel 12 der
vorliegenden Publikation zurückzukommen sein.

Weiterführende Literatur

Bornert, René (Hg.): Les monastères d'Alsace, 6 Bde., Strasbourg 2009–2012

Herrbach-Schmidt, Brigitte / Schwarzmaier, Hansmartin (Hgg.): Räume und Grenzen am Oberrhein (Oberrheinische Studien 30), Ostfildern 2012, S. 127–138

Anmerkungen

1   Zum Begriff und zur Wirklichkeit von Ökosystemen vgl. die Einführung von Joachim Illies/Wolfgang Klausewitz, *Unsere Umwelt als Lebensraum. Grzimeks Buch der Ökologie*, Zürich 1973; Frank Klötzli, *Einführung in die Ökologie. Die Wechselbeziehung zwischen Mensch und Umwelt*, Herrsching 1983.

2   Richtlinie 2000/60/EG des Europäischen Parlaments und des Rates vom 23.10.2000 zur Schaffung eines Ordnungsrahmens für Maßnahmen der Gemeinschaft im Bereich der Wasserpolitik, *Amtsblatt der Europäischen Gemeinschaften* L 327 vom 22.12.2000, S. 1 ("Wasserrahmenrichtlinie"); eine Karte des Flusseinzugsgebietes des Rheins hiernach in: Ministerium für Umwelt und Forsten Rheinland-Pfalz (Hg.), *Gewässer in Rheinland-Pfalz. Die Bestandsaufnahme nach der Europäischen Wasserrahmenrichtlinie*, Mainz 2005, S. 29.

3   Für den südbadischen Raum vgl. beispielhaft die umfassende kulturgeschichtliche Darstellung und ökosystemare Aufarbeitung eines Auengebietes um Freiburg von Helge Körner (Hg.), *Die Mooswälder. Natur und Kulturgeschichte der Breisgauer Bucht*, Freiburg i. Br. 2008; zum Raum um Karlsruhe sehr anschaulich Gaby Hufler/Norbert Daubner, *Naturerlebnis Karlsruhe. Unsere wilde Region*, Karlsruhe 2011.

4   Eine Geschichte des Hochwassers am Oberrhein kann hier nicht geschrieben werden. Exemplarisch für den Vorderpfälzer Raum vgl. Stefan Mörz/Klaus Jürgen Becker (Hgg.), *Geschichte der Stadt Ludwigshafen am Rhein*, Bd. I, Ludwigshafen 2003, S. 23ff.

5   Exemplarisch Michael Geiger, Die Landschaften der Pfalz, in: ders. (Hg.), *Geographie der Pfalz*, Landau 2010, S. 92ff., S. 110f.: Die Pfälzische Rheinebene.

6   Exemplarisch zur Ökologie und Kulturgeschichte des Schwarzwaldes Roland Weis/Harald Risterer, *Der Hochschwarzwald von der Eiszeit bis heute*, Ostfildern 2009.

7   Zur Kulturgeschichte des Rheins, auch in seinem Oberlauf, aus der älteren und aus der neueren Literatur exemplarisch Georg Hölscher, *Das Buch vom Rhein*, Köln 1925, S. 137–209; Paul Hübner, *Der Rhein. Von den Quellen bis zu den Mündungen*, Frankfurt a. M. 1974, S. 170–300; auch im Blick auf die Ökologiegeschichte Horst Johannes Tümmers, *Der Rhein. Ein europäischer Fluß und seine Geschichte*, München 1994, S. 110ff. – Teil der Kulturgeschichte des Rheins ist auch die vielfältige Dichtung, die diesen Raum zum Gegenstand hat, vgl. Wolf-Dietrich Gumz/Frank J. Hennecke (Hgg.), *Rheinreise. Gedichte und Lieder*, Stuttgart 1986, eine Dokumentation, die auch Texte zum Oberrhein enthält, aber geistliche Dichtung nicht vorfinden konnte. – Zur Wirtschaftsgeschichte bis zum Beginn des 19. Jahrhunderts vgl. für den exemplarischen Raum der Rheinpfalz Werner Weidmann, *Schul-, Wirtschafts- und Sozialgeschichte der Pfalz*, Bd. I, Otterbach 1999; hierin auch speziell zur Agrargeschichte im 18. Jahrhundert S. 131ff.; Ludwig Mang/Theodor Zink, *Das Wirtschaftsleben der Pfalz in Vergangenheit und Gegenwart*, München o.J. (um 1925), 1. Teil. – Zur Kultur- und Wirtschaftsgeschichte in spätrömischer Zeit vgl. die anschaulichen Beiträge in *Imperium Romanum. Römer, Christen, Alamannen – Die Spätantike am Oberrhein*, hg. vom Badischen Landesmuseum Karlsruhe, Stuttgart 2005.

8   Zu dieser Thematik verdankt der Verfasser Herrn Leitenden Ministerialrat Professor Dr. Karl Keilen, seinerzeit Ministerium für Umwelt, Forsten und Verbraucherschutz Rheinland-Pfalz, wertvolle Hinweise (Interview in Mainz am 15. März 2011). – Vgl. im Übrigen auch die umfangreichen Forschungen des Instituts für Forst- und Umweltpolitik der Albert-Ludwigs-Universität Freiburg, auch zum Oberrhein und dessen Forstgeschichte, die hier nicht im Einzelnen nachgewiesen werden können.

9   In dem Märchen von Wilhelm Hauff, „Das kalte Herz" steht eine kapitalistische Waldnutzung am Westabhang des südlichen Schwarzwaldes bereits im ersten Viertel des 19. Jahrhunderts für ein dämonisches Gegenbild zu einer nachhaltigen Waldwirtschaft am Osthang des Gebirges (Wilhelm Hauff, *Werke in vier Bänden*, Frankfurt a. M. 1970, Bd. I, S. 269ff., 365ff.).

10 Mit weiteren Nachweisen Ulrich Grober, *Die Entdeckung der Nachhaltigkeit. Kulturgeschichte eines Begriffs*, München 2010, S. 158ff., 163.

11 Auf weitere Forstordnungen, die bis ins 16. Jahrhundert zurückgehen und die sowohl Nutzungs- konflikte regeln als auch Nachhaltigkeitsgrundsätze enthalten, hat Hermann Ehmer den Verfasser mit Nachricht vom 9. Mai 2011 aufmerksam gemacht. Auf Einzelnachweise darf an dieser Stelle jedoch verzichtet werden.

12 Zum Weinbau vgl. das große Werk eines der berühmtesten Weingutsbesitzer in der Rheinpfalz Friedrich Bassermann-Jordan, *Geschichte des Weinbaus unter besonderer Berücksichtigung der Bayerischen Rheinpfalz*, 3 Bde., Frankfurt a. M. 1907. Vgl. auch Werner Weidmann, *Schul-, Wirt- schafts- und Sozialgeschichte der Pfalz*, Bd. II, Otterbach 2000, S. 38: „Der Weinbau als bedeutendste pfälzische Sonderkultur 1780–1834".

13 Zur Geographie des Oberrheingrabens vgl. etwa R. Pflug, *Bau und Entwicklung des Oberrheingrabens*, Darmstadt 1982; R. Hüttner, Bau und Entwicklung des Oberrheingrabens, in: *Geologisches Jahrbuch E 48*, Hannover 1991, S. 17ff. Speziell und exemplarisch für einen Teilraum Michael Geiger (Hg.), *Geographie der Pfalz*, Landau 2010. Siehe vor allem auch die zahlreichen Arbeiten von Friedrich Metz, *Der Kraichgau*, 2. Aufl., Karlsruhe 1922; ders., *Die Oberrheinlande*, Breslau 1925; ders., *Der Oberrhein und das Elsaß*, 2. Aufl., Berlin 1941.

14 Exemplarisch für das Elsass und dessen Kulturgeschichte Bernard Vogler, *Histoire culturelle de l'Alsace. Du Moyen Age à nos jours, les très riches heures d'une région frontière*, 4. Aufl., Strasbourg 2003; Lucien Sittler, *L'Alsace. Terre d'histoire*, Colmar 1972; auch Michael Erbe (Hg.), *Das Elsaß. Historische Landschaft im Wandel der Zeiten*, Stuttgart 2002. Zur Geographie und zur Kulturgeschichte des Elsass mögen im Übrigen des leichten Zuganges, der übersichtlichen Information und der bildhaften Anschauung wegen gängige kulturgeschichtliche Reiseführer herangezogen werden, etwa Franz Prinz zu Sayn-Wittgenstein, *Fahrten ins Elsaß*, 5. Aufl., München 1976; Karlheinz Ebert, *Das Elsaß. Wegzeichen europäischer Kultur und Geschichte zwischen Oberrhein und Vogesen*, 12. Aufl., Köln 1991; vgl. auch Jacques-Louis Delpal/Frantisek Zvardon, *Am Rhein entlang, eine grenzenlose Ent- deckungsreise Basel – Straßburg – Karlsruhe*, Straßburg 2010.

15 Sebastian Münster, *Cosmographey Oder beschreibung Aller Länder, herrschafftenn vnd fürnemesten Stetten des gantzen Erdbodens*, Basel 1588, Kapitel 168, S. 669.

16 Zur ZGO vgl. zuletzt Hansmartin Schwarzmaier, Eine Zeitschrift als archivisches Findmittel. Zu den Anfängen der Zeitschrift für die Geschichte des Oberrheins (1850–1870) und ihren Vorläufern, in: *Staatliche Archive als landeskundliche Kompetenzzentren in Geschichte und Gegenwart*, hg. von Robert Kretzschmar, Stuttgart 2010, S. 99–137.

17 Eugen Reinhard, 25 Jahre landeskundliche Forschung in Karlsruhe, in: *Arbeitsgemeinschaft für geschichtliche Landeskunde am Oberrhein e.V. 1960–1985*, S. 6; Hansmartin Schwarzmaier, Raum und Grenzen als geschichtliche Grundbegriffe. Zu den Anfängen der Arbeitsgemeinschaft, in: Brigitte Herrbach-Schmidt/Hansmartin Schwarzmaier (Hgg.), *Räume und Grenzen am Oberrhein* (Oberrheinische Studien 30), Ostfildern 2012, S. 127–138.

18 Brigitte Kurmann-Schwarz, Zur Geschichte der Begriffe „Kunstlandschaft" und „Oberrhein" in der Kunstge- schichte, in: Peter Kurmann/Thomas Zotz (Hgg.), *Historische Landschaft – Kunstlandschaft? Der Oberrhein im späten Mittelalter*, Ostfildern 2008, S. 65–90; Peter Kurmann, Der Oberrhein im Spätmittelalter – Mus- terbeispiel einer Kunstlandschaft, in: Herrbach-Schmidt/Schwarzmaier (Hgg.), *Räume*, S. 33–48.

19 Heinz Krieg, Zur Geschichte des Begriffs „Historische Landschaft" und der Landschaftsbezeichnung „Oberrhein", in: Kurmann/Zotz (Hgg.), *Historische Landschaft?*, S. 31–64, hier S. 51.

20 Ebd., S. 61.

21 Franz Staab, Reich und Mittelrhein um 1000, in: *1000 Jahre St. Stephan in Mainz*. Festschrift hg. von Helmut Hinkel, Mainz 1990, S. 59–100, hier S. 61.

22 Krieg, Zur Geschichte, S. 64.

23 Zur geographisch-politischen Situation: Heiko Steuer, Germanen im Vorfeld des spätrömischen Limes: Landnahme und Bedrohung Roms, in: Herrbach-Schmidt/Schwarzmaier (Hgg.), *Räume*, S. 69–88; Hans Ulrich Nuber, Räume und Grenzen am Oberrhein: Germanen an der spätrömischen Reichsgrenze von Rhein und Donau – Bedrohung oder Notwendigkeit, in: ebd., S. 89–107. – Zur kirchlichen Situation: Franz Staab, Heidentum und Christentum in der Germania Prima zwischen Antike und Mittelalter, in: ders. (Hg.), *Zur Kontinuität zwischen Antike und Mittelalter am Oberrhein*, Sigmaringen 1994, S. 117–152.

24 Zu den einzelnen Bistümern siehe die Überblickdarstellungen bei Erwin Gatz (Hg.), *Die Bistümer des Heiligen Römischen Reiches. Von ihren Anfängen bis zur Säkularisation*, Freiburg 2003.

25 Zum Bistum Straßburg: Marcel Albert, Bistum Straßburg, in: Gatz, *Bistümer*, S. 708–724. Gesamtdarstellungen: Francis Rapp (Hg.), *Le diocèse de Strasbourg*, Paris 1982; Bernard Vogler, *Histoire des chrétiens d'Alsace des origines à nos jours*, Paris 1994.

26 Albert, Bistum Straßburg, S. 712.

27 Zur Hirsauer Reform: TRE, Bd. XV (1986), S. 388–390 (Karl Suso Frank); nach wie vor grundlegend: Herrmann Jakobs, *Die Hirsauer*, Köln/Graz 1961 (Lit. bis 1961). – Gesamtüberblick zu Hirsau von Wolfgang Irtenkauf, *Hirsau. Geschichte und Kultur*, 2. Aufl., Konstanz/Stuttgart 1966; Karl Schreiner, Hirsau, in: *Germania Benedictina 5*, Augsburg 1975, S. 281–303.

28 Werner Rösener, Das Wirken der Zisterzienser im südwestdeutschen Raum im 12. Jahrhundert, in: Peter Rückert/Dieter Planck (Hgg.), *Anfänge der Zisterzienser in Südwestdeutschland*, Stuttgart 1999, S. 9–24; Hansmartin Schwarzmaier, Die Zisterzienser in der Welt des 12. Jahrhunderts, in: Peter Rückert/Hansmartin Schwarzmaier (Hgg.), *850 Jahre Kloster Herrenalb*, Stuttgart 2001, S. 11–25.

29 Peter Walter, „Inter nostrae tempestatis Pontifices facile doctissimus". Der Wormser Bischof Johannes von Dalberg und der Humanismus, in: Gerold Bönnen/Burkard Keilmann (Hgg.), *Der Wormser Bischof Johann von Dalberg (1482–1503) und seine Zeit*, Mainz 2005, S. 89–152.

30 Zu Rudolf Agricola: Walter, „Inter nostrae tempestatis", S. 97–101; Hermann Ehmer, Luther und der Oberrhein, in: ZGO 132 (1984), S. 135–152, hier S. 140f. – Zu Sebastian Brant: TRE, Bd. VII (1981), S. 136–141 (Hans-Gert Roloff). – Zum „Heidelberger Humanismus" und seinen Vertretern: Ehmer, ebd., S. 141f.

31 Zu Philipp Melanchthon: TRE, Bd. XXII (1992), S. 371–410 (Heinz Scheible); Ders., *Philipp Melanchthon. Eine Biographie*, München 1997.

32 Heinz Scheible, Die Universität Heidelberg und Luthers Disputation, in: ZGO 131 (1983), S. 309–329; Ehmer, Luther, S. 137–139.

33 Eine kurz gefasste Zusammenfassung der Straßburger Reformation bietet Marc Lienhard, Aufbruch und Entfaltung, in: Marc Lienhard/Jakob Willer (Hgg.), *Straßburg und die Reformation*, 2. Aufl., Kehl 1982, S. 13–78; ders., La Réforme à Strasbourg, in: Georg Livet/Francis Rapp (Hgg.), *Histoire de Strasbourg des origines à nos jours*, Bd. II, Strasbourg 1982, S. 363–540; vgl. dazu auch ders., *Un temps, une ville, une réforme. La Réformation à Strasbourg*, Aldershot 1990. – Zu Martin Bucer: TRE, Bd. VII (1981), S. 258–270 (Robert Stupperich); Ehmer, Luther, S. 137f., 150f.; vgl. auch Martin Greschat, *Martin Bucer. Ein Reformator und seine Zeit*, München 1990; fr. Übersetzung von Matthieu Arnold, Paris 2002. – Zu Johannes Brenz: TRE, Bd. VII (1981), S. 170–181 (Martin Brecht).

34 Ehmer, Luther, S. 151. – Zur Confessio Tetrapolitana: TRE, Bd. VIII (1981), S. 173–177 (James M. Kittelson).

35 Zu Ambrosius Blarer: TRE, Bd. VI (1980), S. 711–715 (Bernd Moeller); Ehmer, Luther, S. 150.

36 Lienhard, Aufbruch; zu Johannes Marbach: TRE, Bd. XXII (1992), S. 66–68 (James M. Kittelson).

37 Anton Schindling, *Humanistische Hochschule und freie Reichsstadt*, Wiesbaden 1977; ders., Humanistische Reform und fürstliche Schulpolitik in Hornbach und Lauingen. Die Landesgymnasien des Pfalzgrafen Wolfgang von Zweibrücken und Neuburg, in: *Neuburger Kollektaneenblatt. Jahrbuch* 133 (1980), S. 141–186.

38 Paul Warmbrunn, Simultaneen in der Pfalz, in: *Jahrbuch für westdeutsche Landesgeschichte* 14 (1988), S. 97–122; Hans Ammerich, Die Entstehung der Simultankirchen in der Pfalz, in: *Archiv für mittelrheinische Kirchengeschichte* 62 (2010), S. 199–218; ders., *Das Bistum Speyer von der Römerzeit bis zur Gegenwart*, Annweiler 2011, S. 128–130.

39 „Es schlug mein Herz, geschwind zu Pferde! Es war getan fast eh gedacht." Dieses Gedicht Goethes beschreibt seinen – offenbar spontanen – Ausflug von Straßburg nach Sesenheim und endet mit den Versen, „Ich ging, du standst und sahst zur Erden, und sahst mir nach mit nassem Blick: Und doch, welch Glück, geliebt zu werden! Und lieben, Götter, welch ein Glück!"

40 Zur Wirtschaftsentwicklung des gesamten südwestdeutschen Raumes im 19. Jahrhundert, also unter Einschluss der neu konsolidierten Länder Württemberg und Baden, eingehend Wolfgang von Hippel, Wirtschafts- und Sozialgeschichte 1800 bis 1918, in: *Handbuch der Baden-Württembergischen Geschichte*, Bd. III: *Vom Ende des Alten Reiches bis zum Ende der Monarchien*, Stuttgart 1992, S. 477–784; dort S. 479: „Der säkulare Prozeß der Industrialisierung [...] hat während des 19. und frühen 20. Jahrhunderts Wirtschaft und Gesellschaft auch in Südwestdeutschland zunehmend geprägt und nachhaltig umzuformen begonnen." Zu den Etappen der Wirtschaftsgeschichte und Industrialisierung in Baden im 19. Jahrhundert im einzelnen auch Wolfgang Hug, *Geschichte Badens*, 2. Aufl., Darmstadt 1998, S. 168ff.: „Sozialer und wirtschaftlicher Wandel in vorindustrieller Zeit"; S. 273ff.: „Hochindustrialisierung und wirtschaftlich-sozialer Wandel"; zu den Themen Tulla, Rheinbegradigung und Eisenbahnbau, S. 241f.; Willi A. Boelcke, Die Industrialisierung – Bedingtheiten im Südwesten, in: Reiner Rinker/Wilfried Setzler (Hgg.), *Die Geschichte Baden-Württembergs*, Stuttgart 1986, S. 254ff. – Zum exemplarischen Raum der Rheinpfalz Karl-Heinz Rothenberger, Karl Scherer, Franz Staab und Jürgen Keddigkeit (Hgg.), *Pfälzische Geschichte*, Bd. II, Kaiserslautern 2001, S. 129ff., 188ff.; Ludwig Mang/Theodor Zink, *Das Wirtschaftsleben der Pfalz in Vergangenheit und Gegenwart*, München o.J. (um 1925); letztere Autoren beziehen bei der Betrachtung des frühen 20. Jahrhunderts durchaus modern die Faktoren Bodenqualität und Klima mit ein (S. 111ff.). – Zum Elsass Lucien Sittler, *L'Alsace. Terre de l'histoire*, Colmar 1972, S. 240ff.

41 Siehe hierzu Edgar Süß, *Die Pfälzer im „Schwarzen Buch"*, Heidelberg 1956.

42 Zur Geschichte der BASF AG übersichtlich und leicht greifbar, *BASF. Stationen ihrer Geschichte 1865–2010*, Ludwigshafen a. Rh. o.J.; umfassend Werner Abelshauser (Hg.), *Die BASF. Eine Unternehmensgeschichte*, München 2002 (hierin Wolfgang von Hippel, Auf dem Weg zum Weltunternehmen 1865–1900, S. 19ff.); vgl. auch *Im Reich der Chemie. Bilder aus Vergangenheit und Gegenwart Badische Anilin- und Sodafabrik AG Ludwigshafen am Rhein*, Düsseldorf/Wien 1965, S. 8ff.

2. Politische Geschichte

Hermann Ehmer

2.1. Territorien am Oberrhein in der Frühen Neuzeit

Die politische Landschaft auf beiden Seiten des Oberrheins glich sich am Beginn der Neuzeit durchaus[1]. Nach dem Untergang der Staufer waren hier Territorien weltlicher und geistlicher Herren entstanden. Daneben behaupteten sich die Reichsstädte, von denen jede ein mehr oder weniger großes Landgebiet mit einer Anzahl von Dörfern besaß. Ferner gab es die Besitzungen der Ritterschaft. Alle diese Territorien waren verschieden groß und oftmals nicht scharf gegeneinander abgegrenzt. Die unterschiedlichen Hoheitsrechte an einem Ort, wie Gericht, Zehnt und Kirchenpatronat waren nicht selten in der Hand verschiedener Besitzer. Es waren also Verhältnisse, die – wenn man Streit vermeiden wollte – einen ständigen Ausgleich der Interessen erforderten.

Eine vollständige Aufzählung aller dieser Territorien würde viel Platz beanspruchen. Es muss hier genügen, die wichtigsten zu nennen, denn selbst ihre Darstellung auf einer Karte muss mit Vereinfachungen auskommen (siehe die Farbbilder 7a–c). Nicht wenige der Territorialherren hatten Güter auf beiden Seiten des Rheinstroms, insbesondere Habsburg mit seinen ausgedehnten Besitzungen, die später Vorderösterreich genannt wurden. Es handelte sich hier vor allem um den rechtsrheinischen Breisgau mit dem Hauptort Freiburg und den Sundgau, der von Ensisheim aus verwaltet wurde. Im Norden war es die Kurpfalz, die beide Rheinufer miteinander verband. Den Kurfürsten von der Pfalz war es nicht gelungen, ein geschlossenes Territorium aufzubauen. Rechtsrheinisch befand sich die Residenz Heidelberg, doch lagen wichtige Teile des Territoriums links des Rheins. Einzelne Teilterritorien wurden im Laufe des 16. und 17. Jahrhunderts von Nebenlinien der pfalzgräflichen Familie regiert, so Pfalz-Zweibrücken, Pfalz-Veldenz, Pfalz-Simmern, Pfalz-Birkenfeld, Pfalz-Lautern und Pfalz-Bischweiler. Mit Habsburg und der Kurpfalz sind zugleich die beiden wichtigsten politischen Kräfte benannt, die im 16. Jahrhundert und bis in den Dreißigjährigen Krieg hinein das Schicksal des Oberrheingebiets bestimmen sollten.

Zu den weltlichen Herrschaften des zweiten Rangs gehörte rechts des Rheins die Markgrafschaft Baden, die seit 1535 in einen wechselvollen dynastischen Teilungsprozess eingetreten war. Im Ergebnis entstanden zwei Markgrafschaften, nämlich Baden-Baden mit einem verhältnismäßig geschlossenen Gebiet und das nördlich angrenzende Baden-Durlach, zu dem noch weitere Gebiete im Süden gehörten, so das Markgräfler Land in der Nachbarschaft des vorderösterreichischen Breisgaus.

Güter zu beiden Seiten des Rheins hatten auch die Grafen von Hanau-Lichtenberg, die ursprünglich aus dem Maingebiet stammten, aber schon im 15. Jahrhundert die Grafschaft Lichtenberg mit Buchsweiler im Elsass ererbten. Dazu gehörte auch als Lehen der Straßburger Bischöfe das Hanauer Land um Kehl, gegenüber von Straßburg. Die Grafen von Württemberg hatten schon 1324 die Grafschaft Horburg mit der Herrschaft Reichenweier bei Colmar erworben. Fast gleichzeitig gelangte auch die Burg Sponeck auf der rechten Rheinseite in ihre Hand. Am Ende des 14. Jahrhunderts konnten die Grafen auch noch die Grafschaft Mömpelgard in Burgund erheiraten. Diese linksrheinischen Besitzungen spielten gegenüber der Grafschaft (seit 1495 Herzogtum) Württemberg stets eine Sonderrolle. Sie wurden von Statthaltern oder von Angehörigen von Seitenlinien des Hauses Württemberg regiert und waren auch nicht im württembergischen Landtag vertreten.

Auch das Hochstift Straßburg, die weltliche Herrschaft des Bischofs, verband beide Seiten des Oberrheins. Es handelte sich um verschiedene Gebietsteile im oberen und unteren Elsass zwischen Rufach und Zabern, rechts des Rheins lagen die bischöflichen Besitzungen in der Ortenau zwischen Ettenheim und Oberkirch. Auch das Hochstift Speyer lag links und rechts des Rheins. Dazu gehörten die Waldgebiete des Bienwalds und des Lußhardts. Rechtsrheinisch reichte das Speyerer Gebiet bis in den Kraichgau (siehe Farbbild 8).

Zu den weltlichen Herrschaften im Elsass gehörte das Territorium der ursprünglich reichsfreien Herren von Rappoltstein um die namengebende Burg im oberen Elsass. Zu dieser Herrschaft zählte auch Maursmünster. Zu nennen ist noch die Herrschaft Fleckenstein im Unterelsass um Sulz (unterm Wald). Zu den kleinen weltlichen Territorialherren links und rechts des Rheins gehörte ferner der niedere Adel, die Ritterschaft, die sich seit dem Spätmittelalter immer wieder in verschiedenen Bünden formierte. 1577 schloss sich der Rheinische mit dem Schwäbischen und Fränkischen Ritterkreis zur Freien Reichsritterschaft zusammen, eine Korporation, die sich bis zum Ende des Alten Reichs halten konnte. Von den fünf Kantonen des Schwäbischen Ritterkreises sind die Kantone Neckar-Schwarzwald-Ortenau und Kraichgau zum Oberrheingebiet zu zählen. Die im Elsass begüterten Ritter hingegen gehörten zu dem Kanton am Oberrheinstrom des Rheinischen Ritterkreises.

Eine besondere Form der weltlichen Herrschaften stellen die freien oder Reichsstädte dar. Das Elsass weist am Oberrhein die umfangreichste Städtelandschaft auf. An der Spitze steht ohne Zweifel die Reichsstadt Straßburg[2], die auf eine römische Gründung zurückgeht, aber den lateinischen Namen wohl schon im frühen Mittelalter abgelegt hat. Es ist die Burg an der Straße, das heißt, dass der Oberrhein nicht nur die Gebiete links und rechts des Flusses verbindet, sondern auch an einer wichtigen Verbindungslinie von Süden und Norden, zwischen Italien, der Schweiz, dem Mittel- und Niederrhein liegt.

Die weiteren freien Städte im Elsass, die im Gegensatz zu Straßburg im wesentlichen auf staufische Gründungen zurückgehen, sind Mülhausen, Colmar, Münster, Türkheim, Kaysersberg, Schlettstadt, Oberehnheim, Rosheim, Hagenau, Weißenburg und Landau. Diese hatten sich schon 1354 auf Veranlassung von Kaiser Karl IV. zur Wahrung des Friedens und der jeweiligen Rechte zum Zehnstädtebund (der Dekapolis) zusammengeschlossen[3]. Dieser Bund wurde 1418 erneuert. Als Mülhausen ausschied und sich 1515 der Eidgenossenschaft anschloss, trat fast gleichzeitig Landau dem Bund bei, der bis zur Revolution bestand.

Rechts des Oberrheins ist die Städtelandschaft nicht so reich wie im Elsass. Zu nennen sind hier nur Offenburg und Gengenbach an der Kinzig sowie Zell am Harmersbach. Ähnlich wie die elsässischen Städte schlossen sich diese drei 1575 zusammen, um als „Vereinsstädte" nach außen ihre Rechte vertreten zu können. Die weiteren staufischen Gründungen, die sich zu Reichsstädten entwickelten, liegen mit wenigen Ausnahmen jenseits des Schwarzwaldkamms und sind zum Neckar orientiert, gehören also einer anderen Landschaft als dem Oberrhein an.

2.2. Reformation und Konfessionalisierung[4]

Voraussetzungen

Das 15. Jahrhundert war eine Zeit der Reformen und der Veränderungen. Sie erstreckten sich über weite Lebensbereiche und berührten somit viele Menschen in der einen oder anderen Weise. Am umfassendsten waren wohl die Bemühungen um eine Reform der Kirche.

Neben der Reform der Kirche wurde auch eine Reform des Reichs gefordert. Einer solchen kam der Wormser Reichstag von 1495 am nächsten. Beschlossen wurde die Erhebung eines „Gemeinen Pfennigs", einer Reichssteuer, womit die Handlungsfähigkeit der kaiserlichen Zentralgewalt gestärkt werden sollte. Ihre Erhebung erwies sich jedoch bald als unmöglich. Wesentlich erfolgreicher war die Schaffung des Reichskammergerichts als eines obersten Reichsgerichts. Am Reichskammergericht, das in Speyer eingerichtet wurde, sollten Klagen zwischen Reichsständen und gegen Reichsstände verhandelt werden. Diese Aufgabe nahm das Reichskammergericht in der Folgezeit auch wahr und trug so zur Befriedung des Reiches bei, da Rechtsuchende auf den Rechtsweg verwiesen werden konnten und ihr Recht nicht mehr mit Gewalt, auf dem Weg der Fehde, durchsetzen mussten.

Auch bei den Untertanen machten sich Kräfte bemerkbar, die auf eine politische Umgestaltung abzielten[5]. Seit 1443 gab es am Oberrhein geheime Verschwörungen unter dem Namen „Bundschuh", der Fußbekleidung des „gemeinen Mannes" im Gegensatz zum Stiefel des Ritters. 1443 gab es einen Bundschuh in Schliengen bei Basel und 1460 im Hegau. 1493 ging eine solche Verschwörung von Schlettstatt aus, 1502 vom Bistum Speyer und 1513 von Lehen im Breisgau. Diese Verschwörungen konnten jedoch jedes Mal aufgedeckt werden, bevor es zu einem Aufstand kam. Ebenso ging es mit dem 1517 vom Oberrhein bis in den Kraichgau gebildeten neuen Bundschuh, organisiert von Joß Fritz von Untergrombach, der nun auch ein eigenes Programm entwickelte. Demnach sollten nur Kaiser und Papst herrschen, die niederen Machthaber aber nicht mehr. Leibeigenschaft und herrschaftliche Abgaben sollten abgeschafft, die geistlichen Güter aufgeteilt werden. Mit der Bundschuhbewegung verwandt ist die Verschwörung des „Armen Konrad", die sich 1514 in Württemberg gebildet hatte, aber ebenfalls unterdrückt werden konnte.

Der dritte Bereich neben Kirche und Politik, in dem Reformen gefordert und zum Teil auch durchgesetzt werden konnten, war die Bildung. Hier war der Humanismus[6] gegen die Scholastik angetreten, fand aber nur mühsam Eingang an den Universitäten. Die Humanisten führten daher meist eine ungesicherte Wanderexistenz. Hingegen boten manche Höfe der weltlichen und geistlichen Fürsten eine Heimstatt für den Humanismus. So am Hofe des Erzherzogs Albrecht VI. von Österreich († 1463), der seit 1446 die habsburgischen Vorlande regierte und 1457 die Universität Freiburg gründete. Ein humanistischer Kreis bildete sich auch um den Wormser Bischof Johannes von Dalberg († 1503), der als kurpfälzischer Kanzler meist in Heidelberg residierte, oder um Johannes von Botzheim († 1535), einem Angehörigen des Konstanzer Domkapitels. Von großer Bedeutung für die Oberrheinlande war der städtische Humanismus, so in Straßburg um den Stadtschreiber Sebastian Brant († 1521). Weitere humanistische Zentren am Oberrhein waren Schlettstadt und Pforzheim, wo es Schulen gab, die weit über den jeweiligen Ort hinaus Bedeutung gewannen. Die maßgebende humanistische Autorität war jedoch Erasmus von Rotterdam († 1536), der zeitweise in Basel, dann in Freiburg im Breisgau lebte.

Den Reformbestrebungen in Kirche, Politik und Bildung ist gemeinsam, dass sie nicht grundlegend Neues schaffen, sondern Zustände wiederherstellen wollten, die sich, wie man meinte, durch die Länge der Zeit und menschliche Einwirkung zum Schlechteren gewendet hatten. Besserung versprach man sich durch Rückkehr zum ursprünglichen Guten. Der Ruf der Humanisten *ad fontes* (zurück zu den Quellen), wie der des Bundschuh, des Armen Konrad und des Bauernkriegs mit der Forderung nach Wiederherstellung des alten und göttlichen Rechts, verweist aber auch auf Luthers Schriftprinzip, das zu den Quellen des Glaubens zurücklenken sollte. Von den Reformbewegungen des 15. Jahrhunderts war es daher nur noch ein Schritt zur Reformation.

Die evangelische Bewegung[7]

Am 31. Oktober 1517 hat Martin Luther Briefe an zwei Bischöfe über den Ablass verfasst und dann seine 95 Thesen *De virtute indulgentiarum* (Über die Kraft der Ablässe), unter anderem durch Anschlag an der Türe der Schlosskirche in Wittenberg, veröffentlicht. Diese Thesen fanden schnelle Verbreitung in ganz Deutschland. Die verbreitete Zustimmung zu den Thesen Luthers über den Ablass und seinen reformatorischen Schriften des Jahres 1520 führte zur sogenannten evangelischen Bewegung. Diese war entweder gar nicht oder nur locker, etwa in der Form von Hauskreisen, organisiert und führte vorerst noch nicht zu reformatorischen Maßnahmen. Diese Bewegung ist zuerst in den Reichsstädten zu finden, da diese über weitreichende Verbindungen verfügten. Hier gab es außerdem eine Bildungsschicht, und in dem überschaubaren Rahmen auch der größeren Reichsstädte war es leicht möglich, untereinander Verbindung zu halten.

Der Durchbruch der Reformation für den deutschen Südwesten kam durch Luthers Disputation in Heidelberg am 26. April 1518. Der Anlass dafür war ein Kapitel der deutschen Augustinerkongregation, an der Luther in seiner Eigenschaft als sächsischer Distriktsvikar teilzunehmen hatte. Am Rande dieses Treffens fand die Disputation statt, nicht im Heidelberger Augustinerkloster, sondern in der Universität, im Hörsaal der Artistenfakultät.

Gegenstand der Disputation war nicht der Ablasshandel, vielmehr bot Luther eine Zusammenfassung seiner neuen Theologie in Auseinandersetzung mit der scholastischen Theologie. Er legte dar, dass der Mensch sein Heil nicht selbst schaffen kann, sondern ganz auf Gottes Gnade angewiesen ist. Demnach gibt es keinen freien Willen zur Entscheidung für das Heil, vielmehr bedarf es der Gnade. Luther stellte seine „Theologie des Kreuzes" gegen die übliche „Theologie der Herrlichkeit". Bedeutsam wurde Luthers Heidelberger Disputation deshalb, weil eine Reihe von Studenten, die ihr beiwohnten, wenige Jahre später am Oberrhein und in Südwestdeutschland als Reformatoren wirkten. Martin Bucer (1491–1551) von Schlettstadt trat 1521 aus dem Dominikanerorden aus und wurde in Straßburg das Haupt der dortigen evangelischen Theologen, wirkte dann auch bei den Reformationen in Ulm, Augsburg und Memmingen als Ratgeber mit. Neben Bucer ist Johannes Brenz (1499–1570) von Weil der Stadt zu nennen, seit 1522 Prediger und Reformator in Schwäbisch Hall, Berater bei der Reformation der fränkischen Markgrafschaft Brandenburg-Ansbach.

Nahezu gleichzeitig mit der Heidelberger Disputation hatte Luther briefliche Kontakte mit den Humanisten am Oberrhein geknüpft, vor allem in Basel, Konstanz, Freiburg und Straßburg. Froben in Basel druckte bereits 1518 eine Gesamtausgabe von Luthers lateinischen Schriften. Die vielversprechenden Kontakte Luthers mit den Humanisten am Oberrhein brachen jedoch weitgehend ab, als sich Luther 1524/25

Bild 8: Die Gedenkplatte für Luther auf dem Universitätsplatz in Heidelberg (Foto: Knut Gattner, Heidelberg)

in der Diskussion um den freien Willen von Erasmus trennte. Viele der zuvor reformgesinnten Humanisten wandten sich nun von Luther ab und blieben fortan bei der alten Kirche.

Der Beginn der Reformation am Oberrhein

Straßburg[8] wurde das oberrheinische Zentrum der frühen Reformation mit großer Bedeutung für Süddeutschland und darüber hinaus. Schon von 1521 an wirkte hier der Pleban des Münsters, Matthias Zell (1477–1548), als reformatorischer Prediger, der es verstand, dem Volk die Lehre Luthers nahe zu bringen. Dadurch kam es seit 1523 in der Stadt zur Durchführung reformatorischer Maßnahmen. Zell hatte hervorragende Kollegen, die theologisch mit ihm einig waren, nämlich Wolfgang Capito (1487–1541), Kaspar Hedio (1494–1552) und Martin Bucer, der sich rasch als die überragende Gestalt herauskristallisierte. Unterstützt wurden diese Prediger

Bild 9: Porträt von Jakob Sturm von Sturmeck (1489–1553).
Holzschnitt von Tobias Stimmer, 1577 in Straßburg veröffentlicht durch Bernhard Jobin (© Bibliothèque Nationale et Universitaire de Strasbourg)

vom Rat und anderen politisch einflussreichen Persönlichkeiten in der Stadt, wie dem Stettmeister Jakob Sturm (1489–1553). Der Rat trat 1524 an die Stelle des Bischofs als für das Kirchenwesen maßgebliche Instanz und setzte die Prediger in den städtischen Pfarreien ein. Die meisten Klöster wurden geschlossen und in jeder Pfarrgemeinde eine Schule errichtet. Die Messe wurde 1529 abgeschafft. Besonders bedeutend war Straßburg für die Entwicklung des protestantischen Kirchengesangs. Die Straßburger Gesangbücher wurden in evangelischen Kirchen vieler anderer Territorien benutzt. Die frühe reformatorische Entwicklung in Straßburg war für die Durchsetzung der Reformation insgesamt von großer Bedeutung, weil die Reichsstädte ihre Politik untereinander auf den Städtetagen abstimmten. Ebenso korrespondierten die reformatorischen Theologen miteinander.

Außer in Straßburg war die Reformation am Oberrhein nur noch in Konstanz so früh zum Erfolg geführt worden. Unter den weltlichen Herrschaften war es die Ritterschaft des Kraichgaus, die schon früh ein Interesse an kirchlichen Reformen bekundete. In den vorderösterreichischen Territorien wurde die evangelische Bewegung unterdrückt, gemäß dem Wormser Edikt Karls V. von 1521, das die Lehre Luthers verbot.

Der Bauernkrieg

Im Zusammenhang mit der Reformation steht der Bauernkrieg von 1524/25[9]. Er ist eine der nicht seltenen gewaltsamen Auseinandersetzungen zwischen Untertanen und Obrigkeiten im Spätmittelalter, denn auch schon früher hatte man sich auf das göttliche Recht berufen und damit gegen Rechtsminderung protestiert; desgleichen hatte es gelegentlich auch antiklerikale Spitzen gegeben. So war der Bauernkrieg zunächst eine politische Emanzipationsbewegung gegen den immer stärker werdenden obrigkeitlichen Zugriff, der sich für jeden ersichtlich bei den Einschränkungen in der Nutzung von Allmende, Wald, Gewässern und Weide, aber auch beim Wildschaden zeigte. Hinzu kam nun aber, dass die reformatorische Predigt vom Priestertum aller Gläubigen sprach und alle Christenmenschen als Brüder bezeichnete und sich auf die Heilige Schrift als Quelle des Glaubens und des göttlichen Rechts berief. Die Predigt von der Freiheit eines Christenmenschen wurde nicht selten als Befreiung von kirchlichen Auflagen und Vorschriften angesehen, zumindest erwiesen sich diese nun nicht mehr als unabänderlich. Der Bauernkrieg von 1524/25 stellt sich damit als ein Zusammenwirken der unterschiedlichsten Beweggründe dar.

Der Bauernkrieg war jedoch keine Gesamtbewegung, sondern gliederte sich in regionale Einzelaufstände. Den Anfang machte im Frühjahr und Sommer 1524 der Aufstand im Schwarzwald, in der Herrschaft des Klosters St. Blasien, und in Stühlingen in der Grafschaft Lupfen. Überall in Schwaben, Franken, im Elsass und in der Pfalz kam es zur Bildung von Zusammenschlüssen der Untertanen in verschiedenen Haufen, die damit ihren Forderungen Nachdruck verleihen wollten. Die verschiedenen elsässischen Haufen schlossen sich in Molsheim unter Erasmus Gerber als ihrem obersten Hauptmann zusammen. Auch hier wurden die in Memmingen im März 1525 entstandenen *Zwölf Artikel* als Programm angenommen. Das Grundprinzip dieser Artikel war die Berufung auf das göttliche Recht, die sich hier als biblische Begründung der Forderungen darstellte.

Die Obrigkeiten dachten freilich nicht an Verhandlungen, sondern schickten sich an, die Bewegung niederzuschlagen. Von verschiedenen elsässischen Herrschaften gerufen, besiegte Herzog Anton von Lothringen die Bauernhaufen bei Zabern und Schlettstadt. In Schwaben und Franken war es der Schwäbische Bund, der mit seinem Heer in verschiedenen Schlachten die Bauern unterwarf. Ebenso wie im Sundgau die österreichische Regierung hatte auch Kurfürst Ludwig von der Pfalz dann leichtes Spiel, zunächst die Untertanen des Speyerer Bischofs wieder zum Gehorsam zu zwingen und später das pfälzische Bauernheer bei Pfeddersheim zu besiegen.

Abendmahlsstreit, Täuferfrage und Straßburger Kirchenordnung

Gleichzeitig mit der Bauernerhebung trat ein theologisches Problem auf, das die Reformationsbewegung dauerhaft spaltete[10]. Luther wurde im Laufe des Jahres 1524 klar, dass in Oberdeutschland teilweise eine Auffassung vom Abendmahl vertreten wurde, die von der seinigen abwich. Der Urheber dieser Abendmahlslehre war Ulrich Zwingli in Zürich, ebenso aber auch Andreas Karlstadt, der zu dieser Zeit in Straßburg und Basel weilte. Sie erklärten das *est* in den Einsetzungworten als gleichbedeutend mit *significat* und verstanden somit das Abendmahl als zeichenhafte Handlung der Christengemeinde. In diesem Verständnis zeigt sich humanistisches Erbe, das auf Vergeistigung und Verinnerlichung abzielte, ebenso wie die Ablehnung der hergebrachten Wandlungslehre, die von Luther ebenfalls verworfen wurde.

Neben dem lutherischen und dem zwinglischen Abendmahlsverständnis bildete sich mit Straßburg als Zentrum eine oberdeutsche Abendmahlstheologie heraus, die zwischen den Gegensätzen zu vermitteln suchte[11]. Außer Martin Bucer war Ambrosius Blarer in Konstanz einer der namhaftesten Vertreter der Oberdeutschen. Nachdem sich der Abendmahlsstreit zwischen Luther und Zwingli nach 1526 ausgeweitet hatte, veranstaltete Landgraf Philipp von Hessen im Oktober 1529 in Marburg ein Religionsgespräch, an dem mit Zwingli auch Oekolampad, Bucer und Hedio, neben Luther auch Melanchthon, Osiander und Brenz teilnahmen. In einem Schlussprotokoll wurde die Einigkeit der Gesprächsteilnehmer in allen Punkten – außer in der Frage der Realpräsenz – dokumentiert. Diese Differenz führte jedoch dazu, dass Luther deswegen Zwingli nicht als christlichen Bruder anerkennen wollte.

Dieser Streit in der Abendmahlslehre setzte sich ein knappes Jahr später auf dem Augsburger Reichstag 1530 fort. Der Kaiser war hier persönlich anwesend, um selbst eine Lösung in der religiösen Frage zu finden. Er wollte die verschiedenen Meinungen anhören, weshalb von evangelischer Seite das Augsburgische Glaubensbekenntnis (*Confessio Augustana*) ausgearbeitet wurde. Der Verfasser war Philipp Melanchthon, der sich im Auftrag des Kurfürsten von Sachsen dieser Aufgabe unterzog. Auf dem Reichstag wurde dieses Bekenntnis vor allem von Kursachsen und Brandenburg-Ansbach vertreten, denen sich die beiden Reichsstädte Nürnberg und Reutlingen angeschlossen hatten. Straßburg konnte sich dieses Bekenntnis nicht zu eigen machen. Deshalb wurde von Martin Bucer und Wolfgang Capito ein eigenes Bekenntnis ausgearbeitet, das sogenannte Vierstädtebekenntnis (*Confessio Tetrapolitana*), das von Straßburg, Konstanz, Memmingen und Lindau unterzeichnet wurde. Von der Augustana unterschied sich die Tetrapolitana im Wesentlichen nur im Abendmahlsartikel. Sie nahm eine mittlere, die oberdeutsche Linie zwischen Zwingli und Luther ein, indem die Speisung der gläubigen Seele, nicht aber des Leibes vertreten wurde.

Eine weitere innerreformatorische Lehrdifferenz tat sich mit dem Auftreten der Täufer auf[12]. Bei den auch als Wiedertäufer, Anabaptisten oder Taufgesinnten bezeichneten Gruppen handelt es sich um eine verschwindend kleine Minderheit, die jedoch die

Bild 10: Porträt von Johannes Sturm (1507–1589). Holzschnitt von Tobias Stimmer (© Bibliothèque Nationale et Universitaire de Strasbourg)

Einheit von Kirche und Gesellschaft in Frage stellte und daher verfolgt wurde. In den kaiserlichen Dekreten von 1528/29 wurde für die Täufer deswegen sogar auf Todesstrafe erkannt.

Die erste Täufergemeinde entstand 1524/25 in Zürich. Es ging diesen Leuten um den Gehorsam gegen das Evangelium der Bergpredigt. Diesen Glaubensgehorsam wollten sie in der Nachfolge verwirklichen, in der Bildung einer heiligen Gemeinde, durch die sie sich von der Welt absonderten. Die Taufe setzte demnach den Glauben voraus, nämlich die bewusste Entscheidung für die Nachfolge Christi. Damit konnte es nur eine Erwachsenentaufe geben, die Kindertaufe wurde abgelehnt. Bereits diese Züricher Gruppe wurde verfolgt, was zur Flucht einzelner Mitglieder und damit zur weiteren Ausbreitung der täuferischen Lehre beitrug. Straßburg wurde durch die tolerante Haltung von Rat und Geistlichkeit zu einem Zentrum der Täuferbewegung, bis man von 1534 an eine strengere Linie einschlug. Spiritualisten (Kaspar Schwenckfeld, Sebastian Franck) und „Schwärmer" (Melchior Hoffmann) wurden ebenfalls eine Zeit lang toleriert. Straßburg wurde auch der Zufluchtsort von Hugenotten, die aus Frankreich vertrieben worden waren. Der prominenteste dieser Flüchtlinge war Johannes Calvin, der sich 1538–1541 in der Stadt aufhielt.

1534 war in Straßburg eine Kirchenordnung[13] erlassen worden, die Festlegungen hinsichtlich Verfassung, Liturgie und Lehre der evangelischen Kirche traf. 1538 wurde die Hohe Schule in Straßburg gegründet, die 1621 den Rang einer Universität erhielt. Gründungsrektor und langjähriger Leiter dieser Schule war Johannes Sturm (1507–1589)[14].

In jenen Jahren hatte die Straßburger Kirche ihre größte Ausstrahlung. Nicht zuletzt darauf ist es zurückzuführen, dass in den württembergischen Besitzungen um Colmar, in der Herrschaft Fleckenstein und in der Grafschaft Hanau-Lichtenberg um 1540 die Reformation durchgeführt wurde[15]. Martin Bucer verfasste die Kirchenordnungen von Ulm (1531) und Hessen (1539) und nahm auf die im Herzogtum Württemberg 1534 beginnende Reformation maßgeblichen Einfluss. Er war unermüdlich für einen Ausgleich zwischen der lutherischen und der oberdeutschen Theologie tätig. Dies führte zur Wittenberger Konkordie von 1536, wonach sich die Oberdeutschen an Luther anschlossen, jedoch mit Ausnahme von Konstanz und den Schweizern.

Schmalkaldischer Krieg, Interim und Augsburger Religionsfrieden[16]

Die Religionsfrage wurde in den 1540er Jahren auf Veranlassung des Kaisers und des Reichstags auf Religionsgesprächen behandelt. Es begann mit den Gesprächen von Speyer und Hagenau 1540 und von Worms im selben Jahr. 1541 fanden ein Reichstag und ein Religionsgespräch in Regensburg statt, ebenso 1546. Auf allen diesen Tagungen, ebenso im Schmalkaldischen Bund – dem 1531 von dem Landgrafen von Hessen und dem Kurfürsten von Sachsen gegründeten protestantischen Verteidigungsbündnis – spielte der Straßburger Stettmeister Jakob Sturm eine wichtige Rolle. Inzwischen hatte sich aber die politische Großwetterlage wesentlich verändert, da es dem Kaiser gelungen war, seine Stellung bedeutend zu stärken. Die seit Jahrzehnten schwelende Auseinandersetzung zwischen Habsburg und Frankreich wurde durch einen Feldzug des Kaisers, der durch den Frieden von Crépy 1544 abgeschlossen wurde, vorläufig ausgesetzt. Papst Paul III. (1534–1549) sicherte Karl V. vertraglich Unterstützung zu, sodass dieser 1546 dem Landgrafen von Hessen und dem Kurfürsten von Sachsen, den beiden Häuptern des Schmalkaldischen Bundes, den Krieg erklären konnte.

Zwischen den Heeren der beiden Gegner, die sich bei Donauwörth und Ingolstadt versammelt hatten, kam es zwar nicht zu einer Auseinandersetzung. Als aber Kursachsen aus dem habsburgischen Böhmen und Hessen von den Niederlanden aus bedroht wurde, zogen der Kurfürst und der Landgraf mit ihren Truppen ab. Die oberdeutschen Mitglieder des Schmalkaldischen Bundes waren daher dem Kaiser wehrlos ausgeliefert. Ulm ergab sich zuerst, dann alle übrigen Reichsstädte mit Ausnahme von Konstanz. Der Kaiser benutzte diese Gelegenheit, um von den Städten beträchtliche Kriegsentschädigungen einzutreiben.

Seinen Sieg im Schmalkaldischen Krieg konnte der Kaiser dazu nutzen, die religiöse Frage nach seinen Wünschen zu lösen. Auf dem Reichstag zu Augsburg 1548 wurde das Interim, eine Kirchenordnung für die evangelischen Reichsstände erlassen, die dadurch wieder zur katholischen Kirche zurückgeführt werden sollten. Besonders waren die reichsstädtischen Theologen vom Interim betroffen, da sie fast einmütig dagegen predigten und schrieben. Viele mussten deshalb auf Druck des Kaisers ihre Stellen verlassen und ins Exil gehen. So auch Martin Bucer, der nach England umzog, wo er bald darauf starb.

Nun erhob sich aber auch eine politische Gegenbewegung gegen die ungewohnte Machtstellung des Kaisers. Führer dieses Widerstands war Kurfürst Moritz von Sachsen, der im Frühjahr 1552 den sogenannten Fürstenkrieg gegen den Kaiser begann. Er hatte dafür auch ein Bündnis mit dem französischen König geschlossen und machte sich so den nach wie vor bestehenden Gegensatz Frankreichs gegen Habsburg zunutze. Kurfürst Moritz zog im Frühjahr 1552 durch Franken nach Schwaben, besetzte Augsburg und bedrohte den Kaiser in Innsbruck, der sich nunmehr zu Verhandlungen herbeilassen musste, die er jedoch seinem Bruder, König Ferdinand, überließ.

Die in Passau geführten Verhandlungen erbrachten einen Waffenstillstand, den Passauer Vertrag vom 2. August 1552, der den Protestanten im Reich die freie Religionsausübung zusagte. Die endgültige reichsrechtliche Duldung der evangelischen Konfession legte der in der Form eines Reichsabschieds verfasste Augsburger Religionsfrieden fest, der am 25. September 1555 publiziert wurde. Der Religionsfrieden bot keine individuelle Religionsfreiheit, vielmehr übertrug er die konfessionelle Entscheidung den Territorialherren. Der Religionsfrieden stellte damit keinen Abschluss der Reformation dar, vielmehr bot er weiterhin die Möglichkeit zur Durchführung der Reformation, besonders da, wo man seither aus politischen Rücksichten noch gezögert hatte. So wurde in der Markgrafschaft Baden-Durlach[17] 1556 die Reformation eingeführt, während man in der Baden-Badener Hälfte bei der alten Kirche blieb. Auch in der Kurpfalz[18] wurde die Reformation 1556 endgültig eingeführt, wobei der Straßburger Theologe Johann Marbach (1521–1581) als Berater tätig war. Auch das Elsass war nun zu einem Drittel evangelisch. Dazu gehörten die freien Städte zwischen Mülhausen und Weißenburg mit Straßburg an der Spitze; Hagenau war 1565/67 durch den württembergischen Theologen Jakob Andreae reformiert worden[19]. Protestantisch waren die württembergischen und die pfälzischen Gebiete, ebenso wie die Grafschaften Hanau-Lichtenberg und Nassau-Saarwerden und eine

Anzahl kleinerer Herrschaften. Zu beiden Seiten des Oberrheins war somit eine konfessionelle Mischsituation entstanden. Zur altgläubigen Kirche gehörten weiterhin die bischöflichen Territorien von Speyer, Straßburg und Basel, ferner Vorderösterreich[20] und die Markgrafschaft Baden-Baden[21].

Da die konfessionelle Entscheidung in die Hand der Obrigkeiten gelegt worden war, handelte es sich bei der Glaubensfrage auch um eine politische Frage, für deren Beantwortung nicht zuletzt die Machtverhältnisse entscheidend waren. Das galt insbesondere für die Oberrheinlande, die am Schnittpunkt der beiden konfessionellen Blöcke lagen, die zum einen durch Habsburg als der katholischen Vormacht gebildet wurden, zum anderen durch die Kurpfalz, die zu Beginn des 17. Jahrhunderts die Führung des protestantischen Lagers übernahm.

Dreißigjähriger Krieg[22]

Der Augsburger Religionsfrieden von 1555 hatte etliche Reibungspunkte und Fragen übrig gelassen, die den Ansatz für politische Spannungen zwischen den protestantischen Reichsständen einerseits und dem Kaiser und den katholischen Reichsständen andererseits boten. Gerade am Oberrhein mit seiner starken territorialen und damit auch konfessionellen Gemengelage musste sich dies besonders auswirken, sodass es schon vor 1618 zu konfessionellen Streitigkeiten und Machtproben kam.

1608 wurde unter Führung der Kurpfalz die protestantische Union gegründet, der vor allem süddeutsche Fürsten wie Brandenburg-Ansbach und -Kulmbach, Baden-Durlach und Württemberg angehörten. Später erfolgten noch weitere Beitritte, insbesondere etlicher Reichsstädte, wie Straßburg, Nürnberg und Ulm. Kursachsen und die norddeutschen Fürsten blieben diesem Bündnis jedoch fern. Direktor der Union war Kurfürst Friedrich IV. (1582–1610) von der Pfalz.

Von katholischer Seite wurde 1609 in München unter der Führung Bayerns als Gegenbündnis zur Union die Liga gegründet. Herzog Maximilian von Bayern (1598–1651) wurde Direktor dieses Bündnisses, dem die süddeutschen Bischöfe und katholischen Landesherren sowie die rheinischen geistlichen Kurfürsten beitraten.

Zu einer ersten Konfrontation zwischen den beiden Bündnissen kam es wegen der Festung Udenheim, die der Speyerer Bischof Christoph Philipp von Sötern (1610–1652) seit 1615 mit Unterstützung der Liga gebaut hatte. Von dieser Festung mussten sich die Kurpfalz und auch Württemberg bedroht fühlen, weshalb sie diese 1618 handstreichartig überfielen und die Festungswerke schleiften. Die Festung wurde aber wieder aufgebaut, war 1623 vollendet und wurde nach dem Bischof Philippsburg genannt[23].

Der Fall Philippsburg zeigt die Spannungen, die sich inzwischen aufgebaut hatten. Doch nicht Philippsburg, sondern die böhmische Frage bildete dann den Anlass, der den kriegerischen Konflikt auslöste. Die böhmischen Stände hatten am 26. August 1619 anstelle des von ihnen für abgesetzt erklärten Ferdinand II. (1619–1637) den Kurfürsten Friedrich V. von der Pfalz (1610–1623) zum König gewählt, weil der Habsburger die freie Religionsausübung verweigerte[24]. Der Pfälzer Kurfürst war verheiratet mit Elisabeth, der Tochter von König Jakob von England, besaß also einigen Rückhalt im protestantischen Westeuropa. Für die Union stellte sich nun die Frage, ob die Sache des Pfälzer Kurfürsten einen Bündnisfall darstellte. Letztlich hielt sich die Union aber in der böhmischen Frage zurück, sodass Friedrich weitgehend auf sich selbst gestellt blieb. Der Konflikt wurde dann durch die Niederlage Friedrichs in der Schlacht am Weißen Berge vor Prag am 8. November 1620 entschieden. Daraufhin löste sich die Union im Frühjahr 1621 auf, die Kurpfalz wurde durch Truppen des Kaisers und der Liga besetzt. Der letzte Widerstand, den Markgraf Georg Friedrich von Baden-Durlach (1604–1638) organisiert hatte, wurde in der Schlacht von Wimpfen am Neckar am 6. Mai 1622 gebrochen.

Das Kriegsgeschehen verlagerte sich jetzt nach Norddeutschland. Trotzdem gab es Kriegseinwirkungen am Oberrhein, nicht nur mit Durchmärschen von Truppen, sondern vor allem durch die inflationäre Münzverschlechterung der Kipper- und Wipperzeit[25]. Durch eine unerhörte Teuerung machte sich der Krieg im Lande bemerkbar. Hinzu kamen auch noch Epidemien und die Einquartierungen von Truppen, die sich aus dem Lande ernährten. Aus dem Kriegsgeschehen konnten sich nur die großen ummauerten Städte heraushalten; am Oberrhein lediglich Straßburg (vgl. Farbbild 15) und Mülhausen.

Nachdem die Feldzüge in Norddeutschland für Kaiser Ferdinand II. günstig verlaufen waren, erließ er 1629 das Restitutionsedikt, nach dem die reformierten Klöster an die Orden zurückgegeben werden sollten. Das Edikt wurde überall dort unverzüglich durchgeführt, wo sich, wie in vielen Territorien am Oberrhein, kaiserliche Einquartierung befand. Die evangelischen Reichsstädte wurden unterschiedlichen Maßnahmen ausgesetzt, die das Ziel hatten, sie wieder dem katholischen Kultus zuzuführen. Schon nach 1620 war der evangelische Gottesdienst in Schlettstadt, Hagenau und Colmar verboten worden. Wer evangelisch bleiben wollte, musste auswandern.

Als 1630 König Gustav Adolf von Schweden in den Krieg eintrat und nach seiner Landung an der pommerschen Ostseeküste bis zur Jahreswende 1631/32 nach Süddeutschland vordrang und 1632 auch das Elsass besetzte, war aus dem Dreißigjährigen Krieg ein europäischer Krieg geworden. Nun nahm auch Frankreich an den Auseinandersetzungen teil, um sich auf diese Weise aus der habsburgischen Umklammerung zu lösen, und schloss 1631 mit Schweden ein Bündnis. Die schwedische Vormacht in Süddeutschland brach jedoch in der Schlacht von Nördlingen 1634 zusammen. Der schwedische Heerführer Bernhard von Weimar hatte sich nach der Schlacht von Nördlingen auf das Elsass zurückgezogen, trat 1635 in französische Dienste und eroberte nach der Schlacht von Rheinfelden 1638 den Breisgau mit Freiburg und Breisach. Nun war auch den französischen Heeren unter Turenne und Condé der Weg nach Süddeutschland eröffnet. Nach dem Tod Bernhards 1639 übernahm Frankreich die Festungen Freiburg und Breisach. Die folgenden Jahre waren gekennzeichnet von planlosen Feldzügen, unter denen vor allem die Bevölkerung, gerade am Oberrhein, besonders zu leiden hatte[26].

Jahrelang wurde in Münster und Osnabrück wegen eines Friedensschlusses verhandelt[27]. Der 1648 geschlossene Frieden legte für den konfessionellen Besitzstand das Normaljahr 1624 fest, auch hinsichtlich der Klöster und Stifte. Das Restitutionsedikt wurde damit gegenstandslos. Das Reformationsrecht der Reichsstände blieb bestehen. Ging jedoch ein Landesherr zu einem anderen Bekenntnis über, durfte er seine Untertanen nicht zum Konfessionswechsel zwingen.

Vom Friedensschluss ausgenommen blieben die habsburgischen Erblande, in denen weiterhin das landesherrliche Reformationsrecht galt und der Protestantismus in der Folgezeit bis auf geringe Reste beseitigt wurde.

Schweden und Frankreich hatten schon früh Besitzansprüche geltend gemacht. An Frankreich kamen neben der Stadt Breisach nun die habsburgischen Hoheitsrechte über den Sundgau und die anderen vorderösterreichischen Besitzungen im Elsass und außerdem alle anderen Rechte, wie die Landgrafschaft im Ober- und Unterelsass und die Hoheitsrechte über die Zehn Städte, deren Reichweite jedoch in der Folgezeit unterschiedlich ausgelegt wurde. Außerdem erhielt Frankreich das Besatzungsrecht in Philippsburg.

Die Kriege Ludwigs XIV.[28]

Durch den Dreißigjährigen Krieg waren so gut wie alle Territorien am Oberrhein – teilweise bis auf weniger als ein Drittel des Vorkriegsstands – entvölkert worden. Diese Gebiete wurden nun das Ziel einer Zuwanderung aus der Schweiz und Oberschwaben. In den Territorien rechts des Rheins, die durch den Westfälischen Frieden wiederhergestellt worden waren, strebte man danach, die Ordnungen des 16. Jahrhunderts wieder aufzurichten. So ist es hier – mit Ausnahme des badischen Erbfalls 1771 – bis 1802 nicht mehr zu territorialen Veränderungen gekommen.

Links des Rheins machte sich in zunehmendem Maße die Oberherrschaft des französischen Königs geltend. Durchgesetzt wurde diese durch die Kriege, die Ludwig XIV. bis zum Frieden von Rastatt 1714 gegen seine Nachbarn führte. Die Oberrheinlande östlich des Rheins wurden wieder Kriegsschauplatz[29], das Elsass diente vor allem als Nachschubbasis.

Den Beginn machte der Holländische Krieg 1672–1678, in dem die Pfalz und Baden, aber auch das Elsass schwer in Mitleidenschaft gezogen wurden. Der französische Feldmarschall Turenne fiel 1675 bei Sasbach, und 1676 musste Frankreich die Festung Philippsburg preisgeben (siehe Farbbild 10), aber 1677 wurde Freiburg im Breisgau, 1679 auch Kehl von französischen Truppen besetzt. Das Umfeld dieser Festungen wurde weiträumig zerstört, um etwaigen Angreifern keinen Vorteil zu gewähren. Ludwig XIV. war 1673 persönlich ins Elsass gekommen, um die Städte der Dekapolis zu entfestigen; der Kriegsminister Louvois[30] ließ 1677 das Unterelsass verbrennen, wobei Hagenau und Weißenburg zerstört wurden. Der Frieden von Nimwegen 1678 beendete den Krieg. Frankreich erhielt die Städte der Dekapolis, verzichtete auf das Besatzungsrecht in Philippsburg, behielt aber die Festungen Hüningen und Freiburg.

Durch die darauf folgenden sogenannten Reunionen annektierte Frankreich die übrigen elsässischen Territorien, zuletzt 1681 Straßburg, das sich einer Belagerungsarmee ergeben musste[31]. Damit war das ganze Elsass unter französischer Hoheit[32]. Die Verwaltung dieser neuen Provinz wurde der der anderen Provinzen angepasst. Die Selbstverwaltung der einst freien Städte war zu Ende.

1688 ließ Ludwig XIV. seine Heere in die Kurpfalz einmarschieren, weil er wegen des Aussterbens des Hauses Pfalz-Simmern einen Teil der Pfalz als Erbe seiner mit dem Herzog von Orléans verheirateten Schwägerin beanspruchte. Zahlreiche Städte, wie Frankenthal, Worms,

Kurtze

Beschreibung

Der uralten/Chur-Pfältzischen Residentz-Stadt

Heydelberg/

Deren Ursprung/ und was in derselben besonderliches
und denckwürdiges geschehen und allda zu sehen gewesen/ auch
wie jüngsthin dieselbe und deren Innwohner/ durch des so genannten Christlichen Königs von Franckreich/ Ludwig des XIV. Unchristliche und mehr als
barbarische Behandelung und Tractament respectivè verstöret/ zernichtet
und zerstreuet/ So dann anbey/ wie der/ durch dessen Veranlaß
all dieses Unglück geschehen/ zur Straffe
gezogen worden.

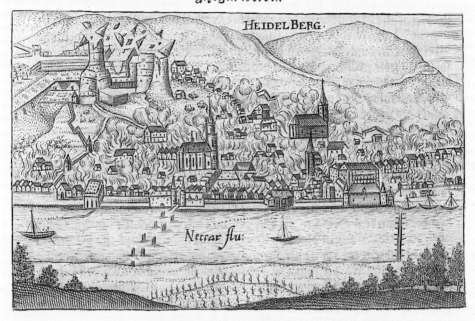

Gedruckt im Jahr 1693.

Bild 11: Flugblatt zur Zerstörung des Schlosses und der Stadt Heidelberg im Pfälzischen Erbfolgekrieg, 1693 (© Universitätsbibliothek Heidelberg)

Speyer, Heidelberg und Philippsburg wurden besetzt, französische Truppen drangen tief nach Schwaben und Franken ein, um Kontributionsgelder zu erpressen. Erst im folgenden Jahr konnte eine Gegenwehr organisiert werden. Auf ihrem Rückzug zerstörten die französischen Truppen systematisch die Pfalz mit Heidelberg und Mannheim, aber auch Reichsstädte wie Speyer und Worms, desgleichen badische Städte wie Pforzheim, Durlach, Ettlingen und Baden-Baden. Es fand sich nun auch eine europäische Koalition gegen Ludwig XIV. zusammen, sodass aus dieser Auseinandersetzung, die Orléansscher oder Pfälzischer Erbfolgekrieg genannt wird, wiederum ein europäischer Krieg wurde. Für die Oberrheinlande und für Südwestdeutschland überhaupt war 1693 ein besonders schweres Jahr, als zwei französische Heere im Land erschienen, die unter Führung des Dauphin bei Heilbronn eine Entscheidung erzwingen sollten. Der Plan misslang, die Franzosen mussten abziehen, hinterließen aber eine breite Spur der Zerstörung und erpressten überall Kontributionen. Vor allem dieser Feldzug ließ das Land östlich des Rheins verwüstet und entvölkert zurück.[33]

Im Frieden von Rijswijk 1697, der den Orléansschen Krieg beendete, musste Ludwig XIV. mit Ausnahme des Elsass und Straßburgs die seit 1679 getätigten Annexionen und Reunionen, desgleichen die Festungen Freiburg und Breisach zurückgeben. Die Reichsfürsten wie der Herzog von Württemberg, der Landgraf von Hessen-Darmstadt und der Pfalzgraf von Zweibrücken, die Besitzungen im Elsass hatten, mussten jedoch die Oberhoheit des französischen Königs anerkennen.

Der Orléanssche Krieg war nur der erste einer Reihe von Erbfolgekriegen, unter denen die Oberrheinlande zu leiden hatten, wenngleich das Elsass nun durch die von Vauban errichteten Festungen am Rhein von Hüningen bis Landau davon abgeschirmt wurde.

Der Spanische Erbfolgekrieg (1701–1714) spielte sich wieder teilweise am Oberrhein ab. Er war veranlasst durch das Aussterben der spanischen Dynastie der Habsburger, auf deren Erbe sowohl Ludwig XIV. als auch Kaiser Leopold I. Anspruch erhoben. Am Rhein lagen sich die kaiserlichen und die französischen Truppen gegenüber, die sich hin und wieder Gefechte lieferten. So konnte Breisach 1703, Freiburg 1713 von den Franzosen eingenommen werden. Die Bevölkerung wurde nun weniger durch kriegerische Aktionen in Mitleidenschaft gezogen, sondern zu umfangreichen Diensten, Lieferungen und Kontributionen verpflichtet, wodurch eine weitgehende Verarmung eintrat. Im Frieden von Rastatt 1714 gingen die beiden Breisgaufestungen wieder an Österreich zurück.

Vom Polnischen Erbfolgekrieg (1733–1735) wurden die Oberrheinlande weniger betroffen, doch war der Breisgau im Österreichischen Erbfolgekrieg (1740–1748) wiederum umkämpft, wobei Freiburg schließlich entfestigt wurde. Erst jetzt trat auch für die Oberrheinlande östlich des Stroms eine friedlichere Zeit ein, da sich Österreich und Frankreich im „Renversement des Alliances" (Umkehrung der Allianzen) 1756 miteinander verständigt hatten. Erst durch die Kriege der Französischen Revolution und Napoleons wurde diese Friedenszeit wieder unterbrochen.

Die Religionspolitik Ludwigs XIV.[34]

Innerhalb der französischen Provinzen nahm das Elsass eine kulturelle Sonderstellung ein. Nach wie vor wurde die deutsche Sprache gesprochen, sie blieb auch die Gottesdienstsprache der Lutheraner. Gleichwohl rückte das Französische als Verwaltungssprache nach und nach in den Vordergrund. Die Straßburger Universität genoss unter den deutschen Universitäten einiges Ansehen. Dazu trug besonders der Theologe Johann Conrad Dannhauer (1603–1666) bei, der Lehrer von Philipp Jakob Spener (1635–1705). Dieser war, in Rappoltsweiler geboren, der Sohn eines Beamten der Herren von Rappoltstein. Seine Bedeutung als Begründer des lutherischen Pietismus hat Spener freilich außerhalb des Elsass in Frankfurt am Main und in Berlin gewonnen[35].

Im Jahre 1685 widerrief Ludwig das Edikt von Nantes. Die Protestanten in Frankreich – die meisten von ihnen calvinistisch geprägte Reformierte – durften ihre Religion nicht länger ausüben. Daraufhin flohen viele Hugenotten aus Frankreich ins Ausland. Aber auch dort waren sie nicht immer sicher. 1698 zwang der Herzog von Savoyen die französischen Waldenser, die im Piemont Zuflucht gesucht hatten, unter Druck Ludwigs XIV. zur Auswanderung. Die Waldenser waren wie die Hugenotten calvinistisch geprägt, bildeten aber schon im Mittelalter eine als „ketzerisch" verfolgte Minderheit. Aufgenommen wurden die Waldenser 1699 vor allem im Herzogtum Württemberg und in der Landgrafschaft Hessen-Darmstadt. Sie bildeten in diesen lutherischen Territorien reformierte Gemeinden, die bis ins 19. Jahrhundert ihre französische Gottesdienstsprache pflegten. Schneller assimilierten sich die französischen Glaubensflüchtlinge, die sich seit 1699 in Pforzheim und Neureut ansiedelten[36].

Der Protestantismus im Elsass war durch den Westfälischen Frieden vor den Folgen der Widerrufung des Edikts von Nantes (1685)[37] durch Ludwig XIV. geschützt, doch gab es die verschiedensten Grade der Unterdrückung, wie die Bevorzugung der katholischen Konfession unter anderem durch die zwangsweise Einrichtung von Simultaneen in den seither evangelischen Kirchen und die alleinige Befähigung der Katholiken für öffentliche Ämter. 22 elsässische Dörfer gingen auf diese Weise zum Katholizismus über[38]. Viele protestantische Elsässer sahen sich deshalb zur Auswanderung gezwungen. Es wird angenommen, dass aus Straßburg in der Folgezeit rund 300 Familien ins Reich ausgewandert sind[39]. Kennzeichnend für die Religionspolitik Ludwigs XIV. ist auch, dass der Straßburger Bischofssitz von 1704 bis zur Revolution mit Mitgliedern des ursprünglich aus der Bretagne stammenden Hauses Rohan besetzt wurde.

Rastatt, Karlsruhe und die Vereinigung der badischen Markgrafschaften

Während das Elsass, geschützt durch den Festungsgürtel, nach dem Holländischen Krieg eine Friedensperiode genoss, waren die Oberrheinlande rechts des Stroms das Operationsgebiet der Heere in verschiedenen Kriegen. Zu der sich daraus ergebenden Verarmung der Bevölkerung steht das Repräsentationsbedürfnis der Regierenden in einem krassen Gegensatz. Der katholische Markgraf Ludwig Wilhelm von Baden-Baden, der sich in den Türkenkriegen den Namen „Türkenlouis" erworben hatte, übernahm 1693 das Kommando über die Truppen des Schwäbischen Kreises am Oberrhein, wo es ihm in der Folgezeit gelang, einen Durchbruch der französischen Truppen durch den Schwarzwald zu vereiteln. Ludwig Wilhelm konnte aber nicht verhindern, dass sein Land verwüstet wurde. Gleichwohl begann er 1697 in Rastatt mit dem Bau eines repräsentativen Schlosses im Stile von Versailles, das schon 1705 bezogen wurde. Nach dem Tod des Bauherrn wurden die Baumaßnahmen von seiner Witwe fortgeführt.

Die lutherische Markgrafschaft Baden-Durlach war in noch stärkerem Maße von den Kriegen Ludwigs XIV. betroffen, zumal die untere Markgrafschaft von Philippsburg aus gefährdet war und die in französischer Hand befindlichen Festungen Freiburg und Breisach, schließlich auch Kehl als Straßburger Brückenkopf, die untere von der oberen Markgrafschaft trennten. Die markgräfliche Familie fand Zuflucht in Basel. Zeichen einer friedlicheren Zeit war es, dass Markgraf Karl Wilhelm 1715 den Grundstein zu einer neuen Residenz Karlsruhe legte, deren Schloss 1719 bezogen werden konnte.

Eine weitere Residenzgründung am Oberrhein war Bruchsal, wo der Fürstbischof von Speyer, Damian Hugo von Schönborn (1719–1743) seit 1722 eine große Schlossanlage errichtete, die erst unter seinem Nachfolger Franz Christoph von Hutten (1743–1777) fertiggestellt wurde.

August Georg, der Sohn des „Türkenlouis", schloss 1765 mit dem Markgrafen Karl Friedrich (1746–1811) von Baden-Durlach einen Erbvertrag, wonach – im Fall ausbleibender Erben – Baden-Baden an Baden-Durlach übergehen sollte. Der Erbfall trat 1771 ein; die konfessionellen Unterschiede waren nun nicht mehr entscheidend. Markgraf Karl Friedrich hat sich als aufgeklärter Herrscher einen Namen in der Geschichte gemacht, der sein Land durch seine Reformen modernisierte. Der historische Glanzpunkt ist die Abschaffung der Leibeigenschaft 1783, wodurch nicht nur lästige Abgaben, sondern auch soziale Schranken fielen. Die vereinigte badische Markgrafschaft wurde von Karlsruhe aus regiert, die einstige Residenz Baden-Baden gewann dann im 19. Jahrhundert neue Bedeutung als europäischer Kurort.

2.3. Das lange 19. Jahrhundert

Französische Revolution und das Zeitalter Napoleons

Als das Volk von Paris am 14. Juli 1789 die Bastille stürmte, die Vorrechte des Adels abgeschafft, die Menschenrechte erklärt, die Klöster aufgehoben, das Kirchengut säkularisiert und eine Verfassung mit einer Volksvertretung als gesetzgebender Körperschaft errichtet wurde, mussten diese Vorgänge natürlich in erster Linie zuerst das Elsass betreffen, in zweiter Linie dann aber auch die östliche Seite des Oberrheins.

Das Elsass[40] wurde in der revolutionären Republik in die beiden Departements des Ober- und Unterrheins aufgeteilt; das Fürstentum Salm und die Grafschaft Nassau-Saarwerden, die noch zum Reich gehört hatten, wurden 1793 annektiert. Auch im Elsass sammelten sich die Anhänger der Revolution in Clubs. Die Revolutionsbegeisterten fanden sich vor allem im protestantischen Bürgertum, unter den Freimaurern, teilweise auch unter den Landbewohnern. Zu Beginn des

Wahre Abbildung des meyneidigen Priesters Eulogius Schneider, gebohren zu Bißelt 4 Stund von Dettel-
bach in Francken, 33. Jahr alt; wie solcher wegen seines über-müthig gehaltenen Einzugs mit 6. Pferten und
wegen Beschimpfung des Gesetzes zu Straßburg, zur öffentlichen Schau auf das Schaffot der Guillotine
aufgestellt worden. d. 15.Xbr. 1793.

Bild 12: Eulogius Schneider (1756–1794) kurz vor seiner Hinrichtung in Paris. Radierung von einem
unbekannten Künstler, 1793 (© Bibliothèque Nationale de France, Paris)

Ersten Koalitionskriegs (1792–1797) dichtete Rouget de Lisle die „Marseillaise" im Hause des
Straßburger Bürgermeisters Dietrich.

Der Krieg und der Sturz des Königtums bewirkten auch im Elsass eine Radikalisierung, wo
sich seit 1793 der jakobinische Terror ebenfalls austobte. Einer der Vollstrecker der Schreckensherrschaft war der Ex-Franziskaner Eulogius Schneider (1756–1794), der aus Franken
stammte und 1786–1789 Hofprediger des württembergischen Herzogs Karl Eugen gewesen war.
Er endete schließlich selbst unter der Guillotine[41]. Die Jakobinerherrschaft bildete auch eine
Bedrohung für die bis dahin gesprochene deutsche Sprache, da im revolutionären Frankreich
jede regionale Eigenheit ausgelöscht werden sollte. Auch die Religionsfeindlichkeit steigerte
sich nun, indem 1793 alle Kirchen in Straßburg, dann auch die auf dem Land geschlossen wurden. Diese Maßnahmen gingen einher mit einer Verfolgung der Geistlichen aller Konfessionen.
Der Sturz Robespierres 1794 wurde daher auch im Elsass mit Erleichterung aufgenommen.
Das Ergebnis dieser Revolutionsperiode war, dass das Elsass nun enger als je mit Frankreich
verbunden war.

Nachdem der Rhein jetzt die Grenze zu Frankreich bildete, musste gerade hier die kriegerische
Auseinandersetzung der Monarchien mit der Revolution, zunächst im Ersten Koalitionskrieg,

Bild 13: Die Revolutionsheere unter Jean-Victor Moreau (1763–1813) überqueren 1796 überraschend den Rhein bei Kehl. Stich von Martinet nach einer Zeichnung von Chollet
(© Bibliothèque Nationale et Universitaire de Strasbourg)

fühlbar werden. In Baden musterte man im Herbst 1791 die Mannschaft. Die von Goethe so genannte „Campagne in Frankreich" der Ersten Koalition 1792 scheiterte kläglich, im Gegenzug erschienen die französischen Heere jenseits des Rheins und besetzten Speyer, Worms und Mainz. 1796 erschienen die Revolutionsheere unter Moreau auch in Südwestdeutschland, wobei den nicht wenigen Anhängern der Revolution dort die Begeisterung rasch verging, als die Freiheit, Gleichheit und Brüderlichkeit verbreitenden Heere ebenfalls Kontributionen erhoben und Plünderungen verübten. Man war deshalb froh, dass der Frieden von Campo Formio 1797 dem ein Ende setzte, wenngleich dieser Friedensschluss Frankreich den Besitz des linken Rheinufers bestätigte.

Im Zweiten Koalitionskrieg 1799–1802 erschien Moreau 1800 abermals in Südwestdeutschland. Der Frieden von Lunéville 1801, der nun endgültig die französische Rheingrenze festlegte, brachte in Südwestdeutschland die territorialen Veränderungen in Gang, die das politische Profil dieses Raums für die nächsten anderthalb Jahrhunderte bestimmen sollten. Diejenigen Fürsten, die linksrheinische Gebiete an Frankreich abtreten mussten, sollten einen Ausgleich durch Zuweisung geistlicher Territorien und Reichsstädte erhalten. Dieser Entschädigungsplan, der sogenannte Reichsdeputationshauptschluss vom 25. Februar 1803, der – wie der Name sagt – von einem Ausschuss des Reichstags beschlossen wurde, aber vorher von den Großmächten Frankreich und Russland ausgehandelt worden war, wies den Begünstigten wesentlich mehr zu, als sie verloren hatten. Der seitherige Markgraf von Baden nahm den Titel eines Kurfürsten an. Die Kurpfalz verschwand von der Landkarte[42]. Durch die Rheingrenze fielen nämlich die linksrheinischen Teile der Kurpfalz an Frankreich, die seit 1794 das Departement Donnersberg bildeten, während die rechtsrheinischen Teile unter Baden, Leiningen, Hessen und Nassau-Usingen aufgeteilt wurden.

Bei der Dritten Koalition gegen Frankreich 1805 waren Bayern, Württemberg und Baden an der Seite Frankreichs. Da Napoleon bei Ulm und dann bei Austerlitz die Österreicher und die Russen besiegte, gehörten die drei süddeutschen Staaten zu den Gewinnern. Durch den Frieden von Pressburg 1805 erfolgten weitere territoriale Veränderungen, die als Mediatisierung bezeichnet werden. Es handelte sich dabei um die Einverleibung der Territorien der „mindermächtigen Herrschaften" in die nun entstandenen süddeutschen Mittelstaaten Baden, Württemberg, Hohenzollern und Bayern. Aus dem seitherigen Kurfürsten von Baden wurde ein Großherzog. Sein Land, das gegenüber der Markgrafschaft um das Fünffache wuchs, war nun am Oberrhein bis Mannheim der alleinige Nachbar Frankreichs, nachdem der Breisgau durch den Pressburger Frieden zu den Landen des Großherzogs gekommen war. Auch Baden trat dem 1806 unter dem Protektorat Napoleons gegründeten Rheinbund bei. Kaiser Franz II. legte die römisch-deutsche Kaiserwürde nieder, das Reich fand damit sein Ende.

Die Schaffung der süddeutschen Mittelstaaten war das Werk Napoleons, der damit die aus dem Mittelalter überkommene Zersplitterung dieses Raums beendete. Er hat dies freilich nicht selbstlos unternommen, sondern um mit dem 1806 gegründeten Rheinbund hinreichend mächtige Verbündete für seine weiteren Kriege zu haben. Badische Soldaten kämpften gegen Preußen, in Spanien und gegen die Tiroler. An Napoleons Russlandfeldzug 1812 nahmen fast 7.000 badische Soldaten teil, von denen nur noch ein Fünftel wieder deutschen Boden betrat.

Links des Rheins machte sich der napoleonische Zentralstaat mit dem Zwang zur Angleichung des Elsass an das übrige Frankreich in vieler Hinsicht bemerkbar. Wichtige Veränderungen, die auch heute noch weitgehend Gültigkeit haben, erfolgten auf kirchlichem Gebiet [43]. Nachdem das kirchliche Leben durch die Revolution weitgehend zum Erliegen gekommen war, schloss der Erste Konsul Bonaparte 1801 mit dem Papst ein Konkordat ab. Demnach verzichtete die Kirche auf die säkularisierten Güter, der Staat hingegen sicherte den Pfarrern einen angemessenen Unterhalt zu.

Für die Protestanten waren die 1802 erlassenen Organischen Artikel maßgebend. Die Pfarrer wurden nun Staatsbeamte, die lutherische Kirche im Elsass erhielt eine hierarchische Organisation mit 27 Konsistorialkirchen (seit 1852: 40) mit je 6.000 Mitgliedern, sechs Inspektionsbezirken und einem Generalkonsistorium. Diese Ordnung beraubte die Gemeinden ihres Rechtsstatus, die Mitglieder des Konsistoriums wurden aus den Kreisen der Notabeln, der Höchstbesteuerten, genommen. Durch eine 1852 vorgenommene Reform wurden damit geschaffene Missstände beseitigt, Kirchengemeinderäte wurden zugelassen, und die Mitgliedschaft im Konsistorium hing nicht mehr vom Besitz ab. Die reformierte Kirche wurde in die vier Konsistorien Straßburg, Bischweiler, Markirch und Mülhausen aufgeteilt.

In Baden war es vor allem in der ersten Hälfte des 19. Jahrhunderts Aufgabe der Innenpolitik, die Integration so vieler Landesteile mit unterschiedlicher geschichtlicher Herkunft, die zugleich auch die konfessionelle Orientierung bestimmte, zu bewerkstelligen. Zwei Drittel der Bevölkerung Badens in jener Zeit waren Katholiken. Wie in den übrigen deutschen Ländern strebte man danach, die kirchliche Organisation der staatlichen anzupassen. Die südwestdeutschen Staaten erreichten 1821 die Gründung der Oberrheinischen Kirchenprovinz unter dem Erzbischof von Freiburg, zu der die Bistümer Rottenburg, Mainz, Limburg, Fulda und das Erzbistum Freiburg gehörten, und die die Territorien Baden, Hohenzollern, Württemberg, Hessen-Darmstadt, Nassau, Frankfurt am Main und Hessen-Kassel umfasste. Baden und Hohenzollern bildeten die Erzdiözese Freiburg. Die badischen Lutheraner und Reformierten vereinigten sich 1821 durch eine Generalsynode zu einer protestantischen Kirche des unierten Typs.

Vom Wiener Kongress zum Frankfurter Frieden[44]

Die endgültige Niederlage Napoleons bei Waterloo und der Wiener Kongress 1815 schufen eine neue europäische Ordnung. An den politischen Verhältnissen am Oberrhein änderte sich nur dies, dass nun Teile der alten Kurpfalz links des Rheins mit Landau an Bayern kamen (siehe Farbbild 11a) und fortan den Rheinkreis mit der Hauptstadt Speyer (Farbbild 9) bildeten. Auf dem Territorium des Rheinkreises wurde 1821 das Bistum Speyer eingerichtet (Farbbild 8) sowie die unierte evangelische Kirche der Pfalz[45].

Der Kongress hatte das 1806 untergegangene Reich nicht wiederhergestellt, vielmehr waren die deutschen Staaten souverän und nur lose im Deutschen Bund zusammengeschlossen. Für die süddeutschen Staaten war Baden das Transitland nach Frankreich. Das Großherzogtum zögerte deshalb lange, an den kurz nach 1815 einsetzenden Bestrebungen einer Zollunion der deutschen Staaten teilzunehmen. Erst 1836 trat Baden dem Zollverein bei, was sich bei den Zolleinnahmen und vor allem durch den Beginn einer industriellen Entwicklung des Landes positiv bemerkbar machte.

Die Oberrheinlande, das Elsass, Baden und die Pfalz, machten zwischen 1815 und 1870 eine gleichartige Entwicklung durch[46]. Dazu gehört das Bevölkerungswachstum, das auf beiden Seiten des Rheins zu einer bedeutenden Auswanderungsbewegung führte, vor allem nach Nordamerika, da die landwirtschaftliche Fläche keine ausreichende Existenzgrundlage mehr bot. Diese Auswanderung wurde durch Fehljahre wie 1816, 1845 und 1847, die unweigerlich zu Hungerkrisen führten, beschleunigt. Als Alternative ergab sich auf beiden Seiten die Industrialisierung. Im Oberelsass entwickelte sich bereits in den vierziger Jahren eine bedeutende Textilindustrie, in geringerem Maße auch die Metallwarenfabrikation. In Baden hingegen setzte eine richtige Industrialisierung erst nach 1871 ein.

Als Grenzfluss mit entsprechenden Zollschranken hatte der Rhein seine frühere wirtschaftliche Bedeutung für den Austausch zwischen beiden Seiten des Stroms verloren. Die im Elsass und in Baden seit den 1840er Jahren gebauten Eisenbahnverbindungen, die parallel zum Rhein verliefen, verstärkten dies noch. Die Nähe zu Frankreich machte sich aber dadurch bemerkbar, dass man 1830 befürchtete, der Funken der Julirevolution in Paris könne auch auf

Baden überspringen. Dies war freilich nicht der Fall. In der Pfalz kam es unter dem Einfluss der Julirevolution auf dem Hambacher Schloss 1832 zu einer großen Freiheitskundgebung, dem Hambacher Fest, auf dem man die Einigung Deutschlands und Europas forderte.

Der Februaraufstand in Paris 1848 gab dann besonders für Baden das Signal zu Kundgebungen und Versammlungen im ganzen Land. Die nunmehr geforderten bürgerlichen Freiheiten wie Abschaffung der Zensur, Bürgerbewaffnung durch Aufstellung von Bürgerwehren und Einrichtung von Geschworenengerichten wurden von der Regierung im März bewilligt. Über allem stand jedoch der Ruf nach der deutschen Einheit. Friedrich Hecker und Gustav Struve wollten diese Einheit in einer deutschen Republik verwirklichen. Diese sollte durch einen Marsch auf Karlsruhe, der in der Bodenseegegend begann, herbeigeführt werden. Diese revolutionäre Bewegung scheiterte jedoch, da man sie mit militärischen Mitteln beendigte.

Im Frühjahr 1849 wurde, gestützt auf das meuternde badische Militär, in Karlsruhe eine provisorische republikanische Regierung gebildet, sodass Großherzog Leopold (1830–1852) nach Frankfurt ins Exil gehen musste. Auch in der Pfalz wurde im Mai 1849 ein Aufstand gegen die bayerische Regierung organisiert, mit dem Ziel der Schaffung einer Pfälzischen Republik. Doch bald rückten preußische Truppen unter dem Oberbefehl des Prinzen Wilhelm, des nachmaligen Kaisers Wilhelm I., in die Pfalz und in Baden ein und schlugen die Revolution nieder. Auch die von den Aufständischen besetzte Festung Rastatt konnte nicht lange gehalten werden und musste sich ergeben. Eine Reihe von Revolutionären wurde hingerichtet, viele retteten sich ins Ausland. Das ganze Land war bis 1852 unter Ausnahmerecht gestellt, das von der preußischen Besatzung aufrechterhalten wurde.

Bild 14: Pfarrer Karl Klein (1838–1898), der Autor der Fröschweiler Chronik (Aus: Karl Klein, Fröschweiler Chronik, 32. Aufl., München 1913)

Die „deutsche Frage" blieb aber im Raum. Sie tauchte wieder auf, als man während des Krimkriegs (1853–1856) die Gefahr sah, dass die deutschen Staaten in die kriegerischen Verwicklungen hineingezogen wurden, weil es an einer einheitlichen außenpolitischen Linie fehlte. Dieselbe Frage stellte sich beim Italienischen Einigungskrieg 1859, in dem man sich zumindest in Baden und in der Pfalz auf der Seite Österreichs sah, dem durch die französischen Truppen schwere Niederlagen zugefügt wurden. Im Krieg von 1866 stand Baden ebenfalls auf der Seite Österreichs. Die Kämpfe der verbündeten badischen, württembergischen und bayerischen Truppen an Main und Tauber gegen die Preußen verliefen für die Süddeutschen allesamt unglücklich. Ergebnis dieses Krieges war die Auflösung des Deutschen Bundes und die Gründung des Norddeutschen Bundes unter Führung Preußens. Baden und Preußen schlossen nun ein Bündnis, das beide Partner verpflichtete, sich gegenseitig im Kriegsfall ihr Heer zur Verfügung zu stellen.

Die Krise im französisch-preußischen Verhältnis 1870 kam für Baden überraschend. Napoleon III. war gegen die Kandidatur eines Hohenzollernprinzen für den spanischen Thron. Der französische Gesandte verlangte deshalb von dem in Bad Ems weilenden König Wilhelm die Zusage, dass er dieser Kandidatur nicht zustimmen werde. Diese Forderung gab Bismarck in seiner „Emser Depesche" in verschärfter Form an die Presse, wonach das französische Verlangen als Zumutung erschien, die der König ablehnen musste. Frankreich antwortete am 19. Juli mit der Kriegserklärung an Preußen.

Die süddeutschen Staaten stellten sich sofort an die Seite Preußens. Man rechnete allerdings fest mit einem Einmarsch der französischen Heere nach Baden und Württemberg. Die Erinnerungen an die Zeiten der Revolution und Napoleons waren noch frisch. Zudem hatte ja Frankreich den Krieg erklärt und musste demnach auch kriegsbereit sein. Man wurde in Südwestdeutschland erst zuversichtlicher, als der erwartete französische Einmarsch ausblieb. Hingegen wurde das benachbarte Elsass Kampfgebiet, vor allem mit den Schlachten von Weißenburg und Wörth am 4. und 6. August 1870.

Karl Klein (1838–1898), von 1867 bis 1882 lutherischer Pfarrer des Dorfes Fröschweiler, das im Zentrum der Schlacht von Wörth lag, gibt in seiner vielgelesenen und bis 1914 in drei Dutzend Auflagen erschienenen *Fröschweiler Chronik*[47] anrührende Schilderungen der Ereignisse vor, während und nach der Schlacht. Bemerkenswert ist, dass sich unter der elsässischen Bevölkerung so gut wie keine Parteinahme für Preußen findet, vielmehr ist man gewiss, dass die prächtigen Soldaten Napoleons III. diese Probe glänzend bestehen werden.

Die Schlachten von Weißenburg und Wörth hatten mit ihren von Pfarrer Klein so deutlich geschilderten Verwüstungen eine ländliche Region des Elsass betroffen. Doch auch die Stadt Straßburg hatte in diesem Krieg schwer zu leiden, denn nach dem Sieg von Wörth wurde dem preußischen General August von Werder (1808–1887) befohlen, gegen Straßburg vorzugehen. Straßburg war zu der Zeit immer noch eine der stärksten französischen Festungen. Da Werder eine lange Belagerung vermeiden wollte, ließ er die Befestigungen und die Stadt mit Artillerie beschießen. Diese Beschießung verursachte starke Schäden, auch am Münster. Durch einen Brand wurde die Stadtbibliothek mit ihren mittelalterlichen Manuskripten und wertvollen Büchern zerstört. Trotz der Bitten des Bischofs und der Bevölkerung wurde die Stadt von dem

Bild 15: Infolge der deutschen Beschießung im August 1870 brannte der Temple Neuf von Straßburg völlig aus. In dieser ehemaligen Dominikanerkirche war die Stadtbibliothek untergebracht. Zahlreiche wertvolle Bücher und Handschriften gingen verloren. (© Bibliothèque Nationale et Universitaire de Strasbourg)

Kommandanten, General Jean Jacques Uhrich, nicht übergeben, da er immer noch auf Entsatz hoffte. Erst mit dem Bekanntwerden der französischen Niederlage in der Schlacht von Sedan am 2. September zerschlug sich diese Hoffnung. Doch erst nachdem zahlreiche Befestigungsanlagen zerstört waren, wurde die Stadt nach sechswöchiger Belagerung am 28. September übergeben[48].

Durch den Frieden von Frankfurt vom 10. Mai 1871 kam das Elsass mit Ausnahme von Belfort, dazu Teile von Lothringen an das Deutsche Reich (siehe Farbbild 11b). Im Wesentlichen folgte die neue Grenzziehung der französisch-deutschen Sprachgrenze, wenngleich auch nicht selten strategische Gesichtspunkte maßgebend waren. Wer von den Bewohnern Franzose bleiben wollte, konnte innerhalb eines bestimmten Zeitraums für Frankreich optieren, d.h. unter Mitnahme seines Vermögens auswandern. Viele Elsässer, die Angaben schwanken zwischen 50.000[49] und 130.000[50], nahmen diese Möglichkeit wahr, zweifellos ein schwerer Verlust für das Land.

Pfarrer Klein zeigt in seiner *Fröschweiler Chronik* die verschiedenen Einstellungen zu diesem Gang der Geschichte. Er selbst gehört zu denen, die sich in die Veränderungen schickten und darin die Vorsehung Gottes erkannten, „der Krieg und Frieden schafft und sein Reich durch

Gericht und Gnade auf Erden baut. Viele unter ihnen trennen sich mit Wehmuth, mit aufrichtigem Schmerz vom alten Adoptiv-Vaterland. Sie haben Frankreichs Volk und Sprache, Sitten und Eigenschaften kennen und lieben gelernt – und fürwahr! es ist dort noch mehr Schönes, Edles und Gutes, als man früher glaubte."

Der vereinigte Oberrhein 1871–1918

Aus Elsass-Lothringen[51] wurde nun nicht etwa ein weiterer Bundesstaat des neuen Reichs, sondern ein Reichsland, regiert durch die Spitze des Reichs, Kaiser und Reichskanzler, vertreten durch einen Oberpräsidenten. Diese Sonderstellung musste zweifellos als ein Zeichen des Misstrauens empfunden werden, doch hatten alle Flächenstaaten des Reichs eine monarchische Spitze, nur die Stadtstaaten waren republikanisch verfasst, wie es Elsass-Lothringen hätte sein können. Seit 1874 stand ein Statthalter an der Spitze des Reichslandes. Erst 1911 wurde ein Landtag eingerichtet, dem das Gesetzgebungsrecht und das Budgetrecht zukam.

Die elsässische Wirtschaft musste sich umorientieren. Sie hatte den französischen Markt verloren und musste sich jetzt im deutschen zurechtfinden. Doch es entstanden auch neue Industriezweige, Landwirtschaft und Weinbau nahmen einen Aufschwung. Nicht zuletzt durch die Zuwanderung aus dem Reich wuchsen vor allem die Städte. In Straßburg wurden in großzügiger Planung neue Stadtviertel angelegt. Am Kaiserplatz wurde 1883–1888 der Kaiserpalast errichtet[52]. An Kaiser Wilhelm II. erinnert im Elsass auch die Hohkönigsburg, die dem Kaiser 1899 von der Stadt Schlettstadt geschenkt worden war. Wilhelm II. ließ die Burg, die noch heute viel besucht wird, 1901–1908 durch den Architekten und Burgenforscher Bodo Ebhardt wiederherstellen.

Das Deutsche wurde die Sprache der Verwaltung und der Schulbildung, doch behielt das Französische seinen Platz in der katholischen Kirche und in der Oberschicht, wo man die feine Pariser Lebensart zum Vorbild nahm. Die kaiserliche Universität Straßburg wurde 1872 gegründet und nahm mit einer bedeutenden Bibliothek eine beachtliche Entwicklung. Die Kirchen stellten sich unterschiedlich auf die neue Lage ein. Die Katholiken pflegten lange die Verbindung nach Frankreich, bis die radikale Trennung von Kirche und Staat in Frankreich 1905 abschreckend wirkte. Die Lutheraner, jedoch nicht die Reformierten, waren eher bereit, sich mit den neuen Verhältnissen abzufinden.

Trotz allem blieb für Frankreich die Elsass-Lothringen-Frage offen, auch im Land selber hatte man sich damit nicht vollständig abgefunden, wie die Zaberner Affäre 1913 zeigt, als ein junger Leutnant die elsässische Bevölkerung beleidigte und Demonstrationen unrechtmäßige Reaktionen des Militärs hervorriefen.

In Baden[53] war man seit Juli 1870 für einen Anschluss Elsass-Lothringens gewesen, weil man in den politischen Krisen des 19. Jahrhunderts die unmittelbare Nachbarschaft Frankreichs als bedrohlich empfinden musste. Großherzog Friedrich I. (1852–1907) war dann auch derjenige, der bei der Reichsgründung am 18. Januar 1871 im Spiegelsaal von Versailles seinen Schwiegervater, König Wilhelm I. von Preußen, zum Deutschen Kaiser ausrief. Baden war damit Teil des Deutschen Reiches und kein Grenzland mehr. Zu der seit 1861 bestehenden Eisenbahnbrücke

Kehl-Straßburg kamen 1878 drei weitere Verbindungen, nämlich Breisach-Colmar, Müllheim-Neuenburg-Mülhausen und Haltingen-Hüningen.

Innenpolitisch war in Baden die Zeit unmittelbar nach 1870/71 durch den „Kulturkampf" gekennzeichnet, die Auseinandersetzung des Staates mit der katholischen Kirche, in dem es zunächst um die Schulfrage ging, da der Staat die Konfessionsschulen durch Simultanschulen ersetzte, dann um die Priesterausbildung und die Aufsicht über die kirchlichen Stiftungen. Das päpstliche Unfehlbarkeitsdogma von 1870 hatte die Abspaltung der Alt-Katholiken bewirkt, die in Baden eine ansehnliche Stärke erreichten, sodass sie vom Staat der römisch-katholischen Kirche rechtlich gleichgestellt wurden (siehe unten S. 187ff.). Der badische Kulturkampf glich dem preußischen durchaus, konnte aber 1876 beigelegt werden.

In der Zeit nach 1870/71 wurde auch in Baden der gewerbliche und industrielle Sektor zur wichtigsten Erwerbsquelle. 1862 war die Gewerbefreiheit eingeführt worden, die dem hergebrachten Zunftzwang ein Ende machte. Die industrielle Verdichtung konzentrierte sich nicht nur um die alten Zentren Karlsruhe und Pforzheim, sondern vor allem im Rhein-Neckar-Raum. Hinzu kam die chemische Industrie am Hochrhein. Von Bedeutung war die Textilindustrie, die auch Seiden- und Wollverarbeitung umfasste. Die traditionelle Uhrenfertigung im Schwarzwald tat sich jedoch nicht leicht mit der Umstellung auf eine industrielle Produktionsweise. Der Maschinenbau in Karlsruhe und Mannheim profitierte von der raschen Entwicklung des Eisenbahnwesens. Karlsruhe wurde der bedeutendste Standort für die Nähmaschinenherstellung in Deutschland. In Mannheim entwickelte sich die Elektroindustrie und die Herstellung von Verbrennungsmotoren. Mannheim und Ludwigshafen wurden der größte Standort von Mühlenbetrieben auf dem Kontinent. Von großer Bedeutung war auch die badische Tabakindustrie.

Der Erste Weltkrieg

Der Spannungszustand in Europa, der sich durch die Rüstungen auf allen Seiten aufgebaut hatte, wurde im Sommer 1914 durch das Attentat auf den österreich-ungarischen Thronfolger in Sarajewo akut verschärft und führte binnen weniger Wochen zum Krieg. Am 3. August erklärte Deutschland Frankreich den Krieg.

In der Militärorganisation des Reichs bildete Elsass-Lothringen das XV. Armeekorps mit dem Generalkommando in Straßburg. Etwa 250.000 Wehrpflichtige aus dem Reichsland waren deshalb im Ersten Weltkrieg unter den deutschen Truppen. In der französischen Armee dienten rund 17.000 freiwillige Elsässer, von denen sich im Juli 1914 etwa 3.000 auf die französische Seite begeben hatten.

Anders als 1870 wurde nun das Oberelsass Kampfgebiet[54]. Die französische Armee drang aus Belfort hier ein und besetzte Mülhausen und Thann, konnte aber nach den Kämpfen im August 1914 nur Thann und Dammerkirch halten. Die sich bald verfestigende Frontlinie verlief dann auf den Vogesenhöhen, die vor allem 1915 schwer umkämpft waren. Besonders der Hartmannsweilerkopf hat für diesen Teil des Kriegsgeschehens eine symbolische Bedeutung bekommen. Die Einwohner in unmittelbarer Frontnähe mussten – ebenso natürlich auf der französischen Seite – ihre Wohnplätze verlassen und anderwärts eine Unterkunft finden. Das Grollen der Front war nicht nur im Elsass die tägliche Begleitmusik der vier Kriegsjahre, sondern ebenso auf der anderen Seite des Rheins und jenseits des Schwarzwaldes. Insgesamt werden im Elsass rund 35.000 Opfer des Ersten Weltkriegs gezählt.

Auch rechts des Oberrheins lastete der Krieg in zunehmendem Maße schwer auf den Menschen. Die ungeheuren Verluste hatten die wenigsten erwartet, auch nicht die lange Dauer des Krieges. Zunehmend gab es Versorgungsschwierigkeiten, die 1917 in Mannheim zu einem Warnstreik führten. Die ersten Luftangriffe dieses Krieges trafen badische Städte. Die badischen Verluste des Ersten Weltkriegs werden auf rund 62.000 Tote beziffert, die Zahl der Verwundeten belief sich auf das Doppelte.

Die Erkenntnis, dass Deutschland diesen Krieg nicht gewinnen konnte, kam zu spät. Sie zeigte sich zunächst in der Abdankung des Kaisers und sämtlicher Monarchen, auch des badischen Großherzogs. Das Deutsche Reich wurde eine Republik, auch die Bundesstaaten wie Baden gaben sich eine republikanische Staatsform.

Die jahrelangen mannigfachen Belastungen durch den Krieg ließen den Waffenstillstand am 11. November 1918 als Befreiung erscheinen. Das Elsass wurde von französischen Truppen besetzt, und im Vertrag von Versailles 1919 kam Elsass-Lothringen auch formell wieder an Frankreich. Ebenso wie 1871 hat man auch 1919 eine Befragung der Betroffenen nicht für nötig erachtet.

2.4.   Das 20. Jahrhundert

Zwischen den Weltkriegen

In Frankreich hatte man die Veränderungen, insbesondere die wirtschaftliche Entwicklung, die im Elsass in den Jahrzehnten der Zugehörigkeit zu Deutschland stattgefunden hatte, kaum wahrgenommen[55]. Die Selbstverwaltung auf allen Ebenen, die ja schließlich auch 1911 zur Wahl eines Landtags geführt hatte, widersprach dem französischen Zentralismus und wurde abgeschafft. Vor der Angleichung der Unterschiede in der rechtlichen Stellung der Kirchen im Elsass schreckte man letztlich zurück, um die Kirchen nicht in die Arme der Autonomiebewegung zu treiben[56].

Die französische Sprache wurde die Sprache der Verwaltung, der Rechtsprechung und des Bildungswesens. Durch die möglichst weitgehende Zurückdrängung der deutschen Sprache kam auch der elsässische Dialekt in Misskredit. Dies hatte schließlich Folgen für die Straßburger Universität, für die Kirchen und nicht zuletzt für den Zusammenhalt der Bevölkerung, die durch die Sprachenpolitik in zwei Lager gespalten wurde.

„Commissions de triage" (Sichtungskommissionen) teilten die Bewohner des Elsass in vier Kategorien A–D ein. Besitzer des „A-Kärtle" waren solche, deren Eltern und Großeltern in Elsass-Lothringen oder deren Eltern in Frankreich geboren waren. Den D-Ausweis erhielten Personen, deren Eltern Deutsche waren, auch wenn sie im Elsass geboren waren. Diese wur-

Bild 16: Robert Wagner (1895–1946), vorne in der Mitte, Reichsstatthalter und Gauleiter der NSDAP, vor dem alten Karlsruher Bahnhof um 1940 (© Stadtarchiv Karlsruhe: Alben 90/10)

den als „Reichsdeutsche" ausgewiesen, wobei die Angaben wiederum erheblich schwanken. Im Allgemeinen wird die Zahl von 130.000 angenommen[57]. Die „Reichsdeutschen" durften aber – anders als die Optanten von 1871 – nur wenige Habseligkeiten mitnehmen. Wie nach 1871 gingen nicht wenige freiwillig, doch dieses Mal auf die andere Seite des Rheins. Darunter waren auch viele Intellektuelle, was einen weiteren Aderlass für das Elsass bedeutete. Diejenigen, die aus dem deutschen Kriegsdienst heimkehrten, bekamen jahrelange Benachteiligung zu spüren.

Für die Wirtschaft bedeutete der Wiederanschluss des Elsass an Frankreich eine Umstellung auf den französischen Markt. Gleichwohl waren die zwanziger Jahre eine Zeit wirtschaftlicher Blüte. Die Kali-Industrie wuchs zu großer Bedeutung, ebenso die Elektrizitätsproduktion mit den damit verbundenen Industriezweigen durch die 1932 fertiggestellte Staustufe von Kembs. Der Versailler Vertrag hatte Frankreich nämlich die gesamte Wasserkraft des Rheins zugesprochen. Doch von 1929 an machte sich die Weltwirtschaftskrise durch eine hohe Arbeitslosigkeit auch im Elsass bemerkbar.

Die Verhältnisse in Baden und der Pfalz waren ganz erheblich belastet durch die Bestimmungen des Versailler Vertrags[58]. Vom Dezember 1918 bis Juni 1930 war die Rheinpfalz von französischen Truppen besetzt. 1923 wurde wegen ausbleibender Reparationszahlungen nicht nur das Ruhrgebiet besetzt, vielmehr weiteten die französischen Truppen den Brückenkopf Kehl aus, besetzten Offenburg und Appenweier und sperrten den Bahnverkehr auf der Linie Karlsruhe – Basel. Besetzt wurden auch die Rheinhäfen Mannheim und Karlsruhe. Der Verkehr und damit die Wirtschaft waren weitgehend lahmgelegt, die Inflation in Deutschland stieg in unvorstellbare Höhen. Durch die Schaffung der Rentenmark (1 RM = 1 Billion Papiermark) zum 15. November 1923 wurde der Inflation ein Ende gesetzt, und die wirtschaftliche Lage begann sich zu entspannen. Eine entscheidende Wende der Lage zum Besseren war freilich nicht in Sicht, da die Reparationszahlungen noch bis 1988 weitergehen sollten.

Die Weltwirtschaftskrise 1929 brachte die Wirtschaft und die öffentlichen Hände um jeden Kredit. Die Folge war eine stetig steigende Arbeitslosigkeit. Mit dieser Entwicklung ging auch eine politische Radikalisierung einher, die sich bis zu tätlichen Auseinandersetzungen in den Straßen steigerte. Die NSDAP gewann mehr und mehr Zulauf.

Als Hitler am 30. Januar 1933 Reichskanzler wurde, war in Karlsruhe noch eine demokratische Landesregierung im Amt, die jedoch nur über eine schwache Mehrheit verfügte. Es war deshalb den Nationalsozialisten ein Leichtes, sie aus dem Amt zu drängen und eine NS-Regierung unter dem Gauleiter Robert Wagner einzusetzen. Im Mai 1933 wurde Wagner zum Reichsstatthalter ernannt, die Landesregierung unterstand damit der Reichsregierung[59].

Mit dem Verbot aller Parteien außer der NSDAP und ersten Verfolgungsmaßnahmen wurden die Gegner des Dritten Reichs in Schach gehalten. Die Mehrheit der Bevölkerung hingegen sehnte sich nach Ordnung, die die neue Regierung einzuführen schien und sah deshalb über vieles hinweg, so den Judenboykott am 1. April 1933. Die Diskriminierung und Verfolgung der Juden konnte sich schließlich zur Vernichtung steigern. Die Besetzung der entmilitarisierten Zone an der Westgrenze und die Wiederaufrüstung ließen erahnen, dass Kriegsdrohung und Krieg Mittel dieser Politik waren.

Zweiter Weltkrieg

Aufgrund der Erfahrungen des Ersten Weltkriegs, insbesondere der erfolgreichen Verteidigung des Festungsrings von Verdun, strebte man in Frankreich schon früh nach dem Bau von Grenzbefestigungen. Ein Gesetz von 1930 leitete den Bau der Maginot-Linie ein, deren wichtigste Teile bis 1936 gebaut waren. Bis 1940 waren zwar die Abschnitte zwischen Sedan und Lauterburg sehr stark befestigt, auf der Rheinseite jedoch waren die Stellungen größtenteils noch nicht fertiggestellt. Das Elsass war also durch die Maginot-Linie hauptsächlich in Richtung auf die Pfalz gedeckt.

Auf der deutschen Seite wurde seit 1936 der nachmals so genannte Westwall geplant und von 1938 bis 1940 gebaut. Besonders ausgebaut waren am Oberrhein der Ettlinger Riegel, der südlich von Karlsruhe die Rheinebene sperrte, und der Isteiner Klotz bei Lörrach. Die Baumaßnahmen überforderten die Bauwirtschaft und die Volkswirtschaft in beiden Ländern. Die militärische Bedeutung dieser Befestigungen bestand vor allem darin, dass es nach Kriegsbeginn 1939 monatelang ruhig blieb, da jede Seite in ihren gesicherten Stellungen verharrte.

Die Bevölkerung im Elsass[60] und in Baden wurde ins jeweilige Hinterland evakuiert, die Badener nach Ostwürttemberg, eine Anzahl sogar nach Österreich, die Elsässer in Richtung Dordogne. 400.000 Menschen im Elsass und in Lothringen mussten so ihre Heimat verlassen und konnten erst nach Monaten wieder zurückkehren. Nicht wenige blieben im unbesetzten Frankreich zurück. Rascher kamen die rund 120.000 Badener aus Württemberg zurück, wo man sie – wenig liebevoll – als „Westwallzigeuner" bezeichnet hatte.

Erst am 15. Juni 1940 führte die Wehrmacht bei Breisach einen verlustreichen Angriff auf die Maginot-Linie aus und konnte nach der Niederlage Frankreichs das Elsass besetzen. Nun wurden die unterbrochenen Verkehrsverbindungen über den Rhein wiederhergestellt. Elsass-Lothringen wurde 1940 nicht an das Deutsche Reich angeschlossen, hingegen wurde Robert Wagner, Gauleiter von Baden, zum Chef der Zivilverwaltung im Elsass ernannt. Der Plan war wohl die Errichtung eines Reichsgaus Baden-Elsass, wofür Wagner schon Teile der badischen Regierung und Verwaltung nach Straßburg verlegte. Wagner unternahm eine rigorose Eindeutschungspolitik, die noch vorhandene Sympathien verscherzte. 1941 wurde für die jungen Elsässer die Arbeitsdienstpflicht, 1942 gar die deutsche Wehrpflicht eingeführt. Rund 130.000 Mann wurden zur Wehrmacht eingezogen, von denen allein 25.000 gefallen sind.

Wer eine kurze Kriegsdauer erwartet hatte, wurde bitter enttäuscht, vielmehr steigerte sich das Kriegsgeschehen auch in der Heimat Jahr um Jahr, mit den Verlusten an der Front und den Fliegerangriffen, die zunächst Industriestädten wie Mannheim galten, bald aber auf alle Städte ausgedehnt wurden. Die Angriffe auf Karlsruhe, Freiburg, Pforzheim und Bruchsal in den letzten Kriegsmonaten forderten Tausende von Menschenleben und legten diese Städte in Schutt und Asche. Aber auch Mülhausen und Straßburg erlebten verlustreiche alliierte Luftangriffe.

Im November 1944 wurden Straßburg und Mülhausen überraschend durch alliierte Streitkräfte besetzt. Im Winter 1944/45 ging die Frontlinie durch das Elsass, bis Anfang Februar konnte die Wehrmacht noch Colmar halten. Am 26. März überschritt die US-Armee den Rhein bei Worms, am 31. gingen die Franzosen nördlich von Karlsruhe über den Fluss, die Stadt wurde am 4. April besetzt. Am 17. April wurde Freudenstadt erreicht, am 18. April gaben die Verteidiger von Pforzheim auf, der letzte deutsche Widerstand war damit gebrochen. Die 1. französische Armee des Marschalls de Lattre de Tassigny konnte dadurch in den folgenden Tagen auch Stuttgart und Ulm besetzen[61]. Die im Wesentlichen aus Kolonialsoldaten bestehenden Verbände haben sich dabei zahlreiche Übergriffe auf die Zivilbevölkerung, insbesondere auf Frauen und Mädchen, zuschulden kommen lassen.

Frankreich war nun Besatzungsmacht. Am 8. Juli 1945 wurden die endgültigen Besatzungszonen eingerichtet. Die Zonengrenze im deutschen Südwesten verlief quer zu der seitherigen Landesgrenze zwischen Württemberg und Baden und orientierte sich am Verlauf der Autobahn Karlsruhe–Ulm. Zur französischen Zone kamen die Landkreise südlich dieser Linie, während zur US-Zone die Kreise nördlich davon zählten. Baden wurde damit zweigeteilt (siehe Farbbild 12).

Nach dem ersten Jubel der Befreiung fand sich das Elsass[62] als ein zerrissenes Land wieder. Zwischen denen, die willentlich mit der deutschen Besatzung zusammengearbeitet hatten und vielleicht sogar Mitglieder der Partei gewesen waren, und solchen, die sich ins freie Frankreich hatten retten können, gab es eine große Spannweite. Der Reinigungsprozess erzeugte viele Ungerechtigkeiten, die Lager Schirmeck-Vorbruck und Natzweiler-Struthof, die von den Nazis errichtet worden waren, füllten sich wieder. Das Französische wurde nun alleinige Amts- und Schulsprache, sodass auch der Gebrauch des elsässischen Dialekts immer mehr zurückging. Erst 1972 wurde das Verbot der deutschen Sprache als Lehrfach an elsässischen Schulen aufgehoben. Eine entsprechende Verordnung zur Reduzierung der deutschen Sprache in den Zeitungen auf ein Minimum blieb bis 1984 in Kraft [63].

In der Pfalz hatte es unmittelbar nach der deutschen Kapitulation unter der US-Besatzung einen vielversprechenden Anfang einer staatlichen Neubildung gegeben, der aber durch die Neueinteilung der Besatzungsgebiete am 10. Juli 1945 abgebrochen wurde. Am 30. August 1946 verfügte die französische Besatzungsmacht die Bildung eines rheinisch-pfälzischen Landes, das die Pfalz und die Regierungsbezirke Trier, Koblenz, Mainz und Montabaur umfassen sollte. Die Verfassung des neuen Landes Rheinland-Pfalz mit der Hauptstadt Mainz wurde durch Volksabstimmung am 18. Mai 1947 angenommen[64].

Auf der badischen Seite des Oberrheins waren bei der Besetzung nur noch die Gemeinde- und manche Landkreisverwaltungen funktionsfähig. Eine staatliche Autorität gab es nicht mehr, sie wurde von den häufig wechselnden örtlichen Kommandeuren der Besatzungsmächte mehr oder weniger willkürlich wahrgenommen. Die Konkurrenz zwischen der amerikanischen und der französischen Besatzungsmacht führte dazu, dass die US-Militärregierung schon im August 1945 eine deutsche Regierung für Nordwürttemberg-Nordbaden errichten ließ. Diesem Land wurde sodann der Name Württemberg-Baden[65] beigelegt, wobei Nordbaden einen eigenen Landesbezirk bildete. Es versteht sich, dass diese Regierung ganz von der Militärregierung abhängig war. Eine verfassunggebende Landesversammlung verabschiedete am 24. Oktober 1946 eine Verfassung des Landes Württemberg-Baden.

In dem französisch besetzten Teil Badens verlief die Regierungsbildung schwierig und langwierig, weil man an der staatlichen Einheit Badens festhalten wollte. Am 8. Oktober 1946 erhielt (Süd-)Baden[66] durch die Militärregierung den Status eines Landes, für das in Freiburg eine Regierung gebildet wurde. Eine Verfassung wurde am 21. April 1947 verabschiedet. Zweigeteilt trat also das ehemalige Baden in die 1949 gegründete Bundesrepublik ein.

Mit (Süd-)Württemberg-Hohenzollern war im Südwesten in der Nachkriegszeit ein dritter Staat entstanden.

Im Zusammenhang mit der Gründung der Bundesrepublik kamen auch Bestrebungen in Gang, diese drei Länder zu einem „Südweststaat" zu vereinigen. Diese stießen auf den Widerstand nicht nur der französischen Besatzungsmacht, sondern auch der „Altbadener", sodass eine angestrebte vertragliche Lösung scheiterte. Abstimmungen, die 1950 und 1951 durchgeführt wurden, ergaben zwar eine Mehrheit für den Südweststaat, aber auch einen entschiedenen Widerspruch der Altbadener. Dennoch wurde mit der Wahl des ersten Ministerpräsidenten am 25. April 1952 das Land gegründet, das dann 1953 den Namen Baden-Württemberg erhielt[67].

Der Oberrhein in der Europäischen Einigung

Die Bedeutung der Europäischen Einigung ist an wenigen Orten so spürbar wie am Oberrhein. Eine lange und oft schmerzhafte Geschichte ist hier in eine neue Phase eingetreten, da man nach und nach aus den nach dem Ersten Weltkrieg begangenen Fehlern gelernt hatte. Die 1950 von dem französischen Außenminister Robert Schuman vorgeschlagene Gründung einer Europäischen Gemeinschaft für Kohle- und Stahl (EGKS) wurde 1951 verwirklicht durch die Montanunion, die 1952 in Kraft trat. Der darauf folgende Einigungsprozess fand symbolisch seinen Ausdruck in der am 23. September 1960 eingeweihten Rheinbrücke, die seitdem Kehl und Straßburg verbindet und den Namen Europabrücke erhielt. Straßburg ist der Sitz zahlreicher europäischer Institutionen, angefangen vom Europarat über das europäische Parlament (Farbbild 13) bis zum Europäischen Gerichtshof für Menschenrechte. Die Stadt versteht sich deshalb als „Hauptstadt Europas".

Anmerkungen

1 Für das Gebiet rechts des Rheins vgl. insgesamt: *Das Land Baden-Württemberg. Amtliche Beschreibung nach Kreisen und Gemeinden*, Bd. I, Stuttgart 1974, S. 167–229; Meinrad Schaab, Hansmartin Schwarz-maier u.a. (Hgg.), *Handbuch der baden-württembergischen Geschichte* (= HBWG), 5 Bde., Stuttgart 1995–2007. Für das Elsass: Philippe Dollinger, *Histoire de l'Alsace*, Toulouse 1970; Bernard Vogler, *Nouvelle histoire de l'Alsace. Une région au cœur de l'Europe*, Toulouse 2003; Philippe Meyer, *Histoire de l'Alsace*, [Paris] 2008. Für die Pfalz: Wolfgang Götz (Hg.), *Rheinland-Pfalz. Ursprung, Gestalt und Werden eines Landes*, Mainz 1969; Meinrad Schaab, *Geschichte der Kurpfalz*, Bd. II, Stuttgart 1992; Armin Kohnle, *Kleine Geschichte der Kurpfalz*, Leinfelden-Echterdingen 2005; Lukas Clemens/Norbert Franz, *Geschichte von Rheinland-Pfalz*, München 2010.

2 Georges Livet/Francis Rapp (Hgg.), *Histoire de Strasbourg des origines à nos jours*, 4 Bde., Strasbourg 1980–1982; Georges Livet/Francis Rapp (Hgg.), *Histoire de Strasbourg*, Toulouse 1987.

3 Bernard Vogler (Hg.), *La Décapole. Dix villes d'Alsace alliées pour leurs libertés 1354–1679*, Strasbourg 2009.

4 Eike Wolgast, Reformation und Konfessionalisierung, in: HBWG, Bd. I,2, S. 145–306; Vogler, *Nouvelle histoire*, S. 108–126. Zu den Reformbewegungen am Vorabend der Reformation: Francis Rapp, *Réformes et Réformation à Strasbourg. Église et Société dans le Diocèse de Strasbourg (1450–1525)*, Paris 1974; ders.: *Christentum IV. Zwischen Mittelalter und Neuzeit (1378–1552)*, Stuttgart 2006.

5 Günther Franz, *Der deutsche Bauernkrieg*, 7. Aufl., Darmstadt 1965, S. 1–91.

6 Paul Gerhard Schmidt (Hg.), *Humanismus im deutschen Südwesten. Biographische Profile*, Sigmaringen 1993; Bernard Vogler, *Histoire culturelle de l'Alsace. Du Moyen Age à nos jours. Les très riches heures d'une région frontière*, Strasbourg 1994, S. 29–62.

7 Martin Brecht, *Martin Luther. Sein Weg zur Reformation 1483–1521*, Stuttgart 1981; Hermann Ehmer, *Die Reformation in Schwaben* (Bibliothek Schwäbischer Geschichte 2), Leinfelden-Echterdingen 2010, S. 25–49.

8 Als Überblick über die Straßburger Reformationsgeschichte ist – trotz der seither erschienenen zahlreichen Literatur insbesondere zu Einzelfragen – immer noch heranzuziehen: Johann Adam, *Evangelische Kir-chengeschichte der Stadt Strassburg bis zur französischen Revolution*, Straßburg 1922, hier S. 25–143; Livet/Rapp, *Histoire de Strasbourg*, S. 142–159; Vogler, *Nouvelle histoire*, S. 127–144; Marc Lienhard, *Un temps, une ville, une réforme*, Aldershot 1990; Francis Rapp, Straßburg. Hochstift und Freie Reichsstadt, in: Anton Schindling/Walter Ziegler (Hgg.), *Die Territorien des Reichs im Zeitalter der Reformation und Konfessionalisierung. Land und Konfession 1500–1650*, Bd. V: *Der Südwesten* (Katholisches Leben und Kirchenreform im Zeitalter der Glaubensspaltung 53), Münster 1993, S. 72–95.

9 Franz, *Bauernkrieg*, S. 92–153. Georges Bischoff, *La Guerre des Paysans. L'Alsace et la Révolution du Bundschuh*, Strasbourg 2010.

10 Ehmer, *Reformation in Schwaben*, S. 56–59.

11 Adam, *Strassburg*, S. 163–176. Thomas Kaufmann, *Die Abendmahlstheologie der Straßburger Reforma-toren bis 1528*, Tübingen 1992.

12 Ehmer, *Die Reformation*, 59–62. Zu den Täufern allgemein: Hans Jürgen Goertz, *Die Täufer. Geschichte und Deutung*, München 1980.

13 Adam, *Strassburg*, S. 177–199, vor allem S. 184–187.

14 Adam, *Strassburg*, S. 220–226; Anton Schindling, *Humanistische Hochschule und freie Reichsstadt, Gymnasium und Akademie in Straßburg 1538–1621*, Wiesbaden 1977. Zu Johannes Sturm: Matthieu Arnold (Hg.), *Johannes Sturm (1507–1589)*, Tübingen 2009.

15 Johann Adam, *Evangelische Kirchengeschichte der elsässischen Territorien bis zur französischen Re-volution*, Straßburg 1928, S. 82–103 (Hanau-Lichtenberg), S. 168–170 (Fleckenstein), S. 292–306 (Horburg-Reichenweier).

16 Ehmer, *Reformation*, S. 119–134.

17 Volker Press, Baden und badische Kondominate, in: Schindling/Ziegler, *Territorien*, Bd. V, S. 124–166; Ehmer, *Reformation*, S. 162–165.

18 Anton Schindling/Walter Ziegler, Kurpfalz, Rheinische Pfalz und Oberpfalz, in: Schindling/Ziegler, *Territorien*, Bd. V, S. 8–49; Kohnle, *Kleine Geschichte*, S. 66–74.

19 Adam, *Territorien*, S. 381–497.

20 Dieter Stievermann, Österreichische Vorlande, in: Schindling/Ziegler, *Territorien*, Bd. V, S. 256–277.

21 Adam, *Territorien*, S. 574–580; Ehmer, *Reformation*, S. 171f.

22 Moritz Ritter, *Deutsche Geschichte im Zeitalter der Gegenreformation und des Dreißigjährigen Krieges (1555-1648)*, 3 Bde., Stuttgart 1889–1908, Neudruck Darmstadt 1962; Vogler, *Nouvelle histoire*, S. 144–160.

23 H[ieronymus] Nopp, *Geschichte der Stadt und ehemaligen Reichsfestung Philippsburg*, Speyer 1881, S. 108–115.

24 Meinrad Schaab, *Geschichte der Kurpfalz*, Bd. II, Stuttgart 1992; Kohnle, *Kleine Geschichte*, S. 112–128.

25 Mit Hilfe des „Wippens" der Waagbalken wurden die schwereren Münzen aussortiert („Kippen"), die dann zur Herstellung minderwertigen Münzen verwendet wurden.

26 Kohnle, *Kleine Geschichte*, S.128–136.

27 Hierzu und zum Folgenden vgl. Dieter Stievermann, Absolutismus und Aufklärung (1648-1806), in: HBWG Bd. I,2, S. 307–456.

28 Ernest Lavisse, *Louis XIV. Histoire d'un grand règne 1643-1715*, Bd. VIII–XI , Paris 1989, S. 527–867; Vogler, *Nouvelle histoire*, S. 160–180.

29 Kohnle, *Kleine Geschichte*, S. 137–160.

30 André Corvisier, *Louvois*, Paris 1983.

31 Livet/Rapp, *Histoire de Strasbourg*, S. 187–194.

32 Die gesamte Entwicklung wird ausführlich beschrieben von Jeannine Siat, *Histoire du rattachement de l'Alsace à la France*, Le Coteau 1987.

33 Hermann Ehmer, Une fort médiocre campagne. Der Feldzug des Dauphin in Württemberg im Sommer 1693 im Spiegel der französischen Quellen, in: *Der Franzoseneinfall 1693 in Südwestdeutschland. Ursachen, Folgen, Probleme* (Historegio 1), Remshalden-Buoch [1995] S. 51–75.

34 Lavisse, *Louis XIV*, livre VI, S. 367–434.

35 Zu Spener: Johannes Wallmann, *Spener und die Anfänge des Pietismus*, 2. Aufl., Tübingen 1986; Dorothea Wendebourg (Hg.), *Philipp Jakob Spener – Leben, Werk, Bedeutung. Bilanz der Forschung nach 300 Jahren*, Tübingen 2007.

36 Hermann Ehmer, Die Waldenser in Württemberg und Baden (1699-1823), in: Albert de Lange (Hg.), *Dreihundert Jahre Waldenser in Deutschland 1699-1999. Herkunft und Geschichte*, Karlsruhe 1998, S. 93–111.

37 Janine Garrison, *L'Édit de Nantes et sa révocation. Histoire d'une intolérance*, Paris 1985; Livet/Rapp, *Histoire de Strasbourg*, S. 205–213.

38 Adam, *Strassburg*, S. 422–447; Francis Rapp (Hg.), *Le Diocèse de Strasbourg* (Histoire des diocèses de France 14), Paris 1982, S. 100–125.

39 Nach Siat, *Histoire du rattachement*, S. 66, desgl. Vogler, *Nouvelle histoire*, S. 160.

40 Vogler, *Nouvelle histoire*, S. 181–197.

41 Livet/Rapp, *Histoire de Strasbourg*, S. 261.

42 Kohnle, *Kleine Geschichte*, S. 185–191.

43 René Epp, Charles Lefebvre, René Metz, *Le droit et les institutions de l'église catholique latine de la fin du XVIIIe siècle à 1978*, Paris 1981, S. 34–36; Vogler, *Nouvelle histoire*, S. 193f.

44 Hans Fenske, Allgemeine Geschichte Südwestdeutschlands im 19. Jahrhundert, in: HBWG, Bd. III, S. 1–23.

45 Clemens/Franz, *Geschichte*, S. 68–82.

46 Vogler, *Nouvelle histoire*, S. 199–224; Hans-Peter Ullmann, Baden 1800 bis 1830, in: HBWG, Bd. III, S. 25–77; Hans Fenske, Baden 1830 bis 1860, in: HBWG, Bd. III, S. 79–132; Clemens/Franz, *Geschichte*, S. 77–80.

47 Karl Klein, *Fröschweiler Chronik. Kriegs- und Friedensbilder aus dem Jahr 1870*, 5. Aufl., Nördlingen 1878.

48 Livet/Rapp, *Histoire de Strasbourg*, S. 330–333.

49 Vogler, *Nouvelle histoire*, S. 226.

50 Ausführlich: F. L'Huillier, L'Alsace dans le Reichsland (1871–1918); in: Dollinger, *Histoire de l'Alsace*, S. 438f.

51 Zum Folgenden vgl. *Das Elsass von 1870 bis 1932*, 4 Bde., Colmar 1936–1948; Philippe Dollinger (Hg.), *L'Alsace de 1900 à nos jours*, Toulouse 1979; Vogler, *Nouvelle histoire*, S. 225–244; François Uberfill, *La Société strasbourgeoise entre France et Allemagne (1871–1924)*, Strasbourg 2001.

52 Livet/Rapp, *Histoire de Strasbourg*, S. 355–400.

53 Hans Fenske, Baden 1860 bis 1918, in: HBWG, Bd. III, S. 133–233.

54 Vogler, *Nouvelle histoire*, S. 242–244.

55 Vogler, *Nouvelle histoire*, S. 245–255.

56 Epp u.a., *Le droit et les institutions*, S. 105; Livet/Rapp, *Histoire de Strasbourg*, S. 411f.

57 Vogler, *Histoire culturelle*, S. 384f. Meyer, *Histoire de l'Alsace*, S. 358 gibt die Zahl der Vertriebenen aus dem Elsass mit 110.000 an. L'Huillier, *L'Alsace*, übergeht diese Angelegenheit vollständig, desgleichen Dollinger, *Histoire de l'Alsace*.

58 Gerhard Kaller, Baden in der Weimarer Republik, in: HBWG, Bd. IV, S. 23–72; Clemens/Franz, *Geschichte*, S. 83–85.

59 Kaller, Baden, in: HBWG, Bd. IV, S. 151–230.

60 Vogler, *Nouvelle histoire*, S. 257–267.

61 Jean de Lattre de Tassigny, *Histoire de la Première Armée Française „Rhin et Danube"*, Paris 1949; Hansmartin Schwarzmaier u.a. (Hgg.), *Der deutsche Südwesten zur Stunde Null. Zusammenbruch und Neuanfang im Jahr 1945 in Dokumenten und Bildern*, Karlsruhe 1975.

62 Vogler, *Nouvelle histoire*, S. 269–286.

63 Vogler, *Nouvelle histoire*, S. 284f.

64 Wolfgang Götz, Entstehung und politische Entwicklung, in: ders., *Rheinland-Pfalz*, S. 27–41; Clemens/Franz, *Geschichte*, S. 94–96; Michael Kißener, *Kleine Geschichte des Landes Rheinland-Pfalz*, Leinfelden-Echterdingen 2006.

65 Paul Sauer, Das Land Württemberg-Baden 1945 bis 1952, in: HBWG, Bd. IV, S. 343–439.

66 Klaus-Jürgen Matz, Das Land Baden 1945–1952, in: HBWG, Bd. IV, S. 477–517.

67 Klaus-Jürgen Matz, Grundlagen und Anfänge von Baden-Württemberg 1948–1960, in: HBWG, Bd. IV, S. 519–590; Fred Sepaintner, Baden-Württemberg 1960–1992, in: HBWG, Bd. IV, S. 591–895.

3.　Religion und Kultur

BERNARD VOGLER

Im ausgehenden Mittelalter bildete der Oberrhein einen homogenen Kulturraum. Man hat diesen langen und schmalen geographischen Landstrich als „Pfaffengasse" bezeichnet, denn es gab ein Erzbistum (Mainz), vier Bistümer (Straßburg, Basel, Worms und Speyer) sowie drei Universitäten (Heidelberg, Freiburg und Basel).

Auf politischer Ebene war der Oberrhein dagegen zerstückelt. Zwar gab es drei Großmächte: das habsburgische Vorderösterreich im Süden, das Fürstbistum Straßburg in der Mitte und die Kurpfalz im Norden, aber vor allem im Zentrum gab es eine Vielzahl kleinerer weltlicher und geistlicher Herrschaftsgebiete sowie 14 freie Reichsstädte (Straßburg mit der Dekapolis auf der linken Rheinseite und drei weitere auf der rechten Rheinseite).

Lange Zeit bildete der Rhein eine Verkehrsachse zwischen den beiden Ufern, und im Allgemeinen erstreckten sich die einzelnen Territorien auf beiden Seiten. Erst ab 1697 wurde der Rhein zu einer politischen und militärischen Grenze und noch später, 1789, in der Zeit der Französischen Revolution, zu einer wirtschaftlichen Grenze, als der Zoll Schlagbäume für Warentransporte von einem zum anderen Ufer des Rheins errichtete. Vorher hatte das Elsass in Frankreich den Status einer „province à l'instar de l'étranger effectif" (einer Provinz in der Art des tatsächlichen Auslandes). Das bedeutete, dass elsässische Waren bei der Einfuhr in die anderen französischen Provinzen als ausländische Importe verzollt werden mussten. Mit den Nachbarn am Oberrhein konnte das Elsass dagegen frei Handel treiben.

3.1.　Das ausgehende 15. Jahrhundert: Humanismus und Gotik

Die große Pestepidemie von 1348 bewirkte einen Niedergang des kulturellen und künstlerischen Lebens am Oberrhein, der bis in die zweite Hälfte des 15. Jahrhunderts hinein anhielt. Erst seit 1450 führte ein kontinuierlicher wirtschaftlicher Aufschwung zu einer spürbaren Erneuerung in Literatur, Schule, Architektur und Kunst. Die wichtigsten Einflüsse gingen von den drei Zentren Straßburg, Freiburg im Breisgau und Basel aus.

Die Erfindung des Buchdrucks begünstigte die Verbreitung kultureller Errungenschaften. Zwischen 1480 und 1520 erlebte der Oberrhein eine regelrechte Blütezeit. Die Buchdrucker in Straßburg fanden ihr Absatzgebiet in ganz Europa. Aus der Verteilung der in Straßburg gedruckten Werke geht der hohe Stellenwert des religiösen Schrifttums (35 %) hervor. Es zeigt sich auch der Aufstieg des Humanismus (17 %) sowie das Interesse für naturwissenschaftliche Werke (11 %) und volkstümliche Schriften in deutscher Sprache (12 %).

Das Elsass war zwischen 1501 und 1520 ein Hauptzentrum des deutschen Humanismus, der mit den Namen dreier großer Gestalten verbunden ist: Geiler von Kaysersberg, Prediger am Straßburger Münster; Sebastian Brant, der mit seinem *Narrenschiff* (1494) den ersten

Bestseller in der Geschichte des Buchdrucks geschrieben hat, und Jakob Wimpfeling, der als Verfasser pädagogischer Schriften zum ersten *praeceptor Germaniae* wurde. Wichtige elsässische Humanisten waren auch der Franziskaner Thomas Murner, der ein derbes Pamphlet gegen Luther veröffentlicht hat: *Von dem grossen Lutherischen Narren*, und Beatus Rhenanus aus Schlettstadt, der mehrere Werke klassischer Autoren und eine Geschichte Deutschlands (*Rerum germanicarum* libri III) herausgegeben hat. Rhenanus vermachte seine wertvolle Bibliothek seiner Geburtsstadt, deren berühmte Lateinschule (1441–1525) eine Pflanzstätte des Humanismus war.

In der Baukunst dominierte die gotische Architektur mit der großartigen Kathedrale von Freiburg im Breisgau (Farbbild 51) und der Stiftskirche in Thann. Auch wurde eine Vielzahl an öffentlichen Gebäuden und prachtvollen Häusern im gotischen Stil errichtet. Dem genialen Nicolaus Gerhaert von Leiden verdankte die Bildhauerkunst entscheidende Anregungen.

Die bedeutendsten Maler dieser Zeit waren Martin Schongauer mit seinen farbenfrohen Gemälden (wie zum Beispiel „Madonna im Rosenhag" im Dominikanerkloster in Colmar), der Glasmaler Peter Hemmel von Andlau, dessen bunte Kirchenfenster in der ganzen Südhälfte des Reiches nachzuweisen sind, und schließlich Matthias Grünewald, der Schöpfer des Isenheimer Altars.

3.2. Das 16. Jahrhundert: Reformatorische Bewegungen und kulturelle Blüte

Im 16. Jahrhundert wurde die Entwicklung am Oberrhein von der Reformation geprägt, die sich in bestimmten Herrschaftsgebieten und Reichsstädten durchsetzte, wenn auch zwei der drei politischen Hauptmächte – Vorderösterreich (Sundgau, Breisgau und Oberelsass) sowie das Fürstbistum Straßburg – romtreu blieben. Dadurch ergab sich ab 1525 eine konfessionelle Aufsplitterung des Oberrheins, nicht nur zwischen Katholiken und Protestanten, sondern auch zwischen Lutheranern und Reformierten. Die letzteren waren vor allem in Basel und anderen eidgenössischen Städten vertreten sowie in der Kurpfalz.

Straßburg vertrat bis 1548 eine eigene, vermittelnde Position. Die Straßburger Theologen unterstützten auf dem Augsburger Reichstag von 1530 nicht das lutherische Augsburgische Glaubensbekenntnis, sondern präsentierten ein eigenes Bekenntnis, die *Confessio tetrapolitana* (das Vierstädtebekenntnis), das so genannt wird, weil es auch von drei schwäbischen Städten angenommen wurde. Dank ihres Rufes und ihrer vermittelnden Position konnten die Straßburger Theologen und Ratsherren nach 1530 eine wichtige Rolle in der allgemeinen Reichspolitik spielen. Insbesondere waren sie gefragt bei den Versuchen, die Gegensätze zwischen Lutheranern und Reformierten, aber auch um 1540 zwischen Protestanten und Katholiken zu überwinden.

Nach dem Augsburger Religionsfrieden von 1555 führten die Markgrafschaft Baden-Durlach, das Herzogtum Zweibrücken und die Kurpfalz die Reformation auf der Grundlage des Augsburgischen Glaubensbekenntnisses ein. Bereits 1561 setzte sich in der Kurpfalz ein Protestantismus schweizerisch-reformierter Prägung durch, wodurch die konfessionellen Spannungen am Oberrhein noch verschärft wurden. Die Pfalz wurde zur Hochburg des kulturellen Lebens am Oberrhein und blieb das bis zur Katastrophe am Weißen Berg (1620). Die Heidelberger Universität zog Studenten aus dem gesamten reformierten Europa an.

Nach dem Trienter Konzil (1545–1563) erstarkte die katholische Reformbewegung am Oberrhein. Ihre wichtigsten Bollwerke waren das Erzbistum Mainz, die Bistümer Straßburg (mit Sitz in Zabern), Speyer und Worms – das Bistum Basel war nach der Reformation in Pruntrut angesiedelt und auf den Schweizer Jura eingegrenzt –, vor allem jedoch die habsburgischen Besitzungen zu beiden Rheinseiten mit der Universität Freiburg im Breisgau. Die Rückeroberung der protestantischen Territorien für die katholische Kirche wurde insbesondere den Jesuitenkollegien anvertraut: Das in Molsheim wurde 1580 gegründet und 1617 zur Universität aufgewertet. Weitere wurden in Pruntrut (1591) am Sitz des Basler Bistums, in Hagenau (1615), Ensisheim (1615) und Schlettstadt (1623) gegründet.

Humanismus und Reformation führten zu einer großen kulturellen Blüte am Oberrhein. Insbesondere der Buchdruck in Straßburg und Basel (dort spielte die Druckerfamilie Amerbach eine wesentliche Rolle), den beiden wichtigsten Verlagszentren, profitierte davon. Herausragende und teilweise sehr produktive protestantische Autoren lebten in diesen beiden Städten, wie Martin Bucer mit annähernd 150 Schriften, Otto Brunfels, Johannes Sturm, der Rektor der Hohen Schule in Straßburg, ebenfalls mit 150 Veröffentlichungen (Textausgaben antiker Autoren, Schulbücher, Schriften über Pädagogik und Lehrpläne), der Chronist Johann Sleidan und der polemische Schriftsteller Johann Fischart. In Basel konnten auch anatomische Werke veröffentlicht werden, weil Leichensektionen bei Protestanten erlaubt, in katholischen Gegenden verboten waren.

Es wurden in den protestantischen Städten bald mehrere Gymnasien errichtet, die pädagogische Erneuerungen einführten, wie z.B. 1538 die Hohe Schule in Straßburg, die 1566 zur Akademie und 1621 zur Universität erhoben wurde. Weitere solche Schulen gab es in Heidelberg, Speyer, Hornbach und Basel. Die Satzung der Straßburger Hochschule wurde zum Vorbild für viele vergleichbare Bildungseinrichtungen in der Schweiz, in Genf, im Deutschen Reich und in Polen. Die Straßburger Schule beeinflusste sogar die ersten Jesuitenkollegien, die in der Folgezeit zu ihren größten Konkurrenzeinrichtungen wurden.

Elsässische Autoren trugen wesentlich zur Entwicklung der deutschsprachigen Literatur bei: Während Johannes Sapidus (Hans Witz) vor allem durch seine saftigen, derben Witze auffiel, kann man Jörg Wickram als einen der Begründer des bürgerlichen Romans in der deutschen Literatur betrachten. Johann Fischart, der produktivste Schriftsteller der deutschen Literatur im ausgehenden 16. Jahrhundert überhaupt, legte Werke vor, die zugleich polemisch, satirisch und moralisierend waren.

Mit der Einführung der Reformation änderten sich auch die bildenden Künste. Die Maler konzentrierten sich nun auf Porträtstudien, die Bildhauer auf Gedenkmünzen oder Grabskulpturen. Die Architekten arbeiteten nicht mehr für die Kirche, außer für die Jesuitenkirche in Molsheim (1615–1617), sondern bauten im Auftrag der Stadträte oder reichen Bürger zahlreiche monumentale Rathäuser (Mülhausen, Oberehnheim, Börsch), Getreidespeicher,

Metzgereien, Brunnen, Wohnhäuser mit Erkern und schmiedeeisernen Toren, meistens im Stil der Renaissance. Das erste Renaissancegebäude war der Neubau des Rathauses (heute Handelskammer) in Straßburg. Der hohe Klerus, Adels- und Patrizierfamilien bauten schöne Paläste wie das Kammerzell in Straßburg und das Pfisterhaus und das Kopfhaus (Maison des Têtes) in Colmar. Der einzige Fürstenbau (heutiges Rathaus) wurde von den Habsburgern in Ensisheim (1535–1547) gebaut. In Straßburg gab es um 1600 eine einflussreiche Architekturschule mit den berühmten Werken von Daniel Specklin (*Architectura von Vestungen*) und Wendel Dietterlin (*Architectura*). In der Bildhauerkunst dieser Zeit überragen die Grabmäler, wie zum Beispiel das von Lazarus von Schwendi in der Kirche von Kienzheim.

Auf dem Gebiet der Malerei sind zwei Künstler zu erwähnen: Hans Baldung Grien, der in Straßburg sowohl als religiöser (Jungfrau Maria, Geburt Christi) wie profaner Maler tätig war. Er bevorzugte den weiblichen Körper und Portraits als Themen und betonte in seinem Werk die Nähe des Todes. Tobias Stimmer, der aus Schaffhausen stammte, aber vor allem in Straßburg tätig war, war bedacht auf Präzision und Farben. Sein bekanntestes Werk ist die Ausgestaltung der astronomischen Uhr im Straßburger Münster. Das Uhrwerk stammt von den Brüdern Isaac und Josias Habrecht. Straßburg war im 16. Jahrhundert auch ein Zentrum der Goldschmiedekunst und Zinngießerei.

3.3. Das 17. Jahrhundert: eine Zeit der Katastrophen und des intellektuellen Niedergangs

Der Dreißigjährige Krieg von 1618 bis 1648 brachte am Oberrhein schreckliche Verheerungen mit sich. Die Hälfte der Bevölkerung im Elsass und in der Pfalz kam um, und ganze Dörfer verschwanden von der Landkarte. Davon ausgenommen war allein die Schweiz. Nach 1648 verhinderten die Kriegszüge und Annexionen Ludwigs XIV. einen raschen Wiederaufbau. Der französische König betrieb eine Politik der verbrannten Erde, wovon sowohl das Elsass wie die Pfalz und Baden-Durlach betroffen waren.

Der Dreißigjährige Krieg war vor allem in den 1620er Jahren von großer Brutalität gekennzeichnet. Das hing damit zusammen, dass die Religion im Vordergrund stand. Ausländische Truppen (Spanier, Habsburger, Schweden und Franzosen) ernährten sich vom Land unter dem Vorwand, gegen die gegnerische Konfession zu kämpfen, schauten in Wirklichkeit aber nicht so genau hin. Insbesondere die protestantischen Gebiete wurden ausgeplündert und verwüstet – nur die neutrale Stadt Straßburg blieb verschont (vgl. Farbbild 15) – und ihre Bevölkerung und Pfarrerschaft grausam dezimiert. Der katholische Sundgau dagegen litt stark unter den protestantischen Schweden. Das öffentliche Leben brach völlig zusammen, und es gab – von einigen wenigen Ausnahmen abgesehen – keine herausragenden Schriftsteller, Akademiker, Intellektuelle und Künstler mehr.

Nach der Rückkehr des Friedens 1648 begann in der gesamten Region der Wiederaufbau. Es setzte zugleich eine geistliche Erneuerung in den beiden Konfessionen ein. Auf katholischer Seite verbreitete sich nun zwar der antiprotestantische Geist des Trienter Konzils, vor allem

durch Bruderschaften und Wallfahrten, aber trotzdem blieb das
Bewusstsein bestehen, dass alle
Christen etwas gemeinsam haben,
sodass gegenseitige Kontakte und
der Gedankenaustausch möglich
blieben. Eben zu dieser Zeit offenbarte sich im Rheintal das Bestreben, die Christen miteinander zu
versöhnen. Ein Zeichen dafür ist
das 1659 vom Basler Weihbischof
Thomas Henrici veröffentlichte
Irenicum Catholicum. Es handelte
sich allerdings um eine Bewegung, die nicht klar abzugrenzen
ist. Spuren davon findet man vor
allem bei der Elite. Sie beruhte
jedoch auf der Überzeugung der
breiten Masse der Bevölkerung,
dass alle Christen zu einer einzigen Gemeinschaft gehören.

Diese gegenseitige Offenheit
kam nach 1680 durch die antiprotestantische Politik Ludwigs XIV.
und 1685 durch den Regierungsantritt eines neuen katholischen
Zweiges der Wittelsbacher (Pfalz-
Neuburg) in der Kurpfalz, der bis
in die Mitte des 18. Jahrhunderts

Bild 17: Titelseite des von Thomas Henrici veröffentlichten
„Irenicum Catholicum" (© Bayerische Staatsbibliothek München,
4 Polem. 1525)

eine aggressive gegenreformatorische Politik betrieb, zum Erliegen. Nach 1680 radikalisierten
die rücksichtslosen Eingriffe Ludwigs XIV. im Elsass die Trennung zwischen den Konfessionen
und stärkten das Gefühl, dass die eigene Identität in der Pflege der eigenen überlieferten besonderen religiösen Gebräuche zu finden sei. Ludwig XIV. führte unter Zwang in zahlreichen
protestantischen Gemeinden im Herzogtum Zweibrücken – wie im Elsass – das Simultaneum
ein. Das gleiche tat der katholische Kurfürst in der Pfalz. Insgesamt 89 Kirchen wurden den
Reformierten weggenommen und den Katholiken zugesprochen.

Im 17. Jahrhundert herrschte auch am Oberrhein der Barock, vor allem dank der Orden (Jesuiten
u.a.). Die Zahl und Qualität der barocken Kunstwerke und Gebäude blieben allerdings hinter denen
im übrigen Süddeutschland (zum Beispiel Bayern) zurück. Nur die Kirchenmusik erlebte in den
beiden Konfessionen einen erwähnenswerten Aufschwung dank der Kantoren, Kapellmeister und
Organisten. In den protestantischen Kirchengemeinden bekam der mehrstimmige Gesang immer

mehr Platz. Die Orgel wurde sowohl bei den Katholiken wie bei den Protestanten zur Königin der Instrumente. Nach 1681 wurde in dem nun wieder katholisch gewordenen Straßburger Münster die – nach Versailles – prächtigste Musik Frankreichs zu Gehör gebracht.

In literarischer Hinsicht bildete das Elsass eine Wüste. Lediglich zwei Schriftsteller ragen heraus: der jesuitische Dichter Jacob Balde, dessen Werk einen Höhepunkt in der neulateinischen religiösen Literatur darstellt, und der von blindem Franzosenhass beseelte deutschsprachige Schriftsteller Johann Michael Moschenrosch. Auch waren damals etliche Maler in Straßburg tätig, wie Sebastian Stoskopff, der sich auf Stillleben spezialisierte. Zum Ahnen der elsässischen Naturalisten wurde der Straßburger Fischer Léonard Baldner mit seinem illustrierten Manuskript „Vogel-, Fisch- und Tierbuch" (1666).

3.4.   Das 18. Jahrhundert: Kulturelle und geistige Vitalität

Dank der Friedenszeit und des beginnenden wirtschaftlichen Aufschwungs brachte das 18. Jahrhundert eine Blütezeit im kulturellen Leben des Elsass. Die protestantische Universität von Straßburg wurde zu einem Zentrum für Kultur und Wissenschaft in Europa, besonders für Medizin, Geschichte und Jura. Insbesondere Professor Johann Daniel Schöpflin, zugleich Gründer einer berühmten „Diplomatenschule", zog viele Studenten an, auch vom rechten Rheinufer, wie zum Beispiel Goethe. Gerade dies führte 1794 allerdings zur Schließung der Universität, denn sie habe – so lautete die Begründung – Feinde auf französischen Boden gebracht.

Der Oberrhein wurde zu einem Zentrum der deutschen Aufklärung, die stärker als die französische Aufklärung für religiöses Gedankengut und die Ideen von Pflicht und Nützlichkeit offen stand. Sie wurde von den Höfen der rheinischen Fürstentümer in Mannheim, Zweibrücken, Bruchsal (Fürstbistum Speyer), Karlsruhe und Rastatt gefördert. Im Elsass war sie am Hof der Rohan in Straßburg und Zabern, in bescheidenerem Ausmaß auch am Hof der Landgräfin Caroline in Buchsweiler vertreten. Die christliche Aufklärung war politisch progressiv orientiert und agierte mit dem Konzept der Menschenrechte. Ihre Umsetzung wurde von der liberal orientierten politischen, wirtschaftlichen und intellektuellen Elite vorangetrieben, die eine Reform der Sitten und Institutionen für notwendig hielt. Die aufklärerischen Ideen verbreiteten sich vor allem dank der literarischen Gesellschaften, die zuerst in Straßburg, Colmar und Mülhausen entstanden, und der Freimaurerlogen.

Die literarische Produktion blieb aber bescheiden. Nur drei Autoren zeichneten sich aus: Gottlieb Conrad Pfeffel, der blinde Dichter aus Colmar, der viel in beiden Sprachen veröffentlichte, aber nur wegen seiner Fabeln dauerhaften Erfolg hatte. Heinrich Leopold Wagner, der mit Goethe in Verbindung stand, veröffentlichte 1776 das sozialkritische Drama *Die Kindermörderin*, typisch für die Zeit des „Sturm und Drang". Die Baronin Henriette von Oberkirch wurde durch ihre Memoiren berühmt, die sich durch ihren klaren und eleganten Stil auszeichneten.

Als Historiker stach der bereits erwähnte Johann Daniel Schöpflin (1694–1771) hervor. Er verfasste eine *Alsatia illustrata* und eine Geschichte der badischen Dynastie. Sein Schüler Christoph Wilhelm Koch, Leiter der „Diplomatenschule", war der Autor eines *Tableau des révolutions de l'Europe* (von 1771; dt. Übersetzung: *Grundriss der Haupt-Revolutionen in Europa*). Abbé Philippe-André Grandidier verfasste 1776–1778 eine *Histoire de l'Église et des princes-évêques de Strasbourg* (Geschichte der Kirche und der Fürstbischöfe von Straßburg).

Die weltliche Architektur des 18. Jahrhunderts war aristokratisch geprägt: Fürstenpaläste, adelige oder bürgerliche Herrschaftshäuser. Das herausragende Beispiel ist der Rohanpalast in Straßburg (1731–1742) im Régence-Stil, der nachhaltigen Einfluss zeitigte, z.B. beim großen Portal der Reichsabtei von Schuttern (heute Ortsteil von Friesenheim in Baden). Weitere Bauten in Straßburg im Régence-Stil oder im Louis-quinze-Stil sind der Stadtpalast des königlichen Prätors François-Joseph de Klinglin (heute Präfektur), das Hôtel Andlau (heute Port autonome), der Stadtpalast des Militärgouverneurs Max Joseph von Zweibrücken, der Hanauer Hof an der Place de Broglie (heute Rathaus), das Jesuitenkolleg (heute Lycée Fustel de Coulanges) und das Grand Séminaire.

Bild 18: Johann Daniel Schöpflin (1794–1771). Kupferstich von Johann Rudolf Mezger (© Universitätsbibliothek Heidelberg, Graph. Slg. P_2112)

Das wichtigste bildende Kunstwerk aus dieser Zeit ist sicherlich das Grabmal des Marschalls Moritz von Sachsen in der Thomaskirche (1777). Die Straßburger Goldschmiedekunst, Kunstschmiedearbeit, Zinngießerei, Keramik (drei Generationen Hannong) und Porzellan erhielten ihre alte Tradition.

Die Vitalität des religiösen Lebens offenbarte sich auch im Bau einer Vielzahl neuer Kirchen, Klöster und Kapellen in drei Zeitabschnitten: Im ersten Drittel des 18. Jahrhunderts wurden Kirchen nach Pariser Vorbild von Militäringenieuren in den neuen Festungsstädten (Neubreisach, Hüningen) errichtet, während Peter Thumb den Klosterbarock in Ebersmünster einführte. Im zweiten Drittel entstanden gut 100 Kirchengebäude, darunter die Jesuitenkirche von Colmar. Im letzten Drittel dominierten klassizistische Kirchen wie Notre Dame zu Gebweiler, während auf protestantischer Seite die Kirchen von Friedrich Stengel im heutigen (nordwestlichen) Krummen Elsass das Bild bestimmten.

Die Kirchenmusik in den beiden christlichen Konfessionen und zu beiden Seiten des Rheins profitierte vom Wirken der Orgelbauer-Dynastie Silbermann. Deren Orgeln bilden in ihrer Bauart eine Synthese zwischen barocker österreichisch-italienischer und französischer Orgelbaukunst und zeichnen sich durch eine silbrighelle Klangstimmung und klare Musikalität aus, die den Gottesdiensten feierlichen Glanz verleihen.

3.5. Die Wirren der Französischen Revolution und die napoleonische Neuordnung

Die zehn Jahre der Französischen Revolution (1789–1799) hinterließen tiefe Wunden bei der christlichen Bevölkerung im Elsass, in der bis 1814 Frankreich angegliederten Pfalz, ja insgesamt auf der ganzen linken Rheinseite: Alle bestehenden Institutionen wurden aufgelöst; die katholischen Kirchengüter konfisziert; alle Klöster, dann auch alle Kirchengebäude geschlossen, sodass es bis 1799 meistens unmöglich war, Gottesdienste abzuhalten; alle Priester, oft auch die evangelischen Geistlichen (Johann Friedrich Oberlin hat in Waldersbach im Steintal seine Kirche in einen Jakobinerclub umbenannt und damit die Fortsetzung der Gottesdienste gewährleistet), wurden verfolgt; alle religiösen Zeremonien verboten; Seelsorge war nur noch im Untergrund möglich; das gesamte religiöse Kulturgut wurde geplündert; alle christlichen Begriffe samt Ortsbezeichnungen wurden bekämpft, zum Beispiel durch die Einführung eines republikanischen Kalenders, der eine Zehntagewoche einführte und den Sonntag beseitigte.

Auf katholischer Seite blieb die Erinnerung an die antireligiöse Gewalt und Repression bei zahlreichen Klerikern und Laienchristen bis 1939 wach, und sie gedachten des Heldenmuts einiger Priester, die das Risiko des Martyriums auf sich genommen hatten. Auf evangelischer Seite erschütterten die politischen Wirren und der Verlust kirchlicher Einrichtungen die Glaubensüberzeugungen bei Teilen des Volkes und beförderten deren Gleichgültigkeit. Außerdem hatte die Schließung der Universität in Straßburg verheerende Auswirkungen auf das intellektuelle und geistliche Leben. Der Krieg gegen das Deutsche Reich hatte schließlich den Abbruch der bis 1792 intensiven Kontakte des Elsass mit der theologischen Wissenschaft in Deutschland zur Folge.

Auf der rechten Rheinseite hat die Mediatisierung aller geistlichen Herrschaften und die Inkorporation aller weltlichen Herrschaften in das von Napoleon geschaffene Großherzogtum Baden zwischen 1803 und 1806 tiefgreifende Veränderungen nach sich gezogen. Es entstand ein konfessionell gemischtes Herrschaftsgebiet mit einer protestantischen Dynastie und einer mehrheitlich katholischen Bevölkerung. Residenz blieb die 1715 vom Herrscherhaus gegründete Stadt Karlsruhe.

Im Elsass und in der Pfalz hat Napoleon Bonaparte den religiösen Frieden wiederhergestellt. Das vom Ersten Konsul und Papst Pius VII. am 15. Juli 1801 unterzeichnete Konkordat stellte die kirchlichen Strukturen wieder her und setzte alle Priester wieder ein. In der Pfalz wurde das Bistum Speyer aufgelöst, und die Diözese des Erzbistums Mainz entsprach in ihrer räumlichen Ausdehnung dem Departement Donnersberg. Die beiden elsässischen Departements bildeten die neue Straßburger Diözese, die zwar ihre Besitzungen in der Ortenau verlor, im Oberelsass aber eine Erweiterung auf Kosten des Bistums Basel erfuhr. Das rechte Rheinufer wurde in der Folgezeit dem neuen (1815 entstandenen) Erzbistum Freiburg im Breisgau eingebunden, das räumlich dem Großherzogtum Baden entsprach. Der Mainzer Erzbischof und der Straßburger Bischof wurden jeweils von Napoleon Bonaparte ernannt. Für Straßburg fiel seine Wahl auf Jean-Pierre Saurine, der vorher „konstitutioneller" (der revolutionären Verfassung treuer) Bischof in Dax (Landes) gewesen war. Dessen Verhalten ärgerte die zahlreichen Priester, die den Eid auf die revolutionäre Verfassung verweigert hatten, und es stellten sich immer mehr Zwischenfälle ein, auch weil Saurine der deutschen Sprache nicht mächtig war.

Auf evangelischer Seite erstrebte Napoleon nach dem Grundsatz, dass der weltliche Herrscher auch *summus episcopus* ist, ein hierarchisches und zentralistisches System. So schufen die am 8. April 1802 verkündeten Organischen Artikel für die Lutheraner im Elsass ein dreigliedriges Kirchenregiment: 27 (1852 auf 40 angewachsene und seitdem zahlenmäßig unveränderte) Konsistorialkirchen, sechs Dekanate und ein Generalkonsistorium (seit 1852 „Oberkonsistorium") mit 10 Mitgliedern unter einem kirchenleitenden Direktorium mit fünf Mitgliedern (darunter einem nichtgeistlichen Präsidenten). Da Napoleon den Straßburger Lutheranern misstraute, wurde Philipp Friedrich Kern aus Buchsweiler zum ersten Präsidenten der evangelischen Kirche ernannt. Diese Neuordnung fand zwar wenig begeisterte Aufnahme, brachte den Protestanten jedoch rechtliche Anerkennung ein und gestattete ihnen den Aufbau gemeinsamer Einrichtungen auf schulischem, diakonischem und missionarischem Gebiet.

Die politischen Unruhen förderten zweifellos eine starke geistige Gärung: Es wurden zahlreiche Zeitungen gegründet und Tausende Pamphlete veröffentlicht, meistens anonym. Zugleich verloren das Elsass wie auch die Pfalz einen bedeutenden Teil ihres kulturellen Erbes: Architektonische und künstlerische Werke, Bücher und Manuskripte wurden zerstört oder zerstreut.

3.6. Große Vitalität im religiösen und kulturellen Leben (1815–1870)

Nach 1801 wurde das annektierte Mainz zum Hauptort des Departements Donnersberg, eines der 108 französischen Departements. Zum ersten Präfekten ernannte Napoleon einen ehemaligen Revolutionär, Jeanbon de Saint André, der aus einer reformierten Familie stammte. Er bestimmte außerdem Johann Friedrich Butenschoen zum Rektor der Mainzer Akademie: Dieser (ebenfalls protestantische) Revolutionär aus dem Holsteinischen war vorher Redakteur der von Eulogius Schneider herausgegebenen Zeitschrift *Argos*, dann Übersetzer der Reden von Sébastien Bottin, der von 1796 bis 1799 Generalsekretär des Departements Unterelsass war. In dieser ungünstigen Konstellation konnte sich der Katholizismus trotzdem behaupten: Der aus dem Elsass stammende Mainzer Bischof Joseph Colmar gründete zusammen mit einer Gruppe elsässischer Intellektueller eine Schule in der Stadt, die sich im katholischen Deutschland in der ersten Hälfte des 19. Jahrhunderts großer Ausstrahlung erfreute.

Nach 1815 folgte auf die territoriale Umstrukturierung eine kirchliche Neuorganisation. Das gesamte Großherzogtum Baden wurde dem neugegründeten Erzbistum Freiburg zugeordnet, die wiederhergestellte Diözese Speyer vereinte die katholischen Kirchengemeinden der bis 1933 zu Bayern gehörenden Pfalz. Das weiterbestehende Bistum Mainz, dem die Stadt Mainz eingegliedert wurde, wurde zuständig für Hessen-Darmstadt, verlor aber den Titel „Erzbistum" an Freiburg.

Auf Verlangen zahlreicher Kirchengemeinden kam es auf protestantischer Seite 1818 in der Pfalz, dann 1821 in Baden zur Vereinigung der lutherischen und der reformierten Kirche. In diesen beiden Landeskirchen dominierte im ganzen 19. Jahrhundert weitestgehend der liberale Protestantismus. In der Pfalz waren die Protestanten vor allem auf ihre Selbstbestimmung gegenüber dem 1815 neugegründeten Oberkonsistorium in München bedacht. Auch die Animosität der Pfälzer gegen das katholische Bayern war deutlich spürbar. Im Großherzogtum Baden gab es immer wieder Spannungen zwischen liberalen Protestanten und eher konservativen Katholiken, die der evangelischen Landesherrschaft in Karlsruhe misstrauisch gegenüberstanden. In den katholischen Kirchen der Pfalz und Baden zeigte sich die religiöse Vitalität in einer großen Erneuerung der Andachtsformen, Wallfahrten und Prozessionen.

Auch im Elsass verlief die Entwicklung der beiden großen christlichen Kirchen während des 19. Jahrhunderts unter französischer Herrschaft (damit vor 1870) ganz unterschiedlich. In der katholischen Kirche entwickelte sich eine ausgeprägt lebendige Frömmigkeit. Viele Geistliche waren bereit, als Missionare entsendet zu werden. Das Kirchenvolk zeichnete sich durch Pflege der Andachtsformen und Spendenfreudigkeit aus, die auch durch den Wohlstand im Zweiten Kaiserreich unter Napoleon III. (1852–1870) gefördert wurde, der überdies die Katholiken gegenüber den eher republikanischen Protestanten begünstigte. Der Klerus, der seine Rechte und Machtstellung sichern wollte, war bestrebt, alle Gläubigen in seinen Einflussbereich zu bringen. Die für diakonisches Handeln sehr aufgeschlossenen elsässischen Protestanten verteilten sich auf drei Richtungen: die Mehrheit bildeten die Liberalen, die auch die Kirchenleitung der lutherischen Kirche und die Theologische Fakultät beherrschten, daneben gab es die konservativen Lutheraner und die Pietisten.

Die Zweisprachigkeit des Elsass war nicht immer zum Vorteil des kulturellen Lebens. Manche Zeitschriften wie die *Revue germanique* und die *Revue d'Alsace*, die immer noch besteht, erschienen nur auf Französisch, andere nur auf Deutsch. Es gab nur wenige Autoren, die in beiden Sprachen beheimatet waren. Nach 1850 regten Ludwig Spach und August Stöber durch die Gründung neuer Zeitschriften das kulturelle Leben im Elsass an.

Die Kultur wurde auch gefördert durch mehrere gelehrte Gesellschaften, von denen sich etliche bis heute erhalten haben, wie die „Société des Amis des Arts" (Gesellschaft der Kunstfreunde), die 1832 gegründet wurde. Erster Vorsitzender war Johann Friedrich Bruch (1792–1874), langjähriger Dekan der Evangelisch-Theologischen Fakultät in Straßburg. Zu erwähnen sind auch die „Société des sciences, agriculture et arts" (Gesellschaft der Wissenschaften, der Künste und der Landwirtschaft), heute „Société académique", und die „Société pour la conservation des monuments historiques" (Gesellschaft für die Erhaltung historischer Denkmäler). In Colmar wurde eine „Société d'émulation" (Nacheiferungsgesellschaft) und eine „Société d'histoire naturelle" (Gesellschaft für Naturgeschichte) errichtet.

In diesen Jahrzehnten gab es mehr als 130 Autoren, unter ihnen viele evangelische Pfarrer, die eine reiche literarische Produktion hinterließen. Es erschienen nun auch Werke in elsässischer Sprache, als erstes die Komödie von Georg-Daniel Arnold, *Der Pfingstmontag* (1816). Die wichtigsten deutschsprachigen Autoren entstammten der Familie Stöber, die das berühmte elsässische Volkslied *Und's Elsass, unser Lœndel. Es ist meineidi schœn* verfasste. Der Vater, Daniel Ehrenfried Stöber, der enge Kontakte mit deutschen Autoren wie den Brüdern Grimm, Uhland, Hebel unterhielt, veröffentlichte zahlreiche Gedichte. Sein ältester Sohn August, der nicht nur Dichter, sondern auch Philologe, Archäologe und Heimatkundler war, wurde berühmt durch *Die Sagen des Elsasses*. Sein Bruder Adolf hat das Volkslied *D'r Hans im Schnokeloch* verfasst – Symbol des Elsässers, unschlüssig und willensschwach (siehe Farbbild 14).

Auf dem Gebiet der Architektur kann man zwei Perioden feststellen: den Neo-Klassizismus bis in die 1830er Jahre, der vom Stadttheater in Straßburg repräsentiert wird, dann den Eklektizismus, der im früheren Stadtarchiv und in den zahlreichen neogotischen Kirchen sichtbar ist. Drei wichtige Bildhauer arbeiteten damals im Elsass. Als erster Landolin Ohmacht, der nicht nur die sechs Musen auf dem Peristyl des Stadttheaters von Straßburg schuf, sondern z.B. auch das Denkmal von Adolf von Nassau im Speyerer Dom. Zweitens Philipp Grass, der die große Statue des aus Straßburg stammenden Generals Jean-Baptiste Kléber auf dem Kleberplatz in Straßburg entwarf. Schließlich August Bartholdi aus Colmar, der weltberühmt wurde durch die Freiheitsstatue in den Vereinigten Staaten; er schenkte drei seiner Werke, die Statuen des General Rapp und von Martin Schongauer sowie den Brunnen von Admiral Bruat, seiner Heimatstadt.

Von den Malern ist zuerst Benjamin Zix zu nennen, der zahlreiche Zeichnungen während der Feldzüge Napoleons gefertigt hat. Die elsässische Malschule in Straßburg hat vier große Maler hervorgebracht: Eugen Beyer mit seinem dramatischen Werk „Die Hinrichtung der Juden in Straßburg 1349"; Theophil Schuler, Maler des alltäglichen Lebens und der Landschaft im Elsass und Illustrator der Romane von Erckmann-Chatrian; Gustave Doré, einer der größten Zeichner des 19. Jahrhunderts, und schließlich Gustav Brion, der nach Paris zog, dort aber weiterhin Szenen aus dem elsässischen Alltagsleben malte.

Auch das Kunsthandwerk lebte weiter. Theodor Deck aus Gebweiler erfand eine neue Art von Keramik; die Familie Kirstein zeichnete sich in der Goldschmiedekunst aus.

3.7. Öffnung gegenüber der Moderne (1871–1918)

Die Annexion des Elsass durch das Deutsche Reich im Jahre 1871 markierte eine tiefe Zäsur. Es kam nun zu einer Spaltung zwischen Frankophilen und Germanophilen. Insbesondere die Frage, welche Sprache man im Alltag verwenden solle, löste zahlreiche Konflikte innerhalb der beiden Konfessionen aus und führte zu einer Ausbreitung der Säkularisierung.

Die Katholiken im Elsass lehnten die Kulturkampfpolitik von Bismarck ab und orientierten sich gerne an Frankreich. Allerdings blieb ihnen durch den Anschluss an das Deutsche Reich der erneute Verlust der Kirchengüter und die Streichung der staatlichen Priesterbesoldung erspart, wie dies in Frankreich mit Inkrafttreten der laizistischen Gesetzgebung von 1905 geschah. Den Katholiken wurde nun bewusst, dass von Frankreich als „priesterfressender" Republik Gefahr ausging und ihnen von dieser Seite religiöse Verfolgung drohte. Zu Gunsten Deutschlands sprach auch, dass 1902 die Katholisch-Theologische Fakultät in Straßburg eröffnet wurde.

Die protestantische Welt beschränkte sich im Elsass zunehmend auf das städtische Bürgertum und die Landbevölkerung. Als Reichsland aber kam ihm der Zuzug von Protestanten aus Deutschland zugute und das protestantische Übergewicht an der neueröffneten deutschen Universität von Straßburg. Der protestantische Individualismus begünstigte allerdings die fortschreitende Distanzierung von der Institution Kirche.

Im Jahre 1914 wechselten sich Licht- und Schattenseiten ab. Die Katholiken waren dank ihrer Vereine gut organisiert und zeigten sich oft als großzügige Spender. Zwar gab es eine Trennung zwischen Germanophilen und Frankophilen, aber beide Lager waren ultramontan gesinnt und so in ihrer Romtreue vereint. Der Einfluss der Kirche lockerte sich jedoch bei einem Teil der Arbeiter und der Leute, die vom Land zugezogen waren und jetzt entwurzelt in den städtischen Randbezirken lebten. Trotz allem blieben beide Kirchen zutiefst in der Gesellschaft verwurzelt und konnten so mit Erfolg die eigene Identität des Elsass verteidigen, in der die Religion einen wesentlichen Faktor darstellte.

Das kulturelle Leben im Elsass kannte bis ca. 1890 eine gewisse Blutleere, weil die meisten leitenden Figuren des geistigen Lebens 1870 nach Paris ausgewandert waren. In den 1890er Jahren rückte eine neue Generation nach, die in der deutschen Schule ausgebildet worden war, stolz war auf das Elsass, und die elsässische Mundart pflegte. Zum Symbol der Erneuerung der elsässischen Identität wurde das elsässische Theater. Es betonte die elsässische Eigenart gegenüber Deutschland. Es gab den Elsässern den Eindruck, dass sie ein eigenes kulturelles Erbe besaßen. Das erklärt auch den Erfolg der Forschungen und Veröffentlichungen zur Geschichte des Elsass, zu ihrer Kirchen- und Kunstgeschichte und zu ihrem kulturellen Erbe.

Die Literatur wurde erneuert, zugleich aber auch bunter. Drei Richtungen teilten die literarische Landschaft auf. Entweder man trat für die Germanisierung, für die französische Vergangenheit oder für die elsässische Identität ein. Die Wahl einer Sprache war nie neutral. Die französische Richtung wurde durch Erckmann-Chatrian, André Lichtenberger und Paul Acker vertreten. Sie haben den „roman français de l'Alsace" (den französischen Roman des Elsass) begründet. Ihr Protestgeist zeigte sich auch beim erfolgreichen Karikaturisten Hansi, den man als „Schwabenhasser" bezeichnen kann. In der deutsch orientierten Richtung war vor allem ein Autor wichtig: Friedrich Lienhard, der Förderer der Heimatkunst-Bewegung. Letztere Richtung war die elsässische, die auf dem Gebiet des Theaters und der Dichtung zuerst von den Brüdern Albert und Adolphe Matthis vertreten wurde. 1902 trat eine neue Generation an, die der deutsch-französischen Kultur offener gegenüberstand und so dem Elsässertum eine neue geistige Bedeutung gab auf der Grenze zwischen zwei Kulturen. Dazu gehörten René Schickele, Otto Flake und Ernst Stadler, die zehn Jahre später eine führende Rolle in der Bewegung des Expressionismus einnahmen.

Zu gleicher Zeit erlebte Straßburg ein wahres Baufieber. Das Stadtbild sollte germanisiert werden. Die ersten öffentlichen Gebäude nach deutschem Beispiel wurden im Stil der italienischen Renaissance gebaut, z.B. der ehemalige Kaiserpalast (Palais du Rhin), das Universitätsgebäude, die Paulskirche, die Hauptpost, der Justizpalast und die katholische Jung-St. Peter Kirche. Nach 1900 wurden die Neubauten besser in das alte Stadtbild integriert, z.B. die Schule der Musau

(1905), das Stadtbad (1908) und die Magdalenenkirche (1912). Auch außerhalb Straßburgs gibt es viele Beispiele dieser Germanisierung, z.B Wassertürme, Kasernen, Bahnhöfe, das Museum von Hagenau und die Restaurierung der Hohkönigsburg. Bei den kirchlichen Neubauten handelt es sich um Nachahmungen des gotischen, romanischen und barocken Stils.

Die Gründung der städtischen Kunstschule (1890) förderte den Aufstieg Straßburgs zu einem wichtigen Kunstzentrum, wohl das einzige Mal in seiner Geschichte, mit Malern wie Gustave Stoskopf, Charles Spindler, Lothar von Seebach und Bildhauern wie Alfred Marzolff.

3.8. Die Wechselfälle der ersten Hälfte des 20. Jahrhunderts

Nach dem Wiederanschluss des Elsass an Frankreich im Jahre 1918 kam es zu einer massenhaften Vertreibung der deutschen Zivilbevölkerung. Diese führte zu einer Schwächung des Protestantismus im Elsass, vor allem in den städtischen Kirchengemeinden. Beide Konfessionen gerieten in das politisch-nationale Räderwerk des laizistischen Staates, der den Unterricht in französischer Sprache durchsetzte und 1924 versuchte, das Konkordat bzw. die Organischen Artikel von 1801/02 abzuschaffen.

Das kulturelle Leben im Elsass wurde durch den „Jakobinismus" des Staates und die sprachliche Intoleranz stark in Mitleidenschaft gezogen, besonders durch die Ausweisung oder den freiwilligen Abzug von Schriftstellern und Künstlern. Zu den bedeutendsten unter ihnen gehörte der zweisprachige Dichter, Maler und Bildhauer Hans Arp, der mit seiner Frau Sophie Täuber, einer Schweizerin, und dem niederländischen Maler Theo van Doesburg die Wände und Decken der Aubette in Straßburg verziert hat. René Schickele bezeichnete sich nun als „citoyen français und deutschen Dichter". Etliche große Denker versuchten sich der Welt zu öffnen, wie Albert Schweitzer, der Doktor von Lambarene, der zahlreiche autobiographische, theologische, philosophische und musikwissenschaftliche Bücher veröffentlicht hat, und der Landpfarrer Charles Pfleger, Philosoph und kultureller Vermittler zwischen Frankreich und Deutschland.

Seit 1933 wurde das kulturelle Leben im Elsass zermalmt zwischen dem sprachlichen Druck

Bild 19: Albert Schweitzer (1875–1965) und seine Frau Helene (1879–1957) in Straßburg, ca. 1910 (© Stiftung Deutsches Albert-Schweitzer-Zentrum, Frankfurt a. M. (Archiv und Museum))

der französischen Behörden, dem Stolz auf die eigene regionale Kultur (eine Mischung zwischen Autonomismus und Separatismus) und der rechtsrheinischen Nazidiktatur.

Der Zweite Weltkrieg war eine der schlimmsten Belastungsproben für die Christen am ganzen Oberrhein. Sowohl ihr Leben, als auch ihr Glaube und ihre Werte waren bedroht. Im Elsass wurde das Konkordat von 1801 aufgehoben. In allem Unglück aber sind die Kirchen Stätten der Geborgenheit und der Zuflucht geworden, in denen viele Gläubige Trost und Stärkung im Glauben an einen überirdischen Herrn gefunden haben.

3.9. Nach 1945: Wiederaufnahme grenzüberschreitender Kontakte

Nach dem Ende des Zweiten Weltkrieges standen alle Kirchen vor mehreren Herausforderungen: Neustrukturierung, Säkularisierung, grenzüberschreitende Zusammenarbeit, Anpassung an eine mobilere und sich rasch verändernde Welt. Ab 1960 hat sich die grenzüberschreitende Zusammenarbeit sowohl innerhalb der eigenen Konfession wie auf ökumenischer Ebene zufriedenstellend entwickelt. Hier kann vor allem auf die 1961 gegründete „Konferenz der Kirchen am Rhein" (KKR) hingewiesen werden. Weil die Beherrschung der deutschen Sprache auf elsässischer Seite abnimmt, kommt diese Zusammenarbeit nur zögernd voran.

Nach 1945 setzten die französischen Behörden ihre restriktive Politik der elsässischen Kultur und Sprache gegenüber mehr als zwei Jahrzehnte bis 1968 fort. Erst die studentischen Unruhen dieses Jahres ermöglichten es einer jungen Generation, frei über die jüngste Geschichte zu diskutieren. In der Literatur, die weiterhin in drei Sprachen aufgeteilt war, traten vor allem Claude Vigée, André Weckmann, Adrien Finck und Raymond Matzen in den Vordergrund.

Unter den zahlreichen elsässischen Architekten sollten zwei hervorgehoben werden. Zuerst Charles-Gustave Stoskopf, der die Dörfer an der Weinstraße, die im Krieg zerstört worden waren, nach 1945 mit großem künstlerischem Geschmack wieder aufgebaut, und in den 1960er Jahren das Esplanade-Viertel in Straßburg entworfen hat. Zweitens Claude Vasconi, der Architekt des Departementsgebäudes (Hôtel du Département du Bas-Rhin) in Straßburg (1986–1989), des Kulturzentrums „La Filature" (Die Weberei) in Mülhausen (1993) und des Neuen städtischen Krankenhauses (Nouvel Hôpital civil) in Straßburg (2002–2008). Unter den öffentlichen Gebäuden kann man noch erwähnen den Europaturm in Mülhausen, das Krankenhaus „Pasteur" in Colmar, und in Straßburg das Rundfunkhaus, das Musik- und Kongresshaus (Palais de la Musique et des Congrès), das Haus der Menschenrechte (Palais des Droits de l'Homme) und das Museum für moderne und zeitgenössische Kunst (Musée d'Art moderne et contemporain).

Der berühmteste der heutigen Künstler im Elsass ist allerdings Tomi Ungerer, der nicht nur als Schriftsteller, sondern vor allem als Illustrator von Kinderbüchern und als Karikaturist auch in Deutschland große Bekanntheit genießt. 1988 tat er sich auch als Architekt hervor und entwarf die originelle Fassung eines römischen Aquäduktes (siehe Farbbild 16). Seit 2007 befindet sich dort in der Nähe das Tomi-Ungerer-Museum, das seinem Werk gewidmet ist.

Weiterführende Literatur

Benrath, Gustav Adolf/Bümlein, Klaus: Art. Pfalz, in: TRE, Bd. XXVI (1996), S. 323–337
Benrath, Gustav Adolf/Erbacher, Hermann/Rau, Gerhard: Art. Baden, in: TRE, Bd. V (1979), S. 97–115
Vogler, Bernard: Histoire culturelle de l'Alsace, Strasbourg 1993
Vogler, Bernard: Histoire des chrétiens d'Alsace, Paris 1994

3.10. Exkurse

3.10.1. Kirchenbau. Ein Überblick

JÜRGEN KRÜGER

Das Mittelalter

Die Region beiderseits des Oberrheins ist eine reiche Kirchenbaulandschaft mit vielen überregional bedeutsamen Bauwerken. Spuren haben fast alle Epochen hinterlassen, aber die Epoche der Romanik ist wohl die prägendste.

Der Oberrhein stellt eine alte christliche Region dar, deren Anfänge bis in die Zeit des Römischen Reiches zurückreichen. Als Zentren, d.h. Bischofssitze, sind Straßburg und Augusta Raurica, das von Basel abgelöst wurde, bekannt, aber leider fehlen die monumentalen Spuren aus dieser Zeit, im Gegensatz etwa zur Nachbarregion an der Mosel (Trier). Die ersten Kirchenbauten sind daher aus der auf die Völkerwanderung folgenden Epoche der Vorromanik erhalten.

Von den großen Bischofskirchen Basel, Straßburg und Speyer hat das Basler Münster trotz vieler vor allem spätgotischer Veränderungen noch die größte Bausubstanz der vorromanischen Zeit. Die Krypta und Teile der Portale gehen darauf zurück. Der Dom zu Speyer gehört zu den eindrucksvollsten Bauten der europäischen Romanik. Entscheidend von den Saliern gefördert, wurde der erste Bau, 1061 geweiht, bereits um 1100 erneuert. Er nimmt sowohl bautechnisch dank der kompletten Einwölbung als auch von der dekorativen Ausstattung her eine Schlüsselstellung in der europäischen Baukunst ein. Gleichzeitig beginnt mit ihm der Einfluss der lombardischen Baumeister auf die nordalpine Architektur, die sich im Laufe des 12. Jahrhunderts bis Norddeutschland ausweitete. Das Straßburger Münster, vor dem Johann Wolfgang von Goethe seine Gedanken *Von deutscher Baukunst* (1772) entwickelte, besitzt dagegen einen romanischen Ursprungsbau, an dem im 13. Jahrhundert gotisch weitergebaut wurde. Die Westtürme (von denen nur einer ausgeführt wurde), das berühmte Skulpturenprogramm (vor allem die Frauenstatuen der Ecclesia und Synagoge, siehe Farbbild 17) und die elegante Fensterrose, die von Erwin von Steinbach entworfen wurde, gehören zu den großen Leistungen dieser Zeit.

Nicht die Bischofskirchen, sondern Kloster-, Stadt- und Dorfkirchen prägen die romanische Epoche am Oberrhein. Das Elsass besitzt vielleicht die größte Dichte romanischer Kirchen überhaupt. Nirgends kann die Entwicklung besser studiert werden. Ein großer Schatz sind dabei die Kirchen der Dörfer bzw. der sehr kleinen Städte (oft ehemalige Reichsstädte) wie in Rosheim oder Neuweiler, die zeigen, dass die Steinmetzen wirklich „flächendeckend" gearbeitet haben. Viele Klosterkirchen wurden zwar zerstört, meist in der Französischen Revolution, doch sind ihre Reste oft groß genug, um Raumwirkung und Bildprogramme noch ablesen zu können. Zu den bedeutendsten Bauten gehören Maursmünster und Murbach. Eine Sonderstellung nimmt die Kirche von Ottmarsheim ein, eine habsburgische Gründung des 11. Jahrhunderts. Als achteckiger Zentralbau konzipiert, ist das Vorbild der Aachener Pfalzkapelle spürbar, aber schwer zu erklären, denn die Habsburger waren zu jener Zeit noch ein unbedeutendes Geschlecht.

Die östliche Rheinseite hat weniger Monumentalbauten aufzuweisen. Nur wenige Klöster lagen in der Ebene, wie die fast total zerstörte Reichsabtei Schuttern oder Münster Schwarzach nahe Baden-Baden, das hervorragend wiederhergestellt wurde. Die meisten Klöster liegen in den engen Schwarzwaldtälern oder auf seinen Höhen bzw. weiter nördlich im Kraichgau. Hirsau und Maulbronn stehen für die Kunst und Architektur der Cluniazenser bzw. Zisterzienser. Beide Klöster und Orden haben ihren ideellen Ursprung westlich des Rheins, in Burgund, und Mutterklöster im Elsass. Beide entfalteten dann eine reiche Wirkung nach Norden und Osten ins mittelalterliche deutsche Reich hinein.

Die dörflichen Bauten waren relativ bescheiden und folgten einem Muster, das weithin in der Romanik verbreitet war, es waren nämlich Chorturmkirchen. Dieser Bautyp, bei dem der Chor mit einem Turm kombiniert wird und dieser direkt an einen Kirchensaal anschließt, bietet den Vorteil, die Menge des Baumaterials optimal auszunutzen und gleichzeitig eine gewisse Monumentalität zu erreichen.

Zur vielleicht vornehmsten Kirche im städtischen bzw. herzoglichen Bereich entwickelte sich die Pfarrkirche von Freiburg. Die Kirche wurde mit einem romanischen Langhaus begonnen und frühgotisch fortgesetzt. Geradezu spektakulär war der Turm, der im 14. Jahrhundert der Fassade aufgesetzt wurde. Meistens erlahmte die (Finanz-)Kraft der Städte jener Zeit, unzählige Turmprojekte blieben liegen. Anders in Freiburg: Der elegante, durchbrochene Turmhelm – der vor allem im 19. Jahrhundert Vorbild für viele neugotische Türme in ganz Deutschland war – wurde um 1340 fertiggestellt. Kaum war dies geschehen, wurde der Chor der Kirche mit einem Umgang und einem Kapellenkranz erweitert, womit die Freiburger Kirche fast kathedralähnlich wurde (Farbbild 51).

In der spätgotischen Zeit fassten die Bettelorden in den Städten Fuß, und die vielen Städte der Gegend kamen dieser Entwicklung entgegen. Große, einfache Klosterkirchen in „reduzierter" Gotik (mehr Mauerflächen, weniger Maßwerk) sind in etlichen Städten erhalten geblieben, so die Franziskanerkirchen in Basel, Freiburg und Colmar. Unter den überregional bedeutenden Städten sind drei zu nennen: Basel, Heidelberg und Straßburg. Basel wurde besonders durch sein Konzil 1431–1449 bekannt, und Heidelberg durch die 1386 gegründete Universität, eine der frühesten in Mitteleuropa. Straßburg wurde die Metropole des Handwerks und der Künste. Am Ende des 15. Jahrhunderts hielten sich alle wichtigen Künstler und Kunsthandwerker hier und in den Nachbarstädten auf, von Martin Schongauer über Niclas Gerhaert van Leyden bis hin zu Albrecht Dürer. Eine Schlüsseltechnologie der Zukunft wurde hier ebenfalls entwickelt – der Buchdruck.

Reformation und Neuzeit

Das Zeitalter der Reformation und der katholischen Reform bedeutete für die blühende Kunstlandschaft einen herben Einschnitt. Künstlerische Projekte wie die Ausstattung der Chorkapellen des Freiburger Münsters oder der Kathedrale von Straßburg wurden jäh unterbrochen, je nach Position der Landesherren wurden die Klöster behandelt, viele aufgelöst. Das

Zisterzienserkloster Maulbronn wurde in ein Predigerseminar verwandelt, wobei wenigstens Bausubstanz und Ausstattung erhalten blieben, im Gegensatz zum Hirsauer Kloster, dessen Kirche total zerstört wurde.

Der Neubaubedarf war in dieser Zeit sehr gering, denn die neue Konfession konnte die alten Kirchen übernehmen, die katholische Konfession behielt ihre Bauten, und die durch Kriege verursachten Finanznöte verhinderten Neubauten. Auch das 17. Jahrhundert war den Kirchen nicht hold. Erst verheerte der Dreißigjährige Krieg (1618–1648) das Land und dezimierte die Bevölkerung. Danach setzte die Reunionspolitik der französischen Krone ein, die – vereinfacht – das Ziel verfolgte, für Frankreich den Rhein als Grenze zu etablieren. Dies mündete vor allem in den Pfälzischen Erbfolgekrieg (1688–1697), der in der Kurpfalz und in Baden zu flächendeckenden Zerstörungen führte, die teilweise bis heute nachwirken. Erst danach, also im 18. Jahrhundert, konnte sich das Land langsam wieder erholen, sodass barocke Bauprojekte in Angriff genommen werden konnten.

Mit der Reformation des 16. Jahrhunderts beginnend wurde der Kirchenbau also eine konfessionspolitische Angelegenheit, Kirchenbau wurde in beiden Konfessionsgebieten unter verschiedenen Prämissen in Angriff genommen. Wenige programmatisch gestaltete Kirchenbauten lieferte der Protestantismus. Zu ihnen zählt die Schlosskapelle des Stuttgarter Schlosses, eine Inkunabel des deutschen evangelischen Kirchenbaus. Den protestantischen Forderungen und Vorstellungen eines Gottesdienstes entsprach es, den Raum in der Breite, also quer zu organisieren und eine oder mehrere Emporen einzufügen; beide Maßnahmen bewirkten, dass die Gottesdienstteilnehmer dem Predigtort, der Kanzel, näher waren als in einer traditionell als basilikaler Längsbau organisierten Kirche. Die Architekten der Barockzeit schließlich versuchten, sich den protestantischen Forderungen mit geometrischen Lösungen zu nähern, es entstanden Planzeichnungen mit kreisrunden, dreieckigen oder quadratischen Kirchen. Ein besonders originelles Beispiel schuf Heinrich Schickhardt (1558–1635) in Freudenstadt. In einer Ecke des großflächigen quadratischen Marktplatzes wurde eine „Winkelhakenkirche" gebaut: zwei Kirchenschiffe treffen sich im rechten Winkel, im Schnittraum wurden die Prinzipalstücke Altar, Taufbecken und Kanzel aufgestellt.

Der prachtvollste evangelische Kirchenbau wurde wohl die Allerheiligenkirche in Speyer, eine Saalkirche mit zwei umlaufenden Emporen, wobei Emporenbrüstungen und gewölbte Decke bemalt wurden und damit einen der größten protestantischen Bilderzyklen Süddeutschlands bilden.

Für heutige Augen werden protestantische Kirchen meist „in einen Topf" geworfen, doch ist es wichtig, auf die unterschiedlichen Konfessionen Rücksicht zu nehmen. In der evangelischen Markgrafschaft Baden (also Karlsruhe) entstanden etwa in der Residenzstadt nebeneinander die lutherische und die reformierte Kirche als eigenständige Bauten. In der Kurpfalz wurden dagegen häufig bestehende Kirchen gleichzeitig von den Konfessionen genutzt, es entstanden die sog. „Simultankirchen", in denen normalerweise die Kirchenräume der Konfessionen mit einer Mauer voneinander abgeteilt waren (heute meist aufgelöst). Die Hauptkirche Heidelbergs, die spätgotische Heiliggeistkirche, war auf diese Weise quer zweigeteilt.

Katholischer Kirchenbau wurde von den verbliebenen Bistumssitzen und von den Universitätsstädten aus mit großem Anspruch ausgeführt. Die Heidelberger Jesuitenkirche ist ein markantes Beispiel des römischen Barock auf deutschem Boden. In Bruchsal, einer Dependance des Speyerer Bistumssitzes, konnte Balthasar Neumann (1687–1753) nicht nur das bischöfliche Schloss bauen, sondern mit der Peterskirche seine eleganten spätbarocken Bauformen realisieren (die Bruchsaler Hofkapelle von ihm wurde im Zweiten Weltkrieg total zerstört). Eine kleine Besonderheit bietet Basel: Hier hatten die Protestanten die Bischofskirche fest übernommen, sodass der Basler Bischof auf ein umliegendes Dorf auswich. In Arlesheim entstand eine barocke neue Domkirche samt zugehörigen Bauten wie Bischofspalais und Verwaltungsbauten (siehe Farbbild 18).

Das Elsass sah im späten 18. Jahrhundert eine Reihe großartiger Kirchenneubauten, die von Paris her schon klassizistisch beeinflusst waren. Dabei ging es meist um Modernisierung, d.h. dass die kirchlichen Institutionen sich moderner geben wollten. Die Abtei Murbach etwa gab ihr altes romanisches Kloster auf, es war zu sehr in einem engen Vogesental gelegen. Die Mönche brauchten ein Kloster, das den modernen Aufgaben des 18. Jahrhunderts gewachsen war: Wissenschaften, Verkehrsanbindung, städtisches Umfeld, usw. So entstand ein großzügiger Neubau in Gebweiler.

Während alle Territorien am Oberrhein in der Barockzeit konfessionell festgelegt waren, entstand in Mannheim am Anfang des 17. Jahrhunderts eine Stadt neuen Typs: In ihr wurden alle Konfessionen aufgenommen, und jeder von ihnen wurde in der Mittelachse des berühmten Schachbrettplans ein Bauquadrat zugewiesen. So entstanden hier eine lutherische und eine reformierte Kirche, aber genauso eine große katholische Jesuitenkirche (die für Musik und Astronomie des 18. Jahrhunderts berühmt wurde) und ebenso eine Synagoge!

Der Dreißigjährige Krieg und später der Pfälzische Erbfolgekrieg hatten das Land ausbluten und streckenweise veröden lassen. Im 18. Jahrhundert war deshalb eine regelrechte „Repeuplierung" notwendig. Glaubensflüchtlinge kamen aus Westen (Hugenotten aus Frankreich), aus Süden (Waldenser aus dem Piemont) und Osten (Juden aus Osteuropa), die in unterschiedlichem Maße in den Herrschaften aufgenommen wurden. Besonders die Reichsritterschaften ließen Juden ein. Im 18. Jahrhundert war der Kraichgau eine Region mit zahlreichen jüdischen Siedlungen. Geringe Reste der Synagogen, meist einfache Saalräume, blieben etwa im Sinsheimer Raum erhalten.

Das 19. Jahrhundert

Mit der Französischen Revolution und den nachfolgenden Napoleonischen Kriegen wurde die politische Landschaft am Oberrhein nachhaltig verändert. Wichtigster Staat wurde nach 1815 das Großherzogtum Baden, das nun von Konstanz bis Heidelberg und weiter bis Wertheim reichte. Karlsruhe als Mittelpunkt dieses Territoriums wurde zur Metropole ausgebaut, die Karlsruher Bauschule, die vom Polytechnikum ihren Ausgang nahm, wurde für die folgende Zeit stilbildend.

Erster wichtiger Architekt wurde Friedrich Weinbrenner (1766–1826), der nach seinen römischen Studienjahren den Klassizismus in Karlsruhe etablierte. Die katholische Hauptkirche St. Stephan lässt den Kuppelbau des Pantheon in Rom als Vorbild deutlich werden, die evangelische Stadtkirche wurde in römischen Tempelformen gehalten. Die Bedeutung Weinbrenners, der seine Kirchenbauten kurz nach 1815 plante, ist für ganz Deutschland kaum zu überschätzen. Karl Friedrich Schinkel etwa wurde zwar berühmter als der badische Baumeister, war aber zeitlich deutlich nach Weinbrenner tätig.

Aus der Schule Weinbrenners ging eine Reihe von Architekten hervor, die als Baumeister wie als Lehrer am Polytechnikum (der späteren Technischen Hochschule, dann Universität, jetzt KIT), wegweisend für die Stilentwicklung des 19. Jahrhunderts waren. Heinrich Hübsch fragt: „In welchem Style sollen wir bauen?" und griff damit das zentrale Problem des 19. Jahrhunderts auf. Die traditionelle Stilfolge von der Romanik zum Barock war an ihr Ende angelangt, der Architekt konnte nun aufgrund seiner universellen Kenntnisse alles und alle Stile bauen. In welchem Stil also Kirchen? In der Zeit der Romantik blieb da nur das Mittelalter mit Romanik und Gotik übrig, manchmal noch die Epoche des frühen Christentums – und damit wurde die Epoche des Historismus begründet. Neoromanische und neogotische Kirchen überzogen das Land, jedes Dorf, jeder Stadtteil wurde mit einer solchen Kirche ausgestattet. Ob katholisch oder evangelisch, spielte kaum eine Rolle: Katholische Kirchen waren sowieso traditionell in Basilikaform gehalten, die evangelische Kirche schuf mit dem „Eisenacher Regulativ" 1861 eine Empfehlung, Kirchen ebenso zu bauen. Neben die neoromanischen und neogotischen Formen trat am Ende des 19. Jahrhunderts noch der Neobarock. Besonders schöne bzw. gut erhaltene Kirchen dieser Zeit sind St. Cyriak in Karlsruhe-Beiertheim, die Klosterkirche in Gengenbach oder die katholische „Kirche im Stühlinger" in Freiburg.

In den Jahrzehnten von 1870 bis zum Ende des Kaiserreichs wurden mehr Kirchen gebaut als in allen Jahrhunderten zuvor zusammengenommen! Diese Blüte wurde durch mehrere Faktoren ausgelöst und begünstigt. Durch die rasante Industrialisierung, einhergehend mit großer Migration, wuchsen die Städte in der Gründerzeit besonders stark. Zur Versorgung der Bevölkerung, auch um sie vor Verelendung oder vor der „sozialistischen Gefahr" zu bewahren, war eine gute kirchliche Versorgung notwendig. Dafür setzten sich der Protestantenverein ab 1863 und der Evangelische Bund ab 1886 ein. Durch das Ortskirchgeld (ab 1888) und die Landeskirchensteuer (ab 1892) waren zusätzliche Mittel vorhanden. Pfarrer Emil Sulze formulierte 1889 das Gemeindeprinzip, nach dem eine überschaubare Gemeinde mit ihrem Pfarrer das wichtigste Element der Kirche ist (hier der evangelischen Kirche in Baden). Die Reformationsjubiläen, die 1883 (400. Geburtstag Luthers), 1897 und 1899 gefeiert wurden, gaben dem Kirchenbau weiteren Auftrieb. Die Gedächtniskirche der Protestation zu Speyer, die 1893 bis 1904 erbaut wurde und an den wichtigen Reichstag von Speyer 1529 erinnert, gehört – neben dem Melanchthonhaus in Bretten (Farbbild 52) – zu den überregional wichtigen Reformationsgedächtnisstätten in Deutschland, die sonst praktisch alle in den neuen Bundesländern liegen.

Das 19. Jahrhundert wurde außerdem das goldene Jahrhundert des Synagogenbaus, denn Juden waren nunmehr rechtlich nicht mehr benachteiligt. Im historistischen Verständnis wurden Synagogen als exotische nahöstliche Baukunst definiert und ein neomaurischer Baustil für sie kreiert. Im kleinen badischen Weingarten stand eine der ersten neomaurischen Synagogen (um 1840). Mit Josef Durms Synagogen im neoklassizistischen Stil (Karlsruhe und Bruchsal) klang diese Synagogenbauepoche vor dem Ersten Weltkrieg aus.

Das 20. Jahrhundert

Gegen Ende des 19. Jahrhunderts war jedoch auch der historistische Kirchenbau an sein Ende angelangt. Mehrere Faktoren bedingten eine Neuausrichtung. Im evangelischen Bereich ging es um die Frage, wie wieder sinnreicher gebaut werden könne und wie die Bevölkerungsmassen der Großstädte stärker an die Kirche gebunden werden könnten. Aus solchen Reformansätzen, die das „Eisenacher Regulativ" überwinden sollten, erwuchs beispielsweise das „Wiesbadener Programm" (1891), das der ehemals badische Pfarrer Emil Veesenmeyer und der Architekt Johannes Otzen formulierten und für das die Ringkirche in Wiesbaden mustergültig steht. Das Kirchengebäude ist kompakt auf zentralem Grundriss, sodass die Gottesdienstbesucher halbkreisförmig um den Altarraum sitzen, in dem sich Altar, Kanzel und Orgel übereinander befinden. Derartige Kirchen baute das Büro Curjel & Moser am Oberrhein in größerer Zahl, in Karlsruhe die Christuskirche und die Lutherkirche (Farbbild 19), in Basel die Pauluskirche. Gleichzeitig änderte sich vorsichtig der Stil: Der Jugendstil hielt auch im Kirchenbau Einzug, zumindest in gemäßigter Form. Es war eigentlich kein eigener Architekturstil, sondern mehr eine neue Art der Dekoration: die Vorlagen für Malereien und Skulpturen wurden jetzt vermehrt aus der Pflanzenwelt bezogen. Die erwähnte Lutherkirche zeigt dies sehr schön.

Nach dem Ersten Weltkrieg setzte auch im Kirchenbau die Moderne ein. Der Karlsruher Architekt Otto Bartning (1883–1959), der in Karlsruhe und Berlin seine Ausbildung zum Kirchenbaumeister erhielt, wurde zum bekanntesten und markantesten Vertreter des protestantischen Kirchenbaus des 20. Jahrhunderts. Mit modernen, schlichten Formen, die dem Bauhaus nahestanden, schuf er seine Kirchen. Die Markuskirche in Karlsruhe stellt einen solchen Bau dar, eine gelungene Mischung aus traditioneller Basilikaform und moderner Monumentalität. Bei all dem vergaß Bartning die Rolle des Pfarrers nicht; seine Kirchen sind akustische Glanzleistungen und ermöglichen es, der Predigt von allen Plätzen zu folgen.

Die kurze Blüte der Zwanziger und frühen Dreißigerjahre – Blüte, was Qualität, nicht Quantität angeht – endete jäh mit der NS-Herrschaft, die den Kirchenbau fast völlig unterband. Zu den seltenen Kirchen dieser Zeit gehört die Lutherkirche in Bruchsal, die in ihrer Monumentalität ganz dem Geschmack der Zeit entsprach. Doch endete die Naziherrschaft mit einem totalen Desaster – die Städte und mit ihnen ein Großteil der Kirchen wurden beschädigt oder zerstört. Unmittelbar nach dem Krieg konnte es nur darum gehen, möglichst schnell wieder einfache Predigtstätten zu schaffen. Otto Bartning schuf mit den Notkirchen ein überzeugendes Programm: Mit Spendengeld aus aller Welt wurden serielle Holzbinderkonstruktionen hergestellt und den Gemeinden übergeben, die dann die Zwischenräume zwischen den Holzrippen aus eigener Kraft mit Trümmersteinen anfüllten – ein idealer Fall von umfassender Hilfe zur Selbsthilfe. Otto Bartnings Notkirchen, 48 in ganz Deutschland, darunter die Friedenskirche in Karlsruhe (Farbbild 20), sind mit ihren einfachen Formen heute schon Objekte der Denkmalpflege und bedürfen besonderen Schutzes, sonst würden ihre einfachen Materialien schnell durch bessere ersetzt.

Je kompletter die Zerstörung, desto radikaler der Wiederaufbau nach dem Krieg, so kann man vorsichtig formulieren. Die Stadt Pforzheim ist ein solcher Fall. Pforzheim hatte fast alle historischen Kirchen verloren und musste deswegen auch kirchlich völlig neu erstehen.

Egon Eiermann (1904–1970), der Schöpfer der neuen Berliner Kaiser-Wilhelm-Gedächtnis-kirche, schuf in Pforzheim seinen ersten modernen Kirchenbau, einen Körper aus Betonrippen und buntem Glas.

Die zweite Hälfte des 20. Jahrhunderts war von immer neuen Versuchen geprägt, die Auf-gabe Kirchenbau neu zu definieren. Das Zweite Vatikanische Konzil forderte eine veränderte Aufteilung des Kirchenraumes: Gemeinde und Liturg sollen den Altar zur Eucharistiefeier rundum umstehen, was erforderte, den Altar, und mit ihm den Ambo, von der Stirnwand des Chores abzurücken und zum Hauptschiff hin zu befördern. Interessanterweise machte un-gefähr zur gleichen Zeit die evangelische Kirche einen ähnlichen Prozess durch, bei dem die evangelischen Prinzipalstücke in den Kirchenraum rückten und die Predigtkanzel weitgehend aufgegeben wurde. Eine andere Strömung brachte Gemeindezentren, bei denen auf einen eigenen Kirchenbau zugunsten eines Vielzweckraumes verzichtet wurde. Doch letzten Endes wollten die Gemeinden nicht einen Sakralraum entbehren.

Auch auf anderen Gebieten haben sich die Kirchengemeinden mit den modernen Gege-benheiten auseinanderzusetzen: die schrumpfende Zahl der Gemeindeglieder und gleichzeitig die immer größere Zahl der bikonfessionellen Ehen. Da die katholische und die evangelische Kirche sich langsam annäherten, kam es nun in den Bereich des Möglichen, wieder unter einem Dach Gottesdienst zu feiern. Das Ökumenische Zentrum Freiburg-Rieselfeld realisierte dies in anspruchsvoller moderner Architektur: ein evangelischer und ein katholischer Gottesdienstraum unter einem Dach; beide können bei Bedarf zu einem noch größeren Raum vereint werden, für die großen christlichen Feste etwa (Farbbild 21a und b).

Im Elsass, wo es viele Jahrhunderte lang im Bauwesen ähnliche Entwicklungen gab wie auf der anderen Rheinseite, verlief der Sakralbau im 19. und 20. Jahrhundert in markanter Weise unterschiedlich. Schuld daran ist vor allem die Politik. Zum einen gehörte das Elsass mal zu Frankreich (bis 1870, zwischen den Kriegen, nach 1945), mal zu Deutschland (1870–1918, Besatzungszeit im Zweiten Weltkrieg). Dadurch waren zum Beispiel die stadtbildprägenden Bauphasen der Gründerzeit (nach 1870) deutsch beeinflusst. Andererseits entgingen die Syn-agogen im Elsass der NS-Zerstörungswut von 1938. Beispielhaft seien neben den neogotischen Kirchen Straßburgs die zahlreichen Synagogenbauten des 19. Jahrhunderts in elsässischen Kleinstädten genannt. Die Gebäude sind erhalten, aber freilich ihre Gemeindeglieder wurden auch hier verschleppt und ermordet. Nach dem Zweiten Weltkrieg mussten auch im Elsass viele Kirchen neu ausgestattet werden, wobei sich die nunmehrige dauerhafte neue Orientierung an Frankreich bemerkbar machte. Aus dieser Zeit stammen einige hervorragende Glasgemäl-dezyklen, etwa in Weißenburg-Altenstein, oder die größten Kirchenfenster, die Marc Chagall für die Kirche in Saarburg schuf, beides Werke, die der Glasmalereischule letztlich von Reims und Chartres entstammen.

Weiterführende Literatur

Gerbing, Chris: Die Auferstehungskirche in Pforzheim. Otto Bartnings Kirchenbau im Spannungsfeld zwischen Moderne und Traditionalismus, Regensburg 2001

Hahn, Joachim/Krüger, Jürgen: Synagogen in Baden-Württemberg. Geschichte und Architektur, 2 Bde., Stuttgart 2007

Rößling, Wilfried: Curjel & Moser, Architekten in Karlsruhe, Baden, Karlsruhe 1986

Winterfeld, Dethard von: Die Kaiserdome Speyer, Mainz, Worms und ihr romanisches Umland, Würzburg 1993

Wischermann, Heinfried: Romanik in Baden-Württemberg, Stuttgart 1998

Wolf-Holzäpfel, Werner: Kirchenbau und religiöse Kunst. Die historische und künstlerische Entwicklung von den Anfängen des Erzbistums bis in die Gegenwart, in: Heribert Smolinsky (Hg.), Geschichte der Erzdiözese Freiburg, Bd. I: Von der Gründung bis 1918, Freiburg u. a. 2008, S. 493–598

3.10.2. Literatur und Religion im Elsass des 19. und 20. Jahrhunderts

Marc Lienhard

Etwa 130 Autoren – darunter an die 30 Pfarrer und Priester – haben zwischen 1800 und 1870 Gedichte, Erzählungen oder Theaterstücke geschrieben. Nach Bernard Vogler waren die meisten von ihnen „getreue Epigonen der deutschen Klassik und Romantik". 1816 schuf der Jurist Georg-Daniel Arnold das Theaterstück *Der Pfingstmontag*, das erste bedeutende Werk auf Elsässisch – eine Komödie in fünf Akten und in Versform, die vom gesellschaftlichen Leben in Straßburg in der Zeit vor der Französischen Revolution handelt. Pfarrer Daniel Ehrenfried Stöber und seine beiden Söhne August und Adolf waren als elsässische Patrioten überzeugte Anhänger Frankreichs, verfassten aber weiterhin ihre Werke in deutscher Sprache. Der bekannteste von ihnen war August (1808–1884). Als Pfarrer und dann als Lehrer hat er unermüdlich Sagen und volkstümliche Traditionen der elsässischen Vergangenheit gesammelt, sodass er als „Begründer der elsässischen Volkskunde" (Raymond Matzen) gelten kann. Auch die religiösen Traditionen fanden sein Interesse. Viele andere Schriftsteller haben vor allem auf Deutsch die Geschichte des Elsass beschrieben, Napoleon und seine Generäle verherrlicht, den Zauber der elsässischen Landschaft besungen, sich aber auch über ihre Bewohner lustig gemacht. Einen explizit religiösen Charakter haben die *Lutherischen Lieder* (1854) des Krämers Friedrich Weyermüller aus Niederbronn. Die beiden katholischen Priester Charles Braun und André Hemmerlin haben es in ihren Dichtungen verstanden, die Liebe zum Elsass und zur Natur mit dem Lobpreis Gottes zu verbinden. Darüber hinaus wandte sich André Hemmerlin gegen die von ihm als Freigeister erachteten Schriftsteller Victor Hugo, Goethe und Renan.

Bild 20: Porträt von Émile Erckmann (1822–1899) und Alexandre Chatrian (1826–1890). Foto von Pierre Petit, ca. 1875 (Harvard Art Museums/Fogg Museum, Transfer from Harvard College Library, P1975.6. Photo: Imaging Department. © President and Fellows of Harvard College)

Ab der Mitte des 19. Jahrhunderts erschienen nach und nach gut 100 Werke in französischer Sprache von

Erckmann-Chatrian (Émile Erckmann, 1822–1899, Alexandre Chatrian, 1826–1890), deren Romane, Märchen sowie verschiedene Erzählungen und Theaterstücke wie z.B. *L'Ami Fritz* sich größtenteils mit dem Elsass beschäftigen. Die *Contes fantastiques* von 1860 gehen teilweise auch auf Religion und Frömmigkeit ein, insgesamt gesehen konzentrieren sich diese Werke aber auf die Gebräuche und das Alltagsleben im Elsass, wobei humor- und liebevoll die Mentalität der Elsässer aufgedeckt wird. Im Lauf der Zeit verstärkte sich der mit den Anfangsjahren der Republik zusammenhängende französische, gegen Deutschland gerichtete Patriotismus. Antiklerikale Tendenzen sind vor allem nach 1870 aufgebrochen.

Édouard Schuré (1841–1929) machte sich als französisch schreibender Philosoph, Ideengeschichtler, Dichter, Romanschriftsteller und Essayist für das Elsass als Teil Frankreichs stark, hatte dabei aber immer deutlicher ein Weltbürgertum ohne Grenzen zum Ziel. Als persönlicher Freund von Richard Wagner machte er dessen musikalische Werke in Frankreich bekannt und beliebt. Außerdem wurde er von Rudolf Steiner, dem Begründer der Anthroposophie, beeinflusst. Mehrere seiner Publikationen entfalten religiöse Fragen in mystischer und theosophischer Perspektive. In seinem bekanntesten, in mehrere Sprachen übersetzten Werk *Les Grands Initiés – Esquisse d'histoire secrète des religions* (1889)[1] stellt er die wichtigsten Weltreligionen und deren Gründer vor. „Er wollte die Grundlagen eines gemeinsamen Spiritualismus bei allen Religionsstiftern herausarbeiten" (Raymond Matzen).

Friedrich Lienhard (1865–1929), der sich eher an Deutschland, an der deutschen Sprache und Kultur orientierte, hinterließ zahlreiche Gedichte, Essays, Theaterstücke und Romane. Er lehnte den Materialismus ebenso ab wie die moderne, industriell-technische Kultur der Großstädte und empfahl die Rückwendung zur Heimat, zu den religiösen Traditionen und zur Kultur der Klassik. Er wollte die „Heimatkunst" auf religiöser Grundlage überhöhen (er sprach selbst von dem Weg „vom Grenzland zum Hochland") und vertrat einen metaphysisch gefärbten Idealismus, wobei er die griechische Antike, den deutschen Idealismus wie das Christentum und selbst die Esoterik miteinander in Einklang zu bringen suchte. Für ihn hat der Dichter ein „Sänger Gottes" zu sein. Das protestantische Erbe kommt vor allem in dem oft aufgelegten Roman *Oberlin* zum Tragen. In seiner „Religion" räumt er jedoch neben dem Protestantismus seiner Kindheit auch anderen Konfessionen und religiösen Strömungen Geltung ein. So handeln mehrere seiner Gedichte und andere Texte über die heilige Odilie.

Viele Autoren griffen nach 1870 infolge der Lockerung der Beziehungen zur französischen Literatur und in der Abwehrhaltung gegen die von den neuen Machthabern im Elsass aufgezwungene deutsche Sprache den elsässischen Dialekt auf, der gegen Ende des 19. Jahrhunderts sowohl in der Dicht- wie Theaterkunst immer stärker zur Geltung kam. Der wichtigste Theaterautor war Gustave Stoskopf (1869–1944). Von seinen rund 15 Stücken ragt besonders *D'r Herr Maire* heraus. Seine ausgeprägte satirische Ader, seine treffenden Beobachtungen über die Mentalität, die Freuden und Leiden der Elsässer, haben ihm die Bezeichnung „elsässischer Molière" eingebracht. Eindeutig religiöse Fragestellungen sind bei ihm nur selten zu finden. Die von ihm 1909 gegründete *Straßburger Zeitung* nahm sich vor, „reaktionäre Bestrebungen, den Klerikalismus sowie jede Form chauvinistischer Anstachelung zu bekämpfen".

Bild 21: Marie Hart (1856–1924) als junge Frau
(© Collection du Musée du Pays de Hanau, Boux-
willer)

Auf dem Gebiet der Mundartdichtung traten insbesondere die Zwillingsbrüder Adolphe
(1874–1944) und Albert (1874–1930) Matthis
hervor. Ihr Werk, das trotz aller Archaismen
voller poetischer Frische ist, lässt das Straßburg ihrer Jugendzeit aufleben. Sie besingen
die Natur, das Leben der Handwerker und
Bauern. Eines ihrer Gedichte handelt von
der Turmbesteigung des Münsters, in einem
weiteren wird der Odilienberg verherrlicht.
Eher satirisch als lyrisch ausgerichtet war
der unter dem Pseudonym Hansi schrei-
bende Autor und Maler Jean-Jacques Waltz
(1873–1951). Sein antideutscher Komplex
gehört heute der Vergangenheit an. Trotz
aller idyllischer Stilisierung des Elsass und oft
gehässiger Verzeichnung Deutschlands lassen
seine Werke ein sicheres künstlerisches Talent
erkennen. In seinem Gesamtwerk haben Kirchen, Kirchtürme und der Odilienberg einen
hohen Stellenwert, religiöse Fragen werden
aber kaum angesprochen.

Marie Hart (1856–1924) war als Autorin
mehr vertraulich, harmoniös und heiter, es
sind aber bei ihr auch kritische Bemerkungen über die Gesellschaft und das Alltagsleben in
der Kleinstadt Buchsweiler zu finden. Ihr literarisches Schaffen, vor allem Erzählungen in el-
sässischem Dialekt, setzt 1911 mit den *G'schichtlen un Erinnerungen üs de sechziger Johr* ein.
In ihrer Welt, die sie voller menschlicher Wärme beschreibt, darf auch der Pfarrer trotz seiner
langweiligen Predigten nicht fehlen. Er trägt zur Aufrechterhaltung der gesellschaftlichen
Ordnung bei, auch in konfessioneller Hinsicht. Als die junge Marie unter dem tiefen Eindruck
einer Messfeier katholisch werden wollte, führt er sie behutsam, aber entschlossen in den
Schoß der evangelischen Kirche zurück.

Für das beginnende 20. Jahrhundert und die deutschsprachige Literatur sind René Schickele
(1883–1940) und ihm nahestehende Autoren wie Ernst Stadler (1883–1914) und Otto Flake
(1880–1963) zu nennen. Ihr Anliegen war, die regionalen und nationalen Grenzen zu überwinden
und dem Elsass eine Vermittlungsrolle zwischen Frankreich und Deutschland zuzuschreiben.
Als Sprachrohr für ihre Standpunkte diente ihnen die Zeitschrift mit dem provokanten Titel
Der Stürmer. Schickele hat als Autor von Dichtungen, Romanen (wie die Trilogie *Das Erbe am
Rhein*), Erzählungen und Essays für ein „geistiges Elsässertum" plädiert, für eine zweifache Kultur,
für Zweisprachigkeit und die deutsch-französische Aussöhnung in europäischer Perspektive.
Gelegentlich werden religiöse Fragen angesprochen, wie etwa in dem Gedicht über Kaiser Julian

Apostata. Das gleiche gilt auch für Ernst Stadler, der einer der großen deutschen Lyriker wurde. In dem Sammelband *Der Aufbruch* von 1914 findet sich vor allem ein bewegendes Gedicht über zwei Statuen des Straßburger Münsters: die triumphierende Ecclesia und die besiegte Synagoge (siehe Farbbild 17). Das umfangreiche Werk von Flake, das zum großen Teil in der Zeit nach dem Ersten Weltkrieg entstand, enthält vor allem philosophische Reflexionen, allerdings haben seine Beziehungen zum Elsass an Intensität verloren.

Außerdem ist hier Hans Arp (1886–1966) zu erwähnen, der nicht nur Maler und Bildhauer, sondern auch zweisprachiger Dichter war. Er war stark vom Dadaismus und Surrealismus geprägt und setzte in seinem dichterischen Werk viele persönliche Akzente. Die Gedichte aus seiner letzten Schaffensperiode offenbaren einen zunehmend ausgeprägten Mystizismus und eine starke Sehnsucht nach der jenseitigen Welt. Ein typisches Beispiel dafür ist das Gedicht von 1863 *La Cathédrale est un cœur* (Die Kathedrale ist ein Herz). Yvan Goll (1891–1950) schrieb zunächst Gedichte in deutscher, dann in französischer Sprache und wurde in Paris einer der Begründer des Surrealismus. Die Gestalt des vor dem Straßburger Münster knieenden Johann Ohneland ist für Goll „ein Symbol für seine eigene Situation als ewiger Fremdling, unbehaust und entwurzelt" (Adrien Finck). Zuletzt schrieb er wieder auf deutsch – vom Tod gezeichnet – seine Gedichte *Traumbraut*.

Die herausragende Gestalt in der Zeit zwischen den beiden Weltkriegen war Nathan Katz (1892–1981), „der unsterbliche Sänger des Sundgaus" (Raymond Matzen) und einer der markantesten elsässischen Dichter des 20. Jahrhunderts. Sein dramatisches Gedicht *Annele Balthasar* (1924) handelt von einer Liebesgeschichte des 16. Jahrhunderts im Rahmen der Hexenjagd. In heftigen und aufrührerischen Reden greift der Freund von Annele die geistliche und weltliche Obrigkeit an, deren Opfer die Frau geworden ist. Das ganze Werk ist ein leidenschaftlicher Appell zu mehr Mitmenschlichkeit. In dem teilweise autobiographischen Erzähl- und Gedichtband in deutscher Sprache *Die Stunde des Wunders* (1930) kommt seine kosmopolitische und pantheistische Neigung zum Tragen. Der Autor öffnet sich der übernatürlichen Welt und dem Schöpfer, den er in der Schönheit und den Wundern der Schöpfung wahrnimmt.

Zwei elsässische Theologen haben ein breites Publikum gefunden und für religiöse Fragen sensibilisiert. Am bekanntesten ist Albert Schweitzer (1875–1965) geworden, vor allem durch sein Wirken in Afrika, aber auch mit seinen theologischen, musikwissenschaftlichen und philosophischen Schriften. Große Zustimmung hat seine Grundidee von der „Ehrfurcht vor dem Leben" gefunden. In seiner Autobiographie *Aus meinem Leben und Denken* erinnert er sich an das Elsass im ausgehenden 19. Jahrhundert sowie an die religiöse Prägung seiner Jugendzeit. Charles Pfleger (1883–1975), der sein Leben lang katholischer Gemeindepfarrer blieb, hat mit einigen bedeutenden Werken auf sich aufmerksam gemacht. In seinem Werk *Im Schatten des Kirchturms* meditiert er über die kirchlichen Jahres- und Festzeiten und bringt so die Geheimnisse in der Natur zur Geltung. Später schreibt er einige christologische Bücher (das in zahlreiche Sprachen übersetzte Werk *Geister, die um Christus ringen* von 1934 und *Die christozentrische Sehnsucht* von 1944), deutet einige große Werke der abendländischen Literatur und führt Zwiegespräche mit anderen Autoren. Dadurch versucht er zu zeigen, wie sehr der Mensch auf der Suche ist nach Sinn und erfülltem Leben.

Mehr dem theoretischen Denken gewidmet sind die Publikationen des Philosophen Ernst Barthel (1890–1953), der 1928 mit dem Werk *Elsässische Geistesgeschichte – Ein Beitrag zur europäischen Verständigung* das erste große philosophische Werk über das Elsass vorgelegt hat, in dem vier als herausragend beurteilte Gestalten der elsässischen Geistes- und Literaturgeschichte vorgestellt werden: Jean Henri Lambert (ein Gelehrter aus der Zeit der Aufklärung), Schuré, Lienhard und Schweitzer.

Maxime Alexandre (1899–1976) hat seine ersten Werke in den 30er Jahren veröffentlicht. Er gehörte zum Kreis der Surrealisten in Paris und kristallisierte sich nach 1945 als einer der großen Dichter und Schriftsteller des Elsass im 20. Jahrhundert heraus. Er war jüdischer Abstammung, konvertierte zum katholischen Glauben und war als Neuromantiker für das Wunderbare empfänglich, das „in Leiden, in Hunger und Durst bis in die Verzweiflung hinein anzunehmen" er den Dichtern der neuen Generation empfahl. „Zwischen dem Absurden und dem Göttlichen entsteht die Poesie auf wundersame Weise".

Ein weiterer großer elsässischer Dichter dieser Zeit ist Jean-Paul de Dadelsen (1913–1957). Er stand dem Surrealismus und der Romantik kritisch gegenüber und hat in seinem französisch geschriebenen Hauptwerk *Jonas* (1962) auf originelle Weise „die tiefen Empfindungen einer protestantischen und puritanischen Kultur Deutschlands, biblische und kosmische Bilder von großer Weite" (Michel Saint-Denis) verarbeitet.

Auf dem Hintergrund seiner jüdischen und elsässischen Herkunft hat Claude Vigée (geb. 1921) viele Gedichte, Erzählungen und Tagebücher sowohl auf Französisch als auch Elsässisch geschrieben. In seinem „von der Dialektik freier Entfaltung wie biblischer Exegese und hebräischer Etymologie inspirierten" Werk (Adrien Finck) kommt ein unablässiges Suchen nach dem Sinn zum Tragen, das er der „Weltverachtung" und „Lebensverneinung" in der abendländischen Dichtkunst der Moderne entgegenstellt.

Nach 1945 haben viele elsässische Dichter und Schriftsteller, die hier nur zum Teil Erwähnung finden, in französischer Sprache geschrieben. Die Hinfälligkeit des menschlichen Lebens, die Liebe zum Elsass und zur Natur sowie die Sinnfrage bekommen bei Autoren wie Lucien Baumann, Jean-Claude Walter und Roland Reutenauer gelegentlich religiöse Akzente. Das trifft auch für Romanschriftsteller wie Alfred Kern, Jean Egen, Fernand Schierer oder Christiane Roederer zu. In seinem vielseitigen und reichen Werk hat Jean Paul Klee nicht nur leidenschaftlich dem Protest und dem Tod Raum gegeben, sondern auch der religiösen Dimension, sodass manche seiner Leser ihn in die Nähe der deutschen Mystik gerückt haben.

Es gab aber nach 1945 weiterhin auch deutschsprachige Autoren wie Paul Bertololy, Louis Édouard Schaefer, Henri Solveen oder Marcel Jacob. Nach Adrien Finck „beziehen die meisten von ihnen ihre Inspiration außerhalb der Aktualität, außerhalb gesellschaftlicher und politischer Zusammenhänge in einer noch heilen Welt, im trostreichen Schutzraum der Religion". Auch das Werk von Joseph Reithler, Autor von mehr als 20 Büchern, ist religiös inspiriert. Er hat sich für die elsässische Identität und Sprache eingesetzt.

Von den Pfarrern sind als Schriftsteller vor allem Paul Georges Koch (1908–1982) und Robert Bittendiebel (1907–1984) hervorgetreten, deren oft leidenschaftliche Schriften eben nicht „der unbedarften Idylle pastoraler Lyrik" (Adrien Finck) verfallen sind. Pfarrer Georges

Kempf (geb. 1916) hat es überzeugend verstanden, das Alltagsleben der einfachen Leute des Elsass unter Einbeziehung der religiösen Dimension darzustellen.

Aus dem letzten Drittel des 20. Jahrhunderts sind insbesondere der vor kurzem gestorbene André Weckmann (1924–2012; siehe Farbbild 22) und Conrad Winter (1931–2007) zu nennen, die ihre Werke auf Französisch, Deutsch und Elsässisch verfasst haben. Mit ihrem leidenschaftlichen Engagement für die Zweisprachigkeit und ihrem Gespür für die Dramen der elsässischen Geschichte und die kulturellen wie gesellschaftlichen Herausforderungen der Gegenwart und in ihrer Achtsamkeit für die Umweltprobleme haben sie entscheidend zur Erneuerung des literarischen Schaffens im Elsass beigetragen. Winter bringt in seinen Gedichten die Brüchigkeit des menschlichen Lebens zum Ausdruck und entfaltet das Geheimnis des Lebens ohne Festlegung auf eine bestimmte Religion. Weckmann, der bekannteste elsässische Schriftsteller der Gegenwart, hat beharrlich und oft in persönlichen Stellungnahmen auf die Schwierigkeiten der elsässischen Identität, auf die Lage der zwangsrekrutierten elsässischen Soldaten während des Zweiten Weltkrieges (die sogenannten „malgré nous") und die Kriegsproblematik aufmerksam gemacht. Als praktizierender katholischer Christ hat er eine liturgische Ordnung auf Elsässisch geschrieben und in einer Reihe von Texten für das Kirchenjahr die Geheimnisse des christlichen Glaubens im Dialekt zur Sprache gebracht. Im Zusammenhang mit den elsässischen Festtraditionen (z.B. Weihnachten) versteht er es auf beeindruckende Weise, biblische Themen – wie die Geschichte von Kain und Abel – in die Gegenwart zu übertragen oder auf den Tod seines Großvaters in religiöser Perspektive einzugehen.

Neben Weckmann und Winter haben Schriftsteller wie Émile Storck, Georges Zink, Raymond Matzen, Adrien Finck, Auguste Wackenheim, Jean-Paul Sorg und Gérard Leser vor allem mit ihrer ausgeprägten Liebe zum Elsass, aber auch mit ihren Reflexionen über die grundsätzliche Situation und Bestimmung des Menschen eine neue Blüte der Mundartdichtung herbeigeführt.

Bild 22: Plakat zur Aufführung von Germain Mullers Stück „Enfin ... redde m'r nimm devun" (© Mémoire Barabli: Germain Muller – Mario Hirlé)

Bis heute zeigt das elsässische Theater eine erstaunliche Vitalität. Etwa 260 Theatergruppen führen Volksstücke auf, die sicherlich nicht alle hohes literarisches Niveau verraten. Unter den Autoren von Format ist an erster Stelle Claus Reinbolt (1901–1963) zu nennen, der vor allem Molières Komödie *Der eingebildete Kranke* auf Elsässisch umgeschrieben hat, dann der eher lyrisch ausgerichtete Émile Storck (1899–1972), der unter Verwendung religiöser Begriffe und Themen die Gestalt des Malers Mathis Nithard (Grünewald) in die Geschichte des Bauernkriegs einzeichnet. Auch Paul Sonnendrucker (geb. 1921) hat in rund 20 deutsch wie französisch geschriebenen Stücken, die auf der Freilichtbühne des Kochersbergs aufgeführt wurden, Lokalgeschichte in Szene gesetzt. Zu nennen ist hier auch Pierre Kretz, dessen Wirken sich aber nicht auf das Theater beschränkt hat.

Germain Muller (1923–1994) hat in seinen 44 Kabarettstücken die Tradition der elsässischen Satire fortgesetzt, daneben aber auch lyrische Texte verfasst. Lachen und Betroffenheit liegen oft nahe beieinander, wenn – wie in seinem berühmtesten, mehr als zweihundert Mal aufgeführten Stück *Enfin... redde m'r nimm devun* – das Schicksal der an Weihnachten 1939 in den Südwesten Frankreichs evakuierten Elsässer aufgerollt wird. Auch der „Schwanengesang" der Elsässer auf die Zukunft ihres Dialekts in dem Stück *Mer sin schint's d'Letschde* setzt Emotionen frei. Im Unterschied zu vielen anderen Schriftstellern macht bei Muller der satirische Protest auch vor dem Straßburger Münster nicht Halt, das sich als gefühllose Sphinx verbrämt sowohl die französische wie die deutsche Fahne aufsetzen lässt. In der Gegenwart findet die satirische Tradition ihre Fortsetzung in den zweisprachigen Kabarettstücken von Roger Siffer (geb. 1948) und den Vorstellungen des Pfadfinderkabaretts (Revue Scoute).

In den 70er Jahren des 20. Jahrhunderts haben Autoren wie die im evangelischen Glauben verwurzelten René Egles, Roland Engel und Sylvie Reff eine Renaissance des elsässischen Chansons bewirkt. Sie prangern alle zur Schädigung der Umwelt führenden Entwicklungen an. Sie setzen sich ein für die Zweisprachigkeit und bekämpfen jede Form der Verletzung menschlichen Lebens. Egles erreicht mit seinem großen lyrischen Tiefgang in seinen Chansons die Herzen von Jung und Alt, während es Engel gelingt, seinen Zuhörern die Herausforderungen des menschlichen Lebens näherzubringen und die biblische Botschaft überzeugend in die Gegenwart umzusetzen. Sylvie Reff setzt sich in ihren französischen und elsässischen Chansons leidenschaftlich für das Leben ein und lehnt sich gegen alle seine Gefährdungen auf – einschließlich der dunklen Vorstellungen von dem Zugang zur Ewigkeit Gottes.

Schließlich ist unter den Romanschriftstellern und Dramaturgen Gabriel Schoettel (geb. 1949) zu nennen, der die oft verschwiegenen Seiten der Vergangenheit und Gegenwart aufdeckt, besonders pointiert in seinem Roman *Un village si paisible* (2000). Er beschreibt darin einen Mann, der sich als „Zwangsrekrutierter" ausgibt, in Wirklichkeit jedoch Freiwilliger ist, und die Nachwirkungen seiner dunklen Vergangenheit. Andere seiner Romane behandeln den Krieg, außerdem Probleme der Gegenwart, so z.B. die Zunahme der Rechtsextremisten im Elsass oder Krisensituationen, wie etwa nach dem Selbstmord eines der Pädophilie angeklagten Lehrers. Mit Scharfsinn und großem Einfühlungsvermögen versteht es Schoettel, die Komplexität des menschlichen Daseins zu analysieren. In der von ihm beschriebenen Gesellschaft spielen auch Pfarrer eine bestimmte – im Allgemeinen positive – Rolle.

Weiterführende Literatur

Encyclopédie de l'Alsace, 12. Bde., Strasbourg 1982–1986
Finck, Adrien: Die deutschsprachige Gegenwartsliteratur im Elsass, Hildesheim 1987
Finck, Adrien: Littérature alsacienne XXe siècle, Strasbourg 1990
La Nouvelle Poésie d'Alsace, Paris 1972
Neues Elsässer Schatzkästel, Strasbourg 1913
Nouveau Dictionnaire de Biographie Alsacienne (NDBA), 49 Bde., Strasbourg 1982–2007
Vogler, Bernard: Histoire culturelle de l'Alsace, Strasbourg 1993

Anmerkung

1   Dt. Übersetzung: Die großen Eingeweihten – Geheimlehren der Religionen: Leipzig 1909 [21. Aufl.], Köln 2006.

3.10.3. Christliche Schriftsteller in Baden und in der Pfalz im 19. und 20. Jahrhundert

GERHARD SCHWINGE

So vielfältig und bunt wie die Landschaft am Oberrhein in ihren verschiedenen Regionen, so vielfältig und bunt ist auch die Literaturlandschaft der Oberrheinlande. Im Folgenden sollen daher, stellvertretend ausgewählt, sechs Schriftsteller und eine Schriftstellerin in chronologischer Folge mit ihrer Charakterisierung und je mit charakteristischen Textauszügen vorgestellt werden – vier aus dem 19. Jahrhundert und drei aus dem 20. Jahrhundert, darunter fünf badische und zwei pfälzische, unter diesen fünf evangelische und zwei katholische. Von reinen Dialektschriftstellern des Badischen oder des Pfälzischen, des Alemannischen oder des Rheinfränkischen ist bewusst abgesehen worden. Wenn möglich, wurden Texte gewählt, welche irgend einen Bezug zum Elsass oder zur Pfalz haben (Blaul, Frommel, Erb, Schneider).

3.10.3.1. Johann Peter Hebel (1760–1826) – volkstümlicher badischer Dichter und evangelischer Fürsprecher konfessioneller Toleranz

Johann Peter Hebel, der alemannische Dichter und hochdeutsche Kalendermann, der Schulmann und evangelische Prälat, soll am Anfang stehen. Viele haben ihm nachgeeifert und die volkstümlichen Erzählungen seines *Rheinländischen Hausfreunds* oder des *Schatzkästleins* und ebenso seine *Biblischen Geschichten* zum Vorbild genommen, um nur seine bekanntesten Werke zu nennen. Hebel, aus dem südbadischen Wiesental und aus einer reformiert-lutherischen, also konfessionsverschiedenen Ehe stammend, verbrachte sein Leben als Junggeselle und Lehrer zuerst in Lörrach und dann vor allem in der Residenzstadt Karlsruhe (siehe Farbbild 23). In heiterer, schmunzelnder Toleranz hat er sich auch immer wieder mit dem Nebeneinander der Konfessionen befasst, bis gegen Ende seines Lebens seine *Biblischen(n) Geschichten* sogar in katholischen Schulen Eingang fanden.

Die Kalendergeschichte *Die Bekehrung* von 1811 zeigt, wie der studierte evangelische Theologe Hebel für konfessionelle Toleranz eintrat: Nachdem der ältere von zwei Brüdern katholisch geworden und darum vom Vater in die Fremde geschickt worden war, während der andere lutherisch blieb, quälte die Brüder diese Trennung so sehr, dass sie sich um eine Lösung des Konflikts mühten. Ein erstes Treffen brachte keine Einigung. Doch Wochen später schrieb der Jüngere dem Älteren einen Brief:

> *„Bruder, deine Gründe haben mich unterdessen vollkommen überzeugt. Ich bin jetzt auch katholisch. Den Eltern ist es insofern recht. Aber dem Vater darf ich nimmer unter die Augen kommen." Da ergriff der Bruder voll Schmerz und Unwillen die Feder: „Du Kind des Zorns und der Ungnade, willst du denn mit Gewalt in die Verdammnis rennen, daß du die seligmachende Religion verleugnest? Gestrigs Tags bin ich wieder lutherisch worden." Also hat der katholische*

> Bruder den lutherischen bekehrt, und der lutherische hat den katholischen bekehrt, und alles war nachher wieder wie vorher, höchstens ein wenig schlimmer.
> Merke: Du sollst nicht über die Religion grübeln und düfteln, damit du nicht deines Glaubens Kraft verlierst. Auch sollst du nicht mit Andersdenkenden darüber disputieren, am wenigsten mit solchen, die es ebenso wenig verstehen als du, noch weniger mit Gelehrten, denn die besiegen dich durch ihre Gelehrsamkeit und Kunst, nicht durch deine Überzeugung. Sondern du sollst deines Glaubens leben, und was gerade ist, nicht krumm machen. Es sei denn, daß dich dein Gewissen selber treibt zu schanschieren.[1]

3.10.3.2. Friedrich Blaul (1809–1863) – evangelischer Pfarrer und pfälzischer Dichter

Der Sohn eines Schmiedemeisters studierte nach dem Abitur am Gymnasium seiner Vaterstadt Speyer an den Universitäten Heidelberg, Tübingen, Erlangen und München außer evangelischer Theologie auch Geschichte, Kunstgeschichte und neuere Sprachen. Danach war er zunächst Hauslehrer in Speyer, dann Pfarrer in Otterberg und Frankenthal und schließlich in den letzten sieben Jahren bis zu seinem frühen Tod Dekan in Germersheim. Sein breit gefächertes Studium ermöglichte ihm ein ebenso breit gefächertes schriftstellerisches Werk. Es umfasste Novellen und Volkserzählungen (seit 1831, also beginnend während des Studiums in München), Lyrik (seit 1835), ein *Andachtsbuch für evangelische Christen* und *Geistliche Lieder* (1836, 1838), Reisebilder (1839/40) und geschichtliche, meist auf seine engere Heimat bezogene Schriften (seit 1840). Als letzte Veröffentlichung erschien 1860 *Der Kaiserdom zu Speier* [sic!], ein „Führer und Erinnerungsbuch mit 12 Stahlstichen, einem Grundriß des Doms und in den Text gedruckten Holzschnitten" (Anhang: Sonstige Sehenswürdigkeiten in Speyer).

Aus den zuerst 1839, dann postum wiederholt gedruckten *Reisebildern aus Rheinbayern und den angrenzenden Ländern* mit dem Obertitel *Träume und Schäume vom Rhein* werden zwei Textauszüge geboten, der erste humorig, der zweite melancholisch-doppelbödig:

> *Pirmasens:*
> *Ein Paar Pantoffeln mußte ich mir denn doch in Pirmasens kaufen. Sie bilden den Haupt-Handelsartikel der Stadt. Die gewaltsam erhöhte Bevölkerung mußte sich nach dem Verluste der Residenz auf Handel und Gewerbe legen und so ist sie auf die Pantoffel-Manufaktur geraten. Ein Artikel, der in der Welt immer Absatz findet, namentlich bei den Frauen. Die Pirmasenser Pantoffeln gehören zu den beispiellos wohlfeilen Ausgaben und haben vieles mit unserer Pfennig-Literatur gemein, sie sind vom schlechtesten Schafleder, von allen Farben und werden jährlich zu hunderttausenden gefertigt und verkauft. Wenn du in der Schweiz oder in Wien oder in Königsberg oder selbst in Petersburg einer Pantoffelhändlerin begegnest, zweifle nicht, sie ist von Pirmasens.[2]*

Speyer:

Im Domgarten war es ganz still, nur der Abendwind fuhr frostig durch das nackte Gesträuch und jagte einige raschelnde Blätter vor mir her über die dünne Schneedecke, und der Himmel sah aus wie ein langer trüber Traum. An der Mauer des Domes schlich ein altes Mütterchen hin, sah bald an ihr empor, bald bückte sie sich an den Fuß derselben herab. „Was suchet Ihr?" fragte ich. „Den güldenen Wiederkomm such' ich, Herr. Meine Tochter ist schwer krank, und nur das kleine Kräutlein, der güldene Wiederkomm, kann ihr helfen. Es wächst an Kirchenmauern und an steinernen Kreuzen." Sie sah mich dabei mit einem Blicke an, der mir in der tiefen Dämmerung wie wirr vorkam. Es mochte auch vom langen Weinen kommen. „Den goldenen Wiederkomm, ja den suchet, gute Frau", sagte ich, „ich such' auch schon lange darnach." Das Weib fing leise an zu weinen und suchte durch ihre Tränen immer nach dem güldenen Wiederkomm. Da fing die große Domglocke an zu läuten in tiefen Tönen, die wie eine wundersame, tief ergreifende Musik klangen, wie eine große, einsame Klage. Jeder Ton ließ noch einen Nachklang wie ein leises Wimmern des Schmerzes nach sich, der das Herz wund saugt, und doch lag wieder etwas süß Tröstliches darin. So möcht' ich's ertönen hören, wenn man den stillen Ruhetag, den Sabbat meines Herzens einläutet, den Tag des goldenen Wiederkomms.[3]

3.10.3.3. Emil Frommel (1828–1896) – evangelischer Pfarrer und lebendiger Erzähler, verwurzelt in einer Großfamilie auf beiden Seiten des Rheins

Emil Frommel war Spross einer badischen Großfamilie mit engen Verbindungen nach Frankreich und insbesondere nach Straßburg. Als Sohn des großherzoglichen Galeriedirektors Carl Ludwig Frommel in Karlsruhe und der aus Paris gebürtigen späteren Gründerin eines der badischen Diakonissenmutterhäuser, Henriette Frommel, geboren, wuchs er zwar in der Residenzstadt auf. Wegen religiöser Erziehungsschwierigkeiten wurde er jedoch von seiner Mutter nach Straßburg in die Obhut seiner lebenslang in Frankreich lebenden Großmutter aus der elsässischen Patrizierfamilie Gambs und in die des elsässischen Pfarrers Franz Härter gegeben. So besuchte er in der traditionsreichen Geistesmetropole am Rhein das Gymnasium. Trotz der anfänglichen Konflikte wurde Frommel ein warmherziger Pfarrer und Garnisongeistlicher. Nach 36 Jahren im Badischen war er schließlich mehr als zweieinhalb Jahrzehnte Hofprediger Kaiser Wilhelms I. in Berlin. Bekannt wurde er als gemütvoller Schilderer vieler Erlebnisse in seiner großen Familie und in seinem weiteren Lebenskreis.

In den Erzählungen aus seiner Jugend *Aus dem untersten Stockwerk* lesen wir von einem Besuch bei der Großmutter „in der wunderschönen Stadt":

Ich mochte etwa vier Jahre alt sein, als ich zum erstenmal mit der Mutter nach Straßburg kam, zum Besuch der Großmutter. [...] Über Rastatt und Stollhofen nach Kehl ging's und dann über die Schiffsbrücke [...]. Endlich rollten wir durch die Thore Straßburgs. Die finsteren Gewölbe, die rasselnden Zugbrücken, die bärtigen Soldatengesichter, wie unvergeßlich ist's einem! In der Austerlitzergasse Nr. 16 wurde Halt gemacht, da wohnten Onkel und Tante, die Schwester der Mutter, mit ihren sieben Buben und zwei Mädchen. [...] Nach kurzem Gruß ging's dann zur Großmutter in der Elisabethgasse. Ach, ich könnte das Haus noch zeichnen, wie's aussah, bin auch später in alten Jahren hineingelaufen, aber's war nicht mehr so. [...] Der Abend lag schwer über der Stadt, da fing im Münster an die tiefe Glocke zu läuten. Wie sie hinschallte, weithin rufend die Leute, die sich vor den Thoren herumtrieben, hereinzukommen, ehe sie geschlossen würden! Der tiefe, wunderbare Glockenton, ich habe ihn immer summen hören. Wie viel solcher Glockentöne klingen hinein ins Kindesleben! Aber einer haftet tiefer als der andere.[4]

3.10.3.4. Heinrich Hansjakob (1837–1916) – katholischer Pfarrer und promovierter Historiker, badischer Landtagsabgeordneter und volkstümlicher Heimatschriftsteller

Nach Hebel und neben Joseph Viktor von Scheffel (der als Jurist in der Auswahl hier fehlt) ist Hansjakob der populärste, meistgelesene badische Schriftsteller des 19. Jahrhunderts. Als Sohn eines Bäckers und Gastwirts im Schwarzwald-Städtchen Haslach im Kinzigtal geboren, ist fast sein gesamtes sehr umfangreiches Werk das – oft autobiographische – Zeugnis eines Heimatschriftstellers, von den Beschreibungen seiner Reisen nach Frankreich, Italien und Holland und den elf Bänden Predigten abgesehen. Dabei äußerte sich Hansjakob in seinen Schriften häufig in freimütiger demokratischer Gesinnung kulturkritisch und kirchenkritisch, so auch im badischen Kulturkampf. Das brachte ihm mehrfach Konflikte mit Kirche und Staat und der von ihm im Landtag vertretenen Katholischen Volkspartei ein, ja sogar Entlassungen und Haftstrafen. Ein Nervenleiden mit einem Aufenthalt in der Heilanstalt Illenau kam hinzu. Die äußeren Stationen seines Lebens waren: Lyzeum in Rastatt, Theologie- und Philosophiestudium in Freiburg, Priesterweihe nach der Absolvierung des Priesterseminars in St. Peter, Gymnasiallehrer in Donaueschingen und Waldshut (mit Promotion in Tübingen), Pfarrer in Hagnau am Bodensee (wo er den ersten badischen Winzerverein gründete), Stadtpfarrer an St. Martin in Freiburg von 1884 bis 1913 und schließlich der kurze Lebensabend in seiner Heimatstadt Haslach.

Bild 23: Heinrich Hansjakob (1837–1916). Foto des Hoffotografen Conrad Ruf aus Freiburg. Jahr unbekannt (© Heinrich-Hansjakobgesellschaft, Freiburg i. Br.)

Zu seinen bekanntesten Texten zählen die drei Erzählungen *Aus dem Leben eines Unglücklichen*

(1900), *Aus dem Leben eines Glücklichen* (1901) und *Aus dem Leben eines Vielgeprüften* (1903). Man vermutet darin Autobiographisches; es handelt sich jedoch um bildhaft-hintergründige Tiergeschichten. So ist die letzte der drei Erzählungen ein Zwiegespräch zwischen einem müden alten Karrengaul und einem alten Pfarrer. Es endet mit diesen Passagen:

> *Also endigte der Rotschimmel auf dem Franziskanerplatz seine auf drahtlosem Wege mir mitgeteilte Beschreibung seines Lebens. Ich war ergriffen von seinem Schicksale und suchte ihn zu trösten über dasselbe. „Daß ihr euch über die Menschen beklagt", also begann ich, „ist wohl begreiflich; denn sie verkennen in ihrem Hochgefühl, Mensch zu sein, daß ihr Tiere alle ihnen viel näher steht, als sie wissen und glauben. [...] Wie sieht man dir, dem vielgeprüften Rotschimmel, den Kummer und die Schmerzen an, gerade so gut, wie einem Menschen, dessen Herz voll ist von Traurigkeit! [...] Der hl. Apostel Paulus schreibt: Auch selbst das Geschöpf wird befreit werden von den Banden der Verderbtheit zur Freiheit der Herrlichkeit der Kinder Gottes. [...] Aber selbst auf dieser Erde hat eure Erlösung schon begonnen. Die Eisenbahnen haben Millionen von Rossen die Lasten und die Leiden abgenommen. Die Elektrizität ist nachgefolgt und befreit euch abermals von schwerer Arbeit. Und das große Narrenfuhrwerk der neuesten Zeit, das ihr so fürchtet – das Automobil – es wird in Bälde euch vollends befreien vom Wagen- und Droschkendienst. Vielleicht werden in Zukunft auch die Völker vernünftiger und verbieten ihren Fürsten Krieg zu führen und machen Weltfrieden; dann braucht ihr keine Militärdienste mehr zu leisten und nicht mehr in den Schlachten verstümmelt zu verbluten. Du siehst also, mein vielgeprüfter Freund, auch deine und deines Geschlechtes Zukunft ist weder diesseits noch jenseits hoffnungslos. Auch ihr dürft die Fahne der Hoffnung erheben und sagen: es kommen bessere Zeiten auch für das gequälte Pferdegeschlecht." So sprach ich zu dem Rotschimmel am Morgen des 18. Februar 1903, und wie die deutschen Studenten auf den Hochschulen, gab er seinen Beifall mit einem Füßegetrampel. Auch ein fröhliches Wiehern ließ er hören, das erste, seitdem er auf dem Platze steht. Dann wandte er sich, eine Freudenträne im Auge, zu mir und sprach: „Habe Dank, alter Pfarrer, für deine Trostworte. Nun will ich gern noch weiter dulden und leiden und meinen Milchkarren ziehen bis zum Ende. Möge dann ein gütiges Geschick es fügen, daß wir zwei alte, bresthafte und vielgeprüfte Knaben uns wiedersehen auf den seligen Fluren einer neuen Erde!"[5]*

3.10.3.5. Elisabeth Langgässer (1899–1950) – intellektuelle Linkskatholikin aus der Pfalz und spannungsreiche Dichterin mit großem Werk und vielen Ehrungen

Geboren in Alzey als Tochter eines zum Katholizismus konvertierten Juden und einer strenggläubigen Katholikin, wurde Elisabeth Langgässer nach dem Abitur Volksschullehrerin, unter anderem in Griesheim. Schon hier wurde deutlich, was ihr Werk kennzeichnet: Sie sprengt die traditionellen Vorstellungen des Christentums und seiner Moral. Leidenschaftlich fühlte sie sich verbunden mit Antike und Mystik wie mit Natur und Landschaft. Während langer Jahre im Rheinhessischen und im Kreis linkskatholischer Intellektueller veröffentlichte Langgässer seit 1924 eigene Dichtung und erhielt seit 1931 verschiedene Literaturpreise. Von 1929 an lebte sie in Berlin. 1935 heiratete sie und bekam drei Töchter. 1936 wurde sie als „Halbjüdin" aus der Reichsschrifttumskammer ausgeschlossen. Im Zweiten Weltkrieg wurde sie zur Zwangsarbeit herangezogen; ihre älteste Tochter überlebte Auschwitz. Seit 1942 litt Elisabeth Langgässer zunehmend an Multipler Sklerose. Gleichwohl verfasste sie Romane, Hörspiele und mehr noch Gedichte aus dem Geist eines unorthodoxen christlichen Glaubens (Oskar Bischoff: „Kühn die Prosa – drängend die Lyrik"). Als ihr Mann 1948 eine Dozentenstelle für Philosophie am Dolmetscherinstitut in Germersheim erhielt, kehrte sie mit ihrer Familie in ihre heimatliche Riedlandschaft zurück und lebte und wirkte als Mitglied der internationalen Schriftstellervereinigung PEN und verschiedener Akademien noch zwei Jahre in Rheinzabern.

In der Gedichtsammlung *Der Wendekreis des Lammes – ein Hymnus der Erlösung* (zu den Festen und Zeiten des Kirchenjahrs) lauten unter der Überschrift *Vigil von Weihnachten – Hebet euch, ewige Pforten, daß Einzug halte der König der Gloria!* die zwei Strophen:

> *Mein Mund rauscht aus. Erglühend saugt mich ein*
> *des Lebens Grund, der langsam sich erschließt,*
> *erschüttert wird und in die Kronen ruft,*
> *daß Gottes Blut schon durch die Wurzeln schießt.*
>
> *Der Tag bricht an! Und Mündung suchend, fällt*
> *Bewegung ganz in jenen, dessen Kraft*
> *den Bau der Welt in seinem Tiegel schmilzt*
> *und aus dem Schmerz die neue Erde schafft.*[6]

3.10.3.6. Jörg Erb (1899–1975) – badischer Nacherzähler der Geschichten der Bibel und Vermittler der „Wolke der Zeugen" aus zwei Jahrtausenden

Aufgewachsen in kleinbäuerlichen Verhältnissen im mittelbadischen Ried in Rheinnähe, war Erb fast 45 Jahre lang Schullehrer in Schwarzwalddörfern und zeitweise in Lahr. In den Zwanziger Jahren prägte ihn die Jugendbewegung, seit 1931 dann die Mitgliedschaft in der Evangelischen Michaelsbruderschaft. Bekannt wurde Erb durch seine alt- und neutestamentlichen Geschichten mit dem Titel *Schild des Glaubens*, die zuerst 1941 als christliches Hausbuch und dann 1949 und 1967/68 in Neubearbeitungen als Schulbuch erschienen und insgesamt 60 Auflagen erreichten. An diesem Erfolg war auch

Bild 24: Jörg Erb, „Die Wolke der Zeugen". Schutzumschlag von Christian Rietschel, Johannes-Stauda-Verlag, Kassel 1958 (© Bärenreiter-Verlag Kassel)

Paula Jordan mit ihren einprägsamen Illustrationen beteiligt. Es folgten viele andere, meist erzählerische Werke in christlichem Geist, im Stil an Hebels *Kalendergeschichten* orientiert. Besonders zu nennen ist hier das vierbändige Lesebuch zu einem evangelischen Namenkalender mit dem Titel *Wolke der Zeugen* (1951–1963); es enthält Lebensbilder aus der zweitausendjährigen Geschichte des Christentums. Später kam noch das ebenfalls vierbändige Werk *Dichter und Sänger des Kirchenlieds* (1970–1978) hinzu. Im Jahr 1959 ehrte die Universität Heidelberg Erb mit der Verleihung des theologischen Ehrendoktors.

Im ersten Band der *Wolke der Zeugen* schreibt Erb über die heilige Odilia († 720):

> *Fünf Wegstunden südlich von Straßburg erhebt sich der Odilienberg und schaut weit in den gesegneten Garten der Rheinebene bis hinüber zum Schwarzwald. Auf seiner ragenden Höhe trägt er ein weiträumiges Kloster, zu dem noch heute allsonntäglich Wallfahrer hinaufziehen, um am Grabe der heiligen Odilia zu beten. – An der Stelle des Klosters stand vorzeiten ein mächtiges Bergschloß, die Hohenburg, und hier wurde dem alemannischen Herzog Ethiko um das Jahr 650 ein Mägdlein geboren, das den Namen Odilia erhielt. (Weil es blind geboren war, wurde es in ein Kloster gegeben.) Da wurde das Kind mit Liebe und Sorgfalt erzogen, und als es zwölf Jahre alt geworden war, wurde es getauft. Während der Bischof Erhard von Regensburg ihm die Augen mit Öl salbte und betend sprach: Im Namen Jesu Christi sei erleuchtet mit den Augen des Leibes und der Seele – empfing Odilia das Augenlicht und heiligte den ersten Blick ihrer Augen, indem sie ihn dankend zum Himmel erhob. [...] (Ihr Vater) schenkte ihr die Hohenburg mit allen Einkünften und Gütern, damit sie daselbst ein Frauenstift begründen könnte. Mit Eifer ging sie ans Werk, und bald hatte sie über hundert Töchter der edelsten Geschlechter zwischen Schwarzwald und Wasgenwald um sich versammelt und zeigte ihnen durch Lehre und Beispiel den Weg, der zum Leben führt. Während vierzig Jahren wirkte sie auf Hohenberg, das später nach ihr Odilienberg genannt wurde, in unermüdlicher Liebe.*[7]

3.10.3.7. Reinhold Schneider (1903–1958) – badischer Dichter der Humanität und katholischer Glaubenszeuge im nationalsozialistischen Unrechtsstaat

Geboren und aufgewachsen in Baden-Baden, lebte Schneider seit 1938 in Freiburg (Farbbild 24). Er war als Katholik am Widerstand gegen Hitler beteiligt und wurde 1942 als Dichter der „inneren Emigration" wegen seines Protests gegen die totalitäre Ideologie des Nationalsozialismus mit Publikationsverbot belegt. Noch kurz vor Kriegsende klagte man ihn des Hochverrats an. Sein Werk war zunächst von der antik-humanistischen Geisteswelt geprägt und beschäftigte sich in historiographischen Romanen und Dramen mit der abendländischen Geschichte. Sein philosophisches und lyrisches Spätwerk dagegen war von der christlich-ethischen, auch pazifistischen Tradition bestimmt. 1956 wurde Schneider mit dem Friedenspreis des Deutschen Buchhandels gewürdigt.

Während des Zweiten Weltkriegs bemühte sich Schneider um die Verbreitung seiner kleinen religiösen „Widerstandsschriften", die meist illegal in Colmar gedruckt wurden und über

Seelsorger ins Heer gelangten. Zu diesen Schriften gehörte 1943 auch eine im Alsatia-Verlag Colmar erschienene Gedichtsammlung, in der sich Reinhold Schneiders bekanntes Sonett von 1936 findet:

> *Allein den Betern kann es noch gelingen,*
> *Das Schwert ob unsern Häuptern aufzuhalten*
> *Und diese Welt den richtenden Gewalten*
> *Durch ein geheiligt Leben abzuringen.*
>
> *Denn Täter werden nie den Himmel zwingen:*
> *Was sie vereinen, wird sich wieder spalten,*
> *Was sie erneuern, über Nacht veralten,*
> *Und was sie stiften, Not und Unheil bringen.*
>
> *Jetzt ist die Zeit, da sich das Heil verbirgt,*
> *Und Menschenhochmut auf dem Markte feiert,*
> *Indes im Dom die Beter sich verhüllen,*
>
> *Bis Gott aus unsern Opfern Segen wirkt*
> *Und in den Tiefen, die kein Aug' entschleiert,*
> *Die trocknen Brunnen sich mit Leben füllen.*[8]

Weiterführende Literatur

Geschichte der Literatur am Oberrhein. Bearb. von J. Meyer und H. Schmidt-Bergmann. Neuausgabe, Karlsruhe 2004 (u.a. zu Hebel, Frommel, Hansjakob, Langgässer und Schneider)

Hesselbacher, Karl: Silhouetten neuerer badischer Dichter, Heilbronn 1910 (u.a. zu Hebel, Frommel und Hansjakob)

Lebensbilder aus der evangelischen Kirche in Baden im 19. und 20. Jahrhundert, Bd. V: Kultur und Bildung, hg. von Gerhard Schwinge, Heidelberg u.a. 2007 (u.a. zu Frommel und Erb)

Dachkammer und Literarischer Salon. Schriftstellerinnen in der Pfalz. Werkauswahl und Porträts, hg. von Monika Beckerle, Landau 1991 (u.a. zu Elisabeth Langgässer)

Bischoff, Oskar: Dem Wort verschrieben. Porträts pfälzischer Schriftsteller, eine Auswahl, Neustadt a.d. Weinstraße 1972 (u.a. zu Elisabeth Langgässer)

Anmerkungen

1 Johann Peter Hebel, *Poetische Werke*, Darmstadt 1974, S. 238.
2 Anonym [Friedrich Blaul], *Träume und Schäume vom Rhein. In Reisebildern aus Rheinbayern und den angrenzenden Ländern. Aus den Papieren eines Müden*, Kaiserslautern 1923, S. 93f.
3 Ebd., S. 303f.
4 Emil Frommel, *Aus der Chronik eines geistlichen Herrn. Erzählungen*, Stuttgart 1898, S. 70–72.
5 Heinrich Hansjakob, *Aus dem Leben eines Vielgeprüften*, Stuttgart 1903, S. 56f., 59, 62–64.
6 Elisabeth Langgässer, *Gedichte*, Frankfurt a. M., 1981, S. 14.
7 Jörg Erb, *Wolke der Zeugen*, Bd. I, 4. Aufl., Kassel 1957, S. 113–115.
8 Nach: *Das große Gedichtbuch*, hg. von Karl Otto Conrady, Darmstadt 1997, S. 580.

3.10.4. Geistliche Dichtung zweier pfälzischer Autoren des 19. Jahrhunderts: Georg Friedrich Blaul und Georg Wilhelm Molitor

MARTIN HUSSONG

Ein evangelischer Autor und ein katholischer haben im 19. Jahrhundert mit ihren Werken, aber auch mit ihrem Wirken Bedeutung für die religiöse Literatur in der bayerischen Rheinpfalz erlangt. Es waren dies Georg Friedrich Blaul, 1809 in Speyer geboren, und Georg Wilhelm Molitor, geboren 1819 in Zweibrücken. Trotz unterschiedlicher Herkunft, je eigener theologischer Ausrichtung und verschiedenen Lebenswegen zeigen sich in ihrem literarischen Schaffen ähnliche Themen und Tendenzen, die kennzeichnend sind für religiöse Dichtung ihrer und der folgenden Zeit in der Pfalz. Literarisch sind sie geprägt von der Romantik, von der Wendung zu historischen Themen, aus denen sie nach nationaler und religiöser Erneuerung streben. Den Rationalismus der Aufklärung und den Liberalismus galt es zu überwinden, ja zu bekämpfen.

Georg Friedrich Blaul (1809–1863)

Blaul war Sohn eines Schmieds. Die Eltern ermöglichten dem aufgeweckten Jungen den Besuch des Gymnasiums der Stadt. Seine Lehrer waren Joseph Anselm Feuerbach, der Vater des

Malers, der Mathematiker Friedrich Magnus Schwerd und Johannes von Geissel, in Gimmeldingen geboren, zunächst Religionslehrer in Speyer, ab 1837 Bischof des Bistums, später Erzbischof und Kardinal in Köln[1]. Seine historischen und archäologischen Interessen haben Blaul stark beeindruckt. Nach Abschluss der Schule studierte er in Heidelberg, Erlangen und München evangelische Theologie, Geschichte, Kunstgeschichte und neue Sprachen. Während seines Theologiestudiums wandte er sich von der rationalistischen Theologie im Geiste der Aufklärung, wie sie in Heidelberg vertreten und gelehrt wurde, ab und in Erlangen einem gemäßigten Pietismus zu. In München beschäftigte er sich neben der Theologie vor allem auch mit Geschichte, Kunst und Literatur. Wieder in Heidelberg lehnte er eine ihm angetragene Promotion ab, entschied sich für das geistliche Amt. Nach einer Übergangszeit als Hauslehrer in

Bild 25: Georg Friedrich Blaul (1809–1863) (© Zentralarchiv der Evangelischen Kirche der Pfalz, Speyer)

Speyer erhielt er eine Predigerstelle in Otterberg, war 1846 bis 1856 Pfarrer in Frankenthal und in dieser Zeit auch Mitglied der Generalsynode, ab 1856 Dekan in Germersheim, wo er am 1. April 1863 verstarb.

Georg Wilhelm Molitor (1819–1880)

Molitor erhielt in seinem Elternhaus eine streng katholische Erziehung. Der Vater war in Zweibrücken angesehener Appellationsgerichtsrat. In der Familie spielten Literatur und Musik eine wichtige Rolle. Mit seinem älteren Bruder Ludwig wirkte der Schüler im Dramatischen Verein der Stadt mit, schrieb unter dem Pseudonym Ulrich Riesler erste Stücke, z.B. ein „historisch-romantisches Spiel mit Musik". Schon mit 17 Jahren legte er das Abitur mit Auszeichnung ab, studierte dann die Rechte in München und Heidelberg. Wie Blaul beschäftigte er sich in München auch mit den schönen Künsten, Architektur, Malerei und Poesie. Häufig besuchte er das Theater. Nach einem Rechtspraktikum in seiner Heimatstadt entschloss er sich, in den Staatsdienst zu treten. 1846 wurde er Regierungs- und Präsidialsekretär in Speyer.

    Noch wichtiger als für Blaul war für das Denken und den Lebensweg des jungen Molitor sein Firmpate Kardinal Johannes von Geissel[2]. Der hatte sich für seine Berufung nach Speyer eingesetzt, ihn seinem Nachfolger, dem Speyerer Bischof Nikolaus von Weis empfohlen. Bald erhielt Molitor auch Kontakt zu Johannes Schraudolph, der gerade begonnen hatte den Dom auszumalen (siehe Farbbild 38). Der junge Regierungssekretär scheint auch Einfluss auf die Konzeption des Bilderzyklus gehabt zu haben. Die revolutionären Ereignisse von 1848 verurteilte Molitor vehement. In der Folge schloss er sich dem konservativen Piusverein an. Ein Besuch bei seinem geistigen Mentor von Geissel in Köln bestärkte ihn in dem Entschluss, den Staatsdienst zu verlassen und Priester zu werden. In Bonn begann er 1849 mit dem Studium der Theologie, wurde schon 1851 zum Priester geweiht und 1857 von Nikolaus von Weis zum bischöflichen Sekretär ernannt, noch im gleichen Jahr zum Domvikar gewählt. Bis zum Tod des Bischofs 1869 wohnte er in dessen Haus. Seinen gesundheitlich angeschlagenen Bischof begleitete er zu Bischofskonferenzen, reiste mit ihm auch zum Apostolischen Stuhl nach Rom. Pius IX. verlieh ihm 1864 die Würde eines Dr. theol., 1868 berief er ihn gar „als Consultor zur Theilnahme an den Vorarbeiten für das Vaticanische Concil nach Rom"[3].

Bild 26: Der junge Wilhelm Molitor (1819–1880)
(© Bistumsarchiv Speyer)

Theologisch war Molitor unbedingter Anhänger des Papstes, Ultramontanist und Antimodernist. Als Übersetzer der Beschlüsse des Konzils im Jahre 1870[4] wirkte er für deren Verbreitung im deutschen Katholizismus. Der entscheidende Beschluss des Konzils lautete in Molitors Übersetzung:

> *Wir erklären es als einen von Gott geoffenbarten Glaubenssatz: dass der römische Papst, wenn er von seinem Lehrstuhl aus (ex cathedra) spricht, das heißt, wenn er in Ausübung seines Amtes als Hirt und Lehrer aller Christen, kraft seiner höchsten apostolischen Gewalt, eine von der gesamten Kirche festzuhaltende, den Glauben oder die Sitten betreffende Lehre entscheidet, vermöge des göttlichen, im heiligen Petrus ihm verheißenen Beistandes, jene Unfehlbarkeit besitzt, mit welcher der göttliche Erlöser seine Kirche in Entscheidung einer den Glauben oder die Sitten betreffenden Lehre ausgestattet wissen wollte; und dass daher solche Entscheidungen des römischen Papstes aus sich selbst, nicht aber erst durch die Zustimmung der Kirche, unabänderlich sind.[5]*

Für seine kirchenpolitischen Ziele wirkte Molitor auch publizistisch, wollte die katholische Presse zu einer „Großmacht" machen. In diesem Sinne rief er den Pfälzischen Presseverein ins Leben, gründete die Tageszeitung *Rheinpfalz*[6].

Im Dezember 1869 war Bischof Nikolaus von Weis gestorben. Molitor war von mehreren Seiten als möglicher Nachfolger ins Gespräch gebracht worden. Er selbst hielt sich aber zurück, gab auch sein Amt als Bischofssekretär auf. Eine Tätigkeit im bayerischen Landtag währte nur kurze Zeit. In seinen letzten Jahren lebte er eher zurückgezogen und widmete sich seiner schriftstellerischen Tätigkeit. An einer spät erkannten Krankheit leidend, starb Molitor im Januar 1880. Selbst das protestantische *Pfälzische Morabile* widmete dem kämpferischen Katholiken einen würdigenden Nachruf: „Seine lyrischen und dramatischen Dichtungen sind ebenso geistreich wie formvollendet. Er war ebenso hervorragend an Geistesgaben wie an einem reinen Charakter. Die katholische Kirche der Pfalz hat an ihm einen empfindlichen, ja kaum ersetzbaren Verlust erlitten."[7]

Blauls Dichtung gegen den Zeitgeist

Obgleich Friedrich Blaul gegenüber dem im Auftreten gewandteren Kirchenpolitiker Molitor eher zurückhaltend, ja bieder schien, gibt es auch Gemeinsamkeiten: Beide haben sich vehement gegen den liberalen Zeitgeist gewandt. Ein Gedicht Blauls ist überschrieben „Zeitgeist und Gottesgeist". Es beginnt:

> *Es dient jetzt alles nur dem Geist der Zeit;*
> *Man ruft mir zu: Dem Zeitgeist sollst du dienen!*
> *Davon bin ich entfernt recht himmelweit,*
> *Der Zeitgeist hinterlässt ja nur Ruinen.*
> *Der ewig neu und bleibend sich erweist,*
> *Dem will ich dienen nur – dem ew'gen Geist ...*[8]

Ein Sonett Molitors hat den Titel „Liberale Lyrik":

> *Wie kläglich! Einstens gellen uns die Ohren*
> *Von euerm Lied für Freiheit und Gewissen;*
> *Da schient ihr kühn um Recht und Licht beflissen*
> *Und jeder zum Prometheus wie geboren.*
> *Jetzt habt ihr anderm Solde zugeschworen,*
> *Und des Titanen Maske ist zerrissen*
> *Des Geistes stolz Panier befleckt, zerschlissen –*
> *Ihr ruft nach Polizei, ihr armen Thoren!*
> *Und dazu Verse? Dass bei solchen Weisen*
> *Beschämt, empört nicht alle Saiten reißen!*
> *Das schöne deutsche Lied – ihr singt's zu Schanden.*
> *Und während ihr des Himmels Thor verriegelt,*
> *Der Freiheit Grab auf's neue habt versiegelt,*
> *Ist abermals der Herr uns auferstanden.*[9]

Wie Papst Pius IX. in seinem *Syllabus* die Irrtümer der Moderne geißelt und verdammt, kämpft auch Molitor vehement gegen Naturalismus, Indifferentismus, Sozialismus, Kommunismus, für das Sittengesetz und die Ehe.

Vergleichbare Positionen vertrat auch Blaul, wenn auch weniger radikal und nicht so kompromisslos. Schon in seiner Münchener Zeit hat Blaul 1831 eine kleine Schrift veröffentlicht. Sie hat einen eher ungewöhnlichen Titel: *Der ewige Jude und sein Liebling in München. Eine Verklärung scizziert von einem reisenden Maler.* Der Erzähler wird von Fieberträumen geplagt, in denen ihm der „ewige Jude" begegnet. Der wird verfolgt von Bürgern, die den Zeitgeist zu repräsentieren scheinen. Dieser Geist gerät, als die Zensur aufgehoben wird, außer Rand und Band, und stürzt mit Geißeln auf den ewigen Juden los. In den öffentlichen Blättern erscheint am nächsten Tag eine Anzeige: „Der ewige Jude ist an der allgemeinen Purganz, der Cholera, also am Zeitgeiste, gestorben."[10] In seiner berühmtesten Veröffentlichung, dem 1839 erschienenen Pfalzbuch *Träume und Schäume vom Rhein. In Reisebildern aus Rheinbayern und den angrenzenden Ländern*[11] wird Blauls Distanz zum aufkommenden Liberalismus vor allem bei der Beschreibung des Hambacher Festes 1832, das er als Augenzeuge miterlebt zu haben scheint, deutlich. Aus Siebenpfeiffer habe nur der kalte Verstand gesprochen. „Keine Begeisterung, bitterer Hass und beißende Ironie, aber keine Liebe, kein inniges glühendes Umfassen seiner Ideale."[12] In Wahrheit seien die meisten Teilnehmer des Festes, Neustadter Bürger, „durchaus nicht für Staatsumwälzungen gestimmt, sondern vielmehr recht friedliebend und gemütlich vergnügt" gewesen. Der Vorwurf, die Pfälzer seien revolutionär gesinnte Geister, sei – so Blaul am Ende seines Buches – falsch[13]. An der „Dunkelheit und Dummheit", die alle Konfessionen beherrschten, sei die Aufklärung und die Französische Revolution schuld[14]. Folge von deren Einflüssen sei auch, so Blaul, ein Niedergang der Sittlichkeit des Volkes. Dagegen helfe allerdings nicht „leeres Moralgeschwätz" sondern eine „größere Innerlichkeit des christlichen Glaubenslebens"[15].

Der politische Liberalismus blieb Blaul fremd. Ihm ging es vielmehr um ein echtes christliches Glaubensleben und um die Überwindung der Konflikte, die in der noch jungen unierten Kirche in der Pfalz schwelten. Ziel einer Generalsynode 1853 in Speyer war es, diese Konflikte zu überwinden. Friedrich Blaul hielt dabei die abschließende Predigt. Er wisse wohl, sagte er, „dass nicht bei jedem Friedensschluss das Wort gilt: „All' Fehd' hat nun ein Ende'"[16]. Sich an das reformatorische Bekenntnis zu halten, sei „die erste Aufgabe der Kirche, vornehmlich in einer Zeit, in der die unerleuchtete, hoffährtige und selbstgerechte Vernunft des natürlichen Menschen selbst den ewigen Sohn Gottes zu einer jener schwankenden Gestalten machen möchte, mit denen sie nach Belieben spielt, sie ihres innersten Kerns entäußert und zu kraft- und wesenlosen Schatten herabdrückt."[17] Er mahnt zu Einigkeit und Liebe: „Und ohne es zu wollen oder zu ahnen wird eine Seele um die andere in das Gezänk und in den Hass hineingezogen. Liebe Brüder, das soll nicht so sein, weder im Innern unsrer Kirche, noch nach außen hin gegen die Brüder anderer Bekenntnisse."[18] Am Ende von *Träume und Schäume* erläutert Blaul seine Vorstellung von Toleranz, wie sie sein ganzes Wirken bestimmt hat: Sie sei keineswegs Indifferentismus. „Die rechte Toleranz ist nur da, wo jeder einzelne sich lebhaft für die Grundsätze und Rechte interessiert, ohne sie deswegen gerade für die allein seligmachenden auszugeben, oder die der anderen anzufeinden, zu verketzern und den Frieden mit ihnen zu stören."[19]

Im Jahre 1838[20] erschienen seine *Geistlichen Lieder*. Die Texte nehmen die traditionellen Themen der Gesangbücher auf (Advent, Weihnachten, Passion, Palmsonntag, Ostern, Himmelfahrt, Erntedankfest) und verwenden traditionelle Bilder und sprachliche Wendungen, z.B.:

> *Mach auf dein Thor, du Sünderwelt,*
> *Es kommt der Friedefürst und Held,*
> *Das Heil dir zu gewähren.*
> *Zeuch mit des Friedens Palmen aus,*
> *Ruf' in dein Herz, ruf' in dein Haus*
> *Den großen Herrn der Ehren.*

Ein anderes Beispiel:

> *Ach, aus tiefer Noth*
> *Und betrübt zum Tod,*
> *Rief ich oft nach Ruh und Frieden;*
> *Doch, in wem sie mir beschieden,*
> *Hab ich nicht gefragt,*
> *Hab nur laut geklagt.*

Viele dieser Lieder sind Ich-Lieder, in denen ein Einzelner aus seiner Lebenssituation seinen Glauben bekennt. Die Nähe zum Pietismus ist deutlich. Melodien sind nicht überliefert. Es scheint auch, dass keines der Lieder Blauls Eingang in die gottesdienstliche Praxis gefunden hat. Von Molitor dagegen ist ein Marienlied, „O Königin voll Herrlichkeit", in der Vertonung von Domkapellmeister Johann Baptist Benz noch im Anhang des *Gotteslobs*, des *Gebet- und Gesangbuchs für das Bistum Speyer* unter der Nummer 891 zu finden.

Molitors Dichtung gegen den Zeitgeist

Die literarischen Anfänge von Molitor lagen, wie bereits erwähnt, schon in seiner Jugendzeit. Unter seinem Pseudonym Ulrich Riesler veröffentlichte der Fünfundzwanzigjährige den Roman *Die schöne Zweibrückerin. Ein Bild aus der vaterländischen Vorzeit.* Ereignisse des Dreißigjährigen Kriegs in Zweibrücken und der Pfalz, Kämpfe zwischen Kaiserlichen und Schweden, bilden den historischen Hintergrund. Religiöse Kontroversen bleiben dabei eher nebensächlich. Nach dem Vorbild von Walter Scott spielen Leidenschaften, Liebe, Hass und Rache die Hauptrolle.

1846 erschien anonym ein Gedichtband mit dem Titel *Lieder und Romanzen vom Kaiserdom zu Speyer.* Er ist achtzehn Jahre später, 1864, unter dem Titel *Domlieder* neu aufgelegt worden. Diesmal ist der Autor Wilhelm Molitor genannt. Zentrale Gedanken des Dichters seien, so Prälat Joseph Schwind im Vorwort eines weiteren Neudrucks von 1926: „Die Liebe zur Kirche und zum Vaterland."[21] Die insgesamt 76 Gedichte, in denen der Autor verschiedene lyrische Formen verwendet, sind in einer geschmeidigen Sprache, die jeden Bombast vermeidet, geschrieben. Das Vorbild des späten Eichendorff ist nicht zu übersehen. Die Themen folgen dem Verlauf der Jahreszeiten und der kirchlichen Feste (Neuer Lenz, Karfreitag, Ostern, Weißer Sonntag, Pfingsten, Marienfest, Allerheiligen, Allerseelen, Weihnachten, Silvester). Auffällig ist, dass diese Gedichte die theologische Bedeutung oft in Naturbilder einhüllen. So endet das Karfreitaggedicht folgendermaßen:

> *Wie still der Dom! – Vom Glockenturm,*
> *Vom Orgelchor kein Laut, kein Klang!*
> *Nur um die Kuppel freudig bang*
> *Braust österlicher Frühlingssturm.*[22]

Im folgenden Ostergedicht heißt es dann:

> *Horch Lerchengesang, horch Glockenklang!*
> *Welch lieblich hehres Schallen!*

Ein Gedicht zu Allerseelen beginnt:

> *Das ist der Allerseelentag.*
> *Kein Sonnenschein – kein Himmelsblau,*
> *Öd' das Gefild, die Wolken grau –*
> *Die Blumen tot, kein Grün am Wald,*
> *Der kleinen Vögel Lied verhallt.*[23]

Eine besondere Rolle spielen auch gottesdienstliche Liturgien, z.B. „Am weißen Sonntag":

> *Die Pforten sind geöffnet,*
> *Der heil'ge Tisch bestellt.*
> *Es harrt der Wirt, der treue,*
> *In des Altares Zelt.*
> *Es hallen fromme Klänge,*
> *Die Kerzen brennen klar.*
> *Herein, ihr Neuerkornen,*
> *Willkommen, teure Schar.*[24]

Neben den Jahreszeiten- und Kirchenjahresgedichten geht es in anderen um den besonderen Raum der Kathedrale, ihre Geschichte und Schicksale. Titel sind „Dombau" und „Dombrand". Drei Gedichte sind der Krypta gewidmet. Eine besondere Rolle spielen die 18 Gedichte *Auf dem Turme*. Es geht dem Sprecher nicht nur um die optischen Eindrücke, sondern um politische Aussagen, um Friedenssehnsucht und Liebe zum Vaterland.

> *Ja, ja! Ich will ein Deutscher sein,*
> *Ein Deutscher für mein Leben ...*
> *Ich lass den Franzmann, Franzmann sein ...*[25]

Molitor kritisiert auch die „Freiheitsphrasen" der Vormärz-Dichter, ihre „Lieder neuster Mode!": „Zupfet, eh' ihr Alles meistert, / Erst an den ureignen Nasen."[26] Und er ruft: „Fort mit den falschen Freiheitssängern!"

Blauls Erbe

Blauls lyrische Versuche sind ebenfalls von der Romantik geprägt, aber doch eher Gelegenheits-arbeiten, zum Teil wohl für gesellige Situationen gedacht, rhythmisch nicht ohne gelegentliches Holpern. In seiner Otterberger Zeit schreibt Blaul vor allem Erzählungen, die didaktische Ziele verfolgen. So entstand eine Reihe von *Erzählungen für die Jugend und das Volk*. 1846 erschien das Kinderbuch *Der Jugend Lust und Lehre in neuen Fabeln, Märchen und Erzählungen*.

Postum haben Blauls Kinder Erzählungen gesammelt. 1873 erschienen in Stuttgart *Alte und neue Geschichten* des „Dekans in Germersheim a. Rh.", 1885 in Kaiserslautern der *Novellenkranz, Geschichten und Träume*. Heute wirken diese Texte doch oft bemüht, moralisierend. Das Böse ist eindeutig, das Gute siegt am Ende.

Im Jahre 1860 schrieb Blaul, schon durch ein Lungenleiden geschwächt, eine Erzählung, in der er noch einmal das Problem aufgreift, das sein Denken zeitlebens bestimmt hat: *Glaubenstreue oder die Wallonen in der Pfalz*[27]. Es ist die Geschichte eines wallonischen Predigers, der 1567 mit seiner Familie und schließlich mit der ganzen Gemeinde flieht, um nicht gezwungen zu werden, „wieder in den Schooß der römisch-katholischen Kirche" zurückzukehren[28]. Auf der abenteuerlichen Flucht geht der Sohn des Predigers verloren, bleibt verschwunden. In Schönau bei Heidelberg finden die Flüchtlinge eine neue Heimat und errichten ein schmuckes Dorf. Dann aber werden sie vom neuen, lutherischen Kurfürsten und seiner Gattin erneut vertrieben. Bei dem Bruder des Kurfürsten, dem reformierten Johann Casimir, erhalten sie Hilfe und Heimat im pfälzischen Otterberg. Auch der verlorene Sohn, der mit den Hugenotten in Frankreich die Bartholomäusnacht erlebt hat, findet wieder zurück. Es beginnt eine neue friedliche Zeit für die Wallonen. Johann Casimir „erhob den neu entstehenden Ort bald zur Stadt, friedlich trieben die Einwohner in derselben ihr Gewerbe." Damit hat Blaul seinem wichtigsten Thema, Friede und Toleranz zwischen Religionen und Konfessionen, ein versöhnliches Bild gegeben.

Bis heute bleiben die schon erwähnten *Träume und Schäume vom Rhein* Blauls interessantestes Werk. Den durch die Pfalz wandernden Erzähler[29] interessiert nicht nur die pfälzische Landschaft, ihre Burgruinen und Bauwerke, Sagen, Bräuche, z.B. der Wurstmarkt. Es geht ihm vor allem auch um soziale Probleme, um die Schulsituation, um Lehrerbildung. Im Lehrer-Seminar von Kaiserslautern „wohnen […] in schöner Eintracht […] katholische und protestantische Zöglinge […] beisammen". Bestrebungen der konfessionellen Trennung, wie sie Molitor später in Speyer durchgesetzt hat, lehnt Blaul rigoros ab: „Ich bin ein Feind des religiösen Indifferentismus, aber noch mehr des religiösen Zwistes, bin aber auch der Überzeugung, dass dem ersteren durch ganz andere Mittel entgegengearbeitet werden müsse als durch Trennung eines Seminars. Ich bedaure das Land, wenn es dazu kommt."[30] Der Besuch im Zentralgefängnis in Kaiserslautern ist für den Wanderer ernüchternd:

> Hier kann man lernen, was der Menschheit not tut. Nicht jenes fratzenhafte Ding, das wir mit dem Namen Bildung belegen und das oft nichts weiter ist, als ein einseitiges Hinaufschrauben des Verstandes und eine gewisse äußere Gewandtheit und Politur, nicht jene Richtung des ganzen Menschen auf das bloß praktische Leben oder auf das Materielle, was am Ende auf eins hinausläuft, sondern vor allem ein tiefes Gemüt, ein reich ausgestattetes Herz, das an Glauben und Liebe nicht banquerott werden kann, ein Kapital, das aller Welt reiche Zinsen trägt – kurz Veredelung des ganzen Menschen im Sinne des Christentums.[31]

Vor allem interessiert sich der Reisende für die religiöse Situation in pfälzischen Städten, vergleicht z.B. den schlechten Gottesdienstbesuch in Zweibrücken mit dem viel besseren in Speyer, fragt nach den Ursachen, beobachtet die Konflikte in der pfälzischen Union, besucht auch die katholische Messe. Dieses Buch, mehrfach neu aufgelegt, kann auch den heutigen Leser durch seine poetische Erzählhaltung faszinieren, erlaubt ihm, sich Landschaft und Lebensumstände der Pfalz im 19. Jahrhundert vorzustellen, sie mit heute zu vergleichen. Manches Urteil des Autors mag heute antiquiert erscheinen. Dennoch überzeugt die undogmatische, von Ernst, aber auch von ironischer Distanz bestimmte Grundhaltung und Erzählweise.

Das letzte Buch Blauls wendet sich einem Thema zu, das auch für Molitor von großer Bedeutung war. Es heißt *Kaiserdom zu Speyer. Führer und Erinnerungsbuch*[32]. In der Einleitung schreibt der Autor: „Vielleicht fragt jemand nach meiner Berechtigung, mich zum Führer durch den Bau und seine Geschichte anzubieten, da er mich im engsten Sinne nicht angeht, sondern den Genossen einer anderen

Confession zum Tempel dient." Seine Antwort: „Ich bin ein Sohn der Stadt, deren Glanzpunkt und Wappenbild eben dieser Dom abgibt, und habe mich in der Geschichte meiner Vaterstadt und ihrer Alterthümer so ziemlich umgesehen."[33] Neben der Historie von Stadt und Dom, der Beschreibung des Baus, geht Blaul ausführlich auf die Sanierung der Schäden von 1689 ein, sowie auf die Beseitigung der unsäglichen barocken Westseite und deren Erneuerung im alten Stil. Am Ende erwähnt er die Sponsoren, vor allem die bayerischen Könige. Sogar die Protestanten hatten beigetragen. Wichtig ist für Blaul auch, dass bei der Einweihung am 24. Oktober 1858 Kardinal-Erzbischof Johannes von Geissel anwesend gewesen war. Schon dem Schüler Friedrich Blaul war er am Gymnasium wichtig geworden. Geissel habe vor Jahren der Dom „als eines seiner schönsten Traumbilder vorgeschwebt"[34]. Im Grunde war der Dom für Blaul ein Symbol der Verbundenheit der Konfessionen.

Molitors Erbe

Neben und mit seiner kirchenpolitischen Arbeit im härter werdenden Kulturkampf war Molitor immer auch literarisch tätig. In von ihm geförderten katholischen Vereinen und Lesegesellschaften hielt er Vorträge, z.B. über Goethes *Faust*. Der Dichter habe in ihm das Schicksal des „in Leidenschaften befangenen Menschen ohne Gott" dargestellt. Letztlich sei das Werk allerdings misslungen. Am Ende bleibe Faust „selbst da, wo er das wirkliche Leben ergreifen will, ein unendlich beklagenswerter Theoretiker – ein Gnostiker der verkehrtesten Art – und sein Dichter mit ihm"[35]. In seiner Schrift *Das Theater in seiner Bedeutung und seiner gegenwärtigen Stellung*[36] lässt Molitor am Theater der Klassiker kein gutes Haar: „Die Bühne soll die Sittenrichterin sein, und – wer kann es leugnen – sie ist nachgerade zu einer wirklichen Schule der Unsittlichkeit geworden."[37] Ein „krankhafteres Zerrbild des Gegensatzes zwischen Urzustand und Civilisation" als in Goethes *Egmont* könne es kaum geben[38]. Auch könne es kaum ein „unwahrhaftigeres Bild Spaniens im sechzehnten Jahrhundert geben" als das uns in Schillers *Don Carlos* „vor die Augen gestellte"[39]. – Der Marquis von Posa vertrete die Verherrlichung jenes falschen Liberalismus, der „seit Jahrzehnten über unsere Bühnen schreitet"[40]. Schließlich habe man sich seit der Klassik „mit mehr oder weniger Geschick und Erfolg der Bühne bemächtigt, um den theuersten Gütern der Menschheit den Krieg zu erklären, um die Religion herabzuwürdigen, um unsern Glauben zu schmähen, um die Kirche, diese erhabenste Wohltäterin des Menschengeschlechts zu verdächtigen und zu verleumden." Lessings *Nathan* hält Molitor für das schlimme Vorbild anderer Werke, die „in solchem Geiste geschrieben worden sind"[41]. In einer 1863 erschienenen Schrift über Oskar von Redwitz schreibt Molitor:

> *Die Nacht des Unglaubens; die Nacht des Wachens, die in ihrem Gefolge all das unsägliche Elend des Leibes und des Geistes hat, woran das alte Europa bis zur Stunde noch darniederliegt – sie muss zu Ende gehen. Da ist es die Aufgabe des gottbegeisterten Dichters, der mit dem poetischen zugleich das Prophetenamt verwaltet, auf der Warte der Zeit zu stehen und mit klarem Seherblick in die verhüllte bessere Zukunft zu dringen, [...] um die Lüge der Afterdichtkunst zu entlarven, [...] und auf den Trümmern ihrer Götzentempel das hehre Banner des Glaubens und der Wahrheit triumphierend aufzurichten.*[42]

Vor allem in seinen letzten Jahren veröffentlichte Molitor selbst Stücke, in denen er seine Ideale verwirklichen wollte: Zunächst drei Bearbeitungen der Weihnachtsgeschichte: *Weihnachtstraum* (1867), *Im Hause von Nazareth* (1872) und *Die Weisen des Morgenlandes* (1877). Mit einer Reihe von Tragödien versuchte er, die Märtyrertragödie des barocken Jesuitendramas wiederzubeleben. In *Die Freigelassene Nero's* (schon 1865 entstanden) geht es um die Christenverfolgung durch Nero und das Martyrium der heiligen Irene. *Des Kaisers Günstling* (1874) stellt Bekehrung und Martyrium des Heiligen Sebastian in der Zeit des Kaisers Diocletian dar. Der „Günstling" Sebastian ist Tribun der kaiserlichen Leibwache; ein Germane, der Christ wird. Da er der Liebeswerbung einer Frau widersteht, wird er Opfer einer Intrige und erleidet das Martyrium. Molitor hat einige seiner Stücke mit Seminaristen in Speyer einstudiert, auf die Bühne eines großen Theaters sind sie jedoch nicht gelangt. Unter dem Pseudonym Benno Bronner erschienen auch einige satirische Erzählungen, z.B. *Herr von Syllabus, eine Criminalnovelle* (1873).

Von den Werken Blauls haben nur die *Träume und Schäume* überlebt. Von Molitor erschienen im folgenden Jahrhundert nur noch einmal die *Domlieder* (1926) und in jüngster Zeit in der „Edition Köln" (2008) der *Herr von Syllabus* als Band II der „Criminalbibliothek 1850–1933".

Spätere religiöse Autoren

Religiöse Themen spielten in der pfälzischen Literatur am Ende des 19. und im 20. Jahrhundert keine große Rolle mehr. August Becker (1828–1891, geboren in Klingenmünster) hat in seinem Dorf-Roman *Die Nonnensusel* von 1886[43] erneut den Konflikt zwischen Unierten und konservativen Reformierten aufgegriffen. Als Folge der Säkularisierung sind zwei Gedichte des Speyerers Martin Greif (1839–1911) zu bewerten. Sein *Lobgesang auf den Sieg von Sedan* ist ein nationalistischer Hymnus, in dem der Autor Sprachformen und Rhythmen biblischer Psalmen adaptiert. In einem 1868 erschienenen Gedicht *Völkergebet* bittet der Beter um die Sendung eines politischen Führers, der als Retter des geschundenen Volkes mit „Engels Stärke […] alle Fesseln bricht". Gerade dieses Gedicht konnte in der NS-Zeit leicht auf Hitler bezogen werden [44].

In Texten katholischer Autoren werden die kritische Auseinandersetzung mit dem Rationalismus und die Ablehnung moderner

Bild 27: Elisabeth Langgässer (1899–1950)
(© Deutsches Literaturarchiv Marbach)

Zivilisationserscheinungen weitergeführt. In seinem 1925 erschienenen historischen Roman *Kyrie eleison! Ein Roman von Juden und von Christen aus dem alten Speyer*[45] schildert der aus Rheinzabern stammende Maximilian Josef Pfeiffer (1875–1926) die Umstände des Judenpogroms in Speyer im Jahre 1349. Schuldige sind von einem Fanatiker aufgehetzte Bürger aus dem niederen Handwerker- und Arbeiterstand. In einem „Aufruhrrat" setzen sie sich später gegen den eher bedächtigen Bischof und das Patriziat durch, verüben Gräueltaten, schaffen Chaos. Elisabeth Langgässer (1899–1950) aus Alzey wurde nach 1945 in erster Linie durch ihre Romane berühmt, in denen es um Schuld und Suche nach Gnade und Erlösung geht. In ihrem Hauptwerk *Das unauslöschliche Siegel* überlässt sich der katholisch getaufte Jude Belfontaine dem Verführer, dem Teufel, und erlebt in Frankreich während des Ersten Weltkrigs die vielfältigen Masken Satans. Vor allem der Staat ist seine Maske. Was man darunter verstehen kann? „Nun – so ziemlich alles, was heute besteht. [...] Der moderne Staat: eine Maske des Satans. Der Nationalismus. Das Militär. Die Zivilisation."[46] Aufklärung und Vernunft erscheinen als Feinde des Glaubens. Was bleibe, sei „der Kultus der Vernunft".[47] Solche Aussagen spiegeln eine Einstellung, wie sie Molitor und zum Teil auch Blaul vertreten haben. Der Pirmasenser Hugo Ball (1886–1927), zunächst Protagonist des Dadaismus, hat sich in seiner späten Zeit in Streitschriften und Gedichten einem mystischen Marienkult zugewandt. Er forderte: „Lassen Sie uns das Reich des Sohnes und des Heiligen Geistes wieder errichten um jene zarte Verehrung der Frau wieder zu finden, die der Madonnenkult in sich begriff."[48]

Auf evangelischer Seite finden sich in neuerer Zeit kaum Autoren, die religiöse Themen literarisch in Gedichten, Liedern oder Erzählungen verarbeitet haben. In der 1965 erschienenen, recht bekannt gewordenen Anthologie religiöser Lyrik des Berner Pfarrers Kurt Marti ist außer Hugo Ball aus dem pfälzischen Raum niemand vertreten. Auch das 1992 erschienene evangelische Gesangbuch mit pfälzischem Anhang berücksichtigt keine Pfälzer. Hat hier die Bewegung zum neuen Lied keine Früchte getragen?

Etwas anders sieht es im Bereich neuer Mundartdichtung aus – vielleicht kleine Lichtblicke. Ein Gedichtband von Heinrich Kraus (1932 geb. in St. Ingbert) mit dem Titel *M'Herrgott sei Bu*[49], allerdings nur im Eigenverlag erschienen, enthält interessante neue Ansätze. Beeindruckend sind auch die *Nuffgucker, Deckebilder in de Dreifaltigkeitskerch*[50] von Karin Ruppert (geb. 1936 in Speyer). Eine eigene Form und Sprache hat Bruno Hain (geboren 1954 in Ludwigshafen) in *uf m weg*[51], Mundartgedichte zur Passionsgeschichte, gefunden. Insgesamt bleiben aber religiöse Themen in der pfälzischen Literatur doch Randerscheinung.

Anmerkungen

1 Gesine Parzich, Georg Blaul, ein Pfarrer und Poet der Pfalz. Sein Nachlass im Zentralarchiv der Evangelischen Kirche der Pfalz, in: *Blätter für pfälzische Kirchengeschichte* 65 (1968), S. 160–176.

2 Vgl. Prälat Joseph Schwind im ausführlichen Vorwort zur 3. Ausgabe von Molitors *Domliedern*, Speyer 1926.

3 Franz Brümmer, in: Wikisource, ADB: Molitor, Wilhelm.

4 Wilhelm Molitor, *Die Constitutionen des vatikanischen Konzils*, Regensburg 1870, Fotomechanischer Nachdruck als Download bei www.kessinger.net.

5 Ebd., S. 58–60.

6 Schwind (wie Anm. 2), S. XXVIII.

7 *52. Gabe des evangelischen Vereins für die protestantische Pfalz*, 4. Nachtrag, VIII. Teil, S. 164f., zitiert bei Schwind (wie Anm. 2), S. XXXX.

8 In: *Heimwärts. Lieder und Gedichte*, Kaiserslautern [1886], S. 308.

9 Aus: Wilhelm Molitor, *Gedichte*, Mainz 1884, S. 54.

10 Friedrich Blaul, *Der ewige Jude und sein Liebling in München. Eine Verklärung scizziert von einem reisenden Maler*, München 1831, Fotomechanischer Nachdruck, S. 43.

11 Friedrich Blaul, *Träume und Schäume vom Rhein. In Reisebildern aus Rheinbayern und den angrenzenden Ländern*, Ausgabe Kaiserslautern 1923.

12 Ebd., S. 34.

13 Ebd., S. 280.

14 Ebd., S. 295.

15 Ebd., S. 294.

16 *Mahnungen, welche Gottes Wort an die Glieder unserer evangelischen Kirche ergehen lässet*, Speyer 1883.

17 Ebd., S. 6.

18 Ebd., S. 10.

19 Ebd., S. 296.

20 Die Texte wurden in die postum (1886) in Kaiserslautern erschienene aufwändig gestaltete Gedichtsammlung *Heimwärts* übernommen. Herausgeber war sein Sohn Hermann.

21 *Domlieder*, Vorwort S. XIII.

22 Ebd., S. 14.

23 Ebd., S. 157.

24 Ebd., S. 20.

25 Ebd., S. 55.

26 Ebd., S. 61.

27 In Speyer 1860 erschienen; Nachdruck in Stuttgart 1874.

28 Ebd., S. 3.

29 Blaul, *Träume und Schäume*. Die Bedeutung des Untertitels „Aus den Papieren eines Müden" bleibt bei einem gerade dreißigjährigen Autor allerdings unklar.

30 Ebd., S. 66.

31 Ebd., S. 58.

32 Friedrich Blaul, *Kaiserdom zu Speyer. Führer und Erinnerungsbuch*, Neustadt a. d. Haardt 1860.

33 Ebd., S. 5.

34 Ebd., S. 61.

35 Wilhelm Molitor, *Vorträge über Goethes Faust*, Nachdruck des kath. Kirchenbau-Vereins, Nürnberg 1902, S. 49.

36 Wilhelm Molitor, *Das Theater in seiner Bedeutung und seiner gegenwärtigen Stellung*, Frankfurt a. M. 1860.

37 Ebd., S. 21.

38 Ebd., S. 5.

39 Ebd., S. 21.

40 Ebd., S. 26f.

41 Ebd., S. 29.

42 Zitiert nach Schwind (wie Anm. 2), S. XXX.

43 August Becker, *Die Nonnensusel, Roman aus dem Pfälzer Bauernleben*, Neustadt a. d. Weinstraße [1962]. Den Beinamen „Nonne" erhielten junge Frauen, die nicht heiraten wollten.

44 Im Jahr 1936 erschien ein Sonderdruck dieses Gedichts (in der Landesbibliothek Speyer vorhanden). Der Herausgeber Bernhard Heinrich kommentiert es: „Die Herrscher des ersten Reiches der Deutschen wurden von der Kirche, als deren Oberhaupt sie betrachtet wurden, gesalbt und gekrönt. Martin Greif, der Dichter des ‚Deutschen Gebets', empfand in seiner Jugend den Schmerz um das zusammengebrochene ‚einst heilige Reich'. Im Führer des dritten Reiches der Deutschen hat dies Vaterland den Mächtigen wieder gefunden, der von ihm die Schmach tilgte und die Not gebrochen hat. Als Friedensbote der Welt hören alle Einsichtsvollen und Gutgesinnten unter den Völkern staunend auf Adolf Hitlers Stimme ‚zum Frieden der Menschen auf Erden'."

45 M. J. Pfeiffer, *Kyrie Eleison*, Neuausgabe (3. Aufl.), Speyer 1984.

46 Elisabeth Langgässer, *Das unauslöschliche Siegel*, Hamburg 1987, S. 403.

47 Ebd., S. 502.

48 In: Hugo Ball, *Der Künstler und die Zeitkrankheit. Ausgewählte Schriften*, hg. von Hans Burkhard Schlichting, Frankfurt a. M. 1984, S. 292f.

49 Heinrich Kraus, *M'Herrgott sei Bu*, Bruchmühlbach-Miesau [1994].

50 In: Karin Ruppert, *Lewensscheier. Gedichte in Pfälzer Mundart*, Speyer 1998.

51 Bruno Hain, *uf m weg, die passion in pälzer mundartgedichten*, Neckarsteinach 2007.

3.10.5. Religiöse Musik im 19. und 20. Jahrhundert

MARTIN-CHRISTIAN MAUTNER

> *„Singen gehört dazu! Die Musik ist aus der Kirche nicht wegzudenken.*
> *Ein Merkmal für die Lebendigkeit unserer Kirche ist die Intensität ihres Singens."*[1]

Die Lage zu Beginn des 19. Jahrhunderts

Seiner Bedeutung als Durchgangsland und Sammelbecken deutscher und französischer Einflüsse entsprechend brachte das Oberrheintal immer wieder kulturell Bedeutsames hervor – auch im Bereich der Kirchenmusik. Ich greife aus dem reichen Schatz nur drei Edelsteine heraus und nenne:

1. das 16. Jahrhundert mit dem für die reformierte Tradition wegweisenden Musikleben der damaligen Freien Reichsstadt Straßburg mit Martin Bucers berühmter Gesangbuchedition von 1541[2] sowie den Beiträgen der Kantoren Matthäus Greitter (ca. 1490–1550) und Wolfgang Dachstein (gest. 1553);
2. die Blüte der Orgelbaukunst – vor allem durch Vertreter der aus Sachsen stammenden Familie Silbermann, insbesondere Andreas Silbermann (1678–1734)[3] und dessen Sohn Johann Andreas (1712–1783)[4];
3. die Mannheimer Hofkapelle, die zur Zeit der Regierung des Kurfürsten Carl Theodor (1724–1799) europäische Berühmtheit erlangte wegen ihres homogenen Orchesterklangs und auch der für sie tätigen Komponisten, wobei für die Kirchenmusik Franz Xaver Richter (1709–1789) erwähnt werden muss[5].

Zu Beginn des 19. Jahrhunderts aber befand sich die Kirchenmusik allgemein und so auch am Oberrhein auf einem Tiefpunkt. Das hing einerseits mit den durch die Französische Revolution ausgelösten politischen Umwälzungen zusammen – auf katholischer Seite spürbar durch die Säkularisation der Bistümer und der Klöster durch den Reichsdeputationshauptschluss 1803, wodurch deren blühendes Musikleben erlosch, die Musikalien von den neuen Herren archiviert oder veräußert und die Gebäude umgenutzt oder gar abgebrochen wurden[6].

Zum andern, und grundsätzlicher, führte die Gottesdienst und Liturgie gegenüber kritische Einstellung der Aufklärung zu dieser Verarmung – auf dem westlichen Ufer des Rheins noch deutlicher und nachhaltiger als auf dem östlichen. Den Geist der Zeit spiegelt etwa das Vorwort des Straßburger Gesangbuchs von 1808[7] – da ist von „Zweckmäßigkeit", „Pflicht", „ernster Besonnenheit" und „tugendhafter Gesinnung" die Rede; Kirchenmusik hat ausschließlich der „Glaubens- und Sittenlehre" zu dienen. Was nicht in diesem Sinne verzweckt werden konnte, blieb unberücksichtigt. Gemeindelieder der Reformatoren gerieten in Vergessenheit, solche der Barockzeit wurden ihres angeblichen Schwulstes und sprachlicher Unklarheit wegen abgelehnt.

Auch in den ehedem kurpfälzischen Territorien lassen sich zahllose Beispiele für solches Denken finden, zumal Liturgie und Kultmusik im reformierten Umfeld ohnehin nicht im Zentrum des Interesses gestanden hatten. Auch hier taten die politischen Umwälzungen ein Übriges, dass der

Entwicklung der Kirchenmusik wenig Aufmerksamkeit geschenkt wurde[8]. Im Bereich der lutherischen Markgrafschaft Baden-Durlach war ebenfalls der Einfluss der Aufklärung stark – man
orientierte sich mit dem *Badische(n) neue(n) Gesangbuch* von 1786 am Vorbild des *Gesangbuchs
zum gottesdienstlichen Gebrauch in den Königlichen Preußischen Landen* (2. Aufl., 1765), dem
sogenannten „Mylius"[9].

In der katholischen Kirche blieb ebenso – unter dem Konstanzer Generalvikar und (seit 1817)
Bistumsverweser Ignaz Heinrich von Wessenberg – zunächst eine aus Aufklärung und Liberalismus
sich speisende, Liturgie und Kirchenmusik gegenüber ambivalente Haltung bestimmend[10].

Aber nicht nur der Inhalt und die Gestalt des Kirchengesangs atmeten den Zeitgeist, um die
Qualität der Umsetzung stand es nicht besser. Das Programm von Orgelkonzerten etwa wurde noch
lange Zeit von Naturschilderungen und effektheischenden Tonmalereien geprägt[11]. „Kirchenmusik"
wird Derartiges kaum genannt werden dürfen – höchstens „Musik in einem Kirchenraum".

Aufbruch und Tendenzen der Kirchenmusik im 19. Jahrhundert

Ernst Moritz Arndts (1769–1860) in seiner vielbeachteten Schrift *Von dem Wort und dem Kir-
chenliede nebst geistlichen Liedern* (1819) geäußerte Kritik an den kirchenmusikalischen Miss-
ständen seiner Zeit fand auch am Oberrhein Zustimmung, so bei den in Heidelberg wirkenden
Heinrich Friedrich Wilhelmi (1786–1860)[12] und Anton Friedrich Justus Thibaut (1774–1840)[13].
Vor allem die Forderung nach einem erneuerten, auch wieder die Gesänge der Reformationszeit berücksichtigenden Gesangbuch wurde laut – ökumenisch sollte es auch sein, wenngleich
doch nur wenige so weit gingen, mit Arndt auch die Katholiken miteinbeziehen zu wollen.
Eine innerprotestantische Ökumene allerdings lag ja durchaus im Interesse der Regierungen
der durch Napoleon I. neu entstandenen Länder[14].

Thibaut ist im übrigen die Gründung eines Laiensingkreises zu danken, der wegweisend für
die Beteiligung musikalisch aufgeschlossener (Bildungs-)Bürger wurde, welche durch zahlreiche
Vereinigungen die Kirchenmusik im 19. Jahrhundert erneut beleben sollten (siehe Farbbild 26)[15].
Der Gründung solcher der Pflege alter (d.h. vor etwa 1750 entstandener) und neuer (vor allem
die Gattung des Oratoriums) Kirchenmusik verpflichteter Vereine folgte die Organisation des
Kirchengesangs auf der Ebene der neuen Länder[16].

Ein wesentliches Anliegen kirchenmusikalischer Erneuerung war die Wiedergewinnung eines
geistlichen Gehalts, Musik also – ganz im Sinne Martin Luthers – wieder für die Verkündigung des
Evangeliums zu nutzen. Nicht von ungefähr fielen liturgisch-kirchenmusikalische Renaissance[17]
und Erweckung[18] zeitlich zusammen. So viele Unterschiede es zwischen diesen beiden Strömungen
geben mochte, im gemeinsamen Anliegen einer Volksevangelisation als Reaktion auf die Epoche
der Aufklärung traf man sich durchaus. Davon zeugen auch die Gesangbücher der Mitte des
19. Jahrhunderts[19] mit ihren Rückgriffen auf reformatorisches Liedgut[20], die durch intensive Arbeit
der jungen hymnologischen Wissenschaft[21] erst möglich wurden. Philipp Wolfrum (1854–1919)[22]
bezeichnete etwa die Musik der Reformationszeit als die Blüte des Gemeindegesangs im Sinne einer
evangelischen Ekklesiologie[23]. Dass es dann doch nicht zu einer Übernahme der Kernliederliste in
damalige Gesangbücher kam, hatte verschiedene Gründe, auf die hier nicht näher eingegangen

werden kann.[24] Daneben fanden immer mehr romantische neue Gesänge (zumeist „im Volkston"
mit einfachem Text und ebensolcher musikalischer Faktur) Eingang in die Gemeinden.

Auch auf katholischer Seite setzte eine rege hymnologische Reformbewegung ein. In neuen
Diözesan-Gesang- und Gebetbüchern wurde das alte Liedgut wiederentdeckt und für das gottes-
dienstliche Singen fruchtbar gemacht[25]. Freilich hat hier der sogenannte Cäcilianismus, eine
Bewegung mit dem Ziel der Restauration des Gregorianischen Gesangs, wahrscheinlich doch
prägender gewirkt. Auch im Elsass wurde 1882 der Elsässische Cäcilienverein (heute „Union
Sainte Cécile") nach dem Modell des Freiburger Diözesanverbandes gegründet.

Die Gründung zahlreicher Bläserchöre entsprach ebenfalls dem Anliegen der Reaktivierung
der Kirchenmusik auf möglichst breiter Basis[26]. Hauptamtliche Kirchenmusikerstellen wurden
geschaffen – oft in Personalunion mit der Leitung bürgerlicher oder akademischer Chöre;
bis zu Überlegungen einer landeskirchenweiten Organisation der Kirchenmusik war es kein
weiter Weg[27]. Als Beispiel für diesen neuen Typus des Kirchenmusikdirektors – stellvertretend
für viele, die ihr Augenmerk auf die Gestaltung liturgischer Feiern ebenso richteten wie auf
die konzertante Musik (Orgelkonzerte und Oratorienaufführungen) – sei der Mannheimer
Hofkapellmeister Vinzenz Lachner (1811–1893) genannt[28].

In diesem Zusammenhang muss auf die Renaissance des Orgelbaus in der betreffenden Zeit
eingegangen werden. Die erneute Auseinandersetzung mit dem Orgelwerk Johann Sebastian
Bachs (1685–1750), die neben vielen anderen Felix Mendelssohn-Bartholdy (1809–1847)[29], Max
Reger (1873–1916)[30] und dem aus Kaysersberg im Oberelsass stammenden Albert Schweitzer
(1875–1965)[31] zu danken ist (wobei die beiden letztgenannten im hier interessierenden Gebiet
in Heidelberg und Straßburg bleibende Spuren hinterlassen haben), erforderte klanglich und
technisch entwickelte Instrumente, die einerseits zur Darstellung komplexer polyphoner Werke
geeignet waren, zum anderen dem Klangideal der von Frankreich her beeinflussten sympho-
nischen Orgelmusik zumindest nahekamen.

Überhaupt tendierte vor allem die Orgelmusik der Zeit zu komplexer Harmonik und raum-
greifender Architektur. Große Orgeln mit pneumatischer Traktur, Schwellwerken, Walzen, Fern-
oder Echowerken usw. entstanden[32]. Als repräsentatives Beispiel sei die 1911 von der Firma
Steinmeyer in Oettingen (Bayern) erbaute viermanualige Orgel der Mannheimer Christuskirche
genannt. Regelmäßige Orgelkonzerte durch einheimische und reisende Virtuosen wurden in
allen großen Städten auch am Oberrhein zu besonderen gesellschaftlichen Ereignissen.

1918 und die Folgen – eine epochale Zäsur auch für die Kirchenmusik

Das Jahr 1918 bedeutete für Deutschland – und somit auch für die Kirchen in diesem Land – einen
epochalen Einschnitt. Die Bindung an die Monarchien zerriss; organisatorisch, personell und
finanziell mussten neue Wege beschritten werden. Auch die Kirchenmusik erlebte eine deutliche
Zäsur. Die spätromantische Ästhetik, wie sie sich hier vielleicht am deutlichsten im Werk Max
Regers[33] zeigte, hatte sich überlebt.

In Rückbesinnung auf die textgeborene Musiksprache eines Heinrich Schütz (1585–1672) und
seiner Zeit blühte die A-capella-Chormusik auf, die von der sogenannten Singbewegung[34] durch

Veröffentlichungen und Singwochen gepflegt wurde[35]. Singkreise entstanden, die in Baden häufig dem Bund Deutscher Jugendvereine (BDJ) angeschlossen waren[36]. Die jungen Komponisten fanden zu einer weniger von überbordender Harmonik (Chromatik etc.), sondern eher linear und modal geprägten Musiksprache mit Tendenzen zu einer durchsichtig-überschaubaren Polyphonie. Kanons und Gemeindesingformen in vielfältiger Weise entstanden. Anderen Entwicklungen der Zeit wie einer konsequent seriellen Musik standen sie eher skeptisch gegenüber, weil Kirchenmusik – als Musik im Dienste der Verkündigung begriffen – sich dann wohl zu weit von den Gemeinden entfernt und ihre Gebrauchsfähigkeit im liturgischen Kontext zu sehr verloren hätte. Am Oberrhein nahmen diese Tendenz Landeskirchengesangstage und Landesposaunentage auf[37]. Der gewünschten Breitenwirkung dieser Aktivitäten entsprach die (Neu)gründung kirchenmusikalischer Zeitschriften[38].

Besonderes Augenmerk legten die Kirchenleitungen in dieser Zeit des Übergangs auf die Ausbildung des Nachwuchses; der überkommene „Lehrer-Organist" war immer weniger in der Lage, das kirchenmusikalische Leben in den Gemeinden adäquat zu bedienen. Es kam zur Gründung von Ausbildungsstätten wie dem Kirchenmusikalischen Institut (heute: Hochschule für Kirchenmusik) in Heidelberg 1931 unter dem ersten badischen Landeskirchenmusikdirektor Hermann Meinhard Poppen (1885–1956)[39].

Ein anderes lang erwünschtes Projekt schien zu jener Zeit der Verwirklichung nahe: das Einheitsgesangbuch der evangelischen Kirchen in Deutschland. Als *Deutsches Evangelisches Gesangbuch* (DEG) erschien es mit einem Stammteil von 342 Liedern ab 1927, wurde allerdings nicht in allen Landeskirchen (z.B. nicht in Baden) eingeführt, weil die Nationalsozialisten 1933 die weitere Verbreitung des als zu liberal empfundenen Buches untersagten.

Zwischen Gleichschaltung und Bekenntnis: Kirchenmusik im totalitären Staat

Die Entscheidung des Reichskirchenministeriums in Berlin gegen das DEG markierte eine erste Auseinandersetzung zwischen den eine zentralisierte und nach dem Führerprinzip organisierte Reichskirche befürwortenden Deutschen Christen (DC) und der sich ausschließlich der Bibel (beider Testamente) und dem Bekenntnis verpflichtet fühlenden Bekennenden Kirche (BK)[40]. Die Stigmatisierung etwa der Werke Felix Mendelssohn-Bartholdys als „undeutsch" ist ein weiteres trauriges Kapitel Kirchenmusikgeschichte jener schwierigen Jahre.

Dass viele Gemeinden am Oberrhein auch in ihrer Kirchenmusikpflege sich nicht völlig „gleichschalten" ließen, beweisen im Untergrund gedruckte Gesangbücher mit Liedern von Jochen Klepper (1903–1942) u.a., vertont etwa von dem Badener Rudolf Zöbeley (1901–1991)[41].

Nach 1945: Kirchenmusik erneut auf dem Weg – aber wohin?

1945 gab es zwar auch kirchenmusikalisch nicht die vielbeschworene „Stunde Null", freilich bedeutete das Ende des Zweiten Weltkriegs wiederum eine tiefe Zäsur. Das dringend notwendig gewordene *Evangelische Kirchengesangbuch* (EKG) wurde 1950 endlich erreicht[42]; während das Liedgut des 19. Jahrhunderts deutlich unterrepräsentiert blieb, wurden vor allem Lieder der Reformationszeit, des Barock und des Kirchenkampfes aufgenommen[43]. Doch schon bald erwies sich, dass die allgemeine Musikentwicklung recht rasch über das EKG hinwegging. Spirituals und Gospels, Jazz und Pop wurden bekannt, immer mehr kamen die Menschen mit Liedgut außerhalb ihres engeren Kulturkreises in Kontakt. Eine plurale Gesellschaft bedarf zeitgemäßer und variabler Ausdrucksformen – so entstand eine Diskussion um Ziel, Inhalt und Form kirchenmusikalischer Aktivität, die unvermindert anhält[44].

Die Kirchenleitungen reagierten mit Wettbewerben (so der Evangelischen Akademie Tutzing), Kirchentage taten ein Übriges – das „NGL" (Neues Geistliches Lied) entstand; in der Oberrheinregion sind hier vor allem die badischen Kantoren Martin

Bild 28: Der badische Kantor Rolf Schweizer (*1936), Autor des bekannten Liedes „Damit aus Fremden Freunde werden" (vgl. S. 498), an seinem 70sten Geburtstag (Foto: Privat)

Gotthard Schneider (geb. 1930; siehe Farbbild 25) und Rolf Schweizer (geb. 1936) zu nennen, die wesentliche Beiträge hierzu geliefert haben. Anhänge zum EKG erschienen verschiedentlich[45].

Auch in der Katholischen Kirche wurde die Bedeutung der Kirchenmusik für die Verkündigung in einer mehr und mehr säkularen Gesellschaft erkannt; dem trug das Zweite Vatikanische Konzil durch die Feststellung Rechnung, Musik sei integraler und unverzichtbarer Bestandteil der Gottesdienste. Zur Verbesserung der Organisations- und Ausbildungsstruktur wurden in den Diözesen Ämter für Kirchenmusik eingerichtet[46].

Der Zusammengehörigkeit der Oberrheinregion auch über Ländergrenzen hinweg wurde man sich zunehmend bewusst, was sich etwa beim Regionalkirchentag in Kehl und Straßburg 1993 zeigte mit dem programmatischen Lied *Zwei Ufer, eine Quelle* (Deux rives, une source) von Roger Trunk[47] – und selbstredend nicht zuletzt in dem gemeinsamen Regionalteil des neuen Gesangbuchs *Evangelisches Gesangbuch* 1995 (EG) für die Landeskirchen Badens und der Pfalz sowie die Kirchen Augsburgischen und Reformierten Bekenntnisses des Elsass und Lothringens[48].

Dass in einer zunehmend säkularen Umwelt gerade der Kirchenmusik eine besondere Bedeutung zukommt, ist den Synoden und Kirchenleitungen durchweg wohl bewusst[49]. Deshalb werden überall vielfältige Angebote unterhalten – oft in Kooperation der Kirchen untereinander und mit anderen Trägern und Veranstaltern[50]. Die Verantwortlichen bemühen sich um Werbung für aktives Musizieren[51], entwerfen Ausbildungsordnungen[52], konzipieren Strategien für Angebote auf dem Sektor der musikalischen Fort- und Weiterbildung[53], richten Gesangs- und Bläsertreffen auf der Ebene der Landeskirchen, der Dekanate oder an besonderen Orten aus[54]; zahlreiche Konzertveranstaltungen finden statt[55]. Auch hinsichtlich der Veröffentlichungen für die Praxis bestimmter Handreichungen[56], neuer Kompositionen[57] und musikwissenschaftlicher sowie interdisziplinärer theologisch-kirchenmusikalischer Werke erweist sich die Oberrheinregion als äußerst fruchtbar.

Dieser Reichtum, der sich auftut, wenn man sich mit der Kirchenmusik links und rechts des Oberrheins beschäftigt, stimmt hoffnungsvoll für die Zukunft des kirchlichen Lebens. Denn: „Alles Nachdenken im Glauben über die Musik, ja alles Musizieren in der Kirche ist von österlicher Gewissheit getragen: Man singt mit Freuden vom Sieg in den Hütten der Gerechten: Die Rechte des HERRN behält den Sieg! (Ps. 118,15)"[58]

Anmerkungen

1 Christian Schad, Die Schätze der Kirchenmusik. Versuch einer Zusammenschau, in: Amt für Kirchenmusik der Evangelischen Kirche der Pfalz (Hg.), *Schwerpunktthema Kirchenmusik – Landessynode November 2004*, Speyer 2005, S. 11.

2 Vgl. Christian Möller, Das 16. Jahrhundert, in: ders. (Hg.), *Kirchenlied und Gesangbuch. Quellen zu ihrer Geschichte*, Tübingen/Basel 2000, S. 88–91. Siehe S. 280 für die Abbildung der Titelseite.

3 Er baute u.a. die Orgeln in Straßburg (Ste-Aurélie), Rosheim, Ebersmünster.

4 Er baute u.a. die Orgeln in Arlesheim, Straßburg (St. Pierre-le-Jeune-protestant), Molsheim.

5 Vgl. Bärbel Pelker, „...es lässt sich eine schöne Musick machen..." Mannheimer Hofmusik im Zeitalter Carl Theodors, in: Alfried Wieczorek u.a. (Hgg.), *Lebenslust und Frömmigkeit. Kurfürst Carl Theodor (1724–1799) zwischen Barock und Aufklärung*, Regensburg 1999, Bd. I, S. 293–303; Jochen Reutter, *Studien zur Kirchenmusik Franz Xaver Richters (1799–1789)*, 2 Bde., Frankfurt a. M. 1993.

6 Zum Ganzen: Hans Ulrich Rudolf (Hg.), *Alte Klöster – Neue Herren. Die Säkularisation im deutschen Südwesten 1803*, Katalog zur Großen Landesausstellung Baden-Württemberg 2003, Ostfildern 2003; darin besonders: Georg Günther, Lump oder Bettler – wenn er nur Musik versteht... Klösterliche Musikkultur um 1800 am Beispiel Oberschwaben, Bd. II/1, S. 177–186.

7 *Gesangbuch zur Beförderung der öffentlichen und häuslichen Andacht. Auf Verordnung des Directoriums Augsburgischer Confession zu Straßburg neu herausgegeben*, Straßburg 1808.

8 Vgl. Udo Wennemuth, Die Evangelische Kirche zwischen Kurpfalz und Baden, in: Armin Kohnle u.a. (Hgg.), *... so geht hervor ein' neue Zeit. Die Kurpfalz im Übergang an Baden 1803*, Heidelberg 2003, S. 99–116.

9 Hermann Erbacher, *Die Gesang- und Choralbücher der lutherischen Markgrafschaft Baden-Durlach 1556–1821* (VVKGB 36), Karlsruhe 1984, S. 94.

10 Hansmartin Schwarzmaier (Hg.), *Handbuch der baden-württembergischen Geschichte*, Bd. III: *Vom Ende des Alten Reiches bis zum Ende der Monarchien*, Stuttgart 1992, S. 100ff.; Wolfgang Hug, *Geschichte Badens*, Stuttgart 1992, S. 228f.

11 Etwa im Stile des Abbé Georg Joseph Vogler (1749–1814). Vgl. Peter Schnaus (Hg.), *Europäische Musik in Schlaglichtern*, Mannheim 1990, S. 250; Viktor Lukas, *Reclams Orgelmusikführer*, 5. Aufl., Stuttgart 1986, S. 192f.; einen hochinteressanten Beleg für ein Mannheimer Konzertprogramm bietet: Karl-Hermann Schlage, *Evangelische Kirchenmusik in Mannheim – Ihre Entwicklung vom 19. zum 20. Jahrhundert*, Mannheim 2000, S. 4.

12 Heinrich Friedrich Wilhelmi, *Von dem geistlichen Liede besonders den ältern Kirchenliedern*, Heidelberg 1824.

13 Anton Friedrich Justus Thibaut, *Über Reinheit der Tonkunst*, Heidelberg 1824; vgl. Ulrich Wüstenberg, Das 19. Jahrhundert, in: Möller, *Kirchenlied* (wie Anm. 2), S. 214ff.

14 Vgl. die Badische Unionsurkunde; etwa: Hermann Erbacher (Hg.), *Vereinigte Evangelische Landeskirche in Baden 1821–1971*, Karlsruhe 1971, bes. Dokumente S. 11ff. Siehe auch ders., Zur Geschichte der Gesang- und Choralbücher der badischen Kirche, ebd., S. 329–358.

15 Vgl. etwa Otto Riemer (Hg.), *75 Jahre Heidelberger Bachverein. Chorklang im Zeitgeist*, Heidelberg 1960.

16 Z.B. Hermann Erbacher (Hg.), *100 Jahre Landesverband evangelischer Kirchenchöre in Baden*, Karlsruhe 1980; Schlage, *Evangelische Kirchenmusik*, S. 19ff. (Die Entstehung der Kirchenchöre und ihre Entwicklung bis 1918).

17 Z.B. Wilhelm Löhe, Theodor Kliefoth u.a. Vgl. William Nagel, *Geschichte des christlichen Gottesdienstes*, Berlin 1970, S. 176ff.

18 Vgl. für den hier interessierenden geographischen Bereich: Gerhard Schwinge (Hg.), *Die Erweckung in Baden im 19. Jahrhundert*, Karlsruhe 1990.

19 Z.B. Baden 1836 und 1883. Vgl. Heinrich Riehm, *Die Agenden und Gesangbücher der Evangelischen Landeskirche in Baden seit der Union 1821*, Heidelberg 2005.

20 Vgl. die Liste der 150 Kernlieder für ein künftiges Einheitsgesangbuch für die Evangelischen Kirchen in Deutschland (Eisenacher Konferenz 1852). Siehe Wüstenberg, Das 19. Jahrhundert, S. 253ff.

21 Vor allem Philipp Wackernagel (1800–1877); vgl. ebd., S. 246ff.

22 Musiklehrer am Heidelberger theologischen Seminar, später Universitätsmusikdirektor und Musikologe; zu ihm Hans-Jörg Nieden, *Bachrezeption um die Jahrhundertwende: Philipp Wolfrum*, München-Salzburg 1976.

23 Vgl. Philipp Wolfrum, *Die Entstehung und erste Entwicklung des deutschen evangelischen Kirchenliedes in musikalischer Beziehung*, Leipzig 1890, S. 145–148.

24 Außer in Bayern, also damit auch in der Rheinpfalz.

25 Zum Anliegen vgl. Guido Maria Dreves, *Ein Wort zur Gesangbuchfrage. Zugleich Prolegomena zu einem Büchlein geistlicher Volkslieder* (Stimmen aus Maria-Laach. Ergänzungshefte 28), Freiburg 1884, S. 4–8.

26 Vgl. Karl Jäckle/Dieter Bischoff (Hgg.), *Aus der Geschichte der Evangelischen Posaunenarbeit in Baden*, Karlsruhe 1985, bes. S. 19ff. zu den ersten Chorgründungen ab 1880.

27 Erbacher, *100 Jahre*, S. 41ff.; Baldur Melchior, Jakob Heinrich Lützel (1823–1899) und die Gründung des Evangelischen Kirchengesangvereins für die Pfalz im Jahre 1880, in: Amt für Kirchenmusik der Evangelischen Kirche der Pfalz (Hg.), *125 Jahre Landesverband für Kirchenmusik*, Speyer 2006, S. 11ff.

28 Schlage, *Evangelische Kirchenmusik*, S. 5.

29 Lukas, *Reclams Orgelmusikführer*, S. 195ff.; allgemein: Hans Christoph Worbs, *Felix Mendelssohn-Bartholdy*, Reinbek bei Hamburg 1974.

30 Lukas, *Reclams Orgelmusikführer*, S. 242ff.; allgemein: Helmut Wirth, *Max Reger*, Reinbek bei Hamburg 1986.

31 Vgl. Schweitzers zunächst für französische Leser gedachtes Werk über *Johann Sebastian Bach, le musicien-poète*, Lausanne 1904; deutsch, Leipzig 1908; ders., *Deutsche und französische Orgelbaukunst und Orgelkunst*, Leipzig 1906, reprint Wiesbaden 1968. Allgemein: Harald Steffahn, *Albert Schweitzer*, Reinbek bei Hamburg 1983.

32 Schlage, *Evangelische Kirchenmusik*, S. 16ff.

33 Siehe oben Anm. 30.

34 Dazu Walter Blankenburg, Was war die Singbewegung?, in: *Musik und Kirche* 43 (1973) Heft 5, S. 258–260.

35 Vgl. Heinrich Riehm, Das 20. Jahrhundert, in: Möller, *Kirchenlied*, S. 267–330, bes. S. 268–274. Die katholischen Kirchenmusiker taten sich damit, aus einer anderen liturgischen und hymnologischen Tradition erwachsend, schwerer: vgl. Hermann Fuhrig, Zur Frage: Katholische Kirchenmusik und Singbewegung, in: Wilhelm Scholz/Waltraut Jonas-Corrieri (Hgg.), *Die deutsche Jugendmusikbewegung in Dokumenten ihrer Zeit von den Anfängen bis 1933*, Wolfenbüttel 1980, S. 867–871.

36 Vgl. Schlage, *Evangelische Kirchenmusik*, S. 63ff.; besonders ist hier der Lehrer und Schriftleiter Jörg Erb (1899–1975) als Wegbereiter zu nennen.

37 Karl Jäckle/Dieter Bischoff (Hgg.), *Aus der Geschichte der Evangelischen Posaunenarbeit in Baden*, Karlsruhe 1985, S. 19ff.

38 Etwa *Die evangelische Kirchenmusik in Baden* ab Juli 1925.

39 Renate Steiger (Hg.), *Die Hochschule für Kirchenmusik Heidelberg und ihr Gründer Hermann Meinhard Poppen*, München/Berlin 2006; hier besonders: Martin-Christian Mautner, „Priester müssen wir sein..." – Hermann Meinhard Poppen als Spiritus Rector der Evangelischen Kirchenmusik in der Badischen Landeskirche während der Umbruchzeit nach 1918, S. 44ff.

40 Zur Situation der Evangelischen und der Katholischen Kirche in Baden vgl. etwa Wolfgang Hug, *Geschichte Badens*, Stuttgart 1992, S. 341f.

41 Geb. in Mannheim, Pfarrer in Baiertal und Eppingen, Religionslehrer in Mannheim.

42 1951 eingeführt, mit zuerst in Baden, zuletzt 1967 im Rheinland.

43 Christhard Mahrenholz, *Das Evangelische Kirchengesangbuch. Ein Bericht über seine Vorgeschichte, sein Werden und die Grundsätze seiner Gestaltung*, Kassel-Basel 1950, S. 12–20.

44 Vgl. etwa Markus Jenny, *Die Zukunft des evangelischen Kirchengesanges*, Zürich 1970.

45 In Baden: Anhang 71 und 77. Seither gab es fortwährend weitere ergänzende Veröffentlichungen zum jeweiligen Gesangbuch. Im Elsass machte das allmähliche Verschwinden der deutschen Sprache aus dem Leben der Gemeinden bald französische Veröffentlichungen nötig: *Recueil alsacien* (Straßburg 1952, 7. Aufl., 1980, zweisprachig), Supplément *Recueil de cantiques de l'ECAAL* (1955, ebenfalls zweisprachig), *Nos cœurs te chantent* (1979), *Arc-en-Ciel* (1979) u.a.

46 So in Freiburg (1973), Speyer und Straßburg.

47 Geb. 1930, aus dem Elsass stammender Theologe und Musikologe; EG (Baden) 613.

48 Näher auf die Entstehung und besondere Charakteristik des EG einzugehen, verbietet der Raum. Vgl. etwa: Kirchenamt der Evangelischen Kirche in Deutschland (Hg.), *Auf dem Weg zum neuen Evangelischen Gesangbuch. Beiträge aus der Gesangbucharbeit* (EKD-Texte 36), Hannover 1990; Heinrich Riehm (Hg.), *Arbeitshilfe zum Evangelischen Gesangbuch Ausgabe Baden - Elsass und Lothringen*, Karlsruhe 1995.

49 Vgl. Kirchenamt der Evangelischen Kirche in Deutschland (Hg.), *„Kirche klingt"*, Hannover 2008 (EKD-Texte 99); Michael Nüchtern, Keine Kirche ohne Musik, in: Jan Badewien/Michael Nüchtern (Hgg.), *Gotteslob im Klang der Zeit. Rolf Schweizer zum 65. Geburtstag*, München-Berlin 2001, S. 13ff.; Amt für Kirchenmusik, *Schwerpunktthema Kirchenmusik*.

50 Z.B. Ministerium für Kultus, Jugend und Sport des Landes Baden-Württemberg (Hg.), *Compendium für die musikalische Zusammenarbeit*, Stuttgart 1998.

51 Z.B. Amt für Kirchenmusik der Evangelischen Kirche der Pfalz (Hg.), *Werbung für Kirchenchöre*, Speyer 2005.

52 Z.B. *Amtsblatt der Evangelischen Kirche der Pfalz* (1997) Nr. 6, S. 82ff. – exemplarisch für entsprechende Erlasse aller anderen Kirchenleitungen am Oberrhein.

53 Vgl. das Projekt „Haus der Kirchenmusik" der Evangelischen Landeskirche in Baden im ehemaligen Deutschordensschloss Beuggen; siehe Landeskantorat Freiburg (Hg.), *Fortbildung Kirchenmusik in der Evangelischen Landeskirche in Baden*; vgl. Amt für Kirchenmusik der Evangelischen Kirche der Pfalz (Hg.), *Kirchenmusikalische Mitteilungen*.

54 Vgl. exemplarisch zur Tradition der Landeskirchenmusiktage der Pfalz ab 1947: Archiv des Landeskirchenrats Speyer, Sign. 0222. Für die kirchenmusikalische Bedeutung einzelner Orte sind verschiedene Faktoren zu berücksichtigen – hier am Beispiel der evangelischen Kirchenmusik im Elsass benannt (nach Auskunft des Verantwortlichen für Kirchenmusik der UEPAL, Daniel Leininger): Konzertreihen (etwa Straßburg: St. Guillaume, St. Thomas, Église du Bouclier; Mülhausen: St. Étienne), herausragende Orgeln (etwa Straßburg: St. Paul, St. Pierre-le-Jeune, Temple Neuf, St. Thomas), innovative Musikerpersönlichkeiten (an vielen Orten), Kooperationsmöglichkeiten (etwa „Protestants en fête" oder „Gospel'In" Straßburg); daneben bemüht man sich um Breitenwirkung durch Dezentralisierung und Angebotsvielfalt (etwa mit dem seit Jahren durchgeführten Festival „Parole en musique").

55 Sie aufzählen zu wollen, würde den Rahmen sprengen; ich verweise auf die Programmvorschauen bzw. Internetauftritte der badischen Landeskantorate, der Diözesen Freiburg, Speyer und Straßburg, des Amtes für Kirchenmusik der Kirche in der Pfalz, der UEPAL und der Evangelisch-Reformierten Kirche Basel-Stadt.

56 Ein besonders gutes Beispiel für die Kooperation mehrerer Kirchen: Evangelische Landeskirchen in Baden und Württemberg, Evangelische Kirche der Pfalz, Églises Réformée et Luthérienne d'Alsace et de Lorraine, *Wo wir dich loben, wachsen neue Lieder*, München 2005.

57 Hier müssen die Landeskantoren und für die Kirchenmusik jeweils Verantwortlichen genannt werden (Stand 2012): Gérard Grasser (Erzdiözese Straßburg), Wilm Geismann (Erzdiözese Freiburg), Carsten

Klomp (Südbaden), Daniel Leininger (UEPAL), Dietmar Mettlach (Diözese Speyer), Kord Michaelis (Mittelbaden), Johannes Michel (Nordbaden), Felix Pachlatko (Basel-Stadt), Jochen Steuerwald (Pfalz) – und viele weitere kompositorisch tätige KirchenmusikerInnen.

58 Kirchenamt, *„Kirche klingt"*, S. 41f.

4. Kirchen, Konfessionen und geistige Strömungen

JOHANNES EHMANN

4.1. Die Entwicklung bis zum Ende des 18. Jahrhunderts

Humanismus

Es ist nicht zuletzt die humanistische Bewegung, die den Oberrhein als geistesgeschichtlich signifikanten Raum auszeichnet. Heidelberg, die drittälteste Universität des Reiches, nach Prag und Wien 1386 gegründet, scheint allerdings darin keine durchschlagende Rolle zu spielen[1]. Eher trifft dies auf die ca. 200 km südlicher gelegenen Universitätsstädte Freiburg und Basel zu, wenngleich Freiburg seine personelle Erstausstattung und entsprechende Schulprägung zunächst aus Heidelberg bezogen hat.

So konzentrierte sich die humanistische Bewegung am Oberrhein innerhalb eines unregelmäßigen Vierecks mit den Eckpunkten Schlettstadt, Freiburg, Basel und Straßburg. Hier hat es eine räumliche Verdichtung des Humanismus gegeben, der in seiner reformatorischen Spielart eine Nähe zur oberdeutschen Theologie aufweist, also einer Theologie, die zwischen Luther und den Schweizern zu vermitteln suchte.

Diese humanistische Tradition des Oberrheins wurde nicht durch die Reformation abgebrochen. Die oberdeutsche Theologie (Augsburg, Ulm, Konstanz, Straßburg) kennt nicht nur eine gewisse Nähe zur Schweizer Reformation, sondern hat ihre Wurzeln stärker als beispielsweise die Luthers[2] im Humanismus, was bei den innerprotestantischen Abendmahlsstreitigkeiten (Marburger Religionsgespräch 1529) und ihrem zeitweiligen Ausgleich (Wittenberger Konkordie 1536) zum Tragen kommt.

Reformation und Straßburg

Zweifellos gehört Straßburg zu den kulturellen Zentren des Oberrheins und ist aufgrund seiner wechselvollen Geschichte sowie der heute dort wirkenden europäischen Institutionen wohl *die* bedeutendste Stadt am Oberrhein, deren Bedeutung ohne die kirchlich-konfessionellen Hintergründe nicht zu erklären ist[3]. In Straßburg setzt sich 1524 die Reformation unter dem Einfluss von Matthias Zell, Martin Bucer und Wolfgang Capito durch. Zu erwähnen sind außerdem Kaspar Hedio und Johannes Sturm, der seit 1538 in der Stadt wirkt. Seit 1525 werden die Klöster aufgehoben, 1529 wird die Messe per Ratsbeschluss abgeschafft.

Bis 1548 erweist sich Straßburg als Muster der oberdeutschen Reformation, das heißt vermittelnd zwischen der kursächsischen (*Confessio Augustana* 1530) und der schweizerischen Spielart der Reformation, wie ja der oberdeutsche Raum zwischen Augsburg, Ulm, Straßburg und Konstanz geographisch die Brücke zwischen der Schweiz und den unter lutherischem Eindruck stehenden fränkischen Raum (zwischen Heilbronn und Nürnberg) bildet.

Bild 29: Die Sankt-Thomas-Kirche in Straßburg von Süden. Martin Bucer wurde 1529 Pfarrer an dieser Kirche und betrieb von dort aus die Reformation der Stadt. Kupferstich von Wenzel Hollar, 1635 (Aus: Strassburger Ansichten und Trachtenbilder aus der Zeit des Dreißigjährigen Krieges, hg. von A. Hirschhoff, Frankfurt a. M. 1931, fig. 8)

Sinnbild dieser vermittelnden Position ist Martin Bucer[4]. 1518 in Heidelberg von Luther selbst für die Reformation gewonnen, wird er zum Begründer einer vermittelnden Abendmahlstheologie, auf die sich heute sogar die pfälzische Landeskirche, aber auch Vertreter der Leuenberger Kirchengemeinschaft (jetzt Gemeinschaft Evangelischer Kirchen in Europa/GEKE) berufen, indem sie ihre Theologie eben auf Bucers und Melanchthons Bestrebungen einer Abendmahlsübereinkunft beziehen, wie sie 1536 in der bereits erwähnten Wittenberger Konkordie ja tatsächlich zustande gekommen ist. Aber auch zum Reformiertentum führt ein Weg. Gerne wird verwiesen auf ein Bonmot von Jaques Courvoisier, Calvin sei erst in Straßburg zum Calvin geworden[5]. D. h. der französische Flüchtlingspfarrer Cauvin, der in Straßburg die französische Flüchtlingsgemeinde betreute, hat hier die Ämterlehre Bucers kennengelernt und später in Genf zum Prinzip seiner Reformation des kirchlichen Lebens erhoben.

In dieser ersten Phase der Reformation herrscht ein relativer Pluralismus. Straßburg wird Zufluchtsort etlicher Täufer und Spiritualisten, trotz Ablehnung ihrer theologischen Position. Die Auseinandersetzung mit ihnen unterscheidet sich wohltuend von der Praxis Zürichs oder anderer Städte im Reich, wo insbesondere die Täufer hartnäckig verfolgt werden (Verbot täuferischer Predigt, Ausweisung und Hinrichtung). Für die Aufnahme verfolgter Evangelischer verschiedenster Territorien und Theologien steht das beeindruckende Beispiel der theologisch gebildeten Katharina Zell (1497–1562), deren Einfluss freilich – auch nach Beschwerden der Straßburger Pfarrer – Mitte der dreißiger Jahre zurückgeht.

Diese relative Offenheit schwindet bereits ab 1533/34 und endet 1548 mit dem sogenannten Interim. Die Wittenberger Konkordie (1536) rückt Straßburg näher an das kursächsische Luthertum und den Schweizern ferner. Die Niederlage des protestantischen Schmalkaldischen Bundes 1547 und die sich anschließende mit kaiserlicher Gewalt vorgenommene Rekatholisierung im Interim vertreiben Martin Bucer aus Straßburg. Er geht nach Cambridge in England. Das Scheitern der kaiserlichen Religionspolitik im Passauer Vertrag (1552) und Augsburger Religionsfrieden (1555) führt zur Errichtung eines eindeutig lutherisch geprägten Kirchentums unter Führung Johannes Marbachs (1521–1581). Damit scheint auch der humanistische Einfluss in der Stadt zurückzugehen. Ein Teil der humanistischen und oberdeutschen Kräfte verlagert sich – trotz der zeitweiligen Berufung auch Marbachs nach Heidelberg – in die Kurpfalz.

Nun rückt auch die Religionspolitik in den langen Schatten des Streits zwischen Frankreich und Heiligem Römischen Reich deutscher Nation. Die Geschichte des Reiches im Jahrhundert der Reformation ist bestimmt durch den Gegensatz von Altgläubigen und Protestanten, zugleich aber vom Gegensatz der Reichsstände und des habsburgischen Kaisertums, wobei antihabsburgisch und protestantisch keineswegs deckungsgleich, aber zeitweise durch eine gewisse Kongruenz ausgezeichnet sind. Frankreichs Politik ist – aus Sorge der Umklammerung durch habsburgischen Besitz (Spanien, Franche Comté, Niederlande) – antikaiserlich. Daraus entsteht eine Zusammenarbeit von evangelischen Fürsten mit Frankreich[6]. Folgen sind Subsidien Frankreichs für Moritz von Sachsen im Fürstenaufstand gegen den Kaiser bis hin zum späteren Schwanken der reformierten Pfalz zwischen Annäherung an Frankreich – gegen Habsburg – und Kampf gegen Frankreich als offensiv katholischer Macht.

Wir haben es mit einem delikaten Dreiecksverhältnis zu tun, das schließlich im 17. Jahrhundert die Dominanz Frankreichs über die Stadtrepublik Straßburg sichert, ein Prozess, der bereits mit der rechtlich eigentlich unmöglichen Überlassung von Reichsgebiet, nämlich von Toul, Metz und Verdun an Frankreich durch Moritz von Sachsen eingesetzt hat. Die Überlagerung durch konfessionelle Fragen ist darin zu sehen, dass vor allem die evangelischen Reichsstädte der dann auch gescheiterten Absicht des Kaisers, die verlorenen Gebiete 1552/53 wiederzugewinnen, höchst reserviert gegenüberstehen, fürchten sie doch, dass ein zu mächtiges Kaisertum den Passauer Vertrag – faktisch der Vorvertrag zum Augsburger Frieden 1555 – umgehend außer Kraft setzen werde. Überspitzt kann gesagt werden, dass die Schwäche des Kaisers gegenüber Frankreich faktisch den Augsburger Frieden mit ermöglicht hat.

Die Situation der elsässischen Protestanten ist somit tragisch zu nennen – trotz des Augsburger Religionsfriedens. Je stärker die Position Frankreichs am Oberrhein, umso schwächer wird die Position des Kaisers im Elsass und in Vorderösterreich. Zugleich nehmen aber auch die Verfolgungen der Protestanten in Frankreich zu. Für den nationalen Protestantismus in Deutschland und sein Geschichtsbild wird Straßburg entsprechend zum doppelten Bollwerk.

Infolge des Interims 1548 erhält der Straßburger Bischof drei Kirchen erstattet, die zwei Peterskirchen und das Münster, das allerdings 1559 wieder an die Protestanten fällt. Bis 1681 ist das Münster also evangelisch, und eben dieses Münster gilt nicht nur einem Goethe und dem ganzen 19. Jahrhundert in Deutschland als Inbegriff „gotischer", das heißt vermeintlich „deutscher" Bauart. Die Straßburger Universität bleibt sogar bis zur Großen Revolution 1789 lutherisch.

Unter dem Druck des Interims, aber auch die alte vermittelnde Rolle eines Bucer aufnehmend, unterstellt sich der Straßburger Protestantismus dem kaiserlichen Willen, das Trienter Konzil (1545–1563) zu beschicken, was freilich zu keinem Ausgleich führt. Es verdient aber festgehalten zu werden, dass Straßburg *beide* unabhängig voneinander für die Trienter Beratungen entstandenen Konfessionswerke, die mitteldeutsche *Confessio Saxonica* des Philipp Melanchthon und die süddeutsche *Confessio Wirtembergica* des Johannes Brenz (1551/52) unterzeichnet. Die weitere Entwicklung der Stadt geht – wie geschildert – nach 1552 ganz in die Richtung eines orthodoxen Luthertums.

Die Situation des elsässischen Protestantismus nach 1680[7] ist bedrückend[8]. So sind die sogenannten „Reunionen" inklusive der Annexion Straßburgs verbunden mit intensivem Druck zur Rekatholisierung der nunmehr französischen elsässischen Territorien, die katholische Ämterprivilegien wie auch die zwangsweise Einführung von Simultaneen kennen[9] – durchaus eine Vorwegnahme der ähnlichen Praxis in der Pfalz des 18. Jahrhunderts. Gleichwohl bildet der Protestantismus 1789 ein knappes Drittel der elsässischen Bevölkerung[10].

Eine pietistische Prägung – fernes Nachwirken des Elsässers Philipp Jakob Spener (1635–1705)? – der elsässischen Pfarrerschaft scheint stärker gewesen zu sein als in den Nachbarregionen Baden-Durlach oder der Pfalz[11]. Dies mag bei aller gebotenen Vorsicht eines Urteils damit zusammenhängen, dass im Gegensatz zu den Nachbarregionen im Elsass eine konsequente lutherische Orthodoxie vorherrscht, der die junge Theologenschaft mit Studien in Halle oder Jena zu begegnen sucht. Um die Mitte des 18. Jahrhunderts finden sich in Straßburg selbst, aber auch in der Grafschaft Hanau-Lichtenberg Herrnhuter Konventikel. „Pietismus", orthodoxes und aufgeklärtes Gedankengut und revolutionärer (sozialer!) Elan finden schließlich zusammen im Leben und Wirken des Pfarrers und Reformers Johann Friedrich Oberlin (1740–1826)[12].

Kurpfalz

Nach Jahrzehnten der reichspolitischen Orientierung am Kaiser und einer konfessionellen Schaukel- und Beschwichtigungspolitik wendet sich die Kurpfalz 1545/46 unter Kurfürst Friedrich II. der lutherischen Reformation zu. Die Entscheidung bleibt durch den Schmalkaldischen Krieg 1546/47 und das Interim (1548) Episode. Erst unter Kurfürst Ottheinrich (reg. 1556–1559) wird (erneut) die Reformation nach mild-lutherischem und württembergischem Muster (Brenz'sche Kirchenordnung) eingeführt. Dieselbe Ordnung dient gleichzeitig auch in der benachbarten Markgrafschaft Baden-Pforzheim/Durlach unter Markgraf Karl II. zur Einführung der Reformation.

Gleichwohl bleiben oberdeutsche und melanchthonische Vorstellungen (Abendmahlsratschlag 1559) in der Kurpfalz auch künftig wirksam. Die Situation ist instabil, da strenge Lutheraner (Tilman Heshusen), Zwinglianer (Thomas Erastus und Wilhelm Klebitz), verfolgte Calvinisten (Petrus Boquinus) und calvinistisch beeinflusste Räte (Grafen von Erbach) um theologischen

Einfluss bei Hofe ringen. Insbesondere in der weltlichen Beamtenschaft wirken humanistisch geprägte Augsburger und Ulmer, auch Straßburger[13]. Eine kurzzeitig enge Verbindung zum Elsass ist gegeben durch die 25jährige, 1557 endende Ausübung der kaiserlichen Reichslandvogtei über das Unterelsass durch die Kurpfalz, die – natürlich auch aus konfessionspolitischen Gründen – vom katholischen Kaiser nicht verlängert wird.

Ottheinrich ist es auch, der den ersten Theologen Straßburgs, Johannes Marbach, zur Neuordnung eines lutherischen Kirchenwesens nach Heidelberg beruft. Marbach kommt dem nach, verlässt aber nach Erledigung seines Auftrags wieder die Kurpfalz, um nach dem politischen und konfessionellen Machtwechsel in Heidelberg mit Kurfürst Friedrich III. (reg. 1559–1576) den Calvinismus literarisch zu bekämpfen. Dort sind jedoch die konfessionspolitischen Würfel gefallen. Spätestens mit der Kirchenordnung von 1562/63, die den hauptsächlich von dem Melanchthonschüler Zacharias Ursinus (1534–1583) geschaffenen Heidelberger Katechismus (1563) zum Schul- und Bekenntnisbuch der Pfalz werden lässt, ist der pfälzische Protestantismus bis in die Mitte des 18. Jahrhunderts mehrheitlich reformiert geprägt – trotz des kurzzeitigen lutherischen Zwischenspiels unter Kurfürst Ludwig VI. (reg. 1576–1583) und der starken Zunahme lutherischer Bevölkerung durch Einwanderung nach dem Dreißigjährigen Krieg.

Die religionspolitische Entscheidung für das reformierte Bekenntnis findet ihre reichsrechtliche Duldung (nicht Anerkennung!) auf dem Augsburger Reichstag von 1566. Freilich nimmt die theologische Konsequenz des Kurfürsten Friedrich III. Spannungen zu anderen protestantischen Mächten in Kauf, die entsprechend den Bestimmungen des Augsburger Friedens (1555) nur Katholiken und Lutheraner anerkannt wissen wollen. Zu nennen sind Württemberg, Pfalz-Zweibrücken und vor allem Kursachsen. Der konsequente Konfessionalisierungsschub unter Kurfürst Friedrich III. verbindet sich mit dem Bestreben, religiöse Abweichungen, die eine auch politische Unzuverlässigkeit der Pfalz anzeigen könnten, vom Territorium fern zu halten. Prominentestes Opfer dieses Strebens ist der als Antitrinitarier angeklagte Ladenburger Superintendent Johannes Sylvanus, der 1572 in Heidelberg hingerichtet wird.

Mit dem Kuradministrator Johann Casimir (reg. 1583–1591) und den ihm folgenden Kurfürsten wird die westeuropäische Orientierung

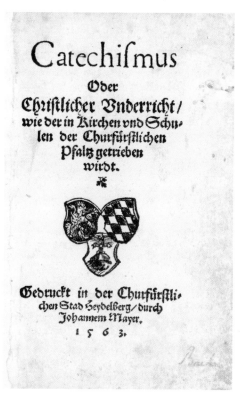

Bild 30: Die maßgebliche dritte Auflage des Heidelberger Katechismus von 1563 (© Universitätsbibliothek Heidelberg)

(Niederlande, auch England) konfessionell, politisch und militärisch ausgebaut. Die zunehmend offensive Ausrichtung der kurpfälzischen Politik bei gleichzeitigem Wirklichkeitsverlust hinsichtlich der tatsächlichen Kräfteverhältnisse in Europa führt den prächtigen Heidelberger Hof unter Friedrich V. ins Abenteuer der versuchten Erringung der böhmischen Krone und folglich in den Dreißigjährigen Krieg (1618–1648), der über Jahrzehnte die Pfalz zum Kriegsschauplatz werden lässt, verbunden mit dem Versuch der jeweiligen Sieger, das Land zu rekatholisieren oder dem Luthertum zu öffnen (Schweden). Der Westfälische Friede von 1648 erneuert die Bestimmungen des Augsburger Friedens, wobei nun auch das reformierte Bekenntnis reichsrechtliche Anerkennung findet und nach den Wirren des Krieges unter dem bis 1685 reformierten Herrscherhaus auch in der Kurpfalz wiederhergestellt wird.

Die konfessionellen Verhältnisse in der Pfalz bleiben prekär: Die vermeintlich durch den Westfälischen Frieden gesicherten Rechte der pfälzischen Reformierten werden durch Einflussmöglichkeiten Frankreichs – vor allem nach dem Pfälzer Erbfolgekrieg (1688/89) im Frieden von Rijswijk 1697 – unterminiert, da in den französischen Garnisonen der Pfalz katholische Gemeinden (auch nach militärischer Räumung) rechtlich garantiert worden sind. Der Über-

Auch die Reformierte Kirche in Sinsheim wurde 1712 zum Simultaneum. Die Katholiken erhielten den Chor, die Reformierten das Langhaus. Eine Scheidemauer trennte beide. Nach dem Brand von 1689, während des Pfälzischen Erbfolgekrieges, wurde die Kirche 1780–1785 als Simultankirche neu erbaut. Seit 1967 ist die Kirche evangelisch. Von außen ist immer noch sichtbar, dass sich hier einmal zwei Kirchen unter einem Dach befanden.

Bild 31a: Die Stadtkirche um 1928. Vorne der katholische, hinten der evangelische Teil mit barockem Glockenturm (© Evangelische Kirchengemeinde Sinsheim)

Bild 31b: Die katholische Kirche um 1958 mit dem Altar im Chorraum (© Evangelische Kirchengemeinde Sinsheim)

gang der Kurpfalz von der reformierten an die katholische Herrscherlinie (1685) führt zur Privilegierung der katholischen Beamtenschaft unter den Kurfürsten Johann Wilhelm (reg. 1690–1716), Carl Philipp (reg. 1716–1742) und Carl Theodor (reg. 1742–1799) und jesuitischer Beeinflussung insbesondere des Hofes. Die Anrufung der außenpolitischen Garantiemacht Preußen wird unter Strafe gestellt.

Das Zusammenleben der Konfessionen leidet dabei an der kirchlichen Vermögenspolitik der Kurfürsten (hauptsächlich zu Lasten der Reformierten), die nicht nur das Verhältnis von Protestanten und Katholiken, sondern auch von Reformierten und Lutheranern vergällt. Die obrigkeitlich verordneten Simultaneen[14], fast ausschließlich zugunsten der katholischen

Bild 31c: Die evangelische Kirche um 1928 mit Kanzel und Altar an der Südseite des Langhauses (© Evangelische Kirchengemeinde Sinsheim)

Gemeinden, tun ein Übriges, um das Verhältnis der Konfessionen vor Ort zu zerrütten. Erst die Religionsdeklaration des Kurfürsten und späteren bayerischen Königs Max Joseph 1799 begründet weitgehend Toleranz und Rechtssicherheit für Katholiken, Lutheraner und Reformierte. Die damit verbundenen Hoffnungen Max Josephs auf schnelle Aussöhnung der Konfessionen – beispielsweise in der Frage der konfessionsübergreifenden Schulen – erfüllt sich freilich nicht. Noch kurz vor der badischen Union 1821 – die rechtsrheinische Pfalz ist 1803 an die Markgrafschaft Baden gefallen – sind intensive Versuche der Reformierten greifbar, die neu gewonnene rechtliche Freiheit auf der Basis der reformierten Kirchenordnungen des 16. Jahrhunderts und der Religionsdeklaration von 1705 zur Neukonsolidierung der Kirche zu nutzen und sich einer administrativen Integration (sogenannte „Egalisierung"; nach 1804) in die badische Kirche zu entziehen. Noch 1800 war in Mannheim der letzte (auch) reformiert-konfessionell geprägte Katechismus entstanden und zwar der der französisch-reformierten Gemeinde[15].

Katholische Kirche am Oberrhein

Die Geschichte des Verhältnisses der freien Stadt Straßburg zum bischöflichen Straßburg ist hier nicht zu schildern[16]. Hinzuweisen ist lediglich auf die Tatsache, dass sich in der Person des 1541 gewählten Bischofs Erasmus Schenk von Limpurg Humanismus und tridentinischer Katholizismus verbinden, womit einerseits die katholische Kirche ihre neue konfessionelle Programmatik gewinnt, andererseits der Bischofsstuhl selbst zum Zankapfel der Konfessionen wird – zumindest solange es noch evangelische Kanoniker im Straßburger Domkapitel gibt. Dann aber wird die Diözese durch Visitationen, Synoden und Reform der Priesterausbildung zu einer frühen Musterdiözese tridentinischen Zuschnitts. Bereits seit 1580 wird Molsheim – noch heute an der ganz typischen „Jesuiten-Architektur" zu erkennen – als katholische und gegenreformatorische Basis ausgebaut. 1607 wird das neue Priesterseminar unter jesuitischer Führung errichtet. Zwischen 1556 und 1624 werden außerdem die Ordensgemeinschaften in der Diözese neu organisiert und Klöster wieder belebt.

Der Dreißigjährige Krieg und der ihn beendende Westfälische Friede (1648) verstärken und sichern den Einfluss Frankreichs am Oberrhein. 1655 wird die sogenannte „Intendance", 1657 der „Conseil Souverain d'Alsace" geschaffen – Vorstufen des Übergangs der elsässischen Territorien an Frankreich, der mit der Unterwerfung der elsässischen Dekapolis und der Annexion Straßburgs 1681 seinen Höhepunkt findet. Trotz der Gültigkeit der Bestimmungen des Westfälischen Friedens geht mit der Zunahme französischen Einflusses auch die des Katholizismus einher. Erwartungsgemäß gerät der Protestantismus unter französischer Herrschaft unter erheblichen Druck. Seit 1665 ist protestantischen Kindern der Übertritt zum Katholizismus – nicht aber umgekehrt – auch gegen den Willen der Eltern erlaubt, seit 1679 der „Rückfall" von Konvertiten zum Protestantismus unter Strafe gestellt. Ab 1684 muss – sind mindestens sieben katholische Familien vorhanden – der Chor der protestantischen Kirchen abgetreten werden. Die Errichtung sogenannter Simultankirchen ist oft genug geeignet, vor Ort die konfessionelle Atmosphäre zu vergiften. Seit 1686 wird der lutherische Gottesdienst dort unterbunden, wo zwei Drittel der

Bild 32: Anlässlich der Eingliederung der Stadt Straßburg in das Königreich Frankreich (1681) wurden mehrere Medaillen geprägt. Auf dieser wird Ludwig XIV. wegen der Wiedereinführung des katholischen Gottesdienstes im Münster und der Restauration des Bistums gefeiert.

Bevölkerung katholisch sind. Dem scheinen die Bemühungen des Jesuiten Jean Dez[17] entgegenzustehen, auch durch Kontaktaufnahme mit Spener, dem wohl bekanntesten elsässischen Protestanten, eine Wiedervereinigung der Kirchen herbeizuführen. Doch verweigert sich Spener diesem Anliegen, insbesondere dem ihm vorgelegten Artikel zur Rechtfertigungslehre.

Im Jahr 1687 beschreibt der Kleriker Martin von Ratabon die Lage so, dass katholische und französische Option kaum zu unterscheiden sind: „Die Kriege sind beendet, und die schmachvolle Knechtschaft, die länger als ein Jahrhundert gedauert hat, ist abgeschüttelt; in dem Frieden, der durch Gottes Gnade und die siegreichen Waffen unseres Königs, des eifrigen Glaubensverteidigers, befestigt ist, kann die Kirche Christi die ihr gebührende Stellung und ihren Glanz wieder erhalten."[18] Von den straßburgischen Dörfern werden bis 1715 allein 22 lutherische wieder katholisch. 1770 übersteigt die Anzahl der Katholiken die der Protestanten. Überhaupt kann das 18. Jahrhundert des Elsass als das katholische bezeichnet werden[19].

Mit dem „Glanz" der Kirche ist auch der Episkopat der Rohans angesprochen, d. h. der vier Fürstbischöfe, die ein Jahrhundert den Bischofssitz der alten Straßburger Diözese innehaben und diese prägen[20]. Rohan III. (Bischof 1757–1779; seit 1761 Kardinal) hat dabei noch heute sichtbare Spuren im Erscheinungsbild Straßburgs hinterlassen. So wird 1769 an der Stelle des einstigen Bruderhofs das neue Priesterseminar errichtet. Ein Jahr später empfängt der Kardinal die habsburgische Prinzessin und künftige französische Königin Marie Antoinette auf ihrer Reise nach Versailles sowohl in Straßburg als auch in seiner Residenz Zabern.

Der berühmteste und zugleich umstrittenste Fürstbischof der Familie ist jedoch sein Nachfolger Rohan IV. (siehe Farbbild 27) – aufgrund seiner naiven Verstrickungen in die Halsbandaffäre (1784–1786) der Königin Marie-Antoinette spöttisch auch „Kardinal Collier" genannt. Die Affäre kostet Rohan seinen politischen Einfluss im Königreich, die Große Revolution (1789) vertreibt

Bild 33: Das Departement Donnersberg (Ausschnitt aus der Karte „Die vier rheinischen Departements um 1808", erschienen in: Wolfgang Schieder (Hg.), Säkularisation und Mediatisierung in den vier rheinischen Departements, Teil 1: Einführung und Register, 1991. © Oldenbourg Wissenschaftsverlag, München)

den Vertreter des alten Systems und Antirevolutionär aus Stadt und Residenz. Rohan siedelt nach Ettenheim in den kleinen rechtsrheinischen Teil seiner Diözese über, dankt 1801 ab und stirbt in seinem Exil 1803. Vergeblich hat er versucht, zwischen den ihn umgebenden Mächten Frankreich, Habsburg und selbst Baden einen Kurs zu fahren, der ihm den Einfluss auf die nun „konstitutionelle" – das heißt revolutionäre katholische Kirche links des Rheins erhält. Vergeblich auch deshalb, weil sein kleines Territorium sich zum Rückzugsgebiet antirevolutionärer Kräfte entwickelt, das der Revolution und später Napoleon ein Dorn im Auge wird.

Die römisch-katholische Kirche, konkret das Bistum Straßburg, geht aus dem 18. Jahrhundert, ja auch aus den Bedrückungen der Großen Revolution, stärker hervor, als es nach mentaler und materieller Säkularisierung mit immensem Verlust von Kirchengut erscheinen mag[21]. Dies gründet insbesondere in den Bemühungen der Rohans um Konsolidierung der katholischen Erziehung (Schulen), der Ausbildung und Disziplinierung der Priester (Sittlichkeit, Kleidung), Förderung der Orden, vor allem der Jesuiten und Kapuziner, auch wenn die Diözese sich dem königlichen Verbot des Jesuitenordens nicht entziehen kann (1765). Gefördert wird auch die persönliche Frömmigkeit der Laien – wiederum unter Mitwirkung der Jesuiten oder der Kapuziner. Dem dient die Betonung der Beichtfrömmigkeit, der sakramentalen Anbetung, des Herz-Jesu-Kults, insbesondere auch der Wallfahrten zum St. Odilienberg und zum Kloster Marienthal bei Hagenau.

Zweifellos ist in dieser Zeit von einer gezielten „Frankonisierung" des elsässischen Katholizismus zu sprechen. Seit 1718 wird erfasst, ob die Priester Französisch sprechen können. Bei Mängeln hat das Priesterseminar Abhilfe zu schaffen. Priesterseminar, bischöfliche Universität und das Straßburger Kolleg werden französischen Jesuiten unterstellt. Lediglich die Kollegien in Molsheim, Hagenau und Schlettstadt verbleiben bei der deutschen Ordensprovinz. „Ausländer" werden als Ordensobere zurückgedrängt. Bei Kapuzinern und Augustinern werden die Verbindungen ins Reich durch Weisung gelockert oder auch ganz aufgegeben[22].

Im Zuge der kriegerischen Auseinandersetzungen verliert die Diözese Straßburg 1801 ihre rechtsrheinischen Territorien, die später als Rumpfbistum der neu entstehenden Erzdiözese Freiburg zugeführt werden. Zwischenzeitlich werden der „revolutionären" linksrheinischen Diözese die französisch besetzten Gebiete zugeschlagen, die seit 1794 das neue Departement Donnersberg bilden.

In den französischen und habsburgischen Stammlanden, im Breisgau, aber auch in den Gebieten im Schatten Habsburgs, also den katholischen Reichsstädten oder in der Markgrafschaft Baden-Baden ist die katholische Kirche rechtlich privilegiert und stabil. Diese Gebiete weisen kaum Protestanten auf. Die ursprünglich stark protestantisch geprägten Gebiete entwickeln dagegen durch Zuzug (Peuplierungsmaßnahmen) oft zwangsläufig eine Art Proto-Pluralismus, der Lutheraner, Reformierte und Mennoniten umfasst[23].

Täufergruppen – Mennoniten[24]

Erneut ist ein Gang durch die Geschichte zu unternehmen, nun aus der Perspektive der Täuferbewegung mennonitischer Spielart, das heißt aus (*modern* gesprochen) *freikirchlicher* Perspektive. Auch hier spielt Straßburg eine zentrale Rolle.

„Freikirche" – abgeleitet vom angelsächsischen „free church" – ist in Bezug auf das 16. Jahrhundert freilich ein anachronistischer Begriff. Sowohl nach Reichsrecht als auch in lutherischer Theologie ist die Ablehnung der Kindertaufe und der Militärdienst wie Eidesleistung verweigernde Biblizismus täuferischer Gruppen seit dem Reichstag von Speyer (1526) nicht zulässig. Die Täufer werden in den meisten Territorien verfolgt. In die Friedensschlüsse von Augsburg (1555) und Münster/Osnabrück (1648) werden sie nicht aufgenommen. Die Aufnahme von Täufergruppen nach dem Westfälischen Frieden in einzelne Territorien zur Hebung der Bevölkerung („Peuplierung") erfolgt entsprechend auf einer rechtlich ungesicherten und in jedem Fall rechtlich minderen Basis. Erst seit dem 20. Jahrhundert kann von rechtlicher Gleichstellung des Einzelnen und von Kultusfreiheit gesprochen werden. Die Folge ist die bis heute gegenüber den Großkirchen grundlegend andere Verhältnisbestimmung von Staat und Kirche als Wesensmerkmal der sich vor allem anderen als *staats-frei* verstehenden Freikirchen, zu denen seit dem 19. Jahrhundert auch nicht-täuferische Kirchen (z.B. Methodisten) zu zählen sind.

1530 wird Straßburg für die Täufer zur sogenannten „Zuflucht der Gerechtigkeit". Die Reichsstadt bietet nicht nur Schutz, sondern schließt auch Fremde und Zugewanderte nicht aus der Armenfürsorge aus, was für Flüchtlinge eben nicht unbedeutend ist. „Deshalb braucht es nicht zu wundern, wenn von den [...] Straßburger Täufern etwa vier Fünftel Flüchtlinge waren. [...]. Der Großteil der Täufer war [...] Handwerker. Für diese Zeit sind in Straßburg auch 29 Versammlungsorte bekannt, die den verschiedenen Täufergruppen gedient haben."[25] In den altgläubigen Gebieten werden die Täufer dagegen schwer verfolgt. Michael Sattler, ehemaliger Mönch zu St. Peter im Schwarzwald, ist wohl der prominenteste Täufer; er wird 1527 in Rottenburg am Neckar, das heißt auf habsburgischem Gebiet, hingerichtet. Auch in Straßburg selbst ist öffentliche täuferische Predigt seit 1527 verboten, wie aufgrund der Täufermandate der zurückliegenden Reichstage auch nicht anders zu erwarten. Melchior Hoffmann bleibt bis zu seinem Tode in Straßburger Haft (1533–1543). Trotzdem gibt es das gesamte Jahrhundert hindurch täuferische Zusammenkünfte vor allem aus der Schweiz stammender Täufer.

Insgesamt nimmt die Zahl der Täufer in Straßburg um die Mitte des 16. Jahrhunderts rapide ab, insbesondere mit den Konfessionalisierungstendenzen 1548/1555. Die Durchsetzung des Interims und die Bestimmungen des Augsburger Religionsfriedens sind dem Täufertum nicht günstig. Dessen Abwehr bestimmt auch die Kirchenordnungen der sich nun der Reformation anschließenden Territorien Baden-Durlach und Kurpfalz (1556). Mit dem Dreißigjährigen Krieg schwindet das oberrheinische Täufertum weiter.

Die heutigen Mennoniten können sich nur indirekt auf ihre oberrheinischen Wurzeln beziehen. Sowohl der pfälzische als auch der badische Zuzug von Mennoniten nach 1650 geht auf Neueinwanderung aus der Schweiz, vor allem aus dem Jura, dem Kanton Zürich und dem Emmental zurück; der Zuzug ins Elsass und teilweise der nach Baden ist sogar als Derivat der pfälzischen Zuwanderung zu betrachten. Maßgeblich ist in den Territorien bei der Aufnahme weniger eine entwickelte Glaubenstoleranz als der wirtschaftliche Nutzen der sprichwörtlichen Musterhöfe und des Handwerks. Soziologisch fällt auf, dass (unabhängig von der obrigkeitlichen Zuordnung) das linksrheinische Mennonitentum sich auch dörflich[26] organisieren kann, während das rechtsrheinische Mennonitentum wirtschaftlich und bis heute im Kraichgau erkennbar auf der Nutzung großer Einzelgehöfte fußt (siehe auch unten, S. 174ff.)[27].

Insgesamt verstärkt sich der Eindruck, der oben bereits formuliert wurde: Insbesondere in der Pfalz unter Kurfürst Karl Ludwig (seit 1649) nimmt die religiöse Pluralität durch Einwanderung von Mennoniten und Lutheranern zu. Die katholische Dominanz bis hin zur Bedrückung, die 1685 mit dem Regierungsantritt des Kurfürsten Philipp Wilhelm einsetzt, kann nicht verhehlen, dass seit dem Ende des 17. Jahrhunderts und seinen vereinzelten Konkordiengedanken[28] die Frage auch rechtlich gesicherter Religionsfreiheit in den Blick gerät.

Die Kirchen im Schatten der Französischen Revolution

Die Übernahme des napoleonischen *Code Civil* und seine Beibehaltung auch in den Territorien Süddeutschlands gehört in die Geschichte des 19. Jahrhunderts. Protestantismus und Revolution im Elsass ist ein eigenes Thema. Die Schwächung der katholischen Kirche durch die Revolution lässt die Protestanten auf größere Freiheit hoffen.

Doch der frührevolutionäre lutherische Bürgermeister Frédéric de Dietrich wird 1793 Opfer der „terreur", später auch sein Ankläger, der ehemalige Jesuit, dann Franziskaner, Professor und (ehemals) Würzburger Diözesanpriester Eulogius Schneider, der als „konstitutioneller" Bischofsvikar in einer Predigt die Übereinstimmung der Botschaft des Evangeliums mit den Grundsätzen der Revolution erklärt[29]. In der revolutionären Presse sind Lutheraner eindeutig überrepräsentiert. Die mentale Wende vieler erfolgt mit der Hinrichtung des Königs[30].

4.2. Die Entwicklung im 19. und 20. Jahrhundert[31]

Konfessionell-national(istisch)e Polemik?

Im Zusammenhang der antinapoleonischen Befreiungskriege wird für die protestantische Seite häufig auf Preußen verwiesen und die religiöse Aufladung des Krieges gegen Frankreich dort – verbunden mit den Namen Johann Gottlieb Fichte, Friedrich Schleiermacher und Ernst Moritz Arndt – auch mit konfessionellen Affekten belegt. Aber das ist eine Rückprojektion, die mit der preußischen Niederlage 1806 einsetzt, jedoch nicht für die Rheinbundstaaten gilt, also nicht für den Oberrhein. Evangelische konfessionelle Literatur gegen das napoleonische Frankreich explizit als katholische Macht habe ich bisher nicht gefunden.

So überrascht es vielleicht – oder eben auch nicht – zu sehen, dass es religiöse Propaganda gegen Frankreich zunächst von katholischer Seite gibt. Feindbild dieser Propaganda ist nun freilich nicht (das katholische) Frankreich als solches, sondern die Revolution, das die Klöster aufhebende, damit antikirchliche, auch antipäpstliche, letztlich das antichristliche Frankreich[32]. Dessen Soldaten der Revolutionskriege (die sich ja vornehmlich gegen die alte katholische und kaiserliche Macht Habsburgs richten) haben ihren Glauben verraten. Deshalb verbrennen sie Kirchen, selbst wenn es katholische sind, entehren Frauen gegen alle katholische Moral, schänden Grabstätten. Der Hauptunterschied zwischen französischer und deutscher Deutung ist, dass für die deutsche Seite natürlich mit Napoleon kaum eine Befriedung und Beendigung der Revolution hinsichtlich des Antikirchlichen verbunden ist. Freilich ist unter dem Druck der Rheinbundzeit eine ideologische Kampagne der Süddeutschen gegen das napoleonische Frankreich auch kaum denkbar. Für den unterdrückten elsässischen Protestantismus ist die Religionsgesetzgebung Napoleons zweifelsfrei ein Fortschritt gewesen.

Katholizismus

Die politische Konsolidierung am Oberrhein nach der napoleonischen Neugliederung bzw. nach dem Wiener Kongress 1815 führt in der katholischen Kirche zur Anerkennung der neuen

Bild 34: Bischof Andreas Räß von Straßburg (1794–1887)
(Aus: Léon Dacheux, Les Evêques de Strasbourg de 1592 à
1890, Strasbourg 1892, Abb. 14. © Bibliothèque Nationale
et Universitaire de Strasbourg)

Staatsgrenzen, die auch die Errichtung von Landesbistümern (und der sog. Oberrheinischen Kirchenprovinz) einschließt[33]. Damit verabschiedet sich die katholische Kirche von einer Jahrhunderte alten Diözesaneinteilung. Die Neukonstituierung von Landesbistümern (in Analogie zu den protestantischen Landeskirchen) stellt insbesondere die neugebildete Freiburger Diözese – das Erzbistum der Oberrheinischen[34] Kirchenprovinz, die neben der Erzdiözese die Kirchen von Mainz, Fulda, Rottenburg und Limburg umfasst – vor erhebliche Integrationsprobleme: Ist das Bistum doch aus Teilgebieten sechs historischer Vorgängerdiözesen gebildet[35], die in sich kaum als homogen zu bezeichnen sind. Darüber hinaus – betrachtet man die zeitgenössischen aufgeklärten Mainzer (Erzbischof Karl Theodor von Dalberg) oder Konstanzer (Generalvikar Ignaz Heinrich von Wessenberg) Traditionen – tritt die Entwicklung zunächst durchaus in Spannung zu der im nachrevolutionären und konservativen Elsass[36].

Als Kristallisationspunkt und Hauptetappe der Spannungen, ja Kämpfe zwischen (katholischer) Kirche und (aufgeklärt-liberalem) Staat gilt im deutschen Südwesten der Episkopat des Erzbischofs Hermann von Vicari (reg. 1843–1868; siehe Farbbild 28) in seinem Ringen um konfessionelle Schule, katholische (Aus-)Bildung und relative Staatsfreiheit im Einklang mit einer wachsenden und schließlich klar erkennbaren Rom-Orientierung – gegen einen als religiös und kulturell übergriffig und von protestantischen Beamten bestimmten badischen Staat.

Betrachtet man nun den Oberrhein als Ganzes, dürfte die Hauptprägekraft vielleicht eher dem gebürtigen Elsässer, zunächst Publizist, dann Mainzer Professor und schließlich Straßburger Bischof Andreas Räß (reg. 1842–1887) zuerkannt werden. In seiner Person und Amtsführung verbinden sich elsässisch-katholische Tradition mit Ausstrahlungskraft auf die Freiburger Ortskirche, antirevolutionäre romtreue Theologie im Geiste der Neuscholastik mit großem sozialen Engagement, kulturdeutsches Erbe mit zugleich stark antipreußischen Affekten.

Für das Elsass ist im frühen 19. Jahrhundert von einem erstarkenden Katholizismus zu sprechen. Das Elsass scheint hier stabiler als die Freiburger Nachbardiözese in ihrer schwierigen Gründungsphase. Die theologische, das Elsass bestimmende konservative Elite findet sich allerdings nicht in Straßburg, sondern (zunächst) in Mainz.

Räß setzt die konservative Tradition nun im Elsass fort. Für unsere Themenstellung ist dabei nicht die um Objektivität bemühte Würdigung entscheidend, sondern die Interpretation, die sein Wirken kurze Zeit nach dem Übergang des Elsass und Lothringens an das zweite Kaiserreich erfährt, und die typisch sein dürfte für die politische Selbstwahrnehmung des elsässischen Katholizismus: nämlich ringen, kämpfen, gegebenenfalls auch leiden. Ein Ringen um die durch Rom (einschließlich der klaren Zustimmung zur päpstlichen Unfehlbarkeit im Ersten Vatikanischen Konzil) gewährleistete Freiheit der Kirche, ein Kampf gegen Paris mit seinen dem Katholizismus feindlichen Revolutionen und seiner laizistischen Rechtskultur und ein Leiden unter den neuen (Berliner) Verhältnissen, der Kulturkampfstimmung und der Entkonfessionalisierung der Schule. Für all dies steht Bischof Räß. Aus katholischer Sicht erscheint eine Option für oder gegen eine Nation, also Frankreich oder Deutschland, offenbar nur als Wahlmöglichkeit zwischen „neufränkischer" (französischer) Pest oder „reichischer" (deutscher) Cholera.

Der auch im Elsass (als bis 1918 deutschem Reichsland) ausgetragene Kulturkampf – das heißt die Auseinandersetzung um die Legitimität von Staatseingriffen in Fragen der Kirche – führt 1873 zur Ausweisung des Straßburger Generalvikars François-Ignace Rapp sowie der Jesuiten und zur Schließung von Seminaren. Zum Ende der 70er Jahre ist eine gewisse Entspannung zu beobachten, die 1903 zur Errichtung einer katholischen Fakultät an der Straßburger Universität führt.

Die gleichzeitigen Verhältnisse in Frankreich sind kurz zu berühren, da sie nach dem Rückfall des Elsass mit dem Versailler Vertrag auch und wieder die elsässisch-kirchlichen Verhältnisse bestimmen: Am 9. Dezember 1905 wird in Frankreich das Gesetz zur Trennung von Kirche und Staat verabschiedet (vgl. Farbbild 40). Von den Katholiken Frankreichs wird die gesetzliche Trennung mit Unterstützung des Papstes (Enzyklika *Vehementer nos* vom 11. Februar 1906) bekämpft, von den Reformierten dagegen – wenngleich nicht von allen – begrüßt[37]. Die elsässisch-straßburgischen Bischofsernennungen spiegeln die jeweiligen Versuche wider, die katholische Kirche mit den neuen politischen Wirklichkeiten in Ausgleich zu bringen. Dies gilt sowohl für die Ernennung von Adolf Fritzen (1891) wie – nach Versailles – die von Charles Ruch (1918), dessen Episkopat dem von Räß ähnelt, insofern die Schulfrage (Kampf um die Konfessionsschule 1924) nun wiederum dem französischen Staat und dessen laizistischer Ausrichtung gegenüber konsequent geltend gemacht wird.

Eine theologiegeschichtliche Rückblende ist an dieser Stelle nötig: Dem hohen Ansehen, das Räß zweifellos genießt, und der Wirkmächtigkeit der durch ihn repräsentierten Theologie und Kirchenpolitik auf linksrheinischer Seite steht rechtsrheinisch die zunächst noch prägende Theologie oberschwäbisch-österreichischen Erbes (Josephinismus) entgegen. Am ehesten greifbar wird dies Erbe in der Prägung Johann Baptist Hirschers (1788–1865), dessen erstes eigenes größeres Werk sich direkt gegen Räß richtet (damals noch nicht Bischof, sondern akademischer Lehrer in Mainz). Hirscher setzt der neuscholastischen Theologie von Räß eine katechetische, vom Reich-Gottes-Gedanken geprägte Theologie entgegen, die eine für die damalige Zeit ungewohnte Weite kennt, und Werke Hirschers auch indiziert werden lässt[38].

Die Wurzeln von Hirschers Theologie liegen in Oberschwaben, ihre Beheimatung im untergegangenen Konstanzer Bistum, ihre Fortsetzung erfahren sie in der katholischen Tübinger Schule, die Entfaltung und auch Teilrevision in Freiburg. Hirschers „katechetische" Theologie ist dabei keineswegs als nur angewandte Religionsdidaktik zu verstehen, sondern als Entwurf eines im Ursinne mündigen Christentums, das freilich didaktisch neue Wege zu gehen versucht. Dazu pflegt Hirscher auch „ökumenische" Kontakte zu dem Heidelberger Theologen und Pädagogen Friedrich Heinrich Christian Schwarz (1766–1837). Hirschers Einfluss hat sich trotz hoher Wertschätzung seines pädagogischen und sozialen Wirkens als Freiburger Domkapitular nicht durchsetzen können. Erst in den letzten Jahren hat er – quasi als Vorläufer des Zweiten Vatikanischen Konzils vorgestellt – wieder erneutes Interesse erfahren[39].

Protestantismus

Für den Protestantismus des 19. Jahrhunderts am Oberrhein ist gemeinsames (und auf den ersten Blick banal wirkendes) Faktum, dass er zurückblickt auf ein Jahrhundert teilweise weitreichender Bedrückung durch die katholische Mehrheitsreligion. Ausnahmen bilden naturgemäß die geschlossen katholischen Gebiete im heutigen Mittel- und Südbaden, also vor allem habsburgisch-vorderösterreichische und reichsstädtische Gebiete, Baden-Baden mit einer kaum erwähnenswerten protestantischen Minderheit, und die ganz überwiegend lutherische Markgrafschaft Baden-Durlach. Im badischen Bereich ist konfliktträchtig allenfalls der 1771 erfolgende Übergang der katholischen baden-badenschen Gebiete an die lutherische durlachsche Linie unter Carl Friedrich. Für das 19. Jahrhundert gilt: Die konfessionellen Spannungen und Animositäten sind oft genug eingehüllt in politische Fragen bzw. in die Auseinandersetzung von Staat und Kirche, protestantisch geprägten Beamten und katholischer Bevölkerung, Liberalen aus den städtischen Zentren und konservativer Landbevölkerung.

Das Verhältnis der elsässischen Protestanten zur Großen Revolution erscheint zunächst positiver als das der Katholiken. Dennoch gerät auch der Protestantismus unter das Rad des „terreur" (1793–1795). Die evangelische Kirche verliert ca. 20 % ihres Klerus durch Anpassung an den Kult der Vernunft oder staatliche Verfolgung der Beständigen. „Zu diesem Zeitpunkt befanden sich die protestantischen Kirchen in einem desolaten Zustand. Die politischen Unruhen hatten den Glauben der Bevölkerung erschüttert, die Gleichgültigkeit gefördert und in den Gemeinden einen moralischen und materiellen Notstand bewirkt. So wurde überall die Notwendigkeit eines administrativen und konstitutionellen Neubeginns lebhaft empfunden; die Zeit war reif für das Einigungswerk in der Zeit des Konsulats. Die *Organischen Artikel* (1802)[40] stellen im wesentlichen, trotz des seit 1905 laisierten Staates, auch heute noch die juristische Grundlage der ‚Église de la Confession d'Augsbourg d'Alsace et de Lorraine' (ECAAL) dar. Damit wurden die Pfarrer zu Staatsbeamten."[41] Die Gemeinden verlieren zwar ihren Rechtsstatus, zugleich aber wird die finanzielle Lage der Pfarrerschaft konsolidiert, womit im 19. Jahrhundert auch die Gemeinden wieder belebt werden können. 1852 erhalten die Kirchengemeinderäte in Abänderung der Organischen Artikel wieder rechtliche Anerkennung.

Die weitere Entwicklung des elsässischen Protestantismus scheint theologisch und frömmigkeitsgeschichtlich[42] der der Nachbarterritorien zu entsprechen. Dem sich aus dem Spätrationalismus (Johann Lorenz Blessig, Isaak Haffner) entwickelnden Liberalismus stehen „Pietisten" – allen voran Oberlin – und „Erweckte" (Franz Heinrich Härter, 1797–1874) gegenüber. Zu nennen ist freilich auch die Bewegung eines bodenständigen kirchlichen Traditionalismus lutherisch-konfessioneller und erwecklicher Prägung (Friedrich Theodor Horning,[43] 1809–1882), die als eigenständige Kraft und wirksam bis in die dreißiger Jahre des 20. Jahrhunderts so in Baden und der Pfalz nicht vorgefunden werden kann.

Dort ist die klassische Parteienlandschaft im Grunde erst nach der Revolution von 1848/49 zu fassen, nämlich als Miteinander und Gegenüber der (nun in Deutschland eher von Schleiermacher als vom Rationalismus geprägten) Liberalen und der (Erweckte und „Orthodoxe" vereinigenden) „Positiven", denen sich vor der Jahrhundertwende kleinere Fraktionen, darunter religiöse Sozialisten, hinzugesellen.

Für Baden ist freilich dieser Eindruck dann zu modifizieren, wenn als die zur elsässischen Entwicklung parallel laufende Bewegung die des sogenannten „lutherischen Separatismus" identifiziert wird, die (seit) 1852 zur Gründung einer eigenständigen lutherischen Kirche im Gegenüber zur unierten Landeskirche führt. Initiator ist der erweckte Pfarrer Carl Eichhorn (1810–1890), geboren in Kembach im badischen Frankenland, als Pfarrer der Landeskirche in Nußloch und Durlach tätig (siehe S. 203ff.). Zu den Entwicklungsstadien seiner lutherischen Separation gehören nicht nur „lutherische" Konvente mit linksrheinisch-pfälzischen Kollegen, sondern auch ein stellenweise intensiver Austausch mit dem ihn ideell unterstützenden und nahezu gleichaltrigen Horning[44].

Auffällig ist, dass die Neuaufbrüche in Mission und Diakonie offenbar nicht als Ausdruck eines oberrheinischen und – nach wie vor in seiner Gesamtheit[45] – deutschsprachigen Protestantismus gelten können, sondern gewissermaßen „autark" und auf das eigene regionale Kirchentum bezogen bleiben[46].

Der Hauptunterschied zur Entwicklung des Protestantismus im Elsass im seit 1803 rasant anwachsenden Großherzogtum Baden und in der nach dem Wiener Kongress wieder deutschen, sprich: „bairischen" (Rhein-)Pfalz liegt in der kirchenpolitischen Integration durch den staatstragenden antirevolutionären, vor allem in Baden auch antifranzösisch (antijakobinisch) gesinnten Liberalismus, sowie der konfessionspolitischen Option der innerprotestantischen Union (Pfalz 1818, Baden 1821). Beide deutschen Optionen[47] stehen dabei in engem Zusammenhang, der durch die stärkere französische Prägung der Pfalz aufgrund der revolutionären Zeit der Annexion nur unterstrichen wird. Auch haben beide Territorien napoleonische Errungenschaften in ihrer Rechtspraxis (relative Religionsfreiheit, *Code Civil*) beibehalten[48].

Kirchlicher und politischer Liberalismus verbinden sich, die Union (in aufgeklärter Interpretation) wird zum Vehikel der freien Kirche im freien Staat. Gegenüber den badischen Verhältnissen erscheint die Lage in der Pfalz allerdings polarisierter, auch radikaler; pfälzischer Patriotismus lebt ungern am – trotz Speyrer Zwischeninstanz – Münchner Gängelband, das sich

Bild 35: Christian Heinrich Zeller (1779–1860), lang-jähriger Leiter der Armenschullehrer- und Armen-kinderanstalt in Schloss Beuggen (Aus: Heinrich W. J. Thiersch, Christian Heinrich Zeller's Leben, Basel 1876)

gar hinsichtlich der Bekenntnisgrundlagen der Unionskirche Geltung verschafft (vgl. Farbbild 29).

Die versuchte Loslösung der Kirche aus den staatskirchlichen Verhältnissen und die gleichzeitige enge Bindung des Protestantismus an die liberale Staatsgesellschaft führt zu neuen Konfliktfeldern, nun auch zwischen evangelischer und katholischer Kirche, insbesondere in Fragen der Ehe, der christlichen Erziehung (Schule) sowie der Bildung der Geistlichen. (Protestantischer) Liberalismus und aufkommender Ultramontanismus (Freiburger Episkopat des Hermann von Vicari) führen lange vor dem preußischen Kulturkampf in Baden erste Gefechte gegeneinander. Die evangelische Fakultät in Heidelberg ist liberal ausgerichtet. Baden und die Pfalz werden zu Zentren des sich 1863 formierenden Allgemeinen Deutschen Protestantenvereins (Johann Caspar Bluntschli, Richard Rothe, Daniel Schenkel, Karl Zittel[49]). Für beide Landeskirchen, Pfalz wie Baden, bedeutet das Jahr 1861 den Eintritt in neue staatskirchenrechtliche Verhältnisse bei Anerkennung weitgehender kirchlicher Selbstständigkeit.

Anschluss an zeitgemäße protestantische Theologie, Betonung der *deutsch*-elsässischen Kultur innerhalb des französischen Staates, Praxis „grenzüberschreitender" Wissenschaft ist Anliegen des liberalen Theologen Eduard Reuss (1804–1891) und seiner Freunde. Berühmt sind Reuss und Johann Wilhelm Baum zusammen mit dem dritten Straßburger Eduard Cunitz wegen ihrer seit 1863 erfolgenden Herausgabe der Werke Calvins im *Corpus Reformatorum*. Das Beispiel der beiden erstgenannten evangelischen Theologen veranschaulicht die unterschiedliche Option bei gleicher kultureller Grundprägung und -haltung und dürfte darüber hinaus die Grundproblematik der damaligen elsässischen Situation als kulturell-nationaler Zerrissenheit widerspiegeln. Diese wird vollends deutlich, wenn mit dem Ende des Ersten Weltkriegs der Übergang nach Frankreich weitgehend begrüßt und dann mit Ernüchterung auch die unumgängliche religionspolitische Auseinandersetzung mit und in der französischen Republik wahrgenommen wird. Der auch theologisch intensive Kontakt zwischen Elsässern und „Altdeutschen" an der Straßburger Fakultät zwischen 1873 und 1918[50] erlischt.

Der Kampf gegen den laizistischen Staat um das (katholische) Konkordat und um die (katholische wie protestantische) Konfessionsschule im Sommer 1924 wirkt somit wie ein Brennglas der elsässischen Sondersituation und ihrer Komplexität: einerseits pragmatische Zusammenarbeit der Katholiken und konservativ-erweckter Protestanten[51] gegen staatliche Übergriffe der Pariser Zentralregierung hinsichtlich der administrativen und damit auch religions-kulturellen Sonderstellung des Elsass (Heimat- und Autonomiebewegung); andererseits Kampf um eine Errungenschaft (Staatskirchenrecht) aus der Zeit des deutschen Kaiserreichs *gegen* die zugleich als „deutsch (preußisch)" und „protestantisch (kulturkämpferisch)" erlebte Staatskirchenpolitik der französischen Linken[52].

Die Fürsorge für die Kinder im 19. Jahrhundert darf vielleicht am ehesten als oberrheinisches Ereignis im Sinne der grenzüberschreitenden und auch ökumenische Ansätze fruchtbar machenden Zusammenarbeit verstanden werden[53]. „Oberrheinischer" Ausgangspunkt ist die Kleinkinderschule, die Johann Friedrich Oberlin um 1770 in seiner Pfarrei Waldersbach begründet. Sein pädagogisches Grundkonzept kann damit beschrieben werden, dass die Kinder nicht nur zur Verwahrung, sondern zur Bildung, das heißt überhaupt als Kinder mit eigenen Lernbedürfnissen wahr- und in der „Schule", d. h. *vor* dem ordentlichen Unterrichtsalter aufgenommen werden, um deren Verwahrlosung zu hemmen.

Unter anderem auf Oberlin beruft sich die badische Rettungs(haus)bewegung des frühen 19. Jahrhunderts, deren geistige Wurzeln freilich in die Schweiz nach Basel reichen. 1820 wird in dem ehemaligen Deutschordenschloss Beuggen (siehe Farbbild 30), heute zu Rheinfelden gehörig, eine Armenschullehrer- und Armenkinderanstalt errichtet. „Der Anstoß dazu war von Christian Friedrich Spittler (1782–1867), dem langjährigen Leiter der pietistisch-erwecklichen Evangelischen Christentumsgesellschaft gekommen. Gründer und langjähriger Leiter der Anstalt war Christian Heinrich Zeller (1779–1860), ein Schüler Pestalozzis."[54] Wie bei Oberlin in den Vogesen, so finden am Rheinknie Pietismus, aufgeklärte Pädagogik und soziales Anliegen zusammen.

Freikirchen, Täufertum und Methodismus, Orthodoxie, religiöse Bewegungen

Für den deutschen Oberrhein ist zu Beginn des 19. Jahrhunderts von ca. 3.500 Mennoniten auszugehen. Aufgrund diverser Auswandererwellen schwanken die Zahlen relativ stark. Auch ist es aufgrund ihrer geringen Anzahl und der diversen Strömungen schwierig, ökumenisch oder grenzüberschreitend wirksame Einflüsse der Mennoniten auf Politik oder Großkirchen nachzuweisen. Aufgrund ihrer Verfolgungsgeschichte sind die Mennoniten auf Bau und Erhalt ihrer Gemeinden bedacht, ins Rampenlicht rücken sie dann, wenn ihr spezifisches Friedenszeugnis (Verweigerung des Kriegs- bzw. Wehrdienstes) von den jeweiligen Staaten oder auch innergemeindlich zur Disposition gestellt wird[55]. Das Selbstbewusstsein der Mennoniten – mit Strahlkraft weit über die Region hinaus – wird deutlich im Erwerb (1924) des Thomashofes unweit von Karlsruhe. Das ursprüngliche Bibelheim dient dabei nicht nur mennonitischen Tagungen, sondern bis heute konfessionsübergreifenden Veranstaltungen im mittelbadischen Raum und ist damit Erweis der sich im 20. Jahrhundert entwickelnden guten ökumenischen Zusammenarbeit mit den evangelischen Landeskirchen.

Als klassische Freikirche ist die Evangelisch-methodistische Kirche (EmK) zu nennen, die kirchengeschichtlich als neuere Freikirche anzusehen ist und sich der angelsächsischen Heiligungsbewegung verdankt (John Wesley, 1703–1791). Nicht von England her wandern Methodisten ins östliche Innerfrankreich und ins Elsass ein, sondern von Württemberg über Baden, die Pfalz und vor allem die Schweiz[56]. Hierbei münden verschiedene Strömungen (auch theologisch) am Oberrhein zusammen, einerseits die württembergische Bewegung schwäbischer Rückwanderer aus den USA nach dem ersten Drittel des 19. Jahrhunderts, andererseits die planmäßige Mission aus der Schweiz im Elsass (und in Südbaden) im zweiten Drittel des 19. Jahrhunderts, weswegen bei der Teilung der Deutschland-Konferenz 1879 das Elsass auch der Schweiz (!) angegliedert wird. Es scheint denkbar, dass diese ungewöhnliche Angliederung nicht nur das Bewusstsein der Schweizer Herkunft widerspiegelt, sondern auch das wachsende, nicht nur kirchliche, sondern nun auch nationale Misstrauen, das dem Methodismus als einer „englischen" Bewegung von Seiten des deutschen Nationalstaates entgegengebracht wird[57]. Heute sind sowohl in der Schweiz als auch in den deutschen Territorien[58] wie auch im Elsass die methodistischen Gemeinden nach Zeiten des Misstrauens und der Bedrängung nicht nur als Religionsgemeinschaften rechtsfähig, sondern ökumenisch integriert und selbst wichtiger Faktor ökumenischer Beziehungen (siehe auch S. 180ff.).

Bild 36: Der badische Pfarrer und Politiker Karl Zittel (1802–1871) (© Universitätsbibliothek Heidelberg, Graph. Slg. P_1607)

Ganz schwierig ist es, für den hier zu bedenkenden Zeitraum Aussagen hinsichtlich der Ostkirchen (Orthodoxie) zu treffen. Dass mit dem Fall Napoleons Russen am Rhein stehen, wird die erste Gelegenheit gewesen sein, orthodoxe Christen am Oberrhein überhaupt und leibhaftig vor Augen zu haben. Kultisch-kulturelle Prägungen (russische Liturgie, Dimitri Bortnjansky) wie in Preußen scheiden aus. Vereinzelt entstehen in den Modebädern des (russischen) Adels orthodoxe Kirchen (Baden-Baden) oder in Residenzen Gesandtschaftskapellen aus dem 19. Jahrhundert. Die heute am Oberrhein bestehenden orthodoxen Gemeinden (insbesondere Griechen, Russen, Serben, Orientalen) sind im Grunde erst der Migration der 60er Jahre des 20. Jahrhunderts zu verdanken (siehe auch S. 210ff.).

Eine kurze, aber durchaus heftige Bewegung hat Spuren auch am Oberrhein hinterlassen: die Bewegung des

Deutschkatholizismus. Ursprünglich in Schlesien durch den katholischen Priester Johannes Ronge als aufklärerische Aktion gegen die Ausstellung des Heiligen Rockes von Trier begründet (1844), verschafft sich die Bewegung, die sich mit sozialen Gedanken verbindet, gerade im revolutionären Südwesten eine gewisse Anhängerschaft, wobei sich religiöse und politische Anliegen vermischen. So zählen zu den Propagandisten die Revolutionäre Robert Blum und Gustav Struve, zu den Verteidigern deutschkatholischer Anliegen (staatliche Anerkennung in Baden!) gehören die protestantischen Theologen Karl Gottlieb Bretschneider und Karl Zittel. Letzterer versucht am 15. Dezember 1845 als Abgeordneter der Zweiten Kammer der badischen Landstände, zur Unterstützung des Deutschkatholizismus gar eine „Motion auf Gestattung einer Religionsfreiheit" durchzusetzen, über deren Skandalisierung sogar der Landtag aufgelöst wird[59]. Die Auseinandersetzung vermehrt das Misstrauen der römisch-katholischen Kirche auch gegenüber dem politischen Liberalismus protestantischer Prägung: Johann Baptist Hirscher setzt sich umgehend kritisch mit Zittels Motion auseinander. Dabei geht es weniger um dogmatische Fragen, sondern um die durch die Motion favorisierte staatliche Unterstützung katholischer „Dissidenten"[60]. Schon in den späten fünfziger Jahren erlischt die Bewegung oder geht auf in der Bewegung der Lichtfreunde oder der Freireligiösen Bewegung.

Bis heute in Gemeinden und in der Ökumene gegenwärtig ist das katholische Bistum der Alt-Katholiken in Deutschland (1873) als einer Kirche der sogenannten Utrechter Union (1889), hervorgegangen aus Protesten gegen die Entscheidungen des Ersten Vatikanischen Konzils 1870 der römisch-katholischen Kirche (siehe dazu S. 187ff.). Freilich leben Kirchenglieder und Gemeinden in ausgesprochener Diasporasituation. Die Mitgliedszahlen, die lange rückläufig waren, sind in den letzten Jahren wieder gestiegen. Von den Alt-Katholiken ist in diesem Zusammenhang auch zu reden, da sie in direkter Partnerschaft mit der Christkatholischen Kirche der Schweiz (1875) stehen und vor allem in der räumlichen Nähe zur Schweiz eine höhere Gemeindedichte zu verzeichnen ist als sonst am Oberrhein. So tauchen zum Beispiel im Stadtbild von Zell im Wiesental drei im Grunde baulich fast gleichrangige Kirchen auf. Neben der katholischen die spätere evangelische, aber eben auch eine alt-katholische, was vom Selbstbewusstsein der Gemeinde im ausgehenden 19. Jahrhundert zeugt. Die alt-katholische Kirche ist ökumenisch integriert – die Spannungen zur römisch-katholischen Kirche, aus der viele der alt-katholischen Priester stammen, sind in den letzten Jahren abgebaut worden, bis hin zur Überlassung von Räumlichkeiten für Tagungen und Kirchenversammlungen.

Kirchen nach dem Zweiten Weltkrieg – neue Perspektiven am Oberrhein

Von der Zwischenkriegszeit war bereits die Rede. 1940–1944 ist, beginnend mit dem Frankreichfeldzug, das Elsass vom nationalsozialistischen Deutschland besetzt. Im Gegensatz zu Innerfranzosen werden die Elsässer als Volksdeutsche behandelt, was schließlich auch zum Einsatz der Wehrfähigen im Kriegsdienst führte (und zigtausendfachen Verlusten an Menschenleben)[61]. Für das mit dem Ende der deutschen Besatzung wieder nach Frankreich gelangende Elsass hat entsprechend der Krieg nicht nur als solcher katastrophale Folgen, sondern bedeutet auch, dass die Väter und Söhne „auf der falschen Seite" – quasi gegen den eigenen französischen Staat gefallen sind. Eine besondere innenpolitische Zuspitzung im Elsass bedeutete die rechtliche Aufarbeitung der nationalsozialistischen Massaker (Oradour-sur-Glane), die zur Verurteilung der elsässischen Mitglieder der SS führte. Politisch wenig- und minderbelastete Elsässer und bleibende Vertreter einer deutschen Option, die auch in der Pfarrerschaft zu finden sind, verlassen zum Teil das Elsass.

Bei allen Verwerfungen in Einzelschicksalen ist durch das Ende des Zweiten Weltkriegs eine mentale Struktur zu beobachten, die sich folgendermaßen skizzieren lässt: 1) Frankreich ist Sieger und Siegermacht. 2) Deutschland ist besiegt. Die Kategorie der „Befreiung" bzw. des Befreitseins von einem mörderischen System kommt in der ersten Zeit nach dem Kriege nur bei wenigen Deutschen zum Tragen. 3) Der weltanschauliche Sieg des Nationalsozialismus in Deutschland, der zwischenzeitliche Sieg des nationalsozialistischen Deutschlands über Frankreich, die Bedrückungen im Krieg und die schließliche Niederlage Deutschlands bedeuten für die weit überwiegende Bevölkerung des Elsass die endgültige Absage an eine deutsche Option (vgl. Farbbild 31).

Die direkte Nachkriegszeit ist von der bewussten Selbstwahrnehmung der Siegermacht Frankreich in Deutschland geprägt, heute (noch und wieder mit hoher Emotionalität) auch von der Diskussion um Übergriffe der (teils nordafrikanischen) Besatzungstruppen in der französischen Zone: dann aber auch von der frühen Erkenntnis der Notwendigkeit und vor allem Bereitschaft, eine stabile Freundschaftsarbeit aufzubauen, eine Entwicklung, an der die Kirchen regen Anteil nehmen.

Zunächst stehen aber die deutschen Kirchen selbst im Zentrum der Beobachtung der Siegermächte und deren Aufgabe der Entnazifizierung. Die sich nicht an historischen Vorbildern orientierenden Zoneneinteilungen bringen mit sich, dass die französische Besatzungszone gleich mehrere Landeskirchen bzw. Diözesen umfasst. Die Gebiete der badischen und württembergischen Landeskirche sowie der Freiburger und Rottenburger Diözesen sind ungefähr zur Hälfte auch amerikanisch besetzt. Tübingen und vor allem Baden-Baden sind Zentren der Militäradministration. Zur Militärregierung unter General Pierre Kœnig gehört eine eigene Verwaltung für Religionsangelegenheiten (Präfekt Robert Holveck). „Von größerer Bedeutung für die Kirchenpolitik waren freilich die sog. Aumôniers généraux, die obersten Geistlichen der verschiedenen Konfessionen, die nicht nur für die Franzosen in der Besatzungszone zuständig waren, sondern auch als kirchliche Berater des Militärgouverneurs Koenig dienten. Vor allem der evangelische Aumônier général, Marcel Sturm, ein früherer elsässischer Pfarrer, übte einen großen Einfluss auf die französische Kirchenpolitik aus."[62]

Festzuhalten ist, dass die westlichen Besatzungsmächte, auch Frankreich[63], die Reinigung der Kirche faktisch den Kirchen zunächst selbst überlassen, also trotz klar erkannter Belastungen den Kirchen als Institutionen erhebliches Vertrauen entgegenbringen. In der französischen Zone gibt es sogar eigene Fragebögen für die Pfarrerschaft! Eine sicherlich nicht bedachte Folge kann dann sein, dass (vorläufige) Erkenntnisse der Besatzungsbehörden sich nicht oder nur teilweise decken mit den Einschätzungen der jeweiligen Kirchenleitung. Die Bewertung des Verhaltens politisch Belasteter in der Kirche vollzieht sich in einem teils ungeordneten Konglomerat von objektiv Erhebbarem (zum Beispiel Mitgliedschaft bei der NSDAP oder auch bei den Deutschen Christen (DC)), persönlich Erlebtem (von Freund und Feind), Hochschätzung vieler DC-Pfarrer in den evangelischen Gemeinden und vor allem Aufrichtigkeit in der Bearbeitung persönlicher Schuld. Es kann für die frühe Besatzungszeit von einer recht intensiven Zusammenarbeit von Militärgeistlichkeit der Besatzungsmacht und der neu sich bildenden kirchlichen Führung gesprochen werden, die – bei manchen Missverständnissen[64] – durchaus ökumenischen Geist trägt.

Als Resümee seiner Studie zur frühen Wahrnehmung des Dritten Reiches hat Eike Wolgast hinsichtlich der Stellungnahmen der beiden großen Kirchen zur NS-Zeit formuliert: „Am deutlichsten unterschieden sich die Stellungnahmen der beiden Kirchen in der Schuldfrage. Die Ursachen lagen weniger in einem unterschiedlich hohen Grad der Verstrickung in das Dritte Reich als in der Anthropologie der reformatorischen Theologie einerseits, im katholischen Amts- und Kirchenverständnis andererseits. Das Problem der deutschen Schuld und vor allem der Schuld der Christen beschäftigte die evangelische Kirche seit Treysa und erst recht seit Stuttgart als zentraler Aspekt in der Wahrnehmung des Dritten Reiches und der Auseinandersetzung mit ihm, während die katholischen Bischöfe nicht nur sich selbst [...] von jeder Schuld ausnahmen, sondern zumeist auch noch ihr Kirchenvolk oder doch große Teile davon."[65] Das bedeutet nun nicht, dass die römisch-katholische Kirche die Notwendigkeit der Sühne des deutschen Volkes bestritten hätte. Die Internationalität der katholischen Kirche, der Hinweis auf den übernationalen Charakter des den Nationalsozialismus bekämpft habenden Papstes sowie prominente katholische Opfer des NS-Regimes wie Alfred Delp, Edith Stein und Max Josef Metzger lassen die Problematik der Schuld als Schuld der *Kirche* zurücktreten.

Erste Ansätze zu christlicher Versöhnungsarbeit zwischen Deutschland und Frankreich finden sich bei dem Abbé Gustave Laugeois (Christliche Arbeiterjugend) und dem Jesuitenpater Jean du Rivau[66]. Laugeois arbeitet als Zwangsarbeiter seit 1943 unter Verheimlichung seines geistlichen Standes in einem Stuttgarter Betrieb. Direkt nach dem Krieg wird er zum Militärpfarrer ernannt. Nicht ganz geklärt ist, ob er vor und nach Kriegsende auch geheimdienstlich tätig gewesen ist. Pater du Rivau ist seit September 1944 Militärseelsorger und als solcher später in einem Flüchtlingslager in Mannheim tätig. Die Notwendigkeit einer Kontaktaufnahme zu deutschen Priestern verbindet er offenbar mit der Sorge der Anfälligkeit der Deutschen für eine nun sozialistische Diktatur. Später begründet du Rivau – unterstützt von General Koenig – von seiner Offenburger Dienststelle ein „Informationszentrum" einerseits zur deutsch-französischen Versöhnungsarbeit, andererseits zum Kampf gegen den Materialismus für eine neue deutsche und französische Jugend.

Den frühen katholischen Initiativen entspricht das Programm „Evangelisch-christliche Einheit" (ECE) des reformierten Pfarrers Jules Rambaud. Er pflegt vor dem Ersten und vor dem Zweiten Weltkrieg intensive Kontakte nach Deutschland. Ziel ist eine evangelistische Tätigkeit, die bei ihm allerdings die deutsch-französische Freundschaft umfasst. Direkt nach dem Krieg wirkt Rambaud in der amerikanischen Zone. Die Ausweitung der Arbeit in die französische Zone hinein stößt jedoch auf Schwierigkeiten. Bei grundsätzlicher Zustimmung Marcel Sturms will dieser offenbar die deutsch-französisch-protestantische Annäherung selbst gestalten.

4.3. Ausblick

Ausgangspunkt des vorliegenden Bandes (siehe die Einleitung von Marc Lienhard) ist die Una Sancta, nicht als ökumenisches Ideal, sondern als geschichtlicher Horizont des Miteinanders und Gegeneinanders christlicher Kirchen am Oberrhein, als Teil der jeweiligen Gesellschaft, auch der kulturellen und ethnischen Zugehörigkeit. Inwieweit die Kirchen innerhalb dieses Rahmens anders, besser oder einfach glaubwürdiger hätten agieren können, übersteigt das rein historische Urteil. Deutlich dürfte geworden sein, dass konfessioneller und Völker-Friede Muster sind, die sich teilweise überlagern und zugleich alles andere als deckungsgleich sind.

Was die Forschungssituation betrifft, ist generell und wohl noch auf längere Zeit von erheblichen Desideraten zu reden, wenngleich im Bereich der katholischen Kirche – nicht zuletzt durch die derzeit erscheinende *Geschichte der Erzdiözese Freiburg* – Perspektiven des grenzüberschreitenden Kircheseins zu erkennen sind. Dies mag auch damit zusammenhängen, dass die in sich konsistente römisch-katholische Ekklesiologie Strukturen bereithält, die die Anknüpfungen der Diözesen untereinander, seien sie theologischer, pastoraler oder karitativer Natur, erleichtern. Im deutschen Protestantismus hat die Geschichte des 19., vor allem aber des 20. Jahrhunderts – trotz der Gemeinsamkeiten in Verstrickung wie Widerstandskultur im Kontext des „Dritten Reiches" – selbstbewusste und noch relativ stabile Kirchentümer hervorgebracht, die heute grenz- wie konfessionsüberschreitende Aktivitäten im Zusammenhang ökumenischer Arbeit entwickeln. Übergreifende „ekklesiale" Strukturen wie die GEKE oder die Konferenz der (evangelischen) Kirchen am Rhein (KKR) und bilaterale Beziehungen der Großkirchen dienen verbindlicher Kommunikation, auch über den Rhein hinweg. Der Kontakt der pfälzischen und der badischen, auch der württembergischen Landeskirche zum evangelischen Elsass ist gut, bedarf aber immer neu der Vergewisserung, auch angesichts des Schwundes der Zweisprachigkeit auf beiden Seiten.

Eine Intensivierung der Zusammenarbeit der Kirchen am Oberrhein hat sich durch die Verbreiterung der ökumenischen Basis ergeben, die heute auch neuere Kirchen, Freikirchen und kirchliche Gemeinschaften umfasst, deren Geschichte am Oberrhein im Vergleich zu der anderer Kirchen weit kürzer währt und deshalb nicht eigens dargestellt wurde. Inwieweit den Bewegungen des Evangelikalismus und Pfingstkirchentums eine oberrheinische und ökumenische Qualität zukommt, muss die Zukunft zeigen. Vergleichbares gilt für Gespräche auf südwestdeutscher und schweizerischer Seite mit Vertretern der Neuapostolischen Kirche (Südwest) seit Beginn dieses Jahrhunderts. Ansprechpartner sind hier auf deutscher und schweizerischer Seite Organisationen, die regionalen ökumenischen Kirchenräten strukturell nahe kommen: zwei regionale Arbeitsgemeinschaften Christlicher Kirchen (ACK) in den Bundesländern Baden-Württemberg und Rheinland-Pfalz. Delegationen beider Arbeitsgemeinschaften bilden zusammen mit Delegierten elsässischer Kirchen die Deutsch-französische Fachgruppe unter Moderation der ACK in Baden-Württemberg. Südbadische, oberelsässische und Basler Gemeinden (KIRK) veranstalten Regio-Kirchentage am Hochrhein.

Regelmäßiges ökumenisches und grenzüberschreitendes Gedenken gewichtiger historischer Ereignisse wie 50 und 60 Jahre Kriegsende (1995 bzw. 2005[67]), Treffen wie „Zwei Ufer – eine

Quelle" (1994) und „Mit Christus Grenzen überschreiten" (Pfingsten 2000) sowie die Beteiligung am „Garten der zwei Ufer" (Landesgartenschau Straßburg/Kehl 2004) sind kleine und auch große Meilensteine einer mittlerweile gewachsenen ökumenischen Zusammenarbeit, die Versöhnung sucht und Gemeinsames zur Sprache bringt – ohne zu vereinnahmen.

Union der protestantischen Kirchen von Elsass-Lothringen (UEPAL)

Auf regionaler Ebene hat sich die ECAAL (Église de la Confession d'Augsbourg d'Alsace et de Lorraine/Protestantische Kirche Augsburgischen Bekenntnisses von Elsass-Lothringen) mit der ERAL (Église réformée d'Alsace et de Lorraine/Reformierte Kirche von Elsass-Lothringen) – nachdem sie bereits viele Jahre lang eng zusammengearbeitet haben – im Jahr 2004 in der UEPAL (Union des Églises protestantes d'Alsace et de Lorraine/Union der protestantischen Kirchen von Elsass-Lothringen) zusammengeschlossen. Die Union wurde per Regierungsdekret vom 18. April 2006 formell gebildet. Zur Realisierung gemeinsamer Aktionen haben beide Kirchen einen Großteil ihrer Kompetenzen dieser Union übertragen, wenn sie auch weiterhin ihre jeweils eigenständige Organisation behalten. So sind z.B. die Pfarrer in einer einzigen Pfarrerschaft vereint.

Erinnerungsarbeit als ökumenische und Grenzen überwindende Versöhnungsarbeit – „healing of memories" – wird jedoch ohne die historische Erinnerung weder glaubwürdig, noch im Positiven tragfähig oder im Negativen belastbar sein. In Zeiten wachsender Säkularisierung ist Zusammenarbeit der Gläubigen in Frankreich, Deutschland und der Schweiz eine bleibende Aufgabe. Den Kirchen kommt hier eine erhebliche Verantwortung zu.

Weiterführende Literatur:

Ackva, Friedhelm: Der Pietismus in Hessen, in der Pfalz, im Elsaß und in Baden, in: Martin Brecht/Klaus Deppermann (Hgg.), Geschichte des Pietismus, Bd. II: Der Pietismus im achtzehnten Jahrhundert, Göttingen 1995, S. 198–224

Baginski, Christophe: Frankreichs Kirchenpolitik im besetzten Deutschland 1945–1949 (Quellen und Abhandlungen zur mittelrheinischen Kirchengeschichte 87), Mainz 2001

Baginski, Christophe: Gnade den Bekehrten! Evangelische Kirche und deutsche Kriegsverurteilte in Frankreich (1944–1962) (VVPfKG 22), Speyer 2002

Brendle, Franz/Schindling, Anton (Hgg.): Religionskriege im Alten Reich und in Alteuropa, Münster 2006

Buchner, Rudolf: Die elsässische Frage und das deutsch-französische Verhältnis im 19. Jahrhundert, Darmstadt 1969

Dreyfus, François G.: Das Elsaß zwischen Deutschland und Frankreich (1648–1918), in: Heinz Duchhardt (Hg.), In Europas Mitte. Deutschland und seine Nachbarn, Bonn 1988, S. 123–131

Ehmann, Johannes: Thron und Altar? Das Ringen um kirchliche Selbstbestimmung in der Evangelischen Landeskirche in Baden, in: Hans Ammerich/Johannes Gut (Hgg.), Zwischen Staatsanstalt und Selbstbestimmung. Kirche und Staat in Südwestdeutschland vom Ausgang des Alten Reiches bis 1870 (Oberrheinische Studien 17), Stuttgart 2000, S. 27–42

Ehmann, Johannes: Union und Konstitution. Die Anfänge des kirchlichen Liberalismus in Baden im Zusammenhang der Unionsgeschichte (1797–1834) (VVKGB 50), Karlsruhe 1994

Erbe, Michael (Hg.): Das Elsass. Historische Landschaft im Wandel der Zeiten, Stuttgart 2002

Fritz, Gerhard/Schurig, Roland (Hgg.): Der Franzoseneinfall 1693 in Südwestdeutschland. Ursachen – Folgen – Probleme (Historegio 1), Remshalden-Buoch 1994

Greschat, Martin: Die evangelische Christenheit und die Geschichte der evangelischen Kirche nach 1945, Stuttgart 2002

Kalden, Sebastian: „Beides hängt zusammen, das Nationale und Religiöse". Zum elsässischen Protestantismus in den Jahren des Ersten Weltkrieges, in: ZGO 156 (2008), S. 315–350

Kohnle, Armin: Kleine Geschichte der Kurpfalz, 3. Aufl., Karlsruhe 2008

Léonard, Emile G.: Histoire générale du protestantisme, 3 Bde., Paris 1961, Taschenbuch 1988

Malettke, Klaus/Kampmann, Christoph (Hgg.): Französisch-deutsche Beziehungen in der neueren Geschichte. Festschrift für Jean Laurent Meyer (Forschungen zur Geschichte der Neuzeit, Marburger Beiträge 10), Berlin 2007

Mühleisen, Hans-Otto (Hg.): Die Französische Revolution und der deutsche Südwesten (Schriftenreihe der Katholischen Akademie der Erzdiözese Freiburg), München/Zürich 1989

Muller, Claude: Staatsreligion und religiöse Minderheiten. Katholiken, Protestanten, Juden und Wiedertäufer im Elsass des 18. Jahrhunderts, in: ZGO 156 (2008), S. 235–259

Nowak, Claudia: Was ist des Elsässers Vaterland? Die Konstruktion regionaler und nationaler Identitäten in einer Grenzregion zwischen Frankreich und Deutschland in der ersten Hälfte des 19. Jahrhunderts (1813–1848), Münster 2010

Press, Volker: Calvinismus und Territorialstaat. Regierung und Zentralbehörden der Kurpfalz 1559–1619 (Kieler historische Studien 7), Stuttgart 1970

Schaab, Meinrad (Hg.): Oberrheinische Aspekte des Zeitalters der Französischen Revolution (Veröffentlichungen der Kommission für geschichtliche Landeskunde in Baden-Württemberg, Reihe B 117), Stuttgart 1990

Schaab, Meinrad: Geschichte der Kurpfalz, Bd. II: Neuzeit, Stuttgart 1992

Sieburg, Heinz-Otto (Hg.): Napoleon und Europa, Köln 1971

Wennemuth, Udo: Die Religionsgemeinschaften in Baden in der ersten Hälfte des 19. Jahrhunderts zwischen Aufbruch und Beharrung, in: ZGO 157 (2009), S. 315–341

Anmerkungen

1 In Heidelberg bestand seit dem Spätmittelalter ein Humanistenkreis. Demgegenüber aber gilt: „Die Hochschule selbst kann nicht unbedingt als Repräsentantin des neuen Geistes bezeichnet werden" (Karl Hartfelder, *Heidelberg und der Humanismus II. Zweite Blütezeit. Studien zum pfälzischen Humanismus*, (neu) hg. von Wilhelm Kühlmann/Hermann Wiegand, Heidelberg 1993, S. 47–72, hier S. 70). Siehe aber unten die Betonung des Zusammenhangs von oberdeutscher Reformation und Humanismus in Heidelberg bei Volker Press, *Calvinismus und Territorialstaat, Regierung und Zentralbehörden der Kurpfalz 1559–1619* (Kieler historische Studien 7), Stuttgart 1970, sowie den Zusammenhang von Humanismus und höfischer Kultur in der zweiten Hälfte des 16. Jahrhunderts (dazu: Dieter Mertens, Hofkultur in Heidelberg und Stuttgart um 1600, in: Notker Hammerstein/ Gerrit Walther (Hgg.), *Späthumanismus. Studien über das Ende einer kulturhistorischen Epoche*, Göttingen 2000, S. 65–83; Gerrit Walther, Humanismus und Konfession, ebd., S. 113–127).

2 Damit soll die humanistische Bildung Luthers nicht in Abrede gestellt werden!

3 Die einzelnen elsässischen Territorien können hier nicht berücksichtigt werden. Auffällig ist, dass – vermutlich auch wegen der abschreckenden Erfahrungen des Bauernkriegs – etliche Herrschaften erst seit den vierziger Jahren zur Reformation übergingen (Hanau-Lichtenberg, Lützelstein sowie Teile der unterelsässischen Reichsritterschaft, noch später 1554 bzw. 1557 leiningische und kurpfälzische Besitzungen). Vgl. dazu: Johann Adam, *Evangelische Kirchengeschichte der elsässischen Territorien bis zur französischen Revolution*, Straßburg 1928.

4 Zu Straßburg und Bucer vgl: Martin Greschat, *Martin Bucer. Ein Reformator und seine Zeit*, München 1990; Georges Livet/Francis Rapp (Hgg.), *Strasbourg au cœur religieux du XVIe siècle*, Strasbourg 1975; Jean Rott, *Investigationes Historicae. Églises et société au XVIe siècle*, 2 Bde., Strasbourg 1986; Marc Lienhard, *Un temps, une ville, une réforme*, Aldershot 1990.

5 Jaques Courvoisier, Les catéchismes de Genève et de Strasbourg. Étude sur le développement de la pensée de Calvin, in: *Bulletin de la Société de l'Histoire du Protestantisme Français* 84 (1935), S. 105–121, hier S. 107.

6 Vgl. zum Ganzen Wilhelm Ernst Winterhager, „Verrat" des Reiches, Sicherung „deutscher Libertät" oder pragmatische Interessenpolitik? Betrachtungen zur Frankreich-Orientierung deutscher Reichsfürsten im Zeitalter Maximilians I. und Karls V.; in: Klaus Malettke/Christoph Kampmann (Hgg.), *Französisch-deutsche Beziehungen in der neueren Geschichte. Festschrift für Jean Laurent Meyer* (Forschungen zur Geschichte der Neuzeit, Marburger Beiträge 10), Berlin 2007, S. 17–66.

7 Zur Konfessionspolitik vgl. Ingeborg Streitberger, *Der königliche Prätor von Straßburg 1685–1789. Freie Stadt im absoluten Staat* (Veröffentlichungen des Instituts für Europäische Geschichte 23, Abt. Universalgeschichte), Wiesbaden 1961, S. 83–109; Georges Livet, *L'intendance d'Alsace sous Louis XIV, 1548–1715*, Strasbourg 1956, Neuaufl., Strasbourg 1991; Georges Livet/Nicole Wilsdorf, *Le Conseil souverain d'Alsace au XVIIe siècle. Les traités de Westphalie et les lieux de mémoire*, Strasbourg 1997.

8 Claude Muller, Staatsreligion und religiöse Minderheiten. Katholiken, Protestanten, Juden und Wiedertäufer im Elsass des 18. Jahrhunderts, in: ZGO 156 (2008), S. 235–259, hier S. 235f. Vgl. außerdem Matthieu Arnold: „Im Elsaß wurden sie [die Protestanten] [...] bis 1789 schikaniert, bes. wenn sie Zugang zu Posten und Ämtern anstrebten. Zahl und Einfluß der Katholiken wuchs; die Lutheraner wurden in Straßburg seit 1765 eine Minderheit" (Art. Frankreich, in: RGG, Bd. III, 4. Aufl., Tübingen 2000, Sp. 236). Vgl. auch: Johann Adam, *Evangelische Kirchengeschichte der Stadt Strassburg bis zur französischen Revolution*, Straßburg 1922; ders., *Evangelische Kirchengeschichte der elsässischen Territorien*; Henri Strohl, *Le protestantisme en Alsace*, 2. Aufl., Strasbourg 2000; Marc Lienhard, *Foi et vie des protestants d'Alsace*, Strasbourg-Wettolsheim 1981.

9 Vgl. dazu: Bernard Vogler, Art. Elsaß, in: TRE, Bd. IX, Berlin 1993, S. 524–534, hier S. 528f.; Claude Muller, Staatsreligion, *passim*. Siehe zum Simultaneum oben, S. 148ff.

10 Zum Vergleich: 1914 ca. 21 %, heute zwischen 5 und 15 %. Die Zahlen sind unsicher, da keine Personenstandsdaten mehr erhoben werden. Zum Protestantismus „gehörig" fühlen sich dagegen über 12 % (!?) der elsässischen Bevölkerung. Deutlich ist jedoch, dass die politischen Veränderungen die Konfessionsstatistik beeinflusst haben, und zwar die protestantische stärker als die katholische. Nach 1870 steigt der Anteil der Protestanten durch Zuwanderung aus dem Altreich, nach 1918 (allein ein Drittel der Pfarrerschaft!) wie nach 1945 nimmt sie durch Ausweisung oder Abwanderung „deutsch" Optierender oder politisch Belasteter nach Deutschland wieder ab.

11 Vgl. dazu Martin Brecht, Philipp Jakob Spener und der südwestdeutsche Pietismus, in: *Blätter für Pfälzische Kirchengeschichte* 72 (2005), S. 33–47; Marc Lienhard, Spener und das Elsaß, in: Dorothea Wendebourg (Hg.), *Philipp Jakob Spener, Begründer des Pietismus und protestantischer Kirchenvater. Bilanz der Forschung nach 300 Jahren* (Hallesche Forschungen 23), Berlin 2007, S. 17–34.

12 Die griffigste Einführung bietet immer noch John W. Kurtz, *Oberlin. Sein Leben und Wirken*, 3. Aufl., Metzingen 2002. Zu Oberlin siehe oben, S. 161.

13 Vgl. Press, *Calvinismus und Territorialstaat*, insbesondere S. 220, 226f.

14 Artikel 4 des Rijswijker Friedensvertrags, bekannt als die „Rijswijker Klausel" (1697), begründete das Nebeneinander von Reformierten, Lutheranern und Katholiken in der Kurpfalz und in den restituierten Reunionsgebieten, die vor 1679 bzw. 1688 ausschließlich von Reformierten und Lutheranern bewohnt wurden. Die Reformierten nahmen dies allerdings nicht als Parität wahr, zumal es mit Rekatholisierungsmaßnahmen verbunden war und Kurfürst Johann Wilhelm auf der Grundlage dieser Klausel 1698 ein Simultaneum erließ, womit er den Lutheranern und Katholiken die Mitbenutzung aller reformierten Kirchen und Friedhöfe zugestand, während die katholischen Kirchen den Katholiken vorbehalten blieben (vgl. Harm Klueting, Art. Simultaneum, RGG, Bd. VII, 4. Aufl., Tübingen 2004, Sp. 1329f.).

15 *Catechisme à l'usage de la jeunesse de l'église réformée Wallone*, Mannheim 1800.

16 Vgl. dazu André Marcel Burg, Die alte Diözese Straßburg von der bonifazischen Reform (ca.) 750 bis zum napoleonischen Konkordat (1802). Ein geschichtlicher Überblick mit besonderer Berücksichtigung des elsässischen Teils, in: *Freiburger Diözesan-Archiv* 86 (dritte Folge 18) 1966, S. 220–351. Danach auch das Weitere.

17 1687 erschien von Dez *La réunion des protestants de Strasbourg à l'Église romaine nécessaire pour le [...] salut et facile selon leurs principes*. Zu dieser kirchlichen Reunion vgl. Marc Lienhard, Les controverses entre luthériens et catholiques à Strasbourg entre 1682 et 1688, in: *Bulletin de la Société de l'Histoire du Protestantisme Français* 132 (1986), S. 213–237.

18 Max Sdralek, *Die Strassburger Diöcesansynoden* (Strassburger theologische Studien II/1), Freiburg i. Br. 1894, S. 77.

19 Burg, *Die alte Diözese Straßburg*, S. 319f.

20 Armand-Gaston de Rohan-Soubise (Rohan I.), François-Armand de Rohan-Soubise (Rohan II.), Louis-César-Constantin de Rohan-Guéméné (Rohan III.) und Louis-René-Édouard de Rohan-Guéméné (Rohan IV.). Vgl. dazu Jörg Sieger, *Kardinal im Schatten der Revolution. Der letzte Fürstbischof von Straßburg in den Wirren der Französischen Revolution am Oberrhein*, Kehl 1986.

21 Zur Revolution siehe oben, S. 155.

22 Zu allem wieder Burg, *Die alte Diözese Straßburg*, S. 325ff.

23 Vgl. Claude Muller, Staatsreligion, S. 236.

24 Vgl. dazu: *Quellen zur Geschichte der Täufer, Elsass I. Teil – Elsass IV. Teil, 1522–1552*, Gütersloh 1959, 1960, 1986, 1988; Klaus Deppermann, *Melchior Hoffmann. Soziale Unruhen und apokalyptische Visionen im Zeitalter der Reformation*, Göttingen 1979; Michaela Schmölz-Häberlein/Mark Häberlein, Die Ansiedlung von Täufern am Oberrhein im 18. Jahrhundert. Eine religiöse Minderheit im Spannungsfeld herrschaftlicher Ansprüche und wirtschaftlicher Interessen; in: Mark Häberlein/Martin Zürn (Hgg.), *Minderheiten, Obrigkeit und Gesellschaft in der Frühen Neuzeit*, St. Katharinen

2001, S. 377–402; Frank Konersmann, Rechtslage, soziale Verhältnisse und Geschäftsbeziehungen von Mennoniten in Städten und auf dem Land. Mennonitische Bauern in der Pfalz und in Rheinhessen (18.–19. Jahrhundert), in: *Mannheimer Geschichtsblätter* (2003), S. 83–115; Diether Götz Lichdi, *Die Mennoniten in Geschichte und Gegenwart. Von der Täuferbewegung zur weltweiten Freikirche*, 2. Aufl., o. O. 2004.

25 Lichdi, *Mennoniten*, S. 50. Trotz der Verdienste der Darstellung Lichdis scheint die von ihm angenommene Zahl von 2.000 erheblich zu hoch gegriffen.

26 Bzw. in den Vogesentälern in den dort typischen Zersiedlungen.

27 Ein paar Namen seien genannt: In der Pfalz Deutschhof, zu dem ursprünglich die elsässischen Filialen Schafbusch und Geisberg gehörten. Hier ist durch politische und dann Sprachgrenzen die ursprüngliche geschichtliche Einheit verloren gegangen. Die Wirtschaftskraft ist freilich nicht nur bäuerlich nachzuweisen. In Mannheim ist im 18. Jahrhundert auch ein teils begütertes Stadtbürger- und Handwerkertum anzutreffen (Branntweinhandel!). Siehe dazu die Studie Konersmanns, Rechtslage.

28 Vgl. dazu Gustav Adolf Benrath, Von der Konkordie zur Union. Ein Gang durch die ältere Kirchengeschichte Mannheims (1680 bis 1821), in: *Mannheimer Hefte* (1986) Heft 2, S. 112–128.

29 Vgl. *Die Uebereinstimmung des Evangeliums mit der neuen Staats=Verfassung der Franken. Eine Rede, bei der Ablegung des feyerlichen Bürgereides in der Domkirche zu Straßburg gehalten von Eulogius Schneider, bischöflichen Vikars am 10ten (des) Heumonathes des zweyten Jahres der Freyheit.* Schneider hat dem christlichen Glauben abgeschworen. Er fiel schließlich in den kaum begründeten Verdacht habsburgischer Spionage, wurde in Straßburg an eine Guillotine gebunden vorgeführt, nach Paris verbracht und dort hingerichtet – wenige Wochen vor der Hinrichtung Robespierres.

30 Claude Muller, Der Krieg der Revolution gegen die Religion im Elsass (1789–1802), in: Franz Brendle/Anton Schindling (Hgg.), *Religionskriege im Alten Reich und in Alteuropa*, Münster 2006, S. 377–396, hier S. 387f.

31 Grundlegend neuerdings: Claudia Nowak, *Was ist des Elsässers Vaterland? Die Konstruktion regionaler und nationaler Identitäten in einer Grenzregion zwischen Frankreich und Deutschland in der ersten Hälfte des 19. Jahrhunderts (1813–1848)*, Münster 2010.

32 Die literarischen Auseinandersetzungen beleuchtet Hans-Otto Mühleisen, Der politisch-literarische Kampf um die südwestdeutschen Klöster in der Zeit der Französischen Revolution, in: ders. (Hg.), *Die Französische Revolution und der deutsche Südwesten* (Schriftenreihe der Katholischen Akademie der Erzdiözese Freiburg), München/Zürich 1989, S. 203–263.

33 Papst Pius VII. tat dies mit der Bulle *Provida solersque* vom 16. August 1821. Auf französischer Seite fasst das mit Napoleon geschlossene Konkordat vom 15. Juli 1801 das gesamte Elsass als Straßburger Diözese zusammen.

34 Vielleicht das einzige Beispiel für eine administrative und (eingeschränkt) jurisdiktionelle Bedeutung des Begriffs „Oberrhein".

35 Vgl. dazu Wolfgang Hug, Auf dem Weg zur Bistumsgründung: Die Zeit der Säkularisation, in: Heribert Smolinsky (Hg.), *Geschichte der Erzdiözese Freiburg*, Bd. I, Freiburg u.a. 2008, S. 15–76 (Karte, S. 16). Es handelt sich um die Diözesen Mainz, Worms, Speyer, Straßburg, Konstanz und Würzburg. Siehe S. 31, Abb. 3 in diesem Band.

36 Ähnlich konservativ und häufig in Abwehr aufgeklärter Freiburger Theologie verhielt sich die Diözese Speyer.

37 Arnold, Art. Frankreich, Sp. 238.

38 Vgl. Johann Baptist Hirscher, *Über das Verhältnis des Evangeliums zu der theologischen Scholastik der neuesten Zeit im katholischen Deutschland. Zugleich als Beitrag zur Katechetik*, Laupheim 1823.

39   Vgl. Walter Fürst, *Wahrheit im Interesse der Freiheit. Eine Untersuchung zur Theologie Johann Baptist Hirschers (1788–1865)* (Tübinger theologische Studien 15), Mainz 1979.

40   Zu den Organischen Artikeln vgl. Marcel Scheidhauer, *Les Églises luthériennes en France 1800–1815, Alsace – Montbéliard – Paris*, Strasbourg 1975.

41   Vogler, Art. Elsaß, S. 529; ebd. zur Rolle des weithin marginalisierten Calvinismus.

42   Frédéric Hartweg, Protestantismus in Elsass-Lothringen (1860–1945), in: Michel Grunewald/Uwe Puschner (Hgg.), *Das evangelische Intellektuellenmilieu in Deutschland, seine Presse und seine Netzwerke (1871–1963)* (Convergences 47), Bern u.a. 2008, S. 73–94, hier S. 76.

43   Sein Sohn Paul Wilhelm Horning (1843–1927) beerbte ihn auch kirchenpolitisch. Ihm verdanken wir eine die ihm wesentlichen Traditionen veranschaulichende Studie: *Philipp Jakob Spener in Rappoltsweiler, Colmar und Straßburg*, Straßburg 1883. Zu Friedrich Theodor Horning vgl. Marc Lienhard, *Frédéric Horning 1809–1882. Au cœur du Réveil luthérien dans l'Alsace du XIXe siècle*, Neuwiller-lès-Saverne 2009. Zu Härter vgl. René Voeltzel, *Service du Seigneur. La vie et les œuvres du pasteur François Haerter 1797–1874*, Strasbourg 1983.

44   Die Einzelheiten dieses elsässischen Dienstes an den badischen (separierten) Lutheranern, die sich der preußisch-schlesischen Kirchenleitung in Breslau unterstellten, sind noch nicht erforscht. Vgl. aber: Frank Martin Brunn, *Union oder Separation* (VVKGB 64), Karlsruhe 2006 und die Aufsätze von Frank Martin Brunn und Gilberto da Silva in diesem Band, S. 203ff. und 208f.

45   Im Elsass wird freilich seit den 30er Jahren die Zunahme des Französischen (Schulunterricht) manifest.

46   Hier liegt ein weiteres Forschungsproblem: Die Hauptverbindungen der Mission laufen (wie oft im Süddeutschen) nach Basel, auch nach Paris (!), die deutschen Beziehungen zu den dezidiert lutherischen Missionen nach Sachsen (!) zur Leipziger Missionsgesellschaft und zur Hermannsburger Mission. Ob und welche Zusammenkünfte mit missionarisch Engagierten aus Baden und der Pfalz (in diesem Zeitraum) stattgefunden haben, entzieht sich meiner Kenntnis. Die Diakonissenbewegung *scheint* stärkere Beziehungen nach Kaiserswerth und Stuttgart unterhalten zu haben als nach Karlsruhe, Mannheim, Nonnenweier oder auch Speyer.

47   Ich verzichte im Folgenden – im Gegensatz zur wahrscheinlich weniger bekannten elsässischen Geschichte – auf weitere Erläuterungen zu Fakten oder auch Personen der badischen bzw. pfälzischen Kirchengeschichte.

48   Beispielsweise in Baden bedeutete dies die Fortgeltung des von Friedrich Brauer für das Großherzogtum bearbeiteten *Code Napoléon* bis 1899. 1807 erfolgte der Erlass der sog. Konstitutionsedikte als Rechtsfolge der französisch dominierten Rheinbundakte. Im I. (badischen) Konstitutionsedikt galten die lutherische, reformierte und katholische Kirche als „aufgenommen", die jüdische Religion als „geduldet". Weitere Duldungen anderer Gesellschaften waren ins Ermessen des Staates gerückt, in ihrer Rolle (auch) als Staatsdiener gar die Rabbiner den Pfarrern gleichgestellt; vgl. Ernst Rudolf Huber/Wolfgang Huber, *Staat und Kirche im 19. und 20. Jahrhundert. Dokumente zur Geschichte des deutschen Staatskirchenrechts*, Bd. I : *Staat und Kirche vom Ausgang des alten Reichs bis zum Vorabend der bürgerlichen Revolution*, Berlin 1973, Nr. 39.

49   Lebensbilder der Genannten in: Johannes Ehmann (Hg.), *Lebensbilder aus der evangelischen Kirche in Baden*, Bd II: *Kirchenpolitische Richtungen*, Heidelberg u.a. 2010.

50   Hartweg, Protestantismus, S. 84. Zur evangelischen Kirchengeschichte des Elsass zur Kaiserzeit vgl. auch: Otto Michaelis, *Grenzlandkirche. Eine Evangelische Kirchengeschichte Elsaß-Lothringens*, Essen 1934; für die Folgezeit Catherine Storne-Sengel, *Les Protestants d'Alsace-Lorraine de 1919 à 1939: entre les deux règnes*, Strasbourg 2003.

51   Zu nennen wäre etwa Paul Wilhelm Horning (1843–1927). Vgl. oben Anm. 43.

52   Vgl. dazu Ulrich Päßler, Das Elsass in der Zwischenkriegszeit (1919–1940), in: Michael Erbe (Hg.), *Das Elsass. Historische Landschaft im Wandel der Zeiten*, Stuttgart 2002, S. 153–166, hier S. 155.

53 Das Folgende nach Barbara Henze, Die übrigen Orden, in: Smolinsky (Hg.), *Geschichte der Erzdiözese Freiburg*, Bd. I, S 331–387, hier S. 345.

54 Ebd. Dort weist Henze auch auf die „ökumenische" Gründung (1833) des „Verein(s) zur Rettung verwahrloster Kinder" hin, das erste mir bekannte Beispiel einer ökumenisch getragenen Großstadt-diakonie zugunsten von Kindern am Oberrhein.

55 Vgl. Lichdi, *Mennoniten*, S. 171 und 178f.

56 Vgl. Karl Steckel/Carl Ernst Sommer (Hgg.), *Geschichte der Evangelisch-methodistischen Kirche*, 3. Aufl., Göttingen 2007, S. 163f.

57 Ebd., S. 91f.

58 Ebd., S. 161–163.

59 Vgl. Johannes Ehmann, Karl Zittel, in: ders. (Hg.), *Lebensbilder*, S. 77–93, hier S. 84f.

60 Johann Baptist Hirscher, *Erörterungen über die großen religiösen Fragen der Gegenwart. Den höheren und mittleren Ständen gewidmet* [...] *Nebst einer Beleuchtung der Motion des Abgeordneten Zittel in der II. Kammer der badischen Landstände, die bürgerliche Gleichstellung der aus ihrer Kirche austretenden Dissidenten betreffend*, Freiburg i. Br. 1846. Das Vorwort datiert vom 6. Januar 1846. Hirscher muss sich also sofort an die Erwiderung Zittels gemacht haben. Hirschers Erörterungen erschienen noch im selben Jahr in 2. Auflage.

61 Insgesamt beträgt die Zahl der Kriegsverluste an Menschenleben für das Elsass 50.000 Todesopfer, das entspricht 5 % der elsässischen Gesamtbevölkerung!

62 Jörg Thierfelder, Die Kirchenpolitik der vier Besatzungsmächte und die evangelische Kirche nach der Kapitulation 1945, in: ders., *Tradition und Erneuerung – Protestantismus in Südwestdeutschland. Studien zur kirchlichen Zeitgeschichte* (Schriftenreihe der Pädagogischen Hochschule Heidelberg 32), Weinheim 1998, S. 154–170, hier S. 163.

63 Zum Ganzen Christophe Baginski, *Frankreichs Kirchenpolitik im besetzten Deutschland 1945–1949* (Quellen und Abhandlungen zur mittelrheinischen Kirchengeschichte 87), Mainz 2001.

64 So erhält erst am 9. November 1946 die Innere Mission in Baden die offizielle Wiederzulassung, primär die Konsequenz der konfessionellen Gleichbehandlung, nachdem die Caritas, durch das Reichskonkordat geschützt, bereits zuvor wieder Anerkennung durch die französische Besatzung gefunden hat. Baginski, ebd., S. 73.

65 Siehe dazu Eike Wolgast, *Die Wahrnehmung des Dritten Reiches in der unmittelbaren Nachkriegs-zeit (1945/46)* (Schriften der Philosophisch-historischen Klasse der Heidelberger Akademie der Wissenschaften 22), Heidelberg 2001, S. 283.

66 Vgl. wieder Baginski, *Frankreichs Kirchenpolitik*, S. 82–84.

67 Dieses Gedenken stand unter dem Motto: „Besiegt, befreit, versöhnt".

4.4.   Exkurse

4.4.1. Die Täufer. Eine Spurensuche

GÜNTHER KRÜGER

Die Reichsstadt Worms wurde ab 1526 zum Mittelpunkt täuferischer Aktivitäten. Es wurde 1557 sogar eine Disputation im nahegelegenen kurpfälzischen Pfeddersheim einberufen, um Lehrmeinungen auszutauschen. Doch das Protokoll über dieses Treffen beschreibt die Vorgehensweise eher als eine gerichtliche Prüfung. Der täuferische Älteste Winter beklagt, dass man den Täufern nie eine Chance gegeben hat, frei zu sprechen[1]. Die Täufer setzten dennoch die Disputationen fort. In den folgenden Jahren trafen sich in Straßburg, das wegen seiner toleranten, auf Ausgleich ausgerichteten Politik ein Zufluchtsort der Täufer geworden war, Täufer aus den Niederlanden, Oberdeutschland, der Schweiz, aus Mähren und vom Oberrhein zum Austausch ihrer Lehrmeinungen und zur Fixierung einer einheitlichen Lehre[2]. Man kam zwar 1568 bzw. 1607 zu einer Straßburger Ordnung, und diese stand in Süddeutschland noch lange in hohem Ansehen[3], doch in etlichen Fragen konnte man sich nicht einigen. Auch entwickelten sich die Gemeinden linksrheinisch ganz anders als rechtsrheinisch. Warum dies geschah, ist bisher nicht erforscht.

Bild 37: Die Mennonitenkirche von Ibersheim bei Worms wurde 1836 erbaut. Sie ist die einzige Mennonitenkirche im süddeutschen Raum, die einen Turm und zwei Glocken besitzt (Foto: Walter Ellenberger, Neustadt an der Weinstraße)

Durch Verfolgung und Vertreibung wurden die Täuferfamilien immer mehr dezimiert. Die meisten Täufer verließen die Kurpfalz. Dies änderte sich erst durch die öffentliche Niederlassungsbewilligung für Wiedertäufer durch die Freiherrn von Venningen im Januar 1650. „Wir tun hiermit kund und zu wissen aller [...] Wir haben daher Ursache, die beiden Wiedertäufer Müller und Meyer samt ihren Vettern, Gefreunden [...] wie auch anderen redlichen Leuten mehr, hiermit zu bewilligen [...] häuslich niederzulassen, sich einzukaufen und dahin zu ziehen."[4] Dies war ein Lichtblick für die verfolgten Wiedertäufer. Aus der Schweiz wanderten daraufhin weitere Täufer in das Territorium der Venninger ein und ließen sich vor allem in Ortschaften um Dühren nieder. Auch aus Ibersheim ist bekannt, dass schon 1661 die „Hofbeständer" (Pächter) durch einen Revers staatliche Aufnahme als Untertanen des Kurfürsten erhielten[5].

Der Ausdruck „Mennisten" oder „Mennoniten" ist erstmals 1544 dokumentiert. Er wurde verwendet für die Anhänger von Menno Simons (1496–1561), einem katholischen Priester, der sich 1536 der Täuferbewegung angeschlossen hatte. Diese Bewegung, die um 1525 in reformatorischen Kreisen in Zürich entstanden war, forderte eine radikale Nachfolge Jesu Christi. Nur Erwachsene, die zum Glauben gekommen sind, sollten getauft werden. Sowohl Katholiken wie Protestanten hielten die Täufer für eine Bedrohung der gesellschaftlichen Ordnung, und 1529 setzte der Reichstag in Speyer die Todesstrafe für sie fest („Wiedertäufermandat"). Trotz der grausamen Verfolgung ihrer Anhänger wuchs die Bewegung weiter. Radikale Täufer übernahmen sogar Anfang 1534 die Macht in der Bischofsstadt Münster. In Juni 1535 eroberte der Bischof mit seinen Verbündeten die Stadt zurück und viele Täufer wurden hingerichtet.

Menno Simons predigte seit 1536 in den Niederlanden und in Norddeutschland. Unter seinem Einfluss bekannten sich die Täufer nun zum Prinzip der konsequenten Gewaltlosigkeit. Im Laufe des 17. Jahrhunderts nahmen die meisten Täufergemeinden in Deutschland die Selbstbezeichnung „Mennoniten" an, auch die am Oberrhein.

Ein weiterer wichtiger Schritt zur Gründung von Täufergemeinden war die Heidelberger „Mennisten-Konzession" des Kurfürsten Karl Ludwig am 4. August 1664[6]. In Folge dieser zogen ca. 700 Täuferfamilien in die kurpfälzischen Gebiete links und rechts des Rheins. Sie siedelten in Dörfern und Höfen, in denen schon Täuferfamilien lebten. Dies führte zu Gemeindegründungen im Spitalhof (Branchweilerhof), in Friedelheim, Weiherhof und Sembach. Weitere Gemeinden folgten in Wössingen (1700), Ludwigshafen (1702) und auf dem Limburgerhof (1716). All diese Gemeinden haben bis heute Bestand.

Schon für die Freiherrn von Venningen war die Ansiedlungsbewilligung der Wiedertäufer von wirtschaftlichen Interessen geleitet. Die durch die Kriegswirren vernachlässigten Höfe in Dühren sollten durch die Täufer wieder bewirtschaftet werden. Auch die „Mennisten-Konzession" von Kurfürst Karl Ludwig hatte durchaus wirtschaftliche Gründe („weil wir Menschen und Underthanen, die das verödete land Wiederum bauen und in stand bringen, höchst bedoerffen"), war doch die Bevölkerung der Kurpfalz durch den Dreißigjährigen Krieg bis auf ein Viertel reduziert. So wurden Einwanderer angeworben, um die Dörfer wieder aufzubauen. Die mennonitischen Höfe erwiesen sich schon bald als überaus fortschrittlich und wurden für ihr unermüdliches Engage-

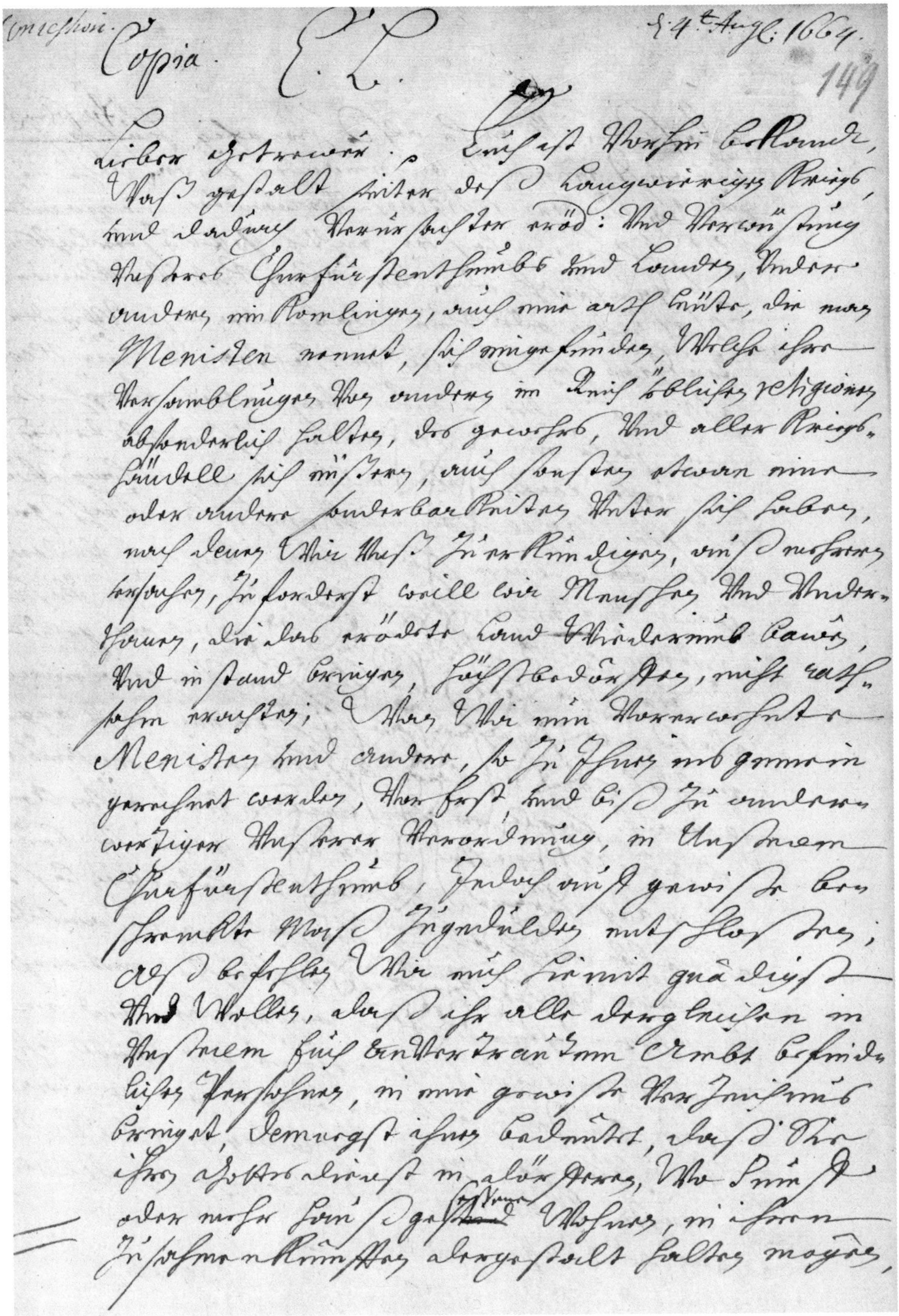

Bild 38: Die Konzession des pfälzischen Kurfürsten Karl Ludwig vom 4. August 1664 zu Gunsten der Mennoniten. Abschrift (© Generallandesarchiv Karlsruhe, Aktenheft 67, Nr. 1083, Bl. 149)

„*Liebe Getreue! Euch ist vorhin bekanndt, weß gestalt, seiter des langwierigen Kriegs und dadurch verursachter Grödt- und verwüstung Unseres Churfürstentumbs und Landen under anderen Einkomlingen, auch eine arth leute, die man Menisten nennt, sich eingefunden, Welche ihre Versammlungen vor andern im Reich üblichen religionis absonderlich halten, des gewehrs Und aller Kriegshändel sich [ent]äußern, auch sonsten etwan eine oder andere sonderbarkeiten Under sich haben, nach denen wir uns zu erkundigen außer mehreren ursachen, zuvörderst weil wir Menschen und Underthanen, die das verödete land Wiederum bauen und in stand bringen, höchst bedoerffen, nicht rathsam erachten. Wann Wir nun Vorerwehnte Menisten und anderer, so zu Ihnen insgemein gerechnet werden, Vor Erst Uns bis zu anderwärtiger Unserer Verordnung in Unserem Churfürstenthumb, Jedoch auf gewisse beschränkte Maß zu gedulden entschlossen, als befelen Wir euch hiemit gnädigst und wollen, daß ihr alle dergleichen in Unserem euch an-vertrauten Ambt befindliche Persohnen, in eine gewisse Verzeichnus bringet, demnächst ihnen bedeutet, daß sie ihre Gottesdienste in Dörffern, wo fünf oder mehr hausgesessene Wohnen, in ihren Zusammenkünften dergestalt halten mögen, <Abschrift S. 2> daß nicht mehr als zwanzig Persohnen sich auf einmal bei einander finden, dazu daß sie von anderen Religions Verwand-ten niemand zu sich hereinlassen, nichts Gotteslästerlichs „aufrührisch" oder der Obrigkeit Verkleinerliches reden oder thun dabeneben des Wiedertauffens sich gänßlich enthalten. [...] Heidelberg, den 4. August 1664*[7].

ment im Bereich des Wiederaufbaus auch von der Bevölkerung geachtet[8]. Um 1700 erweiterten sie die alte Ordnung der Dreifelderwirtschaft[9]. Es wurde die Düngung durch Mist und Gülle ein-geführt. Mennoniten waren es, die durch gemauerte Miststätten und besondere Vorrichtungen erstmals die Jauche nicht einfach davonlaufen ließen, sondern vorsichtig sammelten und nach präparierter Gärung in speziellen Behältern auf die Felder brachten. Der pfälzische Volksmund rühmt ihnen heute noch das „Jauchefass" als ihre Erfindung nach[10]. Von größter Bedeutung war der Mut der mennonitischen Landwirte zum Experiment zur Verbesserung der Erträge ihrer Höfe. Anbaumethoden[11] und Düngung wurden immer weiter verbessert. So waren sie auch die beharrlichsten Praktiker des sogenannten „Kunstdüngers".

Die Entwicklung der Mennonitengemeinden wurde durch Auswanderungen immer wieder zurückgeworfen. Vor allem aus dem linksrheinischen Gebiet zogen viele Familien auf Grund politischen Drucks weg, zum Beispiel als Kurfürst Carl Theodor 1744 die Reduzierung der 244 Täuferhaushalte auf 200 anordnete[12]. Ein weiterer Streitpunkt mit der Obrigkeit war das Tragen von Waffen. 1711 sollten die Täufer zu Ibersheim zu Wachdiensten und persönlichen Kriegsdiensten herangezogen werden. Sie wurden jedoch auf ihr Gesuch durch eine Regie-rungsentschließung vom 27. Januar 1712 auf Grund ihrer alten Anerkennung als Wehrlose freigegeben. Im 14. Artikel der Ibersheimer Beschlüsse von 1803 hieß es noch: „Gewehrtragen ist der Lehre Jesu und dem Bekenntnis unseres Glaubens entgegen, weil nach derselben die Gläubigen einander in Liebe begegnen, aller Rache entsagen und Gott, dem dieselbe eigentlich gebührt, überlassen sollen. Daher ist und bleibt auch bei uns der Gewehrstand verboten."[13]

Doch diese Gewaltlosigkeit hatte ihren Preis. Die Obrigkeit erließ für jedes „Privileg" eine Sondersteuer gegen die Täufer.

Auch im Elsass fanden verfolgte Täufer aus der Schweiz Zuflucht. Sie siedelten sich, unterstützt durch niederländische und schon im Elsass lebende Täufer, vor allem in den vom Dreißigjährigen Krieg brach liegenden Höfen und Mühlen an, um diese für die Grundherren neu zu bewirtschaften[14]. 1680 einigten sich die Täufer des Elsass auf ein gemeinsames Glaubensbekenntnis, das sogenannte Dordrechter Bekenntnis. Diese strenge Festlegung für das Zusammenleben von Täufern veranlasste Jakob Amann, die im Tal von Markirch lebenden Täufer um sich zu scharen, um noch detailliertere Verhaltensregeln als verbindlich zu erklären, da er an der Lebensweise der Täufer im Elsass Anstoß nahm. Es kam zum Streit mit dem Gemeindeältesten Hans Reist[15] und 1693 zur Trennung der Täufer. So entstand die Amische Bewegung der Täufer. Nahezu alle Gemeinden des Elsass übernahmen die Regeln Amanns. Der Großteil wanderte im 18. Jahrhundert nach Pennsylvania in Nordamerika aus, weil sie dort dem Dordrechter Bekenntnis gemäß und ohne Verfolgung leben konnten.

In allen Regionen, in denen die Täufer lebten, waren immer wieder neue Gespräche zwischen Obrigkeit und Mennonitengemeinden notwendig, um die Last der Sonderabgaben zu minimieren, die von den Täufern erbracht werden mussten. Die Gemeinden widerstanden allen Schikanen und wuchsen weiter. Linksrheinisch ergab sich erst eine Änderung nach dem Friedensvertrag von Lunéville 1801, als Napoleon die von Frankreich besetzten Gebiete offiziell in Besitz nahm. Es wurden nun Kirchen gebaut, Pastoren angestellt und auf dem Weiherhof eine Schule gegründet. Es erfolgte auch eine Annäherung an die theologischen Auffassungen der niederländischen und mittelrheinischen Mennoniten.

Dies war den Mennonitengemeinden auf der rechten Rheinseite fremd. Hier erduldeten die Gemeinden weiterhin die Begrenzung der Mitgliedsfamilien und begnügten sich mit ihren Häusern als Versammlungsstätten, wie dies in der „Mennisten-Konzession" festgehalten war. Die lange Zeit der Verfolgung und Unterdrückung hatte ihre Spuren so tief hinterlassen, dass sie sich still verhielten und niemanden zu ihrer Religion überredeten. Die Gemeinden blieben überschaubar. Zwanzig Familien, wie in der Konzession festgelegt, waren genug und Gemeindehäuser wurden nicht gebraucht. Weltlicher Besitz war verpönt, die Höfe wurden nicht gekauft, sondern nur gepachtet. Bis Mitte des 20. Jahrhunderts war die Anstellung von Pastoren nicht erwünscht. Wolfgang Krauß schreibt: „Selbst die Gemeinden, die bewusst und zielgerichtet Aufbruch und Öffnung praktizieren, [...] erfahren immer wieder die lähmende Wirkung der ererbten Rückzugsidentität. Die sekundäre mennonitische Identität der ‚Stillen im Lande' ist zäh und kommt in vielen Verkleidungen daher." Und weiter schreibt er: „Nach 340 Jahren hat die Mennisten Konzession mit ihren im historischen Prozess zur sekundären mennonitischen Identität gewordenen Denk- und Verhaltensstrukturen ausgedient. [...] Kündigen wir die vor Zeiten eingegangenen Verpflichtungen. Brechen wir auf, Gemeinde Jesu zu sein, hier und heute und in Gottes Zukunft hinein."[16]

Und so sind heute, neben den größeren Gemeinden, die schon länger ökumenisch aktiv waren, fast alle mennonitischen Gemeinden aktiver Teil ihres Wohnumfeldes und bestrebt, dem Ruf des Propheten Jeremia entsprechend zu leben: „Suchet den Schalom der Stadt" (Jer. 29,7).

Anmerkungen

1 John S. Oyer, The Pfeddersheim Disputation of 1557, in: *Mennonite Quarterly Review* 60 (1986), S. 304–351.

2 Art. Straßburger Konferenzen, in: *Mennonitisches Lexikon*, Bd. IV, Karlsruhe 1967, S. 255–256.

3 *Mennonitisches Lexikon*, Bd. IV, S. 256, vgl. 257.

4 Generallandesarchiv Karlsruhe: Aktenheft 72, Nr. 5.

5 Vgl. Walter Ellenberger (Hg.), *1661–1986: 325 Jahre Mennonitengemeinde Ibersheim; 1836–1986: 150 Jahre Mennonitenkirche Ibersheim. Die Geschichte der Mennonitengemeinde Ibersheim*, Ibersheim 1986.

6 Generallandesarchiv Karlsruhe: Aktenheft 67, Nr. 1083, Bl. 149 (Abschrift, siehe s/w Bild 37).

7 Transkription: *Mennonitisches Lexikon*, Bd. II, Karlsruhe 1937, S. 461f.

8 Leumundszeugnis an die Junker von Venningen, in: Christian Hege, *Die Täufer in der Kurpfalz. Ein Beitrag zur badisch-pfälzischen Reformationsgeschichte*, Frankfurt a. M. 1908.

9 Theodor Glück, *Gemeinden in friedenstiftender Christusnachfolge*, Bd. II, Lage 2006, S. 127ff.

10 Ernst H. Correll, *Das schweizerische Täufermennonitentum. Ein soziologischer Bericht*, Tübingen 1925, S. 118.

11 Ebd., S. 111ff.

12 Friedrich Wilhelm Strohm, *Chronik einer bernisch-pfälzischen Mennonitensippe*, Weierhof-Bolanden 2009, S. 39.

13 Clarence Bauman, *Gewaltlosigkeit im Täufertum. Eine Untersuchung zur theologischen Ethik des oberdeutschen Täufertums der Reformationszeit* (Studies in the history of Christian thought 3), Leiden 1968, S. 110.

14 Jean Séguy, *Les Assemblées anabaptistes-mennonites de France* (Société, mouvements sociaux et idéologies I/17), Paris/La Haye 1977.

15 Horst Penner, *Weltweite Bruderschaft. Ein mennonitisches Geschichtsbuch*, 4. Aufl. überarbeitet von Horst Gerlach und Horst Quiring, Weierhof-Bolanden 1984, S 28.

16 Wolfgang Krauß, Niemanden zu sich hereinlassen – oder kündigen wir die Mennisten Konzession nach 340 Jahren?, in: Kurt Kerber (Hg.), *Aufbrechen … Mennonitische Gemeinden im Verband seit 150 Jahren*, Sinsheim o.J. (2004), S. 59.

4.4.2. Methodisten – in ökumenischer Perspektive

KARL HEINZ VOIGT

Die Evangelisch-methodistische Kirche ist im 18. Jahrhundert aus einer Erweckungsbewegung erwachsen, die von den anglikanischen Theologen John und Charles Wesley[1] ausging. Bezeichnend war die soteriologisch-erweckliche Theologie, soziologisch spielte das neuzeitliche Phänomen der Wanderung eine zentrale Rolle. John Wesley ritt auf der britischen Insel in die Industriezentren, die methodistischen Missionare in Amerika folgten den Einwanderern in die Prärie, und in Deutschland wirkten die Reiseprediger unter solchen, denen der Zugang zu einer akademisch anspruchsvollen Kirche schwer fiel oder denen in rationalistisch bestimmten Predigten die Heilsbotschaft fehlte. Das reformatorische Verständnis von Kirche, das auf Wort und Sakrament beruht, ergänzten sie durch Leben in der Nachfolge-Gemeinschaft. An die Stelle der früher ausschließenden Bekenntniskirche trat die ökumenisch offene Denomination.

Ein Teil dieser Bewegung, der Methodismus, hat viele Kirchen in der Welt beeinflusst und lebt integriert in ihnen fort. Der kleinere Teil, die methodistischen Kirchen, haben sich – anders als der Pietismus – als weltweite methodistische Kirchen organisiert. Im Zuge der missionarischen Wanderungsbewegung kamen methodistische Kirchen nach Deutschland. In einem Umfeld territorial organisierter Kleinstaat-Kirchen mit abgrenzendem Charakter hielten sie an der grenzüberschreitenden, auch ökumenischen Struktur fest. Das wird auch in den kurzen Anmerkungen zur methodistischen Kirche am Oberrhein sichtbar. In dieser Region wirkten die Evangelische Gemeinschaft (EG) und die Bischöfliche Methodistenkirche (MK), die sich 1968 zur Evangelisch-methodistischen Kirche (EmK) vereinigt haben.

Voraussetzungen der methodistischen Missionen im Südwesten

Im 18. und 19. Jahrhundert wanderten zahlreiche Deutsche nach Amerika aus. Dort fanden viele den Weg in deutschsprachige methodistische Gemeinden. Eine erstaunlich große Anzahl folgte einer Berufung ins Predigtamt. Es konnten bisher ermittelt werden aus der EG: 10 Badener und 33 Württemberger, aus der MK 45 Badener, 83 Württemberger, 14 Pfälzer, 3 Elsässer und 9 Nordwestschweizer, zusammen fast zweihundert[2]. Die Prediger und viele andere Auswanderer schrieben Briefe und schickten Zeitschriften an ihre Angehörigen in Deutschland. Durch diese Amerika-Kontakte kamen die seit 1849/50 in Deutschland wirkenden Missionare zu Anschriften, die dann den Weg ihrer Missionsreisen in die Dörfer des Oberrheins bestimmten.

Die unterschiedliche Religionsgesetzgebung in den deutschen Kleinstaaten, der Schweiz und dem Elsass schränkte die Ausbreitung ein. Als der Pfälzer Ernst Mann als Auswanderungswilliger sich in Bremen bei den Methodisten bekehrt hatte, kam er nach Pirmasens zurück. Seine Berichte lösten eine örtliche Erweckung aus. Er wurde auch ins Elsass gerufen. In Merkweiler wurde er wegen seiner Versammlungen festgenommen und in Ketten nach Sulz geführt, wo er sieben Wochen inhaftiert war und danach des Landes verwiesen wurde. In Württemberg erschien bereits 1860 ein erster landeskirchlicher Erlass gegen das Auftreten methodistischer Send-

boten[3], in dem „zur Wahrung der kirchlichen
Ordnung" wegen der EG und MK aufgefordert
wurde. Alte Konventikelgesetze wurden auf die
Methodisten angewandt. 1873 sandten die im
pfälzischen Hochspeyer tagenden landeskirchlichen Theologen einen *Nothschrei* aus. Methodistische Prediger, die einer „verwerflichen
Sekte" angehörten, seien „Verführer"[4]. In der
Schweiz mussten amerikanische Konsuln, in
der Regel selber Methodisten, zum Schutz der
Prediger eingreifen. Im Großherzogtum Baden
scheint die Toleranz am weitesten fortgeschrit-
ten gewesen zu sein. Der Pietismus blieb in
der Minderheit. Das war für die Freikirchen
oft vorteilhaft. Um einen Rechtsstatus für das
Eigentum zu erlangen, gründete die EG 1887
eine Aktiengesellschaft (!); 1921 gewährte
Baden der MK und der EG die Rechte einer
Körperschaft öffentlichen Rechts.

Antwort
auf den „Nothschrei"
der
Hochspeyerer Conferenz
gegen den
Methodismus.

Von
L. Peter,
Methodistenprediger.

T. Neidhard's Buchhandlung in Speyer.
1874.

(c Buchdruckerei in Speyer.)

Frühe Ökumene durch weltweite Strukturen

Durch ihre weltweiten Beziehungen, die in der methodistischen Ekklesiologie als „Connexio"
bezeichnet werden, sind nachhaltige Wirkungen greifbar. Sie sollen in knappster Form auf-
gelistet werden.

1780: John Wesley Mitglied der Christentumsgesellschaft

Schon im Juli 1780 trat John Wesley, der Spiritus Rector des Methodismus, der gerade gegründeten Basler Deutschen Christentumsgesellschaft bei. Ihr Gründer Johann August Urlsperger
schrieb: „Es ist deswegen wichtig, weilen Wesley vorzüglich im Stand ist, unter rechtschaffenen
Engell[ändern] das Vorhaben bekant zu machen."[5]

1875: Robert Pearsall Smith in Karlsruhe und Heidelberg

Der amerikanische Laienprediger und Initiator der europäischen Heiligungsbewegung Robert
Pearsall Smith[6] besuchte auf seiner „Triumphreise" auch Karlsruhe und Heidelberg. Er brachte
als Neuerung den Typ der konfessionsübergreifenden Massenversammlungen nach Deutschland.
In Karlsruhe bat er den Methodistenprediger Ernst Gebhardt, seinen Vortrag mit Liedvorträgen
zu unterstützen. Smith hatte Gebhardts Gaben bei seinen Vorträgen in Zürich kennen gelernt.
In Karlsruhe sang Gebhardt erstmals ein speziell für diese Veranstaltung von ihm getextetes
und komponiertes Lied. Es war dialogisch mit der Gemeinde zu singen und begann *Hört es
ihr Lieben und lernet ein Wort...*, verbunden mit Smiths Thema: „Jesus errettet mich jetzt". Es

Bild 39: Der methodistische Prediger und Sänger Ernst Gebhardt (1832–1899) (Aus: Walter Schulz, Reichssänger. Schlüssel zum deutschen Reichsliederbuch, Gotha 1930. Abb. Nr. 44)

ist weniger ein Heiligungslied als ein evangelistisches. Trotzdem wurde es nach einer Konferenz im englischen Brighton das in viele Sprachen übersetzte internationale Lied der Heiligungsbewegung.[7]

1875: Basel – Verständigung zwischen den Kirchen

Viele Jahre wurde in der 1846 begründeten Allianz-Gebetswoche zwar zur gleichen Zeit, aber konfessionell in jeweils eigenen Kapellen gebetet. In Basel brachte Robert Pearsall Smith das Eis zum Schmelzen. Man fing an, gemeinsam zu beten, stellte Gastpredigern anderer Kirchen die eigene Kanzel zur Verfügung und beteiligte Freikirchler an der Gestaltung der besonderen Woche mit Smith, die man sogar als „Allianzversammlung" bezeichnete. In der gleichen Veranstaltungsreihe blieben in Stuttgart die Methodisten ausgeschlossen[8].

1878: Jubiläumssänger in Straßburg

Als sich nach ihrer Befreiung afro-amerikanische Sklaven mit ihren Spirituals auf den Weg machten, um Geld für die neue Fisk-University zur Ausbildung farbiger Männer und Frauen zu sammeln, besuchten sie auch Straßburg. Dort wirkte der als Übersetzer und Herausgeber angelsächsischer Lieder erfahrene Methodistenprediger Ernst Gebhardt[9]. Er hörte die Sänger und gab noch 1878 eine Liedsammlung unter dem Titel *Jubiläumssänger. Auserwählte amerikanische Negerlieder in deutschem Gewand* heraus. Die Begeisterung war groß. 1908 erschien die 34. Auflage. Schon 1878 sangen die Methodisten in Straßburg und in Pirmasens Spirituals. In Nashville besuchte Gebhardt die Fisk-University. Der Titel *Jubiläumssänger* nimmt den Namen auf, den die hervorragenden Solisten in Erinnerung an das alttestamentliche „Jubeljahr" als Jahr der Befreiung gewählt hatten.

1879: Weltkonferenz der Evangelischen Allianz in Basel[10]

Unter den 1.572 Konferenzbesuchern hatte sich eine Gruppe von Württembergern schriftlich über die methodistischen Missionen beklagt. Man wollte ihnen die „Allianzberechtigung" da absprechen, wo sich ihnen die einzigen zwischenkirchlich-ökumenischen Kontakte eröffneten. Hintergrund war eine Auseinandersetzung in Unterjesingen, die zu zwischenmenschlichen

Gewalttätigkeiten ausartete und vor dem Gericht in Tübingen zu mehrtägigen Verhandlungen führte. Der Wutausbruch richtete sich gegen das „Eindringen des Methodismus"[11], der diesmal die EG betraf. In der Weimarer Republik war endlich Religionsfreiheit erkämpft.

1885: Aus der Pfalz über Irland nach Amerika und Kanada

1885 wurde in Kaiserslautern eine Barbara-Heck-Kapelle erbaut. Sie erinnerte an nach Irland ausgewanderte Pfälzer. Dort wurde ihr Herz unter methodistischer Predigt „seltsam erwärmt". Pfälzer Nachfahren, darunter eine Barbara Heck, emigrierten nach Amerika. In New York gab diese Frau den Anstoß zur Bildung der ersten methodistischen Gemeinde in Amerika. Ein anderer Nachfahre Pfälzer Auswanderer, Philip Embury, predigte der kleinen Versammlung. Barbara Heck wurde später die „Mutter des Methodismus in der Neuen Welt" genannt. Als die Familie nach Kanada zog, leitete Barbara in einem anderen Teil der Neuen Welt die Bildung einer methodistischen Kirche ein. Die Anfänge der methodistischen Kirchen in Amerika sind mit einer Frau verbunden, deren Wurzeln in der Pfalz liegen[12].

Bild 40: Die Pfälzerin Barbara Heck (1734–1804) gab den Anstoß zur Bildung der ersten methodistischen Gemeinde in Amerika. (Aus: William Henry Withrow, Barbara Heck. A Tale of early Methodism, Toronto 1895)

Bild 41: Die 1885 erbaute Barbara-Heck-Kapelle an der Logenstraße 25 in Kaiserslautern. Sie wurde 1976 abgerissen. Postkarte (Fotostudio Wilking, Kaiserslautern)

1889: Erster methodistischer Missionar in Karlsruhe ausgesandt

Mit Dr. Emil Lüring wurde der erste methodistische Missionar von Karlsruhe ins heutige Malaysia ausgesandt. Der dort als Agrarexperte, Lexikograph, Botaniker, Naturforscher und Liederdichter vielseitig aktive Lüring ist bis heute in Malaysia hochangesehen[13]. Die Aussendung erfolgte durch den amerikanischen Bischof James M. Thoburn.

1914: Organisation kirchlicher Friedensarbeit in Konstanz[14]

1908 organisierte der englische Freikirchenrat eine Friedensfahrt. Aus Deutschland nahmen 131 Theologen teil: 97 Landeskirchler, 15 römisch-katholische und 19 Freikirchler. Wenige Jahre vor dem Ersten Weltkrieg war ein ökumenischer Stein ins Rollen gekommen. 1909 wurde der Gegenbesuch in Deutschland organisiert. Damals kam Friedrich Siegmund-Schultze, der erste landeskirchliche Ökumeniker, ins Blickfeld. Zuerst entstanden Komitees zur Pflege freundschaftlicher Beziehungen zwischen Deutschland und Großbritannien[15]. Die Amerikaner kamen hinzu.

1914 wurde nach Konstanz zur Internationalen Konferenz für Frieden und Freundschaft eingeladen. Als die Amerikaner bereits angereist waren, brach am 1. August der Krieg aus. Unter dramatischen Umständen mussten die Gäste abreisen. Noch auf dem Kölner Bahnhof wurde per Handschlag die International Fellowship of Reconciliation (IFOR/Internationaler Versöhnungsbund) versprochen. In Konstanz war unter den Teilnehmern eine größere Anzahl von führenden Methodisten aus den USA und aus europäischen Staaten. Der EKD-Vorgänger Deutsche Evangelische Kirche (DEK) hatte zu dem Unternehmen und zu Friedrich Siegmund-Schultze[16] eine kritische Haltung. Aus den bescheidenen Anfängen ist der bedeutsame Weltbund für internationale Freundschaftsarbeit der Kirchen erwachsen. Dietrich Bonhoeffer und nach der Stuttgarter Schulderklärung der so wichtige anglikanische Bischof George Bell gehörten ihm an. Innerhalb der methodistischen Kirche ist der deutsche Zweig des Weltbunds als Vorgänger zur ACK aktiv mitgestaltet worden.

1918: Folgen des Versailler Vertrags und des Zweiten Weltkriegs

Die MK-Gemeinden im Elsass wurden 1918/19 in die damalige MK in Frankreich transferiert. 1939 schlossen sie sich der Église réformée de France (Reformierte Kirche von Frankreich) an.

Einige wichtige Daten

1950

Das ökumenische Komitee Stuttgart mit der Beteiligung von Theologen aus Baden wurde seitens der Militärregierung durch den Methodisten Franklin H. Littell und durch inhaltliche Beiträge von methodistischen Pastoren gefördert.

1973

Die EmK nimmt durch den späteren Bischof Hermann Sticher aktiv teil an der Organisation eines ökumenischen Weges in die Zukunft (Bildung der ACK).

1987

Nachdem die EmK und die Evangelische Kirche der Pfalz (18. Mai 1987) den Texten zum Beschluss von Kanzel- und Abendmahlsgemeinschaft zugestimmt haben, wird die Kirchengemeinschaft als höchste Stufe zwischenkirchlicher Beziehungen am 29. September 1987 in der Nürnberger St. Lorenzkirche gottesdienstlich vollzogen. Solche Kirchengemeinschaft gibt es bisher nur zwischen der EKD und der EmK.

1997

Die EmK wird als erste nicht territorial organisierte Kirche, die nicht an den vorlaufenden Verhandlungen teilgenommen hat, in die Leuenberger Konkordie aufgenommen.

Die Ausbreitung heute

Heute gibt es am Oberrhein nur eine überschaubare Zahl an Kirchenbezirken mit meistens mehreren Gemeinden. Es gibt achtzehn Gemeinden am Oberrhein in Deutschland, acht in Frankreich und neun in der Schweiz. Der Aufriss zeigt, wie eine in Deutschland kleine Kirche gerade durch die Entgrenzung zu internationaler Weite bemerkenswerte ökumenische Wirkungen zu erzielen vermag.

Strassburg i. Els. — Im Kleinen Frankreich

Bild 42: Blick von „Klein Frankreich" aus auf die Zionskirche am Platz Benjamin Zix. Diese methodistische Kirche wurde 1882 erbaut. Im Hintergrund das Münster. Postkarte um 1900 (© Bibliothèque Nationale et Universitaire de Strasbourg)

Anmerkungen

1   Charles Wesley, in: BBKL, Bd. XIII, S. 895–914; John Wesley, in: ebd., S. 914–976.

2   Ludwig Nippert aus Goersdorf (Elsass) (in: BBKL, Bd. VI, S. 948–950) und Wilhelm Schwarz aus Ober-
    achern (Baden) (in: BBKL, Bd. IX, S. 1175–1179) kamen als MK-Prediger zurück nach Deutschland.
    Johann Jakob Escher aus Baldenheim (Elsass) (in: BBKL, Bd. XV, S. 528–537) wurde Bischof der EG
    und konstituierte den europäischen Zweig als Kirche 1865 in Stuttgart. Dazu: Karl Heinz Voigt,
    Innerkirchliche Gemeinschaft oder autonome Kirche? Die Kirchenbildung der methodistischen
    Evangelischen Gemeinschaft in der Mitte des 19. Jahrhunderts, in: *Blätter für württembergische
    Kirchengeschichte* 107 (2007), S. 169–199.

3   *Amtsblatt des württembergischen evangelischen Consistoriums und der Synode in Kirchen- und
    Schulsachen*, Stuttgart 1860, S. 517–528.

4   Leonhard Peter, *Antwort auf den ‚Nothschrei‘ der Hochspeyerer Conferenz gegen den Methodismus*,
    Speyer 1874.

5   Brief Johann August Urlspergers an David Schild und Jakob Friedrich Liesching aus Amsterdam am
    31. Juli 1780, in: Ernst Staehelin, *Die Christentumsgesellschaft in der Zeit der Aufklärung und der
    beginnenden Erweckung*, Basel 1970, S. 142.

6   Robert Pearsall Smith, in: BBKL, Bd. X, S. 696–704.

7   Karl Heinz Voigt, *Die Heiligungsbewegung zwischen Methodistischer Kirche und Landeskirchlicher
    Gemeinschaft. Die „Triumphreise" von R. P. Smith und ihre Auswirkungen auf die zwischenkirchlichen
    Beziehungen*, Wuppertal 1996, S. 101–106, 126–128.

8   Ebd., S. 87–99 und 108–122.

9   Karl Heinz Voigt, Ernst Gebhardt (1832–1899). Sein Liedschaffen als Brückenbauen zwischen Kirchen,
    Kontinenten und Kulturen, in: Hartmut Handt (Hg.), *„... im Liede geboren." Beiträge zur Hymnolo-
    gie des deutschsprachigen Methodismus*, Frankfurt a. M. 2010, S. 191–215. - Ders., So kamen die
    Spirituals nach Deutschland. Ernst Gebhardt und die Fisk-Jubilee-Singers, in: ebd., S. 217–241.

10 Karl Heinz Voigt, *Die Evangelische Allianz als ökumenische Bewegung*, Stuttgart 1990, S. 61–66.

11 Friedrich Fritz, *Das Eindringen des Methodismus in Württemberg*, Stuttgart 1927.

12 Barbara Heck, in: BBKL, Bd. XIX, S. 639–643.

13 Holger Warnk, Auf wundersamen Wegen in Südostasien – Eine biographische Skizze Emil Lürings,
    in: *EmK-Geschichte* 24 (2003) Nr. 1, S. 5–20. Auch: BBKL, Bd. V, S. 397–399.

14 Karl Heinz Voigt, *Freikirchen in Deutschland (19. und 20. Jahrhundert)* (Kirchengeschichte in Ein-
    zeldarstellungen III/6), Leipzig 2004, S. 134ff. und 155ff.

15 Karl Heinz Voigt, Von der ökumenischen Friedensfahrt 1908 zur Bildung der ACK 1948, in: *Ökume-
    nische Rundschau* 58 (2009), S. 235–250.

16 Friedrich Siegmund-Schultze, in: BBKL, Bd. XXIV, S. 1349–1366.

4.4.3. Alt-Katholizismus

EWALD KEßLER

Die mittelalterlich geprägten Strukturen der katholischen Kirche wurden durch die napoleonischen Kriege, die Säkularisation und den Wiener Kongress zerschlagen. Eine neue Hierarchie wurde errichtet. Dabei wurden Reformer wie der Konstanzer Generalvikar Ignaz Heinrich von Wessenberg verdrängt. Gleichzeitig entwickelte sich ein bürgerliches Bewusstsein, das sich – im kirchlichen Bereich als „Ultramontanismus" bezeichnet – gegen die Bevormundung durch die Behörden wandte. Bedeutende Vertreter waren neben Ignaz von Döllinger zum Beispiel Johann Michael Sailer und Joseph Görres; Ausdruck davon waren der Mischehenstreit in Preußen, auch der Deutschkatholizismus, die Pius-Vereine und Katholikentage. Ab 1848 teilten sich die Ultramontanen in einen liberalen und einen konservativen, an Rom orientierten Flügel.

In Baden stritten beide Richtungen über das Konkordat, das, von Regierung und römischer Kurie ausgehandelt, vom Parlament 1859 abgelehnt wurde. In den nächsten Jahren wurden die Beziehungen der Kirche zum Staat von liberalem Parlament und Regierung gegen den erbitterten Widerstand des Freiburger Erzbischofs Hermann von Vicari neu geordnet. Als die Schulaufsicht mit dem Gesetz vom 5. Aug. 1864 von den Ortsgeistlichen auf einen gewählten Ortsschulrat übertragen wurde, hatte Papst Pius IX. schon am 11. Juli 1864 ein Breve gegen den Gesetzentwurf erlassen. Von den Kanzeln ließ Erzbischof von Vicari zu Versammlungen aufrufen, die Resolutionen gegen das Schulgesetz an den Großherzog beschließen sollten[1]. Unter Führung des Konstanzer Bürgermeisters Max Strohmeyer besuchten aber bald liberale Katholiken diese Versammlungen und verabschiedeten mit ihrer Mehrheit Resolutionen für das Schulgesetz. Einzelne katholische Beamte, die die staatlichen Gesetze ausführten, wurden vom Erzbischof namentlich exkommuniziert.

Bild 43: Ignaz von Döllinger (1799–1890) (© Universitätsarchiv München)

Eine „ökumenische" Dimension bekam dieser „Kampf um die Schule" durch die Möglichkeit, nach einem Bürgerentscheid Gemeinschaftsschulen einzuführen, in denen Protestanten, Katholiken und Juden gemeinsam unterrichtet wurden. In Heidelberg, wo im Juni 1865 ein Bürgerentscheid durchgeführt wurde, hatte sich der greise Jurist Carl Mittermaier, der als Student in Landshut von Sailer geprägt worden war, an die Spitze des katholischen Ortsschulrats wählen lassen. Er trat für die Gemeinschaftsschule ein, und als die Katholiken sich gegen die Weisung ihres Klerus mit großer Mehrheit für die Gemeinschaftsschule entschieden, feierte die ganze Stadt[2].

Der Walldürner Amtsrichter Franz August Beck agitierte, entsprechend den demokratischen Tendenzen der Zeit, für die Einberufung von Synoden, wie sie das Tridentinum gefordert hatte, und rief zur Gründung von Reformvereinen auf[3]. Die *Badische Landeszeitung* in Karlsruhe berichtete ausführlich darüber und verwendete dabei am 7. September 1865 erstmals die Bezeichnung „altkatholisch" im heutigen Sinn. In einem Hirtenbrief vom 16. Januar 1866 sprach Erzbischof von Vicari von „Wölfen im Schafspelz", die die ganze Kirchenverfassung zerstören wollten, nur um den alten Kirchengesetzen wieder Geltung zu verschaffen und Konzilien und Synoden einzuberufen. Da der Krieg von 1866 zwischen Preußen und Österreich alle Aufmerksamkeit auf sich zog, verlief die Bewegung im Sand. Beck trat erst am 16. Mai 1869 im Vorfeld des Ersten Vatikanischen Konzils wieder an die Öffentlichkeit, um sich gegen die geplanten neuen Dogmen der Unfehlbarkeit und Allgewalt des Papstes zu wenden[4].

Am 18. Juli 1870 erklärte sich Pius IX. für unfehlbar, das Konzil wurde vertagt, die katholische Geistlichkeit in Baden unterwarf sich den neuen Dogmen, und jene katholischen Laien, die an ihrem bisherigen Glauben festhielten, wurden vom kirchlichen religiösen Leben ausgeschlossen. Am selben Tag erklärte Frankreich dem Königreich Preußen den Krieg. Die Opposition gegen die neuen Dogmen fand nun kein Gehör mehr. Nach dem Krieg und ohne geistliche Führung drohte sie – ähnlich wie zwei Jahrzehnte zuvor der Deutschkatholizismus – religiös zu verflachen.

Durch die Berufung des Münchner Juristen Bernhard Windscheid an die Universität Heidelberg zum Sommersemester 1871 kamen die badischen Gegner der neuen Dogmen, bis dahin eine Laienbewegung, mit den theologischen Zentren des Widerstandes in München und Bonn in Verbindung[5]. Die alt-katholischen Professoren wollten ursprünglich ein Schisma vermeiden. Professor Franz Xaver Dieringer in Bonn resignierte und übernahm eine Pfarrei in Hohenzollern; seinem neuen Bischof Karl Joseph Hefele von Rottenburg wurden bis zu seiner Unterwerfung im April 1871 die Quinquennalfakultäten[6] von Rom verweigert. Döllinger feierte nach seiner Exkommunikation keine Messe mehr, weil er fürchtete, König Ludwig II. von Bayern würde demonstrativ daran teilnehmen und damit einen „Kulturkampf" provozieren[7]. Auf der anderen Seite wurde der alt-katholisch verbliebene Pfarrer Dr. Wilhelm Tangermann in Unkel im Vorfeld des Kulturkampfes von der preußischen Polizei auf Verlangen des Kölner Erzbischofs aus seinem Pfarramt entfernt, in München wurden Professor Franz Xaver Zenger die „Sterbesakramente" verweigert, was dazu führte, dass der alt-katholisch gebliebene Döllingerschüler Johann Friedrich seine geistlichen Funktionen wieder aufnehmen musste[8].

Die badischen Alt-Katholiken beteiligten sich mit ihren Abgeordneten an den Kongressen, die 1871 bis 1873 ein katholisches Personalbistum für die Alt-Katholiken in Deutschland organisierten. Am 28. Januar 1872 nahmen in Karlsruhe 150 alt-katholische Delegierte „Statuten des badischen Katholikenvereins" an. Vier Abgeordnete der Zweiten Kammer stellten am 9. März 1873 an die Regierung Fragen zur Stellung der Alt-Katholiken. Die Regierung, die den neuen Dogmen die Anerkennung verweigerte, versprach die Rechte der Alt-Katholiken zu schützen und erließ am 15. Juni 1874 als erste in Deutschland ein „Altkatholikengesetz" mit Ausführungsverordnung vom 27. Juni 1874. Die Alt-Katholiken konnten nun eigene katholische Kirchengemeinden bilden, und sie wurden an der Nutzung des katholischen Kirchenvermögens beteiligt.

Der Papst hatte in einem Breve 1873 verfügt, dass in Kirchen, die den Alt-Katholiken zur Mitbenutzung eingeräumt wurden, kein Gottesdienst mehr gehalten werden durfte. Das führte dazu, dass Beamte, die Alt-Katholiken zu ihrem Recht an katholischem Kirchenvermögen verhalfen, beschuldigt wurden, den Gemeinden die Kirchen wegzunehmen, sodass „Notkirchen" gebaut wurden. Geschäftlich wurden Alt-Katholiken boykottiert, es wurden ihnen die kirchliche Eheschließung und das kirchliche Begräbnis verweigert[9]. Der Staat wehrte sich mit der Einführung der obligatorischen Ziviltrauung, dem „Kanzelparagraphen", der politische Predigten verbot und dem Jesuitenverbot.

Schwerpunkte der alt-katholischen Bewegung waren einerseits die großen Städte mit ihrem gebildeten Bürgertum, andererseits Landgemeinden in Südbaden und der Schweiz, in denen wohl noch die Erinnerung an Wessenbergs Reformen, aber auch das Schweizer Bürger-

Bild 44: Alt-katholische Kirche und Pfarrhaus in Karlsruhe. Postkarte von 1899 (© Stadtarchiv Karlsruhe)

bewusstsein eine Rolle spielten. In Baden und in vielen Kantonen der Schweiz standen auch die Parlamente den Alt-Katholiken bei. In Bayern und damit auch in der bayerischen Pfalz konnten die Alt-Katholiken sich nur in privaten Vereinen organisieren, die 1890 – nach dem Tod des von König Ludwig II. geschützten Döllinger – von der Regierung wegen angeblicher Leugnung des Dogmas von der Unbefleckten Empfängnis Mariens aus der katholischen Kirche ausgeschlossen wurden. Das bedeutete vor allem für Staatsdiener schwere Einschränkungen. Die bayerischen Alt-Katholiken bekamen erstmals 1934 einen staatlichen Zuschuss zu ihren Kultuskosten, der damals der israelitischen Kultusgemeinde weggenommen wurde. Im Elsass gab es seit 1909 eine kleine alt-katholische Gemeinde, die sich aber nach dem Ersten Weltkrieg wieder auflöste.

Das alt-katholische Bistum in Deutschland – das sich als Teil der deutschen katholischen Kirche sieht – ist synodal organisiert: Die Gemeinde wählt den Kirchenvorstand, den Pfarrer und Abgeordnete für Landes- und Bistumssynoden. Wichtige Reformen waren die Abschaffung der Stolgebühren für kirchliche Dienstleistungen, die Feier des Gottesdienstes in der Landessprache und die Aufhebung des Zwangszölibats. Seit 1931 besteht eine Union mit den anglikanischen Kirchen, die 1965 um die Unabhängige Kirche der Philippinen (Aglipayaner) erweitert wurde. Ende des 20. Jahrhunderts wurden Frauen zu den geistlichen Weihen zugelassen. Homosexualität wird nicht mehr diskriminiert.

Heute zählt die alt-katholische Kirche in Baden bei über 5.000 Mitgliedern elf selbstständige Pfarreien mit zwölf hauptamtlichen Priestern. In der Schweiz gibt es die Christkatholische Kirche mit einem eigenen Bischof, in Rheinland-Pfalz und im Saarland sind zwei selbstständige Pfarreien (Koblenz und Saarbrücken) und weitere Diasporagebiete, die von Karlsruhe und Mannheim aus betreut werden. Im Elsass gibt es seit 1984 wieder eine Gemeinde, die einen eigenen Geistlichen hat, der dem Erzbischof von Utrecht unterstellt ist[10].

Anmerkungen

1 Ewald Keßler, Anfänge und Ziele der alt-katholischen Bewegung in Baden, in: Benno Schöke (Hg.), *Kirchliches Jahrbuch für die Alt-Katholiken in Deutschland 1968*, 67 (1967), S. 35–36; Paul Rothmund, Badens liberale Ära, in: Paul Rothmund/Erhard R. Wiehn (Hgg.), *Die FDP, DVP in Baden-Württemberg und ihre Geschichte. Liberalismus als politische Gestaltungskraft im deutschen Südwesten* (Schriften zur politischen Landeskunde Baden-Württembergs 4), Stuttgart 1979, S. 79–96, hier S. 86–87; Ewald Keßler, Die Gemeinschaftsschule in Heidelberg – ein alt-katholischer Erfolg, in: Bernd Panizzi (Hg.), *125 Jahre unterwegs ... Katholische Gemeinde der Alt-Katholiken Heidelberg-Ladenburg. Festschrift zum 125-jährigen Gemeindejubiläum*, Heidelberg 1999, S. 58–77 (nach: Chronik der Stadt Heidelberg, in: Stadtarchiv Heidelberg: Signatur H 190 M).

2 Keßler, Gemeinschaftsschule, S. 68–77; Ewald Keßler, Mittermaier – nicht nur ein Heidelberger Straßennamen!, in: Panizzi (Hg.), *125 Jahre*, S. 80–83.

3 Keßler, Anfänge und Ziele, S. 36; Ewald Keßler, Amtsrichter Beck und sein Aufruf, in: Panizzi (Hg.), *125 Jahre*, S. 84–90.

4 Keßler, Amtsrichter Beck, S. 85–87.

5 Ewald Keßler, Bernhard Windscheid an Peter Knoodt (Briefe 1872–1874), in: *Internationale Kirchliche Zeitschrift*, Bern 1986, S. 42–54.

6 Es handelt sich um Vollmachten (Facultates), die der Papst einem Bischof für fünf Jahre (Quinquennal) überträgt.

7 Ewald Keßler, *Johann Friedrich (1836–1917). Ein Beitrag zur Geschichte des Altkatholizismus*, München 1975, S. 327–331.

8 Ebd., S. 339–343.

9 Z.B. Erlass des erzbischöflichen Ordinariats München vom 17. Mai 1871, zitiert in Keßler, *Johann Friedrich*, S. 335.

10 *Alt-Katholisches Jahrbuch 2011*, Bonn 2011, S. 73–74, 82–83, 94–95.

4.4.4. An der Schnittstelle zwischen deutschsprachigem und frankophonem Baptismus: „Im Herzen bleiben wir Glaubensbrüder"[1]

Frank Fornaçon

Die Entstehung baptistischer Gemeinden auf dem Festland

Britische Christen entwickelten nach den Befreiungskriegen gegen Napoleon ein lebhaftes Interesse an der Verbreitung des Evangeliums auf dem europäischen Festland[2]. Man sah in einer Erweckung auf dem Kontinent die Chance einer neuen Reformation. Zahlreiche Organisationen befassten sich mit der Verbreitung von missionarischen Kleinschriften und Bibeln. Dabei knüpften die „Kolporteure", wie die reisenden Buchhändler damals genannt wurden, und Agenten der britischen Gesellschaften und amerikanische Missionare Kontakte zu erweckten Kreisen, unter anderem in Deutschland und Frankreich.

In England bildeten die Baptisten seit 1612 eine stetig wachsende Freikirche. Ihre Überzeugung, dass der Einzelne selbst für sein geistliches Leben verantwortlich sei, führte sie zur Einführung der Taufe glaubender Erwachsener. Die große Verbundenheit unter den Getauften

Bild 45: Taufe der Baptisten im Neckar bei Stuttgart. Zeichnung von F. Ortlieb (Aus: Die Gartenlaube, Heft 48, Leipzig 1867, S. 757)

zeigte sich in der Betonung eigenständiger und mündiger Gemeinden, die sich wiederum untereinander vernetzten. In den USA war dieser Typus von Kirche außerordentlich erfolgreich, nicht zuletzt, weil Täufer aus Mitteleuropa im 17. und 18. Jahrhundert in die nordamerikanischen Kolonien auswandern mussten.

Für Deutschland und die deutschsprachigen Gebiete Europas wurde Johann Gerhard Oncken (1800–1884) zu einem maßgebenden Koordinator und Impulsgeber dieser missionarischen Bemühungen. Oncken war als Agent mehrerer Traktat- und Bibelgesellschaften tätig, darunter ab 1823 für die Baptist Continental Society. Er pflegte von Hamburg aus zahlreiche Kontakte. In der Hansestadt gründete er 1834 mit sechs anderen Christen die erste Baptistengemeinde in Mittel- und Osteuropa[3]. Eigene Reisen und von ihm ausgesandte Kolporteure führten zur Gründung zahlreicher Baptistengemeinden zwischen den Niederlanden und Russland sowie zwischen Dänemark und der Türkei. Oncken hatte gute Verbindungen in die Schweiz, wohin er mehrfach reiste, um bei der Gründung von Gemeinden[4] zu assistieren und Mitarbeiter zur Mission und zur Betreuung der jungen Gemeinden zu entsenden. In der Schweiz bestanden Verbindungen zu anderen taufgesinnten Kreisen, vor allem zu den Fröhlichianern[5]. Nachdem die deutschsprachigen Baptisten in der Schweiz zunächst zur Rheinischen, nach deren Teilung zur Oberrheinischen Vereinigung[6] als Teil des Bundes der Baptistengemeinden in Deutschland gehört hatten, bildeten sie schließlich 1924 einen eigenen Bund, ohne jedoch die enge Zusammenarbeit mit dem deutschen Bund aufzugeben[7].

In Frankreich begannen 1810 in Nomain in Nordfrankreich eine Bäuerin und ein Bauer mit erwecklichen Versammlungen und bauten 1811 eine erste Kapelle[8], ohne dass die Gruppe bereits eine Baptistengemeinde bildete. Die britische Baptist Continental Society entsandte den Genfer Theologen Henry Pyt nach Nomain, und es kam 1819/20 zu einer Taufe und zur Gemeindegründung[9]. Ami Bost war ebenfalls im Auftrag dieser Gesellschaft als Erweckungsprediger von 1819 bis 1822 im Elsass unterwegs. Auch er stammte aus Genf und hatte dort unter den Herrnhutern seine geistliche Heimat[10]. 1838 entstand schließlich eine Gemeinde in Douai in Nordfrankreich.

Auch baptistische Missionare aus den USA wurden in Frankreich tätig, wie Erastus Willard[11] (1800–1871, tätig von 1835–1857 in Frankreich), der 1839 in Douai ein erstes Seminar gründete, das später nach Paris verlagert wurde. Willard zeigte sich beeindruckt von den Mennonitengemeinden im Elsass[12]. Auf Initiative des amerikanischen Baptistenpastors Howard Malcolm, der 1831 zur Kur in Frankreich war, engagierte sich schließlich auch die American Baptist Missionary Society. 1832 wurde John Casimir Rostan, ein in den USA lebender Franzose, nach Paris ausgesandt, der allerdings bald darauf an der Cholera starb. Ihm folgten weitere Missionare[13], unter ihnen Isaac Willmars (1804–1891).

Britische Baptisten (Baptist Continental Society, London) missionierten in der Bretagne und ebenfalls in Paris. 1832 wurde ein Schweizer Baptist, Mr. Cloux, von den Engländern nach Paris geschickt, um in Abstimmung mit den Amerikanern sowohl unter den in Paris lebenden Deutschen als auch im Osten Frankreichs zu missionieren[14]. Cloux stammte aus Lausanne und hatte in Basel Theologie studiert. Nicht weit von Mülhausen, in Mömpelgard, hatte schon 1833 France Vernet ebenfalls im Auftrag der Baptist Continental Society missioniert[15]. Er besuchte

Erweckte, verkaufte Bibeln und Traktate und taufte Menschen, die zum Glauben gekommen waren[16]. Von Mömpelgard aus, wo später eine Station der Gemeinde Mülhausen entstand, gab es Kontakte in den Schweizer Jura, wo 1872 in Tramelan eine erste französischsprachige Baptistengemeinde in der Schweiz entstand[17]. Die Station Mömpelgard wurde im Juli 1870, dem Monat der Kriegserklärung, selbstständige Gemeinde[18].

Bis zur Revolution von 1848 wurden baptistische Missionsbemühungen von Seiten des Staates unterdrückt. Versammlungen mit mehr als 20 Teilnehmern waren verboten, und regelmäßig wurden Geldstrafen verhängt, die von amerikanischen Gönnern erstattet wurden[19]. In einer kritischen Bewertung der amerikanischen Mission in Frankreich führte Howard Osgood 1867 den geringen Erfolg im Vergleich zur Mission in Schweden und Deutschland darauf zurück, dass es in Frankreich keinen zentralen englischsprachigen Ansprechpartner gegeben habe, wie Johann Gerhard Oncken in Deutschland[20].

1919 wurde von sehr verschieden geprägten Gruppen der Bund der Baptistengemeinden in Frankreich gegründet, der sich jedoch schon 1921 spaltete. Seitdem gehört die Mehrzahl der Gemeinden zur „Fédération des Églises Évangéliques Baptistes de France" (FEEBF)[21], während die anderen Gemeinden, darunter auch Gemeinden im schweizerischen Jura, zu der konservativeren „Association Évangélique des Églises Baptistes de Langue Française" (AEEBLF)[22] gehören[23].

Französische, Schweizer und deutsche Baptisten haben ihre eigenen Wurzeln in der jeweiligen Erweckungsbewegung. Dabei spielten in Frankreich ausländische Mitarbeiter aus England und den USA eine wichtige Rolle, während die englischen und amerikanischen Baptisten die Mission im deutschsprachigen Europa in den ersten Jahrzehnten vor allem finanziell unterstützten. Direkte Beziehungen zwischen dem Bund in Deutschland und dem in Frankreich bestanden kaum, aber die Mitarbeiter der britischen und amerikanischen Missionsgesellschaften sahen Frankreich und Deutschland in einem engen Zusammenhang. So reiste der amerikanische Professor Barnas Sears, der auf seiner Hinreise zu einem Studienaufenthalt in Halle 1834 bei der Gründung der ersten deutschen Baptistengemeinde in Hamburg assistiert hatte, auf der Heimreise in die USA nach Nordfrankreich, um die dort entstehenden Gemeinden zu besuchen[24]. Erst mit der Gründung des Baptistischen Weltbundes 1905 entwickelten sich strukturelle Verbindungen. Nach dem Zweiten Weltkrieg entwickelte sich mit der Gründung der Europäischen Baptistischen Föderation 1949 eine Zusammenarbeit, die 1954 mit der Gründung der Europäischen Baptistischen Mission (EBM) einen ersten Höhepunkt hatte. Der Gedanke an eine gemeinsame Missionsgesellschaft war inspiriert von der politischen Einigung Europas. Die EBM wurde zunächst von den Baptisten in der Schweiz, in Frankreich und Deutschland ins Leben gerufen[25].

Baptistische Gemeinden am Oberrhein

Am Oberrhein entwickelte sich im 19. Jahrhundert eine missionarische Gemeindebewegung, die über die nationalen Grenzen hinweg arbeitete und deutschsprachige Baptisten im Elsass, in der Nordschweiz und in Baden miteinander verband. Dabei wurde auch über die Sprachgrenze hinweg intensiv mit Baptisten im Schweizer Jura und in Ostfrankreich (Mömpelgard) zusammengearbeitet.

Die erste Baptistengemeinde in Baden war in Altheim entstanden, einem Dorf bei Überlingen am See. Der dort lebende Friedrich Maier war in Hamburg mit den Baptisten bekannt und 1844 in der Elbe getauft worden. Er kehrte nach Baden zurück, wo seine Familie zum Glauben kam, und eine Hausgemeinde von acht Personen entstand. 1847 wurde unter Johann Gerhard Onckens Vorsitz die Gemeinde gegründet und Maier zum „Führer" ordiniert. Während der Revolution von 1848 war er Soldat und wurde schließlich von der badischen Revolutionsregierung zum Hauptmann gemacht. Nach der Niederschlagung der Revolution durch preußische Truppen musste er in die Schweiz emigrieren. Dort half er bei der Organisation der Gemeinde Zürich 1849. Weil er nicht an Kampfhandlungen gegen die Reichstruppen teilgenommen hatte, wurde er von den preußischen Truppen nicht belangt und kehrte nach Baden zurück. „Als er von allen Seiten bedrängt und verfolgt wurde und seine Arbeit in Baden in dieser Zeit zwecklos zu

Bild 46: Der Prediger Johann Gerhard Oncken (1800–1884), Gründer zahlreicher Baptistengemeinden in Europa (© Oncken Archiv, Wustermark-Elstal)

sein schien, ging er nach dem Elsass, um in Mülhausen, Kolmar und Straßburg zu wirken, von wo schon lange brieflich ein Missionsarbeiter erbeten worden war."[26] Maier taufte 1850 und 1851 in Basel, wo seit 1850 ein in Bremen getaufter Baptist lebte[27]. 1852 reiste er noch einmal durch die Schweiz, betreute dort die Gemeinde Zürich und besuchte Altheim. Einige Familienangehörige waren ebenfalls in die Schweiz ausgewandert, wo sie später zur Gemeinde Basel gehörten. 1854 wanderte Friedrich Maier in die USA aus. Das Schicksal, nach der Revolution von 1848 auswandern zu müssen, teilte er mit zahlreichen anderen Baptisten.

Unter den badischen Emigranten nach 1848 war Philipp Bickel (1829–1914)[28], der in den USA Baptist wurde und in Rochester Theologie studierte. Er war „aus Weinheim in Baden gebürtig und in einer dortigen Erziehungsanstalt ausgebildet, danach mit der Vorbereitung auf das Notariat beschäftigt, war in die Bewegungen des Jahres 1848 verwickelt worden, infolgedessen er sich nach Amerika begeben musste, wo er nach Gottes wunderbarer Führung eine höhere, als die politische Freiheit erlangen sollte."[29] Bickel kehrte 1879 nach Deutschland zurück, um die Gründung des Predigerseminars der deutschen Baptisten in Hamburg voranzutreiben und die Geschäftsführung des Oncken-Verlages zu übernehmen.

Der Wunsch von Baptisten im Elsass, einen hauptamtlichen Mitarbeiter bei sich zu haben, führte zu einer Bitte an Oncken in Hamburg, der die dafür notwendigen Mittel aus den USA und England bekam und regelmäßig begabte junge Männer im Missionsdienst ausbildete.

Oncken schickte als Prediger Johann Heinrich Lordes (1824–1903)[30], unter dessen Regie im Beisein Onckens 1856 die Gemeinde Mülhausen gegründet wurde, in der er von 1856 bis 1871 wirkte. Die 56 Gründungsmitglieder gehörten vorher zur Gemeinde Zürich und wohnten sowohl in Baden, dem Elsass als auch der Schweiz. Um die verstreut wohnenden Baptisten zu betreuen, wurden rasch mehrere „Stationen" gegründet: Basel, Münster, Markirch, Lindenberg und Gundelfingen sowie ab 1860 Freiburg. Von 1856 bis 1870 wurden 132 Gläubiggewordene getauft[31]. Der Missionsarbeiter besuchte außerdem immer wieder Gläubige in Bern[32].

Der erste Baptist in Mülhausen war Johannes Vogel (1819–1898). Der aus Colmar stammende Bürstenmacher war 1843 in Berlin durch ein Traktat mit Baptisten in Kontakt gekommen und von Gottfried Wilhelm Lehmann getauft worden. 1844 kehrte er ins Elsass zurück[33]. Dort, so Josef Lehmann in seiner *Geschichte der deutschen Baptisten*, legte er „Zeugnis von der Wahrheit, die er erkannt hatte, ab. Von derselben wurde sein früherer Lehrmeister in Mülhausen, bei dem er in Arbeit trat, überzeugt, während dagegen verschiedene sogenannte ‚Pietisten' ihm scharf entgegentraten und unsre Grundsätze verlästerten. Dies veranlasste Vogel, eine Übersicht über unser Glaubensbekenntnis in 12 Artikeln abzufassen, in Druck zu geben und zu verbreiten, wodurch die Lästerer teilweise zum Schweigen gebracht wurden."[34] Auf einer Reise in die Schweiz besuchte Johann Gerhard Oncken auch das Elsass und Mülhausen, wo er Kontakte zu Anhängern des neutäuferischen Gemeindegründers Fröhlich hatte[35].

Die verstreut lebenden Baptisten hielten trotz großer Entfernungen engen Kontakt miteinander. So war zum Beispiel Johannes Schwarzkopf aus der Gemeinde Horgen in der Schweiz 1854 unterwegs, um in seiner Geburtsstadt Lauffen am Neckar zu missionieren. Auf dem Rückweg machte er den Umweg über Heilbronn und durch Baden: „Von Mosheim hatte ich eine weite Strecke nach Littersperg und Gundelfingen bei Freiburg. Nachmittags hielt ich bei einem Bruder Versammlung. In der Gegend von Freiburg war ich vier Tage und besuchte mehrere. Wir verlebten einen schönen Sabbat. Zwei wurden getauft. Von Mülhausen im Elsass ging es dann nach Zürich und Horgen zurück."[36]

In Gundelfingen hatte Schwarzkopf eine wichtige Station. Hier hatte er 1853 einige Christen getauft, die durch preußische Soldaten auf die Taufe aufmerksam gemacht worden waren. Diese waren nach der Revolution von 1848 in Freiburg stationiert und nahmen an Versammlungen erweckter Christen im Dorf Gundelfingen teil. Die Gruppe wurde als Station von Mülhausen aus betreut. Der dortige Prediger Lordes kam wöchentlich über den Rhein, um Andachten zu halten. Die Gundelfinger Gemeindemitglieder fuhren ihrerseits einmal im Monat nach Mülhausen, um am Abendmahl teilzunehmen[37]. 1877 wurde die Gemeinde selbstständige Bundesgemeinde, und 1892 weihte sie eine eigene Kirche ein. Die Gemeinde wurde zum Ausgangspunkt weiterer Gemeindegründungen[38]. So war schon Ende des 19. Jahrhunderts in Denzlingen eine Station entstanden[39], und 1911 wird von einer Station in Wolfenweiler berichtet[40].

Zur Gemeinde Mülhausen gehörte auch die seit 1855 beginnende Gemeindearbeit in Basel[41], die 1897 selbstständig wurde. Sie hatte bis in die 50er Jahre des 20. Jahrhunderts auch Mitglieder in Lörrach, die der Pastor der Gemeinde in der Nachkriegszeit nur mit Sonderpassierschein betreuen konnte. In Lörrach hatte der Zuzug von Flüchtlingen aus Ostdeutschland zu Gemeindewachstum geführt, das schließlich 1953 die Bildung einer selbstständigen Gemeinde

Bild 47: Im Jahre 1892 erbaute die Baptistengemeinde in Gundelfingen eine eigene Kapelle. Sie wurde 1985 abgerissen und von einem Gemeindehaus ersetzt. (© Verein für Heimatgeschichte Gundelfingen und Wildtal)

ermöglichte. Der Zuzug von Flüchtlingen nach Baden und Württemberg wurde nach dem Zweiten Weltkrieg zum Anlass für zahlreiche Gemeindegründungen[42].

In Straßburg wurde die Baptistengemeinde 1893 mit 60 Mitgliedern, davon 40 aus Mülhausen, selbstständige Bundesgemeinde. Bis 1909 war sie bereits durch 129 Taufen auf 117 Mitglieder angewachsen, obwohl 1896 40 Mitglieder an die neu entstandene Gemeinde Metz[43] abgegeben wurden. Dort waren vor allem deutsche Soldaten unter den Gründern der Gemeinde, deren Arbeit durch den Westdeutschen Jünglingsbund finanziell unterstützt wurde[44]. Die Gemeinde Mülhausen hatte durch die Neugründungen 1909 nur noch 62 Mitglieder[45]. Eine weitere Gemeinde entstand in Markirch-Münster bei Colmar, und von Straßburg aus wurde eine Gemeindegründungsinitiative in Saarbrücken unterstützt[46].

Die Gemeinden im Elsass, der Schweiz, in Baden und Württemberg gehörten bis 1893 zur Rheinischen Vereinigung des deutschen Bundes, die sich ab 1893 teilte und für dieses Gebiet als Oberrheinische Vereinigung jährliche Konferenzen abhielt. Die Abgeordneten der ersten Konferenz 1893 kamen aus fünf Schweizer, zwei elsässischen und fünf Gemeinden in Baden und Württemberg. Die Gemeinden berichteten jährlich über viele Aktivitäten ihrer „Vereine", die sich um Kinder- und Jugendarbeit und Frauen kümmerten, sowie in der Traktatmission, dem Missionsnähverein oder im Gesangsverein aktiv waren[47]. Während in den Gemeindegruppen zahlreiche Frauen engagiert mitwirkten, setzte die Gemeinde Freiburg 1914 einen neuen Akzent: „Eine gute Hilfe in der verschiedenen Missionsarbeit in Freiburg bietet unsere Bibelschwester Debora Grüber". Ihre Aufgabe waren seelsorgerliche Hausbesuche, Krankenpflege und die Verbreitung missionarischer Zeitschriften[48].

Theologisch wurde die Gemeinde Mülhausen durch die von Johann Gerhard Oncken geprägten deutschen Baptisten beeinflusst, was zum Beispiel eine exklusive Teilnahme von Gemeindemitgliedern am Abendmahl mit sich brachte. Die Annahme des Glaubensbekenntnisses des deutschen Bundes von 1849 spricht dafür – und auch ein Reisebericht der Tochter Onckens, die ihren Vater auf einer Besuchsreise durch das Elsass in die Schweiz begleitete. Sie betont, dass die Baptisten in Mülhausen besonders wegen ihrer strengen Beachtung des Sabbatgebotes in Schwierigkeiten gekommen waren[49]. Dadurch brachte die Gemeinde in den französischen Baptismus einen anderen Akzent ein als die in der Bretagne entstandenen Gemeinden, die mit den britischen Baptisten enge Kontakte unterhielten. Geprägt wurde die Gemeinde außerdem dadurch, dass im Gegensatz zu anderen Teilen Frankreichs die Täuflinge keinen katholischen, sondern einen lutherischen oder reformierten Hintergrund hatten[50].

Dass sekundäre Fragen für die ersten Baptisten am Oberrhein eine manchmal zu große Bedeutung hatten, zeigte sich 1866 und 1867 in Basel. In den Protokollen der Gemeinde Mülhausen findet sich die Klage aus Basel, wo sich einige Mitglieder über den Reifrock einer in England gläubig gewordenen Baptistin aufregten. Diese Mode galt als unschicklich. Die Gemeindeleitung in Mülhausen entschied mit Unterstützung der Vereinigung, „dass der Glaube an den Herrn Jesus uns zu Kindern Gottes mache und auch zum Erben der ewigen Seligkeit und deshalb auch zur Mitgliedschaft in der Gemeinde berechtige; dass die Apostel nach dem Glauben gefragt und dann die hl. Taufe vollzogen haben, (...) dass wir vor Menschengebote-machen in der Schrift gewarnt werden, dass – wenn wir in äußerlichen Dingen, worin das Reich Gottes nicht besteht, Gewissenszwang einführen und Gesetze machen – wir damit aufgehört haben, des Herrn Gemeinde zu sein (...)."[51] Wie sich die Gemeinde in ihrem Umfeld sah, zeigt ein Bericht aus dem Jahr 1901: „Ungeachtet der Macht des Aberglaubens und Unglaubens, wie sie uns im Weltkirchentum und -christentum und namentlich in einem Lande mit überwiegend katholischer Bevölkerung als großes Hindernis entgegentritt, bereiten auch selbst innere und engere kirchliche oder christliche Kreise unserem Werk große Hindernisse."[52]

Hatte die deutschsprechende Gemeinde Mülhausen bis 1870 selbstverständlich zum deutschen Bund gehört, obwohl sie politisch in Frankreich lag und gute Kontakte ins übrige Frankreich, besonders nach Mömpelgard, hatte, wirkte der Deutsch-Französische Krieg von 1870/71 und der folgende Anschluss des Elsass an das Reich wie ein Schock. Abgeschnitten von den

Beziehungen zu Frankreich waren sie weder richtige Deutsche noch offiziell Franzosen[53]. Von Mömpelgard aus war die erste frankophone Gemeinde in der Schweiz, Tramelan, gegründet worden. Die Beziehungen zu diesen Gemeinden sollten nach 1919 auch für den weiteren Weg der elsässischen Gemeinden bedeutend werden[54].

In der Neuorientierung nach der Rückkehr des Elsass zu Frankreich schloss sich die Gemeinde dem neu entstehenden Bund der Baptisten in Frankreich (FEEBF) an, verließ diesen aber 1930 wieder, weil ihr dieser zu liberal schien und die Autonomie der einzelnen Gemeinde nicht ausreichend respektiert wurde. Die Gemeinde schloss sich der AEEBLF an, zu deren Gründern die ehemalige Tochtergemeinde in Mömpelgard schon gehört hatte[55]. Sie führte damit das Glaubensbekenntnis der AEEBLF ein[56]. Bis in die 60er Jahre wurden die Gottesdienste je nach Bedarf in Französisch oder Deutsch gehalten[57].

Für die Übergangszeit der Reintegration des Elsass war es vermutlich wichtig, dass der Prediger der Gemeinde von 1910–1938, Johann Beerli[58], ein ehemaliger Methodistenprediger, Schweizer war und damit auch nach 1919 die Gemeinde leiten konnte. Beerli berichtet 1919 auf der Konferenz der Oberrheinischen Vereinigung:

> *Durch den Regierungswechsel und die Grenzverschiebung sind die elsass-lothringischen Gemeinden ihrer äußeren Zugehörigkeit nach näher an Frankreich und die dortigen Vereinigungen gerückt worden, der inneren Herzensstellung und der Liebe nach aber bleiben wir auch ferner mit unseren Glaubensbrüdern und -schwestern in der Oberrheinischen Vereinigung wie auch mit allen deutschen Geschwistern verbunden. Denn als Gläubige an den Herrn Jesu sind wir nicht national, sondern international und supernational. Ist doch dieselbe Liebe Gottes in unser aller Herzen ausgegossen, die alle um- und einschließt. Möge der Herr uns Gnade schenken, dass wir fähig werden, ihm sein Reich bauen zu helfen hüben und drüben überm Rhein, damit der Lohn seiner Schmerzen groß werde und voll eingebracht werden kann.[59]*

Für die weitere Zusammenarbeit zwischen französischen und deutschen Baptisten wurde die Londoner Konferenz des Baptistischen Weltbundes 1920 wichtig, in der Friedrich-Wilhelm Simoleit für den deutschen Bund über die Leiden des Krieges sprach und für die internationale Hilfe dankte. Die ehemaligen Feinde nahmen einander mit Tränen in den Augen wieder an[60]. Allerdings waren diese Erfahrungen auf die FEEBF beschränkt, der zu jener Zeit keine Gemeinden im Elsass angehörten.

Nach dem Zweiten Weltkrieg begannen die europäischen Baptisten eine intensivere Form der Zusammenarbeit, die im Elsass nicht an die historischen Gemeinden anknüpfte, die inzwischen keinen Kontakt mehr zum Baptistischen Weltbund hatten. Die 1950 in Paris gegründete Europäische Baptistische Föderation (EBF) beschloss als eine der ersten gemeinsamen Maßnahmen, die Gründung einer neuen Baptistengemeinde in Straßburg als Sitz des Europarates zu fördern. Die französischen und Schweizer Baptisten sollten dafür die Verantwortung übernehmen[61].

Zum Schluss

Die baptistische Bewegung in Baden, dem Elsass und der Schweiz profitierte in ihren ersten Jahrzehnten von den unterschiedlichen politischen Verhältnissen in Frankreich, der Schweiz und Deutschland. Sie konnte politischem Druck ausweichen und erfuhr auch über die deutsch-französische Sprachgrenze hinweg Anregungen.

Die intensiven persönlichen Beziehungen, welche die Gemeinden miteinander verbanden, verloren sich in der Zeit nach dem Ersten Weltkrieg zunächst in Hinblick auf das Elsass. Die neue Grenze zu Frankreich führte zu einer zunehmenden Unkenntnis über die Situation auf der jeweils anderen Seite des Rheins. Da die Gemeinden im Elsass mit historischen Verbindungen zu Deutschland (Mülhausen, Straßburg) nach 1921 zur konservativeren Gruppe der französischen Baptisten (AEEBLF) ohne Kontakte zum Baptistischen Weltbund und der Europäischen Baptistischen Föderation gehörten, fehlten Anlässe zu einer tieferen Zusammenarbeit, wie sie zwischen der Föderation und dem Bund Evangelisch-Freikirchlicher Gemeinden (Baptisten) in Deutschland entstanden sind.

Erst recht nach dem Zweiten Weltkrieg orientierten sich die Baptisten auf beiden Seiten des Rheins nicht mehr aneinander, sondern an den übrigen Baptisten in Frankreich bzw. in Deutschland. Die Entwicklung der Baptistengemeinden in Baden wurde nach 1948 stark durch den Zuzug von Flüchtlingen vor allem aus Ostpreußen und anderen ostdeutschen Provinzen, aber auch durch eine zunehmende Arbeitsmigration in den Süden Deutschlands geprägt, während die traditionellen Beziehungen zu den Schweizer Gemeinden durch die zunehmende Bedeutung der Grenze während des Dritten Reiches und danach abnahmen. Die Interessen richteten sich stärker auf die Gemeinschaft innerhalb des deutschen Bundes.

Unter den Schweizer Baptisten besteht die gleiche Trennung wie unter den französischen. Die frankophonen Gemeinden in der Westschweiz gehören zum konservativeren AEEBLF. Die deutschsprachigen pflegen weiterhin Kontakte nach Deutschland[62].

Anmerkungen

1 Dieser Beitrag kann nur einen ersten Überblick über den wechselseitigen Einfluss der baptistischen Mission in der Schweiz, in Baden und im Elsass darstellen. Er konzentriert sich auf die Zeit vor 1918 und wirft nur einige Blicke in die Zeit nach dem Vertrag von Versailles. Für die Unterstützung bei der Recherche für diesen Aufsatz ist der Gemeinde „Bonne Nouvelle" in Mülhausen, der Bibliothek des Vereins für Freikirchenforschung in Friedensau und dem Oncken-Archiv in Elstal zu danken.

2 Kenneth Steward, *Restoring the Reformation: British Evangelicals and the Francophone 'Réveil' 1816–1849*, London o.J.

3 Der Bund der Baptistengemeinden ging 1941 im Bund Evangelisch-Freikirchlicher Gemeinden in Deutschland K.d.ö.R. auf, nachdem sich die Baptisten mit den heute sogenannten Brüdergemeinden und den Elimgemeinden zusammengeschlossen hatten.

4 Ebnat-Kappel/Toggenburg 1847, Zürich 1849, Horgen 1854.

5 Vergleiche zur Entstehungsgeschichte der Baptistengemeinden in der Schweiz: Lothar Nittnaus, *Baptisten in der Schweiz. Ihre Wurzeln und ihre Geschichte*, Berlin 2004.

6 Vereinigungen sind regionale Zusammenschlüsse unterhalb der Ebene des Bundes. 1893 teilte sich die 1877 gegründete Rheinische und es entstand die Oberrheinische Vereinigung, deren erste Konferenz in Mülhausen abgehalten wurde.

7   Den besten Überblick über die Geschichte der deutschen Baptisten bietet: Günter Balders u.a., *Ein Herr, ein Glaube, eine Taufe. 150 Jahre Baptistengemeinden in Deutschland 1834–1984*, 3. verb. Aufl., Kassel/Wuppertal 1989.

8   Lothar Nittnaus, Hamburg, die erste Baptistengemeinde auf dem Kontinent?, in: Dietmar Lütz (Hg.), *„Die Bibel hat die Schuld daran..." Festschrift zum 175. Jubiläum der Oncken-Gemeinde Hamburg*, Hamburg 2009, S. 34.

9   Artikel „France" in: William H. Brackney (Hg.), *The A to Z of the Baptists*, 2. Aufl., Lanham, Md. 2009, S. 225.

10 http://www.museeprotestant.org/Pages/Notices.php?scatid=13&noticeid=349&lev=1&Lget=EN, eingesehen am 12. Juni 2012.

11 Artikel „Willard, Erastus", in: William Cathcart, *The Baptist Encyclopaedia. A Dictionary of the Doctrines, Ordinances, Usages, Confessions of Faith, Sufferings, Labors, and Successes, and of the General History of the Baptist Denomination in All Lands. With Numerous Biographical Sketches of Distinguished American and Foreign Baptists, and a Supplement*, Bd. III, Philadelphia 1883; Nachdruck, Paris, Ark. 2001.

12 Ian M. Randall, *Communities of Conviction, Baptist Beginnings in Europe*, Schwarzenfeld 2009, S. 43.

13 Keith Jones, *The European Baptist Federation*, Bucks 2009, S. 189.

14 *American Missionary Magazine*, hg. vom Baptist General Convention. Board of Managers, Massachusetts Baptist Missionary Society, (1833), S. 223.

15 *Baptist Magazine, The Continental Herald* (1833), S. 193. Dieselbe Missionsgesellschaft hatte auch Samuel Fröhlich für die Mission im Aargau angestellt, der allerdings häufig auch außerhalb seines Gebietes reiste.

16 *Baptist Magazine* (1833), S. 533.

17 Randall, *Communities*, S. 47.

18 Lothar Nittnaus, *Baptisten – Herkunft und Geschichte in Basel*, Basel 1998, S. 12.

19 http://www.reformedreader.org/history/vedder/ch25.htm, eingesehen am 20. Juni 2012.

20 Randall, *Communities*, S. 46.

21 http://www.eglises-baptistes.fr: 127 Gemeinden mit 6.500 getauften Mitgliedern. Der FEEBF gehört zum Baptistischen Weltbund und zur Europäischen Baptistischen Föderation. Gemeinden dieses Bundes im Elsass gibt es in Logelbach bei Colmar, Metz, bei Mömpelgard, Mülhausen und Straßburg.

22 www.associationbaptiste.com: 62 Gemeinden mit 3.500 getauften Mitgliedern. Zusammen mit unabhängigen Baptistengemeinden rechnet man heute mit etwa 12.000 getauften Mitgliedern. Gemeinden des AEEBLF gibt es im Elsass in Illkirch-Grafenstaden, Schlettstadt, Colmar, Mülhausen, Straßburg und Mömpelgard.

23 Eine gute Zusammenfassung der Geschichte der Baptisten in Frankreich findet sich im Artikel „France, Baptist history", in: John H.Y. Briggs u.a., *A Dictionary of European Baptist Life and Thought*, Bletchly 2009, S. 208f. Eine ausführliche Geschichte bietet Sébastien Fath, *Une autre manière d´être chrétien en France. Socio-histoire de l´implantation baptiste (1810–1950)*, Genève 2001.

24 *The Baptist Missionary Magazine*, hg. vom American Baptist Missionary Union. Executive Committee, 16 (1835), S. 134.

25 *Wenn der Himmel die Erde berührt, 50 Jahre EBM – 35 Jahre MASA*, Elstal 2004, S. 8.

26 Rudolf Donat, *Wie das Werk begann*, Kassel 1958, S. 141ff., hier S. 143.

27 Nittnaus, *Baptisten*, S. 86f.

28 BBKL, Onlineausgabe: http://www.bautz.de/bbkl/b/bickel_p.shtml, eingesehen am 20. Juni 2012.

29 Joseph Lehmann, *Geschichte der deutschen Baptisten*, 2 Teile, Hamburg 1896, Teil II, S. 176.

30 Ebd., S. 177f.

31 Donat, *Wie das Werk begann*, S. 105.

32 http://www.baptisten-bern.ch/de/wir-uber-uns_geschichte, eingesehen am 25. Mai 2012.

33 Schon einige Jahre vor Vogels Rückkehr ins Elsass, in deren Folge die Gemeinde Mülhausen entstand, hatte die Baptist Continental Society einen Mitarbeiter im Elsass: 1832 wird von einem Missionar de Valmont berichtet, der Bibeln und Traktate verbreitete und auch predigte. De Valmont taufte sechs Gläubige. *The Baptist Magazine*, hg. vom Baptist Missionary Society, 24 (1832), S. 318.

34 Lehmann, Geschichte, Teil 1, S. 205. Das Bekenntnis ist in fr. Übersetzung nachgedruckt in der Festschrift der Gemeinde Mülhausen, *Église Évangélique Baptiste. La Bonne Nouvelle, 1845 bis 1970*, Mulhouse 1971.

35 Nittnaus, *Baptisten*, S. 27f. Hier erwähnt Nittnaus auch, dass er die Gemeindeprotokolle von Mülhausen vollständig abgeschrieben habe.

36 Donat, *Wie das Werk begann*, S. 145.

37 Stefan Jung, *Die Evangelisch-Freikirchliche Gemeinde – Baptisten in Gundelfingen*, Manuskript für eine Festschrift des Ortes.

38 Freiburg 1943, Broggingen (seit 1927/28), Lahr (seit 1927/28), Offenburg (seit 1954), Emmendingen (seit 1960) und Denzlingen (seit den 30er Jahren).

39 Protokoll der Oberrheinischen Vereinigung 1901, S. 14. Vgl. Anm. 47.

40 Protokoll der Oberrheinischen Vereinigung 1911, S. 16. Vgl. Anm. 47.

41 Dazu Nittnaus, *Baptisten*.

42 In Südbaden z.B. Konstanz (die dortigen Baptisten hatten bis dahin zur Gemeinde Bischofszell in der Schweiz gehört), Singen (die wenigen Baptisten in Rielasingen bei Singen gehörten bis 1939 zur Gemeinde Weiherhof in der Schweiz), Schwenningen, Waldshut, Tuttlingen.

43 In Metz wurde sehr aktiv unter den dort stationierten Soldaten missioniert. Allein 1898 wurden 20.000 Soldatenpredigten verteilt. Der dortige Jünglingsbund der Gemeinde bestand weitgehend aus Soldaten.

44 *Der Wahrheitszeuge* (Juli 1896).

45 Rudolf Donat, *Das wachsende Werk. Ausbreitung der deutschen Baptistengemeinden durch sechzig Jahre (1849–1909)*, Kassel 1960, S. 354.

46 Protokoll der Oberrheinischen Vereinigung 1914, S. 19. Vgl. Anm. 47.

47 Die Protokolle der Oberrheinischen Vereinigung sind im Oncken-Archiv in Elstal einzusehen.

48 Protokoll der Oberrheinischen Vereinigung 1914, S. 16.

49 *The Baptist Missionary Magazine* 37 (1857), S. 48. Die Tochter Onckens schildert, wie der Bäckermeister Hafner, als er Baptist wurde, sich weigerte, die Kunden am Sonntag zu beliefern. Er verlor daraufhin einen wichtigen Kunden, der ein Restaurant betrieb. Als aber die Kunden nach dem bisherigen Brot fragten und den Grund für den Lieferantenwechsel erfuhren, erklärten sie sich mit Brot vom Vortag einverstanden, und Hafner bekam erneut den Auftrag.

50 Fath, *Une autre manière*, S. 202.

51 Protokoll Mulhouse 15. September 1867, zitiert in: Nittnaus, *Baptisten*, S. 34.

52 Protokoll Oberrheinische Vereinigung 1901, S. 17f.

53 Fath, *Une autre manière*, S. 203.

54 Dazu Nittnaus, *Baptisten*.

55 *Festschrift der Gemeinde Mulhouse*, S. 17.

56 Ebd., S. 11.

57 Ebd., S. 13.

58 Protokoll der Oberrheinischen Vereinigung 1899, S. 21.

59 Protokoll der Oberrheinischen Vereinigung 1919, S. 18.

60 Bernhard Green, *Tomorrow´s Man. A Biography of James Henry Rushbrooke*, Didcot 1997, S. 84.

61 Bernhard Green, *Crossing the boundaries. A History of the European Baptist Federation*, Didcot 1999, S. 20.

62 Zur Geschichte der Schweizer Baptisten siehe Nittnaus, *Baptisten*.

4.4.5. Die Evangelisch-Lutherische Kirche in Baden[1]

FRANK MARTIN BRUNN

Die Wurzeln der Evangelisch-Lutherischen Kirche in Baden liegen in der Mitte des 19. Jahrhunderts. Seit dem ersten Drittel des 19. Jahrhunderts gab es in Europa verschiedentlich Rekonfessionalisierungsbewegungen in den Kirchen und der Theologie. An einigen Orten führten diese zu Separationen, zuerst im Bereich von Unionskirchen, seit den 1870er Jahren auch im Bereich lutherischer Landeskirchen. Ausgelöst wurden die Separationen durch vier mit einander in Wechselwirkung tretende Faktoren: erstens dadurch, dass sich der theologische Rationalismus des frühen 19. Jahrhunderts in den kirchlichen Agenden niederschlug, zweitens durch die Erweckungsbewegung, die sich dezidiert vom Rationalismus abgrenzte, drittens durch das Neuluthertum, das zum Teil aus der Erweckungsbewegung hervorging, und schließlich durch das seit 1848 hervorgetretene neue bürgerliche Selbstbewusstsein, das überkommene Autoritäten hinterfragte. Aus dieser theologisch-kirchenpolitischen Gemengelage entstanden in ganz Deutschland und dem Elsass kleine selbstständige, konfessionell lutherische Partikularkirchen, die auf die Bindung an den kompletten Kanon der Bekenntnisschriften der evangelisch-lutherischen Kirche, also an das Konkordienbuch, großen Wert legten. Sie verfolgten eine konkordienlutherische Theologie mit antimodernistischem Einschlag. Es handelte sich um eine konservative Revolution. Zahlenmäßig sind sie bis heute eine kleine Gruppe geblieben[2].

Im Großherzogtum Baden kam es Anfang der 1850er Jahre zu Separationen von der Landeskirche. 1821 hatten sich die evangelisch-lutherische und die reformierte Landeskirche Badens mit einer Generalsynode und der Bestätigung ihrer Beschlüsse durch den Großherzog zu einer Konsens-Union zusammengeschlossen. Seit 1812 schon hatten beide protestantischen Kirchen eine gemeinsame Verwaltung im Innenministerium. Die Separation von der badischen Landeskirche und die Neugründung evangelisch-lutherischer Gemeinden in Baden geht auf das Wirken der Pfarrer Carl Eichhorn (1810–1890), August Wilhelm Ludwig (1815–1901), Georg Friedrich Haag (1806–1875) und Max Frommel (1830–1890) zurück.

Bild 48: Portrait von Carl Eichhorn (1810–1890), ca. 1885 gemalt von Theodor Rocholl (© Evangelisch-lutherische Christusgemeinde in Korbach)

Im November 1850 legte Carl Eichhorn um der Bindung an das evangelisch-lutherische Bekenntnis willen sein Pfarramt in Nußloch bei Heidelberg nieder und erklärte seinen Austritt aus der Landeskirche. Er wurde des Ortes verwiesen und zog mit seiner Familie nach Durlach bei Karlsruhe. Auf Vermittlung durch den Straßburger Pfarrer Friedrich Theodor Horning wurde Eichhorn zu Vorträgen ins badische Oberland eingeladen. Infolgedessen bildete sich im Frühjahr 1851 in Ihringen am Kaiserstuhl eine erste von der Landeskirche separierte kleine lutherische Gemeinde. Eichhorn schloss sich daraufhin der Evangelisch-Lutherischen Kirche in Preußen an, um eine ordentliche Vokation für die Arbeit in Ihringen zu erhalten. Die Evangelisch-Lutherische Kirche in Preußen war aus einer Separation von der preußischen Unionskirche in den 1830er Jahren hervorgegangen.

Im Sommer des Jahres separierten sich in Nußloch einige Mitglieder von Eichhorns früherer Kirchengemeinde und bildeten ebenfalls eine kleine lutherische Gemeinde. Die beiden Gemeinden in Ihringen und Nußloch wurden hinfort von Eichhorn betreut und von der Generalsynode der Evangelisch-Lutherischen Kirche in Preußen als ihr zugehörig erachtet.

Anfang des Jahres 1855 legte August Wilhelm Ludwig in Söllingen bei Karlsruhe sein Pfarramt nieder und trat aus der Landeskirche aus. Infolge dessen bildeten sich separierte Gemeinden in Söllingen und im benachbarten Berghausen. Im Frühjahr 1855 wurde Georg Friedrich Haag nach mehreren Abmahnungen wegen seiner an der Agende der früheren lutherischen Kirche Badens orientierten Abendmahlspraxis in Ispringen bei Pforzheim durch den Evangelischen Oberkirchenrat der Landeskirche abgesetzt. Daraufhin bildeten sich in Ispringen und Umgebung ebenfalls separierte lutherische Gemeinden.

Der badische Staat ging von Anfang an mit polizeilichen Maßnahmen gegen die lutherischen Geistlichen vor, um sogenannte Proselytenmacherei zu verhindern. Nach den Revolutionskriegen von 1848/49 fürchtete man neue Unruhen. Darum wurde die Bewegungsfreiheit der lutherischen Geistlichen eingeschränkt, Versammlungen wurden verboten, Gottesdienste wurden aufgelöst, Eichhorn und Ludwig wurden mehrfach inhaftiert, unter Hausarrest gestellt und mit Geldstrafen belegt. Haag wich dieser Situation im Sommer 1855 aus, indem er an das Evangelische Missionshaus der preußischen Landeskirche in Berlin wechselte. Bald darauf trat er in die Evangelisch-Lutherische Kirche in Preußen ein und wurde Pfarrer in Stolp in Pommern.

Nach kurzer, aber wenig gedeihlicher Betreuung durch den unions-lutherischen preußischen Pfarrer Rohde beriefen die Gemeinden der Ispringer Separation im Frühjahr 1858 Max Frommel als ihren Pfarrer. In Karlsruhe aufgewachsen und während des Theologiestudiums mit seiner Mutter in die Evangelisch-Lutherische Kirche in Preußen übergetreten, war er seit 1854 Pfarrer in Reinswalde in Schlesien.

Nach etlichen Bittgesuchen und Eingaben an die badische Regierung erteilte das Staatsministerium im November 1856 schließlich den Pfarrern Eichhorn und Ludwig unter erheblichen Auflagen die Duldung zur Betreuung der separierten lutherischen Gemeinden. Nach weiterer Verhandlung Anfang des Jahres 1857 wurde die gesamte bisherige Praxis der kleinen Gemeinden legalisiert. Unter dem Vorwand der Proselytenmacherei mussten sie aber dennoch verschiedene Einschränkungen hinnehmen, z.B. eine Begrenzung der Größe des Gottesdienstlokales. Damit glich ab 1857 der Rechtsstatus der lutherischen Separation in Baden dem einer geduldeten Religionsgemeinschaft.

Im Herbst 1857 schlossen sich die lutherischen Gemeinden der Evangelisch-Lutherischen Kirche in Preußen an und wurden in zwei Pfarrbezirke eingeteilt, Ispringen und Durlach. Zum Pfarrbezirk Durlach gehörten neben Gottesdienstorten in der näheren Umgebung auch Ihringen.

Aus Stolp zurückgekehrt, gründete Haag 1862 auf dem bei Remchingen in der Nähe von Pforzheim gelegenen Sperlingshof eine separierte lutherische Gemeinde. Frommel gründete 1867 in Karlsruhe und 1869 in Freiburg je eine separierte lutherische Kirchengemeinde. 1876 wurde in Baden-Baden ein von Ispringen aus betreuter Gottesdienstort eingerichtet.

Die Anfangsjahre der neuen lutherischen Kirchengemeinden im Großherzogtum Baden waren nicht nur durch staatliche Restriktionen geprägt, sondern auch von Konflikten zwischen den Pfarrern und Teilen der Gemeinden. Haag wurde sich mit Eichhorn und Frommel über den Pfarrbezirk übergreifende Kompetenzen der Pfarrer nicht einig und kritisierte Eichhorns zurückhaltende Zulassungspraxis beim Abendmahl sowie die von Eichhorn eingerichtete Anbindung der badischen Gemeinden an die Evangelisch-Lutherische Kirche in Preußen. Haag sagte sich im Sommer 1862 vom Breslauer Oberkirchenkollegium der Evangelisch-Lutherischen Kirche in Preußen los. So kam es zum Bruch zwischen ihm, Eichhorn und Frommel. Irritiert von den Entwicklungen und unzufrieden mit seiner persönlichen Situation, kehrte Ludwig in dieser Zeit in die Landeskirche zurück.

Auch zwischen Eichhorn und Frommel gab es Differenzen. Die erheblichste betraf die ebenfalls von Haag kritisierte Unterstellung der badischen Gemeinden unter das Oberkirchenkollegium der Evangelisch-Lutherischen Kirche in Preußen in Breslau. Frommel legte seine Position im Sommer 1862 in einer Denkschrift dar. Im Zuge von Lehrstreitigkeiten innerhalb der Evangelisch-Lutherischen Kirche in Preußen, die zu einer weiteren Separation und zur Bildung der Immanuelsynode führten, gründete Frommel im Frühjahr 1865 eine selbstständige evangelisch-lutherische Kirchengemeinde in Ispringen und vollzog mit den von ihm betreuten Gemeinden ebenfalls die Lösung vom Oberkirchenkollegium in Breslau. Daraufhin wurde er durch das Oberkirchenkollegium seines Amtes enthoben. Sein Bruch mit der Evangelisch-Lutherischen Kirche in Preußen führte auch zum Bruch mit Eichhorn, der Frommels Schritt in die badische Selbstständigkeit nicht mit vollziehen wollte. So waren drei separierte lutherische Gruppierungen in Baden entstanden, die keine Kirchengemeinschaft miteinander pflegten. Die Zersplitterung konnte erst 1903 überwunden werden.

Die Trennung zwischen Eichhorn und Frommel sowie Eichhorns Festhalten an der Verbindung mit der Evangelisch-Lutherischen Kirche in Preußen war in den separierten Gemeinden allerdings nur schwer zu vermitteln. Darum wendeten sich in Eichhorns Gemeinden etliche Gläubige von Eichhorn ab und schlossen sich Frommel an. So kam es, dass Eichhorn sich nicht mehr halten konnte und 1866 einen Ruf aus Waldeck in die zur Evangelisch-Lutherischen Kirche in Preußen gehörende Gemeinde in Korbach und Umgebung annahm.

1871 gaben sich Frommels Gemeinden als Vereinigte evangelisch-lutherische Gemeinden im Großherzogtum Baden eine Kirchenordnung, die sie in synodaler Weise verfasste. Auf

Grund der theologischen und kirchenrechtlichen Konkurrenz der Gemeinden zur unierten, mit dem badischen Staat verbundenen Landeskirche konnten die Gemeinden als Vereinigung erst nach dem I. Weltkrieg im August 1919 die Rechte einer Körperschaft des öffentlichen Rechts erlangen.

Nach einer Revision der Kirchenordnung 1903 erneuerte die Evangelisch-Lutherische Synode in Baden 1926 ihre Kirchenordnung und nahm den Namen „Badische Evangelisch-Lutherische Freikirche" an. Nach dem Zweiten Weltkrieg reagierten 1947 einige der lutherischen Freikirchen in Deutschland auf die Gründung der EKD mit einem Zusammenschluss zur sog. „alten Selbständigen evangelisch-lutherischen Kirche" (alte SelK). Ihr traten die badischen Lutheraner 1948 als badische Diözese bei. Mit dem kirchenpolitischen Kurs der alten SelK nicht recht einverstanden, beschloss die Synode der badischen Diözese 1965, aus dem Verband auszuscheiden und sich selbstständig zu verfassen, um eigenständig Gespräche mit der Vereinigten Evangelisch-Lutherischen Kirche (VELKD) führen zu können. Seitdem ist die Evangelisch-Lutherische Kirche in Baden (ELKiB) selbstständig.

Sich als lutherische Diaspora in einem unierten Umfeld erlebend, strebte die ELKiB Ende der 1960er Jahre die Aufnahme in den Lutherischen Weltbund (LWB) an. Zu dieser Zeit war der LWB noch ein auf Bekenntnisbindung gebauter Bund ohne verfassungsrechtlich geordnete Kirchengemeinschaft der darin organisierten Kirchen. Als im Rahmen des Aufnahmeverfahrens der Evangelische Oberkirchenrat der badischen Landeskirche um eine Stellungnahme gebeten wurde, äußerte dieser den Wunsch, anstatt der Aufnahme der ELKiB in den LBW die bestehenden Kontakte zur Landeskirche zu intensivieren. Im August 1968 erfolgte dennoch der Beschluss des Exekutiv-Komitees des LWB, die ELKiB in den LBW aufzunehmen, im August 1969 trat er in Kraft.

Wurde die Verbindung zu den evangelisch-lutherischen Kirchen gesucht, so wurde zugleich die Annäherung der lutherischen und der reformierten Tradition in Deutschland kritisch begleitet. Als Reaktion auf die Leuenberger Konkordie verabschiedete die Synode der ELKiB im Sommer 1975 eine Entschließung, in der sie auf das ungeklärte Verhältnis der Konkordie zu den evangelisch-lutherischen Bekenntnisschriften hinweist und letztere als Grundlage für Kirchengemeinschaft benennt. In ihrer Ausschließlichkeit teilte diese Position die Mehrzahl der im LWB verbundenen Kirchen nicht. Deshalb wollte die ELKiB die Erklärung von Kirchengemeinschaft in der Souveränität der Synode wissen. Auf die Änderung der Verfassung des LWB 1990 in Curitiba hin, die die Kanzel- und Abendmahlsgemeinschaft der Mitgliedskirchen festschreibt, legte die ELKiB Anfang des Jahres 1991 gemeinsam mit den lutherischen Kirchen von Dänemark und Madagaskar Widerspruch ein.

Anfang der 1980er Jahre näherten sich die 1972 gegründete „Selbständige Evangelisch-Lutherische Kirche" (SELK) und die ELKiB einander an. Nach einer „Gemeinsamen Erklärung" am 10. März 1981 kam ein synodaler Prozess in Gang, der mit Synodalbeschlüssen der ELKiB am 20. März 1982 in Freiburg und der SELK am 14. September 1983 in Allendorf/Lumda das Bestehen der Kirchengemeinschaft zwischen beiden Kirchen feststellte.

Die Frage nach der Reichweite der Gleichheit der beiden Geschlechter im Blick auf das kirchliche Amt beantwortete die Synode der ELKiB 1994 mit der Einführung der Ordination von Frauen zum Pfarramt. Das führte zwangsläufig zu neuen Irritationen im Verhältnis zur SELK, die diesen Schritt zwar kontrovers diskutierte, aber selbst nicht zu vollziehen vermochte. Die Irritationen nahmen erneut zu, als die Erlöserkirchengemeinde der ELKiB in Freiburg 2011 erstmals eine Pfarrerin berief.

Anlässlich des 175-jährigen Jubiläums der badischen Landeskirche 1996 wurden Gespräche zwischen der Landeskirche und der ELKiB geführt mit dem Ziel, die bestehenden Beziehungen zwischen beiden Kirchen zu festigen und zu vertiefen. Aus den Gesprächen resultierte eine „Gemeinsame Erklärung", die im Herbst 1996 in Karlsruhe unterzeichnet wurde.

War die Frage der Kirchengemeinschaft gegenüber der Leuenberger Konkordie und der Verfassungsänderung des LWB in Curitiba ein Anlass, das eigene lutherische Profil zu betonen, so auch 1998 die *Gemeinsame Erklärung zur Rechtfertigungslehre* zwischen LWB und Römisch-Katholischer Kirche. Als der LWB seinen Mitgliedskirchen diese Erklärung zur Ratifikation vorlegte, erklärte die Synode der ELKiB, dass und warum aus ihrer Sicht ein Konsens noch nicht erreicht sei.

2012 befasste sich die Synode der ELKiB erneut mit der Leuenberger Konkordie. Nach ausführlicher theologischer und kirchenpolitischer Diskussion fand sich jedoch nicht die Mehrheit, die für die Annahme der Konkordie und die damit verbundene Änderung der Grundordnung notwendig gewesen wäre.

Die ELKiB umfasst heute sieben Gemeinden. Neben den genannten Gemeinden in Ispringen, Karlsruhe, Freiburg und Baden-Baden sind dies Gemeinden in Müllheim, Lörrach-Steinen und Pforzheim.

Weiterführende Literatur

Brunn, Frank Martin: Union oder Separation? Eine Untersuchung über die historischen, ekklesiologischen und rechtlichen Aspekte der lutherischen Separation in Baden in der Mitte des 19. Jahrhunderts (VVKGB 64), Karlsruhe 2006

Brunn, Frank Martin: Eine historisch bedeutsame Herbstreise. Wilhelm Löhe und die lutherische Separation in Baden, in: Zeitschrift für bayerische Kirchengeschichte 76 (2007), S. 188–203

Brunn, Frank Martin: Historische Anmerkungen zum Verhältnis von Kirche und Vereinswesen, in: Gottes Wort in der Zeit: verstehen – verkündigen – verbreiten. Festschrift für Volker Stolle, hg. von Christoph Barnbrock und Werner Klän, Münster 2005, S. 63–84

Anmerkungen

1 Leicht überarbeitete Fassung der Einleitung meines Beitrags: Die Evangelisch-Lutherische Kirche in Baden, in: Werner Klän/Gilberto da Silva (Hgg.), *Quellen zur Geschichte selbstständiger evangelisch-lutherischer Kirchen in Deutschland*, Göttingen 2010, S. 147–183.

2 Vgl. außer dem in Anm. 1 erwähnten Beitrag auch meine Aufsätze: Die Evangelisch-Lutherische Kirche in Baden, in: Werner Klän/Gilberto da Silva (Hgg.), *Lutherisch und selbstständig. Einführung in die Geschichte selbstständiger evangelisch-lutherischer Kirchen in Deutschland*, Göttingen 2012, und: Selbstständige evangelisch-lutherische Kirchen, in: Markus Mühling (Hg.), *Kirchen und Konfessionen. Grundwissen Christentum*, Bd. II, Göttingen 2009.

4.4.6. Die selbstständigen lutherischen Gemeinden in Frankreich

GILBERTO DA SILVA

Die 1802 von Napoleon erlassenen *Articles organiques* (Organische Artikel) waren eine Ergänzung zu dem 1801 mit dem Vatikan ausgehandelten Konkordat. Sie regelten darüber
hinaus auch die Glaubensfreiheit der Evangelischen in Frankreich. Sie enthielten die staatliche
Genehmigung, linksrheinisch legale evangelische Kirchengemeinden zu gründen und eigene
Kirchengebäude zu benutzen. In den *Articles organiques* waren sowohl eine reformierte wie
eine lutherische Kirche vorgesehen und anerkannt. Trotz der Unterscheidung in „reformiert"
und „lutherisch" hatten die beiden Kirchen jeweils eine schwache Bekenntnisbindung, denn
sie verzichteten auf einen „Bekenntniszwang", sodass sich in der Mitte des 19. Jahrhunderts
eine kleine konfessionell-lutherische Opposition im Elsass etablierte.

Zunächst trafen sich die lutherisch Gesinnten in Privathäusern und bildeten in verschiedenen
Orten „Protestgemeinden", die sich gegen die mangelnde Bekenntnisbindung der offiziellen
Kirche Augsburgischen Bekenntnisses wandten. In dieser ersten Phase gab es formal keine Aus-
tritte aus der „Landeskirche", aber die der Bewegung zugehörigen Gemeinden bemühten sich
um die Berufung von konfessionsbewussten Pfarrern, die sich von der „Landeskirche" losgesagt
hatten. In Straßburg sammelte sich eine Gruppe konfessionsbewusster deutschsprachiger Lutheraner um Pfarrer Friedrich Theodor Horning (1809–1882), der die konfessionell-lutherische
Bewegung in der ganzen Region prägte.

Mit der Niederlage Frankreichs im deutsch-französischen Krieg 1871 wurde das Elsass, das
seit dem 17. Jahrhundert französisch war, und ein Teil Lothringens im Frieden von Frankfurt
an das neu gegründete Deutsche Kaiserreich abgetreten. Dies ermöglichte den Kontakt der
konfessionellen Lutheraner im Elsass mit den selbstständigen lutherischen Kirchen in Deutschland, die sich im Laufe des 19. Jahrhunderts aufgrund der Ablehnung der Union evangelischer
Kirchen und der rationalistischen Theologie formiert hatten. Entscheidend hierfür war der seit
1892 entstandene Kontakt zwischen Pfarrer Paul Loeffler (1864–1925) aus Mülhausen und der
1876 im Königreich Sachsen gegründeten „Evangelisch-Lutherischen Freikirche in Sachsen und
anderen Staaten". Im Jahr 1972 schloss sich letztere mit anderen selbstständigen lutherischen
Kirchen auf dem Gebiet der damaligen Bundesrepublik Deutschland zur „Selbständigen Evangelisch-Lutherischen Kirche" (SELK) zusammen.

Die lutherische Gemeinde in Mülhausen, die seit ca. 1850 der Bewegung angehörte und
vor Loeffler bereits von Horning aus Straßburg geistlich betreut wurde, verselbstständigte
sich 1904 und gründete die „Freie evangelisch-lutherische Christusgemeinde ungeänderter
Augsburgischer Konfession zu Mülhausen (Elsass)", die in den Kirchenverband der Evangelisch-Lutherischen Freikirche von Sachsen und anderen Staaten aufgenommen wurde. Im
Jahr 1905 kam aus Sachsen Pfarrer Martin Willkomm (1876–1946), der von Mülhausen aus
andere Gemeinden der „Sächsischen Freikirche" in Wiesbaden und Frankfurt a. M. versorgte.
Außerdem unterhielt er Predigtplätze in Straßburg, Freiburg im Breisgau, der Schweiz (Basel,
Zofingen, Zürich) und Italien (Mailand).

Als 1919 durch den Versailler Vertrag das Elsass wieder Frankreich angegliedert wurde, mussten deutsche Staatsangehörige das Gebiet verlassen, unter ihnen auch Pfarrer Willkomm. Daraufhin berief die Gemeinde Pfarrer Friedrich Müller (1893–?) aus der „Protestgemeinde" in Lembach (Elsass), der im Concordia Seminary der Missouri-Synode in St. Louis (USA) studiert hatte. In diesem Zusammenhang schlossen sich weitere Gemeinden (Lembach, Wörth an der Sauer, Heiligenstein, Obersulzbach, Schillersdorf) der elsässischen „Freikirche" an. Diese Gemeinden gründeten 1926 einen eigenen Kirchenverband, die „Synode de l'Église Évangélique Luthérienne Libre". Im Jahr 1930 wurde eine Gemeinde im Raum Paris gegründet, 1939 eine in Antwerpen und 1950 eine weitere in Brüssel, wodurch der Name in „Église Évangélique Luthérienne – Synode de France et de Belgique" geändert wurde. Im Jahr 2002 verselbstständigten sich die belgischen Gemeinden aus organisatorischen Gründen als „Evangelisch-Lutherse Kerk in België".

Heute zählen zur „Église Évangelique Luthérienne – Synode de France" im Elsass die Gemeinden Straßburg, Wörth-Lembach, Schillersdorf, Mülhausen und Heiligenstein, in der Pariser Gegend Châtenay-Malabry, Paris XV und St. Maur und im Poitou die Gemeinde Prailles-Beaussais. Der Gesamtkirche gehören heute ca. 821 Gläubige (Stand 2012) an. Die Kirche ist Mitglied im konfessionellen „International Lutheran Council" und steht in Kirchengemeinschaft mit der SELK.

Weiterführende Literatur

Die evangelisch-lutherische Freikirche in Frankreich. Festschrift zum 25. Jubiläum ihres Synodalverbandes 1927–1952, Strasbourg 1952

Herrmann, Gottfried: Lutherische Freikirche in Sachsen. Geschichte und Gegenwart einer lutherischen Bekenntniskirche, Berlin 1985; über die französischen Gemeinden S. 333–335

4.4.7. Die Präsenz der Orthodoxie

Radu Constantin Miron

Zur Geschichte

Rechtsrheinisch gehen die Anfänge orthodoxer Präsenz auf das 19. Jahrhundert zurück, als Baden zu einem beliebten Kur- und Erholungsziel russischer Adeliger wurde. Ähnlich wie dies zum Teil auch heute noch der Fall ist, gehörte eine russisch-orthodoxe Gottesdienststätte zur standesgemäßen Ausstattung der russischen Aristokratie bzw. ihres Geldadels. Aber auch die bestehenden dynastischen Verbindungen förderten die Bindungen zur Orthodoxie: 1793 hatte der russische Thronfolger Alexander die badische Prinzessin Louise geheiratet, die unter dem Namen Elisaweta Alexejewna später Zarin wurde. Sechzig Jahre später (1863) war es eine russische Prinzessin, Großherzogin Maria Maximilianowna, geb. Fürstin Romanowskij-Leuchtenberg, die nach Baden „einheiratete".

Bereits 1814 war in der Residenzstadt Karlsruhe eine russische Mission gegründet worden und insbesondere Baden-Baden (damals noch Baden in Baden genannt) wurde zu einem Anziehungspunkt für viele orthodoxe Russen. So ist es kein Zufall, dass hier die dritte russische Kirche in Südwestdeutschland – nach Stuttgart (1854) und Wiesbaden (1855) – gebaut werden sollte. Ab 1859 fanden die Gottesdienste zunächst in angemieteten Privathäusern statt, bis 1882 auf einem von der Stadt Baden zur Verfügung gestellten Grundstück die bis heute existierende Kirche der „Verklärung des Herrn" errichtet wurde (Darmstadt sollte dann 1899 folgen).

Kurz zuvor war ebenfalls in Baden-Baden die sog. „Sturdza-Kapelle" errichtet worden, die viele Jahrzehnte lang das einzige rumänische orthodoxe Kirchengebäude Deutschlands war. Als sie 1863–1866 von dem aus der Moldau vertriebenen Fürsten Mihail Sturdza als Grabkapelle für seinen unter ungeklärten Umständen ums Leben gekommenen Sohn Mihail Sturdza jun. errichtet wurde, hat er in ihrer Stiftungsurkunde nicht nur festgelegt, dass die Kirche immer unter der Jurisdiktion des Metropoliten der Moldau in Jassy (Iași) bleiben, sondern auch, dass sie nie als Pfarrkirche einer Gemeinde dienen sollte. Diese Bestimmung des Kirchenstifters wird bis heute befolgt, dennoch lässt sich sagen, dass diese Kirche, insbesondere gegen Ende des 19. Jahrhunderts, weit mehr als eine bloße Grabkapelle war und stets eine bedeutende Anziehungskraft auf die in Baden und im Elsass ansässigen orthodoxen Rumänen ausübte.

Eine ähnliche Rolle sollte die Stadt Freiburg nach dem Zweiten Weltkrieg für die rumänischen Flüchtlinge einnehmen. 1963 wurde ein eigener Priester (Dumitru Popa, †2004) nach Freiburg entsandt, der nach 1966 die Leitung aller rumänischen orthodoxen Gemeinden Deutschlands innehatte. Bis 1980 nutzte seine Gemeinde die in einem Universitätsgebäude befindliche Peterhofkapelle, dann wurde mit der Kirche „Maria Schutz" ein bis dahin in Deutschland einmaliges Projekt realisiert, eine Kirche nämlich, die von allen orthodoxen Gemeinden der Stadt simultan genutzt werden konnte. Dies waren außer der rumänischen Gemeinde die Kirchengemeinden der Griechen, zeitweise auch der Russen und der Serben. Freiburg ist im Übrigen im rechtsrheinischen Bereich die einzige Stadt, die nach dem Zweiten Weltkrieg eine ständige multinationale orthodoxe Präsenz aufzuweisen hat. Auf die ökumenische Dimension dieser Tatsache wird im Weiteren einzugehen sein.

Rumänische Gemeinden, die der nach der politischen Wende in Rumänien gegründeten Metropolie des Patriarchats Bukarest unterstehen, gibt es auch in Offenburg (dort existiert auch eine serbische Pfarrei) und in Karlsruhe. Durch die hier vorhandene Industrie, aber auch durch die Forschungsstätten, hat sich die Fächerstadt in den letzten Jahren zu einem Zentrum mit vielfältiger orthodoxer Präsenz entwickelt, wo es inzwischen griechische, serbische, arabische, russische und georgische Gottesdienststätten gibt. In den Nachkriegsjahren war Karlsruhe übrigens der Sitz des Metropoliten Nikanor Abramowicz, der das kirchliche Oberhaupt aller ukrainischen orthodoxen Exilgemeinden weltweit war, bis er 1969 verstarb. Weitere orthodoxe Kirchengemeinden befinden sich in Bühlertal (griechisch), Rastatt (rumänisch), Gaggenau (serbisch), Bruchsal (griechisch) und Lörrach (rumänisch). Letztere Gemeinde betreut liebevoll auch den sog. Rumänenfriedhof in Haltingen mit Gräbern rumänischer Kriegsgefangener aus dem Ersten Weltkrieg. Aus der gleichen Zeit stammen auch die im Elsass gelegenen rumänischen Friedhöfe in Sulzmatt (687 Gräber) und Hagenau (472 Gräber), an denen alljährlich Gottesdienste gefeiert werden.

Linksrheinisch ist, was orthodoxe Kirchengemeinden betrifft, natürlich an erster Stelle Straßburg zu nennen. 1945/46 wurde hier eine Gemeinde der russischen Auslandskirche gegründet, die über zwei Jahrzehnte die orthodoxen Christen jeder Nationalität betreute. Als die Zahl der griechischen Studierenden immer mehr anstieg, wurde 1967 eine griechische Studentengemeinde für sie gegründet, welche den Namen der orthodoxen Schutzpatrone der Universitäten und der Bildung, der „Heiligen Drei Hierarchen" trägt. Erst in der Zeit der politischen Wende in Osteuropa entstanden auch andere orthodoxe Kirchengemeinden. Heute gibt es russische Gemeinden auch des Moskauer Patriarchats, rumänische, serbische, bulgarische (seit 1997), ja sogar georgische und französischsprachige orthodoxe Gemeinden in der heimlichen Hauptstadt Europas. In letzter Zeit wird in diesem Zusammenhang insbesondere über den geplanten Neubau einer russischen Kirche in Sichtweite der europäischen Institutionen diskutiert, nachdem der Gemeinderat von Straßburg am 17. Januar 2011 ein entsprechendes Grundstück zur Verfügung gestellt hat.

Auch in Saint-Louis (russisch), Mülhausen (rumänisch) und Bischweiler (griechisch) sind seit vielen Jahren orthodoxe Kirchengemeinden ansässig; bei letzterer handelt es sich um eine Gemeinde von Flüchtlingen von der türkischen Ägäisinsel Bozcaada (griech. Tenedos), die im Elsass eine neue Heimat gefunden haben. Eine Besonderheit stellt auch die orthodoxe Kapelle „Hl. Gregor der Athonite und hl. Anastasia die Römerin" (St. Grégoire l'Athonite et Ste. Anastasie la Romaine) in Bernweiler dar, die auf Betreiben eines prominenten Elsässer Arztes, Dr. Louis-Grégoire Schittly, als Dependance eines Athosklosters errichtet wurde. Nicht unerwähnt bleiben soll auch eine römisch-katholische Pfarrkirche in Eschau, südlich von Straßburg, die sich in den letzten Jahrzehnten zunehmend zu einem Wallfahrtsort für orthodoxe Christen aus ganz Deutschland und Frankreich entwickelt, ruhen hier doch die Reliquien der – auch in der Orthodoxie sehr verehrten – hl. Sophia und ihrer Töchter Pistis (Fides/Glauben), Elpis (Spes/Hoffnung) und Agapi (Caritas/Liebe).

Ökumenisches und Grenzüberschreitendes – einige Namen

Für die ökumenische Bewertung der oberrheinischen Kirchengeschichte aus orthodoxer Sicht ist besonders die Ausstrahlung der theologischen Fakultäten in Freiburg i. Br. und in Straßburg bedeutsam. Eine nicht den Anspruch auf Vollständigkeit erhebende Aufstellung prominenter orthodoxer Theologen, die allein an den zwei theologischen Fakultäten in Straßburg promoviert bzw. studiert haben, mag andeuten, welchen Einfluss diese Fakultäten auch auf die innerorthodoxe theologische und kirchliche Entwicklung hatten und haben. Genannt seien: Benedict Ghiuş, später Archimandrit und Gründer der Bruderschaft vom „Brennenden Dornbusch" in Rumänien (Studium 1927–1932); Chrysostomos Koronaios, später Metropolit und Rektor der Hochschule von Chalki (1931–1934); Petru Rezuş, später Professor für Fundamentaltheologie in Bukarest (Studium 1935–1938); Justin Moisescu, später Patriarch von Rumänien (Promotion 1936); Maximos Psilopoulos, später Athosmönch und Autor (Studium in den 60er Jahren); Chrysostomos Zaphiris, später Metropolit von Peristeri/Griechenland (1971); Dan-Ilie Ciobotea, später Patriarch Daniel von Rumänien (Promotion 1979); Gennadios Limouris, Metropolit von Sassima/Ökumenisches Patriarchat (DEA 1983); Symeon Koutsas, später Metropolit von Nea Smyrni/Griechenland (Promotion 1984); Kyrillos Katerelos, später Professor für Kirchenrecht und Bischof in Athen (DEA in den 80er Jahren); Casian Crăciun, später Erzbischof von Galaţi/Rumänien (Promotion 1984); Chrysostomos Savvatos, später Metropolit von Messinia/Griechenland (Promotion 1992); Nicolae Condrea, später rumänischer Erzbischof von Amerika (Studium 1994–1995); Archimandrit Filotheos Maroudas (Promotion 2012) u. a. m.

Die Anwesenheit dieser orthodoxen Theologen hat aber auch Auswirkungen auf den oberrheinischen Raum selbst. Die Namen zweier ökumenischer Grenzgänger aus dem Elsass mögen dies belegen: Élisabeth Sigel (1907–2005) gehörte 1927 zu den ersten Frauen, die an der protestantischen Fakultät zu Straßburg Theologie studierten. Hier lernte sie orthodoxe Theologen und die Orthodoxie kennen und konvertierte, zwei Jahre nachdem sie 1931 zur ersten reformierten Pfarrerin Frankreichs in Villé-Climont ordiniert worden war, zur orthodoxen Kirche. Zeit ihres langen Lebens wurde sie, die sich nach ihrer Eheschließung Élisabeth Behr-Sigel nennt, nun zur engagierten ökumenischen Brückenbauerin zwischen Ost- und Westkirche und zur begnadeten ökumenischen Zeitzeugin und Impulsgeberin.

Ein ebenfalls aus dem Elsass stammender Konvertit ist der römisch-katholische Geistliche Alphonse-Arbogast Heitz (1908–1998), der seit 1949 unter dem Namen Sergius Heitz als orthodoxer Pfarrer vor allem in Düsseldorf tätig war. Auch er lernt den orthodoxen Glauben über Kommilitonen an der Straßburger Universität kennen. Seine Vision einer deutschsprachigen Orthodoxie, die er durch Gründungen von Gemeinden und Laienorganisationen, durch Übersetzungen orthodoxer gottesdienstlicher Texte ins Deutsche und durch eine rege Publikationstätigkeit zu realisieren suchte, ist durch die Migrationsgeschichte der orthodoxen Christen im deutschen Sprachraum eigentlich hinfällig geworden, bleibt aber für den ökumenischen Kirchenhistoriker interessant und wegweisend.

Ein Grenzgänger ganz anderer Art ist schließlich der Freiburger evangelische Pfarrer Hermann Bujard (1898–1980), der sich nach Ende des Zweiten Weltkrieges für die Ökumene stark machte. Seit 1950 führte er ökumenische Begegnungen im Advent und schon seit 1952 gemeinsame Festgottesdienste in vielen Sprachen durch. Auf seine Vermittlung konnten die russische und die rumänische Gemeinde die oben genannte Peterhofkapelle übernehmen. Diese Einbeziehung orthodoxer Gemeinden und ihrer Geistlichen in die ökumenische Arbeit vor Ort, die heute eine Selbstverständlichkeit ist, ist andernorts bis dato unbekannt. Man kann deshalb ohne weiteres sagen, dass das Erbe von Hermann Bujard bis heute weiterlebt, etwa in der seit 1982 alljährlich am 5. Dezember in der (orthodoxen!) Kirche Maria Schutz stattfindenden ökumenischen St.-Nikolaus-Vesper, die unterschiedliche liturgische Formen östlicher und westlicher Tradition aufnimmt.

Die russisch-orthodoxe Kirche der „Verklärung des Herrn" in Baden-Baden (© g215 – Fotolia.com)

Weiterführende Literatur

Bujard, Hermann: Aus der Geschichte des ökumenischen Kreises Freiburg i. Brsg., in: Orthodoxe Stimmen. Übernationale Orthodoxe Zeitschrift, Nr. 68 (4. Vierteljahr 1970), S. 23–30

Günther, Werner: Aus der Geschichte der russisch-orthodoxen Gemeinde Baden-Baden. Zum 100-jährigen Bestehen der Kirche „Verklärung des Herrn", Baden-Baden 1982

Lossky, Olga: Vers le jour sans déclin. Une vie d'Élisabeth Behr-Sigel (1907–2005), Paris 2007

Miron, Tatjana: Orthodoxe Christen in Freiburg: Die Arbeitsgemeinschaft Ostkirchen e. V., in: Freiburger Kirchenbuch, Freiburg 1995, S. 276–278

Thon, Nikolaj: Erzpriester Sergius Heitz – Zu seinem 100. Geburts- und 10. Todestag, in: Orthodoxie Aktuell (2008), Heft 10

4.4.8. Pfingstgemeinden

PAUL CLARK

4.4.8.1. Die Ursprünge der deutschen Pfingstbewegung

Die Wurzeln der deutschen Pfingstbewegung gehen an den Anfang des 20. Jahrhunderts zurück. Die Heiligungsbewegungen in Großbritannien und Nordamerika hinterließen tiefe Spuren im deutschen Pietismus, der sich offiziell gegen Ende des 19. Jahrhunderts als Gemeinschaftsbewegung organisierte[1]. Mit der Zeit bildeten sich lokale pietistische Gemeinschaften, teils innerhalb einer evangelischen Ortsgemeinde, teils außerhalb der Landeskirchen. Die Gemeinschaftsbewegung betonte persönliche Heiligung, persönliches Bibelstudium und Evangelisation. Sie war die Wiege der deutschen Pfingstbewegung, obwohl die meisten ihrer Zugehörigen Mitglieder der evangelischen Kirche blieben.

Der lutherische Pastor Jonathan Paul wird als der Vater des deutschen Pentekostalismus bezeichnet. Paul, wie viele andere deutsche Pietisten, war begeistert von den enthusiastischen Berichten über die Erweckung in Wales in den Jahren 1903 bis 1904. Einige einflussreiche Leiter der Gemeinschaftsbewegung reisten 1904 nach Wales, um sich persönlich davon ein Bild zu machen, wie Hunderte von Männern und Frauen durch das gewaltige Wirken des Heiligen Geistes berührt wurden[2]. Die geistlichen Aufbrüche in Mülheim an der Ruhr fanden deshalb ein so starkes Echo, weil unter den Heiligungsanhängern die Erwartung groß war, dass bald auch in ganz Deutschland das Erweckungsfeuer ausbrechen würde[3].

Im Mai 1905 begannen die beiden evangelischen Pfarrer Ernst Modersohn und Martin Girkon mit abendlichen überkonfessionellen Gebetstreffen, die sich über mehrere Wochen hinzogen. Zu Beginn der Gebetsreihe predigte Jonathan Paul an vier Abenden und forderte die Gläubigen zu echter geistlicher Erneuerung und tiefer persönlicher Buße auf[4]. Im Anschluss an diese Gebetsveranstaltungen folgte eine Evangelisation, die sechs Wochen lang dauerte. Nicht nur Bürger der Stadt Mülheim nahmen an den Evangelisationsabenden teil, sondern auch Menschen aus den umliegenden Städten; mehr als dreitausend Bekehrungen wurden verzeichnet[5].

Nachdem Jonathan Paul und Emil Meyer von einer Pfingsterweckung in Norwegen hörten, reisten sie im Jahr 1907 in den Norden. Emil Meyer entschied, dass diese Erweckung echt sei, und lud zwei norwegische Missionarinnen, Agnes Telle und Dagmar Gregersen, die sich eigentlich auf den Weg nach Indien machen wollten, ein, um über ihre persönliche Pfingsterfahrung in Deutschland zu berichten. Als Resultat von Telles und Gregersens Dienst in Kassel im Juli 1907 erlebte Deutschland seine erste pentekostale Erweckung. Aufgrund mangelnder geistlicher Leitung kam es betrüblicherweise zu emotionalen Exzessen, was dazu führte, dass die Polizei die Versammlungen wegen Erregung öffentlichen Ärgernisses abbrach. Trotz dieser Ereignisse in Kassel gingen viele Gläubige zurück in ihre Gemeinden in ganz Deutschland und gaben Zeugnis von ihrer persönlichen Pfingsterfahrung.

Die Gemeinde, die sich in Mülheim an der Ruhr als Resultat der Erweckung im Jahr 1905 gründete, wurde zum Mittelpunkt der frühen deutschen Pfingstbewegung. Verschiedene

Konferenzen wurden in Mülheim abgehalten. Sie zogen Hunderte von Gläubigen aus ganz Deutschland an, die offen für die Pfingstbotschaft waren[6]. Diese Treffen prägten und inspirierten Leiter aus den verschiedensten Gruppierungen, die sich nach und nach der jungen Pfingstbewegung anschlossen[7].

In der Gemeinschaftsbewegung erlebte eine große Anzahl von Männern und Frauen einen tiefgreifenden geistlichen Aufbruch durch die Pfingstbewegung. Andererseits lehnte eine wachsende Zahl von pietistischen Leitern und auch freikirchlichen Pastoren diese neue Form der Spiritualität kategorisch ab, was insbesondere auf die emotionalen Exzesse in Kassel und andere negative Berichte darüber zurückzuführen war. Der Widerstand gegen die Pfingstbewegung erreichte seinen Höhepunkt am 15. September 1909, als 56 angesehene evangelikale Persönlichkeiten, die meisten aus der Gemeinschaftsbewegung, die Berliner Erklärung unterzeichneten[8]. Die Unterzeichner stellten fest, dass diese Bewegung von „unten" sei, d. h. satanischer Natur. Die Berliner Erklärung sanktionierte offiziell eine feindliche, anti-pfingstliche Haltung seitens der evangelischen Kirchen und Freikirchen in Deutschland, die fast durch das ganze 20. Jahrhundert anhielt.

Nur wenige Tage nachdem die Berliner Erklärung unterzeichnet wurde, fand in Mülheim eine Konferenz mit 2.500 Teilnehmern statt. Es wurde die Mülheimer Erklärung formuliert, die den Vorwürfen aus Berlin eine klare Absage erteilte. „Wir danken dem Herrn für die jetzige Geistesbewegung. Wir sehen sie an als den Anfang der göttlichen Antwort auf die jahrelangen Glaubensgebete um eine weltumfassende Erweckung. Wir erkennen also in ihr eine Gabe von oben und nicht ‚von unten'."[9]

4.4.8.2. Freikirchliche Pfingstgemeinden

Während sich der Strom der ersten deutschen Pfingstler ausbreitete und nach dem Ersten Weltkrieg unter dem Dach des Mülheimer Verbandes entwickelte, bahnte sich gleichzeitig ein zweiter Strom von Pfingstlern seinen Weg in Deutschland, deren freikirchlich-pfingstliche Tradition sich mit einem baptistischen Tauf- und Gemeindeverständnis verband. Diese zweite Gruppe, in den ersten drei Jahrzehnten des 20. Jahrhunderts noch sehr klein im Vergleich zu den Mülheimern, wurde bis zum Ende des 20. Jahrhunderts zum stärksten Strom des deutschen Pentekostalismus. Der Mülheimer Verband hingegen entwickelte sich bis zum Ende des 20. Jahrhunderts zu einer traditionellen deutschen Freikirche, die keine Säuglingstaufe praktiziert. Im Jahr 2002 gaben die Mülheimer eine offizielle Erklärung ab, die besagte, dass sie sich nicht länger als Pfingstler betrachteten[10].

Die Elim-Bewegung

1922 gründete der Evangelist Heinrich Vietheer (1883–1968), Schwiegersohn von Jonathan Paul, die Zeltmission Berlin-Lichterfelde e. V. und begann nach und nach durch seinen Dienst, Elim-Gemeinden zu gründen. Diese Bewegung hatte eine starke evangelistische Ausrichtung, und anders als die Mülheimer praktizierte Vietheer Taufe durch Untertauchen nach der Bekehrung und lehrte eine Taufe im Heiligen Geist[11]. 1926 führten seine evangelistischen Aktivitäten zur Gründung der Elim-Gemeinde in Hamburg, die heute noch die größte Gemeinde im Bund Freikirchlicher Pfingstgemeinden (BFP) in Deutschland ist[12]. Mit der Machtergreifung durch Hitler wurde die Elim-Bewegung 1936 verboten. 1938 schlossen sich ihre Mitglieder und Pastoren offiziell dem Bund Evangelisch-Freikirchlicher Gemeinden (Baptisten) an, der im Dritten Reich seinen Rechtsstatus als Kirche behielt[13]. Zwischen 1926 und 1936 wurden vierzig Gemeinden mit ca. 5.000 Mitgliedern gegründet[14]. Außer in Hamburg und wenigen anderen Orten in Norddeutschland befanden sich die Gemeinden im östlichen Teil Deutschlands. Die Elim-Gemeinden in Ostdeutschland blieben unter dem juristischen Dach des Bundes Evangelisch-Freikirchlicher Gemeinden, bis sie nach dem Fall der Berliner Mauer 1991 dem BFP beitraten[15].

Freie Christengemeinde

Gustav Herbert Schmidt (1891–1958) wurde in eine Familie deutscher Siedler in Anapol (Wohlynien) in Russland geboren. Später emigrierte er in die Vereinigten Staaten. Nach Beendigung seiner Ausbildung an einer Bibelschule in Rochester, New York, wurde Schmidt 1920 als Missionar von den Assemblies of God nach Polen ausgesandt[16]. 1930 gründete er zusammen mit anderen Pastoren eine Bibelschule in der Freistadt Danzig, dem heutigen Gdansk[17]. Durch diese Bibelschule wurden Hunderte von Pastoren für den Dienst ausgebildet und trugen die Pfingstbotschaft nach Osteuropa und Russland[18]. Im Juni 1938 wurde die Schule von den Nazis geschlossen[19]. Volksdeutsche, die damals in Polen lebten und in Verbindung zur Bibelschule standen, spielten eine Schlüsselrolle bei der Gründung von Freien Christengemeinden, da sie nach dem Zweiten Weltkrieg die Ostgebiete verlassen mussten und dann in Westdeutschland weiter arbeiteten und Gemeinden bauten. Im Jahre 1948, als 25 Mitarbeiter in Stuttgart zusammenkamen, um eine vereinte pentekostale Gruppierung ins Leben zu rufen, war die Freie Christengemeinde gut vertreten. Dieses erste Treffen in Stuttgart diente als Impetus, um die Arbeitsgemeinschaft der Christengemeinden in Deutschland (ACD), Vorläufer des heutigen BFP, zu organisieren[20].

Die Gemeinde Gottes

Hermann Lauster (1901–1964) wurde in der Nähe von Stuttgart geboren. Er wanderte 1926 mit seiner Verlobten in die Vereinigten Staaten aus. Als junges Ehepaar kamen die Lausters mit einer Pfingstgemeinde in Kontakt, in der Hermann sein Leben Christus neu anvertraute[21]. 1935 wurde Lauster von der Church of God Cleveland, Tennessee, ordiniert. Ein Jahr später sandte die General Assembly of the Church of God ihn und seine Frau offiziell in den Stuttgarter Raum als Missionare aus[22]. Nach vergeblichem Bemühen, über seine Pfingsterfahrung mit Freunden und ehemaligen Kontakten in der Gemeinschaftsbewegung zu sprechen, kam Lauster zu der Überzeugung, dass er selbst Gemeinden gründen müsse, die das volle Evangelium verkündeten einschließlich der Glaubenstaufe durch Untertauchen. Auch müsse die Taufe im Heiligen Geist und das Sprechen mit anderen Zungen als Zeichen der Heiligen-Geist-Taufe gelehrt werden. Lauster wurde von den Nazis wegen seiner missionarischen Aktivitäten ins Gefängnis geworfen und später auch in einem Konzentrationslager inhaftiert. Nach seiner Entlassung wurde er von der Wehrmacht eingezogen und auf der Insel Guernsey stationiert. In seiner Zeit dort kamen durch sein Zeugnis mehrere Soldaten zum Glauben, von denen einige nach dem Krieg der Gemeinde Gottes beitraten. Noch vor Ende des Zweiten Weltkriegs hatte Lauster in der Stuttgarter Umgebung zwölf Hauskirchenzellen gegründet[23].

Volksmission entschiedener Christen

Karl Fix (1897–1969) kam aus dem Ersten Weltkrieg als überzeugter Pazifist zurück, trat der Sozialdemokratischen Partei bei und war viele Jahre als erfolgreicher Journalist tätig. Im Jahr 1932 fiel Fix nach dem unerwartet frühen Tod seiner Frau in eine tiefe Depression. Jahrelang konsumierte er Unmengen von Alkohol und litt unter ernsthaften körperlichen Beschwerden. Durch seine Begegnung mit dem Evangelisten Emil Meyer fand er zum Glauben an Christus und erfuhr kurze Zeit später eine außergewöhnliche körperliche Heilung[24]. Nach diesen lebensverändernden Ereignissen arbeitete Fix mit Meyer zusammen, der sein Mentor wurde. 1934 initiierte Fix die erste Volksmissions-Gemeinde in Berlin. Nach seinen Angaben erfuhren fünfundneunzig Prozent der Neubekehrten auch körperliche Heilung[25]. Obwohl die Gemeinde von der Gestapo eine Zeit lang geschlossen wurde, ging sein Dienst weiter. Später erhielt die Volksmission von den Nazis wieder die Genehmigung, ihre Arbeit fortzusetzen, und das zu einer Zeit, in der alle anderen Pfingstversammlungen in Berlin verboten worden waren. Viele Pfingstler fanden Zuflucht in der Gemeinde von Fix. Die Volksmission initiierte in der Nazizeit mehrere Zweigstellen in Berlin.

Durch die Bemühungen von Karl Fix und seiner Missionsgesellschaft wurden Millionen evangelistischer Schriften gedruckt und im deutschsprachigen Raum verteilt. Fix wirkte und predigte in vielen deutschen Städten und zog nach dem Zweiten Weltkrieg wieder in seine alte Heimat Baden-Württemberg zurück. Er organisierte zusammen mit Karl Keck und Paula Gassner den Verband der Volksmission, durch den nach 1945 neue Pfingstgemeinden in Süddeutschland gegründet wurden[26]. Obwohl eine gute Beziehung zwischen der Volksmission und der jungen ACD bestand, dauerte es mehr als 30 Jahre, bevor sich die Volksmission 1988 dem BFP anschloss.

Es ist erstaunlich, dass dieser turbulente historische Hintergrund von 1933 bis in die späten vierziger Jahre den Weg für die kleine und junge Pfingstbewegung bereitete, neue Gemeinden in ganz Deutschland zu gründen. Zwischen 1945 und 1959 wurden allein in Baden-Württemberg 10 Gemeinde-Gottes-Gemeinden, 28 Volksmissions-Gemeinden und 11 BFP-Gemeinden gegründet, die heute noch bestehen[27]. Heute haben der BFP (vormals ACD), die Gemeinde Gottes und die Volksmission in Baden-Württemberg mehr als 170 Ortsgemeinden[28].

4.4.8.3. Ein kurzer Überblick über die Entstehung einiger Pfingstgemeinden am Oberrhein

Die meisten freien Pfingstgemeinden am Oberrhein in Deutschland und im Elsass sind erst nach dem Zweiten Weltkrieg entstanden. Viele dieser Pfingstgemeinden wurden von Einzelpersonen gegründet, die einen inneren Ruf für eine bestimmte Stadt oder Region verspürten[29]. Pfingstler im Allgemeinen nehmen den Missionsauftrag in Apostelgeschichte 1,8 sehr ernst: „[...] aber ihr werdet die Kraft des Heiligen Geistes empfangen, der auf euch kommen wird, und werdet meine Zeugen sein in Jerusalem und in ganz Judäa und Samarien und bis an das Ende der Erde." Dieser Auftrag beinhaltet für sie die Pflanzung neuer Gemeinden.

Bund Freikirchlicher Pfingstgemeinden in Baden

Müllheim – Freie Christengemeinde: Flüchtlinge aus den deutschen Ostgebieten mit einem pfingstlichen Hintergrund bilden 1949 eine Kerngruppe und halten Gottesdienste ab[30]. Heute besuchen ca. 400 Erwachsene und 90 Kinder wöchentlich die Gottesdienste der Freien Christengemeinde.

Lörrach – Freie Christengemeinde: 1950 werden die ersten öffentlichen Gottesdienste mit begleitenden Straßenversammlungen abgehalten. Ein Jugendchor wirkt mit, der die Herzen vieler Menschen erreicht[31]. Heute besuchen ca. 250 Erwachsene und 100 Kinder wöchentlich die Gottesdienste der Gemeinde.

Freiburg-Lehen – Christengemeinde: 1963 bildet sich eine Kerngruppe hauptsächlich aus Studenten mit unterschiedlichen kirchlichen Hintergründen. Es entwickelt sich ein Bibelhauskreis, aus dem dann eine Gemeinde wächst[32]. Heute besuchen ca. 500 Erwachsene und 100 Kinder wöchentlich die Gottesdienste der Christengemeinde.

Baden-Baden (Oos) – Gospelhouse: Im Jahr 1987 findet eine vierwöchige Evangelisation/ Freizeit mit ca. 100 Jugendlichen aus verschiedenen BFP-Gemeinden in Baden-Württemberg statt. Helmut Dengel, der zu diesem Zeitpunkt die Jugendarbeit der BFP-Region leitet, und Siegfried Bessler übernehmen anfangs die Leitung der neuen Arbeit. Zwei Jahre später wird Karl Oppermann Pastor der Gemeinde und im selbem Jahr startet Gospelhouse eine Tochtergemeinde (Freie Christengemeinde) in Ohlsbach[33]. 2004 gründet die Freie Christengemeinde Ohlsbach die Freie Christengemeinde in Oberkirch. Heute besuchen ca. 560 Erwachsene und 110 Kinder wöchentlich die Gottesdienste von Gospelhouse[34].

Das Gospelhouse in Baden-Baden (Oos)
© Gospelhouse Baden-Baden (Oos)

Karlsruhe: In Karlsruhe gibt es sechs Gemeinden innerhalb des BFP: Agape Gemeinde, Gospelhouse, Treffpunkt Leben, Freie Christengemeinde, Christliche Gemeinde Jesus für alle Nationen und Äthiopische freie Evangelische Christliche Gemeinde.

Gemeinde Gottes

Emmendingen: Die Gemeindearbeit in Emmendingen beginnt 1958 mit Zeltevangelisationen und verschiedenen Predigern. Ein Teil der Kerngruppe besucht eine Evangelisation mit US-Pastor Tommy Hicks in Karlsruhe, wodurch sie sich für die Lehre der Pfingstbewegung öffnen[35].

Rheinfelden: 1973 halten Erwin and Bernhard Sack zusammen mit Helmut Petchke aus der Gemeinde Gottes Wehr evangelistische Zeltveranstaltungen ab. Die neue Gemeinde wird von der Gemeinde Gottes in Wehr ca. sechs Jahre lang verwaltet[36].

Mannheim: Das Christliche Zentrum beginnt im Jahr 1981 mit einer Zeltevangelisation auf dem Messplatz in Mannheim. Gründer Pastor Helmut Füssle, unterstützt von einer Gruppe junger Leute aus der Gemeinde Gottes Walldorf, dem heutigen „Christlichen Zentrum Heidelberg", beginnt die Arbeit. Die Gemeinde zieht innerhalb von fünf Jahren aufgrund von ständigem Wachstum zweimal um. Heute hat die Gemeinde ca. 300 Gottesdienstbesucher mit Kindern, die sich wöchentlich im „TSV 1846" in der Stresemannstraße 20 treffen[37].

Mannheim – Volksmission: Zeltveranstaltungen werden 1967 auf dem Neuen Meßplatz mit Unterstützung von ca. fünfzehn Glaubensgeschwistern aus verschiedenen Volksmissions-Gemeinden in Süddeutschland durchgeführt. Gemeindegründer Günther und Erni Kaupp ziehen nach Mannheim und beginnen mit regelmäßigen Gottesdiensten in der Sickinger Schule in T5. Heute besuchen ca. 250 Erwachsene und Kinder die wöchentlichen Gottesdienste in den Gemeinderäumen Am Ullrichsberg 16-20[38].

Bund Freikirchlicher Pfingstgemeinden in der Pfalz

1952 bilden Flüchtlinge aus den deutschen Ostgebieten eine Kerngruppe von Gläubigen, halten Versammlungen in Speyer ab und gründen eine Gemeinde[39]. Unter der Leiterschaft von Pastor Alfred Ziefle gründet die Gemeinde Arche Speyer drei Tochtergemeinden: Freie Christengemeinde Landau (1985), Freie Christengemeinde Germersheim (1988) und Freie Christengemeinde Neustadt (1989)[40]. Zum heutigen Zeitpunkt bestehen auch BFP-Gemeinden in Bad Dürkheim, Ludwigshafen, Pirmasens, Kaiserslautern und Landstuhl.

Pfingstgemeinden im Elsass

Die pfingstliche Tradition im Elsass ist auf das Zeugnis von Maria Andres, einem Gemeindemitglied der Pfingstgemeinde in Rapperswil, Schweiz, zurückzuführen, die von Zeit zu Zeit verschiedene Glaubensgeschwister im Elsass besuchte. In den frühen dreißiger Jahren des 20. Jahrhunderts bildete sich eine Kerngruppe von Pfingstlern in Straßburg. Man traf sich im Haus von Louis Schneider, der in Verbindung zur Gemeinde von Pastor Jonathan Paul in Mülheim-Ruhr stand, wo die Pfingstbewegung in Deutschland ihren Anfang hatte[41].

Die Straßburger Gruppe schloss sich zunächst der Schweizer Pfingstmission an. Paul Siefer (1903–1973), der evangelische Theologie in Straßburg studierte, wird als Vater der Pfingstbewegung im Elsass betrachtet[42]. Siefer, dessen Frau Schweizerin war, hatte eine enge Verbindung zur Schweizer Pfingstmission, was seinen Dienst im Elsass beeinflusste. Von 1930 bis 1950 ermutigte und unterstützte er verschiedene Gruppen, die sich nach und nach formten und einen pfingstlichen Frömmigkeitsstil hatten. Wegen seines Dienstes wurde er in den Konzentrationslagern Dachau und Ravensburg interniert. Siefer war ein begabter Musiker, der viele deutsche Kirchenlieder schrieb. 1958 übernahm er die Leitung des Freizeitzentrums Tabor in Mühlbach bei Münster, das zum Mittelpunkt vieler Begegnungen für Pfingstler aus dem Elsass, aus der Schweiz und aus Deutschland wurde[43].

Zwei junge Prediger aus der Schweiz, Charles Reichenbach und Walter Morri, wurden unter der Aufsicht von Paul Siefer die ersten Pastoren der Pfingstgemeinde in Straßburg (heute: EPIS Gemeinde). Später kam es zu einer Begegnung zwischen Paul Siefer und Pastor Gilbert Ringenbach von den Assemblées de Dieu in Frankreich, der nach und nach die Leitung der Gemeinde Straßburg übernahm[44]. Von 1960 an nahm der Einfluss der Schweizer Pfingstmission langsam ab, und die Gemeinde wandte sich den Assemblées de Dieu in Frankreich zu.[45]

Im Laufe der Jahre traf sich die Pfingstgemeinde an den verschiedensten Orten in Straßburg, bedingt durch ständiges Wachstum immer auf der Suche nach neuen Räumlichkeiten. Durch sie wurden weitere Gemeinden in Hagenau, Schlettstadt, und Saarunion gegründet. Im Jahr 1991 weihte die Gemeinde ihr gegenwärtiges Zuhause in der 7, rue des Frères Eberts ein mit Platz für 1.000 Gottesdienstbesucher[46]. Ca. 1.400 Erwachsene und Kinder besuchen heute die wöchentlichen Gottesdienste. Die Assemblées de Dieu haben insgesamt elf Gemeinden im Elsass[47]. Im Jahr 1957 hielt Herman Lauster, der Gründer der Gemeinde Gottes in Deutschland, Versammlungen in Colmar ab, und 1960 wurde dort die erste Gemeinde Gottes gegründet. Heute gibt es noch eine weitere Gemeinde Gottes in Münster[48]. Vicenzo Barbara wurde 1961 von der Italian Christian Assembly of North America ausgesandt, um die ersten Pfingstgemeinden für italienische Immigranten in Colmar zu gründen. Die meisten dieser Gruppen integrieren sich nach und nach in die Assemblées de Dieu im Elsass[49].

Die Wurzeln der Pfingstgemeinde *La Porte Ouverte Chrétienne* in Mülhausen gehen zurück auf das Jahr 1961, als die Ehefrau von Jean Peterschmitt die Diagnose erhält, dass sie nicht mehr lange zu leben habe. Pastor Gilbert Reichenbach (Assemblées de Dieu) und andere Glaubensgeschwister beten für sie, legen ihr die Hände auf und salben sie mit Öl gemäß der Lehre aus Jak. 5,15–16[50]. Nach und nach wird sie wieder vollständig gesund. Diese Erfahrung verändert ihr Leben und das Leben ihres Mannes völlig. Sie sprechen zu jedem vom lebendigen Glauben an Gott und dass die Liebe Gottes persönlich erfahrbar sei[51]. Im Jahr 1966 öffnet das Ehepaar Peterschmitt sein Zuhause für Treffen zum Gebet und zur Verkündigung des Evangeliums. Im August desselben Jahres beginnt man mit Gottesdiensten im Speisesaal einer Fabrik in Pfastatt, 6 rue de Mulhouse. Mit zunehmendem Wachstum zieht die Gemeinde ab 1970 mehrmals um. Im Jahr 1995 erwirbt man ein Gebäude in Mülhausen-Burzweiler mit Sitzplätzen für 1.900 Menschen. Heute besuchen etwa 2.200 Menschen einschließlich 400 Kinder die wöchentlichen Gottesdienste[52]. Für die deutschsprachigen Gottesdienstbesucher aus der Schweiz und Deutschland gibt es Simultanübersetzung per Kopfhörer. Die Gemeinde hat drei Hauskreise in Deutschland und drei Hauskreise in der deutschsprachigen Schweiz[53]. Die Gemeinde gehört zur Fédération des Églises du Plein Évangile en Francophonie (FEPEF). Die FEPEF hat auch Gemeinden in Colmar, Straßburg, Schiltigheim, Schirmeck und Thann.

4.4.8.4. Schlussgedanken

Obwohl man in fast allen christlichen Kirchen Elemente pfingstlicher Frömmigkeit findet, z.B. Mitglieder, die in Zungen beten, Menschen, die um Heilung beten, und andere, die für die verschiedenen in 1. Kor. 12 beschriebenen Gnadengaben offen sind, gibt es noch wenig ökumenische Berührung zwischen den Großkirchen und Pfingstlern auf Ortsebene am Oberrhein. Pfingstler sehen sich selbst als Teil des Leibes Christi und wünschen die Gemeinschaft mit anderen Kirchen.

Seit 2009 gehören der BFP und die Volksmission entschiedener Christen der ACK in Baden-Württemberg in beratender Mitwirkung an. Der Mülheimer Verband ist seit 2011 Vollmitglied in der ACK in Baden-Württemberg, nachdem er lange Jahre beratend mitgewirkt hatte. Die meisten Pastoren von Pfingstgemeinden am Oberrhein müssen jedoch feststellen, dass ihre Ortsgemeinde von ökumenischen Begegnungen ausgeschlossen ist, was sie sehr bedauern. Sie beten um Einheit, wie Jesus in Joh. 17 betete – ein Muss für alle Gläubigen, die unter dem Kreuz Jesu vereint sind. Der Schweizer Theologe Walter Hollenweger stellt fest: „Trotz gegensätzlicher theologischer Positionen ist es möglich, zusammen zu beten, zusammen zu singen und zusammen zu handeln. Hierin zeichnen Pfingstler sich aus."[54]

Anhang

Bund Freikirchlicher Pfingstgemeinden, Region Baden-Württemberg
Regionalleiter Dieter Mundt, Lenaustraße 2, 74074 Heilbronn
Sekretariat: Ringstraße 11, 74391 Erligheim
Ca. 5.852 Mitglieder (zuzüglich ca. 2.800 Kinder) in 85 selbstständigen Gemeinden. Davon 23 internationale Gemeinden (Stand 01.01.2011).

Volksmission entschiedener Christen, Mitglied im Bund Freikirchlicher Pfingstgemeinden
Sekretariat: Industriestraße 3, 74321 Bietigheim-Bissingen
Ca. 4.300 Mitglieder, 53 Gemeinden in Baden-Württemberg, Bayern und Berlin.

Gemeinde Gottes Deutschland K.d.ö.R
Sekretariat: Schurwaldstraße 10, 73660 Urbach
Ca. 3.418 Mitglieder (Stand 2004), 75 selbstständige Gemeinden in ganz Deutschland. Davon 17 internationale Gemeinden (Stand 2010).

Assemblées de Dieu Ostfrankreich
Regionalleiter Pastor Jean-Marc Godel
Sekretariat: Eglise Evangélique de Pentecôte, 5, rue de Verdun, 88100 Saint-Dié-des-Vosges
Zahlen nur für das Elsass: Ca. 1.155 Mitglieder, wöchentliche Gottesdienstbesucher mit Kindern ca. 2.270, 11 Gemeinden.

Anmerkungen

1 „Die Geschichte des Evangelischen Gnadauer Gemeinschaftsverbands", Evangelischer Gnadauer Gemeinschaftsverband e. V.; www.gnadauer.de/cms/der-verband/geschichte.html (Stand: 27. Dezember 2010).

2 Ekkehart Vetter, *Jahrhundertbilanz – erweckungsfasziniert und durststreckenerprobt: 100 Jahre Mülheimer Verband Freikirchlicher-Evangelischer Gemeinden*, Bremen 2009, S. 30.

3 Ebd.

4 Ernst Modersohn, *Die Erweckung in Mülheim an der Ruhr 1905*, Mülheim an der Ruhr 1995, S. 2.

5 Ebd., S. 40.

6 Adelheid Junghardt und Ekkehart Vetter, *Ruhrfeuer: Erweckung in Mülheim an der Ruhr 1905*, Mülheim an der Ruhr 2004, S. 107.

7 Ebd.

8 Christian Hugo Krust, *50 Jahre Deutsche Pfingstbewegung: Mülheimer Richtung*, Altdorf 1958, S. 67.

9 Orte der Erweckung (II): In Mülheim an der Ruhr fand einer der umstrittensten Aufbrüche statt, *IdeaSpektrum* (2007) Nr. 26; www.idea.de/pressedienst/detailartikel/archive/2007/april/artikel/warum-einer-erweckung-die-spaltung-folgte.html?tx_ttnews[day]=26&tcHash=3d56fa25cb (Stand: 23. September 2010).

10 Einheit und Klarheit: Eine Stellungnahme des MV zum Forum Freikirchlicher Pfingstgemeinden (FFP), in: *Gemeinde KONKRET* 6 (2002), S. 3; www.muelheimer-verband.de/fileadmin/downloads/MVzumFFP.pdf (Stand: 22. Mai 2010).

11 Bernhard Olpen, *Gekämpft mit Gott und Menschen: Das Leben von Heinrich Vietheer*, Erzhausen 2007, S. 70.

12 Karl-Heinz Voigt, Biographie Heinrich Vietheer, in: BBKL, http://www.kirchenlexikon.de/v/vietheer_h.shtml (Stand: 10. Dezember 2010).

13 Dieter Hampel, Richard Krüger und Gerhard Oertel, *Der Auftrag bleibt: Der Bund Freikirchlicher Pfingstgemeinden auf dem Weg ins dritte Jahrtausend*, Erzhausen 2009, S. 180.

14 Olpen, *Gekämpft*, S. 156.

15 Hampel, Krüger und Oertel, *Auftrag*, S. 254.

16 Gottfried Sommer, *Anfänge freikirchlicher Pfingstgemeinden in Deutschland zwischen 1907 und 1945*, Wissenschaftliche Hausarbeit, Freie Theologische Hochschule, Gießen 1998, S. 25–26.

17 Tom Salzer, The Danzig Gdanksa Institute of the Bible Part 1, in: *Heritage* 3 (1988), S. 10.

18 Ebd.

19 Tom Salzer, The Danzig Gdanksa Institute of the Bible Part 2, in: *Heritage* 4 (1988), S. 11.

20 Ludwig David Eisenlöffel, *Freikirchliche Pfingstbewegung in Deutschland. Innenansichten 1945–1985*, Göttingen 2006, S. 55.

21 Herman Lauster, *Vom Pflug zur Kanzel*, 2. Aufl., Urbach 1985, S. 18.

22 Ebd., S. 46.

23 Paul Schmidgall, Biographie Herman Lauster, in: BBKL, http://www.kirchenlexikon.de/l/lauster_h.shtml (Stand: 12. Dezember 2010).

24 Bernhard Röckle, *Geboren in schwerer Zeit. Karl Fix und die Entstehung der Volksmission entschiedener Christen von 1933 bis 1945*, Stuttgart 2002, S. 24–27.

25 Ebd., S. 30.

26 Ebd., S. 45.

27 Paul Clark, *Die Gründung von Pfingstgemeinden in Deutschland: 1945–2005. Implikationen für intentionale Mission im 21. Jahrhundert*, Bad Dürkheim 2011, S. 161.

28 Die Volksmission trat 1988 dem BFP bei.

29 Clark, *Gründung*, S. 80–84.

30 Ebd., S. 168.

31 Ebd., S. 178.

32 Ebd., S. 236.

33 Ebd., S. 228.

34 Die statistischen Daten wurden direkt von den BFP-Ortsgemeinden und/oder durch das BFP-Sekretariat erhoben, Stand 2011.

35 *50 Jahre Gemeinde Gottes Emmendingen: 1958–2008*, Gemeinde Gottes Emmendingen 2008.

36 Clark, *Gründung*, S. 187.

37 Ebd., S. 173.

38 Günther Kaupp/Herbert Ros, *Missionarisch in die Zukunft: 50 Jahre Volksmission entschiedener Christen*, Stuttgart 1995, S. 97.

39 Clark, *Gründung*, S. 169.

40 Ebd., S 193, 228.

41 EPIS Gemeinde Strasbourg Geschichte, www.epis-strasbourg.eu/fr/eglise/ historique/115-eglise/95-historique.

42 Raymond Pfisters ausführliche Dokumentationen über Pfingstler und Charismatiker im Elsass sind bis heute die Basis historischer Information zu diesem Thema. Soixante ans de pentecôtisme en Alsace (1930-1990), www.pfister.ws/Version_francaise/version_ francaise.html.

43 Telefoninterview mit Raymond Pfister, 29.01.2013.

44 EPIS Gemeinde Strasbourg Geschichte.

45 Telefoninterview mit Raymond Pfister, 29.01.2013.

46 EPIS Gemeinde Strasbourg Geschichte.

47 E-Mail-Korrespondenz mit Pastor Michel Schneider der EPIS Gemeinde Strasbourg, 09.02.2013.

48 Telefoninterview mit Raymond Pfister.

49 Ebd.

50 Ebd.

51 La Porte Ouverte Chrétienne Mulhouse, Gemeinde-Webpage, www.porte-ouverte.com/eglise/historique.

52 Ebd.

53 Telefoninterview mit Guido und Maja Berber-Suter, Mitarbeiter der La Porte Ouverte Chrétienne Mulhouse, 19.02.2013.

54 The Rise of Pentecostalism: Christian History Interview with Walter J. Hollenweger, in: *Christianity Today* (1. April 1998); www.christianitytoday.com/ch/1998/issue58/58h042.html?start=2 (Stand: 8. Mai 2009).

5. Ökumene, Aussöhnung und Grenzüberschreitung

Marc Lienhard

5.1. Das Erbe der Vergangenheit – die schwere Bürde des Nationalismus

5.1.1. Von der Französischen Revolution bis 1870

Der Nationalismus des 19. und 20. Jahrhunderts hat bekanntlich starke Auswirkungen auf unsere Länder und Kirchen gehabt. Seine Wurzeln sind vielfältig. Am Oberrhein haben insbesondere die Französische Revolution und die napoleonischen Kriege zum Aufkommen des modernen Nationalismus beigetragen.

Die im Elsass zunächst begrüßte Französische Revolution führte zur Abschaffung der Adelsherrschaft und zur Enteignung der Fürsten, deren Territorien Frankreich einverleibt wurden. 1790 wurde die Zollgrenze von den Vogesen an den Rhein verlegt. Das Elsass bildete nun zum ersten Mal eine Einheit, die allerdings in der Folgezeit in zwei Departements aufgeteilt wurde: Haut-Rhin und Bas-Rhin (die in Deutschland meistens als Ober- und Unterelsass bezeichnet werden). Diese Veränderungen wurden von den meisten Elsässern hingenommen, auch wenn Angehörige des Klerus mit ihrem Bischof an der Spitze und Aristokraten ins Ausland flohen.

In Deutschland stieß die Französische Revolution zuerst bei vielen auf positive Resonanz[1]. Zwar wurde die Adelsherrschaft nur in Einzelfällen in Frage gestellt, und manche, wie der Bischof von Speyer, verurteilten die Übergriffe auf Güter und ererbte Rechte. Aber Deutsche wie der junge Schiller, Fichte, Schelling oder Hegel waren für die Ideale von Freiheit und Brüderlichkeit, sogar für den Gedanken einer von der Französischen Revolution favorisierten „universellen Republik" aufgeschlossen. In einigen Städten (z.B. in Mainz) wurden die französischen Truppen und die revolutionären Ideale mit Wohlwollen aufgenommen. Im Übrigen kamen Deutsche wie Eulogius Schneider[2] oder Johann Friedrich Butenschoen[3] ins Elsass und wurden begeisterte Jakobiner.

Ab 1792 befand sich das revolutionäre Frankreich mit den meisten europäischen Herrschern im Krieg, der besonders das Elsass und die umliegenden Regionen in Mitleidenschaft gezogen hat. Das linke Rheinufer, also die linksrheinische Pfalz sowie die Bistümer Speyer und Mainz, wurde von den Franzosen erobert und ging 1794 im neu gebildeten Departement Donnersberg auf (vgl. S. 152).

Im Jahr 1793 schickten die Jakobiner zwei Vertreter, Antoine de Saint-Just und Philippe François Joseph Lebas, aus Paris ins Elsass, um auch dort ihre Diktatur durchzusetzen. Die Jakobiner bekämpften die regionale Volkskultur und betrieben die Durchsetzung der französischen Sprache. „Die Sprache eines freien Volkes muss für alle gelten", verkündete der Abgeordnete Bertrand Barère 1794 im Nationalkonvent, und der Geistliche Abbé Grégoire brachte ein Memorandum ein über die „Möglichkeiten zur Beseitigung der Dialekte". „Die Emigration und der Hass auf die Republik sprechen Deutsch", hieß es nach einer bekannten Parole. In Straßburg wurden die Straßen umbenannt. So wurde aus der Knobloch-Straße (benannt nach einer bekannten Familie des 16. Jahrhunderts) die Rue de l'Ail. Bernard Vogler zufolge schlug die Haltung der frankophonen Jakobiner „in eine ausgesprochen anti-deutsche Hysterie um, indem sie die ausschließliche Verwendung der französischen Sprache für die gesamte Verwaltungskorrespondenz, für Schulen, standesamtliche Register und notarielle Beurkundungen vorschrieben. [...] Die protestantische Universität wurde wegen ihrer Kontakte zum deutschen Kulturraum geschlossen und als germanische Hydra bezeichnet."[4]

Trotz der Schreckensherrschaft hat die Französische Revolution aufs Ganze gesehen die Integration des Elsass in das französische Reich intensiviert. Nicht nur auf wirtschaftlicher Ebene, sondern auch in der Mentalität der Elsässer wurde der Rhein zur Grenze. „Hier beginnt das Land der Freiheit" war auf einem Schild zu lesen, das auf der Rheinbrücke bei Kehl angebracht war. Man war Bürger, nicht mehr Untertan, und gehörte zu *einer* Nation. Auch wenn die Elsässer weiterhin ihren Dialekt sprachen und sich der deutschen Sprache bedienten, fühlten sie sich als Franzosen. Die jahrhundertealten Bindungen mit den anderen Gebieten am Oberrhein begannen sich zu lockern. Die napoleonischen Kriege verstärkten diesen Integrationsprozess. 64 Generäle aus dem Elsass dienten in den französischen Armeen.

Bild 49: Die Brücke von Kehl: „Hier beginnt das Land der Freiheit". Zeichnung von Hansi (= Jean-Jacques Waltz). Vgl. Farbbild 31 (Aus: L'Histoire d'Alsace racontée aux petits enfants d'Alsace et de France par l'oncle Hansi, Paris 1913, S. 71)

Die Koalitionskriege (1792–1807) hatten auch eine territoriale Neuordnung am Oberrhein zur Folge: Die linksrheinische Pfalz, die 1793 von französischen Truppen besetzt worden war, wurde 1797 der Republik eingegliedert und gehörte auch zum nachfolgenden napoleonischen Kaiserreich. Sie verlor nicht nur ihre Zivilbehörden, sondern auch ihre kirchlichen Einrichtungen, denn unter der jakobinischen Schreckensherrschaft wurde die Entchristlichung betrieben. Als Napoleon die Revolutionswirren beendete und mit dem Konkordat von 1801 die katholische Kirche und mit den Organischen Artikeln von 1802 die protestantischen Kirchen neu ordnete, wurde er als Retter gefeiert.

Die rechtsrheinischen Gebiete der Pfalz wurden dagegen dem Kurfürstentum, später Großherzogtum Baden zugeschlagen, das auch zahlreiche weitere, vorher autonome Herrschaftsgebiete erhielt. Die badischen Truppen kämpften an der Seite Frankreichs gegen Preußen, dann gegen Österreich und Russland. Als sich 1813 die Befreiung von der napoleonischen Herrschaft

anbahnte, fiel die Begeisterung im Großherzogtum geringer aus als in den anderen deutschen Ländern. Dies änderte sich auch nicht, als sich der Großherzog schließlich der antifranzösischen Koalition anschloss. Diese hielt das Elsass von 1814 bis 1818 besetzt und erhob auch territoriale Ansprüche, vor allem auf Weißenburg und seine Umgebung. Teilweise wurde sogar die Meinung geäußert, man müsse das Elsass dem Königreich Württemberg eingliedern oder zu einem eigenen Erzherzogtum erheben. Das Elsass blieb schließlich französisch (siehe Farbbild 11a).

Bis 1860 bildete der Rhein eine Zollgrenze für die Industrie, die sich inzwischen im Elsass entfalten konnte, während die wirtschaftlichen Beziehungen im Wesentlichen auf Innerfrankreich ausgerichtet waren. Um die Mitte des 19. Jahrhunderts „hob sich das Elsass von den deutschen Staaten durch einen lebendigen Patriotismus ab, vor allem seit der internationalen Krise von 1840, aber auch durch eine kulturelle wie europäische Öffnung, die sich in der Aufnahme

Bild 50: Bruno Franz Leopold Liebermann (1759–1844) als Generalvikar von Straßburg. Lithographie (Aus: Joseph Guerber, Bruno Franz Leopold Liebermann, Freiburg i. Br. 1880)

zahlreicher politischer Flüchtlinge aus Deutschland, Griechenland und später auch aus Polen manifestierte."[5] Diese patriotische Gesinnung äußerte sich insbesondere bei den Feierlichkeiten zum 200jährigen Anschluss des Elsass an Frankreich (1848), auch wenn in den Ansprachen der örtlichen Politiker der Wille zur Aussöhnung mit Deutschland erkennbar wurde.

Der 1852 abgeschlossene Bau der Eisenbahnlinie zwischen Paris und Straßburg, die kontinuierliche Verbreitung der französischen Sprache und wirtschaftliche Faktoren verstärkten die Verbindungen zwischen dem Elsass und Innerfrankreich. Die alten Beziehungen zu den anderen Gebieten des Oberrheins waren allerdings noch lange nicht verschwunden. Ein Beleg dafür ist der Werdegang des protestantischen Theologen Johann Friedrich Bruch[6], der 1809 im pfälzischen Pirmasens geboren wurde. Er ging zum Studium nach Straßburg, war Hauslehrer in Paris und Köln und verbrachte dann seine gesamte berufliche Laufbahn als Professor an der Straßburger Universität.

Für die katholische Seite kann man auf den Lebenslauf von Bruno Franz Leopold Liebermann verweisen, der 1759 in Molsheim geboren wurde. Er wirkte an der Neuordnung der Mainzer Diözese mit, wo er von 1805 bis 1824 das Priesterseminar leitete, bevor er wieder ins Elsass zurückkehrte. Bezeichnend ist auch der Lebenslauf von Andreas Räß[7], der 1794 in Sigolsheim geboren wurde. Er trat ins Priesterseminar der Diözese Mainz ein, wo er auch lehrte, bis er 1840 Bischof von Straßburg wurde. Schließlich sei noch an Philippe Golbéry[8] erinnert, der von 1834 bis 1848 Abgeordneter im Departement Haut-Rhin (Oberelsass) war. Nach seinem Studienaufenthalt in Koblenz sprach er fließend Deutsch und unterhielt zwischen 1834 und 1848 freundschaftliche Beziehungen zu Professoren der Universität Heidelberg und der intellektuellen Elite Deutschlands. Protestantische Theologiestudenten wie Jacques Matter oder Eduard Reuss verbrachten oft ein Studienjahr in Deutschland – meistens in Göttingen oder Halle, nicht jedoch in Heidelberg. Es gab aber auch Verbindungen mit dem Großherzogtum Baden. Bezeichnend ist die Ansiedlung der Familie Goldenberg im Elsass (1817), die dort ein bedeutendes Industrieunternehmen gründete.

Der Französischunterricht fand seit Ende der 1820er Jahre im Elsass weitere Verbreitung, ab 1853 wurde Französisch Unterrichtssprache in den elsässischen Volksschulen. Lediglich als Wahlfach für Schüler wurde Deutsch 45 Minuten pro Tag unterrichtet.

Bild 51: Der Straßburger Theologe Eduard Reuss (1804–1891) (© Bibliothèque Nationale et Universitaire de Strasbourg)

Einige Elsässer, wie z.B. Eduard Reuss[9] 1835 oder der katholische Theologe Louis Cazeaux[10] 1867, setzten sich allerdings für die Erhaltung der deutschen Sprache ein. Zahlreiche Zeitungen und Zeitschriften erschienen weiterhin in dieser Sprache. 1858 gründete Auguste Neffzer[11] die *Revue germanique* mit dem Ziel, Deutschland und Frankreich wieder einander anzunähern, und 1861 *Le Temps*. Mit dem *Straßburger Korrespondenten* entstand 1859/60 ein besonderes Blatt, dessen elsässische und deutsche Redakteure sich berufen fühlten, zwischen Frankreich und Deutschland zu vermitteln. Zahlreiche Veröffentlichungen erschienen weiterhin auf Deutsch, wobei die große Anzahl von Übersetzungen und zweisprachigen Publikationen das Bemühen der Elsässer um kulturelle Vermittlung erkennen ließ. In den protestantischen Gemeinden fand der Katechismusunterricht wie der Gottesdienst fast ausschließlich in deutscher Sprache statt.

5.1.2. Von 1870 bis 1918

Der Ausgang des deutsch-französischen Kriegs von 1870/71 und die Eingliederung des Elsass ins Deutsche Reich verstärkten die Beziehungen zu den benachbarten deutschen Gebieten (siehe Farbbild 11b). Allerdings rief die Eingliederung den Protest der elsässischen Abgeordneten bei dem damals in Bordeaux tagenden Parlament und dann im Berliner Reichstag hervor. In der Folgezeit führten Männer wie Abbé Émile Wetterlé[12] und Hansi[13] sowie Vereine wie der 1887 gegründete „Le Souvenir Français" (Französisches Gedenken) den Widerstand aktiv weiter und traten für den Verbleib bei Frankreich ein. Es gab auch Vertreter elsässischer Kultur wie Charles Spindler (vgl. Farbbild 14), Gustave Stoskopf oder die Brüder Mathis, die sich gegen die deutsche Vereinnahmung ihrer Kultur wehrten[14]. Nach 1870 entschlossen sich übrigens 6,5 % der Bevölkerung, d. h. mehr als 50.000 Elsässer, zur Auswanderung nach Frankreich. Andererseits kam es zu einer starken Zuwanderung von Deutschen. Im Jahr 1910 entsprachen die Deutschen mit ihren im Elsass geborenen Kindern einem Sechstel der Straßburger Bevölkerung. Die hohen Beamten stammten im Allgemeinen aus Berlin, die kleineren Beamten dagegen aus den umliegenden Gebieten – vor allem aus Baden und Württemberg. Eine Reihe akademischer Lehrer von hohem Niveau wurde an die Universität berufen, von denen einige, wie der protestantische Theologe Heinrich Holtzmann, ebenfalls vom Oberrhein gebürtig waren. Dies traf noch mehr auf die 2.000 Studenten an der Universität zu, vor allem auf die Theologiestudenten.

Für die elsässische Wirtschaft brachte der Anschluss an Deutschland tiefgreifende Veränderungen mit sich. Sie hatte sich jetzt nach den Bedürfnissen des deutschen Marktes zu richten, und viele Führungskräfte waren nach Frankreich ausgewandert. Einige Wirtschaftszweige gingen ein, andere dagegen erlebten einen neuen Aufschwung. Neue, in Berlin erlassene Gesetze förderten den sozialen Fortschritt. Es entwickelte sich ein reiches und vielfältiges kulturelles Leben. Neben dem literarischen Schrifttum in deutscher Sprache konnte sich das Französische mit Veröffentlichungen von Erckmann-Chatrian, Hansi und anderen frankophonen Autoren oder mit der *Revue alsacienne illustrée* behaupten. Der elsässische Dialekt blieb vor allem auf der Theaterbühne lebendig. Allerdings hat das Elsass erst 1911 eine Verfassung erhalten, die ihm nach dem Vorbild anderer deutscher Bundesstaaten eine begrenzte Autonomie gewährte.

Der Krieg von 1914–1918 ergab eine radikale Veränderung der Lage. Das Elsass litt nun unter einer Militärdiktatur. Im Jahre 1918 wurden 130.000 Deutsche sowie eine Reihe deutschfreundlicher Elsässer ausgewiesen. Freiwillig oder unter Zwang verließen 70 evangelische Geistliche (damit ein Viertel der Pfarrerschaft) ihre Heimat. Ein neues Kapitel der Geschichte begann.

5.1.3. Die Zwischenkriegszeit

Die schwierigen Beziehungen zwischen Frankreich und Deutschland nach dem Ersten Weltkrieg belasteten auch die Mentalität und das Verhalten der Menschen am Oberrhein. Um das Jahr 1918 erhoben sich zahlreiche Stimmen in Frankreich[15], die eine Bestrafung Deutschlands wegen seiner Kriegsführung (Einsatz von Gas, U-Boot-Krieg) verlangten. Die Anerkennung der Kriegsschuld war eine ständige Forderung an die Deutschen, ohne die ein Friedensprozess nur schwer in Gang gesetzt werden könne. Eine entsprechende Antwort gab die FPF (Fédération Protestante de France) Erzbischof Nathan Söderblom, der 1919 eine gemeinsame Konferenz unter Ausschluss der Kriegsschuldfrage einberufen wollte.

Auf deutscher Seite herrschte Verbitterung wegen der Auflagen des Versailler Vertrages. Die Deutschen sahen darin eine ungerechte, von den Siegermächten diktierte Strafe. Außerdem belastete die Besetzung des Ruhrgebietes durch französische Truppen im Jahr 1923 die deutsch-französischen Beziehungen. „Man erhebt brutale Macht und kurzsichtigen Egoismus zum obersten Gesetz anstatt auf die Stimme Christi zu hören [...]. Wir verurteilen die Methoden der Gewalt."[16] Für dieses Votum Söderbloms und der schwedischen Bischöfe sprachen die evangelischen Kirchen Deutschlands ihren ausdrücklichen Dank aus, während die FPF mit Entrüstung reagierte.

Schwierige Verhandlungen über eine Kompromisslösung in der Schuldfrage bei der konstituierenden Versammlung der ökumenischen Bewegung für Praktisches Christentum (Life and Work) in Stockholm (August 1925) und des Fortsetzungsausschusses in Bern (1926)[17] führten zwar zu keiner wirklichen Versöhnung, aber zu normalen Beziehungen zwischen den Kirchen beider Länder.

Im Elsass zeigten sich gegensätzliche Positionen gegenüber Deutschland. Die elsässischen Delegierten in der FPF standen eindeutig auf der französischen Seite[18]. Auch die kirchenleitenden Persönlichkeiten wie Bischof Charles Ruch von Straßburg[19] und die Präsidenten der lutherischen und der reformierten Kirche tendierten vor allem nach Frankreich. Es gab allerdings viele Priester und Pfarrer, die mit der deutschen Kultur aufgewachsen waren und die Kontakte zu Deutschland nicht aufgeben wollten. Mehrere von ihnen engagierten sich in der autonomistischen Bewegung, die auf der Erhaltung der religiösen und kulturellen Besonderheiten des Elsass bedacht war. Einige bezogen finanzielle Unterstützungen aus Deutschland. Andere Priester und Pfarrer waren dagegen anti-deutsch eingestellt oder begannen, sich angesichts der politischen Entwicklung seit 1933 vom Nachbarland zu distanzieren.

Die 1919 wiedereröffnete Straßburger Universität war eine entschieden anti-deutsche Hochburg. Nach dem Dekan der Philosophischen Fakultät Christian Pfister (einem Elsässer) „wird sie vor allem ein Hort der französischen Hochkultur sein; von ihr wird die Sprache, Literatur,

Wissenschaft und Kunst unseres Frankreich ins Elsass und ins Ausland ausstrahlen. Auch wird sie die Wacht am Rhein halten."[20] Der Präsident der französischen Republik Raymond Poincaré ergänzte: „Die französische Universität wird so an der Ostgrenze zum intellektuellen Leuchtturm Frankreichs, errichtet an dem Ufer, wo sich die germanischen Wellen brechen werden, wie einst der Keltenwall auf dem St. Odilienberg, dessen Wächter die Bewegungen der barbarischen Welt am Horizont kontrollierten."[21] Auch die Professoren der protestantischen Theologischen Fakultät von Straßburg distanzierten sich von Deutschland. Studenten, die Beziehungen zum östlichen Nachbarland unterhielten, wie zum Beispiel die Mitglieder der Studentenverbindung „Argentina", wurden überwacht und getadelt. Von den 440 ausländischen Studenten, die zwischen 1919 und 1945 an der Evangelisch-Theologischen Fakultät in Straßburg studierten, waren nur acht aus Deutschland[22]. Kein einziger deutscher Professor wurde zu Tagungen oder Gastvorlesungen eingeladen.

Auf deutscher Seite führte die (bis 1930 dauernde) französische Besetzung des Rheinlandes dazu, dass die 400-Jahrfeier des Reichstags zu Speyer (von 1529) im Jahr 1929 einen unverkennbar nationalistischen Charakter annahm. Die ablehnende Haltung gegenüber Frankreich verstärkte sich, das Frankreichbild war überwiegend negativ, wie eine Auswertung protestantischer Zeitschriften ergab[23]. 1932 schrieb das *Evangelische Kirchenblatt für Württemberg*: „Betet, damit Gott den Franzosen die demütige Einsicht verleihe, daß auch sie eine Teilschuld am Krieg haben." In den Schulbüchern wurden sehr oft der dünkelhafte Stolz und die Ichbezogenheit der Franzosen sowie die Hasspropaganda der Franzosen und Belgier gegen Deutschland gebrandmarkt[24].

Und dennoch gab es Anzeichen für Annäherung und entsprechende Bemühungen dazu. So rief der französische Kriegsveteran Étienne Bach, der während der Besetzung des Ruhrgebietes gemeinsam mit dem Bürgermeister der Stadt Datteln zum Abendmahl gegangen war, im Jahr 1924 die „Bewegung der Ritter des Friedensfürsten" (Mouvement des Chevaliers du Prince de la Paix) ins Leben, die sich zum Ziel setzte, die Versöhnung unter den Christen in Europa zu fördern. Ihr Einsatz fand auch in Deutschland positive Resonanz, wie ein Brief von Tübinger Theologiestudenten an ihre Kommilitonen von Montpellier zeigt, in dem der Wille der französischen Jugend zur Versöhnung mit der deutschen Jugend begrüßt wurde. „Mit Dank an Gott, der uns diese Annäherung schenkt, [...] ergreifen wir die uns dargebotene Hand. Wir sehen darin eine Bestätigung, daß es über die Völker hinaus das Volk Gottes gibt, zu dem wir gehören wollen."[25]

Der Aufschwung des Nationalsozialismus und dann der Zweite Weltkrieg schwächten die Annäherungsbemühungen, sie kamen sogar zum Erliegen. Die pfälzische Kirche wurde immer nationalistischer. 1933 wurde die „religiös-sozialistische" Richtung verboten, die Liberalen und die „Positiven" stellten ihre Arbeit zugunsten der Deutschen Christen ein. Die pfälzische Kirche mit Ludwig Diehl[26] als Präsidenten wurde der Reichskirche eingegliedert. Die Bekennende Kirche fand allerdings ihre Anhänger in der Pfälzischen Pfarrbruderschaft. Nachdem die Gleichschaltung der Kirche mit der nationalsozialistischen Ideologie gescheitert war, betrieb das Regime aggressive Propaganda gegen Kirche und Christentum: Verhöre von Pfarrern, Bedrohungen, vorübergehende Verhaftungen und Zwangspensionierungen waren an der Tagesordnung. Den verschiedenen kirchlichen Gruppierungen mangelte es an Geschlossenheit, die meisten Pfarrer leisteten 1938 den Eid auf den Führer, um ihre Treue zum Staat zu erweisen.

Auch die badische Kirche, die seit 1933 von Landesbischof Julius Kühlewein[27] geleitet wurde, war Repressalien des NS-Regimes ausgesetzt. Sie wurde 1934 in die Reichskirche integriert, gliederte sich Ende 1934 allerdings schon wieder aus und versuchte seitdem, ihre relative Autonomie zu wahren. Diese wurde allerdings stark eingeschränkt, als 1938 eine staatlich kontrollierte Finanzabteilung im Oberkirchenrat eingesetzt wurde.

Von einigen Autonomisten abgesehen, die den Anschluss des Elsass an Deutschland wünschten und die politische Entwicklung seit 1933 relativierten, verfolgten die durch verschiedene kirchliche Zeitungen informierten Christen und Kirchen des Elsass die Ereignisse im Nachbarland mit großer Sorge. Die Beziehungen zu den Kirchen und Gläubigen der anderen Rheinseite gestalteten sich daher schwierig und stießen auf den Argwohn der französischen Behörden.

5.1.4. Der Zweite Weltkrieg (1939–1945)

Mit Ausbruch des Krieges[28] wurde ein Drittel der Bevölkerung aus dem Elsass und aus dem lothringischen Departement Moselle in den Süden und Südwesten Frankreichs evakuiert, von denen zwei Drittel nach einem Jahr wieder zurückkehrten. Das Elsass wurde ohne rechtliche Grundlage von Deutschland annektiert, weil es dazu im Friedensvertrag mit Frankreich keine Regelung gab, und Baden angeschlossen. Robert Wagner wurde Gauleiter für das gesamte Gebiet. Die Nazifizierung, die Zwangseingliederung von 130.000 Elsässern und Lothringern und die Versetzung zahlreicher Lehrer nach Baden haben tiefe Spuren bei den Elsässern hinterlassen. In den Jahren 1940 bis 1944 wurden die 22 reformierten Gemeinden des Metzer Konsistoriums und 13 lutherische Gemeinden gegen den Widerstand von Karl Maurer[29] als Präsidenten der lutherischen Kirche von Elsass-Lothringen mit der pfälzischen Kirche vereint. Obwohl Maurer von den Nationalsozialisten eingesetzt worden war, wurde sein Widerstand immer energischer. Als 70 deutsche Pfarrer ihr Amt im Elsass ausüben wollten, übernahm Maurer schließlich nach Rücksprache mit der Bekennenden Kirche nur acht Geistliche, darunter zwei Nichtarier. Erwähnt sei auch, dass die aus Nonnenweier stammende Schwester Mathilde Zuckerschwerdt 1940–1945 das Straßburger Diakonissenhaus zur allgemeinen Zufriedenheit leitete. Da es an der von den Besatzern neu gegründeten Straßburger Universität keine Theologische Fakultät mehr gab, studierten die elsässischen Theologiestudenten entweder an der nach Clermont-Ferrand verlegten französischen Universität Straßburgs oder in Tübingen, Erlangen sowie Leipzig, allerdings nicht in dem von Deutschen Christen dominierten Heidelberg.

Die Kriegserfahrungen haben nach 1945 die erneute Kontaktaufnahme unter den verschiedenen Kirchen des Oberrheins erschwert, abgesehen natürlich von Basel und der Schweiz, die nicht in den Krieg verwickelt waren. In einigen gesellschaftlichen Kreisen des wieder französisch gewordenen Elsass wurde Deutschland mit dem Nazismus gleichgesetzt. Mehrere Jahre hindurch wurde die deutsche Sprache nicht mehr in den Volksschulen gelehrt und ihre Verwendung in der Presse eingeschränkt. Die Säuberungsaktionen[30] trafen alle, die aus Sympathie für Deutschland oder aus Opportunismus mit dem nationalsozialistischen Regime zusammengearbeitet hatten. Da die Katholiken den Protestanten vorwarfen, enger mit den Besatzern kollaboriert zu haben, verschlechterten sich auch die Beziehungen der Konfessionen untereinander.

Auf der anderen Rheinseite haben die französische Besetzung der Pfalz und eines großen Teils von Baden-Württemberg sowie die von den französischen Behörden betriebene Entnazifizierung[31] eine antifranzösische Stimmung bei der Bevölkerung bewirkt. Für die Stadt Kehl, deren Angliederung an Frankreich sogar geplant war, blieb die Besetzung noch bis 1953 bestehen[32], während das Saargebiet erst 1956 nach einer Volksabstimmung wieder zu Deutschland kam. All dies hat die Wiederaufnahme von Kontakten mit dem französischen Teil des Oberrheins nicht gerade erleichtert.

5.2. Katholiken und Protestanten im 19. und 20. Jahrhundert

5.2.1. Reformierte und Lutheraner

Zu Beginn des 19. Jahrhunderts haben sich Reformierte und Lutheraner der Pfalz und Badens zu unierten Kirchen vereinigt. In der Pfalz hatten sich bereits 1817 einzelne Kirchengemeinden vor Ort zusammengeschlossen, und zwar im Hinblick auf das Reformationsjubiläum. Die Union selbst wurde 1818 nach einer Abstimmung in den Kirchengemeinden der Pfalz eingeführt. Das gleiche Verfahren fand im Großherzogtum Baden Anwendung. Nach einer Zusammenlegung der Verwaltung 1807 in Karlsruhe sprachen sich die lutherischen und reformierten Kirchengemeinden wie die jeweiligen Regionalsynoden für eine Union auf der Basis des Augsburgischen Glaubensbekenntnisses, Luthers Kleinem Katechismus und des Heidelberger Katechismus aus. 1821 wurde die unierte Kirche in Baden Wirklichkeit.

Mit den Organischen Artikeln von 1802[33] entstand im Elsass eine Kirche Augsburgischen Bekenntnisses, in die auch die Kirche von Mömpelgard und die lutherischen Gemeinden von Paris eingegliedert wurden. Die reformierten Konsistorien von Elsass und Lothringen wurden in die Reformierte Kirche Frankreichs integriert, die ebenfalls durch die Organischen Artikel entstanden war. 1848 wurde der Vorschlag gemacht, für ganz Frankreich eine unierte Kirche zu gründen. Dieser Plan scheiterte jedoch am Widerstand von Friedrich Theodor Horning[34], dem Hauptvertreter der konfessionell-lutherischen Erneuerung im Elsass.

5.2.1.1. Protestanten und Katholiken in Baden

In dem von einem evangelischen Landesherrn regierten Großherzogtum Baden kam es immer wieder zu Spannungen und Konflikten zwischen der katholischen Hierarchie und den protestantischen Zivilbehörden. Von 1852 bis 1854 widersetzte sich der Freiburger Erzbischof Hermann von Vicari auf der Grundlage des Kanonischen Rechts den seit 1807 gültigen Verordnungen der weltlichen Behörden, die in Übereinstimmung mit dem damaligen „Katholischen Oberkirchenrat" des Innenministeriums die Schließung von Mischehen vereinfachten und die Korrespondenz zwischen Erzbistum und Kurie einschränkten. Der Erzbischof wandte sich auch gegen die staatlichen Bestimmungen zur Ausbildung und Überwachung des Klerus, ebenso gegen die staatliche Verwaltung der Kirchengüter und die Stellenbesetzung durch weltliche Behörden. Es wurden zwar Kompromisse gefunden, aber der Konflikt brach von 1864 bis 1876 im sog. Badischen Kulturkampf erneut auf. 1864 erließ die Regierung ein Gesetz zur Schulaufsicht, das die konfessionellen Volksschulen durch Gemeinschaftsschulen ersetzte, und Gesetze folgten, durch die die Zivilehe eingeführt und den kirchlichen Behörden die Aufsicht über Schulen und diakonische Einrichtungen entzogen wurden. Auch die Niederlassung religiöser Orden wurde eingeschränkt, und die katholischen Kandidaten der Theologie mussten sich einem „Kulturexamen" unterziehen. Außerdem stellte der Staat die rund 10.000 Alt-Katholiken 1874 rechtlich den römisch-katholischen Christen gleich. Diese Beschlüsse mussten jedoch in der Folgezeit teilweise geändert oder rückgängig gemacht werden.

5.2.1.2. Protestanten und Katholiken im Elsass

Zu Beginn des 19. Jahrhunderts waren die Beziehungen zwischen Katholiken und Protestanten[35] im Elsass keineswegs gut. Im Unterschied zu den von ihrem Bischof gewarnten Katholiken hatten Protestanten weniger Bedenken beim Erwerb der Kirchengüter, die mit der Französischen Revolution säkularisiert worden waren. Infolge der Industrialisierung und der Verstädterung kam es außerdem zu einer wachsenden Vermischung der Bevölkerung, was zur Zunahme von Reibungen und Konflikten führte. Die Tatsache, dass nach der Rückkehr der Bourbonen auf den Königsthron der Katholizismus wieder zur Staatsreligion erklärt worden war, sorgte für Beunruhigung unter den Protestanten.

Zahlreiche Schwierigkeiten entstanden bei der Umsetzung des Simultaneums, das der katholischen Gemeinde die Benutzung des Chors in der evangelischen Ortskirche für ihre Gottesdienste einräumte. Im Unterelsass waren davon 152 Gemeinden betroffen. Zwischenfälle blieben nicht aus, nach 1822 vor allem in der ländlichen Gegend von Weißenburg. In den Städten waren die Beziehungen dagegen offensichtlich weniger konfliktgeladen. Die interkonfessionellen Beziehungen litten auch unter dem Bekehrungseifer der katholischen Geistlichen, die in den unter ihrer Leitung stehenden Volksschulen die protestantischen Schüler oft zwangen, am katholischen Religionsunterricht teilzunehmen. Das Bistum Straßburg führte im Religionsunterricht wieder den antiprotestantischen Katechismus des Priesters Jean-Jacques Scheffmacher aus dem 18. Jahrhundert ein. In Pamphleten wurden die Reformatoren und ihr Werk als revolutionär gebrandmarkt. Die Polemik machte sich nicht nur in Zeitschriften wie im katholischen *Ami de la Religion* und im protestantischen *Timotheus* breit, sondern auch in historischen Abhandlungen zur Reformation des 16. Jahrhunderts.

Die Reformationsjubiläen von 1817 (300 Jahre Thesenanschlag Luthers) und 1830 (300 Jahre Augsburgisches Glaubensbekenntnis) belebten das konfessionelle Bewusstsein der Protestanten. Sie waren überdies davon überzeugt, dass sie durch ihre Bemühungen um die Freiheit die eigentlichen Erben der Französischen Revolution waren. Der Protestantismus war für sie gleichbedeutend mit Fortschritt. Die Katholiken hielten sie dagegen für „Dunkelmänner" (Feinde des Fortschritts) und „Fanatiker".

In einigen Orten, in denen die Protestanten in der Überzahl waren, gelang es, ein Prozessionsverbot durchzusetzen. 1832 gründeten sie das *Protestantische Kirchen- und Schulblatt*, um ihren Forderungen Nachdruck zu verleihen. Die Rückkehr der Jesuiten ins Elsass erschwerte die konfessionelle Eintracht weiter. In den Jahren 1840 bis 1843 erreichte die Verärgerung ihren

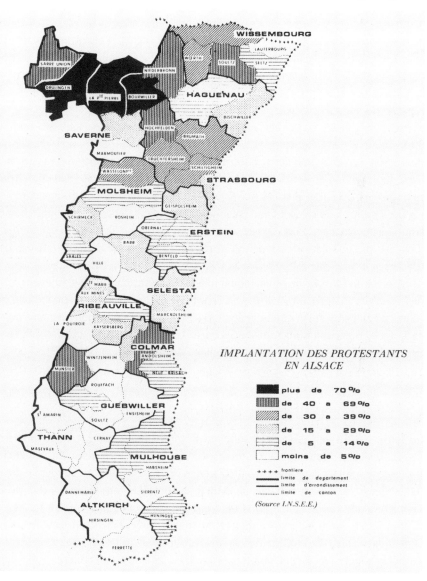

Bild 52: Diese Karte zeigt, wie sich 1936 der Protestantismus im Elsass verteilte. Während er im Norden stark vertreten war, gehörten ihm im Süden nicht einmal 20% der Bevölkerung an. Diese Verhältnisse hatten sich schon im 16. Jahrhundert herauskristallisiert und haben sich seitdem nicht grundlegend geändert (Aus: Marc Lienhard, Foi et vie des protestants d'Alsace, Strasbourg 1981, S. 104. © INSEE Alsace)

Höhepunkt. 1840 brach in Straßburg ein heftiger Streit um die Gestaltung eines Denkmals für Johannes Gutenberg aus, weil die Protestanten darauf auch Luther dargestellt sehen wollten. Es entfachte sich ein Zeitschriftenkrieg, der in seiner Schärfe an das 17. Jahrhundert erinnert. Zudem stieß der Bau von protestantischen Gotteshäusern in Schlettstadt, Zabern und Hagenau auf den Widerstand der Katholiken.

Das Dogma der Unfehlbarkeit des Papstes wurde in protestantischen Zeitschriften, vor allem im *Progrès religieux*, äußerst kritisch kommentiert. Das Wochenblatt bezeichnete dessen Verkündung am 18. Juli 1870 als „eines der schwerwiegendsten religiösen Ereignisse", weil „die Kirchen, die Gläubigen und der Klerus vollständig der Willkür des Papstes ausgeliefert werden". In den katholischen Ländern werde „der Papst zum Herrn über die Gewissen und folglich der wahre Herrscher. Er kann Gesetze aufheben, das Gewissen vom Eid entbinden und den Ungehorsam gegen rechtmäßige Herrscher befehlen."[36] Da sich aber die Unfehlbarkeit des Papstes „weder auf die Abstimmung durch die Bischöfe stützen kann, denn auch Bischöfe können irren und der Ketzerei verfallen, noch auf die Heilige Schrift und die Tradition [...], selbst nicht einmal auf die Autorität des Papstes selbst, weil der Papst zur Erhebung der Infallibilität als Dogma gezwungen ist, sich auf diese Unfehlbarkeit selbst zu gründen, [...] kann sie den Gläubigen nicht als Glaubensgut auferlegt werden."[37]

Der *Progrès religieux* wies auch mehrmals auf den Widerstand hin, der sich nach der Verkündung des Dogmas in den katholischen Reihen formierte, und zeigte sich darüber erstaunt, dass sich die in Fulda versammelten deutschen Bischöfe dem Papst unterwarfen und den Gläubigen die gleiche Haltung nahelegten.

Was war zu tun? „Keine Zeit mehr mit nutzlosen Protesten verlieren, [sondern] sich entschieden von Rom trennen, die Kirche nach dem Evangelium Jesu reformieren"[38] und andererseits „durch die Bildung und Verbreitung der Aufklärung alle Vorstellungen zerstören, auf die sich die katholische Hierarchie stützt, um die Seelen in Ketten zu legen, [...] das Volk über das römische Papsttum und seine nicht zu rechtfertigenden Anmaßungen aufklären."[39]

5.2.2. Die Beziehungen zwischen Katholiken und Protestanten zwischen 1870 und 1939

Im Jahre 1910 waren 60 % der badischen Bevölkerung katholisch, 38 % protestantisch, im Elsass im gleichen Jahr 71,2 % katholisch und 25,5 % protestantisch. Im Allgemeinen hatten die Protestanten bis zum Ausbruch des Zweiten Weltkrieges weniger Kinder als die Katholiken. In den gemischten Dörfern nahm die katholische Bevölkerung stärker zu, aber sie war auch in höherem Maße von der Emigration betroffen. In Baden erlebte der Protestantismus bis zum Beginn des 20. Jahrhunderts allerdings ein ziemlich großes Wachstum. Eine Reihe von Indizien spricht dafür, dass die Protestanten in den Dörfern Badens und im Elsass im Vergleich zu den Katholiken mehr Wohlstand kannten. Fraglich ist jedoch, ob man diesen Tatbestand den höheren Verpflichtungen der Katholiken zuschreiben kann, sich an den Kosten für die Messe zu beteiligen und der Kirche Spenden und Vermächtnisse zukommen zu lassen[40].

Die Auseinandersetzungen zwischen Katholiken und Protestanten setzten sich weiter fort[41]. Auf katholischer Seite berichteten der *Badische Beobachter*, *Der Elsässer* und *Der Volksfreund* von Treffen protestantischer Theologen und Pfarrer und von deren Angriffen auf die katholische Lehre und Praxis. Um 1900 wandten sich die *Straßburger Zeitung*, die *Straßburger Post* und die *Badische Landeszeitung*, die liberal geprägt waren, aber oft von Protestanten redigiert wurden, gegen den Katholizismus. Ein ehemaliger Pfarrer der badischen Kirche verspottete 1902 in zwei Schriften die Eucharistie und die anderen katholischen Sakramente und Glaubensüberzeugungen, sodass der Freiburger Erzbischof dagegen vor Gericht klagte. Dieser Vorfall war Gesprächsstoff bis in die entlegensten Dörfer Badens. Für viele Katholiken waren die Protestanten verachtenswerte Heiden. Die Protestanten wiederum hielten die Katholiken für Rückständige, die einem anachronistischen Aberglauben huldigten. Die Kontroverse um das Verständnis von Messe, Beichte, Marienkult, Papst und Bibel wütete bis hinein in die kirchengemeindlichen Blätter. Oft stand die Person Luthers im Zentrum der Polemik, wie 1890 in Wieblingen bei Heidelberg. Nachdem sich die dortigen Protestanten zu einer prunkvollen Reformationsfeier entschlossen hatten, verunglimpfte der katholische Pfarrer Luther auf der Kanzel. Es gab immer mehr Zwischenfälle, die in der *Badischen Landeszeitung* aufgegriffen wurden. Die Borromäus-Enzyklika, in der die Landesherren und Gläubigen, die damals die Reformation unterstützt hatten, als Materialisten bezeichnet wurden, erregte beachtliches Aufsehen.

Die Protestanten wetterten gegen Kapuziner und Franziskaner, Mönche, die nach einem lutherischen Kircheninspektor aus Colmar „wie Giftpilze" aus dem Boden sprossen und durch ihre Predigten die Dörfer anstachelten, die in Mischehen verirrten Schafe wieder in die Kirche zurückzuführen. Konversionen heizten die Polemik weiter an, auch wenn sie nicht sehr zahlreich vorkamen[42]. Wiederholt kam es zu Zwischenfällen: Als die Protestanten von Wieblingen ihre Reformationsfeier abhielten, besudelten Katholiken das Tor zum Pfarrhof und zum Haus des evangelischen Schuldirektors mit Schmierfett. Protestantische Jugendliche parodierten in der Öffentlichkeit die katholische Liturgie oder verspotteten den Priester, Prozessionen gaben Anlass zu zahlreichen Konflikten. Das in Karlsruhe am 18. Juni 1892 erlassene Dekret, das Fronleichnams-Prozessionen in den bikonfessionellen Dörfern Badens genehmigte, sorgte bei den Protestanten für Empörung. Im Elsass wie in Baden wurden unzählige Klagen wegen Störungen bei Prozessionen laut.

Simultankirchen und Friedhöfe erwiesen sich als zwei besonders konfliktträchtige Orte. Nichts blieb von Beanstandungen ausgenommen: das unberechtigte Eindringen von Protestanten in den Chor der Kirche, die Art der kirchlichen Feiern, die Innenausstattung und Unterhaltung der Kirchen, die Häufigkeit und Uhrzeit der Gottesdienste. Zur Vermeidung weiterer Beschwerdefälle wurde die Anzahl der Simultankirchen im Elsass von 120 im Jahre 1871 auf 80 im Jahr 1892 reduziert. 75 neue protestantische Kirchen wurden gebaut und fast 200 katholische Kirchen. Damit waren aber die Probleme nicht beseitigt. Bei Todesfällen stritt man über das Glockenläuten, vor allem aber über die Benutzung der Friedhöfe. Es stellte sich nämlich das Problem, ob vereinzelt in einem katholischen Dorf lebende Protestanten auf dem dortigen Friedhof beerdigt werden durften. Im Jahre 1904 hatte der Bischof von Metz, Willibrord Benzler, ein Interdikt über den Dorffriedhof von Fameck bei Hayange wegen der Beerdigung eines Protestanten verhängt. Nach einem Sturm der Entrüstung durch ganz Deutschland musste er das Interdikt allerdings wieder zurücknehmen.

Ein bevorzugtes Konfliktfeld bildeten die Mischehen, umso mehr, weil sie nach 1870 stark zunahmen. Nach katholischer Auffassung musste die Trauung in jedem Fall von einem katholischen Priester vollzogen und gleichzeitig die Verpflichtung zur katholischen Erziehung der Kinder abgegeben werden. 1881 schlug die elsässische katholische Zeitung *Volksfreund* der Regierung sogar vor, per Gesetz die Eheschließung zwischen Personen unterschiedlicher Konfessionen zu verbieten[43]. Im Jahre 1900 erinnerte die ebenfalls katholische Zeitung *Badischer Beobachter* an die kirchenrechtlichen Bestimmungen und forderte die Nichtkatholiken auf, diese einzuhalten und „das Versprechen, die Kinder katholisch zu erziehen, zu respektieren". Auf Anregung des Metzer Bischofs Benzler veröffentlichte der Generalvikar Jean-Baptiste Pelt eine Reihe von Beiträgen im Diözesan-Kirchenblatt *Revue ecclésiastique*, in denen er die Position der Kirche unmissverständlich klarstellte und damit für gehörige Aufregung zu beiden Seiten des Rheins sorgte.

Im Allgemeinen sahen die protestantischen Kirchenleitungen keine Sanktionen für Gläubige vor, die eine Mischehe eingegangen waren, nicht einmal im Fall der katholischen Kindererziehung. 1925 verlangten jedoch badische Pfarrer eine Verschärfung der protestantischen Handhabung bei Mischehen. Die Geistlichen der beiden Lager waren von der jeweiligen Wahrheit ihrer Kirchen und Lehren überzeugt, aber auch besorgt über den durch Mischehen verursachten Zuwachs oder Verlust an Gläubigen. Deshalb lehnten sie auch weiterhin die Mischehen ab. Dem *Volksfreund* vom 10. Oktober 1881 zufolge hatten die Mischehen ihre Ursache in der steigenden Zahl von Protestanten in öffentlichen Ämtern und in der Armee oder waren eine Folge von Tanzveranstaltungen, die verboten werden sollten. 1895 warnte der *Badische Beobachter* davor, junge katholische Mädchen als Hausangestellte in eine protestantische Familie zu geben oder den Kontakt mit protestantischen Kreisen zu erlauben. Sobald sich eine mögliche Mischehe abzeichnete, machten die Geistlichen mehr oder weniger diskret ihren Einfluss auf die betroffenen Familien geltend, um diese zu verhindern.

Auch um die Schule wurde heftig gestritten[44]. Nach vielem Hin und Her bekamen in Baden per Gesetz vom 18. September 1876 alle Schulen als Simultanschulen einen interkonfessionellen Charakter. Der Lehrer hatte obligatorisch der gleichen Kirche anzugehören wie die Mehrzahl der Schüler. Hatte eine Schule mehrere Klassen, so musste wenigstens ein Lehrer die Religion der Minderheit vertreten. Im Elsass dagegen hat die neue Regierung nach 1870 „die Bekenntnisschule aufrechterhalten. Es gab in den Dörfern, wo unterschiedliche öffentliche Gottesdienste abgehalten wurden, eine getrennte Schule für jede Religionsgemeinschaft."[45] Die Bildung von interkonfessionellen Schulen war nicht grundsätzlich ausgeschlossen, diese Schulform gab jedoch Anlass zu ständigen Kontroversen zwischen den Liberalen einerseits, die in der *Straßburger Post* und in der *Straßburger Neue*(n) *Zeitung* ihr Sprachrohr hatten, und den Katholiken andererseits, die sich energisch gegen interkonfessionelle Schulen wehrten, weil sie darin eine schrittweise Annäherung an die laizistische, keinen Religionsunterricht zulassende Schule befürchteten.

Ab 1919, und besonders 1924, wurde im Elsass ein heftiger Kampf gegen die Trennung von Staat und Kirche geführt. Darin ging es vor allem um den Erhalt des kirchlichen Charakters der Schule[46]. Trotzdem nahm die Anzahl der interkonfessionellen Schulen im Elsass immer mehr zu, wie in Baden, wo es unter den 1.615 Dorfschulen im Jahre 1900 genau 549 Schulen gab, die tatsächlich interkonfessionell waren. Die Katholiken setzten ihren Kampf stetig fort, damit ihre Kinder von einem katholischen Lehrer nach den Grundsätzen ihres Glaubens unterrichtet wurden.

Auch das alltägliche Leben musste für Auseinandersetzungen herhalten. Die Wahl des Handwerkers, dessen Dienste man in Anspruch nehmen wollte, oder auch des Händlers richtete sich oft nach konfessionellen Erwägungen. Als 1891 die Gemeinde Weitbruch einen Protestanten zum Hüten des Dorfstiers anstellte, stieß das auf den Widerstand der katholischen Gemeinderäte. Im elsässischen Lützelstein protestierten die Protestanten 1893 gegen die Niederlassung eines zweiten katholischen Arztes. Die Einwohner im nordbadischen Epfenbach waren schockiert, als „die seit Generationen von evangelischen Bauern bewirtschafteten Felder eingezogen und an Katholiken weiterverpachtet worden sind"[47]. Um ihre Gläubigen an sich zu binden, riefen die beiden Bevölkerungsteile allerlei eigene Sport- und Kulturvereine ins Leben. Auch das führte wieder zu Zusammenstößen.

Nur kurz erwähnt sei hier die Verbindung zwischen konfessioneller Zugehörigkeit und Wahlverhalten. Lange Zeit stimmten die Katholiken für die Zentrumspartei, während die Protestanten ihre Stimmen den liberalen oder sozialdemokratischen Kandidaten gaben.

Auch wenn die Beziehungen zwischen Katholiken und Protestanten über viele Jahre hinweg von Misstrauen bis Ablehnung geprägt waren, so gab es auch Ruhepausen und sogar Lichtblicke für ein ökumenisches Miteinander. Das zeigte sich zum Beispiel in Notfällen, wenn Solidarität gefragt war: So gingen die protestantischen Frauen von Rothau in das benachbarte katholische Dorf Barembach, um die Opfer eines Großbrandes zu unterstützen. Anlässlich des Geburtstages des Kaisers begaben sich die Vertreter der politischen Gemeinden von Weitbruch und Hatten – ganz gleich welcher Konfession – nacheinander zum Gottesdienst in beide Kirchen. In Masmünster erlaubte der katholische Priester seinen Gläubigen den Besuch eines Vortrags in der protestantischen Kirche, den die vom evangelischen Pfarrer geleitete Ortsgruppe des Blauen Kreuzes veranstaltete. Der katholische Priester von Weitersweiler lud 1904 den evangelischen Pfarrer zum gemeinsamen Krankenbesuch bei einem in Mischehe lebenden Katholiken ein.

Zwischen 1918 und 1939 setzten sich solche zaghaften Annäherungen zwischen Katholiken und Protestanten fort. Im Allgemeinen sind die Beziehungen friedlicher geworden, wenn auch weiterhin misstrauische Zurückhaltung (wie z.B. im protestantischen Kirchenkreis Weißenburg) bestand. Mischehen nahmen zu: 1922 waren 19,35% der in der lutherischen Kirche vollzogenen Trauungen Mischehen, im Jahre 1934 waren es 25%. Es gab nur noch selten Konflikte, die mit dem Simultaneum verbunden waren. 1936 waren immerhin gemeinsame Auftritte von Kirchenchören, Begegnungen von Männerkreisen oder die gemeinsame Einweihung eines neuen Friedhofes durch die beiden Geistlichen möglich. Trotzdem bestätigten die Protestanten beim Evangelischen Kirchentag (Journée protestante) in Straßburg 1937 und bei den Gedenkfeiern 1938 zur 400jährigen Wiederkehr von Calvins Ankunft in der Stadt und der Gründung der Straßburger Hochschule nochmals entschlossen ihre eigenen Positionen, auch gegenüber der katholischen Kirche.

Una Sancta

Ende der 1920er Jahre traf sich auf Initiative des 1934 gestorbenen protestantischen Malers und Zeichners Henri Bacher in Straßburg ein Kreis, der sich später als „Una Sancta" (= die eine heilige Kirche) bezeichnete. An den Zusammenkünften, die auch während des Kriegs fortgesetzt wurden, nahmen hauptsächlich lutherische Pfarrer und katholische Priester aus dem Elsass teil, die in der deutschen Kultur beheimatet waren. Unter Letzteren trat neben Eugen Fischer, dem damaligen Leiter des Straßburger Priesterseminars, besonders Abbé Charles Rauch hervor. Tragende Persönlichkeiten auf evangelischer Seite waren Charles Édouard Berron, später Friedrich Guerrier. Die Teilnehmer des Kreises waren geprägt von den damaligen liturgischen Bewegungen in Deutschland. Einige der Protestanten waren Mitglieder der Michaels-Bruderschaft. Die Zusammenkünfte hatten zum Ziel, einander die Positionen der Kirchen in Streitfragen verständlicher zu machen. Der Meinungsaustausch führte zu respektvollen, von brüderlichem Geist geprägten Erklärungen. Die Gruppe traf sich auch noch einige Zeit nach 1945 und trug so dazu bei, die Spannungen zwischen den beiden Kirchen, die während des Zweiten Weltkriegs entstanden waren, zu überwinden.

5.3. Die Annäherung der Völker, Religionen und Kirchen nach 1945

5.3.1. Neue Tendenzen und Perspektiven nach 1945

Die Wiederaufnahme von Kontakten zwischen den protestantischen Kirchen Deutschlands und Frankreichs gestaltete sich nach 1945 leichter als in den Jahren nach 1918, wenn auch am Oberrhein die bereits angesprochenen Probleme die deutsch-französische Aussöhnung erschwerten.

Die Stuttgarter Erklärung, die 1945 von Mitgliedern des Rates der Evangelischen Kirche Deutschlands (EKD) verfasst wurde[48], wirkte befreiend auf die Gemüter und eröffnete Chancen für den Dialog und eine neue Gemeinschaft: „Mit großem Schmerz sagen wir: Durch uns ist unendliches Leid über viele Völker und Länder gebracht worden. Was wir unseren Gemeinden oft bezeugt haben, das sprechen wir jetzt im Namen der ganzen Kirche aus: Wohl haben wir lange Jahre hindurch im Namen Jesu Christi gegen den Geist gekämpft, der im nationalsozialistischen Gewaltregiment seinen furchtbaren Ausdruck gefunden hat; aber wir klagen uns an, daß wir nicht mutiger bekannt, nicht treuer gebetet, nicht fröhlicher geglaubt und nicht brennender geliebt haben. Nun soll in unseren Kirchen ein neuer Anfang gemacht werden. […] Daß wir uns bei diesem neuen Anfang mit den anderen Kirchen der ökumenischen Gemeinschaft herzlich verbunden wissen dürfen, erfüllt uns mit tiefer Freude."

Diese Erklärung enthielt sicherlich Schwächen, wie z.B. die Nichterwähnung des Völkermords an den Juden, und stieß auf Widerstand in den Kirchengemeinden und in der Öffentlichkeit, da man nicht überall von der Notwendigkeit eines derartigen Schuldbekenntnisses überzeugt war. Viele Deutsche sahen sich mehr als Opfer und weniger als Schuldige. Andere waren der Meinung, dass Reue nur für Einzelpersonen, nicht aber für Kirchen als solche in Frage komme. Und dennoch blieb diese Erklärung nicht ohne Wirkung – sie ermöglichte insbesondere die Wiederaufnahme der Beziehungen zum französischen Protestantismus[49], dessen Vertreter in Nîmes bei einer Tagung der FPF die Erklärung dankbar aufnahmen. Der Schriftleiter von *Réforme*, Albert Finet, der Theologe Jean Bosc, der Militärgeistliche Jean Cadier oder auch der Jurist René Courtin sprachen sich – hauptsächlich in Beiträgen in der reformierten Wochenzeitung *Réforme* – für die Freundschaft mit den Deutschen aus. Sie betonten die transzendente Dimension der Kirche Jesu Christi, zu der auch die Deutschen gehörten, die eben nicht alle Anhänger der Blut- und Boden-Ideologie gewesen waren. Während das Misstrauen gegenüber Deutschland in vielen Kreisen der französischen Öffentlichkeit überwog, warnten Protestanten in ihrer Presse davor, die Fehler des Versailler Friedensvertrages zu wiederholen. Der Widerstandskämpfer René Courtin schrieb, dass sich das Problem anders als in der Zeit nach 1871 stelle. Man müsse Deutschland helfen, die Werte einer humanen Zivilisation wiederzufinden, was jedoch nur möglich sei, wenn das Land über ein Minimum an Freiheit und Hoffnung verfüge.

Bild 53: Von links nach rechts: Marc Boegner (1881–1970), der Präsident des Bundes der evangelischen Kirchen Frankreichs, der badische Landesbischof Julius Bender (1893–1966) und Marcel Sturm (1905–1950). Die Aufnahme entstand in der Villa Werner (heute Haus Lauschahn) in Baden-Baden, dem Sitz von Marcel Sturm als Obersten Militärpfarrers (Aumônier général) der französischen Truppen. (© Frau Hilde Übelacker, Baden-Baden)

Am Oberrhein trat gleich nach Kriegsende insbesondere der Elsässer Marcel Sturm (1905–1950)[50] durch sein unermüdliches Wirken für die Aussöhnung hervor. Er war als oberster Militärgeistlicher in der französischen Besatzungszone sowohl dem Rat der FPF als auch dem Militärgouverneur der Zone, General Marie-Pierre Kœnig, verantwortlich. In dieser Funktion spielte er eine wichtige Rolle in der Vermittlung zwischen Deutschen und Franzosen. In einer Stellungnahme vom 22. Februar 1946 an die Behörden der Besatzungsmacht erinnerte er an den Kampf der Bekennenden Kirche (BK) und an die Anerkennung der deutschen Schuld durch mehrere Kirchenpräsidenten Deutschlands. Allein dieser Weg und die Rückbindung an ein Ideal könnten seiner Meinung nach die Deutschen davor bewahren, erneut dem Nationalismus zu verfallen. Weiter schreibt er: „Die Kirchen können und sollen bei der Lösung des schwierigen moralischen und psychologischen Problems der Besatzung mithelfen."

Sturm bat die Besatzungsbehörden um Unterstützung für die Kirchen. Es gelang ihm, einige Konflikte zu entschärfen und die Einmischung der Besatzungsmacht in die inneren Angelegenheiten der Kirchen zu begrenzen. Er übte mäßigenden Einfluss auf die Entnazifizierung von Pfarrern und kirchenleitenden Männern aus. Auch setzte er sich für die seelsorgerliche Betreuung von deutschen Kriegsgefangenen in Frankreich ein, für den Briefwechsel zwischen Gefangenen und deren Familien, für die Befreiung einzelner Gefangener oder wenigstens für die Erleichterung ihrer Haftbedingungen. Es gelang ihm auch, eine Besuchsreise deutscher Landesbischöfe in die Kriegsgefangenenlager in Frankreich zu organisieren, zum Beispiel für Hans Stempel, den Präsidenten der pfälzischen Kirche. Eine seiner letzten Initiativen vor seinem frühen Tod war die Gründung eines Französisch-Deutschen Bruderrates[51], der von 1950 bis 1964 protestantische Kirchenführer beider Länder zusammenführte. Zu den Teilnehmern gehörten unter anderen Marc Boegner, der Präsident der FPF sowie des Nationalrats der Reformierten Kirche, und die Präsidenten der pfälzischen und hessen-nassauischen Kirche, Hans Stempel und Martin Niemöller. Der Straßburger Theologe Roger Mehl, der das Elsass vertrat, hat in diesem Gremium im Juni 1953 einen Vortrag über die christliche Eschatologie gehalten. In Straßburg setzte sich Alfred Biedermann für das Ideal eines vereinten Europas ein. Er engagierte sich in der Europäischen Bewegung, die 1948 gegründet worden war, und war lange Zeit Generalsekretär des europäischen Lehrerverbandes.

Die katholische Hierarchie hat ihrerseits Politiker wie Robert Schuman, Konrad Adenauer oder Alcide de Gasperi und die von ihnen geleiteten politischen Parteien dabei unterstützt, die Bedeutung des seit 1949 in Straßburg tagenden Europarates zur Geltung zu bringen. Sie sahen in dieser Institution einen Weg zur Aussöhnung zwischen Frankreich und Deutschland. In seiner programmatischen Rede vom 9. Mai 1950 hat der Lothringer Robert Schuman für die Wiederversöhnung der westeuropäischen Völker und letztendlich für die Schaffung eines europäischen Staatenbundes plädiert.

Seit 1941 hatte Papst Pius XII. jede nationale Verabsolutierung der Staaten als Anmaßung verurteilt und die internationale Zusammenarbeit für rechtmäßig erklärt[52]. Nach dem Krieg lehnte er es ab, von einer Kollektivschuld Deutschlands zu sprechen, und befürwortete die Konsolidierung der staatlichen Institutionen, die nach 1945 dort verblieben waren. Er rief dazu auf, nach dem Vorbild der Schweiz ein neues Europa christlicher Prägung aufzubauen, das allen Nationen das Recht auf Existenz und Unabhängigkeit einräumt, gleichzeitig aber auch die Solidarität unter den Nationen fördert. 1947 erklärte er den heiligen Benedikt zum Schutzpatron für Europa und rühmte die Leistungen der Benediktiner im Mittelalter. In späteren Jahren lobte er den Marshallplan und erkannte die Notwendigkeit, die Ausbreitung des Kommunismus einzudämmen. Der Vatikan wollte jedoch jeden Verdacht zerstreuen, in einen der beiden Machtblöcke eingebunden zu sein, und wies jede Kreuzzugsidee von sich. Die Einheit Europas diene dem Wohl aller, allerdings solle die christliche Identität Europas wiederhergestellt werden. Auch wenn der Vatikan im Jahre 1950 seine Sympathie für die Vereinigten Staaten von Amerika und seine Ablehnung gegenüber dem kommunistischen Totalitarismus zum Ausdruck brachte, setzte er sich ein Jahr später vermehrt für den Frieden und die Aussöhnung zwischen den beiden Machtblöcken ein. 1952 begrüßte der Vatikan die Bildung der Europäischen Verteidigungsgemeinschaft (EVG), weil sie einen ersten Schritt auf dem Weg zu einer europäischen Verfassung sein könne. Nach Auffassung des Papstes wird die europäische Kultur christlich und katholisch sein oder vom Feuer des Nationalismus verzehrt werden. Die Katholiken forderte er auf, bei der Einigung Europas mitzuwirken. Genau zu dieser Zeit wurde der Vatikan allerdings vor allem von linken politischen Kreisen beschuldigt, insgeheim das christliche Europa des Mittelalters wiederherstellen zu wollen. Im Jahre 1953 verurteilte der Vatikan in aller Schärfe das Scheitern der EVG und klagte, dass Europa ohne Orientierung sei und sich von einem chauvinistischen und gefährlichen Nationalismus leiten ließe. 1954 forderte die Kurie, dass Bedingungen für eine Koexistenz zwischen den beiden Blöcken festgelegt würden, die für beide annehmbar seien und die Koexistenz nicht nur auf Abschreckung basiere oder lediglich auf die Wirtschaft eingeschränkt sei. Auch wenn der Vatikan betonte, dass die katholische Kirche sich nicht auf die abendländische Kultur einengen lasse, appellierte er 1956 (gewaltsame Unterdrückung des Ungarnaufstands!) an den Westen, sein eigenes Erbe zu bewahren. Ebenso hieß die Kurie die Römischen Verträge von 1957 gut; sie sollten allerdings nicht nur auf eine Wirtschaftsunion beschränkt bleiben. So hat Papst Pius XII. über Jahre hinweg unermüdlich die Einigung Europas gefördert, zugleich jedoch jede Uniformierung ausgeschlossen und die Freiheit des Einzelnen wie der Gemeinschaften vor Ort verteidigt. 1956 wurde in Straßburg das Katholische Sekretariat für europäische Fragen gegründet.

Dieser Einsatz für Europa blieb nicht auf den Vatikan beschränkt, sondern erfolgte auch auf anderen kirchlichen Ebenen. So wurde nach einer längeren Vorbereitungszeit 1971 der Rat der Europäischen Bischofskonferenzen (Consilium Conferentiarum Episcoporum Europae/CCEE)[53] ins Leben gerufen, in dem die elsässischen Bischöfe aktiv mitwirken. Als eine der ersten katholischen Bewegungen hat sich Pax Christi für eine grenzüberschreitende Annäherung eingesetzt.

Zur gleichen Zeit haben sich auch die protestantischen Kirchen für Europa engagiert. Dieser Einsatz erfolgte zunächst auf regionaler Ebene und fand insbesondere am Oberrhein statt. So wurde 1961 die Konferenz der Kirchen am Rhein (KKR) gegründet, an der alle 21 Kirchen entlang des Rheins, von den Niederlanden bis zum Bodensee, beteiligt waren (siehe Farbbild 32). Bei den ersten Jahrestreffen auf dem Liebfrauenberg im Elsass spielte die Erinnerung an die jüngste Vergangenheit noch eine Rolle, aber sehr bald wich diese der Diskussion über Gegenwartsprobleme. Von 1961 bis 1964 wurden folgende Themen verhandelt: Auftrag und

Sendung der Kirchen am Rhein; Kirche und industrialisierte Welt; die Kirche und die europäische Integration; die Kirche und das Agrarproblem im heutigen Europa. Von Anfang an bildete Europa den Bezugsrahmen für diesen noch heute bestehenden Zusammenschluss. Die KKR bezeichnete sich 1976 als „Instrument von Versöhnung und Frieden. Sie will dazu beitragen, dass der Rhein weiterhin ein Symbol für Beziehungen bleibt und nicht mit Abgrenzung, Machtgelüsten oder feindlichen Übergriffen in Verbindung gebracht wird." Die KKR „bemüht sich, die kulturelle und politische Vielfalt kennen zu lernen und deren Gegensätze zu überwinden", wobei ihr „die geographische Nähe zu den Zentren eines Europa im Werden, zu seinem Parlament wie zu seiner Bürokratie" zugute kommt[54].

Neben der KKR ist die Konferenz Europäischer Kirchen (KEK) zu nennen[55], an der die protestantischen Kirchen und die orthodoxe Kirche beteiligt sind. Die KEK wurde im Jahr 1959 gegründet und umfasst etwa 120 Kirchen. Sie pflegt enge Kontakte zur KKR, aber auch zum CCEE. Ihre Arbeit am Oberrhein wird von einem eigenen Büro in Straßburg gefördert.

Nach 1945 knüpften Kirchengemeinden zu beiden Seiten des Rheins auch wieder direkte Kontakte. Auf französischer Seite gingen erste Initiativen von Gemeinden in der Gegend von Erstein aus und von der Kirchengemeinde Neuhof-Cité, die mit der Stuttgarter Erlösergemeinde in Kontakt trat. Es entwickelten sich auch Verbindungen zwischen lutherischen Kirchengemeinden Lothringens und deutschen Kirchengemeinden. Allerdings wird die mangelnde Begeisterung beklagt, die derartigen Initiativen manchmal an der Basis begegnet. Von den Kirchengemeinden abgesehen, besteht ein Austausch zwischen besonderen kirchlichen Diensten, wie z.B. die Seelsorge auf dem Land. Vor allem die Leiter von diakonischen Einrichtungen haben früh grenzübergreifend gewirkt – auf besondere Anregung von Henri Ochsenbein hin, der oft auf der deutschen Rheinseite zu Gast war. Ochsenbein war seit 1959 Direktor der Evangelischen Gesellschaft für Innere Mission in Straßburg (Société Évangélique de Mission Intérieure de Strasbourg/SEMIS). Dauerhafte Verbindungen entwickelten sich zwischen dem Sonnenhof, einer Einrichtung für Behinderte in Bischweiler, und der entsprechenden Einrichtung in Kork bei Kehl, auch zwischen den Diakonissen von Straßburg und Nonnenweier. Ebenso entstanden Beziehungen zwischen diakonischen Einrichtungen im Elsass, in Speyer und in Karlsruhe. In den 1980er Jahren fanden Begegnungen zwischen der SEMIS von Straßburg und der Evangelischen Gesellschaft von Stuttgart statt. Straßburger und Stuttgarter Pfarrer bereiteten gemeinsam Bibelwochen vor.

5.3.2. Der ökumenische Aufschwung seit dem Zweiten Vatikanischen Konzil (1962–1965)

Anzeichen für die Vorbereitung und baldige Aufnahme der Arbeit des Zweiten Vatikanischen Konzils gab es auch am Oberrhein. Als Beispiel sei hier nur an die schon angesprochenen monatlichen Zusammenkünfte einiger elsässischer Priester und Pfarrer erinnert. Auch die Kriegserfahrungen – an der Front oder vor Ort im Umgang mit feindlichen Behörden – haben zu Verbindungen zwischen den Geistlichen geführt, die trotz mancher Spannungen (hauptsächlich wegen Mischehen) ein neues Klima angebahnt haben.

Es war jedoch erst dem Zweiten Vatikanischen Konzil und der neuen Einschätzung der „getrennten Brüder" und deren kirchlicher Gemeinschaften durch die katholische Kirche zu verdanken, dass es zu einem bis dahin unbekannten ökumenischen Aufschwung kam. Es fanden immer mehr ökumenische Zusammenkünfte, Vorträge und Veröffentlichungen aller möglichen Art statt. Eine gemeinsame seelsorgerliche Betreuung für interkonfessionelle Familien wurde in Straßburg und anderen Orten eingerichtet. Gemeinsame Gottesdienste und andere Begegnungen brachten die Kirchengemeinden zueinander. Bis heute treffen sich die Kirchenleitungen im Elsass und anderswo jährlich zu einem Gebets- und Studientag. In den 1980er Jahren behandelten sie im Elsass folgende Themen: Das Augsburgische Glaubensbekenntnis (1980), Tod und Sterbebegleitung (1985), christliche Politik (1986), Sonntagsheiligung (1987).

Im Jahr 1965 schuf der Lutherische Weltbund in Straßburg das Institut für Ökumenische Forschung[56], das dank seiner zahlreichen Stellungnahmen und Veröffentlichungen zur Konzilsthematik, dann auch zu anderen Fragen der Ökumene dank seiner Tagungen oder auch jährlichen Seminare eine große Ausstrahlungskraft erreichte. Zwar ist dieses Institut auf die Kirchen in der ganzen Welt ausgerichtet, aber es gewann einen besonderen Einfluss auf die Kirchen am Oberrhein durch Vorträge, durch seine theologischen Forscher oder auch durch den Empfang zahlreicher Gruppen aus der Region. Die Teilnahme von Mitarbeitern des Instituts an den Gesprächen, die 1972 zur sogenannten Leuenberger Konkordie[57] zwischen Lutheranern und Reformierten geführt haben, blieb nicht ohne erkennbare Auswirkungen, vor allem auf die elsässischen Kirchen, die 2004 eine Union eingegangen sind (Union des Églises Protestantes d'Alsace-Lorraine/UEPAL). Auch der Dialog, den das Institut in den Jahren 1981 bis 1984 mit den hauptsächlich in Ostfrankreich wohnenden französischen Mennoniten[58] führte, schuf ein neues Klima des Vertrauens. Ebenso haben die theologischen Forscher des Instituts (z.B. Harding Meyer) an den Gesprächen zwischen Lutheranern und Katholiken 1999 im Vorfeld der *Gemeinsamen Erklärung über die Rechtfertigungslehre*[59] teilgenommen. Mit der Erklärung wurde eine Übereinstimmung in diesem zentralen theologischen Thema erreicht; es handelt sich allerdings um einen „differenzierten Konsens", der Raum für unterschiedliche Aussagen und Ansätze lässt. Mit feierlichen Gottesdiensten im Straßburger Münster und im Dom zu Metz im Jahr 2000 sowie einer Reihe von Treffen an verschiedenen Orten wurde die Unterzeichnung dieses bedeutenden Dokumentes gewürdigt, das zwar weiterer ekklesiologischer Reflexion bedarf, aber doch einen neuen Aufschwung in der Ökumene bewirken kann.

2001 hat der evangelische Kirchenpräsident Marc Lienhard mit Erzbischof Joseph Doré in Straßburg einen Rat christlicher Kirchen gegründet (Conseil des Églises Chrétiennes de Strasbourg), dem Katholiken, Orthodoxe, Anglikaner und Protestanten verschiedener Richtungen angehören (siehe Anhang I.3).

Hier sei noch an ein anderes Ereignis erinnert, das zu seiner Zeit viel Beachtung fand: 1972 die Veröffentlichung der Richtlinien zur eucharistischen Gastfreundschaft durch den Straßburger Bischof Léon-Arthur Elchinger[60]. Der Bischof erkannte die geistliche Notlage vieler in Mischehen lebender Paare, denen bis dahin das gemeinsame Abendmahl trotz weitgehender Gemeinsamkeiten im Glauben verweigert wurde, und sprach sich für die Möglichkeit aus, die Kommunion in der Messe oder im lutherischen Gottesdienst zu empfangen. Auch wenn er keineswegs die bestehenden Differenzen überging, die einem generellen Zugang zur katholischen Eucharistie für Mitglieder anderer Kirchen im Wege stehen, war er der Ansicht, dass alle Kirchen unterwegs sind und die Eucharistie nicht darauf beschränkt werden darf, „lediglich Zeichen und Ausdruck für die in Christus schon gegebene Einheit zu sein […]. Sie ist zugleich das wirksame Mittel, mit dem Christus nicht aufhört uns zu bekehren, uns in Ihm einzuverleiben und uns zur Einheit hinzuführen, wie sie in Gott als trinitarische Gemeinschaft besteht." Die Geste der eucharistischen Gastfreundschaft ist „außergewöhnlich, brüchig und vorläufig", aber doch möglich und bedeutsam. Es sind „bestimmte Mängel vorhanden – mehr oder weniger bedeutsam je nach den verschiedenen Kirchen – im Bereich des Sakramentalen, durch das sich die Kirche sichtbar als Leib Christi aufbaut". Trotzdem „können diejenigen, die die Eucharistie im Glauben und in der Treue zum Vermächtnis des Herrn feiern, wirklichen Anteil am Leben Christi haben, der sich als Speise den Seinen schenkt zur Erbauung seines einen Leibes."

Auch auf deutscher und insbesondere der badischen Seite wurde das ökumenische Miteinander gefördert. Die Evangelische Landeskirche in Baden und die Erzdiözese Freiburg vereinbarten 1971 gemeinsame Seelsorge an konfessionsverschiedenen Paaren und 1974 die Ordnung für eine gemeinsame kirchliche Trauung konfessionsverschiedener Ehepaare unter Beteiligung der Pfarrerinnen und Pfarrer beider Kirchen[61].

1973 wurde in der katholischen Akademie in Freiburg die Arbeitsgemeinschaft Christlicher Kirchen (ACK) in Baden-Württemberg gegründet. Mehrere der Gründungsmitglieder waren auch in der grenzüberschreitenden kirchlichen Zusammenarbeit aktiv, z.B. in der Deutsch-französischen Fachgruppe. Im Jahr 1975 schlossen sich Kirchen in Rheinland-Pfalz und im Saarland zur ACK-Region Südwest zusammen (siehe die Anhänge I.1 und I.2).

5.3.3. Begegnungen und Aktivitäten in den letzten Jahrzehnten

Im Verlauf der letzten Jahrzehnte haben ökumenische wie grenzüberschreitende Begegnungen und Aktivitäten stark zugenommen. Besondere Bedeutung kommt dabei zwei Begegnungsstätten zu, die von elsässischen Protestanten geleitet werden: dem Haus Liebfrauenberg[62] im nördlichen Elsass und dem CIARUS (Centre International d'Accueil et de Rencontre Unioniste de Strasbourg) in Straßburg. Zahlreiche Gruppen aus dem Oberrheingebiet kommen auf dem Liebfrauenberg zusammen, wo auch gemeinsame Treffen mit den kirchlichen Akademien der Pfalz und Badens veranstaltet werden. Die deutschen Landeskirchen haben den barrierefreien Ausbau der Tagungsstätte mit erheblichen Mitteln unterstützt.

Das CIARUS in Straßburg wiederum dient hauptsächlich der Beherbergung von Jugendlichen aus ganz Europa. Auf katholischer Seite ist vor allem das St. Thomas-Zentrum in Straßburg eine beliebte Begegnungsstätte für die unterschiedlichsten Gruppen aus der Region und ganz Europa.

Seit mehreren Jahren ist es im Elsass möglich, Pfarrer oder Priester ohne französische Staatsbürgerschaft zu berufen. Die katholische Kirche hat vor allem polnische Priester übernommen. Auf evangelischer Seite versehen gegenwärtig etwa zehn deutsche Pfarrer ihren Dienst in elsässischen und lothringischen Kirchengemeinden. Das Dienstverhältnis kann auch

zeitlich befristet sein. So hat in Forbach in Lothringen ein deutscher Pfarrer die seelsorgerliche Betreuung für zahlreiche dort arbeitende Landsleute übernommen; er wurde gut in die
Pfarrerschaft und in die Kirchengemeinden der Region integriert. Ein anderer ist im Sommer
als Camping-Seelsorger im Seengebiet in Lothringen tätig. Seit 1994 besteht in Saargemünd
eine französisch-deutsche Kontaktgruppe.

Erstaunlich lebendig sind die Beziehungen zwischen den protestantischen Kirchen des
Nordelsass und der Südpfalz. Der Pfarrer von Lauterburg übt seelsorgerliche Tätigkeiten auch
auf der anderen Seite der Grenze aus. Es kommt vor, dass angehende Pfarrer ihr Vikariat im
Nachbarland absolvieren. Eine für die grenzüberschreitende Jugendarbeit eingesetzte deutsche
Pfarrerin ist in einem gemeinsamen deutsch-französischen Gottesdienst ordiniert worden.
Pfälzische Pfarrer nehmen an Fortbildungskursen in Frankreich teil. Jugendliche von beiden
Seiten der Grenze treffen sich bei einer Vielfalt gemeinsamer Veranstaltungen, vor allem Kon-
firmandenfreizeiten, Ostergottesdiensten und zweisprachigen Kinovorführungen. In jüngerer
Zeit sind vermehrt Familienfreizeiten abgehalten worden, denn in Weißenburg sind zum Beispiel
30 % der Ehen zwischen deutsch-französischen Partnern geschlossen worden.

Regelmäßig finden Treffen von Pfarrern, Kirchenvorstehern oder anderen Kirchenmitgliedern
statt. Nur so können Hindernisse wie die unterschiedlichen Sprachen oder Schulsysteme, auch
eine gewisse Gleichgültigkeit der Jugendlichen dem Nachbarland oder der Kirche gegenüber
überwunden werden. Zu diesen grenzüberwindenden Bemühungen gehört ferner ein 2008
erschienener zweisprachiger Führer zu den Kirchen des Nordelsass und der Südpfalz mit dem
Titel: *Chemins de la Réconciliation – Wege der Versöhnung*.

Auf kirchenleitender Ebene kommt es alljährlich zu Begegnungen zwischen den Dekanen
der pfälzischen und badischen Kirchen und den lutherischen Kircheninspektoren sowie reformierten Konsistorialpräsidenten aus dem Elsass. Regelmäßig treffen sich auch Vertreter der
verschiedensten kirchlichen Dienste. Einmal im Jahr kommen die Präsidenten der protestantischen Kirchen des Elsass, der Pfalz, von Basel, der an den Rhein angrenzenden Kantonalkirchen
sowie der evangelische Landesbischof von Baden zusammen.

Zwei Veröffentlichungen sind ein Beleg für die gegenseitigen Beziehungen der protestantischen Kirchen am Oberrhein: Zum einen das 1995 in Deutschland erschienene *Evangelische
Gesangbuch* (EG) in einer Ausgabe für die Kirchen in Elsass-Lothringen, in Baden und der
Pfalz, das einen gemeinsamen regionalen Anhang für diese Kirchen am Oberrhein enthält[63].
Die meisten Lieder sind in deutscher Sprache, aber es gibt auch französische Texte. Dieses
1995 im Elsass eingeführte Gesangbuch findet nicht überall gleiche Verwendung, da es nur in
deutschsprachigen Gottesdiensten zum Einsatz kommt.

Die zweite Publikation ist ein 1998 erschienenes *Vademecum* für die grenzüberschreitende
Seelsorge an Deutschen, die sich für eine bestimmte Zeit in Elsass-Lothringen aufhalten, oder
an Franzosen, die vor allem aus beruflichen Gründen in Deutschland wohnen[64]. Die Broschüre
bietet für beide Adressaten eine Reihe von Informationen zum kirchlichen Leben vor Ort. Sie
gibt genaue Auskunft über die Voraussetzungen für die Kirchenmitgliedschaft in dem jeweiligen Aufenthaltsland. Außerdem enthält sie Vorschläge für zweisprachige Gottesdienste und
den liturgischen Austausch.

Die schon angesprochene KKR, die seit einigen Jahren auf die Kirchen des Oberrheins reduziert ist, hat zwischen 1998 und 2003 folgende Themen aufgegriffen: Die Problematik der Arbeit
in europäischer Perspektive; Identität, Region, Nationalstaat, Europa; die Identität Europas und
die Rolle der Kirchen; die Erweiterung der Europäischen Union als konkrete Herausforderung für
die Kirchen; die Herausforderung durch die Globalisierung und die Schaffung eines europäischen
Rechtsraumes; Reaktion auf und Fragen an die Ergebnisse des Verfassungskonvents der EU.
Die Konferenz von 2004 über „Migration und Flucht in Europa als Herausforderung für unsere
Kirchen", an der Verantwortliche und Abgeordnete aus 80 Kirchen beteiligt waren, führte zu
einer 31 Punkte umfassenden Erklärung[65], die ein beachtliches Gewicht bei den Debatten im
Deutschen Bundestag und Bundesrat hatte.

Seit 2004 ist die KKR eine Regionalgruppe der Gemeinschaft Evangelischer Kirchen in
Europa (GEKE) und befasst sich in jährlichen Tagungen mit gemeinsamen gesellschaftlichen
Herausforderungen, im Jahr 2012 mit dem Thema: Bekenntnis, Religion und Toleranz, im Rah-
men der Reformationsdekade zwischen 2009 und 2017.

In den 1980er Jahren hat der Ökumenische Rat der Kirchen (ÖRK) einen Konziliaren Prozess
zur Beratung über die Themen Gerechtigkeit, Frieden und Bewahrung der Schöpfung in Gang
gesetzt. Als europäischen Beitrag in diesem Prozess organisierte die KEK zusammen mit dem
CCEE Pfingsten 1989 die Erste Europäische Ökumenische Versammlung in Basel[66]. 700 Delegierte
sowie annähernd 10.000 andere Teilnehmer und Teilnehmerinnen aus den meisten europäischen
Kirchen machten daraus eine Art Kirchentag. Die Wechselbeziehungen zwischen Gerechtigkeit,
Frieden und Bewahrung der Schöpfung kamen dabei deutlich zur Sprache. Auch wenn vor
allem das Verhältnis von ethischem Handeln
und Gnade, Versöhnung und Gewaltverzicht,
der Kampf für Gerechtigkeit und gegen Diskriminierung, die Verantwortung für die Umwelt
und die gerechte Verteilung der Ressourcen
Schwerpunkte der Beratungen waren, kamen
die ekklesiologischen Fragen deswegen nicht
zu kurz. Das Verhältnis von Kirche und Staat
wurde thematisiert, und man plädierte dafür,
den Synoden mehr Bedeutung in den kirchlichen Entscheidungsprozessen zu geben, weil
das Wesen der Kirche in der Gemeinschaft der
Gläubigen zu finden sei. In einer Zeit, in der
die national- und weltpolitischen Karten neu
gemischt wurden, drückte sich vor allem der

Bild 54: Logo des Konziliaren Prozesses, der 1983
vom Ökumenischen Rat der Kirchen in Vancouver angestoßen wurde. Darunter versteht man
den gemeinsamen Lernweg christlicher Kirchen
zu Gerechtigkeit, Frieden und Bewahrung der
Schöpfung.

Wunsch nach einer Wiedervereinigung der
deutschen Kirchen aus Ost und West und auch
der nach einer engeren Zusammenarbeit zwischen den Kirchen des Ostens und Westens im
Rahmen der europäischen Erweiterung in aller

Deutlichkeit aus. Trotz der Absage an jede Form eines Eurozentrismus bekundeten die Delegierten ein starkes Gefühl der Zugehörigkeit zu Europa, das im „Marsch über drei Grenzen" konkrete Gestalt annahm. In einem riesigen Zug überquerten die Teilnehmer die Grenzen zwischen der Schweiz, Frankreich und Deutschland ohne jede Passkontrolle!

Die Basler Versammlung war auch von den Kirchen am Oberrhein mit vorbereitet worden und wirkte nun in all ihrer Dynamik direkt auf diese Kirchen zurück. Schon vor Basel hatten Katholiken und Protestanten aus Straßburg Kontakte zu ihren Glaubensgeschwistern in Kehl geknüpft, um sich gemeinsam gegen den Bau einer Müllverbrennungsanlage zu wehren. Dank ihrer Zusammenarbeit wurde das Projekt zum Scheitern gebracht. Im Anschluss an die Basler Versammlung kam es nun zur Bildung eines französisch-deutschen Kreises, der sich abwechselnd in Kehl und in Straßburg traf und sich über Umweltprobleme beriet.

Die Kontakte zwischen den beiden Rheinseiten brachen nicht mehr ab, wurden kontinuierlich

Bild 55: Am Donnerstag, dem 18. Mai 1989, unternahmen 6.000 Teilnehmer der Ersten Europäischen Ökumenischen Versammlung in Basel einen „Gang durch drei Länder" (Deutschland, Frankreich und Schweiz). In Friedlingen sprachen Landesbischof Klaus Engelhardt und Oskar Saier während der liturgischen Feier. (© Katholische Nachrichten-Agentur (KNA), Bild 154584)

ausgebaut und immer verbindlicher gestaltet. Beim Treffen „Zwei Ufer – eine Quelle" (1994) kamen hauptsächlich Protestanten aus der Gegend um Kehl und Straßburg und aus dem Kirchenkreis Buchsweiler zusammen, etwa 5.000 Gläubige insgesamt. Das zweisprachige Motto-Lied („Zwei Ufer – eine Quelle", „Deux rives – une source") fand Aufnahme in das Evangelische Gesangbuch[67]. Die meisten grenzüberschreitenden Initiativen der nachfolgenden Jahre waren ökumenisch ausgerichtet. Zur 50. Wiederkehr des Waffenstillstandes am Ende des Zweiten Weltkriegs trafen sich 1995 Vertreter der evangelischen und katholischen Kirchenleitungen

„Mit Christus Grenzen überschreiten".
Das Ökumenische Treffen in Straßburg am Pfingstmontag, 12. Juni 2000

Bild 56a: Feierlicher Abschluss auf dem Kleberplatz (© Konradsblatt. Foto: Langer)

Bild 56b: Gute Laune trotz großer Hitze beim Abschlussgottesdienst auf der Place Kléber
(© Konradsblatt. Foto: Langer)

Bild 56c: Freiburgs Erzbischof Oskar Saier und Bischof Anton Schlembach aus Speyer
(© Konradsblatt. Foto: Langer)

Bild 56d: Begegnung im Münster: (v.l.n.r.) Domkapitular Wolfgang Sauer, Domkapitular Klaus Stadel, der evangelische Landesbischof von Baden Ulrich Fischer und seine Frau Brigitte (© Konradsblatt. Foto: Langer)

des Elsass, der Pfalz und Badens zu drei grenzüberschreitenden ökumenischen Gottesdiensten in Weißenburg, Speyer und Straßburg.

Seit 1995 wird jedes Jahr am Friedenssonntag (am 3. Advent) im Straßburger Münster ein gemeinsamer Gottesdienst gefeiert, dem zu Beginn des neuen Jahres ein weiterer Gottesdienst in der protestantischen Friedenskirche von Kehl folgt. Am Pfingstmontag 2000 trafen sich mehr als 7.000 Christen von beiden Seiten des Rheins mit Christen aus der Schweiz und aus Luxemburg in Straßburg unter dem Leitthema: „Mit Christus Grenzen überschreiten"[68]. Sie feierten Gottesdienste im Münster sowie auf dem Kleber-Platz und diskutierten über Europa und die Ökumene.

Mit Christus Grenzen überschreiten

Pfingstmontag, 12. Juni 2000
Predigt von Marc Lienhard über Apostel-
geschichte 2 im Straßburger Münster
[Auszug]:

In einem Zeitraum von 75 Jahren haben
die Elsässer viermal die Grenze und damit
viermal ihre Nationalität gewechselt. Und
im Verlauf von Jahrhunderten wurde dieses
Grenzland immer wieder durch kriegerische
Überfälle verwüstet. Bis ins 20. Jahrhundert
hinein haben sich Hassgefühle in vielen
unserer Städte und Dörfer aufgestaut, und
das Misstrauen gegenüber Ausländern ver-
giftet, manchmal unsere Verhaltensweisen
und auch die Wahlergebnisse.

Möge Gott uns heute eine neue Zeit schen-
ken! Nicht eine Zeit des Misstrauens, son-
dern des Vertrauens. Nicht eine Zeit der
Ablehnung, sondern der Aufnahme. Mögen
Sie sich, liebe Freunde, in unserer Stadt
aufgenommen fühlen!

Bild 57: Das Ökumenische Treffen in Straßburg am Pfingstmontag 12. Juni 2000. Marc Lienhard, Präsident der ECAAL, und Joseph Doré, Erzbischof von Straßburg, während des Gottesdienstes im Münster (Foto: Albert Huber, Bischheim)

Am heutigen Tag führt uns – über alle politischen und konfessionellen Grenzen hinweg – eben
nicht der gute elsässische Wein zusammen oder der pittoreske Charme der Straßburger Altstadt,
auch nicht die neuesten französischen Modegeschäfte, sondern die Überzeugung, dass es in-
mitten unserer sprachlichen, kulturellen, nationalen und kirchlichen Unterschiede etwas gibt,
das uns zutiefst vereint. Es ist die Überzeugung, dass der Mensch nicht einfach Konsument,
Produzent oder allmächtiger Schöpfer, sondern von Gott geliebtes Geschöpf ist – samt seiner

Niederlagen und Verleugnungen. Es ist auch die Überzeugung, dass Jesus Christus im Zentrum der Geschichte von Völkern und von jeder persönlichen Existenz als Kraft des Lebens und der Erneuerung wirkt.

Aus dieser Kraft leben wir alle, ob als Katholiken oder Protestanten, Franzosen, Schweizer, Deutsche oder Luxemburger [...]. Haben wir nicht aus dieser Kraft nach 1945 einen Neuanfang wagen können mit Männern wie Robert Schuman? Das Wunder der Versöhnung ist möglich geworden – sogar bis Oradour-sur-Glane. Mit Nachdruck sagen wir, dass sowohl Deutsche als auch Franzosen von Gott geliebte Geschöpfe sind. Lasst uns aufhören, uns gegenseitig für immer als nach wie vor vom Nazismus infizierte Imperialisten, als eingefleischte Revolutionäre oder auch als gekränkte Nationalisten festzulegen. Wir sind alle zunächst menschliche Wesen, die zum gegenseitigen Gedankenaustausch, zum Teilen und zum Lobe Gottes berufen sind.

Wie die Parther, Meder und Elamiter des ersten Pfingstfestes leben wir in der Erwartung. Was wir erwarten ist der Heilige Geist, der Geist der Erneuerung, des Vertrauens und der Ermutigung. Ohne ihn wird all unser Reden und Handeln in der Gegenwart wertlos sein. Mit ihm aber und durch ihn ergibt sich die Chance eines Neuaufschwungs.

Im Jahr 2004 waren die Kirchen von Straßburg und Kehl stark beteiligt am „Garten der zwei Ufer", der in Verbindung mit der deutschen Landesgartenschau eingerichtet worden war (siehe Farbbild 33a)[69]. Sie gaben den Anstoß zum Bau einer Fußgängerbrücke zwischen den beiden Ufern, pflanzten einen biblischen Garten und legten einen Weg der Versöhnung an. Auch organisierten sie Vorträge und Ausstellungen, in denen Modelle zum gesellschaftlichen Engagement aufgezeigt und Informationen über die Kirchen und deren Beitrag zur Lösung sozialer Probleme angeboten wurden. Sie fanden statt auf dem Kirchen-Schiff, das „Arche" genannt wurde, am Kehler Rheinufer vor Anker lag und viele Besucher anlockte (Farbbild 33b). Jeden Sonntag wurde auf der Haupttribüne in Kehl ein katholischer, evangelischer oder ökumenischer Gottesdienst abgehalten, den jeweils Kirchenmitglieder aus zwei Dörfern zu beiden Rheinseiten vorbereitet haben. Diese Veranstaltungen fanden ein großes Echo und haben – selbst nach Aussagen von Politikern – entscheidend zur Sinngebung des „Gartens der zwei Ufer" beigetragen. Die grenzüberschreitenden Netzwerke, die sich für den Garten engagiert hatten, blieben auch nach 2005 bestehen und kümmerten sich nun vor allem um ökologische Fragen. So waren sie an der Aktion „Rettet das Ried" beteiligt.

Beratungen und Aktionen finden aber nicht nur im Großraum von Straßburg statt. So gab es auch im sog. Dreiländereck mit den Städten Basel, Mülhausen und Lörrach seit vielen Jahren Bemühungen um Annäherung und Zusammenarbeit. Seit 2003 finden alle vier Jahre grenzüberschreitende Kirchentage unter dem Namen KIRK (Kirchen am Rheinknie) statt (siehe Farbbild 34). Viele grenzüberschreitende Treffen sind von vornherein ökumenisch geplant. Es gibt aber auch Zusammenarbeit, auch auf institutioneller Ebene, zwischen katholischen bzw. evangelischen Kirchen von beiden Seiten des Rheins. So ist ein Delegierter der katholischen Kirche von Kehl Mitglied im Pastoralrat von Straßburg. Auf evangelischer Seite nimmt ein

Vertreter aus Straßburg mit Stimmrecht an der Dekanatssynode von Kehl-Offenburg teil und ein Vertreter aus dem nördlichen Elsass an der Dekanatssynode von Germersheim. Hinzuweisen ist außerdem auf einige grenzüberscheitende Unternehmungen und Treffen unter katholischer Leitung, wie die von den Kirchen in Alt- und Neubreisach getragene Laienausbildung und die Begegnung französisch-deutscher Ehepaare in Straßburg im September 2009.

Diese Zunahme grenzüberschreitender Begegnungen darf nicht darüber hinwegtäuschen, dass noch viele Hindernisse auf dem Weg zu einer echten, d. h. tiefgründigen und dauerhaften Aussöhnung zu überwinden sind, sieht man von den eigentlichen Wegbereitern und Aktivisten ab. Die sprachlichen Probleme haben sich in den letzten Jahren verstärkt, weil es heute weniger deutschsprechende Elsässer als früher gibt und nur wenige Deutsche Französisch sprechen, auch wenn in den Schulen Badens der Französisch-Unterricht gefördert wird. Offenkundig ist zudem die Dominanz der englischen Sprache in den Schulen zu beiden Seiten des Rheins.

Das gegenseitige Misstrauen zwischen Deutschen und Franzosen ist noch nicht völlig beseitigt. Aus dem Zwiespalt heraus, ihren Gefühlen nach Franzosen, ihrem Denken nach oft Deutsche zu sein, betrachten Elsässer die „Schwowe" (Schwaben) mit Argwohn. Auch wenn sie gelegentlich auf die andere Rheinseite zu Einkäufen oder Ausflügen fahren oder dort arbeiten, bleiben so manche auf Distanz. Im Übrigen sind die Politiker nicht vorbehaltlos begeistert oder institutionell in der Lage, die gegenseitige Annäherung zu beschleunigen oder zu vertiefen. Gelegentlich zeigen sie sich reserviert gegenüber Aktivitäten der Kirchen. So hat man auf französischer Seite jede kirchliche Aktion im „Garten der zwei Ufer" verboten, um nicht – wie es hieß – den Grundsatz der Laizität zu gefährden.

Schließlich darf nicht auf Seiten der Kirchen die Schwierigkeit übersehen werden, theologische Konsenstexte in der Praxis mit Leben zu füllen oder Erneuerungen, wie etwa die Richtlinien des Straßburger Bischofs zur eucharistischen Gastfreundschaft, dauerhaft umzusetzen. Es bleibt der Auftrag und die Aufgabe für alle nachfolgenden Generationen, die verbindliche und verlässliche ökumenische und grenzüberschreitende Verständigung weiterzuführen und zu entwickeln und immer wieder durch persönlichen Austausch und Begegnungen mit Leben zu füllen.

Weiterführende Literatur

Baader, Karl Siegfried: Der deutsche Südwesten in seiner territorial-staatlichen Entwicklung, 2. Aufl., Konstanz 1978

Benrath, Gustav Adolf: Baden, Kirchengeschichtlich, in: TRE, Bd. V (1979), S. 97–103

Benrath, Gustav Adolf: Pfalz: Historisch, in: TRE, Bd. XXVI (2000), S. 323–334

Bümlein, Klaus: Pfalz, Kirchengeschichtlich, in: TRE XXVI (2000), S. 334–337

Defrance, Corine u.a. (Hgg.): Wege der Verständigung zwischen Deutschen und Franzosen nach 1945. Zivilgesellschaftliche Annäherungen, Tübingen 2010

Die Evangelische Landeskirche in Baden im „Dritten Reich": Quellen zu ihrer Geschichte, 6 Bde., Karlsruhe 1991–2005. Bd. I–III hg. von Hermann Rückleben und Hermann Erbacher, Bd. IV–VI hg. von Gerhard Schwinge

Epp, René u.a.: Histoire de l'Église catholique en Alsace des origines à nos jours, Strasbourg 2003

Epp, René u.a.: Catholiques, Protestants, Juifs en Alsace, [Colmar] 1992

Hug, Wolfgang: Geschichte Badens, Stuttgart 1972

Juillard, Étienne: L'Europe rhénane, Paris 1968

Lienhard, Marc: Foi et vie des protestants d'Alsace, Bd. I, Strasbourg-Wettolsheim 1981

Lienhard, Marc in Zusammenarbeit mit Gustave Koch: Les protestants d'Alsace. Du vécu au visible, Strasbourg-Wettolsheim 1985

Lienhard, Marc: Histoire et aléas de l'identité alsacienne, Strasbourg 2011; dt. Übersetzung: Spannungsfelder einer Identität: die Elsässer, Stuttgart 2013

Ludwig, Albert: Geschichte der evangelischen Kirche in Baden, 2. Aufl., Karlsruhe 1927

Mayer, Eugen: Pfälzische Kirchengeschichte, Kaiserslautern 1939

Martin, Michael: Pfalz und Frankreich. Vom Krieg zum Frieden, Leinfelden-Echterdingen 2008

Mayeur, Jean-Marie u.a.: Histoire du christianisme, Bd. XII: Guerres mondiales et totalitarismes (1914–1958), Paris 1990; dt. Ausgabe: Kurt Meier (Hg.), Erster und Zweiter Weltkrieg – Demokratien und totalitäre Systeme (1914–1958), Freiburg i. Br. u.a. 1992, S. 337–344

Meller, Joseph u.a.: Das Bistum Speyer. Ein Gang durch die Geschichte, Speyer 1987

Séguy, Jean: Les Assemblées anabaptistes-mennonites de France, Paris-La Haye 1977

Smolinsky, Heribert (Hg.): Geschichte der Erzdiözese Freiburg, Bd. I, Freiburg 2008

Stamer, Ludwig: Kirchengeschichte der Pfalz, 4 Bde., Speyer 1936–1964

Stempel, Hans: Vom Kirchenkampf in der Pfälzischen Landeskirche, Speyer 1970

Vogler, Bernard: Histoire des chrétiens d'Alsace, Paris 1994

Vogler, Bernard (Hg.): Nouvelle histoire de l'Alsace, Toulouse 2003

Wahl, Alfred: Confession et comportement dans les campagnes d'Alsace et de Bade (1871–1939), 2 Bde., o.O. 1980

Anmerkungen

1 Franz Dumont (Hg.), *Deutschland und die Französische Revolution 1789–1989*. Eine Ausstellung des Goethe-Instituts zum Jubiläum des welthistorischen Ereignisses, Stuttgart 1989.
2 *Nouveau Dictionnaire de Biographie Alsacienne* (=NDBA), Bd. XXIV (1999), S. 3506–3508.
3 NDBA, Bd. V (1984), S. 434.
4 Bernard Vogler (Hg.), *Nouvelle histoire de l'Alsace*, Toulouse 2003, S. 186–187.
5 Ebd., S. 207.
6 NDBA, Bd. V (1984), S. 375–376.
7 NDBA, Bd. XXX (1997), S. 3075–3077.
8 NDBA, Bd. XIII (1988), S. 1232–1233.
9 NDBA, Bd. XXXI (1998), S. 3174.
10 NDBA, Bd. VI (1985), S. 475–476. Cazeaux hat sich in seiner 1867 veröffentlichten Schrift *Essai sur la conservation de la langue allemande en Alsace* für einen zweisprachigen Unterricht in der Volksschule ausgesprochen.
11 NDBA, Bd. XXVIII (1996), S. 2813–2814.
12 NDBA, Bd. XXXX (2002), S. 4203–4204.
13 Künstlername von Jean-Jacques Waltz. Zu ihm: Jacques Feger, *Hansi, une vie pour l'Alsace*, Strasbourg 2007; Benoît Bruant, *Hansi. L'artiste tendre et rebelle*, Strasbourg 2008.
14 Siehe zu den genannten Personen die Artikel im NDBA.
15 Jean-Marie Mayeur u.a. (Hg.), *Histoire du christianisme*, Bd. XII: *Guerres mondiales et totalitarismes (1914–1958)*, Paris 1990, S. 267–274; dt. Ausgabe: *Erster und Zweiter Weltkrieg – Demokratien und totalitäre Systeme (1914–1958)*, bearb. und hg. von Kurt Meier, Freiburg i. Br. u.a. 1992, S. 337–344.
16 Ebd., S. 271; dt. Ausgabe, S. 341.
17 Ebd., S. 272; dt. Ausgabe, S. 342.
18 Catherine Storne-Sengel, *Les Protestants d'Alsace-Lorraine de 1919 à 1939. Entre les deux Règnes*, Strasbourg 2003.
19 NDBA, Bd. XXXII (1984), S. 3310–3312.
20 Zit. nach Matthieu Arnold, *La Faculté de théologie protestante de l'université de Strasbourg de 1919 à 1945*, Strasbourg 1990, S. 22.
21 Ebd.
22 Ebd., S. 165.
23 Rainer Lächele, Frankreich und der französische Protestantismus in der Zeit der Weimarer Republik: Perspektiven protestantischer Publizistik in den deutschen Kirchenzeitungen und Zeitschriften, in: *Revue d'Allemagne* 21 (1989), S. 531–555.
24 Ebd., S. 532.
25 Ebd., S. 551.
26 Hans L. Reichrath, *Ludwig Diehl, 1894–1982. Kreuz und Hakenkreuz im Leben eines Pfälzer Pfarrers und Landesbischofs*, Speyer 1995; Hanns-Christoph Picker, Ludwig Diehl (1894–1945), NS-„Landesbischof" zwischen Kirchenleitung und Regimetreue 1934–1945, in: Hans Friedhelm/Gabriele Stüber (Hgg.), *Pfälzische Kirchen- und Synodalpräsidenten seit 1920* (VVPfKG 27), Speyer 2008.
27 Udo Wennemuth, Die badische Kirchenleitung im Dritten Reich, in: ders. (Hg.), *Unterdrückung – Anpassung – Bekenntnis. Die Evangelische Kirche in Baden im Dritten Reich und in der Nachkriegszeit* (VVKGB 63), Karlsruhe 2009, S. 35–65.
28 *Alsace. La Grande Enyclopédie des Années de Guerre*, Strasbourg 2009.
29 Bernard Vogler (Hg.), *Dictionnaire du monde religieux dans la France contemporaine*, Bd. II: *L'Alsace*, Paris 1987, S. 285–287.

30 Jean Laurent Vonau, *L'épuration en Alsace. La face méconnue de la Libération 1944–1953*, Strasbourg 2005.

31 Rainer Möhler, *Entnazifizierung in Rheinland-Pfalz und im Saarland unter französischer Besatzung von 1945 bis 1952*, Mainz 1992; Reinhard Grohnert, *Die Entnazifizierung in Baden 1945–1949. Konzeption und Praxis der „Epuration" am Beispiel eines Landes der französischen Besatzungszone*, Stuttgart 1991; Christophe Baginski, *La politique religieuse de la France en Allemagne occupée 1945–1949*, Villeneuve d'Ascq 1997.

32 Hartmut Stüwe, *Evakuierung, Besetzung, Freigabe. Kehler Stadtgeschichte 1944–1953*, Kehl 2003.

33 Marcel Scheidhauer, *Les Églises Luthériennes en France 1800–1815, Alsace – Montbéliard – Paris*, Strasbourg 1975.

34 Marc Lienhard, *Frédéric Horning, 1809–1882. Au cœur du Réveil luthérien dans l'Alsace du XIXe siècle*, Neuwiller-lès-Saverne 2009.

35 Marc Lienhard, Les protestants, in: René Epp, Marc Lienhard und Freddy Raphaël (Hgg.) *Catholiques, Protestants, Juifs en Alsace*, [Colmar] 1992; Bernard Vogler, *Histoire des chrétiens d'Alsace*, Paris 1994.

36 *Progrès religieux* (1870), S. 293.

37 *Progrès religieux* (1870), S. 350.

38 *Progrès religieux* (1870), S. 317.

39 *Progrès religieux* (1871), S. 51.

40 Das wird behauptet von Alfred Wahl, *Confession et comportement dans les campagnes d'Alsace et de Bade (1871–1939)*, 2 Bde., o. O. 1980, S. 417–420.

41 Ebd., S. 612ff.

42 Ebd., S. 637.

43 Ebd., S. 720.

44 H. Bier, *Der Kampf um die badische Simultanschule in Vergangenheit und Gegenwart*, Pforzheim 1929.

45 Wahl, *Confession*, S. 790.

46 Ebd., S. 814–822.

47 Ebd., S. 837.

48 Der Text in: Georg Denzler/Volker Fabricius, *Die Kirchen im Dritten Reich*, Bd. II: *Dokumente*, Frankfurt a.M. 1984, S. 254.

49 Frédéric Hartweg/Daniela Heimerl, Der französische Protestantismus und die deutsche Frage, in: *Zeitschrift für Kirchengeschichte* 101 (1990), S. 386–412.

50 Marcel Sturm, *La tâche protestante française en Allemagne occupée. Actes du 39e Synode national de l'Église Réformée de France*, Lyon 1946; Baginski, *La politique religieuse*; Martin Greschat, Die Kirchenpolitik Frankreichs in seiner Besatzungszone, in: *Zeitschrift für Kirchengeschichte* 109 (1998), S. 216–236, 363–387; ders., *Die evangelische Christenheit und die deutsche Geschichte nach 1945*, Bd. I: *Weichenstellungen in der Nachkriegszeit*, Stuttgart 2002, S. 46ff.; Jörg Thierfelder/Michael Losch, Der evangelische „Feldbischof" Marcel Sturm – ein „Brückenbauer" zwischen den evangelischen Christen Deutschlands und Frankreichs, in: *Blätter für Württembergische Kirchengeschichte* 99 (1999), S. 208–251.

51 Daniela Heimerl, Les Églises évangéliques et le rapprochement franco-allemand dans l'après-guerre: le conseil fraternel franco-allemand, in: *Revue d'Allemagne* 21 (1989), S. 591–606; Martin Greschat, Verständigung und Versöhnung. Der Beitrag des Französisch-Deutschen Bruderrates, in: *Revue d'Allemagne* 36 (2004), S. 155–174.

52 Jean-Marie Mayeur, Pie XII et l'Europe, in: *Relations internationales* 28 (1981), S. 413–425; Philippe Chenaux, *Une Europe vaticane? Entre le Plan Marshall et les Traités de Rome*, Bruxelles 1990; ders., Der Vatikan und die Entstehung der Europäischen Gemeinschaft, in: Martin Greschat/Wilfried Loth (Hgg.), *Die Christen und die Entstehung der Europäischen Gemeinschaft*, Stuttgart-Berlin-Köln 1994, S. 97–124.

53   Helmut Steindl, Le Conseil des Conférences épiscopales d'Europe (CCEE), in: Gilbert Vincent/Jean-Paul Willaime, *Religions et transformations de l'Europe*, Strasbourg 1993, S. 285–292.

54   Punkt 5 eines Arbeitspapiers der Konferenz. Vgl. Andrea Häuser, Die Konferenz der Kirchen am Rhein – La Conférence des Églises riveraines du Rhin; in: Bernd Schröder/Wolfgang Kraus (Hgg.), *Religion im öffentlichen Raum. Deutsche und französische Perspektiven* (Jahrbuch des Frankreichzentrums der Universität des Saarlandes 8), Bielefeld 2009, S. 321–330.

55   Marjolaine Chevallier, La Conférence des Églises européennes, in: Vincent/Willaime, *Religions*, S. 303–308.

56   Marc Lienhard, Le Centre d'Études Œcuméniques de Strasbourg a quarante ans. Regards sur son histoire (1965–2005) et sur sa vocation, in: *Positions Luthériennes* 53 (2005), S. 399–413.

57   Vgl. oben Lienhard in der Einleitung, S. 17.

58   Marc Lienhard/Pierre Widmer, *Les entretiens luthéro-mennonites. Résultats du colloque de Strasbourg (1981–1984)* (Cahiers de Christ seul n° 16), Montbéliard 1984.

59   Vgl. Friedrich Hauschildt u.a. (Hgg.), *Die gemeinsame Erklärung zur Rechtfertigungslehre. Dokumentation des Entstehungs- und Rezeptionsprozesses*, Göttingen 2009.

60   Hans Georg Link (Hg.), *Das Straßburger Modell. Eine Dokumentation*, Köln 2002; Marc Lienhard, *Identité confessionnelle et quête de l'unité. Catholiques et protestants face à l'exigence œcuménique*, Lyon 2007, S. 109–116.

61   *Gottesdienst und Amtshandlungen als Orte der Begegnung. Gemeinsame Erklärung der Erzdiözese Freiburg und der Evangelischen Landeskirche in Baden*, Freiburg-Karlsruhe 1999.

62   Paul Birckel, *Liebfrauenberg. Ursprung, Werdegang, Umgebung*, Strasbourg 1985.

63   Roger Trunk, Eine gute Zeit für neue Lieder, in: *Almanach évangélique-luthérien 2006*, S. 76–80.

64   Diese Broschüre trägt folgenden Titel: *Pour la pratique transfrontalière à l'intention des pasteurs allemands et français – Grenzüberschreitende Seelsorge für deutsche und französische Pfarrerinnen und Pfarrer*, o.O. (29 S.).

65   *Liebfrauenberg-Erklärung: Die Herausforderungen von Migration und Flucht, Mai 2004*, Karlsruhe 2004 (in verschiedenen Sprachen erhältlich, siehe auch: www.liebfrauenberg-migration.de).

66   Yves Bizeul, Le rassemblement œcuménique «Paix et Justice», étape européenne du processus conciliaire «Justice, Paix et Sauvegarde de la Création», in: Vincent/Willaime, *Religions*, S. 269–280.

67   EG 613 (Regionalteil Baden, Elsass und Lothringen, Pfalz). Vgl. oben S. 137.

68   Die Dokumentation wurde im Jahr 2000 gedruckt: *Avec le Christ franchir les frontières – Mit Christus Grenzen überschreiten*, o.O. (33 S.).

69   Pascal Hickel, Les Églises au Jardin des deux rives, in: *Almanach évangélique-luthérien 2005*, S. 106–109.

6. Interreligiöser Dialog. Christen, Juden und Muslime[1]

Marc Lienhard

6.1. Die Juden am Oberrhein

Die Christen sind nicht die einzigen Gläubigen am Oberrhein. Möglicherweise lebten dort Juden seit dem 4. Jahrhundert[2], auch wenn sie im Laufe ihrer Geschichte immer wieder Verfolgungen erlebt haben oder diskriminiert wurden.

Jahrhunderte lang waren die elsässischen Juden mit ihren Glaubensbrüdern in der Pfalz, in Baden und in Hessen durch zahlreiche Bande, darunter die gemeinsame Sprache (Jiddisch), vereint. Im Mittelalter erstreckte sich ihr Beziehungsnetz bis in die Schweiz, nach Böhmen, Mähren und Nordungarn. Die Französische Revolution riegelte mit Schließung der Staatsgrenzen die elsässischen Juden von der Außenwelt ab. Sie legte aber auch, trotz eines massiven Antisemitismus, der sich 1789 im Elsass auswirkte, den Grundstein für deren Emanzipation und ermöglichte ihnen den Eintritt in die Armee. Im Jahre 1791 wurden sie zu französischen Bürgern, die Ausübung ihres Kultus wurde jedoch vom Staat nicht anerkannt. Dies erfolgte erst mit zwei Dekreten Napoleons (aus dem Jahre 1808) zur Neuorganisation des Kultus, ein drittes Dekret beschränkte allerdings ihre bürgerlichen Rechte. Ab 1830 erfuhr der jüdische Kultus staatliche Unterstützung.

In Baden wurde die soziale und politische Gleichstellung der Juden zu Beginn der 60er Jahre des 19. Jahrhunderts vollzogen[3]. Hier hatte Baden innerhalb Deutschlands eine Vorreiterrolle. Entscheidend hierfür waren die liberale Ausrichtung der badischen Politik wie auch die positive Einstellung des badischen Herrscherhauses gegenüber den Juden. Insgesamt betrug allerdings der Anteil der Juden an der badischen Bevölkerung selten mehr als 1%. „Im Jahre 1851 stellten die jüdischen Gemeinden einen zahlenmäßig starken Bevölkerungsteil[4] in sehr vielen Dörfern zu beiden Seiten des Rheins. Die Juden lebten in Symbiose mit der christlichen Bevölkerung, bei denen sie als Händler und Geldgeber fungierten. Die Volkstradition hat die unterschiedlichsten Bilder von Juden bewahrt: vom Viehhändler bis zum Bettler über den wandernden Händler und Hausierer usw."[5] Entgegen der häufig gehörten Behauptung gab es auch etliche jüdische Handwerker. In Baden versuchten sich auch einige als Landwirte[6]. Da die alteingesessenen elsässischen Juden sehr patriotisch waren und sich von den armen Juden abgrenzten, die aus Osteuropa zuwanderten, siedelten, nachdem das Elsass 1870 deutsch geworden war, im Verhältnis zu den Protestanten und Katholiken viel mehr Juden nach Innerfrankreich um[7].

Auch als Folge der Anerkennung zogen viele Juden vom Land in die Städte, sodass manche traditionelle Landgemeinden nicht mehr über genügend Mitglieder verfügten, um noch eine selbstständige Kultusgemeinde bilden zu können. Ab 1870 ließen sich Juden aus den rechts-

Bild 58: In Baden gab es vor 1933 meistens ein gutes Miteinander zwischen Christen und Juden. Als Beispiel das Streichquintett Fidelio aus Bruchsal, wo junge christliche und jüdische Schulkameraden zusammenspielten. Mitglieder waren Hans Münch, Eduard Holoch, Alfons Möhringer (mit Cello), Otto Baer und Paul Basinger (v.l.n.r.). Das Quintett existierte ab ca. 1930 und wurde fortgeführt bis 1935, kurz bevor die beiden Juden, Paul und Otto, in die Vereinigten Staaten auswanderten. (© Florian Jung, Bruchsal)

rheinischen Gebieten auch in den elsässischen Städten Straßburg, Mülhausen und Colmar nieder. „Bald besetzten sie Führungsposten in Industrie und Handel. Auch die deutschen Juden waren Patrioten und stolz auf ihr Land. Einige unter ihnen behaupteten sogar, die ‚Zivilisation' ins Elsass zu bringen."[8]

Das ausgehende 19. Jahrhundert war geprägt von einer expandierenden Industriekultur und der Entwurzelung vieler Bürger, aber auch durch eine Agrarkrise. Der Antisemitismus erfuhr damals einen Neuaufschwung[9], weil man die Agrarkrise dem jüdischen Wucher zuschrieb. Man ging z.B. in der Zeitschrift *Der Elsässer* daran, die Juden, die leitende Positionen in der Gesellschaft einnahmen, zu diffamieren[10]. Im Jahre 1890 brüstete sich der *Badische Volksbote* damit, eine „Zeitung der deutsch-sozialen antisemitischen Partei in Baden" zu sein[11]. Im Elsass schlossen sich Katholiken und Protestanten zusammen zur Gründung landwirtschaftlicher Kassen und zum Aufbau einer genossenschaftlichen Bewegung, um sich gegen den im Juden erkannten gemeinsamen Feind zu wappnen. Man konnte auch von einem rassistisch aufgeladenen „kulturellen Antisemitismus"[12] sprechen, der die altüberkommenen religiös motivierten stereotypen Bilder mit den hässlichen Zügen des Juden, wie z.B. dessen Arbeitsscheu, wieder aufnahm. Man prangerte die „Betrügereien" von Juden an, denen Christen zum Opfer fallen sollten. Sie wurden der Sittenverderbnis und der Kulturzerstörung beschuldigt. Einige plädierten ihnen gegenüber für eine Politik der Diskriminierung, wie sie sich damals in der deutschen Armee, in den Verwaltungen und Universitäten manifestierte. In Baden erfuhr der Antisemitismus zwischen 1890 und 1898 seinen Höhepunkt mit den Hetzartikeln des *Badischen Volksboten* und dem Versuch der Christlich-sozialen Partei von Adolf Stoecker, in dieser Region heimisch zu werden. Allerdings blieben die alltäglichen Beziehungen zwischen Juden und Christen oft friedlich, teilweise sogar freundschaftlich, wie eine Reihe von Quellen belegt[13].

Zu Beginn des 20. Jahrhunderts erfuhr die Rückbesinnung, ja die uralte Nostalgie, welche die Juden mit Jerusalem verband, über die zionistische Bewegung einen neuen Aufschwung. Sie fand in Deutschland und im Elsass ihre Plattform in dem 1912 gegründeten Jüdischen Wanderbund Blau-Weiß. Sie zeichnete sich wie im Wandervogel der deutschen Jugend durch ihre Sehnsucht nach einer Rückkehr zur Natur und der Abkehr von der Industriekultur aus, sie schloss allerdings bei den Juden auch eine Rückkehr nach Palästina ein. Jugendliche aus den kultiviertesten Kreisen der jüdischen Gesellschaft gingen sogar so weit, dass sie jüdische Bauernhöfe aufsuchten, wo sie sich mit landwirtschaftlichen Tätigkeiten oder anderen Aktivitäten vertraut machten, die in Palästina nützlich sein konnten. Die Bezeichnung dafür war „Hachschara". Solche Schulen gab es auch in Baden: „Von 1936 bis 1939 bestand eine Hachschara in Sennfeld, d.h. ein landwirtschaftliches Gut für die Vorbereitung von Jungen und Mädchen zur Auswanderung nach Palästina. Auf diesem Lehrgut wurden Jugendlichen aus ganz Deutschland praktische und theoretische Kenntnisse in der Landwirtschaft vermittelt. Auch erhielten sie Unterricht in Hebräisch, Soziologie, jüdischer Geschichte und in anderen Fächern."[14]

Zwischen den beiden Weltkriegen nahm jedoch die Verstädterung der Juden im Elsass zu. Während im Jahre 1918 40 % der Juden in einer Stadt lebten, waren es im Jahr 1931 bereits 84 %, von denen 57 % allein in Straßburg wohnten. Die Assimilation nahm mit der Urbanisierung zu, weil nun viele Juden auf die Ausübung ihrer religiösen Gebräuche verzichteten. Trotz dieser Entwicklung kam es seit 1930[15] – zunächst in den Städten, dann auf dem Lande – zu einer Verstärkung des Antisemitismus. Im Elsass wurden die Juden beschuldigt, Komplotte zu schmieden, vor allem um den konfessionell-christlichen Charakter der Schule zu beseitigen. Noch vor der Annexion hat die Nazi-Propaganda das Elsass erreicht. Während des Zweiten Weltkriegs wurden die elsässischen Juden selbst als Flüchtlinge bis in das Innere Frankreichs verfolgt und erlitten das bekannte tragische Schicksal. Nur wenige Stimmen erhoben sich zu ihrer Verteidigung[16].

6.2.   Verständigungsbemühungen mit den Juden nach 1945

Nach dem während des Zweiten Weltkrieges an den Juden verübten Genozid haben christliche Theologen beharrlich den Weg für einen Dialog mit den Juden bereitet. Schon 1947 hat die ökumenische Versammlung von Seelisberg in der Schweiz daran erinnert, dass „ein und derselbe lebendige Gott zu uns allen spricht, im Alten wie im Neuen Testament, und dass Jesus von einer jüdischen Mutter, aus dem Geschlechte Davids und dem Volk Israel, geboren wurde". Sie rief dazu auf, „zu vermeiden, dass das biblische und nachbiblische Judentum herabgesetzt wird, um dadurch das Christentum zu erhöhen, [...] zu vermeiden, dass der gottlosen Auffassung Vorschub geleistet wird, wonach das jüdische Volk verworfen, verflucht und für ein ständiges Leiden bestimmt sei."[17]

Auf römisch-katholischer Seite hat das Zweite Vatikanische Konzil in seiner Erklärung über die Beziehungen der Kirche zu den nichtchristlichen Religionen (*Nostra Aetate*) vom 28. Oktober 1965 „des Bandes gedacht, wodurch das Volk des Neuen Bundes mit dem Stamme Abrahams verbunden ist" und ausgesprochen, dass sie, „da also das Christen und Juden gemeinsame geistliche Erbe so reich ist, die gegenseitige Kenntnis und Achtung fördern will, die vor allem die Frucht biblischer und theologischer Studien sowie des brüderlichen Gespräches ist". In Frankreich veröffentlichte die Bischöfliche Kommission für die Beziehungen mit dem Judentum im Jahre 1973 „Seelsorgerliche Orientierungen zur Haltung der Christen gegenüber dem Judentum". Darin forderte sie zum Verzicht auf Jahrhunderte lang vertretene aggressive Klischeevorstellungen auf und verurteilte es als „theologischen, geschichtlichen und rechtlichen Irrtum, dem jüdischen Volk undifferenziert die Schuld am Leiden und Sterben Jesu Christi zuzuschreiben". Auch müsse die Vorstellung verworfen werden, dass das jüdische Volk seine Erwählung verloren habe. „Es ist falsch, das Judentum als Religion der Angst dem Christentum als Religion der Liebe gegenüberzustellen. [...] Es gilt klar zum Ausdruck zu bringen, dass die Lehre der Pharisäer nicht das Gegenteil von der christlichen Lehre darstellt". Das Dokument mahnt zu einer gerechten Beurteilung des Judentums und zur Förderung gegenseitigen Kennenlernens und gegenseitiger Achtung. Im Jahre 1985 erließ die Vatikanische Kommission für die religiösen Beziehungen zum Judentum „Hinweise für eine richtige Darstellung von Juden und Judentum in der Predigt und in der Katechese der katholischen Kirche". Sie rief dazu auf, „den anderen so zu achten, wie er ist", zur Kenntnis der „grundlegenden Bestandteile der religiösen Tradition des Judentums" und zum Lernen der „Grundzüge der Wirklichkeit der Juden nach ihrem eigenen Verständnis"[18].

Auch im Protestantismus wurde bereits seit den 1960er Jahren über das Verhältnis zum Judentum nachgedacht. Diese Reflexion fand vor allem im Rahmen des Lutherischen Weltbundes statt (sowohl im Bund selbst als auch in den einzelnen Gliedkirchen) wie in der Konferenz Europäischer Kirchen (KEK)) und führte zu verschiedenen Stellungnahmen. Vor allem nach 1980 wurden die Bemühungen zur Vertiefung des theologischen Rahmens für den christlich-jüdischen Dialog und zur Erteilung praktischer Empfehlungen intensiviert[19]. Bahnbrechend war die Synodalerklärung der Evangelischen Kirche des Rheinlands (1980). In diesem Dokument wurden einhellig die jüdischen Wurzeln Jesu und des christlichen Glaubens hervorgehoben und die Tatsache unterstrichen, dass Gott sich Israel zum Volk erwählt hat und diese Erwählung nicht aufgekündigt worden ist. Die Kirche hat nicht Israel als Volk Gottes abgelöst, sondern durch Jesus ist sie in den Bund Gottes mit seinem Volk integriert worden. In seiner Treue hat Gott das Volk Israel durch die Geschichte geleitet[20]. In einigen Texten wird in der Rückkehr von Juden in das Land ihrer Väter ein Zeichen für die Treue Gottes erkannt.

Welche Bedeutung kommt nun aber dem Staat Israel zu? Hat er lediglich eine politische Bedeutung oder ist auch er – wie einige christliche Theologen meinen – ein Zeichen für die Treue Gottes? Die evangelisch-lutherische Kirche in Bayern hat 1998 zum Thema Christen und Juden erklärt: „Christen unterstützen das Bestreben des jüdischen Volkes nach einer gesicherten Existenz in einem eigenen Staat. Zugleich sorgen sie sich um eine Friedenslösung im Nahen Osten, die die Rechte auch der Palästinenser und insbesondere der Christen unter ihnen einschließt und Frieden, Gerechtigkeit und Sicherheit für alle dort lebenden Menschen gewährleistet."[21]

Diese Neubestimmung ihrer Beziehungen zu den Juden verpflichtet die protestantischen Kirchen, ihre Geschichte mühsam aufzuarbeiten, insbesondere die judenfeindlichen Äußerungen Luthers, aber auch den Jahrhunderte lang wütenden Antisemitismus. Sie rufen ihre Gemeinden und Pfarrer auf, ihre Lehraussagen in Katechese, Predigt und Liturgie kritisch zu überprüfen, und schlagen wechselseitige Einladungen vor.

6.3. Dialog mit den Juden am Oberrhein

Bild 59: Der evangelischer Pfarrer Hermann Maas (1877–1970) aus Heidelberg. Er war ein Pionier des jüdisch-christlichen Dialogs. (© Landeskirchliches Archiv Karlsruhe)

Die im Jahre 2001 von den Kirchen in Straßburg angenommene *Charta Oecumenica* öffnet sich auch dem interreligiösen Dialog. Der 10. Abschnitt spricht die „einzigartige Gemeinschaft" an, „die uns mit dem Volk Israel verbindet, mit dem Gott einen ewigen Bund geschlossen hat. [...] Wir beklagen und verurteilen alle Äußerungen des Antisemitismus. [...] Für den christlichen Antijudaismus bitten wir Gott um Vergebung und unsere jüdischen Geschwister um Versöhnung".

Was ist in dieser Hinsicht am Oberrhein geschehen? Im Elsass kam es in der Nachkriegszeit schon bald zu neuen Kontakten zwischen Juden und Christen[22]. Der Straßburger Bischof Léon-Arthur Elchinger[23] war auf dem Zweiten Vatikanischen Konzil einer der einflussreichsten Fürsprecher für die Annäherung von Christen und Juden (vgl. Farbbild 35). Er war auch Vorsitzender des 1969 in Frankreich gegründeten bischöflichen Ausschusses für die Beziehungen mit dem Judentum, der 1973 wichtige seelsorgerliche Richtlinien veröffentlicht hat. Seit vielen Jahren wirken die Jüdisch-christlichen

Freundschaften (Amitiés judéo-chrétiennes) und der Verein Charles Péguy[24] in gleichem Sinn in verschiedenen elsässischen Städten.

Auch in Baden gab es nach Kriegsende deutliche Bemühungen, um wieder Kontakte zu den Juden aufzunehmen. Vorreiter waren der evangelische Pfarrer und Kreisdekan Hermann Maas aus Heidelberg und die Katholikin Gertrud Luckner aus Freiburg, die sich schon in der Nazizeit für verfolgte Juden eingesetzt hatten. Seit 1948 erschien der *Rundbrief zur Förderung der Freundschaft zwischen dem alten und dem neuen Gottesvolk* in Freiburg. Die Aktion Sühnezeichen schuf Verbindungen zwischen einer jungen Generation und dem Heiligen Land, ohne die schmerzliche Erinnerungsarbeit zu vernachlässigen. Die Evangelische Marienschwesternschaft Darmstadt betrachtet die Buße für die Verfolgung der Juden als eines ihrer Hauptziele und hat sich zur Solidarität mit ihnen und dem Staat Israel bekannt.

Bereits 1972 nahm die Synode der Evangelischen Landeskirche in Baden (als erste Landeskirche!) in der Grundordnung (§ 69) auf: „Die Landeskirche mit ihren Kirchenbezirken und Gemeinden bemüht sich um die Begegnung mit der Judenheit." Im Mai 1984 folgte sie als zweite deutsche Kirche der bahnbrechenden Erklärung der rheinischen Kirche von 1980 und sprach aus:

> *2. In unserem Bemühen um ein neues Verstehen stellen wir dankbar fest, daß das Alte Testament gemeinsame Grundlage für Glauben und Handeln von Juden und Christen ist. Wir sehen den unlösbaren Zusammenhang des Neuen Testaments mit dem Alten Testament neu. Wir lernen deren Verhältnis zueinander von der Verheißung Gottes her verstehen: Gott gibt, erfüllt und bekräftigt sie neu. Das „Neue" ersetzt nicht das „Alte".*
> *3. Wir glauben an Gottes Treue: Er hat sein Volk Israel erwählt und hält an ihm fest. Darum müssen wir der Auffassung widersprechen, daß Israel von Gott verworfen sei. Die Erwählung Israels wird auch nicht durch die Erwählung der Kirche aus Juden und Heiden aufgehoben.*

„Zur Erneuerung des Verhältnisses von Christen und Juden" wurde 2001 die badische Grundordnung dieser Erklärung von 1984 angepasst. 1988 erklärte die Landessynode zum vierzigjährigen Bestehen des Staates Israel: „Als Christen haben wir eine Mitverantwortung für Israel. In der Existenz des Volkes Israel sehen wir ein Zeichen der Treue Gottes, dessen Verheißungen weiterwirken, und sind überzeugt, daß auch die Gründung des Staates Israel ein Zeichen des Weges Gottes mit Israel ist." Angestoßen und vorbereitet wurde dies alles durch den 1968 gegründeten Studienkreis Kirche und Israel.

Die Pfälzische Kirche dagegen erweiterte erst 1994 nach langen Debatten ihre Verfassung: „Durch ihren Herrn Jesus Christus weiß sie sich hineingenommen in die Verheißungsgeschichte Gottes mit seinem ersterwählten Volk Israel – zum Heil für alle Menschen. Zur Umkehr gerufen, sucht sie Versöhnung mit dem jüdischen Volk und tritt jeder Form der Judenfeindschaft entgegen" (§ 1, 3).

6.4. Verständigungsbemühungen mit den Muslimen

In der bereits zitierten Erklärung *Nostra Aetate* spricht das Zweite Vatikanische Konzil auch seine Hochachtung für die Muslime aus, „die den alleinigen Gott anbeten, den lebendigen und in sich seienden, barmherzigen und allmächtigen Gott, den Schöpfer des Himmels und der Erde, der zu den Menschen gesprochen hat". Sie erkennt an, dass sich der islamische Glaube auf Abraham beruft, dass er Jesus als Prophet verehrt, seine jungfräuliche Mutter Maria ehrt und den „Tag des Gerichtes erwartet, an dem Gott alle Menschen auferweckt und ihnen vergilt". Sie betont, dass die Muslime deshalb „auf sittliche Lebenshaltung" Wert legen und „Gott besonders durch Gebet, Almosen und Fasten verehren". Christen und Muslime sind aufgerufen, „gemeinsam einzutreten für Schutz und Förderung der sozialen Gerechtigkeit, der sittlichen Güter und nicht zuletzt des Friedens und der Freiheit für alle Menschen". Dreißig Jahre später[25] hat man auf katholischer Seite Bilanz gezogen[26], indem auch die Arbeit des Ausschusses „Islam in Europa" gewürdigt wird, der aus Vertretern des CCEE und der KEK zusammengesetzt ist.

In der schon angesprochenen *Charta Oecumenica* von 2001 wird der Wunsch geäußert, dass der christlich-islamische Dialog „intensiviert" wird. Insbesondere wird empfohlen, „miteinander über den Glauben an den einen Gott zu sprechen und das Verständnis der Menschenrechte zu klären" (Abschnitt 11). Ganz allgemein gilt es, die schockierenden Unkenntnisse und die im Verlauf konfliktreicher Jahrhunderte festgefahrenen gegenseitigen Vorurteile zu überwinden. Der Dialog soll sich nicht nur auf rein theologische Fragen erstrecken, wie man Gott, die Offenbarung, den Koran, Jesus oder die Rituale verstehen soll, sondern auch auf den Stellenwert der Religionen in der Gesellschaft eingehen und über Sinn und Zweck der Moscheen oder die Stellung der Frau im Islam nachdenken.

6.5. Dialog mit den Muslimen am Oberrhein

Christen und Juden gibt es schon seit der Zeit der Römer am Oberrhein. Im 20. Jahrhundert sind zum ersten Mal muslimische Gläubige dazugekommen, die so ein neues Element im religiösen Spektrum am Oberrhein bilden[27]. Es gibt allerdings einige wichtige Unterschiede im Umgang mit dem Islam auf beiden Seiten des Rheins. Im Unterschied zu Deutschland hat Frankreich das Tragen des Schleiers und eindeutig religiöser Kennzeichen verboten. Im Elsass wird der christliche Glaube in den Schulen gelehrt, nicht jedoch der Islam. In Baden-Württemberg hat eine vom Kultusministerium eingerichtete Kommission Lehrpläne für einen muslimischen Religionsunterricht erarbeitet, der an einigen Schulen versuchsweise erprobt wird. Dieser Unterricht muss den Vorgaben von Landesverfassung und Schulgesetz entsprechen und in deutscher Sprache erteilt werden. Muslimischen Lehrerinnen ist allerdings das Tragen eines Kopftuchs im Unterricht verboten. Auch in Rheinland-Pfalz findet islamischer Religionsunterricht im Rahmen eines Modellprojektes an Grund- und weiterführenden Schulen, dort in der Sekundarstufe 1, statt. Der Lehrplan wird sukzessive weitergeschrieben und soll in seiner Rahmensetzung die Grundlage einer möglichen späteren Überführung in ein reguläres Schulfach bilden. Ein Kopftuchverbot besteht in Rheinland-Pfalz nicht.

Mittlerweile werden Referendare in Baden und der Pfalz auch im Fach Islam ausgebildet. An der Universität Koblenz-Landau zum Beispiel ist es in das Curriculum aufgenommen. Lehrkräfte erhalten außerdem am Rahmenlehrplan orientierte theologische, pädagogische und didaktische Fortbildungskurse, in denen spezifische Fragestellungen rund um den Islam und um muslimische Schülerinnen und Schüler im Rahmen der interkulturellen Öffnung aufgegriffen werden. Mit der Einrichtung islamischer Lehrstühle an mehreren deutschen Universitäten kann mittlerweile islamische Religion als grundständiges Hauptfach studiert werden. Damit ist diese Lehrerausbildung anderen Fächern gleichgestellt und garantiert analoge Qualifikationen.

Die Präsenz von Muslimen am Oberrhein fordert auch die Kirchen heraus[28]. Der Dialog der Kirchen[29] mit den Muslimen ist dringend notwendig, denn es gibt viele Christen, die den Islam als einen Fremdkörper empfinden, der die Identität des christlichen Europa bedrohe. Deshalb wird auch der Bau von Moscheen nicht von allen Christen als Selbstverständlichkeit verstanden. Von 1979 bis 1982 hat trotzdem die evangelische St. Matthäus-Gemeinde in Straßburg ihre Räume den Muslimen für ihre religiösen Feiern zur Verfügung gestellt[30]. Ebenso verfuhren die evangelischen Gemeinden von Cronenbourg und Neuhof-Cité.

In den 80er Jahren haben die protestantischen Kirchen Straßburgs eine Sonderstelle für die Beziehungen zum Islam eingerichtet, die auch wirksam für den Dialog eintritt. 1998 haben sich der Straßburger Erzbischof, die beiden protestantischen Kirchenpräsidenten und der Großrabbiner in einem Aufruf für den Bau einer großen Moschee in Straßburg eingesetzt (siehe den Text im Anhang am Schluss dieses Kapitels), die 2012 eingeweiht wurde (siehe die Farbbilder 36a und b). In Forbach (Moselle) treffen sich jährlich Juden, Muslime und Christen beider Konfessionen zu einem interreligiösen Friedensgebet. Im September 2011 hatte dieses Gebet besonderes Gewicht angesichts der Tragödie vom 11. September 2001 in New York.

Schon einige Zeit zuvor hatte der Straßburger Theologe Étienne Trocmé vorgeschlagen, ein Institut oder eine Fakultät für islamische Theologie an der Straßburger Universität einzurichten. Im Jahre 1998 hat der protestantische Theologe, der im Elsass für die Beziehungen zum Islam beauftragt ist, unter dem Motto „Lade Deinen Nachbarn ein!" eine Reihe von Begegnungen zwischen Christen und Muslimen in einzelnen Stadtvierteln ins Leben gerufen. Damit war der Grundstock zu zahlreichen persönlichen Begegnungen gelegt, die sich bald zu Treffen zwischen den verschiedenen Gemeinden ausweiteten.

In Baden findet der Dialog auf allen Ebenen und mit zunehmender Intensität statt. In der Grundordnung der Evangelischen Landeskirche in Baden heißt es: „Die Landeskirche sucht das Gespräch mit nichtchristlichen Religionen und ist auf allen ihren Ebenen offen für die Begegnung mit anderen Religionsgemeinschaften." In diesem Sinn hat sie sich der *Charta Oecumenica* folgend auf eine Reihe von Selbstverpflichtungen verständigt, wie der Unterstützung des Modellversuchs „Islamischer Religionsunterricht" und der Förderung von ungestörter Religionsausübung von Muslimen vor Ort, insbesondere von angemessenen Möglichkeiten muslimischer Bestattungen. Gleichzeitig hat sie Bitten an die muslimischen Gemeinden formuliert wie das Eintreten für die verfassungsmäßigen Grundrechte – insbesondere die Selbstbestimmung von Frauen und Mädchen, religiöse Freiheit und Gleichberechtigung von Mann und Frau[31]. Die Landeskirche hat für die Dauer von fünf Jahren (2008–2013) eine Projektstelle eingerichtet, deren Ziel die nachhaltige Entwicklung, Weiterführung und Vernetzung der christlich-islamischen Dialoge in Baden ist. Unterstützung erfährt diese Arbeit durch das „Interreligiöse Frauennetz Baden", ein Zusammenschluss von Frauen und Frauengruppen, die sich zum Teil seit vielen Jahren in interreligiösen und interkulturellen Initiativen engagieren. Dazu finden jährliche Netzwerktreffen und Wochenendtagungen statt.

Viele Signale der Öffnung und wachsender Transparenz auf Seiten der islamischen Gemeinschaften sind in den letzten Jahren wahrzunehmen. Dazu gehört etwa der „Tag der offenen Moschee", der – seit 2007 vom Koordinierungsrat der Muslime angeregt – alljährlich von der überwiegenden Mehrheit der örtlichen Moscheegemeinden durchgeführt wird. Dieses Angebot kommt der natürlichen Neugierde und dem Wissensdurst vieler Bürgerinnen und Bürger eines Ortes entgegen, die hier ihre Fragen stellen und so im wahrsten Sinne des Wortes Schwellenängste überwinden können. Fast alle Moscheegemeinden sind an Transparenz interessiert und laden darum häufig auch Vertreterinnen und Vertreter kommunaler und christlicher Gemeinden ein – etwa zum Fest des Fastenbrechens am Ende des Fastenmonats Ramadan. Wo Kirchengemeinden dieses Angebot nutzen, um mit ihren Nachbarn ins Gespräch zu kommen, können sie eine Gegeneinladung zum Gemeindefest aussprechen und den Dialog vertiefen (vgl. Farbbild 46).

Christlich-islamische Gesellschaften wie in Mannheim, Karlsruhe und Pforzheim oder der Christlich-islamische Verein Hochrhein e.V. bieten regelmäßig interreligiöse Veranstaltungen und Friedensgebete an. Zum Stadtjubiläum Karlsruhe 2015 wurde mit den Partnern im interreligiösen Dialog die Idee eines „Gartens der Religionen" entwickelt.

Auch in der Evangelischen Kirche der Pfalz (Protestantische Landeskirche) verläuft die Begegnung mit Muslimen und islamischen Organisationen auf verschiedensten Ebenen. Sie wird von dem landeskirchlichen Beauftragten für Islamfragen koordiniert. Eine wichtige Rolle spielt auch der Landeskirchliche Arbeitskreis für Islamfragen. Er hat Ende 2007 die Handreichung „... auf dass ihr einander kennen lernt" (Sure 49:13). Christen und Muslime in der Pfalz[32] herausgegeben, die bundesweit große Resonanz fand. Im Arbeitskreis arbeiten evangelische Christen und Christinnen unterschiedlicher Profession mit. Aus einer gemeinsamen Tagung mit dem Arbeitskreis Kirche und Judentum ging die Veröffentlichung Über den Umgang mit den Heiligen Schriften[33] hervor.

Die ACK in Baden-Württemberg hat eine Fachgruppe „Begegnung mit dem Islam", in der die Islambeauftragten ihrer Mitgliedskirchen regelmäßig zusammenarbeiten. Seit 2011 führt sie auch ein „Christlich-muslimisches Theologisches Gesprächsforum" durch. An mehreren Orten gibt es eigene Begegnungskreise, wie z.B. den Christlich-islamischen Gesprächskreis Ludwigshafen, der seit über 15 Jahren besteht. Seine besondere Bedeutung für die Stadt wurde bei einem Brand 2008 deutlich, bei dem neun Kinder und Frauen türkischer Herkunft ums Leben kamen. Der Kreis bewährte sich als vertrauensstiftender Krisenmanager sowohl in der Betreuung vor Ort als auch in der Durchführung von Trauergebeten und öffentlichen Gesprächsrunden. Der christlich-islamische Frauenbegegnungskreis, ausgehend von der Initiative „Frauen wagen Frieden", widmet sich intensiv dem interreligiösen Dialog. Auf akademischem Niveau bietet die

Evangelische Akademie der Pfalz regelmäßig Tagungen im Bereich Migration, gesellschaftliche Entwicklung, christlich-islamische Begegnung an.

Besondere Erwähnung verdient der Bereich der Notfallseelsorge. Hier finden seit mehreren Jahren Fortbildungen für die Arbeit mit muslimischen Betroffenen statt. Seit 2008 besteht ein beratender Austausch mit islamischen Einrichtungen im Blick auf die Ausbildung von muslimischen Krankenhaus- und Notfallseelsorgerinnen und -seelsorgern. Die Ergebnisse der ersten Ausbildungskurse sowie Reflexionen über die Anforderungen an islamische Seelsorge wurden im Sammelband *Seelsorge und Islam in Deutschland*[34] festgehalten.

Erklärung der Vertreter der im Elsass und Lothringen anerkannten Religionsgemeinschaften zum geplanten Bau einer Zentralmoschee in Straßburg vom 14. Mai 1998

Schon seit geraumer Zeit gilt unsere Aufmerksamkeit der Situation des Islam in unserer Gegend. Unsere vorliegende Stellungnahme betrifft den geplanten Bau einer Zentralmoschee in Straßburg.

Wie andere Religionen bezeugt auch der Islam die menschliche Sehnsucht nach der jenseitigen Welt und die Bestärkung des Glaubens, wie sie in der Korantradition zum Ausdruck kommt. Ohne nun die trennenden Unterschiede von Judentum und Christentum zum Islam verschweigen zu wollen, sind wir ihm in einigen gemeinsamen Wurzeln nahe, vor allem im Bekenntnis des einen und transzendenten Gottes sowie in der Bedeutung Abrahams als Vater aller Gläubigen. Wir erkennen darin die Grundlage für unsere Solidarität mit den muslimischen Gläubigen, die ihren Glauben innerhalb unserer Gesellschaft leben wollen.

Zudem ist das Vorhandensein geeigneter kultischer Orte eine Frage der Gerechtigkeit und Würde. So ist es legitim, dass den Gläubigen, die sich zur Ausübung ihrer Religion versammeln wollen, dies auch ermöglicht wird.

In dieser Perspektive geht unser aufrichtiger Wunsch dahin, dass die verschiedenen muslimischen Gemeinden Straßburgs in ihren Stadtvierteln über passende kultische Stätten verfügen oder neue bauen können.

Angesichts der Bedeutung einer Zentralmoschee in der islamischen Tradition und dem legitimen Verlangen der zahlreich in Straßburg lebenden Muslime nach öffentlicher Präsenz, ist für uns die Existenz einer derartigen Moschee ein berechtigtes Anliegen.

Ohne die in allen Religionen bestehende Verbindung zwischen Kultus und Kultur zu verkennen, sind wir der Meinung, dass diese Zentralmoschee vorrangig eine kultische Bestimmung haben sollte. Sie sollte vor allem ein Ort des Gebets und der religiösen Unterweisung für die Gläubigen sein. Die räumliche Aufteilung könnte allerdings auch so vorgenommen werden, dass sie der Vermittlung islamischer Kultur und islamischen Denkens dient.

Eine derartige Moschee müsste an einem öffentlichen und leicht zugänglichen Platz errichtet wer-

den. Insofern ist es keinesfalls wünschenswert, dass sie an einem Ort liegt, dessen symbolisches Gewicht auf Kosten des notwendigen Pluralismus nur mit einer Religion assoziiert wird.

Im Geiste unserer eigenen Suche nach Einheit ist es unser Anliegen, dass der Bau einer Zentralmoschee den verschiedenen in Straßburg bestehenden islamischen Richtungen die Möglichkeit bietet, sich gegenseitig noch näher zu kommen.

Wir verbinden damit die Hoffnung, dass dieser Neubau selbst einen Beitrag zur kulturellen und politischen Integration in unsere Gesellschaft für die unter uns lebenden Muslime leisten kann.

Das Gelingen in dieser Perspektive setzt voraus:

von Seiten der Muslime die Achtung der Gesetze der Französischen Republik und die Verweigerung jeder ausländischen Einmischung;

von Seiten unserer Glaubensgemeinschaften den Willen zur Gastfreundschaft und zum Dialog.

Mgr. Joseph DORÉ	*Pfarrer Marc LIENHARD*	*Pfarrer Antoine PFEIFFER*	*René GUTMAN*
Erzbischof von Straßburg	*Präsident des Direktoriums der Kirche Augsburgischen Bekenntnisses von Elsass-Lothringen (ECAAL)*	*Präsident des Synodalrates der Reformierten Kirche von Elsass-Lothringen (ERAL)*	*Großrabbiner des Unterelsass*

Anmerkungen

1   Mit Dank an Hans Maaß, Annette Stepputat, Jürgen Stude und Georg Wenz für ihre Verbesserungen und Ergänzungen.

2   Die Anwesenheit von Juden im 4. Jahrhundert ist nicht bewiesen, nur eine Vermutung. Gesichert ist die Anwesenheit von Juden am Oberrhein erst im hohen Mittelalter. Vgl. Franz-Josef Ziwes, *Studien zur Geschichte der Juden im mittleren Rheingebiet während des hohen und späten Mittelalters*, Hannover 1995, S. 15–24.

3   Bereits das 1. Konstitutionsedikt vom 14. Mai 1807 erklärte in §7, dass das Judentum neben den christlichen Konfessionen in Baden geduldet sei.

4   Für die Zahlen siehe: *Enyclopédie de l'Alsace*, Bd. VII, Strasbourg 1984, S. 4382: Evolution de la population israélite du Bas-Rhin de 1784 à 1953.

5   Alfred Wahl, *Confession et comportement dans les campagnes d'Alsace et de Bade (1871–1939)*, 2 Bde., o.O. 1980, Bd. I, S. 437.

6   Adolf Lewin, *Geschichte der badischen Juden seit der Regierung Karl Friedrichs (1788–1909)*, Karlsruhe 1909, S. 335.

7   *Encyclopédie de l'Alsace*, Bd. VII, S. 4372.

8   *Encyclopédie de l'Alsace*, Bd. VII, S. 4374.

9   Wahl, *Confession*, Bd. II, S. 839ff.

10   *Der Elsässer* vom 10. März 1895.

11   *Dokumente über die Verfolgung der jüdischen Bürger in Baden-Württemberg durch das Nationalsozialistische Regime 1933–1945*, im Auftrag der Archivdirektion Stuttgart bearbeitet von Paul Sauer, I. Teil, Stuttgart 1966, S. XXVI.

12   Wahl, *Confession*, Bd. II, S. 846–851.

13   Ebd., S. 852–854.

14   http://de.wikipedia.org/wiki/Jüdische_Gemeinde_Sennfeld (Stand: 16. Mai 2012). Vgl. Klaus-Dieter Alicke, *Lexikon der jüdischen Gemeinden im deutschen Sprachraum*, 3 Bde., Gütersloh 2008, Bd. III, Spalte 3799. 1933 wurde in Diersburg eine solche Ausbildungsstätte (Beth Chaluz) eingerichtet. Vgl. Jürgen Stude, Unter der Herrschaft des Nationalsozialismus, in: *Diersburg. Die Geschichte einer jüdischen Landgemeinde 1738–1940*, hg. vom Historischen Verein für Mittelbaden, Haigerloch 2000, S. 86–88.

15   Der Antisemitismus, der in Baden seine Blüte zwischen 1880 und 1900 hatte, lebte bereits nach Kriegsende wieder auf und hielt sich ungebrochen bis 1933.

16   Dazu gehörte die französisch-protestantische Hilfsorganisation CIMADE (vgl. unten, S. 518). Das Wirken der CIMADE ist beschrieben bei Uta Gerdes, *Ökumenische Solidarität mit christlichen und jüdischen Verfolgten. Die CIMADE in Vichy-Frankreich 1940–1944*, Göttingen 2005.

17   *Chemins du dialogue* 20 (septembre 2002), S. 77f.

18   *Documentation Catholique* (1985), S. 733–738.

19   Die wichtigsten Texte in deutscher Sprache sind veröffentlicht in: *Die Kirchen und das Judentum*, Bd. I: *Dokumente von 1945–1985*, hg. von Rolf Rendtorff und Hans Hermann Henrix, Paderborn 1987, 3. Aufl., 2001; Bd. II: *Dokumente von 1986–2000*, hg. von Hans Hermann Henrix und Wolfgang Kraus, Paderborn 2001.

20   Die Synodalerklärung des Rheinlandes findet sich beispielsweise in: Manfred Görg u.a. (Hgg.), *Christen und Juden im Gespräch. Bilanz nach 40 Jahren Staat Israel*, Regensburg 1989, S. 106–108.

21   www.bcj.de/erklaerung_elkb.html.

22   Heute leben etwas mehr als 20.000 Juden im Elsass, etwa die Hälfte davon in Straßburg.

23   Zu Mgr. Elchinger: *Documentation Catholique*, Nr. 1435 (1. November 1964), Sp. 1385; Bernard Xibaut, *Mgr. Léon-Arthur Elchinger*, Paris 2009, S. 251–253.

24   Siehe dazu: *Le Messager* (28. Juni 2009), S. 5–7.

25   *Documentation Catholique* (1995), Sondernummer.

26   *Documentation Catholique* (1995), S. 75–77, 809–812.

27   Zum Elsass siehe die Artikel von Ralph Stehly, Nadine Weibel und Michel Reeber, in: *Encyclopédie de l'Alsace*, Bd. VII, S. 5431–5439.

28   Im Jahre 1982 wurde die Gemeinschaft der Muslime im Elsass auf 65.000 bis 68.000 Personen geschätzt, 1993 auf 85.000, davon allein 20.000 im Großraum Straßburg (*Dernières Nouvelles d'Alsace* vom 18. August 1993). Heute leben 120.000 bis 130.000 Muslime im Elsass.

29   Wir beschränken uns exemplarisch auf die Arbeit der evangelischen Kirchen am Oberrhein.

30   Ernest Mathis, Apprendre le Coran dans une Église protestante, in: *Almanach évangélique-luthérien 1998*, S. 108–115.

31   *Einander mit Wertschätzung begegnen – Zum Zusammenleben von Christen und Muslimen in Baden.* Votum des Evangelischen Oberkirchenrats Karlsruhe, 2005.

32   *„… auf dass ihr einander kennen lernt" (Sure 49:13). Christen und Muslime in der Pfalz. Eine Handreichung für Kirchengemeinden*, hg. im Auftrag des Landeskirchenrats der Evangelischen Kirche der Pfalz (Protestantische Landeskirche) vom Landeskirchlichen Arbeitskreis für Islamfragen, Speyer 2007.

33   Stefan Meißner/Georg Wenz (Hgg.), *Über den Umgang mit den Heiligen Schriften. Juden, Christen und Muslime zwischen Annäherung und Kluft*, Münster 2007.

34   Vgl. Georg Wenz/Talat Kamran (Hgg.), *Islam und Seelsorge in Deutschland. Herausforderungen, Entwicklungen und Chancen*, Speyer 2012.

7.   Frömmigkeit und Spiritualität

Klaus Bümlein

Vorerwägungen[1]

Kein Zweifel: Frömmigkeitspraxis gehört von Anbeginn zum biblischen Glauben und christlichen Leben. Einerseits geht es beim geistlichen Leben um die *Innenseite* christlichen Glaubens: den betenden Umgang mit Gott und seinem Wort, die persönliche Christusnachfolge, die Gemeinschaft mit dem pfingstlichen Geist. Darum konnte sich Frömmigkeit immer wieder mit Mystik als inniger Form der Christus- und Gottesgemeinschaft verbinden.

Andererseits aber ist dieser Glaube unlösbar von der „Gemeinschaft der Heiligen" im Gottesdienst, in Verkündigung und Gotteslob. Ja, geistliches Leben heißt Leben in der Welt und für die Welt. Spiritualität „will verleiblicht werden und in unserem Alltag einen festen Ort erhalten"[2]. Sie drängt zu leibhaftiger, gemeinschaftlicher *Verwirklichung* im Lauf des Kirchenjahres und der Lebensstationen, in Festen und alltäglicher Bewährung, in der Praxis der Liebe und in der Arbeit für Gerechtigkeit. So findet Spiritualität ihren Ausdruck in ethischem Handeln. Eine Kultur des Verzichts und der Selbstverleugnung (Askese) spornte immer wieder an zur Caritas und Diakonie.

Diese Spannungsweite zwischen Innen und Außen, zwischen Gemeinschaft und Individuum spiegelt sich bereits im Wortgebrauch. Was unterscheidet Frömmigkeit und Spiritualität? „Frömmigkeit", bzw. „fromm" war in der deutschen Sprache lange das zentrale Wort. Seit der Lutherzeit schwang hier die Bedeutung von „tüchtig" und „rechtschaffen" mit. Luther übersetzt den Ruf an Abraham Gen. 17,1: „Wandle vor Gott und sei fromm." Fromm sein heißt nicht nur beten, sondern „das Tun des Gerechten" suchen (Dietrich Bonhoeffer). Dieser Sinn eines praktisch gelebten Glaubens hat sich durchgehalten. Bei aller Kritik an einer nur äußerlichen oder innerlichen Frömmigkeit hat das Wort eine unaufgebbare Bedeutung.

Die Rede von „Spiritualität" ist in den deutschen Sprachgebrauch erst in den letzten Jahrzehnten eingedrungen. Wohl ist das Wort schillernd und unbestimmt verwendet worden. Aber vom Ursprung her markiert Spiritualität deutlich, dass christliches Leben unlösbar vom *Spiritus Sanctus*, vom Geist Jesu Christi bleibt. Christen wissen sich eingeladen zu einem vertrauten und innigen Leben mit Christus (Joh. 15,5). Zugleich glaubt sich die Christusgemeinde mit dem pfingstlichen Gottesgeist beschenkt, dem Geist mündiger Freiheit und verpflichtender Liebe (Röm. 8,15). „Der Geist bezeichnet die christliche Existenzgabe schlechthin, die Gottes Liebe in unsere Herzen ausgegossen hat."[3] So werden wir sowohl von Frömmigkeit wie von Spiritualität sprechen.

Wie wird Spiritualität vermittelt und eingeübt? Durch alle Zeiten hindurch sind die öffentlichen Gottesdienste in den Kirchen und die Andachtsformen in Familie und persönlichem Leben prägende Kräfte der Frömmigkeit gewesen. Der persönliche Glaubensweg ist geleitet und bestärkt von den Sakramenten der Kirche. Aber wie viele Wandlungen auf dem Weg durch die Jahrhunderte! Die reiche Klosterlandschaft am Oberrhein zeigt ein vielfältiges Leben nach den „evangelischen Räten"; Gnaden- und Wallfahrtsorte entfalten eine enorme Anziehungskraft. Die Reformation bricht mit den klösterlichen Lebensorten der Frömmigkeit: Aus der Bibel als dem Gotteswort soll sich Glaube bilden. Katechismen, Gebet- und besonders Gesangbücher bieten klare Einblicke in das geistliche Leben. Beruf und Familie kommen neu als Bewährungsorte der Frömmigkeit in den Blick. Wir werden auf diese Brüche und Wandlungen in der Vermittlung der Spiritualität zu achten haben.

Etwas Weiteres kommt hinzu. Geistliches Leben lässt sich nicht ablösen vom politisch-gesellschaftlichen Umfeld, von weltlichen Institutionen und Obrigkeiten. So entwickelt sich Frömmigkeit immer neu in der Spannung und oft genug im Konflikt zwischen institutionellen Auflagen und unkontrollierbaren inneren Aufbrüchen und Initiativen.

Frömmigkeit und Spiritualität am Oberrhein: Auch mit dieser Fragestellung betreten wir Neuland. Eine Untersuchung für unseren Raum, über die konfessionellen und staatlichen Grenzen hinweg, kann sich auf viele Einzelarbeiten, aber kaum auf eine zusammenfassende Darstellung stützen. Die vorgelegte Erkundung mag, trotz vieler Lücken, einen ersten Ansatz bieten. Der Schwerpunkt wird auf dem 19. und 20. Jahrhundert liegen (Abschnitt 6–9). Dennoch sei versucht, einige Linien geistlichen Lebens am Oberrhein seit dem 16. Jahrhundert anzudeuten (Abschnitt 1–5). Immer versuchen wir spirituelle Strömungen und Glaubensformen wahrzunehmen, die für den Oberrhein typisch sind oder hier besonders verbreitet waren.

7.1.   Gemeinsame Quellen um 1500

„Le Rhin mystique" ist der Titel einer Veranstaltungsreihe, mit der seit 2006 an die Gemeinsamkeit der kulturellen und vor allem der spirituellen Quellen am Oberrhein erinnert wird[4]. Vor der Reformation gibt es hier mehr als 1000 Jahre gelebten Glaubens. Lebendig bleibt die Erinnerung an die Pioniere christlichen Lebens, an Odilia und Adelphus, an die frühen Bischöfe in Basel, Straßburg und Speyer. Oft ist die Ausstrahlung der Heiligen mit Klöstern verbunden: Columban mit Luxueil, Leobardus mit Maursmünster, Morandus mit Altkirch, Pirminius mit der Reichenau und Murbach, mit Gengenbach und Hornbach. In Weißenburg schuf Otfrid die erste Nachdichtung der Evangelien in fränkischer Sprache.

Am Straßburger, am Baseler und Freiburger Münster, am Dom in Speyer haben Generationen ihren Glauben in Räume gebaut; ebenso zeugen zahlreiche mittelalterliche Dorfkirchen von einer Spiritualität des Gottesdienstes. Seit dem 10. Jahrhundert sind die Pilgerreisen nach Santiago de Compostela bezeugt; die Pilgerwege führen auch durch den Oberrhein.

Seit dem 13. Jahrhundert erobern in den Städten die Bettelorden der Franziskaner und Dominikaner ihren festen Platz neben den älteren Stiften und Klöstern. Gerade die aufstrebenden Städte und das reiche Bürgertum zeigen sich empfänglich für die Botschaft der evangelischen Armut und Verkündigung in der Nachfolge Christi. Der Speyerer Bürgersohn Caesarius gehört zu den frühen Sendboten des Franziskus. Um 1314 kommt der dominikanische Mystiker und

Prediger Meister Eckhart nach Straßburg und lehrt einen Weg der Gottverbundenheit in innerer Abgeschiedenheit und tätiger Liebe. Als seine Schüler verstehen sich die Dominikaner Heinrich Seuse (1295–1366) vom Bodensee und Johannes Tauler (um 1300–1361) aus Straßburg. Taulers Werk besteht vor allem aus Predigten und geistlichen Anreden. In Frauenkonventen und vor einer weiteren Hörerschaft zeigt er, wie der Weg zu Gott die Umkehr zu sich selber und zum eigenen Grund braucht und die Freude der Gottesgemeinschaft nicht möglich ist ohne „getrenge", d.h. Bedrängnis und Anfechtung.

Die mystische Frömmigkeit, die mit dem Wirken Meister Eckharts, mit Tauler und Seuse aufleuchtet, hinterlässt eine nachhaltige Lichtspur in den Frauenklöstern, aber auch in der Spiritualität von Laien. Der reiche Straßburger Kaufmann Rulman Merswin (1307–1382) versteht sich als Schüler Taulers; in Straßburg gründet er ein Zentrum geistlichen Lebens, in dem Laien und Priester als „Gottesfreunde" zusammenleben. In Briefen und Erbauungsschriften lässt sich zwischen Basel und Straßburg eine regelrechte Bewegung der Gottesfreunde verfolgen.

Eine imponierende Vielgestaltigkeit des gottesdienstlichen Lebens, der Andachten mit Stundengebet, Gesängen und Meditationsschriften prägt den Oberrhein im Spätmittelalter. Dazu rücken Plastiken und Bilder den Glauben vor die Augen; Andachtsbilder wie die Pietà und der Schmerzensmann helfen, sich in die Geheimnisse der Passion des Herrn zu vertiefen. Frühere protestantische Geschichtsschreibung hatte dieses Zeitalter in düsteren Farben gemalt. Gewiss stehen Glaube

Bild 60: Johannes Tauler wurde nach seinem Tod 1361 im Dominikanerkloster in Straßburg beigesetzt; die Grabplatte, die eine Zeichnung seiner Gestalt zeigt, befindet sich heute im Temple Neuf. (Aus: Carl Schmidt, Johannes Tauler von Straßburg. Beitrag zur Geschichte der Mystik und des religiösen Lebens im vierzehnten Jahrhundert, Hamburg 1851)

und Aberglaube im Widerstreit: Das 15. Jahrhundert bringt eine Zunahme von Reliquienfrömmigkeit, der Wallfahrten zu den Gnadenorten in der Nähe und Weite sowie des Ablasswesens. Hinter dem Übermaß der frommen Praktiken werden Unruhe und Angst um das Heil spürbar.

Zu gleicher Zeit aber wirken reformerische Kräfte in immer neuen Anläufen. Nicht nur für das Bistum Speyer könnte das ganze 15. Jahrhundert unter der Überschrift „Reformbemühungen"[5] abgehandelt werden. Nennen wir als zentrale Gestalt in Straßburg den großen Prediger Geiler von Kaysersberg (1445–1510), der in Freiburg und Basel studiert hatte und seit 1478 als die „Posaune der Kirche von Straßburg" (Jakob Wimpfeling) die Massen wie das Gewissen der Einzelnen aufrüttelte. Zu der ausgeprägten Predigtkultur gehört auch, dass in den Städten neben der Messe besondere Predigtgottesdienste mit eigens beauftragten Predigern weit verbreitet waren; man spricht vom „oberdeutschen Predigtgottesdienst".

Der starke Humanismus am Oberrhein erstrebt eine Vereinfachung und Konzentration der Frömmigkeit für die Gebildeten: Die Orientierung an der Bibel und an der Gestalt Christi verbindet sich mit Kritik an den komplizierten Systemen der scholastischen Theologie. Erasmus von Rotterdam (1466–1536), seit 1514 immer wieder in Basel tätig, übt eine große Wirkung aus. Wichtige Schüler wie Beatus Rhenanus (1485–1547) aus Schlettstadt und Jakob Wimpfeling (1450–1528), zeitweise Domprediger in Speyer, führen das humanistische Anliegen weiter.

Auch der frühe Buchdruck steht weithin im Dienst einer Verbreitung des Glaubens: Der Gutenberg-Schüler Mentelin bringt bereits 1466 eine erste deutsche Gesamtbibel heraus. Weitere werden in Straßburg folgen. Die Erfindung des Buchdrucks befördert auch eine „spirituelle Revolution"; fortan konnten breitere Kreise sich in das biblische Wort und fromme Schriften vertiefen. So zeigt das Spätmittelalter am Oberrhein eine vielgestaltige, in Andachtsformen und Initiativen der Caritas vitale Landschaft der Frömmigkeit.

7.2. Reformatorische Neuansätze, katholische Antworten: 1500–1600

Sehr früh dringt die Stimme Martin Luthers zum Oberrhein hin. Adam Petri druckt bereits 1517 die 95 Thesen in Basel nach: ein Ruf zur Erneuerung der Buße, gegen die trügerischen Sicherheiten, die eine verbreitete Ablasspraxis verspricht. Luthers Suche nach Reform beginnt mit einem zentralen Thema gelebter Frömmigkeit.

Die Heidelberger Disputation im April 1518 zog viele junge Oberdeutsche an und steigerte die Erwartungen an den Reformer aus Wittenberg. Martin Bucer, Erhard Schnepf und Johannes Brenz gehörten damals zu Luthers begeisterten Hörern. In Straßburg werden bereits 1519 acht Schriften Luthers nachgedruckt, 1520 sind es mehr als zwanzig[6].

Die Wiederentdeckung der biblischen Gnadenbotschaft rückt in den Mittelpunkt. Der sündige Mensch kann den Abgrund, der ihn von der Anerkennung Gottes trennt, niemals durch seine Werke ausfüllen. Der Glaube ist es, der Glaube allein, der nach Luthers Auslegung des Römerbriefs das Evangelium annimmt. Die Rechtfertigung des Sünders aus Gnade: Sie allein setzt eine Freiheit zum Handeln, zum Dienst der Liebe frei. Gerade in den weltlichen Aufgaben, in Familie, im Beruf, im sozialen Umfeld sollte sich evangelische Frömmigkeit bewähren. Es sind Schritte zu einer Tiefenreform, die aus der Bibelauslegung gewonnen war. Luther hat mit seiner Übersetzung des Neuen Testaments schon 1521/22 die Bibel in der Volkssprache zugänglich gemacht. Das Wort

Gottes sollte fortan, hoch über allen kirchlichen Auslegungen, als Maß und Mitte des Glaubens gelten. Auch Basel und Straßburg werden Zentren des Bibeldrucks in deutscher Sprache.

Die neue Bibel-Frömmigkeit verbindet sich mit humanistischen Anliegen. Philipp Melanchthon (1497–1560) aus dem kurpfälzischen Bretten, ausgebildet in Pforzheim, Heidelberg und Tübingen, kann dafür als exemplarisch gelten. Seit 1518 in Wittenberg an Luthers Seite, hat Melanchthon sein Leben lang mit vielen Oberdeutschen zwischen Basel und Zweibrücken Kontakt. Sein Programm einer Verknüpfung von *pietas* und *eruditio* bleibt wirkmächtig: „Auf zwei Dinge ist wie auf ein Ziel das ganze Leben auszurichten, Frömmigkeit und Bildung", schreibt er 1533.

In Luthers Sinn beginnen Prediger in oberdeutschen Städten den Gottesdienst umzugestalten, sowohl die Messform wie den oberdeutschen Predigtgottesdienst. Der Gottesdienst in der Volkssprache findet ebenso Anklang wie die Beteiligung der Gemeinde im Liedgesang. Gerade die Lieder für den Gottesdienst bringen die neue Frömmigkeit zum Ausdruck. Der Buchdruck erlaubt die Verbreitung von Liedsammlungen. 1533/34 erscheint in Konstanz ein eigenes Gesangbuch von Johannes Zwick. 1538 folgt Straßburg mit einem *Neu gesang psalter*. Er enthält einen vollständigen Reimpsalter und einen zweiten Teil mit „an viel ort gesungenen" geistlichen Liedern. In Straßburg sind zunächst der Münsterprediger Matthäus Zell (1478–1548) und Wolfgang Capito (1481–1541) die Wortführer der evangelischen Bewegung. 1523 ist der ehemalige Dominikaner Martin Bucer (1491–1551) dazugekommen; er wird bis 1548 die führende Gestalt werden. Sein Leben lang verfocht er die Überzeugung, dass der Glaube eine Umformung des gesamten gesellschaftlichen Lebens bedeutet. Er versucht innerhalb der Stadt auch das geistliche Leben zu vertiefen und hat dabei vielleicht Anliegen des späteren Pietismus vorweg genommen; aber niemals sollte ein innerer Kreis von Frommen sich von der Gesamtgemeinde abtrennen. Einflüsse Bucers reichen bis nach Ulm, in das Herzogtum Württemberg und nach Hessen.

In Basel hatte Johannes Ökolampad seit 1526 die Stadt zur Reformation geführt. Der Melanchthonfreund Johann Schwebel (um 1490–1540) wirkte seit 1532 im Herzogtum Pfalz-Zweibrücken im Dienst der Reform. Reichsstädte wie Konstanz und Gengenbach und die Städte der Elsässer Dekapolis hatten sich früh der Reformation geöffnet. Die Speyerer Reichstage 1526 und 1529 machten die Kraft der evangelisch gesonnenen Minderheit öffentlich. Sie offenbarten zugleich die Uneinheitlichkeit der reformatorischen Kräfte.

Der Schweizer Huldrych Zwingli (1484–1531) und sein Nachfolger Heinrich Bullinger (1504–1575) in Zürich, später die Reformatoren Genfs, Johannes Calvin (1509–1564), und Berns entwickelten die Reformation in je eigenem Sinn. Oberdeutschland und besonders Straßburg wurden zum Austragungsort für die Spannungen, die nicht allein das Verständnis des heiligen Abendmahls und die Gestalt des Gottesdienstes betrafen. Welche Rolle sollten die Bilder für den Glauben spielen? Vor allem Bucer mit seiner Kunst der Vermittlung und seinem Willen zum Kompromiss suchte diese Spannungen unermüdlich auszugleichen. Eine wichtige Station gelang mit der Wittenberger Konkordie 1536 über das Heilige Abendmahl. Das große Straßburger *Gesangbuch* von 1541 – Bucer schreibt dafür eine programmatische Vorrede –, aber auch die Gottesdienstgestaltung führen oberdeutsche und Wittenberger Strömungen zusammen.

Bucer wie Zwingli in Zürich und Melanchthon mühen sich, den Anfragen der Täufer mit biblischen Argumenten zu begegnen. So unterschiedlich die Täufertheologen Michael Sattler und

Bild 61: 1541 erschien auf Anregung Martin Bucers, der auch das Vorwort schrieb, dieses großformatige Gesangbuch (33x48,5 cm), das, auf einem Pult liegend, zur gemeinsamen Einübung der Lieder gedacht war. Titelseite der Neuausgabe des großen Straßburger Gesangbuchs von 1541, Stuttgart 1953

Balthasar Hubmaier in Waldshut, Melchior Hoffmann (seit 1530 in Straßburg) auch waren: Sie verstanden die Taufe als einen verantwortlichen Glaubensakt, als Beginn eines neuen Lebens in der Nachfolge Christi. Gerade nach dem Scheitern der Bauernforderungen 1525 musste die Verweigerung des Eides und des Soldatendienstes als Infragestellung der weltlichen Ordnungen wirken. Johannes Denck (1500–1527) wurde an Weihnachten 1526 aus Straßburg ausgewiesen. Der Reichstag 1529 in Speyer bestätigte ein hartes Vorgehen gegen die Wiedertäufer. Sie wurden verfolgt und vertrieben, ihre Frömmigkeit konnte nur im Untergrund oder in wenigen Regionen des Reichs überleben. Erst sehr viel später, nach dem Dreißigjährigen Krieg, werden mennonitische Gruppen aus der Schweiz geduldet.

Der Augsburger Reichstag von 1555 bot den Reichsfürsten die rechtliche Basis, um in ihren Territorien die Reformation durchzuführen. So folgte 1556 die Reformation in der Kurpfalz und Baden-Durlach. Die Kirchenordnungen von 1556 und 1557 (in Pfalz-Zweibrücken) bezeugen die Anstrengung, obrigkeitliche Verantwortung für Gottesdienst, Lebensgestaltung und Erziehung ernst zu nehmen. Das geschah jeweils im Sinne der lutherischen Reformation. Auch in Straßburg setzte sich ein strenges Luthertum durch.

Eine weitere Differenzierung der Frömmigkeitskulturen entsteht, als sich seit 1560 die Kurpfalz der reformierten Konfession öffnet. Mit der Einführung des Heidelberger Katechismus und der Kirchenordnung von 1563 hat Friedrich III. (1559–1576) den Schritt zum Calvinismus vollzogen, der zunächst reichsrechtlich noch nicht abgesichert war. In den Gottesdiensten wird die lutherische Anlehnung an eine erneuerte Messform aufgegeben. Der Psalmengesang erfährt eine mächtige Aufwertung. In den Kirchen verschwinden alle Bilder; nichts soll von der Aufmerksamkeit für das biblische Wort und die Predigt ablenken. In den Gemeinden tritt neben

Bild 62: Unter der Leitung des Kantors singen die Sänger aus dem Straßburger Gesangbuch von 1541. (Aus: Einführung der Neuausgabe des großen Straßburger Gesangbuchs von 1541, Stuttgart 1953)

das Predigtamt das Amt des Diakonen und Lehrers; das Presbyterium soll über die geistliche Zucht und Lebensordnung wachen.

Die größte Ausdehnung erreichte die Reformation in den Territorien des Oberrheins um 1600. Wohl ein Drittel des Elsass war bis dahin evangelisch geworden. Lutherisch bestimmt waren vor allem Städte wie Straßburg, Speyer, Territorien wie Hanau-Lichtenberg, Baden-Durlach. Die Reformierten fanden ihre wichtigste Stütze in der Kurpfalz und Pfalz-Zweibrücken sowie in Basel[7].

Allerdings hatte sich eine Reihe von Territorien der reformatorischen Herausforderung widersetzt. Keines der Bistümer konnte für die Reformation gewonnen werden. Das war eine Folge der

reichsrechtlichen Lage und der klar katholischen Linie der Kaiser. Schon früh hatte der sprach-
mächtige Franziskaner Thomas Murner (1475–1537) mit Satiren Luther bekämpft und gegen Bucer
und Capito das bleibende Recht des Messgottesdienstes verteidigt. Aber auch einzelne Gruppen
innerhalb der Städte widersetzten sich aus Überzeugung der Reformation. Die Straßburger Dominikanerinnen von St. Nikolaus in Undis, einst Hüterinnen des Erbes der mystischen Frömmigkeit
Taulers, widerstanden bis 1592 den Auflösungsmaßnahmen des Rates. Nicht anders die Karmeliter
und Augustiner in Speyer. Die Habsburger wehrten in ihren badischen und elsässischen Territorien
konsequent das Eindringen lutherischer oder reformierter Tendenzen ab.

Das Konzil von Trient (1545–1563) unternahm eine Reform der katholischen Lehre als Antwort
auf die Reformation. Den Verteidigern des alten Glaubens kam dabei eine mächtige Erneue-
rungsbewegung zu Hilfe: der 1540 von Ignatius von Loyola gegründete Jesuitenorden. Seine
Schüler, wie Petrus Canisius, setzten sich für eine Erneuerung der Frömmigkeit aus den Quellen
des überkommenen Glaubens ein. Dabei ging es ebenso um persönliche Lebensausrichtung in
den Exerzitien wie um weltliche Bewährung ohne den Schutz von Klostermauern. Die Jesuiten
konnten ihre Stützpunkte errichten in Freiburg, in Speyer seit 1566, zusammen mit einer katholischen Schule; im Bistum Straßburg zunächst außerhalb der Stadt 1580 in Molsheim.

So stehen sich Ende des 16. Jahrhunderts drei ausgeprägte Frömmigkeitskulturen gegenüber,
die einander bekämpfen im Namen der Wahrheit Christi. Kein Zweifel, dass jeweils ein persönlicher
Glaube aus Überzeugung gelebt werden konnte. Aber der obrigkeitliche Druck auf die äußere
Frömmigkeit der Bürger und Untertanen schränkte die „Freiheit eines Christenmenschen" (Martin
Luther) empfindlich ein. Und wo konnten sich Eigeninitiativen in den Gemeinden entfalten?

7.3.   Spiritualitäten im Widerstreit: 1600–1750

Der Dreißigjährige Krieg, der Pfälzische Erbfolgekrieg und das Vordringen des absolutistischen
Frankreich verstärkten die konfessionelle Profilierung auch der Frömmigkeit. In den katholischen
Regionen gewannen die Klöster eine neue Ausstrahlung und wagten barocke Neugestaltungen.
Freilich zogen nicht mehr zuerst Benediktiner und Zisterzienser die Aufmerksamkeit auf sich,
sondern die aktiven Orden[8]. Das gilt von den neu erstarkten Bettelorden, aber auch von den
Frauenorden, die geistliches Leben mit Erziehungsarbeit verbinden: den Schwestern von Notre-
Dame, den Visitantinnen der Frau von Chantal, den Englischen Fräulein im Geiste Maria Wards.

Die Jesuiten und die Kapuziner haben eine besonders tiefgreifende Wirkung. Im Elsass
leiteten die Jesuiten nicht weniger als sechs Kollegien: nach Molsheim in Hagenau (1604),
Ensisheim (1614) und Schlettstadt (1615). 1684 wurde Straßburg ihr wichtigster Stützpunkt,
nachdem Frankreich die Stadt 1681 übernommen hatte. Colmar folgte 1698. Die Jesuiten formen
über die Erziehung den Glauben der Gebildeten; sie beeinflussen zugleich die Frömmigkeit der
einfachen Menschen. Von 1617 bis 1765 etwa wirken die Jesuiten im Wallfahrtszentrum von
Marienthal. Über 4.000 Messen werden hier allein im Jahr 1732 gezählt[9].

Auch in der Kurpfalz gewinnen die Jesuiten in der Zeit der katholischen Fürsten, vor allem
unter Carl Philipp (1716–1742) und Carl Theodor (1742–1799), eine dominante Stellung. Die

Bild 63: Frontispiz aus dem Werk „Friss Vogel oder stirb", das der katholische Theologe Johann Nikolaus Weislinger (1691–1755) 1723 veröffentlichte. Der Titel des Werkes bezieht sich kritisch auf die reformatorische Lehre der exklusiven Autorität der Bibel. (© Bayerische Staatsbibliothek, Polem. 2930)

Jesuitenkirche zusammen mit dem mächtigen Kollegium in Heidelberg bezeugt diesen Vorrang. Der gewaltige Neubau des Mannheimer Residenzschlosses seit 1720 ist begleitet von Klosterkirchen für Augustinerinnen und Karmeliter. Vor allem Kollegium und Kirche der Jesuiten lassen Mannheim als Zentrum entschieden katholischer Frömmigkeit erscheinen.

Weit über die Kurpfalz hinaus reicht etwa die Wirkung des Jesuiten Matthäus Vogel (1695–1766) mit seiner Heiligenlegende und seiner *Weiß, Dem Heiligen Messopfer nutzlich und andächtig beyzuwohnen* (1752). Erwähnen wir von den Kapuzinern nur den Wallfahrtsort Waghäusel und die Gestalt des unermüdlichen Martin von Cochem (1634–1712). Von seinen Gebetbüchern wie dem *Guldenen Himmelsschlüssel* (1690) werden Hunderte von Auflagen gezählt. Aber auch sein großes *Leben Jesu* (1677) erlebt zu seinen Lebzeiten mehr als 40 Auflagen.

Wie stark die katholische Frömmigkeit sich gegen den Protestantismus abgrenzt, das erweisen die hochpolemischen Schriften des Priesters Johann Nikolaus Weislinger (1691–1755), seit 1730 Pfarrer im rechtsrheinischen Kappelrodeck. *Friß Vogel oder stirb!* (1723) ist eine derbe

Schmähschrift, die mit der Lehre auch das Leben Luthers und der Reformatoren herabsetzt. Auch ohne solche Polemik blüht katholische Marienfrömmigkeit in einer Fülle von Ausprägungen. Große Kirchen wie Freiburg oder Speyer sind ihr geweiht. Die auserwählte Magd des Herrn bleibt als Mutter Gottes (in Weihnachtsdarstellungen) wie als Schmerzensmutter (in den Vesperbildern) den Menschen nahe. Zahlreiche Wallfahrtsorte durchziehen das katholische Land. Kirchliches Brauchtum mit Prozessionen und Wallfahrten, Andachtslitaneien und Festtagen prägt die barocke Frömmigkeit im Kreis des Jahres ein[10].

Wie einfach erscheint demgegenüber das geistliche Leben in den lutherischen Gebieten! Dabei ist auch die Zeit der wehrhaften Lehrorthodoxie zugleich von tiefer Frömmigkeit durchdrungen. Die lutherische Spiritualität bleibt christuszentriert und bibelbezogen; sie findet ihre Lebensbasis im Wortgottesdienst und im Katechismus als kleiner Bibel. In Straßburg sind es Johann Conrad Dannhauer (1603–1666), Johann Schmidt (1594–1658) und Sebastian Schmidt (1617–1696), die biblische Gelehrsamkeit mit praktischer Frömmigkeit verbinden. Alle drei haben auf Philipp Jakob Spener gewirkt, der die zentrale Gestalt des lutherischen Pietismus geworden ist.

Philipp Jakob Spener (1635–1705) wurde in Rappoltsweiler im Elsass geboren. Er studierte 1655–1659 in Straßburg, danach in Tübingen, Basel und Genf. Dabei nahm er vielseitige Anregungen auf. Johann Arndts Vier Bücher vom Wahren Christentum (1610) lernte er früh kennen und hielt diese Anleitung zur näheren Vereinigung mit Gott zeitlebens für das beste Buch

nächst der Bibel. Bei Arndt begegnete er auch Auszügen aus dem Werk des Dominikaners Johannes Tauler; Spener begleitete 1681 eine Neuausgabe von Taulers Predigten mit einem Vorwort. So nahm er Anregungen mittelalterlicher Mystik am Oberrhein auf. An der reformierten Universität Basel suchte Spener 1659/60 Kontakte zu dem Hebraisten Johann Buxtorf (1599–1664), in Genf beeindruckte ihn der reformierte mystische Prediger Jean de Labadie.

PHILIPPUS IACOBUS SPENER. S.S. TH.D. ECCLESIÆ. EVANGELICÆ. MŒNO-
FRANCOFURT. PASTOR. ET MINISTERII. IBIDEM. SENIOR.

Bild 64: Porträt von Philipp Jakob Spener (1635–1705), 1683 gezeichnet von Johann Georg Wagner und gestochen von Bartholomäus Kilian (© Bibliothèque Nationale et Universitaire de Strasbourg)

Die Programmschrift pietistischer Erneuerung, die *Pia desideria*, hat Spener 1675 als Senior in Frankfurt veröffentlicht. Die Reformvorschläge vom gemeinsamen Bibelaustausch (den *collegia pietatis*) bis zur geistlichen Ausrichtung des Theologiestudiums finden keineswegs sofort lebhaften Widerhall in Straßburg. Doch der pietistische Geist dringt, verstärkt von der Anziehung Franckes in Halle und des Grafen Zinzendorf in Herrnhut, an wichtigen Orten ein. Ein Gesangbuch wie das 1736 in Buchsweiler erschienene *Girrende Täublein* atmet die Herzensfrömmigkeit des Pietismus. Fast ein Drittel der Pfarrer in Hanau-Lichtenberg werden zwischen 1730 und 1780 dem Pietismus zugerechnet[11].

Eigens muss die Frömmigkeit der reformierten Gebiete betrachtet werden. In der Kurpfalz wie in Pfalz-Zweibrücken hatte der Calvinismus erst nach erbitterten Kämpfen gesiegt. Er verstand sich als die Kraft konsequenter biblischer Erneuerung. Luthers Bibelübersetzung wird zunächst in der Neustadter Bibel des David Pareus (1548–1622) beibehalten, aber mit Erklärungen und Überschriften ergänzt. Auch das große Werk der Zürcher Bibel (seit 1525) bestimmt die Bibelfrömmigkeit am Oberrhein mit. Im Gottesdienst ist die alte Messform gänzlich abgetan; statt der Hostien wird beim Abendmahl gebrochenes Brot gereicht. Die Gottesdiensträume sollen von allen Altar- und Wandbildern gereinigt werden. Im Gemeindelied prägt der Genfer Psalter in der Übersetzung Ambrosius Lobwassers die Gottesdienste. Der Heidelberger Katechismus von 1563 wurde für Generationen das wichtigste Lehrbuch des Glaubens. Den beiden ersten Teilen „Von des Menschen Elend" und „Von des Menschen Erlösung" folgt im dritten Teil die Auslegung der zehn Gebote und des Vaterunser unter der Überschrift „Von der Dankbarkeit".

An der Universität Heidelberg wirkt zudem ein humanistischer Geist, der dem Erbe Calvins wie Melanchthons verpflichtet bleibt. Führende Reformierte wie Franciscus Junius (1545–1602) treten schon 1593 für ein friedliches Miteinander zweier evangelischer Bekenntnisse ein. Das *Irenicum* des David Pareus sucht 1615 die unauflösliche Verbindung von Wahrheit, Einheit und Frieden aufzuzeigen, die sich ergibt, wenn Christus als eigentliches Fundament des Glaubens gilt. Diese reformierten Versuche einer innerevangelischen Irenik können den konfessionellen Streit nicht bannen. Auch um die Bibelausgaben von Pareus, Tossanus (seit 1617) und Piscator (seit 1603) entspinnt sich eine heftige Polemik mit Lutheranern. So geht ein Geist der Polemik bis in die Spiritualität hinein, nicht nur gegen den Katholizismus, sondern auch gegen die nicht vollendete Reform der Lutheraner mit ihrer Abendmahlsfrömmigkeit und ihrer Beibehaltung der Bilder.

Bleibt es in dieser Zeit des Konfessionalismus bei der beharrlichen Abgrenzung zwischen Lutherischen und Reformierten? Übersehen wir nicht die Gemeinsamkeiten, die die Protestanten verbindet. Beide Konfessionen wollen christologisch orientiert sein und aus der Bibel ihren Glauben nähren. Beide sind überzeugt, dass sie Gott gerade in den weltlichen Aufgaben von Beruf und Familie zu dienen haben. Der Geist des Pietismus überwindet zusätzlich Schranken. Zu Schülern Speners gehören auch Reformierte wie Johann Reitz. Und der bedeutende Reformierte Gerhard Tersteegen (1697–1769) hat Briefpartner seiner Seelsorge auch bei Lutheranern.

Ja, man kann sogar Zeichen für eine nie ganz verlorene Gemeinsamkeit in der Frömmigkeit zwischen Katholiken und Protestanten finden. Manche Spiritualisten gehen voran. In aller Ruhe sammelt der Schwenckfeldschüler Daniel Sudermann (1550–1631) in Straßburg die Quellen der mystischen Frömmigkeit, das Erbe Taulers. Er machte das Weihnachtslied *Es kommt ein Schiff geladen*, im Geiste Taulers im 15. Jahrhundert gedichtet, bekannt. Johann Arndt hat im dritten Buch seines *Wahren Christentums* sehr ausführlich Tauler zitiert. Er hat ebenso wie später Spener die *Nachfolgung Christi* des Thomas von Kempen wie die Predigten Taulers herausgegeben. Bernhard von Clairvaux, den Luther neben Augustinus am meisten von den alten Lehrern geschätzt hat, geht in den evangelischen Erbauungsschriften nicht verloren. Die *Berleburger Bibel* bringt eine breite Aufnahme der mystischen Frömmigkeit der Madame Guyon, und Gerhard Tersteegen bietet in seiner *Auserlesenen Geschichte Heiliger Seelen* fast nur Biographien von katholischen Christen aus dem Mittelalter und aus der Zeit nach der Reformation.

Auch die Aufnahme evangelischer Frömmigkeit bei Katholiken lässt sich selbst in dieser Zeit schroffer Polemik verfolgen. Schon die frühen katholischen Bibelübersetzer wie Johann Dietenberger und Hieronymus Emser haben sich Luthers genialer Spracharbeit eingehend bedient. Johann Arndt ist vielfach auch von Katholiken gelesen worden. Wie weit haben Lieder Luthers und Paul Gerhardts auch katholischen Glauben gestärkt und erfreut! Und vergessen wir nicht, dass das Doppelgebot der Liebe in den Katechismen bei Petrus Canisius wie bei Luther und im Heidelberger Katechismus als Christi Stimme gehört und eingeprägt wurde!

7.4.   Aufklärung und Revolution: 1750–1800

Die vielgestaltige Bewegung der Aufklärung wirkt auch auf die Spiritualitäten ein. Das neue Zutrauen zur Vernunft und die Kritik an der Tyrannei des politischen Absolutismus beginnen die Frömmigkeit umzuprägen, wenn auch in einem sehr unterschiedlichen Rhythmus.

Radikale Wortführer wie Baron d'Holbach, 1734 geboren im pfälzischen Edesheim, oder gar Voltaire (1692–1778) kritisierten massiv die Wirkungen des staatlich oktroyierten Glaubens; sie schienen das ganze Gebäude des Offenbarungsglaubens in Frage zu stellen. Wirksamer für die Spiritualitäten wurden jene Kräfte, die einen durch Vernunft geläuterten, toleranten und aufgeklärten Glauben vertraten. Die Ideen von Christian Wolff und Gottfried Wilhelm Leibniz fanden auch am Oberrhein Aufnahme. Der badische Herrscher Karl Friedrich (1746–1811) tolerierte die Katholiken im 1771 angeschlossenen Baden-Baden. Einzelne Fürsten unterstützten den wissenschaftlichen Fortschritt. Die Akademie in Mannheim fand Unterstützung im absolutistischen Regime von Carl Theodor (1742–1799). Christian IV. und Karl II. August von Pfalz-Zweibrücken förderten die Verbreitung wichtiger Werke der Aufklärung von Autoren wie Rousseau, Montesquieu und Buffon.

An den protestantischen Fakultäten in Heidelberg wie in Basel gewann die gemäßigte Aufklärung an Anhängern. Dagegen blieb die Fakultät von Tübingen lange ein Hort der lutherischen Rechtgläubigkeit. Auch die katholischen Professoren in Freiburg und Straßburg verhielten sich vorsichtig. Selbst die Nachfolger der Jesuiten an der bischöflichen Hochschule in Straßburg seit 1765 blieben streng orthodox[12]. Ansätze für eine neue Duldsamkeit gegenüber Protestanten waren freilich unübersehbar. Ein Hirtenbrief des Speyerer Bischofs August von Limburg-Stirum forderte die Toleranz gegen Christen anderen Glaubens. Kardinal de Rohan unterstützt den großen protestantischen Historiker Johann Daniel Schöpflin.

Besonders klar zeigt sich der Geist der religiösen Aufklärung in den Gesangbüchern. Sie werden nicht nur in den Gottesdiensten verwendet, sondern dienen zugleich der persönlichen Andacht. So geben sie Auskunft über den Wandel der Frömmigkeit. In Hanau-Lichtenberg enthält das Gesangbuch von 1779 nur noch fünf der 37 Lutherlieder[13]. Auch das reformierte Gesangbuch der Kurpfalz von 1785 zeigt eine neue Epoche der Frömmigkeit an: hier sind die Lieder des Psalters verschwunden, und von den 627 Liedern sind nur 70 aus dem früheren Liedbuch übernommen[14]. Nun sollten „alle aufrichtigen Freunde eines vernünftigen Gottesdienstes" singen in einer Weise, die „der Würde unseres Zeitalters" angemessen ist; so verheißt es bereits die Vorrede. Schon 1775 hatte in der Kurpfalz Karl Benjamin List ein neues Gesangbuch für die lutherischen Gemeinden zusammengestellt. Auch hier sucht man im Register vergeblich nach zentralen Luther-Liedern wie *Ein feste Burg ist unser Gott* oder *Nun freut euch, liebe Christen gmein*.

Bei den Protestanten zeigen sich die Ideen der Aufklärung in einem neuen pädagogischen Elan „zur Erziehung des Menschengeschlechts" (Gotthold Ephraim Lessing). In Colmar wirkt Gottlieb Conrad Pfeffel (1736–1809), der als volkstümlicher Dichter, als Leiter einer Schule und Gründer einer Lesegesellschaft weite Kreise beeinflusst. Das pfälzische Heidesheim wird für kurze Zeit zum Ort eines neuen Philanthropinum mit dem radikalen Aufklärer Karl Friedrich Bahrdt (1741–1792). Der Wille zur Ausbildung der gottgegebenen Kräfte gehört wesentlich hinein in das Gemeindewirken einer so anziehenden Gestalt wie Johann Friedrich Oberlin (1740–1826). Johann Heinrich Jung-Stilling, dem der junge Goethe 1771 in Straßburg begegnet, wird zum Inbild einer frommen Aufklärung, die Glauben an die göttliche Vorsehung im eigenen Leben mit dem erzieherischen Wirken im Dienst des Fortschritts bruchlos vereint.

Kann es verwundern, wenn viele Protestanten im Elsass, in der Pfalz und Baden mit den ersten Beschlüssen der französischen Revolution sympathisierten? Endlich schien die Religionsfreiheit angebahnt, auf die die Evangelischen in Frankreich so lange hatten warten müssen. Ein Ende der langen konfessionellen Unterdrückung! Die Erklärung der Menschenrechte proklamiert am 26. August 1789 die Gewissensfreiheit. Bereits der 4. August 1789 brachte die Rechtsgleichheit zwischen katholischem Klerus und lutherischen wie reformierten Pfarrern. Vier Pfarrer sind im April 1791 Mitglieder in der Gesellschaft der Verfassungsfreunde von Straßburg (Société des Amis de la Constitution de Strasbourg).

Die große Mehrzahl der Protestanten widersetzt sich freilich dem Terror der Jakobiner. Der Straßburger Hauptankläger, der ehemalige Franziskaner Eulogius Schneider, spart Protestanten nicht von der Verfolgung aus. Prominente wie Johann Lorenz Blessig werden verhaftet; Pfarrer Johann-Jakob Fischer von Dorlisheim wird hingerichtet. Etwa zehn Pfarrer in Straßburg wurden aktive Jakobiner; etwa 20 von 220 Pastoren gaben ihr Amt zurück. Auf dem Höhepunkt der Entchristlichung wurden im Herbst 1793 die Gotteshäuser geschlossen. Der Temple Neuf in Straßburg diente als Magazin für Lebensmittel. Erst seit 1795 sind die Gottesdienste wieder erlaubt. Allmählich beginnt man, eine größere Einheitlichkeit in der Kirchenstruktur zu entwickeln. Die 48 eigenständigen Territorialkirchen der alten Zeit werden nicht mehr wieder erstehen.

Die Katholiken des Elsass sind es vor allem, die unter den Schrecken der Revolution zu leiden haben. Es sind nur kleine Minderheiten, die sich für die Ideale von 1789 begeistern. Als die Kirchengüter enteignet, die Klöster als zentrale Sammlungsorte der Frömmigkeit aufgelöst werden, als gar der Eid auf die neue Verfassung zu leisten ist, widersteht die große Mehrheit der Katholiken des Elsass. Eine Gestalt wie Erzbischof Franz Anton Brendel wird von den meisten abgelehnt, ein Scharfmacher wie Eulogius Schneider verachtet. Über 1.300 Priester verlassen vorübergehend das Elsass, andere harren im Untergrund aus. Im Juni 1794 erlebt die Kathedrale das Fest „des höchsten Wesens". Die Zahl der Opfer der Revolution um des festgehaltenen Glaubens willen ist beträchtlich, wenigstens 20 Märtyrer werden gezählt.

Für die Katholiken hatte die Revolution die Selbstzerstörung einer sich selbst überhebenden Menschheit erwiesen. Die Rückkehr zu den alten Werten des Glaubens war die Folge. Die Wallfahrten waren nicht erloschen, auch nicht während der Verbotszeit im Elsass; man strömte nach Mariastein und Einsiedeln. Die Erfahrung der Verfolgung wird sich tief in das Bewusstsein eingraben. Auch für Protestanten gab es zerstörerische Wirkungen; die Schließung der Universität von Straßburg hatte verheerende Auswirkungen auf das geistige und religiöse Leben[15]. Wortführer der frommen Aufklärung wie Jung-Stilling wandten sich von einer Hoffnung auf innergeschichtlichen Fortschritt ab. Und doch fanden Christen wie Oberlin auch positive Impulse, die bei der Erneuerung des evangelischen Lebens nicht verloren gehen sollten: die Freiheit des Glaubens verknüpft mit der Freiheit des Geistes.

7.5. Spiritualität im 19. Jahrhundert: Romantik, Restauration und Liberalismus

Das Ende der napoleonischen Herrschaft und die territoriale Neuordnung auf dem Wiener Kongress bringt Reformierte und Lutheraner in die enge Nachbarschaft neuer Territorien: im Großherzogtum Baden und der nun zu Bayern gehörenden Pfalz. In der Pfalz kommt es 1818, in Baden 1821 zu einer Kirchenvereinigung zwischen Lutheranern und Reformierten. Diese Union entsprach gewiss den Interessen der Landesherren, sie kam aber auch der großen Mehrheit der Pfarrer und Gemeinden entgegen. Nach dem häufigen Wechsel der kirchlichen Herrschaft und der Einebnung der konfessionellen Eigenarten in Pietismus wie Aufklärung war ein neuer Sinn für das Gemeinsame entstanden.

Die Unionskirchen entfalten auch eine neue Unionsfrömmigkeit. Sie will vor allem biblisch geprägt sein und schränkt die Geltung der Bekenntnisse ein. Die Pfalz geht am radikalsten vor. In der ursprünglichen Fassung der Vereinigungsurkunde heißt es, dass alle bisherigen Bekenntnisbücher „vollständig abgeschafft seyn sollen". Erst nach massivem Druck aus München lautet dann in § 3 der Vereinigungsurkunde: Die pfälzische Kirche hält die Bekenntnisse „in gebührender Achtung, erkennt jedoch keinen andern Glaubensgrund noch Lehrnorm, als allein die heilige Schrift". Von dieser biblischen Basis aus meinte man auch ein gemeinsames Verständnis des heiligen Abendmahls zu erreichen; fortan konnte eine gemeinsame Feier möglich sein. Die Unionsgesangbücher (in der Pfalz seit 1823, in Baden seit 1835) befestigten die gemeinsame Spiritualität in den vereinigten Kirchen noch stärker als die Unionskatechismen (Baden 1834; Pfalz 1823) und Gottesdienstagenden (Baden 1836; Pfalz 1845).

Es ist der Geist eines geläuterten Rationalismus, der den Protestantismus am Oberrhein bis 1840 dominiert: ein Glaube im Bündnis mit der kritischen Vernunft – bereit, für Gewissensfreiheit zu kämpfen. Das ist wohl nicht verwunderlich in einer Region, die so lange konfessionelle Repression und Disziplinierungsmaßnahmen der Obrigkeit erdulden musste. Die Worte aus der Vereinigungsurkunde der pfälzischen Kirche von 1818 sind auch für die Frömmigkeit bezeichnend: „Erwägend endlich, dass es zum innersten und heiligsten Wesen des Protestantismus gehört, immerfort auf der Bahn wohlgeprüfter Wahrheit und ächt-religiöser Aufklärung, mit ungestörter Glaubensfreiheit, muthig voranzuschreiten."[16] Wie nachhaltig dieser Geist wirkte, zeigt die Bemerkung von Elly Knapp über ihren Konfirmandenunterricht um 1890: „Unser Pfarrer war ein Rationalist von reinstem Wasser. Wir sagten bankweise den Satz auf: Gottes Wille zeigt sich in den Naturgesetzen, die er nie durchbricht, und deshalb gibt es keine Wunder."[17]

Personen der Kirchenleitung zeigen das Gesicht dieses vernunftfreundlichen Glaubens. In Straßburg Johann Lorenz Blessig (1747–1816), dann die wichtigen Professoren Johann Friedrich Bruch (1792–1874) und Eduard Reuss (1804–1891); Gottlob Eberhard Paulus in Heidelberg; die Konsistorialräte Johann Friedrich Butenschoen (1764–1842), der einst in Straßburg zu den radikalen Parteigängern der Revolution gehörte, und Friedrich Wilhelm Schultz (1774–1842) in Speyer. In Baden schenkte Johann Peter Hebel (1760–1826), seit 1791 Lehrer am Karlsruher Gymnasium, als Autor der *Alemannischen Gedichte* (1803), als weitherziger Erzähler im *Schatzkästlein des rheinischen Hausfreunds* (1811) und Verfasser der *Biblischen Geschichten* (1824) der badischen Kirche eine gemütvolle wie nüchterne Ausrichtung der Frömmigkeit. Zuletzt der höchste Geistliche (Prälat) seiner Kirche, brachte Hebel die besten Vorzüge einer frommen Aufklärung in die Unionsanfänge ein.

Ihren Ausdruck findet diese Frömmigkeit, mehr noch als in den Katechismen, in den Gesangbüchern. Schon das Straßburger Gesangbuch 1798 kam ohne ein einziges Lutherlied aus. Das Pfälzer Unionsgesangbuch wird 1823 ebenfalls auf das Lied des Reformators verzichten. Dafür sind nach den „Lehren des Christenthums" im umfangreichen Mittelteil die Lieder Nr. 152 bis 361 den "Pflichten" gewidmet, Pflichten gegen Gott, gegen uns selbst, gegen den Nächsten und Pflichten „in besonderen Verhältnissen". Ein ethisches und praktisches Christentum klingt durch den Großteil der Straßburger und Speyerer Lieder.

Das Straßburger Gesangbuch von 1850 enthielt zwar wieder vier Lieder von Luther, aber dagegen triumphierte immer noch der radikale Umgestalter des alten Liedgutes Johann Samuel Diterich (1721–1797) mit 38 Liedtexten. Noch in einem Brief vom 25. April 1964 schrieb Albert Schweitzer: „Mit diesem Gesangbuch bin ich aufgewachsen. Viele Lieder desselben kann ich noch auswendig". Erst 1899 wurde im Elsass dieses vom Vernunftglauben geprägte Gesangbuch ersetzt. In der Pfalz blieb das Unionsgesangbuch sogar bis 1905 in Geltung. Der Versuch, 1857 ein gediegenes Werk einzuführen, brachte den Speyerer Konsistorialrat Johann August Ebrard (1818–1888), nicht aber das rationalistische Gesangbuch von 1823, zu Fall.

Gewiss übte der Rationalismus keine Alleinherrschaft in der Frömmigkeit. Die Kräfte des Pietismus und der Herrnhuter waren am Oberrhein nicht verschwunden. In der Pfalz erlebte die Seelsorgearbeit der Herrnhuter Reiseprediger zwischen 1802 und 1836 eine neue Blütezeit. Der romantische Geist erfasste auch die Frömmigkeit. Bis 1817 lebte in Karlsruhe Johann Heinrich Jung-Stilling, als ein „Patriarch der Erweckung" weit verehrt. In der Erweckung, die sich in Baden um den Pfarrer Aloys Henhöfer (1790–1862) sammelte (siehe Farbbild 37), brach erneut die reformatorische Botschaft von der Gnade Gottes für den Sünder bei den Gemeinden durch. In Straßburg war es Franz Härter, der zugleich entscheidende Impulse für die innere Mission setzte. 1842 begründete er das Diakonissenwerk. Die Pfälzer folgten 1859. Die tätige Liebe sollte den biblischen Glauben zum Ausdruck bringen, gerade in der Hilfe an den Schwachen und besonders Hilfsbedürftigen. Oft genug war die praktische Hilfe mit der Arbeit der Basler Missionsgesellschaft und mit der Bibelverbreitung verbunden. Der in Basel wirkende Württemberger Christian Friedrich Spittler (1782–1867) bezeugt dieses Miteinander von Bibel- und Missionsfrömmigkeit und seine Ausstrahlung in den ganzen Oberrhein[18]. Diese fromme Strömung schuf eigene spirituelle Ausdrucksformen, in Liedern wie in Andachtsbüchern: *Wach auf, du Geist der ersten Zeugen!, Weck die tote Christenheit aus dem Schlaf der Sicherheit!* Die „alten Tröster", die Gebetbücher von Johann Arndt und anderen wurden neu aufgelegt und weit verbreitet.

Mit neuer Aufgeschlossenheit widmen sich evangelische Forscher der oberrheinischen Mystik. Bezeichnend dafür ist etwa das Taulerbuch des Straßburgers Carl Schmidt (1812–1895) von 1841. Schmidt findet bei Tauler die evangelische Gnadenpredigt und die zentrale Stellung Christi. Der Straßburger Dominikaner „habe gegen die selbstsüchtige Thatlosigkeit vieler Mystiker eine in Sanftmuth und Barmherzigkeit sich äußernde Liebe gefördert"[19]. Wie sehr Tauler die Laienfrömmigkeit hoch geschätzt habe, zeige seine Nähe zu der vor allem von Laien getragenen Bewegung der Gottesfreunde. Wie eine Zusammenfassung der Botschaft des Straßburger Mystikers deutet Schmidt den erhaltenen Grabstein Taulers: er zeigt den Prediger, der mit der rechten Hand auf das Buch des Lebens und das Lamm Christus deutet[20]. Der spätere badische Prälat Carl Ullmann (1796–1865) veröffentlicht 1846 ein Werk mit dem programmatischen Titel *Reformatoren vor der Reformation*. Auch im Mittelalter, so sind Ullmann wie Schmidt überzeugt, kann evangelische Frömmigkeit den Geist des Evangeliums entdecken und sich aneignen.

Im Elsass ist eine dritte Strömung zu erwähnen. Anders als in der badischen und pfälzischen Unionskirche erstarkte ein konfessionelles Luthertum, das nicht nur den Liberalismus, sondern auch die Erweckungsfrömmigkeit kritisierte. Ihr Mittelpunkt wurde der Pfarrer Friedrich Theodor Horning (1809–1882). Ihm war auch 1863 ein neues Gesangbuch zu verdanken, das gegen das liberale Werk von 1850 das reformatorische und besonders lutherische Liedgut neu zur Geltung brachte. Die jährlichen Missionsfeste in Rothbach in den Nordvogesen versammelten meist über 1.000 Menschen[21].

Die Neigung zu einem neuen konfessionellen Luthertum erfasste in der badischen und pfälzischen Unionskirche nur Minderheiten. Nur in Baden kam es zu einigen freien lutherischen Gemeinden. Statt des Unterschiedes von Reformierten und Lutheranern traten die Spannungen zwischen Liberalen und Pietisten zutage, gerade auch in der Frömmigkeit und im Verhältnis zur „Welt". Allerdings erwies sich der Rahmen der Unionskirche als stark genug, um diese Konflikte zu ertragen oder in eine „versöhnte Verschiedenheit" zu wandeln.

Alle drei Strömungen wirkten im Elsass weiter bis 1914. In den 1860er Jahren erreichte die liberale Bewegung eine nachhaltige Stärkung. In der Pfalz sammelte sich seit 1858 im „protestantischen Verein" eine Breitenbewegung. Mit dem Ende der Ära Ullmann kam auch in der badischen Kirche, inspiriert von Heidelberger Theologen wie Richard Rothe (1799–1867) und Daniel Schenkel (1813–1885), ein moderner liberaler Geist zur Herrschaft. Es ging nicht um ein einseitiges Vernunftchristentum, sondern um einen Glauben, der zeitgerecht und verständlich sprechen wollte, der weniger dem vergangenen Dogma und dem Buchstaben der Bibel, sondern dem Geist der Schrift verantwortlich sein wollte. Mit dem *Andachtsbuch des deutschen Protestanten-Verein(s)*, ursprünglich herausgegeben von dem Bergzaberner Pfarrer Ludwig Maurer, entstand ein Werk, das verschiedenste liberale Stimmen sammelte „in dem großen Kreise, der gläubig ist in unserem Sinne"[22].

Vergessen wir bei der Unterscheidung der Strömungen nicht, wie stark der Protestantismus in Gemeinsamkeiten verwurzelt blieb, nicht nur in den Unionskirchen links und rechts des Rheins. Das Leben der Christen im Rhythmus des Kirchenjahres, die Lebensstationen von der Taufe bis zur kirchlichen Beerdigung, das kirchliche Brauchtum in den Dörfern: Die Kultur der protestantischen Frömmigkeit unterschied sich markant und meist schroff von den katholischen Nachbarn. Die großen Reformationsjubiläen von 1830 bis 1917 führten die Protestanten ebenso zusammen wie der Gustav-Adolf-Verein und der Bau von großen Kirchen: 1904 wurde in Speyer die Gedächtniskirche der Protestation eingeweiht. Gemeinsam bleibt auch in der Frömmigkeit ein Geist der Schlichtheit, der sich aller emotionalen Verstiegenheit widersetzt.

Die Begründung des deutschen Kaiserreichs unter preußischer Führung verstärkt die Tendenz, die Reformation als nationales Ereignis zu feiern. Liberale wie biblisch Konservative präsentieren Luther 1883 als deutschen Helden, Melanchthon 1897 als *praeceptor Germaniae*, in scharfem Kontrast zu dem Rom verpflichteten, ultramontanen Katholizismus. Um die Jahrhundertwende wirken neue Kräfte. Die Industrieentwicklung und die Probleme der Arbeiterschaft in den Städten rufen nach einer Frömmigkeit, die soziales Handeln und den Kampf für Gerechtigkeit einschließt.

Katholiken bilden im Elsass die große Mehrheit. Fast drei Viertel der 1,2 Millionen Einwohner waren katholisch[23]. Die katholische Kirche im Elsass erlebte seit dem Ende der Revolutionszeit und besonders seit 1842 eine Epoche des Aufschwungs auch im Bereich der Frömmigkeit. Im langen Episkopat des Bischofs Andreas Räß (1842–1887) wurde diese Blüte offenkundig. Räß war wie der spätere Speyerer Bischof Nikolaus von Weis im Milieu der Mainzer Schule geformt worden. Dort hatte man in klarem Gegensatz zur Aufklärung die traditionelle Frömmigkeit neu belebt, in deutlicher Bindung an Rom und die Autorität der Hierarchie. Sein Lehrer Bruno Franz Leopold Liebermann (1759–1844) war nach Straßburg zurückgekehrt und hatte am Grand Séminaire gewirkt. Die Zahl der Priesterberufungen nahm so sehr zu, dass fast in allen Pfarreien Priester arbeiten konnten. Räß förderte den Bau neuer Kirchen; mehr als 300 entstanden zwischen 1802 und 1870. Vor allem stärkte er die traditionelle Frömmigkeit. Die Orden kehrten zurück. Seit 1825 bestand die Trappistengemeinschaft in Oelenberg im Südelsass. Die Jesuiten konnten 1843 ein Noviziat in Isenheim einrichten[24]. Dazu kam die Vitalität der Bruderschaften, Volksmissionen und Wallfahrten. Marienthal, Thierenbach und vor allem der Odilienberg wurden das Ziel ungezählter Pilger.

Bild 65: Abbé Mühe und die St. Stephanskirche in Straßburg. Nach einer zeitgenössischen Lithographie (Aus: Luzien Pfleger, Der Strassburger Münsterprediger Simon Ferdinand Mühe (1788–1865). Ein Zeit- und Lebensbild, Colmar 1925)

Nennen wir neben dem Bischof die hoch verehrte Gestalt von Simon Ferdinand Mühe (1788–1865). Er wirkte als Münsterprediger, Beichtvater und Professor am Grand Séminaire für die Vertiefung des geistlichen Lebens: Der dritte Orden der Franziskaner, die Bruderschaften vom Heiligen Herzen Jesu, die Marienverehrung waren ihm wichtig. Wie sein Bischof bejahte er das Dogma von 1854 von der unbefleckten Empfängnis Mariens. Zugleich ein Apostel der Caritas, lebte Mühe die Einheit von praktischer und innerlicher Frömmigkeit.

Eine neue Blüte von Frauengemeinschaften gehörte in das Episkopat von Räß. Erwähnen wir von den neuen Gemeinschaften die Töchter des Göttlichen Erlösers, 1849 von Elisabeth Eppinger begründet. Der Rabbinersohn Jacob Liberman (1802–1852) aus Zabern hauchte dem Orden der Spiritaner neues Leben ein; die Spiritaner arbeiteten als Missionare besonders in Afrika. Aus dem Elsass kamen eine Reihe weiterer wichtiger Pioniere der äußeren Mission, wie Aloys Kobes in Senegambien.

Kann es verwundern, dass Räß beim Ersten Vatikanischen Konzil klar auf der Seite der Befürworter des Dogmas von der Unfehlbarkeit stand? Die Alt-Katholiken sammelten im Elsass nur wenige Gemeinden. Indes bei aller traditionellen und ultramontanen, an Rom orientierten Ausrichtung vermochte es die katholische Kirche, neue Antworten auf die Industrialisierung und die sozialen Probleme in den wachsenden Städten zu leben.

Der Krieg von 1871 und die Angliederung Elsass-Lothringens an das Deutsche Reich brachten tiefe Einschnitte. Die Zweisprachigkeit und die Orientierung an der Gesamtkirche Frankreichs stellten schwierige Aufgaben. Aber gerade die Jahre des Kulturkampfs festigten die katholische Frömmigkeit noch weiter. Bischof Adolf Fritzen (1891–1919), obwohl nicht elsässischer Herkunft, errang hohe Achtung und vertiefte das geistliche wie praktische Leben in den Pfarreien. In den Dörfern galt weiterhin, dass „nicht Praktizieren die Ausnahme war"[25]. Das liturgische Jahr bestimmte den Rhythmus des Lebens. Die Volksmissionen erreichten alle zehn Jahre die Pfarreien. Das katholische Elsass blieb ein Zentrum religiöser Berufungen. Die Trennung von

Kirche und Staat 1905 in Frankreich und die Enttäuschung der katholischen Elsässer darüber konnten jedoch ihr Vertrauenspotential Frankreich gegenüber kaum schmälern[26].

Die Katholiken im Großherzogtum Baden mussten auch in ihrer Frömmigkeit erst mit den neuen Strukturen zurechtkommen. Sie waren zahlenmäßig in der Mehrheit: mehr als 760.000 gegenüber 353.000 Protestanten[27]. Noch wirkten die Kräfte katholischer Spätaufklärung kritisch gegen Wallfahrten und Prozessionen. Ignaz Heinrich von Wessenberg (1774–1860) in Konstanz erstrebte mit seinen vielseitigen Reformen eine volksnahe Liturgie und eine neue Priesterbildung. „Nichts lag ihm mehr am Herzen als die Vertiefung gelebter Frömmigkeit und die Überwindung des ‚geistlosen Mechanismus' mancher traditioneller Glaubenspraktiken."[28] An der Universität Freiburg rangen die Kräfte eines katholischen Rationalismus wie Johann Ludwig Hug (1765–1846) mit neuen Strömungen. Mit Johann Baptist Hirscher (1788–1865) wirkten seit 1839 wichtige Vorkämpfer eines auf die biblische Offenbarung konzentrierten und ökumenisch versöhnlichen Glaubens in Freiburg.

Die Bischöfe Hermann von Vicari (1842–1868) und Lothar von Kübel (1868–1881) standen in immer neuen Kämpfen mit den Ansprüchen des Staates. Erst langsam konnten sich die Klöster etablieren. Wenige, wie die Zisterzienserinnen von Lichtenthal, 1245 gegründet, hatten alle Stürme der Säkularisierung überstanden. In dem alten Zähringer Hauskloster St. Peter wurde 1842 das Priesterseminar eingerichtet. Die Neugründung von Beuron 1863 ließ benediktinischen Geist ausstrahlen. Auch in Baden brachte das 19. Jahrhundert eine Fülle von karitativen und erzieherischen Impulsen. Die Barmherzigen Schwestern vom hl. Vinzenz von Paul (Vinzentinerinnen), 1846 von Straßburg her gegründet, zählten 1885 bereits 350, 1922 gar 1350 Schwestern. Auch die Franziskanerinnen von Gengenbach, die Kreuzschwestern von Ingenbohl in Hegne und die Niederbronner Schwestern entwickelten zahlreiche Niederlassungen[29]. Der liebevolle Kampf für die Kranken und Armen, die Erziehung von Kindern lässt sich nur verstehen in Verbindung mit einer inständigen Praxis der Frömmigkeit. Man denke etwa an die „immerwährende Anbetung des allerheiligsten Altarsakraments" bei mehreren dieser Gemeinschaften. Die Cäcilienvereine halfen bei der Einprägung des Liedgutes der Gesangbücher in den Gemeinden links und rechts des Rheins.

Geistliches Leben war auch wirksamen Publizisten wie Alban Stolz (1808–1883) mit seinem *Kalender für Zeit und Ewigkeit* zu verdanken. Eine Generation später verschaffte der originelle und streitbare Priester Heinrich Hansjakob (1837–1916) der katholischen Kirche Gehör.

Auch im bayerischen Rheinkreis musste das neu zugeschnittene Bistum Speyer erst seinen inneren Ausbau finden gegenüber einer protestantischen Mehrheit in der vereinigten Kirche seit 1818. Der Aufschwung ist auch hier mit dem Wirken der Bischöfe verknüpft, vor allem mit Johann von Geissel (1837–1842) und Nikolaus von Weis (1842–1870). Die franziskanische Gestalt des 2007 selig gesprochenen Paul Josef Nardini (1823–1862) steht für die Vereinigung glühender Innerlichkeit und karitativer Aktion. In Pirmasens sammelte er eine Schwesternschaft, die später in das oberpfälzische Mallersdorf umsiedelte. Die alten Klöster waren auch im Bistum Speyer untergegangen, bis auf die Gemeinschaft der Dominikanerinnen von St. Magdalena in Speyer. Erst nach zähen Kämpfen konnten Franziskaner nach Oggersheim und nach Blieskastel einziehen. Der Speyerer Dom wurde nach der nazarenischen Ausmalung (siehe Farbbild

38) und einer Neugestaltung des Westwerks (1846–1858) zum Kristallisationsort auch der Frömmigkeit des Bistums. Zu einem bis heute wichtigen geistlichen Zentrum entwickelte sich Maria Rosenberg im Pfälzer Wald. Die Wallfahrten nach Burrweiler und Deidesheim kamen erst allmählich in Gang. Die ehemalige Predigerkirche in Speyer wurde neu aufgebaut und als St. Ludwig Stätte eines Konvikts und der Priesterausbildung. Eine große Rolle für das geistliche Leben spielte die kirchliche Publizistik: 1848 wurde das noch heute bestehende Bistumsblatt *Der Pilger* begründet. Katholische Volksschriftsteller wie der Hambacher Pfarrer Aloys Weisenburger wirkten in die Breite.

So führt uns auch das 19. Jahrhundert sehr unterschiedliche konfessionelle Frömmigkeitsstile vor Augen. Und doch hatten die Christen gemeinsame Antworten zu entwickeln auf die neuen sozialen Krisen, die mit der Industrialisierung einsetzten. Bei aller Unterschiedlichkeit: Die Diakonissen wie die katholischen Schwestern der Caritas lebten gemeinsam aus der alle Grenzen überschreitenden Liebe Christi und aus dem Gebet.

7.6. Spirituelle Lebensformen zwischen den Weltkriegen

Die Katastrophe des ersten Weltkriegs forderte auch die Frömmigkeit heraus. Der Friede von Versailles brachte Elsass-Lothringen zu Frankreich zurück und legte der linksrheinischen Pfalz eine Besatzung bis 1930 auf. Das Ende des preußischen Kaisertums, der Wittelsbacher Monarchie und des badischen Großherzogtums erschütterte viele Christen und verstärkte ein Krisenbewusstsein. Minderheiten begrüßten das Ende des langen Bündnisses von Thron und Altar und suchten eine positive Beziehung zur Weimarer Demokratie.

Das katholische Elsass, seit 1919 wieder zu Frankreich gehörig, verteidigt seine kulturellkirchliche Eigenart gegenüber antiklerikalen Kräften. Bischof Charles Ruch (1921–1945) findet eine sehr lebendige Diözese vor[30]. Drei Viertel der Katholiken nehmen an der Osterkommunion teil. Die eucharistische Frömmigkeit erlebt einen weiteren Aufschwung; 100.000 Personen finden sich beim eucharistischen Kongress 1934 in Straßburg ein. Das alte Andachtsbuch von Leonhard Goffiné (1648–1719) hilft immer noch Ungezählten, am Reichtum des Wortes Gottes und der Liturgie teilzuhaben[31]. Die Diözese bleibt eine Region vieler religiöser Berufungen. 1932 zählt man 20 Männer- und 38 Frauenorden mit weit über 6.000 Mitgliedern. Feierlich werden die Jubiläen der Heiligen des Elsass begangen: Odilia 1920, Adelphus 1926, Adelheid 1931. Die katholische Fakultät und eine Reihe von katholischen Publizisten sind engagiert an den geistigen Lebensfragen und bezeugen die Leuchtkraft katholischen Glaubens. Nennen wir hier schon das erstaunliche literarische Werk des Dorfpriesters Charles Pfleger (1891–1982). Die liturgische Bewegung wirkt neu auf Priester und Laien.

Im Bistum Freiburg wirken die Erzbischöfe Carl Fritz (1920–1931) und Conrad Gröber (1932–1948). Freiburg bleibt mit seiner Universität nicht nur ein Zentrum theologischen Denkens, sondern auch der Publizistik und der Frömmigkeit. Im Stift Neuburg bei Heidelberg zieht 1926 neues benediktinisches Leben ein und verstärkt das Interesse am „Geist der Liturgie" (Romano Guardini). Ungebrochen anziehend wirken die karitativen und der Erziehung gewidmeten Kongregationen; die Zahl der Berufungen und Niederlassungen ist auch in diesen Jahren groß. Auch der aktive Weltklerus nahm in den zwanziger Jahren um mehr als 250 auf insgesamt 1.474 zu[32]. Das Freiburger theologische Konvikt (seit 1932 Collegium Borromaeum genannt) und das Priesterseminar in St. Peter mussten für den erhöhten Bedarf umgebaut werden. Hier waren wichtige Orte nicht nur wissenschaftlicher und praktischer Studien, sondern auch „aszetischer Bildung"[33]. Auch für die badischen Katholiken bieten Jubiläumsjahre Anlass zum gemeinsam vertieften Glauben. Bischof Gröber selber schreibt 1941 ein Buch über den liebenswerten Mystiker Heinrich Seuse.

Das Bistum Speyer erlebt in der Zeit von Bischof Ludwig Sebastian (1917–1943) viele Zeichen der Erneuerung. Das Jubiläum der Speyerer Domweihe wird mit ausgedehnten Festtagen im Sommer 1930 begangen, ein neues Gnadenbild hält Einzug in den Dom. Die von Joseph Haas (1879–1960) komponierte *Domsingmesse* wird zum kirchenmusikalischen Großereignis. Zur Begrüßung des Nuntius Eugenio Pacelli spricht die getaufte jüdische Philosophin Edith Stein (1891–1942), 1934 wird sie im Kölner Karmel ihre ewigen Gelübde ablegen. Als Zentren geistlichen Lebens wirken auch die Klöster wie St. Magdalena und St. Dominikus in Speyer, die Gemeinschaft der Spiritaner in Speyer, der Kapuziner in Blieskastel.

Die Protestanten im Elsass haben nach 1919 einen schmerzlichen Zahlenrückgang zu verkraften von 350.000 auf weniger als 290.000 Mitglieder; das ist bedingt vor allem durch den Wegzug deutschstämmiger Bevölkerungsteile. Die Richtungen des 19. Jahrhunderts sind nicht verschwunden. Aber in der Jugendarbeit und in der Kirchenmusik brechen sich neue Bewegungen Bahn. Der Jugendbund (Ligue des jeunes) bestärkt auch das spirituelle Leben; Bibelarbeit und Musizieren gehören wesentlich dazu. Pfarrer Willy Guggenbühl veröffentlicht eine Liedsammlung *Singende Jugend* mit nachhaltigem Erfolg. Wichtige Impulse gehen weiter von der theologischen Fakultät aus. Nennen wir Fernand Ménégoz mit seiner großen Studie über das Gebet. Albert Schweitzer, der in Straßburg bahnbrechende Werke zur *Geschichte der Leben-Jesu-Forschung* (1906) und zu Johann Sebastian Bach (1908) geschrieben hatte, war 1913 als Arzt nach Gabun in Westafrika gegangen. Er bleibt als Autor und Organist durch seine Besuche in Europa und im Elsass wie durch sein Wirken in Lambarene ein kraftvoller Anreger einer praktischen und freisinnigen Frömmigkeit. Die umfassende „Ehrfurcht vor dem Leben" wird sein weltanschauliches Grundprinzip.

In Baden bewahrt die Unionskirche ihre Breiten- und Tiefenwirkung als Volkskirche. Die verschiedenen Richtungen bestehen nebeneinander weiter. Allerdings gewinnen die „Positiven" mit ihrer Ausrichtung am biblischen Bekenntnis die Mehrheit in der Synode. Der praktische Theologe Johannes Bauer schreibt 1928: „Das stärkste Band ist doch unser Gottesdienst. Er ist einfach in seinen Formen und Mitteln. Wir haben ihn mit Württemberg aus dem mittelalterlichen Predigtgottesdienst bzw. aus dem deutschen Teil der Messe übernommen. Unser Volk ist an ihn gewöhnt und liebt ihn."[34] Ein neues Gesangbuch kommt 1924, ein neuer Katechismus 1928 heraus. 1933 wird eine neue Kirchenordnung eingeführt.

In der protestantischen Kirche der Pfalz bleibt die liberale Prägung in den zwanziger Jahren vorherrschend. Aber die positiven und pietistischen Gruppen haben auch hier an Kraft gewonnen. Gemeinsam hat man, nach badischem Vorbild, die Kirchenverfassung 1920 erarbeitet.

Bild 66: Gedenkfeier in Speyer anlässlich der 400jährigen Wiederkehr der Protestation. Foto von 1929 (© Zentralarchiv der Evangelischen Kirche der Pfalz, Speyer)

1937 wirken 637 Diakonissen – mehr aktive Schwestern als Pfarrer. Eine Großveranstaltung wie 1929, vierhundert Jahre nach dem Reichstag der Protestation, sammelt in Speyer alle Gruppen zu einem Zeugnis selbstbewussten evangelischen Christseins.

Gibt es in diesen geschlossenen konfessionellen Kirchen bereits Signale bewusst ökumenischer Frömmigkeit? Äußere Erfordernisse nötigen zu einem Minimum an Zusammenarbeit. So im Elsass die gemeinsame Front gegen Bestrebungen, die strikte Trennung von Staat und Kirche, die konsequente Laizität einzuführen. Außerdem ist die Zahl der Mischehen gestiegen: von 19% 1922 auf 25% 1934[35]. Immer noch ist die Zahl der simultan genutzten Gottesdiensträume beträchtlich. Der in Schopfheim in Baden geborene Priester Max Josef Metzger (1887–1944) wirkt als Pionier einer Una-Sancta-Bewegung. Auch im Elsass bildet sich zudem in den zwanziger Jahren bereits eine kleine Una-Sancta-Gruppe, in der sich katholische und lutherische Pfarrer austauschen. Nennen wir die katholischen Pioniere Eugen Fischer und Charles Rauch, auf protestantischer Seite Friedrich Guerrier.

Darüber hinaus wächst die Bereitschaft, die Zusammenarbeit der Christen als einen Auftrag Christi selber anzunehmen. Die elsässische lutherische und reformierte Kirche ist jedenfalls bei den großen ökumenischen Versammlungen in Stockholm, Lausanne und Edinburgh beteiligt[36]. Einzelne Vorläufer der liturgischen Erneuerung, wie die Michaelsbruderschaft, entdecken die frühchristlichen Wurzeln des Gottesdienstes und arbeiten für eine Erneuerung des Stundengebetes. Es wirkt zeichenhaft, dass bei der Taufe Edith Steins 1922 in Bergzabern als Patin die evangelische Philosophenfreundin Hedwig Conrad-Martius teilnehmen kann. Schon beginnt auf katholischer Seite die nicht nur polemische Beschäftigung mit Luther, evangelisch das Interesse für Johannes Tauler und andere Gestalten vorreformatorischer Frömmigkeit.

Der Sieg des Nationalsozialismus provoziert auch die Frömmigkeit der Christen. Zwar hat die katholische Kirche klare Verurteilungen ausgesprochen. *Herr Hitler, wer hat Sie gewählt?* – so ist ein öffentlicher Brief überschrieben, den 1932 der aus dem pfälzischen Dahn stammende Kapuziner Ingbert (Karl) Naab (1885–1935) schreibt: ein massenwirksamer Angriff auf Hitlers Weltanschauung. Das konnte die schnelle Hinwendung zum neuen System nicht hindern. Vor allem die Protestanten lassen sich zunächst in großer Zahl mitreißen durch die Verheißungen eines nationalen Aufbruchs und einer deutschen Frömmigkeit. Die „Deutschen Christen" (DC) erobern in Baden wie in der Pfalz die Synoden und dann die Kirchenleitungen (Bischof Ludwig Diehl in der Pfalz; viel vorsichtiger agierte Bischof Julius Kühlewein in Baden). Zwar kehrt für viele bald eine Ernüchterung ein, zumal als die antichristlichen Tendenzen von Alfred Rosenbergs *Der Mythus des 20. Jahrhunderts* hervortreten. Die Bekenntnissynode von Barmen bringt 1934 entscheidende Klärungen, die auch am Oberrhein gehört werden. Die Pfarrbruderschaft in der Pfalz geht vorsichtig auf Distanz, eine Minderheit in Baden zählt sich zur Bekennenden Kirche (BK). Einzelne Pfarrer wagen kritische Worte zum Religionskurs des Regimes. Dennoch träumen Thüringer Nationalkirchler weiter von einer christlichen Einheit unter der einen deutschen Nation. Sie finden auch Anhänger in Baden und in der Pfalz. Und die Mehrzahl der Protestanten schweigt zur Diskriminierung der Juden; die Verbrennung der Synagogen 1938 findet kaum mehr eine öffentliche kirchliche Kritik. Gestalten wie der Heidelberger Pfarrer Hermann Maas (1877–1970) sind eine Ausnahme. Der Widerstand gegen die offen antichristlichen Züge des Nationalsozialismus führt andererseits Christen auch in der Frömmigkeit zueinander. Märtyrer wie der aus Mannheim kommende Jesuit Alfred Delp (1907–1945) und der bereits erwähnte Max Josef Metzger bezeugen eine innere Zusammengehörigkeit der Christen. In der Bedrängnis wird die Bibel neu entdeckt. Es ist bezeichnend, dass bei den besonders repressiv behandelten Katholiken des Elsass Bibelkreise einen beachtlichen Aufschwung nehmen[37].

7.7. Frömmigkeit aus den Trümmern: Geistlicher Wiederaufbau nach 1945

1947 fährt der reformierte Schweizer Walter Lüthi von Basel rheinabwärts in das Nachkriegsdeutschland, auf der Suche nach Hilfsmöglichkeiten. Er sieht die zerstörten Städte und Brücken. Er notiert aber auch die geistliche Lage der Deutschen, die Mischung von Klage- und Anklagegeist, die „Verweigerung des Gesprächs"[38]. Was für eine Herausforderung für die christliche Frömmigkeit: Kriegsopfer und Flüchtlinge; das äußere Chaos und die zerbrochenen Werte; die Debatten um Zusammenbruch oder Befreiung, der Umgang mit Schuld; Entnazifizierung und Stuttgarter Bekenntnis.

Die Hungermonate sind auch eine Zeit des geistigen, des existentiellen Hungers. In der neu eröffneten Universität Heidelberg macht Karl Jaspers die Schuldfrage zum Thema. Neue Zeitschriften wie *Die Wandlung* in Heidelberg suchen dem Wiederaufbau zu dienen, sowie die Gruppe 47[39] und die sogenannte „Trümmerliteratur". Heimkehrer aus der Vertreibung wie Alfred Döblin suchen neu Fuß zu fassen. In diesen Jahren erlebt die Frömmigkeit der großen Kirchen am Oberrhein einen ungeahnten Aufschwung, freilich so, dass dabei die frühere konfessionelle Kirchlichkeit wiederkehrt.

Die katholische Kirche gilt als unbezweifelte moralische Autorität: Papst Pius XII. ebenso wie die Bischöfe in Freiburg (Conrad Gröber 1932–1948), Straßburg (Jean-Julien Weber 1945–1967) und Speyer (Joseph Wendel 1943–1952). Von neuem werden die Gottesdienste, die sonntägliche Messe vor allem, Mittelpunkte des Lebens. Die Diözesen schaffen neue Gesangbücher, die auch für die familiäre und persönliche Frömmigkeit wichtig werden. Die liturgische Bewegung mit Leitgestalten wie Romano Guardini regt vielfach nicht nur die jüngere Generation an. Pionier-gestalten wie Charles Rauch (1895–1959) und Adolphe Vetter (1911–1955) arbeiten der Got-tesdienst-Erneuerung des Zweiten Vatikanischen Konzils vor. Das Centre de Pastorale Liturgique (CPL) verbindet die liturgische Besinnung mit weitreichenden praktischen Publikationen[40].

Kirchengebäude, die Orte der Glaubenserinnerung (lieux de mémoire), werden als Stär-kung erfahren. Unabsehbar ist wohl die Rolle, die die Kathedrale von Straßburg und der St. Odilienberg mit der ewigen Anbetung spielen[41], aber auch das schwer getroffene Münster von Freiburg und der verschonte Dom in Speyer.

Die Atmosphäre des Aufbruchs erweist sich deutlich in der steigenden Zahl von Theologie-studenten, von Priester- und Ordensberufungen. Katholische Autoren erzielen hohe Auflagen. Reinhold Schneider (1903–1958), der Tröster Ungezählter in den Kriegsjahren, trägt zu einer kritischen Selbsterforschung in der Katastrophe bei. Sein Buch *Der Mensch vor dem Urteil der Geschichte* gehört zu den ersten Werken, die ins Französische übersetzt werden. Hier trägt es den Untertitel: *Appel à la conscience allemande* (Appel an das deutsche Gewissen). In seinen geschichtlichen Erzählungen und in Stücken wie *Innozenz und Franziskus* (1954) plädiert er für einen neuen Mut zum scheinbar unmöglichen Frieden. „Was ihr wollt, ist unmöglich", sagt Papst Innozenz zu dem Armen aus Assisi. Franziskus antwortet: „Das ist's. Es wird möglich, indem wir es tun. Der Weg wächst, Heiliger Vater, auf ganz wunderbare Weise, wenn wir ihn gehen." Auch französische Autoren wie Georges Bernanos und Paul Claudel werden in Deutschland, auch im Protestantismus, gelesen. Dazu kommen die Impulse einer „nouvelle théologie" (neu-en Theologie) aus Frankreich: Henri de Lubac, Jean Daniélou und Yves Congar. Manche ihrer Werke werden ins Deutsche übertragen[42]. Hier werden Öffnungen spürbar, die der Weltsicht des Zweiten Vatikanischen Konzils vorarbeiten.

Aber es geht keineswegs nur um hohe Literatur. Nehmen wir die prägende Kraft der kirchlichen Zeitschriften und Almanache hinzu: *Der Christliche Pilger* (Speyer), *Der christliche Sonntag* (später *Christ in der Gegenwart,* Freiburg) mit Karl Färber (1888–1979), *L'Almanach Saint-Joseph* und *L'Almanach Sainte-Odile.*

Spirituelle Wurzeln haben auch viele politisch engagierte Persönlichkeiten, die für ein neues Europa auf christlicher Grundlage kämpfen wie etwa Robert Schuman (1886–1963) und

Johannes Finck (1888–1953). Um den Einfluss auf die Erziehung der Kinder neu zu gewinnen, engagiert sich die katholische Kirche für Konfessionsschulen und eine klare konfessionelle Lehrerbildung. Der gelebte Glaube schafft sich neuen Ausdruck in einem sozial engagierten Katholizismus: von prägenden Persönlichkeiten wie Joseph Cardijn über die Arbeiterpriester bis zu den Kolping-Familien in den Gemeinden. Großen Anklang in Baden wie in der Pfalz findet auch die Pax-Christi-Bewegung; ohne Engagement für den Friedensauftrag der Bibel scheint christliche Frömmigkeit nach den Kriegen undenkbar.

Die marianische Frömmigkeit erfährt eine neue Aufgipfelung, als 1950 das Dogma von der leiblichen Aufnahme der Gottesmutter in den Himmel verkündet wird. Auch die eucharistische Spiritualität nimmt in der Nachkriegszeit einen neuen Aufschwung. In vielen Gemeinden gibt es „eucharistische Missionswochen" (Peter Maria Weihmann in Schifferstadt). Der Eucharistische Weltkongress 1960 in München sammelt und verstärkt die Impulse, die dem Leben aus dem Sakrament dienen.

Im Erzbistum Freiburg wirken an der Universität Freiburg wichtige Anreger für eine erneuerte Spiritualität. Nennen wir den selbstständigen Religionsphilosophen Bernhard Welte und seine „immer neu erkämpfte Offenheit für die Wirklichkeit" oder Exegeten wie Alfons Deißler und Anton Vögtle[43]. Die 1956 begründete katholische Akademie mit ihrem ersten Leiter Klaus Hemmerle (1929–1994) stellt sich den Fragen der Zeit und versucht, die Kirche als Gegenwart des Gottesheils in der Welt auszulegen. Selbstverständlich war das Leben im Collegium Borromaeum geistlich strukturiert, galt die tägliche Eucharistiefeier und anschließende Betrachtungszeit als vertraute Vorgabe. 1952 wurde mit 52 Neupriestern der höchste Stand der Nachkriegszeit erreicht[44]. Eine Gestalt wie der Spiritual am Priesterseminar St. Peter, Rudolf Herrmann, wirkte auf die junge Priestergeneration; er stellte auch die Verbindung zu der neuen Fokolar-Bewegung her, die nicht nur für den späteren Aachener Bischof Klaus Hemmerle bestimmend wurde[45].

Im katholischen Elsass und im Bistum Speyer finden wir vergleichbare Tendenzen neu auflebender Frömmigkeit. In Speyer konnte 1957 ein großzügiges neues Priesterseminar am Germansberg bezogen werden, für ein Bistum ohne eigene Universität ein besonders wichtiger Ort, um die theologischen Anregungen aus den Studienorten München (Romano Guardini; Joseph Pascher), Innsbruck (Karl Rahner) und Freiburg in das pastorale und geistliche Leben umzusetzen.

Auch die evangelischen Kirchen sehen sich mit großen Erwartungen konfrontiert. Dabei geht es zugleich um die Frage: Restauration oder Neuanfang? (Hermann Diem) Wie kann das Erbe der Bekennenden Kirche in den Landeskirchen zur Geltung gebracht werden? Überfüllte Gottesdienste zeigen einen neuen Hunger nach dem „Wort" an. Eine elementare Bibelfrömmigkeit hält Einzug in vielen Gemeinden: Bibelstunden und Bibelwochen finden großen Anklang. Die Herrnhuter Losungen und der Neukirchener Abreißkalender sind in Haushalten weit verbreitet. Das Leben nicht nur in den Dörfern ist aufs Neue bestimmt vom Rhythmus des Kirchenjahrs. Das einheitliche Evangelische Kirchengesangbuch von 1952 bewahrt in seinen landeskirchlichen Anhängen das regionale Liedgut. Liturgische Arbeitskreise bemühen sich, die Erkenntnisse geschichtlicher Forschung und die aktuellen Erfordernisse zusammenzuführen. In der Pfälzischen Kirche konnte so 1961 eine neue Ordnung für die Hauptgottesdienste entstehen. Auch in der Kirchenmusik ist ein Aufschwung unverkennbar: die Förderung der örtlichen Kirchenchöre durch Chorhefte, die Ausbildung von Organisten und Bezirkskantoren. In der Pfalz entsteht die Evangelische Jugendkantorei als Zentrum des Chorsingens für den Gottesdienst und großer Aufführungen.

Eine große Vitalität entfaltet die Jugendarbeit in den Gemeinden, aber auch im Zeichen des Christlichen Vereins Junger Männer (CVJM), der Christlichen Pfadfinderschaft (CP) und der Mädchenbibelkreise (MBK). Die überkommene, am Pietismus orientierte Frömmigkeit erlebt von neuem einen Aufschwung: Das zeigt sich im Aufblühen der Diakonissenhäuser wie auch der kirchlichen Gemeinschaften. Landeskirchen und kirchliche Gemeinschaften finden dabei zu neuer Nachbarschaft.

Vergessen wir aber nicht das Entstehen neuer Versuche, mit der zeitgenössischen Lebenswelt Kontakt zu finden: Die Akademien in Bad Boll, Bad Herrenalb, Bad Dürkheim, Liebfrauenberg, wollen mehr sein als Orte geistiger Auseinandersetzung. Sie bieten mit der persönlichen Begegnung auch einen Raum, um neu die Lebenswirklichkeit des Evangeliums zu entdecken.

Hervorzuheben sind auch „Erfolgsbücher" der Frömmigkeit wie Werke von Helmut Thielicke (*Predigtbücher*), der 1948–1954 in Tübingen lehrt, und des badischen Lehrers Jörg Erb (1899–1975). Seine biblische Geschichte *Schild des Glaubens,* 1941 zum ersten Mal erschienen, erlebt mit den Zeichnungen von Paula Jordan bis 1972 genau 59 Auflagen. Unter dem Titel *Die Wolke der Zeugen* bringt Erb 1951 bis 1963 vier Bände mit Lebensbildern aus der Kirchengeschichte heraus. Auch die Kirchenblätter und Almanache sind nicht zu unterschätzen: Der *Aufbruch* in Baden; der *Almanach évangelique luthérien* (Der evangelisch-lutherische Kalender) im Elsass; der *Evangelische Kirchenbote* und der *Diakonissenkalender* in der Pfalz.

In der badischen Unionskirche mit dem Landesbischof Julius Bender (1945–1964) geschieht, in engem Kontakt mit der theologischen Fakultät in Heidelberg, eine Neubesinnung auf das Erbe der Reformation. Systematiker wie Edmund Schlink und Peter Brunner, Kirchenhistoriker wie Hans von Campenhausen und Heinrich Bornkamm prägen die Theologie vieler Studenten. Dazu die praktischen Theologen wie Renatus Hupfeld und Wilhelm Hahn.

Die Nachkriegszeit bringt auch ein neues Erwachen des Pietismus und der Gemeinschaften. Otto Riecker baut in Adelshofen eine Bibelschule, ein „Lebenszentrum" auf, nicht nur viele Gemeindediakone erhalten von hier aus ihre Prägungen. Pfarrer Friedrich Hauß (1893–1977) gelingt es, im Henhöfer-Heim in Neusatz wichtige Anstöße (etwa durch die Bibelwochen) in die Gemeinden zu leiten. Hauß ist auch Mitinitiator der jährlichen Henhöfertage seit 1960. Die Liebenzeller Mission ist in vielen Dörfern präsent; der langjährige theologische Leiter Lienhard Pflaum (geb. 1927) ist Pfarrer badischer Herkunft. Der Evangelische Verein für innere Mission Augsburgischen Bekenntnisses (A.B.-Verein) gewinnt neue Anhängerschaft. In der badischen Männerarbeit um den Mannheimer Pfarrer Walter Adler wirkt die Caux-Bewegung, die 1938 von Frank Buchman gegründet wurde; Ansätze gelebter Bruderschaft halten hier Einzug.

Die Suche nach einem „wachen Christentum" reicht aber weit hinaus über traditionelle pietistische Lebenswelten. In Meckesheim wirkt Pfarrer Friedel Wenz, der mit „Dorfkirchentagen" den „kirchlichen Dienst auf dem Lande" im Sinn einer praktischen Frömmigkeit belebt. Auch in der städtischen Jugendarbeit geschehen bedeutsame Aufbrüche, nicht nur innerhalb des

CVJM. Erwähnen wir etwa die Arbeit von Johannes Lang an der Christuskirche in Mannheim. Die Heidelberger Studentengemeinde beteiligt sich in den 50er Jahren an volksmissionarischen Besuchsdiensten, etwa in Mannheim-Schönau. Die Studentenmission (SMD) zieht viele Studierende an.

Eine in den Südwesten ausstrahlende geistliche wie geistige Sammlung gelingt in Mannheim mit den „Geistlichen Wochen". Neben den Pfarrern ist als Anreger vor allem der Architekt Max Schmechel (1892–1966) von Bedeutung. Vorträge und Gottesdienste ziehen Tausende von Menschen an. Der ehemalige badische Bischof Klaus Engelhardt erinnert sich noch nach einem halben Jahrhundert an Formulierungen Helmut Thielickes, der die Angst als „Existenz im Flaschenhals" bezeichnet. Wie sehr geistige Orientierung und geistliche Stärkung zugleich gesucht werden, zeigt gerade der enorme Zuspruch dieser Wochen in Mannheim seit 1946[46].

In der Pfalz gibt es ähnliche Entwicklungen. In der pfälzischen Pfarrbruderschaft sammeln sich die Pfarrer, die in der Distanz zu den Deutschen Christen zusammengefunden hatten und sich theologisch an den Tübinger Lehrern Karl Heim und Adolf Schlatter orientieren. Mit den Kirchenpräsidenten Hans Stempel (1946–1964) und Theo Schaller (1964–1970) stehen Mitglieder der Pfarrbruderschaft in der Leitung der Kirche. Landeskirche und kirchliche Gemeinschaft rücken näher zusammen. 1950 nehmen bei der 75. Jahr-Feier des Pfälzischen evangelischen Vereins für Innere Mission 2.000 Menschen teil; Kirchenpräsident Stempel und Oberkirchenrat Schaller sprechen Gruß- und Segensworte[47]. Als die evangelische Diakonissenanstalt 1959 ihr hundertjähriges Jubiläum feiert, wirken mehr als 300 Schwestern in Krankenhäusern, in der Gemeindekrankenpflege und in Kindergärten.

Mit der Gründung der Kirchlich-theologischen Arbeitsgemeinschaft (KTA) im November 1945, geprägt vor allem von Karl Handrich (1913–1994) und Heinz Wilhelmy (1906–1980), weht der Wind der Theologie Karl Barths kräftig in die Pfalz: Die Orientierung an Barmen und das kritische Verhältnis zu obrigkeitlichen und restaurativen Zügen bestimmt die Arbeit dieser Gruppe. Aber auch der lang bestimmende Liberalismus sammelt sich in den Freunden der Union. Mit Richard Bergmann (1890–1972) zieht ein angesehener Pfarrer in die Kirchenleitung ein; hier bleibt man der historisch-kritischen Bibelauslegung gegenüber aufgeschlossen und lädt Rudolf Bultmann in die Pfalz ein.

Bild 67: Die pfälzische Schwester Else Krieg (1884–1970), 1916–1963 Oberin des Diakonissen-Mutterhauses in Speyer (© Zentralarchiv der Evangelischen Kirche der Pfalz, Speyer)

Der Zuzug vieler Flüchtlinge lässt neu auf die lutherischen Wurzeln der pfälzischen Unionskirche aufmerksam werden. Die Gottesdienstagende von 1961, erwachsen aus der konzentrierten Arbeit des liturgischen Arbeitskreises, bietet neben dem Predigtgottesdienst sogar eine Messform in der Verbindung von Predigt- und Abendmahlsgottesdienst an, für die Pfalz ein großes Novum.

Auch im evangelischen Elsass schmerzen noch lange die Wunden und Verluste des Krieges. Von den 327 evangelischen Kirchengebäuden waren 1945 zwanzig zerstört und nicht weniger als 178 beschädigt[48]. Noch 1947 können nur 171 der 237 Pfarrstellen besetzt werden. Auch innerhalb der elsässischen Kirche ist Versöhnungsarbeit erforderlich. *Vergebung* heißt eines der Evangelienspiele von Georges Kempf, das durch die Gemeinden wandert. Gewiss kann das kirchliche Leben vor allem in den Dörfern wieder aufblühen. Doch bald zeigen sich die Wandlungen eines „täglichen Nomadentums"[49]: von den Schülern bis zu den Arbeitern, die am Werktag ihre Dörfer verlassen müssen.

Für das geistliche Leben führt eine kleine Gruppe der Michaelsbruderschaft Anregungen ein. Die Lutherische Gesellschaft, die im Sinne des frommen Luthertums Hornings wirkt, bringt Gebetbücher heraus, wie das zweisprachige *Une prière pour chaque jour* (1988). In den

Bild 68: Das Tympanon der Stiftskirche in Landau, das während der Französischen Revolution zerschlagen wurde (Foto: Ulrich A. Wien, Landau)

Gottesdiensten werden verschiedene Liturgien verwendet; sie lehnen sich häufig an badische Vorbilder an. Die Zweisprachigkeit ist in vielen Gottesdiensten weiter erhalten. Das deutschsprachige Gesangbuch kommt 1952 in Gebrauch; 1979 folgt ein neues französisches Liederbuch (*Nos cœurs te chantent*)[50]. Die originelle Gestalt des Pfarrers Henri Ochsenbein streut mit der volksmissionarischen Bruderschaft (confrérie missionaire) viele geistliche Impulse aus. Der Liberalismus hat es trotz der weltweit wirksamen Symbolgestalt Albert Schweitzers schwerer, mit neuen Anstößen die Frömmigkeit zu beleben. Als neue theologische Kraft kommen nun erst die Schüler Karl Barths zur Geltung; erwähnen wir den Ethiker Roger Mehl (1912–1997) und Georges Casalis (1917–1987), der einige Jahre in Straßburg wirkt (vgl. Farbbild 44b).

Der Katechismusunterricht, im 19. Jahrhundert auf vier Jahre verteilt, bleibt in vielen Dörfern erhalten; in den Städten wird er auf zwei Jahre konzentriert. Neben dem lutherischen Katechismus sind andere Unterrichtshilfen im Gebrauch[51].

Auch wenn die konfessionellen Ausprägungen die Frömmigkeit bestimmen: Nicht zu übersehen sind ökumenische Ansätze zwischen protestantischen und katholischen Christen, die auch spirituell motiviert sind.

Über dem Hauptportal der Stiftskirche in Landau war schon während der Französischen Revolution die Skulptur des Crucifixus herausgeschlagen worden; die Hände von Maria und Johannes greifen ins Leere. Der französische Militärpfarrer Marcel Sturm (1905–1950), der diese Szene nach seiner Teilnahme an der Pfälzer Synode 1946 sehen wollte, bat den Pfälzer Pfarrer Theo Schaller, mit ihm nach Landau zu fahren. Schaller schrieb später: „Französische Soldaten beleuchteten mit Fackeln die Skulpturen. So standen wir lange. Dann gab Marcel Sturm mir die Hand und sagte: ‚Wir haben einander viel zu vergeben.' Es war die erste Brücke über einen tiefen Graben von Schuld und Haß."[52]

Trotz der konfessionellen Neubesinnung haben die Erfahrungen während der Nazi-Zeit tiefe Gemeinsamkeiten der Christen erkennen lassen. In der Gefangenschaft waren Freundschaften entstanden. Das in der Misere geteilte Brot rückte auch die Eucharistie in ein neues Licht. 1950 kommt der deutsch-französische Bruderrat auf Initiative von Marcel Sturm und Hans Stempel zu seiner Gründung in Speyer zusammen: Hier beginnt eine Initiative zu nachhaltigen Versöhnungsschritten. Auf katholischer Seite organisierte das Netzwerk „Contact Abbé" individuelle Austauschprogramme und materielle Unterstützung. Die Grundsteinlegung und Weihe der „Friedenskirche" St. Bernhard in Speyer 1953/54 mag als sinnfälliges Zeichen einer neuen Verbundenheit hervorgehoben werden.

Natürlich fanden auch die Ökumenearbeit in Genf und der Weltkirchenrat in Amsterdam 1948 Widerhall am Oberrhein. Die römische Instruktion *Ecclesia Catholica* signalisierte am 23. Dezember 1949 zum ersten Mal ein verstärktes Interesse am Ökumenismus. Von Basel aus wirken Theologen wie Karl Barth und Oscar Cullmann (1902–1999) anregend auf Katholiken. Am theologischen Jäger-Stählin-Kreis waren Heidelberger und Freiburger Theologen wie Edmund Schlink und später Karl Lehmann beteiligt. Die spirituelle Seite gemeinsamer Dialoge verkörperten der Heidelberger Prälat Richard Hauser und Dekan Alfons Beil. In Freiburg konnte Eugen Walter (1906–1999) 1955 einen gemeinsamen Arbeitskreis ins Leben rufen. Wie tief war die geistliche Verbundenheit, als 1959 Friedrich Guerrier am Grab des katholischen Freundes

Charles Rauch sagen konnte: „Es war uns ein unüberhörbarer Ruf Gottes geworden: das Maß von Einheit sichtbar und sichtbarer werden zu lassen, das uns schon geschenkt ist."[53]

Albert Schweitzer schuf mit seinem Christentum der Tat, dem ärztlichen Wirken in Lambarene, seinem Widerstand gegen die atomare Rüstung und seinen Kulturschriften viele Brücken am Oberrhein, die bis in die katholische Öffentlichkeit hineinreichten. 1958 bzw. 1959 wurden mit Misereor und Brot für die Welt von den Kirchen weltweit wirksame Hilfsprogramme begründet, die immer neu die Verantwortung für die Eine Welt und den Zusammenhang von Glaube und tätiger Nächsten- wie Fremdenliebe vertieften.

7.8. Spiritualität in den Aufbrüchen der Moderne und Postmoderne

Langsam beginnen sich Ausdrucksformen der Frömmigkeit zu verändern. Die Fragen der Gegenwart machen schon das Wort „Frömmigkeit" als Sprache der Vergangenheit verdächtig. Nun erst gewinnt das Wort „Spiritualität" an Leuchtkraft. Es geht um die Antworten auf rasante gesellschaftliche Einschnitte. Nicht nur für das Elsass ist etwa das fast völlige Verschwinden der bäuerlichen Kultur und die Zunahme der Verstädterung zu konstatieren[54]. Die Prägekraft der traditionell eingeübten Frömmigkeit nimmt ab. Besonders in den Städten wachsen Tendenzen zur Säkularisierung und zur (auch religiösen) Selbstverwirklichung.

Wer die Umrisse einer bewussten Modernität sucht, kann an beherrschende Stichworte erinnern: „Kritische Theorie" (Theodor W. Adorno) und „weltliche Welt"; das „Ende des Kolonialismus" und die Frage nach Gerechtigkeit; die neuen Fragen der Humanwissenschaften. Das Symboljahr 1968 steht nicht nur an der Universität Heidelberg für einen gewaltigen politischen Aufbruch gegen unglaubwürdige Autoritäten und für eine demokratisch aufgebaute Universität und Gesellschaft.

Die Widerstände gegen das atomare Wettrüsten gewinnen auch in Teilen der Kirche an Kraft. Anfang der 80er Jahre sammeln sich christliche Proteste gegen den Nato-Doppelbeschluss[55]. Der „Konziliare Prozess für Gerechtigkeit, Frieden und Bewahrung der Schöpfung" beginnt. Dazu kommt die Abschwächung des Ost-West-Konfliktes bis zur Auflösung des bisherigen Sowjet-Kommunismus. So erscheint die Spiritualität seit den sechziger Jahren von aktiver Gesellschaftsveränderung und politischem Engagement bestimmt; der Rückzug in die liturgische Frömmigkeit gilt vielen als unzeitgemäß.

Zugleich kommt die eigene Frömmigkeitspraxis in tiefere Berührung mit anderen kirchlichen Traditionen. Die ökumenische Öffnung lässt neue Gemeinsamkeiten der Spiritualität entdecken; andererseits inspirieren neue Frömmigkeitsimpulse auch das ökumenische Miteinander. Das Zweite Vatikanische Konzil (1962–1965) gibt dafür entscheidende Anstöße. Es wagt Antworten auf die Veränderungen der Moderne: Kirche im Zeichen des „aggiornamento". Die Messe in der eigenen Sprache, unter starker Beteiligung der Gemeinden, löst weithin die lateinische Messe ab. Im Dekret über den Ökumenismus ermutigt das Konzil ausdrücklich zu einem „geistlichen Ökumenismus", der in Gebet und Lebenszeugnis die Gemeinsamkeit der Christen vertieft.

-> Fortsetzung auf S. 353

Farbbild 1: Kardinal Miloslav Vlk (l.), Präsident des CCEE, und Metropolit Jérémie Caligiorgis, Vorsitzender der KEK, am 22. April 2001 bei der Unterzeichnung der Charta Oecumenica in der Sankt-Thomas-Kirche in Straßburg.
Foto: Gustavo Alabiso, Karlsruhe

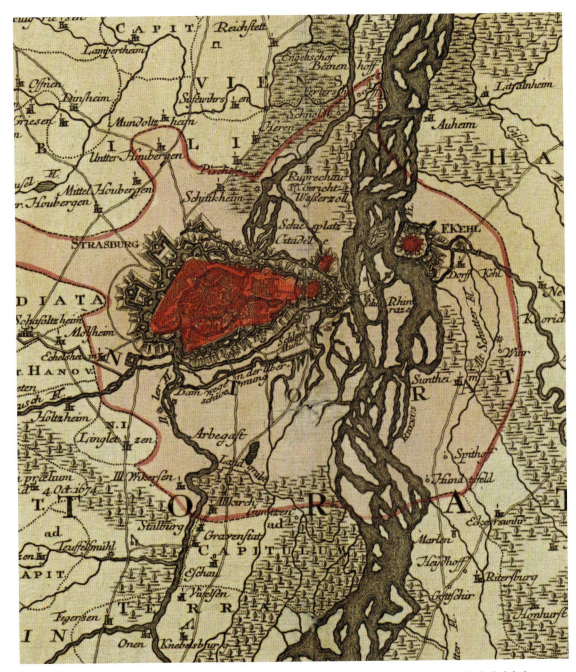

Farbbild 2: Ausschnitt aus einer Karte von Matthäus Seutter von ca. 1740. Sie zeigt die rechts- und linksrheinischen Besitzungen Straßburgs mit den Festungsanlagen, die Vauban an beiden Ufern nach 1681 errichtet hatte. Der Rhein war noch nicht kanalisiert. Südlich von Straßburg wurde ein Damm errichtet, um die Stadt gegen Hochwasser zu schützen.
© Bibliothèque Nationale et Universitaire de Strasbourg, Carte M 10.500

Farbbild 3: Flößer bei ihrer Arbeit am Ufer des Rheins bei Koblenz vor der Kulisse der Festung Ehrenbreitstein. Auf dem Rhein treibt ein Floß.
Gemälde von Johann Adolf Lasinsky, 1828
© Rheinisches Landesmuseum Bonn

Farbbild 4: Der Breitenbach ist bis heute stark von seiner ehemaligen Nutzung als Triftbach geprägt. „Trift" bezeichnete den Transport von Brenn- und Nutzholz in vielen Bächen des Pfälzer Waldes, vor allem im Speyerbach mit seinen Neben-bächen. Dazu wurden sie schon im 19. Jahrhundert mit Sandsteinquadern ausgebaut, aufgestaut und kanalisiert.
© Landesamt für Umwelt, Wasserwirtschaft und Gewerbeaufsicht Rheinland-Pfalz

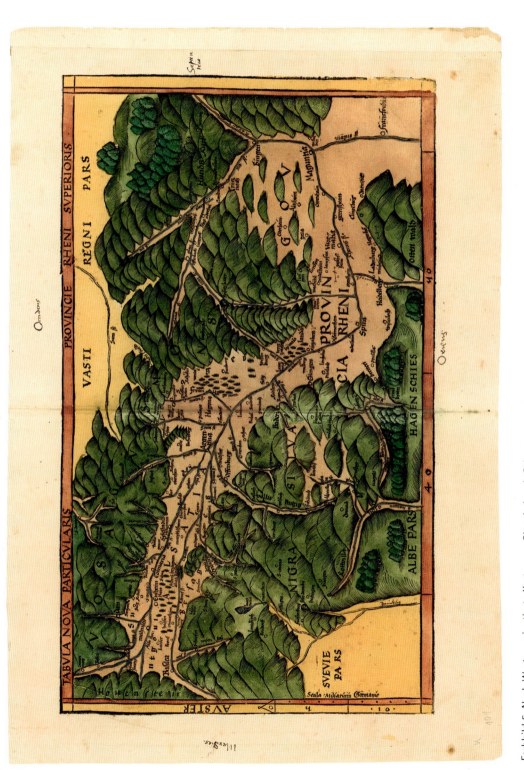

Farbbild 5: Nach Westen orientierte Karte vom Oberrhein mit Schwarzwald, Elsass und den Vogesen. Karte von Martin Waldseemüller in der Ptolemäus-Aus-gabe, die 1513 bei Johann Schott in Straßburg erschien.
© Michael Riffel. Ein Nachdruck dieser Karte ist 2012 erschienen beim verlag regionalkultur

Farbbild 6: Bildnis des Pfarrers Johann Friedrich Oberlin (1740–1826) aus Waldersbach, gezeichnet und gestochen von Johann Gottfried Gerhardt
© Musée Alsacien de Strasbourg, Foto: A. Plisson

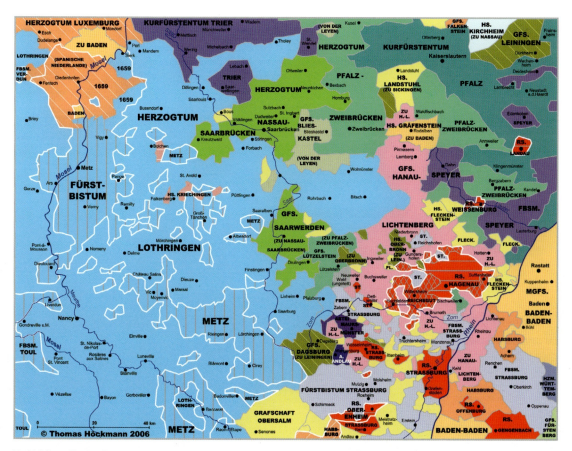

Farbbild 7a: Territoriale Verhältnisse am Oberrhein, 1648–1659. Das linke Ufer des Rheins – der nördliche Teil
© Thomas Höckmann

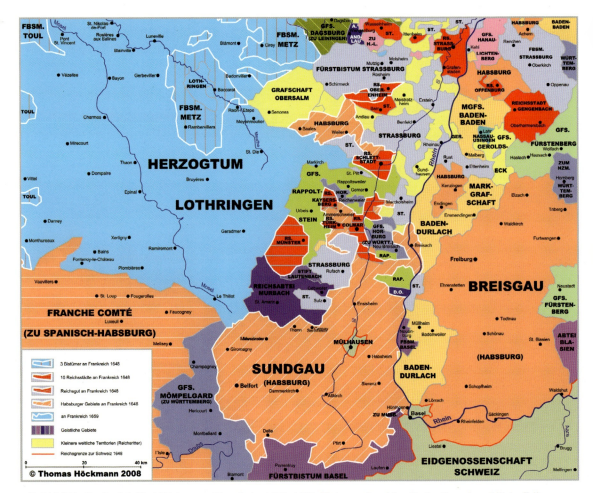

Farbbild 7b: Territoriale Verhältnisse am Oberrhein, 1648–1659. Linkes und rechtes Rheinufer – der südliche Teil
© Thomas Höckmann

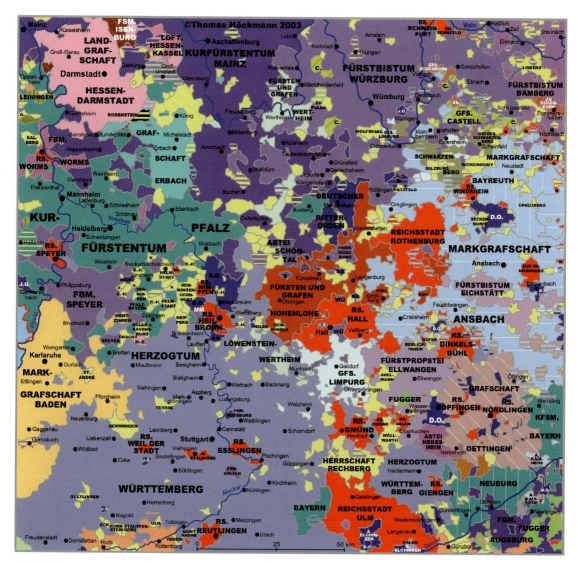

Farbbild 7c: Territoriale Verhältnisse am Oberrhein, 1789. Das rechte Ufer des Rheins – der nördliche Teil
© Thomas Höckmann

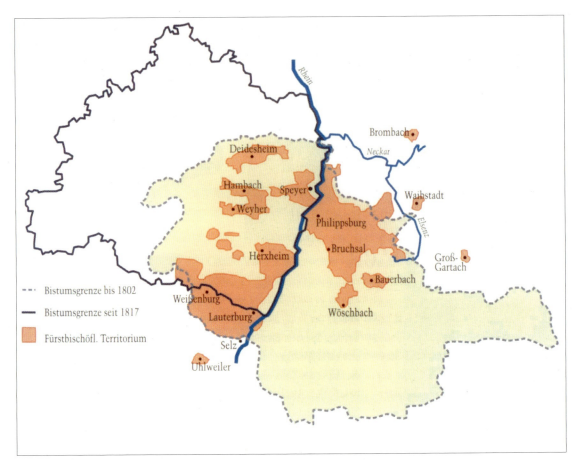

Farbbild 8: Das Fürstbistum Speyer und das fürstbischöfliche Territorium (Hochstift) am Ende des 18. Jahrhunderts. Aus: Hans Ammerich, Das Bistum Speyer von der Römerzeit bis zur Gegenwart, Annweiler 2011, S. 35

Farbbild 9: Teilansicht der Stadt Speyer, Blick über den Rhein zum Dom. Stahlstich von Thomas Barber nach einer Zeichnung von William Tombleson. Aus dem zweiten Band von: Tombleson's Upper Rhine. Ober Rhein. Le Rhin supérieur, London [ca. 1840]. Handkoloriert von Artur Woll, Pfr. i.R., Karlsruhe

Farbbild 10: Philippsburg war immer eine umkämpfte Festungsstadt. 1676 während des Holländischen Kriegs gelang es einer deutschen Armee, die Festung, die seit 1644 in französischen Händen war, zurückzuerobern. Kupferstich von Romeyn de Hooghe

© Koninklijke Bibliotheek, Den Haag

Farbbild 11a: Politische Grenzen am Oberrhein zwischen 1815 und 1870

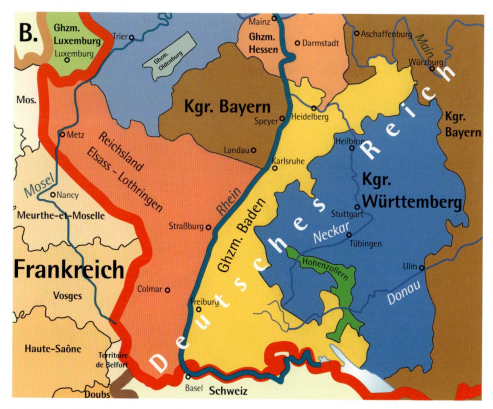

Farbbild 11b: Politische Grenzen am Oberrhein zwischen 1870 und 1918

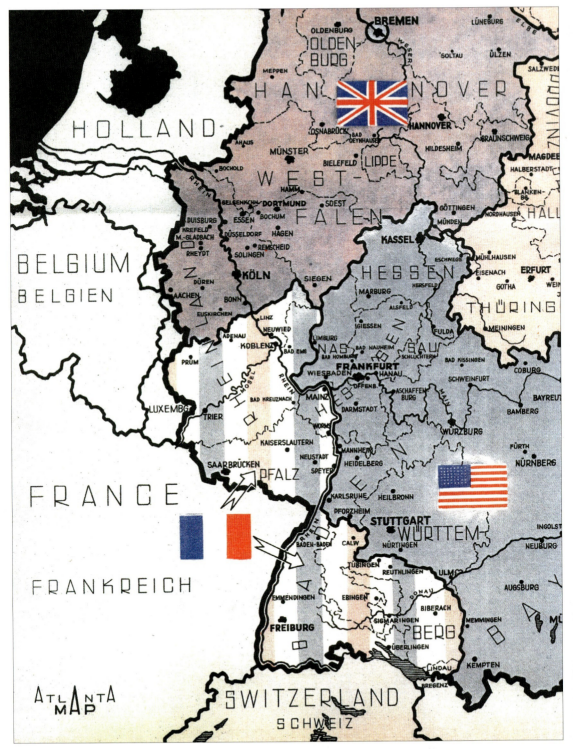

Farbbild 12: Karte der Besatzungszonen, die 1945 mit Genehmigung der Militär-Regierung vom Atlanta-Service, Frankfurt am Main, gestaltet und vertrieben wurde
© Landeskirchliches Archiv Stuttgart

Farbbild 13: Luftaufnahme des Europäischen Parlaments in Straßburg. Im Hintergrund das Münster
© epd-bild/EU-Parlament

Farbbild 14: D'r Hans im Schnokeloch: Hett alles, was er will! – Un was er hett, des will er nitt – Un was er will, des hett er nitt

Postkarte mit Zeichnung von Charles Spindler

Farbbild 15. Der Merian-Stich von 1644 zeigt den Zustand der Befestigungen von Straßburg während des Dreißigjährigen Kriegs. Aus: Johannes Janssonius, Urbium Totius Germaniae superioris... tabulae... pars prior, Amsterdam 1657
© Bibliothèque Nationale et Universitaire de Strasbourg, M.CARTE.10.830

Farbbild 16: Das Aquädukt von Tomi Ungerer in Straßburg, das an die römische Zeit der Stadt erinnert. Das Janusgesicht symbolisiert die durch Deutschland und Frankreich gleichermaßen geprägte Doppelkultur der Stadt.
Foto: Heinz Albers (www.heinzalbers.org)

Farbbilder 17a+b: Die Frauenstatuen der Ekklesia (links) und der Synagoge (rechts mit Augenbinde) am Südportal des Straßburger Münsters
Foto: Jürgen Krüger, Karlsruhe

Farbbild 18: In Arlesheim befand sich von 1678 bis 1793 die Residenz des Basler Domkapitels. Der langgestreckte Platz vor der Domfassade (erbaut 1681) ist flankiert von den Domherrenhäusern.
Foto: Jürgen Krüger, Karlsruhe

Farbbild 19: Die Lutherkirche in Karlsruhe (erbaut 1905–1907), ein Gebäude mit Jugendstilelementen
Foto: Jürgen Krüger, Karlsruhe

Farbbild 20: Die Friedenskirche in Karlsruhe, eine 1949 von Otto Bartning erbaute Notkirche
Foto: Jürgen Krüger, Karlsruhe

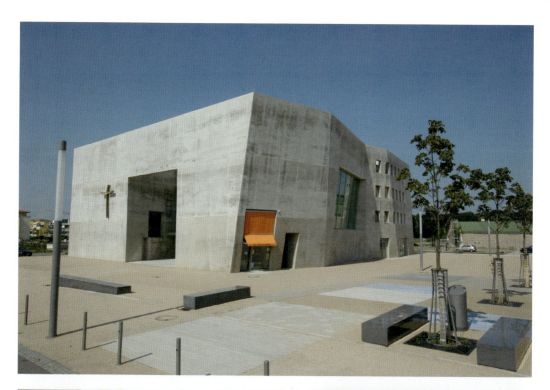

Farbbilder 21a+b: Außen- und Innenansicht des ökumenischen Kirchenzentrums in Freiburg-Rieselfeld
© Erzbischöfliches Ordinariat Freiburg, Bildarchiv (Aufnahmen Christoph Hoppe)

Farbbild 22: Der Schriftsteller André Weckmann (1924–2012) in Steinburg (Elsass), 2011
© MlibFr (Wikipedia, Artikel André Weckmann. Creative Commons BY-SA 3.0)

Farbbild 23: Der 54jährige Johann Peter Hebel (1760–1826) belehrt die 19jährige Elisabeth Baustlicher. Im Hintergrund die neuerbaute katholische Kirche St. Stephan in Karlsruhe. Aquarell von Carl Joseph Aloys Agricola, 1814
© Historisches Museum Basel

Farbbild 24: Der Schriftsteller Reinhold Schneider (1903–1958).
Ölgemälde von Günther van Look, 1958, Nachlass Reinhold
Schneider
© Badische Landesbibliothek Karlsruhe (mit freundlicher Ge-
nehmigung); Foto: Gerhard Schwinge, Durmersheim

Farbbild 25: Der Kirchenlieder-Komponist Martin Gotthard Schneider, 2010, kurz nach
seinem 80. Geburtstag
© epd-bild / Wilfried Rothermel

Farbbild 26: Singstunde bei Anton Friedrich Justus Thibaut (1772–1840) in Heidelberg. Die Sänger werden von einem Cembalo begleitet. Aquarell von Jakob Götzenberger. Jahr unbekannt

© Kurpfälzisches Museum der Stadt Heidelberg

Farbbild 27: Portrait von Louis de Rohan (1734–1803), dem letzten Fürstbischof von Straßburg, aus der ehemaligen Benediktinerabtei St. Peter im Schwarzwald
© Jörg Sieger. Foto: Schreiber, St. Peter

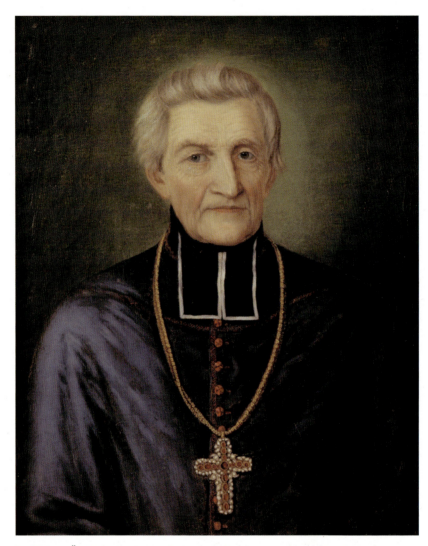

Farbbild 28: Ölbild des Freiburger Erzbischofs Hermann von Vicari (1773–1868)
© Erzbischöfliches Ordinariat Freiburg i. Br., Bildarchiv, Aufnahme: Chr. Hoppe

Farbbild 29: Im Jahre 1818 schlossen sich Reformierte und Lutheraner in der Pfalz zusammen. Marcus Theodosius Veiel zeigt auf diesem Gemälde (1824) den Festzug zum ersten gemeinsamen Abendmahlsgottesdienst in der Stiftskirche von Kaiserslautern.
© Zentralarchiv der Evangelischen Kirche der Pfalz, Speyer: Abt. 154 Nr. 325

Farbbild 30: Luftaufnahme des ehemaligen Deutschordenschlosses Beuggen am Rhein, der Wirkungsstätte von Christian Heinrich Zeller
© VCH-Tagungsstätte Schloss Beuggen

Farbbild 31: „Der Soldat der Revolution. Hier beginnt das Land der Freiheit." Dieses Plakat von Louis-Joseph Soulas, das 1940 in Straßburg gedruckt wurde, rief die Elsässer zur Unterstützung ihrer französischen Heimat auf. Nach der Befreiung des Elsass 1944 wurde es wieder aufgelegt.
© Bibliothèque Nationale et Universitaire de Strasbourg

Farbbild 32: Logo der Konferenz
der Kirchen am Rhein
© KKR. Entwurf: Reinhold Schäfer,
Goldscheuer

Farbbild 33a: Logo der Kirchen
auf der Landesgartenschau 2004
in Kehl und Straßburg
© Tilmann Krieg, Kehl

Farbbild 33b: Im Jahr 2004 fand die Landesgartenschau in Kehl und Straßburg statt und damit zum ersten Mal grenzüberschreitend auf deutschem und französischem Boden. Die Kirchen zu beiden Seiten des Rheins nahmen daran mit
einem eigenen Angebot teil. Dazu gehörte die „Arche", ein kleines Schiff, das als Ausstellungsraum und Begegnungs-
zentrum diente.
Foto: Albert Huber, Bischheim

Farbbild 34: Am 29. Mai 2011 fand in Basel der „3. Tag der Kirchen am Rheinknie" (KIRK) statt. Er wurde morgens mit einem Festgottesdienst im bis auf den letzten Platz besetzten Münster eröffnet.
© Kirk 2011, zVg

Farbbild 35: Léon-Arthur Elchinger (1909–1998), der Erzbischof von
Straßburg, und Max Warschawski (1925–2006), der Großrabbiner
von Straßburg und dem Unterelsass, waren gute Freunde.
© Michel Rothé

Farbbild 36a: Bei der Einweihung der Großen Moschee in Straßburg am 27. September 2012 sprach der
Großrabbiner René Gutman ein Grußwort. Neben ihm Jean-François Collange, der Präsident der UEPAL
(links) und Jean-Pierre Grallet, der Erzbischof von Straßburg (Mitte)
Foto: Albert Huber, Bischheim

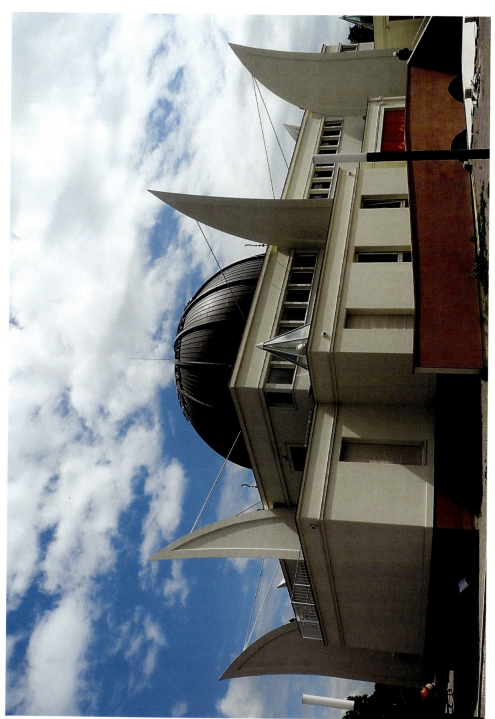

Farbbild 36b: Die neue Moschee in Straßburg, die 2012 nach achtjähriger Bauzeit eingeweiht wurde. Der Entwurf stammt von dem italienischen Architekten Paolo Portoghesi.
Foto: Albert Huber, Bischheim

Farbbild 37: Aloys Henhöfer (1789–1862), Pfarrer zu Spöck, um 1840. Ölbild von einem unbekannten Maler
Foto: Karl-Hermann Simon

Farbbild 38: Johannes Schraudolph schuf zwischen 1846 und 1853 vierzig große Fresken sowie ca. sechzig separate Einzelfiguren im Speyerer Dom. Das Fresko „Das Gebet des heiligen Bernhard im Dom zu Speyer" ist Teil des Zyklus zu Bernhard von Clairvaux, der 1146 im Speyerer Dom zum Zweiten Kreuzzug aufrief.
© Domschatz im Historischen Museum der Pfalz, Speyer. Fotograf: Peter Haag-Kirchner

Farbbild 39a: Die evangelische Kirche der Pfalz organisierte 2008 die Kampagne „Lebendig–himmlisch–frei". Impulsmaterialien für Gottesdienste, Seminare, Ferienspielaktionen wurden erarbeitet und in einem „Missionskoffer" auf den Weg in die Regionen geschickt.
© Evangelische Jugend der Pfalz – Landesjugendpfarramt, Kaiserslautern

Farbbild 39b: Jugendgottesdienst beim Jugendtag 2012 in der Heiliggeistkirche in Heidelberg
Foto: Rolf Pfeffer

Farbbild 40: Karikatur der Trennung zwischen Kirche und Staat, die 1905 in Frankreich eingeführt wurde. Damals gehörte das Elsass nicht zu Frankreich. Zeichnung von Charles Léandre, erschienen in Le Rire vom 20. Mai 1905. In der Mitte der zuständige Kultusminister Jean-Baptiste Bienvenu Martin.

Farbbild 41: Eine „Wiener Zille" oder „Schwabenplätte" auf der Donau vor der Kulisse Ulms. Solche Boote brachten viele Auswanderer vom Oberrhein nach Südosteuropa. Heute werden sie meistens als „Ulmer Schachteln" bezeichnet. Kolorierter Kupferstich von Johannes Hans, um 1810
© Stadtarchiv Ulm, F 3 Ansicht 102c.

Farbbild 42: Das Denkmal von Mathurin Moreau für Jeanne d'Arc (1412–1431) auf dem Elsässer Belchen. Es wurde am 19. September 1909 eingeweiht.
Foto: Robert Muts, Heerlen

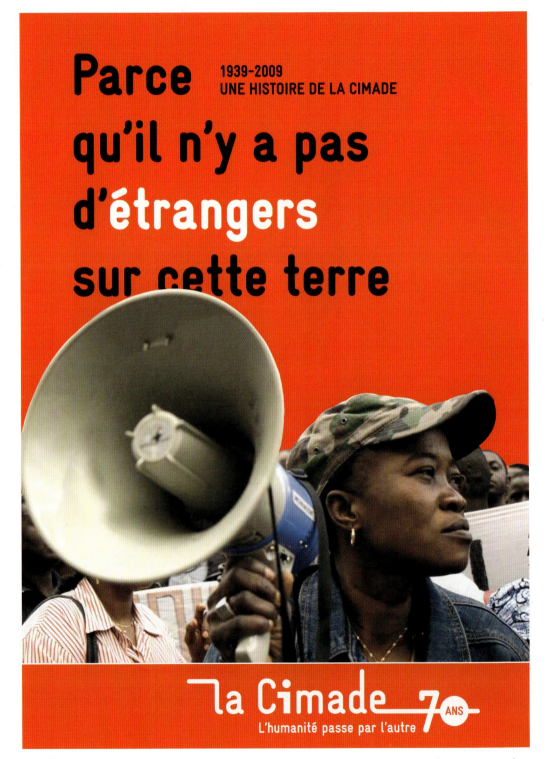

Farbbild 43: Titelseite des Heftes, das anlässlich des 70jährigen Bestehens der CIMADE erschien (www.cimade.org/publications/37).

Farbbild 44b: Georges Casalis (1917–1987)
© Albert Huber, Bischheim

Farbbild 44a: Das „Maison Georges Casalis" am Quai St. Nicolas in Straßburg ist jetzt ein Beratungszentrum für Asylbewerber. Die schöne Renaissance–Fassade stammt aus dem 16. Jahrhundert. Das Zentrum ist nach dem politisch engagierten protestantischen Theologen Georges Casalis benannt, der von 1950–1960 Pfarrer in Straßburg war.
Foto: Albert Huber, Bischheim

Farbbild 45: Im Jahre 2009 fand zum zweiten Mal die „Meile der Religionen" in Mannheim statt. Muslimische, christliche und jüdische Gemeinden luden an einem langen Tisch entlang der sogenannten „Alten Kirchenstraße" die Mannheimer zu Essen, Trinken und Begegnung ein.
© Evangelische Pressestelle Mannheim. Foto: Kirsten de Vos

Farbbild 46: Interreligiöse Feier im Advent aus Anlass des Aschura-Tages in der Evangelischen Markusgemeinde Gaggenau 2011
Foto: Andreas Guthmann

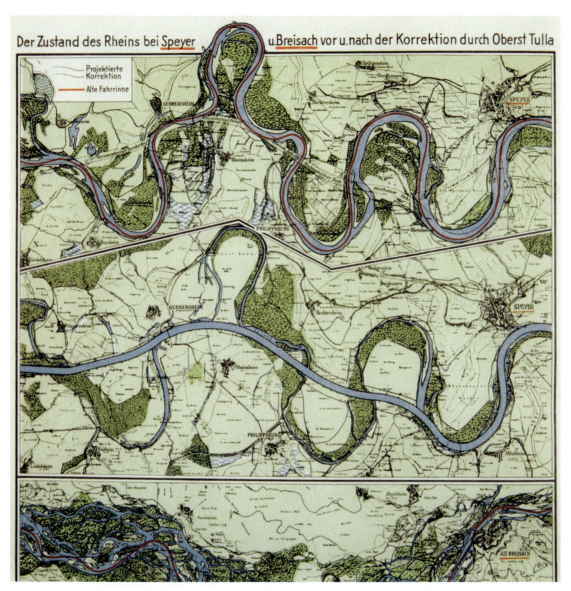

Farbbild 47: Rheinlauf bei Speyer vor und nach der Begradigung durch Johann Gottfried Tulla (1770–1828). Karte von 1934
© Bildarchiv des Landesmedienzentrums Baden-Württemberg

Farbbild 48: Das berühmte Plakat gegen den Bau des Atomkraftwerkes in Wyhl. Es wurde 1975 von dem Grafiker Hubert Hoffmann gestaltet.
© BUND RV Freiburg Archiv

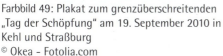

Farbbild 49: Plakat zum grenzüberschreitenden „Tag der Schöpfung" am 19. September 2010 in Kehl und Straßburg
© Okea - Fotolia.com

Farbbild 50: Das Logo des „Grünen Gockels"
© Abteilung Bau, Kunst und Umwelt, Büro für Umwelt und Energie (BUE), Evangelischer Oberkirchenrat Karlsruhe

Farbbild 51: Blick auf das Freiburger Münster
© Erzbischöfliches Ordinariat Freiburg i. Br., Bildarchiv, Aufnahme Chr. Hoppe

Farbbild 52: Philipp Melanchthon wurde 1497 in Bretten geboren. Wahrzeichen der Stadt ist das neugotische Melanchthonhaus, erbaut an der Stelle, wo früher das Geburtshaus des berühmten Reformators und Humanisten stand.
Foto: Volker Henkel, Ötisheim

-> *Fortsetzung von S. 304*

Die Bischöfe Léon-Arthur Elchinger (Straßburg, 1967–1984), Hermann Schäufele (Freiburg, 1958–1977), Isidor Markus Emanuel (Speyer, 1953–1968) nehmen bei der Umsetzung der konziliaren Reformen auch diese spirituellen Anliegen auf.

Zugleich suchen die Evangelischen nach neuen Antworten auf die Provokationen der Gegenwart. Der ökumenische Aufschwung ist beseelt vom Wissen um die gemeinsamen Aufgaben. Die Stimme der kleineren Kirchen gewinnt ganz neue Aufmerksamkeit. Der Ökumenische Rat der Kirchen im Rhythmus seiner Vollversammlungen von Neu Delhi 1961 bis Uppsala 1968 gibt kräftige Anstöße für einen weltverantwortlichen Glauben: 1 % der Kirchensteuern sollen der Entwicklungshilfe zugute kommen; ein Antirassismus-Programm will Brennpunkte der sozialen Ungerechtigkeit bekämpfen. Mit Vancouver 1983 ist der „Konziliare Prozess für Gerechtigkeit, Friede und Bewahrung der Schöpfung" verbunden.

Die deutschsprachige Einheitsübersetzung der Heiligen Schrift 1980 macht deutlich, wie stark die Bibel als gemeinsame Quelle christlichen Glaubens wirksam geworden ist. Die Übersetzung der Psalmen und des Neuen Testaments wird gemeinsam verantwortet. Die Lima-Erklärung 1982 zu Taufe, Eucharistie und Amt beflügelt die Erwartung, die Unterschiede der konfessionellen Lehrüberlieferungen mildern zu können. Verstärkt durch andere Initiativen, etwa der badischen evangelischen Bischöfe Hans-Wolfgang Heidland und Ulrich Fischer, regte Lima auch eine vertiefte evangelische Abendmahlsfrömmigkeit an.

Eine neue Sicht der Reformatoren zeichnet sich ab: Kardinal Johannes Willebrands kann Luther als „gemeinsamen Lehrer" der Christenheit würdigen. Seit 1999 erscheint in der *Pléiade* eine französische Lutherausgabe, herausgegeben von Marc Lienhard. Im 500. Geburtsjahr Martin Bucers (1491–1551) wird an die europäische und vermittelnde Brückenarbeit des Elsässer Reformators erinnert. 1997 gibt das Jubiläum Melanchthons (1497–1560) Gelegenheit, dass der Freiburger Erzbischof Oskar Saier in Bretten Melanchthon als ökumenischen Wegbereiter ins Gespräch bringt.

Das ökumenische Glaubensbekenntnis von Konstantinopel von 381 wurde nun gemeinsam gedeutet. Die Lehrverurteilungen des 16. Jahrhunderts wurden daraufhin untersucht, wie weit ihnen noch kirchentrennende Bedeutung zukommt. Dabei ist die Mitarbeit der theologischen Fakultäten zu bedenken, dazu die des Ökumenischen Instituts des Lutherischen Weltbundes in Straßburg.

Alle diese Veränderungen der ökumenischen Großwetterlage wirken in die Regionen und in die Gemeinden am Oberrhein. Nicht nur in den simultan genutzten Kirchen – im Elsass sind es noch immer um 50 – sucht man einen neuen vertrauensvollen Umgang miteinander.

Ereignisse von ökumenischer Symbolkraft erregen öffentliche Aufmerksamkeit: 1979 wird in der pfälzischen Kirche von Otterberg die Trennwand beseitigt: Die große romanisch-frühgotische Zisterzienserkirche war über zwei Jahrhunderte zwischen der katholischen und evangelischen Kirche aufgeteilt.

1969 treffen sich zum ersten Mal in Baden evangelischer Oberkirchenrat und Erzbischöfliches Ordinariat[56]. In der Pfalz wagt man unter dem Namen „Ökumenisches Pfarrkolleg" seit 1972 im Zweijahresabstand gemeinsame Studienfahrten von Priestern, Pfarrerinnen und Pfarrern. Diese Treffen in Kreta, Rom, Genf und vielen andern Orten vertiefen nicht nur die wechselseitige

Vertrautheit, sondern auch die geistliche Begegnung mit je anderer Frömmigkeit. Die von Le Corbusier entworfene moderne Wallfahrtskirche in Ronchamps (1955 vollendet) wird zum Ziel gemeinsamer Einkehr von Christen verschiedener Konfessionen.

1971 kann ein erster ökumenischer Gottesdienst im Freiburger Münster gefeiert werden[57], im Speyerer Dom 1977[58]. Die Anregungen der Arbeitsgemeinschaft christlicher Kirchen (ACK) in Baden-Württemberg und Rheinland-Pfalz finden stärkeren Widerhall in den Gemeinden. Dazu gehören die Hausgebete im Advent seit 1981, die Gebetswochen, aber auch der *Ökumenische Fürbittkalender* seit 1979 (2008 neue Ausgabe). Die Bibelwochen mit ihrer evangelischen Tradition (seit 1934 in Baden) werden weithin ökumenisch gestaltet. Am Pfingstfest 1989 tritt Basel als Ort der großen europäischen Christenversammlung ins Licht ökumenischer Hoffnungen.

Wir unterstreichen vor allem die große geistliche Wirkung gemeinsamer Trauungen für konfessionsverschiedene Paare. Schon 1974 war die Zahl der Mischehen in der Evangelisch-Lutherischen Kirche des Elsass (ECAAL) höher als die rein konfessioneller Paare. In Baden gelang es sogar, eine Form des Gottesdienstes zu entwickeln, die für beide Kirchen gültig ist und als echte ökumenische Trauung erlebt wird[59].

In den Gesangbüchern (*Gotteslob* mit Regionalteil 1975; *Evangelisches Gesangbuch* 1994) werden die ökumenischen Lieder vermerkt, – eine sinnfällige Veränderung gegenüber dem *Evangelischen Kirchengesangbuch* von 1952. Ganz selbstverständlich finden Taizé-Lieder und Andachten Aufnahme. Der Regionalteil des evangelischen Gesangbuchs fasst die Liedtraditionen aus Baden, dem Elsass und der Pfalz zusammen. Der gemeinsame Einführungsgottesdienst am 1. Advent 1995 in Straßburg macht geistliche Gemeinsamkeiten sinnfällig.

Gewiss wirkt in den protestantischen Kirchen eine spezifisch eigene Frömmigkeitskultur weiter. Dabei muss man mit deutlich gelockerten kirchlichen Bindungen rechnen. Das zeigten schon 1972 und 1982 die ersten Studien zur Kirchenmitgliedschaft. In Basel-Stadt war die Zahl der Kirchenmitglieder von 1970 bis 1994 fast um die Hälfte auf 53.000 zurückgegangen[60]. Auf den angeblichen Modernitätsverlust antworten die Entwürfe für einen „vernünftigen", „weltlichen" Gottesdienst. Dietrich Bonhoeffers Visionen einer „religionslosen Zeit" und einer „Kirche für andere" finden neue Aufmerksamkeit. Kultische und liturgische Traditionen erscheinen als verdächtig. Die Aufgabe wird als „Konversion zur Welt" bestimmt[61]. Seelsorge soll sich von der Weisheit psychologischer, humanwissenschaftlicher Erkenntnis vertiefen lassen: Carl Gustav Jung und Sigmund Freud halten Einzug in die pastorale Ausbildung, ebenso Gesprächs- und Gestaltpsychotherapie. Der badische Landesbischof Heidland unterstützt die an Jung orientierte pastoralpsychologische Ausbildung und eine Arbeitsgemeinschaft ungegenständlicher Meditation.

Frauen im kirchlichen Amt, an den Universitäten und in den evangelischen Entscheidungsgremien verändern deutlich das Klima auch in der Spiritualität: Dorothee Sölle, Luise Schottroff, Elisabeth Moltmann-Wendel regen feministische Bewegungen auch am Oberrhein an. Wichtige geistliche Autoren wie Heinz Zahrnt und Jörg Zink versuchen, Frömmigkeit neu in die Horizonte der Moderne zu rücken. Frömmigkeit besteht darin, dass das praktische, tägliche Leben von einem Glauben durchformt wird und von ihm seine Freiheit empfängt[62].

Die Kirche in den Medien hat sich mit den Gesetzen der Mediengesellschaft auseinander-zusetzen. Das betrifft Rundfunk- und Fernseh-Gottesdienste und die Berichterstattung über kirchliche Hauptereignisse. Auch die neue Freizeit- und Tourismus-Bewegung am Oberrhein fordert geistliches Handeln heraus.

Die Kirchentage werden als Sammlungsorte und Seismographen protestantischer Frömmig-keit erfahren. Das gilt auch für regionale Kirchentage wie 1962, 1982 und 1986 in der Pfalz[63]. Für Mannheim wird konstatiert: „Die Geistliche Woche hat nicht mehr den Rückhalt in der Kollegenschaft und den Gemeinden wie einst. [...] Dennoch zeigt sich das geistliche Leben in den einzelnen Gemeinden Mannheims als rege, bunt und vielgestaltig."[64]

Aber gerade die Öffnung zur Modernität verstärkt die Gegenbewegungen der Gemein-schaftsfrömmigkeit mit ihrer Skepsis vor einer Preisgabe des überlieferten Glaubens an die Welt. An Spannungen zwischen Landeskirche und Gemeinschaften fehlte es schon am Beginn der fünfziger Jahre nicht. Rudolf Bultmanns Programm einer „Entmythologisierung des Neuen Testaments" erschien vielen als Angriff auf die Substanz eines bibeltreuen Glaubens. Eine neue Schärfe und öffentliche Zuspitzung bedeutet 1966 die Gründung einer Bekenntnisbewegung „Kein anderes Evangelium". Die „Gemeindetage unter dem Wort" sammeln bibeltreue Christen und wollen einem auflösenden Relativismus widerstehen. Traditionelle und dem Heute ver-pflichtete Frömmigkeit prallen heftig aufeinander. Die charismatische Gemeindeerneuerung gewinnt in den achtziger Jahren an Boden. Eine Beteiligungsgemeinde soll die volkskirchliche Passivität ersetzen und dem Wirken des Geistes in der Vielfalt der Gaben Raum schaffen.

Andere Gruppen wie die Michaelsbruderschaft – im evangelischen Baden rechnen sich etwa 30 Pfarrer dazu – widerstehen einer aktivistisch-politischen Frömmigkeit. Sie suchen eine Vertiefung in Formen des Tagzeitengebets und erinnern an gemeinsame Väter und Mütter des Glaubens. Auch evangelische Schwesterngemeinschaften öffnen sich dem Verlangen nach Orten der Stille und gemeinsam gelebter Spiritualität. So bei Basel die Kommunität Diakonis-senhaus Riehen, in Erkartsweiler bis 2005 die Diakonissen von Neuenberg, in Hohrodberg die Straßburger Diakonissen im Kontakt mit Schwestern aus Pomeyrol. „Sie sehen ihre Berufung in Gebet und Empfang."[65] Vor allem erfasst die Ausstrahlung von Taizé Tausende, besonders junge Leute. Sie erleben in Burgund die Anziehungskraft eines schlichten Singens und Schweigens, den ungezwungenen Austausch und eine die Grenzen überschreitende Geschwisterlichkeit.

Die große Mehrzahl der Katholiken hatte die Impulse des Konzils für einen erneuerten Got-tesdienst und für eine vertiefte Spiritualität als Befreiung aufgenommen. Das zeigt sich etwa im Blick auf die veränderten Gewissensspiegel für das Bußsakrament[66], aber auch in neuen Formen des Kirchenbaus, die das Miteinander der Gemeinde zum Ausdruck bringen. Doch die von so vielen erhoffte Gesamterneuerung des kirchlichen Lebens gelingt nur zum Teil. Bald zeigen sich Spannungen in der nachkonziliaren Frömmigkeit: Die einen kämpfen gegen „klerikale" und „magische" Formen an, andere suchen Halt in einem neuen Traditionalismus.

Für viele wird Teilhard de Chardin zur Verheißung eines Glaubens im Bündnis mit heutiger Naturwissenschaft und einer beherzten Weltoffenheit. Befreiungstheologen wie Leonardo Boff, Gustavo Gutiérrez und Ernesto Cardenal rufen zu einer Kirche mit klarer Option für die Armen. Noch nie war die Heidelberger Jesuitenkirche so überfüllt wie beim Auftritt Dom

Helder Camaras. Die Meister katholischer Meditationspraxis öffnen sich dem Osten. Nicht nur der christliche Osten der Starzen, der Ikonen, des Herzensgebetes und der Anbetung wird neu wahrgenommen. Karlfried Graf Dürckheim (1896–1988) macht Todtmoos-Rütte im Südschwarzwald zu einem Zentrum der Meditation, die vom Zen-Buddhismus inspiriert ist. Auch hinduistische Anregungen, selbst die Sufi-Frömmigkeit des Islam finden christliche Befürworter. Das Friedensgebet 1986 in Assisi schien mit der päpstlichen Initiative eine solche Weite des Austauschs der Frömmigkeitswelten zu bestätigen.

Andere Gruppen widersetzen sich einer solchen Spiritualität als Verrat an dem unverwechselbar Christlichen und plädieren für eine Neubesinnung auf eigenchristliche Meditationsformen. Theologen wie Hans Urs von Balthasar in Basel (1905–1988) kritisieren zudem einen einseitig extrovertierten Glauben, der nicht mehr die Stille und die Vertiefung in das biblische Wort wagt.

Diese Spannungen in der nachkonziliaren katholischen Frömmigkeit verschärfen sich durch den Rückgang der geistlichen Berufungen. Nicht nur manche der traditionellen Orden geraten in Krisen. Die Zahl der Priesterweihen geht dramatisch zurück: In den siebziger Jahren werden im Bistum Freiburg kaum mehr als 13 Priester jährlich geweiht[67]. Wohl besteht im Elsass eine Reihe von kontemplativen Gemeinschaften weiter. Eine Übersicht 2007 nennt die Karmelitinnen in Marienthal, die Zisterzienser der strengen Observanz (Trappisten) in Oelenberg, die Benediktinerinnen von Rosheim. Die Dominikanerinnen von Unterlinden haben seit 1973 in Orbey eine Stätte des Gebets und des geistlichen Studiums gefunden[68]. Auch im Bistum Speyer konnte 1986 ein neuer Karmel, am Donnersberg eine trappistische Gemeinschaft begründet werden. Aber wie klein sind oft die Zahlen dieser ehedem äußerlich so gefestigten Gemeinschaften!

Andererseits finden neue geistliche Bewegungen Anklang: die Fokolar-Bewegung Chiara Lubichs (1917–2008) wirkt in eine Familienfrömmigkeit ebenso hinein wie in die Theologie und auf Bischöfe wie Klaus Hemmerle. Charles de Foucauld (1858–1916), der in Straßburg geborene Offizier, der zum Eremiten und Nachfolger des armen Jesus in der Sahara wurde, wird erst lang nach seinem Tod zum spirituellen Anreger der „kleinen Brüder und Schwestern" Jesu. Madeleine Delbrêl (1904–1964) hatte in Ivry-sur-Seine, der ersten kommunistisch regierten Stadt in Frankreich, ein weltoffenes Christsein gelebt, das doch ganz aus den Quellen der Kontemplation genährt war; der Speyerer Weihbischof Otto Georgens nimmt sich dieser Anregungen besonders an. Seit 1995 ist in Straßburg die Gemeinschaft von Jerusalem (Fraternité de Jérusalem) in der Kirche Saint-Jean-Baptiste präsent; auch sie war in der Großstadt Paris 1975 begründet worden. 1999 treffen sich in Speyer mehr als 40 Gruppen; auch Chiara Lubich (Gründerin der Fokolar-Bewegung) und Andrea Riccardi (Gründer der katholischen Gemeinschaft Sant'Egidio) nehmen teil[69]. Bei aller Verschiedenheit der Profile geht es den neuen Gemeinschaften um ein christliches Zeugnis inmitten der Welt, oft auch im äußeren Beruf und in der Familie, das doch aus einem tiefen Gebet und der Hingabe an das Wort Gottes inspiriert bleibt und Zeiten der inneren Stille bejaht.

7.9. Gemeinsam gelebter Glaube und neue Spiritualität der Profile: Vorläufige Ergebnisse

Das Jahr 2000 wurde für viele christliche Gruppen ein Ansporn, den gemeinsamen Christus-Glauben in ökumenischer Weite zu feiern. Höhepunkte nach Jahren der Vorbereitung mit starken geistlichen und ökumenischen Akzenten bildeten etwa das Christfest in Speyer am Pfingstsonntag und der Pfingstmontag 2000 in Straßburg. Zehn Jahre nach dem Schritt ins dritte Jahrtausend *post Christum natum* scheint es geboten, die Linien der Frömmigkeitsentwicklung in einer knappen Zusammenfassung nachzuzeichnen.

Bei allen Spannungen und Brüchen erweist sich der Oberrhein als Region intensiv gelebter Frömmigkeit. Auch von erstaunlichen Kontinuitäten wird man sprechen dürfen. Die Kräfte der Mystik werden teilweise im Pietismus und der Erweckung aufgenommen. Die fromme Aufklärung und der starke Liberalismus des 19. Jahrhunderts greifen Anliegen des oberrheinischen Humanismus auf. Aber immer neu war die Aufgabe gestellt, einen Ausgleich zwischen weltengagierter, politisch wacher Frömmigkeit und einem innerlichen persönlichen Glauben zu finden. In den beiden letzten Jahrzehnten geht neu die Rede von einer „Wiederkehr der Spiritualität" um. „Spiritualität ist heute ein Wort mit wachsender Resonanz, ein aufgehender Stern. [...] Im evangelischen Raum wurde diese Dimension lange vernachlässigt, weil der Glaube einseitig mit dem Handeln verknüpft wurde."[70] Muss eine neue Balance zwischen einem Glauben der Tat und des Herzens, zwischen Martha und Maria (Luk. 10) gefunden werden?

Nicht nur in den evangelischen Kirchen wurde Spiritualität als Aufgabe und Hoffnungsperspektive neu entdeckt. Sie zog neu in pastorale Ausbildung und in gemeindliche Programme ein. In Heidelberg bot der Praktische Theologe Christian Möller ein „studium spirituale" an. Meditationsgruppen und Arbeitskreise für Spiritualität entstehen. ‚Frühschichten' und Fastenkurse finden Zulauf. Neue Glaubenskurse werden eingerichtet. Eine Wiederkehr der Mystik, der vertieften Innerlichkeit scheint sich anzubahnen. Mit großen Hoffnungen konnte 2006 in St. Peter das neue geistliche Zentrum für die Erzdiözese Freiburg eröffnet werden[71]. Ignatianische Exerzitien und Exerzitien im Alltag werden auch von evangelischen Christen als Kraftquellen und Hilfe zur Vertiefung wahrgenommen. Man denke an die Anregungen des Therapeuten und Kontemplationslehrers Franz-Xaver Jans (geboren 1943) in Baden oder an Peter Hundertmark, den Leiter der Diözesanstelle für spirituelle Bildung und Glaubensvertiefung in Speyer[72]. Die Evangelische Akademie in Baden bot im ersten Halbjahr 2009 Themen an wie: „Brauchen wir neue Pilgerwege?"; „Wenn Leib und Seele fasten" (Fasten und Kontemplation in der Karwoche); „Im Fluss des Lebens" (Pilgern und Herzensgebet); „Mit dem Herzen sehen" (Übung im betrachtenden Gebet). Viele fragen nach geistlicher Begleitung; auch dafür werden neue Ausbildungswege angeboten.

Diese Wiederkehr der Spiritualität hatte schon früher, aber erst recht in jüngster Zeit die Erfahrung der gemeinsamen christlichen Quellen vertieft. Die evangelischen Unionskirchen Badens und der Pfalz vertrauten einer Vereinbarkeit von Luther und Calvin. Auch mit den Katholiken gab es am Oberrhein einen unterirdischen Austausch der geistlichen Anregungen:

Die Stimme Taulers hören wir bei Arndt und Spener, Luthers Bibelübersetzung beeindruckte katholische Leser. Die Lieder Paul Gerhardts finden Eingang in katholische Sammlungen; der Jesuit Friedrich Spee wird auch nach dem Evangelischen Gesangbuch gesungen.

Darf man feststellen, dass dieses Leben aus gemeinsamen Quellen zunehmend unbefangener praktiziert wird? In der ökumenischen Begegnung haben sich auch die Frömmigkeitswelten geöffnet. Was ist der gemeinsame Beitrag der Christen für eine Spiritualität im Heute? Dafür gilt es, das geistliche Erbe der Christenheit am Oberrhein als Angebot zu erschließen: vor allem das Wort des Lebens in der Heiligen Schrift; christliche Existenzentwürfe in Gemeinschaft und Solidarität; Anregungen zum Gebet und die Musik; Kirchenräume als Ausdruck und Botschaften gelebten Glaubens[73]. Auch das neue Interesse an Pilgerfahrten und Wanderungen zu Zielen des Glaubens ist zu bedenken. Der Isenheimer Altar und Museen wie Kirchen zwischen Basel und Mannheim bieten nicht nur kulturelle Anregung. Das paulinische „alles ist euer, ihr aber seid Christi" (1. Kor. 3,22f.) scheint auch den Umgang mit dem geistlichen Erbe in den Gemeinden zu leiten.

Nicht in Widerspruch zur Entdeckung der Gemeinsamkeiten konnte sich eine neue Spiritualität der Profile entwickeln. Ohnedies zeigte sich, dass eine spirituelle Ökumene die Unterschiede der Lehre und die Wahrheitsfrage zwar einschränken, aber auf Dauer weder übergehen noch vernachlässigen kann. So gewannen in der katholischen Kirche alte Frömmigkeitsformen wie Marienwallfahrten und Pilgerreisen unerwartet neue Bedeutung. Ja, die europäischen Jakobswege und die Initiativen für einen Columban-Pilgerweg erleben einen großen Widerhall. Auch evangelische Christen und Menschen am Rande der Kirchen finden hier Anstöße, auf dem eigenen inneren Weg weiter voranzukommen. Die niemals ganz aufgegebenen Fronleichnamsprozessionen fanden neuen Zulauf. Das alte Rosenkranzgebet wurde von vielen neu entdeckt. Die Erinnerung an die regionalen Heiligen früherer Zeiten – Pirminius, Konrad und Gebhard von Konstanz, Hermann der Lahme, Bernhard von Baden – verbindet sich mit der Verehrung neuer Glaubensgestalten wie Paul Josef Nardini und Edith Stein. Vor allem in der Eucharistiefrömmigkeit kam immer neu die Eigenart katholischer Spiritualität zur Geltung.

Auch in der evangelischen Frömmigkeit kehrte die Besinnung auf das Eigene wieder. Die Verbreitung der Herrnhuter Losungen und die neu gesuchte Bibelfrömmigkeit erinnerten an Herzstücke des lutherischen wie reformierten Glaubens. Glaubenskurse werden immer neu als Hilfe zu einem neuen Umgang mit elementaren Themen des Glaubens entdeckt. Die Gedenkjahre Calvins 2009 und Melanchthons 2010 boten Gelegenheit, den reformatorischen Kern gelebten Glaubens zu aktualisieren: eine Lebenspraxis aus der vom Evangelium zugesprochenen Freiheit und die Vertiefung in das Sakrament des Wortes. Die Dekade im Hinblick auf die 500jährige Wiederkehr von Luthers Thesenanschlag ruft dazu auf, den Beitrag des Reformators auch für die spirituelle Kultur zu aktualisieren.

So konnte auch in jüngster Zeit christliche Spiritualität am Oberrhein mehrsprachig und vielfarbig bleiben. Die konfessionellen Prägungen brauchen indes die Beheimatung im gemeinsamen Evangelium nicht mehr auszuschließen. Der Geist Christi, so kann diese Übersicht lehren, treibt dazu an, die menschliche Sehnsucht und Hoffnung in der Nähe zu erspüren. Es ist derselbe Geist, der für die Charismen anderer Christen und Kirchen offen macht.

Weiterführende Literatur

Allgemein

Dupuy, Michel: Spiritualité, in: Dictionnaire de spiritualité, Bd. XIV (1990), S. 1160–1173

Grethlein, Christian: Spiritualität, in: RGG⁴, Bd. VII (2004), S. 1596f.

Hundertmark, Peter: Gott in allen Dingen suchen. Geistliche Übungen für ein ganzes Jahr, Leipzig 2001, verb. Neuauflage, Annweiler 2011

Lüthi, Walter: Deutschland zwischen gestern und morgen. Ein Reisebericht, Basel 1947

Mayeur, Jean-Marie u.a. (Hgg.): Die Geschichte des Christentums. Dt. Ausgabe, hgg. von Norbert Brox u.a., 14 Bde., Freiburg 1992–2004 (mit großen Abschnitten zu „Religiöses Leben" , „Das Leben der Christen", „Spiritualität und Mystik")

Schütz, Christian (Hg.): Praktisches Lexikon der Spiritualität, Freiburg i. Br. 1988

Seitz, Manfred: Frömmigkeit, in: TRE, Bd. XI (1983), S. 674–683

Solignac, Aimé: Spiritualité – le mot, in: Dictionnaire de spiritualité, Bd. XIV (1990), S. 1142–1160

Wiggermann, Karl-Friedrich: Spiritualität, in: TRE, Bd. XXXI (2000), S. 708–717

Zink, Jörg: Wie wir beten können, Stuttgart 1970 (zahlreiche Auflagen)

Baden

Colling, Hermann u.a. (Hgg.): Das Erzbistum Freiburg 1827–1977, Freiburg i. Br. 1977

Schwinge, Gerhard (Hg.): Geschichte der badischen evangelischen Kirche seit der Union in Quellen (VVKGB 53), Karlsruhe 1996

Smolinsky, Heribert (Hg.): Geschichte der Erzdiözese Freiburg, Bd. I, Freiburg i. Br. 2008

Wennemuth, Udo: Geschichte der evangelischen Kirche in Mannheim (Quellen und Darstellungen zur Mannheimer Stadtgeschichte 4), Sigmaringen 1996

Elsass

Burg, André Marcel: Histoire de l'Église d'Alsace, Colmar 1945

Epp, René u.a.: Histoire de l'Église catholique en Alsace des origines à nos jours, Strasbourg 2003

Koch, Gustav/Lienhard, Marc: Les protestants d'Alsace. Du vécu au visible (Présence protestante en Alsace 2), Strasbourg/Wettolsheim 1985

Kovar, Jean-François/Xibaut, Bernard: Moines et moniales en Alsace, Strasbourg 2007

Lienhard, Marc: Foi et vie des protestants d'Alsace, Bd. I (Présence protestante en Alsace 1), Strasbourg/Wettolsheim 1981

Lienhard, Marc: La foi vécue. Études d'histoire de la spiritualité (Travaux de la Faculté de Théologie Protestante de Strasbourg 7), Strasbourg 1997

Rapp, Francis: Histoire du Diocèse de Strasbourg, Paris 1982

Vogler, Bernard: Histoire des chrétiens d'Alsace, Paris 1994

Wernert, François: Vie liturgique et mouvement liturgique en Alsace de 1900 à nos jours, Strasbourg 1992

Pfalz

Ammerich, Hans u.a.: Kirche unterwegs. Vom Wiederaufbau zur Jahrtausendwende. Das Bistum Speyer und seine Bischöfe 1945–2000, Speyer 2002

Ammerich, Hans: Das Bistum Speyer. Von der Römerzeit bis zur Gegenwart (Schriften des Diözesanarchivs Speyer 42), Speyer 2011

Hans, Friedhelm/Stüber, Gabriele (Hgg.): Pfälzische Kirchen- und Synodalpräsidenten seit 1920 (VVPfKG 27), Karlsruhe 2008

Sopp, Ugo (Hg.): Hierzulande. Mit meiner Kirche unterwegs. Dokumente und Texte aus der Amtszeit des Kirchenpräsidenten Heinrich Kron, Speyer 1988

Stamer, Ludwig: Kirchengeschichte der Pfalz, 4 Bde., Speyer 1936–1964

Anmerkungen

1 Für intensive Gespräche und wichtige Hinweise danke ich besonders Klaus Engelhardt, Barbara Henze, Marc Lienhard, Wolfgang Max, Michael Schmitt und Édouard Vogelweith.

2 Wolfgang Huber, *Der christliche Glaube. Eine evangelische Orientierung*, Gütersloh 2008, S. 180.

3 Christian Schütz (Hg.), *Praktisches Lexikon der Spiritualität*, Freiburg i. Br. 1988, S. 1172.

4 Verantwortlicher Anreger für „Le Rhin mystique" ist der Dominikaner Remy Vallejo.

5 Ludwig Stamer, *Kirchengeschichte der Pfalz*, Bd. II, Speyer 1949, S. 228.

6 Marc Lienhard, *La foi vécue. Études d'histoire de la spiritualité*, Strasbourg 1997, S. 15.

7 Marc Lienhard, *Foi et vie des protestants d'Alsace*, Bd. I, Strasbourg/Wettolsheim 1981, S. 22, 26f.

8 André Marcel Burg, *Histoire de l'Église d'Alsace*, Colmar 1945, S. 224.

9 André Marcel Burg, *Marienthal (Elsass). Geschichte des Klosters und der Wallfahrt unter den Wilhelmiten, den Jesuiten und dem Weltklerus*, Phalsbourg 1959, S. 87, 114.

10 Vgl. Wolfgang Hug, *Maria im Erzbistum Freiburg*, Strasbourg 1996; Klaus Welker, *Volksfrömmigkeit im Erzbistum Freiburg in ausgewählten Beispielen*, Strasbourg 1998.

11 Lienhard, *Foi et vie*, S. 66.

12 Burg, *Histoire*, S. 243f.

13 Lienhard, *Foi et vie*, S. 71.

14 Johannes Müller, *Die Vorgeschichte der pfälzischen Union. Eine Untersuchung ihrer Motive, ihrer Entwicklung und ihrer Hintergründe im Zusammenhange der allgemeinen Kirchengeschichte*, Witten 1967, S. 108.

15 Bernard Vogler, *Histoire des chrétiens d'Alsace*, Paris 1994, S. 193.

16 Sonja Schnauber/Bernhard H. Bonkhoff (Hgg.), *Quellenbuch zur pfälzischen Kirchenunion und ihrer Wirkungsgeschichte bis zur Mitte des 19. Jahrhunderts* (VVPfKG 18), Speyer 1993, S. 143.

17 Elly Heuss-Knapp, *Blick vom Münsterturm. Erinnerungen*, 6. Aufl., Tübingen 1958, S. 36.

18 Vgl. Hans Hauzenberger, *Basel und die Bibel*, Basel 1996.

19 Carl Schmidt, *Johannes Tauler von Strassburg. Beitrag zur Geschichte der Mystik und des religiösen Lebens im vierzehnten Jahrhundert*, Hamburg 1841, S. 157.

20 Ebd., S. 63. Siehe die Abbildung oben, S. 277.

21 Marc Lienhard, *Frédéric Horning (1809–1882). Au cœur du réveil luthérien dans l'Alsace du XIXe siècle*, Neuwiller-lès-Saverne 2009.

22 *Andachtsbuch des deutschen Protestanten-Vereins*, Erw. Ausgabe, Neustadt a. d. H. 1874, S. IV.

23 Francis Rapp, *Histoire du Diocèse de Strasbourg*, Paris 1982, S. 282.

24 Ebd., S. 222. Vgl. die ausführliche Schilderung der katholischen Frömmigkeit bei Claude Muller, *Dieu est Catholique et Alsacien. La vitalité du Diocèse de Strasbourg au XIXe siècle*, Lille 1987, besonders S. 769–840.

25 Ebd., S. 266.

26 Ebd., S. 261.

27 Stefanie Schneider, Interkonfessionelle Begegnungen und Ökumene, in: Heribert Smolinsky (Hg.), *Geschichte der Erzdiözese Freiburg*, Bd. 1, Freiburg i. Br. 2008, S. 623–644, hier S. 623.

28 Wolfgang Hug, Auf dem Weg zur Bistumsgründung: Die Zeit der Säkularisation, in: Smolinsky, *Geschichte*, S. 15-76, hier S. 50.

29 Barbara Henze, Die übrigen Orden, in: Smolinsky, *Geschichte*, S. 331–387, hier S. 332.

30 Vogler, *Histoire*, S. 296.

31 François Wernert, *Vie liturgique et mouvement liturgique en Alsace de 1900 à nos jours*, Strasbourg 1992, S. 125.

32 Philipp Müller, Die Ausbildung hauptberuflicher pastoraler Mitarbeiter und Mitarbeiterinnen, in: Smolinsky, *Geschichte*, S. 252.

33 Erzbischof Gröber 1932. Zitiert ebd., S. 253.

34 Johannes Bauer, in: *Kirche und Heimat, Ein Buch von der evangelischen Kirche in Baden*, Karlsruhe 1931, S. 70.
35 Vogler, *Histoire*, S. 307.
36 Ebd., S. 301.
37 Wernert, *Vie liturgique*, S. 168–171.
38 Walter Lüthi, *Deutschland zwischen gestern und morgen. Ein Reisebericht*, Basel 1947, S. 69–71, 63.
39 So werden die Autoren bezeichnet, die an den Treffen teilnahmen, zu denen Hans Werner Richter seit 1947 jährlich einlud.
40 Wernert, *Vie liturgique*, S. 173–192.
41 Vogler, *Histoire*, S. 332f.
42 Insbesondere das Werk *Catholicisme* (1938) von Henri de Lubac, das 1943 in der Übersetzung von Hans Urs von Balthasar unter dem Titel *Katholizismus als Gemeinschaft* in Einsiedeln erschien, hatte eine breite Wirkung in Deutschland.
43 Wilfried Hagemann, *Verliebt in Gottes Wort. Leben, Denken und Wirken von Klaus Hemmerle, Bischof von Aachen*, Würzburg 2008, S. 33.
44 Philipp Müller, Die Ausbildung hauptberuflicher pastoraler Mitarbeiter und Mitarbeiterinnen, in: Smolinsky, *Geschichte*, S. 235–291, hier S. 259.
45 Hagemann, *Verliebt*, S. 48.
46 Udo Wennemuth, *Geschichte der evangelischen Kirche in Mannheim*, Sigmaringen 1996, S. 563.
47 Paul Borchert (Hg.), *Sein Wort brannte wie eine Fackel. 100 Jahre Pfälzischer Evangelischer Verein für Innere Mission e.V. (1875–1975)*, Eisenberg/Pfalz 1975, S. 90.
48 Vogler, *Histoire*, S. 354.
49 Ebd., S. 355.
50 Lienhard, *Foi et vie*, S. 126, 134.
51 Ebd., S. 134.
52 Ulrich A. Wien, „Die Kirche wird lernen müssen, dass sie in der Welt Diaspora ist". Karl Theodor Schaller (1900–1993). Kirchenpräsident von 1964–1969, in: Friedhelm Hans/Gabriele Stüber (Hgg.), *Pfälzische Kirchen- und Synodalpräsidenten seit 1920* (VVPfKG 27), Karlsruhe 2008, S. 142f.
53 Wernert, *Vie liturgique*, S. 134f.
54 Vogler, *Histoire*, S. 361.
55 Dieser Doppelbeschluss besagt, dass die NATO dem Warschauer Pakt Verhandlungen über die Begrenzung atomarer Mittelstreckenraketen anbot, zugleich jedoch festhielt, dass für den Fall des Scheiterns der Verhandlungen in Westeuropa nachgerüstet werde.
56 Stefanie Schneider, Interkonfessionelle Begegnungen, S. 633.
57 Hermann Colling u.a. (Hgg.), *Das Erzbistum Freiburg 1827–1977*, Freiburg i. Br. 1977, S. 188.
58 Ugo Sopp (Hg.), *Hierzulande. Mit meiner Kirche unterwegs. Dokumente und Texte aus der Amtszeit des Kirchenpräsidenten Heinrich Kron*, Speyer 1988, S. 11.
59 Lienhard, *Foi et vie*, S. 164; Schneider, Interkonfessionelle Begegnungen, S. 633. Nach dem Trauungsformular C wirken die Pfarrer gemeinsam. Der evangelische Pfarrer stellt etwa die Traufrage, der katholische nimmt die nach katholischem Eherecht notwendige Konsenserklärung ab.
60 Wennemuth, *Geschichte*, S. 609.
61 Hans-Jürgen Schultz, *Konversion zur Welt. Gesichtspunkte für die Kirche von morgen*, Hamburg 1964.
62 Jörg Zink, *Wie wir beten können*, Stuttgart 1970, S. 6.
63 Hans/Stüber, *Pfälzische Kirchen- und Synodalpräsidenten*, S. 196.
64 Gernot Ziegler, Ansichten zu Geschichte und Wesen der evangelischen Kirche in Mannheim in jüngster Zeit, in: Wennemuth, *Geschichte*, S. 607f.

65 Jean-François Kovar/Bernard Xibaut, *Moines et moniales en Alsace*, Strasbourg 2007, S. 83. Dort auch über die Schwestern in Erkartsweiler (S. 119–123), über Hohrodberg (S. 79–85). Über die Entwicklungen der Diakonissen in Basel-Riehen vgl. das Werk von Sr. Doris Kellerhals, *Heilende Gemeinschaft in der Postmoderne unter besonderer Berücksichtigung der Benediktusregel*, Basel 2008.

66 *Gotteslob. Katholisches Gebet- und Gesangbuch für das Bistum Speyer*, Speyer 1975, Nr. 58–67.

67 Müller, Ausbildung, S. 260.

68 Kovar/Xibaut, *Moines*, S. 68–77.

69 Hans Ammerich u.a., *Kirche unterwegs. Vom Wiederaufbau zur Jahrtausendwende. Das Bistum Speyer und seine Bischöfe 1945–2000*, Speyer 2002, S. 238f.

70 Huber, *Glaube*, S. 176.

71 Der erste Direktor wurde Dr. Arno Zahlauer.

72 Peter Hundertmark, *Gott in allen Dingen suchen. Geistliche Übungen für ein ganzes Jahr*, Leipzig 2001.

73 Vgl. als evangelisches Beispiel Steffen Schramm (Hg.), *Räume lesen. Streifzüge durch die evangelischen Kirchen der Pfalz*, Speyer 2008.

8. Schule und Jugendarbeit[1]

Jean-Luc Hiebel

Der Gottesdienstbesuch steht auch bei Jugendlichen am Oberrhein nicht hoch im Kurs. Erstaunlich ist aber, dass sich ein beträchtlicher Teil der Jugendlichen als religiös oder sogar stark religiös einschätzt. Auch deshalb machen sich die Kirchen zunehmend Gedanken über die religiöse Erziehung und die zeitgemäße Vermittlung der christlichen Botschaft. Die Bindungskraft und Glaubwürdigkeit der institutionellen Kirchen bei Jugendlichen sinkt. Man möchte glauben, aber dazu braucht man die traditionelle Gemeinde nicht. Vielen begegnet die Kirche nur noch im Religionsunterricht und in außerschulischen Einrichtungen. Gerade dort wird etwas von der Vitalität der Kirche spürbar und gerade dort findet auch die „Kommunikation des Evangeliums" (Ernst Lange) statt.

Die Entwicklung von Schule und außerschulischen Einrichtungen wie Jugendarbeit und Konfirmandenunterricht verlief zu beiden Seiten des Rheins weitgehend unabhängig. In den deutschen Gebieten ist der Religionsunterricht eine „res mixta" von Kirche und Staat. Die Kirche ist dort für die Inhalte verantwortlich, während der Staat die äußeren Rahmenbedingungen in Absprache mit den Kirchen festlegt. So ist der Religionsunterricht ein „ordentliches Lehrfach", das benotet wird und für die Versetzung eine Rolle spielt. Alternativ wird das Wahlpflichtfach Ethik angeboten. Auf französischer Seite ist der Religionsunterricht eine alleinige Angelegenheit der Kirchen; die Schule stellt lediglich Raum und Zeit zur Verfügung. Allerdings bezahlt der Staat im Elsass und in Lothringen auch die kirchlichen Religionslehrer. Im Folgenden sind nun die verschiedenen Linien genauer zu betrachten.

8.1. Kirche und Schule

8.1.1. In Baden und in der Pfalz

Während der Einfluss der Kirchen auf die Schulen im Dritten Reich zunehmend Restriktionen unterworfen war, entfielen nach Kriegsende diese Behinderungen und Einschränkungen. Die Besatzungsmächte waren im Gegenteil darum bemüht, die nicht durch den Nationalsozialismus diskreditierten gesellschaftlichen Kräfte für den Wiederaufbau zu gewinnen. Die Verfassungen der beiden Bundesländer Baden-Württemberg und Rheinland-Pfalz spiegeln noch deutlich die Bedeutung wider, die man in der damaligen Situation christlichen Werten zuschrieb. So heißt es in Artikel 12 der Verfassung des Landes Baden-Württemberg vom 15. Mai 1953: „Die Jugend ist in Ehrfurcht vor Gott, im Geiste der christlichen Nächstenliebe, zur Brüderlichkeit aller Menschen und zur Friedensliebe [...] zu erziehen." Ganz ähnlich der Wortlaut der Verfassung von Rheinland-Pfalz vom 18. Mai 1947: „Die Schule hat die Jugend zur Gottesfurcht und Nächstenliebe, Achtung und Duldsamkeit, Rechtlichkeit und Wahrhaftigkeit [...] zu erziehen."

Es lag in der Konsequenz dieses Ansatzes, dass man den Kirchen erhebliche Einflussmöglichkeiten in der Schule einräumte. Wo vor 1933 Konfessionsschulen bestanden, konnten sie wieder eingerichtet werden. Die Kirchen bekamen darüber hinaus Gelegenheit, eigene staatlich subventionierte Privatschulen zu betreiben und Religionsunterricht als ordentliches Lehrfach in allen Schularten und -stufen einzurichten. Maßgebend ist jedoch Artikel 15,1 der Landesverfassung: „Die öffentlichen Volksschulen (Grund- und Hauptschulen) haben die Schulform der christlichen Gemeinschaftsschule nach den Grundsätzen und Bestimmungen, die am 9. Dezember 1951 in Baden für die Simultanschule mit christlichem Charakter gegolten haben." Entsprechend fand die Ausbildung der Lehrkräfte von Anfang an durch staatliche Hochschulen (zunächst Pädagogische Institute, seit 1968 Pädagogische Hochschulen) statt. Evangelische bzw. katholische Theologie/Religionspädagogik kann dabei als eines der Studienfächer gewählt werden.

8.1.1.1. Mitwirkung der Kirchen

In Baden-Württemberg ist die „christliche Gemeinschaftsschule" in Artikel 16 der Landesverfassung von 1953 festgeschrieben. Die Kinder sollen „auf der Grundlage christlicher und abendländischer Bildungs- und Kulturwerte erzogen" werden. Der Religionsunterricht wird konfessionell erteilt[2]. Nach dem Schulgesetz vom 1. August 1983 obliegt die Gestaltung des Erziehungsauftrages Eltern, Staat und verschiedenen Trägerschaften. Seit dem 1. Januar 2005 wird die Koordinierung aller Bestrebungen in Fragen der Schulbildung durch das Landesinstitut für Schulentwicklung von Baden-Württemberg wahrgenommen.

Gemäß dem Subsidiaritätsprinzip und Artikel 12,2 der Landesverfassung, nach dem auch die Religionsgemeinschaften als „verantwortliche Träger der Erziehung" bezeichnet werden, gibt es in Baden-Württemberg eine ganze Reihe von Privatschulen (insgesamt 333). Der weitaus überwiegende Teil der Kinder und Jugendlichen wird jedoch an staatlichen Schulen unterschiedlichster Art unterrichtet (Grundschulen, Hauptschulen, Realschulen, Fachschulen, Sonder- und Förderschulen, Gymnasien und Berufsschulen – insgesamt 3.811 Schulen nach einer Zählung vom Oktober 2006)[3].

Auf katholischer Seite wirken die Diözesen Baden-Württembergs an der Schul- und Bildungspolitik des Bundeslandes über die Katholische Landeskonferenz für Schule und Erziehung im Land Baden-Württemberg mit, die durch eine Vereinbarung vom 15. März 1970 ins Leben gerufen worden ist und in Freiburg im Breisgau ihren Sitz hat.

Auf evangelischer Seite haben die beiden Landeskirchen in Baden und Württemberg zu Beginn der siebziger Jahre je ein religionspädagogisches Fachinstitut eingerichtet, das Religionspädagogische Institut Baden in Karlsruhe und das Pädagogisch-Theologische Zentrum in Stuttgart. Beide Institute arbeiten in der Lehrplanentwicklung und der Erstellung unterrichtlicher Materialien eng zusammen; die religionspädagogische Fortbildung der Lehrkräfte geschieht dagegen aufgrund unterschiedlicher frömmigkeitsgeschichtlicher Gegebenheiten in Baden und Württemberg weitgehend auf landeskirchlicher Ebene, obwohl durch die landeskirchenübergreifenden Grenzen der Regierungsbezirke eine konsequente Trennung nicht immer möglich ist.

Die Lehrpläne für den Religionsunterricht werden in Baden-Württemberg aufgrund allgemeiner pädagogischer Vorgaben des Staates von den Kirchen erstellt und vom Land veröffentlicht. Auch die Genehmigung der Unterrichtsmaterialien für den Religionsunterricht obliegt den Landeskirchen, die zur gegenseitigen Abstimmung eine ständige Kommission aus Vertretern unterschiedlicher Schularten und kirchlicher Jugendarbeit, die Gemeinsame Religionspädagogische Konferenz, gebildet haben. Zur Abstimmung gemeinsamer Interessen der beiden Landeskirchen und der beiden Diözesen gegenüber dem Land Baden-Württemberg besteht eine interkonfessionelle Schulreferentenkonferenz (Interko).

Die Volksschulen in Rheinland-Pfalz waren in den ersten beiden Jahrzehnten nach dem Krieg in der Regel staatliche Konfessionsschulen. Noch im Jahr 1967 besuchten zwei Drittel aller Volksschüler eine solche Schule. Entsprechend erfolgte die Ausbildung der Lehrkräfte an konfessionellen Lehrerbildungsstätten. Erst Ende der 60er Jahre wurden die bis dahin vorherrschenden Konfessionsschulen durch christliche Gemeinschaftsschulen abgelöst. Ausschlaggebend für diesen Schritt war vor allem die Einsicht, dass zum Aufbau eines modernen und leistungsfähigen Schulsystems mehrzügige Mittelpunktschulen gegründet werden müssen. Die Bemühungen um eine stärkere wissenschaftliche Ausrichtung der Lehrerausbildung hatten ohnehin dazu geführt, dass die Ausbildung der Lehrkräfte von den Akademien an die Pädagogischen Hochschulen (ab 1969: Erziehungswissenschaftliche Hochschule Rheinland-Pfalz) verlagert wurde. Seit 1990 hat diese Lehrerbildungsstätte Universitätsstatus (Universität Koblenz-Landau).

Als Ausgleich für den verloren gegangenen Einfluss räumte das Land Rheinland-Pfalz den Kirchen eine Mitbeteiligung bei der Fort- und Weiterbildung der Lehrkräfte ein. So gründeten die in Rheinland-Pfalz vertretenen katholischen Diözesen und evangelischen Landeskirchen mit staatlicher Unterstützung jeweils ein eigenes Fortbildungsinstitut: Das Institut für Lehrerfortbildung (ILF) in Mainz und das Erziehungswissenschaftliche Fort- und Weiterbildungsinstitut (EFWI) in Landau. Die beiden Einrichtungen sind wesentliche Stützen eines pluralen Fortbildungskonzeptes des Landes. Auf diese Weise sind die beiden großen Kirchen an der Fort- und Weiterbildung der Lehrkräfte beteiligt und tragen so zur Unterrichts- und Schulentwicklung im Land Rheinland-Pfalz bei.

Bis 2008 war die protestantische Kirche der Pfalz auch Trägerin der Evangelischen Fachhochschule in Ludwigshafen für Sozial- und Gesundheitswesen mit fünf Studiengängen und 700 Studierenden; sie wurde in die staatliche Fachhochschule integriert. Zu den großen freien Trägern wie den Diakonissen Speyer-Mannheim gehören eine Reihe von Schulen für diakonische Berufe, dazu die Fachschule für Erzieherinnen und Erzieher in Speyer.

8.1.1.2. Kirchliche Privatschulen

8.1.1.2.1. Katholische Privatschulen

Der Arbeitskreis katholischer Schulen in freier Trägerschaft in der Bundesrepublik Deutschland erstellte ein ausführliches Verzeichnis der katholischen Privatschulen in Deutschland, dem man genaue Angaben über diese Schulen in den Bundesländern Baden-Württemberg und Rheinland-Pfalz entnehmen kann (Stand: Januar 2007). So verfügt Baden-Württemberg über

Bild 69: Pater Johann Baptist Jordan (1848–1918), der Gründer der Societas Divini Salvatoris (Gesellschaft des Göttlichen Heilandes). Das Foto von Mai 1915 zeigt ihn auf der Terrasse des Mutterhauses des Ordens in Rom. Im Hintergrund der Turm der Kirche Santo Spirito, in der Nähe des Peterplatzes (Aus: Peter van Meijl, Pater Jordan (1848–1918), Gründer der Salvatorianer und Salvatorianerinnen, als Beziehungsmensch, Wien 2012, S. 337f. © Archivum Salvatorianum Austriacum, Wien)

mehr als 130 katholische Schuleinrichtungen: 15 Grund- und Hauptschulen, 16 Realschulen, 22 Gymnasien, 13 Abendschulen und Kollegs, 30 Fachschulen, 25 Berufsschulen, 5 Schülerinternate und schließlich 12 Schulen des Gesundheitswesens, die sich in ihrer Gesamtheit auf die Diözesen Rottenburg-Stuttgart und Freiburg verteilen.

Mit etwas weniger als 100 katholischen Privatschulen nimmt Rheinland-Pfalz den zweiten Platz ein: 13 Grund- und Hauptschulen, 11 Realschulen, 17 Gymnasien, 1 Kolleg, 1 Gesamtschule, 16 Fachschulen, 14 Berufsschulen und schließlich 21 Schulen des Gesundheitswesens, die sich insgesamt auf die Diözesen Trier, Mainz, Speyer und auch Limburg verteilen. Im Vergleich zu Baden-Württemberg hat Rheinland-Pfalz weit mehr Schulen des Gesundheitswesens.

Diese katholischen Schulen, von denen einige mehr als 400 Schüler und Schülerinnen haben, befinden sich sowohl in ländlichen Gebieten als auch in Städten (dort sind die meisten großen Gymnasien). In Baden-Württemberg stehen einige dieser Schulen unter der Trägerschaft von Ordensangehörigen, obwohl diese heute selten noch lehren, wie z.B. die Franziskanerinnen vom Göttlichen Herzen Jesu in Gengenbach und Freiburg, die Salvatorianer (unter diesem Namen ist die 1881 von Pater Johann Baptist Jordan gegründete Apostolische Lehrgesellschaft bekannt), die Kongregation der Lehrschwestern vom hl. Kreuz in Lauchringen und Rickenbach. Die Trägerschaft der meisten katholischen Schuleinrichtungen hat hier die zuständige Diözese (z.B. über eine Schulstiftung), deren Caritas oder eine Lokalstiftung. Von einigen Ausnahmen abgesehen (z.B. die Franziskus-Schule und das Franziskus-Gymnasium unter der Leitung der Dillinger Franziskanerinnen in Kaiserslautern) liegt die Trägerschaft für die überwiegende Zahl der katholischen Privatschulen in der Pfalz bei den Diözesen.

8.1.1.2.2. Protestantische Privatschulen

Zurzeit gibt es im Gebiet der Evangelischen Landeskirche Baden 88 evangelische Schulen (jeweils nach Bildungsgängen getrennt gezählt) an 44 Standorten. Es handelt sich um 36 allgemeinbildende Schulen mit rund 5.500 Schülerinnen und Schülern, 25 berufsbildende Schulen (Fachschulen für Sozialpädagogik, Alten-, Gesundheits- und Krankenpflegeschulen) mit ca. 2.600 Schüler/innen und 27 Sonderschulen mit rund 2.200 Schüler/innen. Exakte Schülerdaten liegen nicht vor.

Die Badische Landeskirche ist mit ihrer Schulstiftung Trägerin von sechs allgemeinbildenden Schulen. Darunter befinden sich die 1946 gegründete Evangelische Internatsschule Gaienhofen, die auf das 1904 gegründete Landerziehungsheim für Mädchen zurückgeht; die Elisabeth-von-Thadden-Schule in Heidelberg; das Johann-Sebastian-Bach-Gymnasium, Mannheim, das größte der Stadt mit über 1.000 Schülern, ebenso wie die 2010 gegründete Maria-Montessori-Realschule in Freiburg. Die längste Geschichte hat die Ferdinand-Fingado-Schule in Lahr. Ihr Träger, das Kinder- und Jugendhilfezentrum Dinglingen, blickt auf eine 163-jährige Geschichte zurück. Die Trägerschaft der evangelischen Schulen reicht von Jugendhilfe-Einrichtungen über große diakonische Träger bis zu einer Holding. Die freien evangelischen oder freien christlichen Schulen sind dagegen in den beiden vergangenen Jahrzehnten aufgrund von Elterninitiativen entstanden, die eigens für „ihre" Schule einen Trägerverein gegründet haben.

Bild 70: Die mennonitische „Lehr- und Erziehungsanstalt" auf dem Weierhof. Das Foto zeigt das ursprüngliche Wohn- und Schulhaus „Eichenfels" von 1869, das heute als Teil des Internats (1. Stock) und als Internatsverwaltung (Erdgeschoss) dient. (© Mennonitische Forschungsstelle, Bolanden-Weierhof)

Im Juli 2010 hat sich die Mehrheit der evangelischen Schulen in Baden zum Evangelischen Schulwerk Baden zusammengeschlossen. Seit Dezember 2010 kooperiert die badische Sektion mit den Württembergern im Evangelischen Schulwerk Baden und Württemberg. Der Verband koordiniert die Interessen seiner Mitgliedsschulen und unterstützt sie als Ansprechpartner zu bildungsrelevanten Fragen in Politik, Kultusverwaltung und Öffentlichkeit. Er hält dabei das Bewusstsein evangelischer Bildungsverantwortung innerhalb und außerhalb von Kirche und Diakonie wach und beteiligt sich an der Weiterentwicklung bildungspolitischer Themenfelder in schulischer und beruflicher Bildung.

Gewiss kannte die Pfalz links des Rheins Schulen mit evangelisch-kirchlicher Prägung seit dem 16. Jahrhundert. Die ehemalige Klosterschule in Hornbach-Zweibrücken seit 1559 und die evangelische Ratsschule in Speyer seit 1540 sind dafür die bekanntesten Beispiele. Aber die protestantische Unionskirche seit 1818 strebte eher eine evangelische Mitgestaltung des öffentlichen Schulwesens an und suchte die protestantischen Lehrer zu gewinnen. Eine erste „Lehr- und Erziehungsanstalt" auf dem Weierhof, in der Nordpfalz bei Kirchheimbolanden, war seit 1867 nicht von der Landeskirche, sondern von Mennoniten inspiriert: das heutige Gymnasium Weierhof.

Erst nach dem Zweiten Weltkrieg wagte es die evangelische Landeskirche, ein Gymnasium als „Schule unter dem Evangelium" einzurichten. Dahinter stand auch die Erfahrung des Versagens der Schule in der Nazizeit. 1958 wurde in Annweiler die „Heimschule am Trifels" als erstes Gymnasium mit Internat in der Trägerschaft der evangelischen Kirche der Pfalz eröffnet. Pädagogische Konzepte Oskar Hammelsbecks (1899–1975) und die Suche nach einem protestantischen Bildungsprofil bestimmten die Aufbaujahre. Eine Erziehung zu Freiheit und Verantwortung sollte, in gelebter Gemeinschaft über die Schulzeit hinaus, erprobt werden. In den ersten Jahren wohnten darum fast alle Schülerinnen und Schüler in Internaten auf dem Schulgelände. Das Internat blieb bis heute erhalten. Aber von den 2008 über 700 Schülern – fast in gleicher Zahl Mädchen und Jungen – gehört nur ein kleiner Teil zu den Internatsschülern. Mit etwa 600 Mitgliedern unterstützt ein Freundeskreis heute Internatsarbeit und schulische Innovationen.

8.1.1.3. Religionsunterricht

Das deutsche Grundgesetz und die baden-württembergische sowie die rheinland-pfälzische Landesverfassung räumen der katholischen wie den protestantischen Kirchen (als gesetzlich anerkannten Kirchen) ebenso wie auch den anderen als Körperschaften des öffentlichen Rechts anerkannten Religionsgemeinschaften (das sind in Baden-Württemberg bisher nur die israelitischen Kultusgemeinden) entsprechende Rahmenbedingungen ein. Religionsunterricht ist „ordentliches Lehrfach", das „in Übereinstimmung mit den Grundsätzen der Religionsgemeinschaften" zu erteilen ist. Die Kirchen haben damit entscheidenden Einfluss auf die Inhalte und die in diesem Unterricht zum Einsatz kommenden Lehrkräfte. Die im Religionsunterricht eingesetzten Lehrkräfte benötigen außer der fachlichen Qualifikation eine kirchliche Lehrerlaubnis (*vocatio*)[4], die teilweise auch in von der Landeskirche durchgeführten fachdidaktischen Kursen erworben werden kann. Hinsichtlich der Lehrplangestaltung vgl. oben Ziff. 1.

8.1.1.3.1. Umfang des schulischen Religionsunterrichts

Der Religionsunterricht wird meist in zwei Unterrichtsstunden pro Woche erteilt. In Baden-Württemberg und in Rheinland-Pfalz wird im Allgemeinen der Religionsunterricht sehr gut besucht. Kirche begegnet in keinem anderen Arbeitsfeld so vielen jungen Menschen wie im schulischen Religionsunterricht.

Nach Angaben des Schulreferats des Freiburger Erzbistums wurde der schulische Religions-unterricht in der dortigen Diözese im Schuljahr 2006/07 von 35.000 Jugendlichen und Kindern (damit 44 % aller Schüler) besucht, und die Abmeldungen katholischer Schüler blieben mit 4 % gering. Im Jahr 2006 wurde dieser Unterricht, zu dessen Finanzierung die Diözese 23 Millionen Euro beisteuerte, in 29.082 Wochenstunden von nahezu 5.000 Lehrern erteilt. Unter den vom Bistum beauftragten Lehrkräften waren 313 Geistliche, 147 Pastoralreferenten/Pastoralrefe-rentinnen, 241 Gemeindereferenten/Gemeindereferentinnen und 626 Religionslehrer/Religi-onslehrerinnen. Daran kann die Bedeutung dieses kirchlichen Dienstes abgelesen werden.

Im Bereich der Evangelischen Landeskirche in Baden besuchten nach Angaben des Evange-lischen Oberkirchenrats Karlsruhe im Schuljahr 2010/11 an 1.733 öffentlichen und 260 privaten Schulen insgesamt 228.601 Schülerinnen und Schüler den evangelischen Religionsunterricht. 22.699 Schülerinnen und Schüler nahmen – manche als Gast, andere im Rahmen des 2005 zwi-schen den vier großen Kirchen in Baden-Württemberg vereinbarten konfessionell-kooperativen Religionsunterrichts – am katholischen Religionsunterricht teil, 23.092 katholische Schülerinnen und Schüler am evangelischen Religionsunterricht. Insgesamt besuchten 163.932 evangelische und 64.669 nicht-evangelische Schülerinnen und Schüler den evangelischen Religionsunter-richt. An ihm nehmen auch viele Kinder und Jugendliche teil, die konfessionslos sind oder einer anderen Konfession oder Religion angehören. Der evangelische Religionsunterricht wurde von 3.848 Lehrkräften (davon 1.131 im Dienst der Landeskirche) erteilt. Von den kirchlichen Lehr-kräften waren ca. 800 Pfarrerinnen und Pfarrer (535 Gemeindepfarrerinnen bzw. -pfarrer, 265 hauptamtlich im Schuldienst tätige Pfarrerinnen und Pfarrer), ca. 350 Gemeindediakoninnen und -diakone und 277 Religionspädagogen. Sie haben 23.480 Wochenstunden evangelischen Religionsunterricht erteilt. Die Abmeldequote betrug 4,7 %. Die badische Landeskirche trug finanziell zum Religionsunterricht im Jahr 2011/12 ca. 21 Millionen Euro bei.

Eine Besonderheit in Baden und Württemberg ist das Pflichtdeputat der Pfarrerinnen und Pfarrer sowie der Gemeindediakoninnen und -diakone im Religionsunterricht. In Baden ist für die Evangelische Landeskirche und für die katholische Kirche per Staatsvertrag geregelt, dass mindestens ein Drittel des evangelischen und katholischen Religionsunterrichts durch die Kirchen abgedeckt und aus Kirchensteuermitteln bezahlt wird. Die Gemeindepfarrstellen und Gemeindedi-akonenstellen sind darum mit einem Pflichtdeputat Religionsunterricht verbunden, das zwischen 2 und 8 Stunden betragen kann. Für die Wochenstunden Religionsunterricht, die über das sogenannte „Badische Drittel" hinausgehen, leistet das Land Baden-Württemberg Ersatzleistungen, die jedoch nur ca. 1/3 der kirchlichen Aufwendungen für den Religionsunterricht refinanzieren.

Im Bereich der Evangelischen Kirche der Pfalz besuchten im Schuljahr 2010/11 zwischen 95.000 und 100.000 Schüler den evangelischen Religionsunterricht. An ihm nehmen, wie in

Baden, auch viele Kinder und Jugendliche teil, die konfessionslos sind oder einer anderen Konfession oder Religion angehören. Der Religionsunterricht wird – in den einzelnen Schularten unterschiedlich – sowohl von staatlichen Lehrkräften mit kirchlicher Bevollmächtigung als auch von kirchlichen Kräften erteilt. 103 Personen aus dem kirchlichen Dienst sind hauptamtlich (im Rahmen von Gestellungsverträgen) an den Schulen tätig. Das sind vorwiegend Pfarrerinnen und Pfarrer an Berufsbildenden Schulen und Gymnasien, aber auch einige Religionspädagogen an Grund- und Förderschulen. Darüber hinaus erteilen auch Gemeindepfarrerinnen und -pfarrer sowie Gemeindediakoninnen und -diakone als Teil ihres Dienstauftrags Religionsunterricht. Sie bringen insgesamt etwas mehr als 1.000 Wochenstunden ein. Das entspricht etwa 42 Lehrerstellen.

8.1.1.3.2. Die inhaltliche Entwicklung des schulischen Religionsunterrichts

Die Konzeption des Religionsunterrichts unterlag einem steten Wandel[5]. Aus der Analyse der Lehrpläne seit dem Zweiten Weltkrieg ergibt sich vor allem der Übergang von einem „religiös-kirchlichen" Unterricht zu einem in Lernzielen, Themenbereichen und in der Infragestellung seines konfessionellen Charakters zunehmend „säkularisierten", weltoffenen Unterricht.

In den ersten beiden Jahrzehnten nach dem Zweiten Weltkrieg verstand sich der Religionsunterricht an den Volksschulen vor allem als „Kirche in der Schule". Im evangelischen Unterricht war z.B. das Konzept der „evangelischen Unterweisung" bestimmend. Dieser Unterricht war stark bibelorientiert und diente der Verkündigung des Evangeliums in der Schule. Schüler links und rechts des Rheins wurden tief geprägt vom Lehrbuch *Schild des Glaubens*, das ursprünglich als Hausbuch für die Familie konzipiert wurde und bereits 1941 erschien. Es handelt sich um eine Nacherzählung biblischer Geschichten von Jörg Erb. Den biblischen Geschichten sind jeweils Bilder von Paula Jordan sowie biblische Sprüche und Liedverse des Gesangbuchs zugeordnet.

Im Verlauf der Zeit konnte ein solcher vorwiegend an kirchlicher Tradition orientierter Unterricht den Bedürfnissen und Interessen der Schüler immer weniger gerecht werden. Der Religionsunterricht wurde immer mehr als überholtes kirchliches Privileg bzw. als überlieferte Lehre ohne Bezug zur Lebenswirklichkeit empfunden. Um ihn aus dieser Ghettosituation zu befreien, bemühten sich die Kirchen bzw. die religionspädagogischen Institute seit Ende der 60er und Anfang der 70er Jahre, ihn vom Auftrag der Schule her zu begründen. Es ging darum aufzuweisen, welchen Beitrag der Religionsunterricht zur Bewältigung gegenwärtiger und zukünftiger Lebenssituationen erbringen kann. So kam es nun in beiden Konfessionen zum Konzept des „problemorientierten Religionsunterrichts". Anknüpfungspunkt war die Lebenswelt und die Lebensproblematik der Schülerinnen und Schüler. Dieser Unterricht war stark durch Diskussion und ethische Zielsetzung gekennzeichnet.

Nach dem bibelorientierten Unterricht der 50er und dem ethischen und problemorientierten Religionsunterricht der 70er Jahre bestimmen heute Theologie mit Kindern, Rituale, ganzheitliches Lernen und ästhetische Aspekte das Selbstverständnis des evangelischen Religionsunterrichts. Dasselbe gilt für die katholische Seite. Wie der Bildungsplan Baden-Württemberg 2004 ausführt, ist es das Ziel des Religionsunterrichts, die Schüler mit ihrer eigenen Religion vertraut zu machen, sie bei der Suche nach dem Sinn ihres Lebens zu begleiten und die Herausbildung ihrer eigenen Persönlichkeit zu fördern. Er „thematisiert Religion als prägenden Bestandteil der Gesellschaft und der Heimatgeschichte" und „führt zur Begegnung mit anderen Religionen sowie Kulturen und trägt somit zu ethisch verantwortbarem Handeln bei". Die religiöse Kompetenz der Kinder soll gefördert werden. Die Einführung des Begriffs der „Kompetenz" in die Bildungspläne des Landes Baden-Württemberg hat sich auch auf den Religionsunterricht ausgewirkt und bestimmt die Struktur der Bildungspläne für die verschiedenen Schularten.

8.1.1.3.3. Konfessionell-kooperativer Religionsunterricht: Fortschritt und Rückschläge

Im Jahr 1962 wurde zum ersten Mal ein einheitlicher Stoffverteilungsplan[6] für den evangelischen und katholischen Religionsunterricht für die Volksschulen Baden-Württembergs vorgelegt. In der Folgezeit hat sich eine lang andauernde Debatte über den Stellenwert der konfessionellen Ausrichtung dieses Unterrichts ergeben. Zu einem konfessionsübergreifenden Religionsunterricht an den öffentlichen Schulen kam es allerdings nicht. Eine Ausnahme bildete der Religionsunterricht an den berufsbildenden Schulen bundesweit.

Das gemeinsam vom Comenius-Institut, dem Deutschen Katechetenverein und der Gesellschaft für Religionspädagogik im Jahr 1997 herausgegebene *Handbuch zum Religionsunterricht an berufsbildenden Schulen* weist bei der Kritik an der konfessionellen Ausrichtung des Religionsunterrichts auf drei Faktoren hin: die schwierige Bildung homogener konfessioneller Gruppen in der Praxis, das nur gering ausgeprägte Bewusstsein konfessioneller Zugehörigkeit bei den Jugendlichen und schließlich eine multikonfessionelle Neuorientierung des Unterrichtsfaches selbst[7].

Um den Religionsunterricht offener zu gestalten, gibt das *Handbuch* mehrere Möglichkeiten an: die Zusammenarbeit von Religionslehrern und Lerngruppen der beiden Konfessionen bei der Behandlung rein konfessioneller Themenbereiche (konfessionell-kooperativ); die themenbezogene Unterrichtsgestaltung in Lerngruppen, die abwechselnd von Religionslehrern der beiden Konfessionen geleitet werden (kooperativ-konfessionell); die wahlweise Teilnahme von Schülern am Religionsunterricht der anderen Konfession (bikonfessionell); schließlich die paritätische Teilnahme von Schülern anderer christlicher Konfessionen (z.B. der Orthodoxen Kirche) oder konfessionsloser Schüler am konfessionellen Unterricht (multikonfessionell).

Diese Vorschläge sind in Baden-Württemberg auch außerhalb der berufsbildenden Schulen aufgegriffen worden. Die katholischen Bistümer und die evangelischen Kirchen haben 1993 ihren Willen zur besseren Zusammenarbeit in den Schulen bekräftigt[8]. Vor allem das Modell des konfessionell-kooperativen Religionsunterrichts fand Anklang.

Ein großer kirchenpolitischer Schritt in Richtung auf eine verstärkte konfessionelle Zusammenarbeit im Religionsunterricht wurde im Jahr 1998 durch die Vereinbarung zwischen der Deutschen Bischofskonferenz und der Evangelischen Kirche in Deutschland getan unter dem Titel „Zur Kooperation von Evangelischem und Katholischem Religionsunterricht".

Die Intention dieser Erklärung wurde für Baden-Württemberg fortgeschrieben, indem die vier großen Kirchen dieses Bundeslandes mit Wirksamkeit für das Schuljahr 2005/06 eine Vereinbarung trafen: „Konfessionelle Kooperation im Religionsunterricht der allgemeinbildenden Schulen": Der auf der Grundlage dieser Vereinbarung erteilte Religionsunterricht wurde gleichermaßen als evangelischer und katholischer Religionsunterricht anerkannt. Die Rahmenbestimmungen dieser Vereinbarung wurden zum Schuljahr 2009/10 noch einmal geändert. Juristisch entspricht dieser Unterricht nun eher der sog. „Gaststatus-Regelung", mit anderen Worten: Es wird konfessioneller Religionsunterricht erteilt, an dem die Schülerinnen und Schüler der anderen Konfession teilnehmen. Für den Bereich der Evangelischen Landeskirche in Baden haben für das Schuljahr 2011/12 genau 273 Schulen einen Antrag auf Erteilung dieses Unterrichts gestellt, was ca. 12 % der in Frage kommenden Schulen entspricht.

Es gibt allerdings auch Rückschläge. Am 27. September 2004 hat sich die Bischofskonferenz erneut auf den Grundsatz der Konfessionalität mit der Zulassung einiger Ausnahmen berufen. Beim Katholikentag 2008 in Osnabrück wurde die gleiche Kehrtwendung deutlich. Trotzdem wird sich der Religionsunterricht auf Dauer auf ein neues pluralistisches und ganzheitliches Modell der Wertevermittlung ausrichten müssen, denn die Gesellschaft wird immer säkularer[9].

8.1.1.3.4. Schulseelsorge und Schulpastoral

Die positive Zusammenarbeit von Kirche und Schule in Baden-Württemberg zeigt sich über den Religionsunterricht hinaus traditionell in zahlreichen Schul- und Schülergottesdiensten im Schuljahr (z.B. zu den christlichen Festen, zu Beginn des Schuljahrs, zur Einschulung und zum Schulabschluss). Die Schulen sind in der Regel offen für die Pflege christlicher Werte und Traditionen, eröffnen Raum für religiöse Aktivitäten (z.B. Schülerbibelkreise, Pilgerfahrten, Klosteraufenthalte und andere spirituelle Freizeiten). Die katholische Schulpastoral greift diese Dimension des schulischen Lebens seit den 90er Jahren des 20. Jahrhunderts aktiv auf und entwickelt sie weiter.

Das Referat Schulpastoral der Erzdiözese Freiburg beschreibt Schulpastoral folgendermaßen:

- *als Dienst der Kirche mit und an den Menschen im Lebensraum Schule*
- *als christliches Engagement für eine humane Schule*
- *als Chance, den christlichen Glauben im Lern- und Lebensraum Schule erfahrbar zu machen*
- *als Bildungs- und Freizeitangebot im Handlungsfeld Schule*
- *als Beitrag zur Schulentwicklung im Sinne der Bildungspläne in Baden-Württemberg.*[10]

Schulpastoral wendet sich an alle Menschen in der Schule. Sie will kein Ersatz für den Religionsunterricht sein, sondern:

- *beitragen zur Gestaltung einer lebendigen Schulkultur*
- *religiöse Erlebnis- und Erfahrungsräume erschließen und vertiefen*
- *die Entwicklung der Persönlichkeit der Schülerinnen und Schüler stärken*
- *soziales Lernen in der Schule fördern*
- *Menschen begleiten in ihrem persönlichen Suchen und Fragen*
- *die eigene religiöse Identität stärken*
- *den Lebensraum Schule für Gerechtigkeit, Versöhnung, Frieden und Bewahrung der Schöpfung sensibilisieren*
- *offen sein für die Ökumene*
- *Verständnis für andere Religionen und Kulturen wecken.*[11]

Die Schulpastoral reagiert auf den zunehmenden Bedarf an Begleitung und auf die Entfremdung vieler Menschen in der Schule von Glauben und Religion mit einer Einladung zu geistlichem Leben und Gemeinschaft. Die Erzdiözese Freiburg bietet zahlreiche Fortbildungen zu Themen der Schulpastoral an.

Die evangelische Schulseelsorge wurde seit 1991 zunächst als Pilotprojekt in der Evangelischen Kirche in Hessen und Nassau eingeführt und entwickelt sich seither zu einem festen Angebot, das in immer mehr Landeskirchen etabliert wurde. Die Schulseelsorge reagiert auf die Zunahme von Lebensproblemen, Krisen- und Konfliktsituationen für die Menschen im Lebensraum Schule und auf den Bedarf an seelsorglicher und spiritueller Begleitung.

In der evangelischen Landeskirche in Baden wurde die Fortbildung in Schulseelsorge 2008 im Rahmen eines Projekts der Landessynode eingeführt. Staatliche und kirchliche Religionslehrkräfte, darunter auch Pfarrerinnen und Pfarrer, Gemeindediakoninnen und -diakone werden in einem Jahreskurs bzw. in Kursmodulen zu Themen wie „Tod und Trauer in der Schule", „Umgang mit Krisen und Notfällen in der Schule", „das seelsorgliche Kurzgespräch", „seelsorglich unterrichten" speziell darauf vorbereitet, Menschen in der Schule durch Seelsorgegespräche zu begleiten und seelsorgliche Angebote zu machen. Ziel der Entwicklung der Schulseelsorge ist ein Netzwerk von Schulseelsorgerinnen und -seelsorgern, die in allen größeren schulischen Zentren präsent sind. Im Blick auf die rechtliche Absicherung von Seelsorgerinnen und Seelsorgern, die im Seelsorgegeheimnisgesetz der EKD von 2010 entfaltet wird, erhalten Schulseelsorgerinnen und -seelsorger eine formelle Beauftragung durch die Landeskirche, sofern sie eine entsprechende Fortbildung und Praxis nachweisen können.

Die Fortbildung in Schulseelsorge geschieht in Baden und Württemberg ab dem Jahr 2013 gemeinsam durch die religionspädagogischen Institute beider Landeskirchen. „Bei diesen Fortbildungen gehen die beiden Kirchen davon aus, dass Evangelische Schulseelsorge christliche Hilfe zur Lebensbewältigung von Einzelnen und Gruppen im Raum der Schule ist. Dabei geht es Evangelischer Schulseelsorge um eine Mitgestaltung der Schulkultur durch die bewusste Zuwendung zum einzelnen Menschen im Namen des christlichen Glaubens sowie die Beratung und Begleitung der Schule als Ganzes aus systemischen Anlässen und aktuellen Herausforderungen (wie Mobbing oder schwere Krankheit)."[12]

Im Vergleich zur Schulpastoral legt die Fortbildung einen deutlichen Schwerpunkt auf die Begleitung von Einzelnen und Gruppen in besonderen Situationen durch Gespräche. Die Ressourcen für die katholische Schulpastoral bzw. evangelische Schulseelsorge werden von den Kirchen aufgebracht. Einzelne Schulen stellen Deputatsstunden und Räume zur Verfügung.

8.1.2. Im Elsass

Wie auf der deutschen Rheinseite hat die Präsenz der anerkannten Kirchen in den staatlichen Schulen dazu geführt, dass die Zahl der kirchlichen Privatschulen im Elsass relativ gering blieb. Zwar gab es von katholischer Seite zunehmend intensive Bemühungen, dies zu ändern, aber die Privatschulen stellen trotzdem in der elsässischen Schullandschaft eine Minderheit dar. Im Rahmen der besonderen Gesetzgebung im Elsass und in Lothringen erfuhr der Religionsunterricht an öffentlichen Schulen dank der qualifizierten Ausbildung des Lehrpersonals eine Erneuerung. Allerdings nimmt die Schülerzahl in diesem Unterricht jährlich weiter ab.

Das zweistufige Schulsystem im Elsass

In der ersten Stufe besuchen die Kinder im Elsass die École maternelle (Vorschule; von 3 bis 5 Jahren), danach bis zu ihrem 10. Lebensjahr die École primaire (Grundschule). Die Grundschule ist aufgeteilt in Cours préparatoire (CP), Cours élementaire (CE) und Cours moyenne (CM). In der zweiten Stufe (von 11 bis 14 Jahren) wird zuerst das Collège (Realschule), danach (von 15 bis 18/20 Jahren) das Lycée (Gymnasium) oder eine Berufsschule besucht.

8.1.2.1. Kirchliche Privatschulen auf vertraglicher Grundlage und besondere Bildungszentren

Die Organisation der kirchlichen Privatschulen ist unterschiedlich, weil die Kirchen selbst für die Organisation verantwortlich sind. Es gibt außerdem besondere kirchliche Bildungszentren, die auf Arbeit mit Behinderten, straffälligen Jugendlichen usw. spezialisiert sind. Die Mehrzahl dieser kirchlichen Einrichtungen verfügt über einen Vertrag mit dem Staat, der das Gehalt für das Lehrpersonal bezahlt und durch Subventionsleistungen bei Sachaufwänden zur Unterhaltung der Schulen beiträgt.

Am 4. März 1984 fand in Frankreich eine Demonstration für die Erhaltung kirchlicher Privatschulen statt. Das war ein entscheidendes Datum für die Verteidigung dieses Sonderstatus. Im Übrigen lässt sich beobachten, dass kirchliche Orden und kirchliche Vereine eine entscheidende Rolle gespielt haben in den Veränderungen, die diese Erziehungseinrichtungen im Laufe des 20. Jahrhunderts vollzogen haben.

8.1.2.1.1. Der katholische Privatschulunterricht im Elsass

Im gesamten Elsass gibt es 32 katholische Privatschulen, die im Jahr 2006 von 26.731 Schülern besucht wurden. Diese Zahl entspricht ca. 9 % aller elsässischen Schüler. Damit besuchen im Elsass 50 % weniger Schüler als im übrigen Frankreich eine Privatschule, bei den Gymnasien sogar zwei Drittel weniger[13].

Diese kirchlichen Einrichtungen finden sich keineswegs nur in den Städten. Sie verteilen sich auf die ganze Region. Gerade die Schulen in den „ländlich-städtischen" Gegenden des Elsass, wie zum Beispiel – von Norden nach Süden – die Schulen in Walburg, Matzenheim, Rappoltsweiler, Zillisheim, Landser, haben eine erstaunliche Ausstrahlungskraft. Aber auch in den großen Städten Straßburg, Colmar und Mülhausen gibt es angesehene katholische Privatschulen. Viele dieser Schulen standen lange Zeit unter kirchlicher Leitung, aber heute sind die Schuldirektoren meistens „Laien". Die Priester erteilen lediglich noch den schulischen Katechismusunterricht, dessen Organisation von dem Straßburger Weihbischof Christian Katz koordiniert wird. Dieser übt auch die direkte bischöfliche Aufsicht über die vier bischöflichen Collèges (Séminaire de Jeunes in Walburg, Collège St. Étienne in Straßburg, Collège St. André in Colmar und Collège épiscopal in Zillisheim) aus. Die anderen Privatschulen werden entweder

Bild 71: Das bischöfliche Collège in Zillisheim um 1926. Postkarte

vom Bistum oder von Kongregationen getragen, deren Mitglieder auch in die Bildungs- und Erziehungsarbeit eingebunden sind. Diese Kongregationen (Kongregation vom Hl. Geist und vom Hl. Herzen Mariens in Blotzheim, Mariengesellschaft am Collège St. André in Colmar, Brüder von Matzenheim, Salesianer am École-Collège-Lycée Don Bosco in Landser, Schwestern der Göttlichen Vorsehung in Rappoltsweiler, Kongregation der christlichen Lehre von Nancy in Straßburg usw.) kämpfen heute mit mangelndem Nachwuchs an Lehrern.

8.1.2.1.2. Evangelische Privatschulen

Unter den 10.000 französischen Privatschulen gibt es nur drei evangelische. Zwei davon befinden sich in Straßburg: das Johann-Sturm-Gymnasium und die Lucie-Berger-Schule. Im Rahmen der von ihnen gepflegten „offenen" Laizität erklärten die im Elsass anerkannten evangelischen Kirchen, dass „die evangelischen Privatschulen Stätten für die Erprobung innovativer pädagogischer Ansätze sind, die in den schwerfälligen Strukturen der staatlichen Schulen kaum möglich sind". In dieser Erklärung wird dann aufgezählt, unter welchen Voraussetzungen die evangelischen Schulen der Gesellschaft einen wichtigen, einheitlichen und bekenntnisneutralen Dienst erweisen können: Festhalten an ihrem Erziehungskonzept, Mehrheit innerhalb der zukünftigen Verwaltungsräte, Vorschlagsrecht für Leitungsgremien, Rechte der Schulleiter bei der Anstellung von Lehrern und Flexibilität im Hinblick auf die Schultypen.

Das im Geist des Humanismus und der Reformation 1538 in Straßburg gegründete Johann-Sturm-Gymnasium hat seit 1919 den Status einer öffentlichen Schule. 1988 konnte dieses seit 1974 über einen Kooperationsvertrag mit dem Staat verbundene Gymnasium sein 450jähriges Bestehen feiern. Die Schule Bon Berger nannte sich seit 1919 nach seiner Gründerin und Lei-

Bild 72: Gedenkstein in Erinnerung an Lucie Berger von Alfred Marzolff (© Bibliothèque Nationale et Universitaire de Strasbourg)

terin „Collège Lucie Berger". Diese Schule war 1871 aus der religiösen Erweckungsbewegung hervorgegangen, die schon vorher zur Gründung der Diakonissen-Gemeinschaft geführt hatte. Seit 1960 besteht für das Collège Lucie Berger ein Kooperationsvertrag mit dem Staat.

Das Johann-Sturm-Gymnasium und das Collège Lucie Berger sind seit dem 1. September 2006 im Jan-Amos-Comenius-Zentrum vereint und werden vom Evangelischen Erziehungsrat von Straßburg – einem mit dem St. Thomas-Kapitel und den Diakonissen paritätisch besetzten Verband – verwaltet. Im Collège Lucie Berger befinden sich die Grundschule und zwei Klassen der Oberschule, im Gymnasium die höheren Klassen. Ursprünglich war das Collège Lucie Berger eine Mädchenschule. Seit 1986 gibt es in den beiden zusammengeschlossenen Schulen ungefähr dieselbe Anzahl an Buben wie Mädchen.

8.1.2.2. Jugendseelsorge und Religionsunterricht an den staatlichen Schulen

Der schulische Religionsunterricht ist eine Besonderheit des Elsass innerhalb von Frankreich. „Er ist einerseits immer wieder in seiner Existenz bedroht, andererseits ist er für die Vermittlung

der Kultur in all ihren wesentlichen Dimensionen unentbehrlich. Wie können seine Zukunfts-
chancen gewahrt bleiben und zugleich die pluralistischen Überzeugungen der Jugendlichen
in der Gegenwart respektiert werden?"[14] Diese im Jahre 2003 von Francis Messner, einem
Spezialisten für die besondere Schulgesetzgebung im Elsass und in Lothringen gestellte Frage
spiegelt die Probleme eines Religionsunterrichtes wider, dessen Zielgruppe mit fortschreitender
Säkularisierung im Elsass wie in den anderen Teilen Frankreichs und Europas abnimmt. Immer
mehr Jugendliche melden sich mit zunehmendem Alter aus dem Unterricht ab.

Religionsunterricht und/oder Jugendseelsorge? Im Elsass und in Lothringen wurde das Gesetz
Falloux vom März 1850, das die Verfassung der staatlichen Grundschulen regelte und die kirchlichen
Vorrechte in den Schulen stärkte, anders als in Innerfrankreich beibehalten. Der Religionsunterricht,
der 1871 auf vier Wochenstunden festgelegt war, wurde allerdings im Laufe der Zeit auf eine Stunde
reduziert. Er wird im Allgemeinen von Katecheten erteilt, die von den Kirchen ausgebildet werden.
Erst in der Oberschule unterrichten die Geistlichen der vier vom Staat anerkannten Religionsgemeinschaften. Der rechtliche Status des mit dem Religionsunterricht beauftragten Lehrpersonals
unterscheidet sich jedoch stark von dem der anderen Lehrer. Er bietet weniger Rechtssicherheit
und ist stark umstritten. Auch im Sekundarbereich ist der Religionsunterricht ordentliches Un-
terrichtsfach, aber die Schüler können sich leicht befreien lassen. Dieser Unterricht, der durch
eine Verordnung vom 20. Juni 1883 auf zwei Wochenstunden festgesetzt wurde, ist heute der
Schülerzahl angepasst: üblicherweise eine Stunde pro Woche für Schülergruppen von 5 bis 14
Teilnehmern. Im Jahre 1997 lag die durchschnittliche Teilnahme der Schüler und Schülerinnen
aller Konfessionen bei 49% in den Collèges und bei 10% in den Gymnasien[15].

Für die inhaltliche Gestaltung dieses Religionsunterrichts sind die vier zugelassenen Religionsgemeinschaften (katholische, lutherische und reformierte Kirche sowie jüdische Gemeinden)
zuständig. Es gibt beträchtliche Abweichungen je nach zeitlichen und örtlichen Verhältnissen.
Die inhaltlichen Ziele dieses Unterrichts unterliegen einer stetigen Weiterentwicklung. Die neue
Religionspädagogik hat zur Veröffentlichung einer Reihe moderner Schulbücher geführt, die
den neuen psychologischen Erkenntnissen und den Bedürfnissen der Kinder und Jugendlichen
auf den verschiedenen Stufen ihrer Schullaufbahn Rechnung tragen.

All diese verschiedenen Aspekte bestimmen den Religionsunterricht im Elsass, in dem sich
die Förderung des Interesses an Kultur, Religion und Religionsgeschichte mit Katechetik und
Seelsorge an den Jugendlichen verbinden. Die Schulseelsorge konnte im Jahr 2002 ihr 200jäh-
riges Bestehen feiern und legt heute weniger das Augenmerk auf die „Unterweisung der Schüler
in der Religion"[16] als vielmehr auf die Förderung der Gemeinschaft unter der Schuljugend auf
dem Weg zu einer religiösen Bildung.

Pfarrer Gérard Janus hat als verantwortlicher Leiter des Katechetischen Dienstes der Evangelischen Kirchen im Elsass und in Lothringen 1998 mitgeteilt, dass die evangelischen Kirchen
seit 1980 einen religionskundlichen Unterricht („culture religieuse") an staatlichen Schulen
bevorzugen, während die katholische Kirchenleitung bis in die jüngste Zeit große Vorbehalte
gegen diesen Terminus und die damit verbundenen thematischen Entscheidungen hegt.

8.2. Außerschulische Bildung, kirchliche Jugendarbeit

Wer die Entwicklungen im wirtschaftlichen, politischen, sozialen und kulturellen Leben verstehen will, sollte genau die Änderungen der Lebensformen bei den Jugendlichen beobachten.
Das können die zahlreichen, oft mit staatlicher Unterstützung entstandenen Organisationen
am Oberrhein bezeugen, die sich zum Ziel gesetzt haben, die Jugendlichen zu bilden und ihre
Aktivitäten zu koordinieren. Es sind dort im Laufe der Zeit eine ganze Reihe von Jugendbewegungen und Jugendverbänden konfessioneller Prägung entstanden, die jedoch unabhängig
von einander blieben. Zu all diesen Strukturen können jetzt – in Deutschland noch mehr als
in Frankreich – genaue und anschauliche Informationen per Internet abgerufen werden.

8.2.1. Öffentliche Jugendarbeit

Die Bewohner des Oberrheins zeichnen sich durch ihr außergewöhnliches Organisationstalent
aus. Das erklärt zum großen Teil, warum die katholischen und evangelischen Jugendverbände
so viel Auswirkung auf Politik und Gesellschaft haben konnten. Am Oberrhein gab es lange
eine tiefe Kluft zwischen Deutschland und Frankreich bzw. den katholischen und evangelischen
Kirchen. Das führte zu jeweils eigenen nationalen und konfessionellen Organisationen. Auch
die Jugendverbände am Oberrhein waren von dieser Entwicklung geprägt.

8.2.1.1. Elsass

Die elsässische Jugend hat einen ganz eigenen Charakter. Julien Fuchs zufolge ist dafür „das
vitale elsässische Vereinsleben" verantwortlich, weil es der Jugend immer wieder neue Formen
von Sozialisierung bot. Das Vereinsleben machte Fortschritt möglich[17]. Vor 1914 war es für den
jungen Elsässer selbstverständlich und gleichsam eine Pflicht, einem kirchlichen Jugendkreis im
Dorf anzugehören, während in der Zeit zwischen den beiden Weltkriegen die Jugendverbände
neue, mehr naturverbundene und der körperlichen Ertüchtigung dienende Gemeinschafts-
formen (Wander- und Turnbewegungen) pflegten.

In der Gegenwart engagieren sich im Elsass die Jugendverbände zusammen mit ihren Dach-
organisationen, dem CDJ (Centre Départemental des Mouvements de Jeunesse et d'Éducation
populaire) im Departement Unterelsass (seit 1958) und dem CDMIJ (Conseil Départemental
des Mouvements et Institutions de Jeunesse) im Departement Oberelsass (seit 1957), im Kampf
gegen den bedrohlichen Mitgliederschwund, der auch dadurch verursacht wird, dass sie als
konfessionelle Organisationen gelten. Dabei orientieren sich die elsässischen Verbände immer
mehr an den französischen Nationalverbänden, die neue Ziele und Themen vermitteln.

Die Jugendverbände greifen heute in ihren Bildungsmethoden neue Tendenzen auf, die für
die Generationen nach 1968 typisch sind. Sie sind damit trotz der Krise, die sie alle seit den
1970er Jahren erfasst hat, eine Quelle des Nachwuchses für Leitungsfunktionen im politischen
und gesellschaftlichen Leben des Elsass geblieben. Noch immer sind „le 27" (rue des Juifs 27 in
Straßburg, wo seit 1960 die „Direction Diocésaine des Œuvres Catholiques" untergebracht ist)
und das „MJP" („Maison de la Jeunesse Protestante" im Fossé des Treize) für viele ein Begriff.

Mai 68 im Elsass

Die Studentenproteste im Mai 68 gelten in Frankreich beinahe als ein Nationalereignis. Sie hatten eine längere Vorgeschichte im Elsass. Bereits 1966 traten die Aktivisten der AFGES (Association Fédérative Générale des Étudiants de Strasbourg) mit einem nonkonformistischen und provokanten Pamphlet gegen die Konsumgesellschaft an die Öffentlichkeit.

Im Jahre 1968 nahmen die Studenten der drei Straßburger Universitäten teil an einem ganz Frankreich erfassenden Generalstreik. Er war eine Reaktion auf die Gewaltanwendung der Polizei und die soziale Ausgrenzung, als deren Opfer sie sich empfanden. Der Studentenbewegung kam die stillschweigende Unterstützung großer Teile der Öffentlichkeit zugute, die der konservativen Strukturen in Gesellschaft, Politik und Kirche überdrüssig waren.

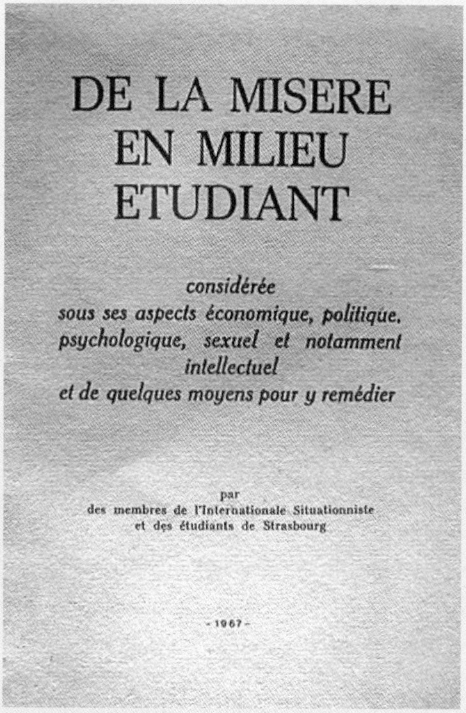

Die Studenten der protestantischen wie der katholischen Theologischen Fakultät in Straßburg nahmen aktiv an der ganz Frankreich erfassenden Protestbewegung der Jugend teil. Die katholischen Theologiestudenten verfassten ein Livre Blanc (Weißbuch), das die Grundlagen und die Möglichkeiten für eine Theologie im Dialog

DE LA MISERE EN MILIEU ETUDIANT

considérée
sous ses aspects économique, politique,
psychologique, sexuel et notamment
intellectuel
et de quelques moyens pour y remédier

par
des membres de l'Internationale Situationniste
et des étudiants de Strasbourg

- 1967 -

Bild 73: Titelseite der zweiten Auflage des provokanten Pamphlets vom November 1966 über das „Elend in der Studentenwelt", das viel Aufsehen in Straßburg erregte.

mit der Welt skizzierte: „Menschen sind in die Geschichte eingebunden und handeln in ihr. Deshalb soll der Theologe sein Augenmerk auf die aktuelle Geschichte richten, auf die Menschen und die Welt von heute, damit er auf deren Fragen besser eingehen und sein Glaubensverständnis auf die Probleme der Menschen heute ausrichten kann."[18]

8.2.1.2. Baden-Württemberg und Rheinland-Pfalz

Die Jugendforschung wird in Deutschland stark gefördert. So ermöglicht die neueste 16. Shell-Jugendstudie 2010 wieder einige Aufschlüsse über die religiöse Orientierung der Jugendlichen, über ihre Einstellung zu Religion, Kirche und kirchlichen Gemeinschaften im Allgemeinen. Das historische Erbe der in Baden und der Pfalz so bedeutsam gewordenen Jugendarbeit wird von dem 1922 gegründeten Archiv der deutschen Jugendbewegung gepflegt, das 1945 zerstört und unmittelbar danach auf Burg Ludwigstein bei Witzenhausen wieder aufgebaut worden ist.

In Baden-Württemberg und Rheinland-Pfalz hat die Wiederbelebung der Jugendarbeit – die vom Naziregime zwischen 1933 und 1945 gleichgeschaltet worden war – zu einem Anwachsen der unterschiedlichsten Vereine und Bewegungen geführt. Die äußerst aktiven Netzwerke dieser Bewegungen erfahren im Allgemeinen Unterstützung von den örtlichen Behörden, die darauf bedacht sind, ihre Jugendpolitik nach den jeweiligen Parteiprogrammen zu gestalten. Paul Hastenteufel, ein Fachmann für Jugendpastoral, hat Chancen und Grenzen dieser Jugendpolitik untersucht, vor allem aber die Gefahren einer institutionellen Ausuferung, wobei die Betreuer allzu leicht anstelle der Jugendlichen selbst das Wort ergreifen könnten und dann eine Organisation für die Jugendlichen die eigentliche Jugendbewegung zu ersetzen droht[19].

In Rheinland-Pfalz gibt es insgesamt etwa 1.060 Jugendzentren, kirchliche oder nichtkirchliche Begegnungsstätten, Jugendämter, Jugendhäuser usw. Aus dem Bericht *Freiwilliges Engagement in Rheinland-Pfalz 1999–2004* geht hervor, dass sich mehr als ein Drittel[20] der Bevölkerung dieses Landes ehrenamtlich in Projekten örtlicher Verbände oder Vereine engagiert, für die besonders vorteilhafte gesetzliche Rahmenbedingungen bestehen.

Der Landesjugendring Rheinland-Pfalz ist eine Arbeitsgemeinschaft, in der zur Zeit 22 Kinder- und Jugendverbände organisiert sind. Er fungiert auch als Ansprechpartner für die kommunalen Jugendringe. Die gesetzlichen Grundlagen der Arbeit der Jugendverbände ergeben sich aus dem achten Sozialgesetzbuch, dem Landesgesetz zur Ausführung des Kinder- und Jugendhilfegesetzes (AGKJHG), und die Förderung wird grundsätzlich im Jugendförderungsgesetz (JuFöG RLP) geregelt.

In Baden-Württemberg koordiniert der 1952 gegründete Landesjugendring Baden-Württemberg verschiedene staatliche Jugendorganisationen. Mit den 37 dezentralisierten Jugendagenturen verfügen die wichtigsten Jugendvereine des Bundeslandes über ein Jugendnetz, mit dessen Hilfe sie ihre Anregungen, Angebote und Ressourcen direkt koordinieren können. Dieses Netzwerk wird gemeinsam verwaltet vom Landesjugendring, der Landesvereinigung Kulturelle Jugendbildung und der Jugendstiftung, die sich der projektorientierten Jugendarbeit widmet. Vor Ort unterstützen die Kommunen diese Arbeit mit finanziellen Zuwendungen.

Neuartige, auch ökumenisch ausgerichtete Initiativen gehen von den Jugendkirchen in Saarlouis, Ravensburg und Kuppenheim aus. In Mannheim wurde im September 2005 die erste Jugendkirche Badens mit Hip-Hop-Musik und Graffiti eröffnet, 2010 folgten Jugendkirchen in Wertheim, Pforzheim und in der Ortenauregion.

Diese Jugendkirchen sind Bestandteil des kulturellen Lebens in Deutschland mit seinem besonderen Interesse an der Jugend. Diese Orientierung hat auch zu einem innovativen Modell der Jugendseelsorge und Jugendpastoral geführt, das den Jugendlichen einen Freiraum für ihre eigene Sprache, Kultur und Ästhetik bis hinein in ihre eigene Liturgie und Spiritualität ermöglicht.

8.2.2. Katholische Jugendverbände

Die katholische Jugendarbeit hat in den verschiedenen Territorien am Oberrhein eine jeweils besondere Entwicklung erlebt. Im Elsass wurde sie durch die Katholische Aktion (Action Catholique/AC) und in jüngerer Zeit durch neu entstandene Bewegungen geprägt. In Rheinland-Pfalz und Baden-Württemberg ist eine Blüte zahlreicher Bewegungen im Rahmen des Bundes der Deutschen Katholischen Jugend (BDKJ) und der Kirchlichen Jugendarbeit festzustellen.

8.2.2.1. Im Elsass

Vor dem Ersten Weltkrieg hatten die Kirchengemeinden die verschiedensten Formen der Begegnung ins Leben gerufen (Kreise, Theater- und Musikgruppen, Kirchenchöre, Lesezirkel, Turnvereine usw.), deren Ziel es war, Kinder und Jugendliche in der Zeit nach dem Katechismusunterricht in das kirchliche Leben einzubinden. Der 1898 von einem sportbegeisterten Team aus Priestern und Laien[21] gegründete Elsässische Turnerbund (ETB), der sich mit Ende des Ersten Weltkrieges in „Avant-Garde du Rhin" (AGR) umbenannte, wurde bald zum Wahrzeichen des bei Elsässern besonders beliebten Vereinslebens. Im Jahre 2006 gehörten 215 Vereine dem Dachverband der AGR an.

Das Vereinsleben erlebte in der Zeit zwischen den beiden Weltkriegen einen großen Aufschwung. Jetzt wurden im Elsass auch Abteilungen der ACJF (Action Catholique de la Jeunesse Française) und anderer eher sozialpädagogisch geprägter Bewegungen aus Innerfrankreich gegründet. Nach dem Zweiten Weltkrieg mussten die in dieser Blütezeit entstandenen Bewegungen und Vereine sich insbesondere mit der zentralistischen Bildungspolitik der Regierung und der allgemeinen Säkularisierung der Erziehung auseinandersetzen.

Die Katholische Aktion setzt sich im Elsass in besonderer Weise für Kinder und Jugendliche aus den verschiedenen Gesellschaftsschichten ein. Die ACE (Action Catholique des Enfants) betreut Kinder und bietet ihnen die Möglichkeit, in Form altersgemäßer Spiele und Tätigkeiten ihren christlichen Glauben zu leben. Die Katholische Aktion versucht, auch die Jugendlichen in ihrem gesellschaftlichen Umfeld zu erreichen. Die JEC (Jeunesse Étudiante Chrétienne) ist vor allem in den Städten präsent: Sie wird von den Schulgeistlichen in Gymnasien und Realschulen getragen, wo sie sich oft mit der Protesthaltung der Schüler auseinanderzusetzen haben. Die JOC (Jeunesse Ouvrière Chrétienne) im Elsass wurde 1928 gegründet. Diese missionarische Bewegung in der Arbeitswelt ist dem Grundsatz von Abbé Joseph Cardijn verpflichtet („Sehen-Urteilen-Handeln") und hat eine Reihe aktiver Gewerkschaftsmitglieder der Arbeiterschicht im Elsass hervorgebracht (Jean Kaspar, Menotti Bottazzi usw.)[22]. Die JAC (Jeunesse Agricole Chrétienne), die zu Beginn der 60er Jahre des 20. Jahrhunderts zum MRJC (Mouvement Rural de la Jeunesse Chrétienne) wurde, organisierte die Christliche Landjugend. Als Handlungsträger bei allen wichtigen Entscheidungen in der bäuerlichen Welt (Flurbereinigung, gemeinsame Agrarpolitik, Schulreformen, Umweltschutz und solidarische Entwicklungspolitik) unterhält diese Bewegung internationale Kontakte als aktives Mitglied des MIJARC (Mouvement International de la Jeunesse Agricole et Rural Catholique) und des CCFD (Comité Catholique contre la Faim et pour le Développement/Katholisches Komitee gegen Hunger und für Entwicklung). Die Bewegung JIC (Jeunesse Indépandante Chrétienne/Unabhängige

Bild 74: Im Jahre 1925 gründete Frère Médard (1899–1988) das „Foyer de l'étudiant catholique" (FEC). Dieses Foto entstand 1985, als er an den Feiern anlässlich des 60jährigen Bestehens des Studentenheims teilnahm. (© FEC, Straßburg)

christliche Jugend) ermöglicht den Jugendlichen, ihr Leben zu reflektieren, um Chancen zur persönlichen und gemeinschaftlichen Entfaltung zu entdecken. Sie hat als einer der ersten katholischen Jugendverbände Laien zu Betreuern (über 20 zu Beginn des 21. Jahrhunderts) berufen.

Neben diesen Bewegungen der Katholischen Aktion, die alle eine Neuorientierung des Lebens zum Ziel haben, fassten auch andere Vereine Fuß, die eigene pädagogische Ansätze und spirituelle Angebote vertraten. Die Eucharistische Jugendbewegung (Mouvement Eucharistique des Jeunes/MEJ) z.B. belebte ab 1962 die eucharistischen Wallfahrten vom Anfang des 20. Jahrhunderts neu und bot dadurch den Jugendlichen Gelegenheiten, ihr Leben in Einklang mit ihrem Glauben zu bringen. Bei der 35jährigen Jubiläumsfeier dieser Bewegung im Jahre 1997 fanden sich 500 Mitglieder ein. Auch die charismatischen Bewegungen wie Fokolar, Néocatéchuménat, Jeunes pour Jésus de la Communauté de l'Emmanuel, Renouveau charismatique haben eine Jugendarbeit entwickelt, in der die Gebetspraxis im Mittelpunkt steht. Das 1925 von Frère Médard (1899–1988) gegründete FEC (Foyer de l'Étudiant Catholique/Katholisches Studentenheim) hat bis in die Gegenwart die Erweckung zu einem Leben in religiöser Verantwortung unter seinen Studenten verfolgt. Das Heim, zu dem eine der vier miteinander verbundenen und von der Stadt Straßburg bezuschussten Mensen gehört, hat im Jahr 2009 154 Studenten beherbergt.

8.2.2.2. In Rheinland-Pfalz

Der Dienst an den Kindern und Jugendlichen in Rheinland-Pfalz zählt 12 aktive katholische Jugendverbände und Jugendbewegungen, die im Bund der Deutschen Katholischen Jugend (BDKJ) zusammengeschlossen sind: den Bund der St. Sebastianus Schützenjugend (BDSJ), die Christliche Arbeiterjugend (CAJ), die Deutsche Jugendkraft-Sportjugend (DJK), die Deutsche Pfadfinderschaft Sankt Georg, die Katholische Landjugendbewegung (KLJB), die Katholische Junge Gemeinde (KJG), die Kolpingjugend, die Malteserjugend, die Katholische Studierende Jugend (KSJ), die Gemeinschaften Christlichen Lebens (GCL), die Pfadfinderinnenschaft St. Georg und die Junge Kirche Speyer. Jede dieser Bewegungen verfügt über ein lebendiges Netzwerk mit kreativen pädagogischen Zielsetzungen zur Gestaltung der Kirche von morgen.

8.2.2.3. In Baden-Württemberg

Im Jahr 2008 hat das Jugendnetz von Baden-Württemberg ein Verzeichnis von mehr als 4.600 aktiven Jugendorganisationen erstellt. Aus der Einteilung nach Organisationsformen ergeben sich 347 Gruppen kirchlicher Jugendarbeit, 79 davon sind explizit als katholische Organisationen ausgewiesen[23]. Damit ist die Bedeutung dieses Verbandspotentials offenkundig. In Baden engagieren sich mehr als 50.000 Kinder und Jugendliche in Gruppen, Vereinen und Projekten der Kirchlichen Jugendarbeit in der Erzdiözese Freiburg.

Es gibt innerhalb der Erzdiözese Freiburg zehn aktive Jugendvereine oder Jugendbewegungen der Kirchlichen Jugendarbeit[24]: die Christliche Arbeiterjugend (CAJ), die Deutsche Jugendkraft – Sportjugend (DJK), die Deutsche Pfadfinderschaft Sankt Georg (DPSG), die Katholische Junge Gemeinde (KJG), die Kolpingjugend, die Katholische Studierende Jugend (KSJ), die Katholische Landjugendbewegung (KLJB), die Pfadfinderinnenschaft St. Georg (PSG), die Schönstatt Mannesjugend und schließlich die Junge Aktion. All diese Gruppen sind im BDKJ Freiburg (Okenstr. 15) zusammengeschlossen. Dieser betrachtet es als seinen Auftrag, den Jugendlichen bei der Selbstfindung, der Öffnung für andere und bei der Suche nach Gott zu helfen.

Es gibt große religiöse und politische Unterschiede zwischen den katholischen Jugendverbänden. Die Mitglieder des BDKJ gelten im Allgemeinen als liberal. Es gibt daneben Gruppen, die sich als „konservativ" betrachten, wie z.B. „Jugend 2000" oder „Generation Benedikt" und andere wie die Schönstattbewegung, die stark spirituell ausgerichtet sind.

8.2.3. Evangelische Jugendverbände und Jugendbewegungen

Während sich im Elsass nur einzelne und ortsgebundene Einrichtungen um die evangelische Jugend kümmern, gibt es in Rheinland-Pfalz und Baden-Württemberg ein dichteres und institutionell stärker verankertes Netz von Einrichtungen, das der Größe dieser Kirchen in ihren jeweiligen Gebieten entspricht.

8.2.3.1. Elsass

Im Jahre 1946 zählte der Evangelische Jünglings- und Mädchenbund der protestantischen Kirchengemeinden 34 Gruppen. Heute gibt es vielfältige und oft höchst unterschiedliche Vereine und Bewegungen – je nach Ort oder einem besonderen seelsorgerlichen Anliegen. Die AUP (Aumônerie Universitaire Protestante/Evangelische Studentengemeinde) hat ihren Verwaltungssitz in einem Haus an der Straßburger Avenue de la Fôret-Noire (Schwarzwaldstraße), von dem aus die Betreuung von Studenten, Freizeitangebote, seelsorgerliche Begleitung und kulturelle wie religiöse Zusammenkünfte organisiert werden.

Bereits 1852, im gleichen Jahr wie in Paris, entstand die Gruppe Elsass[25] des Christlichen Vereins Junger Männer (CVJM, fr.: Union Chrétienne des Jeunes Gens/UCJG), die 2006 die einzige noch aktive Regionalgruppe in Frankreich war. Ein deutlicher Beweis für ihre nach wie vor große Aktivität ist das CIARUS (Centre International d'Accueil et de Rencontre Unioniste de Strasbourg) in der Rue Finkmatt in Straßburg. Zu dieser Gruppe gehört auch der CVJM

Bild 75: Auf dem Liebfrauenberg gab es einen Landsitz, der 1954 von dem Verein der Freunde des Hauses der Kirche gekauft und anschließend renoviert wurde. Am 1. Juni 1960 wurde das Haus der Kirche eingeweiht. Links Pfarrer Eugène Knorr, rechts der Architekt Georges Maechel (© Château du Liebfrauenberg)

Schiltigheim, in dessen Vereinsstadion die alte Vereinstradition des Basketballs fortgeführt wird und der ein Ferienzentrum in Eckerich bei Markirch besitzt. Auch der CVJM Fossé des Treize (Straßburg) besitzt ein Ferienzentrum, Salm bei Schirmeck, und der CVJM Colmar das Haus Zhillardthof in Zhillardt bei Markirch.

Im Jahr 1925 haben Mitglieder der Evangelischen Kirche Augsburgischen Bekenntnisses in Elsass-Lothringen (ECAAL) den Verein EUL (Équipes Unionistes Luthériennes) gegründet. Mit dem Verein ist eine Kommunität verbunden, die sich aus etwa 20 Ehrenamtlichen, Zivildienstleistenden und ständigen Mitarbeitern zusammensetzt. Im vereinseigenen Foyer St. Jean in Neuweiler bei Zabern und im Haus Herrenstein werden Projektwochenenden, Zeltlager und Ausstellungen organisiert, auch Schulklassen während eines Landschulaufenthalts betreut. Eine ähnliche Zielsetzung verfolgt das OJPAN (Œuvre de la Jeunesse Protestante d'Alsace du Nord/Evangelisches Jugendwerk Nordelsass). Es möchte in seinem Sitz auf dem Liebfrauenberg „Begegnungen ermöglichen, Gelegenheit zu Diskussionen und zum Gedankenaustausch geben, schöpferische Tätigkeiten fördern und das Evangelium weitergeben". Das Zentrum Le Torrent in Storckensohn erfüllt im Departement Oberrhein in Verbindung mit dem Konsistorialausschuss der reformierten Kirche von Mülhausen eine ähnliche Rolle.

Andere Organisationen konzentrieren sich auf die Ausbildung der Jugend, den Sozialdienst und das Studium der Bibel. Die ICE (Initiative Chrétienne pour l'Europe/Verein Christliche Initiative für Europa) in Niederbronn und das von der Europäischen Kommission als „Betreuungsprojekt" im Rahmen des europäischen Freiwilligendienstes geförderte Diakonische Jahr kümmern sich um den Austausch europäischer Jugendlicher. Das DJ Est (Département Jeunesse Est) hat die schwierige Aufgabe, alle diese Aktivitäten zu koordinieren.

8.2.3.2. In Rheinland-Pfalz

Jede evangelische Landeskirche in Deutschland hat einen eigenen Jugendverband. Unter seinem Dach ist die Kinder- und Jugendarbeit organisiert. Die Evangelischen Jugendverbände sehen es als ihre Aufgabe an, Leitbilder zu entwickeln. Sie vertreten heute einen ganzheitlichen Bildungsbegriff mit deutlicher Schwerpunktsetzung auf religiöser Bildung. Daran orientieren sie ihre Arbeit.

In Rheinland-Pfalz arbeiten drei evangelische Landeskirchen. Somit setzt sich die Evangelische Kinder- und Jugendarbeit in Rheinland-Pfalz zusammen aus der Evangelischen Jugend der Pfalz, der Evangelischen Jugend im Rheinland und der Evangelischen Jugend in Hessen und Nassau. Die Zusammenarbeit der drei Landeskirchen geschieht in der Arbeitsgemeinschaft Evangelischer Jugend Rheinland-Pfalz (AEJ-RLP) oder in konkreten Projekten. Die Jugendverbände in den drei Landeskirchen verfügen über unterschiedliche Leitungsstrukturen, allen gemein sind vielfältige Partizipationsmöglichkeiten für Ehrenamtliche unter 27 Jahren. So stützt sich die Evangelische Kinder- und Jugendarbeit auf drei Säulen:

- Ehrenamtliche in allen Bereichen der Kinder- und Jugendarbeit;
- Hauptamtliche in Jugendpfarrämtern oder in Fachstellen der Jugendarbeit;
- freie Jugendverbände, wie CVJM, Gemeinschaftsjugend, Verein Christlicher Pfadfinder, usw. mit einer eigenen ehren- und hauptamtlichen Struktur.

Auch in der pfälzischen Kirche existiert eine Vielzahl von Einzelverbänden: der CVJM mit seinem Tagungshaus bei Otterberg, der Verband Christlicher Pfadfinderinnen und Pfadfinder (VCP), der Kreisverband Pfalz für Entschiedenes Christentum (EC), die Evangelische Gemeindejugend Pfalz (mit dem Otto-Riethmüller-Haus). Sie alle haben eigene Profile. Die evangelische Jugendarbeit ist mit den Einzelverbänden durch die Landesjugendkammer (LJK) verknüpft; hier wird gemeinsam beraten und debattiert.

Natürlich ist evangelische Jugendarbeit eine wichtige Aufgabe vor Ort. Sie gehört zum Auftrag der Gemeinden. Es sind vor allem ehrenamtliche Mitarbeiter(innen), die sich hier engagieren. Als wichtige institutionelle Hilfe haben sich die 17 regionalen Jugendzentralen und Stadtjugendpfarrämter in Ludwigshafen und Kaiserslautern erwiesen. Hier kann die Förderung der Engagierten in Freizeiten, Jugendtagen und Jugendbibelwochen geleistet werden, ohne die einzelne Gemeinde zu überfordern.

Das Landesjugendpfarramt in Kaiserslautern, als zentrale Geschäftsstelle, versucht bildungstheologisch und praktisch die Konzepte zu bündeln. Das geschieht im Miteinander von Haupt- und Ehrenamtlichen. Ein Sprecherkreis wird ausschließlich aus dem Kreis der Ehrenamtlichen gewählt. Hier werden Fragen aus Theologie und Gesellschaft aufgegriffen. Freizeiten und internationale Jugendarbeit können von hier aus organisiert werden. Zentral verankert ist auch die Arbeit mit körperbehinderten und nichtbehinderten jungen Menschen. In den vergangenen Jahren war das Landesjugendpfarramt in der schulnahen Jugendarbeit engagiert, hat doch der Ausbau der Ganztagesschulen in Rheinland-Pfalz hier neue Spielräume eröffnet. Als wichtigste Tagungs- und Freizeitstätte der Landeskirche ist das Martin-Butzer-Haus in Bad Dürkheim für Jugendliche erweitert worden.

Immer wieder erweisen sich gemeinsame Jahresprojekte als große Chance. Nennen wir als Beispiel die Jugendmissionskampagne zum Jahr der Mission 2008. Sie gab sich das Motto „Lebendig–himmlisch–frei". Impulsmaterialien für Gottesdienste, Seminare, Ferienspielaktionen wurden erarbeitet und in einem „Missionskoffer" auf den Weg in die Regionen geschickt (siehe Farbbild 39a). Projektleiter war der Landesjugendpfarrer. Mehr als 15.000 Kinder und Jugendliche wurden im Lauf des Projektes erreicht. 70 Hauptamtliche und etwa 800 Ehrenamtliche waren beteiligt. Die meisten Beteiligten erlebten hier ein ermutigendes Beispiel, wie evangelische Jugendarbeit „mitten im Leben" ankommt. Seit 2012 ist der pfälzische Landesjugendpfarrer Florian Geith in Kaiserslautern.

8.2.3.3. Baden

In Baden-Württemberg sind 93 Jugendorganisationen explizit als evangelisch ausgewiesen. Viele davon gehören zum Verband der Evangelischen Jugend Baden (EJUBA) oder zum Evangelischen Jugendwerk in Württemberg (EJW). Ziel ist die Pflege und Entwicklung evangelischer Kinder- und Jugendarbeit auf der Grundlage der biblischen Botschaft in traditionellen Formen oder mit neuen Projekten. Die Kirchen möchten eine Antwort geben auf die Lebensbedürfnisse der Kinder und Jugendlichen innerhalb und außerhalb der Kirche. Wir gehen hier nur auf die evangelische Jugendarbeit in Baden ein.

In der Evangelischen Landeskirche in Baden erreicht die Jugendarbeit, in der etwa 5.000 Freiwillige und 62 berufliche Mitarbeiter tätig sind, jährlich mehr als 55.000 Kinder und Jugendliche. Der Verband der Evangelischen Jugend in Baden hat unterschiedliche Standbeine. Das Evangelische Kinder- und Jugendwerk Baden ist Service- und Geschäftsstelle für die Arbeit mit Kindern und Jugendlichen in Baden. Es ist Teil des Evangelischen Oberkirchenrats in Karlsruhe und umfasst Fachabteilungen (z.B. Jugendpolitik oder Förder- und Zuschusswesen) sowie die Geschäftsstellen von Jugendverbänden und Arbeitsformen der Evangelischen Jugend. Neben der Evangelischen Gemeindejugend (EGJ) finden sich hier die integrative Arbeit mit behinderten und nichtbehinderten Jugendlichen, die Evangelische SchülerInnenarbeit (ESB), der Verband Christlicher Pfadfinder (VCP), das Arbeitsfeld für Jugendkultur und Popmusik, der Freiwillige ökumenische Friedensdienst, das Freiwillige Soziale Jahr (Diakonisches Jahr), Friedenspädagogik und Gewaltprävention u.a. Daneben ist die Landesjugendkammer und die Landesjugendsynode der Ort, an dem sich ehrenamtlich und beruflich Mitarbeitende aus Kirchenbezirken und Jugendverbänden an der Leitung der Evangelischen Jugend in Baden beteiligen. Hier haben sich viele Jugendverbände zusammengeschlossen. Dazu zählen z.B. die EGJ, der CVJM, der VCP, der EC, die Johanniterjugend, integrative Arbeit (Intakt) und die ESB.

Auch in Baden werden innovative Experimente durchgeführt, wie die „Youth Alive" Freie Christengemeinde in Müllheim oder der offene Jugendclub „Arche" der evangelischen Wicherngemeinde in Heidelberg-Kirchheim. In Baden spielt der „typisch badische Kindergottesdienst"[26] eine wichtige Rolle. Die Jugendverbände und Arbeitsformen der Evangelischen Jugend entwickeln immer wieder neue innovative Zugänge zu Kindern und Jugendlichen. So arbeitet der CVJM neuerdings mit einem sportmissionarischen Projekt (Jump), ChurchNights werden in vielen Gemeinden Badens von Jugendlichen am Reformationstag gefeiert, Konficamps durch den EC und die Jugendarbeit auf Bezirksebene angeboten und weiter entwickelt. Auch Jugendkirchen spielen eine wichtige Rolle in der Entwicklung neuer jugendgemäßer Formen des Glaubens. Die Kooperation zwischen Schule, Jugendarbeit und Gemeinde wird durch die ESB und ihre besonderen Projekte weiter ausgebaut. Der Zugang zu jungen Menschen in modernen Jugendmilieus wird mit Projekten des Evangelischen Kinder- und Jugendwerks erprobt. Die Musik spielt dabei eine zentrale Rolle. Deshalb wird neben den für junge Menschen weiter attraktiven Posaunenchören neue populäre Musik immer wichtiger (vgl. Farbbild 39b). Durch Bandcoachings und jugendgemäße Musik in Gottesdiensten erhält die Jugendmusikkultur Einzug in das kirchliche Leben auch der Gemeinden.

8.3. Pfadfinderbewegung

Auf beiden Seiten des Rheins fallen die Jugendverbände durch ihre Dynamik auf. Das gilt auch für die Pfadfinderschaften, die schon seit langem am Oberrhein aktiv sind. Gerade sie haben immer wieder die Grenzen überwunden und Jugendliche für internationale Kontakte gewonnen.

8.3.1. Pfadfinderschaften am Oberrhein

Die Geschichte der Pfadfinderschaften im Elsass wie auf der deutschen Rheinseite lässt das konstante Bemühen um internationale wie interkonfessionelle Aufgeschlossenheit erkennen. Und trotzdem hat jede dieser Pfadfinderschaften ihre eigenen Merkmale. In ihrer Verschiedenheit stellen diese Bewegungen eine wichtige außerschulische christliche Institution im Leben der Jugendlichen am Oberrhein dar.

8.3.1.1. Im Elsass

Die Pfadfinderbewegung wurde 1907/08 von Robert Baden-Powell gegründet. Die ersten elsässischen Gruppen entstanden in Hüningen und Mülhausen (um 1911) in protestantischen Kreisen. Wie der Name besagt, geht es in der Bewegung um „Scouting", um das gemeinsame Kundschaften, um den Pfad zu finden („Schnitzeljagd").

In der Zeit zwischen den beiden Weltkriegen bestand bei vielen Jugendorganisationen im Elsass große Wertschätzung für die schöne Naturlandschaft am Oberrhein, insbesondere der Vogesen. Man wollte die Naturverbundenheit fördern. Auch die Pfadfinder bevorzugten die Vogesen als Raum zu Begegnungen und zur Sozialisation der Jugendlichen[27], da dieser eine wertvolle Ergänzung zum schulischen Alltag bot. Überdies bildete dieser Naturraum eine Brücke

Bild 76: Im Jahre 1937 veröffentlichte Serge Dalens „Le bracelet de vermeil", den ersten Band in der Reihe über Prinz Erik, der insbesondere in den Kreisen der Pfadfinder beliebt war. Der Roman spielt in den Vogesen. Die deutsche Übersetzung erschien unter dem Titel „Der goldene Armreif". (© Pierre Joubert – Editions Delahaye, Paris)

zwischen den Konfessionen[28]. Im Laufe der Zeit hat sich die Pfadfinderbewegung kontinuierlich weiterentwickelt und ihr Freizeitangebot mehrfach erweitert, um sich den Herausforderungen der Zeit zu stellen und auf die Veränderungen in der Jugend einzugehen.

Die katholische Pfadfinderschaft wurde 1922 vom elsässischen Klerus gegründet und zwar auf Wunsch des Straßburger Bischofs Charles Ruch, um mit dem evangelischen Verband gleichzuziehen. Das Regionaltreffen der elsässischen „Scouts et Guides de France" im Mai 1986 auf dem Heissenstein, der Hochburg der elsässischen Pfadfinderschaft, unterstrich die flächendeckende Verwurzelung der katholischen Pfadfinderbewegung im Elsass.

Auf evangelischer Seite kann der Pfadfinderverband an die internationale Begeisterung seiner Ursprünge anschließen. Zweihundert langjährige Pfadfinder aus Deutschland, der Schweiz und Frankreich trafen sich 1959 im elsässischen Begegnungsheim Storckensohn unter dem Leitthema: „Die Jugendlichen auf dem Weg zum Europa von morgen". Dieses europäische Anliegen stand auch 1969 im Mittelpunkt eines nationalen Treffens in Jambville, dem wichtigsten Pfadfinderzentrum in Frankreich.

Nach den Beobachtungen von Julien Fuchs „gab es aber auch traditionalistische Tendenzen innerhalb der Pfadfinderschaft. Ein Flügel sträubte sich gegen die Moderne, d.h. gegen Reformen, womit die Bewegung auf neuere gesellschaftliche Entwicklungen eingehen wollte"[29]. So kam es 1953 zur Abspaltung der „Eclaireurs neutres de France", der „Scouts d'Europe" im Jahre 1962 und schließlich 1968 der „Scouts Saint-Georges" wie der „Scouts unitaires de France", die sich für ein katholisches Frankreich und Europa einsetzen. Diese Zweige bleiben jedoch nur Randerscheinungen im Vergleich zu den herkömmlichen, schöpferischen und anpassungsfähigen Gruppen.

Im Jahre 2006 war die Pfadfinderschaft weiterhin die Jugendbewegung mit der größten Anziehungskraft im gesellschaftlichen und kulturellen Leben des Elsass. Im Departement Unterelsass zählen die „Scouts et Guides de France" 26 Gruppen; diesen gehören 1.400 Jugendliche im Alter von 6 bis 21 Jahren und 400 Betreuer an. Im Oberelsass zählt die Bewegung 18 Gruppen. Die „Scouts et Guides de France Région Alsace" fühlen sich noch immer sehr der Natur verbunden und besitzen mehrere Berghütten in den Vogesen.

Bilder 77a–c: Der alte Bauernhof „Le Heissenstein", seit 1958 das Zentrum der elsässischen Pfadfinder
(© Scouts et Guides de France Bas-Rhin)

8.3.1.2. Baden und Rheinland-Pfalz

Die Pfadfinderbewegung erreichte Deutschland bereits kurz nach ihrer Gründung in England im Jahre 1907. Während der Nazizeit wurden die nicht konfessionellen Gruppen in die Hitlerjugend überführt, die auf subtile und zugleich ungemein effektive Weise die Freude der deutschen Jugend an Naturerlebnissen und an Abenteuern für ihre Ziele auszunutzen verstand. Die konfessionellen Pfadfindergruppen wurden verboten.

Nach dem Zweiten Weltkrieg wurden in allen Ländern die Pfadfinderverbände wieder aufgebaut, die nach den leidvollen Erfahrungen der Nazizeit versuchten, sich von jeder militärischen oder politischen Zielsetzung frei zu halten. Trotzdem kam es bald zu Spaltungen. So meinten manche, dass der interkonfessionelle Bund Deutscher Pfadfinder (BDP) allzu sehr politisiert war und sich mit dem Sozialismus identifizierte, und gründeten deshalb im Jahr 1971 den Bund der Pfadfinder (BdP).

1973 schloss sich der BdP mit der katholischen Deutschen Pfadfinderschaft Sankt Georg (DPSG) und dem evangelischen Verband Christlicher Pfadfinderinnen und Pfadfinder (VCP) zum Ring deutscher Pfadfinderverbände zusammen[30]. 1976 wurde die Fusion zwischen dem BdP und dem BDP in einem neuen Bund der Pfadfinder (BdP) mit interkonfessioneller Ausrichtung vollzogen. Es gab auch einige Splittergruppen mit einer rechtsgerichteten Ideologie, z.B. die Pfadfinderschaft Süddeutschland (PSD), die 1975 von dem Pfadfinderstamm Silberwolf in Stuttgart und dem Pfadfinderbund Süd (PBS) gegründet wurde. Sechs ihrer Anführer sind 1995 wegen Rassenhass gerichtlich belangt worden.

Die gesamte Pfadfinderbewegung zählte im Jahr 2008 in Deutschland mehr als 800 Stämme oder Gruppen, davon mehr als 30 in Baden-Württemberg. Die katholischen Pfadfindervereine sind im Allgemeinen in die Kirchengemeinden eingebunden, wo sich auch die meisten ihrer Gruppen finden. Die katholische Pfadfinderschaft ist integraler Bestandteil der Jugendpastoral in den Diözesen Speyer, Freiburg und Rottenburg-Stuttgart. Die DPSG war immer offen für die gesellschaftliche Entwicklung und hat 1971 auch Mädchen aufgenommen. Eine solche örtliche Verwurzelung gehört ganz allgemein zur Pfadfinderkultur, wie man sie in jeder dieser oberrheinischen Diözesen feststellen kann.

Nicht ganz so stark an Mitgliedern und Ortsgruppen wie die DPSG ist der VCP, dem vor allem evangelische junge Männer und Frauen angehören, aber auch bekenntnislose Jugendliche oder Jugendliche einer anderen Religion. Hinzuweisen ist auch auf die Pfadfinderschaft Heliand[31], die baptistische Pfadfinderschaft, die „Royal Rangers" der Pfingstgemeinden und die straff organisierte Adventistische Jugend in Baden-Württemberg. Auch die protestantischen Pfadfindervereine sind im Allgemeinen in die Kirchengemeinden eingebunden.

Auch wenn die Pfadfinderbewegung am Oberrhein Wert auf die Wahrung lokaler Traditionen bei ihren Mitgliedern legt, so hat sie gerade mit ihren Aktivitäten (Reisen, Austauschprogramme, internationale Camps) einen wesentlichen Beitrag zur Überwindung von Grenzen zwischen Völkern und Konfessionen geleistet. Der BdP organisiert – neben den regelmäßigen Pfadfindertreffen – alle vier Jahre ein landesweites Camp für die Mitglieder aller Zweigverbände (mehr als 5.000 bei der „Vineta" im Jahre 2005 bei Wolfsburg).

8.3.2. Großveranstaltungen

Eine der Hauptintentionen der Pfadfinderbewegung findet heute in gewandelter Form ihre Fortsetzung am Oberrhein. Die Vorliebe für Begegnungen, die schon mehrere Generationen bei den verschiedensten internationalen Pfadfindertreffen zusammengeführt hat, wird auch in den anderen Jugendbewegungen gepflegt und in noch größerem Ausmaß innerhalb der Kirchen. Kleinere oder größere Treffen markieren das Leben in diesen Bewegungen und bieten den Jugendlichen Gelegenheit zur Entfaltung und zur Bewusstwerdung ihrer eigenen Identität. So kommen schon seit Jahrzehnten viele Jugendliche und junge Erwachsene vom Oberrhein nach Taizé oder zu dessen internationalen Treffen.

Ein wichtiger Anlass war der Besuch von Johannes Paul II. in Straßburg im Jahr 1988. Viele katholische Jugendliche aus dem Elsass gingen ins Meinau-Stadion, wo der Papst in seinem „Dialog" mit ihnen zur Erhaltung christlicher Werte aufgefordert hat. Seit 2001 erlebte die katholische Jugendarbeit im Elsass eine neue Dynamik. Zur Vorbereitung auf den Weltjugendtag in Köln 2005 organisierte sie am Palmsonntag 2004 ein großes Treffen in Straßburg (Routes 444), an dem viele Jugendliche und junge Erwachsene im Alter von 15 bis 30 Jahren teilgenommen haben.

Lange Zeit war der Protestantismus im Elsass bei der Organisation derartiger Großveranstaltungen eher zurückhaltend. Am 26. und 27. November 2006 wurde allerdings ein großes Fest (Ener JXpro) mit mehr als 1300 Jugendlichen in Wacken veranstaltet und damit dem Bedürfnis der evangelischen Jugend nach Feier und Anerkennung entsprochen.

In Deutschland bieten Ökumenische, Katholische und Evangelische Kirchentage herausragende Gelegenheiten zur Begegnung für Jugendliche. Daneben gibt es auch Jugendkirchentage, z.B. in der Landeskirche Hessen-Nassau („Vom Jugendgottesdienst bis zur Poolparty" in Rüsselsheim, vom 22. bis 25. Mai 2008), in zweijährigem Rhythmus das Landesjugendtreffen „Youvent" in Baden, jährlich den Jugendtag in Württemberg oder das jährliche Badenlager des CVJM in Baden.

Zum Schluss

Alle Jugendbewegungen, ob religiöser oder nichtreligiöser Prägung, engagieren sich insbesondere für die Schulung von Ausbildern und für die Erstellung von Materialien für die Öffentlichkeitsarbeit. Dadurch sind sie gesellschaftlich präsent. Oft wird über den nahenden Untergang der Religion gesprochen. Die zahlreichen Vereine und die selbstverständlich laufend wechselnden Aktivitäten, die wir dargestellt haben, bezeugen jedoch vielmehr, wie stark und vielfältig die Frömmigkeit unter den Jugendlichen auf beiden Seiten des Rheins lebt. Sie sind ein Beweis und Bürge für die Vitalität ihrer Kirchen.

Weiterführende Literatur

Biesinger, Albert (Hg.): Lernfelddidaktik als Herausforderung. Religionsunterricht an berufsbildenden Schulen (Gott, Leben, Beruf 1), Norderstedt 2005

Boesch, Julien: De l'archéo-scoutisme à l'essor des Scouts de France. Cinquante ans de scoutisme dans la région frontalière, in: Bulletin de la Société d'Histoire de Huningue et de sa région (1999) Nr. 44, S. 149–160

Bosse, Wolfgang/Hollfelder, Wilhelm: Schulgesetz für Baden-Württemberg. Handkommentar mit Nebenbestimmungen und Sonderteil Lehrerdienstrecht, 11. Aufl., Stuttgart 1993

Brachat, Karl/Katein, Werner: Stoffverteilungsplan für den evangelischen und katholischen Religionsunterricht. Auf der Grundlage des Bildungsplanes für die Volksschulen Baden-Württembergs, Villingen/Schwarzwald 1962

Buschbeck, Bernhard/Wibbing, Siegfried: Zur Situation des Religionsunterrichts in Rheinland-Pfalz, in: Jahrbuch der Religionspädagogik, Bd. VII, hg. von Peter Biehl u.a., Neukirchen-Vluyn 1991, S. 363–273

Deutsch-Französisches Jugendwerk/Office franco-allemand pour la jeunesse: Glossar der Jugendarbeit: Französisch-Deutsch. Die Jugend und ihr soziales Umfeld, Neuwied/Darmstadt 1979

Dillinger, Charles (Hg.): De Wissembourg à Sélestat. 50 ans d'histoire de J.O.C., Strasbourg 1979

Evangelische Kirche der Pfalz/Evangelische Kirche im Rheinland/Evangelische Kirche in Hessen und Nassau (Hgg.): Informationen zum Religionsunterricht in Rheinland-Pfalz. Staatliche und kirchliche Rechtsgrundlagen, höchstrichterliche Entscheidungen, Speyer 2009

Fehrlen, Burkhard/Schubert, Ulrich (Hgg.): Jugendgruppen, Jugendorganisationen, Jugendringe. Skizzen zur Nachkriegszeit, Leinfelden-Echterdingen o.J.

Fuchs, Julien: Les organisations de jeunesse d'Alsace (fin de la Grande Guerre-début des années 70): histoire d'une idéologie éducative, Thèse de doctorat (Diss.) de STAPS, 3 Bde., Strasbourg 2004

Helmreich, Ernst C.: Religionsunterricht in Deutschland von den Klosterschulen bis heute, Hamburg 1966

Hollerbach, Alexander: Religionsunterricht in der reformierten gymnasialen Oberstufe. Dokumentation und gutachtliche Stellungnahme zur Rechtslage in Baden-Württemberg, in: Archiv für katholisches Kirchenrecht 145 (1976) Nr. 2, S. 459–490

Holweck, Florent: Esquisse pour une histoire du scoutisme catholique en Alsace, Typoskript (nicht veröffentlicht) Mai 1998

Honig, Michael-Sebastian u.a.: Begleitstudie zur Umsetzung der „Bildungs- und Erziehungsempfehlungen für Kindertagesstätten in Rheinland-Pfalz", Universität Trier 2005

Kammer der EKD für Bildung und Erziehung, Kinder und Jugend/Arbeitsgruppe evangelischer Schulen: Schule in evangelischer Trägerschaft. Selbstverständnis, Leistungsfähigkeit und Perspektiven. Eine Handreichung des Rates der Evangelischen Kirche in Deutschland, Gütersloh 2008

Keck, Rudolf W.: Geschichte der Mittleren Schule in Württemberg (Veröffentlichungen der Kommission für geschichtliche Landeskunde in Baden-Württemberg 47), Stuttgart 1968

Koebel, Michel: Le recours à la jeunesse dans l'espace politique local. Les conseils de jeunes en Alsace, Thèse de doctorat en Sciences sociales, 4 Bde., Strasbourg 1997

Le Collège de Zillisheim. 125 ans d'existence, Strasbourg 1996

Mayer, Traugott: Kirche in der Schule. Evangelischer Religionsunterricht in Baden zwischen 1918 und 1945, Karlsruhe 1980

Messner, Francis/Vierling, André (Hgg.): L'enseignement religieux à l'école publique, Strasbourg 1998

Spenn, Matthias/ Kaiser, Yvonne (Hgg.): Handbuch Jugend, Münster 2012

Ulrichs, Hans Georg (Hg.): Kirche der kleinen Leute. Geschichte und Gegenwart des evangelischen Kindergottesdienstes in Baden, mit Beiträgen von Dieter Haas u.a. (Sonderveröffentlichungen des Vereins für Kirchengeschichte in der Evangelischen Landeskirche in Baden 3), Ubstadt-Weiher 2002

Wackermann, Gabriel: Mouvements socio-éducatifs et socio-récréatifs, in: Encyclopédie d'Alsace, Bd. IX, Strasbourg 1984, S. 5307–5315

Weyer-Menkhoff, Stephan/Kaspari, Tobias: Religion unterrichten in Rheinland-Pfalz, in: Martin Rothgangel/Bernd Schröder (Hgg.), Evangelischer Religionsunterricht in den Ländern der Bundesrepublik Deutschland. Empirische Daten – Kontexte – Entwicklungen, Leipzig 2009, S. 257–277

Anmerkungen

1 Mit Dank an Hans-Georg Dietrich, Eckhard Geier, Manfred Kuhn, Hans Maaß, Marc Lienhard, Ulrich Pasedach, Thomas Schalla und Christoph Schneider-Harpprecht für ihre Korrekturen und Ergänzungen.

2 Ausnahmen sind die konfessionelle Kooperation, die seit einigen Jahren möglich ist und die stillschweigend geduldete Praxis an den Sonderschulen und Berufsschulen, wo in der Regel im Klassenverband unterrichtet wird.

3 *Deutscher Bildungsserver*: Statistisches Landesamt Baden-Württemberg, Übersicht „Allgemeinbildende Schulen in Baden-Württemberg nach Schularten".

4 So heißt die kirchliche Lehrbefugnis bei den Evangelischen, die Katholiken bezeichnen sie als *missio*.

5 Traugott Mayer, *Kirche in der Schule. Evangelischer Religionsunterricht in Baden zwischen 1918 und 1945*, Karlsruhe 1980; Rune Larsson, *Religion zwischen Kirche und Schule. Die Lehrpläne für den evangelischen Religionsunterricht in der Bundesrepublik Deutschland seit 1945*, Göttingen 1980.

6 Karl Brachat/Werner Katein, *Stoffverteilungsplan für den evangelischen und katholischen Religionsunterricht. Auf der Grundlage des Bildungsplanes für die Volksschulen Baden-Württembergs*, Villingen/Schwarzwald 1962.

7 Comenius-Institut/Deutscher Katechetenverein/Gesellschaft für Religionspädagogik, *Handbuch Religionsunterricht an berufsbildenden Schulen*, Gütersloh 1997, neu hg. 2006 unter dem Titel: *Neues Handbuch Religionsunterricht an berufsbildenden Schulen*. Siehe auch Albert Biesinger (Hg.), *Lernfelddidaktik als Herausforderung. Religionsunterricht an berufsbildenden Schulen* (Gott, Leben, Beruf 1), Norderstedt 2005.

8 Erklärung der Schulreferenten der baden-württembergischen evangelischen Landeskirchen und katholischen Diözesen zur konfessionellen Kooperation an den Schulen vom 17. Februar 1993.

9 Vgl. die EKD-Denkschrift *Identität und Verständigung. Standort und Perspektiven des Religionsunterrichts in der Pluralität*, Gütersloh 1994.

10 Erzdiözese Freiburg, Flyer *Schulpastoral*, 2005.

11 Ebd.

12 RPI Baden, Flyer *Schulseelsorge*, 2012/13.

13 Angaben nach: ddec-alsace im Jahr 2006.

14 *Élan*, März 2004.

15 Francis Messner/André Vierling (Hgg.), *L'enseignement religieux à l'école publique*, Strasbourg 1998.

16 Erlass vom 19. Frimaire, Jahr XI der Republik (10. Dezember 1802).

17 Julien Fuchs, *Les organisations de jeunesse d'Alsace (fin de la Grande Guerre-début des années 70): histoire d'une idéologie éducative*, Thèse de doctorat, 3 Bde., Strasbourg 2004: „la vitalité associative alsacienne est une forme de ‚progressisme'".

18 Thomas Schmitt, *Les Séminaristes strasbourgeois en Mai 68 avec le Livre Blanc*. Edition établie par Jean-Luc Hiebel. Strasbourg 2012.

19 Paul Hastenteufel, *Handbuch der Jugendpastoral*, 2 Bde., Freiburg i. Br. 1967–1969.

20 Rheinland-Pfalz nimmt damit den zweiten Platz in der Rangfolge der deutschen Bundesländer hinter Baden-Württemberg ein.

21 Unter anderen: Pfarrer Muess (Bühl) und Auguste Biecheler (Issenheim), der 45 Jahre lang Vorstand dieses Turnerbundes war.

22 Siehe: *De Wissembourg à Sélestat. 50 ans de J.O.C.*, témoignages recueillis [et présentés] par Charles Dillinger, Strasbourg 1979.

23   www.jugendnetz.de.

24   www.kja-freiburg.de.

25   Von 1884 bis 1919 mit dem Namen Alliance d'Alsace.

26   *Kirche der kleinen Leute. Geschichte und Gegenwart des evangelischen Kindergottesdienstes in Baden*, mit Beiträgen von Dieter Haas u.a., hg. im Auftrag des Verbandes für Kindergottesdienstarbeit in der Ev. Landeskirche in Baden von Hans-Georg Ulrichs, Ubstadt-Weiher 2002.

27   Besonders beliebt bei den Pfadfindern war die Sage *Prince Eric* (6 Bde.) von Serge Dalens (1910–1998), dessen erster Band 1937 erschien. Er spielt in den Vogesen. Der Katholik Dalens, ein begeisterter Pfadfinder, war verantwortlicher Herausgeber der Reihe *Signes de piste* (Wegzeichen) des Pariser Verlags Alsatia, die in den Kreisen der Pfadfinder großen Anklang fand.

28   Gabriel Wackermann, Mouvements socio-éducatifs et socio-récréatifs, in: *Encyclopédie d'Alsace*, Bd. IX, Strasbourg 1984, S. 5307–5315 führt die Geschichte der katholischen Pfadfinderschaft auf Paul Hauss zurück, der Sekretär des Studentenvereins Alsatia war und nennt ihn „Anführer eines katholischen Spähtrupps in einer protestantischen Bewegung".

29   Fuchs, *Organisations*, Bd. I, S. 803: „L'éclosion de tendances traditionnalistes au sein du scoutisme découle de l'opposition manifeste d'une certaine frange de sa population à accepter le modernisme, c. à d. les réformes qui visent à épouser les contours, en évolution, de la réalité sociale."

30   Zu den evangelischen Pfadfindern siehe u.a.: *Gruppe, Führung, Gesellschaft: Begriffskritik und Strukturanalysen am Beispiel der Christlichen Pfadfinderschaft Deutschlands*, hg. von Gerhard Wurzbacher, München 1961.

31   Die Bewegung ist dem 1898 von Albert Hamel gegründeten Frankfurter Bibelkränzchen erwachsen. Der Name „Heliand" verweist auf eine Sage aus dem 9. Jahrhundert, die Jesus als heilsbringenden Ritter vorstellt. Siehe: *Weit sind die Wege. 50 Jahre Heliand-Pfadfinderschaft (1946–1996)*, hg. von Stefan Wiesner im Auftr. der Heliand-Pfadfinderschaft im Ring der Evangelischen Jugendwerke in Hessen, Frankfurt a. M. 1996.

9. Soziales Engagement und Diakonie

MARC FEIX

9.1. Zur Einführung

Soziales Engagement oder Diakonie?

Sowohl der Wortbedeutung wie der begrifflichen Definition nach lässt der Titel dieses Beitrags zunächst Unterschiede zwischen der deutschen und französischen Sprache erkennen. Es handelt sich nämlich nicht bloß um ein philologisches Problem. Das Wort „Diakonie" findet häufiger in den aus den reformatorischen Bewegungen des 16. Jahrhunderts hervorgegangenen kirchlichen Kreisen Verwendung – in den reformierten Kirchen gab es auf Grund von Calvins Ämterlehre dafür sogar besondere Amtsträger, die als „Diakone" bezeichnet wurden.

Im 16. Jahrhundert beschränkte sich soziales Handeln hauptsächlich auf die Unterstützung von Alten, Kranken und Armen. In den Städten verstärkte sich damals der Kampf gegen das Bettlertum, wobei zwischen den schon immer vom Bettel lebenden Individuen und den „verschämten Armen" unterschieden wurde, die durch ihre Lebensumstände vorübergehend in eine Notlage geraten sind. Allgemein sind heute in den deutschen evangelischen Kirchen Diakone und Diakoninnen (oft: Gemeindediakon/in) vielseitig tätige Gemeindemitarbeiter mit theologisch-diakonischer Fachausbildung.

In der katholischen Kirche wurde bis zum II. Vatikanischen Konzil (1962–1965) der Begriff „Nächstenliebe" vorgezogen – abgesehen von der Bezeichnung des kirchlichen Diakonenamtes. Eine Erneuerung dieses Apostolats in der katholischen Kirche führen Historiker auf das Trienter Konzil (1545–1563) zurück, das vor allem das Profil des ordinierten Priesteramtes festlegte. Die Konzilsväter schreiben dem ordinierten Priester ausdrücklich vor, „mit väterlicher Sorge Armen und anderen Personen in Not" zu begegnen[1]. Damit sollte in Reaktion auf ein wesentliches Anliegen der protestantischen Reformation vermieden werden, seine seelsorgerlichen Verpflichtungen lediglich auf das Amt der Verkündigung des Evangeliums zu begrenzen. Auch wenn diese Behauptung ein verkürztes Urteil des Katholizismus gegenüber den damaligen protestantischen Kirchen deutlich macht, war damit der Beginn eines Neuaufschwungs in der seelsorgerlichen Aktivität der Kirche begründet mit Männern wie „Philipp Neri, Petrus Canisius, Franz von Sales und vielen anderen herausragenden Zeugen Christi, die in der Gesellschaft ihrer Zeit so viel Gutes bewirkt haben"[2].

Historiker wie Châtelier, Vogler oder Thomann nehmen mit der Französischen Revolution einen Bruch in dieser Entwicklung an. In jener Zeit wurde vor allem unter dem Einfluss der Aufklärung die Wohltätigkeit als säkularisierte Form der Nächstenliebe zur obersten Tugend erhoben. Prediger forderten zur Unterstützung für „verschämte Arme" auf, und in den Testa-

menten von Klerikern kam – zum Nachteil ihrer eigenen Angehörigen – eine Flut von Legaten
den Armen zugute. In Deutschland ergab sich die gleiche Entwicklung mit der Säkularisation
und der Aufklärung[3]. Die „Armenpflege" wurde zu einer Verpflichtung des Staates deklariert,
obwohl auf der Ebene der Ortsgemeinden eine „nichtkirchliche" Fürsorge praktiziert worden
ist. Es war schwierig, *a priori* auszumachen, wer in der politischen oder kirchlichen (hauptsächlich lutherischen) Gemeinde die Verwaltung dieser örtlichen Armenkassen übernehmen
sollte (Armen- und Kastenordnung) – hier musste von Fall zu Fall entschieden werden. Die
Historikerin Catherine Maurer weist darauf hin, dass die öffentliche Fürsorge im Wesentlichen
in dieser kommunalen Form im Deutschland des 19. Jahrhunderts ausgeübt worden ist, wobei
die verschiedenen Territorialstaaten und ab 1871 das Deutsche Reich nur als entfernte Regu-
lierungsinstanzen eingegriffen haben[4]. Das zentralistische und jakobinische Verständnis der
Armenfürsorge in Frankreich war diesem Modell diametral entgegengesetzt.

Nächstenliebe, Wohltätigkeit oder staatliche Fürsorge im Kontext der „sozialen Frage"

Die Begriffe „Caritas/Nächstenliebe", „Wohltätigkeit" oder „staatliche Wohlfahrtspflege"
verweisen auf unterschiedliche Geltungsbereiche. Alle drei Wörter beziehen sich auf die
Hilfe für den Einzelnen, der erste Begriff ist „kirchlicher" Natur, der zweite „säkularisiert"
und der dritte „politisch" motiviert[5]. Der Theologe Heinrich Pompey hat für die katholische
Seite (vor allem für Deutschland und Frankreich) nachgewiesen, welche Bedeutung gerade
den christlichen Gemeinden bei der Bewältigung der Not ihrer Zeitgenossen zukam[6]. Dieses
Handeln verstand sich nicht als soziale Fürsorge, die jeder hätte übernehmen können, sondern
gehörte zum Wesen der Kirche. In seiner Untersuchung stellt der Verfasser weiterhin heraus,
dass nach Luthers Zwei-Reiche-Lehre Gott die Welt auf zwei verschiedene Weisen regiert:
über die Ausübung der weltlichen Gewalt und die Predigt des Evangeliums. Die Trennung von
weltlichem und geistlichem Bereich führte in der lutherischen Kirche zur Übertragung der
sozialen Verantwortung auf weltliche Machthaber, während für die Gläubigen die „Gnade
allein" genügt. Diese Unterscheidung galt für die Anfangszeit des Luthertums, fand aber im
Pietismus zunehmend Kritik, auch wenn diese zunächst auf das Misstrauen der Kirchenleitungen
stieß. Heinrich Pompey zog die weitergehende Folgerung, dass die Reformation calvinistischer
Prägung Luthers Position noch radikaler gefasst habe: Da jedem Einzelnen die Prädestination
nach der freien Entscheidung Gottes zuteil werde, sei er auch zur fortschreitenden Heiligung
verpflichtet. Nach dem protestantischen Ethiker Jean-François Collange führt die reformierte
Lehre zu einer aktiveren, umfassenderen und nachhaltigen Verantwortung für die Aufgaben in
der Welt[7]. Daraus könnte man die Schlussfolgerung ziehen: die katholische Kirche übernimmt
die Diakonie selbst (nach dem Vorbild des Sozialstaates in den südlichen Ländern Europas),
die lutherische Kirche überlässt die Diakonie der Fürsorge des Staates (nach dem Vorbild des
Wohlfahrtsstaates in den skandinavischen Ländern) und die reformierte Kirche jedem Einzelnen
(nach angelsächsischem Vorbild).

Diese These ist jedoch selbst innerhalb des Protestantismus umstritten. Der Ethiker Denis Müller macht darauf aufmerksam, wie sehr es auf die Unterscheidung der Zwei Reiche bei Luther ankommt – eben nicht auf einen Gegensatz –, dessen Lehre Calvin in noch differenzierterer Form übernommen hat. Nach seiner Auffassung wird mit der Unterscheidung des weltlichen und geistlichen Bereiches ihre jeweilige Eigenständigkeit (Autonomie) begründet und die Dominanz des einen Bereiches über den anderen vermieden. Deswegen sind sie jedoch nicht völlig beziehungslos[8]. Diese historischen Anschauungen haben sich jedoch in unterschiedlichen Ausprägungen weiterentwickelt, nicht allein im Hinblick auf ihren Geltungsbereich, sondern auch in der Art des Handelns selbst.

Ein weiterer Beleg für diese Differenzierung ist die Verwendung des Begriffes „caritas" als individuelle Tugend (Tugend des Einzelnen) im Katholizismus, dann die „Wohltätigkeit" im Protestantismus (mit der Konnotation einer säkularisierten Wortbedeutung und des Übergangs von einer individuellen Tugend zu einer sozialen Verpflichtung). Diese semantische Entwicklung lässt sich noch deutlicher am Begriff „öffentliche Fürsorge" ablesen – mit der Konnotation eines politischen Handelns, wobei dem Staat Schutz- und Unterstützungsfunktion zukommt.

Die verschiedenen Formen sozialen Handelns suchen nach Lösungen für soziale Probleme in einem besonderen Kontext, die wiederum in einem spezifischen historischen wie gesellschaftspolitischen Zusammenhang stehen und vor allem von den geltenden gesetzlichen Rahmenbedingungen abhängig sind. Dies trifft gleichermaßen für das links- wie rechtsrheinische Gebiet zu, weitet sich aber in einem historischen Zeitraum von etwas mehr als 100 Jahren mit den entsprechenden Grenzverschiebungen zu einem komplexeren Problem aus. Unabhängig von diesen räumlichen Begrenzungen ergeben demographische Untersuchungen ein stetiges Bevölkerungswachstum (auch wenn man ansonsten von einer hohen Abwanderungsquote in die Neue Welt auszugehen hat) sowie eine prozentuale Zunahme der Stadtbevölkerung (mit entsprechender Abnahme der ländlichen Bevölkerung) sogar noch vor den Auswirkungen der Industrialisierung, die sich auf beiden Seiten des Rheins in der zweiten Hälfte des 19. Jahrhunderts durchsetzte. Folglich muss die Darstellung des vielfältigen sozialen Engagements diesen besonderen Gegebenheiten Rechnung tragen und auch fragen, in welch hohem Maße die „theologischen" Diskussionen früherer Jahrhunderte Art und Weise des sozialen Handelns beeinflusst haben. Der karitative Dienst am Nächsten oder die Diakonie reagiert auf die Nöte der Zeit immer in Entsprechung zum jeweils gegebenen sozialen Kontext.

Dieser Dienst kann auch mit der Wandlung der „Gestalt" des Armen im Lauf der Geschichte verdeutlicht werden, wie Paul Bairoch aufgezeigt hat. Diese Wandlung vollzog sich allmählich vom Armen in der Botschaft Jesu zum Armen als Bedrohung für das Sozialgefüge der Gesellschaft, schließlich zum Armen als Opfer sozialer Ungerechtigkeit[9]. Die Komplexität der sozialen Fragestellung hängt also nicht nur mit dem „räumlichen Umfeld", sondern auch mit dem historischen Erbe zusammen.

Die Verwendung des Adjektivs „sozial" ist nicht unproblematisch, weil ihm zwei verschiedene Bedeutungen zugeschrieben werden können[10]. Zum einen betrifft es das Leben in der Gesellschaft wie die Gesamtheit aller die Gesellschaft bildenden Individuen. Man spricht vom „Sozialkörper" oder vom „Ganzen" der Gesellschaft, wie man etwa von der politischen Gesellschaft spricht. Es handelt sich um einen selbstständigen Bereich – wie Politik, Wirtschaft und Kultur – in gegenseitiger Abhängigkeit vom kollektiven Zusammenleben der Menschen in der Gesellschaft. Zum andern meint das Adjektiv „sozial" alle Beziehungen der verschiedenen Schichten der Gesellschaft untereinander sowie die daraus hervorgehenden Probleme. Allerdings stellt sich die „soziale Frage" auf andere Weise im Rückblick auf die beginnende Industrialisierung. Um die Mitte des 19. Jahrhunderts kristallisierten sich zwei Gesellschaftsklassen heraus: Fabrikbesitzer und Arbeiter. Im Verhältnis dieser beiden Klassen entwickelte sich ein hohes Konfliktpotential zwischen denen, die Arbeit angeboten, und denen, die Arbeit angenommen haben, zwischen Arbeitgebern und Arbeitnehmern, zwischen Kapital und Arbeit. Die Industrialisierung, d.h. die Konzentration der Produktion (und ihrer Produktionsmittel) am gleichen Ort (d.h. der Fabrik) bewirkte eine Aufteilung der Staatsbürgerschaft in juridischer und wirtschaftlicher Hinsicht. Der französische Philosoph und Publizist Pierre Leroux entfaltete mit dem Modell des Vertrags eine Theorie zur Regulierung der sozialen Beziehungen. Damit wurde der Bürger zu einem Individuum. Die Einführung des Individuums als juridischer Fiktion ist für die Bildung der Gesellschaft notwendig. Die einzelnen Glieder der Gesellschaft haben also eine soziale Mitverantwortung. Welcher Definition soll man nun den Vorzug geben? Der Einfachheit halber sollen hier die „sozialen Gegebenheiten" sowohl auf wirtschaftliche Faktoren als auch auf die Lebensbedingungen der Menschen in der Gesellschaft verweisen.

Diese Differenzierung verdeutlicht einen Unterschied zwischen Deutschland und Frankreich. In einem scharfsinnigen Aufsatz hat der protestantische Theologe Klauspeter Blaser aufgezeigt, dass die offiziellen evangelischen Kirchen in Deutschland für die radikalen Veränderungen infolge der Industriellen Revolution des 19. Jahrhunderts kein Verständnis aufgebracht haben. Daher konnten seiner Meinung nach auch die angebotenen Lösungen für die wirklichen Probleme nicht voll genügen[11]. Ein weiterer Unterschied ist zum andern mit der sich allmählich seit der Französischen Revolution vollziehenden Säkularisation und den antiklerikalen Kämpfen gegeben, die schließlich in Frankreich zur gesetzlich verankerten Trennung zwischen Kirche und Staat führten (Gesetz vom 1. Juli 1901 über die religiösen Kongregationen; Gesetz vom 9. Dezember 1905 zur Trennung der Kirchen vom Staat). Die „Laizität französischen Zuschnitts" bewirkte, dass sich für die Folgezeit soziales Engagement oder Diakonie nicht allein auf Arme, Kranke oder Kinder konzentrierte, sondern auf jede Form christlichen Handelns auf sozialem Gebiet – einschließlich Gewerkschaftsbewegungen, Politik oder Verlagswesen (Presse und Verlage). Im Französischen bezieht sich die soziale Körperschaft nicht allein auf den politischen Bereich. Gerade deswegen ist es angebracht, das soziale Handeln der beiden katholischen Geistlichen Henry Cetty und Xavier Haegy in Mülhausen hier darzustellen. Die von ihnen ins Leben gerufenen Organisationen haben das Konzept der Raiffeisen-Kassen den französischen Verhältnissen und der Arbeiterschaft angepasst, aus dem dann die Bewegung der CMDP (Caisses Mutuelles de Dépôts et de Prêts) hervorging. Hier müssten auch die Einflüsse und sozialen Konsequenzen aus den verschiedenen Migrationsbewegungen einbezogen werden (diesen Aspekt behandelt ein anderer Beitrag in diesem Buch). Schließlich kann auch eine ökumenische Protestaktion aus der zweiten Hälfte des 20. Jahrhunderts gegen die Errichtung von Kernkraftwerken in Wyhl und Fessenheim nach französischem Verständnis als soziales Engagement angesehen werden. Für

Deutschland kann diese Sichtweise nicht in gleichem Maße gelten, weil sich dort die historischen Beziehungen zwischen den Kirchen und dem Staat anders entwickelt haben.

Eine letzte Vorbemerkung gilt den vor allem zwischen Deutschland und Frankreich bestehenden Unterschieden in der historischen Periodisierung. Diese Tatsache ist auf den ersten Blick nichts Ungewöhnliches, muss aber immer berücksichtigt werden, weil die jeweiligen sozialen Verhältnisse und die politischen Kulturen anders gelagert sind. Ansonsten könnte schnell die Behauptung aufkommen, Deutsche und Franzosen würden sich gegenseitig nicht verstehen. Vor der Gründung des Deutschen Reiches im Jahr 1871 ergaben sich rechtliche Probleme aufgrund der zahlreichen Kleinstaaten mit regional begrenzten Kompetenzen. Zur Verdeutlichung seien hier zwei Beispiele genannt: zuerst als

Bild 78: Der pfälzische Priester Paul Josef Nardini (1821–1862), der „Vater der Armen" (© Bistumsarchiv Speyer)

historischer Situationsbericht ein Vergleich zwischen den Diözesen Speyer und Freiburg im Breisgau im Jahr 1862 und dann die komplexen organisatorischen Beziehungen verschiedener Diözesen im Zuständigkeitsbereich ihrer jeweiligen weltlichen Behörden.

In der Diözese Speyer haben Priester und Laien sogenannte „Vinzenzkonferenzen" (oder Vinzenzgemeinschaften) für den Dienst an Armen, Kranken und zu Hausbesuchen gegründet. In Anbetracht der vielfältigen Not beschrieb der Priester Paul Josef Nardini in mindestens zwei Leserbriefen in den Jahren 1851 und 1852 im lokalen *Pirmasenser Wochenblatt* die schlechten sozialen Verhältnisse seiner Zeitgenossen. Seine leidenschaftlichen Appelle lösten eine Vielzahl sozialer Aktivitäten aus, die Nardini noch zu seinen Lebzeiten den Beinamen „Vater der Armen" einbrachten. Persönlich entsprach er dieser von nur wenigen geteilten ethischen Verpflichtung, indem er die elsässischen Schwestern von Niederbronn berief und dann die Kongregation der armen Franziskanerinnen von der Heiligen Familie für den Dienst an Armen, Kranken und in der Kindererziehung gründete. Das von Nikolaus von Weis 1852 in Speyer ins Leben gerufene Institut

St. Dominikus kümmerte sich um die religiöse Erziehung und Bildung der Jugend, später auch um Kindergärten. In den Jahren 1857/58 wurde Nardini vom Freiburger Bischof um Entsendung von Schwestern nach Walldürn gebeten. 1861 übernahmen sie im nordbadischen Tauberbischofsheim ein Kinderheim und Einrichtungen für arme Kinder in Riegel und Blumenfeld. In Walldürn tauchte ein juristisches Problem auf. Solange die Kinder in die örtliche Volksschule gingen, gab es keine Schwierigkeiten. Als die Schwestern 1862 allerdings eine eigene Schule eröffneten, mussten die in Pirmasens (vom Bistum Speyer) geprüften Lehrerinnen noch einmal die Lehrbefugnis (vom Erzbistum Freiburg) für das Großherzogtum Baden erwerben[12].

Nachdem die Wirren der Französischen Revolution die Tätigkeit der Barmherzigen Schwestern von Straßburg (Sœurs de la Charité de Strasbourg) im Elsass beeinträchtigt hatten, ließen sie sich 1790 im rechtsrheinischen Teil des Straßburger Bistums in Ettenheim (Baden) nieder. Auf Bitten von Diözesen oder Städten mehrerer deutscher Staaten oder der österreichisch-ungarischen Monarchie kamen die Schwestern 1832 erneut über den Rhein und gründeten dort Gemeinschaften unter dem Namen „Barmherzige Schwestern vom heiligen Vinzenz von Paul". Für das Untersuchungsgebiet der vorliegenden Veröffentlichung sind hier Freiburg (1846) oder Heppenheim (1921) zu nennen. Die Niederlassung auf Anfragen von Bischöfen verlief nicht ohne Probleme mit den weltlichen Behörden. So erhob sich z.B. in Fulda offener Widerstand gegen die Zusammenarbeit im Hospital, schließlich auch gegen die Zusammenlegung von kirchlichen und nichtkirchlichen Einrichtungen[13]. Erst die mit der Revolution von 1848 gewährten Freiheiten führten zur Anerkennung der Fuldaer Gründung. Der Mediziner Dr. Lomb wollte daraufhin körperschaftliche Gesetze einführen. 1851 trennte sich schließlich die Kongregation vom Straßburger Mutterhaus, und Schwester Pauline Anth wurde deren erste Oberin. Dieser Vorgang bedeutete eine erhebliche Verzögerung für die Ausbreitung der Kongregation auf deutschem Boden. Die einen sahen darin ein Hindernis für die freie Entfaltung der Kongregationen, andere jedoch einen Gewinn für das karitative Handeln dieser Kongregationsmitglieder, je nach Gewichtung der religiösen Dimension, der Kompetenz und der staatlichen Anerkennung dieser Tätigkeit. „Die Hospitalschwestern zwischen Medizin und Religion" betitelt Olivier Faure[14] seinen Beitrag.

Das zeigte sich auch bei den Niederlassungen im Großherzogtum Baden[15] an dem grundsätzlichen, an das Innenministerium verwiesenen Problem, nämlich der Unterstellung unter ein Mutterhaus, das in den Zuständigkeitsbereich eines anderen Zivilrechts (weil eines anderen Landes) fiel, die (1811 geregelte) direkte Abhängigkeit der weiblichen Kongregation von der weltlichen Behörde – für die Wahl der Oberin, die Zulassung der Schwestern oder die Statuten der Novizinnen und Postulantinnen. In einem Brief von 1845 beklagte Bischof Hermann von Vicari die übertriebene Kontrolle und das Misstrauen der weltlichen Behörden in Baden, während die Behörden in protestantischen Ländern wie Preußen und Hessen die Statuten ohne Beanstandung genehmigt haben. Nach der Klärung weiterer Einzelheiten, wie der Höhe der Geldleistung beim Eintritt der Schwestern, wurde eine Vereinbarung getroffen, die allerdings später Beschwerden bei Gericht zur Folge hatte. Die Barmherzigen Schwestern konnten schließlich 1845 ein Mutterhaus in Freiburg gründen und die Leitung des städtischen Hospitals übernehmen (die gleiche Möglichkeit eröffnete sich 1848 für die religiösen Kongregationen in Württemberg). Ein weiteres Problem betraf das Recht auf Eigentumserwerb. Die Niederlassungen (und Vinzenzkonferenzen) konnten zwar Mietverträge abschließen, aber keinen Besitz erwerben. Dieses Recht wurde ihnen schließlich 1859 vom Staat (Innenministerium) zugebilligt. So konnte das Freiburger Mutterhaus Stationen in vielen Städten übernehmen: Karlsruhe, Endingen, Konstanz, Heidelberg, Ettlingen, Gernsbach, Lahr, Villingen usw. Mehr als zwanzig Jahre später (1870) wurden nicht weniger als 40 Niederlassungen der Schwestern in der ganzen Diözese gezählt, 40 weitere waren dem Mutterhaus von Gmünd in der Diözese Rottenburg angeschlossen, und etwa 12 – darunter Sigmaringen, Haigerloch, Hechingen, Hornstein, Mainz, Bensheim, Limburg und Waldhof – blieben beim Straßburger Mutterhaus.

Das gleiche trifft für die 1848 von Adele von Glaubitz ins Leben gerufenen Kreuzschwestern zu. Die Gründerin sah ihre besondere Berufung in der Erziehung von Problemkindern, dann auch von behinderten Kindern (Blinde, Taube, Schwerbehinderte, geistig Behinderte, Sozialfälle). Auch bei den deutschen Gründungen in Baden-Württemberg (Donzdorf 1851, Wolfach 1862 und Schapbach 1898), in Westfalen (Bökendorf 1856) und in Niedersachsen (Thuine 1867) blieben Schwierigkeiten nicht aus. Zwei Straßburger Kreuzschwestern, die im März 1852 die Verantwortung für die Erziehung junger Mädchen im Pflegeheim von Käfertal bei Mannheim übernommen hatten, wurde im März 1853 die staatliche Genehmigung entzogen. Noch bezeichnender war, dass bei der Wolfacher Gründung im Jahre 1862 die Leitung des Hospitals nur Schwestern der Freiburger Kongregation übertragen werden konnte. Die 1861 getroffene Vereinbarung zwischen der Oberin von Straßburg und der Wolfacher Gründung erhielt schließlich die Genehmigung des Großherzogtums Baden[16].

Im Elsass sind im Verlauf des 19. Jahrhunderts zahlreiche andere katholische Kongregationen entstanden, die in Deutschland Niederlassungen ins Leben gerufen und dann am Ende des Ersten Weltkrieges besondere Provinzen oder Kongregationen gebildet haben. Mit der Rückkehr des Elsass nach Frankreich und der Beilegung der kriegerischen Auseinandersetzungen durch den Versailler Vertrag tauchte nach 1919 für die im Elsass und im Moselgebiet lebenden, aber dort nicht geborenen Deutschen ein neues Problem auf. Nicht weniger als 110.000 Personen und 16.000 Beamte waren davon betroffen[17], vor allem auch zahlreiche deutsche Schwestern der im Elsass niedergelassenen Kongregationen.

Es ist faktisch unmöglich, auf wenigen Seiten dieses Kapitels alle Formen sozialer Tätigkeitsfelder in den einzelnen Gemeinden und Orten zu beschreiben, nicht einmal bei einer Beschränkung auf die vor Ort tätigen religiösen Gemeinschaften. Das ist auch nicht das Ziel oder die Absicht dieses Beitrages. Es sollen nur einige der bedeutendsten dieser Gemeinschaften dokumentiert werden, dann aber in einer historischen und kontextuellen Perspektive. Der Bereich des Sozialen ist *a priori* für die Überwindung konfessioneller Unterschiede besonders geeignet und einer ökumenischen Sichtweise zugänglich. In Verbindung mit dem zivilrechtlichen und politischen Bereich stößt dieses Unterfangen auf unterschiedliche Konzepte in den Beziehungen von Kirche und Staat, aber auch auf Grenzen der juridischen Möglichkeiten. Da eine ökumenische Kirche weder auf dem Papier noch in der Wirklichkeit besteht, reicht der soziale Bereich nicht aus, um diese Unterschiede zu überwinden.

9.2.   Der Einfluss der Spiritualität

Sankt Vinzenz von Paul

Der französische Priester Vinzenz von Paul (1581–1660) spielte eine wesentliche Rolle in der Entwicklung eines neuen Umgangs mit den Armen auf katholischer Seite. 1617 gründete er die „Schwesternschaft der Barmherzigen Frauen" (Confrérie des Dames de la Charité), die sich persönlich um Bedürftige und Kranke kümmerte. 1633 entwickelte sich daraus die „Gemeinschaft der Töchter der christlichen Liebe" (Filles de la Charité), auch „Graue Schwestern" genannt. Das Engagement von Vinzenz von Paul wirkte beispielhaft, und seine Spiritualität inspirierte viele.

Im Jahre 1734 gründete der Straßburger Bischof Kardinal Armand Gaston de Rohan die bereits erwähnte Kongregation der Barmherzigen Schwestern von Straßburg. Er wollte auch für sein Bistum eine „Gemeinschaft der Töchter der christlichen Liebe". Nach einem Aufenthalt bei einer solchen Gemeinschaft in Chartres nahmen fünf junge Frauen ihren Dienst im Krankenhaus von Zabern im Elsass auf. Die erste Oberin war Françoise Geneviève Pichard. Der 1740 ausgebrochene Österreichische Erbfolgekrieg, von dem 1744 auch Zabern betroffen war, brachte für die Schwestern dieser noch jungen Kongregation neue Aufgaben mit sich. Sie gründeten ein Mutterhaus, als ein neues Krankenhaus in Zabern (1747–1749) gebaut wurde. Auch arbeiteten sie auf Bitten des polnischen Königs Stanislaus, der in Nancy im Exil lebte, im Krankenhaus von Blâmont in Lothringen (1747). 1749 rief François-Joseph de Klinglin, der königliche Prätor (der die königliche Jurisdiktion zu vertreten hatte), die Schwestern nach Straßburg zur Betreuung von Findelkindern[18].

Die Arbeit der Kongregation wurde durch die Französische Revolution unterbrochen. Die Schwestern suchten wegen der Wirren 1790 Zuflucht in Ettenheim auf der badischen Seite des Rheins, wo der Straßburger Erzbischof Louis de Rohan seit 1790 im Exil lebte (siehe Farbbild 27). Auch die Stadt Colmar nahm sie auf und betraute sie mit der Krankenhauspflege. Ab 1804 konnten sie sich wieder überall im Elsass ansiedeln. Dank des Konkordats zwischen Napoleon und dem Heiligen Stuhl konnten die

Bild 79: Der französische Priester Vinzenz von Paul (1581–1660). Zeichnung von Simon François, gestochen von Gérard Edelinck (Aus Charles Perrault, Les Hommes illustres, Bd. 2, Paris 1700. © Herzog-August-Bibliothek Wolfenbüttel, Portrait A 22820)

Schwestern 1804 nach Zabern zurückkehren. Das kaiserliche Dekret vom 13. November 1810, womit die Kongregation gesetzlich anerkannt wurde, war die Voraussetzung dafür, dass sie sich in zahlreichen Orten des Elsass (Zabern, Schlettstadt, Kaysersberg, Oberehnheim, Hagenau) und in Lothringen niederließen. Weil die Gebäude in Zabern nun nicht mehr ausreichten, wurde das Mutterhaus nach Straßburg verlegt, zunächst in die Komturei St. Johann (1823–1827) und dann 1827 ins Kloster St. Barbara.

Das Beispiel von Vinzenz von Paul führte auch zur Gründung von männlichen Laienkongregationen. 1833 gründete der spätere Professor Frédéric Ozanam in Paris zusammen mit einigen anderen Studenten, unter anderem aus Deutschland, die erste Caritasbruderschaft, aus der die heutigen Vinzenzkonferenzen oder Vinzenzgemeinschaften hervorgingen. Ziel war die Unterstützung der notleidenden Arbeiterbevölkerung in Paris. Bald wurde auch eine männliche Vinzenzgemeinschaft im Elsass gegründet, um der verelendeten Landbevölkerung zur Seite zu stehen.

Im Bistum Speyer gründeten Priester und Laien ebenfalls Vinzenzgemeinschaften für den Dienst an Armen, Kranken und für Hausbesuche. In diesem Zusammenhang steht auch die bereits erwähnte Arbeit von Nardini in Pirmasens. Auch in anderen deutschen Städten entstanden männliche Vinzenzgemeinschaften. In Sigmaringen (Erzdiözese Freiburg) entstand 1850 das erste weibliche Pendant mit der hl. Elisabeth als Schutzpatronin (Elisabethverein) und in Freiburg selbst eine erste weibliche Vinzenzgemeinschaft.

Die geistlichen Strömungen im Protestantismus

Unter dem Einfluss der protestantischen Theologie des 16. bis 18. Jahrhunderts entwickelten sich drei geistliche Strömungen mit unterschiedlicher Orientierung, die aber alle drei pädagogisch wirksam geworden sind und die diakonischen Werke des 19. Jahrhunderts stark geprägt haben. Es handelt sich um den Pietismus, den Rationalismus und die Erweckungsbewegung (Réveil)[19].

Den unter anderen von den Schriften und der Arbeit des aus dem Elsass stammenden lutherischen Pfarrers Philipp Jakob Spener angeregten Pietismus kennzeichnet die allen Gläubigen zustehende Auslegung der Bibel, die Bildung kleiner Gemeinschaften (Konventikel, die der offiziellen Kirche kritisch gegenüberstehen), die Askese und Mäßigung. Dahinter stand die Überzeugung, dass Gott die Gläubigen persönlich ruft (Berufung, *vocatio*). Die Bekehrten oder wiedergeborenen Christen, die Gottes Ruf angenommen haben, betrachten es als ihre Aufgabe, die Früchte des Glaubens auf Erden sichtbar zu machen. Dazu gehört auch die Erfüllung der sozialen Verantwortung der Christen. Die Ausübung eines Berufs (im Halleschen Pietismus Franckescher Prägung) und die Gründung zahlreicher Werke der Nächstenliebe sind Kriterien lebendigen Glaubens. Insbesondere der Erziehung wurde große Bedeutung beigelegt. Waisenhäuser wurden errichtet, sowie das Paedagogium (höhere Schule für Verwaltung, Handel oder Industrie) und die Realschule (höhere Schule für Handwerker). Mit diesen pädagogischen Initiativen wurde der Pietismus seit dem Ende des 18. Jahrhunderts zu einer Triebkraft wirtschaftlicher Erneuerungen. Man denke hier nur an Johann Friedrich Oberlin[20]. Diese neuartige

Verbindung von Glauben und Werken kennzeichnet den Beginn sozialen Handelns im Zeitalter der Moderne und des Pluralismus[21].

Der Rationalismus entstand aus der Auseinandersetzung der Aufklärung mit der christlichen Orthodoxie. Philosophisch gesehen steht der Rationalismus in Opposition zum Empirismus. In der Theologie betont der Rationalismus, dass Kenntnis durch die Vernunft, nicht durch den Glauben erworben wird. Es liegt dem Rationalismus an der allgemeinen Menschlichkeit, der Achtung der Humanität in jedem Menschen. Ganz folgerichtig legt der Rationalismus – in gewisser Kontinuität zum Pietismus – besonderen Wert auf Erziehung und Unterricht sowie auf die Förderung der Philanthropie[22]. Wegen der Ausbreitung der Industrie und dem Entstehen von Großbetrieben glaubten die Rationalisten, dass man sich nicht auf individuelle Unterstützung beschränken dürfe, sondern das Volk erziehen solle[23]. Konkret kam dies in der Entfaltung von Werken der Wohltätigkeit (bienfaisance) zum Tragen: verschiedene Anstalten für Behinderte, flächendeckende Werbung für Maßnahmen zur Vorbeugung von Krankheiten, zur Sanierung von Waisenhäusern, zur Impfpflicht, zur Brandversicherung usw. So entstand z.B. in Straßburg am 1. Oktober 1780 das „Œuvre de bienfaisance pour les pauvres honteux protestants" (wörtlich: Wohltätigkeitswerk für verschämte arme Protestanten; auch bekannt als „Privat-Armenanstalt"), das heute noch unter der Bezeichnung „Entr'aide protestante de Strasbourg" (Evangelisches Hilfswerk von Straßburg)[24] existiert. Die Ziele dieses Wohltätigkeitswerkes waren: Unterricht für arme Kinder, Hilfe für Handwerker in Not in Form eines zinslosen Darlehens, Arbeitsbeschaffung für Bedürftige einschließlich der Bereitstellung des Materials und Lohnvorschuss (wobei der Gewinn aus dem Verkauf ihrer Produkte der Kasse zufloss), sowie soziale Betreuung von verwahrlosten Jugendlichen. Dabei spielte die konfessionelle Zugehörigkeit der unterstützten Armen kaum eine Rolle[25].

Die Erweckung stellte sich mit Macht gegen den Rationalismus, der in mancher Hinsicht den Anschein eines verweltlichten Pietismus hatte und von einem Fortschrittsoptimismus geprägt war[26]. Theologisch betrachtet war die Frömmigkeit der Erweckung stark von den reformatorischen Bekenntnisschriften geprägt. Sie wollte die Menschen davon überzeugen, dass sie von Natur sündig und auf persönliche Bekehrung, Reue und Durchbruch der göttlichen Gnade angewiesen sind. Wer die Gnade Gottes erfahren hat, fühlt sich zur missionarischen Verkündigung des Evangeliums von Jesus Christus in der Welt verpflichtet. Die Erweckungsbewegung verbreitete sich seit 1815 durch deutsche und englische Missionare auch in Frankreich. Ihre Anhänger vertraten oft eine buchstabengetreue Bibelauslegung, sodass man sie „Fundamentalisten" nennen konnte. Man sollte allerdings – vor allem für das Elsass – unterscheiden zwischen der pietistisch geprägten Erweckung, die trotz der Aufnahme der reformatorischen Heilsbotschaft keinen betont konfessionellen Charakter hatte, und der lutherischen Erweckung, die sich weniger für die Diakonie einsetzte, dafür aber auf der Treue zu den lutherischen Bekenntnisschriften und auf der Zugehörigkeit zur Kirche bestand. Aus der Erweckungsbewegung gingen, auch wenn sie von den offiziellen Kirchen kritisiert wurde, verschiedene Werke hervor, die zwar primär eine religiöse Ausrichtung hatten, aber auch gesellschaftlich wirksam geworden sind. Im Jahre 1834 wurde z.B. die Evangelische Gesellschaft in Straßburg gegründet. In Deutschland (im Sinn der Frauenemanzipation) engagierten sich viele Frauen in der Diakonie, besonders in der Kleinkinderbetreuung (Nonnenweier u.a.) und in Krankenhäusern, in denen sie religiöses Engagement und berufliche Tätigkeit miteinander verbinden konnten. Insbesondere im Elsass waren die Diakonissenhäuser typische Werke der Erweckungsbewegung[27].

In Baden wurde Schloss Beuggen, das 1286 vom Deutschen Ritterorden erbaut worden war, zu einem der wichtigen Zentren der Erweckungsbewegung. Von 1819 an war dort die Armenschule untergebracht, deren Gründung auf die Begegnung des Pietisten Christian Heinrich Zeller mit dem Pädagogen Christian Friedrich Spittler in Basel zurückging[28]. Die armen Kinder sollten nach den Prinzipien Johann Heinrich Pestalozzis nicht nur materiell unterstützt werden, sondern auch an Geist und Seele getröstet und so im christlichen Glauben erzogen werden[29]. Vier Generationen nacheinander hatten Mitglieder der Familie Zeller die Leitung des Hauses inne, bis Pfarrer Friedrich Kraft sie 1937 übernahm. Otto Kollmar und Dieter Katz waren die letzten Leiter, bevor die Einrichtung 1980 geschlossen wurde. Seit 1983 wird das Schloss von der Evangelischen Landeskirche in Baden als Bildungs-, Begegnungs- und Konferenzstätte geführt (siehe Farbbild 30). Jetzt lebt dort eine Laienkommunität, die den alten klösterlichen Geist für die heutige Zeit neu zu beleben versucht. Ihre Mitglieder engagieren sich in der Friedensbewegung und setzen sich für nachhaltige Entwicklung, Fair Trade und Asylrecht ein.

Es vollzog sich also mit dem Pietismus, dem Rationalismus und der Erweckung eine grundlegende Veränderung. Nicht mehr die Kirchenleitung ist die gesellschaftlich normierende Institution, sondern die „Religion", die über das Wirken ihrer Pfarrer und Lehrer vermittelt wird. Gleichzeitig aber verlor die Religion „ihre allgemeine gesellschaftliche Verbindlichkeit nicht aufgrund intellektueller oder kognitiver Defizite, sondern durch ihre Unfähigkeit, eine gesamtgesellschaftliche Integration zu leisten". Andererseits gilt: auch wenn die christliche Religion so „an zentralem sozialen und kulturellen Stellenwert" verlor, gewann sie „durch Pluralisierung und Ausdifferenzierung die Möglichkeit, multifunktional segmentäre religiöse Bedürfnisse in ausdifferenzierten modernen Gesellschaften zu befriedigen. Als wesentliche religiöse Funktion hat sich dabei das soziale und diakonische Handeln erwiesen"[30]. Wäre dies eine Bedingung für das Überleben des Einflusses der Kirchenleitung? Jochen-Christoph Kaiser sieht sogar in den zentralisierten Strukturen des protestantischen sozialen Engagements die Suche nach einer erhofften Einheit[31].

Die Entstehung neuer religiöser Kongregationen

Wie wir bereits gesehen haben, wurde die Kongregation der Barmherzigen Schwestern von Straßburg schon 1734 gegründet, aber sie erlebte ihren großen Aufschwung im 19. Jahrhundert. Es folgten nun auch andere Kongregationen im Elsass. Am 28. August 1849 gründete Elisabeth Eppinger in Niederbronn die Kongregation der Töchter des Göttlichen Erlösers, die nach der Entscheidung Roms den Namen „Kongregation der Schwestern des Allerheiligsten Heiland" bekam. Sie werden auch „Niederbronner Schwestern" genannt. Die Bewohner von Niederbronn nennen ihr Ordenshaus das „Klösterle".

Die Kongregation gründete bereits kurz nach ihrer Entstehung neue Stationen[32]: im Jahr 1850 acht Häuser in Reichshofen, Brumath, Mommenheim, Andlau, Hochfelden, Hagenau,

Bild 80: Mutter Alfons Maria Eppinger (1814–1867), die Gründerin der Kongregation der Schwestern vom göttlichen Erlöser (© Provinzialat der Niederbronner Schwestern, Nürnberg)

Wasselnheim und Neunhoffen. Ein Jahr später (1851) folgten weitere sieben Gründungen in Marienthal, Gerstheim, Zabern, Le Wasenberg und Jägerthal (zwei Weiler, die durch einen Wald getrennt waren), Saaralb (Bistum Metz) und Straßburg. 1852 wurden Häuser im Departement Haut-Rhin (Oberelsass) gegründet, vor allem aber entstand eine erste Niederlassung der Schwestern in Deutschland, und zwar in Speyer, von wo aus sie viele Sozialeinrichtungen im ganzen Bistum ins Leben gerufen haben, unter anderem in Pirmasens (siehe oben, S. 403). Das 1853 von ihnen in Landstuhl gegründete Waisenhaus wurde später von den Schwestern vom Armen Kinde Jesu übernommen.

Auf Anfragen zahlreicher Bischöfe breitete sich die Kongregation zwischen 1853 und 1865 vor allem in den Großstädten aus, in Hauptstädten wie Wien und München oder industriellen Ballungszentren wie Mülhausen und Mannheim. Am Ende des 19. Jahrhunderts stellten die großen Entfernungen zum Mutterhaus oder das fremdartige kulturelle Umfeld kein Hindernis mehr für die Gründung weiterer Niederlassungen dar. Insbesondere im Großherzogtum Baden war die Kongregation stark vertreten mit 34 Häusern in der Gegend von Mannheim und Heidelberg und 15 in der Gegend von Karlsruhe und Bruchsal[33]. 1919 wurde die Ordensprovinz Baden-Hessen mit dem Provinzialat in Bühl, 1920 die Provinz Bayern-Pfalz mit dem Provinzialat in Neumarkt in der Oberpfalz geschaffen. Im gleichen Jahr (1920) entstanden auf französischer Seite die Provinzen Paris und Straßburg, die seit ihrer Zusammenlegung im Jahre 2004 die Provinz Frankreich (mit Mutterhaus in Nancy) bilden, während die Provinzen Baden-Hessen, Bayern-Pfalz und Österreich mit der angegliederten niederländischen Gemeinschaft zur Provinz Deutschland-Österreich wurden. Heute gibt es im Erzbistum Freiburg zehn Niederlassungen und zwei Tochtergemeinschaften in Baden-Baden/Ebersteinburg, Bühl, Brühl/Baden, Karlsruhe, Mannheim, Sinsheim-Steinsfurt, im Bistum Speyer Gemeinschaften mit einer Tochtergemeinschaft in Esthal, Ludwigshafen (Niederfeld und Oggersheim), Neustadt an der Weinstraße, Schifferstadt, Speyer und Trippstadt.

Die gleiche Entwicklung lässt sich bei den im Jahr 1848 gegründeten Kreuzschwestern verfolgen (vgl. oben, S. 405). Seit 1905 führen sie ein Blindenheim auf dem Rochusberg bei Bingen am Rhein, das unter der Bezeichnung „Hildegardishaus" bekannt ist. Diese Einrichtung (mit der berühmten Hildegard von Bingen als Schutzpatronin) wurde 1920 deren Mutterhaus für die Provinz Deutschland.

Die Schwesterngemeinschaft vom heiligen Josef, die im Jahre 1845 durch den Priester Pierre Paul Blank in St. Markus (Elsass) gegründet wurde, ist heute in Geberschweier, Colmar, Ebersmünster, Sulzmatt, Schauenberg, Trois Épis, Mülhausen, Münster, Thierenbach, Weier im Thal, Pfirt, Zillisheim und Erstein präsent sowie in Neuenburg (Deutschland). Die deutschen Schwestern zogen ins Kloster St. Trudpert im Münstertal bei Freiburg im Breisgau und gründeten dort im Jahr 1920 die Provinz der Schwestern vom heiligen Josef zu St. Trudpert, die 1970 zu einer selbstständigen Kongregation bischöflichen Rechts wurde. Die elsässische Schwesterge-meinschaft verwirklichte ihrerseits 1996 im Geist des Zweiten Vatikanischen Konzils eine Ge-meinschaft in Oberwil (im Schweizer Kanton Basel-Land), an der sich auch Laien beteiligen[34].

Am Oberrhein waren auch schweizerische Frauenkongregationen aktiv, wie z.B. die Schwes-tern vom heiligen Kreuz, die 1844 in Menzingen im Kanton Zug von Bernarda Heimgartner und dem Kapuzinerpater Theodosius Florentini gegründet worden waren und sich auf die schulische Arbeit konzentrierten. 1858 wurde den Menzinger Schwestern in Bad Säckingen die Betreuung und Schulbildung von Frauen und Kindern übertragen, die in den Stoffdruckereien beschäftigt waren. Dieses Engagement fand seine Anerkennung beim Treffen katholischer Organisationen im Jahr 1859 in Freiburg im Breisgau, wo man diesen neuen pädagogischen Weg als hoffnungsvollen Beginn „christlicher Nächstenliebe auf einem neuen und wichtigen Tätigkeitsfeld – den Fabriken" bezeichnete.

Zu gleicher Zeit wurden in Baden neue klösterliche Gemeinschaften von Dominikanerinnen in Neusatz (bei Bühl) und von den Schwestern vom kostbaren Blute in Gurtweil ins Leben gerufen. Das heutige Kloster Neusatzeck geht zurück auf eine Initiative des Ortsgeistlichen Joseph Bäder aus dem Jahr 1852, der beim Freiburger Bischof Hermann von Vicari Unterstützung fand. Er brachte zwölf Lehrerinnen zur Kindererziehung auf einem Bauernhof zusammen. Dort hatten sie Felder zu bestellen sowie das Haus zu unterhalten und gleichzeitig ein klösterli-ches Leben zu führen. 1859 verließen zwei Schwestern nach ihrem Noviziat das Kloster und lebten im Dorf, um somit vollständig die Lebensbedingungen ihrer armen Mitbürger teilen zu können. Mit Erlaubnis der katholischen Hierarchie verzichteten sie sogar auf das Tragen der Ordenstracht.

Ein ganz anders geartetes Projekt wurde 1857 in Gurtweil verwirklicht. Die Initiative kam von dem Pfarrvikar Hermann Keßler. Zur Betreuung von armen Kindern und Kranken in der ländlichen Gegend von Waldshut und im Wiesental bat er die Schwestern vom kostbaren Blut von Ottmarsheim im Elsass um Unterstützung. Die entsandten Schwestern stammten alle aus Baden. Da sich jedoch das strenge kontemplative Leben, wie sie es in Ottmarsheim gepflegt hatten, nicht mehr mit ihren neuen Lebensbedingungen vereinbaren ließ, bat Keßler die Schwestern, übermäßiges Fasten und Beten zu vermeiden! Der ursprüngliche Plan musste folglich abgeändert werden. Damit die Schwestern Lehrerinnen werden konnten, vermittelte ihnen Pfarrer Keßler Grundkenntnisse in Naturkunde, Physik und Astronomie. Nach dem unver-meidlich gewordenen Bruch mit Ottmarsheim im Jahr 1865 wurden die Schwestern direkt dem Mutterhaus in Rom unterstellt. Sie legten staatliche Prüfungen ab und wurden der öffentlichen

Schule von Donaueschingen zugewiesen (1865), bevor sie 1869 die Leitung der Privatschulen in Krozingen und Lörrach übernahmen.

In Württemberg, Baden und Hohenzollern wurden außerdem von Chur (später Ingenbohl) aus 29 Häuser der Barmherzigen Schwestern vom heiligen Kreuz errichtet – eine Ordensgemeinschaft, die 1856 von dem Kapuzinerpater Theodosius Florentini und von Maria Theresia Scherer gegründet worden war. Florentini hatte bereits 1844 die Gemeinschaft Schwestern vom heiligen Kreuz in Menzingen ins Leben gerufen (1844), die sich allerdings auf den Schulunterricht konzentrierte. Nachdem er 1850 ein Krankenhaus in Chur errichtet hatte, berief er dafür zuerst Schwestern aus Menzingen; aber 1856 erwies sich die Gründung eines eigenen Ordens für Krankenpflege als unvermeidlich. Mit Hilfe der Bischöfe von Basel und Chur konnte Florentini sie 1856 in einem eigenen Mutterhaus in Ingenbohl bei Chur unterbringen, von wo aus sie ihren Dienst in der Schule, an Armen und Kranken versahen. Bischof Hermann von Vicari holte die Barmherzigen Schwestern vom heiligen Kreuz 1858 nach Freiburg im Breisgau und nach Lichtenthal. Bei der Umstrukturierung des Krankenhauses in Baden-Baden 1860 zogen sie in das Gutleuthaus (ursprünglich ein Haus für Leprakranke). Damals folgte eine ganze Reihe von Gründungen: 1862/63 in Bodman, Arlen und Sigmaringen, 1864 in Konstanz, 1865 in Bühl, 1866 in Offenburg, 1867 in Markdorf, Rielasingen und Villingen, 1868 in Radolfzell, Haslach und Überlingen, 1869 in Baden-Baden, Donaueschingen, Malsch, Appenweier und Heitersheim, schließlich 1870 in Sigmaringen. 1895 gab es im Großherzogtum Baden insgesamt 86 Gründungen und 1917 sogar 167. Sie kümmerten sich nicht nur um Kranke und Arme, sondern betreuten auch Frauen und Kinder in fabrikeigenen Häusern, so z.B. 1862/63 in Bodman und Arlen in den Webereien ten Brink, beide Orte in der Nähe des Bodensees[35].

Es entstanden auch religiöse Männerkongregationen, insbesondere in den Bistümern Mainz, Limburg und Speyer. Auch diese zeigten ein hohes soziales Engagement. Die 1861 gegründete Ordensgemeinschaft der Barmherzigen Brüder in Montabaur (bei Koblenz) kümmerte sich ausschließlich um die Pflege kranker Männer, die Josefsbrüder in Klein-Zimmern von 1867 waren als Lehrer, Landwirte und Handwerker tätig, während sich die Paulusbrüder in Speyer in den Jahren nach 1890 der Kranken und Behinderten annahmen. Trotzdem ist klar, dass im sozialen und karitativen Bereich weitaus mehr Frauen als Männer tätig sind. Das lässt sich mit der Tatsache erklären, dass katholischerseits nur Männer Zugang zu ordinierten Ämtern haben und viele von ihnen den Dienst in der äußeren Mission aufnahmen. Das hatte zur Folge, dass der Dienst der Nächstenliebe vor Ort immer mehr eine Sache von Frauen in einer „Männerkirche" wurde[36].

9.3.   Die Entstehung von Sozialwerken

Innere Mission

Sowohl für den Protestantismus wie für den Katholizismus stellt die Versammlung evangelischer Männer, die vom 21. bis 23. September 1848 in Wittenberg stattfand, eine bedeutende Wende dar. Bei diesem Treffen, das später als „Kirchentag" bezeichnet wurde, rief Johann Hinrich Wichern zur Gründung der Inneren Mission der evangelischen Kirchen Deutschlands auf[37]. In nicht weniger als zehn Kommissionen sollten Projekte erarbeitet werden. Bei 15 weiteren Treffen bis 1872 wurde der Beitrag der protestantischen Christen zur Lösung der sozialen Frage erörtert. Wichern hatte eine eigene Zukunftsvision für die Kirche. Einerseits war er antiklerikal, betonte also die Notwendigkeit der aktiven Beteiligung der „Laien", andererseits richtete er sich gegen die drei wichtigsten theologischen Strömungen seiner Zeit: gegen Liberalismus, konfessionelle Orthodoxie und Pietismus. Man könnte deshalb die Innere Mission als eine „konservative Reform" innerhalb des Protestantismus betrachten.

Bild 81: Der elsässische lutherische Pfarrer Franz Härter (1797–1874), Gründer des Straßburger Diakonissenhauses (© Bibliothèque Nationale et Universitaire de Strasbourg)

Wichern kam schon 1849 nach Frankreich und stellte den Mitgliedern der 1834 gegründeten Evangelischen Gesellschaft von Straßburg sein Projekt der Inneren Mission vor. Als Lutheraner hoffte er, dass er im Ausland gerade bei dieser lutherischen Gesellschaft Anklang finden würde. Seine Vorschläge wurden tatsächlich mit Begeisterung aufgenommen, aber aufgrund der Konflikte zwischen den Pietisten und den konfessionellen Lutheranern konnte die Evangelische Gesellschaft erst 1890 offiziell mit der Arbeit der Stadtmission beginnen, die dann von Pfarrer Franz Härter energisch betrieben wurde[38].

In Baden gingen der Gründung der Inneren Mission zahlreiche Initiativen voraus. Wir haben schon auf die große Bedeutung der Armenschule in Schloss Beuggen hingewiesen. 1832 rief Pfarrer Jakob Heinrich Rieger aus Willstätt zur Zusammenarbeit von evangelischer Kirche und Staat auf, um gemeinsam Armen, Geisteskranken, Taubstummen, Blinden und Gebrechlichen zu helfen. Im August 1833 wurde – nach dem Beispiel von Beuggen – auch in Mittelbaden ein „Rettungshaus" (ein Heim für Waisen und schwer erziehbare Kinder) geplant. Erst 1837 konnten die ersten Kinder in die Einrichtung in Durlach bei Karlsruhe einziehen. Es handelte sich allerdings um ein gemischt konfessionelles Haus. Es wurde besonderer Wert darauf gelegt, bei der Aufnahme Geschlecht, Stand, Herkunft oder Religionszugehörigkeit der Heimkinder unberücksichtigt zu lassen. Innerhalb von 20 Jahren entstanden drei weitere Rettungshäuser: 1843 der Mariahof in Neudingen auf der Baar bei Donaueschingen, das (später nach Dattingen verlegte) Merianstift in Vögisheim bei Müllheim, und ein Haus in Konstanz. Die gemeinsame Erziehung von Kindern beider Konfessionen wurde jedoch bald aufgegeben. Durlach und Dattingen wurden mit evangelischen, Mariahof und Konstanz mit katholischen Kindern besetzt mit dem Ziel, Kindern eine nun konfessionell ausgerichtete Erziehung angedeihen zu lassen.

1844 ergab sich ein Konflikt mit den staatlichen Behörden wegen der Zulassung von kirchlichen evangelischen Lehrkräften zur Erteilung des Religionsunterrichts (wie bei der Anstellung katholischer Schwestern in Pflegeheimen und in öffentlichen Schulen). Die „politische" Haltung des Innenministeriums blieb immer die gleiche: Entscheidend für die staatliche Unterstützung und Genehmigung der Rettungshäuser war die Aufnahme von Kindern aller Konfessionen. Das führte zu einer langen Debatte innerhalb der diakonischen Einrichtungen zwischen den Anhängern der konfessionellen Neutralität und den Verfechtern einer stärkeren konfessionellen Profilierung. Folglich kam es 1849 zur Gründung zweier konkurrierender Vereine der Inneren Mission, zuerst des A.B.-Vereins (Evangelischer Verein für innere Mission Augsburgischen Bekenntnisses), der sich auf die Grundlage der *Confessio Augustana* stellte, kurz danach des Landesvereins für Innere Mission im Großherzogtum Baden. Auch in Fragen wie der Zulassung von Laienpredigern oder der Evangelisation im Inland waren sich beide Vereine uneinig. Trotzdem blieb aber das Gespräch zwischen den Vorsitzenden bestehen. Das Ziel des A.B.-Vereins war es, „die Kirche in die Häuser zu tragen" – als handele es sich um „Heidenmission". Der A.B.-Verein fand von Beginn an großen Anklang in den Kirchengemeinden, während der Landesverein kaum dauerhafte Wurzeln schlagen konnte. Das zeigen auch die Zahlen. Zwischen 1851 und 1860 wuchsen die 18 Jungmännervereine des A.B.-Vereins auf 27, die 4 Vereine für Jungfrauen auf 18 und die Zahl der Gemeinschaften von 119 auf 170. Die Zahl der evangelischen Kindergärten stieg von 45 im Jahr 1849 auf 139 im Jahr 1860 an[39].

Andere Formen sozialen Engagements im protestantischen Bereich

Nach 1870 entstanden zahlreiche neue Einrichtungen zu beiden Seiten des Rheins. Viele von ihnen waren spezialisiert. Sie widmeten sich jeweils einer besonderen Aufgabe, z.B. dem Kampf gegen Alkoholismus, Prostitution, Arbeitslosigkeit und Müßiggang, oder richteten sich auf die häusliche Krankenpflege[40] aus.

FABRIK in FREIBURG

Bild 82: Seit 1832 befand sich die Seidenfabrik Mez in der Kartäuserstraße. Das Unternehmen beschäftigte bis zu 1000 Menschen. Im April 2008 wurde das Gelände planiert (© Stadtarchiv Freiburg)

Aus der diakonischen Landschaft der evangelischen Kirche Badens sticht eine außergewöhnliche Gestalt heraus: der Fabrikant Carl Mez (1808–1877), der in Freiburg im Breisgau eine evangelische Stiftung gründete. In den 1840er Jahren stand er unter dem Einfluss der Erweckungsbewegung und unterstützte seit dieser Zeit die Basler Mission, die Chrischona-Mission und das Rettungshaus in Beuggen. 1860 wurde als erster Zweig der Stiftung ein Waisenhaus gegründet, dessen Leitung drei Schwestern der Karlsruher Diakonissen anvertraut wurde. Der Stiftung wurde 1869 ein Kindergarten und 1870 ein Heim für junge Mädchen angeschlossen[41].

Ganz neu war auch, dass Mez für seine Arbeiterinnen Schlafgelegenheiten in einer Pensionsanstalt bereitstellte, wo er später auch Gebetszeiten ansetzte. So hat er das auch für Beuggen maßgebende Grundanliegen in die Tat umgesetzt: „Man muss aus Fabriken Klöster machen!"[42]. Mez nahm sich dabei die Beginengemeinschaft im belgischen Gent zum Vorbild. In seinen Fabriken kümmerte er sich nicht nur um Arbeitsbeschaffung, sondern auch um bessere Lebensqualität der Angestellten, unter anderem durch die Zahlung eines Lohnes, der über das Existenzminimum hinausging. Auch errichtete er Genossenschaften zum Ankauf von Kohlen und eigene Einkaufsgeschäfte, förderte das Anmieten von Familienhäusern, stellte keine schulpflichtigen Kinder zum Arbeiten ein, respektierte die Sonntagsruhe und gründete Spar- und Krankenkassen. Dieses „paternalistische" Engagement war nicht reine Menschenliebe. Mez sicherte sich durch diese Maßnahmen auch die Treue der Arbeitskräfte und seine Handelspolitik[43].

Andere Formen sozialen Engagements im katholischen Bereich

In Frankreich wurde seit dem Ende des Zweiten Kaiserreiches (1852–1870) nach einer Lösung für die soziale Frage gesucht. Auch hier offenbarte sich zunächst eine paternalistische Grundhaltung. Die beiden antirepublikanischen Offiziere Albert de Mun und René de la Tour du Pin gründeten nach 1871 katholische Arbeiterzirkel. Sie nahmen Einfluss auf Léon Harmel, einen einflussreichen, politisch von demokratischen Grundsätzen geprägten Industriellen aus der Champagne, der seinen Arbeitern für die damalige Zeit beachtliche soziale Vorteile einräumte. Die Industriellen im Elsass standen Harmel nicht nach. So gab es längst vor der Sozialgesetzgebung Bismarcks im Elsass ein aktives philanthropisches Engagement im Kampf gegen die sozialen Nöte: Krankenversicherung, Altersrente, Erziehung, Fürsorge, Vorsorge, Familienunterstützung usw.[44] Die Erweckungsbewegung wurde so zur Wegbereiterin für die Strömung des Sozialen Christentums, die sich sowohl in Deutschland wie in Frankreich in evangelischen Kreisen verbreitete. Diese lehnte nicht nur die marxistische Theorie des Klassenkampfes ab, sondern auch eine nichtregulierte liberale Wirtschaftsordnung[45]. Auch hier suchte man einen eigenen Weg zwischen Marxismus und Liberalismus.

In dieser Debatte spielte Franz-Joseph Buß aus Baden eine hervorragende Rolle. Als akademischer Lehrer förderte er den Austausch zwischen Frankreich und Deutschland durch Übersetzung und Herausgabe von Schriften des französischen philosophischen Schriftstellers Joseph-Marie de Gérando aus Lyon. Dieser stand wiederum dem ebenfalls aus Lyon stammenden

Bild 83: Titelseite der „Fabrikrede" von Franz Joseph Buß (© Universitätsbibliothek Freiburg i. Br.)

Frédéric Ozanam nahe, der 1833 die Vinzenzgemeinschaften gründete (siehe oben, S. 407). In seiner 1824 erschienenen Veröffentlichung *Le visiteur du pauvre* (Der Armenpfleger) verteidigte Gérando die Auffassung, dass man zuerst die Armen genau beobachten muss, bevor man ihre Lage erforschen kann; nur so kann man die „sittlichen Krankheiten" verstehen, unter denen die Gesellschaft leidet. Die „Visite" (der Besuch) hatte also nicht allein den Zweck, den Armen einen Dienst der „Nächstenliebe" zu erweisen, sondern war zugleich Investigation. Die Philanthropie wurde damit zu einer empirischen Wissenschaft, welcher das Werk von Frédéric Le Play, *La Méthode sociale* (Die Methode der Sozialwissenschaft) (1879) den Weg ebnete. In Gérandos *Traité de la bienfaisance publique* (Traktat über die öffentliche Wohlfahrt) von 1839 fand diese empirische Methode ihren reifsten Ausdruck.

Als Abgeordneter in der Zweiten Kammer des badischen Parlaments machte Franz Joseph Buß mit seiner liberalpolitischen (also nicht-konfessionellen) sogenannten „Fabrikrede" vom 25. April 1837 auf sich aufmerksam[46]. Aus damaliger Sicht (elf Jahre vor dem Erscheinen des *Manifests der Kommunistischen Partei* von Karl Marx und Friedrich Engels) galten seine Thesen als revolutionär. In dieser Rede empfahl Buß die Gründung von Kassen zur Unterstützung von kranken und verunglückten Arbeitern, Arbeitslosengeld, Arbeitszeitbegrenzung auf 14 Stunden pro Tag, Reduzierung der Kinderarbeit, Förderung der Grundausbildung und Weiterbildung für Arbeiter. Seine Anregungen waren ein Misserfolg und seine Ideen hatten zunächst keinen Einfluss auf die Politik. Daraufhin bemühte er sich, die kirchliche Hierarchie für den sozialen Kampf als neuer Form der Nächstenliebe zu gewinnen. 1848 wurde er zum Präsidenten des ersten Katholikentages in Mainz gewählt. Dort versuchte er den Gläubigen neue Freiräume in der offiziellen Kirche zu eröffnen, damit sie offen diskutieren und nach Lösungen für die sozialen Probleme suchen konnten[47].

Die Not hielt auch auf dem Lande unvermindert an, vor allem in den Jahren 1846/47, in denen erst Hitze und Trockenheit, dann nasse Witterung Mangel an Brot und Kartoffelfäule verursachten; Teuerung und Hungersnot waren die Folge. Zu den schlechten Witterungsverhältnissen kamen Epidemien (Typhus, Pocken, Cholera). Insbesondere das Volk spürte die tiefgreifenden Veränderungen in der Arbeitswelt (der Mensch als Instrument der Produktion) und deren Folgen, womit die ohnehin bedrückenden Bedingungen des alltäglichen Lebens weiter erschwert wurden. Die sozialen Kontakte lockerten sich, denn es gab in den neuen Arbeitervorstädten keine Orte mehr, wie in den Dörfern (auch wenn das Leben dort genauso hart gewesen war), wo man sich traf und Solidarität pflegte.

Zur gleichen Zeit, als der spätere Bischof Wilhelm Emmanuel von Ketteler, der Vorreiter des sozialen Katholizismus, sich in Beckum, Frankfurt und Mainz zu Wort meldete, gründete sein Kollege Adolf Kolping 1846 erst in Elberfeld, dann in Köln Gesellenhospize, die eine Art Familienheim für unverheiratete, oft vereinsamte und verelendete Handwerker sein wollten. Er war auch treibende Kraft hinter der Errichtung Katholischer Gesellenvereine, die heute unter dem Namen Kolpingwerk zusammengeschlossen sind[48]. Kolping nahm die Randgruppen der Industriegesellschaft gezielt wahr und war sich bewusst, wie sehr diese zu Opfern der Industrialisierung geworden waren. In Freiburg im Breisgau wurde 1852 der erste Katholische Gesellenverein durch den Theologen Alban Stolz ins Leben gerufen[49]. Die Gesellenhospize spielten auch eine wichtige Rolle in der Lehrlingsausbildung und der Weitergabe von handwerklichen Kenntnissen und Techniken. Um die gleiche Zeit gründete der aus bescheidenen ländlichen Verhältnissen stammende Friedrich Wilhelm Raiffeisen Genossenschaftskassen in ländlichen Gebieten. Raiffeisen, der aus einer reformierten Familie stammte, war Bürgermeister im preußischen Rheinland. Die Genossenschaftskassen verbreiteten sich später in neuer Form in den Außenbezirken der Industriestädte – so im Elsass (siehe oben, S. 402) oder in den benachbarten Gebieten des heutigen Baden-Württemberg und des heutigen Rheinland-Pfalz[50].

Die Gründung dieser katholischen Sozialwerke durch Laien (Männer wie Frauen) in Deutschland entsprang vor allem deren Bedürfnis nach „Emanzipation". Es handelte sich nicht um eine neue Form des missionarischen oder karitativen Handelns der kirchlichen Hierarchie. 1869 gab es im katholischen Baden 472 Bonifatiusvereine (somit in der Hälfte aller Kirchengemeinden der Diözese Freiburg), 362 Kindheit-Jesu-Vereine, 170 Michaelsvereine, 94 Männervereine, 62 Borromäusvereine, 23 Ludwigsmissions- und Gesellenvereine, 16 Josephvereine und 10 Lokalvereine. Auf den ersten Blick sind diese Zahlen beeindruckend, aber wenn man alle Mitglieder zusammenzählt, zeigt sich, dass sich nicht einmal 20% der männlichen Erwachsenen beteiligten. Die Zahl der Frauen war prozentual noch geringer – selbst nach der Gründung des Katholischen Deutschen Frauenbundes im Jahr 1903[51].

Viele Priester waren im sozialen Bereich tätig. In Speyer wurde auf Initiative von Bischof Jakob Friedrich Bussereau die Kongregation der Schwestern zum hl. Paulus und der Brüder vom hl. Paulus gegründet. Sie bekamen den Auftrag, die Behinderten in den neugegründeten Einrichtungen in Herxheim bei Landau (1896) und in Queichheim (1905) materiell und psychologisch zu betreuen. Die Zielstellungen des St.-Josef-Heims (Queichheim) und der Einrichtung Maria-Rosenberg (Pirmasens) gingen im Wesentlichen auf die Anregungen des Priesters und Lehrers Jakob Reeb zurück. Das Allerseligsten Jungfrau Maria Schwestern Institut und die Dillinger Franziskanerinnen in Kaiserslautern (Dillingen selbst liegt im Donaukreis) kümmerten sich vor allem um die Ausbildung von Frauen und jungen Mädchen aus allen sozialen Schichten.

Daneben entstanden auch Berufsorganisationen. Hier sei z.B. genannt der Katholische Kaufmännische Verband (KKV), der 1877 in Mainz gegründet wurde. Sein Äquivalent entstand 20 Jahre später in Straßburg unter dem Namen „Argentina – Union fraternelle du Commerce, de l'Industrie et des Professions libérales" (Brüderlicher Verband für Handel, Industrie und freie Berufe), der bis zum Ende des 20. Jahrhunderts Beziehungen zum KKV von Offenburg unterhielt. Auf Anregung von Franz Hitze wurde 1880 in Aachen der Verband katholischer Industrieller und Arbeiterfreunde zur Hebung des Arbeiterstandes gegründet – besser bekannt unter der Bezeichnung „Arbeiterwohl". 1897 entstand in Straßburg die „Union des artisans catholiques" (Verband katholischer Handwerker). Im Jahr der Veröffentlichung der päpstlichen Enzyklika *Rerum Novarum* (1891) wurden in Speyer die katholischen Arbeiterbewegungen gegründet, die sich im Kampf gegen die liberalen und als atheistisch-marxistisch eingestuften Ideologien engagierten. So wurde der katholische Priester Ludwig Nieder aus dem Bistum Speyer einer der Wegbereiter für die katholische Sozialbewegung in Deutschland.

Im Zuge des wirtschaftlichen Aufschwungs der 1870er Jahre entstanden 1897 in Deutschland die Bewegung der katholischen Arbeiter und Angestellten (Katholischer Arbeiterverein/KAB) und auch gemischt konfessionelle christliche Gewerkschaften. Auf protestantischer Seite soll der Evangelisch-soziale Kongress (1890) erwähnt werden[52]. Schließlich zeichneten sich die Alt-Katholischen Gemeinden von Heidelberg, Mannheim oder Ludwigshafen durch vielseitige soziale Tätigkeiten (Pflege- und Kinderheime, Helferkreise usw.) aus.

Die Caritas

Lorenz Werthmann (1858–1921) war eine der herausragenden Persönlichkeiten, die in Baden arbeiteten[53]. Nachdem er in Frankfurt am Main erfahren hatte, wie schwierig die Lebensbedingungen in den Großstädten waren, engagierte er sich in den Vinzenzgemeinschaften[54]. 1895

Bild 84: Der katholische Geistliche Lorenz Werthmann (1858–1921), Gründer der Caritas in Deutschland. Foto ca. 1915 (© Archiv des Deutschen Caritasverbandes, Freiburg)

gründete er ein Charitas-Comité zur Herausgabe einer Zeitschrift mit gleichem Namen. Ein erstes, als „Charitastag" bezeichnetes Treffen wurde 1896 in Freiburg im Breisgau abgehalten, auf dem die Referenten die verschiedenen Aspekte karitativen Handelns in Deutschland vorstellten. Beim zweiten Charitastag 1897 in Köln kam es auf Wunsch Werthmanns zur Gründung des „Charitasverbands für das katholische Deutschland"[55], in dem alle entsprechenden Aktivitäten auf katholischer Seite vereint werden sollten. Die Gründung und der Aufbau der Caritasvereine auf örtlicher Ebene verliefen am einfachsten. Der Zusammenschluss von eigenständigen Vereinen auf regionaler Ebene, innerhalb der Bistümer und noch mehr im ganzen Reich gestaltete sich allerdings schwierig. Es gab viel Misstrauen. Manchmal traten Vereine vor Ort als Konkurrenten auf. Die Bischöfe befürchteten, dass sich diese neue Organisation ihrer Aufsicht entziehen könnte. Zwar hatte Werthmann 1897 betont, dass jeder

Verein innerhalb eines Bistums der bischöflichen Autorität unterworfen sei und die Zeitschrift *Charitas* (ab 1910 *Caritas*) die einzige Verbindung untereinander darstelle, aber das bischöfliche Ordinariat erklärte in einer detaillierten Stellungnahme, dass die Organisation zu „unabhängig" sei und in strukturelle Nähe zur evangelischen Inneren Mission rücke.

Die deutschen Bischöfe waren sich in der Haltung gegenüber den katholischen Vereinen uneins. Das war bereits bei der Gründung katholischer Gewerkschaften deutlich: Sollten sie ausschließlich Gewerkschaften für Katholiken oder auch für Mitglieder anderer Religionsgemeinschaften sein?

Das zweite Treffen von Charitas in Köln konnte schließlich 1897 stattfinden und löste verschiedene Reaktionen aus – von der vorbehaltlosen Unterstützung und Zustimmung bis zur Verweigerung, so von Seiten der Münchner Vinzenzgemeinschaften. Manche forderten ein ausgesprochen katholisches Profil, weil sie glaubten, dass die Caritas als einzige die soziale Frage lösen könne. Andere bestritten dies und hielten die Caritas für eine Vorbereitung, einen ersten Schritt für soziale Aktion. Wie Werthmann formulierte: „Nächstenliebe ist die Dampfkraft, mit der die soziale Maschine betrieben wird."

Es war ein langer Weg vom Traum zur Wirklichkeit. Aber allmählich entstand ein weites Netzwerk von örtlichen oder Diözesanverbänden, die sich dem Dienst an Kranken, Kindern oder Arbeitslosen widmeten: 1897 in Limburg, 1899 in Straßburg, 1903 in Freiburg im Breisgau und in der Diözese Straßburg, 1906 im Ermland, 1909 in Metz, 1910 in Breslau, 1913 in Glatz (damals einem deutschen Stadtteil Prags), 1915 in Paderborn. Die Zeitschrift *Charitas* vertrat mehrfach den kaisertreuen Patriotismus, der damals von weiten Kreisen der Gesellschaft geteilt worden ist. Es gab trotzdem Distanz zwischen dem katholischen Organisationswesen und dem Staat – zunächst wegen des besonderen privatrechtlichen Status der Vereine (der Staat hatte keine Kontrollmöglichkeit mehr) und wegen der Art des sozialen Engagements auf Gebieten, auf denen der Staat damals weitgehend abwesend war[56].

1899 wurde auf Initiative des Geistlichen Paul Müller-Simonis ein Caritasverband für die Stadt Straßburg gegründet. Dieser ging mit Genehmigung des Bischofs am 26. Juni 1903 in den Caritasverband für die Diözese Straßburg auf. Es war damit der erste Diözesanverband in Deutschland! Der neue Verband wurde vom städtischen Magistrat anerkannt. Eine solche Form der Zusammenarbeit war damals nichts Außergewöhnliches: z.B. die Caritasverbände von Freiburg im Breisgau und Speyer kooperierten mit staatlichen Behörden. In Straßburg allerdings arbeitete die Caritas im Rahmen des sogenannten „Straßburger Systems", das der Bürgermeister Rudolf Schwander 1905 eingeführt hatte.

Das Straßburger System war eine Gegenreaktion auf das Elberfelder System, in dem die Armenverwaltung dezentralisiert und ehrenamtlichen Armenhelfern anvertraut wurde. Im Straßburger System kehrte man zur Zentralisierung und Professionalisierung zurück. In Straßburg war der Magistrat für die Sozial- und Schulpolitik sowie die Betreuung der Kleinkinder zuständig. Er machte nun seinen Einfluss zunehmend geltend und baute eine kommunale Verwaltung auf, die alle Fälle von Bedürftigkeit prüfte und dann über die Hilfeleistung entschied. Die dezentralisierte, ehrenamtliche, individuelle Hilfe wurde also zurückgedrängt. Die Verwaltung koordinierte in Straßburg die Hilfsdienste der staatlichen Heime, der städtischen Wohlfahrts-

Bild 85: Der elsässische katholische Geistliche Paul Müller-Simonis (1862–1930), Gründer des ersten Caritasverbandes (© Fédération de Charité Caritas Alsace)

pflege (Hilfe in Form von Geld- und Brotverteilung) und von Verbänden privater Nächstenliebe. Das bedeutete Zusammenarbeit zwischen sechs Heimen und Waisenhäusern, vier Kredit- und Vorsorgeeinrichtungen, 27 protestantischen, 12 katholischen, fünf jüdischen und vier interkonfessionellen Sozialeinrichtungen[57]. Jede einzelne dieser Einrichtungen würde eine eingehendere Darstellung verdienen, gerade im Hinblick auf deren direkte und indirekte Ausstrahlung nach Deutschland.

Paul Müller-Simonis hatte zuerst vergeblich eine politische Karriere angestrebt, wurde dann aber zur treibenden Kraft auf sozialem Gebiet. Er engagierte sich im Wesentlichen in katholischen Vereinen und unterstützte sie auch finanziell. Vor allem gründete er die nach ihm benannte reich dotierte Stiftung, die sich um den Aufbau des elsässischen Caritasverbandes kümmerte[58]. Die wichtigsten elsässischen Städte mussten damals eine rigorose, vielfach Kritik und Widerstand auslösende Germanisierung über sich ergehen lassen und erlebten gleichzeitig einen beachtlichen Bevölkerungszuwachs, der diese Städte ebenfalls vor neue Herausforderungen stellte. Von 1870 bis 1918 stieg die Bevölkerung von Straßburg von 85.000 auf 180.000 Einwohner, während sich die Bevölkerung von Mülhausen und Colmar verdoppelte[59].

Die meisten elsässischen Diözesanverbände der Caritas wurden im Ersten Weltkrieg oder kurz danach gegründet. Bezeichnend ist die offizielle Dankadresse, die sie im Jahre 1916 von Seiten der deutschen Bischöfe (dem Caritasverband für das katholische Deutschland) bekamen, und die Anerkennung als ein „für den Kriegseinsatz unentbehrliches Werk" seitens des Oberkommandos des XIV. Armeekorps von Karlsruhe im Jahr 1917. Zahlreiche entsprechende Einrichtungen entstanden in ganz Deutschland, so z.B. in Speyer 1920. Das unmittelbar bevorstehende Ende des Ersten Weltkrieges beschleunigte die Trennung des Straßburger Diözesanverbandes von der Caritas Deutschland. Drei Tage vor dem Waffenstillstand schrieb Paul Müller-Simonis einen entsprechenden Brief an Lorenz Werthmann, in dem er auf die Rückkehr zur „Normalität" hoffte[60]. Am 18. November 1918 erklärte der Caritasverband für die Diözese Straßburg seinen Austritt aus dem Caritasverband für das katholische Deutschland.

9.4   Zwischenkriegszeit und Zweiter Weltkrieg

Nach dem Ende des Ersten Weltkriegs mussten sich die Kirchen der neuen politischen und wirtschaftlichen Lage stellen. Das betraf auch ihre sozialen Aktivitäten. Für Deutschland kann man vorerst von Kontinuität sprechen. Die Kirchen setzten ihr soziales Engagement aus der Zeit 1870–1919 fort und entwickelten es während der Weimarer Republik mehr oder weniger weiter. Der Aufstieg des totalitären Staates und des Nationalsozialismus bedeutete allerdings eine schwere Krise für die katholischen wie protestantischen Einrichtungen[61].

Weit komplizierter war die Entwicklung in Frankreich. Die auf der Basis des deutschen Rechts geschaffenen Einrichtungen mussten nämlich im Kontext des französischen Rechts, das von dem Gesetz gegen die Ordensgemeinschaften (1901) und vom Gesetz der Trennung von Staat und Kirche (1905) geprägt war, neue Wege suchen. Seit 1919 wurde Frankreich von dem Bloc national, einer Mitte-Rechts-Koalition, regiert; 1924 gewann das linke Lager (cartel des gauches) die Wahlen für die Nationalversammlung. Édouard Herriot, der nun zum ersten Mal Ministerpräsident wurde, wollte das Elsass der französischen Gesetzgebung anpassen. Dagegen protestierten 21 Abgeordnete mit einer Erklärung[62], die von keinem Geringeren als Robert Schuman verlesen wurde, der für die Republikanische Union Lothringen (eine Partei, die zum Bloc national gehörte) abgeordnet war.

Groß war die Protestbewegung: 50.000 Demonstranten versammelten sich auf dem Kleber-Platz in Straßburg; 674 von 945 Gemeinden, die Generalräte (Mitglieder des höchsten gewählten Gremiums eines Departements) und die katholische Kirche im Elsass schlossen sich dem Protest an. Der Straßburger Bischof Charles Ruch verbot die Lektüre sozialistischer, kommunistischer oder „neutraler" Zeitungen, rief zur Stärkung einer katholischen Opposition auf, organisierte einen Schulstreik sowie ein Schulreferendum usw. Die Protestanten, die meistens die Trennung von Staat und Kirche befürworteten, bezogen differenziertere Positionen und plädierten für Verhandlungen. Herriot konnte schließlich die Auflösung der französischen Botschaft beim Heiligen Stuhl durchsetzen, aber der Staatsrat (Conseil d'État, eine Art oberstes Verwaltungsgericht) verweigerte ihm die Zustimmung für die Anwendung der laizistischen Gesetze in den ehemals deutschen Departements. Trotzdem verzichtete z.B. Paul Müller-Simonis, der seit 1921 stellvertretender Präsident im „Office d'assistance publique de la Ville de Strasbourg" (Öffentliches Fürsorgeamt der Stadt Straßburg) und ebenfalls stellvertretender Präsident des „Comité central de l'assistance publique" (Zentralausschuss der öffentlichen Fürsorge) in Paris war, wo er das Elsass und Lothringen vertrat, auch während dieser ganzen unruhigen Zeit nicht auf diese Funktionen[63].

Auch das Erscheinungsbild der protestantischen Stadtmission hat sich in dieser Zeit durch den Bruch mit dem deutschen Protestantismus, den starken Mitgliederrückgang in einem antiklerikalen Frankreich und die abnehmende Zahl der Pfarrer verändert. Vier wichtige Sozialeinrichtungen mussten aufgelöst werden: 1919 das Haus Elim (Heim für alkoholkranke Frauen), 1922 die Werkstatt für Arbeitslose, 1923 die Diakonie (häusliche Krankenpflege) und 1925 die alkoholfreien Gaststätten des Blauen Kreuzes. Andere Einrichtungen konnten sich behaupten, wie die Programme für Jugendliche und Männerkreise, oder wurden in neuer Form wiederbegründet, z.B. das Blaue Kreuz. Es konnten auch neue Aktivitäten ins Leben gerufen werden, wie 1926 das Heim für Alkoholabhängige, 1929 Radiosendungen oder ab 1922 Filmvorführungen. Viele geplante Projekte kamen jedoch nicht zur Ausführung[64].

Auf katholischer Seite konnte der Caritasverband seine Tätigkeit mit der allmählichen Anpassung an die neue Gesetzgebung und Verwaltungsstruktur fortsetzen. Auf der Gemeindeebene funktionierte die Zusammenarbeit problemlos, die Verbandsleitung musste sich jedoch auf Kompromisse mit den Generalräten einlassen, in deren Zuständigkeitsbereich das Sozialwesen fiel, vor allem aber mit der Zentralverwaltung in Paris. Eine ständige Anpassung war damit auf beiden Seiten gefordert. Paul Müller-Simonis wurde zum Präsidenten der Caritas internationalis gewählt, der 1924 in Amsterdam gegründeten ersten internationalen katholischen Organisation. Trotz Schwierigkeiten konnten die internationalen Beziehungen aufrechterhalten und der Schriftwechsel mit der Zentrale des Caritasverbandes für das katholische Deutschland, der 1921 zum Deutschen Caritasverband (DCV) geworden war, wenn auch in vermindertem Umfang fortgeführt werden. Der französische Gesetzgeber hat das Straßburger System im Jahr 1926 endgültig abgeschafft und an dessen Stelle traten nun in den beiden elsässischen Departements Fürsorge-Kommissionen (Dekret vom 28. Februar 1919). Müller-Simonis starb 1930. Joseph Oberlé, der ihm als Leiter des elsässischen Caritasverbandes nachfolgte, hatte es noch schwerer als sein Vorgänger, da er nicht in der gleichen finanziellen Situation war und die wirtschaftliche und soziale Lage sich immer mehr verschlechterte[65]. Im Dezember 1933 ernannte Bischof Charles Ruch den Priester Jules Billing zum Direktor der kirchlichen Sozial-, Wirtschafts- und Berufsverbände und gleichzeitig zum Leiter der JOC (Jeunesse Ouvrière Chrétienne/Christliche Arbeiterjugend)[66]. Dessen kleiner Mitarbeiterstab gründete 1935 auf Anregung von Bischof Ruch das „Secrétariat social d'Alsace", das die Koordinierung der verschiedenen sozialen Organisationen im Rahmen der Caritas übernehmen sollte. Ernest Thiele wurde zum ersten Vorsitzenden bestellt, Jules Billing und Pierre Pflimlin zu seinen beiden Stellvertretern. Pflimlin, der kurz vorher Anwalt in Straßburg geworden war, nahm für das Sekretariat an den „Semaines sociales" (Sozialen Wochen) von Colmar und Straßburg und später auch an den von Frère Médard (Mitglied der Kongregation der Brüder von Matzenheim) ins Leben gerufenen Tagungen in dem von 1925 bis 1988 durch ihn geleiteten FEC (Foyer de l'étudiant catholique/katholisches Studentenheim) teil[67].

Das „Secrétariat social" des Bistums Straßburg war in Périgueux und den angrenzenden Departements in der Flüchtlingshilfe tätig, ohne dabei seine Aktivitäten im Elsass zu vernachlässigen. Damit konnte die Verbindung, Unterstützung und Zusammenführung der zerstreuten Familien gewährleistet werden. Es war daher keine Überraschung, dass diese Einrichtung zu einem der ersten Opfer der Naziherrschaft wurde. Die meisten kirchlichen Vereine wurden aufgelöst[68]. In der Hoffnung, die „Fédération de Charité du diocèse de Strasbourg" zu retten, benannte sie die Diözesanleitung im Juli 1940 in „Caritasverband für die Diözese Straßburg" um und erklärte seine Mitgliedschaft in dem offiziell von der NS-Herrschaft anerkannten Deutschen Caritasverband. Trotzdem blieben Befürchtungen bestehen, denn im August 1940 forderte das Reichsarbeitsministerium eine Auflistung aller seiner Sozialaktivitäten und angeschlossenen Einrichtungen. Davon war auch die Evangelische Gesellschaft betroffen. Eine zweite Aufforderung erging an beide Organisationen am 23. August 1940 von Seiten der 1932 durch die NS-Partei gegründeten Nationalsozialistischen Volkswohlfahrt (NSV). Eine dritte Aufforderung erließ der sogenannte Stillhaltekommissar, der alle nicht-nationalsozialistischen Vereine und Organisationen im Elsass zu kontrollieren hatte. Darunter fielen zwar nicht die katholischen Kongregationen als solche, jedoch alle vereinsmäßig ausgeübten karitativen Tätigkeiten, einschließlich der an Kongregationen gebundenen Aktivitäten. Nach mehrfachem schriftlichem und mündlichem Schlagabtausch wurden alle Wohlfahrtseinrichtungen im Elsass und alle davon abhängigen Organisationen mit Dekret vom 17. April 1941 durch den Gauleiter Robert Wagner aufgelöst[69]. Auf evangelischer Seite betraf dies die Evangelische Gesellschaft – und damit die Stadtmission – und auf katholischer Seite den Caritasverband für die Diözese Straßburg, die Fondation Müller-Simonis und die Einrichtungen karitativer Kongregationen[70].

9.5. Von der Nachkriegszeit zu den Anfängen ökumenischen Handelns

Weil die meisten Sozialwerke während der deutschen Besatzung aufgelöst worden waren, musste man nach dem Ende des Zweiten Weltkrieges alles wieder neu aufbauen. Ab 1944 widmete sich das „Secrétariat social d'Alsace" an erster Stelle den dringendsten sozialen Bedürfnissen, der moralischen, materiellen und rechtlichen Hilfe für die Ausgebombten und unterstützte dabei die Arbeit von Abbé Jules Billing[71]. Die Priester Bernard und Claude übernahmen das Studium der sozialen Probleme mit dem Ziel, Sozialarbeiter (militants sociaux) auszubilden. Viele elsässische Kirchengemeinden organisierten zusammen mit dem Sekretariat damals Studienkreise und „Soziale Sonntage" zur Ausbildung von Sozialarbeitern[72]. Als junger Seelsorger beim Sekretariat gründete Martin Hoffarth 1954 das Mitteilungsblatt *Équipes sociales d'Alsace*, 1960 das CFCS (Centre de Formation et de Culture Sociales) für die örtlichen Vertreter des Sekretariats und das CFPC (Centre de Formation pour le Patronat Chrétien) für christliche Unternehmer. Er war 1965 auch bei der Umwandlung des „Secrétariat social" zum „Centre d'Étude et d'Action Sociales" (CEAS d'Alsace) beteiligt[73]. In seiner Arbeit wurde er von Camille Nachbar, dem festangestellten Generalsekretär des CEAS, und von Lucien Hoffer, dem Seelsorger des CEAS für das Departement Oberelsass, unterstützt. Martin Hoffarth war der letzte elsässische Priester, der ein politisches Mandat ausübte; von 1970 bis zu seinem Tod 1979 war er Generalrat für den Wahlkreis Selz. Ab 1977 war Bernard Deck Vorsitzender des CEAS d'Alsace und André Vierling ehrenamtlicher Generalsekretär, wobei das CEAS auch Außenstelle der „Semaines Sociales de France" war. Die soziale Ausbildung für elsässische Katholiken lag nicht nur in Händen des „Secrétariat social". Bereits 1945 hatte eine Gruppe elsässischer Intellektueller und ehemaliger Mitglieder des FEC um Frère Médard die ICS (Intellectuels Chrétiens Sociaux/Christlich-sozialen Intellektuellen) gegründet mit dem Ziel, Christen für Sozialaufgaben zu interessieren[74]. Die beiden Organisationen arbeiteten oft bei größeren Ereignissen zusammen, so z.B. beim Kolloquium zum hundertjährigen Jubiläum der Enzyklika *Rerum novarum*.

Bild 86: Der elsässische lutherische Pfarrer Henri Ochsenbein (1916–1968), Leiter der SEMIS (© SEMIS, Strasbourg)

In der Nachkriegszeit kam es in Deutschland zur Erneuerung zahlreicher Organisationen, auf katholischer Seite z.B. des Kolpingwerks oder der Katholischen Arbeitnehmer-Bewegung (KAB). Der Katholisch-Kaufmännische Verein (KKV) und der Verband Katholischer Kaufmännischer berufstätiger Frauen (KKF) wurden reaktiviert; beide fusionierten 1965 zum KKV-Bundesverband der Katholiken in Wirtschaft und Verwaltung. 1949 wurde der Bund katholischer Unternehmer gegründet.

Auf protestantischer Seite suchte man in Deutschland nach den ersten ökumenischen Treffen der Bewegung „Life and Work", die die protestantischen und orthodoxen Kirchen 1925 in Stockholm und 1930 in London abhielten, einen Mittelweg zwischen Liberalismus und Sozialismus. Die vor dem Zweiten Weltkrieg begonnene theologische Arbeit wurde von Männern wie Constantin von Dietze, Otto Dibelius, Alfred Müller-Armack, Reinhold Niebuhr und Joseph H. Oldham fortgesetzt. Die Diskussionen innerhalb der Evangelischen Kirche Deutschlands (EKD) wurden allerdings durch das besondere Verhältnis zu den evangelischen Brüdern jenseits des Eisernen Vorhangs erschwert, denn die Standpunkte, die man im Westen bezog, hatten unmittelbare Auswirkungen im Osten[75].

Im Elsass trafen sich auf evangelischer Seite die Ausschussmitglieder der Evangelischen Gesellschaft kaum zehn Tage nach der Befreiung Straßburgs. Neue Mitglieder mussten hinzugewählt werden, denn einige waren während des Krieges verstorben, und ein neues Leitungsgremium musste eingesetzt werden. Am 1. April 1947 begann für gut 20 Jahre das „Zeitalter Ochsenbeins" – benannt nach dem Pfarrer Henri Ochsenbein, der Leiter der SEMIS (Société Évangélique Mission Intérieure de Strasbourg/Evangelische Gesellschaft für Innere Mission in Straßburg) wurde. 1948 wurde das „Centre Social Protestant" gegründet, das sich zum „weltlichen Arm" der protestantischen Kirchengemeinden von Straßburg entwickelte. Es organisierte große protestantische Treffen und war an der Gründung des Hauses der Kirche auf dem Liebfrauenberg beteiligt. Diese Initiativen sind teilweise die Folge der Öffnung der SEMIS für die Schwesterkirchen in Deutschland und der Schweiz, wo es schon vorher Evangelische Akademien und Kirchentage gab. Zugleich konnte so ein protestantisches Pendant zu den katholischen Aktivitäten eines „Bruder Médard" entwickelt werden. Damals gab es noch eine eindeutige Konkurrenzsituation zwischen Protestanten und Katholiken[76].

Schließlich sei angemerkt, dass die protestantischen Sozialwerke im Elsass von der ABBA (Association baptiste de bienfaisance et d'action/Baptistischer Wohltätigkeitsverband) und der „Association Espoir" (Verein Hoffnung) von Pfarrer Bernard Rodenstein in Colmar unterstützt wurden. Besondere Erwähnung verdient das Engagement von Pfarrer Jean-Michel Hitter im Verein „L'Étage" in Straßburg, der sich um verschiedene Aufgaben kümmert, wie z.B. Betreuung und Beratung sozialschwacher Jugendlicher durch Sozialarbeiter; Unterkunfts- und Wohnungsvermittlung für vereinsamte Personen bei einem Ehepaar, in einer Familie oder in Wohnungen mit sozialer Betreuung, um sie so wieder in die Gesellschaft einzugliedern; Ausbildung von Jugendlichen in Verbindung mit dem CPCV (Comité Protestant des Centres de Vacances), einer protestantischen Ausbildungsstätte; Freizeitangebote und Prävention.

In Frankreich erlebte auch die Caritas eine Umstrukturierung. Jules Billing übernahm 1945 die Leitung der sozialen und karitativen Werke und war von 1945 bis 1948 verantwortlich für das „Office de Charité" (Büro der Caritas). 1948 wurde die „Fédération" der Caritas neu gegründet. Billing traf 1951 eine Vereinbarung mit dem in Frankreich von Jean Rodhain gegründeten „Secours catholique" (Katholische Hilfe) zur Klärung der besonderen Rechtslage im Elsass und in Lothringen, vor allem zum Eigentumsrecht, dem Steuerrecht, dem Angestellten- und Kongregationsrecht[77]. Mit dem Ende des wirtschaftlichen Aufschwungs (um 1970) wurden die Tätigkeiten immer vielfältiger. Die neuen Probleme, die sich in den aufeinanderfolgenden Wirtschaftskrisen seit der ersten Ölkrise in den 1970er Jahren ergaben, forderten neue Lösungen. Im Kampf gegen Arbeitslosigkeit und soziale Ausgrenzung wurden Stätten zur Wiedereingliederung in die Gesellschaft geschaffen: manche in eigener Trägerschaft, z.B. „Carijou" (Sammlung, Reparatur und Verkauf von Spielzeug) oder „Les 7 Pains" (Lehre im Hotel- und Gaststättengewerbe und Dienstleistung in einem Restaurant für Arme), andere, z.B. die Institution „Vetis" (Sammlung und Ausbesserung von Kleidungsstücken) und die Stätte „Cité-Relais", die in Kooperation mit der von Abbé Pierre gegründeten Emmaus-Bewegung entstanden[78].

Als 1946 in Deutschland die Ära von Alois Eckert zu Ende ging, war die Lage der Caritas kompliziert. Der Caritasverband des Erzbistums Freiburg war geteilt: der nördliche Teil (Heidelberg) stand unter amerikanischer, der südliche Teil (Freiburg im Breisgau) unter französischer Militärhoheit. Die großen Gestalten aus dieser Zeit sind Albert Stehlin, Friedrich Fritz und Karl Alexander Schwer. Es kam zu einer guten Zusammenarbeit mit dem Malteserorden, und es wurden vielfältige Aktivitäten zugunsten von Ausländern, Vertriebenen und Flüchtlingen, aber auch von Behinderten, psychisch Kranken usw. durchgeführt. Es engagierten sich nun zunehmend Laien in den karitativen Vereinen, während die Zahl der Schwestern abnahm. Die Caritas übernahm damit viele Einrichtungen[79]. Von 1984 bis 1997 stand Heinz Axtmann an der Spitze des Caritasverbandes für die Erzdiözese Freiburg. Auf der Basler Generalversammlung 1985 wurde eine Zukunftsanalyse für das Jahr 2000 in Auftrag gegeben. Demnach musste man sich auf Stagnation einstellen; die Zahl von etwa 22.000 bezahlten Mitarbeitern würde nicht weiter wachsen. Seit 1997 befindet sich die Zentrale des diözesanen Caritasverbandes im neu erbauten Weihbischof-Gnädinger-Haus in Freiburg-Lehen.

Es gestaltet sich in der Praxis immer noch schwierig, über den Rhein hinweg ökumenisch zusammenzuarbeiten. Das Problem sind vor allem die unterschiedlichen Rechtssysteme, wenn es sich zum Beispiel um die offizielle Anerkennung einer Einrichtung und ihren steuerrecht-lichen Status handelt. So fordert das Eigentumsrecht, dass eine Einrichtung nur zu *einer* Kirche gehört. Rechtlich gesehen existiert keine „ökumenische" Kirche.

In Deutschland wird, wenn es sich um ökumenische Einrichtungen handelt, das Eigentum der einen Kirche anvertraut, während die andere Kirche die Leitung übernimmt. Das regelten das Diakonische Werk der Evangelischen Landeskirche in Baden und der Caritasverband der Erzdiö-zese Freiburg in einem ökumenischen Rahmenvertrag der Zusammenarbeit vom 27. Juni 2007: die *Charta Oecumenica Socialis*. Diese Sozialcharta hat eine längere ökumenische Vorgeschichte. Bereits 1980 veröffentlichten das Erzbistum Freiburg und die Evangelische Landeskirche in Baden eine gemeinsame Erklärung unter dem Titel „Gottesdienst und Amtshandlungen als Orte der Begegnung", die 1999 überarbeitet wurde. 2001 unterzeichneten der Rat der Europäischen Bischofskonferenzen (CCEE) und die Konferenz Europäischer Kirchen (KEK) in Straßburg die *Charta Oecumenica – Leitlinien für eine wachsende Zusammenarbeit zwischen den Kirchen in Europa* (vgl. Farbbild 1). 2003 erfolgte der erste ökumenische Kirchentag in Berlin. 2004 kam es zu einer Rahmenvereinbarung für ökumenische Partnerschaften zwischen evangelischen Pfarrgemeinden in der Evangelischen Landeskirche in Baden und römisch-katholischen Pfar-reien in der Erzdiözese Freiburg. Einige lehnen die Bezeichnung *Charta Oecumenica Socialis* ab, weil die Vereinbarung nur bilateral ist und die anderen christlichen Gemeinschaften vor Ort nicht genügend mit einbezieht.

In Frankreich gehörte der Caritasverband (Fédération de Charité) zu den Gründern der UROPA (Union Régionale des Œuvres Privées d'Alsace), die 1951 aus der Zusammenarbeit der drei Verbände der im Elsass und Lothringen anerkannten (protestantischen, katholischen und jüdischen) Religionsgemeinschaften hervorging und Mitglied der UNIOPSS (Union Nationale Interfédérale des Œuvres et Organismes Privés Sanitaires et Sociaux) ist. Die Nachkriegszeit war von einer immer weiteren Differenzierung der Aufgaben und Tätigkeitsfelder geprägt, denn nur so konnte man der „sozialen Frage" gerecht werden. Mit der Einführung der staatli-chen Sozialversicherung in Frankreich (mit ihr werden Krankenversicherung, Altersversorgung und Kindergeld abgedeckt) wurden die Generalräte der Departements, die Präfekten und die staatliche Verwaltung direkte Ansprechpartner für die Verbände, betont der Präsident der UNIOPSS Jean-Daniel Weick. Da diese Kompetenzen national ausgerichtet sind, werden grenzüberschreitende Kontakte verhindert. Dennoch entwickelten sich lockere Beziehungen zwischen der „Caritas – Secours catholique d'Alsace" und dem Deutschen Caritasverband in Freiburg im Breisgau, der 1925 auf Anregung seines Präsidenten Benedikt Kreutz das Institut für Caritaswissenschaft an der Katholischen Theologischen Fakultät Freiburg errichtet hat, ein akademisches Bildungsinstitut, das auf Universitätsebene Kontakte zur analogen Einrichtung in Straßburg unterhält. So kommen regelmäßig Studenten aus deutschsprachigen Ländern, aber auch aus Mittel- und Osteuropa sowie Asien auf Studienreisen in die elsässische Hauptstadt und lernen andere Formen sozialen Engagements kennen, während sich die sozialpolitischen Verhältnisse in den einzelnen Ländern stark unterscheiden.

Das 1876 von der Evangelischen Stiftung Sonnenhof in Bischweiler gegründete Heim zur Betreuung und Ausbildung von geistig Behinderten hat auf Verwaltungsebene einen Austausch mit der Kinderklinik und dem Epilepsiezentrum Kork bei Kehl am Rhein aufgenommen. Andererseits ist die „Fédération d'entr'aide protestante" im Ausschuss Diakonie und Armut der Konferenz der Kirchen am Rhein (KKR) vertreten.

Auf katholischer Seite sind noch zu nennen: die „Union catholique des Aveugles d'Alsace" (Katholischer Blindenverband des Elsass); die „Mouvement du Nid" (Nestbewegung), die sich mit Problemen der Prostitution – auch grenzüberschreitend (Kehl) und europaweit (Interessenvertretung bei europäischen Instanzen) – beschäftigt; Gefängnis- und Krankenhausseelsorge; aus jüngster Zeit der Verein „Habitat et Humanisme". Dieser 1985 von Père Bernard Devert (Priester des Bistums Lyon und ehemaliger Immobilienmakler) auf nationaler Ebene ins Leben gerufene Verein bildete Ende 2009 ein Netzwerk von 47 Einzelvereinen, darunter seit 1998 auch ein Verein im Elsass. „Habitat et Humanisme" versteht sich als nicht-kirchlich gebundene Bewegung und verfolgt drei Hauptziele: 1. Herstellung und Bereitstellung von Sozialwohnungen durch Ankauf und Renovierung von Wohnungen und Gebäuden mittels Grundeigentum von „Habitat et Humanisme", aber auch durch Verwaltung von privaten und öffentlichen Wohnungen. – 2. Individuelle soziale Begleitung. Diese Aufgabe steht im Zentrum der Bewegung, sie wird von ehrenamtlichen Mitarbeitern übernommen als Ergänzung zur Tätigkeit der Sozialarbeiter. Damit können die Hausbewohner Kontakte in ihrem neuen Umfeld aufbauen, ihre Wohnungen mit Leben füllen und zu Orten der Begegnung und des gegenseitigen Austausches gestalten, die eine dauerhafte soziale Eingliederung begünstigen. Mit den betreuten Personen werden Beziehungen aufgebaut, die auf Verständnis, Achtung und gegenseitigem Vertrauen beruhen. Damit soll ihre Selbstachtung gestärkt werden. – 3. Aufbau von Investitions- und Anlageformen zur Finanzierung der Aktionen – eine innovative Vorgehensweise, die auf solidarischen Finanzeinlagen beruht. Das bedeutet nicht, dass man auf herkömmliche Ressourcen wie Spenden und Vermächtnisse verzichtet.

Um den neuen Herausforderungen, vor allem der Abnahme des Ordensnachwuchses gerecht zu werden, aber auch den gesetzlichen Einschränkungen, die mit den Auflagen der französischen Sozialgesetzgebung verbunden sind, haben die Barmherzigen Schwestern von Straßburg auf Anregung von Schwester Denise Baumann 2001 die „Fondation Vincent-de-Paul" (Vinzenz von Paul Stiftung) gegründet. Darin sind Einrichtungen zusammengeschlossen, in denen die Schwestern partnerschaftlich mit Laien im vinzentinischen Geist in vier Bereichen zusammenarbeiten: Hilfe für Kinder und Jugendliche, Altenbetreuung, Krankenpflege und Betreuung von sozialschwachen Personen (Résidence Saint-Charles in Schiltigheim).

Alle hier beschriebenen Einrichtungen belegen die Überfülle von „sozialem Engagement" oder von „Diakonie" durch Christen in den Kirchen auf beiden Seiten des Rheins. Sie entziehen sich keineswegs dem Dienst an ihren Zeitgenossen, sondern stellen ihr Verantwortungsbewusstsein ständig unter Beweis und sind bereit, die Formen ihres Engagements stets den Erfordernissen der Zeit anzupassen. Auf diese Weise wollen sie ein Zeugnis für Nächstenliebe und Mitmenschlichkeit ablegen. Gleichzeitig zeigen sie damit, dass das kirchliche Leben sich nicht auf den Gottesdienst beschränkt, sondern auch außerhalb von Kirchenmauern und Kirchengemeinden lebendig ist. Sie stellen so die kulturelle Wirkung des Christentums am Oberrhein klar heraus.

Weiterführende Literatur

Albecker, Christian: L'Évangile dans la cité. Histoire de la Mission Urbaine de Strasbourg de 1890 à 1939 (Travaux de la Faculté de Théologie Protestante de Strasbourg), Strasbourg 1992

Brüning, Rainer/Exner, Peter (Hgg.): Wege aus der Armut. Baden in der ersten Hälfte des 19. Jahrhunderts, Karlsruhe 2007

Bueltzingsloewen, Isabelle von/Pelletier, Denis (Hgg.): La charité en pratique. Chrétiens français et allemands sur le terrain social: XIXe–XXe siècles, Strasbourg 1999

Doré, Joseph (Hg.): L'Église aux carrefours, 4 Bde., Strasbourg 2006. Bd. I: Lucien Hoffer, Des pauvretés humaines; Bd. II: Marc Feix, Des réalités sociales et politiques

Epp, René unter Mitarbeit von René Pierre Levresse und Charles Munier, Histoire de l'Église catholique en Alsace des origines à nos jours, Strasbourg 2003

Euchner, Walter u.a. (Hgg.): Geschichte der sozialen Ideen in Deutschland: Sozialismus – Katholische Soziallehre – Protestantische Sozialethik. Ein Handbuch, Essen 2000; 2. Aufl., Wiesbaden 2005

Grünberg, Paul (Hg.): Handbuch für die Innere Mission in Elsaß-Lothringen, Straßburg 1899

Halder, Winfried: Katholische Vereine in Baden und Württemberg 1848–1914. Ein Beitrag zur Organisationsgeschichte des südwestdeutschen Katholizismus im Rahmen der Entstehung der modernen Industriegesellschaft, Paderborn u.a. 1995

Kaiser, Jochen-Christoph/Loth, Winfried (Hgg.): Soziale Reform im Kaiserreich. Protestantismus, Katholizismus und Sozialpolitik, Stuttgart 1997

Kuhn, Thomas K.: Religion und neuzeitliche Gesellschaft. Studien zum sozialen und diakonischen Handeln in Pietismus, Aufklärung und Erweckungsbewegung, Tübingen 2003

Lehner, Markus: Caritas. Die soziale Arbeit der Kirche. Eine Theoriegeschichte, Freiburg i. Br. 1997

Liese, Wilhelm: Geschichte der Caritas, 2 Bde., Freiburg i. Br. 1922

Livet, Georges/Rapp, Francis (Hgg.): Histoire de Strasbourg des origines à nos jours, 4 Bde., Strasbourg 1981–1982

Manderscheid, Michael/Wollasch, Hans-Josef (Hgg.): Die ersten hundert Jahre. Forschungsstand zur Caritasgeschichte, Freiburg i. Br. 1998

Maurer, Catherine: Le modèle allemand de la charité. La «Caritas» de Guillaume II à Hitler, Strasbourg 1999

Maurer, Catherine: Caritas: un siècle de charité organisée en Alsace. La fédération de Charité du Diocèse de Strasbourg 1903–2003, Strasbourg 2003

Maurer, Catherine: Der Caritasverband zwischen Kaiserreich und Weimarer Republik, Freiburg i. Br. 2008

Meiwes, Relinde: Arbeiterinnen des Herrn. Katholische Frauenkongregationen im 19. Jahrhundert, Frankfurt a. M. 2000

Michaelis, Otto: Grenzlandkirche. Eine evangelische Kirchengeschichte Elsaß-Lothringens (1870–1918), Essen 1934

Muckensturm, Stéphane: Soulager ou éradiquer la misère? L'indigence dans le Bas-Rhin au XIXe siècle, Strasbourg 1999

Ochsenbein, Henri u.a.: Diaconie, Strasbourg 1952

Pfleger, Luzian: Die Kongregation der Schwestern vom Allerheiligsten Heiland, genannt „Niederbronner Schwestern". Ein Beitrag zur Geschichte der christlichen Liebestätigkeit der neuesten Zeit, Freiburg i. Br. 1921 (fr. Übersetzung: Paris 1925)

Sablayrolles, Elisabeth: L'entr'aide protestante de Strasbourg 1780–1980 (ancienne Œuvre de Bienfaisance pour les Pauvres Honteux Protestants), déclarée d'utilité publique par décret impérial du 3 février 1864, Hoerdt 1980

Smolinsky, Heribert (Hg.): Geschichte der Erzdiözese Freiburg, Bd. I: Von der Gründung bis 1918, Freiburg u.a. 2008

Uhlhorn, Gerhard: Die christliche Liebestätigkeit, Stuttgart 1895; neu hg. von Inge Mager, Hannover 2006

Vogler, Bernard (Hg.): Dictionnaire du monde religieux dans la France contemporaine, Bd. II: L'Alsace, Paris 1987

Vom Orde, Klaus: Carl Mez. Ein Unternehmer in Industrie, Politik und Kirche (VVKGB 45), Karlsruhe 1992

Weber, Winfried: Kongregation der Kreuzschwestern aus Strassburg/Elsass in Deutschland, Koblenz 2004

Weller, Arnold: Sozialgeschichte Südwestdeutschlands, unter besonderer Berücksichtigung der sozialen und karitativen Arbeit vom späten Mittelalter bis zur Gegenwart, Stuttgart 1979

Wennemuth, Udo (Hg.): Mission und Diakonie. Kultur und Politik. Vereinswesen und Gemeinschaften in der evangelischen Kirche in Baden im 19. Jahrhundert (VVKGB 59), Karlsruhe 2004

Wopperer, Gertraud: Die neuen Formen sozial-caritativer Arbeit in der Oberrheinischen Kirchenprovinz 1834–1870, Freiburg i. Br. 1957

Anmerkungen

1 Sessio XXIII: Reformdekret, can. 1.

2 Johannes Paul II., Ansprache anlässlich der 450. Wiederkehr des Trienter Konzils. Rom: 30. April 1995, S. 8.

3 Elisabeth Décultot u.a. (Hgg.), *Dictionnaire du monde germanique*, Paris 2007, S. 1047–1048.

4 Catherine Maurer, *Le modèle allemand de la charité. La «Caritas» de Guillaume II à Hitler*, Strasbourg 1999, S. 27. Siehe auch: Gerhard Uhlhorn, *Die christliche Liebestätigkeit*, Stuttgart 1895, Nachdruck Wiesbaden 1959, S. 515–800; Traugott Jähnichen/Norbert Friedrich, Geschichte der sozialen Ideen im deutschen Protestantismus, in: Walter Euchner u.a. (Hgg.), *Geschichte der sozialen Ideen in Deutschland: Sozialismus – Katholische Soziallehre – Protestantische Sozialethik. Ein Handbuch*, Essen 2000; 2. Aufl., Wiesbaden 2005, S. 882f.

5 Stéphane Muckensturm, *Soulager ou éradiquer la misère? L'indigence dans le Bas-Rhin au XIXe siècle*, Strasbourg 1999, S. 144–146. Siehe auch Marc Feix, L'engagement social des chrétiens dans la région du Rhin supérieur. De l'histoire aux perspectives socio-éthiques, in: *Revue des Sciences Religieuses* 85 (2011), Nr. 1, S. 77–99.

6 Heinrich Pompey, Caritas professionell jedoch „häretisch" – Liturgie feierlich jedoch folgenlos? Zur inneren Verbundenheit von Diakonie und Eucharistie sowie von Glauben und Liebe, in: Barbara Haslbeck/Jörn Günther (Hgg.), *Wer hilft, wird ein anderer. Zur Provokation christlichen Helfens. Festschrift für Isidor Baumgartner*, Münster 2006, S. 99–121.

7 Jean-François Collange, Foi, espérance, amour et éthique, in: Bernard Lauret/François Refoulé (Hgg.): *Initiation pratique à la théologie*, Bd. IV: *Éthique*, Paris 1984, S. 25.

8 Denis Müller, Le principe protestant de l'éthique et la substance catholique de la morale, in: Anton Gavric u.a., *État et bien commun. Perspectives historiques et enjeux éthico-politique*, Bern 2008, S. 257–258.

9 Siehe Paul Bairoch, *Victoires et déboires. Histoire économique et sociale du monde du XVIe siècle à nos jours*, 3 Bde., Paris 1997, hier Bd. II, S. 426. Siehe auch Markus Lehner, *Caritas. Die soziale Arbeit der Kirche. Eine Theoriegeschichte*, Freiburg i. Br. 1997.

10 Jacky Ducatez, *L'invention du social au XIXe siècle*. Tagung (vom 9. November 1991) des Institut d'Études Économiques et Sociales des Institut Catholique de Paris (nicht veröffentlicht); Décultot, *Dictionnaire*, 2007, S. 491–493.

11 Klauspeter Blaser, La tradition du socialisme chrétien. Aperçu historique – mouvements et figures – débats et enjeux, in: *Autres Temps – Cahiers d'éthique sociale et politique*, Nr. 61 (1999), S. 72–73.

12 Gertraud Wopperer, *Die neuen Formen sozial-caritativer Arbeit in der Oberrheinischen Kirchenprovinz 1834-1870*, Freiburg i. Br. 1957, S. 105.

13 Ebd., S. 44–83.

14 Olivier Faure, Les religieuses hospitalières entre médecine et religion en France au XIXe siècle, in: Isabelle von Bueltzingsloewen/Denis Pelletier (Hgg.), *La charité en pratique. Chrétiens français et allemands sur le terrain social: XIXe–XXe siècles*, Strasbourg 1999, S. 53–64; vgl. Isabelle von Bueltzingsloewen, Les chrétiens sur le terrain médical: les hôpitaux confessionnels dans l'Allemagne du second XIXe siècle, ebd., S. 65–76.

15 Wopperer, *Die neuen Formen*, S. 58–59, 65–66, 132–141, 150–155, 202–204; Maurer, *Le modèle*, S. 23; Euchner, *Geschichte*, S. 621.

16 Wopperer, *Die neuen Formen*, S. 103.

17 Georges Livet/François Rapp (Hgg.), *Histoire de Strasbourg des origines à nos jours*, Bd. IV, Strasbourg 1982, S. 418.

18 Sœurs de la Charité de Strasbourg, *Le chemin de Dieu passe par l'autre (Vincent de Paul)*, Strasbourg 1994, S. 4 und 16–17; Lucien Hoffer, *Des pauvretés humaines*, in: Joseph Doré (Hg.), *L'Église aux carrefours...* 4 Bde., Strasbourg 2006, Bd. I, S. 29–30.

19 Henry Ochsenbein/Jean Peter/Ernest North, *Diaconie*, Strasbourg 1952, S. 13–15; vgl. Livet/Rapp, *Histoire*, Bd. II, Strasbourg 1981, S. 417–419.

20 Euchner, *Geschichte*, S. 884–885.

21 Thomas K. Kuhn, *Religion und neuzeitliche Gesellschaft. Studien zum sozialen und diakonischen Handeln in Pietismus, Aufklärung und Erweckungsbewegung*, Tübingen 2003, S. 339f.; Décultot, *Dictionnaire*, S. 857–858.

22 Michel Hau/Nicolas Stoskopf, *Les dynasties alsaciennes du XVIIe siècle à nos jours*, Paris 2005, S. 190–200.

23 Ochsenbein, *Diaconie*, S. 14.

24 Paul Grünberg (Hg.), *Handbuch für die Innere Mission in Elsaß-Lothringen*, Straßburg 1899, S. 273.

25 Elisabeth Sablayrolles, *L'entr'aide protestante de Strasbourg 1780–1980 (ancienne Œuvre de Bienfaisance pour les Pauvres Honteux Protestants), déclarée d'utilité publique par décret impérial du 3 février 1864*, Hoerdt 1980 [Nachdruck 1993], S. 3–8.

26 Ochsenbein, *Diaconie*, S. 15.

27 Grünberg, *Handbuch*, S. 129–152, 246, 261, 273–278; Ochsenbein, *Diaconie*, S. 75–94; Otto Michaelis, *Grenzlandkirche. Eine Evangelische Kirchengeschichte Elsaß-Lothringens (1870–1918)*, Essen 1934, S. 128.

28 Euchner, *Geschichte*, S. 885–886; Kuhn, *Religion*, S. 241.

29 Gustav Adolf Benrath, Die Verbreitung und Entfaltung der Erweckungsbewegung in Baden 1840–1860, in: Udo Wennemuth (Hg.), *Mission und Diakonie. Kultur und Politik. Vereinswesen und Gemeinschaften in der evangelischen Kirche in Baden im 19. Jahrhundert* (VKGB 59), Karlsruhe 2004, S. 1–2.

30 Kuhn, *Religion*, S. 346.

31 Jochen-Christoph Kaiser, Le rôle du facteur religieux dans le travail social aux XIXe et XXe siècles en Allemagne. Bilan de la recherche, in: Bueltzingsloewen/Pelletier, *La charité*, S. 19–32, hier S. 26f.

32 Luzian Pfleger, *Die Kongregation der Schwestern vom Allerheiligsten Heiland genannt „Niederbronner Schwestern". Ein Beitrag zur Geschichte der christlichen Liebestätigkeit der neuesten Zeit*, Freiburg i. Br. 1921, S. 34–35.

33 Barbara Henze, Die übrigen Orden, in: Heribert Smolinsky (Hg.), *Geschichte der Erzdiözese Freiburg*, Bd. I: *Von der Gründung bis 1918*, Freiburg u.a. 2008, S. 336–337.

34 Sœurs de Saint-Joseph de Saint-Marc, Sites Internet. Aufgerufen am 26. Juli 2008 http://srs-stjosmarc-provincefrance.fr und http://www.kloster-st-trudpert.de; Hoffer, in: Doré, *L'Église*, Bd. I, S. 32.

35 Wopperer, *Die neuen Formen*, S. 91–95, 216–217; Henze, Die übrigen Orden, S. 331–387; Wolfgang Schaffer, Orden und Kongregationen in Hohenzollern, in: Smolinsky, *Geschichte*, S. 389–439.

36 Relinde Meiwes, *Arbeiterinnen des Herrn. Katholische Frauenkongregationen im 19. Jahrhundert*, Frankfurt a. M. 2000, S. 269–287.

37 Euchner, *Geschichte*, S. 895–904; vgl. Kaiser, Le rôle, in: Bueltzingsloewen/Pelletier, *La charité*, S. 24–27.

38 Christian Albecker, *L'Évangile dans la cité: histoire de la Mission Urbaine de Strasbourg de 1890 à 1939* (Travaux de la Faculté de Théologie Protestante de Strasbourg), Strasbourg 1992, S. 18–21; Euchner, *Geschichte*, S. 909–913; Grünberg, *Handbuch*, S. 221–239.

39 Benrath, Verbreitung, S. 23–24, 32–64.

40 Albecker, *L'Évangile*, S. 65–75; vgl. Michaelis, *Grenzlandkirche*, S. 125–132.

41 Benrath, Verbreitung, S. 57.

42 Euchner, *Geschichte*, S. 643.

43 Klaus Vom Orde, *Carl Mez. Ein Unternehmer in Industrie, Politik und Kirche* (VKGB 45), Karlsruhe 1992, S. 173–198.

44 Hau, *Les dynasties*, S. 190–200; Décultot, *Dictionnaire*, S. 197–198.

45 Ochsenbein, *Diaconie*, S. 15; Euchner, *Geschichte*, S. 99–127, 645–665.

46 Rainer Brüning/Peter Exner (Hgg.), *Wege aus der Armut. Baden in der ersten Hälfte des 19. Jahrhunderts*, Karlsruhe 2007, S. 25.

47 Stefan Grüner, Les Katholikentage et la doctrine sociale de l'Église 1848–1933, in: *L'engagement social des croyants: lignes de forces, expériences européennes, itinéraires alsaciens*, Strasbourg 2004, S. 217–234.

48 Euchner, *Geschichte*, S. 623–624, 688; Décultot, *Dictionnaire*, S. 172.

49 Winfried Halder, *Katholische Vereine in Baden und Württemberg 1848–1914. Ein Beitrag zur Organisationsgeschichte des südwestdeutschen Katholizismus im Rahmen der Entstehung der modernen Industriegesellschaft*, Paderborn u.a 1995, S. 62.

50 Euchner, *Geschichte*, S. 919–921; Marc Feix, Des réalités sociales et politiques, in: Doré, *L'Église*, Bd. II, S. 22.

51 Halder, *Katholische Vereine*, S. 46, 134–135, 167, 398; Euchner, *Geschichte*, S. 713–768.

52 Jochen-Christoph Kaiser/Winfried Loth (Hgg.), *Soziale Reform im Kaiserreich. Protestantismus, Katholizismus und Sozialpolitik*, Stuttgart 1997, S. 79–93, 128–141, 143; Euchner, *Geschichte*, S. 639–641, 661–665, 689, 951–981.

53 Euchner, *Geschichte*, S. 631. Vgl. Matthias Schmidhalter, *L'histoire de Caritas Internationalis*, Rom 2007, S. 15–16.

54 Maurer, *Le modèle*, S. 43–44.

55 Die griechisch-deutsche Schreibweise *Charitas* wurde 1910 durch die lateinische *Caritas* ersetzt.

56 Maurer, *Le modèle*, 1999, S. 46–123; Michael Manderscheid/Hans-Josef Wollasch (Hgg.), *Die ersten hundert Jahre. Forschungsstand zur Caritasgeschichte*, Freiburg i. Br. 1998, S. 19–33. Siehe auch Wilhelm Liese, *Geschichte der Caritas*, 2 Bde., Freiburg i. Br. 1922, hier Bd. I.

57 Catherine Maurer, *Caritas: un siècle de charité organisée en Alsace. La fédération de Charité du Diocèse de Strasbourg 1903–2003*, Strasbourg 2003, S. 15–16. Vgl. Hoffer, in: Doré, *L'Église*, Bd. I, S. 34–36; Catherine Maurer, Organiser et rationaliser les modes d'intervention sur le terrain social: Réflexions et pratiques des catholiques allemands (XIXe – premier tiers du XXe siècle), in: Bueltzingsloewen/Pelletier, *La charité*, S. 117–126; Liese, *Geschichte*, Bd. II.; Bernard Vogler, *Autour des Dietrich*, Reichshoffen 2008, S. 135; Maurer, *Le modèle*, S. 28; Jähnichen, *Geschichte*, S. 891–892; Livet/Rapp, *Histoire*, Bd. IV, 1982, S. 151f.

58 NDBA, Bd. XXVII, S. 2745. Vgl. Jean Hurstel, Mgr Müller-Simonis (1862–1930), Directeur de l'Elsaesser, in: *Élan-Cahier des ICS*, Nr. 5–6 (Mai/Juin 1986), S. 13–16.

59 Willy Bodenmuller, *DNA. 130 ans à la une (1877–2007)*, Strasbourg 2007, S. 8.

60 Maurer, *Caritas*, S. 28.

61 Arnold Weller, *Sozialgeschichte Südwestdeutschlands unter besonderer Berücksichtigung der sozialen und karitativen Arbeit vom späten Mittelalter bis zur Gegenwart*, Stuttgart 1979, S. 239–271; Manderscheid, *Die ersten hundert Jahre*, S. 71–77; Euchner, *Geschichte*, S. 713–768, 992–1020.

62 Bodenmuller, *DNA*, S. 32.

63 Livet, *Histoire*, Bd. IV, S. 424–636.

64 Albecker, *L'Évangile*, S. 109–116.

65 Maurer, *Caritas*, S. 12–47; Hoffer, in: Doré, *L'Église*, Bd. I, S. 36.

66 Hoffer, in: Doré, *L'Église*, Bd. I, S. 36–37.

67 Christian Baechler, *Le parti catholique alsacien (1890–1939) du Reichsland à la République jacobine*, Paris 1982, S. 749; NDBA, Bd. XIX, S. 3002. Siehe auch Vogler, *Dictionnaire*, S. 342–343.

68 Raymond Mengus, *Cent ans de catholicisme social en Alsace*, Strasbourg 1991, S. 104; Livet/Rapp, *Histoire*, Bd. IV, S. 482–483.

69 Maurer, *Caritas*, S. 50–51, 56–57.

70 Albecker, *L'Évangile*, S. 119, 178–179; Maurer, *Caritas*, S. 62–65.

71 Maurer, *Caritas*, S. 76.

72 Mengus, *Cent ans*, S. 105.

73 NDBA, Bd. XVII, S. 1627.

74 (Frère) Médard, *L'Alsace fidèle à elle-même? Mémoires. Regard sur deux siècles d'histoire d'Alsace*, Strasbourg 1988, S. 327–334, 374–380.

75 Euchner, *Geschichte*, S. 770, 1026–1069.

76 Albecker, *L'Évangile*, S. 139–140, 143, 157.

77 Maurer, *Caritas*, S. 75–90; Hoffer, in: Doré, *L'Église*, Bd. I, S. 37; Livet/Rapp, *Histoire*, Bd. IV, S. 630.

78 Hoffer, in: Doré, *L'Église*, Bd. I, S. 57.

79 Renate Liessem-Breinlinger, Der Caritasverband für die Erzdiözese Freiburg, in: Smolinsky, *Geschichte*, S. 612–614.

10. Friedensbemühungen

B<small>ARBARA</small> H<small>ENZE</small>

Gemessen an der Bedeutung des Themas in der Verkündigung der ersten christlichen Gemeinden könnte eine komplette Kirchengeschichte geschrieben werden, die folgende Fragen beantwortet: Wie hat man im Christentum „Frieden" verstanden? Welcher Frieden ist gemeint? Wer hat sich für den Frieden engagiert? In welchen Formen vollzog sich dieses Engagement? Und welche Wendung hat die aus dem Judentum stammende und mit der Geburt und dem Wirken Jesu verbundene Sehnsucht nach *Schalom* im Verlauf der Jahrhunderte genommen?

In diesem Kapitel geht es um die sich in Gruppen oder Organisationen artikulierenden Friedensbemühungen von Christen und Christinnen links und rechts des Oberrheins, konzentriert auf die Zeit des 20. Jahrhunderts. Das Wirken Einzelner und auch die kirchenoffizielle Lehre stehen nicht im Vordergrund, sondern kommen nur dann zur Sprache, wenn es um die Einordnung der Positionen und Aktionen der Gruppen oder Organisationen geht.

10.1. Kein Friede: Zwei Weltkriege als Zeichen des Scheiterns von Friedensbemühungen

Die ersten Friedensgesellschaften sind Anfang des 19. Jahrhunderts in New York und in London gegründet worden. Sie konnten sich auf berühmte Schriften wie die *Querela pacis* des Erasmus von Rotterdam von 1517 und *Zum ewigen Frieden* Immanuel Kants von 1781 berufen und sich eine Lebensweise unter Verzicht auf jede Form von Gewalt zum Vorbild nehmen, wie sie von Mennoniten oder Spiritualisten schon im 16. Jahrhundert, später von den Quäkern und der „Church of the Brethren" praktiziert wurde. Am Anfang der Friedensbewegung in Deutschland stand der Roman von Bertha von Suttner *Die Waffen nieder!* von 1889, der den Anstoß zur Gründung der Deutschen Friedensgesellschaft im Jahr 1892 gab[1].

Otto Umfrid (1857–1920), geboren in Nürtingen, studierte evangelische Theologie in Tübingen, übernahm 1884 in Peterzell und Römlinsdorf (heute zu Alpirsbach gehörend) seine erste Pfarrstelle, seit 1890/91 in Stuttgart, war über seinen Vater mit Karl Christian Planck (1819–1880), Blaubeuren, in Kontakt gekommen und begeisterte sich durch ihn für sozialpolitisches Denken und den Pazifismus[2]. Beunruhigt durch die Not seiner Gemeindemitglieder, der Landarbeiter im Schwarzwald und der Industriearbeiter in Stuttgart, suchte er nach Lösungen. Die eine war für ihn eine Umorientierung der Theologie: „Die kirchliche Anschauung ist nicht nur jenseitig insofern, als sie ein anderes besseres Leben jenseits des Grabes anstrebte und darüber die Erde mit ihren Aufgaben vergaß, sie ist auch darum transzendent von Anfang an gewesen und bis auf unsere Zeit geblieben, weil sie sich von der im Argen liegenden Welt zurückgezogen hat in ihre

Konventikel, ihre Kirchen, ihre Dome, weil sie sich eingesponnen hat in den seligen Träumen von Erlösung und Versöhnung des Individuums, weil es bei ihr nach dem Spruch gegangen ist: 'Hier innen Brüder alle, da draußen Herr und Knecht'. So ist denn die Welt tatsächlich im Schmutz liegen geblieben und Leviten und Priester sind immer wieder an den unter die Mörder Gefallenen vorübergegangen."[3] Die andere Lösung war, im politischen Leben auf Recht zu setzen und nicht auf Interessen oder Status-quo-Erhaltung. 1894 trat Umfrid in die Deutsche Friedensgesellschaft ein, deren Sitz im Jahr 1900 von Berlin nach Stuttgart verlegt wurde, im gleichen Jahr, in dem er ihr Vizepräsident wurde. Zahlreiche Ortsvereine verdankten ihre Entstehung seinen Vortragsreisen, so auch die in Straßburg, Colmar und Mülhausen. Umfrids Kontaktperson in Mülhausen war Pfarrer Charles Scheer (1871–1936)[4], in Straßburg Dr. Fernand Ménégoz (1873–1944)[5], Pfarrer

Bild 87: Der pazifistische württembergische Pfarrer Otto Umfrid (1847–1920) (© Ingrid und Helmut Reischle, Nürtingen)

an St. Nikolaus und seit 1911 Privatdozent an der Evangelisch-Theologischen Fakultät. Trotz völliger Erblindung im Jahr 1913 warb Umfrid unermüdlich für eine internationale Rechtsord- nung und für eine Verständigung mit Frankreich, England und Russland. Aber weil im Krieg pazifistische Gedanken nicht willkommen waren, durfte die von ihm herausgegebene Zeitschrift der Deutschen Friedensgesellschaft „Völker-Friede" nicht mehr erscheinen, seine Korrespondenz wurde überwacht, und seit Mai 1915 durfte er Deutschland nicht mehr verlassen[6].

Die angespannte Atmosphäre und die Aufrüstungsanstrengungen der Staaten alarmierten 1907 Mitglieder der Zweiten Haager Friedenskonferenz, sich um ein eigenes ausdrückliches Zeichen der Kirchen zur Förderung des Friedens zu bemühen. Nach diversen bilateralen Gesprächen zwischen britischen und deutschen Kirchenvertretern wurde schließlich zu einer „Konferenz von protestantischen Delegierten aller Länder" eingeladen. Sie sollte Anfang August 1914 im Inselhotel, dem ehemaligen Dominikanerkloster, in Konstanz stattfinden.

Die Resonanz im (damals noch deutschen) Elsass und in Baden war bescheiden. Friedrich Curtius (1851–1933), Vorsitzender des Oberkonsistoriums der lutherischen Landeskirche im El- sass, schrieb aus Straßburg als Erklärung für seine Absage: „Ich bin überzeugt, daß die Erziehung unseres Volkes zur Friedensgesinnung und die Bekämpfung des Völkerhasses eine unabweisbare Pflicht der Kirche ist. Ich habe mich deshalb mit voller Überzeugung für den Friedenssonntag in unserer Kirche eingesetzt [er wurde in der lutherischen Landeskirche Elsass-Lothringens am 7. Dezember 1913 zum ersten Mal offiziell gefeiert] und mich über den Erfolg gefreut. [...] M.E. muß noch viel mehr innerhalb des deutschen Protestantismus gearbeitet werden, um den Sinn für die Bedeutung dieser Aufgabe zu heben, und ehe in dieser Arbeit nichts erreicht ist, können wir deutschen Protestanten uns vor den Ausländern nicht sehen lassen. Alles, was etwa in Konstanz beschlossen würde, müßte, wie die Sache z.Z. steht, an der kalten Gleichgültigkeit unserer Geistlichkeit und unserer Kirchenvertretungen abprallen."[7] Das Empfinden von Curtius, innerhalb des deutschen Protestantismus allein dazustehen, wird mit Blick auf die im Juli 1914 in Karlsruhe tagende badische Synode bestätigt. Obwohl die Einführung des Friedenssonntags auf der Tagesordnung stand, wurde über die Friedenskonferenz in Konstanz kein Wort verloren[8].

Der Termin der Friedenskonferenz fiel genau in die Zeit der Kriegserklärungen und der Mobilmachung. Nur ein Bruchteil der angemeldeten Personen erreichte Konstanz, aus Deutschland nur Friedrich Siegmund-Schultze. Aus weiteren elf Ländern waren um die 90 Delegierte anwesend, die 30 verschiedenen evangelischen Konfessionen angehörten. Die Konferenz musste bereits am Abend des 2. August abgebrochen und nach London verlegt werden. Wie dringlich organisierte Friedensarbeit war, wurde offensichtlich. Als Resultat wurde am 6. August in London die „World Alliance of Churches for Promoting International Friendship" (Weltbund für Internationale Freundschaftsarbeit der Kirchen) gegründet[9].

Friedrich Siegmund-Schultze und der britische Quäker Henry Hodgkin hatten sich auf dem Rückweg vom Treffen in Konstanz das Versprechen gegeben, „in ihren Ländern gegen den wachsenden Haß, gegen die zunehmende Militarisierung, gegen das Anwachsen der Feindschaft sowie gegen die zunehmende Bereitschaft, einander zu töten, tätig zu werden und zur Besinnung auf das biblische Friedensgebot aufzurufen. Dieses gegenseitige Versprechen war die Geburtsstunde des Versöhnungsbundes."[10] Hodgkin organisierte in Cambridge ein Treffen von 130 Personen verschiedenster christlicher Konfessionen, die sich „Fellowship of Reconciliation" (Versöhnungsbund) nannten, aus der seit der Konferenz in Bilthoven in Holland unmittelbar nach dem Ersten Weltkrieg die „International Fellowship of Reconciliation" (IFOR; Internationaler Versöhnungsbund) wurde, da Personen aus zehn Ländern anwesend waren. In den einzelnen Ländern entwickelte sich die IFOR unterschiedlich schnell und auch, je nach Politik der Länder, mit unterschiedlichen Zielsetzungen. Der deutsche Zweig wurde wie der internationale direkt nach Ende des Krieges im Jahr 1919 gegründet. Sein Präsident wurde Friedrich Siegmund-Schultze, Pfarrer aus Berlin und Mitinitiator des Konstanzer Treffens. Er war ökumenisch ausgerichtet. So gehörten aus Baden der evangelische Pfarrer Dr. Hermann Maas, Heidelberg, genauso dazu wie der Katholik Dr. Max Josef Metzger. Der MIR (Mouvement International de la Réconciliation), der französische Zweig der IFOR, gründete sich nach fünfjährigen Vorarbeiten Anfang 1928. Henri Roser wurde Sekretär des französischen Zweiges. Beide Zweige mussten nach dem Zweiten Weltkrieg neu

*beginnen. Die erste Jahrestagung nach dem Krieg hielt der deutsche Zweig der IFOR 1949 in
Comburg/Baden-Württemberg ab. In den 50er Jahren setzte sich der Versöhnungsbund für die
Wehrdienstverweigerung ein. Als Präsident des französischen Zweiges nahm Henri Roser Anfang
der 1960er Jahre an den Demonstrationen gegen die staatlichen Internierungslager für Algerier
teil. Berühmte Mitglieder auf internationaler Ebene waren Dr. Martin Luther King und Adolfo
Pérez Esquivel, der argentinische Friedensnobelpreisträger von 1980[11].*

Im Ersten Weltkrieg wurden die Stimmen der Friedensbewegung nicht mehr gehört. Das war
auch im deutschen Katholizismus so. Drei Gründe können dafür angeführt werden: Man wollte
erstens auch als Katholik dem gefährdeten Vaterland beistehen und sah – unter Berufung
auf die seit Augustinus und Thomas von Aquin formulierten Prinzipien – zweitens den Ersten
Weltkrieg als „gerechten Krieg". Drittens konnte man sich nicht vorstellen, dass etwas auf
Erden ohne den Willen Gottes geschieht, weswegen man sich große Mühe gab, auch im Leid
des Krieges die Handschrift Gottes zu entschlüsseln.

Als Beleg mögen zwei Zitate von Michael von Faulhaber stehen, der von 1911 bis 1917 Bischof
von Speyer und Feldpropst der bayerischen Armee war. Am 9. August 1914 sagte er im Dom zu
Speyer zum Ausmarsch der Soldaten in den Krieg: „Wer eine Armee von Betern mobil macht,
hat dem Vaterland ein neues Garderegiment ins Feld gestellt, dessen Reserven die Legionen des
Himmels bilden (Mt. 26,53)."[12] Als der bayerische Innenminister im Frühjahr 1916 um katholische
Hilfe gegen die „wachsende Kriegsverdrossenheit im Volke" bat, sicherte Faulhaber diese für
seine Person zu und versprach, auch den Klerus entsprechend zu instruieren: „Die Predigt und
der Gesamtton der Seelsorge muß mehr und mehr auf das unerschütterliche Gottvertrauen im
Bewußtsein unserer gerechten Sache eingestellt werden. Auch die Prediger von Volksmissionen
und Standesexerzitien dieser Zeit, die sehr heilsam wirken können, sind dahin aufzuklären, daß
sie nicht einseitig nur die Höllen des Krieges besprechen."[13] Diese Antwort Faulhabers offenbart,
a) wie die Seelsorge missbraucht wurde, um Soldaten und Zivilbevölkerung für den Krieg zu
gewinnen, b) wie überzeugt der Bischof davon war, dass Gott auf seiner Seite stand, und c) dass
der Krieg für ihn auch positive Seiten jenseits der „Höllen des Krieges" hatte.

Wie problemlos der Krieg als „gerechter" und als „heiliger" Krieg gesehen wurde, zeigt auch
der Abdruck eines Textes von Alban Stolz – bis zu seinem Tod 1883 Professor für Pastoraltheologie an der Theologischen Fakultät Freiburg – im *St.-Lioba-Blatt* am 16. August 1914: „Es kann
unter Umständen Gott gefällig sein, in den Krieg zu ziehen. Vor allem ist es ein heiliger Krieg,
wenn man gegen Feinde kämpft, welche das Christentum und die katholische Kirche zugrunde
richten wollen; wer in einem solchen Kampfe sein Blut vergießt, der verdient einigermaßen
den Märtyrern beigezählt zu werden. Aber auch dann, wenn das Vaterland ungerechterweise
angegriffen wird von auswärtigen Feinden, so ist es nicht nur erlaubt, daß man Gewalt mit
Gewalt abtreibt, wie man sich auch gegen einen Räuber zur Wehr setzen darf, sondern es ist
zugleich ein verdienstvolles Werk. Denn wer den Feind vom Vaterland austreibt oder abwehrt,
der befreit zahllose Familien von Plünderung, Mißhandlung und Gewalttätigkeit aller Art."[14]
Wie weit verbreitet die religiöse Überhöhung des Tods im Krieg als Märtyrertod war, bestätigt

aus einer ganz anderen Warte Peter (Pierre) Lorson (1894–1954). Er stammte aus dem Saarland und war später Prediger am Straßburger Münster. An Pfingsten 1917 durfte er seine Gelübde als Jesuit in die Hände eines Mitbruders, der Militärseelsorger war, ablegen und schreibt dazu in seiner Autobiographie: „Ich wäre [...] glücklich gewesen, wenn ich bald nach diesem Pfingstfest gestorben wäre, denn ich glaubte mit dem Heiligen Thomas, dass der religiöse Beruf in den Augen Gottes den Wert des Martyriums habe, dass er konsequenterweise alle bisherigen Verfehlungen auslöschen werde und im Falle des sofortigen Todes auf Anhieb zur Pforte des Paradieses führe. Man sagte wohl, dass Sterben für das Vaterland dieselbe Wirkung habe, aber für welches Vaterland wäre ich gestorben, ich der diesen Krieg, an dem ich teilnahm, für grundsätzlich ungerecht hielt?"[15]

Das damalige Gottesbild, das ein Arrangement mit dem status quo förderte, weil es davon ausging, dass Gott ihn verhindert hätte, wenn er ihn nicht gewollt hätte, machte eine Gegnerschaft zum Krieg fast unmöglich. Im Paulussaal in Freiburg fand am 27. September 1914 eine „vaterländische Versammlung" statt, auf der u.a. neben Stadtpfarrer Hugo Schwarz von der Christuskirche als Vertreter der evangelischen Kirche auch Prälat Dr. Lorenz Werthmann vom Deutschen Caritasverband sprach: „Es ist, als hörten wir durch den Donner der Kanonen hindurch ganz deutlich die Posaunen eines Weltgerichtes [...], in dem Gott, der allmächtige Lenker der Weltgeschichte, die Lose der Völker auf gerechter Wage [sic!] wägend, Untergang den einen, Auferstehung den anderen zuteilen wird. Ernst ist die Stunde, die wir durchleben, aber als gefaßte und starke Männer tragen wir mit gutem Gewissen herzhaft, unverzagt und mutvoll die Schwere ihrer Last. Denn nicht niederdrückend und schwermutatmend ist die gegenwärtige Weltstunde, sondern groß, erhebend und begeisternd."[16] Protestantische deutsche Theologen unterschieden sich von ihren katholischen Kollegen hierin nicht. Die Bedeutung der Nation war wegen der Verbindung von Thron und Altar vielleicht noch größer, der Tod im Krieg genauso religiös überhöht[17].

Und wie sah es auf französischer Seite aus? Auch für sie war der Krieg eine patriotische Pflicht. Er war ein Kampf der französischen „Universalität" gegen die „Partikularismen der lutherischen Kultur und der Barbarei"[18]. Ebenfalls wurde das Leid religiös gedeutet, nämlich als Nachvollzug von Christi Passion[19]. Nur die Strafe, die Gott durch den Krieg verhängte, fand eine „französische" Erklärung: Manche Katholiken deuteten den Krieg als „notwendige Bestrafung der Republik, die 1905 Kirche und Staat getrennt hat"[20]. „Französisch" ist auch die Reaktion auf die Friedensinitiativen Papst Benedikts XV.: Der deutsche katholische Klerus unterstütze ungeachtet der Worte des Papstes das Kriegstreiben des Deutschen Reichs, so der Vorwurf[21]. Ohne hier auf den publizistisch ausgetragenen Streit eingehen zu können, lautet das Fazit aus heutiger Sicht, dass keine Seite in der Lage war, im „Feind" den Christen zu erkennen[22].

Wie groß auch immer die Kriegsverherrlichung auf beiden Seiten gewesen sein mag, die vielen Tausenden Toten haben nach dem Krieg, manche schon während des Krieges, zum Nachdenken geführt. Die Friedensbewegung wurde in Frankreich und in Deutschland stärker[23]. Später, im Zweiten Weltkrieg, wird man sie für das Zurückweichen Frankreichs gegenüber der deutschen Armee verantwortlich machen. Sie habe nämlich dafür gesorgt, so der Angriff gegen die Friedensbewegung, dass in den Schulen nicht mehr vermittelt worden sei, dass man

Bild 88: Feldmesse am Weier Kreuz, unweit des Hartmannsweilerkopfes, einer Bergkuppe in den Süd-
vogesen, die im Ersten Weltkrieg bitter umkämpft war. Sie wird zelebriert von dem badischen Divisionspfarrer Benedikt Kreutz (1879–1949). (© Verlag les Amis du Hartmannsweilerkopf)

sein Vaterland verteidigen müsse. Wahr ist, dass die „moralische Entwaffnung" (désarmement
moral), das pädagogische Erziehungsziel der 1920er Jahre, keinesfalls mit fehlendem Patri-
otismus einherging. Ferdinand Buisson (1841–1932)[24], Friedensnobelpreisträger von 1927,
Verfasser einer Biographie von Sebastian Castellio, Mitarbeiter im Unterrichtsministerium und
Gründungsmitglied der „Ligue française des Droits de l'Homme et du Citoyen" (Französische
Liga zur Verteidigung der Menschen- und Bürgerrechte), schrieb 1926 in sein Lehrbuch: „Meine
Kinder, außer unserem Land gibt es noch viele andere Länder. Wir kennen sie nicht so gut wie
unser eigenes, und wir lieben sie auch nicht so wie wir unser eigenes Land lieben, aber wir
dürfen nicht so tun, als gebe es sie nicht. Wir schulden ihnen den gleichen Respekt, den wir
uns gegenüber erwarten. Die größte Gemeinschaft ist die Gemeinschaft aller Menschen, die
Menschheit."[25] Gerade als Vertreter des Landes der Erklärung der Menschenrechte müsse und
könne man Liebe zu Frankreich und Liebe zu allen Menschen verbinden, so Buissons Kollege,
Schulinspektor G. Imbert: „Je mehr ich Franzose werde, um so mehr Gespür habe ich für den
Menschen."[26]

Marc Sangnier (1873–1950), katholischer Jurist und liberaler pazifistischer Denker, organisierte von 1921 bis 1931 internationale demokratische Kongresse. Unter denen, die in das
ständige Büro der Kongresse gewählt wurden, befanden sich von 1922 bis 1931 Kreisrat Dr.
Hugo Baur, Rechtsanwalt und Zentrumsvorsitzender von Konstanz, von 1923 bis 1930 der aus
Wintzenheim im Kreis Colmar stammende Zentrumspolitiker Joseph Joos und von 1923 bis

Bild 89: Auf Einladung des badischen Landesverbands der Deutschen Friedensgesellschaft (DFG) kamen die beiden Friedensnobelpreisträger von 1927, Ferdinand Buisson und Ludwig Quidde (1858–1941), Historiker und von 1914 bis 1929 Vorsitzender der DFG, am 11. März 1928 nach Freiburg i. Br. Das Bild zeigt (untere Reihe, v.l.n.r.) den Landespräsidenten Dr. Eugen Baumgartner, den Staatspräsidenten Dr. Adam Remmele, Ludwig Quidde, Ferdinand Buisson und den Freiburger Oberbürgermeister Dr. Karl Bender. (© Stadtarchiv Freiburg)

1931 Clara Siebert, die Vorsitzende des Katholischen Deutschen Frauenbunds in Baden[27]. Der erste Kongress fand Ende 1921 in Paris statt, wo Delegierte aus 21 Ländern vertreten waren. Sangnier hatte Max Josef Metzger (1887–1944) eingeladen. Er war Priester des Erzbistums Freiburg und hatte sich bei Kriegsbeginn freiwillig zur Truppe gemeldet. Er wurde als Feldgeistlicher in den Kämpfen am Hartmannsweilerkopf eingesetzt. Infolge schwerer Erkrankung wurde er schon im Sommer 1915 frontuntauglich. Aber er hatte vom Krieg genug gesehen. Metzger veröffentlichte 1917 unter der Überschrift *Katholiken aller Länder vereinigt euch!* ein Friedensprogramm und reagierte begeistert auf den Friedensaufruf Papst Benedikts XV. vom 1. August 1917. Im Oktober 1919 gehörte Metzger zu den Gründungsmitgliedern des Friedensbundes Deutscher Katholiken[28]. Metzger wurde aufgefordert zu reden, was in der Presse mit der Schlagzeile bedacht wurde: „Ein historisches Ereignis. – Zum ersten Male seit dem Kriege hat ein Deutscher in einer öffentlichen Versammlung in Paris gesprochen."[29] Mit seinem zweiten Friedenskongress 1923 in Freiburg protestierte Sangnier indirekt gegen die offizielle Politik

Bild 90a: Der badische Kaplan Max Josef Metzger (1887–1944) ging 1914 als Feldgeistlicher und Divisionspfarrer an die französische Front, wurde aber wegen schwerer Erkrankung im Oktober 1915 aus dem Militärdienst entlassen. (© Archiv Christkönigs-Institut, Meitingen)

Bild 90b: Im Jahre 1918 veröffentlichte Metzger die Abhandlung „Friede auf Erden", in der er die Völker zur Zusammenarbeit aufrief, um neue Kriege zu verhindern. Auch wegen dieser Schrift wurde er 1943 vom Volksgerichtshof in Berlin zum Tode verurteilt und 1944 hingerichtet.

seines Landes und verurteilte die Rücksichtslosigkeit, mit der Frankreich im Ruhrgebiet und in Baden die Reparationsforderungen eintrieb.

Wie wenig die Friedensbemühungen von kirchenamtlicher Seite in Deutschland gewürdigt wurden, belegt der Faszikel „Friedensbund Deutscher Katholiken" im Erzbischöflichen Archiv Freiburg. Zur Vorbereitung der großen Abrüstungskonferenz Ende des Jahres 1931 verfassten alle politischen und religiösen Gruppen Manifeste, unter die sie Unterschriften erbaten, um für ihr jeweiliges Verständnis von Abrüstung zu werben. Der Friedensbund Deutscher Katholiken hatte sein Papier am 28. September 1931 an alle katholischen Bischöfe geschickt mit der Bitte, „die beigefügte Fassung zu prüfen und uns dafür die Unterschrift geben zu wollen [...]. Wir werden das Resultat unserer Aktion vor der Abrüstungskonferenz dem Hl. Vater, der Deutschen Regierung und dem Völkerbund überreichen und werden schon in der nächsten Zeit unsere katholischen Glaubensbrüder im Auslande bitten, eine gleiche Aktion in ihrem

Lande zu entfalten."[30] Die Unterschrift wurde seitens der Leitung des Erzbistums Freiburg nicht gegeben. Intern wurde als Begründung genannt, dass das Papier des Friedensbunds nur aus Papstzitaten bestehe.

Seit dem Regierungsantritt Hitlers am 30. Januar 1933 hatte der Friede keine Chance mehr. Das wissen wir heute besser als die Zeitgenossen damals. Je nachdem, auf welcher Seite sie standen, verhielten sich die Christen unterschiedlich. Als Beleg für christlichen deutschen Patriotismus möge die Ansprache von Martin Niemöller während der Evangelischen Woche im August 1935 stehen. Er begrüßte die deutsche Aufrüstungspolitik und die Einführung der allgemeinen Wehrpflicht und bezeichnete Volk und Land als „höchste und letzte Werte". Wie in den Zeiten des Ersten Weltkriegs argumentiert er, dass es die Aufgabe der Kirche sei, „den Geist der Wehrhaftigkeit [...] in die Seelen [zu] pflanzen". Der Gedankengang schloss: „Wenn wir das Leben des Einzelnen fordern um des Lebens des Ganzen willen, dann werden wir zu dem Glauben aufrufen: Du bist nichts, dein Volk ist alles!"[31] Die nicht-deutsche Seite dagegen hatte andere gute Gründe, zu den Waffen zu greifen, ging es doch gegen ein Land, in dem die Menschenwürde mit Füßen getreten wurde. Auch Christen seien aufgerufen, dagegen vorzugehen. Aus französischem katholischem Mund klingt dies mit Peter Lorson so – wie er über seine Vorträge als Militärgeistlicher schreibt: „Ich legte die christliche und katholische Moral dar, brachte sie dazu, die Religion zu lieben und zu schätzen, und ich wies indirekt auf den Nutzen und die Notwendigkeit eines Krieges hin, der ein geistiger Kreuzzug gegen menschenunwürdige und im Wesentlichen imperialistische Glaubenslehren und Praktiken war."[32] Als Beleg für die gleichlautende nicht-deutsche protestantische Einstellung sei Karl Barth angeführt. Im Herbst 1938 schrieb er an Josef Hromádka in der Tschechoslowakei, dass er hoffe, dass sich die Soldaten des bedrohten Landes heftig zur Wehr setzen: „Jeder tschechische Soldat, der [...] kämpft und leidet, wird dies auch für uns und – ich sage es jetzt ohne Rückhalt – er wird es auch für die Kirche Jesu tun."[33]

10.2. Der Oberrhein als Drehscheibe von Friedensbemühungen nach 1945

Die Kontakte zwischen Menschen von links und rechts des Rheins, die nach 1945 aufgenommen wurden, fanden zwar nicht mehr vor dem problematischen Hintergrund des Krieges statt, waren aber dennoch belasteter als die zwischen Menschen anderer Regionen. Die einen von links des Rheins kamen schließlich von der Besatzungsmacht Frankreich, die anderen von rechts des Rheins aus dem besetzten Deutschland (siehe Farbbild 12). Die Sicht auf die Zeit der Militärregierung Frankreichs von 1945 bis 1949 hat sich allerdings mit ihrer historischen Erforschung, die erst seit der Öffnung der Besatzungsarchive in Colmar im Jahr 1986 fundiert möglich wurde, grundlegend geändert[34]. Ohne die Militärarchivakten war das Bild vom Frankreich der Besatzungszeit fast nur negativ (die Kulturpolitik galt als Ausnahme), weil die Menschen in der Besatzungszone ihr Elend der Besatzungsmacht zuschrieben und ihre Deutungen auf dem Hintergrund einer ohnehin belasteten Beziehung vornahmen. Heute wird Frankreich „sogar bescheinigt, im Südwesten Deutschlands eine Politik der Erneuerung, der Reformen und der Demokratisierung verfolgt zu haben, die als ‚gute' Traditionen für die deutsch-französischen Beziehungen gewürdigt werden müßten"[35].

10.2.1. Neue Kontakte

Im August 1947 lud das „Centre d'études culturelles, économiques et sociales" (Studienstelle für kulturelle, soziale und wirtschaftliche Fragen) in Offenburg 50 Männer und Frauen, Journalisten und Schriftsteller, aus Deutschland und Frankreich nach Lahr zu einem Austausch ein. Die Studienstelle war auf Initiative des Jesuitenpaters Jean du Rivau entstanden, der dazu als Militärseelsorger einer in Offenburg stationierten Garnison die geographisch günstige Lage von Offenburg als Reisestation von Straßburg in die französische Zone und seine vielfältigen Kontakte nutzte. 1948 nannte du Rivau das „Centre d'études" um in „Bureau international de liaison et de documentation" (BILD)[36]. Bei dem Treffen 1947 in Lahr ging es um die „Verantwortung des katholischen Schriftstellers". Eingeladen waren daher Menschen, denen „Verantwortung" besonders am Herzen lag, und die man auf französischer Seite unter den „engagierten Intellektuellen" fand, auf deutscher Seite unter den sogenannten „Linkskatholiken"[37].

Einer von ihnen war der als Joseph Rosenthal in München geborene Joseph Rovan[38]. Er war 1934 mit seinen Eltern nach Paris emigriert, da diese sich – obwohl protestantisch geworden – wegen ihrer jüdischen Herkunft in Deutschland nicht mehr sicher fühlten. Nach dem Studium u.a. der Politikwissenschaft und Germanistik schloss sich Rovan dem Kreis um die Zeitschrift *Esprit* an. Nach der Besetzung Frankreichs hatte er sich in der Résistance engagiert, war im Februar 1944 von der Gestapo verhaftet und im Juli ins KZ Dachau gebracht worden, wo er bis zur Befreiung durch die amerikanische Armee am 29. April 1945 aushalten musste. Das gemeinsame Schicksal in Dachau verband ihn mit Edmond Michelet, der nach dem Krieg Armeeminister wurde und 1958 Justizminister. Michelet übertrug Rovan, der inzwischen katholisch geworden war, die Aufsicht über die französischen Kriegsgefangenenlager für deutsche Soldaten. Von 1947 bis 1951 leitete Rovan für die französische Militärregierung das Volksbildungsbüro, das zur DEP (Direction de l'éducation publique) unter General Raymond Schmittlein (1904–1974) in Baden-Baden gehörte. Rovan war daher gewissermaßen in einer doppelten Funktion in Lahr: als Vertreter einer französischen Behörde und als Mitarbeiter der Zeitschrift *Esprit.* Kopf dieser Zeitschrift war Emmanuel Mounier (1905–1950), der bereits im Winter 1946/47 von der französischen Militärregierung zu einer Studienreise nach Deutschland eingeladen worden war, wo er mit Geistesverwandten zusammentraf, nämlich mit Walter Dirks (1901–1991)[39] und Eugen Kogon (1903–1987)[40] von den *Frankfurter Heften*[41]. Alle drei, Dirks, Kogon und Mounier, nahmen am Treffen in Lahr teil, das auf Mounier Eindruck machen sollte. Er gründete nämlich ein Jahr später das „Comité français d'échange avec l'Allemagne nouvelle" (Französisches Komitee zum Austausch mit dem neuen Deutschland) und gewann Alfred Grosser als seinen ersten Geschäftsführer. Das „Comité" publizierte ab 1949 die Zeitschrift *Allemagne* und kooperierte mit dem 1948 gegründeten Deutsch-Französischen Institut in Ludwigsburg.

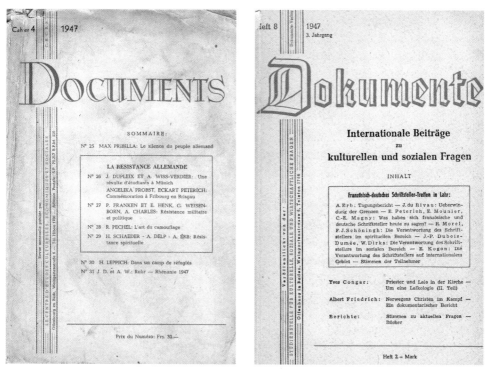

Bild 91a und b: Titelblatt einer französischen und einer deutschen Ausgabe von „Dokumente"

Das „Centre d'études" von Offenburg organisierte nicht nur Treffen zwischen Menschen rechts und links des Rheins, sondern gab auch die Zeitschrift *Documents. Revue des questions allemandes / Dokumente. Internationale Beiträge zu kulturellen und sozialen Fragen* heraus. Sie druckte Artikel, die die kulturelle und ökonomische Situation des Landes auf der jeweils anderen Rheinseite verdeutlichten, um die bis dahin gewohnten Klischees zu korrigieren[42]. Anscheinend waren die Bedürfnisse danach in beiden Ländern recht unterschiedlich, denn die französische Ausgabe über Deutschland hatte eine Auflage von 5.000 Exemplaren, die deutsche über Frankreich in den Jahren 1947/48 aber eine von 65.000[43].

Im Bereich der evangelischen Kirchen hat der Französisch-Deutsche Bruderrat für den Aufbau der Kontakte zwischen den Kirchen rechts und links des Rheins eine besondere Bedeutung. Die Vorarbeiten bis zur Gründung des Bruderrats und seinem ersten Treffen im März 1950 im Diakonissenmutterhaus in Speyer gingen auf Marcel Sturm (1905–1950) und Paul Graf Yorck von Wartenburg (1902–2002) zurück. Marcel Sturm war Leiter der französischen protestantischen Militärseelsorge (aumônier général) und als Berater der Militärregierung in Deutschland und Österreich vom Bund der protestantischen Kirchen Frankreichs (FPF) delegiert. Für die französischen Protestanten war eine Zusammenarbeit mit deutschen Protestanten wegen deren möglicher Verbindungen zum Nationalsozialismus nicht unproblematisch. Sie trachteten daher, mit dem Kreis der Bekennenden Kirche um Martin Niemöller, den „Dahlemiten", zu kooperieren. Paul Graf Yorck von Wartenburg war seit 1947 Leiter der Geschäftsstelle des 1945 gegründeten Hilfswerks der Evangelischen Kirche in Deutschland mit Sitz in Baden-Baden. Später, im Jahr 1975, wurde es durch das Diakonische Werk der EKD e.V. ersetzt. Paul war der ältere Bruder von Peter Yorck von Wartenburg, der im Zusammenhang mit dem missglückten Hitler-Attentat vom 20. Juli 1944 ermordet worden war. Paul galt daher in Frankreich (und Deutschland) als politisch unbelastet. Nach seiner Vorstellung sollte sich das Hilfswerk nicht nur um Flüchtlinge und Kriegsgefangene kümmern, sondern die entstehenden Probleme politisch zu lösen versuchen. Daher suchte er Kooperationspartner dort, wo sie sich schon von seiner Arbeit her nahelegten, nämlich bei der französischen Besatzungsmacht, genauer, bei dem zuständigen protestantischen Militärseelsorger Marcel Sturm. Für sein „politisches" Verständnis von Diakonie fand er bei Sturm offene Ohren. Sturm vertrat die Meinung: „In Jesus Christus bildet die Kirche eine Einheit, über alle Fronten und Grenzen hinweg. Diese Einheit darf nicht nur in Worten oder auf dem Papier existieren, sondern muss reale Gestalt annehmen."[44] In Absprache mit Marc Boegner, dem Präsidenten der FPF, bereiteten Sturm und Yorck eine Tagung vor, die den Titel tragen sollte: „Der Beitrag der Kirche zur künftigen föderativen Gestaltung Europas unter dem Aspekt der Neuordnung der französisch-deutschen Beziehungen."[45] Was ist aus der Initiative geworden? Unter tatkräftiger Mitwirkung des Kirchenpräsidenten der Vereinigten Protestantisch-Evangelischen Kirche der Pfalz Hans Stempel (1948–1964) kam schließlich das erste Treffen in Speyer vom 17. bis 19. März 1950 zustande, und der Deutsch-Französische Bruderrat wurde gegründet[46]. Da allerdings im Sommer 1950 Marcel Sturm plötzlich starb und Paul Yorck von Wartenburg nach Genf versetzt wurde, orientierte sich der Bruderrat anders, als sich dies die beiden gedacht hatten. Von einer gemeinsamen Wahrnehmung der politischen Verantwortung der protestantischen Kirchen für Europa war nicht mehr die Rede.

10.2.2. Gestaltung des öffentlichen Raums

Die Errichtung des 14 Meter hohen und 15 Tonnen schweren Bühler Friedenskreuzes, in dem Teile des Westwalls und der Maginot-Linie verarbeitet wurden, und seine feierliche Einweihung am 4. Mai 1952 ist ein weithin sichtbares Zeichen für den Verständigungswillen zwischen Frankreich und Deutschland. Zu dem Kreuz kam es aus folgenden Gründen: Am 10. Juni 1944 hatten Truppen einer SS-Panzerdivision das Dorf Oradour-sur-Glane in der Nähe von Limoges überfallen und alle bis auf wenige Dorfbewohner getötet. Das führte nach dem Krieg zur sogenannten „Lex Oradour": Alle Angehörigen der Truppen, die Kriegsverbrechen begangen haben, sollen bestraft werden, gleich, ob sie persönlich beteiligt waren oder nicht. So wurde auch Adam Essinger aus Reichenbach im Odenwald zum Tode verurteilt, der zum Zeitpunkt des Verbrechens auf Heimaturlaub war. Auch bei fünf seiner verurteilten Kameraden ließ sich nachweisen, dass sie unschuldig waren. Die Nachricht davon erreichte Pater Manfred Hörhammer, Kapuziner und Geistlicher Beirat der deutschen Sektion von Pax Christi. Der wiederum erzählte es Hans Schmidt, Caritasdirektor in Bühl/Baden, als er im April 1951 im Verlauf einer seiner Predigtreisen in der Wallfahrtskirche Maria Linden bei Bühl predigte. Daraufhin legte Schmidt ein Gelöbnis ab:

Wenn es gelänge, Adam Essinger frei zu bekommen, dann sollte ein großes Friedenskreuz errichtet werden. Aufgrund der guten Kontakte Manfred Hörhammers nach Frankreich wurde schließlich die „Lex Oradour" für Adam Essinger und die fünf anderen Gefangenen aufgehoben. Sie konnten nach Hause zurückkehren. Die Kosten für das Kreuz und die Gestaltung der Anlage wurden von vielen Einzelspendern und von Institutionen aufgebracht wie den beiden Bistümern Freiburg und Rottenburg und der Evangelischen Landeskirche in Baden[47].

Anfang der 70er Jahre wurden beim Friedenskreuz Betontafeln installiert, die 2002 zur Feier des 50jährigen Bestehens renoviert wurden. Auf ihnen stehen die Namen von Städten, die im Zweiten Weltkrieg besonders stark zerstört wurden, ebenso die Namen von Persönlichkeiten, die sich gegen die Gewaltherrschaft und für Verständigung und Frieden engagierten. Unter diesen stammen Alfred Delp, Max Josef Metzger und Reinhold Schneider vom Oberrhein.

Bild 92: Wallfahrt zum Bühler Friedenskreuz aus Anlass des 10-jährigen Bestehens des Denkmals im April 1962. Das 14 Meter hohe Kreuz wurde entworfen von Ludwig Barth und 1952 eingeweiht (© Katholische Nachrichten-Agentur (KNA), Bild 249639)

Die Gymnasiallehrerin Marie-Marthe Dortel-Claudot aus Südfrankreich hatte während des Krieges einen „Gebetskreuzzug für die Bekehrung Deutschlands" initiiert und sich dafür an Bischof Pierre Marie Théas von Montauban gewandt[48]. Die Idee „Gebetskreuzzug" hatte Dortel-Claudot von den „Volontaires de la paix" (Freiwillige für den Frieden) übernommen, die schon 1929 einen Gebetskreuzzug für den Frieden propagiert hatten[49]. Bischof Théas unterstützte die Idee, konnte aber Dortel-Claudot überzeugen, dass es angemessener sei, für die eigene Bekehrung zu beten als für die anderer. So riefen am 10. März 1945 vierzig französische Bischöfe dazu auf, für die

Versöhnung mit Deutschland und den Frieden in der Welt zu beten. Das war der Beginn von Pax Christi in Frankreich. Bis 1950 war Marie-Marthe Dortel-Claudot erste internationale Generalsekretärin von Pax Christi, Bischof Théas Präsident. Als Bischof Théas in Kevelaer mit Kindern deren Erstkommunion feierte und als Versöhnungsgeste Frankreichs die bis dahin kriegsgefangenen Väter der Kinder mitbrachte, wurde am 3. April 1948 in Kevelaer die Deutsche Sektion von Pax Christi auf dem ersten internationalen Kongress von Pax Christi gegründet.

Ebenfalls ein Friedenszeichen im öffentlichen Raum ist die Bernhardskirche in Speyer, zum Gedenken an den 800. Todestag Bernhards von Clairvaux nach diesem benannt. Die am 26. September 1954 geweihte Kirche ist von deutschen und französischen Katholiken gebaut worden, um – wie es in dem Pax-Christi-Bericht über die Konsekration heißt – „die Versöhnung zwischen den beiden Nachbarvölkern Deutschland und Frankreich zu fördern und dadurch einen Beitrag zu leisten zum Frieden in Europa und in der ganzen Welt". Politische Prominenz wie Robert Schuman, von 1948 bis 1952 französischer Außenminister, waren bei der Grundsteinlegung anwesend, kirchliche wie die Bischöfe von München, Mainz und Metz, Bischof Jean-Julien Weber von Straßburg und Bischof Isidor Emanuel von Speyer bei der Weihe. Unter dem Chor befindet sich die Pax Christi-Kapelle, der geistliche Mittelpunkt der Pax-Christi-Arbeit im Bistum Speyer. Die internationale Pax-Christi-Wallfahrt nach Lourdes startete 1955 nach dem Zusammentreffen der Pilgerzüge aus Nord- und Süddeutschland in Speyer an St. Bernhard. Sie führte über Karlsruhe, das Friedenskreuz in Bühl, Appenweier und Kehl nach Straßburg, wo man mit Pilgern aus dem Saargebiet und dem Elsass zusammentraf[50].

Erinnerungsträchtige Orte, an denen französisch-deutsche Gedenkveranstaltungen stattfanden, sind der Hartmannsweilerkopf und das KZ Natzweiler-Struthof. An einem knappen Frontabschnitt des „Todesbergs" haben die deutschen und franzö-

Bild 93: Robert Schuman (1886–1963) als Redner bei der Grundsteinlegung für die Sankt Bernhardskirche in Speyer am 23. August 1953 (Foto-Studio Lydia Mauch, Neustadt a. d. Weinstraße)

sischen Armeen im Ersten Weltkrieg ihre Stellungen zu halten versucht und dabei ein unsinniges Blutbad angerichtet. Mehr als 30.000 Soldaten wurden getötet. Während der deutschen Besatzung des Elsass im Zweiten Weltkrieg wurde aus dem Struthof ein Konzentrationslager, in dem 12.000 Menschen aus vielen Ländern den Tod fanden. Eine erste bedeutende Gedenkveranstaltung an beiden Orten, organisiert u.a. von Abbé Joseph Sifferlin, Direktor der Katholischen Aktion der Diözese Straßburg, und Heinrich Köppler, Generalsekretär des Zentralkomitees der deutschen Katholiken, fand am 1. und 2. August 1964 statt anlässlich des Beginns des Ersten Weltkriegs 50 Jahre und des Zweiten 25 Jahre zuvor[51]. In ihrem Hirtenschreiben zu den Gedenktagen bekundeten die beiden Bischöfe, Hermann Schäufele von Freiburg und Jean-Julien Weber von Straßburg, ihren Willen, „menschliche Brücken [zu] bauen von Kirche zu Kirche, von Gemeinde zu Gemeinde, von Familie zu Familie"[52]. Sie schlugen ihrerseits eine Brücke zur zeitgleich stattfindenden Versammlung der Christliche Arbeiterjugend (CAJ)/Jeunesse Ouvrière Chrétienne (JOC) in Straßburg, in der sich Jugendliche aus 15 europäischen Ländern trafen.

Bild 94: Einweihung des Europabrunnens in Waldkirch anlässlich des Besuchs der Delegation der elsässischen Partnergemeinde Schlettstadt 1969 (Aus: Konradsblatt 53 (1969) Nr. 29, S. 6)

Zur Gedenkveranstaltung aufgerufen hatten die Männerverbände, die ihre Zusammenarbeit schon über Jahre erprobt hatten. Im Jahresbericht 1963 ist die Rede davon, dass sie „mehr als ein Jahrzehnt" bestehe[53]. „Fast alljährlich", so heißt es, habe man eine große Veranstaltung organisiert, beispielsweise den „Badisch-Elsässischen Männertag" im Juli 1961 anlässlich der Eröffnung der Passionsspiele in Ötigheim. Organisiert hatten ihn das Männerwerk der Erzdiözese Freiburg unter der Leitung von Dr. Alois Stiefvater und Franz Nadler und die „Action Catholique Générale des Hommes" unter der Leitung von Abbé Paul Trendel aus Straßburg. Im Dezember 1961 hatten sich die Leitungsgremien beider Organisationen in Schlettstadt getroffen. Ein wesentlicher Punkt der Besprechung war die Vertiefung der Kontakte zwischen Menschen rechts und links des Rheins. Angefragt wurde, ob dazu nicht Partnerschaften zwischen badischen und elsässischen Pfarrgemeinden helfen könnten. Das Thema „Partnerschaften" kam beim Folgegespräch im Mai 1962 ausdrücklich vor. Wie folgendes Zitat aus dem Jahresbericht zeigt, verstanden sich damals mancherorts die Pfarreien in Konkurrenz zu den politischen Gemeinden. Das sollte sich später ändern, wo aus Pfarreipartnerschaften Gemeindepartnerschaften wurden und umgekehrt. Im Bericht über das Jahr 1962 heißt es: „Einige Gemeinden haben bereits auf politischer Ebene Partnerschaften angefangen, doch leider ziehen dann die Kirchengemeinden nicht mit, und wir weisen immer wieder darauf hin, dass das Brückenbauen nicht nur von Rathaus zu Rathaus, sondern auch von Pfarrhaus zu Pfarrhaus geschehen sollte. Als dritter Punkt wurde der Schüleraustausch behandelt. Es wurde darauf hingewiesen, dass ein solcher Austausch dann viel leichter stattfinden könne, wenn sich katholische Familien bei den obenerwähnten Begegnungen der Gemeinden mehr kennen lernen können." Das Konradsblatt, die Wochenzeitung für das Erzbistum Freiburg, lobte in einem Artikel aus dem gleichen Jahr die schon bestehenden Pfarrei-Verschwisterungen und nannte die zwischen Varnhalt und Wolxheim, Ichenheim und Dorlisheim, Ettenheim und Benfeld, Haslach im Kinzigtal und Hagenau, Malsch und Brumath, Schutterwald und Duttlenheim, Schuttertal und Kogenheim, Rauenberg und Dambach-la-Ville, Waldkirch und Schlettstadt[54]. Ohne dass dies hier belegt werden kann, ist zu vermuten, dass den Kontakten der Pfarrgemeinden manches Mal die Kontakte der Pfarrer vorausgingen. In einem Rückblick wahrscheinlich aus dem Jahr 1974 mit dem Titel „Der Gedanke an Europa – Seine Gestaltwerdung in der Erzdiözese Freiburg" erinnerte Erzbischof Schäufele daran, dass etliche elsässische Priester während des Krieges in Freiburg Theologie studiert und im Theologischen Konvikt gewohnt haben[55]. Es liegt nahe, dass nach dem Krieg die ehemaligen Kommilitonen zueinander gefunden haben. Zeitzeugenbefragungen und Informationen aus der Literatur bestätigen dies[56]. Nicht nur in den Nachkriegsjahren besuchten die ehemaligen Theologiestudenten aus dem Bistum Straßburg ihre Universität und das Freiburger Konvikt. „1995 kamen rund 50 elsässische Priester, die einst in Freiburg studiert hatten, zu einem Erinnerungstreffen im Collegium Borromaeum zusammen. Die freundschaftlichen Kontakte zwischen dem Collegium Borromaeum und dem Grand Séminaire bestehen noch heute fort. So nimmt jeweils eine Gruppe am Patrozinium des anderen Seminars teil. Und auch die Priesterpensionäre beider Diözesen treffen sich regelmäßig zu gemeinsamen Conveniats."[57]

10.3. „Die Musik spielt nicht am Oberrhein". Überregionale Fragen bestimmten nach 1945 das Friedensengagement vor Ort

Die Friedensbemühungen der Menschen am Oberrhein haben ihren Niederschlag in der Literatur gefunden, wo sie öffentlich sichtbare Zeichen hervorgebracht haben wie die Zeitschrift *Dokumente*, die Bernhardskirche in Speyer oder die von den katholischen Bistumsleitungen in Straßburg und Freiburg gemeinsam herausgebrachte Broschüre über die Gedenkfeier 1963. Wo die Bemühungen aber „nur" lokale Spuren hinterlassen haben, sind diese erst noch zu entdecken. In der Literatur haben sie noch keinen Niederschlag gefunden[58]. Im Folgenden kann daher der Gang des Friedensengagements nur aus einer überregionalen Perspektive nachgezeichnet werden. Das ist vor allem deswegen bedauerlich, weil sich erst in den Überlegungen und Aktivitäten der Menschen vor Ort zeigt, wie das Friedensengagement „an der Basis" gelebt wird und welchen Rückhalt christliche Friedensgruppen in der Gesellschaft haben.

10.3.1. Wie stand man zur militärischen Bewaffnung Deutschlands?

Unmittelbar nach dem Ende des Zweiten Weltkriegs haben weite Teile der Bevölkerung ihren Wunsch „Nie wieder Krieg!" mit der Forderung „keine deutschen Soldaten" verbunden[59]. Angesichts der zerstörten Städte, der noch nicht zurückgekehrten Kriegsgefangenen und der vielen Toten und Verletzten lag der Gedanke an einen künftig zu führenden Krieg in weiter Ferne. Eine militärische Bewaffnung Deutschlands schien undenkbar. Die Initiativen, um sie zu verhindern, hat man seit der zweiten Jahreshälfte 1950 „Ohne mich"-Bewegung genannt und meinte damit: „Remilitarisierung – Ohne mich!"[60]. Aus unterschiedlichsten Gründen haben sich Menschen an ihr beteiligt. Daraus folgte aber nicht in jedem Fall eine grundsätzliche Ablehnung alles Militärischen oder gar ein Engagement für den Pazifismus. Der Beruf des Soldaten stand in der deutschen Gesellschaft immer noch in hohem Ansehen, weil sich mit ihm Werte wie Disziplin, Kameradschaft und Pflichtbewusstsein verbanden[61]. Zu einer kritischen Aufarbeitung der Rolle des Militärs in seiner Unterstützung des Nationalsozialismus ist es direkt nach dem Krieg nicht gekommen[62]. Die Chancen dafür sanken, je mehr in Westdeutschland das Bewusstsein der Zugehörigkeit zur westlichen Welt wuchs und je deutlicher sich diese antikommunistisch verstand[63]. Ein erhebliches Gewicht gegen die Bewaffnung Deutschlands besaß das Argument, dass die Trennung Deutschlands in West- und Ostdeutschland zementiert werde, wenn die Bewaffnung durch Bündnissysteme erfolge, die einander frontal gegenüberstehen. Für ein neutrales Deutschland oder – wenn das nicht realisierbar war – für ein unbewaffnetes Deutschland setzten sich all die ein, die aktiv auf eine Wiedervereinigung hinarbeiteten, und die, die sich vorstellten, dass Deutschland in einer militärischen Auseinandersetzung zwischen den Bündnissystemen das naheliegende Schlachtfeld sei.

Welche Positionen hatten die Kirchenleitungen und die Christinnen und Christen zur Bewaffnung der Bundesrepublik? Die katholische Kirche plädierte mehreitlich für die Bewaffnung, in der evangelischen Kirche gab es eine starke Bewegung gegen diese. Für diesen Unterschied gibt es neben dem, dass die Leitung der katholischen Kirche es nach 1945 nicht für nötig gehalten habe, die Position zu Nation und Militär zu überdenken, weil sie im Gegensatz zur evangelischen Kirche in größerer Distanz zum Nationalsozialismus geblieben sei[64], hauptsächlich zwei Gründe. Der erste betrifft den Stellenwert der Aspekte „deutsche Wiedervereinigung" und „Westorientierung". Der zweite ist ein struktureller, wie nämlich in den Kirchen Minderheitspositionen in der Bewaffnungsfrage zur Geltung gebracht werden konnten.

Die evangelischen Kirchen Deutschlands, die sich 1948 zur Evangelischen Kirche in Deutschland (EKD) zusammengeschlossen hatten, gehörten zwei verschiedenen theologischen Traditionen an, der reformierten und der lutherischen, die die Frage des Zusammenhangs zwischen Theologie und Politik jeweils anders beantworteten. Theologen der reformierten Richtung reklamierten die Notwendigkeit einer eigenständigen Position der Christen zur Politik, Theologen der lutherischen Richtung konnten sich dagegen eher mit den Entscheidungen der Politik abfinden. So kamen die Kritiker des Adenauer-Kurses der Westorientierung aus den Reihen der reformierten Christen, die Unterstützer von Adenauers Kurs aus denen der lutherischen. Die Kritiker fanden Fürsprecher bis hin zu den oberen Rängen der Kirchenleitung. Die bekanntesten waren Gustav Heinemann, Präses der Synode der EKD, und Martin Niemöller, Präsident der Evangelischen Landeskirche in Hessen und Nassau. Eine einstimmige Meinung zur deutschen Wiederbewaffnung gab es daher unter den deutschen Protestanten nicht. Der Rat der EKD erklärte folglich im November 1950, dass die Frage, ob die Wiederbewaffnung unvermeidlich sei, auf der Grundlage des christlichen Glaubens verschieden beantwortet werden könne[65].

In der katholischen Kirche war die Lage für Minderheitspositionen schwieriger. Die Ansprache von Papst Pius XII. an Weihnachten 1948 wurde so verstanden, dass sich der Papst zwar nicht mehr für den gerechten Krieg, aber für die gerechte Verteidigung aussprach. Das war als Argument grundsätzlich gegen eine Bewaffnung zu schwach[66]. Pro Bewaffnung deutete Kardinal Josef Frings, Erzbischof von Köln und Vorsitzender der Fuldaer Bischofskonferenz, das Weihnachtswort des Papstes auf dem Diözesan-Katholikentag in Köln im Juli 1950 und überlegte, ob es nicht nur das Selbstverteidigungsrecht eines Gemeinwesens gebe, sondern auch seine Selbstverteidigungspflicht[67]. Aus den Reihen der katholischen Bischöfe kam an dieser Deutung keine Kritik. Kam Kritik aus den Reihen der katholischen Verbände? Man hat vorgeschlagen, die katholischen Verbände danach zu unterscheiden, ob ihre Wurzeln im 19. Jahrhundert liegen – dann gelten sie wie die Katholische Arbeitnehmer Bewegung (KAB) oder Kolping als von der Meinung der offiziellen Kirche relativ unabhängig –, oder ob ihre Wurzeln jünger sind[68]. Ab den 1920er Jahren wurde nämlich von Italien herkommend in der Kirche die Katholische Aktion propagiert, die einerseits noch nicht engagierte Christen für eine Mitarbeit zu gewinnen trachtete, andererseits diese Mitarbeit in einen Rahmen einpasste, der von der kirchlichen Hierarchie kontrolliert werden sollte und konnte. Ein Beispiel für solch einen „jungen" Verband ist das Männerwerk, dessen Verdienste um einen unmittelbaren Austausch zwischen Elsässern und Badenern im vorigen Kapitel gewürdigt wurden. In der Frage der Bewaffnung Deutschlands unterschied sich seine Position in nichts von der von Kardinal Frings[69]. Ein zweiter „junger" Verband ist der nach dem Krieg gegründete Bund Deutscher Katholischer Jugend

(BDKJ). Hatte sich die Leitung des BDKJ schon zum Jahreswechsel 1950/51 der Position von Kardinal Frings angeschlossen, so gab es dagegen innerhalb des Verbandes Widerstand, der sich in der Zeitschrift *Michael* artikulierte. Getragen wurde er von den BDKJ-Mitgliedern, die den Krieg entweder noch auf dem Schlachtfeld oder als Flakhelfer miterlebt hatten und deswegen gegen eine fraglose Wiedereinführung des Militärdienstes protestierten. Das Sprachrohr des Protestes, *Michael*, wurde jedoch „innerhalb des BDKJ allmählich auf die Seite gedrückt und zum Verstummen gebracht"[70]. So kam katholische Kritik an der deutschen Bewaffnung lediglich aus den Kreisen des sog. Linkskatholizismus. Dessen Positionen aber waren mit Beginn des Kalten Krieges in der Öffentlichkeit schlechter zu vermitteln als die bewaffnungskritischen Positionen evangelischer Christen, die sich aus nationalen Erwägungen speisten. Martin Niemöller beispielsweise war gegen die Wiederbewaffnung Deutschlands, weil er befürchtete, dass damit Deutschland zwischen die Fronten von West und Ost geriete: „Ich bin überzeugt, daß die Deutschen beider Zonen eine solche Beteiligung am Krieg und damit auch eine Remilitarisierung entschieden ablehnen."[71] Weil sein Ziel die Wiedervereinigung Deutschlands war, war er auch gegen die Westintegration der BRD.

Der fehlende bzw. gewährte institutionelle Rückhalt für eine Kritik an Konrad Adenauers Bewaffnungskurs und Westorientierung hing daher mit der für die evangelische und die römisch-katholische Kirche unterschiedlichen Bedeutung von „deutscher Wiedervereinigung" und „Westorientierung" zusammen. Durch die Teilung Deutschlands verloren die westdeutschen Protestanten den Anschluss an die Geburtsstätten der Reformation und den Teil von Deutschland, in dem sie die Mehrheit stellten. Für die mehrheitlich im Westen und Süden lebenden Katholiken dagegen bedeutete die Gründung der BRD „Befreiung aus ihrer Situation der Unterlegenheit unter preußisch protestantischer Herrschaft mit seinem Zentrum östlich der Elbe, in der sie seit 1871 gelebt hatten"[72]. Für sie ging es denn auch gar nicht um „Wieder"-Bewaffnung, denn das hätte für die Katholiken die Fortsetzung des preußischen Militarismus bedeutet, sondern um die neue Bewaffnung im Rahmen einer erstmals europäischen Verteidigung[73]. Die deutsche Wiedervereinigung hatte daher für deutsche Protestanten einen ungleich höheren Stellenwert als für deutsche Katholiken, die sehr gut mit der Westorientierung leben konnten[74].

Für Frankreich stand nach 1945 bei der Frage von Militär und deutscher Bewaffnung mehreres auf dem Spiel. Eine grundsätzliche Gegnerschaft zur Bewaffnung galt als undenkbar, da sich der Pazifismus durch Hitler und den Zweiten Weltkrieg unmöglich gemacht habe[75]. Wenn Pazifismus vor Hitler bedeutete: „Gegnerschaft zu bewaffnetem Widerstand und Militarismus und Plädoyer für die Aussöhnung mit Deutschland", so war der Pazifismus nach Hitler die Ursache für das Ausgeliefertsein an die Nazis und an Vichy[76]. Besondere Kritik erntete die Unterzeichnung des Münchener Abkommens vom 30. September 1938, das Hitler die Besetzung des Sudetenlandes ermöglichte, u.a. vom französischen Ministerpräsidenten Édouard Daladier. Die Literatur spricht von dem „München-Komplex"[77], der es in Frankreich für pazifistische Positionen schwer mache, da sich aufgrund der Erfahrungen mit Hitler alle pazifistischen Gruppen bzw. Gruppen mit einer pazifistischen Einstellung zu fragen haben, ob nicht ihr Pazifismus autoritären Machthabern in die Hände spiele. Alfred Grosser drückte es im Rückblick so aus: „1938 haben wir vor einem Diktator kapituliert, wir haben auf Frieden gemacht. Wir kennen die Folgen. Wie blökende Schafe in der Friedensbewegung ... das kann nur in die Katastrophe führen."[78] Aus der Sicht der Zeit nach 1945 haben 1938 diejenigen gegen eine militärische Mobilmachung Frankreichs gesprochen und die Gefahr einer Auseinandersetzung heruntergespielt, wie Jean Giono[79], die nach 1940 als Kollaborateure galten[80]. Jemanden als „friedvoll" oder „friedliebend" zu bezeichnen klingt in Frankreich zweideutig, positiv dagegen „widerständig" oder „konfrontativ". Das hängt damit zusammen, dass in der französischen Nachkriegsgesellschaft derjenige Gewicht hatte, der sich in der Résistance ausgezeichnet hatte.

Dann ging es nach 1945 auch um Frankreichs politische Stellung in der Welt bzw. um die Stellung, die die entscheidenden Politiker für Frankreich erhofften und erwarteten. Sie konnten sich nur schwer damit abfinden, dass die europäischen Länder ihre gestaltende Position an die Sowjetunion und die USA verloren hatten und bemühten sich daher um eine Position unabhängig von diesen beiden Lagern. Worauf hätte aber Frankreich eine solche dritte Position gründen können? Wirtschaftlich lag Frankreich genauso am Boden wie alle anderen in den Zweiten Weltkrieg verwickelten Länder auch. Es scheint im Nachhinein verständlich, dass Frankreich auf sein Militär setzte, wenn es politisch ernst genommen werden wollte. Das Militär und in seiner Konsequenz die Atombewaffnung hatten daher in Frankreich einen hohen Stellenwert, der die Bedingungen für die Friedensbewegung grundsätzlich erschwerte. Führende Offiziere in Frankreich wiesen zudem darauf hin, dass eine Bewaffnung Deutschlands den Sicherheitsinteressen Frankreichs entgegenstehe. „Noch im November 1949 hatte Informationsminister Teitgen in einer Regierungserklärung gesagt: ‚Die Welt muß sich darüber im klaren sein, daß Frankreich nicht Partner eines Sicherheitssystems bleiben kann, welches eine deutsche Wiederaufrüstung bejaht.'"[81] Frankreich musste nicht nur seine Position zwischen den sich herausbildenden Machtblöcken finden, sondern hatte aus der Vergangenheit auch noch die Konkurrenzsituation mit dem ungeliebten Nachbarn Deutschland geerbt. Gleich ob Deutschland souverän eine Armee befehligte oder diese in ein Bündnissystem eingebunden war, eine Bewaffnung kam in jedem Fall der Rüstungsindustrie zugute, was auf dem Feld der Ökonomie zum Vorteil von Deutschland war[82]. Frankreich hat sich schließlich für eine europäische Lösung entschieden. Es hat 1948 den Brüsseler Vertrag unterschrieben, 1952 den Vertrag über die Europäische Verteidigungsgemeinschaft und ist 1954 schließlich der NATO beigetreten.

Die noch stattfindenden kriegerischen Auseinandersetzungen in den Kolonien gaben den französischen Diskussionen über die Bedeutung des Militärs oder von militärischen Aktionen eine andere Färbung als den deutschen. Nach dem Ende des Zweiten Weltkriegs versuchte die französische Armee in ihrer Kolonie Indochina, die durch Japan erzwungenen Entwicklungen rückgängig zu machen[83], musste aber 1954 in Dien Bien Phu gegen Ho Chi Minh eine Niederlage hinnehmen und Indochina in die Unabhängigkeit entlassen. Kritische Stimmen zum französischen Vorgehen hatte es nur von den Apostolischen Vikaren Vietnams gegeben, die seit 1945 für die Entlassung des Landes in die Unabhängigkeit plädiert hatten[84].

Gegen den Algerienkrieg dagegen hatte es schon seit 1954 eine wachsende Opposition gegeben[85]. Die Bischöfe mahnten den Respekt gegenüber den Regeln der Menschlichkeit im Krieg an, auch wenn sie nach wie vor die Unterwerfung unter die legitime Obrigkeit predigten[86]. Freimütig und kritisch engagierte sich die katholische Zeitschrift *Témoignage chrétien*[87]. 1961 schrieb der reformierte Pastor Henri Roser, Vorsitzender des MIR und des SCI (Service Civil International) – eine Organisation, die sich durch Freiwilligenarbeit für Frieden einsetzt, bevorzugt durch Workcamps –, und Generaldirektor der „Mission Populaire" (Volksmission): „Im April und Mai des vergangenen Jahres fanden in Paris sog. gewaltlose Demonstrationen statt, um gegen die Willkür in den staatlichen Internierungslagern, die man für die Nordafrikaner errichtet hatte, zu protestieren. Etwa tausend Männer und Frauen nahmen daran teil. [...] Als wir auf die Polizei gebracht wurden, um unsere Identität anzugeben, traf ich einen hochherzigen Mann. Ich erkannte, daß er ein katholischer Priester war und begrüßte ihn mit den Worten: ‚Monsieur l'Abbé, Ihre Kleidung bezeichnet Sie als Priester, die meine besagt nicht, daß ich Pastor bin. Es liegt mir sehr viel daran, Ihnen zu sagen, wie sehr ich mich über die Art der ökumenischen Zusammenarbeit, die wir hier pflegen, freue.' Und der Abbé erwiderte: ‚Monsieur le Pasteur, ich freue mich außerordentlich: Denn gerade hier werde ich mir der Kirche Jesu Christi bewußt!'"[88]

10.3.2. Für das Recht auf Kriegsdienstverweigerung

Nach dem NATO-Beitritt der Bundesrepublik Deutschland 1954 endete die „Ohne-mich-Bewegung" gegen die deutsche Bewaffnung. Am 19. März 1956 wurde die allgemeine Wehrpflicht eingeführt und festgelegt: „Wer aus Gewissensgründen den Kriegsdienst mit der Waffe verweigert, kann zu einem Ersatzdienst verpflichtet werden." Das Gesetz über den zivilen Ersatzdienst trat am 20. Januar 1960 in Kraft.

Im gleichen Jahr, in dem die Wehrpflicht eingeführt wurde, gründete die EKD eine eigene Anlaufstelle für die, die dieser Wehrpflicht aus Gewissensgründen nicht nachkommen wollten, nämlich die Evangelische Arbeitsgemeinschaft zur Betreuung der Kriegsdienstverweigerer (EAK). Sie wurde bis 1969 vom hessischen Landesjugendpfarrer Fritz Eitel geleitet[89]. Aufgrund der deutschen Verfassung von 1948 gab es ein Grundrecht auf Kriegsdienstverweigerung. 1957 wurde die Zentralstelle für Recht und Schutz der Kriegsdienstverweigerer aus Gewissensgründen (Zentralstelle KDV) mit Sitz in Bremen eingerichtet. In der Zentralstelle arbeitete die Methodistische Kirche mit[90]. „Der Zentralstelle saß zuerst der bekannte Ökumeniker und Sozialwissenschaftler Friedrich Siegmund-Schultze vor, ab 1959 der umtriebige und unermüdlich für Versöhnung und Verständigung mit den östlichen Nachbarn streitende evangelische Oberkirchenrat Heinz Kloppenburg."[91]

Eine Frage war, wo die Kriegsdienstverweigerer ihren Ersatzdienst ableisten sollten. Die deutschen Quäker um ihren damaligen religiösen Vorstand, die Erzieherin Margarethe Lachmund, warben für das angloamerikanische Modell. „Der in Großbritannien seit 1916 und in den USA seit 1940 existierende Zivildienst unterschied sich vom kontinentaleuropäischen Modell grundlegend. Der Zivildienst war dort keine Aufgabe der öffentlichen Hand. Die britische und amerikanische Regierung beschränkten sich im Wesentlichen auf die Kontrollfunktionen und überließen alles andere dem Verweigerer und dessen privatem Arbeitgeber, in der Regel ein Krankenhaus oder ein Altenheim, ab den 50er Jahren aber auch Hilfsorganisationen für die Dritte Welt."[92] Die größten Probleme, sich am Aufbau eines Zivildienstes zu beteiligen, hatten im Gegensatz zum Deutschen Roten Kreuz, dem Paritätischen Wohlfahrtsverband und der Arbeiterwohlfahrt das Diakonische Werk und der Caritasverband. Für die diakonischen Sozialeinrichtungen kamen nur junge Männer mit einer „vorbildhaften und verantwortlichen Lebensführung" in Frage. Außerdem hatten sie sich in eine christliche Haus- und Lebensordnung einzuordnen.[93] „Doch kam schließlich Druck von oben. Die evangelischen Landeskirchen machten dem Diakonischen Werk klar, dass die EKD unbedingt zu ihrem Wort in Fragen der Kriegsdienstverweigerung stehen müsse."[94] Nach Einführung der Wehrpflicht 1956 lehnten bis 1967 durchschnittlich lediglich 4.000 junge Männer pro Jahr den Dienst an der Waffe ab. Das entsprach nicht einmal einem Prozent aller Wehrpflichtigen.[95]

In der katholischen Kirche kam es erst nach dem Zweiten Vatikanischen Konzil (1962–1965) und in Deutschland erst nach der Würzburger Synode (1971–1975) zu einer institutionellen Unterstützung der Kriegsdienstverweigerer. „Im Sommer 1969 wurde im Erzbischöflichen Seelsorgeamt in Freiburg die diözesane ‚Beratungsstelle für Kriegsdienstverweigerer und Zivildienstleistende' eingerichtet. Das schon Jahre zuvor bestehende Engagement von ehren- und hauptamtlichen Jugendverbandlern/-innen und Jugendseelsorgern für und mit Kriegsdienstverweigerern wurde damit gewürdigt und erhielt die notwendige institutionelle Unterstützung."[96]

In Frankreich gab es im Vergleich zu Deutschland kaum Kriegsdienstverweigerer. Im Jahr 1982 waren es nur rund 1.000[97]. Dafür gibt es mehrere Gründe. Der Ersatzdienst, für den jede Werbung verboten war, dauerte doppelt so lang wie der Wehrdienst. Der Antrag auf Ableistung des Ersatzdienstes musste innerhalb von 30 Tagen nach der Zustellung des Einberufungsbescheids abgegeben werden. Eine Unterstützung dabei war nicht erlaubt[98]. Der Charakter des Wehrdienstes hatte sich in der gleichen Zeit geändert. Nach der mit dem Ende des Krieges erfolgten Rückkehr der in Algerien stationierten Truppen nach Frankreich und dem zeitgleichen „Babyboom" konnten nicht mehr alle Wehrpflichtigen beim Militär beschäftigt werden. Daraufhin wurde die Dauer des Wehrdienstes verkürzt und ihre Verwendungsmöglichkeit erweitert. „Die Tendenz war klar: Der ‚Dienst fürs Vaterland' sollte verkürzt werden und nicht mehr nur rein militärischer Art sein. General de Gaulle reduzierte die einzelnen Truppenteile, da die nukleare Bewaffnung große Truppenkontingente überflüssig gemacht hatte. Seit diesem Bruch mit einem jahrhundertealten Modell ruhte die Überlegenheit der Franzosen nicht mehr auf ihrer Truppenstärke, sondern auf ihrer Atomstreitmacht."[99] Anfang des Jahres 1984 wechselte die Zuständigkeit für die Ersatzdienstleistenden vom Landwirtschaftsministerium zum Ministerium für Soziales und Solidarität.

10.3.3. Wie stand man zur atomaren Bewaffnung?

Kritik an der Atombewaffnung wurde fast ausschließlich von Mitgliedern der evangelischen Kirche getragen. Wie schon in Fragen der deutschen Bewaffnung und der Kriegsdienstverweigerung gab es auch in der Diskussion um Atomwaffen nur wenige katholische Stimmen, die sich gegen die Mehrheitsmeinung stellten. Katholische Journalisten wie Walter Dirks beklagten „die Gefahr der Gleichschaltung". Wegen der zu engen Verbindung des Sozialgebildes

„Deutscher Katholizismus" mit der CDU haben – so Dirks – Katholikinnen und Katholiken, die Nicht-CDU-Positionen vertreten, keine Chance, als Mitglieder der katholischen Kirche ernst genommen zu werden. Das unterscheide die katholische Kirche von der evangelischen, in der Gustav Heinemann[100] oder Ludwig Metzger[101] politisch eigenständige Positionen vertreten und gleichwohl auf den Synoden der evangelischen Kirche „mit Autorität sprechen können"[102]. Die enge Bindung an die CDU, die es in dem Maße bei der evangelischen Kirche nicht gebe, sei das eine Problem; das andere Problem aber sei, dass sich die Position der CDU im Hinblick auf die Frage der militärischen Ausrüstung der Bundesrepublik erheblich gewandelt habe. Seit 1945 habe die CDU nacheinander folgendes vertreten: „Niemals deutsche Soldaten – Deutsche Soldaten nur in einer Europäischen Armee – Nationale Streitkräfte, aber niemals Atomwaffen – Atomare Aufrüstung erst dann, wenn der Versuch der internationalen Abrüstung gescheitert sein sollte – Atomare Aufrüstung, bis die Abrüstung gelungen sein sollte."[103] Eine zu enge Anlehnung an die Positionen der CDU hält Dirks daher für die katholische Kirche für fatal: „Eine katholische Kirche, die am Ausbruch des Atomkrieges durch die Unterstützung einer bestimmten Politik objektiv, wenn auch noch so guten Glaubens mitverantwortlich wäre, – diese Vorstellung ist für den besorgten Gläubigen ein Alptraum. [...] Diese Möglichkeit ist noch weit entfernt, – trotzdem möchte man in quälenden Stunden manche Katholiken um die Seelenruhe beneiden, mit der sie die mindestens sehr riskante Politik der Atomrüstung mit der Sache Gottes identifizieren."[104]

Auf der konstituierenden Sitzung des wissenschaftlichen Kuratoriums der neu gegründeten Forschungsstätte der Evangelischen Studiengemeinschaft (FEST) in Heidelberg im April 1957 wurde beschlossen, „der Bitte des Evangelischen Militärbischofs Kunst nachzukommen und eine interdisziplinäre Kommission zu berufen, die nach den theologischen Implikationen des durch die Atomwaffen revolutionierten Kriegsbildes fragen sollte. [...] Nach erbitterten Diskussionen einigte sich die Kommission zwei Jahre später auf die von Carl Friedrich von Weizsäcker formulierten ‚Heidelberger Thesen' zum Umgang der Kirchen mit der Atomwaffenproblematik."[105] Mitglieder der FEST sind die EKD, der Deutsche Evangelische Kirchentag, die Evangelischen Akademien in Deutschland e.V. und Evangelische Landeskirchen, unter ihnen die Evangelische Landeskirche in Baden, die Evangelische Kirche der Pfalz und die Evangelische Landeskirche in Württemberg[106]. Mit den Heidelberger Thesen von 1959 fand die Evangelische Kirche den Kompromiss, dass zwar Atombewaffnung generell verurteilt wurde, sie aber geduldet werden müsste (Moratorium), solange es keine andere Möglichkeit gebe, den Frieden zu bewahren.

„Der Protest gegen die Atomwaffen wurde in der zweiten Hälfte der 50er Jahre von SPD, Gewerkschaften, evangelischer Kirche und einzelnen Persönlichkeiten in der Kampagne ‚Kampf dem Atomtod' organisiert. Bekannte Atomphysiker wandten sich 1957 mit großem öffentlichen Widerhall in der ‚Göttinger Erklärung' gegen Nuklearwaffen. [...] Die Großorganisationen, allen voran die SPD, bestimmten weitgehend politisch, finanziell und organisatorisch die Kampagne."[107] Nach dem Godesberger Programm der SPD 1959 passte „Kampf dem Atomtod" nicht mehr in die Strategie der SPD, die auf eine große Koalition zusteuern wollte. Daher wurde die Kampagne „kurzerhand von SPD und DGB [= Deutscher Gewerkschaftsbund] organisatorisch und finanziell abgewürgt"[108]. – „Eigenständige Friedensgruppierungen waren in dieser Phase noch weit davon entfernt, die Auseinandersetzungen zu bestimmen."[109]

Als „Kampf dem Atomtod" von der SPD fallengelassen wurde, wurde das Thema von pazifistischen Gruppen in Norddeutschland aufgegriffen, die 1960 den ersten Oster-Sternmarsch zum Raketenübungsplatz Bergen-Hohne organisierten. Zunächst nannte sich die Bewegung „Ostermarsch der Atomwaffengegner gegen Atomwaffen in Ost und West", in den späten 60er Jahren dann „Kampagne für Demokratie und Abrüstung". „Diese Kampagne wurde zu einem breiten Bündnis aus den unterschiedlichsten sozialen Milieus und politischen Lagern, arbeitete ganzjährig, finanzierte sich selbst und war von keiner Partei und keiner Großorganisation abhängig. [...] Seit Mitte der 60er Jahre spielte das Thema Vietnam bei den öffentlichen Protesten der Ostermarsch-Bewegung eine zunehmende Rolle. [...] Die Bedeutung des Vietnam-Krieges für die Politisierung der Friedensbewegung kann gar nicht überschätzt werden."[110] Die gewaltsame Beendigung des Prager Frühlings 1968 belastete „die Zusammenarbeit der heterogenen Teile der Kampagne außerordentlich [...]. Nicht zuletzt unter dem Einfluss der Studentenbewegung war die Kampagne Ende der 60er Jahre derartigen politischen Spannungen ausgesetzt, dass sie sich zugunsten vieler Reformprojekte in fast allen gesellschaftlichen Bereichen auflöste."[111]

Auch in Frankreich gab es Ostermärsche gegen die Atombewaffnung. Sie wurden vom 1962 gegründeten MCAA (Mouvement Contre l'Armement Atomique) organisiert, der sich der „International Confederation for Disarmament and Peace", geleitet von Canon Collins und Peggy Duff, verdankte[112]. Ebenfalls 1962 bildete sich das CCFF („Comité Contre la Force de Frappe), das jede Atombewaffnung kritisierte, auch die eigene französische[113]. Ernsthaft infrage gestellt wurde die „Force de frappe" (französische Atomstreitmacht) aber nicht. Unabhängig davon, welcher Partei sie angehörten, hielten alle Präsidenten an ihr fest. Nach der Meinung von de Gaulle verhalf die Atombewaffnung Frankreich dazu, seine Verteidigung in der eigenen Hand zu behalten[114]. Weder von der Europäischen Verteidigungsgemeinschaft noch von den Europavorstellungen der USA wollte er sich etwas vorschreiben lassen[115]. Giscard d'Estaing wollte die Atomwaffen nicht nur als Instrument der Abschreckung nutzen, sondern als Waffe auf dem Schlachtfeld, um die Schwäche der konventionellen Truppen auszugleichen. Vor allem gegenüber der deutschen Armee sollte ein Gleichgewicht hergestellt werden[116]. Schließlich stellte Mitterand 1981 fest, „daß das Abschreckungspotential de facto das Rückgrat des französischen Verteidigungssystems geworden ist, daß es ein beträchtliches Niveau an Glaubwürdigkeit erreicht hat und auf einem starken Konsens in der Bevölkerung beruht"[117].

Die Sozialistische Partei war 1977 von ihrem 1972 gefassten Beschluss, die Kernwaffen abzuschaffen, abgerückt. Das hatte vorwiegend innenpolitische Gründe. „Der eine Hauptgrund war das Gefühl, dass die Sozialisten, wenn sie an die Macht kommen wollen, sich mit der Armee gut stellen müssen, und zwar mit einer Armee, die mehr und mehr von ihren Kernwaffen abhängig war, je mehr de Gaulle ihr die colonial ones weggenommen hat."[118] Der andere Grund lag darin, dass Mitterand dachte, die Feindseligkeit der USA gegenüber einer französischen sozialistischen Regierung zu verkleinern, indem er der amerikanischen Außen- und Militärpolitik zustimme, was bedeute, nicht gegen Atombewaffnung sein zu dürfen[119].

1982 hatte die katholische Wochenzeitung *La Vie* eine Umfrage durchgeführt, nach der sich 52 % für eine Modernisierung des Atomwaffensystems aussprachen, davon 25 % weil sie für Frankreichs Größe und Fortschritt unverzichtbar sei. Nur 18 % aber äußerten Vertrauen in die französische Atombewaffnung, wenn es zu einem direkten Konflikt komme. Daher meint Christian Mellon, dass die „Force de frappe" als „politisches Symbol" diene, was sie fast unangreifbar mache[120]. 1973 hatten die französischen Bischöfe zusammen mit dem Rat des FPF eine Erklärung gegen den Waffenhandel abgegeben, aber nichts zu den französischen Atomwaffen gesagt. Die Französische Reformierte Kirche hat keine offizielle Erklärung abgegeben, obwohl ihre Mitglieder generell der nuklearen Abrüstung offener gegenüberstehen[121]. 1973 veröffentlichte die Kommission „Justitia et Pax" der Bischofskonferenz eine vorsichtige Stellungnahme zum Problem des Wettrüstens. Seit 1973 fehlte der Pariser Erzbischof François Marty am 14. Juli auf der offiziellen Tribüne bei der jährlichen Militärparade auf den Champs-Élysées[122]. Pax Christi Frankreich vertrat eine sehr vorsichtige Position, und die meisten Mitglieder seiner Leitungsebene waren für die Abschreckungspolitik.

Die Problematik des Atomwaffensperrvertrags

1968 war der „Atomwaffensperrvertrag" oder „Vertrag über die Nichtverbreitung von Kernwaffen"[123] zunächst von den drei Atomwaffenmächten USA, UdSSR und Großbritannien unterzeichnet worden und 1970 für eine Laufzeit von 25 Jahren in Kraft getreten. Er umfasst 11 Artikel, nach dessen erstem sich die Staaten, die Atomwaffen besitzen (sog. Kernwaffenstaaten, als die nach Artikel 9 die gelten, die „vor dem 1. Januar 1967 eine Kernwaffe oder einen sonstigen Kernsprengkörper hergestellt und gezündet" haben), verpflichten, Kernwaffen nicht weiterzugeben und auch andere Länder nicht zu ermutigen, Kernwaffen herzustellen. Artikel 2 nimmt die Nichtkernwaffenstaaten in die Pflicht, „Kernwaffen und sonstige Kernsprengkörper oder die Verfügungsgewalt darüber von niemandem unmittelbar oder mittelbar anzunehmen, Kernwaffen oder sonstige Kernsprengkörper weder herzustellen noch sonstwie zu erwerben und keine Unterstützung zur Herstellung von Kernwaffen oder sonstigen Kernsprengkörpern zu suchen oder anzunehmen". Artikel 3 ruft die Sicherungsmaßnahmen der Internationalen Atomenergie-Organisation in Erinnerung. In Artikel 4 geht es um „das unveräußerliche Recht aller Vertragsparteien [...], unter Wahrung der Gleichbehandlung und in Übereinstimmung mit den Artikeln 1 und 2 die Erforschung, Erzeugung und Verwendung der Kernenergie für friedliche Zwecke zu entwickeln". Artikel 6 richtet sich an die Kernwaffenstaaten und fordert, „in redlicher Absicht Verhandlungen zu führen über wirksame Maßnahmen zur Beendigung des nuklearen Wettrüstens in naher Zukunft und zur nuklearen Abrüstung".

Für Deutschland, das 1969 dem Vertrag beigetreten ist, gelten als Nicht-Kernwaffenstaat Artikel 2 und 4, für Frankreich, das mit dem weiteren Kernwaffenstaat China erst 1992 den Atomwaffensperrvertrag unterzeichnet hat, gelten Artikel 1 und 6.

10.3.4. Wie verhielt man sich zum Vietnamkrieg?

War der Vietnamkrieg eine Fortsetzung des Indochinakriegs oder Frucht der Aufteilung der Welt in zwei Blöcke? Die die erste Antwort für richtig halten, sprechen damit Frankreich eine besondere Verantwortung für den Vietnamkrieg zu. Das erklärt, warum sich christliche Gruppen in Frankreich anders als in Deutschland gegen den Vietnamkrieg engagierten.

Nach einem Waffenstillstand an Weihnachten 1965 war seit März 1966 die Bombardierung Nord-Vietnams seitens der USA wieder aufgenommen worden. De Gaulle verließ zum Zeichen seines Protestes gegen die USA im März 1966 die Kommandozentrale der NATO. Der von der Französischen Kommunistischen Partei (PCF) getragene „Mouvement de la Paix!" (Bewegung des Friedens)[124] hatte in seinem Publikationsorgan *Combat pour la Paix* schon seit 1965 die Verletzung der Souveränität durch die Vereinigten Staaten angeprangert und brachte regelmäßig Artikel über Vietnam[125]. Im Frühjahr 1966 brachten die *Informations catholiques internationales* und *Esprit* Artikel, die von den Friedensbemühungen amerikanischer Christinnen und Christen berichteten, vor allem der IFOR und der von Dorothy Day initiierten Sozialbewegung *Catholic Worker* mit der gleichnamigen Zeitschrift als Publikationsorgan. Beide wehrten sich gegen die Lehre vom „gerechten Krieg" und riefen zu zivilem Ungehorsam auf. Der amerikanische Zweig der IFOR hatte im April 1965 einen an Präsident Johnson gerichteten Text „In the name of God, stop it!" verfasst. 2.700 Verantwortliche aus allen christlichen Konfessionen und aus dem Judentum hatten den Text unterschrieben. Anfang 1966 bemühte man sich, die Initiative durch einen Appell an die Leitungen der Länder, die in den Vietnamkrieg verwickelt waren, international auszuweiten. Der Appell trug die Überschrift: „Es sind unsere Brüder, die wir töten".

Unmittelbarer Auslöser für einen französischen Appell an den amerikanischen Präsidenten waren die Aufrufe des Studentenseelsorgers der Universität Yale, William Sloane Coffin, auf zwei Veranstaltungen Ende Januar 1966 in Paris, die eine organisiert vom „Centre catholique des intellectuels français", die andere von den Redaktionen von *La Lettre* und *Christianisme social*. Coffin rief dazu auf, auf die öffentliche Meinung und die Regierung Amerikas Druck auszuüben[126]. So kam es zu der gemeinsamen Aktion von *Témoignage chrétien* und *Christianisme social* im April 1966. *Témoignage chrétien* druckte am 21. April 1966 einen Brief an Johnson ab in der Erwartung, dass die Leserinnen und Leser ihn mit ihrer Unterschrift an das Weiße Haus in Washington schicken. Da es selbstverständlich freistand, den Wortlaut zu ändern, und der Brief eindeutig christliche Bezüge aufwies, erhoffte man sich die Unterstützung auch von Menschen, die sonst skeptisch waren, Petitionen zu unterschreiben, vor allem, wenn sie nicht wussten, wer hinter ihnen stand. Gegen den Krieg in Vietnam konnte man sich also mit einer individuellen, persönlichen Geste engagieren[127]. Trotz der neuen Form war der Erfolg nur bescheiden. Im Verlauf des Sommers sind nämlich nur 22.000 Briefe an Johnson geschickt worden, wo *Témoignage chrétien* allein eine Auflage von 45.000 Exemplaren hatte[128].

Dem Brief waren die Unterschriften von 45 Personen beigegeben worden, die eine große Bandbreite der Christen Frankreichs repräsentierten. Von *Témoignage chrétien* waren dabei Katholiken wie Georges Montaron, Jean-Pierre Dubois-Dumée, Jean Baboulène und Bernard Schreiner, aus dem Umfeld des protestantisch geprägten *Christianisme social* und seines

Geschäftsführers Jacques Lochard die Straßburger Theologieprofessoren Roger Mehl und Étienne Trocmé, der Pariser Theologieprofessor Georges Casalis, die reformierten Pfarrer Étienne Mathiot und Pierre Ducros und die Intellektuellen Théodore Monod und Paul Ricœur[129]. Unter den übrigen Unterschriften waren die der Ehefrau von Emmanuel Mounier, von Jacques Fonlupt-Espéraber[130] und vom katholischen Theologen Yves Congar[131]. Der Brief zitiert *Pacem in terris* von Papst Johannes XXIII., die Rede von Papst Paul VI. vor der UNO und den Appell des Weltrats der Kirchen (ÖRK) vom Februar 1966 und bittet Johnson darum, alles in seiner Macht stehende zu tun, um den Frieden zu fördern[132].

Im Dezember 1966 startete *Témoignage chrétien* eine neue Initiative und organisierte in Paris ein Gebet für den Frieden in Vietnam, an dem etwa 40 Organisationen beteiligt waren. Robert de Montvalon, Chefredakteur von *Terre entière*, Pax Christi Frankreich und *Témoignage chrétien* waren die Initiatoren, wobei *Témoignage chrétien* auf das durch den Johnson-Brief geknüpfte Netzwerk zurückgreifen konnte. Der MIR war selbstverständlich dabei. Über Pax Christi wurden weitere Gruppen aus dem katholischen Spektrum gewonnen, aus dem protestantischen neben *Christianisme social*, CIMADE und „Mouvement Jeunes femmes" die Zeitschriften *Réforme* und *L'Illustré protestant*[133]. Nach der Verlesung dreier Texte, die ausgewählt wurden, um jede der beteiligten Organisationen besonders anzusprechen, nämlich von Sithu U Thant, dem Generalsekretär der UNO, dem Weltrat der Kirchen und von Papst Paul VI., sprachen zwei Redner, deren Beiträge signalisierten, welchen Weg die christliche Friedensarbeit genommen hatte, nämlich Jacques Lochard von *Christianisme social*, der über das „Engagement aufgrund von Verantwortung" sprach, und Robert de Montvalon von *Terre entière*, der die reichen Länder in die Pflicht nahm, sich um die ärmeren zu kümmern[134].

Das ökumenische Friedensgebet war ein Zeichen, das in Paris gesetzt wurde. Eine größere Öffentlichkeit wurde durch den in *Témoignage chrétien* und *Le Monde* am 8. Juni 1967 veröffentlichten Brief erreicht, den katholische und evangelische Geistliche Frankreichs an ihre Kollegen in Amerika richteten. Auslöser war die Ansprache Kardinal Spellmans, Erzbischof von New York, am Weihnachtsabend 1966 auf dem Flughafen von Saigon. Er hatte den Vietnamkrieg als Krieg bezeichnet, den Amerika auf sich genommen habe, um die Zivilisation zu verteidigen. Deswegen bete er, dass Amerika den Krieg gewinne[135]. In Frankreich war die Empörung über Spellmans Position, veröffentlicht in *La Croix* vom 27. Dezember, groß. Die Bischöfe von Metz, Rouen und Lyon kritisierten den amerikanischen Kardinal öffentlich. Pax Christi Frankreich ließ ein Gegen-Kommuniqué in *Le Monde* und *La Croix* setzen[136]. Entworfen hatte den Brief der Dominikaner Philippe Roqueplo aus Paris zusammen mit Georges Casalis.[137] Gerichtet war er an die Priester- und Pfarrerkollegen in den USA. Unterzeichnen sollten ihn die katholischen Priester und protestantischen Pfarrer Frankreichs. Roqueplo übernahm die Kontaktaufnahme mit den katholischen, Casalis mit den evangelischen Geistlichen. Erstunterzeichner waren schließlich 61 katholische und 26 evangelische Geistliche. Die meisten Protestanten kamen aus Paris, aber unter ihnen waren auch die beiden Straßburger Theologieprofessoren Max-Alain Chevallier und Edmond Jacob und die lutherischen Pfarrer Marc Hérubel, von 1956 bis 1968 Pfarrer in Héricourt, und Georges Appia und Alfred Wohlfahrt aus Straßburg. Katholische Erstunterzeichner vom Oberrhein waren Pierre Bockel, Studentenpfarrer und (Erz)Priester am Straßburger Münster, und Erzpriester J. Bal aus Belfort[138].

Témoignage chrétien

*Die zentralen christlichen Friedensbemü-
hungen in Frankreich nach 1945 haben eine
wie auch immer geartete Beziehung zur
Wochenzeitschrift Témoignage chrétien.
Ihr hohes Ansehen und ihre weite Verbreitung resultierten aus ihrem Untergrunden-
gagement im besetzten Frankreich. Unter
der Überschrift „Frankreich, achte darauf,
dass du deine Seele nicht verlierst" hatten
zwei Jesuiten der Fakultät von Fourvière in
Lyon, Pierre Chaillet und Gaston Fessard,
am 16. November 1941 die erste Nummer
herausgegeben. Damals kursierte die
kleinformatige Broschüre unter dem Titel
Cahiers du Témoignage chrétien. Seit dem
Frühjahr 1943 druckte man in Lyon parallel die Courriers français du Témoignage
chrétien mit dem Untertitel „Band der
Front des geistigen Widerstands gegen den
Hitlerismus"[139]. Zu den Redakteuren der
Ausgabe der Cahiers von Ende 1943, die
sich dem Thema „Elsass und Lothringen als
französische Gebiete" widmeten, gehörte
auch Pierre Bockel, einer der Unterstützer
der Aktionen von Témoignage chrétien.*

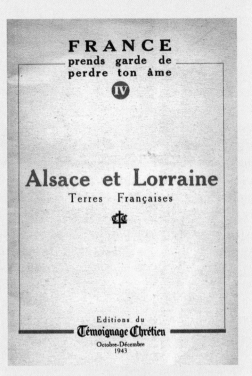

Bild 95: Titelseite der Ausgabe der „Cahiers du
Témoignage chrétien" über Elsass und Lothringen

Wenn sich auch das christliche Friedensengagement während des Vietnamkriegs in Deutschland
und in Frankreich unterschied – in Frankreich wurde, wie oben gezeigt, schon in den 1960er
Jahren die ökumenische Zusammenarbeit erprobt und die Eine-Welt-Problematik in den Blick
genommen, – so spricht die Literatur doch den Demonstrationen gegen den Vietnamkrieg für
die Entwicklung der Friedensbewegung eine große Bedeutung zu, gleich in welchem Land sie
stattgefunden haben. Die Proteste haben dazu geführt, dass sich die bis dahin schwerpunkt-
mäßig national organisiert habenden Friedensgruppen international vernetzten. Damit konnten
Protestformen, die in einem Land ausprobiert worden waren, von einem anderen Land aufgegriffen werden. Ohne diese Grenzen sprengenden Vorerfahrungen wäre die Friedensbewegung
der 1980er Jahre nicht möglich gewesen[140].

10.3.5. Gegen den NATO-Doppelbeschluss: Die Friedensbewegung der 1980er Jahre

Die Friedensbewegung der 1980er Jahre wird als „neue" Friedensbewegung gesehen, da sie sich von ihrer Organisation her und vom Rückhalt, den sie in der Bevölkerung besaß, sehr von der „alten" Friedensbewegung unterschied. Die Organisationsstruktur entlehnte sie der ökologischen Bewegung, die ihrerseits auf einen stattgefundenen gesellschaftlichen Wertewandel verwies[141]. Auslöser war der sog. NATO-Doppelbeschluss vom Dezember 1979, der nicht nur in Deutschland, sondern vor allem auch in den USA und in den Niederlanden zu Protesten führte. Dem deutschen Anteil an der Friedensbewegung ist bescheinigt und vorgeworfen worden, sowohl „rigide, wenn nicht sogar intransigent, in der Verfolgung seiner Ziele" gewesen zu sein, als auch das Thema unter einer deutschen, sogar nationalistischen Perspektive betrachtet zu haben. Für beide Spezifika der deutschen Friedensbewegung wird der Protestantismus verantwortlich gemacht[142].

Anlässlich der Debatten um den NATO-Doppelbeschluss hat die Evangelische Kirche in Deutschland (EKD) im November 1981 die Friedensdenkschrift *Frieden wahren, fördern und erneuern* veröffentlicht und in ihr das Moratorium, wie es in den Heidelberger Thesen formuliert worden war, die Duldung der Atomwaffen, verlängert. Dafür erntete sie harsche Kritik des Leitungskreises der Reformierten Kirche, der ein „Nein ohne jedes Ja" forderte. Wie schon in den 50er Jahren standen sich Christen lutherischer und reformierter Richtung gegenüber. Meinungsvielfalt angesichts der Friedensfrage wurde in der katholischen Kirche erst infolge des Zweiten Vatikanischen Konzils erreicht. Der Hirtenbrief der katholischen Bischöfe *Gerechtigkeit schafft Frieden* von 1983 klingt ähnlich wie die Positionen der EKD[143].

In Frankreich versuchte zu dieser Zeit der „Mouvement de la Paix", in der Öffentlichkeit „Friede" und „Abrüstung" zu monopolisieren, stützte aber zugleich die Verteidigungspolitik der gegenwärtigen Regierung (François Mitterand). So erschien es notwendig, eine Organisationsform zu schaffen, in der sich alle einfinden konnten, die sich gegen die herrschende Militärpolitik aussprachen und den Kurs des „Mouvement de la Paix" nicht verfolgen wollten. In der Gründungsphase waren die Beziehungen zur „Bertrand Russell Peace Foundation" und zum END (European Nuclear Disarmament) sehr eng, aber es bestanden auch Verbindungen zum IKV (Interkerkelijk Vredesberaad) in den Niederlanden. So wurde im Februar 1982 das CODENE (Comité pour le Désarmement Nucléaire en Europe/Komitee für die nukleare Abrüstung in Europa) gegründet[144]. Ein Startschuss für die Gründung von CODENE war der Erfolg des zehn Jahre anhaltenden gewaltlosen Widerstands der Bauern und Bäuerinnen des Larzac, einem Gebiet im Zentralmassiv in Südfrankreich, gegen die geplante Erweiterung des Militärübungsgeländes. Als der Wahlsieger Mitterand 1981 die Pläne aufgab, luden die Sprecher der siegreichen Kampagne daraufhin international zur Feier ihres Erfolges ein, die den „Appel du Larzac" zur Folge hatte, der seinerseits am Beginn von CODENE steht[145]. Anders als der „Mouvement de la Paix" zog CODENE keine Massen an[146]. Am 5. Juni 1982 organisierte das Komitee eine Demonstration mit 30.000 Personen in Paris gegen den Besuch von Reagan in Versailles[147]. Die Demonstration, die die Kommunistische Partei am 20. Juni 1982 mit 160.000 Menschen organisierte, erwähnte weder Pershings, noch SS20, geschweige denn die „Force de frappe". In der Presse, auch in der linken, wurde die Demonstration von CODENE kaum wahrgenommen, die der Kommunistischen Partei dagegen erhielt ein großes Medienecho. Als Verdacht wurde geäußert, dass „Friede" als Programm medienwirksam ist, solange es mit „Kommunismus" verknüpft ist, aber nicht, wenn es unabhängig ist[148].

Eine französische Bilanz aus dem Jahr 1982 sieht „Christen – vorwiegend überkonfessionell – heute überall aktiv, wo es um die Verteidigung der Nächsten, aber auch – und vielleicht vorzüglich – der Fernsten geht. ACAT (Association des Chrétiens pour l'Abolition de la Torture/ Bündnis der Christen für die Abschaffung der Folter), Amnesty International, CCFD (Comité Catholique contre la Faim et pour le Développement/Katholisches Komitee gegen Hunger und für Entwicklung), Secours catholique (Caritas), die protestantische CIMADE, Le Cri (Strafgefangenenhilfe) oder MAN (Mouvement pour une Alternative Non-violente/Bewegung für eine gewaltfreie Alternative) mobilisieren Christen, denen es mit der Nächstenliebe Ernst ist. Priester sind persönlich engagiert, viele Konfratres sehen kopfschüttelnd oder -nickend zu. Die Hierarchie stellt sich nicht nur nicht in den Weg, sondern schlägt ihn mit Maßen selber ein."[149]

10.3.6. Das Thema Frieden auf und nach der „Ersten Europäischen Ökumenischen Versammlung" 1989 in Basel

Vom 15. bis 21. Mai 1989 trafen sich knapp 700 Delegierte der Konferenz Europäischer Kirchen (KEK) und des Rates der Europäischen Bischofskonferenzen (CCEE) in Basel zum Thema „Frieden in Gerechtigkeit". Zusammen mit Gästen, Beobachtern und Beobachterinnen, Vertretern und Vertreterinnen von Organisationen und Basisgruppen kam die Versammlung auf mehrere tausend Teilnehmende. Ihr wichtigstes Ergebnis war die Weitergabe der „Fackel" des „Konziliaren Prozesses für Gerechtigkeit, Frieden und Bewahrung der Schöpfung" in Europa. Entzündet worden war sie auf der Vollversammlung des ÖRK in Vancouver/Kanada 1983. Auf dem Evangelischen Kirchentag in Düsseldorf 1985 hatte Carl Friedrich von Weizsäcker dazu aufgerufen, sich in Deutschland seine Ideen zu eigen zu machen. Ihm war besonders das Bemühen um den Frieden wichtig. Für die römisch-katholische Kirche griff Papst Johannes Paul II. das Thema 1986 auf und lud Vertreter aller Religionen zu einem Gebet für den Frieden nach Assisi ein. Das Gebet wurde zu einem eindrücklichen Zeichen und für extreme Mitglieder der römisch-katholischen Kirche bis heute zum Anlass der Kritik.

Die Ökumenische Versammlung von Basel hat mit der Beförderung des Konziliaren Prozesses für Gerechtigkeit, Frieden und Bewahrung der Schöpfung die Zusammenarbeit der Kirchen hinsichtlich der drei überlebenswichtigen Themen beschleunigt. Im Rückblick formuliert es Elisabeth Raiser so: „Wie Annemarie Schönherr es in ihrer Rede in Basel sagte, lag eine unserer bisherigen Sünden darin, daß wir den Schalom geteilt haben, [...] das war in Basel mit Händen zu greifen: daß wir im Grunde anfangen können, wo wir wollen – wir kommen immer wieder zu den gleichen ineinander geschachtelten Fragen [„Gerechtigkeit, Frieden, Bewahrung der Schöpfung"] [...]. Wir erkennen zunehmend, daß wir füreinander in den verschiedenen Engagements Stellvertreterdienste leisten. [...] Die neue Form von ökumenischer Gemeinschaft, die hierbei entsteht, ist eine große Hoffnung für die Erneuerung der Kirchen insgesamt – sie ist ein sichtbares Zeichen für die Einheit der Kirche."[150]

Eine „Empfehlung" des Schlussdokuments sollte Folgen für die kirchliche Organisation des Friedensengagements haben. Sie lautet: „Wir regen die Einrichtung von ökumenischen ‚Schalom-Diensten' an."[151] Hierfür hatten sich Wilfried Warneck, Delegierter von „Church and Peace", Rufus Flügge, Vorsitzender der Aktionsgemeinschaft Dienst für den Frieden (AGDF), Ulrich Frey, Delegierter der AGDF, und Herbert Froehlich, Pax Christi, eingesetzt[152]. Auf der Ökumenischen Weltversammlung in Seoul 1990 wurde aus der Empfehlung ein „Versprechen": „Wir versprechen feierlich, uns für folgende Anliegen einzusetzen. [...] Für eine Gemeinschaft von Kirchen, die ihrer Identität als Leib Christi dadurch gerecht werden, daß sie Zeugnis ablegen von der befreienden Liebe Gottes, [...] indem sie weltweit ein Diakonat für Gerechtigkeit und Frieden entwickeln und koordinieren, der den Kampf für die Menschenrechte und um Befreiung fördern und in Konflikten, Krisen und gewaltsamen Auseinandersetzungen helfend eingreifen kann. Dies schließt einen weltweiten, gewaltfreien Dienst ein."[153] So wurde schließlich in Deutschland 1992 aus dem im Februar 1990 gegründeten „Ökumenischen Initiativkreis Schalom-Diakonat" der eingetragene Verein „Oekumenischer Dienst Schalomdiakonat" mit Sitz in Diemelstadt/Wethen. Seit 2012 heißt er „gewaltfrei handeln e.V."[154] Er arbeitet in der „Plattform Zivile Konfliktbearbeitung" und der AGDF mit, ist mit dem Internationalen Versöhnungsbund, deutscher Zweig verbunden und Mitglied bei Pax Christi und „Church and Peace". Die Unterstützung durch die Kirchen ist vielfältig. Die EKD fördert die Arbeit des Vereins finanziell. Ihr Beitrag macht 35 % der Einkünfte aus.

In der Erzdiözese Freiburg hat sich das Freiburger Diözesanforum, das Erzbischof Oskar Saier (1932–2008) 1991/92 einrief, um prüfen zu lassen, wie die Ortskirche von Freiburg die Gedanken des Zweiten Vatikanischen Konzils umsetzt, in der Kommission II mit der kirchlichen Friedensarbeit beschäftigt und das Votum verabschiedet: „Das Freiburger Diözesanforum bittet [...] darum, [...] Voraussetzungen zu schaffen, um den ‚Schalom-Dienst' auf breiter Ebene zu fördern." Gespräche und Öffentlichkeitsarbeit der daraufhin berufenen Arbeitsgruppe „Schalomdienst als Lebensvollzug der Kirche" machten deutlich, dass einerseits Schalomdienste „nicht ‚von oben' verordnet, sondern zum eigenen Anliegen der jeweiligen Gruppen und Gemeinschaften werden" müssen, andererseits „auch ‚von unten' wachsende Initiativen eine Unterstützung von der Kirche insgesamt notwendig brauchen"[155]. In Freiburg geschieht diese Unterstützung dadurch, dass seit Ende September 1997 das Referat „Kriegsdienstverweigerer und Zivildienstleistende" auch für „Friedensdienste" zuständig war. Heute gehören die „Friedensdienste" zur Fachstelle „Freiwilligendienste/Friedensdienste" in der Abteilung Jugendpastoral des Erzbischöflichen Seelsorgeamtes.

Bild 96: Herbert Froehlich (1944–2005) auf der Feier seines 60. Geburtstags im Oktober 2004. Neben ihm Eva Maria Willkomm, Bildungsreferentin beim „Ökumenischen Dienst Schalomdiakonat" (Aus: Pax Christi (2005) Heft 2, S. 11)

Herbert Froehlich, geboren am 26. September 1944 in Ettlingen, gestorben am 30. März 2005 in Kassel, war Priester des Erzbistums Freiburg und wurde in den 1970er Jahren Beauftragter der deutschen Bischofskonferenz für Kriegsdienstverweigerer und Zivildienstleistende. Seit 1975 gehörte er zum Präsidium von Pax Christi, war Geistlicher Beirat der Bistumsstelle Freiburg und seit 1996 Geistlicher Beirat der deutschen Sektion von Pax Christi. Das Bühler Friedenskreuz wollte er nicht nur als Zeugnis vergangenen Friedensengagements verstanden wissen. Die Fahrt nach Oradour anlässlich des 50. Jahrestags des Massakers und die dortige Begegnung der französischen und der deutschen Pax-Christi-Mitglieder gingen auf seinen Einsatz zurück.

Herbert Froehlich war Mitbegründer des Schalomdiakonats und bis zu seinem Tod Vorsitzender des Vereins „Oekumenischer Dienst Schalomdiakonat"[156].

Die Kriege, die nach 1989 geführt wurden, wie der Golfkrieg von Januar bis März 1991 oder die Jugoslawienkriege in Kroatien und Bosnien 1993, in denen die NATO militärisch eingriff, haben scheinbar zivilen Friedensdiensten ihre Grenzen aufgezeigt. Im gleichen Zeitraum aber entwickelten die Kirchen ihr Konzept des „gerechten Friedens", das auf Gerechtigkeit als Grundlage und Vorbedingung des Friedens setzt und nicht auf Abschreckung durch Aufrüstung oder auf militärische Präsenz. Ohne Friedensdienste wird es keinen gerechten Frieden geben.

10.4. Gegenwärtige Aufgaben

10.4.1. Frieden durch (atomare) Abrüstung

Da Frankreich zu den Kernwaffenstaaten gehört, Deutschland aber nicht, bedeutet atomare Abrüstung für die französische Friedensbewegung etwas anderes als für die deutsche. Die französische Friedensbewegung besitzt wegen der eigenen Regierung als Adressatin von Abrüstungsaufrufen dabei den direkteren und kürzeren Weg. Drei unterschiedliche Stoßrichtungen sind auszumachen. Es gibt erstens eine breite Kritik an der Modernisierung des französischen Atomwaffenpotentials. 1992 hatte Frankreich den Atomwaffensperrvertrag unterzeichnet, auf dessen Überprüfungskonferenz im Jahr 2000 13 Punkte vereinbart worden waren, die auf dem

Weg zur Abrüstung konkrete Teilziele benennen. Eins dieser Teilziele ist ein Atomwaffentestmoratorium[157]. Die Zustimmung zu diesem Teilziel ist den Vertretern Frankreichs leicht gefallen, da Frankreich schon 1998 den Vertrag für das vollständige Verbot von Kernwaffenversuchen (Traité d'interdiction complète des essais nucléaires) unterzeichnet hat. Entgegen der Intention dieser Verträge ist jedoch 2004 die Anlage LMJ (Laser Mégajoule) bei Bordeaux in Betrieb genommen worden. Mit Hilfe dieser Anlage lässt sich der Einsatz von Atomwaffen simulieren. Damit kann Frankreich nach wie vor die Modernisierung seiner Atomwaffen testen, was durch den Vertrag eigentlich verhindert werden sollte[158]. Mit der Unterzeichnung des Atomwaffensperrvertrags passt auch nicht zusammen, dass 2009 die Missile ASMP-A mit einer Reichweite von 500 km ihre Vorgänger mit einer Reichweite von 300 km ersetzt hat, die Forces Océaniques Stratégiques durch die Missile M-51 modernisiert wurden und 2015 durch die neue Version M-51-2 ersetzt werden sollen: „Mit der Perfektionierung der Waffen fortzufahren, scheint uns dem Geist des Atomwaffensperrvertrags zu widersprechen", so Pax Christi Frankreich.[159]

Die zweite Stoßrichtung sind konkrete Abrüstungsschritte im Rahmen der allgemeinen atomaren Abrüstung. Ermuntert durch die Erklärung des Internationalen Gerichtshofs im Jahr 1996, dass der Einsatz und die Androhung des Einsatzes von Atomwaffen grundsätzlich völkerrechtswidrig sei, haben 1997 Nicht-Regierungs-Organisationen einen Modellentwurf für eine „Nuklearwaffenkonvention" vorgestellt. Costa Rica hat sich zu seinem Anwalt gemacht und noch im gleichen Jahr den Entwurf bei den Vereinten Nationen eingebracht. Auf verschiedensten Ebenen und in diversen Gremien ist zwischenzeitlich diese Konvention besprochen und überarbeitet worden[160]. Bei den Staaten, die diese Konvention vor allen Dingen angeht, den Atomwaffenstaaten, stößt sie auf wenig Gegenliebe. Daher brachte die französische Koordinationsgruppe der im Jahre 2007 gestarteten ICAN (International Campaign for the Abolition of Nuclear Weapons; in Deutschland bekannt als Kampagne „atomwaffenfrei.jetzt") am 2. Mai 2012 in einem offenen Brief anlässlich der Präsidentschaftswahlen in Frankreich die Problematik an die Öffentlichkeit. 63 Organisationen haben diesen Brief unterschrieben, unter ihnen das Internationale Zentrum der Quäker, der MIR, Pax Christi Frankreich und das franziskanische Netzwerk Gubbio[161]. Adressiert an den künftigen Präsidenten, dessen Stimme die französische Militärstrategie entscheidend bestimmt, fragt der Brief, ob der Kandidat – anders als seine Vorgänger im Präsidentenamt – die UNO-Konvention zur schrittweisen Abrüstung der Nuklearwaffen unterzeichnen, den Vorstoß Deutschlands zum Abzug aller taktischen Atomwaffen der NATO unterstützen und die Ausgaben für den Militärhaushalt um 10% kürzen wolle. Die Frage nach der Unterstützung des deutschen Vorstoßes bezieht sich auf den Beschluss des deutschen Bundestags vom 26. März 2010, sich für den Abtransport der noch in Deutschland lagernden Atomwaffen einzusetzen. Für diesen Bundestagsbeschluss eingesetzt hatte sich der deutsche Zweig von ICAN. Die Kampagne „atomwaffenfrei.jetzt" wurde vom Trägerkreis „Atomwaffen abschaffen" ins Leben gerufen, den es seit 1994 gibt und zu dem u.a. „Ohne Rüstung leben", „Pax Christi, Deutsche Sektion", die „Werkstatt für gewaltfreie Aktion Baden", der „Internationale Versöhnungsbund, Deutscher Zweig", die „Friedensinitiative Westpfalz (FIW)" und das „Lebenshaus Schwäbische Alb" gehören[162]. Gelegenheit, dem Bundestagsbeschluss Taten folgen zu lassen, war der NATO-Gipfel im Mai 2012 in Chicago. Wie die *Frankfurter Rundschau* am

5. September 2012 berichtete, ist aber auf dem NATO-Gipfel vereinbart worden, die amerikanischen Atomraketen nicht aus Europa abzuziehen[163]. Stattdessen werden sie modernisiert. Durch den Austausch einzelner Komponenten und nicht der kompletten B61-Bombe, die beispielsweise in Büchel in der Eifel lagert, ist es möglich, die Bombe lenkbar und damit zielgenauer zu machen. Dann könnten mit einer geringeren Sprengkraft und dadurch geringerem radioaktivem Fallout die gleichen Ziele zerstört werden wie zuvor mit einer größeren. Aber, so befürchten die „Ärzte für die Verhütung des Atomkriegs", „die Hemmschwelle gegen einen Atomwaffeneinsatz kann damit sinken, und die Versuchung, solche Atomwaffen tatsächlich einzusetzen, könnte steigen."[164] Gefährlich ist auch, dass durch die Modernisierung die Grenze zwischen „taktischen" und „strategischen" Atomwaffen verschwimmt, denn das modernisierte Modell B61-12 kann sowohl die taktischen Versionen B61-3, B61-4 und B61-10 ersetzen als auch die strategische Version B61-7. „Für künftige Abrüstungsverhandlungen bedeutet dies eine schwere Hypothek", so Gernot Erler im Artikel der *Frankfurter Rundschau*. Überhaupt nicht erwogen wurde die Änderung der NATO-Strategie im Sinne einer atomwaffenfreien Verteidigung. Unter Punkt 8 der gemeinsamen Erklärung der NATO-Staaten, der auch die Bundeskanzlerin und der Außenminister der Bundesrepublik Deutschland zugestimmt haben, heißt es: „Nuklearwaffen sind eine Kernkomponente der Nato-Gesamtkapazität zur Abschreckung und Verteidigung, neben konventionellen Waffen und dem Raketenschild. Die Überprüfung hat gezeigt, dass die derzeitige Nuklearwaffen-Aufstellung der Allianz den Kriterien einer effektiven Abschreckung und Verteidigung gerecht wird."[165] Die NATO ändert also ihre Strategie nicht, was ganz im Sinne von Frankreich ist[166].

Um daher Bewegung in die verfahrene Angelegenheit zu bringen, verfolgt der MIR eine dritte Stoßrichtung und ruft zu einer „Kampagne für eine einseitige nukleare Abrüstung Frankreichs" auf[167]. Die Argumente des Versöhnungsbunds sind einmal die Argumente der Atomwaffengegner, wie sie seit den 1960er Jahren geäußert wurden und die die Atomwaffenindustrie bisher noch nicht entkräften konnte – dass nämlich Atomwaffen kriminell sind, da sie den Tod Millionen Unschuldiger in Rechnung ziehen, zu kostspielig, da im Vergleich zu anderen Beschäftigungssektoren und gemessen an dem hohen finanziellen Aufwand von 3,5 Milliarden sehr viel weniger Menschen in ihm beschäftigt werden, und wegen der möglichen Unfälle gefährlich. Neben diesen drei klassischen Argumenten kommen zwei hinzu, die sich als Reaktion auf eine neue Problembewusstseinslage verstehen lassen: Atombewaffnung ist fruchtlos, da sie nichts gegen die eigentlichen Gefährdungen der Sicherheit ausrichtet, die ihre Wurzeln in Terrorismus, Ökonomie, Ökologie etc. haben, und zweitens: Atombewaffnung ist gefährlich für die Demokratie, da nukleare Abschreckung ein für die Bürgerinnen und Bürger nicht durchschaubarer Vorgang ist. Da es also bei der Atombewaffnung nicht wirklich um die Verteidigung von Menschen geht, sondern nur um eine Präsentation vermeintlicher Stärke, will die Kampagne eine öffentliche Debatte über diese Frage in Gang bringen, damit die, um die es geht, nämlich alle Französinnen und Franzosen, überhaupt die Möglichkeit haben, in voller Kenntnis der Sachlage ihre Stimme zu erheben.

Atomare Abrüstung wird in Frankreich nicht nur von den national organisierten Gruppen Pax Christi und MIR bzw. ICAN gefordert, sondern auch von Initiativen aufgegriffen, die an der lokalen Betroffenheit ansetzen. Eine solche Initiative ist das internationale Städtenetzwerk „Mayors for Peace" (Bürgermeister für den Frieden). Gegründet 1982 auf Initiative der Bürgermeister von Hiroshima und Nagasaki, hat es die Erklärung „Städte sind keine Zielscheiben" verabschiedet und versucht, deren Unterstützerkreis zu erweitern. Nach der Auflistung auf dem Stand von September 2012 beteiligen sich aus Frankreich 140 und aus Deutschland 391 Städte[168]. Vom Oberrhein sind beispielsweise dabei: Audincourt aus Mömpelgard und Kaysersberg aus dem Elsass[169]; Bad Säckingen, Baden-Baden, Bretten, Heidelberg, Hüfingen, Mannheim, Offenburg, Pforzheim und Wiesloch aus Baden; Neustadt an der Weinstraße aus der Pfalz[170]. Einzelne Friedensinitiativen vor Ort versuchten in den vergangenen Jahren, dieses Städtenetzwerk und seine Grundsatzerklärung durch öffentlichkeitswirksame Aktionen publik zu machen. Eine solche Aktion ist beispielsweise ein Radmarathon der „Pacemaker", der „Schrittmacher für den Frieden", wie er im Jahr 2007[171] von Heilbronn über Mannheim, Ramstein, Neustadt und Bretten nach Ludwigsburg stattgefunden hat, im Jahr 2012[172] von Bretten über Heidelberg, Mannheim, Kaiserslautern und Ramstein zurück nach Bretten.

10.4.2. Frieden durch Verzicht auf die Konstruktion von und den Handel mit Waffen

Hinter der Beibehaltung der Atomwaffen im Besonderen und von Waffen im Allgemeinen stecken nicht nur militärstrategische Überlegungen, sondern die Lobbyarbeit der Rüstungsindustrie, die auf die wirtschaftlichen Folgen einer Abrüstung hinweist. Waffen bekommen dadurch ein unangemessen hohes Gewicht, weil wirtschaftliche Gesichtspunkte jedem Friedensengagement entgegenarbeiten. Daher werden die Friedensbewegungen in Deutschland und in Frankreich nicht müde, auf die Verflechtung militärischer mit wirtschaftlichen Interessen hinzuweisen. So gehört der MIR zu den Kritikern des Kaufs von Drohnen aus Israel durch Frankreich im Wert von 318 Millionen Euro und hat sich dazu der palästinensischen Kampagne BDS (Boykott, Desinvestition und Sanktionen) angeschlossen.[173] Ebenfalls hat der MIR zusammen mit den Sprechern und Sprecherinnen der Quäker, der Mennonitischen Kirche, des franziskanischen Netzwerks Gubbio und der „Fraternités franciscaines séculières" (Franziskanische Gemeinschaften; Ordo Franciscanus Saecularis/OFS) im Juni 2012 zur Demonstration und zu gewaltfreien Aktionen während der alle zwei Jahre in Villepinte bei Paris stattfindenden Rüstungsmesse „Eurosatory" aufgerufen.[174]

Was in Frankreich der Protest gegen die Rüstungsmessen ist, ist in Deutschland der Protest gegen Rüstungsexporte. Deutschland ist nach den USA und Russland der drittgrößte Waffenexporteur der Welt. Die Gemeinsame Konferenz Kirche und Entwicklung (GKKE) legt jährlich einen Rüstungsexportbericht vor und bewertet die erhobenen Daten[175]. Er bietet wertvolles Informationsmaterial. Im jüngsten Bericht für das Jahr 2011 sind im Anhang Organisationen kurz beschrieben, die sich ebenfalls zum Thema Rüstungsexporte engagieren. Eine solche ist die Kampagne „Aktion Aufschrei – Stoppt den Waffenhandel". Sie wird von den großen überregionalen Organisationen wie AGDF, Pax Christi, „Ohne Rüstung leben", dem Evangelischen Entwicklungsdienst (EED), Misereor und Brot für die Welt getragen und von vielen lokalen

Von Deutschland geht Krieg aus!

Stoppt den Waffenhandel!

Bild 97: Aktion Aufschrei – Stoppt den Waffenhandel: Protestaktion gegen Rüstungsexporte in Berlin am 26. Februar 2012

Friedensgruppen, auch christlichen, im Land publik gemacht. Auf der Mitgliederliste des Aktionsbündnisses stehen beispielsweise die Arbeitsgemeinschaft Katholischer Erwachsenenverbände im Erzbistum Freiburg, der Diözesanrat Rottenburg-Stuttgart oder das Forum Friedensethik in der Evangelischen Landeskirche in Baden[176].

Die Anliegen der Kampagne kann man sich in sehr unterschiedlicher Form zu eigen machen. Der Diözesanrat Rottenburg-Stuttgart beispielsweise hat in seiner Sitzung vom März 2012 den Beitritt zum Aktionsbündnis beschlossen und eine Erklärung verabschiedet, die unter Bezugnahme auf den Rüstungsexportbericht der GKKE die „Lieferung von Waffen und Rüstungsmaterialien in politische Spannungsgebiete und an Regime, die Menschenrechte grob verletzen und gewaltsam gegen Oppositionsbewegungen im eigenen Land vorgehen", durch Deutschland als „Verstoß gegen die im Grundgesetz verankerte Friedenspflicht (Art. 26,1)" kritisiert[177]. Die Erklärung unterstreicht: „Als Christen sehen wir uns dem Frieden, der Solidarität und der Gerechtigkeit unter den Völkern verpflichtet. Wir erwarten von den Verantwortlichen für Politik und Wirtschaft unseres Landes, dass sie diese Grundsätze ebenfalls achten und zur Richtschnur ihres Wirkens machen. [...] Deshalb fordern wir auch die Einhaltung der ‚Gemeinsamen Regeln für die Kontrolle der Ausfuhr von Militärtechnologie und Militärgütern' des Europäischen Rates vom 8.12.2008." Der Diözesanrat stellt sich hinter das Ziel der Kampagne, „Druck gegen die deutsche Praxis des Rüstungsexportes aufzubauen und Alternativen zur Rüstungsproduktion aufzuzeigen. Dazu gehört, eine grundsätzliche Veröffentlichungspflicht aller geplanten und durchgeführten Exporte von Kriegswaffen und Rüstungsgütern durchzusetzen, um so öffentliche Diskussionen und parlamentarische Entscheidungen überhaupt zu ermöglichen."

Das Friedensplenum Mannheim gehört gleichfalls zum Aktionsbündnis der Kampagne. Es hat zum Antikriegstag am 1. September 2011 in Zusammenarbeit mit der DGB-Region Nordbaden eine Veranstaltung zur Kampagne durchgeführt und dazu einen der Initiatoren, Paul Russmann von „Ohne Rüstung leben", eingeladen[178]. Die „Aktion Aufschrei" bildete auch den Hintergrund für den Antikriegstag 2012, zu dem die Deutsche Friedensgesellschaft-Vereinigte

KriegsdienstgegnerInnen (DFG-VK) nach Villingen-Schwenningen/Oberndorf eingeladen hat unter der Überschrift: „Kultur. Aktion. Information. Protest. Krieg beginnt hier – im Ländle". Verbreitet wurde die Einladung über Pax Christi Freiburg[179].

Ein ganzes Netz engagierter Menschen verbirgt sich hinter der „Initiative gegen Waffen vom Bodensee". Sie will in der Region ein Gespräch über die Produktion und die Exporte der über 15 Rüstungsfirmen am Bodensee initiieren und lädt regelmäßig zu Kundgebungen und Demonstrationen vor den Firmen ein[180]. Auf dem Internationalen ökumenischen Bodenseekirchentag im Juni 2012 in Überlingen konnte in der Programmsparte „Eine andere Welt ist möglich: Frieden, Gerechtigkeit, Bewahrung der Schöpfung" ein Runder Tisch zum Thema „Rüstungsindustrie am Bodensee" stattfinden. Daraus erwuchs die *Ökumenische Erklärung zur Rüstungsindustrie am Bodensee*[181]. Erstunterzeichner und Erstunterzeichnerinnen sind evangelische, reformierte und römisch-katholische Theologinnen und Theologen, ordiniert und nicht-ordiniert, Ordensleute und Mitglieder von Pax Christi. In zehn Punkten legen sie ihre Position dar. Vier Punkte benennen die besondere Problematik der Bodenseeregion mit den vielen Rüstungsfirmen: Wenn man alles so belässt, wie es ist, von der guten Auftragslage der Rüstungsfirmen profitiert, da sie zum Wohlstand der Region beitragen, dann „überhöht [man] sie wie das goldene Kalb" (Punkt 6). Für das, was in der Region produziert wird, sind alle gemeinsam verantwortlich, „Kirchen, Firmen, Parteien, Vereine und Gewerkschaften [...]. Es liegt nicht in der alleinigen Verantwortung der Menschen, die bei den Rüstungsfirmen arbeiten" (Punkt 8). Die Kirchengemeinden am Bodensee haben eine Pflicht, sich zu informieren. Der Rüstungsbericht der GKKE „sowie die Erklärungen des Ökumenischen Rates der Kirchen" sind von ihnen zu lesen und zu diskutieren (Punkt 9). Und Punkt 10: „Es gibt Alternativen zur Konstruktion, zur Produktion und zum Export von Waffen. Rüstungskonversion ist möglich. Auch am Bodensee." Drei Punkte benennen allgemein gültige Verbote: Waffen – auch Waffen vom Bodensee – dürfen nicht an Krisen- und Kriegsgebiete geliefert werden (Punkt 3), auch nicht an Länder, die die Menschenrechte missachten (Punkt 4) und wo auch Zivilisten sterben (Punkt 5). Drei Punkte richten sich speziell an Christinnen und Christen: Christen müssen sich auf die Seite der Opfer stellen (Punkt 1), sie müssen Unrecht beim Namen nennen (Punkt 2) und die Gegenwart als die Zeit erkennen, in der es zu handeln gilt (Punkt 7): „Wir leben nicht im Paradies, sondern in einer Welt, in der es Unrecht und Gewalt gibt. Auf verschiedenste Weise schadet jeder Mensch anderen Geschöpfen und auch sich selbst. Aber die Gegenwart Jesu Christi – im Geist, in der Gemeinde und in den Sakramenten – befreit uns schon hier und heute zu einem neuen Denken und Handeln (Matthäus 5–7)."

10.4.3. Frieden durch Entmilitarisierung der Gesellschaft und Einübung gewaltloser Konfliktlösungen

Erhebliche Kraft steckt die Friedensbewegung in den Auf- und Ausbau von zivilen Friedensdiensten. Diese erfüllen zwei wichtige Aufgaben. Sie stellen eine Alternative zu Kriegsdiensten dar und sie zeigen der Zivilgesellschaft einen Weg, ihre Ohnmacht in den Fragen von Krieg und Frieden zu überwinden. Ihre Anfänge verdanken die Friedensdienste dem Weitblick Einzelner

oder der Initiative der sog. historischen Friedenskirchen, der Mennoniten, Quäker und der
„Brüderkirche" (Church of the Brethren). Nach dem Ersten Weltkrieg wurde auf Initiative der
Quäker Pierre Ceresole und Hubert Parris von der IFOR der erste praktische Versöhnungsdienst
in einem zerstörten Dorf bei Verdun geleistet, der zum „Service Civil International" (SCI) führte.
1924 gründete der Pastor der reformierten Kirche Étienne Bach (1892–1986), damals französischer Offizier, den „Mouvement des Chevaliers du Prince de la Paix" (Bewegung der Ritter des
Friedensfürsten), der heute „Christlicher Friedensdienst" heißt. Nach dem Zweiten Weltkrieg war
es der Jurist Lothar Kreyssig, der vor der Synode der EKD in Berlin-Spandau am 30. April 1958
den Aufruf zur Gründung von „Aktion Sühnezeichen/Friedensdienste" verlas: In den Ländern,
die Gewalt von Deutschland erlitten haben, soll als Zeichen der Sühne und Versöhnung ein
gemeinnütziger Dienst geleistet werden[182]. Zur gleichen Zeit begann der Zusammenschluss
der Friedensdienste zu Netzwerken. 1957 startete EIRENE, 1968 die „Aktionsgemeinschaft
Dienst für den Frieden" (AGDF), 1975 „Church and Peace". Es ist nicht beim Auf- und Ausbau
von Friedensdiensten in den Krisengebieten der Welt geblieben. „Gewaltfreiheit" muss auch
innerhalb der eigenen Gesellschaft eingeübt werden. Zeichen für diese Ausweitung der Friedensbemühungen ist der Einsatz beispielsweise der „Werkstatt für Gewaltfreie Aktion, Baden".
Sie führt Seminare zur Einübung von Mediation durch und ist auch über die Zugehörigkeit
zur AGDF mit deren Kampagnen verbunden.

Aktuell mehren sich die Signale, dass die Organisationen und Gruppen, die Gewaltlosigkeit –
ihre Erforschung, Propagierung und Praktizierung – als ihre Hauptaufgabe ansehen, politisch
ernster genommen werden wollen und müssen. Die zuvor schon genannte FEST in Heidelberg
hat zusammen mit der Hessischen Stiftung Friedens- und Konfliktforschung, dem BICC (Bonn
International Center for Conversion) und dem Institut für Friedensforschung und Sicherheitspolitik an der Universität Hamburg ein *Friedensgutachten 2012* herausgegeben[183]. Im ersten Kapitel steht eine ausführliche Stellungnahme zu „aktuellen Entwicklungen und Empfehlungen"[184]. Dort heißt es: „Die staatliche Diplomatie sollte die Erfahrungen aus zahlreichen Konfliktmediationen aufgreifen, die der Zivilgesellschaft mehr Gewicht einräumen. [...] Wir halten das Zentrum

Bild 98: Mit einer „Die-in"-Aktion auf dem Universitätsplatz in Heidelberg protestierte die Werkstatt für Gewaltfreie Aktion, Baden gegen
die Anwerbung der Bundeswehr (Aus: 25 Jahre Werkstatt für Gewaltfreie Aktion, Baden. Festschrift zum 25-jährigen Jubiläum 2009, Hei-
delberg-Freiburg 2009)

für Internationale Friedenseinsätze (ZIF) und die Einrichtungen des Zivilen Friedensdienstes (ZFD) in dieser Hinsicht für vorbildlich; sie verdienen es, dass man sie auf europäischer und UN-Ebene weiterentwickelt."[185] Für Deutschland fordert die Stellungnahme eine organisatorische Umorientierung: „Die deutsche Politik hat mit ihrem Konzept der zivilen Konfliktbearbeitung ein in mancher Hinsicht vorbildliches Instrumentarium entwickelt. Doch es droht an bürokratischer Überfrachtung und Ressortgerangel sowie mangels strategischer Orientierung unterzugehen. Die zivile Konfliktbearbeitung ist nicht vorrangig Entwicklungspolitik, sondern muss Priorität einer insgesamt friedensgeleiteten Außenpolitik sein. Wäre sie im Auswärtigen Amt angesiedelt, ließen sich damit viele Beratungsgremien reduzieren und die Kapazitäten des Bundesministeriums für wirtschaftliche Zusammenarbeit und des Auswärtigen Amtes bündeln."[186]

Friedensdienste üben nicht „Sandkastenspiele", sondern wollen als gewaltlose Wege zur Konfliktlösung ernst genommen werden. Je mehr das geschieht, umso eher wird der militärischen Abrüstung der Boden bereitet. Konsequenterweise hat die Tagung im Institut Catholique in Paris im März 2012 zum Thema „Nukleare Abrüstung morgen?" mit Pax Christi Frankreich und der französischen Kommission „Justitia et Pax" der katholischen Kirche als Mitorganisatorinnen nicht nur Militärs oder einen Vertreter von „Armes nucléaires STOP" eingeladen, sondern auch den Verantwortlichen für Friedensarbeit und Abrüstungsfragen vom ÖRK und den Präsidenten des IRNC (Institut de recherche sur la Résolution Non-violente des Conflits) von Montreuil[187].

In Deutschland haben die Friedensdienste ein politisches Sprachrohr für ihre Anliegen gefunden. Der Bundestag hat einen Unterausschuss „Zivile Krisenprävention und vernetzte Sicherheit" eingerichtet, der im März 2010 seine Arbeit aufnahm. Im März 2012 hat der Ausschuss einen Zwischenbericht über seine Arbeit gegeben.[188] Zu diesem Zwischenbericht gibt es eine Stellungnahme aus dem nicht-parlamentarischen Bereich. Sie ist formuliert worden von der Plattform Zivile Konfliktbearbeitung, dem 1998 gegründeten „Zusammenschluss von Organisationen und Einzelpersonen, die in den unterschiedlichen Feldern der zivilen Konfliktbearbeitung tätig sind"[189]. Die Stellungnahme mit dem Titel „Zivile Krisenprävention – Parlamentarische Aufgabe und Verantwortung" würdigt, dass es dank des Unterausschusses „einen Ort [gibt], an dem sich Abgeordnete regelmäßig und systematisch mit Ziviler Krisenprävention befassen". Sie merkt kritisch an, dass der Unterausschuss „in seiner parlamentarischen Kontrollfunktion [...] bisher aber wenig hervorgetreten [ist] und zur Transparenz von politischen Entscheidungsprozessen in den Fraktionen und im Parlament [...] ebenfalls noch mehr" beitragen könnte. Das Hauptproblem sei, wie im konkreten Konfliktfall die zivilen Einsatzkräfte gegenüber den militärischen überhaupt zum Zug kommen können. U.a. schlägt die Stellungnahme vor, die Öffentlichkeitsarbeit zu verbessern: „Zivile Krisenprävention und Konfliktbearbeitung können sich gegenüber anderen Handlungsoptionen [...] nur durchsetzen, wenn sie auch öffentlich als politisch realistisch diskutiert werden."[190]

Damit wird ein weiteres Arbeitsfeld für Friedensdienste und Friedensgruppen beschrieben: Sie müssen in der Öffentlichkeit gewaltfreie Konfliktlösungen bekannt machen und der Militarisierung der Gesellschaft entgegenarbeiten. Beispiel für eine so arbeitende Gruppe ist die „Friedensinitiative Westpfalz". Ihre Anfänge stammen aus den Protesten gegen den Irakkrieg des Jahres 2003. Seit 2012 ist sie ein eingetragener Verein (e.V.), der in seinem „Selbstverständnis" den Bezug zum Christentum folgendermaßen formuliert: „Wir verstehen uns als Teil der Friedensbewegung und berufen uns auf die Friedensworte Jesu Christi, sehen uns aber nicht ausschließlich dem Christentum verpflichtet. [...] Für uns ist Krieg keine Ausdrucksform menschlichen Zusammenlebens, denn er führt in eine nie endende Gewaltspirale. Wir stellen diesem Denken den Pazifismus als Ausdruck für Frieden, Gerechtigkeit und die Bewahrung der Schöpfung entgegen."[191] Zusammen mit dem „Netzwerk Friedensbildung Rheinland-Pfalz" versucht nun die Friedensinitiative, in den Schulen einen „Friedensunterricht" zu etablieren, mit dem der einseitigen Werbung der Bundeswehr in den Schulen entgegengewirkt werden soll.

Dieses Problem wird nicht nur in Rheinland-Pfalz erkannt und angegangen, sondern auch in Baden-Württemberg. Unter dem Slogan „Schulfrei für die Bundeswehr" haben sich das Ökumenische Netz Württemberg, „Ohne Rüstung Leben", die Werkstatt für Gewaltfreie Aktion Baden und Pax Christi mit anderen Organisationen wie der DFG-VK Baden-Württemberg oder der Informationsstelle Militarisierung zusammengetan und möchten erreichen, dass die Vereinbarung des Kultusministeriums mit der Bundeswehr aus dem Jahr 2009 zurückgenommen wird. Die Vereinbarung soll Jugendoffizieren den Zugang zu Schulen erleichtern und möchte sie bei der Ausbildung der künftigen Lehrerinnen und Lehrer stärker einbinden. Das Friedensbündnis Karlsruhe hatte das Thema im Oktober 2010 mit einer Protestaktion an einer der Karlsruher Schulen in die Öffentlichkeit gebracht[192]. „Schulfrei für die Bundeswehr" hat im Mai 2011 in Karlsruhe eine Fachtagung zu dem Thema durchgeführt[193]. Im September 2012 führte die Initiative bundesweit eine Aktionswoche durch, beispielsweise auch in Freiburg[194].

10.4.4. Frieden durch Einsatz für weltweite Gerechtigkeit

Wenn es keinen Frieden ohne Gerechtigkeit gibt, gründen alle Bemühungen um Frieden in einem Ringen um mehr Gerechtigkeit. Gerechtigkeit aber ist eine Größe, die je nach betrachtetem Beziehungsgefüge anderen Gesetzen unterliegt und unterschiedlich weit entwickelt ist. Beispielsweise kann man voneinander abgrenzen: die „Tauschgerechtigkeit", die sich auf Tauschverhältnisse und damit den Wirtschaftssektor bezieht, die „politische Gerechtigkeit" in Herrschaftsverhältnissen, die „Verteilungsgerechtigkeit" in Gemeinschaftsverhältnissen und die „korrektive Gerechtigkeit" in Unrechtsverhältnissen[195]. Die Gefüge, in denen sich der Mensch befindet und die er „gerecht" gestalten möchte, sind zugleich weit und komplex geworden. Gerechtigkeit für die kommenden Generationen, Nachhaltigkeit, ist ein Gebot der Stunde. Aus naheliegenden Gründen ist vor allem die „Klimagerechtigkeit" im Blick, der Raubbau an unserer Umwelt zu Lasten der Armen heute und morgen[196]. Davon ist ausführlich in einem eigenen Kapitel die Rede. Die kommenden Generationen werden aber auch belastet durch nicht geklärte Unrechtsverhältnisse vergangener Zeiten und vor allem durch die Zementierung von Armutsverhältnissen in der Gegenwart. Im Alten Testament gab es die Idee des „Jobeljahrs", um gegen diese Zementierung anzugehen. Heute kämpft die „Entschuldungs-" oder „Erlass-jahrkampagne" mühsam um Aufmerksamkeit. Weil es derzeit keine Beziehung gibt, von der man sagen könnte, „das ist geklärt und zufriedenstellend", ist „Gerechtigkeit" in jeder Hinsicht ein Desiderat[197].

Deutschland und Frankreich stecken im Allgemeinen in den gleichen Zwängen wie jedes andere Land auf der Welt auch. Was aber die Bedeutung des Faktors „Europa" für die Herstellung weltweiter Gerechtigkeit angeht, haben sie eine besondere Verantwortung. „Europa" bedeutete nach 1945 etwas anderes als vor 1939 oder 1933. Durch den Zweiten Weltkrieg und sein durch das Eingreifen Amerikas herbeigeführtes Ende hatte sich Europa „als ein eigenständiger Faktor aus der Weltpolitik verabschiedet, und zwei außereuropäische Großmächte – die USA und die Sowjetunion – bestimmten fortan die Geschicke des alten Kontinents."[198] Die ehemaligen Großmächte Deutschland, Frankreich und Großbritannien sind 1945 zu „Mittelmächten" degradiert worden[199]. Vielleicht um dieser ihrer Marginalisierung entgegenzuarbeiten, gibt es die zunehmende Tendenz der europäischen Länder zur gemeinschaftlichen Aufrüstung. „Die 2004 vom Rat der EU gebilligte Verfassung sah sogar eine Verpflichtung zur militärischen Aufrüstung vor, die sich eindeutig auf militärische Interventionen richten sollte. Die Vereinheitlichung der europäischen Rüstungsindustrie ist ein weiteres Ziel."[200] Die neuesten weltweiten Entwicklungen der Waffensysteme und Szenarien, an denen sich die europäischen Länder kräftig beteiligen, statt ihnen Alternativen entgegenzusetzen, werden denn auch von den christlichen Friedensbewegungen heftig kritisiert. Zum NATO-Gipfel 2009 in Straßburg organisierten Pax Christi, Freiburg, der Versöhnungsbund und das Ökumenische Netz Württemberg unter dem Motto „Frieden geht anders" einen Mahnweg, der am Bahnhof in Kehl startete.

Bild 99: Bild der Aktion „Frieden geht anders" anlässlich des NATO-Gipfels im April 2009
www.paxchristi-freiburg.de

Eine weitere aktuelle Entwicklung arbeitet den Bemühungen um eine weltweite Gerechtigkeit entgegen, nämlich die Abschottung gegenüber den Flüchtlingen aus außereuropäischen
Ländern, vor allem aus Afrika. „Von den 8.000 v.a. in Folge des Libyenkrieges von der UNO als
besonders hilfsbedürftig Eingestuften nahmen EU-Länder weniger als 400 auf. Etwa 2.000
Menschen ertranken 2011 bei dem Versuch, das Mittelmeer zu überqueren. 600 Flüchtlinge vor
allem aus Eritrea, Äthiopien und Somalia sind seit Jahresbeginn 2012 in Lampedusa gelandet,
wo es kein geeignetes Aufnahmelager gibt. Die Proportionen stimmen nicht: 2011 hat die EU
über 400 Millionen Euro in die Sicherung der Außengrenzen gesteckt – damit könnten 23.000
Flüchtlinge pro Jahr für den Arbeitsmarkt fit gemacht werden."[201] „Die ökonomisch schwächeren
Staaten im Süden der EU werden zur Außenabriegelung der ‚Festung Europa' verdammt, 2011
wehrten sie nahezu 100.000 Einwanderer vornehmlich aus Afghanistan und Pakistan an der
türkisch-griechischen Grenze ab. Der deutsche und der französische Innenminister wollen mit
ihrem Vorstoß vom April 2012 noch weiter gehen und den inneren Festungsring wieder durch
nationale Grenzkontrollen schließen. Sie würden damit die Freizügigkeit, eine europäische
Errungenschaft, außer Kraft setzen."[202]

Um die Lösung der Fragen um Fremdenfeindlichkeit, Aufnahme von Flüchtlingen und Umgang mit Migrantinnen und Migranten nicht nur den Politikerinnen und Politikern zu überlassen,
werden in Frankreich seit 2007 sog. „cercles de silence" (Schweigekreise) organisiert. Im Elsass
finden sie einmal im Monat in Colmar, Duttlenheim, Gebweiler, Hagenau, Mülhausen, Zabern,
Schlettstadt, Straßburg und Weißenburg statt[203]. Je nach Größe der Stadt und der Existenz
lokaler Initiativgruppen beteiligen sich bis zu 20 Gruppen und Organisationen in Colmar, bis
zu 50 in Straßburg. Die Namen der Beteiligten lesen sich wie das Who-is-who engagierter
Gruppen: Ordensleute, Asylgruppen, Menschenrechtsgruppen quer durch alle Konfessionen
und Weltanschauungen.

10.5. Theologischer Ausblick

10.5.1. Kirche und „Zivilgesellschaft" im Einsatz für den Frieden:
Eine Frage an kirchliche Strukturen für morgen

Im Streit um die Atombewaffnung hatte 1958 der deutsche katholische Journalist und Politiker
Eugen Kogon in den *Frankfurter Heften* den französischen Ministerpräsidenten Georges Clemen-
ceau (1841–1929) mit den Worten zitiert: „Der Krieg ist eine viel zu ernste Angelegenheit, als dass
man ihn allein den Militärs überlassen dürfte."[204] Für ihn war damals die entscheidende Größe, die
den Militärs ihr Alleinverfügungsrecht über Krieg und Frieden streitig machen sollte, die Politik.
Als verantwortungsbewusster Journalist brachte er zusätzlich „die öffentliche Meinung" ins Spiel
und beschrieb ihre Aufgabe zum Erhalt des Friedens als „Umweg", über den „die herrschende
Mehrheit der politischen Vertretung vielleicht dazu gebracht wird, wieder der Politik die Rolle zu
geben, die ihr zukommt: ergänzende bessere Mittel der Sicherheit zu schaffen."[205]

Seit Kogons Analyse sind mehr als fünfzig Jahre vergangen. In dieser Zeit hat ein Faktor Konturen gewonnen, der die Öffentlichkeit auf direkterem Weg an dem Problemfeld Krieg und Frieden beteiligt, nämlich die sogenannte Zivilgesellschaft oder nicht-staatliche Organisationen[206]. Wie auf den vorhergehenden Seiten gezeigt werden konnte, sind christliche Gruppierungen, die diesem Bereich zuzurechnen sind, von der lokalen Ebene bis zu Konsultationsprozessen auf Weltebene aktiv. Wo Nicht-Regierungs-Organisationen beteiligt werden, treten sie manchmal gleichberechtigt neben den christlichen Kirchen auf. Sie werden angehört, nicht weil sie eine bestimmte Kirche vertreten oder Lobbyarbeit für das Christentum machen, sondern weil sie sich in bestimmten Sachfragen Kompetenz erworben haben. Für die Kirchen bedeutet diese Entwicklung, dass sie erstens Strukturen aufbauen sollten, um nicht von den Kompetenzen der Zivilgesellschaft abgeschnitten zu werden, sondern von ihnen zu profitieren. Leider tun sie das zu wenig. Wo sind auf der Ebene der lokalen Kirchen Kontakte zu Gruppen und Organisationen, die sich den Themen des Konziliaren Prozesses um Gerechtigkeit, Frieden und Bewahrung der Schöpfung widmen, selbstverständlich?[207] Zweitens wäre wünschenswert, dass die kircheninternen Gruppen und Organisationen ein Interesse dafür entwickeln, wie außerhalb von ihnen Meinungsbildungsprozesse ablaufen, um gegebenenfalls ihre eigenen Kommunikationswege zu ändern.

Elisabeth Raiser formulierte als Bilanz des Weges des Konziliaren Prozesses von Basel nach Seoul: „Dank der langjährigen inhaltlichen Arbeit haben die christlichen Gruppen in vielen Fragen einen sachlichen Vorsprung vor den Kirchen. Sie haben sich kompetent gemacht und sind sicher geworden; sie haben keine Berührungsängste gegenüber außerkirchlichen, nicht-christlichen Initiativen – im Gegenteil, ihre sachliche Arbeit wird im Austausch mit diesen erweitert und bereichert. Zum großen Teil sind sie selbst ja aus nicht-kirchlichen sozialen Bewegungen der 60iger und Anfang der 70iger Jahre hervorgegangen [...]. Die christlichen Gruppen leben in Solidarität mit diesen säkularen Bewegungen [...]. Diese Öffnung aus dem kirchlich-christlichen Raum hinaus und die thematische Vertiefung in der Zusammenarbeit mit nicht-kirchlichen Gruppen könnte vielleicht einer der entscheidenden weiterführenden Beiträge der christlichen Gruppen im konziliaren Prozeß sein."[208]

10.5.2. Eine Welt ohne Krieg und die Verantwortung der Christinnen und Christen: Eine Frage nach Gottes Eingreifen in die Geschichte

Im ersten Abschnitt dieses Kapitels sind aus den Jahren vor 1945 französische und deutsche, protestantische und katholische Theologen zitiert worden, die selbstverständlich davon ausgingen, dass durch Gottes Eingreifen Kriege verhindert werden könnten, stattfindende Kriege daher von Gott gewollt seien. Hätte er sie nicht gewollt, hätte er sie verhindert. Als mögliche Gründe, warum Gott Kriege zulasse, wurden „Prüfung", „Reinigung" oder „Strafe" genannt. Impulse für eine engagierte Friedensbewegung können von einer solchen theologischen Position nicht ausgehen.

Aufgrund des Nachdenkens über die Hintergründe und die Geschehnisse des Zweiten Weltkriegs wurde an einer solchen theologischen Position Kritik geübt. 1948 formulierte der Weltrat der Kirchen: „Krieg darf nach Gottes Willen nicht sein." Auf der Kundgebung in der Kongresshalle Frankfurt am Main, mit der am 23. März 1958 die Aktion „Kampf dem Atomtod!" eingeleitet wurde, sprach auch der deutsche katholische Schriftsteller Stefan Andres. Er sagte: „Erlösen wir unser Denken aus seiner furchtbarsten Gefangenschaft: aus der Schicksalsgläubigkeit, die in Wirklichkeit nur eine pseudoreligiöse Ergebung ist. Gewiß, wenn der Einzelne in Gottes Stunde gerät, dann bleibt ihm nur demütige, schweigende Ergebung. Aber keine Ergebung, keine Demut vor den Mächten der Geschichte! Wir sind aufgerufen zur Mitverantwortung, zum Selbstdenken, zum Kampf mit allen gesetzlichen Mitteln."[209]

Knapp zehn Jahre später schrieb der deutsche katholische Journalist Walter Dirks in seiner Einleitung zum Sammelband *Friede im Atomzeitalter*: „Früher sah es so aus [...], als ob die Christen oder zunächst die Menschen die Strukturen der Gesellschaft und der Staatenwelt als Ergebnisse einer irrationalen Geschichte verstehen und annehmen müßten, als ein ihnen vorgegebenes Feld, in dem sie dann für Christus Zeugnis ablegen sollten; in Wahrheit sind sie alle, Heiden und Christen, in ihrer gemeinsamen Menschlichkeit, aber auch die Christen als solche gemeinsam, die Subjekte und Träger der Geschichte selbst. Deshalb löst sich die Überlegung, wann ein Krieg gerecht sein könnte und wann er ungerecht sein würde, in einer großartigen Erkenntnis auf: Die Menschheit hat um den Preis des Untergangs eine universale Friedensordnung zu wollen und zu erarbeiten, zu erkämpfen und zu erbeten. Das [...] Volk des menschenfreundlichen Gottes [...] würde seine Aufgabe verfehlen, wenn es nicht der Menschheit zu dem Frieden zu verhelfen suchte, welcher die Alternative zu ihrem Selbstmord ist."[210] Diese grundlegende „Entdeckung der Geschichtlichkeit des Menschen, der Kirche und der Menschheit" verdanke – so Dirks – die katholische Kirche dem Zweiten Vatikanischen Konzil: „Das Konzil begreift [im 5. Kapitel des zweiten Teils von *Gaudium et Spes*], daß sich die Menschheit geschichtlich aus der Sackgasse, in die sie sich im Verlauf ihrer Geschichte hineingelebt hat, nicht durch Rezepte und Urteile über erlaubt und unerlaubt herausschaffen kann, sondern nur abermals durch geschichtliches Handeln."[211]

Alle Menschen, auch die Christen, als Subjekte der Geschichte zu begreifen, ist das eine. Das andere ist, die Vollendung des Reiches Gottes von Gott zu erhoffen. Wie hängen das Reich Gottes und die Geschichte zusammen? Tatkräftig das Friedensengagement der Christen befördert hat die Position der Würzburger Synode, formuliert 1975 im Grundsatzpapier „Unsere Hoffnung": „Die Verheißungen des Reiches Gottes sind nicht gleichgültig gegen das Grauen und den Terror irdischer Ungerechtigkeit und Unfreiheit, die das Antlitz des Menschen zerstören. Die Hoffnung auf diese Verheißung weckt in uns und fordert von uns eine gesellschaftskritische Freiheit und Verantwortung, die uns vielleicht nur deswegen so blaß und unverbindlich, womöglich gar so ‚unchristlich' vorkommt, weil wir sie in der Geschichte unseres kirchlichen und christlichen Lebens so wenig praktiziert haben. Und wo die Unterdrückung und Not sich – wie heute – ins Weltweite steigern, muß diese praktische Verantwortung unserer Hoffnung auf die Vollendung des Reiches Gottes auch ihre privaten und nachbarschaftlichen Grenzen verlassen können. Das Reich Gottes ist nicht indifferent gegenüber den Welthandelspreisen!"[212]

Die Kirchen haben gelernt, ihre Opposition gegenüber den „Mächten der Geschichte" zu formulieren. Schwieriger ist es, sich darüber zu verständigen, welche „Mächte" dem Reich Gottes besonders gefährlich sind und wodurch der „gerechte Friede" besonders bedroht ist. Man hat davon gesprochen, dass hinter der großen Zeit der Friedensbewegung Anfang der 1980er Jahre „Angst" stand und hinter der derzeitigen geringen Unterstützung „Desillusionierung". Christinnen und Christen, die sich als Subjekte ihrer Geschichte begreifen und zugleich die Vollendung des Reiches Gottes von Gott erhoffen, dürften sich weder von „Angst" noch von „Desillusionierung" anstecken lassen, sondern müssten für den Frieden arbeiten, ganz gleich, ob die Friedensbewegung ein Hoch oder ein Tief erlebt.

Weiterführende Literatur

Aktion Sühnezeichen/Friedensdienste (Hg.): Christen im Streit um den Frieden. Beiträge zu einer neuen Friedensethik. Positionen und Dokumente, Freiburg i. Br. 1982

Alexandre, Philippe: Pazifismus und Friedensdiskussion in den protestantischen Kreisen des Elsaß am Vorabend des Ersten Weltkrieges, in: Kirchliche Zeitgeschichte 14 (2001), S. 421–441

Altner, Günter: Atombombe und Schöpfungsglaube, in: ders., Die Überlebenskrise in der Gegenwart. Ansätze zum Dialog mit der Natur in Naturwissenschaft und Theologie, Darmstadt 1998, S. 38–57

Andries, Nathalie u.a. (Red.): Zerreißprobe Frieden. Baden-Württemberg und der NATO-Doppelbeschluss. Katalog zur Sonderausstellung im Haus der Geschichte Baden-Württemberg, Stuttgart 2004

Baadte, Günter/Boyens, Armin/Buchbender, Ortwin (Hgg.): Frieden stiften. Die Christen zur Abrüstung. Eine Dokumentation, München 1984

Baginski, Christophe: La politique religieuse de la France en Allemagne occupée (1945–1949), Villeneuve-d'Ascq 1997; dt. Übersetzung: Frankreichs Kirchenpolitik im besetzten Deutschland 1945–1949 (Quellen und Abhandlungen zur mittelrheinischen Kirchengeschichte 87), Mainz 2001

Bald, Detlef/Wette, Wolfram (Hgg.): Friedensinitiativen in der Frühzeit des Kalten Krieges 1945–1955 (Frieden und Krieg. Beiträge zur Historischen Friedensforschung 17), Essen 2010

Becker, Winfried: Deutsche Friedensbewegungen der Weimarer Republik in ihren Beziehungen zu Marc Sangnier, in: Historisches Jahrbuch 125 (2005), S. 175–221

Besier, Gerhard: Die Haltung des Protestantismus zum Krieg in den 1930er, 40er und 50er Jahren, in: Rottenburger Jahrbuch für Kirchengeschichte 25 (2006), S. 165–177

Buchbender, Ortwin/Kupper, Gerhard (Hgg.): Spurensuche Frieden. Friedensethische und friedenspolitische Erklärungen der christlichen Kirchen seit dem zweiten Golfkrieg (Schriftenreihe der Akademie der Bundeswehr für Information und Kommunikation 14), Koblenz 1995

Buro, Andreas: Totgesagte leben länger: Die Friedensbewegung. Von der Ost-West-Konfrontation zur zivilen Konfliktbearbeitung, Idstein 1997

Crespin, Raoul: Des protestants engagés. Le Christianisme Social 1945–1970, Paris 1993

Defrance, Corine/Pfeil, Ulrich: Eine Nachkriegsgeschichte in Europa 1945 bis 1963, Darmstadt 2011

Defrance, Corine: La politique culturelle de la France sur la rive gauche du Rhin 1945–1955, Strasbourg 1994

Diringer, Christoph: Kriegsdienstverweigerung und katholische Kirche (Internationaler Versöhnungsbund Texte), Uetersen 1989

Doering-Manteuffel, Anselm: Katholizismus und Wiederbewaffnung. Die Haltung der deutschen Katholiken gegenüber der Wehrfrage 1948–1955 (Veröffentlichungen der Kommission für Zeitgeschichte Reihe B Forschungen 32), Mainz 1981

Dupeyrix, Alexandre: Les pacifistes dans le Reich wilhelmien (1890–1918): ennemis de l'État ou patriotes?, in: IRICE 8 (2011) Heft 2, S. 11–37 = www.cairn.info/revue-les-cahiers-Irice-2011-2-page-11.htm

Eberhardt, Friedrich: Die kirchliche Betreuung der Kriegsdienstverweigerer in Württemberg in den sechziger Jahren, in: Ehmer, Hermann/Lächele, Rainer/Thierfelder, Jörg (Hgg.): Zwischen Reform und Revolution. Evangelische Kirche in Württemberg in den sechziger Jahren, Stuttgart 2007, S. 65–98

Evers, Tilman (Hg.): Ziviler Friedensdienst – Fachleute für den Frieden. Idee – Erfahrungen – Ziele, Opladen 2000

Fischer-Kerli, Ignaz: „Friedensdienste mit und ohne Waffen"? Die Diskussion um die Dienste für den Frieden im Bund der Deutschen Katholischen Jugend und in der deutschen Sektion von Pax Christi bis Ende der achtziger Jahre (Schriftenreihe Gerechtigkeit und Frieden der Deutschen Kommission Justitia et Pax 68), Bonn 1994

Fuchs, Albert: Re-Sakralisierung des Militärischen, in: pax zeit 63 (2011) Heft 1, S. 6–8

Gorguet, Ilde: Les mouvements pacifistes et la réconciliation franco-allemande dans les années vingt (1919–1931), Bern 1999

Gorguet, Ilde: Marc Sangnier: L'Internationale Démocratique et le Friedensbund Deutscher Katholiken, in : Kirchliche Zeitgeschichte 14 (2001), S. 452–469

Greschat, Martin: Marcel Sturm: L'Église évangélique en Allemagne depuis mai 1945, in: Revue d' Allemagne 21 (1989), S. 567–575

Gressel, Hans/Kloppenburg, Heinz (Hgg.) im Auftrage des deutschen Versöhnungsbundes: Versöhnung und Friede. 50 Jahre Internationaler Versöhnungsbund 3. August 1914 – 3. August 1964, o.O. [Dortmund] o.J. [1964]

Griebenow, Christian: Nach der Wehrpflicht. Herausforderungen der kirchlichen Friedensarbeit, in: Wissenschaft & Frieden 2011–3, S. 26f., digital verfügbar unter www.wissenschaft-und-frieden.de

Grunewald, Michel/Puschner, Uwe in Zusammenarbeit mit Hans Manfred Bock (Hgg.), Le milieu intellectuel catholique en Allemagne, sa presse et ses réseaux (1871–1963). Das katholische Intellektuellenmilieu in Deutschland, seine Presse und seine Netzwerke (1871–1963), Bern u.a. 2006

Haspel, Michael: Friedensethik und Humanitäre Intervention. Der Kosovo-Krieg als Herausforderung evangelischer Friedensethik, Neukirchen-Vluyn 2002

Hecke, Bernward: Katholische Friedensgruppen in Westdeutschland zwischen 1945–1955. Brüche, Kontinuitäten, in: Ascheberg, Rolf u.a. (Red.): 75 Jahre katholische Friedensbewegung in Deutschland. Zur Geschichte des „Friedensbundes Deutscher Katholiken" und von „Pax Christi", Idstein 1995, S. 117–136

Holtwick, Bernd: Nagelprobe „Frieden". Die Auseinandersetzungen um den NATO-Doppelbeschluss als Thema des Hauses der Geschichte Baden-Württemberg, in: Hartung, Olaf (Hg.): Museum und Geschichtskultur. Ästhetik – Politik – Wissenschaft, Bielefeld 2006, S. 139–159

Howorth, Jolyon/Chilton, Patricia (Hgg.): Defence and dissent in contemporary France, New York u.a. 1984

Kißener, Michael: Der Katholizismus und die deutsch-französische Annäherung in den 1950er Jahren, in: Defrance, Corine/Kißener, Michael/Nordblom, Pia (Hgg.): Wege der Verständigung zwischen Deutschen und Franzosen nach 1945. Zivilgesellschaftliche Annäherungen, Tübingen 2010, S. 89–98

Köpke, Wilfried: Friedensstandpunkt oder Friedensbewegung. Die Gewaltfreiheitdebatte in der deutschen Sektion von Pax Christi, in: Orientierung 61 (1997), S. 70–72

Kretzschmar, Martin: Die Deutschlandbilder der Zeitschriften La Revue des Deux Mondes, Esprit und Documents, Revue des questions allemandes 1945–1999, Diss. phil., Heidelberg 2002

Kubbig, Bernd W.: Kirche und Kriegsdienstverweigerung in der BRD, Stuttgart u.a. 1974

Le Gloannec, Anne-Marie: Die Marginalisierung Europas am Anfang des 21. Jahrhunderts, in: Arnold, Hans/ Krämer, Raimund (Hgg.): Sicherheit für das größere Europa. Politische Optionen im globalen Spannungsfeld, Bonn 2002, S. 236–252

Lienemann, Wolfgang: Frieden. Vom „gerechten Krieg" zum „gerechten Frieden" (Ökumenische Studienhefte 10 = Bensheimer Hefte 92), Göttingen 2000

Lipp, Karlheinz/Lütgemeier-Davin, Reinhold/Nehring, Holger (Hgg.): Frieden und Friedensbewegungen in Deutschland 1892–1992. Ein Lesebuch (Frieden und Krieg. Beiträge zur Historischen Friedensforschung 16), Essen 2010

Mabille, François: Les catholiques et la paix au temps de la guerre froide. Le mouvement catholique international pour la paix Pax Christi, Paris u.a. 2004

Ménudier, Henri: La Revue française des questions allemandes: Documents, 1945–1949, in: Knipping, Franz/ Le Rider, Jacques unter Mitarbeit von Karl J. Mayer (Hgg.): Frankreichs Kulturpolitik in Deutschland, 1945–1950, Tübingen 1987, S. 349–387

Missalla, Heinrich: Katholische Friedensbewegung vor der Herausforderung der Politisierung. Ein kritisch-produktiver Vergleich zwischen dem FDK [Friedensbund Deutscher Katholiken] und „Pax Christi", in: Horstmann, Johannes (Hg.): 75 Jahre katholische Friedensbewegung in Deutschland. Zur Geschichte des „Friedensbundes Deutscher Katholiken" und von „Pax Christi", Schwerte 1995, S. 137–155

Nehring, Holger: Die Anti-Atomwaffen-Proteste in der Bundesrepublik und in Großbritannien. Zur Entwicklung der Ostermarschbewegung 1957–1964, in: vorgänge. Zeitschrift für Bürgerrechte und Gesellschaftspolitik 42 (2003), S. 22–31

Picard, Emmanuelle: Le rôle des catholiques français dans le rapprochement franco-allemand après la Seconde Guerre Mondiale, in: Kirchliche Zeitgeschichte 14 (2001), S. 513–532

Plum, Jacqueline: Französische Kulturpolitik in Deutschland 1945–1955. Das Beispiel der Jugendbewegungen und privaten Organisationen, Diss. phil., Bonn 2005

Riesenberger, Dieter: Der ‚Friedensbund Deutscher Katholiken' und der politische Katholizismus in der Weimarer Republik, in: Ascheberg, Rolf u.a. (Red.): 75 Jahre katholische Friedensbewegung in Deutschland. Zur Geschichte des „Friedensbundes Deutscher Katholiken" und von „Pax Christi", Idstein 1995, S. 17–48

Risse-Kappen, Thomas: Das Ende der Geschlossenheit – Die Friedensdiskussion in der katholischen Kirche der Bundesrepublik, in: Birckenbach, Hanne-Margret (Hg.): Friedensforschung, Kirche und kirchliche Friedensbewegungen, Frankfurt a. M. 1983, S. 152–166

Rousseau, Sabine: La colombe et le napalm. Des chrétiens français contre les guerres d'Indochine et du Vietnam 1945–1975, Paris 2002

Sander Christensen, Carsten: Zur Wiederaufrüstung Westdeutschlands 1950–55. Politische Intentionen und Konzeptionen der Bundesrepublik Deutschland und Frankreichs im Remilitarisierungsprozess, Regensburg 2002

Schmitthenner, Ulrich: Der Konziliare Prozeß. Gemeinsam für Gerechtigkeit, Frieden und Bewahrung der Schöpfung. Ein Kompendium, Idstein 1998

Siedentopf, Heinrich/Speer, Benedikt in Zusammenarbeit mit Renaud Dorandeu (Hgg.): Deutschland und Frankreich in der europäischen Integration: „Motor" oder „Blockierer"? L'Allemagne et la France dans l'intégration européenne: „moteur" ou „frein"? (Schriftenreihe der Hochschule Speyer 210), Berlin 2011

Simon, Dominique: Le mouvement pacifiste en RFA de 1979 à 1983, Paris 2007

Stadtland, Helke (Hg.): „Friede auf Erden". Religiöse Semantiken und Konzepte des Friedens im 20. Jahrhundert (Frieden und Krieg. Beiträge zur Historischen Friedensforschung 12), Essen 2009

Stehen, Wilfried: Herausgefordert zu Frieden und Gerechtigkeit in der Welt. Die Kirchen und ihre Entwicklungspolitik, in: MD Materialdienst des Konfessionskundlichen Instituts Bensheim 45 (1994), S. 87–92

Strickmann, Martin: L'Allemagne nouvelle contre l'Allemagne éternelle. Die französischen Intellektuellen und die deutsch-französische Verständigung 1944–1950. Diskurse, Initiativen, Biografien, Frankfurt a. M. 2004

Strickmann, Martin: „L' Allemagne nouvelle" oder „L' Allemagne éternelle"? Die französischen Intellektuellen und die deutsch-französische Verständigung 1944–1950, in: Francia. Forschungen zur westeuropäischen Geschichte 32 (2005), S. 139–160

Sutor, Bernhard: Christliche Friedensethik seit dem Zweiten Weltkrieg: Revision der bellum-iustum-Lehre angesichts der Massenvernichtungswaffen, in: ders.: Vom gerechten Krieg zum gerechten Frieden? Stationen und Chancen eines geschichtlichen Lernprozesses, Schwalbach/Taunus 2004, S. 57–71

Thierfelder, Jörg: Die Besatzungsmacht Frankreich und die evangelischen Kirchen in der französischen Zone. Fälle und Konflikte, in: Revue d'Allemagne 21 (1989), S. 557–567

Voß, Reinhard J.: Geschichte der Friedensdienste in Deutschland, in: Evers, Tilman (Hg.): Ziviler Friedensdienst – Fachleute für den Frieden. Idee – Erfahrungen – Ziele, Opladen 2000, S. 127–144

Wanie, Renate/ Hartmann, Hans: Schöner intervenieren. Gewaltfreie Intervention – ein verkappter Friedenskolonialismus?, in: Evers, Tilman (Hg.): Ziviler Friedensdienst – Fachleute für den Frieden. Idee – Erfahrungen – Ziele, Opladen 2000, S. 86–93

Weingardt, Markus/Brahms, Renke/Scheffler, Horst: Die Zukunft der protestantischen Friedensarbeit in Deutschland. Ein Diskussionspapier, Tübingen/Bonn/Bremen 2012 (digital unter www.friedensdienst.de)

Werner, Michael: Die „Ohne mich"-Bewegung. Die bundesdeutsche Friedensbewegung im deutsch-deutschen Kalten Krieg (1949–1955), Münster 2006

Wintzen, René: L'Influence de personnalités, d'institutions et d'initiatives privées sur la politique culturelle française en Allemagne après 1945, in: Knipping, Franz/Le Rider, Jacques unter Mitarbeit von Karl J. Mayer (Hgg.): Frankreichs Kulturpolitik in Deutschland, 1945–1950, Tübingen 1987, S. 335–348

Zander, Helmut: Die Christen und die Friedensbewegungen in beiden deutschen Staaten. Beiträge zu einem Vergleich für die Jahre 1978–1987 (Beiträge zur Politischen Wissenschaft 54), Berlin 1989

Ziebura, Gilbert: Anfänge deutsch-französischer Begegnungen 1947–1951, in: Frankreich Jahrbuch 2003, Wiesbaden 2004, S. 153–165

Anmerkungen

1 Wolfgang Huber, Frieden V: Kirchengeschichtlich und ethisch, in: TRE, Bd. XI (1983), S. 618–646.

2 Christof Mauch und Tobias Brenner, *Für eine Welt ohne Krieg. Otto Umfrid und die Anfänge der Friedensbewegung*, Schönaich 1987, S. 22f.

3 Ebd., S. 47; zitiert aus: Karl Eris [= Otto Umfrid], *Arbeiter-Evangelium. Drei Vorträge an die Arbeiter*, Stuttgart 1893.

4 Zu ihm Jean-Claude Richez, Scheer Charles, in: *Encyclopédie de l'Alsace*, Bd. XI, Strasbourg 1985, S. 6713f. und Marie-Joseph Bopp, *Die evangelischen Geistlichen und Theologen im Elsaß und Lothringen von der Reformation bis zur Gegenwart*, Neustadt a. d. Aisch 1959–1960, Nr. 4528, S. 471.

5 Zu ihm Bopp, *Die evangelischen Geistlichen*, Nr. 3436, S. 363.

6 Manfred Schmid, Pazifistische Strömungen in Württemberg und Stuttgart zwischen Kaiserreich und Drittem Reich, in: *Zeitschrift für württembergische Landesgeschichte* 49 (1990), S. 321–342, hier S. 323–331; Ders., Umfrid, Otto, Pfarrer, Pazifist, in: *Württembergische Biographien* 1 (2006), S. 281–283; Hartmut Zweigle, Umfrid, Otto, in: RGG, 4. Aufl., Bd. VIII (2005), Sp. 709.

7 Karl-Christoph Epting, Die erste internationale Konferenz der Kirchen für Frieden und Freundschaft in Konstanz 1914, in: *Ökumenische Rundschau* 34 (1985), S. 7–25, hier S. 11.

8 Ebd., S. 12.

9 Harmjan Dam, *Der Weltbund für Freundschaftsarbeit der Kirchen 1914–1948: Eine ökumenische Friedensorganisation*, Frankfurt a. M. 2001, bes. „Eine Friedenskonferenz am Beginn des Ersten Weltkriegs (Konstanz 1914)", S. 49–66.

10 Konrad Lübbert, Versöhnungsbund – aus der Vergangenheit in die Zukunft, in: *Bilanz und Perspektiven. 75 Jahre Versöhnungsbund*, hg. vom Internationalen Versöhnungsbund, Deutscher Zweig, Uetersen 1990, S. 3–10, hier S. 6.

11 Pierre Kneubühler, Der französische Zweig des MIR und seine Geschichte. Vortrag beim gemeinsamen Treffen des deutschen und französischen Zweigs des Internationalen Versöhnungsbunds vom 29.9.–1.10.2006 in Verdun, veröffentlicht unter: www.versoehnungsbund.de/archiv.

12 Zitiert nach: Klaus Schreiner, „Helm ab zum Ave Maria". Kriegstheologie und Kriegsfrömmigkeit im Ersten Weltkrieg, in: *Rottenburger Jahrbuch für Kirchengeschichte* 25 (2006), S. 65–98, hier S. 82.

13 Faulhaber an Innenminister Knilling am 4. April 1916, abgedruckt in: Johann Klier, *Von der Kriegspredigt zum Friedensappell. Erzbischof Michael von Faulhaber und der Erste Weltkrieg. Ein Beitrag zur Geschichte der deutschen katholischen Militärseelsorge*, München 1991, S. 263–266, hier S. 264f. Die Bitte von Knilling ebd., S. 259–261. Vgl. auch ebd., S. 82–91 den Abschnitt „Der Feldpropst und die Durchhaltemoral" und die Einordnung durch Benedikt Kranemann, „Baue auch du … deiner Seele Unterstand bei ihm". Kriegsdeutung durch Liturgie am Beispiel von Feldpredigten des Ersten Weltkriegs, in: *Liturgie und Lebenswelt. Studien zur Gottesdienst- und Frömmigkeitsgeschichte zwischen Tridentinum und Vatikanum II*, hg. von Jürgen Bärsch und Bernhard Schneider, Münster 2006, S. 105–119.

14 Zit. nach Christian Geinitz, *Kriegsfurcht und Kampfbereitschaft: Das Augusterlebnis in Freiburg. Eine Studie zum Kriegsbeginn 1914*, Essen 1998, S. 235. Das St.-Lioba-Blatt trug den irreführenden Untertitel: *Sonntagsblatt der Erzdiözese Freiburg*, obwohl es eine Privatzeitung, herausgegeben von Heinrich Mohr, war.

15 René Baltus [= Peter Lorson SJ], Franko-Saarländer – Geschichte eines Lebens [geschrieben zwischen Pfingsten 1943 und 2. Juni 1945], in: René Baltus, *Pater Lorson. Grenzländer. Domprediger. Europäer. 1897–1954*, Blieskastel 2004, S. 11–197, hier S. 92.

16 Zit. nach Geinitz, *Kriegsfurcht*, S. 236. Vgl. auch den Bericht über die Versammlung in der Abendausgabe der *Freiburger Zeitung* vom 28. September 1914, einsehbar unter „Freiburger Zeitung digital" unter www.ub.uni-freiburg.de.

17 Vgl. Wolfgang J. Mommsen, Die christlichen Kirchen im Ersten Weltkrieg, in: ders., *Der Erste Weltkrieg. Anfang vom Ende des bürgerlichen Zeitalters*, Frankfurt a. M. 2004, S. 168–181.

18 Annette Becker, L'Histoire religieuse de la guerre 1914–1918, in: *Revue d'Histoire de l'Église de France* 86 (2000), S. 539–549, hier S. 541. Die Autorin wertet u.a. die Studie von Laurent Gambarotto aus: *Foi et patrie. La prédication du protestantisme français pendant la Première Guerre mondiale*, Genf 1996.

19 Ebd., S. 544.

20 Ebd., S. 543.

21 Mommsen, Christliche Kirchen, S. 176.

22 Becker, Histoire religieuse, S. 542.

23 Teilen der Friedensbewegung ging es nicht nur um Frieden im Allgemeinen, sondern um den Frieden zwischen Frankreich und Deutschland. Der Vertrag von Locarno des Jahres 1925 gab dazu Auftrieb. Von evangelischer Seite sind hier der französische Pfarrer Jules Rambaud und der von ihm gegründete Verein Evangelisch-Christliche-Einheit (ECE) besonders zu würdigen und der deutsche Auslandspfarrer Hans-Helmut Peters, der sich nach dem Zweiten Weltkrieg im unten genannten Deutsch-Französischen Bruderrat engagierte. Vgl. zu den Friedensbemühungen vor dem Zweiten Weltkrieg: Heike Arend, Gleichzeitigkeit des Unvereinbaren. Verständigungskonzepte und kulturelle Begegnungen in den deutsch-französischen Beziehungen der Zwischenkriegszeit, in: *Francia. Forschungen zur westeuropäischen Geschichte* 20 (1993), S. 131–149; Hermann Hagspiel, *Verständigung zwischen Deutschland und Frankreich? Die deutsch-französische Außenpolitik der zwanziger Jahre im innenpolitischen Kräftefeld beider Länder*, Bonn 1987; Christiane Tichy, Ein protestantischer Sieburg. Pfarrer Hans-Helmut Peters in Frankreich zwischen 1930 und 1944, in: *Francia. Forschungen zur westeuropäischen Geschichte* 24 (1997), S. 67–89.

24 Pierre Hayat, Ferdinand Buisson (1841–1932). Militant de la laïcité et de la paix, in: *Revue d'histoire et de philosophie religieuses* 85 (2005), S. 235–251, und Michael Erbe, Ein Querdenker für Frieden, Emanzipation und Toleranz: Ferdinand Buisson (1841–1932), in: Michael Erbe u.a. (Hgg.): *Querdenken. Dissens und Toleranz im Wandel der Geschichte. Festschrift zum 65. Geburtstag von Hans R. Guggisberg*, Mannheim 1996, S. 553–566.

25 Mona L. Siegel, *The Moral Disarmament of France. Education, Pacifism, and Patriotism, 1914–1940*, Cambridge 2004, S. 176: „The largest circle of society is human society, humanity."

26 Ebd., S. 177.

27 Institut Marc Sangnier, Paris: Liste des participants allemands aux congrès internationaux démocratiques pour la paix (1921–1931), zitiert nach: Winfried Becker, Deutsche Friedensbewegungen der Weimarer Republik in ihren Beziehungen zu Marc Sangnier, in: *Historisches Jahrbuch* 125 (2005), S. 175–221, hier S. 180 Anm. 11, S. 185f.

28 Vgl. *Die Aufgabe der Christen für den Frieden – Max Josef Metzger und die christliche Friedensarbeit zwischen den Weltkriegen*, hg. von Walter Dirks, Freiburg 1987.

29 *Worte des Friedens. Drei Reden von Marc Sangnier*, übersetzt und eingeleitet von Joseph Probst, Karlsruhe 1922, S. 27f.

30 Erzbischöfliches Archiv Freiburg, Generalia Vereine Vol. 2, 1916–1931 B2-55-5.

31 Martin Niemöller, Der Friede Gottes als die Kraft des wehrhaften Mannes, in: *Junge Kirche* 3 (1935), S. 836–842, hier S. 840, zitiert nach: Gerhard Besier, Die Haltung des Protestantismus zum Krieg in

den 1930er, 40er und 50er Jahren, in: *Rottenburger Jahrbuch für Kirchengeschichte* 25 (2006), S. 165–177, hier S. 170.

32 Baltus, Franko-Saarländer, S. 158.

33 Zitiert nach Besier, Die Haltung, S. 166 unter Berufung auf: Joachim Beckmann, *Das Wort Gottes bleibt in Ewigkeit. Erlebte Kirchengeschichte*, Neukirchen-Vluyn 1986, S. 217.

34 Entsprechende Belege bei: Rainer Hudemann, La France et le Conseil de Contrôle Interallié en Allemagne (1945–1947), in: *Revue d'Allemagne* 21 (1989), S. 235–256, vor allem S. 237 mit Anm. 9, und ders., Neue Erkenntnisse über die Besatzungszonen, in: ebd. S. 385–394. Generell: Wolfgang Benz, Stand und Kontroversen der Forschung, in: ders., *Deutschland unter alliierter Besatzung 1945–1949* (Gebhardt. Handbuch der deutschen Geschichte 22), 10. Aufl., Stuttgart 2009, S. 34–46.

35 Edgar Wolfrum, Französische Besatzungspolitik, in: *Deutschland unter alliierter Besatzung 1945–1949/55*, hg. von Wolfgang Benz, Berlin 1999, S. 60–72, hier S. 61.

36 Martin Strickmann, Französische Intellektuelle als deutsch-französische Mittlerfiguren 1944–1950, in: Patricia Oster/Hans-Jürgen Lüsebrink (Hgg.): *Am Wendepunkt. Deutschland und Frankreich um 1945 – zur Dynamik eines ,transnationalen' kulturellen Feldes. Dynamiques d'un champ culturel ,transnational' – L'Allemagne et la France vers 1945* (= Frankreich-Forum. Jahrbuch des Frankreichzentrums der Universität des Saarlandes 7 (2006/07)), Bielefeld 2008, S. 31–47, hier S. 35f.

37 Martin Stankowski, *Linkskatholizismus nach 1945. Die Presse oppositioneller Katholiken in der Auseinandersetzung für eine demokratische und sozialistische Gesellschaft*, Köln 1976.

38 Horst Möller, Joseph Rovan (1918–2004), in: *Francia. Forschungen zur westeuropäischen Geschichte* 32 (2005), S. 195–199.

39 Walter Dirks war in der Zeit der Weimarer Republik nicht nur Redakteur der liberalen *Rhein-Mainischen Volkszeitung* gewesen, sondern auch verantwortlich für die Zeitschrift des Friedensbunds Deutscher Katholiken *Der Friedenskämpfer*, vgl. Marie-Emmanuelle Reytier, Des catholiques pacifistes. Die Katholische Friedenswarte (1924–1927) et Der Friedenskämpfer (1928–1933), in: Michel Grunewald/Uwe Puschner in Zusammenarbeit mit Hans Manfred Bock (Hgg.): *Le milieu intellectuel catholique en Allemagne, sa presse et ses réseaux (1871–1963). Das katholische Intellektuellenmilieu in Deutschland, seine Presse und seine Netzwerke (1871–1963)*, Bern u.a. 2006, S. 256–280, hier S. 268. Zu Dirks: Hans-Otto Kleinmann, Walter Dirks (1901–1991), in: Jürgen Aretz u.a. (Hgg.): *Zeitgeschichte in Lebensbildern*, Bd. VIII, Mainz 1997, S. 265–281.

40 Hans-Otto Kleinmann, Eugen Kogon (1903–1987), in: Jürgen Aretz u.a. (Hgg.): *Zeitgeschichte in Lebensbildern*, Bd. IX, Münster 1999, S. 223–242.

41 Zu den *Frankfurter Heften* siehe Stankowski, *Linkskatholizismus*, S. 66–136.

42 Martin Kretzschmar, *Die Deutschlandbilder der Zeitschriften La Revue des Deux Mondes, Esprit und Documents, Revue des questions allemandes 1945–1999*, Diss. phil., Heidelberg 2002, S. 41–44.

43 Strickmann, Französische Intellektuelle, S. 37.

44 Paraphrasiert nach: Martin Greschat, Das Hilfswerk der EKD und die Entstehung des Deutsch-Französischen Bruderrats, in: *Soziale Arbeit in historischer Perspektive: zum geschichtlichen Ort der Diakonie in Deutschland*. Festschrift für Helmut Talazko zum 65. Geburtstag, hg. von Jochen-Christoph Kaiser, Stuttgart 1998, S. 135–151, hier S. 137.

45 Ebd., S. 138.

46 Daniela Heimerl, Der französisch-deutsche Bruderrat, in: *Kirchliche Zeitgeschichte* 14 (2001), S. 470–486.

47 Kurt Oser für die Große Kreisstadt Bühl, *Die Geschichte des Bühler Friedenskreuzes im Zusammenhang mit dem Beginn der deutsch-französischen Versöhnung und der Entstehung der Pax-Christi-Bewegung*, Bühl 1983.

48 Jens Oboth, Josef Probst – „Vater" der deutschen pax christi-Sektion (1945–1950), in: *pax zeit. Zeitschrift der Deutschen Sektion von Pax Christi* 62 (2010) Heft 4, S. 16f., hier 16.

49 Jean-Claude Delbreil, *Les catholiques français et les tentatives de rapprochement franco-allemand (1920–1933)*, Metz 1972, S. 23f.

50 Flugblatt, in: *Pax Christi. Kreuzzug für den Frieden* 7 (1955) Nr. 1.

51 Die beiden Ordinariate von Straßburg und Freiburg haben alle Gebete und Ansprachen auf Französisch und Deutsch herausgegeben in: *Struthof – Hartmannsweilerkopf. Deutsch-Französische Gedenktage. Rencontres franco-allemandes 1./2. August 1964 „Pacem in terris"*, Freiburg u.a. 1964.

52 Ebd., S. 16.

53 Erzbischöfliches Archiv Freiburg, Generalia Erzbistum Freiburg, Rubrik: Vereine, Betreff: Verschiedene Vereine, Signatur B2-55-5. Wenn nicht anders vermerkt, stammen die Informationen des Männerwerks aus diesem Faszikel. Die Archivstudien hat mein studentischer Mitarbeiter Clemens Weingart für mich übernommen.

54 *Konradsblatt* 46 (1962) Heft 53, S. 20.

55 Der Rückblick findet sich im Ordner „Europa" im Archiv des Männerreferats des Seelsorgeamts der Erzdiözese.

56 Christian Würtz hat in seiner Dissertation genau angegeben, wie sich im Verlauf des Krieges die Zahl und die Situation der elsässischen Priesteramtskandidaten in Freiburg geändert hat, und hat dazu auch Zeitzeugenbefragungen durchgeführt: Christian Würtz, *Die Priesterausbildung während des Dritten Reichs in der Erzdiözese Freiburg*, Diss. masch. Freiburg 2010, bes. „Die Straßburger Alumnen in Freiburg", S. 375–385.

57 Ebd., S. 385 unter Berufung auf Paul Winninger, *Les séminaires du diocèse de Strasbourg pendant la guerre*, Strasbourg 1996, S. 122.

58 Das stellt auch Karl Heinz Voigt aus methodistischer Sicht fest und sagt zur Arbeit von Martin Gerhard Kupsch, *Krieg und Frieden. Die Stellungnahmen der methodistischen Kirchen in den Vereinigten Staaten, Großbritannien und Kontinentaleuropa*, Frankfurt a. M. 1992: „Aktivitäten von Gemeinden und Gruppen konnten nicht berücksichtigt werden. Das ist aber bei einer differenzierten Behandlung dieses Themas notwendig, weil innerhalb der Freikirchen gerade die feste Bindung an die jeweiligen Kirchen und ihre Gemeinden ein wesentlicher Faktor ist, der die persönliche ethische Entscheidung und dann auch das Handeln der Gesamtheit beeinflusst." Karl Heinz Voigt, „Friedensdienst mit und ohne Waffen?", in: *Freikirchen-Forschung* 13 (2003), S. 180–197, hier S. 180.

59 Anselm Doering-Manteuffel, Kirche, Katholiken und die Wiederbewaffnung in den frühen fünfziger Jahren. Zum Umfeld des „Falles Reinhold Schneider", in: Ekkehard Blattmann/Klaus Mönig (Hgg.): *Über den „Fall Reinhold Schneider"*, München/Zürich 1990, S. 7–25, hier S. 14.

60 Michael Werner, Zur Relevanz der „Ohne mich"-Bewegung in der Auseinandersetzung um den Wehrbeitrag, in: Detlef Bald/Wolfram Wette (Hgg.): *Friedensinitiativen in der Frühzeit des Kalten Krieges 1945–1955*, Essen 2010, S. 79–86, hier S. 80.

61 Patrick Bernhard, *Zivildienst zwischen Reform und Revolte. Eine bundesdeutsche Institution im gesellschaftlichen Wandel 1961–1982*, München 2005, S. 58. Weitere Gründe für das hohe Ansehen der Bundeswehr ebd., S. 52–58.

62 So in seiner Zusammenfassung Johannes M. Becker, *Die Remilitarisierung der Bundesrepublik Deutschland und das deutsch-französische Verhältnis. Die Haltung führender Offiziere (1945–1955)*, Marburg 1987, S. 207.

63 Ebd., S. 207f.

64 Bernhard, *Zivildienst*, S. 25.

65 Karl Schmitt: Protestantism and Peace Movements in Germany, in: *Social Compass* 32 (1985), S. 203–228, hier S. 209. Der Artikel ist online unter http://scp.sagepub.com/content/32/2-3/203 einsehbar.

66 Ebd., S. 210.

67 Doering-Manteuffel, Kirchen, Katholiken und Wiederbewaffnung, S. 14.

68 Diese Unterscheidung findet sich ebd., S. 15.

69 Das Publikationsorgan des Männerwerks *Mann in der Zeit* brachte in der Septembernummer von 3 (1950) unter den Überschriften „Mahnung zum rechten Frieden" und „Die Kirche zu Krieg und Frieden" ausführlich die Weihnachtsansprache des Papstes und die Rede von Kardinal Frings. In der folgenden Oktobernummer druckte *Mann in der Zeit* unter „Kritische Stimmen. Um den Artikel ‚Die Kirche zu Krieg und Frieden'" einige der eingegangenen Leserbriefe ab, die belegen, dass nicht alle Mitglieder des Männerwerks mit dieser Position einverstanden waren. Zu den Kritikern gehörte auch „der Vorsitzende der ‚Friedensgesellschaft Freiburg i. Br.', Dr. Fleischer". Die These Doering-Manteuffels ist daher zu prüfen.

70 Doering-Manteuffel, Kirchen, Katholiken und Wiederbewaffnung, S. 16.

71 *Junge Kirche* (1949), S. 243, zitiert nach Besier, Haltung des Protestantismus, S. 171.

72 Schmitt, Protestantism, S. 208.

73 Ebd., S. 210.

74 Mit Blick auf die Genfer Konferenz der vier Besatzungsmächte vom 18. bis 23. Juli 1955 wurde am 6. Juli 1955 an alle Dekanate und Pfarrämter der Pfalz folgender Gebetsaufruf der protestantischen Landeskirchen gesandt: „Neige dich in Gnaden zu allen Völkern und wende auch unserem Volke dein Erbarmen aufs neue zu. Laß unser deutsches Land wieder vereinigt werden. Verbinde, was getrennt ist." Zitiert bei: Michael J. Inacker, *Zwischen Transzendenz, Totalitarismus und Demokratie. Die Entwicklung des kirchlichen Demokratieverständnisses von der Weimarer Republik bis zu den Anfängen der Bundesrepublik (1918–1959)*, Neukirchen-Vluyn 1994, S. 350, innerhalb des Abschnittes „Zwischen Westbindung und Nationalstaatlichkeit – Protestantische Eingewöhnungsprobleme im geteilten Deutschland."

75 Norman Ingram, *The politics of dissent. Pacifism in France 1919–1939*, Oxford 1991.

76 Claude Bourdet, The Rebirth of a Peace Movement, in: *Defence and Dissent in Contemporary France*, hg. von Jolyon Howorth und Patricia Chilton, New York 1984, S. 190–201, hier S. 199.

77 So Torsten Hartleb, ‚Qui est (anti-)Munichois?' Prag 1948 und der französische Münchenkomplex, in: *Francia. Forschungen zur westeuropäischen Geschichte* 23 (1996), S. 75–92, hier S. 75f.

78 Alfred Grosser, Das Recht auf ein offenes Wort, in: *Dokumente* 39 (1983) Sonderheft Januar, S. 107–117, hier S. 116, zitiert nach: Ernst Ulrich Große/Heinz-Helmut Lüger unter Mitarbeit von Gérard Thiériot, *Frankreich verstehen. Eine Einführung mit Vergleichen zu Deutschland*, 6. Aufl., Darmstadt 2008, S. 318.

79 Bernard Laguerre, Munich 1938, in: Jacques Julliard/Michel Winock (Hgg.): *Dictionnaire des intellectuels français. Les personnes. Les lieux. Les moments*, Paris 2009, S. 993–995.

80 Joseph Jurt, *Frankreichs engagierte Intellektuelle. Von Zola bis Bourdieu*, Göttingen 2012, S. 165–170: „Die ‚Säuberungen' von 1944/45 und die Verantwortung der Intellektuellen". Ders., Die Tradition der engagierten Intellektuellen in Frankreich. Von der Dreyfus-Affäre bis heute, in: ders. (Hg.): *Intellektuelle – Elite – Führungskräfte und Bildungswesen in Frankreich und Deutschland. Intellectuels – élite – cadres et système de formation en France et en Allemagne. Kolloquium des Frankreich-Zentrums der Albert-Ludwigs-Universität Freiburg i. Br., 7./8. Juni 1996*, Freiburg i. Br. 2004, S. 33–58.

81 Becker, *Remilitarisierung*, S. 38.

82 Ebd., S. 204f.

83 Als Kompensationsversuch für die Niederlage gegen Deutschland erklärt sich Michael Howard das militärische Vorgehen Frankreichs gegenüber seiner Kolonie, von der man sich schwieriger trennen konnte als Großbritannien von seinen. Michael Howard, *Der Krieg in der europäischen Geschichte. Vom Mittelalter bis zu den neuen Kriegen der Gegenwart*, 2. Aufl., München 2010, S. 200f.

84 Catherine Guicherd, *L'Église catholique et la politique de défense au début des années 1980. Étude comparative des documents pastoraux des évêques français, allemands et américains sur la guerre et la paix*, Paris 1988, S. 73.

85 Étienne Fouilloux, Bewahrende Kräfte und Neuerfahrungen im Christentum Frankreichs, in: Jean-Marie Mayeur/Kurt Meier für die deutsche Ausgabe (Hgg.): *Die Geschichte des Christentums,* Bd. XII: *Erster und Zweiter Weltkrieg. Demokratien und totalitäre Systeme (1914–1958),* Freiburg u.a. 1992, S. 552–631, hier S. 582.

86 Guicherd, *L'Église catholique et la politique de défense,* S. 73.

87 Marcel Albert, *Die katholische Kirche in Frankreich in der Vierten und Fünften Republik,* Rom u.a. 1999, S. 162f.

88 Henri Roser: Gewaltlose Demonstrationen für die Algerier, in: *Versöhnung und Friede. 50 Jahre Internationaler Versöhnungsbund 3. August 1914 – 3. August 1964,* hg. im Auftrage des deutschen Versöhnungsbundes von Hans Gressel und Heinz Kloppenburg, o.O. [Dortmund] o.J. [1964], S. 92, mit der Angabe „der christ in der welt 1961,1".

89 Bernhard, *Zivildienst,* S. 17.

90 Voigt, *Friedensdienst,* S. 184.

91 Bernhard, *Zivildienst,* S. 15.

92 Ebd., S. 14.

93 Ebd., S. 23.

94 Ebd., S. 23.

95 Ebd., S. 51.

96 Seelsorgeamt Okenstraße, Freiburg i. Br.: Ordner Fachstelle Freiwilligendienste/Friedensdienste KDV Historische Jubiläen.

97 Dokumentationszentrum der Bundeswehr: Nr. AA 9159 10f., zitiert nach: Franz W. Seidler, *Wehrpflicht und Kriegsdienstverweigerung,* Hof/Saale 1984, S. 129f.: „88. Die Situation in Frankreich".

98 Ebd., S. 129.

99 Patrice Buffotot, Bedrohungsperzeption und Nachahmung. Der Einfluss des deutschen Modells der allgemeinen Wehrpflicht auf die französische Wehrverfassung 1870 bis 1970, in: *Militär in Deutschland und Frankreich 1870–2010. Vergleich, Verflechtung und Wahrnehmung zwischen Konflikt und Kooperation,* hg. von Jörg Echternkamp und Stefan Martens, Paderborn u.a. 2012, S. 147–158, hier S. 157. Patrice Buffotot war Leiter des Observatoire européen de sécurité (OES) und Forschungs- und Lehrbeauftragter am Centre de Recherches Politiques de la Sorbonne, Université Paris 1. So laut S. 201 des Sammelbands.

100 Gustav Heinemann (1899–1976) war 1945–1952 Mitglied der CDU und erster Innenminister der Bundesrepublik Deutschland. Er trat 1950 von diesem Amt zurück, weil Bundeskanzler Konrad Adenauer ohne Rücksprache mit seinem Kabinett den Aufbau der Bundeswehr vorgeschlagen hatte. Vor dem Eintritt in die SPD im Jahr 1957 gründete Heinemann die Gesamtdeutsche Volkspartei. Für die SPD war er Mitglied des Bundestags und 1966–1969 Justizminister. 1969–1974 war Heinemann Bundespräsident. Zugleich war er in den kritischen Jahren – und darauf spielt Dirks an –, nämlich 1945–1967, Mitglied des Rates der EKD, 1949–1955 Präses ihrer Synode.

101 Ludwig Metzger (1902–1993) war 1953–1969 für die SPD im Deutschen Bundestag und Mitglied der Synode der Landeskirche von Hessen und Nassau und der Synode der EKD.

102 Walter Dirks, Die Gefahr der Gleichschaltung, in: *Frankfurter Hefte* 13 (1958), S. 379–391, hier S. 380.

103 Ebd., S. 379 Anmerkung *.

104 Ebd., S. 381.

105 So nach der Homepage http://fest-heidelberg.de „Über uns".

106 So nach der Homepage http://fest-heidelberg.de „Mitglieder".

107 Andreas Buro, Friedensbewegung, in: *Die sozialen Bewegungen in Deutschland seit 1945. Ein Handbuch,* hg. von Roland Roth und Dieter Rucht, Frankfurt/New York 2008, S. 267–291, hier S. 272.

108 Ebd., S. 273.

109 Ebd., S. 272.

110 Ebd., S. 273.

111 Ebd., S. 274.

112 Christian Mellon, Peace organisations in France today, in: *Defence and Dissent*, Howorth/Chilton (Hgg.), S. 202–216, hier S. 209.

113 Bourdet, Rebirth, S. 193f.

114 Marc Ullmann, Zwischen Skepsis und Vertrauen. Vom Zwiespalt der französischen Deutschlandpolitik 1950–88, in: *Dokumente* 44 (1988), S. 456–462, hier S. 457.

115 Reiner Marcowitz, Im Spannungsverhältnis von Amerikanisierung, Europäisierung und Westernisierung. Die Zäsur der 1960er und 1970er Jahre für die transatlantische Europadebatte, in: Chantal Metzger/ Hartmut Kaelble (Hgg.): *Deutschland – Frankreich – Nordamerika: Transfers, Imaginationen, Beziehungen*, München 2006, S. 98–123, hier S. 109.

116 So in der Rede vom 5. Mai 1976, vgl. Buffotot, Bedrohungsperzeption, S. 157f.

117 Ullmann, Skepsis, S. 461.

118 Bourdet, Rebirth, S. 195.

119 Ebd., S. 196.

120 Mellon, Peace organisations, S. 204.

121 Ebd., S. 205.

122 Albert, *Katholische Kirche in Frankreich*, S. 168.

123 Dt. Übersetzung abgedruckt in: Rolf Ascheberg (Hg.): *Atomwaffen abschaffen* (Probleme des Friedens. Politische Schriftenreihe 1998, Nr. 3), hg. im Auftrag von Pax Christi, Deutsches Sekretariat u.a., S. 155–161. Französisch unter: www.un.org/disarmament/WMD/Nuclear/pdf/NPTFrench_Text.pdf.

124 In der dt. Übersetzung ist darauf zu achten, dass „Mouvement de la Paix" nicht „Friedensbewegung" bedeutet. „Friedensbewegung" in Deutschland meint ein großes Spektrum sehr unterschiedlicher Gruppierungen, die sich für Abrüstung einsetzen und eingesetzt haben. Die „Bewegung des Friedens" in Frankreich dagegen sprach nur vage vom Frieden und meinte damit keinesfalls, dass Frankreich seine Kernwaffen abschaffen sollte, so Mellon, Peace organisations, S. 206–208.

125 Sabine Rousseau, *La Colombe et le napalm. Des chrétiens français contre les guerres d'Indochine et du Vietnam 1945–1975*, Paris 2002, S. 152f.

126 Ebd., S. 157.

127 Ebd., S. 161f.

128 Ebd., S. 162.

129 Ebd., S. 160.

130 Er war seit 1957 „Conseiller d'État honoraire" für den Oberrhein und zuvor Abgeordneter für den MRP (Mouvement Républicain Populaire) für das Oberelsass.

131 Die Unterschriften sind aufgeführt bei ebd., S. 344f. und kommentiert S. 160f.

132 Der Brief an Präsident Johnson ist im Anhang von ebd., S. 343 abgedruckt.

133 Ebd., S. 164f.

134 Ebd., S. 165.

135 Ein Auszug aus den *Informations catholiques internationales* vom 15. Januar 1967, S. 8 ist abgedruckt bei ebd., S. 169f.

136 Ein Auszug aus den *Informations catholiques internationales* vom 15. Januar 1967, S. 9 ist abgedruckt bei ebd., S. 170.

137 Ebd., S. 172.

138 Die Namen der Erstunterzeichner finden sich im Anhang von ebd., S. 348–350.

139 Ebd., S. 19.

140 Benjamin Ziemann, Peace Movements in Western Europe, Japan and USA since 1945: An Introduction, in: *Mitteilungsblatt des Instituts für soziale Bewegungen* 32 (2004), S. 5–19, hier S. 6f.

141 Schmitt, Protestantism, S. 204.

142 So ebd., S. 204f. unter Berufung u.a. auf: Günter Brakelmann, Kirche als Ersatzpartei. Beobachtungen zur Friedensbewegung, in: *Argumente für Frieden und Freiheit*, unter Mitarbeit u.a. von Franz Böckle, Melle 1983, S. 55–61; Theodor Hanf, Un Son de Cloche! Essai sur Confession et Style Politique en Allemagne, in: *Revue d'Allemagne* 16 (1984), S. 266–280 und Pierre Hassner, Was geht in Deutschland vor?, in: *Europa Archiv* 37 (1982), S. 517–526.

143 Zu diesem Abschnitt Schmitt, Protestantism, S. 211f. und Helmut Zander, *Die Christen und die Friedensbewegungen in beiden deutschen Staaten. Beiträge zu einem Vergleich für die Jahre 1978–1987*, Berlin 1989, S. 51–57 und S. 59–66 zur Erklärung des Moderamens des Reformierten Bundes.

144 Wilfried von Bredow und Rudolf H. Brocke, Friedensbewegung in Frankreich, in: Dies., *Krise und Protest. Ursprünge und Elemente der Friedensbewegung in Westeuropa*, Opladen 1987, S. 135–143, hier S. 139, und Mellon, Peace organisations, S. 207.

145 Mellon, Peace organisations, S. 210.

146 Beispiele bei ebd., S. 208.

147 Bourdet, Rebirth, S. 197.

148 Ebd., S. 197.

149 Jean Thomas, „Die älteste Tochter der Kirche ist dabei, bescheiden zu werden." Zur Situation der Kirche in Frankreich, in: *Herder Korrespondenz* 36 (1982), S. 455–460, hier S. 458.

150 Elisabeth Raiser, Zwischen Basel und Seoul – innerkirchliche und politische Analysen des Konziliaren Prozesses, in: Internationaler Versöhnungsbund. Deutscher Zweig (Hg.): *Bilanz und Perspektiven. 75 Jahre Versöhnungsbund*, Uetersen 1990, S. 65–90, hier 69f.

151 Konferenz Europäischer Kirchen. Rat der Europäischen Bischofskonferenzen, *Schlussdokument der Europäischen Ökumenischen Versammlung Frieden in Gerechtigkeit 15.–21. Mai 1989*, Basel (Schweiz), Nr. 80, in: Frieden in Gerechtigkeit. Dokumente der Europäischen Ökumenischen Versammlung, Basel/ Zürich 1989, S. 72.

152 So nach Ulrich Frey, Aufbruch in Basel 1989, in: *ökumenisch Frieden lernen. 20 Jahre gewaltfrei handeln. Oekumenischer Dienst Schalomdiakonat e.V.*, Diemelstadt-Wethen 2012, S. 2, online einsehbar unter: http://gewaltfreihandeln.org/images/downloads/20_Jahre_gewaltfrei_handeln_2.pdf.

153 Zitiert in: Herbert Froehlich, Ernst von der Recke, Wilfried Warneck, *Alles wirkliche Leben ist Begegnung. Ökumenische Schalom-Dienste fordern Kirchen heraus*, Hildesheim u.a. 1991, S. 23.

154 S. dazu die Angaben auf der Homepage www.schalomdiakonat.de.

155 So das Papier „Schalomdienste: eine Herausforderung für die Kirche von Freiburg. Vorlage für die Vollversammlung des Diözesanrats der Katholiken zur Weitergabe an den Diözesantag [1997]" im Ordner „Schalomdiakonat" des Seelsorgeamtes.

156 So im Nachruf von Johannes Schnettler. Dieser und ein Referat von Herbert Froehlich aus dem Jahr 2004 zum Thema „Gewalt und Toleranz" finden sich unter www.lebenshaus-alb.de/magazin/002873.html und 002876.html.

157 Die 13 Punkte des Jahres 2000 und ihr historischer Kontext werden beleuchtet von Otfried Nassauer von dem „Berliner Informationszentrum für Transatlantische Sicherheit" (BITS) im Artikel: Der Atomwaffensperrvertrag – Oder: der nukleare Nichtverbreitungsvertrag (NVV), digital einsehbar unter: www.bits.de/public/articles/nvv.htm.

158 Vgl. Homepage http://paxchristi.cef.fr, Dokument „Le Traité de non prolifération nucléaire", das die Geschichte des Atomwaffensperrvertrags wiedergibt, mit der Zwischenüberschrift „La non-prolifération en danger". Unter den Dossiers, die „Armes nucléaires STOP" herausgibt, trägt das von April/Mai 2010 den Titel „La France et l'arme nucléaire" und ist einsehbar unter: www.paxchristi.cef.fr/docs/DossierANS04.2010.pdf.

159 http://paxchristi.cef.fr, fiche „Désarmement nucléaire: ambiguïté de la position française" mit der Wiedergabe der Argumentation von Jean-Marie Collin.

160 Den Diskussionsstand im Jahr 2008 beleuchtet Jürgen Scheffran: Transformation in die atomwaffen-freie Welt. Die Nuklearwaffenkonvention, in: Wissenschaft & Frieden 2008-1, digital verfügbar unter http://www.wissenschaft-und-frieden.de. Die dt. Übersetzung des ersten Modellentwurfs für die Nuklear-waffenkonvention findet sich unter www.atomwaffena-z.info/fileadmin/user_upload/pdf/nwc.pdf.

161 Der unter www.icanfrance.org/index.html einsehbare Brief vom 2. Mai 2012 führt nur wenige der Unterzeichner auf. Unter der gleichen Internetadresse ist mit dem Datum vom 6. Februar 2012 ein Brief an alle Kandidatinnen und Kandidaten als pdf-Dokument verfügbar, der die Namen aller den Brief stützenden Organisationen enthält, u.a. auch die oben genannten.

162 So laut www.atomwaffenfrei.de/kontakt.html.

163 Der Bericht der *Frankfurter Rundschau* unter www.fr-online.de/politik/nato-erklaerung-us-atombom-ben-bleiben,1472596,17174620.html. Die Stellungnahme von „atomwaffenfrei.jetzt" mit den Links zum Presseecho unter: www.atomwaffenfrei.de/presse.html.

164 Unter der Überschrift „Atomwaffen-Modernisierung in Europa" stellt *ippnw-aktuell* Nr. 27 vom September 2012 (IPPNW = Ärzte zur Verhütung des Atomkrieges/ Ärzte in sozialer Verantwortung) die Informationen zusammen unter www.ippnw.de/commonFiles/pdfs/Atomwaffen/Aktuell27_B61_web.pdf. Dort auch oben benutztes Zitat. Vgl. dazu auch die von den Mitarbeitern des Berliner Informa-tionszentrums für Transatlantische Sicherheit (BITS) Otfried Nassauer und Gerhard Piper verfasste Studie mit dem Titel: Atomwaffen-Modernisierung in Europa. Das Projekt B61-12. Digital ist die Studie einsehbar unter: www.atomwaffenfrei.de/fileadmin/user_upload/pdf_Dateien/Materialien/B61_Studie_web.pdf.

165 Zitat nach dem Artikel der *Frankfurter Rundschau* vom 5. September 2012.

166 So der Kommentar von Oliver Meier, abgedruckt im Bulletin von April 2012 www.armesnuclairesstop.org unter der Überschrift *Chicago Summit. Germany pushes for changes in NATO's nuclear posture.* Aktuelle Informationen und kritische Stellungnahmen zur NATO-Politik finden sich auf der Homepage des „Lebenshaus Schwäbische Alb": http://www.lebenshaus-alb.de.

167 Petition zum Einsehen und Unterzeichnen auf der Homepage www.mirfrance.org.

168 Vgl. www.mayorsforpeace.org/english/membercity/map.html. Aus Belgien sind 378 Städte dabei.

169 Dies nach der Liste unter www.mayorsforpeace.org/english/membercity/europe/france.html.

170 Siehe www.mayorsforpeace.org/english/membercity/europe/germany.html.

171 Zu den Initiatoren gehörten 2007 die „Friedensinitiative Westpfalz" und die „Friedensinitiative Neustadt", auf deren Homepage sich die entsprechende Information findet: www.friedensforum-neustadt.de.

172 Ein Bericht darüber findet sich im *Mannheimer Morgen* vom 5. August 2012: www.morgenweb.de/mannheim.

173 José-Luis Moraguès, Trois ans du mouvement BDS en France, Januar 2012, einsehbar unter: http://mirfrance.org, „Articles à lire".

174 Hinweise ebenfalls auf der Homepage www.mirfrance.org unter den Überschriften *Non à l'achat par la France de 318 millions d'euros de drones à Israël!* bzw. *Non aux armes! Fermons Eurosatory et tous les salons d'armement!*

175 Der Bericht findet sich unter den Publikationen der GKKE auf deren Homepage: www3.gkke.org/home.html. oder als „Link" der Seite, die das „Bonn International Center for Conversion" (BICC) eingerichtet hat: www.ruestungsexport.info.

176 Informationen nach: www.aufschrei-waffenhandel.de/Mitglieder-Aktionsbuendnis.68.0.html.

177 Die Erklärung findet sich als pdf-Dokument auf der Seite von Pax Christi, Rottenburg-Stuttgart: www.rottenburg-stuttgart.paxchristi.de/nachrichten/index.html.

178 Das Infoplakat unter www.frieden-mannheim.de.

179 Vgl. unter „Veranstaltungen" von www.paxchristi-freiburg.de.

180 Alle Informationen unter www.waffenvombodensee.com.

181 Als pdf-Datei unter www.waffenvombodensee.com/okumenische-erklarung.

182   Gabriele Kammerer, *Aktion Sühnezeichen Friedensdienste. Aber man kann es einfach tun*, Berlin 2008.

183   *Friedensgutachten 2012*, hg. von Bruno Schoch, Corinna Hauswedell, Janet Kursawe und Margret Johannsen, Münster 2012.

184   Veröffentlicht unter www.friedensgutachten.de/tl_files/friedensgutachten/pdf/fga2012_stellung-nahme.pdf.

185   Friedensgutachten 2012, Stellungnahme 8.

186   Friedensgutachten 2012, Stellungnahme 20.

187   Der Informationsflyer findet sich unter www.paxchristi.cef.fr/docs/tractcolloquedesarmement.mars2012.pdf.

188   Der Zwischenbericht des Unterausschusses ist auf der Homepage des Unterausschussmitglieds Kathrin Vogler einzusehen: www.kathrin-vogler.de/uploads/media/Zwischenbericht_UA_ZKvS.pdf. Dort findet sich auch das Minderheitenvotum von „Die Linke", www.kathrin-vogler.de/uploads/media/S-17_3_67_Minderheitenvotum_der_Fraktion_DIE_LINKE_03.pdf.

189   So in der Kurzfassung der „Stellungnahme", die sich findet unter: www.friedensdienst.de/uploads/media/Stellungnahme_UA_Zwischenbericht_Kurzfassung_01_03_2012.pdf.

190   So die Arbeitsgemeinschaft Dienst für den Frieden (AGDF), eine der „Plattform"-Organisationen in ihrer Pressemitteilung www.friedensdienst.de/uploads/media/PM_06.03.2012.pdf.

191   So unter www.friedensinitiative-westpfalz.de.

192   Der Bericht über die Protestaktion auf der Homepage www.friedensbuendnis-ka.de.

193   Der Tagungsflyer unter www.schulfrei-für-die-bundeswehr.de.

194   Die lokale Presse hat auf die Aktionswoche aufmerksam gemacht, vgl. *Badische Zeitung* vom 26. September 2012, S. 26.

195   Vgl. beispielsweise Peter Koller, Internationale Ordnung und globale Gerechtigkeit, in: *Kosmopolitanismus. Zur Geschichte und Zukunft eines umstrittenen Ideals*, hg. von Matthias Lutz-Bachmann, Andreas Niederberger und Philipp Schink, Weilerswist 2010, S. 277–305, und *Gerechter Friede. Ein ökumenischer Aufruf zum Gerechten Frieden. Begleitdokument des Ökumenischen Rates der Kirchen. Mit Anhang*, hg. von Konrad Raiser und Ulrich Schmitthenner, Berlin 2012, S. 65–92.

196   Vgl. dazu Andreas Lienkamp, *Klimawandel und Gerechtigkeit. Eine Ethik der Nachhaltigkeit in christlicher Perspektive*, Paderborn 2009. Ebd., S. 272–290 führt er seine Differenzierungen von „Gerechtigkeit" aus, die auch eine „prospektive Gerechtigkeit" und eine „Umweltgerechtigkeit" berücksichtigen.

197   Vgl. den Kommentar von Ulrich Frey zur Friedens-Konvokation des ÖRK, in dem er aufzählt, zu welchem konkreten Handeln das Leitbild „gerechter Friede" den ÖRK und seine Mitgliedskirchen aufruft, nämlich „z.B. zur Verteidigung von Menschenrechten, insbesondere von Frauen, in Sachen Klima, für eine alternative Wirtschaftspolitik und für eine nicht militärisch gestützte Sicherheitspolitik sowie gegen Rüstungsexporte": Ulrich Frey, Bericht. Internationale Ökumenische Friedenskonvokation (IÖFK) vom 18.–25. Mai 2011 in Kingston/Jamaika, Bad Honnef 14.6.2011, S. [6].

198   Marcowitz, Im Spannungsverhältnis, S. 100.

199   Buffotot, Bedrohungsperzeption, S. 158.

200   Buro, Friedensbewegung 277.

201   Friedensgutachten 2012, Stellungnahme 21.

202   Friedensgutachten 2012, Stellungnahme 21f.

203   Vgl. die Homepage https://sites.google.com/site/cerclesdesilencealsace.

204   Eugen Kogon, Atomwaffenfreie Zone in Mitteleuropa, in: *Frankfurter Hefte* 13 (1958), S. 157–159, hier S. 157.

205   Ebd., S. 158.

206   Vgl. dazu Andrea Liese, Wirtschafts- und Gesellschaftswelt: Nicht-staatliche Akteure in den internationalen Beziehungen, in: Michael Staack (Hg.): *Einführung in die Internationale Politik. Studienbuch*,

5. Aufl., München 2012, S. 419–454, und aus christlicher Sicht: Torsten Meireis, Freiheit und Solidarität. Das Verhältnis von Zivilgesellschaft und Staat aus protestantischer Perspektive, in: Hermann-Josef Große Kracht/Christian Spieß (Hgg.): *Christentum und Solidarität. Bestandsaufnahmen zu Sozialethik und Religionssoziologie*, Paderborn u.a. 2008, S. 485–500.

207 Die Kommission Weltkirche der Deutschen Bischofskonferenz hat eine 1995 erschienene Studie in Auftrag gegeben, da – so der damalige Vorsitzende der Kommission, Bischof Dr. Walter Kasper, – „in den zurückliegenden Jahren zunehmend deutlich geworden [sei], daß die kirchlichen Institutionen nur geringe Kenntnisse über die christlich motivierten ‚Dritte-Welt'-Gruppen besitzen." Walter Kasper, Zum Geleit, in: Karl Gabriel u.a., *Handeln in der Weltgesellschaft: Christliche Dritte-Welt-Gruppen*, Bonn 1995, S. 7f., hier S. 8. Seitdem hat sich die Kenntnislage nicht verbessert und betrifft auch die Nicht-Dritte-Welt-Gruppierungen.

208 Raiser, Zwischen Basel und Seoul, S. 74f.

209 Eugen Kogon, Gegen den Atomtod, in: *Frankfurter Hefte* 13 (1958), S. 305–308. Stefan Andres wird ebd. S. 308 zitiert.

210 Walter Dirks, Vorwort, in: *Friede im Atomzeitalter*, hg. von Walter Dirks, Mainz 1967, S. 7–17, hier S. 16.

211 Ebd., S. 15.

212 Beschluss: Unsere Hoffnung Teil I. 6. Abschnitt „Reich Gottes", in: *Gemeinsame Synode der Bistümer in der Bundesrepublik Deutschland. Beschlüsse der Vollversammlung. Offizielle Gesamtausgabe I*, Freiburg-Basel-Wien 1976, S. 95–97, hier S. 96f.

11. Migrationsbewegungen[1]

ALBRECHT KNOCH

11.1. Für die Anderen und mit den Anderen – zwischen Konfrontation und Begegnung

11.1.1. Sichtbare und lesbare Spuren einer unsichtbaren Vergangenheit

In einer Stadt begegnet einem die Vergangenheit nicht nur in Gebäuden oder Denkmälern, sondern auch in den Straßennamen, die von der Geschichte ihrer Einwohner erzählen. In Straßburg finden sich Straßen mit Städtenamen Südfrankreichs; in einem Stadtviertel, das heute hauptsächlich von Zugewanderten bewohnt wird, ist die Schule nach der Stadt Solignac benannt. Damit wird an die Zeit von 1939 bis 1940 erinnert, als die Zivilbevölkerung Straßburgs dorthin evakuiert worden war. In der Stadt Héricourt, südöstlich des Elsass in der Haute-Saône gelegen, finden sich in einem Arbeiterviertel eine rue de Colmar, eine rue de Strasbourg und eine rue de Thann. Sie erinnern an die elsässische Heimat der Arbeiter, die dort seit dem 19. Jahrhundert, besonders seit 1871, wohnten.

In Stadtvierteln, die nach dem Zweiten Weltkrieg im Westen Deutschlands entstanden sind, finden sich eine Danziger und Breslauer Straße oder ein Memelweg. Sie erinnern an die ehemaligen deutschen Gebiete im heutigen Polen oder Russland, aus denen die ersten Bewohner dieser Wohnblocks stammten.

Straßennamen sind eine der wenigen sichtbaren Spuren von Migrationsbewegungen, und sie werden die Erinnerung daran noch bewahren, wenn die Menschen, die sie erlebt haben, selbst nicht mehr da sind. Auch die Namen der Kirchen, die in den Stadtvierteln gebaut wurden, in denen nach 1920 Bergarbeiter aus dem Osten („Ruhrpolen") oder nach 1945 Vertriebene aufgenommen wurden, zeigen die Herkunft ihrer Gemeindeglieder: Sie wurden St. Hedwig oder St. Barbara geweiht, den Schutzpatroninnen der Berg-

Bild 100: Straßenschild in Héricourt (Foto: Jean-Paul Berçot, Héricourt)

leute in Osteuropa[2]. Manchmal erhalten Stadtviertel aber ihre Namen ganz ohne Zutun eines Gremiums und ohne Straßenschild, wenn z.B. Gegenden, wo viele Aussiedler leben, im Volksmund als „Klein-Russland" oder „Sibirien" bezeichnet werden.

Obwohl diese Beispiele auf ganz unterschiedliche Orte und Epochen hinweisen, helfen sie alle die Erinnerung zu bewahren. Die Namen südfranzösischer Städte in Straßburg erzählen von der Evakuierung nach 1939, die elsässischen Städtenamen in der Haute-Saône sprechen von der Emigration aus dem Elsass im 19. Jahrhundert als Folge von wirtschaftlichen und (nach 1871) politischen Veränderungen; während die Namen von Städten oder Heiligen des Ostens an die Vertreibungen als Folge des nationalsozialistischen Unrechts erinnern und Namen wie „Klein-Russland" erst in der Zeit nach 1989 entstanden sind.

Wer diese Spuren zu lesen gelernt hat, entdeckt, dass und wie es zu jeder Zeit aus ganz unterschiedlichen Gründen Migrationsbewegungen gegeben hat und wie diese unsere Gegenwart mitprägen und bereichern. Zugleich stellt sich die Frage, wie sonst an diese Wanderungsbewegungen erinnert werden kann, „ohne in ein Zuviel oder ein Zuwenig des Erinnerns" zu verfallen[3]. Erzählungen von Zeitzeugen können helfen, die sichtbaren Zeichen der unsichtbaren Vergangenheit zu entschlüsseln, ob sie nun persönlich oder in literarischer Form aufgenommen werden. Die Zugänge sind dabei oft sehr unterschiedlich und tragen dazu bei, gemeinsame Erinnerung zu ermöglichen, sie können zur Wahrnehmung einer bestimmten Gruppe oder eines Zeitabschnitts mithelfen. Als Beispiel sei die biografische Erzählung *Beim Griechen* von Alexandros Stefanidis genannt, mit dem Untertitel: *Wie mein Vater in unserer Taverne Geschichte schrieb*[4]. Aus einem anderen Zusammenhang und über eine andere Zeit sprechen *Das französische Testament* von Andreï Makine[5] oder die Werke von Herta Müller, die 1953 in Siebenbürgen geboren wurde.

2007 wurde in Paris das Nationalmuseum der Immigrationsgeschichte (Cité nationale de l'histoire de l'immigration) eröffnet, um diese so gut wie „unbekannte und noch viel weniger anerkannte Geschichte" der Migrationsbewegungen zu erhellen. In Deutschland wurden mit dem Beginn des neuen Jahrhunderts zunehmend Ausstellungen zur Zuwanderung gestaltet, nicht nur aufgrund von historischem oder politischem Interesse, auch durch die Anregung von Kirchen. Sie sind durch ihren Lokalbezug erfolgreich, auch weil sie oft sehr anschaulich gestaltet werden, meistens im Dialog mit Zeitzeugen, die Erinnerungsstücke zur Verfügung stellen. Dadurch entsteht eine Geschichtsschreibung von unten[6]. Andernorts illustrieren Kirchengemeinden mit der Sammlung von Kochrezepten, wie viele verschiedene kulturelle Gruppen in ihrer Region leben, oder haben die einer einzelnen Gruppe zugänglich gemacht, um über den Geschmack Brücken zu bauen. Es sind in Deutschland auch dauerhafte Einrichtungen entstanden, die z.B. an die mit den Vertreibungen erloschenen Kulturen erinnern, wie das Donauschwäbische Zentralmuseum in Ulm[7].

In Frankreich ist das Gedenken an die Migrationen aufgrund der Entkolonialisierung nicht unumstritten. Der Gedenktag an das Ende des Algerienkrieges bzw. an die Unabhängigkeit Algeriens im Jahr 1962 versucht, das Gedenken zu bewahren: Seit 2003 werden in Frankreich Straßen oder Plätze nach dem „19. März 1962" benannt[8]. Dagegen haben die Nordafrikaner traurige Erinnerungen an den 17. Oktober 1961, als in Paris pro-algerische Demonstrationen nach Anweisung des Polizeipräfekten Maurice Papon (1910–2007), einem früheren hochrangigen

Beamten der Vichy-Regierung, gewaltsam aufgelöst wurden. Seit einiger Zeit wird daran in Straßburg öffentlich erinnert. Der Film *C'est nous les Africains ... Eux aussi ont libéré l'Alsace* (Auch Afrikaner haben das Elsass befreit) trägt dazu bei, das Leben der ehemaligen Soldaten aus Nordafrika, die sich nach 1945 in der Region niedergelassen haben, und ihren Beitrag zur Gestaltung des Elsass sichtbar zu machen.

In Héricourt lädt die französische Organisation „Le Souvenir Français" (Französisches Gedenken – mit Aufgaben vergleichbar der Kriegsgräberfürsorge) seit den 1980er Jahren am Allerheiligentag den katholischen und den evangelischen Pfarrer zu einem Gebet an den Soldatengräbern ein; seit 2005 konnte mehrmals der Imam der Stadt dabei eingebunden werden, da es auf dem Friedhof ebenso Gräber nordafrikanischer Soldaten gibt. Parallel zu dieser Sichtbarmachung gibt es aber auch ausländerfeindliche Akte, wie die Schmierereien auf Gräbern der maghrebinischen Soldaten mit rassistischen Parolen auf dem Friedhof von Straßburg zeigen.

Diese kurze Beschreibung unterschiedlichen Gedenkens deutet an, wie im Folgenden das Phänomen der Migration betrachtet werden soll, nämlich so, dass das eigene Nachdenken und die Wahrnehmung der eigenen Umgebung angeregt werden soll, wenn historische Ereignisse oder Beispiele aus der Gegenwart im Überblick oder punktuell dargestellt werden. Die Migrationsbewegungen werden auch in Zukunft weitergehen, und der Einsatz für gerechte Teilhabe und die Gestaltung des Miteinanders mit Zuwanderern ist eine bleibende Aufgabe. Schon in diesem Sinn wird das Kapitel offen bleiben, es soll aber aufgrund der Entwicklungen, die unsere Gegenwart geprägt haben, eine Richtung angezeigt werden.

11.1.2. „Damit aus Fremden Freunde werden"

In den Wanderungsbewegungen insbesondere des 20. Jahrhunderts konnte das Christentum zu einer Öffnung gegenüber den Anderen und Fremden beitragen, während dies in anderen Fällen durch den Glauben erschwert oder verhindert wurde. Nach den Irrwegen der Christen, die auf beiden Seiten des Rheins Konfrontation und Nationalismus gefördert hatten, haben die Kirchen die biblischen und theologischen Grundlagen der „Leidenschaft für den Anderen" – den ganz Anderen und die Anderen – wieder neu entdeckt[9].

„Damit aus Fremden Freunde werden, kamst Du als Mensch in unsere Zeit...": Im Lied des früheren Landeskantors der Evangelischen Landeskirche in Baden, Rolf Schweizer, wird dies so zusammengefasst: Christus ruft in seiner Nachfolge dazu auf, Trennungen auch zwischen den Menschen zu überwinden. Das Lied selbst kann dabei seit dem Abdruck einer französischen Übersetzung im elsässischen Liederbuch *Carillons*[10] als Illustration einer neuen grenzüberschreitenden Praxis kirchlichen Lebens gelten.

Die Herausforderungen, die Migrationen für die Christen bedeuten, sowie die theologische Grundlegung der Interkulturalität werden ebenso zu behandeln sein wie die historischen Entwicklungen, wobei ausgewählte Beispiele illustrieren sollen, welche Antworten Gemeinden und Institutionen gefunden haben.

Zuletzt: Wer zur Heilung der Erinnerungen (Healing of memories) beitragen will, kommt nicht umhin, die Erinnerungen zu benennen und in einen öffentlichen Diskurs zu bringen, der eine span-

ÖKUMENE

612

1. Da-mit aus Frem-den Freun-de wer-den,
kommst du als Mensch in uns-re Zeit:
Du gehst den Weg durch Leid und Ar-mut,
da-mit die Bot-schaft uns er-reicht.

Capo V: C-Dur

2. Damit aus Fremden Freunde werden, / gehst du als
Bruder durch das Land, / begegnest uns in allen Rassen /
und machst die Menschlichkeit bekannt.

3. Damit aus Fremden Freunde werden, / lebst du die
Liebe bis zum Tod. / Du zeigst den neuen Weg des Friedens, / das sei uns Auftrag und Gebot.

4. Damit aus Fremden Freunde werden, / schenkst du
uns Lebensglück und Brot: / Du willst damit den Menschen helfen, / retten aus aller Hungersnot.

5. Damit aus Fremden Freunde werden, / vertraust du
uns die Schöpfung an; / du formst den Menschen dir
zum Bilde, / mit dir er sie bewahren kann.

6. Damit aus Fremden Freunde werden, / gibst du uns
deinen Heilgen Geist, / der, trotz der vielen Völker
Grenzen, / den Weg zur Einigkeit uns weist.

Bild 101: „Damit aus Fremden Freunde werden". Text und Melodie stammen von Rolf
Schweizer (*1936) (Aus: Evangelisches Gesangbuch. Ausgabe für die Evangelische
Landeskirche in Baden, pour l'Eglise de la Confession d'Augsbourg et de Lorraine, pour
l'Eglise Reformée d'Alsace et de Lorraine, Nr. 612. © by Bärenreiter-Verlag Kassel)

nungsvolle Beziehung herstellt zwischen individueller Erinnerung und historischer Gesamtschau[11]. Damit das Gedenken für die Gegenwart und die Zukunft fruchtbar werden kann, müssen auch schmerzhafte Erinnerungen und Misserfolge neben den Beispielen von gelungener Gastfreundschaft und Öffnung in den verschiedenen kirchlichen Lebensorten und -ebenen benannt werden.

11.1.3. Französische und deutsche Kontexte

Je nach Standpunkt – links oder rechts des Rheins – verändert sich merklich die Deutung historischer Ereignisse: Für die eine Seite ist die Rede von dauerhaften Angriffen, für die anderen handelt es sich um die legitime Ausweitung von Kultur und nationalen Interessen[12]. Wir berühren damit ein besonders schwieriges Thema der Geschichtsschreibung unserer Region. Dabei tragen sogar scheinbar neutrale Fachbegriffe eine bestimmte Deutung in sich: Beim Wort „Invasion" denkt ein Franzose an das Jahr 1940, während im Deutschen der Ausdruck für die Landung der Alliierten in der Normandie im Juni 1944 verwendet wird; der Begriff „Völkerwanderung" wird mit dem französischen Fachwort „invasion barbare" wiedergegeben und zugleich interpretiert.

Schon seit Menschengedenken ist unsere Region von Bewegungen und Wanderungen geprägt, von Begegnungen und Austausch, aber eben auch von Konfrontationen und Konflikten, die allzu oft blutig verlaufen sind. Heute wächst Europa zusammen, nicht ohne auf schmerzliche und frohe Begegnungen zurückzublicken. Im Herzen Europas liegend, haben gerade Christen aus dieser Gegend dazu beigetragen, Grenzen zu überwinden, aber auch zur Verschärfung von Konflikten. Obwohl heute die ökumenische und grenzüberschreitende Annäherung eine feste Grundlage bildet, ist immer wieder zu beobachten, dass rechts und links des Rheins nicht gleich gedacht wird. Um diese Unterschiede besser zu verstehen, müssen auch ihre „nicht-theologischen Faktoren" beschrieben werden.

11.1.4. Deutsch-französische Unterschiede

Im deutsch-französischen Gespräch über Migration müssen drei sich zum Teil ineinander verschränkende Themen beachtet werden: Die Laizität, das Bürgerrecht und das koloniale Erbe.

11.1.4.1. Laizitäten

In Deutschland wird das Staatskirchenrecht und damit das Verhältnis von Glaube und Gesellschaft anders als in Frankreich nicht primär unter dem Aspekt der Trennung beschrieben, sondern mit einem partnerschaftlichen, balancierten Aufeinanderbezogensein in der Unterscheidung. Dagegen bedeutet der Begriff „laïcité" für viele in Frankreich ein Modell strikter Trennung zwischen Staat und Kirche. Doch auch innerhalb Frankreichs sind die Beziehungen von Staat und Kirche verschieden geregelt, dafür ist insbesondere das Elsass ein Beispiel, während in den überseeischen Gebieten Frankreichs wieder andere Regeln gelten. Dies rechtfertigt hier den Gebrauch des Plurals Laizitäten, der außerdem zu erkennen gibt, dass der Begriff der Laizität auch auf das deutsche, seit der Weimarer Reichsverfassung von 1919 geltende Rechtssystem angewendet werden könnte (vgl. Farbbild 40).

Bild 102: König Ludwig XIV. von Frankreich widerrief 1685 das Toleranzedikt von Nantes. Dieser Kupferstich von Cornelis Vermeulen stellt ihn aus diesem Anlass als „Triumphator über die Ketzerei" dar. (© Bibliothèque Nationale de Paris)

In Frankreich wurde die Religion häufig als Grund für Trennungen und selten als verbindende Kraft erlebt. Zunächst aufgrund der Erfahrung einer absoluten Monarchie, die einheitliche Gesetzgebung und einen einheitlichen Glauben in ihren Dienst genommen hat, um ihre Macht zu sichern und sozialen Zusammenhalt zu erreichen. Dasselbe Prinzip hatte im konfessionellen Zeitalter auch in Deutschland Geltung, nur war es auf kleinere territoriale Einheiten bezogen. Jedenfalls ist in Frankreich die Erinnerung sehr stark an das Prinzip „un roi, une loi, une foi" (ein König, ein Gesetz, ein Glaube), das die Vielfalt von Überzeugungen und des Denkens nicht anerkennt, und der Grund für große innere Zerrissenheit (wie nach der Widerrufung des Edikts von Nantes 1685) war. So scheint die Entstehung einer Emanzipationsbewegung folgerichtig, die sich vom öffentlichen Einfluss jeglicher Religion frei machen wollte. 1787 wurden den Protestanten zunächst die Bürgerrechte zuerkannt, 1789 in der Allgemeinen Erklärung der Menschenrechte dann die Religions- und Gewissensfreiheit proklamiert.

Nach mehr als einem Jahrhundert von Auseinandersetzungen wurde schließlich 1905 das Gesetz zur Trennung von Kirche und Staat erlassen, das der Anerkennung und finanziellen Unterstützung jeglicher Religionsform durch den Staat ein Ende gesetzt hat. Damit sollte auch erreicht werden, dass religiöse Fragestellungen aus der öffentlichen Diskussion herausgehalten werden, um den öffentlichen Frieden zu bewahren[13]. Die negativen Erfahrungen der vorigen Jahrhunderte erklären, dass die französische Laizität immer auch den laizistischen Ansatz enthält, der jeglichen positiven Beitrag der Religion zum gelingenden gesellschaftlichen Leben verneint, während die Kirchen heute für eine „offene Laizität" eintreten[14].

Im Elsass ist die Stellung der Kirchen – um es in der Sprache des Konkordats von 1801 und den Organischen Artikeln von 1802 zu sagen: eines „anerkannten Kultus" – bis heute noch fast durchgängig den Regeln und Gesetzen unterworfen, die von Napoleon Bonaparte in diesen Jahren eingeführt wurden: Die Gebäude und Gemeinden betreffend oder auch Pfarrstellenbesetzungen, die erst durch die Bestätigung des Innenministers in Paris amtlich werden.

In Deutschland hatte sich nach den schmerzhaften Erfahrungen der Religionskriege hingegen ein föderales Denken etabliert. Hier ist die Reichsverfassung nach dem Westfälischen Frieden 1648 entscheidend, die eine getrennte Behandlung von Religionsangelegenheiten in der evangelischen und der katholischen „Bank" der Reichsstände vorsah (*itio in partes*). Hier findet sich eine der Wurzeln für die in Deutschland weit verbreitete Auffassung, dass die Gesetze den Rahmen abstecken, der für alle gilt, aber innerhalb dieser Grenzen Unterschiede legitim gelebt werden können, ohne die Einheit zu behindern[15]. Diese föderale Tradition, die, wie sich heute im europäischen Kontext zeigt, eher eine Stärke als eine Schwäche ist, hat über viele Jahrhunderte das deutsche Denken geprägt.

Damit kommt das Thema des Bürgerrechts in den Blick, als Frage nach der Rolle des Staatsbürgers in der Gesellschaft und als Nationalitäten-Recht.

11.1.4.2. Staatsbürgerrecht

Die Französische Revolution hat die zentralistische Tradition des Landes weitergeführt und verstärkt. Sie hat zunächst die ungleiche Behandlung der Einwohner aufgehoben und die rechtliche Gleichstellung der Bürger eingeführt. Der „republikanische Pakt" wird als individueller Bund jedes Bürgers mit der Republik angesehen, aufgrund dessen er die gleichen Rechte einfordern kann und im Gegenzug überall im Land die gleichen Pflichten hat.

Innerhalb eines solchen zentralistisch und egalitär geprägten Denkens sind Zusammenschlüsse von Gruppen in intermediären Organisationen nicht vorgesehen. So kommt es, dass es in Frankreich keine offiziell anerkannten Minderheitenvertretungen gibt. „Wenn man von Integration spricht, meint man einen Prozess, der die Beziehung der zugewanderten Einzelperson mit der aufnehmenden Gesellschaft beinhaltet."[16]

Dagegen sieht die deutsche föderale Tradition sehr wohl vor – oft gelingt es auch – dass sich Bürgerinnen und Bürger in Gruppen und Gemeinschaften zusammenschließen und als solche in der Politik Gehör finden. Diese Tradition der öffentlichen und offiziellen Anerkennung von Gruppen kann die soziale Sichtbarkeit von Migrantengruppen unterstützen, während in Frankreich das Denken vom „republikanischen Pakt" und der Laizität her es eher erschweren. Damit hängt zusammen, dass kommunitaristische Ideen aus dem angelsächsischen Raum in Deutschland eher positiv aufgenommen werden, während sie in Frankreich unter Verdacht stehen, das Gleichheitsprinzip zu unterlaufen.

Der Integration dienlich war der Aspekt des „republikanischen Paktes", dass jeder ihm beitreten konnte, der die Gesetze der Republik Frankreich anerkennt, wie es das Beispiel von Karl Friedrich Reinhard (1761–1837) zeigt, der zunächst Diplomat, dann 1799 für einige Monate französischer Außenminister gewesen ist: Reinhard stammte aus Württemberg und hatte schon 1792 die französische Staatsbürgerschaft erworben. 1793 wurde ein Gesetz verabschiedet, das dies einforderte: „Jeder Ausländer in Frankreich [...] muss die französische Staatsbürgerschaft haben." Genau hundert Jahre nach der Revolution von 1789 wurde das Nationalitäten-Recht zum sogenannten *ius solis* weiterentwickelt: Wer in Frankreich geboren wird, ist automatisch französischer Staatsbürger. Wieder ein Jahrhundert später wurde – nach Abschluss der Feierlichkeiten zum 200. Jahrestag der Revolution – eine einschränkende Gesetzgebung in Kraft gesetzt.

Die deutsche Reform des Staatsbürgerrechts vom Jahr 2000 hat den Schritt vom Abstammungs-Recht hin zum Territorialrecht zu machen versucht; in den Auswirkungen entspricht es der neuen französischen Gesetzgebung weitgehend. Diese politische Entwicklung läuft parallel zu der vor allem nach dem Abstammungsrecht geregelten Zuwanderung der Russlanddeutschen als Nachkommen der im 18. und 19. Jahrhundert aus Deutschland ausgewanderten Siedler.

„In Frankreich wurde 1990 ein ‚Integrationsrat' ins Leben gerufen (...). Politische Maßnahmen werden ergriffen, um Integration zu fördern, während die Vereine in ihrer Gesamtheit, aber auch die Migrantenorganisationen dabei weiterhin eine wichtige Rolle spielen. Fast immer wird eine Verbindung zwischen Zuwanderungskontrolle und Integrationspolitik hergestellt und dabei problematisiert, dass der Nachzug die Integration der schon länger im Land Lebenden behindere. Ein stabiles Aufenthaltsrecht wird – meist im linken politischen Spektrum – als Voraussetzung für Integration angesehen, während am anderen Ende des politischen Spektrums diese Integration als Bedingung für den Erhalt eines Aufenthaltstitels angesehen wird. Es wurde daraufhin ein Kontrakt zu Gastfreundschaft und Integration entworfen, der persönlich unterschrieben wird."[17] Diese Argumentationsfiguren finden sich auch jenseits des Rheins in den politischen Debatten wieder.

Das kürzlich in Frankreich gegründete Integrationsministerium, die Debatte über die nationale Identität, die der damalige Präsident Nicolas Sarkozy angestoßen hat und seine Reden vom Sommer 2010 haben die Auseinandersetzungen besonders dadurch verschärft, dass Einwanderung und Straffälligkeit in einen engen Zusammenhang gestellt wurden.

Im deutschen politischen Diskurs wird einerseits von der Bundesregierung zum Integrationsgipfel und zur Islamkonferenz eingeladen mit hoffnungsvollen, wenn auch nicht unumstrittenen Ergebnissen[18], andererseits kann aber die Bundeskanzlerin öffentlich erklären, dass „Multikulti" gescheitert sei.

11.1.4.3. Kolonial-Erbe

Ein dritter Unterschied betrifft die Beziehungen zu den Kolonien: „Als koloniale Großmacht hatte Frankreich seit dem 17. Jahrhundert am Sklavenhandel teilgenommen, später hat die Dritte Republik unter dem wohlwollenden Blick Bismarcks (damit der Verlust von Elsass und Lothringen leichter verschmerzt werde) ihr Einflussgebiet nach Indochina und Afrika ausgeweitet. Nur in Algerien, wo sich nach 1870 zahlreiche Elsässer niederließen, um Franzosen bleiben zu können, hat Frankreich eine koloniale Siedlungspolitik betrieben. Heute stammt ein großer Teil der nach Frankreich eingewanderten Bevölkerung aus den ehemaligen Kolonien; die Erinnerung daran ist noch nicht vollständig erschlossen."[19] Nach dem Versailler Vertrag von 1919 hat sich Deutschland freundschaftliche Beziehungen zu den ehemaligen Kolonien bewahrt, aber keine politische Macht mehr ausgeübt, während Frankreich nur schwer die Verbindungen zu Nordafrika, leichter die zu Schwarz-Afrika, gelöst hat.

Diese genannten drei Unterschiede wirken sich bis heute aus, auch bei Rhein-überschreitenden Gesprächen zum Migrationsthema oder in einer gemeinsamen Praxis. Sie müssen daher aufgehellt werden, um Missverständnisse zu vermeiden.

11.2. Geschichte der Migrationsbewegungen

Der christliche Glaube ist darauf angelegt, Grenzen von Kulturen, Sprachen und Völkern zu überwinden und ruft zur Versöhnung auf (Gal. 3,28; 2. Kor. 5,17f.). Durch die Jahrhunderte sind manche Konflikte aber von Christen ausgegangen, aufgrund wirklicher oder konstruierter theologischer Unterschiede, sodass auch der Glaube zu Trennung und Intoleranz beigetragen und Migrationsbewegungen ausgelöst hat.

Migrationsbewegungen bieten Chancen und Herausforderungen, die so unterschiedlich sein können wie die Gründe, die zu diesen Wanderungen geführt haben: religiös, wirtschaftlich, politisch oder persönlich. Im Folgenden werden Zwangsmigrationen nicht von hauptsächlich wirtschaftlich begründeter Migration unterschieden, denn auch diese bedeutet einen existentiellen Zwang ähnlich wie eine politische Verfolgung.

Unter ökumenischem und deutsch-französischem Blickwinkel werden nun die wichtigsten Migrationsbewegungen beschrieben (Teil 2). Im anschließenden Teil 3 wird gefragt, wie Christinnen und Christen individuell, in Einrichtungen und als verfasste Kirche Migrantinnen und Migranten Heimat bieten. Zuletzt werden in Teil 4 Perspektiven einer ökumenischen Kultur der Gastfreundschaft entwickelt.

11.2.1. Konfessionsmigration:
Wallonen, Hugenotten, Waldenser und Mennoniten

ALBERT DE LANGE

Es gibt kaum eine europäische Region, die so intensiv von Ein- und Auswanderung aus kon-
fessionell-religiösen Gründen geprägt wurde wie der Oberrhein. Es gab ein Hin und Her von
Glaubensflüchtlingen. Diese sogenannte Konfessionsmigration setzte schon bald nach der
Reformation ein und dauerte bis Anfang des 18. Jahrhunderts.

Im Folgenden bleibt die katholische Auswanderung unberücksichtigt, die im 16. Jahrhundert
mehr oder weniger überall dort stattfand, wo die Reformation eingeführt wurde. Vor allem
wurden katholische Geistliche ausgewiesen oder sie zogen weg, weil sie sich nicht mit der neu-
en Lage abfinden konnten. Die „Laien" scheinen sich meistens bald mit den neuen kirchlichen
Verhältnissen abgefunden zu haben. Offensichtlich sind nur wenige ausgewandert.

11.2.1.1. Bis 1555

Vor 1555 pflegten viele Landesfürsten und Städte am Oberrhein eine offene Religionspolitik.
Der Übergang zur Reformation fand meist fließend statt, sodass die Abwanderung der noch
katholisch gesinnten Teile der Bevölkerung verhindert wurde. Umgekehrt wurden Glaubensflüchtlinge aus dem In- und Ausland aufgenommen, die dort Opfer von Verfolgungen geworden waren.

Zuerst war Straßburg der wichtigste Hort für alle möglichen „Ketzer". Obwohl sich die Stadt
erst 1529 offiziell für die Reformation entschied, nahm sie schon 1524 Martin Bucer, der als
Anhänger Luthers verfolgt wurde, innerhalb ihrer Mauern auf und gestattete ihm, öffentlich
zu predigen. Sogar Täufer, die ab 1525 in der Schweiz und anderswo im Reich hart verfolgt
wurden, konnten in die Stadt einwandern und sich dort frei bewegen. Diese täuferfreundliche
Politik gab Straßburg jedoch ab 1534 allmählich auf. Einige markante Täufergestalten wie Kaspar
Schwenckfeld mussten die Stadt verlassen, andere wurden verhaftet, wie Melchior Hoffmann,
der 1543 in einem Straßburger Gefängnis starb. Straßburg entwickelte sich nun vielmehr zu
einem Zufluchtsort für die von König Franz I. verfolgten französischen Protestanten. 1538 kam
es dort zur Gründung einer französisch-reformierten Gemeinde. Katholiken wurden dagegen
nicht länger geduldet. Erst ab 1555 wandelte sich Straßburg allmählich zu einer eindeutig
lutherischen Stadt. Der reformierte Theologe Girolamo Zanchi musste 1561 seinen Posten an
der Hochschule aufgeben. 1563 bekam das Augsburgische Glaubensbekenntnis alleinige Geltung. Die französisch-reformierte Gemeinde wurde aufgehoben; ihre Mitglieder besuchten nun
den Gottesdienst im ausländischen Bischweiler. Zwar bezeichnete ein Jesuit 1559 Straßburg
noch als „das Sumpfloch aller Abtrünnigen", aber in Wirklichkeit hatte die Stadt ihre Rolle als
wichtigster Hort der „Ketzer" am Rhein schon an Basel verloren.

Basel, das 1501 der Eidgenossenschaft beigetreten war, hatte 1529 die Reformation eingeführt. Es folgte dabei der schweizerisch-reformierten Linie, die vor allem von Ulrich Zwingli
und Heinrich Bullinger geprägt wurde. Die Stadt führte jedoch für damalige Verhältnisse eine

sehr offene Religionspolitik. Erasmus von Rotterdam, der wie andere Katholiken 1529 die Stadt verlassen hatte, konnte 1535 zurückkehren und wurde 1536 sogar im Münster beerdigt. Auch ein von den Lutheranern verfolgter Glaubensflüchtling wie Andreas Bodenstein von Karlstadt wurde 1534 in die Stadt aufgenommen und dort sogar Professor. Ab 1535 suchten vor allem französische Protestanten Zuflucht in der Stadt. Der bekannteste dieser Flüchtlinge ist Johannes Calvin, der 1535–1536 in Basel, 1538–1541 in Straßburg weilte. Mehr geprägt wurde Basel allerdings vom Zustrom von Evangelischen und Humanisten aus Italien, nachdem Papst Paul III. 1541 die römische Inquisition neu organisiert hatte. Ein bekanntes Beispiel ist Celio Secondo Curione. In Basel hatten südeuropäische Glaubensflüchtlinge sogar Freiraum für Kritik am Protestantismus. So durfte der aus dem Herzogtum Savoyen stammende Sebastian Castellio 1554 in Basel seine Schrift *De haereticis, an sint persequendi* veröffentlichen, in der er heftige Kritik an Calvin äußerte, weil dieser die Hinrichtung des Ketzers Servet unterstützt und so die Gewissensfreiheit unterdrückt habe. Dank Simon Sulzer, der bis 1585 die Basler Kirche leitete, konnte die Stadt sich den Tendenzen zur Konfessionalisierung längere Zeit entziehen und blieb noch einige Jahrzehnte ein wichtiger Zufluchtsort, insbesondere für reformierte Glaubensflüchtlinge aus Frankreich und Italien. Dieser erste Rang wurde jedoch dann von der Kurpfalz übernommen.

Im Frühjahr 1536 veröffentlichte Calvin in Basel den ersten Druck seines Hauptwerkes Institutio christianae religionis, *das einen tiefen Eindruck in reformatorisch gesinnten Kreisen hinterließ. 1536–1538 versuchte er zusammen mit Wilhelm Farel die Reformation in Genf durchzuführen, wurde jedoch 1538 ausgewiesen und zog wieder nach Basel. Martin Bucer lud ihn daraufhin nach Straßburg ein, wo er drei Jahre als Professor an der Hochschule und als Pfarrer der französischen Flüchtlingsgemeinde tätig war. 1541 kehrte er dann nach Genf zurück. Von Calvinismus kann man erst ab 1555 sprechen, als Calvin seine „Predigtoffensive" startete und in Genf ausgebildete Prediger nach Frankreich, in das Piemont und in die Niederlande schickte.*

Bild 103: Der Genfer Reformator Johannes Calvin war insbesondere in Frankreich umstritten, wie dieser anonyme Stich von 1613 zeigt. (© Melanchthonhaus Bretten)

11.2.1.2. Von 1555 bis 1681

Nach 1555 setzte sich auch am Oberrhein das Prinzip *cuius regio, eius religio* in den meisten Territorien durch. Nur Katholiken und Lutheraner waren zugelassen. Täufer wurden kaum mehr geduldet und Reformierte, die inzwischen in Frankreich als „Hugenotten", in Deutschland als „Calvinisten" denunziert wurden, hatten es immer schwieriger, einen Zufluchtsort zu finden.

Es gab aber Ausnahmen, besonders im Elsass. Hier gab es vor allem Flüchtlinge aus dem angrenzenden, damals noch selbstständigen Herzogtum Lothringen, das einen streng-katholischen, gegenreformatorischen Kurs fuhr. Der lutherische Herr von Rappoltstein, der in Rappoltsweiler residierte, siedelte 1566 französischsprachige Reformierte, meistens aus Lothringen, in Markirch an. Unter Markirch versteht man die elsässische Seite des heutigen Gebiets von Sainte-Marie-aux-Mines, das damals deutschsprachig war. Der andere, französischsprachige Teil gehörte den Herzögen von Lothringen. Bis tief ins 17. Jahrhundert blieb Markirch ein Hort für Glaubensflüchtlinge. Im 17. Jahrhundert wurden hier sogar Täufer aufgenommen, die aus der reformierten Schweiz vertrieben worden waren. Einige von ihnen zogen um 1700 weiter nach Nordamerika und sind heute als Amish bekannt.

Auch der lutherische Pfalzgraf Georg Johann I. zu Veldenz-Lützelstein nahm bedrängte Protestanten aus dem benachbarten Lothringen auf. Er siedelte sie um 1570 in der von ihm auf dem Einarzhausener Pass gegründeten Stadt Pfalzburg an. Als er 1590 die Stadt aus Finanznot an Lothringen verkaufen musste, wurden die Protestanten vertrieben. Diese zogen jetzt weiter nach Bischweiler, das den lutherischen Grafen von Pfalz-Zweibrücken-Birkenfeld gehörte. Bischweiler war im 16. und 17. Jahrhundert mit Markirch, das ab 1673 ebenfalls den Grafen von Pfalz-Zweibrücken-Birkenfeld gehörte, der wichtigste Zufluchtsort für Hugenotten im Elsass. Hier gingen nach 1563 auch die französischen Reformierten aus Straßburg zum Gottesdienst. Weitere sieben „welsche Dörfer" (Altweiler, Burbeck, Diedendorf, Eyweiler, Görlingen, Kirberg und Rauweiler) gab es im Krummen Elsass in der ehemaligen Grafschaft Saarwerden, die 1527 von den Grafen von Nassau-Saarbrücken beerbt wurde. Der lutherische Graf Adolf von Nassau-Saarbrücken erlaubte 1556 Hugenotten aus Metz und Lothringen, sich hier anzusiedeln.

Das wichtigste Aufnahmeland für Glaubensflüchtlinge am Oberrhein – mit einer Unterbrechung durch den Dreißigjährigen Krieg – war von 1556 bis 1681 die Kurpfalz, die sich damals sowohl links- als rechtsrheinisch ausdehnte. Sie wurde bald von ihren Gegnern als *asylum haereticum* bezeichnet. Diese offene Einwanderungspolitik begann 1556 mit der Einführung der Reformation durch Kurfürst Ottheinrich, der persönlich zwar Lutheraner war, aber von Beginn an nicht nur reformierte Flüchtlinge aus Frankreich, den Niederlanden, Österreich und Böhmen, sondern auch aus Deutschland aufnahm. Letztere waren meistens Schüler Melanchthons, die des Calvinismus verdächtigt wurden.

Ottheinrichs Nachfolger, Friedrich III., ging einen Schritt weiter und vollzog auch persönlich den Übergang zum Reformiertentum – obwohl er sich damit außerhalb der Bedingungen des Augsburger Friedens stellte. Die Kurpfalz wurde nun zum wichtigsten Zufluchtsort für calvinistische Glaubensflüchtlinge aus den damals habsburgischen Niederlanden, insbesondere aus deren südlichen, heute zu Belgien und Nordfrankreich gehörenden Provinzen. Manche von ihnen hatten zuerst in Frankfurt Zuflucht gesucht, wurden dort jedoch so von den Lutheranern bedrängt, dass sie in die Kurpfalz weiterzogen. Die niederländische Einwanderung begann 1561 und erreichte in den Jahren 1567 bis 1590 ihren Höhepunkt. Diese Exulanten werden zu Unrecht als „Wallonen" bezeichnet, denn es gab mindestens genauso viele flämischsprachige unter ihnen. Es gab in den sechziger Jahren auch viele Flüchtlinge aus den nördlichen Niederlanden, aber diese „Holländer" kehrten später meistens in die Heimat zurück.

Die Reformierten waren nicht nur aus religiösen, sondern auch aus wirtschaftlichen Gründen in der Kurpfalz sehr willkommen. Viele von ihnen waren Textilarbeiter, andere waren Handwerker wie Silber- und Goldschmiede oder Künstler und Kaufleute. Damals gehörten Flandern und Brabant zu den wirtschaftlich und kulturell am weitesten entwickelten Gebieten Europas. Man denke nur an Städte wie Gent, Brügge, Brüssel und Antwerpen.

Friedrich III. brachte die Zuwanderer in den Klöstern unter, die seit Einführung der Reformation säkularisiert worden waren. So verpachtete er 1562 das Augustiner-Chorherrenstift Frankenthal an die Flamen, die es innerhalb weniger Jahrzehnte zu einer der wichtigsten Städte der Kurpfalz ausbauten. Ihr Leiter war Pfarrer Petrus Dathenus, der bald zum Berater des Kurfürsten aufstieg. Den Wallonen überließ der Kurfürst 1562 das Zisterzienserkloster Schönau bei Heidelberg. 1568 wurden außerdem Flüchtlinge im ehemaligen Dominikanerinnenkloster St. Lambrecht angesiedelt.

Die Zuwanderung der niederländischen Exulanten wurde kurz unterbrochen, als Friedrichs Sohn Ludwig VI. 1576 wieder das Luthertum einführte. Ein Teil der Schönauer Wallonen wanderte wieder aus und ging in das reformiert gebliebene Pfalz-Lautern. Der dort regierende Fürst Johann Casimir verpachtete ihnen 1579 das ehemalige Zisterzienserkloster Otterberg. Nach dem Tod Ludwigs 1583 wurde Johann Casimir Administrator (Regent) der Pfalz und brachte erneut das reformierte Bekenntnis in Geltung. Die Einwanderung aus den südlichen Niederlanden kam wieder in Fahrt. Der wichtigste Beitrag dieser Glaubensflüchtlinge war der systematische Aufbau der 1606 von Kurfürst Friedrich IV. gegründeten Festungsstadt Mannheim, wohin auch viele Hugenotten aus Frankreich zogen.

Die Kurpfalz wurde durch diesen Zufluss von west- und osteuropäischen Calvinisten zu einem Bollwerk der antihabsburgisch und antikatholisch gesinnten Protestanten im Reich. Dies war einer der Gründe dafür, dass Kurfürst Friedrich V. 1618 die Wahl zum böhmischen König akzeptierte und damit den Dreißigjährigen Krieg (1618–1648) auslöste. Der Ausbruch des Krieges bereitete den Flüchtlingskolonien ein rasches Ende. Bayerische und spanische Truppen verwüsteten große Teile der Kurpfalz, Mannheim wurde zerstört, Frankenthal wurde von den Spaniern besetzt. Die meisten Zuwanderer flohen. Manche kehrten nach 1648 zurück, viele blieben im Ausland, insbesondere in den Niederlanden. Andere zogen nach Nordamerika weiter, wo sie 1678 New Paltz gründeten.

Kurfürst Karl Ludwig nahm nach 1648 die Politik seiner Vorgänger wieder auf und lud Wallonen, Niederländer, Hugenotten und Schweizer ein – alles Einwanderer, die reformiert waren und so die herrschende Landesreligion teilten. Insbesondere Niederländer beteiligten sich am Wiederaufbau von Mannheim. Stadtdirektor wurde ein Ausländer, Henri Clignet, dessen Vorfahren aus Verviers stammten. 1665 nahm Karl Ludwig als erster deutscher Fürst Waldenser aus dem Piemont auf, ebenfalls Reformierte, die dort wegen ihres bewaffneten Widerstands als Rebellen ausgewiesen worden waren, und übertrug ihnen das Kloster Mörlheim bei Landau.

Der Kurfürst beschränke sich allerdings nicht auf Konfessionsverwandte. Auch Juden aus Südeuropa, Hutterer aus Mähren, Sozinianer aus Polen lud er ein, insbesondere nach Mannheim – eine Stadt, die damals im Reich durch ihre Religionsvielfalt auffiel. Die Toleranz des Kurfürsten äußerte sich auch, wie dies ebenfalls die Herren von Rappoltstein im Elsass taten, in der Ansiedlung von Mennoniten, die in der reformierten Schweiz verfolgt wurden (siehe dazu oben, S. 175ff.). Karl Ludwig holte außerdem Lutheraner und sogar Katholiken ins Land und versprach ihnen, wie den Glaubensflüchtlingen, günstige wirtschaftliche Bedingungen.

Ein weiteres Drama bedeutete der Pfälzische Erbfolgekrieg (1688–1697). Dieses Mal griffen die Franzosen die Kurpfalz an. Wiederum flohen viele Glaubensflüchtlinge, insbesondere nach Magdeburg. Sie kehrten auch nach dem Frieden von 1697 nicht wieder zurück, weil 1685 die katholische Linie Pfalz-Neuburg die Herrschaft in der Kurpfalz übernommen hatte.

Die französischen Truppen brandschatzten im Laufe des Krieges den Oberrhein. Zahlreiche Städte wurden in Schutt und Asche gelegt. Deshalb sind in Mannheim und Frankenthal kaum noch Spuren der niederländischen Glaubensflüchtlinge aus dem 17. Jahrhundert sichtbar. Auch Heidelberg wurde 1689 und 1692 gebrandschatzt. Als einziges Gebäude überdauerte das Renaissancehaus, das der Textilhändler Charles Bélier aus Tournai 1592 hat erbauen lassen (heute Hotel Ritter). Es ist ein eindrucksvolles Zeugnis für die Bedeutung, welche die niederländischen Exulanten im 16. und im 17. Jahrhundert für die Kurpfalz hatten.

Bild 104: Reliefbild eines Widders an der Renaissance-Fassade des Hauses von Charles Bélier in Heidelberg. Das französische Wort „bélier" bedeutet „Widder". Foto: Knut Gattner, Heidelberg

11.2.1.3. Von 1681 bis 1713

Im Jahr 1681 erfolgte die Angliederung (rattachement) von Straßburg an Frankreich. Es war der Höhepunkt der Bemühungen Ludwigs XIV., das Elsass unter seine Herrschaft zu bringen. Viele elsässische Territorien waren bisher, wie auch Straßburg, praktisch zu 100 % lutherisch gewesen und hatten höchstens reformierte oder mennonitische Minderheiten. Diese stammten vielfach aus der Schweiz und hatten nach dem Dreißigjährigen Krieg die entvölkerten Landstriche des Elsass neu besiedelt. Ludwig XIV. hatte trotz gegenteiliger Zusagen und der rechtlichen Lage keinesfalls vor, es dabei zu belassen. Sein Ziel war die Rekatholisierung des Elsass, insbesondere von Straßburg. Zwar ging er nicht so weit wie in Frankreich, wo er 1685 einfach die öffentliche Ausübung der reformierten Religion verbot. Um das Luthertum im Elsass auszuschalten, verfolgte er zwei Wege. Der erste war die Konversion, vor allem der lutherischen Oberschicht. Auswanderung war deshalb verboten. Dieses Verbot wurde allerdings umgangen. Vor allem nach dem Ende des Pfälzischen Erbfolgekriegs zogen viele Lutheraner nach Deutschland, als Frankreich auf Grund der Bestimmungen des Friedens von Rijswijk (1697) einige Jahre dieses Verbot aussetzen musste. Überdies hielten die meisten Lutheraner im Elsass an ihrer Religion fest.

Der zweite Weg war die Förderung der Einwanderung von Katholiken. Dabei hatte Ludwig auch einige Erfolge. Unbeabsichtigt war allerdings, dass es auch immer wieder Zuwanderung von Lutheranern gab, vor allem aus wirtschaftlichen Gründen. Sie kamen meistens aus den benachbarten lutherischen Territorien Südwestdeutschlands.

Es blieb also bei der Bikonfessionalität im Elsass, aber sie wurde nur erzwungenermaßen hingenommen. Raum für konfessionelle Flüchtlinge wie bisher gab es seit der Angliederung an Frankreich nicht mehr. Insbesondere die Zuwanderung von Hugenotten aus Lothringen und anderen Gegenden Frankreichs war ausgeschlossen.

Das Beispiel Ludwigs XIV. machte Schule, bemerkenswerterweise gerade in der Kurpfalz. Die katholischen Kurfürsten betrieben mit französischer Unterstützung seit 1697 eine rücksichtslose Rekatholisierungspolitik. Wallonische und hugenottische Familien, die bisher in der Kurpfalz durchgehalten hatten, wurden 1699 ausgewiesen und zogen nach Baden-Durlach, wo sie Friedrichstal gründeten. So wurde nun die Kurpfalz, die bisher ein beispielhaftes Einwanderungsland für Glaubensflüchtlinge gewesen war, zu einem Land konfessionsbedingter Auswanderung. Trotz jahrzehntelanger Repression blieb allerdings die Plurikonfessionalität von Reformierten, Lutheranern und Katholiken bestehen.

Eine umgekehrte Entwicklung vollzog sich gerade damals in den rechtsrheinischen lutherischen Territorien. Bisher hatten der Markgraf von Baden-Durlach, der Herzog von Württemberg und der Landgraf von Hessen-Darmstadt kaum reformierte Glaubensflüchtlinge aufgenommen. Nur wenige der Tausende Hugenotten, die in den Jahren 1685–1687 aus Frankreich flohen, konnten sich am Oberrhein (mit Ausnahme von Basel) ansiedeln, oder sie blieben nur kurz. Das änderte sich nach dem Ende des Pfälzischen Erbfolgekriegs. Die drei lutherischen Fürsten nahmen 1699–1700 Hugenotten auf, die aus der Schweiz ausgewiesen worden waren. Die Glaubensflüchtlinge gründeten unter anderem Welschneureut bei Karlsruhe.

Im Jahre 1699 kamen außerdem ungefähr 3.000 Waldenser nach Deutschland, die der Herzog von Savoyen 1698 unter Druck Ludwigs XIV. aus dem Piemont ausgewiesen hatte. Auch die Waldenser waren reformiert. Die meisten von ihnen fanden schließlich Aufnahme in Württemberg. Der Herzog siedelte sie an der Grenze zur Kurpfalz und Baden-Durlach an, teilweise auch in Exklaven wie Palmbach am westlichen Rande des Schwarzwaldes. Die übrigen Waldenser gründeten Kolonien in Südhessen, insbesondere in der Landgrafschaft Hessen-Darmstadt.

Während also vor 1685 reformierte Flüchtlinge am Oberrhein nur von der Kurpfalz, die selbst offiziell reformiert war, aufgenommen wurden, änderte sich dies seit 1699. Nun nahmen die lutherischen Territorien am Oberrhein „Calvinisten" auf, wobei es diesen – im Gegensatz zu den vorher zugezogenen schweizerischen reformierten Zuwanderern – zugestanden wurde, öffentlich ihre reformierte Religion auszuüben. Kannte also bis 1685 eigentlich nur die Kurpfalz religiösen Pluralismus, änderte sich das nach 1699, und die lutherischen Länder öffneten sich für andere Konfessionen, wenn auch mit deutlich spürbaren örtlichen Beschränkungen.

Die Waldenser und Hugenotten wurden in Baden, Württemberg und Südhessen nämlich meistens in „Kolonien" angesiedelt, die einen eigenen Rechtsstatus hatten. Hier konnten sie bis zum Beginn des 19. Jahrhunderts ihre Gottesdienste nach der reformierten Liturgie in französischer Sprache feiern. Es war ihnen auch gestattet, eigene Synoden zu halten. Die armen „welschen" Dörfer blieben allerdings recht isoliert. Es ging kaum eine religiöse oder kulturelle Wirkung von ihnen aus, auch wenn den Waldensern in Württemberg die Einführung der Kartoffel zugeschrieben wird.

11.2.2. Entwicklungen vom 18. bis zum 20. Jahrhundert

Die Migrationsbewegungen dieser Jahrhunderte waren hauptsächlich ökonomisch motiviert, es kam aber immer wieder auch die politische Dimension dazu, die ihren bitteren Höhepunkt in der Shoah fand. Aber auch in diesem Zeitraum haben religiöse Gründe zu Wanderungsbewegungen geführt.

11.2.2.1. Wirtschaftsmigration

PIERRE GREIB

Anders als die Länder Europas, aus denen im 19. Jahrhundert viele in die neue Welt oder in die Kolonien emigrierten und so die Anzahl der Armen verringerten (die reichen Onkel aus Amerika sind die Nachfahren unserer armen Vettern), hat Frankreich schon frühzeitig Menschen aufgenommen. Zahlreich waren die Elsässer in Paris, die in den Ziegeleien des 19. Arrondissements arbeiteten, wie auch die Deutschen, die sich als Straßenkehrer verdingt hatten, um die sich Pfarrer Friedrich von Bodelschwingh (1831–1910) kümmerte und für die er die Hügelkirche gründete, ein Zentrum deutscher Seelsorge, deren Gebäude seit 1924 das St. Sergius-Institut für orthodoxe Theologie beherbergen[20].

Frankreich war am Ende des 18. Jahrhunderts dicht besiedelt, hat aber früh einen Geburtenrückgang erfahren und daher Arbeitskräfte aus anderen Ländern geholt, die für die aufkommende Industrialisierung gebraucht wurden. Besonders aus den Nachbarländern (Belgier in den Bergwerken im Norden, im 20. Jahrhundert Polen, Italiener im Süden Frankreichs) kamen die Arbeiter, die immer wieder auf ausländerfeindliche Ablehnung stießen, was heutige Vertreter einer europäischen Identität erstaunen wird.

Die Zuwanderung war je nach wirtschaftlicher oder geopolitischer Lage unterschiedlich stark, in Zeiten von Wachstum und Wiederaufbau stärker als während wirtschaftlicher Krisen. Zunächst kamen die Einwanderer aus den benachbarten, dann weiter entfernten Ländern, viele aus den Kolonien, aber nicht nur von dort. So stammten zum Beispiel in den 1960er und 70er Jahren die meisten Zuwanderer aus Portugal.

Seit langem gibt es in Frankreich also ausländische Bevölkerungsgruppen oder Menschen ausländischer Herkunft. Heute stammt geschätzt über ein Viertel der Bevölkerung von Zugewanderten ab, ein Phänomen, das sehr wohl mit den Vereinigten Staaten verglichen werden kann, aber lange nicht so anerkannt ist wie dort. In Frankreich ist eher ein kontinuierlicher Einwanderungsprozess festzustellen. Frankreich hat sehr bald (1889) die Politik des *ius solis* eingeführt, um die Nationalität aufzuzwingen und so den eigenen Bedarf an Arbeitskräften, aber auch an Soldaten zu decken[21].

Vom Oberrhein wie vom ganzen Südwesten Deutschlands sind viele Menschen nach Nord- oder Südamerika, aber auch nach Osteuropa und in den Kaukasus ausgewandert. Dem Aufruf der selbst aus Deutschland stammenden Zarin Katharina der Großen folgend haben nach 1762 viele Bauern aus dem Südwesten Deutschlands, auch aus dem Nordelsass, ihr Land in Richtung Osten verlassen, besonders nach 1815, um die neueroberten Gebiete Russlands zu kolonisieren (siehe Farbbild 41). Sie ließen sich am Ufer der Wolga und in der Ukraine nieder. Obwohl die Siedler mit Privilegien ausgestattet wurden (kostenlose Landzuteilung, Steuerfreiheit, keine Wehrpflicht und Religionsfreiheit), sind die ersten Jahre der Ansiedlung oft schwierig gewesen, aber nach zwei bis drei Generationen haben diese von Deutschen besiedelten Gebiete wirtschaftlich einen starken Aufschwung erlebt.

Im 19. und 20. Jahrhundert kehrt sich die Bewegung um, der Arbeitskräftemangel wird spürbar, und so werden beispielsweise italienische Steinmetze geholt, um das Schienennetz in Baden und Württemberg zu bauen, besonders bei den Strecken durch den Schwarzwald. Andere der sogenannten „transalpini" kommen bis nach Lothringen, während Anfang des 20. Jahrhunderts im Gebiet von Mömpelgard und im Süden des Elsass schweizerische Emigranten Bauernhöfe erwerben.

Auch hier spiegelt der Sprachgebrauch die Migrationen wieder: Der „Schweizer" war eine bis nach Ostpreußen übliche Berufsbezeichnung bei der Käseproduktion, während der französische Name für den Frischkäse „Petit-suisse" (Kleiner Schweizer) ein Produkt bezeichnet, das wohl ebenfalls ein Echo dieser beruflichen Wanderungsbewegung ist.

Der Arbeitskräftebedarf steigt mit dem wirtschaftlichen Aufschwung nach 1945 an und zieht Arbeiter aus Portugal und Spanien nach Frankreich, aus Italien, Jugoslawien, Griechenland und der Türkei nach Deutschland an. Diese Entwicklung war von Politik und Wirtschaft gewollt

und führte ab 1955 zu einer Anwerbevereinbarung mit Italien und weiteren Ländern Südeu-
ropas, 1961 mit der Türkei, die bis zur ersten Ölkrise 1973 in Geltung blieb. Trotz politischer
Unterstützung dieser Zuwanderung wurden die „Gastarbeiter" von vielen misstrauisch beäugt.
Heute hat die Bevölkerung von Baden-Württemberg zu mehr als 25 % einen „Migrationshintergrund" (während der Bundesdurchschnitt bei rund 20 % liegt) und nähert sich damit dem
französischen Stand an.

Lang wurden die Zugewanderten „Gastarbeiter" genannt und nur als „Gäste" auf Zeit
angesehen. Sie selbst waren davon überzeugt, dass sie nach genügendem Geldverdienst oder
im Ruhestand wieder ins Herkunftsland und das dort errichtete (Ferien-)Haus zurückkehren
würden. Mit der Ermöglichung des Familiennachzugs begann schon eine Veränderung, obwohl
Wirtschaft und Politik lange noch davon ausgingen, dass solche „Gastarbeiter" je nach wirtschaftlicher Notwendigkeit geholt und wieder nach Hause geschickt werden könnten. Groß
war dann die „Überraschung", als immer deutlicher wurde, dass sie sich dauerhaft im Land
niedergelassen hatten und hier bleiben wollten.

11.2.2.2. Migration aus religiöser Überzeugung

Solange das Bürgerrecht an die konfessionelle Zugehörigkeit der Regierenden und der Be-
völkerungsmehrheit gekoppelt war, hatte ein Übertritt zu einer anderen Konfession meistens
die Folge, dass der Neubekehrte sein Land verlassen musste – oder eben auf die Konversion
verzichtete. Nun stellte sich die Frage differenzierter.

Eine größere Gruppe bildeten zu Beginn des 19. Jahrhunderts die pietistisch geprägten
Auswanderer nach Osten. Da die Landeskirchen nicht genügend Freiheiten gaben, um ihren
endzeitlich geprägten Glauben zu leben, wollten diese Pietisten dem wiederkommenden Christus möglichst weit nach Osten entgegengehen. Sie erreichten zum Teil den Kaukasus, zum Teil
auch das Heilige Land, wie z.B. die Mitglieder – seit 1868 – der Tempel-Gesellschaft, die zum
großen Teil aus Gemeinden des Nordschwarzwalds stammten.

Zwischen 1840 und 1914 wurden ungefähr 3.000 aus der katholischen Diözese Straßburg
stammende Missionare gezählt; die evangelischen Missionswerke haben aus Württemberg,
Baden, dem Elsass (nach 1871) und der Schweiz eine ähnliche Zahl von Personen entsandt.

11.2.2.3. Wege ins Exil

Nach dem Krieg von 1870/71 und der Erklärung des Elsass zum „Reichsland" des neu gegründeten
Kaiserreichs entschieden sich viele Elsässer für die Auswanderung und ließen sich in „Innerfrankreich" nieder, insgesamt 125.000 Personen, was ungefähr 8 % der Bevölkerung ausmachte.
Einige sind in der Nähe geblieben, wie zum Beispiel im französisch gebliebenen Teil des Elsass,
dem Territoire de Belfort, im Gebiet um Mömpelgard, während andere in den Großraum Paris
oder bis ins französische Algerien gezogen sind[22]. Manchmal sind Unternehmer und Arbeiter
den gleichen Weg gegangen und haben wie in Héricourt neue Fabriken aufgebaut.

Ein solcher Weggang hatte unter anderem zur Konsequenz, dass auch kurze Aufenthalte bei
familiären Anlässen nicht mehr möglich waren, was besonders bei Geburten oder Hochzeiten,
aber auch bei Krankheit und Tod von Angehörigen als sehr schmerzhaft erlebt wurde.

Von Belfort aus war die sonntägliche Wanderung auf den Elsässer Belchen für die Ausgewanderten wie eine Pilgerfahrt an die dort verlaufende Grenze, von wo aus sie wenigstens in
die alte Heimat hinuntersehen konnten. So kam es 1909 zur Errichtung einer Statue der – erst
in den 1920er Jahren von der katholischen Kirche heilig gesprochenen – Jeanne d'Arc, die
in Angriffsposition in Richtung des Reichslandes Elsass reitet und damit bis heute an diese
Emigration erinnert (Farbbild 42).

Populär war unter den Elsässern das 1871 entstandene Lied, das die Trauer und Sehnsucht
nach einer Revanche zum Ausdruck brachte: „Ihr werdet Elsass und Lothringen nie bekommen, denn gegen euren Willen bleiben wir Franzosen" (Vous n'aurez pas l'Alsace et la Lorraine,
mais malgré vous, nous resterons français). Umgekehrt wurde nach 1918 die Auswanderung
der preußischen Beamten und anderer im Elsass verwurzelter Deutscher und ihrer Familien
erzwungen und dadurch der von vielen als „Goldenes Zeitalter" erachteten Periode des Zu-
sammenwirkens ein Ende gemacht[23].

Auch weit vom Oberrhein weg liegende politische Veränderungen des 20. Jahrhunderts
haben sich ausgewirkt: Das Ende des Osmanischen Reichs und der Völkermord an den Armeniern
nach 1916 oder die Oktober-Revolution 1917 in Russland haben Exulanten nach Deutschland,
dann nach Frankreich gebracht, vor allem die „Weißen Russen" und Armenier, allerdings nur
wenige ins Elsass[24]. Trotzdem hat seit ihrer Gründung 1922 die Christliche Aktion im Orient
ihren Sitz in Straßburg, die armenische und andere Christen im früheren Osmanischen Reich
unterstützt[25].

Ähnlich war es mit den weiteren politischen Ereignissen, die jeweils zu unterschiedlichen
Auswanderungsphänomenen geführt haben, wie zum Beispiel der Spanische Bürgerkrieg
(1936–1939) nach Südfrankreich oder von Ungarn nach Deutschland nach 1956 oder aus dem
früheren Jugoslawien nach 1990.

11.2.2.4. Nationalsozialismus und Shoah

Eigens erwähnt werden muss, ohne hier ihre ganze Geschichte darstellen zu können (vgl. oben,
S. 263ff.), die Shoah. Die nationalsozialistische Diktatur hat seit Januar 1933 in Deutschland die
jüdischen Bürgerinnen und Bürger Schritt für Schritt entrechtet und führte sie schließlich zur
Finsternis der Vernichtungslager. Dazu gehörten auch die Verhaftungen von Mitgliedern vor
allem der kommunistischen oder sozialdemokratischen Partei, was eine erste Emigrationswelle
nach Frankreich auslöste, für manche eine Zwischenstation in die Freiheit, für andere nur ein
Aufschub der weiteren Verfolgung.

Am 1. September 1939 greift das Deutsche Reich Polen an, worauf Frankreich mobil macht
und Deutschland den Krieg erklärt. Die Front am Rhein verläuft entlang der Maginot-Linie und
dem „Westwall", doch ein Jahr lang finden dort kaum Kämpfe statt, sodass man diese Zeit in
Frankreich als „drôle de guerre" (lustigen Krieg) bezeichnet. Vom Elsass aus wird die Bevölkerung
des Grenzgebietes nach „Innerfrankreich" evakuiert, was für die Betroffenen weniger „lustige"
Folgen hatte, wenn sie mit ihrem alemannischen Akzent in Südfrankreich für Deutsche gehalten
wurden (vgl. auch unter 11.3.3).

Die Lage des Elsass als nach Juni 1940 de facto annektiertes Gebiet hat für die Bevölkerung vielerlei schwerwiegende Folgen gezeitigt, z.B. für die Zwangsrekrutierten (malgré nous), die als Wehrmachtssoldaten meist an der russischen Front eingesetzt wurden und von denen manche erst nach 1948/49 aus der Kriegsgefangenschaft zurückkehren konnten, oder wie für die ungefähr 100.000 nach Frankreich ausgewiesenen Elsässer, die von der Besatzungsmacht als „zu französisch" angesehen wurden. Ferner muss die Errichtung des Konzentrationslagers Struthof erwähnt werden, ein Ort des Leidens, der Folter und des Todes für viele Häftlinge, wo unter anderem pseudomedizinische Menschenversuche durchgeführt und von wo aus die KZ-Außenkommandos in ganz Südwestdeutschland befehligt wurden.

Es kann hier nicht die ganze Schreckensgeschichte der Shoah nachgezeichnet werden, nicht das Leiden bei den Deportationen und in den Vernichtungslagern, auch nicht der Schmerz und die Selbstvorwürfe der Überlebenden, überlebt zu haben, aber es soll ausdrücklich erwähnt werden: Im Oktober 1940 wurde zuerst die jüdische Bevölkerung Badens und der Pfalz nach Südfrankreich deportiert und insbesondere im Lager von Gurs interniert. Die dort Überlebenden sind später in die Vernichtungslager im Osten deportiert worden. Einige, besonders Kinder und Jugendliche, die von ihren Eltern getrennt wurden, haben aufgrund des beispielhaften Widerstands der Quäker, der CIMADE oder der Bewohner von Chambon-sur-Lignon[26] überlebt.

Die jüdische Bevölkerung von Elsass und Lothringen wurde mit der Einführung der Rassen-Gesetze ab 1940 verfolgt, schließlich von dort ausgewiesen. Von der Vichy-Regierung wurden sie entweder als Juden verfolgt oder als „Ausländer" betrachtet, später verhaftet und in die Vernichtungslager deportiert. In der Region Mömpelgard, von wo aus einige aufgrund ihrer kurz zurückliegenden eigenen Einwanderung aus der Schweiz noch Beziehungen dorthin besaßen, konnten Fluchtwege organisiert werden. In Württemberg konnten einige jüdische Verfolgte z.B. in Pfarrhäusern versteckt überleben[27].

11.2.2.5 Migrationen der Sinti und Roma

Seit Jahrhunderten leben Sinti und Roma in Europa. Fast immer der ablehnenden Haltung der sesshaften Bevölkerung ausgesetzt, wurden sie als „Zigeuner" durch den nationalsozialistischen Terror verfolgt, deportiert und getötet.

Um den Nazi-Sprachgebrauch nicht fortzuschreiben, werden heute in Deutschland die Selbstbezeichnungen „Roma" und „Sinti" benutzt. Die zum Teil seit Jahrhunderten in Deutschland lebenden Sinti und Roma, deren Interessen vom 1982 gegründeten Zentralrat Deutscher Sinti und Roma vertreten werden, haben die deutsche Staatsangehörigkeit. Von den seit 2007 aus Rumänien und auch aus dem ehemaligen Jugoslawien kommenden Roma haben nur wenige ein dauerhaftes Aufenthaltsrecht erhalten. Viele leben mit einer „Duldung" und sind von Abschiebung in die Herkunftsländer bedroht. In Frankreich ist das Zusammenleben von „nomadisch lebenden" und „sesshaften" Bevölkerungsgruppen zum Teil spannungsgeladen und durch ein gegenseitiges Nichtwissen, wenn nicht sogar durch Diskriminierungen geprägt. Während des Zweiten Weltkriegs wurden Romafamilien interniert und aus Deutschland wie auch aus dem besetzten Teil Frankreichs in die Vernichtungslager deportiert.

Heute werden die in Frankreich mit dem Begriff „ziganisch" bezeichneten Gruppen, die oft als Wanderarbeiter tätig sind, immer wieder durch einen Teil der Bevölkerung, aber auch der Verwaltung, Verdächtigungen ausgesetzt, obwohl ein Gesetz seit 1990 vorschreibt, dass Städte mit mehr als 5.000 Einwohnern angemessene Wohnplätze schaffen müssen.

11.3. Christliche Antworten auf die Migrationen

11.3.1. Grundlagen des Miteinanders

Als eine von Beginn an globalisierte Institution ist die Kirche dazu berufen, Fremden gastfreundlich zu begegnen, wo doch christlicher Glaube und die Taufe nationale und kulturelle Grenzen überschreiten (Gal. 3,28). In den biblischen Erzählungen finden sich Glaubensantworten auf die Erfahrung selbst gewählter oder erzwungener Wanderungsbewegungen. Die Christen knüpfen daran an, wenn sie sich als „Gäste und Fremdlinge auf dieser Erde" (Hebr. 11,13) begreifen, die in der Tradition von Abraham und den anderen Vätern und Müttern im Glauben leben. Welche andere Institution hat derart als Wesenskern die Erfahrung von Exil und Heimkehr, „von Ausgang und Eingang" (Ps. 121)?

Die Dritte Ökumenische Europäische Versammlung von Sibiu (Hermannstadt) hat 2007 betont, dass „christliche Zuwanderer nicht nur Empfänger religiöser Fürsorge sind, sondern auch eine volle und aktive Rolle im Leben der Kirche und der Gesellschaft spielen können"[28], also auch im geistlichen Austausch Gesprächspartner auf Augenhöhe sein sollen. Darin spiegelt sich eine Erfahrung, die Gemeinden schon jetzt beiderseits des Rheins machen.

Dennoch muss erwähnt werden, dass es Christen bis in die Gegenwart nicht immer gelungen ist, die biblischen und theologischen Erkenntnisse umzusetzen. Es ist zwar fast überall die ökumenische Dimension in Kirche und Theologie integriert, doch sind die praktischen Voraussetzungen zum Kontakt oder zur Zusammenarbeit mit Migrantengruppen, ob sie Christen sind oder anderen Religionen angehören, sehr unterschiedlich. Bevor christliche Antworten mit Beispielen referiert werden, soll festgehalten werden, in welchen Dimensionen sich Annahme und Öffnung für die Anderen entwickelt: Auf der diakonischen, geistlichen und theologischen Ebene sowie in der Erinnerungskultur.

11.3.1.1. Diakonie

Im Evangelium fordert Christus dazu auf, die in Not Geratenen zu speisen, zu kleiden oder unterzubringen (Mt. 25, 35–46), und so kommen in Gemeinden oft spontan und individuell Hilfsaktionen in Gang, wenn Flüchtlinge einer Kommune zugewiesen werden. Lokale Unterstützergruppen bilden Netzwerke, um sich abzustimmen, oder es werden Hauptamtliche von Diakonie und Kirche eingesetzt. Orte des Vordenkens und der Diskussion sind oft Tagungen der Diakonischen Werke oder der kirchlichen Akademien.

Je länger Zuwanderer an einem Ort leben, desto mehr verändern sich die Herausforderungen für das diakonische Handeln: Über die unmittelbare Hilfe hinaus wird oft die Notwendigkeit öffentlicher Stellungnahme für die Zuwanderer erkannt, es geht sodann darum, die Sichtbarkeit der Gruppe und ihren Beitrag im Gemeinwesen zu entwickeln.

Die „advocacy" gegenüber den zuständigen politischen Behörden wird auf regionaler und europäischer Ebene von Vertretern der Kirchen und ihrer Werke wahrgenommen[29]. Die karitativen Einrichtungen unterstützen durch ihre Flüchtlings- und Beratungsstellen Migrantinnen und Migranten wie auch die örtlichen Gruppen. Die diakonischen Werke führen für in der Flüchtlings- und Migrationsarbeit tätige Personen Fortbildungen für ein gelingendes Zusammenleben in Vielfalt oder in rechtlichen Fragen durch. Interkulturelle Öffnung diakonischer Einrichtungen und Dienste wird als neuer Qualitätsstandard eingeführt und durch Programme zur Förderung interkultureller Kompetenz für Haupt- und Ehrenamtliche umgesetzt[30].

Zuletzt sei auf die zweite Perspektive christlicher Solidarität mit den Flüchtlingen hingewiesen, nämlich die Unterstützung der Entwicklung in den Herkunftsländern, wie sie zum Beispiel von der CIMADE in Frankreich formuliert wurde: „solidaires ici et là-bas" (Solidarität – hier wie dort); oder, wenn es darum geht, bei den Fluchtursachen anzusetzen und sie zu bekämpfen, bei Brot für die Welt oder Misereor in Deutschland.

11.3.1.2. Geistliches Leben

Migration wirkt sich auch auf das geistliche Leben von Gemeinden und Kirchen aus. Sie findet einen Niederschlag in der Gestaltung der Liturgie, zum Teil über den Umweg von Taizé, aber auch durch die Begegnungen im Rahmen des Ökumenischen Rats der Kirchen oder durch Gespräche mit den orthodoxen Gemeinden, die nach den Zuwanderungen aus Griechenland oder Rumänien entstanden sind (s. oben, S. 210f.); jedenfalls sind orthodoxe Melodien und Lieder aus anderen Sprachen und christlichen Traditionen in Gottesdiensten zu hören und in den Gesangbüchern zu finden[31]. Die geistliche Horizonterweiterung wird darin augen- und ohrenfällig. Ähnlich hat sich die Begegnung der liturgischen Traditionen der Heimatvertriebenen mit den örtlichen Gegebenheiten ausgewirkt[32]. Diese Perspektive wird noch an Weite gewinnen, wenn Begegnungen mit Gemeinden anderer Sprache und Herkunft zunehmen (dazu mehr unter 11.3.8.).

11.3.1.3. Theologie

Auch die ökumenischen Grundlagen, die durch offizielle Dialoge und gemeinsame Praxis erreicht worden sind, die Rede vom wandernden Gottesvolk (*Lumen Gentium*, 1964) im Zweiten Vatikanischen Konzil, oder das in der Ekklesiologie der evangelischen Kirchen neuerdings oft rezipierte Bild des einen Leibes und der verschiedenen Glieder (1. Kor 12), das Einheit und Vielfalt in ein ausgewogenes Verhältnis bringen hilft, bieten Antworten für die Migrationsthematik.

Aus dem jüdisch-christlichen Gespräch kann die Erkenntnis fruchtbar gemacht werden, dass die Vielfalt der Kulturen eine Gabe Gottes und sein Wille ist (so die jüdische Interpretation von Gen. 11, was wiederum Öffnungen in die islamische Theologie zulässt). Als weiteres Beispiel kann die Entwicklung der katholischen „nouvelle théologie" (neue Theologie) ab ca. 1930 mit ihrem starken Interesse an den Kirchenvätern angesehen werden, die wohl auch durch die

Begegnung mit der (in der russischen orthodoxen Emigration insbesondere am Sergius-Institut in Paris vertieften) „neopatristischen Synthese" beeinflusst war.

Dass in einigen Ländern zur theologischen Ausbildung neben den biblischen Sprachen auch eine lebende Fremdsprache gehört, weist auf das Wissen um die Notwendigkeit der Sprache als Grundlage interkultureller Begegnung hin und ist ein hermeneutisches Praxisfeld *par excellence*.

11.3.1.4. Erinnerungskultur

„Es war nicht einfach, nach 1945 ohne irgendetwas in diesem Land anzukommen und hier meinen Platz zu finden. Aber wenn ich dieses große Buch [die Bibel] aufgeschlagen habe, habe ich dort viel Ermutigung bekommen, durch die Beispiele der wandernden Glaubenden."[33] Der biblische Ruf zum Gedenken (*Zachor*) kann aber noch weiter führen: „Als wir angekommen sind, hat man uns geholfen, also helfe ich heute denen, die als Fremde hierher kommen."[34] Beides gehört zur christlichen Erinnerungskultur, die im liturgischen und pastoralen Vollzug noch vertieft werden muss: Christen sind aufgerufen, dankend der Wohltaten Gottes zu gedenken (Ps. 103) und seiner Verheißungen.

Wenn in der seelsorgerlichen Begleitung von Zugewanderten die persönlichen Erfahrungen nicht nur akzeptiert, sondern durchgearbeitet und dabei in die allgemeine historische Entwicklung eingeordnet werden, öffnet das Erinnern auch den Blick in die Zukunft. Das gilt insbesondere für das öffentliche Wort bei Taufen, Trauungen oder Beerdigungen, das persönliche und allgemeine Geschichte interpretiert und so persönliches und familiäres Gedenken – oft zum ersten Mal – öffentlich erkennbar macht und dadurch anerkennend würdigt.

11.3.2. Die ökumenische Bewegung als Ausgangspunkt und Horizont des Handelns

Die beginnende ökumenische Bewegung, von der Pariser Basis der Christlichen Vereine Junger Männer (CVJM) 1855 ausgehend über die Missionskonferenz von Edinburgh 1910 und die Gründung des Weltbunds für Freundschaftsarbeit der Kirchen 1914, ist der Hintergrund für die Versuche der Christen, auf die Migrationsbewegungen im 20. Jahrhundert zu antworten. Nach mehreren ökumenischen Konferenzen waren die Verbindungen stark genug geworden, um internationale Unterstützung für die Verfolgten des Nazi-Terrors zu organisieren. Hier sei als Beispiel Pasteur Marc Boegner (1881–1970) genannt, der Präsident des Bundes der Protestantischen Kirchen Frankreichs (FPF) und Vizepräsident des „im Aufbau begriffenen Ökumenischen Rates der Kirchen" (ab 1937), aus dem dann 1948 der Ökumenische Rat der Kirchen (ÖRK) entstand. Die vielerlei in der Zwischenkriegszeit gewachsenen internationalen Beziehungen zwischen pazifistischen Gruppen, wie den Friedensrittern um Étienne Bach (1892–1986) und anderen im Kapitel 10 dieses Buches von Barbara Henze Genannten, trugen ebenfalls dazu bei, Verfolgte zu schützen, wie es das Beispiel der CIMADE zeigt.

11.3.3. Die CIMADE[35]

Pierre Greib

Die Hilfsorganisation CIMADE ist als „Comité Inter-Mouvements Auprès Des Evacués" (Koordinationskomitee zwischen den Bewegungen für Evakuierte) im Herbst 1939 entstanden (siehe Farbbild 43). Es ging darum, der aus möglichen Kampfgebieten im deutsch-französischen Grenzgebiet plötzlich evakuierten elsässischen Bevölkerung materiell und spirituell beizustehen. Diese Familien hatten besondere Schwierigkeiten, sich im französischen Südwesten zu orientieren, weil sie sich als Evangelische in einem laizistisch bzw. rein katholisch geprägten Umfeld wiederfanden und überdies mit ihrem Elsässisch ähnlich wie der Feind redeten.

Die CIMADE setzte sich aus verschiedenen Jugendorganisationen zusammen, daher auch die Bezeichnung „Koordinationskomitee zwischen den Bewegungen". Ihre Zielsetzung hat sich bald erweitert, und die Mitarbeitenden der CIMADE waren in den Internierungslagern tätig, wo die Vichy-Regierung spanische Flüchtlinge, deutsche Juden und andere „Unerwünschte" gefangen hielt. In Zusammenarbeit mit dem „im Aufbau begriffenen Ökumenischen Rat der Kirchen" und anderen Bewegungen hat die CIMADE dort humanitäre und geistliche Hilfe geleistet, aber auch Fluchtversuche organisiert, die einige vor der Deportation gerettet haben.

Nach Kriegsende waren die Freiwilligen der CIMADE in Deutschland tätig und haben damit zur beginnenden Versöhnung zwischen den Ländern beigetragen. Später hat sich die CIMADE für Fremde, Asylbewerber und Einwanderer eingesetzt, deren Aufenthaltsstatus ungeklärt war. Seit 1984 ist die CIMADE als einzige Nichtregierungsorganisation auch in Abschiebegefängnissen zugelassen, wo sie vor allem Rechtsbeistand leistet. Ferner bezieht sie regelmäßig öffentlich Stellung zur Lage der von ihr betreuten Personen und entwickelt Beziehungen in die Zivilgesellschaften der Herkunfts- und Transitländer der Flüchtlinge. Die CIMADE ist in ganz Frankreich aktiv, im Elsass und in Lothringen hat sie eine Regionalgruppe in Straßburg und lokale Gruppen in Mülhausen, Colmar und Nancy.

11.3.4. Die Vertriebenen und die Diakonie

Aus den früheren Ostgebieten Deutschlands, die heute vor allem zu Polen gehören, wurden 1945 und danach mehrere Millionen Menschen vertrieben, von denen eine große Anzahl zunächst im Norden, dann im Süden und Südwesten Deutschlands angesiedelt wurde. Auf der Suche nach Schutz vor der heranrückenden Roten Armee im Winter 1944/45 sind viele Flüchtlinge nur knapp dem Tod entgangen. Ihre Erinnerungen haben erst seit gut einem Jahrzehnt eine breite Öffentlichkeit erreicht, vorher waren sie auf den Kreis der Vertriebenen beschränkt, die sich oft als „Landsmannschaften" nach ihren Herkunftsorten und -regionen organisierten, und politisch meist mit Gebietsansprüchen und einer revanchistischen Tendenz in Erscheinung traten. Insbesondere die Ostverträge und die Anerkennung der Grenzen im Vertrag zur deutschen Einheit 1990 haben unter ihnen Widerstände hervorgerufen, obwohl die Erklärung der Vertriebenen von Stuttgart schon 1950 ausdrücklich auf Vergeltung verzichtete und die Einigung Europas als Ziel genannt hat.

Die Eingliederung einer so großen Zahl von Menschen wurde von den Kirchen als Aufgabe auch in geistlicher Hinsicht erkannt. So hat der württembergische evangelische Landesbischof Theophil Wurm (1868–1953) im Jahr 1946 aufgerufen, einen Beitrag zur Integration der Vertriebenen zu leisten: die Kirchengemeinden, ihnen einen Ort neuer Beheimatung zu geben, und die staatlichen Behörden, ihrer Pflicht zur materiellen Unterstützung nachzukommen. Dies geschah durch die Hilfskomitees des kirchlichen Hilfswerks in Kooperation mit anderen Flüchtlings-Selbsthilfe-Organisationen.

Die liturgischen Gewohnheiten wurden teilweise in den Gemeinden so aufgenommen, dass die Feier der evangelischen Messe eingeführt wurde. Es wurden zwar keine eigenen Pfarrstellen für die Vertriebenen geschaffen, dafür aber zum Teil aus dem Kreis der Vertriebenen selbst „Flüchtlingspfleger" eingeführt. Bemerkenswert ist auch die Eingliederung der selbst vertriebenen „Ostpfarrer" gewesen, die zumindest in Württemberg in die Kirche einer anderen Konfessionsfamilie hineinfinden mussten[36].

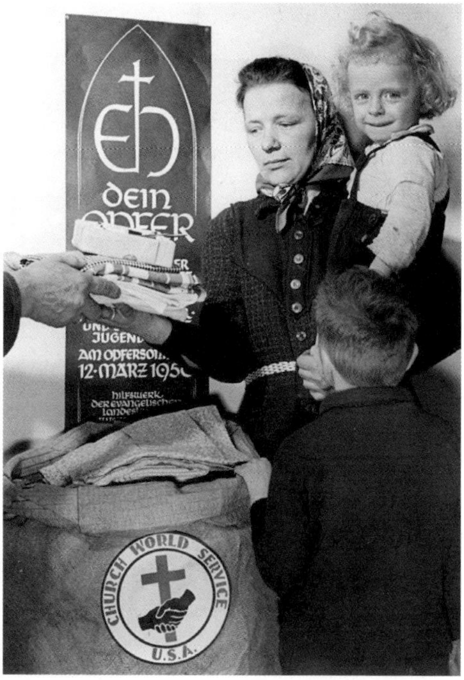

Auch die Sprache konnte eine Hürde bei der Eingliederung sein, denn die Dialekte und Sprachfärbungen waren verschieden und nicht immer gegenseitig verstehbar, während die süddeutsche Mehrheitsbevölkerung sich über

Bild 105: Allein bis 1950 wurden rund eine Million Flüchtlinge und Vertriebene aus dem Osten im heutigen Bundesland Baden-Württemberg aufgenommen. Das im Spätsommer 1945 gegründete Hilfswerk der Landeskirche, Vorläufer des heutigen Diakonischen Werkes Württemberg, versorgte die Vertriebenen und Flüchtlinge u.a. mit Textilien (© Landeskirchliches Archiv Stuttgart, Fotosammlung U 118)

die der Schriftsprache näher stehende Ausdrucksweise der Vertriebenen irritiert zeigen konnte. Deutlich stärker aber wogen die sozialen Aspekte: Die Vertriebenen verfügten zunächst kaum über eigene Mittel.

Bis 1949 wurden im französisch besetzten südlichen Teil Badens deutlich weniger Flüchtlinge aufgenommen als in der amerikanischen Zone (siehe Farbbild 12). Dies änderte sich nach der Währungsreform, als auch dort das wirtschaftliche Potential der Vertriebenen erkannt wurde und daraufhin eine regelrechte Anwerbung in den Flüchtlingsunterkünften Norddeutschlands stattfand.

Die Einweisung evangelischer Flüchtlinge in überwiegend katholische Gebiete und umgekehrt hatte oft zur Vermutung geführt, dass dies von den Alliierten geplant worden war, um die konfessionelle Durchmischung in Deutschland zu fördern. Dies hat offensichtlich keinen historischen Anhalt, im Ergebnis ist es aber dennoch so: Manche Kirchengemeinde, die vorher nur wenige Familien umfasste, hatte sich in kurzer Zeit vervielfacht. Zahlreiche Kirchengebäude wurden neu errichtet. Bis es soweit kam, gab es Abmachungen über die gastweise Überlassung der Kirchenräume. Langfristig hat diese Veränderung der konfessionellen Landschaft ökumenische Begegnungen befördert.

11.3.5. Spontane und institutionalisierte Unterstützung

In den Gemeinschaftsunterkünften der „Gastarbeiter" haben Ortspfarrer Besuche gemacht, Einladungen zu Fest- und Feiertagen ausgesprochen oder anderweitig Begegnungen ermöglicht. Mancherorts wurden kirchliche Wohnheime aufgebaut, andernorts haben diakonische Einrichtungen gehandelt.

Nachdem sich zunächst die Bahnhofsmission um die Zugewanderten kümmerte, wurde in Deutschland in den 1960er Jahren auf Anregung der Politik eine Vereinbarung über die Zuständigkeiten für die Sozialarbeit unter den Migranten getroffen: Die Diakonie übernahm die Betreuung der griechischen Arbeiter, die Caritas die der italienischen, spanischen, portugiesischen und kroatischen Arbeiter, die vorwiegend katholisch waren, während die Arbeiterwohlfahrt für die türkischen Arbeiter zuständig war.

Die Zuordnung der evangelischen Werke für die Betreuung der Orthodoxen ist in der gemeinsamen Mitgliedschaft im ÖRK seit 1961 begründet. Diese Aufgabenverteilung wurde von den jeweiligen kirchlichen Vertretern offiziell anerkannt. So kommt es, dass z.B. das Württembergische Diakonische Werk schon seit 1963 griechische Mitarbeiterinnen hat[37].

11.3.6. Entwicklungen der konfessionellen und sprachlich gebundenen Seelsorge an Migranten

Die italienischen Arbeiter und ihre später zugezogenen Familien wurden in den Katholischen Italienischen Missionen vor allem durch Mitglieder der Kongregation der Missionare vom hl. Karl Borromäus, auch Scalabrini Missionare oder Scalabrianer genannt, betreut. Diese Einrichtungen der Seelsorge in italienischer Sprache wurden in Abstimmung mit den Diözesen in allen größeren Städten gegründet[38]. Dort wurden Gottesdienste und Unterricht in italienischer Sprache angeboten, die katholische italienische Arbeiterbewegung ACLI hielt ihre Versammlungen ab, oder es wurden Feste gefeiert. Die pastoralen Aufgaben ließen den italienischen Pfarrern wenig Zeit, Schritte in die Mehrheitsgesellschaft hinein zu gehen, auch die Gemeindeglieder brauchten lange dazu. Reibungen bei der gemeinsamen Nutzung von Gebäuden gab es eher auf der kulturellen als auf der gottesdienstlichen Ebene. Im Elsass arbeitete die Italienische Mission z.B. in Mülhausen in ähnlicher Weise.

Seit den 1990er Jahren wurden die meisten italienischen Missionen aufgelöst und in die örtlichen Gemeinden überführt. Als Zeichen dieser Verbindung wird vielerorts an Festtagen das Evangelium auch in italienischer Sprache verlesen. Die Integration in die vorhandenen Gemeinden ist aber noch nicht abgeschlossen[39]. Im Zeitraum von 50 Jahren sind Entwicklungen möglich geworden, die andere Konfessionen zwar nicht so einfach übernehmen können, für die das Beispiel der italienischen Gemeinden aber Anregung geben könnte. So wird aufgrund der konfessionellen Zugehörigkeit die Seelsorge für Einwanderer aus orthodoxen Kirchen eigenständig bleiben, die zunehmend eigene Gemeinden, zum Teil auch Kirchen und eine eigene Hierarchie aufgebaut haben und als ACK-Mitgliedskirchen die ökumenische Landschaft bereichern.

11.3.7. Sinti und Roma

Die Lebenssituation der Sinti und Roma in Geschichte und Gegenwart macht eine besondere Antwort der Kirchen nötig, wie es sich in Frankreich durch die Ernennung des katholischen Bischofs von Belfort-Mömpelgard, Claude Schockert (*1940), als Beauftragten für die Migrantenseelsorge zeigt, aber auch in den Beziehungen der Großkirchen zu den katholischen oder evangelischen Gemeinden von Sinti und Roma.

Viele Sinti und Roma in Frankreich sind in der katholischen Kirche engagiert, aber eine weitaus größere Zahl gehört zu den pfingstlich geprägten Bewegungen der evangelischen Kirche innerhalb des FPF, die jedes Jahr zu einer Evangelisationswoche über 30.000 Personen versammeln[40].

In Baden-Württemberg wurde 1999 der Arbeitskreis Sinti/Roma und Kirchen in Baden-Württemberg gegründet, um gegen Vorurteile anzugehen[41]. Die Landeskirchen und Diözesen in Baden-Württemberg stehen jeweils mit dem Landesverband Sinti und Roma in Baden-Württemberg im Gespräch. Mit einer zentralen Gedenkfeier 2013 erinnern die Kirchen zusammen mit dem Landesverband Deutsche Sinti und Roma Baden-Württemberg e.V. und dem Land Baden-Württemberg an die Deportationen von Sinti und Roma in Baden, Württemberg und Hohenzollern vor 70 Jahren.

11.3.8. Vom Nebeneinander zum Miteinander: Zusammenarbeit von Gemeinden verschiedener Herkunft und Kultur

In vielen Städten haben sich Christen zusammengeschlossen, die aus dem gleichen Land stammen und zur gleichen Konfession gehören. Die alteingesessenen Kirchengemeinden beantworten Anfragen zur gastweisen Überlassung ihrer Räume meist positiv. Bis es nach diesem ersten Schritt zu einem theologischem Gespräch oder einer ausdrücklichen gegenseitigen theologischen Anerkennung kommt, ist es aber oft ein langer Weg.

Die Württembergische Landeskirche lädt regelmäßig die evangelischen Pfarrer, an deren Orten es orthodoxe Gemeinden gibt, zusammen mit den orthodoxen Priestern zu einer Tagung ein. Seit den 1990er Jahren treffen sich außerdem auf Einladung der Landeskirche die Vertreter mehrerer Gemeinden zum Internationalen Konvent Christlicher Gemeinden (IKCG) in Württemberg, dem über 30 Pfarrerinnen und Pfarrer oder Gemeindeleiter und Gemeindeleiterinnen angehören. In Baden wurde ein ebensolcher Konvent gegründet, dem heute 29 Gemeinden angehören, während weitere 20 sich für die Mitarbeit interessieren. Interkulturelle Gottesdienste werden an jährlich wechselnden Orten in Baden gefeiert, während in Württemberg jeden Pfingstmontag zum „Tag der weltweiten Kirche" nach Stuttgart eingeladen wird. Die Zusammenarbeit in den Konventen zeigt nach außen das vielfältige christliche Zeugnis, andererseits werden die beteiligten internationalen Gemeinden selbst von der Mehrheitskirche besser wahrgenommen.

In Württemberg sind drei dieser „Gemeinden anderer Sprache und Herkunft" auch rechtlich voll in die Landeskirche integriert[42], seit 2007 die Gemeinschaft Evangelischer Ungarischer Christen in die Evangelische Lutherkirchengemeinde Bad Cannstatt, seit 2010 die „Presbyterian Church of Ghana – Stuttgart Branch" und die Evangelisch-Koreanische Nambu-Gemeinde in zwei Stuttgarter Kirchengemeinden[43]. Ein Adressbuch mit den Kontaktdaten der Gemeinden anderer Sprache und Herkunft in Württemberg ermöglicht es, direkt ins Gespräch zu kommen, während in Baden die Internetseite des IKCG eine Kommunikationsplattform bietet[44].

In Frankreich hat der FPF in Zusammenarbeit mit den Missionswerken DEFAP und CEVAA im Jahr 2006 das Projekt „Mosaik" mit den gleichen Zielen gestartet[45]. Was gemeint ist, zeigt das Beispiel der evangelischen Kirchengemeinde Neudorf im Elsass: Vier Gemeinden ausländischer Herkunft wurden eingeladen, sich zu einem Sonntagsgottesdienst gemeinsam mit der einheimischen Gemeinde zu versammeln. Seit mehreren Jahren feiern sie dort sonntagnachmittags oder -abends ihre Gottesdienste. Es sind drei Pfingstgemeinden aus Ghana und eine internationale Gemeinde, die von einem argentinischen Pfarrer geleitet wird. Sie waren bisher kaum in den Blick der gastgebenden Gemeinde gekommen, man hatte einfach nebeneinanderher gelebt, sodass der gemeinsame Gottesdienst mit Liedern und Gebeten in verschiedenen Sprachen eine neue Qualität der Begegnung bedeutete. Auch an anderen Orten wie zum Beispiel in Illberg-Coteaux bei Mülhausen sind solche Beziehungen gewachsen, ebenso haben formelle Vereinigungen von Gemeinden stattgefunden. Sie sind umso leichter möglich, wenn sie aus der gleichen konfessionellen und theologischen Tradition schöpfen oder wenn am Ort eine gegenseitige Anerkennung gewachsen ist[46].

In diesem Zusammenhang verdient Erwähnung, dass die seit den 1990er Jahren verstärkt aus anderen Ländern stammenden Priester oder Pfarrer, die vor allem in katholischen Gemeinden Dienst tun, zwar selbst erst einen eigenen Inkulturationsprozess durchlaufen müssen, aber auch ihrerseits das Verständnis für die weltweite Ökumene auf der lokalen Ebene fördern können.

11.3.9. Unterstützung für Flüchtlinge und Asylbewerber

Flüchtlinge und Asylbewerber haben in den Sammelunterkünften beratende, materielle und spirituelle Unterstützung von Kirchengemeinden erfahren, initiiert von Einzelnen oder Gruppen. Sehr oft waren diese Gruppen von vornherein ökumenisch ausgerichtet oder haben kirchliche Grenzen überschritten, wie die Organisationen Pro Asyl in Deutschland oder CASAS (Collectif pour l'Accueil des Solliciteurs d'Asile à Strasbourg/Gemeinschaft zur Aufnahme von Asylbewerbern in Straßburg), eine „weltliche" Gruppe, die auf Initiative von protestantischen Christen gegründet wurde und die wie CIMADE im Georges Casalis-Haus (siehe Farbbild 44a) zu finden ist.

Oft entstehen regelrechte „Patenschaften" für einzelne Flüchtlinge oder Familien, zum Beispiel zur Begleitung bei Behördengängen, oder es werden Gelder gesammelt, um Anwaltskosten für Einsprüche gegen eine Ablehnung des Asylantrages zu übernehmen. Die lokalen Asylgruppen haben sich in Netzwerken zusammengeschlossen, eine Organisation wie die CIMADE unterstützt mit Rechtsberatung.

In Deutschland existieren sogenannte Rechtsberaterkonferenzen (seit 1988 z.B. die baden-württembergische Rechtsberatungskonferenz), an denen Anwälte, Richter, Vertreter der Ministerien und kirchliche Vertreter mit dem UNHCR (United Nations High Commissioner for Refugees/Hohen Flüchtlingskommissar der Vereinten Nationen) zusammenarbeiten.

Außerdem wurden insbesondere nach der europäischen Vereinheitlichung des Asylverfahrens seit 1999 und der Einführung des Schengener Abkommens grenzüberschreitende Beziehungen hergestellt, aus denen sich z.B. nach 1997 die Europäische Asylrechtstagung entwickelt hat, an der u.a. die Evangelischen Kirchen in Baden und im Rheinland sowie die CIMADE beteiligt sind. 2004 haben die KKR und die GEKE in der Liebfrauenberg-Erklärung zu den Herausforderungen von Migration und Flucht die Gaben und Aufgaben der Kirchen und ihrer Diakonie beschrieben. Seit 1964 setzt sich die CCME (Churches' Commission for Migrants in Europe/Kommission der Kirchen für Migranten in Europa) in Brüssel dafür ein, bei europäischen Gesetzgebungsvorhaben bessere Bedingungen für Migranten zu erwirken.

11.3.10. Kirchenasyl

Auf ganz verschiedenen Ebenen wird von den Kirchen die Stimme zur Verteidigung der Rechte der „Fremden" erhoben, ohne auf deren religiöse Zugehörigkeit zu achten – aus christlicher Grundüberzeugung und dennoch unter Respektierung der Trennung von Staat und Kirche. Wenn nun dieser Einsatz aber für Einzelne nicht zu einem geregelten Aufenthaltsstatus führt, zwingen dann nicht Menschenrechte und christliche Pflicht zur Verteidigung der Allerschwächsten, auch gegen die Gesetze eines demokratischen Staates?

Sinsheim, kurz vor Weihnachten 1991: Zwei kurdische Familien aus der Türkei erfahren, dass sie nach der Ablehnung ihres Asylantrags aus Deutschland abgeschoben werden sollen. Die Familien waren ins Leben von Kommune und Kirchengemeinde integriert, die Kinder besuchten den katholischen Kindergarten. Das Asylverfahren war eng von Verantwortlichen der Caritas begleitet worden. In mehreren Schritten hatten sich die Kirchengemeinden auf eine eventuelle Aufnahme dieser Familien in der Kirche vorbereitet. Nun war es soweit, die beiden katholischen Gemeinden von Sinsheim wurden aktiv und nahmen je eine Familie in den Kirchenräumen auf, um ihre Verhaftung und Abschiebung zu verhindern.

Ein solches Kirchenasyl ist gesetzlich zwar nicht anerkannt, die Behörden respektierten jedoch den Sakralraum. Dabei können Pfarrer und Vorsitzende der Kirchengemeinderäte aber persönlich haftbar gemacht werden. Im Sinsheimer Fall wurde der Antrag neu bearbeitet, und bald darauf der Ablehnungsbescheid aufgehoben.

Kirchenasyl wurde zwischen 1983 und 1997 in ganz Deutschland für ungefähr 2500 Personen gewährt, für die in 70% der Fälle eine juristische Überprüfung und wenigstens eine humanitäre Regelung erreicht wurde. Die Kirchenleitungen haben 1999 solche Schritte als ein mögliches, persönliches christliches Zeugnis gewürdigt[47]. In den letzten Jahren gab es deutlich weniger Fälle von Kirchenasyl[48].

11.3.11. Menschen ohne Aufenthaltspapiere

Zahlreich sind auch die Migrantinnen und Migranten, die noch nie einen legalen Status hatten oder keinen mehr haben und ohne Papiere leben. Aus der Angst, entdeckt zu werden, zeigen sie sich möglichst wenig in der Öffentlichkeit, auch nicht in den Kirchengemeinden. In Paris jedoch haben einige durch Besetzungen von Kirchen oder von öffentlichen Gebäuden auf ihre Situation aufmerksam gemacht. Insgesamt schätzt man in Deutschland die Zahl der „Papierlosen" auf eine Million. Kirchliche Gruppen und Organisationen setzen sich für sie ein, insbesondere für die Gewährung eines minimalen sozialen Schutzes, z.B. dass Kinder die Schule besuchen können oder ein Zugang zu medizinischer Versorgung besteht[49].

11.3.12. Aussiedler und Spätaussiedler

Seit den 1960er Jahren konnten Nachfahren der deutschen Auswanderer, die sich im 18. und im 19. Jahrhundert in Osteuropa (Rumänien, Ungarn, Ukraine und Russland) niedergelassen hatten, in die Bundesrepublik Deutschland einwandern. Verstärkt wurde dieser Zuzug durch deutsche Staatsbürger, die nach 1945 in den früheren deutschen Gebieten östlich von Oder und Neiße verblieben waren, und deren Nachkommen.

Während und nach der Perestroika begann eine große Auswanderungswelle aus den ehemaligen Sowjetrepubliken wie Kasachstan, wohin die Russlanddeutschen nach 1941 deportiert worden waren. Mit dem Ende der Sowjetunion war in den Republiken ein starker Nationalismus erwacht, der einer der Gründe für die Rückwanderung nach Deutschland war. Schon während der Perestroika wurden Ausreiseanträge leichter durch den Sowjet-Staat genehmigt, ab 1990 sind während einer Dekade jährlich zwischen 100.000 und 200.000 Aussiedler nach Deutschland ausgewandert und haben die deutsche Staatsangehörigkeit oder einen Aufenthaltstitel erhalten.

Trotz dieser rechtlichen Voraussetzungen ist die Integration von Aussiedlern und Spätaussiedlern in Gesellschaft und Kirchengemeinden nicht ohne Schwierigkeiten verlaufen. Die in einer wirtschaftlich günstigen Phase angekommenen ersten Gruppen konnten einerseits über ihre Arbeitsstelle ins Land hineinfinden, andererseits hatten sie zum großen Teil gute, wenn auch vom Dialekt geprägte Deutschkenntnisse bewahrt. Heute helfen viele aus dieser ersten „Generation" den später unter schwierigeren Umständen nach Deutschland Gekommenen. Kirchen und Diakonie setzen sich für die Anerkennung der ausländischen Berufs- und Bildungsabschlüsse ein.

In der Nähe der Erstaufnahmeeinrichtungen, der Übergangswohnheime oder in den Städten, die durch aufgegebene militärische Standorte über genügend freien Wohnraum verfügten, sind heute viele Wohngebiete ganz durch Russlanddeutsche geprägt. Wie komplex die Integrationsanforderungen an Mehrheit und Minderheit sind, zeigt das Beispiel von Georg, der mit sechs Jahren nach Deutschland kommt und nur Deutsch spricht. Erst in Deutschland, im Übergangswohnheim und aufgrund der wenigen Berührungsmöglichkeiten mit der deutschsprachigen Umgebung beginnt er, Russisch zu sprechen. Es gibt keine eindimensionalen Antworten auf die Frage, wie Integration gelingt.

Trotz der Erfahrungen mit der Aufnahme der Vertriebenen nach dem Zweiten Weltkrieg haben sich die Kirchengemeinden nicht selbstverständlich für die Belange dieser neu dazugekommenen Gemeindeglieder eingesetzt. Zum Teil entstanden in den Freikirchen zweisprachige Gemeinden. Die Freikirchen wurden durch diese Besonderheit auch für viele dort zunächst nicht beheimatete Russlanddeutsche attraktiv. In den Landeskirchen haben sich engagierte Gemeindeglieder für die Betreuung in den Übergangswohnheimen eingesetzt. Das Land Baden-Württemberg hat ab 2003 auch kirchliche Modell-Projekte finanziell unterstützt. Die Diakonie und die Evangelische Landeskirche in Württemberg verleihen alle zwei Jahre den Integrationspreis für besondere Initiativen der Gemeinden[50].

Ein wichtiger Schritt zu einer bewussten Gestaltung von Verschiedenheit im Miteinander kann, so paradox es klingen mag, die öffentliche Reinszenierung russlanddeutscher Kultur

Bild 106: Russlanddeutsche Silvesterfeier für Familien im Integrationsprojekt der Evangelischen Kirchengemeinde in Leutkirch 2007 (Foto: Barbara Waldvogel, Leutkirch)

sein. Gerade Kirchengemeinden können durch eigene interkulturelle Öffnung Orte werden, wo sich die Zugewanderten selbst organisieren und mit anderen Gemeindegruppen in Austausch treten. Die von den diakonischen Werken entwickelten interkulturellen Fortbildungen geben dazu Hilfestellung. Aber auch in den Institutionen selbst wird diese Kompetenz gezielt gestärkt. Als Beispiel soll die russlanddeutsche Silvesterfeier erwähnt werden, die junge Eltern für ihre Kinder organisieren. Das Fest ist für diese Familien doppelt wichtig, um den Kindern zu zeigen, aber auch sich selbst zu erinnern, wie es in der alten Heimat war. Als Veranstaltung der Kirchengemeinde wird die Feier offen für alle gestaltet und durchläuft dadurch selbst einen Inkulturationsprozess, da sie durchgängig zweisprachig veranstaltet wird. Dieses aktualisierte Erinnern fördert zudem die Sichtbarkeit im Gemeinwesen.

Das sehr stark ausgeprägte geistliche Leben der Großelterngeneration konnte nur begrenzt an die Jüngeren weitergegeben werden, die in einem Umfeld aufgewachsen sind, das vom Vulgäratheismus der UdSSR geprägt war. Trotz dieses religiösen Analphabetismus ist die Kirchenmitgliedschaft oft als Zeichen der gesellschaftlichen Zugehörigkeit verstanden worden. Das bietet den Gemeinden vielerlei Möglichkeiten zur Anknüpfung, die bewusst gestaltet werden sollten.

In der Situation der Zuwanderung spielt die Erstsprache eine besondere Rolle. Das hat christliche Kirchen und jüdische Gemeinden zum Start des Projekts Vertrauenstelefon geführt, dessen Namen an das in der UdSSR schon bekannte „telephon dowerija" anknüpft. Die von ganz Deutschland aus kostenlos erreichbare Nummer 0800 644 6444 bietet Telefonseelsorge in russischer Sprache an. Aktives Zuhören soll ermöglichen, Probleme und Schwierigkeiten beim Einleben frühzeitig anzusprechen, zu klären und Lösungsansätze zu entwickeln. Die ehrenamtlich Mitarbeitenden sind alle zweisprachig. Ihr Engagement und die Teilnahme an den Ausbildungskursen und Supervisionen tragen wiederum zu ihrer eigenen Integration in Gesellschaft und Kirche bei[51].

11.3.13. Jüdische Gemeinden und Zuwanderung

Die genannte Kooperation weist darauf hin, dass Zuwanderung auch in die jüdischen Gemeinden stattfindet. Nach der Unabhängigkeit Algeriens befanden sich unter den zur Rückkehr nach Frankreich gezwungenen französischen Staatsbürgern auch zahlreiche Juden, was die Anzahl der Mitglieder der Synagogen im Elsass auf 40.000 ansteigen ließ. Die sephardisch geprägten Glaubenden trafen auf mehrheitlich aschkenasisch geprägte Synagogen, deren Mitglieder oft Überlebende der Shoah, manche auch deutscher Herkunft, waren. So musste nicht nur bei der Aussprache der hebräischen Texte, sondern auch in den kulturellen Traditionen eine Gemeinsamkeit gefunden werden, was nicht immer einfach war.

In Deutschland kam es nach 1990 zu einer ähnlichen Herausforderung, als sich die Gemeindegliederzahlen zum Teil verdreifachten: Die letzte demokratisch gewählte Regierung der DDR hatte ein Gesetz zur Aufnahme eines jährlichen „Kontingents" von Juden aus der ehemaligen Sowjetunion verabschiedet. Dadurch sahen sich die nach der Shoah nur noch in den großen Städten Deutschlands existierenden Gemeinden vor der Aufgabe, diese Einwanderer aufzunehmen, die sich oftmals zwar nicht religiös als Juden verstanden, aber laut sowjetischem Pass als Juden betrachtet wurden[52]. Ähnlich wie bei den Russlanddeutschen war bei ihnen oft nur eine geringe religiöse Kenntnis vorhanden. Die Auswirkungen auf das religiöse und kulturelle Leben der Gemeinden sind noch nicht abzuschätzen[53].

Von allen Glaubensgemeinschaften aber wurde der Bau neuer Synagogen in verschiedenen Städten (z.B. Heidelberg 1994, Speyer 2011) als verheißungsvolles Zeichen einer Erneuerung religiösen Lebens und der demokratischen Entwicklung begrüßt, die auch eine breitere Basis für den jüdisch-christlichen Dialog bedeutet. Auf ihn wird eigens im Kapitel 6 von Marc Lienhard eingegangen, während hier nur die Auswirkungen der Migrationen beschrieben werden.

11.3.14. Von der Ökumene zum interreligiösen Diskurs

Seit vier Jahrhunderten hat sich die Identität der Stadt Mannheim auch am Thema des Miteinanders unterschiedlicher Religionen und Konfessionen bewährt, die sich am Ort niedergelassen haben (vgl. S. 507f.). Das ist bis heute spürbar. Die „Meile der Religionen", die zum 400jährigen Stadtjubiläum begangen wurde, hat diesen Willen zur Begegnung sichtbar gemacht. Ein „Friedensbankett" verband mit Tischen die katholischen und evangelischen Kirchen, die Synagoge und die Moschee und zählte 3.000 Teilnehmende der verschiedenen Religionen, auch solcher wie der Ba'hai. Bei der Wiederholung 2009 nahmen sogar 5.000 Personen teil (siehe Farbbild 45). Der Erfolg dieser Einladung verdankt sich der erwähnten Tradition religiöser Toleranz, aber auch dem Konzept der Sultan Selim Moschee als „Gläserner Moschee", die sich allen Einwohnern öffnen will und der Arbeit des Dialogs im Forum der Religionen. Einen wesentlichen Beitrag leistet zudem das Mannheimer Institut für Integration und interreligiösen Dialog e.V., das auch von der Stadt Mannheim unterstützt wird[54]. Wichtig ist dabei, dass neben Gesprächen der Repräsentanten der drei großen Religionen auch in den christlichen und muslimischen Gemeinden der Dialog stattfindet. Oft hat der Bau einer Moschee ein Aufeinanderzugehen und ein gelingendes Miteinander initiiert.

Auch der Standort einer Moschee, ihre Sichtbar- und Erreichbarkeit spielt eine große Rolle bei der Ermöglichung eines guten Miteinanders. Hier haben Vertreter der Religionen sich vielerorts für eine adäquate Lösung eingesetzt[55]. Kirchengemeinden haben die Möglichkeit der ungestörten Religionsausübung für den Islam gefordert und auch gegen Angriffe auf Moscheegebäude Stellung bezogen. Auch in kleineren Städten wie zum Beispiel Haslach im Schwarzwald sind offene Begegnungen von Einwohnerschaft und Kirchen mit der Moscheegemeinde etabliert, insbesondere dann, wenn wie dort die Erinnerung an den Beitrag von Zugewanderten zum Wohl der Stadt lebendig ist.

Bis in die 1980er Jahre hinein wurde die Einwanderung türkischer oder nordafrikanischer Arbeiter kaum unter dem religiösen Gesichtspunkt thematisiert, während heute ein Erstarken religiöser Bezüge festgestellt werden kann, das manche gar als eine „Re-Islamisierung"[56] bezeichnen. In jedem Fall aber werden die Zugewanderten mit der Errichtung von Gebetsorten und Moscheen als religiös geprägte Gruppe und dadurch als mögliche Diskurspartner öffentlich wahrgenommen. Nach dem 11. September 2001 wurde die Frage der Migration schärfer als

Frage des Islam und seiner Auslegung begriffen, obwohl viele muslimische Verantwortliche umgehend ihre Ablehnung von Gewaltanwendung sehr deutlich ausgedrückt haben.

Der interreligiöse Diskurs steht nicht nur bei Hauptamtlichen auf der Tagesordnung, auch die Gemeinden haben die Dringlichkeit von freundschaftlichen Begegnungen im Horizont eines interreligiösen Dialogs erkannt. So treffen sich Vertreter der drei abrahamitischen Religionen beispielsweise in Emmendingen seit 2009 regelmäßig zu einem interreligiösen Trialog. An vielen Orten wurden Christlich-Islamische Gesellschaften gegründet, die sich ab den 1980er Jahren in der Islam-christlichen Konferenz Südwestdeutschland zusammengeschlossen haben. Ausgehend von der ACK wurde 1995 die Islamisch-Christliche Konferenz (ICK) gegründet, die regelmäßige Foren in Pforzheim veranstaltet (vgl. Farbbild 46).

Zur Förderung des interreligiösen Dialogs wurden von Kirchenleitungen und Synoden Stellungnahmen abgegeben und 2010 ein Einführungskurs in islamischer Theologie für Gemeinden veröffentlicht, der vor allem Christen sprachfähig machen soll in der interreligiösen Begegnung[57]. Die Akademie der Diözese Rottenburg-Stuttgart bietet Tagungen für verschiedene Zielgruppen des interreligiösen Diskurses an, unter anderem für Imame sowie kirchliche und gesellschaftliche Multiplikatoren mit dem Ziel „Gesellschaft gemeinsam gestalten"[58].

Im Jahr 2010 hat die Bundesregierung die Errichtung von vier islamisch-theologischen Zentren an staatlichen Universitäten beschlossen, davon wurde in Baden-Württemberg das erste in Tübingen eröffnet. Ihr Standort hängt mit dem Dialogpotenzial zusammen, das sich dort im Gegenüber zu den beiden großen evangelisch- und katholisch-theologischen Fakultäten ergibt. Zukünftige Lehrkräfte im Fach islamische Religion und spätere Imame werden dort (ebenso wie an anderen Berufsfeldern interessierte islamische Theologen) nach den wissenschaftlichen Standards im Fach islamischer Theologie unterrichtet.

11.3.15. Kirchliche Stellungnahmen zur Migration

Die Praxis der Arbeit mit Zugewanderten findet Widerhall und Anregung in öffentlichen Stellungnahmen der Kirchenleitungen, die nicht nur – meist in ökumenischer Gemeinsamkeit – auf aktuelle fremdenfeindliche Ereignisse reagieren, sondern sich mit grundsätzlichen Erwägungen an staatliche Stellen wenden und gleichzeitig Anregungen zum fremdenfreundlichen Handeln in die Gemeinden tragen. Hier sei die Arbeitshilfe der ACK in Baden-Württemberg von 2008 *„Ich bin ein Fremder gewesen und ihr habt mich aufgenommen" – Als Kirche zusammenleben mit Menschen anderer Herkunft, Sprache und Religion* genannt, die mit Bezug auf Jesu Wort in Mt. 25,35 nach einem theoretischen Teil viele praktische Beispiele vorstellt. Diese Hilfen dienen als Ermutigung für die ehrenamtlich Engagierten wie für die Migranten selbst, die so erfahren, dass sie mit der Unterstützung der Kirchen rechnen können.

Beiderseits des Rheins beziehen sich kirchliche Stellungnahmen auf die Gottebenbildlichkeit der Menschen als eine Grundlage des Gebots, die Fremden aufzunehmen und ihnen beizustehen. Eine Nuancierung ist in Bezug auf die Funktion des Erinnerns im biblischen Sinn festzustellen, die in den in Deutschland veröffentlichten Texten kaum vorkommt, während darauf zumindest im protestantischen Bereich in Frankreich rekurriert wird. So hat die Synode der Reformierten

Kirche Frankreichs 1998 nach einem mehrjährigen Konsultationsprozess eine Stellungnahme für eine verbesserte Aufnahme von Fremden veröffentlicht, die bewusst die Erfahrung des Toleranzedikts von Nantes von 1598 und die schmerzhaften Erfahrungen der Intoleranz im Zug seiner Widerrufung 1685 aufgreift, so wie sich auch die *Liebfrauenberg-Erklärung* von 2004 darauf ausdrücklich bezieht (Abschnitt 25).

Nach dem Europäischen Jahr der Migration hat die KKR im 50. Jahr ihres Bestehens 2011 eine Erklärung abgegeben, in der sie ihrer Sorge über die Verschlechterung der Aufnahmebedingungen von Flüchtlingen und über ein öffentliches Klima des Misstrauens gegenüber Fremden in vielen europäischen Ländern Ausdruck verleiht. Sie fordert in Fortführung der *Liebfrauenberg-Erklärung*, dass sich Staaten, Kirchen und Zugewanderte für eine aktive Gestaltung des Zusammenlebens einsetzen[59].

11.4. Praktische und theologische Perspektiven – ein Versuch

11.4.1. Für eine Kultur der Gastfreundschaft und interkultureller Öffnung

Die Erfahrung von Migration, die Christen in der globalisierten Welt des 21. Jahrhunderts machen, kommt derjenigen von Christen der ersten Jahrhunderte nahe, die sich als „Gäste und Fremdlinge auf dieser Erde" verstanden (Hebr. 11,13). Es ist kein Zufall, dass dieses Bibelwort 1981 als Motto des evangelischen Regionalkirchentags „Contact avec les protestants" in Nancy gewählt wurde.

Der Anachronismus hilft, die Migrationsbewegungen und ihre Auswirkungen auf die aufnehmende Gesellschaft wie auf die Zuwandernden als positive Herausforderung zu begreifen, um den Kern der christlichen Botschaft neu zu entdecken und zu vermitteln, oder um kulturell gewordene Gewohnheiten im Dialog mit anderen hinterfragen zu lassen.

Der Gedanke aus Hebr. 11 wird im Brief an Diognet am Ende des 2. Jahrhunderts weitergeführt: „Jedes fremde Land ist ihnen [den Christen] Heimat, und jede Heimat ist ihnen fremd."[60]

Diese Erfahrung der Fremdheit im Eigenen sollte auch heute die Haltung der Christen inspirieren, um daraus eine Kultur und Spiritualität der Gastfreundschaft wachsen zu lassen, die für den fremden, auch einmal befremdlichen Anderen aufmerksam ist, weil sie sich selbst aus dem ganz Anderen empfängt, der uns in Christus angenommen hat (Röm. 15,7). Diese empfangene Annahme und Aufnahme kann zur Quelle für die Gestaltung einer Kultur der Offenheit und Vielfalt werden, die sich an den unterschiedlichen Orten christlichen Lebens in unserer Welt widerspiegelt – in den Gemeinden oder in den diakonischen Institutionen.

Der in der römisch-katholischen Kirche am 3. Sonntag im Januar gefeierte Tag der Migration kann einerseits das alltägliche Leben der Christen widerspiegeln und die Vielfalt der an einem Ort lebenden christlichen Gemeinschaften, andererseits die Migrationserfahrungen der

Vergangenheit sichtbar machen. Die Erinnerung an den Heiligen Columban (den Jüngeren), der im 8. Jahrhundert im Namen des Evangeliums halb Europa durchquert hat, könnte diesem Tag eine zusätzliche Tiefe geben[61].

11.4.2. Vielfalt anerkennen und fördern

Wenn Diversität als Normalform des Lebens in Gesellschaft und Gemeinden anerkannt ist, wird es darauf ankommen, nach den verbindenden Faktoren zwischen den Gruppen zu fragen. Für Christen ist die Einheit grundgelegt in Jesus Christus und im Glauben an ihn. Diversität muss aber aktiv gestaltet werden (wie im englischen Fachwort „diversity management" ausgedrückt). Die Öffnung für die Verschiedenheit muss auf Augenhöhe stattfinden und gegenseitig gelten, damit die öffentliche Sichtbarkeit nicht zu einem Rückzug auf sich selbst führt. Für die Kirchen bietet sich dafür u.a. die Gestaltung von mehrsprachigen Gottesdiensten an.

Migrantinnen und Migranten müssen die Möglichkeit haben, ihre Bedürfnisse auch gemeinschaftlich auszudrücken und zu gestalten, sowohl in den Kirchengemeinden als auch im Gemeinwesen, damit sie selbst aktiv am neuen Lebensort mitwirken können. Als hilfreich erwiesen haben sich insbesondere Mittler-Personen unter Migrantinnen und Migranten, die nicht nur dolmetschen, sondern gezielt Themen wie Gesundheit oder Erziehung übersetzen können. Interkulturell zusammengesetzte Teams können sich dabei gegenseitig ergänzen und eventuelle Wahrnehmungsfehler korrigieren. Doch auch unter den Einheimischen können sich solche Brückenbauer finden, die z.B. durch einen Aufenthalt im Ausland, insbesondere mit sozialer Zielrichtung, nicht nur sprachliche Fähigkeiten erworben haben, sondern auch das nötige Einfühlungsvermögen in die Situation des Fremdseins. Die ständige Erweiterung und Einübung interkultureller Kompetenzen bei allen Beteiligten sind Bausteine für ein gelingendes Zusammenleben in Vielfalt.

11.4.3. Das Gedenken interpretieren

Im dritten Buch Mose (Lev. 19,33f.) wird das Gebot, den Fremden gerecht zu behandeln, mit einem Ruf zum Gedenken verbunden, ein wiederkehrendes Motiv der Bibel, das bis in die Liturgie hineinreicht: Gedenke daran, was Du erlebt hast, als Du selbst in der Fremde gelebt hast, nicht nur in Ägypten, auch seit Kain und Abraham.

Diese Verbindung von Gedenken und Handeln muss vertieft werden, denn die erinnerten Migrationserfahrungen tragen das Potential in sich, heute für Menschen mit Migrationshintergrund einzutreten. Wir können die erlittenen Schmerzen nicht „vergleichen", jeder und jede trägt seine eigenen Verletzungen in sich, doch das Gedenken muss sowohl die ganze historische Entwicklung als auch darin eingefügt das persönliche Erleben umfassen.

Im Unterschied zu den Evangelischen in Frankreich haben die Christen im Elsass und in Deutschland nicht die Erfahrung der Unterdrückung nach der Widerrufung des Edikts von Nantes 1685 gemacht, die Protestanten „Innerfrankreichs" haben aus der Erfahrung der Verfolgung ihre Motivation geschöpft, um sich für die Verfolgten ihrer eigenen Zeit einzusetzen. Diese Zeit der „Wüste" ist ein zentraler Bezugspunkt geworden, soll aber nicht zu einem Rückzug auf sich selbst, sondern zum Einsatz für andere führen, wie es das Beispiel von Chambon-sur-Lignon[62] und anderer weniger bekannter Orte zeigt. Die Reformierte Kirche Frankreichs versucht daraus ein Grundprinzip zu machen: Heute aus der geschichtlichen Erfahrung handeln.

In Deutschland wird die „Umkehr in die Zukunft" zum Beispiel in der Arbeit der Aktion Sühnezeichen Friedensdienste praktiziert, die junge Freiwillige zum sozialen Friedens- und Lerndienst in die Länder schickt, die unter dem Nationalsozialismus gelitten haben, um gemeinsam Zukunft zu gestalten und zur Heilung der Erinnerungen beizutragen[63].

11.4.4. Leidenschaftlich für die Anderen und mit den Anderen aus der Leidenschaft des ganz Anderen

Christliche Identität verdankt sich der An- und Aufnahme, die Gott selbst gibt. Sie äußert sich in einer leidenschaftlichen Öffnung für den ganz Anderen (Gott) und den Anderen mir gegenüber (Nächsten). Die Bitte, sich mit Gott versöhnen zu lassen, schließt den Aufruf ein, trennende Grenzen zwischen Menschen zu überwinden und miteinander das Leben zu gestalten. Christinnen und Christen sind aufgerufen, diese Leidenschaft für den Anderen in ihren Lebenssituationen und -bedingungen zu leben und so die Leidenschaft weiterzusagen und weiterzugeben, die Gott für uns Menschen hat.

Weiterführende Literatur

1. Allgemeine Darstellungen:

Bade, Klaus J. u.a. (Hgg.): Enzyklopädie Migration in Europa. Vom 17. Jahrhundert bis zur Gegenwart, 3. Aufl., Paderborn u.a. 2010

Brumlik, Micha u.a. (Hgg.): Reisen durch das jüdische Deutschland, Köln 2006

Maier, Ulrich: Fremd bin ich eingezogen. Zuwanderung und Auswanderung in Baden-Württemberg, Gerlingen 2002

Meier-Braun, Karl-Heinz/Weber, Reinhold: Kleine Geschichte der Ein- und Auswanderung in Baden-Württemberg, Leinfelden-Echterdingen 2009

Migrations de populations en Alsace, in: Encyclopédie de l'Alsace, Bd. IX, Strasbourg 1984, S. 5128–5134

2. Ausgewählte kirchliche Stellungnahmen (in chronologischer Ordnung):

„...und der Fremdling, der in deinen Toren ist". Gemeinsames Wort der Kirchen zu den Herausforderungen durch Migration und Flucht, hg. von EKD, Sekretariat der Deutschen Bischofskonferenz und ACK Deutschland, Bonn u.a. 1997. Auch: http://www.dbk.de/fileadmin/redaktion/veroeffentlichungen/gem-texte/GT_12.pdf

Zusammenleben mit Muslimen in Deutschland. Gestaltung der christlichen Begegnung mit Muslimen. Eine Handreichung des Rates der Evangelischen Kirche in Deutschland, Hannover 2000

Charta Oecumenica. Leitlinien für die wachsende Zusammenarbeit unter den Kirchen in Europa (EPD-Dokumentation 1, 18A), Frankfurt a. M. 2001

Eine Kirche in vielen Sprachen und Völkern. Leitlinien für die Seelsorge an Katholiken anderer Muttersprache, hg. vom Sekretariat der Deutschen Bischofskonferenz, Bonn 2003

Konsultation zu den Herausforderungen von Migration und Flucht. Liebfrauenberg-Erklärung, hg. von der Konferenz der Kirchen am Rhein und Gemeinschaft Evangelischer Kirchen in Europa/Leuenberger Kirchengemeinschaft, Karlsruhe 2004

„Das Licht Christi scheint auf alle. Hoffnung für Erneuerung und Einheit in Europa". Die Botschaft der 3. Europäischen Ökumenischen Versammlung, eine Auswahl von Grußbotschaften, Vorträgen, Berichten, Meditationen und Predigten [...] über die Tagung vom 4. bis zum 9. September in Sibiu (Rumänien) (Epd-Dokumentation 2007, Heft 41/42), Frankfurt a. M. 2007

„ ... denn ihr seid selbst Fremde gewesen". Vielfalt anerkennen und gestalten. Ein Beitrag der Kommission für Migration und Integration der EKD zur einwanderungspolitischen Debatte (EKD-Texte 108), Hannover 2009

3. Kirchliche Arbeitshilfen (in chronologischer Ordnung):

Église Réformée de France (Hg.): Église en Débats (1996) Nr. 2: Étranger, Étrangers.

Un autre regard sur l'immigration, hg. von der Fédération de l'Entraide Protestante, Paris 2000

Christen und Muslime in Deutschland (Arbeitshilfen 172), hg. vom Sekretariat der Deutschen Bischofskonferenz, Bonn 2003

Klarheit und gute Nachbarschaft. Christen und Muslime in Deutschland. Eine Handreichung des Rates der EKD (EKD-Texte 86), Hannover 2006

Jeschawitz, Irmgard: Brücken bauen, damit Begegnung möglich wird. Aussiedler/innen [...] in unseren Kirchengemeinden, Stuttgart 2006

„Ich bin ein Fremder gewesen und ihr habt mich aufgenommen". Als Kirche zusammenleben mit Menschen anderer Herkunft, Sprache und Religion, hg. von der ACK Baden-Württemberg, Stuttgart 2008

Christen begegnen Muslimen. Eine Handreichung, hg. von der Arbeitsgemeinschaft Christlicher Kirchen in Baden-Württemberg, 2. Aufl., Stuttgart 2008

Was unser Denken und Handeln leitet. Interkulturelle Orientierung und Öffnung der Diakonie. Leitlinien und Handlungsempfehlungen der Diakonie in Baden, Karlsruhe 2010 (www.ekiba.de/download/Leitlinien-Layout5-A5(3).pdf

Christen und Muslime. Unterwegs zum Dialog. Ein theologischer Einführungskurs, hg. von Andreas Guthmann, Ulrich Heckel u.a. im Auftrag der Landesstellen für Evangelische Erwachsenen- und Familienbildung in Baden und in Württemberg, Bielefeld 2010

Zusammen wachsen. Weltweite Ökumene in Deutschland gestalten, hg. vom EMW/ Evangelisches Missionswerk in Deutschland (Weltmission 73), Hamburg 2011

4. Weitere Literatur

Bauschke, Martin u.a. (Hgg.): Gemeinsam vor Gott. Gebete aus Judentum, Christentum und Islam, Gütersloh 2004

CIMADE (Hg.): Parce qu'il n'y a pas d'étrangers sur cette terre. 1939–2009. Une histoire de La CIMADE, Paris 2009

Del Fabbro, René: Transalpini. Italienische Arbeitswanderung nach Süddeutschland im Kaiserreich 1870–1918, Osnabrück 1996

Dümling, Bianca: Migrationskirchen in Deutschland. Orte der Integration, Frankfurt a. M. 2011

Eyselein, Christian: Russlanddeutsche Aussiedler verstehen. Praktisch-theologische Zugänge, 2. Aufl., Leipzig 2006

Hilbk, Merle: Chaussee der Enthusiasten. Eine Reise durch das russische Deutschland, Berlin 2008

Lupo, Vito Antonio: Die Italienischen Katholischen Gemeinden in Deutschland. Ein Beispiel für die Auswanderungspastoral während der letzten 50 Jahre, Münster 2005

Moersch, Karl: Sueben, Württemberger und Franzosen. Historische Spurensuche im Westen, Stuttgart 1991

Simon, Benjamin: Christliche Gemeinde und Migration. Zwei Seiten einer Medaille, in: Deutsches Pfarrerblatt 111 (2011) Heft 5, S. 255–263

Zimmermann, Michael J. H.: „Hauptsach, se schaffet!" Die Baar als Einwanderungsland, in: Schwäbische Heimat (2008) Nr. 4, S. 375–381

Anmerkungen

1   Ich danke Albert de Lange (Karlsruhe) und Pierre Greib (Straßburg) für ihre Beiträge zu diesem Kapitel, für weiterführende Hinweise Jürgen Blechinger (Karlsruhe), Gabriella Costabel (Stuttgart), André Encrevé (Paris), Dietmar Merz (Ludwigsburg), Benjamin Simon (Karlsruhe), Marina Walz-Hildenbrand (Stuttgart) und Michel Weckel (Strasbourg); für ihre kritischen Ergänzungen Annette Stepputat (Karlsruhe). Für die langjährige vertrauensvolle Begleitung meiner Arbeit als Migrationsbeauftragter im Evangelischen Kirchenbezirk Ravensburg und in der Aussiedler-Integration in der Kirchengemeinde Leutkirch danke ich Birgit S. Dinzinger (Stuttgart). Dieser Artikel ist entstanden auf dem Hintergrund persönlicher Migrationserfahrungen und der Überzeugung, dass die „passion de l'autre" (Leidenschaft für den Anderen, vgl. Anm. 9) zum Kern christlichen Glaubens gehört, wie ich es im persönlichen Ausblick am Ende des Artikels beschreibe.

2   Brian McCook, Ruhrpolen, in: *Enzyklopädie Migration in Europa. Vom 17. Jahrhundert bis zur Gegenwart*, Klaus J. Bade u.a. (Hgg.), 3. Aufl., München 2010, S. 870–879.

3   Paul Ricœur, *La mémoire, l'histoire, l'oubli*, Paris 2000, S. I.

4   Alexandros Stefanidis, *Beim Griechen: wie mein Vater in unserer Taverne Geschichte schrieb*, Frankfurt a. M. 2010.

5   Andreï Makine, *Le testament français*, Paris 1995.

6   Zum Beispiel in Messkirch („Heimat-Erinnerungen") im Jahre 2010, in Rheinfelden (Baden) („Angekommen") im Jahre 2012. In der Wanderausstellung *Nach Hause kommen* macht die Evange-

lische Landeskirche in Baden über biografische Kunstwerke die existentiellen Erfahrungen von Spätaussiedlern zugänglich (vgl.: *Werkbuch und Dokumentation zur Wanderausstellung „Nach Hause kommen…"*, EOK Karlsruhe Februar 2006), während *Das Russland-Deutsche-Haus* von der EKD-Aussiedlerseelsorge in einer begehbaren Ausstellung das Thema historisch aufarbeitet.

7   Die Vertriebenen haben sich auf örtlicher, regionaler und Bundes-Ebene als „Landsmannschaften" zusammengeschlossen, um die Beziehungen unter den früheren Einwohnern einer Ortschaft oder Region zu pflegen, aber auch um als „Vertriebenen-Verbände" politisch Einfluss nehmen zu können. Sie hatten schon aufgrund der Mitgliederzahlen ein politisches Gewicht in der Bundesrepublik.

8   Es überrascht nicht, dass je nach Perspektive das Abkommen von Évian und der Waffenstillstand sehr unterschiedlich gedeutet werden.

9   Der französische Begriff der „passion de l'autre" steht für diese Formulierung Pate und ist durch Paul Ricœurs Formulierung der Ethik zu ergänzen: „Viser la vie bonne, avec et pour l'autre dans des institutions justes" (Das gute Leben anstreben, mit den Anderen und für die Anderen in gerechten Institutionen. Übers. AK) in: *Soi-même comme un autre*, Paris 1990, S. 202.

10   Rolf Schweizer, Text und Musik 1982, in: *Evangelisches Gesangbuch, Regionalteil Baden, Pfalz, Elsass*, Nr. 612; fr. Übersetzung in: *Carillons. 150 chants pour enfants et adolescents 6 à 14 ans*, édité par la CRC de l'ECAAL-ERAL, Strasbourg 1989. Dieses Buch enthält wie auch das neue *Evangelische Gesangbuch* (EG) in Deutschland viele Lieder aus anderen Sprachen und Ländern. Das Heft *Wo wir dich loben, wachsen neue Lieder*, das 2005 gemeinsam von den Kirchen in Elsass und in Lothringen, der Pfalz, Baden und Württemberg herausgegeben wurde, ist dafür ein weiteres Beispiel; es enthält zum Beispiel Lieder wie „Mit Dir, o Herr, Grenzen überschreiten" (Avec le Christ dépasser les frontières) (Nr. 70) von Roger Trunk.

11   Vgl. dazu das Schlusskapitel von Elisabeth Parmentier, S. 578.

12   Hansi, *L'Histoire d'Alsace racontée aux petits enfants d'Alsace et de France*, Paris 1919. Hier wurden wohl absichtlich die Bildunterschriften vertauscht: „Die Hunnen vor Straßburg" und „Angriff der badischen Truppen auf Straßburg (1871)" S. 26 und 94, was dann auf S. 102 als „erratum" gekennzeichnet wurde. Goscinny und Uderzo sollen keine antideutschen Absichten unterstellt werden, es wäre dennoch interessant zu prüfen, ob und wenn ja Anleihen bei Hansi gemacht wurden (vgl. *Asterix bei den Goten*).

13   Erklärung der Menschen- und Bürgerrechte, 1789, Art. X. Gesetz zur Trennung von Kirche und Staat, 1905, Art. 2: „La République ne reconnaît, ne salarie, ni subventionne aucun culte" (Die Republik anerkennt, bezahlt noch unterstützt keinen Kultus. Übers. AK). Vgl. Jean Baubérot, *Histoire de la laïcité française*, Paris 2000; Jean-Paul Willaime, *Le retour du religieux dans la sphère publique. Vers une laïcité de reconnaissance et de dialogue*, Lyon 2008.

14   Comité mixte Catholique-Protestant, *Églises et Laïcité en France*, Paris 1998.

15   Die Weimarer Reichsverfassung von 1919 garantiert mit ihrer „Schrankenformel" die Selbstorganisation der Kirchen „in den Schranken der für alle geltenden Gesetze" (Art. 137), ein Ansatz, der im europäischen Kontext lohnenswert zur Geltung gebracht werden könnte. Ich danke für diesen Hinweis Pfarrer Dr. Bernd Chr. Schneider.

16   Pierre Greib, *Identité et intégration*, Manuskript 2010 (6 S.), S. 1.

17   Ebd., S. 5.

18   Die Islamkonferenz wurde 2006 von Innenminister Schäuble in die Wege geleitet, in Frankreich begann sie 1999.

19   Greib, *Identité*, S. 2.

20   Pierre Scali, *Une émigration peu connue au XIXème siècle. Les artisans alsaciens du Faubourg St. Antoine*, Paris 2003; Alexis Kniazeff, *L'Institut St. Serge. De l'Académie d'autrefois au rayonnement d'aujourd'hui* (Le point théologique 14), Paris 1974, S. 40f.

21   Greib, *Identité*, S. 3. Bis hier stammt der Text von Pierre Greib.

22 *Encyclopédie de l'Alsace*, Bd. IX, Strasbourg 1984, S. 5128. Vgl. auch *Saisons d'Alsace* (septembre 2010) Nr. 45: *1870–1910: Alsace, le grand tournant.*

23 Vgl. Elly Heuß-Knapp, *Ausblick vom Münsterturm. Erlebtes aus dem Elsaß und dem Reich*, Berlin 1934. Dazu auch Pascale Hugues, *Marthe und Mathilde. Eine Familie zwischen Frankreich und Deutschland*, Reinbek bei Hamburg 2008, 6. Aufl., 2011. 200.000 Altdeutsche werden 1914 im Elsass gezählt, die nach 1918 zum Verlassen des Gebiets gezwungen werden, weil sie deutsche Staatsangehörige sind.

24 Syrien und Libanon sind französisches Mandatsgebiet des Völkerbunds seit 1918.

25 www.aco-fr.org.

26 Vgl. den Dokumentarfilm von Pierre Sauvage, *Les armes de l'Esprit*, 1990; sowie: Philip P. Hallie, *Lest innocent blood be shed*, 1979; dt. Übersetzung: *„...daß nicht unschuldig Blut vergossen werde"*, Neukirchen 1983. Über die Motivationen der Retter: Michel Fabréguet, Les pays sauveteurs: Les calvinistes et le sauvetage des victimes des politiques de répression et de persécutions en Europe pendant la Seconde Guerre mondiale, in: *Bulletin de la Société de l'Histoire du Protestantisme Français* 156 (2010), S. 415–432.

27 Max Krakauer, *Lichter im Dunkel*, hg. von Otto Mörike, Stuttgart 1975, 9. Aufl. 1988. Vgl. auch www.evangelischer-widerstand.de (Internetausstellung). Dazu: Harry Oelke, in: *Pastoraltheologie* 101 (2012) Heft 10, S. 386–407.

28 Botschaft der 3. Ökumenischen Europäischen Versammlung 2007, Empfehlung V, in: *„Das Licht Christi scheint auf alle. Hoffnung für Erneuerung und Einheit in Europa": Die Botschaft der 3. Europäischen Ökumenischen Versammlung, eine Auswahl von Grußbotschaften, Vorträgen, Berichten, Meditationen und Predigten [...] über die Tagung vom 4. bis zum 9. September in Sibiu (Rumänien)* (Epd-Dokumentation 2007, 41/42), Frankfurt a. M. 2007.

29 Zuletzt durch die Konferenz der Kirchen am Rhein, *Identität und Integration. Zusammenleben in Vielfalt und Verschiedenheit*, Strasbourg, 2. Mai 2011.

30 Vgl. *Was unser Denken und Handeln leitet. Interkulturelle Orientierung und Öffnung der Diakonie. Leitlinien und Handlungsempfehlungen der Diakonie in Baden*, Karlsruhe 2010; *Mitten im Leben – Fit durch Interkulturelles Training. Landeskirchliches Projekt zur Erhöhung der interkulturellen und interreligiösen Kompetenz*, Karlsruhe 2010.

31 In: *Evangelisches Gesangbuch*: z.B. das Agios o theos (Trishagion) EG 185, 4; Die Seligpreisungen EG 307. In: *Ensemble. Recueil œcuménique de chants et de prières*, hg. vom Conseil d'Églises chrétiennes en France, Lyon 2002: Agios 362, Seligpreisungen 165. In: *Alléluia*, hg. von der Fédération Protestante de France, 2005: Seligpreisungen 14-06. Im Gesangbuch der Evangelisch-methodistischen Kirche in Deutschland finden sich sogar russische Texte.

32 Dies war insbesondere in der Württembergischen Landeskirche der Fall, wo die evangelische Messe vorher nicht gebräuchlich gewesen war.

33 Interview 2006 mit Frau Z., geboren 1907 in Ostpreußen, verstorben 2010 in Württemberg.

34 Interview 2005 mit Frau R., geboren 1922 in Trakehnen.

35 Pierre Greib ist Mitverfasser der Geschichte der CIMADE: *„Parce qu'il n'y a pas d'étrangers sur cette terre". 1939–2009. Une histoire de La CIMADE*, Paris 2009. Vgl. http://www.cimade.org/la_cimade/cimade/rubriques/4-histoire.

36 Dietmar Merz, *Das Evangelische Hilfswerk in Württemberg von 1945 bis 1950* (Quellen und Forschungen zur württembergischen Kirchengeschichte 17), Epfendorf 2002.

37 Diakonisches Werk Württemberg: Ausländersozialberatung, 2011.

38 *„...und der Fremdling, der in deinen Toren ist". Gemeinsames Wort der Kirchen zu den Herausforderungen durch Migration und Flucht*, hg. von EKD, Sekretariat der Deutschen Bischofskonferenz und ACK Deutschland, Bonn u.a., S. 88 zählt über 500 Seelsorgestellen und Seelsorger.

39 *Eine Kirche in vielen Sprachen und Völkern. Leitlinien für die Seelsorge an Katholiken anderer Muttersprache*, hg. vom Sekretariat der Deutschen Bischofskonferenz, Bonn 2003.

40   Die Bewegung „Vie et Lumière" (Leben und Licht), die aus der evangelischen ziganischen Mission Frankreichs hervorgegangen ist, gehört zum FPF und zählt insgesamt 120.000 Mitglieder in ganz Frankreich. Vgl. Laurence Monroe, in: *La Croix* vom 30 août 1998 und vom 28 août 2007. Dazu auch: Emmanuel Filhol, *La France contre ses Tsiganes*, www.laviedesidees.fr, le 7 juillet 2010; *Documentation catholique* (septembre 2006) Nr. 16: *Orientations pour une pastorale des Tsiganes.*

41   Vgl. *EMS-Dokumentationsbrief* (2009) Nr. 1: *Für Menschenrechte, gegen Diskriminierung. 10 Jahre AK Sinti/Roma und Kirchen in Baden-Württemberg*, hg. vom Landesverband Deutscher Sinti und Roma Baden-Württemberg und dem Evangelischen Missionswerk in Südwestdeutschland e.V.

42   Entsprechend der Rahmenordnung für eine Gemeinschaft von Christen anderer Sprache und Herkunft in der Evangelischen Landeskirche in Württemberg vom 3. Juli 2007.

43   Beitrag von Gabriella Costabel, Evangelischer Oberkirchenrat Stuttgart 2012.

44   Vgl. www.ikcg.de und Benjamin Simon, Christliche Gemeinde und Migration. Zwei Seiten einer Medaille, in: *Deutsches Pfarrerblatt* 111 (2011) Heft 5, S. 255–263.

45   Vgl. schon bei Bulangalire Majagira, *Religions et intégration à la société française dans la période actuelle*, Thèse Paris IV 1991.

46   Für diese Hinweise danke ich Pfarrer Michel Weckel, Straßburg, der für die UEPAL im Projekt „Mosaik" tätig ist.

47   *Fremdling* (wie Anm. 38), S. 99f.

48   Die Ökumenische Bundesarbeitsgemeinschaft Asyl in der Kirche e.V. nennt für 2010 und 2011 bundesweit jeweils 31 Fälle.

49   *Zum Umgang mit Menschen ohne Aufenthaltspapiere: eine Orientierungshilfe des Kirchenamtes der EKD* (EKD-Texte 85), hg. vom Kirchenamt der Evangelischen Kirche in Deutschland, Hannover 2006.

50   „Aufeinander zuwandern": Integrationspreis der Diakonie und Landeskirche in Württemberg.

51   Mitteilung von Birgit S. Dinzinger, Landeskirchliche Beauftragte für den Migrationsdienst in Württemberg.

52   Außer der sowjetischen Staatsbürgerschaft war im Pass die Nationalität des Inhabers vermerkt, je nach der Herkunft der Vorfahren. Dies galt auch für die jüdische „Nationalität".

53   *Reisen durch das jüdische Deutschland*, hg. von Micha Brumlik, Rachel Heuberger, und Cilly Kugelmann. Köln 2006, S. 288.

54   Interview mit Pfarrerin Ilka Sobottke, Mannheim, Vorsitzende der örtlichen christlich-islamischen Gesellschaft.

55   Z.B. die *Déclaration des représentants des cultes reconnus d'Alsace et de Moselle sur le projet de construction d'une Mosquée centrale* vom 14. Mai 1998 (in dt. Übersetzung in diesem Bd., S. 270f.). U.a. in Mannheim und Pforzheim sind im Zusammenhang mit den Moscheebauvorhaben dann Christlich-Islamische Gesellschaften gegründet worden.

56   Gilles Kepel, *La Revanche de Dieu*, Paris 1991.

57   *Charta Oecumenica*, Abschnitt 11; *Klarheit und gute Nachbarschaft. Christen und Muslime in Deutschland.* Eine Handreichung des Rates der EKD (EKD-Texte 86), Hannover 2006; *Miteinander leben lernen. Evangelische Christen und Muslime in Württemberg. Erklärung der 13. Landessynode vom 14. Juli 2006*, hg. im Auftrag der Württembergischen Evangelischen Landessynode, Stuttgart 2006; *Christen und Muslime. Unterwegs zum Dialog. Ein theologischer Einführungskurs*, hg. von Andreas Guthmann, Ulrich Heckel u.a. im Auftrag der Landesstellen für Evangelische Erwachsenen- und Familienbildung in Baden und in Württemberg, Bielefeld 2010.

58   Vgl. Hansjörg Schmid, Ayşe Almıla Akca und Klaus Barwig, *Gesellschaft gemeinsam gestalten. Islamische Vereinigungen als Partner in Baden-Württemberg*, Baden-Baden 2008; Hansjörg Schmid, Zwischen Asymmetrie und Augenhöhe. Zum Stand des christlich-islamischen Dialogs in Deutschland, in: Peter Hünseler/Salvatore Di Noia (Hgg.), *Kirche und Islam im Dialog. Eine europäische Perspektive*, Regensburg 2010, S. 49–89.

59 Erklärung der Konferenz der Kirchen am Rhein: *Identität und Integration. Zusammenleben in Vielfalt und Verschiedenheit*, Strasbourg, 2. Mai 2011. www.protestantnews.eu/wp-content/uploads/KKR_Erklaerung2011.pdf.

60 Zit. nach: *Seele der Welt. Texte von Christen der ersten Jahrhunderte*. Ausgew. von der Communauté de Taizé, Freiburg 1999, S. 12.

61 Vgl. auch den im Aufbau befindlichen Columban-Weg von Irland über Frankreich, die Schweiz nach Italien www.amisaintcolomban.net/chemin_colomban.html und auf den Spuren des hugenottischen Exils www.surlespasdeshuguenots.eu; deutsch: www.hugenotten-waldenserpfad.eu.

62 Vgl. Anm. 26.

63 Vgl. www.asf-ev.de.

NAI

HÄMMER GSAIT!

KEIN ATOMKRAFTWERK
IN WYHL UND ANDERSWO

12. Kirchen und Umwelt

Frank Hennecke

Der Mensch lebt in und von seiner natürlichen Umwelt. Er ist darauf angewiesen, aus dem Boden, dem Wasser, der Luft und der Biosphäre Güter herauszuholen und zu verarbeiten, die Produkte zu nutzen und die verbrauchten Stoffe wieder in die natürliche Umwelt zu entlassen. Hierzu braucht er Energie, Raum und Verkehrswege. In der Gewinnung von Bodenschätzen und Wasser, in der Landwirtschaft, in der Herstellung, dem Transport und dem Verbrauch von Gütern und in der Entsorgung der Abfallstoffe besteht menschliche Wirtschaft. Sie ist eine Grundfunktion seiner Existenz.

Die Wirtschaft verändert die natürliche Umwelt und verwandelt sie in eine vom Menschen gestaltete Umwelt. Dabei gelingt es dem Menschen, die wirtschaftlichen Wachstumsprozesse so zu beschleunigen, dass sie die Zeitmaße der natürlichen Anpassungsprozesse übersteigen. Der Naturverbrauch übersteigt dann die natürliche Regeneration, die Naturgüter werden knapp, die Entsorgungsräume eng[1]. So entsteht, was in der modernen Welt das Umweltproblem heißt. Dieses Problem besteht letztlich in Differenzen von Zeit und Quantität. Es ist der Mensch, der diese Differenzen erzeugt.

Das Umweltproblem hat zwei Seiten, die es zum moralischen Problem machen. Zum einen hat die Nutzung der Natur über deren Regenerationskraft hinaus Zerstörung zur Folge. Das Zerstörungspotential menschlicher Wirtschaft wirft die Frage nach der Verantwortung für die Natur auf. Zum anderen erzeugt der Naturverbrauch, zumal in wachsenden Gesellschaften und in der Globalisierung, Ungleichheiten in der Güterverteilung. Das gilt wiederum nach zwei Seiten hin: Im Verhältnis der zeitgleich lebenden Menschen zueinander und im Verhältnis der derzeit lebenden Generationen zu den künftigen. Bewahrung der Natur als Solidarität mit den Armen in der Gegenwart und als Sicherung der Lebensgrundlagen künftiger Menschen wird zum moralischen Postulat der Gerechtigkeit.

Das Verhältnis von Kirche und Umwelt hat daher unmittelbare Aktualität, aber auch eine lange Vorgeschichte. Es wird bestimmt von der Geschichte der Menschen in ihrem jeweiligen Lebensraum und von dessen natürlichen Umweltbedingungen. Die natürliche Umwelt ist der Ort einer Verhältnisbestimmung von Kirche und Umwelt in der Geschichte. Welche Gestalt dieses Verhältnis in der Gegenwart am Oberrhein angenommen hat, ist Gegenstand der vorliegenden Betrachtung[2].

12.1. Der Oberrhein vor der Wahrnehmung des Umweltproblems bis 1945

12.1.1. Der Oberrheingraben

Die geophysikalische und ökologische Beschaffenheit des Oberrheingrabens und die durch die menschliche Wirtschaft und Raumnutzung verursachten Veränderungen und ersten Belastungen sind oben bereits in Kapitel 1 dargestellt worden. Hieran darf an dieser Stelle angeknüpft werden.

12.1.2. Kirche und Umwelt in der Zeit vor der Wahrnehmung des Umweltproblems

Bevor die Entwicklungslinien der Umweltnutzung zur Umweltbelastung vom 19. Jahrhundert bis 1945 näher konkretisiert werden, sollte zuerst gefragt werden, welche Rolle die Kirchen als Territorialherren, als Grundbesitzer und eben als Kirche in dem jahrhundertelangen Entwicklungsprozess des Verhältnisses von Mensch und Umwelt eingenommen haben.

Es ist zunächst davon auszugehen, dass die Kirche mitten in den Lebensverhältnissen der Menschen selbst stand. Sie hat zwar gewiss das naturhafte, sozusagen „heidnische" Leben der Menschen von einem jenseitigen Standpunkt her und aus ihrem Wesen heraus normativ bestimmt, die Menschen aber nicht aus ihren Lebensbeziehungen herausgerissen. Wirtschaften und Leben gingen Hand in Hand, Naturnutzung war Bedingung des Lebens, der Kampf mit der Natur hat das Leben erst ermöglicht. Es ist dieses Leben, das die Kirche durchdrungen und begleitet hat. Daran hat sich mit der Reformation nichts geändert, zumal auch die evangelischen Kirchen im Elsass, in Basel und in der Kurpfalz zur Volkskirche geworden sind. Aber es lassen sich doch bestimmte Merkmale kirchlichen Lebens ausmachen, die das Verhältnis von Mensch und Natur immer schon bestimmten:

1. So ist, wie schon nach jüdischem, auch nach christlichem Glauben die Natur die Schöpfung Gottes. Die hierin begründete Werthaftigkeit, aber auch Geschöpflichkeit der Natur hat willentliche Naturzerstörung jedenfalls immer als „Sünde" begreifen lassen und eine animistische Naturverehrung als Abgötterei verurteilt. Die Schöpfung ist freilich in die Verantwortung des Menschen gelegt, der sie sich „untertan" machen solle[3]. Dies mag verstanden und auch missverstanden worden sein wie es will: Jedenfalls darf sich der Mensch der Natur bedienen, aus ihr Nutzen ziehen, sie verändern.

2. Der Auftrag zur Gestaltung der Natur wird zur Mitwirkung des Menschen an der Schöpfung. Die Umformung der rohen Natur zu einer menschlichen Umwelt wird werthaft und als Arbeit geadelt. Der von der Kirche immer hochgehaltene Wert der menschlichen Arbeit hat seinen Ursprung in dem von Gott gegebenen Auftrag zur Gestaltung der Natur.

3. In diesem Gestaltungsauftrag, in der Arbeitswelt begleitet die Kirche die Menschen. Hier hat die kirchliche Liturgie viele Ansatzpunkte gefunden vom Flursegen bis zum Erntedank.

Und da menschliche Arbeit unvollkommen und gefährdet ist, hat hier auch das Gebet um Hilfe gegen die Naturgewalten seinen Ort. In einem übergreifenden Sinne haben hier auch die großen Bildzeichen der Liturgie wie Brot und Wein, Fisch und Wasser ihren Ort, in denen das gottgewollte rechte Verhältnis von Mensch und Schöpfung, Natur und Gnade sinnfällig zum Ausdruck kommt.

4. Die Arbeit kann misslingen, die Natur bringt keinen Ertrag, Naturgewalten brechen herein: Hunger und Not sind Bestandteil der menschlichen Geschichte. Die Kirche steht den Menschen bei, mit Trost und Diakonie. Die Hilfe in der Not ist wesenhafter Vollzug von Kirche. Auch dies ist seit jeher eine Antwort der Kirche auf das labile Verhältnis zwischen Mensch und Umwelt.

5. Die Diakonie wird zum organisierten Programm in dem Maße, wie sich die menschliche Umweltbeeinflussung ihrerseits industriell organisiert. Die Industrialisierung des 19. Jahrhunderts lässt das soziale Problem entstehen. Es ist nicht allein der Marxismus, es ist auch die Kirche, die sich dieses Problems wirksam annimmt. Doch dies greift schon über die vorindustrielle Epoche hinaus.

6. Eine innige Zuwendung zur Natur und Schöpfung äußert sich im evangelischen Kirchenlied der verschiedenen Epochen der Glaubenskämpfe, des Dreißigjährigen Krieges und des Pietismus wie etwa „Geh aus mein Herz und suche Freud"[4]. Auch das ist eine Antwort der Kirche.

7. Wirtschafts- und umwelthistorisch außerordentlich bedeutsam ist die Kulturleistung der Klöster im Mittelalter. Von hier gingen Urbarmachungen, Waldrodungen, Trockenlegungen, aber auch Formen nachhaltiger Land-, Fischerei- und Forstwirtschaft aus, wodurch die natürliche Umwelt in Kulturland mit weitreichenden ökologischen, aber auch wirtschaftlichen, sozialen und letztlich auch politischen Folgen verwandelt wurde.

8. Außer Betracht bleiben dürfen an dieser Stelle die größtenteils von Geistlichen verfassten Lehrwerke zur Landwirtschaft, zum Gartenbau und zum Forstwesen, die zur Zeit der Aufklärung im 18. Jahrhundert erschienen sind. Erwähnenswert allerdings ist das in den letzten Jahren sehr populär gewordene, wohl auch popularisierte Lebenswerk von Hildegard von Bingen.

12.1.3. Eingriffe in Natur und Landschaft

Vom Beginn des 19. Jahrhunderts an kehrt sich das Paradigma vom Kampf des Menschen gegen die Gewalten und Unbilden der Natur langsam um in eine Beherrschung der Natur durch den Menschen. Die immer weiterreichenden menschlichen Eingriffe in Natur und Landschaft bis 1945 sollen in einigen kurzen Absätzen ins Bewusstsein gebracht werden[5].

1. Der mit Abstand tiefste und folgenreichste Eingriff in die Natur, der dem Oberrheingraben bis zum heutigen Tage je widerfahren ist, ist die Begradigung des Rheinlaufes durch den badischen Ingenieur Johann Gottfried Tulla (1770–1828)[6]. Dieser Eingriff wurde bewusst geplant, berechnet und ingenieurmäßig durchgeführt. Die Begradigungsmaßnahmen – „Rektifikation" genannt – reichten von der Schweiz bis auf die Höhe von Worms (siehe Farbbild

47). Tulla hatte in Frankreich studiert; seine Beziehungen dorthin haben die diplomatischen Voraussetzungen für das Projekt geschaffen. Das Werk begann mit einigem Vorlauf im Jahre 1820 und endete erst lange nach dem Tod Tullas in den siebziger Jahren des 19. Jahrhunderts. Bis zum heutigen Tage dauern allerdings vor allem im südlichen Teil die Baumaßnahmen an[7]. Das Projekt verlief gewiss nicht ohne lokale Konflikte und Rechtsstreitigkeiten, doch hiervon ist wenig bekannt[8]. Die euphorischen Erwartungen der Vorteile waren wohl zu groß und die ingenieurtechnischen Leistungen zu bestechend. Zu den „ökologischen" Folgen hat sich Tulla selbst geäußert; immerhin hat er von der Trockenlegung der Sumpfgebiete klimatische Vorteile und positive Auswirkungen auf die Gesundheit der Menschen erwartet und beschrieben[9]. Von einer „Umweltverträglichkeitsprüfung" der gesamten Umgestaltung des Oberrheins, wie sie heute

Bild 107: Der badische Ingenieur Johann Gottfried Tulla (1770–1828), der die Rheinbegradigung plante (© Bildarchiv des Landesmedienzentrums Baden-Württemberg)

mit einer auch grenzüberschreitenden Bürgerbeteiligung rechtlich vorgeschrieben und selbstverständlich wäre[10], konnte freilich keine Rede sein.

Die ökologischen, wirtschaftlichen und sozialen Folgen sind unabsehbar. Die erhöhte Durchlaufgeschwindigkeit des Rheins verändert die Uferzonen und die Zuläufe der Nebenflüsse; für Hochwasser entfallen Rückhalteräume, die durch Deiche kompensiert werden müssen; der Verlust von Sumpfgebieten vernichtet großräumige Ökosysteme; die Grundwasserstände verändern sich; Wassernutzungen wie die Fischerei kommen zum Erliegen. Auch die Dome am Rhein, in Speyer, Worms und Mainz, gerieten in Mitleidenschaft: das Absinken des Grundwassers brachte die Fundamente ins Schwanken, sodass Stützmaßnahmen vorgenommen werden mussten, vornehmlich in Mainz, wo es allerdings erst zu Anfang des 20. Jahrhunderts zu umfangreichen Sanierungsarbeiten kam[11].

Andererseits entsteht neu nutzbares Land, und die Schifffahrt erfährt Auftrieb; die Wasserbelastung durch die spätere Motorschifffahrt steigt an. Rheinhäfen und neue Siedlungen wie im badischen Mannheim und in Ludwigshafen in der bayerischen Rheinpfalz entstehen. Insgesamt hat die Begradigung des Rheins der Oberrheinlandschaft ihre heutige ökologische und wirtschaftliche Gestalt gegeben. Mensch und Natur haben sich inzwischen darauf eingerichtet. Es gibt allerdings keine Hinweise darauf, dass die Kirchen sich zu dem Projekt je geäußert haben.

2   Eine Dauermaßnahme am Oberrhein, an sich unabhängig von Tullas Projekt, aber von diesem maßgeblich beeinflusst, ist der Hochwasserschutz. Das Hochwasser ist eine der Naturgewalten, die den Menschen seit jeher trifft; der Kampf gegen das Wasser ist eine Ursituation im Verhältnis von Mensch und Natur. Kultur muss sich gegen das Wasser behaupten – und kann dies nur, indem sie die Naturgewalt bändigt und damit verändert. Hochwasserschutz ist Rettung vor der Natur durch Eingriff in die Natur. Von dieser prinzipiellen Ambivalenz ist der Wasserbau am Oberrhein durchgängig gekennzeichnet. Maßnahmen wie der Deichbau scheinen zunächst einfach und wirksam, haben aber Nebenwirkungen und sind nicht konfliktfrei. Die Durchlaufgeschwindigkeit erhöht sich, der Druck auf die unterliegenden Deiche steigt. Was die einen schützt, gefährdet die anderen. Immerhin aber gewähren die Deiche lokale Sicherheiten für die Siedlungen. In Kombination mit Rückhalteräumen lassen sich die Hochwasserfluten regulieren. Doch nicht immer gelingt die Regulierung: Die Hochwasserkatastrophe in Oppau bei Ludwigshafen zur Jahreswende 1882/83 ist noch nach Jahrzehnten in der lokalen Erinnerung haften geblieben[12].

Konflikte beim Deichbau entstehen bevorzugt in Grenzregionen: Wird der Deichbau nicht grenzüberschreitend abgestimmt, hat der den Nachteil, wer die niedrigeren Deiche hat. Ein grenzüberschreitendes Regime ist daher geboten, aber erst in jüngerer Zeit voll realisiert worden.

Bild 108: Der Dammbruch bei Oppau am 29./30.Dezember 1882. Im Boot der katholische Priester (Foto digital nachbearbeitet von www.Oppau.info)

3. Veränderungen des Flusslaufes sind vornehmlich in den zwanziger Jahren des 20. Jahrhunderts durch die Rheinkanalisierung im Elsass herbeigeführt worden. Diese Maßnahmen sollten vorrangig den Interessen der Schifffahrt und der Industrie im wieder französisch gewordenen Elsass entgegenkommen[13].

4. Seit Mitte des 19. Jahrhunderts schreitet die Industrialisierung des Raumes fort. Sie erfasst alle Teilgebiete des Oberrheins, wenn auch in je spezifischer Weise. Durch die Prosperität der Gründerzeit nach Errichtung des Deutschen Reiches 1871 verstärkt sich das industrielle Wachstum insbesondere in Deutschland, und hier vorrangig im Rhein-Neckar-Raum[14]. Mit der BASF AG entstehen die Industriestadt Ludwigshafen am Rhein und in wenigen Jahrzehnten der größte Chemiestandort der Welt[15]. In Straßburg und im sonstigen Elsass sowie in Basel werden Industriezentren gegründet.

Die Industrialisierung führt zu den bekannten sozialen Folgen. In den zwanziger Jahren des 20. Jahrhunderts wurde die Stadt Ludwigshafen ihrer chemischen Industrie nicht mehr froh. Eine gewaltige Explosionskatastrophe kostete 1921 Hunderte von Menschen das Leben. Eine zweite Explosion ereignete sich im Jahre 1948. Hier zeigte sich sehr deutlich die Ambivalenz dieser Industrie jedenfalls in ihrer frühen Phase.

Insgesamt ist die Industrialisierung des Raumes mit erheblichen Umweltbelastungen verbunden, die gewiss keine bewussten „Eingriffe" waren, aber eben doch als Nebenfolge auftreten: Industrielle Produktionsprozesse erzeugen Emissionen von gas- und staubförmigen Stoffen, die in die Luft abgegeben werden und die Luftqualität verändern. Charakteristische Belastungsräume mit Smog und Nebel, Schadstoffen und Gerüchen entstehen. Der Naturraum wird zum Industrieraum. In ähnlicher Weise wird die Qualität der Oberflächengewässer durch Industrieabwässer verändert; die Wasserbelastung hatte in der Frühphase der chemischen Industrie vornehmlich in Ludwigshafen eine katastrophale Dimension. Die Kalibergwerke im Elsass belasteten die Flussläufe mit schadstoffhaltigem Abwasser[16]. Der Rhein wird zum Schadstrom.

Die Industrialisierung führt zur Siedlungsverdichtung. Heizung, Abfall und Abwasser werden zum Problem und zum Gesundheitsrisiko. Industrie und Siedlung sind auf Energie angewiesen. Die Energienachfrage steigt, der Kohleabbau boomt, die Verbrennung erzeugt Abgase. Die Energie beginnt zum wichtigsten Faktor der Wirtschaftsentwicklung zu werden. Bis sie zum Schlüsselproblem der Umweltpolitik wird, ist freilich der Weg noch weit.

Die Menschen haben schon im 19. Jahrhundert unter den Folgen der Industrialisierung für ihre persönliche, auch gesundheitliche Lebenssituation und für die natürliche Lebensumwelt gelitten. Die ökologischen Kosten insbesondere der Chemieproduktion in Ludwigshafen am Rhein sind als Luft- und Wasserbelastung sehr wohl wahrgenommen worden. Die Kriegsproduktion des Ersten und Zweiten Weltkrieges, wie überhaupt die industrialisierten Kriege selbst, haben ihr Übriges getan. Es scheint indes, als seien die Nebenfolgen der Industrie als Schicksal oder als notwendiger Preis für deren Vorteile hingenommen worden.

5. Industrie und Bevölkerungswachstum erzeugen Verkehr. Die Kraftfahrzeugindustrie eröffnet zudem ungeahnte Möglichkeiten. Der Oberrhein, ohnehin von Natur aus schon bevorzugter Verkehrsraum, wird zur großen Verkehrslinie im Westen Deutschlands und

im Osten Frankreichs. Die Verkehrswege sind dreifach: Straße, Schiene und Schifffahrt. Alle Zweige expandieren. Das Schifffahrtsaufkommen steigt; der Hafenbau expandiert. In Deutschland beginnt in den dreißiger Jahren des 20. Jahrhunderts gerade am Oberrhein der Autobahnbau. Der Verkehr in allen seinen Varianten erzeugt seine eigene Nachfrage; es entstehen sich selbst verstärkende Regelkreise, der Unglücksfall schlechthin aus der Sicht einer systemtheoretischen Abschätzung der Umweltfolgen. Die Belastungspfade für Luft, Wasser und Ökosysteme, deren Großräume zerschnitten werden, vertiefen sich. In der Gesellschaft freilich erfreut sich der Verkehr einer hohen Wertschätzung: Mobilität ist ein Grundbedürfnis des Menschen.

6. Im Verhältnis zu den Industrialisierungsfolgen dürften die Umweltbelastungen durch Landwirtschaft und Weinbaumonokulturen geringer zu bewerten sein. Immerhin führt auch die Intensivierung durch Düngung und Pflanzenschutzmittel, die von der chemischen Industrie bereitgestellt werden, zu Boden- und Gewässerbelastungen. Aber auch die „ausgeräumten" Landschaften bieten weiträumig keine Lebensmöglichkeiten mehr für viele Tier- und Pflanzenarten. Ein „stummer Frühling"[17] ist am Oberrhein aber wohl kaum Realität geworden. Die Intensivierung der Landwirtschaft muss freilich als Bedingung der wirtschaftlichen Existenz der Landwirte anerkannt werden. Deren Infragestellung führt zu Konflikten, deren Rücknahme zu sozialen Verwerfungen.

7. Die Folgen der Verstädterung und Industrialisierung für die natürliche Lebensumwelt gerieten gegen Ende des 19. Jahrhunderts, zu Beginn des 20. Jahrhunderts erstmals ins Bewusstsein und in die Kritik: Die ersten Naturschutzbewegungen traten auf[18]. Die jedenfalls partiell und lokal feststellbaren Zerstörungen von Naturlandschaften stießen auf eine gesellschaftliche Gegenreaktion. Diese Gegenreaktion dürfte sich von Ideen und Vorstellungen der Romantik herleiten, die die überkommenen Landschaftsbilder als Ausdruck historischer Kontinuität und nationaler Identität verstehen und bewahren wollten. Zugleich verband sich die romantische Gegenreaktion mit der aufkommenden Lebensbewegung, die Naturnähe und antiindustriellen Affekt zum Prinzip erhob. Gerade letzteres Herkommen der Naturschutzbewegung aber hat deren Annahme und Rezeption durch die bürgerliche Gesellschaft – wegen ihrer entscheidenden Förderung der Industrialisierung – langfristig verhindert und diese in ein Außenseitertum verlagert.

Eine andere Linie der Reaktion auf die Verstädterung und das damit verbundene Wohnungselend hat indes in bürgerlichen und kleinbürgerlichen Kreisen weite Verbreitung gefunden: Die Auflockerung der Siedlung durch Kleinbauweisen und Gartenanlagen. Die Gartenstadtentwicklung der Jahrhundertwende und die Schrebergärten schufen in Ansätzen bereits Lebensverhältnisse, die man heute mit „Stadtökologie" beschreiben würde[19]. Die Arbeitersiedlungen der BASF AG in Ludwigshafen am Rhein dürfen heute noch als richtungsweisend und vorbildlich gelten.

Im Untergrund aber war im Bewusstsein der Gesellschaft das Verhältnis von Mensch und Natur zutiefst fragwürdig geworden. Ein Bruch war eingetreten. Lebensphilosophie, Jugend- und Wanderbewegungen bemühten sich, den Bruch zu überwinden und Leben und Natur wieder zusammenzuführen, wie denn auch bestimmte Richtungen in Kunst und

Literatur – etwa der Jugendstil – eine als verlorengegangen vorgestellte Einheit künstlich wieder herzustellen versuchten, während andere Richtungen bereits zu Anfang des 20. Jahrhunderts den Verlust der Einheit erschreckend ins Bild setzten. Die Bildwelt der Kirchen aber blieb weithin den Nazarenern und Präraffaeliten verhaftet, wenn nicht gar dem religiösen Kitsch als deren Trivialisierung. Die Fresken von Johannes Schraudolph im Speyerer Dom sind Zeugnis der Zeit (vgl. Farbbild 38). Erst der Erste Weltkrieg befreite die christliche Kunst wieder zur Wahrheit des Kreuzes.

8. Industrie, Verkehr und Siedlungsverdichtung führen über die Emissionsbelastungen hinaus insgesamt zu erhöhtem Ressourcenverbrauch und verstärkter Raumnutzung. Alle diese miteinander vernetzten Teilsysteme befinden sich in einem sich selbst verstärkenden Wachstum und lassen spätestens seit der Mitte des 20. Jahrhunderts das Umweltproblem mit voller Wucht hervortreten und die Epoche der Umweltpolitik beginnen.

9. Die vorstehenden Hinweise auf die Verstärkung der Belastungspfade für die Umwelt seit der Mitte des 19. Jahrhunderts beschreiben säkulare Prozesse. Diese entstehen mitten aus der Lebens- und Arbeitswelt der Menschen heraus, freilich auch aus ihrer schöpferischen und technischen Energie. Getragen wird die Entwicklung von der Vorstellung und auch der Erfahrung von der technischen Machbarkeit aller Dinge. Die industrialisierte Lebenswelt ist Ausdruck des Erfolges des Menschen in der Auseinandersetzung mit der Natur. Konnte sie sich auch begreifen als Folge des biblischen Auftrages: „Macht Euch die Erde untertan!"? Hieran bestehen Zweifel. Die Industrialisierung hat auch bislang ungekannte Leiderfahrungen hervorgebracht. Es ist zu einer Entfremdung des Menschen gekommen. Die Entfremdung ist der Schlüsselbegriff einer Bewegung, die seit der Mitte des 19. Jahrhunderts wie „ein Gespenst in Europa" umgeht[20]. Der Kommunismus gibt eine Erklärung für das Elend und verspricht eine Lösung. Das war ungeheuer geschichtsmächtig. Zur Theorie des Kommunismus gehört allerdings die Vorstellung, dass die Naturbeherrschung zur wesenhaften Aufgabe des Menschen gehöre, dass er erst durch die hier zu leistende „Arbeit" zum Menschen werde: Naturbeherrschung als Selbstverwirklichung des autonomen Menschen.

Das freilich hat mit dem biblischen Gestaltungsauftrag nichts mehr zu tun. Diesem indes bleibt die Kirche verpflichtet. Im Industriezeitalter und der aufgekommenen Entfremdung reicht aber die bisherige pastorale und liturgische Begleitung des Menschen in seinem Kampf mit der Natur nicht mehr aus, auch nicht die Milderung von Leid und Not durch die Diakonie, so unverzichtbar und der Kirche wesensgemäß diese auch bleiben mag. Die ökologische Frage als das Folgeproblem der Industrialisierung in der zweiten Hälfte des 20. Jahrhunderts trat noch nicht in das Blickfeld.

12.2. Die Entstehung der Umweltbewegung und die Anfänge der Umweltpolitik 1945–1971

Das Ende des Zweiten Weltkrieges im Jahre 1945 setzt in der Geschichte Europas, wohl auch in der Weltgeschichte, eine Zäsur. Die Staaten kehrten nach den kriegerischen Expansionen und Interventionen zu ihren inneren Angelegenheiten zurück. Diese bestanden in dem weiteren Aufbau der industriellen Zivilgesellschaft. Zugleich aber begann das Ende der nationalstaatlichen Souveränität; neue Staatenverbünde entstanden, und das Ausmaß der internationalen, nicht nur wirtschaftlichen Verflechtungen wuchs. In ganz besonderem Maße traf diese Entwicklung für das verbliebene Restdeutschland der Bundesrepublik zu. Ohnehin war der Oberrhein von seiner Natur her für die wirtschaftliche Entwicklung prädestiniert und zugleich dem Westen zugeneigt.

Das Umweltproblem wurde zunächst in den Vereinigten Staaten von Amerika[21] wahrgenommen, ist aber in den Nachkriegsjahren auch in Deutschland allmählich bewusst geworden[22]. Doch der Wiederaufbau hatte zunächst Vorrang. Gerade aber in dessen Verlauf wurden die Grenzen der Entwicklung erfahrbar. Eine ungebremste städtische Expansion mit der Bildung von sogenannten Ballungsräumen, die weiträumige Regionalentwicklung und der extensive Ausbau der Verkehrswege, vornehmlich der Straßen- und Autobahnbau, haben von den 50er Jahren an das Land in bisher ungekanntem Ausmaße verändert. Mit der euphorischen Einführung der „friedlichen Nutzung der Kernenergie" erwuchs ein Konfliktpotential von zunächst ungeahnter Tiefendimension. Das alles konnte nicht ohne Folgen bleiben. Es war vornehmlich der Oberrhein, in dem die Probleme wie in einem Brennspiegel zusammentrafen.

1. Die Wahrnehmung der Sachprobleme wurde ermöglicht und dann verstärkt durch das Zusammentreffen eines gestiegenen Belastungsgrades der Umweltmedien Luft, Wasser, Boden und Biosphäre mit der Ausbildung umweltwissenschaftlicher Erkenntnismethoden. Der Problemwahrnehmung stand ein zunehmender Entwicklungsstand der Technik gegenüber, der einerseits die Belastungspfade zu vertiefen geeignet war, andererseits aber gerade die Potentiale technischer Problembewältigung bereithielt. Das Paradigma von der Beherrschung des Menschen durch die Natur schlägt endgültig um in die Beherrschung der Natur durch den Menschen. Doch diese ist trügerisch und bedrohlich. „Jetzt haben wir uns die Natur nicht nur untertan gemacht. Wir haben sie besiegt. Damit haben wir zugleich uns selbst besiegt."[23]

Die Sachprobleme seien in einigen Stichworten benannt. Die Qualität des Rheinwassers und der Nebenflüsse des Rheins erreichte einen Tiefstand, sodass vom Rhein als dem Schmutzwasserkanal Westdeutschlands gesprochen werden konnte[24]. Das Waldsterben in den Randgebirgen des Oberrheins, vornehmlich im Schwarzwald, zeigte die Luftverschmutzung an und wurde gelegentlich als nationale Katastrophe empfunden[25]. Die Luftbelastung in den oberrheinischen Ballungsgebieten Straßburg, Karlsruhe und Mannheim-Ludwigshafen mit sommerlicher Smog- und winterlicher Nebelbildung wurde zum Problem für die menschliche Gesundheit und die Lebensqualität. Die auf Deponien entsorgten Industrie- und

Siedlungsabfälle erzeugten Raumnutzungskonflikte, Bodenbelastungen und Grundwas-
sergefährdungen. Von der chemischen Industrie gingen weiträumige, diffuse und schwer
kalkulierbare Einträge in die Umweltmedien aus; die großen Unfälle in Bhopal in Indien
oder in Seveso in Oberitalien führten das Gefahrenpotential deutlich vor Augen[26]. Mit dem
Verlust an wildlebenden Tier- und Pflanzenarten verloren ganze Ökosysteme ihre Prägung.
Die Kernenergie rief insbesondere an den vorgesehenen Standorten in Fessenheim im Elsass
und in Wyhl in Südbaden gesellschaftliche Fundamentalkonflikte herauf.

2. Die drängenden Sachprobleme haben etwa gegen Ende der sechziger Jahre des 20. Jahrhunderts die staatliche Politik auf den Plan gerufen. Umweltschutz wurde zur Staatsaufgabe[27].
Es kam zum Aufbau öffentlicher Institutionen und zu einer differenzierten Umweltgesetzgebung. Die ursprüngliche, aus der Gewerbeaufsicht stammende Gefahrenabwehr wurde
zum Immissionsschutz, die Daseins- und Gesundheitsvorsorge etwa im Wasserrecht oder
in der Abfallbeseitigung zum vorbeugenden Umweltschutz.

Die öffentlichen Institutionen gewannen frühzeitig auch eine internationale Dimension. Am Oberrhein bestand zuvor schon die Internationale Kommission zum Schutze des
Rheines, an der Deutschland, Frankreich und die Schweiz beteiligt waren und auf die jetzt
neue ökologische Aufgaben zukamen. Die im Zuge der wirtschaftlichen und kulturellen
Verflechtungen am Oberrhein ins Leben gerufene Deutsch-Französisch-Schweizerische
Regierungskommission für nachbarschaftliche Fragen, die spätere Oberrheinkonferenz, an
der wiederum Deutschland, Frankreich und die Schweiz teilnehmen, hatte von Anfang an
auch die Umweltthemen grenzüberschreitend im Blickfeld.

Das erste große Manifest der Umweltpolitik in Deutschland wurde schließlich das Umweltprogramm der Bundesregierung 1971. In diesem damals noch unter Federführung des
Bundesministeriums des Innern[28] entstandenen Programm wurden die Belastungspfade der
Umwelt erstmals systematisch beschrieben und konkrete Handlungsansätze zur Problem-
lösung wegweisend aufgezeigt[29]. Die Problembereiche Luft, Wasser, Boden, Naturschutz,
Chemie, Abfall wurden bereits alle identifiziert und analysiert. Das Programm 1971 darf
insgesamt als eine Zäsur in der Politik der Bundesrepublik gelten. Es fügt sich freilich in das
gesamte politische, ökonomische und gesetzgeberische System der damaligen Bundesrepublik ein. Mit dem „Umweltprogramm" wurde zugleich der Primat der staatlichen Politik
für den Umweltschutz wenn nicht begründet, so doch gefestigt.

3. Gleichzeitig aber, wenn nicht bereits vorausgehend, entstanden aus der Zivilgesellschaft
vielfältige bürgerschaftliche Initiativen. Die Umweltbewegung trat auf[30]. Sie übte Druck auf
die öffentlichen Institutionen aus und schuf zum Teil erst die gesellschaftlichen Voraussetzungen für deren Maßnahmen. Einerseits zielte die Umweltbewegung auf den persönlichen
Lebensstil der Menschen und blieb insoweit im innergesellschaftlichen Raum, andererseits
aber zielte sie von Anfang an auf die staatliche Politik und damit auf verbindliche Norm-
setzung und Kontrolle. Es kam zur Heranbildung starker Umweltverbände und, mit weitreichender Folgewirkung, zur Gründung einer Grünen Partei. Die Partei der Grünen hatte
bereits Ende der siebziger Jahre ihre ersten Abgeordneten in ein demokratisches Parlament
in Deutschland, in den Landtag von Baden-Württemberg, entsenden können[31]. Auch wurde

damals das Öko-Institut Freiburg gegründet, das die ökologische und umweltpolitische Diskussion mit einer gewichtigen wissenschaftlichen Stimme nachhaltig beeinflusst hat. Es ist von historischer Bedeutung, dass gerade der deutsche Südwesten am Oberrhein, der Südbadener und Freiburger Raum, zu einem der Entstehungsorte der politischen Umweltbewegung geworden ist. Vielleicht zählte die ökologische Sensibilität des südlichen oberrheinischen Raumes, vielleicht aber auch das kritische Potential der Universität Freiburg – wie übrigens in der damaligen Zeit auch der Universität Konstanz im ebenfalls noch badischen Landesteil – zu den Ursachen. Gewiss aber waren es die Kernenergiepläne in Wyhl und in Fessenheim, aber auch das Waldsterben im Schwarzwald und in den Vogesen, wodurch der Protest der Menschen wachgerufen wurde. Entscheidend aber dürfte die traditionelle Verwurzelung der Menschen in ihrer alemannischen Heimat am Oberrhein, beiderseits des Stromes, gewesen sein, die sich einer Zerstörung ihrer Heimat und damit ihrer Identität durch externe, von Fremdinteressen geleitete Industrieprojekte entgegenstellten.

Charakteristisch für die Umweltbewegung der frühen siebziger Jahre des 20. Jahrhunderts war ihre Funktion bei der Bildung eines ökologischen Bewusstseins von „unten nach oben". Es war wohl so, wie einer der damaligen Hauptakteure, Erhard Eppler, in einer eindrucksvollen Erinnerung an die Anfänge der Umweltbewegung zutreffend schreibt: „Die Entstehung eines ökologischen Bewusstseins ging nicht von oben nach unten, sondern von unten nach oben. Nicht die Vorstände der Parteien, nicht die Ministerialbürokratie, nicht die etablierte Wissenschaft, nicht die Bischöfe und Kirchenleitungen, nicht die Redaktionen der großen Zeitungen, natürlich auch nicht die Vorstände der Konzerne haben den Wandel angestoßen, sondern Hausfrauen, Winzer, Sozialarbeiter, Lehrerinnen, Ärztinnen, Pfarrer, Ökobauern und Tüftler."[32]

Von Naturschutz- und Umweltbewegungen im Elsass schon seit der Mitte der sechziger Jahre des 20. Jahrhunderts berichtet Marc Lienhard. Ihm zufolge besteht das Umweltbewusstsein im Elsass schon seit langem. Die Achtung für das Leben ist bei Albert Schweitzer bereits einer der Schlüsselbegriffe seines Denkens und Handelns. In den siebziger Jahren hat der Bau des Kernkraftwerkes in Fessenheim zu einer mächtigen Protestbewegung geführt. Seit 1965 haben sich zahlreiche Vereine für Natur- und Umweltschutz im Elsass in die Vereinigung Alsace Nature zusammengeschlossen. Es gibt inzwischen auch eine Vereinigung, die sich der Kontrolle der Luftverschmutzung annimmt[33]. Für Lienhard zählt eine intakte Umwelt ohnehin zur elsässischen Identität[34].

Bild 109: Logo von „Alsace nature"

4. Besonderes Potential wuchs der Umweltpolitik mit der Anti-Atom-Bewegung zu, die sich mit der Umweltbewegung der Grünen und der Umweltverbände, aber auch mit der kirchlichen Friedensbewegung von Anfang an untrennbar verbunden hat. Es war wiederum der südbadische und in unmittelbarer Nachbarschaft der südelsässische Raum, der mit der Planung der Kernkraftwerke in Wyhl und in Fessenheim konkrete Ansatzpunkte für Protest und Widerstand bot. „Wyhl" ist zum Signal für den „Aufstand gegen das Unerträgliche"[35] geworden (siehe Farbbild 48). Im Fall von Wyhl siegten die Gegner, Fessenheim im Elsass aber wurde errichtet und blieb bis heute am Netz.

Bild 110: Demo an der NATO-Rampe (Ersatzübergangsstelle) in der Rheinaue bei Wyhl in den siebziger Jahren (© BUND RV Freiburg Archiv. Foto: Meinrad Schwörer)

5. In welchem Maße kirchliche Akteure in der Frühphase der umweltpolitischen Auseinandersetzungen beteiligt waren, mögen Quellenforschungen zutage fördern, kann aber auch durch Berichte von Zeitzeugen belegt werden. So hat Günter Altner als bedeutender Zeitzeuge dem Verfasser davon berichtet[36], dass im Bürgerprotest gegen das Kernkraftwerk Wyhl der Pfarrer der Evangelischen Landeskirche in Baden Günter Richter aus Weisweil erfolgreich als Vermittler gegenüber der Landesregierung Baden-Württembergs aufgetreten ist. Weitere Aktionen und Wochenendtagungen protestierender Bürger und Wissenschaftler wurden von Werner Beck, ebenfalls Pfarrer der Evangelischen Landeskirche in

Baden, moderiert; die Folge waren dann
die Wiedenfelder Thesen und schließlich
die Heidelberger Erklärung atomkritischer
Wissenschaftler, die bereits im Jahre 1975
eine neue Energiepolitik aus den Komponenten Energie-Effizienz und erneuerbare
Energien eingefordert hat. Altner selbst hat
an der Enquete-Kommission des Deutschen
Bundestages zur Energiefrage 1979–1982
mitgewirkt. Es war daher in der Tat so, dass
in den örtlichen Aktionen Kirchenvertreter
zumindest von evangelischer Seite beteiligt
waren, zumal es ja wahrlich um das moralische Problem der Umweltzerstörung und
insbesondere bei der Kernenergie um die
Existenzfrage schlechthin ging. Auch ist
bekannt, dass sich der damalige Bischof
der Evangelischen Landeskirche in Baden,
Dr. Hans-Wolfgang Heidland, im Konflikt
um das Kernkraftwerk Wyhl für eine Vermittlung engagiert hat; ohne ihn wäre es
wohl gebaut worden. Freilich beschränkte
sich der gesamte damalige Konflikt auf

Bild 111: Der badische Landesbischof Hans-Wolfgang Heidland (1912–1992) (Foto: Privat)

die Kernenergienutzung und hatte den weiteren Umweltschutz allenfalls nur mittelbar im
Blickfeld. Zur Kernenergie ist es immerhin zu dem Beschluss der Landessynode der Evangelischen Landeskirche in Baden gekommen: „[...] fordern wir, den Anteil an Kernenergie
an der zukünftigen Energiegewinnung weiterhin möglichst klein und sicher zu halten und
die Kernenergie baldmöglichst durch ungefährliche Energiequellen abzulösen."[37]
6. Eine gegenüber der katholischen Seite stärkere Affinität der Evangelischen Kirche zur Frie-
    dens-, Umwelt- und Anti-Atom-Bewegung und deren parteipolitischen Formierungen darf
    aufgrund der historischen Erfahrungen angenommen werden (siehe dazu oben Kap. 10).

12.3. Die Etablierung einer konsistenten Umweltpolitik seit 1971

Die Entwicklungslinien waren vorgezeichnet, der Aufbau der Umweltpolitik schritt voran.
1. Massiven Auftrieb erhielt die Umweltpolitik indes durch die Katastrophen der Schicksalsjahre
    1986/87. War das Reaktorunglück von Tschernobyl in der Ukraine vom 26. April 1986 noch
    verhältnismäßig fern, so waren die Folgen doch auch in Westdeutschland spürbar und hat
    das ungeheure Gefahrenpotential der Kernenergie auch deren Befürwortern deutlich vor

Augen geführt. Den Oberrhein aber traf mit voller Wucht der Brand in dem Chemiewerk Sandoz in Basel am 1. November 1987. Durch die Ausschwemmung der Giftstoffe wurde der Rhein bis zu seinem Unterlauf über Monate hinweg zum toten Strom. Internationale und nationale Maßnahmen zur drastischen Erhöhung der Anlagensicherheit und zur Gefahrenprävention wurden zum politischen Gebot der Stunde.

2. Die Politik reagierte verhältnismäßig schnell. Im Bund wurde das Bundesministerium für Umwelt, Naturschutz und Reaktorsicherheit mit eben dieser bezeichnenden Ressortzuständigkeit gegründet. Die Länder waren teils schon vorangegangen, allen voraus Bayern, oder folgten in kurzer Zeit. Die Umweltgesetzgebung vor allem des Bundes nahm erheblich an Umfang und politischem Gewicht zu. Der Umweltschutz wurde im Grundgesetz und in den Landesverfassungen als Staatsaufgabe festgeschrieben. In den Ländern wurden im Rahmen der bestehenden Verwaltungsstrukturen Umweltbehörden eingerichtet. Umweltressorts, Umweltgesetzgebung und Umweltverwaltung sind seither selbstverständlicher Teil des politischen Systems[38].

3. Der Aufbau der Umweltpolitik hatte von Anfang an eine internationale Dimension. Das war von den Sachproblemen her, gerade auch am Oberrhein, zwingend. Umweltpolitik wurde frühzeitig als originäre Aufgabe der Europäischen Union begriffen. Ihr wuchsen auf diesem Gebiet weitreichende Kompetenzen zu, die sie durch Umweltprogramme und demzufolge durch ein konsistentes System von Richtlinien und Verordnungen ausgefüllt hat. Die nationale Gesetzgebung hat insoweit weithin nur noch Vollzugscharakter. Umweltrecht ist heute, was Umweltqualitätsstandards angeht, faktisch Europäisches Recht. Am Oberrhein gilt für Frankreich und Deutschland das gleiche europarechtlich vorgegebene Schutzniveau. Die Schweiz hat sich durch Assoziationsverträge angeschlossen. Im bilateralen Verhältnis zwischen Frankreich und Deutschland ist der Deutsch-Französische Umweltrat angesiedelt. Die Internationale Rheinschutz-Kommission und die Oberrheinkonferenz sind grenzüberschreitende Abstimmungsorgane am Oberrhein. Letztere hat im Jahre 1990 in Basel eine „Umweltcharta Oberrhein" verabschiedet. Das Karlsruher Abkommen hat die völkerrechtlichen Voraussetzungen dafür geschaffen, dass die jeweiligen kommunalen Gebietskörperschaften ihre auch umweltwirksamen Infrastrukturmaßnahmen in eigener Verantwortung grenzüberschreitend abstimmen können. Die hierin liegende, fast revolutionäre Preisgabe nationalstaatlicher Souveränität, vor allem Frankreichs, hat neue Wege für bürgerschaftliches Engagement und wirksamen Umweltschutz eröffnet[39]. Mit dem Biosphärenreservat Pfälzer Wald-Nordvogesen besteht ein deutsch-französisches Kondominium des Natur- und Landschaftsschutzes[40]. Der Europarat in Straßburg hat in den neunziger Jahren des 20. Jahrhunderts grenzüberschreitende und ökumenische Aktivitäten vor allem im Raum Straßburg-Kehl unterstützt[41].

4. Die Umweltpolitik hat längst globale Dimensionen angenommen. Über die Auseinandersetzung mit den Bedürfnissen der Menschen in den Entwicklungsländern, aber auch mit instabilen politischen und sozialen Verhältnissen und mit der großräumigen Zerstörung von Ökosystemen ist ein globales Konzept zur Harmonisierung der Konflikte entwickelt worden: Das Konzept des „Sustainable Development" oder der „Nachhaltigen umwelt-

gerechten Entwicklung", kurz der „Nachhaltigkeit"[42]. Das Konzept will drei Prinzipien, die sich gegenseitig bedingen und zugleich untereinander gegenläufig sind, in einen Ausgleich zueinander bringen: die wirtschaftliche Entwicklung als Bedingung der materiellen Existenz der Menschen, die Bewahrung der natürlichen Ressourcen als die Bedingung wirtschaftlicher Entwicklung und die soziale Stabilität als die Voraussetzung von Frieden, Entwicklung und ökologischer Bewahrung. Das Konzept ist auf der Weltkonferenz der Vereinten Nationen in Rio de Janeiro im Jahre 1992 völkerrechtlich verbindlich verabschiedet und auf der Konferenz von Johannesburg 2002 bestätigt worden. In der Agenda 21 hat es für die jeweiligen Lebensbereiche konkrete Gestalt angenommen.[43]

Die „nachhaltige umweltgerechte Entwicklung" gilt weithin als die theoretische und praktische Erfüllung der Umweltpolitik. Sie spricht öffentliche und zivilgesellschaftliche Akteure in gleicher Weise an. Sie ist Leitprinzip der Politik der Europäischen Union, der Bundesrepublik Deutschland und der Bundesländer[44] geworden.

5. Bestärkt durch das Konzept der „nachhaltigen umweltgerechten Entwicklung", aber auch aufgrund gezielter Vorgaben der Europäischen Union und aufgrund historischer Erfahrungen hat Umweltpolitik eine starke partizipatorische Ausprägung. Dies bedeutet, dass die öffentliche Hand nicht die alleinige und einseitige Verantwortung für die Umweltqualität haben soll; Partizipation gesellschaftlicher Kräfte ist das Korrektiv zum Primat staatlicher Zuständigkeit. So weist die Agenda 21 der Zivilgesellschaft eine Eigenverantwortung für die „Nachhaltigkeit" zu. Konkretisieren lässt sich diese Eigenverantwortung in der „Lokalen Agenda 21" privater örtlicher Gruppen und Akteure. In besonderer Weise eröffnet auch das Umwelt- und Planungsrecht gesellschaftliche und individuelle Mitwirkungsmöglichkeiten in öffentlichen Verfahren der Planung und Zulassung umweltrelevanter Bauprojekte. Es liegt auf der Hand, dass derartige Partizipationsmöglichkeiten kirchlichen Akteuren breiten Raum zur Mitwirkung an öffentlichen Planungsprozessen ermöglichen.

6. Welchen Stand an Umweltqualität hat die Umweltpolitik seither, auch im Hinblick auf den Oberrhein, erreicht?[45] Die Erfolge sind nicht gering. Der Rhein ist wieder ein lebendiges Gewässer. Das Waldsterben scheint gestoppt. Die in Smog und Nebel spürbare Luftverschmutzung in den Ballungsräumen ist verschwunden, wenn auch an deren Stelle in den besonders verdichteten Räumen die Belastung mit Feinstaub getreten sein mag. Die Abfallbeseitigung auf Deponien ist einer Abfallwirtschaft aus Recycling, „Stoffstrommanagement" und energetischer Abfallverwertung gewichen. Ansätze biologischen Land- und Weinbaus werden wirksam. Die Renaturierung von Oberflächengewässern und landwirtschaftlichen Flächen gewinnt Raum. Sogar die Kernkraftwerke Fessenheim und Philippsburg laufen störungsfrei; im hessischen Biblis ist es jedenfalls zu wirklich gefährlichen Störungen bisher nicht gekommen.

Doch es gibt keinen Grund, mit den Bemühungen nachzulassen. Gegenläufige Entwicklungen sind im Gange. So hält der Flächenverbrauch durch Siedlung und Verkehrswegebau an. Der Ausbau der Straßen und Autobahnen im südlichen Pfälzer Wald und im Bienwald nahe der elsässischen Grenze, aber auch der Flugplatzausbau in unmittelbarer Nähe zum Speyerer Dom, steht noch vor ungelösten Konflikten. Die Geothermie im Raum von Landau in der

Südpfalz und im Raum um Basel verursacht Erderschütterungen und stößt auf örtlichen Widerstand. Der Artenschwund lässt nicht nach und wird durch Neophyten (fremdländische Pflanzen) eher erschwert als ausgeglichen.

Das Auftreten von Neophyten insbesondere aus dem Mittelmeerraum wird als Folge des Klimawandels interpretiert. Insgesamt wird ein langsamer Klimawandel in Form zunehmender Erwärmung des Oberrheingrabens konstatiert[46]. Jedenfalls ist die zunehmende Aridisierung (Austrocknung) des Raumes ein feststellbares Indiz.

7. Trotz erreichter Erfolge, anhaltender Aktivitäten und konzeptioneller Fundierung durch das Nachhaltigkeitsprinzip steht die Umweltpolitik im Umbruch. Dieser Umbruch relativiert alles bisherige umweltpolitische Handeln, verschlingt es geradezu. Er geht von der Klimaforschung aus. Es wird behauptet, die auf der Verbrennung fossiler Energieträger basierende Weltwirtschaft und Lebensführung in den Industriestaaten verändere durch Kohlendioxideintrag die Erdatmosphäre und verursache hierdurch eine globale Erwärmung mit katastrophalen Folgen. Die Folgen werden in apokalyptischer Sprache beschrieben, mit prophetischem Ernst werden absolute Handlungsanweisungen für einen „Umbau der Industriegesellschaft", für eine „Veränderung des Lebensstils", gar für eine „Große Transformation" vorgegeben[47]. Die Androhung des Weltunterganges verändert seit jeher die Prioritäten menschlichen Handelns. Umweltpolitik hat das Paradigma der Nachhaltigkeit verlassen und sich unter dem verabsolutierten Problemdruck eines globalen „Klimawandels" in eine aktivistische Energie- und Klimaschutzpolitik verwandelt. „Klimaschutz" wird zum Gebot der Weltzeit ausgegeben. Die Kirchen sind von diesem säkularen „Gebot" nicht unbeeindruckt geblieben.

12.4. Die Hinwendung der Kirchen zur Umweltkrise

Die Umweltkrise wirft moralische Fragen ersten Ranges auf. Wie soll sich der Mensch benehmen, wenn sein Verhalten geeignet ist, die natürliche Umwelt und die Lebensgrundlagen gegenwärtiger und zukünftiger Generationen zu zerstören? Dies ist auch eine Frage an die Kirche, der sozialen Frage im 19. Jahrhundert strukturell ähnlich. So lässt sich denn seit den siebziger Jahren des 20. Jahrhunderts eine Hinwendung der Kirchen zur ökologischen Existenzfrage der Gegenwart feststellen.

12.4.1. Theologische Fundierung

Positionen der Kirche zu Fragen der Gegenwart bedürfen eines theologischen Fundamentes. Dieses Fundament ist für das Verhältnis von Kirche und Umwelt mehrfach gegeben und theologisch formuliert worden. Die Begründungslinien und Problemfelder seien benannt.

1. Da ist zunächst die biblische und ursprüngliche Grundposition aus Gen. 1,28, in der Gott den Menschen sagt: „Macht die Erde euch untertan!" Deutlich ist: Mensch und Natur sind Schöpfung, der Mensch hat in der Schöpfung eine Führungsrolle; er lebt von der Natur und hat den Auftrag, die Erde zu gestalten. Das Werk des Menschen ist Teilhabe an der

Schöpfung Gottes. Das „Untertanmachen" ist in Exegese und Praxis oft missverstanden worden: Es besteht heute Konsens, dass hiermit nicht „Beherrschung" oder gar „Ausbeutung" gemeint ist, sondern Nutzung und Ordnung[48].

2. Der Auftrag Gottes schließt Verantwortung für die Schöpfung ein. Nutzung und Ordnung bedeuten Bewahrung und Pflege. Der Mensch hat die Macht, die Natur zu beschädigen und zu zerstören, doch er hat nicht das Recht dazu. Verantwortungslos zu handeln ist Sünde. Die „Verantwortung für die Schöpfung" ist daher in der heutigen Situation die theologische, ethische und pastorale Antwort der Kirche auf die Umweltkrise in ihrer Verkündigung und in ihrem Dienst. Kirche wird zur Anwältin der Schöpfung. Das pastorale Konzept einer Verantwortung für die Schöpfung findet seine Begründung in einer Schöpfungstheologie und einer hieraus folgenden kirchlichen Umweltethik[49], die auf das politische, das gesellschaftliche und das individuelle Verhalten zielt.

3. Die Verantwortung für die Schöpfung weiß um die Geschöpflichkeit und Gottebenbildlichkeit des Menschen, aber auch um dessen Anfälligkeit und Fehlbarkeit. Die Kirche verliert daher in ihrer Hinwendung zur Umweltkrise nicht den Menschen aus dem Auge und nicht seine Fehlbarkeit. Es gibt kein Leben ohne Risiko, kein Handeln ohne Schuld, kein Werk ohne Fehler. Andererseits nimmt die Kirche den Menschen in Schutz vor Verabsolutierungen der Politik.

4. In der globalisierten Welt und ihren ökologisch-ökonomisch vernetzten Systemen läuft die Nutzung der Umwelt Gefahr, Ungleichheiten der Güterverteilung und Umweltnutzung zwischen den Menschen der verschiedenen Zivilisationen zu erzeugen. Umweltkrise und Armut hängen eng zusammen. Das Elend der Dritten Welt hat seine Ursache auch im Umwelt- und Konsumverhalten der industrialisierten Gesellschaften in Europa, Nordamerika und Ostasien. Die christliche Solidarität mit den Armen verbindet sich mit der Verantwortung für die Schöpfung.

5. Die vieldiskutierte These von den Umweltproblemen als den „gnadenlosen Folgen des Christentums"[50] beruht einerseits auf einem exegetischen Missverständnis von Gen. 1,28, andererseits auf einer durchaus feststellbaren Praxis kapitalistischer Wirtschaft in christlichen Gesellschaften vornehmlich Europas und Nordamerikas. Exegetisch und theologisch aber hat die These keinen Grund; sie darf als von Anfang an überspitzt und heute als überholt gelten[51].

6. Die Bewältigung praktischer Umweltprobleme ist originäre Aufgabe staatlicher Politik. Es geht um weltliche Angelegenheiten. Eine Hinwendung der Kirche zur Umweltkrise muss daher ihr Verhältnis zu den originären Aufgaben des Staates theologisch reflektieren. Hier kommt das prinzipielle Verhältnis von Staat und Kirche ins Spiel. Das heißt, dass Kirche die originären Entscheidungsprozesse staatlichen Handelns als solche respektieren muss. Auch weltliches Handeln wird in Verantwortung wahrgenommen und hat sittliche Qualität. Dies gilt umso mehr, wenn es im demokratischen Diskurs und in Freiheit geschieht. Kirche kann daher Politik nicht ersetzen. Sie wird aber zu verantwortlichem Handeln in Freiheit ermutigen, Werte einfordern, politische Anforderungen hinterfragen und Grenzen aufzeigen.

Das Verhältnis von Kirche und Staat wird insbesondere in der katholischen Theologie dadurch bestimmt, dass den weltlichen Entscheidungsprozessen eine zwar nur relative, aber doch eigenständige Seinsqualität zugesprochen wird, der per se sittlicher Gehalt innewohnt. Was hier geschieht, kann daher von der Kirche nicht nur aus praktischen oder rechtlichen Gründen, sondern prinzipiell akzeptiert werden. Von daher erklärt sich die weithin zu beobachtende Zurückhaltung jedenfalls der katholischen Kirche in den Tagesfragen praktischer Umweltpolitik[52], andererseits aber auch der Fundamentaldissens in strittigen Grenzfragen.

7. Eine Theologie der Schöpfungsverantwortung muss sich in Bezug setzen zu einer philosophischen Umweltethik. Auch diese will dem politischen, gesellschaftlichen und individuellen Handeln Richtwerte zur Bewahrung der Natur und der natürlichen Lebensgrundlagen geben. Eine philosophische Umweltethik speist sich aus durchaus verschiedenen, auch nichtchristlichen Quellen, kann aber auch aus kirchlicher Sicht substantielle, ontologische Begründungen geben. Differenzen ergeben sich hauptsächlich aus einem eher anthropozentrischen oder eher ökozentrischen Ansatz oder aus einem anderweit religiösen, materialistischen, monistischen oder pantheistischen Naturverständnis. Wegweisend geworden ist auf der Grundlage jüdischen Denkens das „Prinzip Verantwortung" von Hans Jonas.[53]

8. Mit der theologisch fundierten Verantwortung für die Schöpfung hat die Kirche ihr *proprium* in der umweltpolitischen Auseinandersetzung gefunden, das sie marxistischen oder anderweitigen weltanschaulichen Positionen der Umweltbewegung entgegensetzt und das sie originär in den politischen Diskurs einbringt. Dieser Eigenstand befähigt die Kirche zum ökologischen Dialog.

9. Es darf abschließend hinzugefügt werden, dass es allein das christliche Menschenbild mit seinem Geschichtsverständnis ist, das die Chancen und die Grenzen einer menschlichen Umweltverantwortung realistisch und nüchtern zu bewerten imstande ist. Es gibt die Kraft zur Einsicht: Menschliches Handeln bleibt fehlerhaft, die Natur des Menschen ist durch die Sünde belastet, die Geschichte ist kontingent. Der große evangelische Theologe der Ökologie, Günter Altner, sprach von der „Ab-

Bild 112: Der Theologe und Biologe Günter Altner (1936–2011). Das Bild entstand im Mai 2010 beim 4. Bioethikforum der Evangelischen Akademie im Rheinland („Darf man Leben patentieren?")
(© Evangelische Akademie in Rheinland, Bonn. Foto: Hella Blum, Bonn)

gründigkeit des menschlichen Herzens"[54]. Umweltpolitisches Handeln bleibt unvollkommen, Fehlschläge und Katastrophen sind zu erwarten, die „Nachhaltigkeit" kann und wird jedenfalls in globalem Maßstab wahrscheinlich misslingen. Das „Wachstum" führt in die Aporie. Das Energieproblem ist nicht lösbar. Doch gegen alle Widerstände steht die christliche Hoffnung. Das Handeln ist nicht umsonst.

10. Es liegt auf der Hand, dass die theologischen Begründungen und Einsichten für eine kirchliche Schöpfungs- und Umweltverantwortung zu dem Referenzraum des Oberrheins und seiner Kirchengeschichte keinen spezifischen Bezug haben. Das können und brauchen sie auch nicht. Aber es sind gerade die übergreifenden Leitlinien, die vor Ort dem Handeln Richtung und Wert geben.

12.4.2. Die kirchlichen Hilfswerke

Die globale Vernetzung des Umweltproblems mit der Weltwirtschaft ist das große Thema der kirchlichen Hilfswerke Misereor, Adveniat, Renovabis und Brot für die Welt. Es ist deren epochales Verdienst, den Zusammenhang von kapitalistischer Wirtschaftsweise und Konsumverhalten in den Industrieländern mit dem Elend und der Umweltzerstörung in den Ländern der sogenannten Dritten Welt erkannt, umfassend analysiert und in aufrüttelnder Weise der Weltöffentlichkeit bekanntgemacht zu haben. Die Hilfswerke verbinden sich mit der staatlichen Entwicklungshilfe und leisten mit Finanzmitteln, Sachkunde und Personaleinsatz den weltweit wohl wirkungsvollsten Beitrag zur Bekämpfung von Armut, Elend und Umweltzerstörung. Das Konzept der „Nachhaltigen umweltgerechten Entwicklung" gibt ihrer Arbeit die praktische und theoretische Anleitung, der kirchliche Sendungsauftrag die christliche Begründung. Die Hilfswerke haben ihre Arbeit mit umfassenden systemtheoretischen Ausarbeitungen begründet und in dieser Form der Öffentlichkeit vorgestellt[55].

12.4.3. Positionierungen

Auf die Umweltkrise hat im katholischen Bereich das Lehramt geantwortet. Es ist seit den achtziger Jahren des 20. Jahrhunderts mehrfach zu deutlichen Positionierungen gekommen[56]. Aber auch die Evangelische Kirche hat Stellung bezogen. Darüber hinaus gibt es eigenverantwortliche Äußerungen organisierter christlicher Laien ohne kirchliche Ämter, aus der Verantwortung mündiger Christen und in der „Freiheit eines Christenmenschen". Einige dieser Positionierungen seien nachfolgend exemplarisch benannt[57]:

1. Eine erste große Positionierung der katholischen Seite hat die Deutsche Bischofskonferenz bereits im Jahre 1980 verabschiedet. Die Erklärung *Zukunft der Schöpfung – Zukunft der Menschheit* analysiert und formuliert die Umweltprobleme der modernen Welt und gibt der Verantwortung der Christen eine tiefe theologische Begründung[58]. Die Erklärung ist in ihrem Gehalt unüberholt geblieben und nach über 30 Jahren noch von unmittelbarer, bestürzender Aktualität. Sie ist ein fundamentaler Text wissenschaftlicher Problemanalyse und kirchlicher Umweltverantwortung.

2. Gefolgt ist im Jahre 1998 die geradezu zum Handbuch der Umweltethik und des praktischen Handelns gewordene Ausarbeitung der Kommission der Deutschen Bischofskonferenz für gesellschaftliche und soziale Fragen *Handeln für die Zukunft der Schöpfung*[59]. Dieser „Arbeitstext" greift die seit 1980 eingetretenen Entwicklungen und seitherigen Diskussionen auf und konkretisiert die Möglichkeiten praktischen Handelns in Politik, Gesellschaft und Kirche.

3. Die Evangelische Kirche hat zusammen mit der Deutschen Bischofskonferenz im Jahre 1985 eine grundlegende ökumenische Positionsbestimmung vorgenommen: Die gemeinsame Erklärung *Verantwortung wahrnehmen für die Schöpfung*[60].

4. Die *Charta Oecumenica* vom 22. April 2001 formuliert „Leitlinien für die wachsende Zusammenarbeit unter den Kirchen in Europa". Abschnitt 9 postuliert „Die Schöpfung bewahren" und konkretisiert diesen Auftrag, der jetzt in globalem Zusammenhang steht, als Auftrag zu einem nachhaltigen Lebensstil und zur Unterstützung der kirchlichen Hilfswerke.

5. Die Kommission für gesellschaftliche und soziale Fragen und die Kommission Weltkirche der Deutschen Bischofskonferenz greift im Jahre 2006 das globale Problem des „Klimawandels" auf. Sie legt einen auf natur- und wirtschaftswissenschaftlicher Basis erarbeiteten und theologisch begründeten „Expertentext zur Herausforderung des globalen Klimawandels" mit dem Titel *Der Klimawandel: Brennpunkt globaler, intergenerationeller und ökologischer Gerechtigkeit* vor[61]. Der Text analysiert den „anthropogenen Klimawandel und seine Folgen", stellt „Kriterien einer christlichen Ethik der Nachhaltigkeit" auf, votiert für eine „Option für Klimaschutz in Solidarität mit den Opfern", konstatiert die Verantwortung der Kirche, berichtet von aktuellen Zeugnissen der Katholischen und der Evangelischen Kirche und gibt konkrete Hinweise für kollektives und individuelles Handeln.

6. Engagiert für die Schöpfungsverantwortung war auch von Anfang an der Konziliare Prozess mit dem Leitwort „Frieden, Gerechtigkeit und Bewahrung der Schöpfung"[62]. Hier wird auch der untrennbare Zusammenhang von Frieden und Umweltbewahrung deutlich gemacht.

7. Weltweit und gesamtkirchlich gibt Papst Benedikt XVI. in der Enzyklika *Caritas in veritate* vom 29. Juni 2009 die Leitlinien für die kirchliche Umweltverantwortung vor.[63] Bereits Papst Paul VI. hatte in der Enzyklika *Populorum progressio* vom 26. März 1967 die Umweltverantwortung der Kirche angesprochen, vor allem im Blick auf die notleidenden Völker und die weltweit ungerechte Verteilung der Güter. In seiner Botschaft zum Weltfriedenstag am 1. Januar 2010 hat Papst Benedikt XVI. die Umweltkrise in einen Zusammenhang mit dem Weltfrieden gestellt: „Wenn du Frieden willst, bewahre die Schöpfung."

8. In ganz anderer Weise ist die „Klima-Allianz", ein Zusammenschluss verschiedener gesellschaftlicher Akteure, kirchlicher Einrichtungen und einiger Evangelischer Landeskirchen[64] im Dezember 2008 mit einem Positionspapier zum Klimawandel hervorgetreten, das mitten in die politische Diskussion hineinzielt[65].

9. Die neueste Positionierung auf katholischer Seite enthält die „Arbeitshilfe" der Katholischen Bischofskonferenz *Der Schöpfung verpflichtet. Anregungen für einen nachhaltigen Umgang mit Energie* vom Mai 2011[66]. Dieses Papier fokussiert die Umweltverantwortung der Kirche auf einen nachhaltigen Umgang mit Energie, stellt die Energieproblematik in den globalen Zusammenhang von „Wohlstand, Klimaschutz und Gerechtigkeit", erörtert

die Handlungsoptionen von „Maßhalten, Effizienz und erneuerbaren Energien" und zeigt konkrete Handlungsfelder kirchlicher Energienutzung auf.

Das Papier darf in eine inhaltliche und politische Beziehung gesetzt werden zu der überraschenden „Energiewende" der Bundesregierung vom Frühsommer 2011, die bekanntlich auf die Atomkatastrophe von Fukushima in Japan im März 2011 zurückgeht und die in Deutschland die Kernenergie zugunsten erneuerbarer Energien endgültig beendet. Die „Energiewende" war vorbereitet worden von einer von der Bundesregierung ad hoc einberufenen Ethik-Kommission „Sichere Energieversorgung", die am 30. Mai 2011 einen Bericht zur Abkehr von der Kernenergie und zur Nutzung erneuerbarer Energien vorgelegt hat[67]. An dieser Kommission war der Erzbischof von München, Reinhard Kardinal Marx, maßgeblich beteiligt, der seinerseits zu der genannten „Arbeitshilfe" ein Vorwort beigesteuert hat. Auch der Bischof der Evangelischen Landeskirche in Baden, Dr. Ulrich Fischer, war maßgeblich an dieser Kommission beteiligt.

10. Die Positionierungen der Kirchen in Frankreich können an dieser Stelle nicht aufgearbeitet werden. Immerhin aber haben Marc Feix, ein Mitautor der vorliegenden Veröffentlichung, und Jean-Pierre Ribaut, der Umweltdirektor des Europarates in Straßburg, den Verfasser auf die inzwischen zahlreichen Verlautbarungen und Initiativen der Französischen Bischofskonferenz (Conférence des évêques de France) aufmerksam gemacht. Der Internet-Auftritt dieser Bischofskonferenz listet unter dem aktuellen Titel *Développement durable* (Nachhaltige Entwicklung) zahlreiche Positionen und Maßnahmen auf. Ein weiterer Internet-Auftritt von „Église catholique & société" (Katholische Kirche und Gesellschaft) fasst unter der Überschrift *Environnement & Modes de vie* (Umwelt und Lebensweisen) ohne die deutsche Verengung auf Energiewirtschaft und Klimaschutz die Themen Schöpfung, Energie, Biodiversität, Natürliche Ressourcen, Landwirtschaft, Klima, Wasser zusammen und fügt Handlungsanleitungen hinzu. Marc Stenger, Bischof von Troyes, hat Anfang November 2011 die Französische Bischofskonferenz zum Handeln aufgerufen[68].

12.5. Kirchen und Umwelt am Oberrhein

12.5.1. Grenzüberschreitende Ökumene

Staats- und Kirchengrenzen durchschneiden den Raum des Oberrheins, der doch ökologisch eine Einheit bildet. Kirchliches Engagement für die Umwelt muss diese Grenzen überschreiten.

1. Nachdem spätestens seit den achtziger Jahren des 20. Jahrhunderts endlich die politischen, konfessionellen und mentalen Schranken gefallen waren und die Zeit der Ökologie reif war, steht am Anfang ein mehrfach grenzüberschreitendes Ereignis: Die erste europäische Ökumenische Versammlung „Frieden in Gerechtigkeit" vom 15. bis 21. Mai 1989 in Basel. Vom „Konziliaren Prozess für Gerechtigkeit, Frieden und Bewahrung der Schöpfung" herkommend und als dessen gezielte Fortführung[69], versammelten sich Christen aus allen Konfessionen und aus den benachbarten Ländern unter dem Motto „Frieden in Gerechtigkeit", das jedoch – und hier liegt der Neuanfang – mit der Verantwortung für die Schöpfung

Bild 113: 700 Delegierte aus allen christlichen Kirchen und Gemeinschaften Ost- und Westeuropas berieten vom 15. bis zum 21. Mai 1989 in Basel über die Thematik „Frieden, Gerechtigkeit und Bewahrung der Schöpfung". Roger Schütz/Frère Roger (1915–2005), Gründer der „Communauté de Taizé", war einer der Redner während der Eröffnungsveranstaltung. Links das Signet der Ökumenischen Versammlung, das zwei Tauben zeigt, die zur Erde fliegen (© Katholische Nachrichten-Agentur (KNA), Bild 154601)

verbunden wurde. Einer der Hauptakteure der Versammlung, Jean-Pierre Ribaut, stellte die Frage „Warum Frieden und Gerechtigkeit [...] mit der Wahrung der Schöpfung verbinden?", um sie dann mit dem großen Zeugnis des Kongresses zu beantworten: „Die Botschaft von Basel an Christen in Europa."[70] Damit war der Durchbruch geschehen[71].

2. Die Basler Versammlung löste in der Folge dann lokale Initiativen aus. Die Katholische Pastoralkommission (Commission pastorale catholique) und der Protestantische Rat (Conseil Protestant) von Straßburg sowie die katholischen und evangelischen Kirchengemeinden in Kehl fanden sich im Frühjahr 1992 zu einer Aktionsgemeinschaft zusammen. Äußerer Anlass und Zielrichtung der Aktion war ein durchaus zeittypischer Konflikt: der Plan einer Müllver-

Bild 114: Jean-Pierre Ribaut (*1935) berät als Diakon seit 1989 die CCEE in Umweltfragen, vertritt den Heiligen Stuhl auf internationalen Umweltkonferenzen und hat maßgeblich zum konziliaren Prozess für Gerechtigkeit, Frieden und die Bewahrung der Schöpfung in Europa beigetragen. (Foto: Privat)

brennungsanlage in Kehl. Im Zusammenhang mit der vor Ort ohnehin schon feststellbaren Luft- und Umweltbelastung wurde eine zusätzliche Umweltverschmutzung befürchtet, die bekämpft werden musste. Die Aktion gipfelte in einer für französische Verhältnisse einzigartigen „Déclaration du 14 octobre 1992 contre l'établissement de la station d'épuration de déchets toxiques à Kehl" (Erklärung vom 14. Oktober 1992 gegen die Errichtung einer Sondermüllverbrennungsanlage in Kehl)[72]. Die Aktionsgemeinschaft beschränkte sich hierauf jedoch nicht, sondern bildete von 1992 an über Jahre hinaus eine grenzüberschreitende ökumenische Gruppe Kehl-Straßburg, die sich mit der theologischen Grundlegung, aber auch konkreten Themen befasste. Die Tagungen und Aktivitäten reichten bis zum Jahre 1997[73].

3. Nach einem großen Zeitsprung und unter vielfach veränderten Voraussetzungen hat am 19. September 2010 eine weitere sowohl grenzüberschreitende als auch interkonfessionelle Veranstaltung der Arbeitsgemeinschaft Christlicher Kirchen (ACK) in Baden-Württemberg und des Conseil d'Églises Chrétiennes de Strasbourg et en Alsace (CES) stattgefunden: Die große Glaubensmanifestation aller christlichen Kirchen am Oberrhein zum „Tag der Schöpfung" in Kehl und Straßburg. Der Gottesdienst in der Kirche St. Johannes Nepomuk in Kehl stand unter dem Motto „Wasser des Lebens – eau, source de vie. Tag der Schöpfung feiern" (siehe Farbbild 49). Die Predigt hielt der Erzbischof von Straßburg, Jean-Pierre Grallet. Das Leitwort war der Umwelt- und Lebenssituation am Oberrhein unmittelbar entnommen. Das Begleitprogramm der Verbände und der Akteure auf den benachbarten Rheinwiesen galt ebenfalls diesem Thema.

Vorausgegangen waren auf französischer Seite Konzepte einer liturgischen Gestaltung des Schöpfungstages, die vom JPSC – Alsace Moselle (Réseau œcuménique régional Justice, Paix et Sauvegarde de la Création/Regionales ökumenisches Netzwerk Gerechtigkeit, Frieden und Bewahrung der Schöpfung – Elsass-Lothringen) erarbeitet und im Jahre 2008 in einer Dokumentation *Du temps pour la création* (Zeit für die Schöpfung) veröffentlicht worden sind[74]. Diese umfangreiche Dokumentation enthält theologische Reflexionen und liturgische Texte. Die Feier einer Zeit oder eines Tages der Schöpfung geht auf Anregungen der Orthodoxen Kirche zurück. Seit dem Jahr 2000 wird der Tag der Schöpfung im Bereich der ACK in Baden-Württemberg gefeiert – seit seiner offiziellen Proklamation beim Zweiten Ökumenischen Kirchentag 2010 in München auch bundesweit.

12.5.2. Bestellung von Umweltbeauftragten

Die wachsende Erkenntnis der Bedeutung der Umweltfragen für die Kirche, ihre Verkündigung, ihre Mitwirkung am allgemeinen politischen Diskurs und für ihre interne Verwaltung musste auch Folgen für die innerkirchliche Organisation nach sich ziehen. Die Umweltaufgaben wurden institutionalisiert. In allen Kirchen wurden überwiegend auf der Leitungsebene, teils aber in anderen Formen, Zuständigkeiten für die Umweltaufgaben begründet. Diese Zuständigkeiten wurden teils im Hauptamt, teils im Nebenamt oder im Ehrenamt ausgeübt. Für die zuständigen Personen hat sich die Bezeichnung „Umweltbeauftragte" eingebürgert, in welche Funktion diese Personen zum Teil auch ausdrücklich berufen worden sind. Definition und Ausübung der Aufgaben waren und sind nach allen Erfahrungen weithin frei und im Falle ehrenamtlicher Berufung innerhalb der Kirchenverwaltung auch unabhängig[75]. Die Umweltbeauftragten der verschiedenen Diözesen und Landeskirchen kooperieren sowohl lokal zusammen als auch in bundesweiter Abstimmung.

12.5.3. Evangelische Landeskirche in Baden

Die Evangelische Landeskirche in Baden ist aus zweifachem Grund in besonderem Maße dazu berufen, zum Verhältnis von Kirche und Umwelt am Oberrhein Stellung zu beziehen. Zum einen liegt der Ursprungsort der Umweltbewegung in ihrem Zuständigkeitsbereich; davon war bereits die Rede. Zum anderen aber ist sie Standort der Evangelisch-Theologischen Fakultät der Universität Heidelberg. An dieser Fakultät sind theologische Grundsatzarbeiten zur Positionierung der Kirche in Umwelt- und frühzeitig auch Energiefragen geleistet und wegweisende Impulse bis in die Politik hinein gegeben worden.

1. Es war der frühere Umweltbeauftragte der Evangelischen Landeskirche in Baden, Pfarrer Dr. Gerhard Liedke, der den Verfasser in einem Interview am 15. Juni 2011 in Heidelberg insbesondere auf die Arbeiten an der Heidelberger Fakultät aufmerksam gemacht hat[76]. Maßgeblich war seinerzeit zu Beginn der siebziger Jahre des 20. Jahrhunderts die Forschungsstätte der Evangelischen Studiengemeinschaft (FEST). Gewirkt haben hier Dr. Günter Altner[77] und Dr. Georg Picht[78]. Der damalige Landesbischof Hans-Wolfgang Heidland, zuvor ebenfalls Mitglied der Heidelberger Fakultät, hatte damals, offenbar unter dem Eindruck der Bürgerproteste gegen das Kernkraftwerk Wyhl, bei dieser Forschungsstelle ein Gutachten zur Energiefrage in Auftrag gegeben; dieses dann im Jahre 1977 erstellte Gutachten *Alternative Möglichkeiten für die Energiepolitik* spricht sich bereits damals und in einer heute geradezu bestürzenden Aktualität gegen die Kernkraft, für eine bessere Energieeffizienz und für die Nutzung alternativer Energien aus[79]. Es war, so Liedke, der „geheime Hintergrund der gesamten EKD in allen ihren Äußerungen zu energie- und umweltpolitischen Fragen". Die Thesen des Gutachtens werden Jahre später in einer Stellungnahme zum Kernkraftunglück in Tschernobyl erhärtet[80]. Die FEST ist heute zugleich der Sitz des Umweltbeauftragten der gesamten EKD[81].

2. Gerhard Liedke war hauptamtlicher Umweltbeauftragter der Evangelischen Landeskirche in Baden von 1982 bis 1989. Er war während dieser Zeit, zuvor schon und darüber hinaus die maßgebliche Persönlichkeit der Umweltarbeit der Badischen Landeskirche und neben Kurt Oeser der gesamten EKD. Noch vor seiner Berufung zum Umweltbeauftragten hatte er seine Gedanken und Erfahrungen in einem seinerzeit wegweisenden Buch zusammengefasst[82]. Liedkes theologische Position unterscheidet sich von der inzwischen gängig gewordenen Formel „Bewahrung der Schöpfung" dadurch, dass die schlichte „Bewahrung" eine einseitige Verkürzung und zugleich eine Anmaßung darstelle, da allein der Schöpfer seine Schöpfung bewahren könne; es müsse vielmehr, ganz in biblischem Sinne, das „Bebauen und Bewahren" ins Blickfeld genommen werden: Nur so werde die Verantwortung des Menschen deutlich, die vornehmlich darin bestehe, im „Bebauen" der Natur keine Gewalt anzutun: die schöpfungsethische Zentralformel sei daher „Verminderung der Gewalt gegen die Schöpfung"[83].

Zur Geschichte der Umweltbeauftragten in der Badischen Landeskirche erinnert Liedke im Übrigen an Werner Beck, den seinerzeitigen Studienleiter an der Evangelischen Akademie Bad Herrenalb, der sich früh in die damaligen Auseinandersetzungen eingebracht hatte und etwa im Jahre 1975 faktisch zum Umweltbeauftragten bestellt wurde.

3. Zur Umweltarbeit der Evangelischen Landeskirche in Baden liegt zudem ein Bericht von Klaus Nagorni, dem derzeitigen Leiter der Evangelischen Akademie Baden, der zugleich die früheren Aufgaben des Umweltbeauftragten faktisch übernommen hat, vom Oktober 2009 vor[84]. Nagorni berichtet, dass die Umweltarbeit der Badischen Landeskirche mit den Auseinandersetzungen um das geplante Kernkraftwerk Wyhl begonnen habe. Zur Unterstützung sei 1981 in der Landeskirche ein „Umweltbeirat" gegründet worden. Als Umweltbeauftragter sei am 1. August 1982 Pfarrer Gerhard Liedke berufen worden. Umweltbeirat und Umweltbeauftragter hätten in den Folgejahren die drängenden Probleme wie die Katastrophe von Tschernobyl, aber auch zeittypisch konkrete Konflikte vor Ort wie den Bau eines Mercedes-Werkes in den Rheinauen bei Rastatt behandelt. Die Um-

Bild 115: Umschlag des wegweisenden Buches von Gerhard Liedke, „Im Bauch des Fisches; ökologische Theologie", 1. Aufl., Stuttgart 1979 (© Kreuz Verlag)

weltarbeit habe in der Folge dann Eingang in die Kirchengemeinden gefunden. Die Einführung des „Grünen Gockels" (Farbbild 50) als besondere Form kirchlichen Umweltmanagements trage neuen Sichtweisen und neu erkannten Handlungsmöglichkeiten Rechnung. Die Arbeit werde mit konkreten Aktionen im Sinne der „Bewahrung der Schöpfung" fortgesetzt: „Bewahrung der Schöpfung" sei beides: theologische Reflexion und gottesdienstliche Feier des Schöpfers und seiner Schöpfung. So sei auch das „programmatische Umsetzen von Energiesparzielen" nicht nur theologisch, sondern auch „ökonomisch wie ökologisch" geboten.

Ergänzt sei, dass die Funktion des Umweltbeauftragten der Badischen Landeskirche bis zum Jahre 2000 förmlich bestand und in der Zeit von 1990 bis 2000 von Nagorni ausgeübt wurde. Die ausdrücklich ausgewiesene Stelle des Umweltbeauftragten wurde jedoch im Jahre 2000 gestrichen. Das seinerzeit außerdem bestehende Umweltpfarramt wurde 1990 in die Evangelische Akademie Baden integriert, sodass die Umweltarbeit der Landeskirche bis 2004 dort zusammenlief.

Im Jahre 2003 kam es zur Verabschiedung der *Ökologischen Leitlinien* durch die Landessynode, die für die Landeskirche seither in Kraft sind. Nach mehreren Zwischenschritten kam
es schließlich im Jahre 2007 zu einem Büro für Umwelt und Energie in der Landeskirche.
Der Leiter dieses Büros und derzeitige Umweltbeauftragte der Evangelischen Landeskirche in Baden ist Dr. rer. nat. André Witthöft-Mühlmann. Auf seine Initiative hin hat die
Landessynode im Herbst 2009 ein Klimaschutzkonzept „2010–2020" beschlossen, dessen
Umsetzung aktuell ansteht[85].

12.5.4. Erzbistum Freiburg

Das Erzbistum Freiburg umfasst zumindest am südlichen Oberrhein das Kernland der Umweltbewegung in Deutschland. Zwei Problemlagen bestimmten vom Ursprung her die Auseinandersetzung: die Planung der Kernkraftwerke im elsässischen Fessenheim und im badischen
Wyhl sowie das Waldsterben im Schwarzwald in den siebziger und achtziger Jahren des 20.
Jahrhunderts. Zum Waldsterben haben sich früh Bauern aus dem Schwarzwald und aus dem
Elsass, von Kirchengemeinden gestützt, zu auch grenzüberschreitenden Protesten und Aktionen
zusammengefunden. In dessen Folge hat der Diözesanrat der Erzdiözese bereits 1983 eine Stellungnahme zum Waldsterben beschlossen. Dieser Vorgang war dann Anlass, im Jahre 1990 mit
Dr. Rainer Bäuerle den ersten Umweltbeauftragten der Erzdiözese zu berufen. Bäuerle brachte
bis zum Ende seiner Amtszeit im Jahre 2001 verschiedene Initiativen auf den Weg. Hervorzuheben sind der Umweltpreis der Erzdiözese und die Bereitstellung von Investitionszuschüssen
aus dem „Energie-Fonds" der Erzdiözese beim Umstieg auf erneuerbare Energie.

Der seit 2002 amtierende Umweltbeauftragte, Diplom-Agraringenieur Benedikt Schalk,
hat diesen Schwerpunkt im Auftrag der Bistumsleitung konsequent ausgebaut[86]. Unter seiner
Federführung ist die führende und vorbildhafte Rolle des Erzbistums unter den deutschen Diözesen auf dem Gebiet der nachhaltigen Energiewirtschaft begründet worden. Impuls war und
ist die Überzeugung, dass Glaubwürdigkeit in der Verantwortung für die Schöpfung zuvörderst
im Eigenhandeln der Kirche begründet sein muss. Im Jahre 2007 wurden *Leitlinien Klima- und
Umweltschutz* verabschiedet; diese Leitlinien gehen über Energiewirtschaft hinaus und umfassen
u.a. die Bereiche Bildung, Bau, Mobilität, Liegenschaften und Konsum. Konkretisiert werden die
Leitlinien in einem Klimaschutzkonzept[87]. Die Leitlinien werden seither mit Unterstützung des
„Energie-Fonds" erfolgreich umgesetzt[88]. Das Klimaschutzkonzept geht von der spezifischen
Nachfrage von Kirchengemeinden und kirchlichen Einrichtungen nach erneuerbaren Energien
aus, die durch Angebote der Holz- und Agrarwirtschaft im regionalen Raum erfüllt wird. So
schließt sich der Kreis vom Waldsterben zur regionalen Energieversorgung im Erzbistum.

Begleitet wird das Klimaschutzkonzept von einer nachhaltigen Bewirtschaftung kirchenei-
gener Liegenschaften, die durch eine diözesane Gesamtstiftung zusammengeführt worden
sind. Flankierend haben Arbeitsgruppen der Katholischen Landvolkbewegung im Erzbistum
zusammen mit den elsässischen Regionalverbänden von CMR (Chrétiens dans le Monde Rural
du Bas-Rhin/Christen im Agrarsektor des Unterelsass) und CCFD (Comité Catholique contre
la Faim et pour le Développement/Katholisches Komitee gegen Hunger und für Entwicklung)

Kriterien für die Anwendung der „Grünen Gentechnik" unter dem Namen *Die Kriterien von Hohritt*[89] erarbeitet, denen die Diözesanversammlung der Katholischen Landvolkbewegung am 11. März 2006 zugestimmt hat[90].

Im Zug der neueren Diskussion um die Kernkraft hat sich ein von Kirchengemeinden im Elsass wie in Baden und in der Schweiz mitgetragener Widerstand gegen das Kernkraftwerk Fessenheim in einem Trinationalen Atomschutzverband (TRAS) formiert, der jetzt in Frankreich auf dem Rechtswege gegen die Fortsetzung des Betriebs des Kernkraftwerks vorgehen will. Die europarechtlich eingeführte grenzüberschreitende Verfahrensbeteiligung kommt einem solchen Vorgehen zugute.

12.5.5. Bistum Speyer und Evangelische Kirche der Pfalz

1. Im Bistum Speyer wurde im Jahre 1989 Dr. Edmund Köhler zum ehrenamtlichen „Berater für Umweltfragen" bestellt. Die Umweltberatung für das Bistum war seinerzeit vom Katholikenrat gefordert worden. Köhler, vom Fach her Diplom-Landwirt, hatte von 1956 bis 1989 in der BASF AG in Ludwigshafen am Rhein und dort zuletzt als Leiter der Landwirtschaftlichen Versuchsstation in Limburgerhof gearbeitet. Mit Überzeugung und Leidenschaft schuf er in zahllosen Vorträgen, Initiativen und mit eigenen Publikationen[91] die theologischen, naturwissenschaftlichen und praktischen Voraussetzungen für die Umweltverantwortung der Christen im Bistum[92]. Seine Arbeit war von zwei ebenso christlichen wie realitätsnahen Grundüberzeugungen geleitet: Zum einen, dass Umweltschutz, lokal wie global, in die Verantwortung der Christen fällt, aber nur in der Erfüllung alter christlicher Tugenden wie Maß und Genügsamkeit geleistet werden kann, und zum anderen, dass die Umweltprobleme, wiederum national wie global, nur durch Einsatz der Potentiale von Technik und Industrie zu bewältigen sind. Damit aber hatte Köhler gleichsam zwei Frontlinien gezogen: Einerseits zur Bequemlichkeit, zu eingefahrenen Konsumgewohnheiten und zum Wachstumsdenken, damit wohl zu einem tiefsitzenden Hang der menschlichen Natur, und andererseits zu dem „grünen" antiindustriellen Affekt, den er als Zeitgeist auch bei den sonstigen kirchlichen Umweltbeauftragten wirksam fand. Die Bistumsleitung zog freilich, wohl wegen der nicht ganz zu Unrecht gefürchteten gesellschaftspolitischen und wohl auch antikirchlichen Implikationen der „grünen" Umweltbewegung, die letztere Frontlinie weiter aus und brachte der gesamten Umweltbewegung jahrelang grundsätzliche Ablehnung entgegen. Köhler geriet trotz allen Engagements in die Isolation und mit ihm allerdings auch das Bistum selbst. Am 1. Februar 1999 ist Köhler mit Dank entpflichtet worden. Immerhin wurde mit Christoph Bussen ein Nachfolger bestellt, der, zugleich Sektenbeauftragter des Bistums, die Isolation allerdings nicht aufheben konnte und sich früh aus der aktiven Umweltarbeit zurückzog. Seit Dezember 2008 versucht der Verfasser als neubestellter Umweltbeauftragter einen Neuanfang. Er fand seither völlig veränderte Voraussetzungen vor und konnte auch an inzwischen gefestigte Formen kirchlicher Umweltarbeit ökumenisch anknüpfen. Er ist allerdings mit der „Gemeindepastoral" als der großen Neuordnung sämtlicher Kirchengemeinden seit 2010 in eine ganz andere Phase des innerkirchlichen Umbruchs im Bistum hineingeraten.

2. Die Umweltarbeit der Evangelischen Kirche der Pfalz war jahrzehntelang geprägt von der Persönlichkeit des 2012 verstorbenen „Umweltpfarrers" Gerhard Postel. Als Gemeindepfarrer wurde ihm vom seinerzeitigen Kirchenpräsidenten Werner Schramm die Betreuung der Umweltarbeit im Jahre 1978 nebenamtlich übertragen, bis es 1990 zur Einrichtung eines vollamtlichen Umweltpfarramtes kam. Vorausgegangen waren eine Initiative von Kurt Oeser, der die Landessynode seinerzeit besucht hatte, und eine zeitweilige Beauftragung des damaligen Leiters der Evangelischen Akademie der Pfalz, Alfred Kuby. Das Umweltpfarramt hat Gerhard Postel mit kämpferischer Leidenschaft und mit Herzblut, in der Liebe zur Natur und zur Schöpfung, aber auch in christlicher – und wenn man will auch mit rheinpfälzischer – Heiterkeit ausgefüllt. Im Jahre 2002 endete seine Amtszeit, im Jahre 2009 musste Gerhard Postel seine Tätigkeit insgesamt wegen schwerer Erkrankung aufgeben. Dem Verfasser liegt ein bewegendes schriftliches Selbstzeugnis vor, das eine Fülle von Gedanken und Erfahrungen aus dem Leben und der Arbeit des „Umweltpfarrers" enthält. Dieses Lebenszeugnis und das Wirken von Pfarrer Postel insgesamt bedürften besonderer Würdigung, die hier aber nicht geleistet werden kann.

Nachfolgerin wurde Pfarrerin Heike Krebs. Nach Ende von deren an Initiativen reichen Amtszeit wurde innerhalb der Evangelischen Kirche der Pfalz die Umweltarbeit der Arbeitsstelle Frieden und Umwelt zugeordnet. Hieraus ergab sich zwar eine gewisse Loslösung von innerkirchlichen pastoralen Aufgaben, andererseits traten weltkirchlich evident begründete neue Beziehungszusammenhänge deutlich ins Blickfeld. Die Leiterin der Stelle, Bärbel Schäfer, hat seit 2003 als neue Umweltbeauftragte die Aufgaben mit weiterer Perspektive aufgenommen. Sie berichtet von zahlreichen Tätigkeiten, die sich deutlich zugunsten des Klimaschutzes und der globalen Verantwortung für Frieden, Gerechtigkeit und Bewahrung der Schöpfung verschoben haben. Sie hat maßgeblich dazu beigetragen, in den Kirchengemeinden das Umweltmanagement „Grüner Gockel" einzuführen, das auf ihre Veranlassung hin von der Synode der Evangelischen Kirche der Pfalz im Mai 2008 beschlossen worden ist[93]. Erwachsenenbildung und die Jugendarbeit sind zentrale Anliegen. Damit zusammen hängt die enge Zusammenarbeit mit der staatlichen Landeszentrale für Umweltaufklärung in Mainz.

3. Die ökumenische Zusammenarbeit der neuen Umweltbeauftragten der Evangelischen Kirche der Pfalz und des Bistums Speyer bot sich unmittelbar an und war von Anfang an selbstverständlich. Frühere Aktivitäten wie das „Autofasten" wurden aufgegriffen und in den Jahren 2010, 2011 und 2012 ökumenisch weitergeführt. Das große ökumenische und im Übrigen einzigartige Projekt *Nachhaltig predigen*, das die Landeszentrale für Umweltaufklärung angestoßen und finanziert hatte, wurde gemeinsam weiterverbreitet und wird ab 2011 in digitaler Form fortgeführt[94]. Ökumenische Gemeinsamkeit zeigt auch das Ökumenische Pfälzer Forum, das zuletzt im September 2009 unter dem Motto „Global aber gerecht" stattfand und im September 2012 mit dem Leitwort „Zukunft einkaufen" seine Fortsetzung gefunden hat[95]. Die selbstverständlich wechselseitig verbliebene Unabhängigkeit der Umweltbeauftragten äußert sich in je verschiedenen Aktionen wie der großen Ausstellung „Klima der Gerechtigkeit" vom September 2010 in der Evangelischen Gedächtniskirche in

Speyer und in dem am 24. September 2011 vorgestellten Klimaschutzkonzept der Evangelischen Landeskirche oder in der Beteiligung des Umweltbeauftragten der Diözese Speyer an dem von der BASF SE Ludwigshafen initiierten „Nano-Dialog", in dem das Unternehmen mit den maßgeblichen gesellschaftlichen Akteuren die Chancen und die Risiken der neuen Nano-Technologie eingehend diskutiert hat[96]. Es ist gerade die Ökumene, die eine gewisse Arbeitsteilung ermöglicht und daher das Spektrum kirchlicher Umweltarbeit insgesamt erweitert.

4. Von einer etwaigen Fülle gemeindlicher oder sonst örtlicher Umweltarbeit kann an dieser Stelle nicht berichtet werden. Diese gibt es zweifelsohne. Einen Schwerpunkt dürfte das jeweilige Umweltmanagement in den evangelischen wie auch katholischen Kirchengemeinden, aber auch die Beteiligung an einer „Lokalen Agenda 21" bilden. Zu erwähnen ist indes die vorbildliche Konzeption des katholischen Jugendhauses St. Christophorus in Bad Dürkheim, das sich auf dem Wege zur EMAS-Zertifizierung, dem anspruchsvollen europäischen Umwelt-Qualitätsmanagement, befindet und auf einem „Schöpfungsweg" zur Naturbesinnung einlädt[97]. Zu erwähnen ist ferner die Beteiligung einiger evangelischer Kirchengemeinden in der Südpfalz am Zertifizierungssystem des „Grünen Gockel", das übrigens von der Evangelischen Landeskirche Württemberg entwickelt worden ist.

5. Wertvolle Hinweise hat der Verfasser von Dr. Klaus Bümlein, emeritierter Oberkirchenrat der Evangelischen Kirche der Pfalz, in einem Interview am 2. Mai 2011 in Speyer erhalten.

Bild 116: Der Evangelische Kindergarten „Arche Noah" in Bruchsal-Untergrombach. Er wurde 1999 eingeweiht (Foto: Andrea Knauber, Bruchsal)

Bümlein hatte seinerzeit die Arbeit des Umweltpfarrers Gerhard Postel maßgeblich unterstützt. Als Begleiterscheinung zu dessen Berufung und Wirken sei seinerzeit ein gewisser Mentalitätswandel in den Kirchengemeinden der Pfalz zu beobachten gewesen, der in einer Wende von der traditionellen protestantischen Karfreitagsfrömmigkeit hin zu einer „Ernte-Dank-Frömmigkeit" bestanden habe: Nicht mehr so sehr das „Kreuz", sondern eher die „Schöpfung" sei in die Mitte der Frömmigkeit gerückt. Damit sei Raum gewonnen für eine Schöpfungsverantwortung, die zur christlichen Mitte des Kreuzes in einem dialektischen Verhältnis stehe. Insbesondere in den Kindergärten ergäben sich hieraus Ansatzpunkte für eine vermittelbare Religionspädagogik. Auch sei in jüngster Zeit ein neuer Gesichtspunkt hervorgetreten: Die Kirche habe den Tourismus entdeckt und dieser Neuentdeckung auch bereits mit dem neu eingerichteten Arbeitsgebiet „Kirche und Gäste" im Kirchenbezirk Bad Dürkheim eine institutionelle Form gegeben. Der gerade in der Pfalz wachsende Tourismus, der doch gezielt gesuchte Umwelterfahrung sei, könne als Ansatzpunkt für die kirchliche Vermittlung einer Schöpfungsverantwortung begriffen werden. Schließlich habe in der Bildwelt der Kirchen, und wiederum vornehmlich in den Kindergärten, die „Arche Noah" in letzter Zeit weite Verbreitung gefunden: Die Arche Noah als Sinnbild der bedrohten und zugleich der geretteten Natur (vgl. Farbbild 33b).

12.5.6. Lokales Handeln als globale Verantwortung.

Die ökumenische Umweltarbeit beider Kirchen in der Pfalz hat sich zunehmend solchen Themen zugewandt, die gleichsam von der Weltkirche und ihrer globalen Verflechtung und Verantwortung auf die örtlichen Kirchen zugekommen sind. Alle Aktivitäten zielen auf lokales Handeln im kirchlichen Umweltmanagement und im persönlichen Lebensstil, wodurch sich aber die globale Umweltsituation vor allem zugunsten der Armen in der Dritten Welt verändern soll. Diese vorrangig gewordene Intention kirchlicher Umweltarbeit droht dabei unter der Hand ortsunspezifisch zu werden: Es geht dann gar nicht mehr um die Umweltqualität vor Ort, sondern der gesamten Welt. Damit hätte sich aber in der Praxis eine spezifische Umweltarbeit der Kirchen am Oberrhein aufgehoben. Das besondere Verhältnis von Kirchen und Umwelt am Oberrhein würde sein Ende finden.

Anmerkungen

1   Zur Ökologie des Menschen in der Geschichte: Bernard Campbell, *Ökologie des Menschen. Unsere Stellung in der Natur von der Vorzeit bis heute*, München 1985; Günter Haaf, *Rettet die Natur*, München 1985; Rolf Peter Sieferle, *Rückblick auf die Natur. Eine Geschichte des Menschen und seiner Umwelt*, München 1997; Joachim Radkau, *Natur und Macht. Eine Weltgeschichte der Umwelt*, München 2000. Zum menschlichen Naturbezug siehe auch Stefan Heiland, *Naturverständnis. Dimensionen des menschlichen Naturbezugs*, Darmstadt 1992.

2   Dieser Beitrag kann allerdings nicht mehr bieten als einen Problemaufriss und eine erste Orientierung. Eine ausführliche Fassung erscheint voraussichtlich als Bd. 50 der Reihe *Schriften des Diözesanarchivs Speyer*.

3   Gen. 1, 27–28: „Und Gott schuf den Menschen nach seinem Bilde, nach dem Bilde Gottes schuf er ihn, als Mann und Frau schuf er sie. Gott segnete sie, und Gott sprach zu ihnen: ‚Seid fruchtbar und mehret euch

und erfüllet die Erde und macht sie euch untertan! Herrschet über die Fische des Meeres und über die Vögel des Himmels und über alles Getier, das sich auf Erden regt'" (Übersetzung nach der *Jerusalemer Bibel*).

4 Paul Gerhardt, in: *Evangelisches Gesangbuch.* Ausgabe für die Evangelische Kirche der Pfalz (Protestantische Landeskirche), 3. Aufl., Speyer 1995, Lied 503.

5 Zur globalen Geschichte der Umwelt im 20. Jahrhundert generell, aber mit den typischen Belastungspfaden durchaus beziehbar auch auf den Oberrhein: John R. McNeill, *Blue Planet. Die Geschichte der Umwelt im 20. Jahrhundert*, Frankfurt a. M./New York 2000. Jetzt umfassend und mit besonderem Blick auf die Umweltbewegung Joachim Radkau, *Die Ära der Ökologie. Eine Weltgeschichte*, München 2011.

6 Zu Tulla: David Blackbourn, *Die Eroberung der Natur. Eine Geschichte der deutschen Landschaft*, München 2007, S. 97ff., 115ff.

7 Anschaulich *Diercke Weltatlas*, Braunschweig 2008, S. 43. Zum Ausbau des Rheins bis in die Gegenwart eingehend Hans Kiemstedt, Folgen unkoordinierter Gewässernutzung am Beispiel des Oberrheins, in: Hartmut Bossel, Hans-Joachim Grommelt und Kurt Oeser (Hgg.), *Wasser. Wie ein Element verschmutzt und verschwendet wird*, Frankfurt a. M. 1983, S. 186ff.

8 Zu den Auseinandersetzungen in Mannheim, die freilich im Zusammenhang mit seinerzeit aktuellen Hochwassersituationen standen, vgl. Hans-Joachim Hirsch, 1815–1830, In „kargen Zeiten"?, in: Ulrich Nieß/Michael Caroli (Hgg.), *Geschichte der Stadt Mannheim*, Bd. II, Mannheim 2007, S. 98–102.

9 Johann Gottfried Tulla, *Über die Rektifikation des Rheins von seinem Austritt aus der Schweiz bis zu seinem Eintritt in das Großherzogtum Hessen*, Karlsruhe 1825, S. 52.

10 Und wie sie mehr als ein Jahrhundert später gerade aus dem südbadischen Raum wie ein Schlachtruf gefordert werden sollte: Öko-Institut Freiburg i. Br. (Hg.), *Zeitbombe Umweltzerstörung – Wir fordern die Umweltverträglichkeitsprüfung*, Fellbach 1982.

11 Vgl. aus der Literatur Dethard von Winterfeld, *Die Kaiserdome Speyer, Mainz, Worms und ihr romanisches Umland*, Regensburg 2000, S. 125f.

12 Stefan Mörz/Klaus Juergen Becker (Hgg.), *Geschichte der Stadt Ludwigshafen am Rhein*, Bd. I, Ludwigshafen a. Rh. 2003, S. 789ff.

13 Lucien Sittler, *L'Alsace. Terre de l'histoire*, Colmar 1972, S. 242f.

14 Zur politischen und wirtschaftlichen Entwicklung Mannheims nach 1870: Nieß/Caroli, *Geschichte*, Bd. II; Martin Krauß/Ulrich Nieß (Hgg.), *Stadt, Land, Heimat. Beiträge zur Geschichte der Metropolregion Rhein-Neckar im Industriezeitalter*, Heidelberg u.a. 2011, S. 11ff.

15 Zur Industrialisierung von Ludwigshafen und des umgebenden Vorderpfälzer Raumes vgl. generell Mörz/Becker, *Geschichte*, Bd. I, S. 266ff., 778ff.; Rudolf Haas, *Die Pfalz am Rhein. 2000 Jahre Landes-, Kultur- und Wirtschaftsgeschichte*, 2. Aufl., Mannheim 1968, S. 239ff., 275ff. Speziell zur Chemie: Christiane Pfanz-Sponagel, Die Chemische Industrie im 19. und 20. Jahrhundert, in: Karl-Heinz Rothenberger u.a (Hgg.), *Pfälzische Geschichte*, Bd. II, Kaiserslautern 2001, S. 189ff.; Wolfgang von Hippel, *Ludwigshafen um 1900. Eine Industriestadt vor hundert Jahren*, Bd. I, Ludwigshafen a. Rh. 2009, S. 15ff., 139ff., 183ff.

16 Zur Belastung des Rheinwassers durch die Industrie im Elsass und insbesondere durch die dortigen Kaligruben vgl. näher Horst Johannes Tümmer, *Der Rhein. Ein europäischer Fluss und seine Geschichte*, München 1994, S. 159ff.

17 Rachel Carson, *Der stumme Frühling*, München 1968.

18 Radkau, *Ära*, spricht von „Umweltbewegungen vor der Umweltbewegung", S. 38ff.; Josef H. Reichholf, *Eine kurze Naturgeschichte des letzten Jahrtausends*, 2. Aufl., Frankfurt a. M. 2009, S. 138ff.

19 Zu den verschiedenen Aspekten dieser innerstädtisch hergestellten Naturnähe vgl. auch aus historischer Sicht die einzelnen Beiträge in: Christa Müller (Hg.), *Urban Gardening. Über die Rückkehr der Gärten in die Stadt*, München 2011.

20 Karl Marx, *Manifest der kommunistischen Partei*, London 1848, Eingangssatz: „Ein Gespenst geht um in Europa – das Gespenst des Kommunismus."

21 Vgl. die überwältigende Summe nordamerikanischer Umweltwahrnehmung: *Global 2000. Der Bericht an den Präsidenten*, Frankfurt a. M. 1980.

22 Zur Entstehung der Umweltbewegung und zu den Anfängen der Umweltpolitik in Deutschland siehe die große Arbeit von Kai F. Hünemörder, *Die Frühgeschichte der globalen Umweltkrise und die Formierung der deutschen Umweltpolitik (1950–1973)*, Wiesbaden 2004; dort auch umfangreiche Nachweise zu den vielen Teilaspekten.

23 Kurt H. Biedenkopf, *Zeitsignale*, 2. Aufl., München 1989, S. 105.

24 Vgl. Bossel u.a., *Wasser;* dort auch zum Oberrhein: Kiemsted, Folgen unkoordinierter Wassernutzung am Beispiel des Oberrheins, S. 186ff.

25 Horst Stern u.a., *Rettet den Wald*, München 1983; Burkhard Mücke, *Damit der Wald nicht stirbt. Ursachen und Folgen der Waldkatastrophe*, München 1983; Jochen Bölsche (Hg.), *Das Gelbe Gift: Todesursache: Saurer Regen*, Reinbek bei Hamburg 1984.

26 Egmont R. Koch/Fritz Vahrenholt, *Seveso ist überall. Die tödlichen Risiken der Chemie*, Frankfurt a. M. 1980.

27 Vgl. die grundsätzliche Schrift des Freiburger Staatsrechtlers Dietrich Murswiek, *Umweltschutz als Staatszweck. Die ökologischen Legitimationsgrundlagen des Staates*, Bonn 1995; vgl. auch den Versuch des Verfassers, den staatswissenschaftlichen Diskussionsstand zusammenzufassen: Frank Hennecke, *Der Umweltjurist*, Speyer 2011, S. 158ff.

28 Bundesminister des Innern war seinerzeit Hans-Dietrich Genscher, dem in der Tat das Verdienst zukommt, die staatliche Umweltpolitik maßgeblich mitbegründet zu haben; er schildert im Einzelnen die damaligen Ereignisse und Entwicklungen in: Hans-Dietrich Genscher, *Erinnerungen*, Berlin 1995, S. 125ff.

29 Umweltprogramm der Bundesregierung, Bundestagsdrucksache VI/2170 vom 14. 10. 1971 (= *Umweltschutz – Das Umweltprogramm der Bundesregierung*, 3. Aufl., Stuttgart 1973, mit Einführung von Bundesinnenminister Hans-Dietrich Genscher).

30 Die Umweltbewegung hat jetzt eine umfassende, global ausgreifende Aufarbeitung gefunden, siehe Radkau, *Ära*, besonders S. 124ff.

31 Vgl. den politischen Erfahrungsbericht der ersten Abgeordneten der „Grünen" im Landtag von Baden Württemberg: Wolf-Dieter Hasenclever/Connie Hasenclever, *Grüne Zeiten: Politik für eine lebenswerte Zukunft*, München 1982.

32 Erhard Eppler, Ganz Deutschland wie Stuttgart? Das durfte nicht sein!, in: *Frankfurter Allgemeine Zeitung* (7. Juni 2011), S. 29. Vgl. seinerzeit ders., *Ende oder Wende. Von der Machbarkeit des Notwendigen*, Stuttgart 1975.

33 Marc Lienhard, *Histoire & aléas de l'identité Alsacienne*, Strasbourg 2011, S. 156.

34 Ebd., S. 153ff.

35 Robert Jung, *Menschenbeben. Der Aufstand gegen das Unerträgliche*, München 1983.

36 Günter Altner (Berlin) in einem Brief an den Verfasser vom 17. April 2011. Günter Altner, em. Professor für Evangelische Theologie an der Universität Koblenz-Landau, ist am 6. Dezember 2011 im Alter von 75 Jahren in Berlin gestorben. Sein Lebenswerk ist in zahlreichen Nachrufen gewürdigt worden.

37 Beschluss der Landessynode der Evangelischen Landeskirche vom 22. April 1977, später veröffentlicht in: *Kirchliches Jahrbuch der EKD 1986*, Lieferung 2, Gütersloh 1988, S. 180.

38 Zum Aufbau der staatlichen Umweltpolitik seit den siebziger Jahren des 20. Jahrhunderts: Günter Hartkopf/Eberhard Bohne, *Umweltpolitik*, Bd. I: *Grundlagen, Analysen und Perspektiven*, Opladen 1983; Paul Laufs, *Umweltpolitik – Konzept und Umsetzung*, Berlin 1998.

39 Zum „Karlsruher Abkommen": Gundolf Schrenk, Die grenzüberschreitende kommunale Zusammenarbeit nach dem Karlsruher Abkommen, in: *Die Verwaltung* 4 (1998), S. 559ff.

40 In diesem Zusammenhang zur französischen Seite: Yves Noto Campanella, *Milieux naturels et sauvages d'Alsace et des Vosges*, Sarreguemines 1997; Michel Gissy, *Sauvagine d'Alsace et d'ailleurs. Histoire naturelle et Histoire de Naturaliste*, Strasbourg 2010.

41 Dem Verfasser liegen unter Federführung von Jean-Pierre Ribaut entstandene Aktendokumente vor.

42 Volker Hauff (Hg.), *Unsere gemeinsame Zukunft. Der Brundtland-Bericht der Weltkommission für Umwelt und Entwicklung*, Greven 1987.

43 Bundesministerium für Umwelt, Naturschutz und Reaktorsicherheit (Hg.), *Umweltpolitik. Konferenz der Vereinten Nationen für Umwelt- und Entwicklung im Jahr 1992 in Rio de Janeiro. Dokumente. Agenda 21*, Bonn o.J.

44 Für Rheinland-Pfalz vgl. zuletzt das *Vierte Agenda 21 – Programm der Landesregierung 2007. Nachhaltigkeitsstrategie. Perspektiven für Rheinland-Pfalz*, Mainz 2007.

45 Für den Teilraum des rheinland-pfälzischen Oberrheins vgl.: Ministerium für Umwelt und Forsten Rheinland-Pfalz (Hg.), *Umweltqualitätsbericht 1996*, Mainz 1997; für die Wasserqualität am Oberrhein: ders. (Hg.), *Gewässer in Rheinland-Pfalz. Die Bestandsaufnahme nach der Europäischen Wasserrahmenrichtlinie*, Mainz 2005; Landesamt für Umwelt, Wasserwirtschaft und Gewerbeaufsicht Rheinland-Pfalz/Ministerium für Umwelt, Landwirtschaft, Ernährung, Forsten und Weinbau Rheinland-Pfalz (Hgg.), *Gewässerzustandsbericht 2010. Ökologische Bilanz zur Biologie, Chemie und Biodiversität der Fließgewässer und Seen*, Mainz 2011.

46 Vgl. die Bestandsaufnahme für das Gebiet von Rheinland-Pfalz: *Landtag Rheinland-Pfalz: Bericht der Enquete-Kommission 15/1 „Klimawandel"*, Landtagsdrucksache 13/3600, vom 6. Juli 2009.

47 Jüngst mit anmaßender Selbstgewissheit und geradezu erschreckendem Totalitätsanspruch: Wissenschaftlicher Beirat der Bundesregierung Globale Umweltveränderungen (Hg.), *Welt im Wandel. Gesellschaftsvertrag für eine Große Transformation*, Berlin 2011.

48 Vgl. Karl Kardinal Lehmann, Der Mensch in der Schöpfung zwischen Bauen und Bewahren, in: Stiftung Natur und Umwelt Rheinland-Pfalz (Hg.), *Denkanstöße* 3 (2005), S. 10ff.

49 Als Hinweise nur die allerdings grundlegenden Werke von Alfons Auer, *Umweltethik. Ein theologischer Beitrag zur ökologischen Diskussion*, 2. Aufl., Düsseldorf 1985; Jürgen Moltmann, *Gott in der Schöpfung. Ökologische Schöpfungslehre*, 2. Aufl., München 1985, und Günter Altner, *Naturvergessenheit. Grundlagen einer umfassenden Bioethik*, Darmstadt 1991; frühzeitig Odil Hannes Steck, *Welt und Umwelt*, Stuttgart u.a. 1978; Günter Altner (Hg.), *Ökologische Theologie. Perspektiven zur Orientierung*, Stuttgart 1989; Martin Honecker, *Grundriß der Sozialethik*, Berlin/New York 1995, S. 231ff.; Karl-Heinz Peschke, *Christliche Ethik. Spezielle Moraltheologie*, Trier 1995, S. 821ff.

50 Carl Amery, *Das Ende der Vorsehung. Die gnadenlosen Folgen des Christentums*, Reinbek 1974.

51 Vgl. Rolf Peter Sieferle, Perspektiven einer historischen Umweltforschung, in: ders., *Fortschritte der Naturzerstörung*, Frankfurt a. M. 1988, S. 307ff. (357 f.); Heiland, *Naturverständnis*, S. 89ff.; Honecker, *Grundriß*, S. 251ff.

52 So berichtet auch Jean-Pierre Ribaut, Umweltdirektor des Europarates Straßburg, in einem Schreiben an die Herausgeber vom 30. Mai 2010 von seinen Erfahrungen in Frankreich: „[...] car si les Églises protestantes s'engagent régulièrement sur le terrain politique, ce n'est pas le cas de L'Église catholique de France."

53 Hans Jonas, *Das Prinzip Verantwortung. Versuch einer Ethik für die technische Zivilisation*, Frankfurt a. M. 1979.

54 Auf einer Diskussionsveranstaltung Anfang der 80er Jahre des letzten Jahrhunderts; der Verfasser durfte zugegen sein.

55 Bund für Umwelt und Naturschutz Deutschland, Brot für die Welt, Evangelischer Entwicklungsdienst (Hgg.), *Zukunftsfähiges Deutschland in einer globalisierten Welt. Ein Anstoß zur gesellschaftlichen Debatte*, Frankfurt a. M. 2008; Potsdam-Institut für Klimafolgenforschung (Hg.), *Global aber gerecht. Klimawandel bekämpfen, Entwicklung ermöglichen*, München 2010. Siehe auch das praktische Handbuch der Umwelt- und nachhaltigen Entwicklungsarbeit von: Bischöfliches Hilfswerk MISEREOR (Hg.), *An der Seite der Armen. Aufbrüche im Zeichen des Klimawandels*, Aachen 2010.

56 Vgl. hierzu die hilfreiche Übersicht von Paul Bocklet, *Signale der Zuversicht. Ausgewählte Beiträge*, Bonn 1993, S. 30ff.: „Die Kirche als Anwalt der Schöpfung".

57 Vgl. hierzu die hilfreiche Übersicht von Christoph Stückelberger, Globalisierung in ökumenischen Kontroversen 1989–2010. Konfessionelle, interreligiöse und interkontinentale Entwicklungen, in: *Trierer Gespräche zur Nachhaltigkeit. Wohlstand für Alle in einer begrenzten Welt?*, Trier 2011.

58 Sekretariat der Deutschen Bischofskonferenz (Hg.), *Zukunft der Schöpfung – Zukunft der Menschheit. Erklärung der Deutschen Bischofskonferenz zu Fragen der Umwelt und der Energieversorgung*, Bonn 1980.

59 Sekretariat der Deutschen Bischofskonferenz (Hg.), *Handeln für die Zukunft der Schöpfung*, Bonn 1998.

60 Kirchenamt der Evangelischen Kirche in Deutschland/Sekretariat der Deutschen Bischofskonferenz (Hgg.), *Verantwortung wahrnehmen für die Schöpfung*, Gütersloh 1985.

61 Sekretariat der Deutschen Bischofskonferenz (Hg.), *Der Klimawandel: Brennpunkt globaler, intergenerationeller und ökologischer Gerechtigkeit. Ein Expertentext zur Herausforderung des globalen Klimawandels*, Bonn 2006.

62 Siehe Ulrich Schmitthenner (Hg.), *Oekumenische Weltversammlung in Seoul 1990. Arbeitsbuch für Gerechtigkeit, Frieden und Bewahrung der Schöpfung*, Frankfurt a. M./Essen 1990.

63 Sekretariat der Deutschen Bischofskonferenz (Hg.), *Enzyklika CARITAS IN VERITATE von Papst Benedikt XVI.*, Bonn 2009, S. 77ff.

64 Beteiligt sind aus dem Oberrhein die Evangelische Landeskirche Baden und die Evangelische Kirche der Pfalz.

65 Klima-Allianz (Hg.), *Klimaschutz jetzt! Ein Appell der Klima-Allianz*, Berlin 2008.

66 Sekretariat der Deutschen Bischofskonferenz (Hg.), *Der Schöpfung verpflichtet. Anregungen für einen nachhaltigen Umgang mit Energie. Ein Expertentext zu den ethischen Grundlagen einer nachhaltigen Energieversorgung*, Bonn 2011.

67 Ethik-Kommission Sichere Energieversorgung (Hg.), *Deutschlands Energiewende – Ein Gemeinschaftswerk für die Zukunft*, Berlin 2011.

68 *La Croix. Religion & spiritualité* (5./6. Novembre 2011), S. 11f.

69 Gerhard Liedke, Heidelberg, teilte dem Verfasser mit Schreiben vom 13. Juli 2011 mit: „Der Konziliare Prozeß geht [...] auf einen Beschluß der Vollversammlung des Ökumenischen Rates der Kirchen in Vancouver 1983 zurück und Basel war die Europäische Vorbereitung der Weltkonferenz in Seoul 1990, an der sich die römisch-katholische Kirche leider nur als Beobachterin beteiligt hat. Die Hauptträger der Konferenz waren die Kirchen beider Konfessionen in Basel und das Vorbereitungskomitee aus der [...] Konferenz Europäischer Kirchen." Vgl. S. 248f. und 464f. in diesem Band.

70 Die Darstellung basiert auf den Materialien und Presseberichten, vor allem aus der Straßburger Presse, die Jean-Pierre Ribaut mit Schreiben an die Herausgeber vom 30. Mai 2010 übermittelt hat und die dem Verfasser vorliegen.

71 Vgl. *Frieden in Gerechtigkeit. Die offiziellen Dokumente der Europäischen Ökumenischen Versammlung 1989 in Basel*, hg. im Auftrag der Konferenz der Europäischen Kirchen und des Rates der Europäischen Bischofskonferenzen, Basel/Zürich 1989.

72 Hinweis von Jean-Pierre Ribaut mit e-mail an Marc Feix vom 24. Oktober 2011.

73 Die von Ribaut übermittelten Materialien enden mit dem Februar 1997. Zu allen genannten Tagungen liegen Tagungsprotokolle vor. Vgl. den Beitrag von Marc Lienhard in diesem Band, S. 249.

74 *Du temps pour la création. Livret à destination des églises chrétiennes en vue du temps liturgique pour la création.* Verantwortlich auf evangelischer Seite waren Alain Spielewoy, Mülhausen, und Julien Nathanael Petit, Gebweiler, auf katholischer Seite Jean-Michel Abt, Straßburg (Mitteilung von Marc Lienhard vom 11. Juni 2010 und vom 16. Mai 2011).

75 Zur Arbeit der Umweltbeauftragten aus der kaum vorhandenen Literatur vgl. den bereits älteren Titel von evangelischer Seite: Konrad Barner/Gerhard Liedke (Hgg.), *Schöpfungsverantwortung konkret. Aus der Arbeit der kirchlichen Umweltbeauftragten*, Neukirchen 1986.

76 Zu den grundlegenden Arbeiten gehört gewiss auch, ohne dass schon ein unmittelbarer Bezug zur aktuellen Schöpfungstheologie und zur Umweltfrage gegeben wäre, das große Werk des Heidelberger Alttestamentlers Claus Westermann, *Genesis, Kommentar*, Bd. 1: *Genesis 1–11*, Neukirchen-Vluyn 1966.

77 Günter Altner, *Schöpfung am Abgrund. Die Theologie vor der Umweltfrage*, Neukirchen 1974; ders., *Das Kreuz dieser Zeit. Von den Aufgaben des Christen im Streit um die Kernenergie*, München 1977; ders., *Die Überlebenskrise in der Gegenwart*, Darmstadt 1987; ders., *Naturvergessenheit*; Günter Altner, Gerhard Liedke u.a., *Manifest zur Versöhnung mit der Natur. Die Pflicht der Kirchen in der Umweltkrise*, Neukirchen 1985.

78 Georg Picht, *Der Begriff der Natur und seine Geschichte*, 2. Aufl., Stuttgart 1990.

79 *Alternative Möglichkeiten für die Energiepolitik*. Ein Gutachten, Heidelberg 1977.

80 *Tschernobyl – Folgen und Folgerungen. 30 Thesen zum Verhältnis von Technologie und Politik. Eine Stellungnahme der FEST*, Heidelberg 1986.

81 Die FEST hat jüngst einen neuen Beitrag zur Nachhaltigkeitsdiskussion vorgelegt: Hans Diefenbacher u.a., *Richtung Nachhaltigkeit. Indikatoren, Ziele und Empfehlungen für Deutschland*, Heidelberg 2011.

82 Gerhard Liedke, *Im Bauch des Fisches. Ökologische Theologie*, Stuttgart 1979 (4. Aufl. 1984).

83 So im Interview mit dem Verfasser am 14. Juni 2011.

84 Manuskript „Die Umweltarbeit in der evangelischen Landeskirche in Baden" beim Verfasser.

85 Der Verfasser dankt Herrn Dr. Witthöft-Mühlmann für die aktuellen Informationen.

86 Benedikt Schalk verdankt der Verfasser die Informationen zu diesem Abschnitt: Interview am 15. April 2011 in Freiburg. Vgl. auch Benedikt Schalk, Schöpfung mitgestalten. Energie nachhaltig nutzen, in: Fridolin Keck (Hg.), *Lebenswelten – Glaubenswelten. Die Erzdiözese Freiburg*, Freiburg u.a. 2011, S. 58f.

87 Erzdiözese Freiburg (Hg.), *Sich den Herausforderungen stellen. Leitlinien zum Klima- und Umweltschutz. Klimaschutzkonzept*, Freiburg i. Br. 2007.

88 Erzbischöfliches Ordinariat Freiburg (Hg.), *Energie- und Klimabericht der Erzdiözese Freiburg für die Jahre 2008 und 2009*, Freiburg i. Br. 2011.

89 Die *Kriterien* sind als Faltblatt veröffentlicht und über das Internet zugänglich (http://klb-freiburg.varadi. eu/fileadmin/klb-freiburg/Kriterien_von_Hohritt.pdf). Hohritt ist heute der Name eines Hotels in Sasbachwalden, das bis 1992 als Familienferienwerk der Erzdiözese Freiburg betrieben, dann vom Kolpingverband zur Ferienstätte umgebaut wurde.

90 Die Initiative war an dem Verfahren beim Bundesverfassungsgericht beteiligt, in dem die Verfassungsmäßigkeit des Gentechnikgesetzes überprüft und mit kritischen Vorgaben letztlich bestätigt worden ist; vgl. die Entscheidung des Bundesverfassungsgerichts vom 24. November 2010, 1 BvF 2/05.

91 Edmund Köhler, *Christlich geprägtes Weltbild und Umweltschutz auf Konsumenten-Ebene*, Speyer o. J. (1990); ders., *Umweltschutz aus christlicher Sicht. Unsere Aufgaben in einer Welt voller Menschen*, Annweiler/Essen 1993.

92 Der Verfasser bezieht sich auf umfangreiche Materialien, die ihm Edmund Köhler, Neustadt/Weinstraße, mit Schreiben vom 11. Januar 2010 dankenswerterweise überlassen hat.

93 Vgl. Landeskirchenrat der Evangelischen Kirche der Pfalz (Hg.), *„Bewahrung der Schöpfung". Dokumentation des Schwerpunktthemas der Synode der Evangelischen Kirche der Pfalz (Protestantische Landeskirche) im Mai 2008*, Speyer 2009.

94 Der jüngste und zugleich letzte in Buchform vorliegende Band des insgesamt auf 6 Bde. angelegten Werkes: *Nachhaltig predigen. Predigtanregungen zur evangelischen und katholischen Leseordnung*, Band VI: Reihe III/Lesejahr A, hg. von der Landeszentrale für Umweltaufklärung, Mainz 2010.

95 Die Veranstaltung greift die gleichnamige ökumenische Initiative auf, die unter Federführung der Evangelischen Kirche von Westfalen ins Leben gerufen worden war; vgl. Klaus Breyer/Thomas Kamp-Deister (Hgg.), *Heute für die Zukunft einkaufen. Ökofairer Konsum geht jeden an*, 2. Aufl., Schwerte 2010.

96 Vgl. hierzu Stiftung Risiko-Dialog (Hg.), *BASF Dialogforum Nano 2009/2010. Information und Transparenz entlang des Produkt-Lebensweges von Nanomaterialien*, St. Gallen 2011; es gibt von der evangelischen Seite eine frühere Positionsbestimmung zur Nanotechnologie, vgl. Gudrun Kordecki, *Ethische Aspekte der Nanotechnologie: Eine Stellungnahme der Arbeitsgemeinschaft der Umweltbeauftragten in der EKD (AGU)*, hg. vom Institut für Kirche und Gesellschaft, Gütersloh 2007.

97 Christa Wipplinger, *Schöpfungsweg. Jugendhaus St. Johannes*, Bad Dürkheim 2011.

Nachwort: Die Kirchen am Oberrhein – berufen zur Versöhnung

ELISABETH PARMENTIER

Der berühmte elsässische Humorist Germain Muller hat die Elsässer als „Leute des (oberrheinischen) Korridors" bezeichnet, und diese Charakterisierung könnte auch für ihre Nachbarn auf der anderen Rheinseite Geltung finden. Die Geschichte hat ein gemeinsames Schicksal für Völker unterschiedlicher Kulturen und Sprachen vorgezeichnet. Obwohl diese Nachbarn zum gleichen „Korridor" gehören, wenn auch auf einander gegenüberliegenden Seiten, sind sie zu Feinden geworden. Heute werden sie zu dem, was sie eigentlich schon immer gewesen sind: Bewohner eines gleichen geographischen Raumes. Die Menschen auf den beiden Rheinseiten lernen, sich immer stärker als eine Schicksalsgemeinschaft in einer Euro-Region zu verstehen, die aktiv an der Zukunft Europas mitwirkt. Dieser Erkenntnisweg ist nicht immer einfach gewesen, verschafft heute aber den Grenzbewohnern einen wichtigen und unschätzbaren Vorteil, der in der Erfahrung der Aussöhnung besteht.

Dieser Erfahrungsprozess war schmerzlich, Verwundungen haben ihre Narben hinterlassen. Die Bewohner des oberrheinischen Korridors hatten nämlich niemals das Gefühl, über ihr Land für sich allein zu bestimmen, sie sind sehr oft der Spielball politischer Mächte und Eroberungen gewesen. Sie haben sich durchringen müssen, die Furcht vor dem „Anderen" und vor drohenden Annexionen hinter sich zu lassen. Sie haben Kontrollen an den Grenzen über sich ergehen lassen müssen, erst allmählich deren Durchlässigkeit erfahren, um dann den ungehinderten Grenzübergang praktizieren zu können. Mehr als andere Zeitgenossen haben sie ein Gespür für die Komplexität und Vorläufigkeit sprachlicher und regionaler Identitäten entwickelt. Sie können gar nicht anders, als jede Form von Nationalismus in die Schranken zu weisen, da sie ja in ihrem eigenen Land ständig unter Verdacht stehen, mit dem Nachbarvolk zu paktieren, während sie in den Augen der Nachbarn Ausländer bleiben.

Aus eben diesem Grund erwächst allen Bewohnern, die in einem derartigen Korridor leben – auf den beiden Seiten einer gemeinsamen Grenze – eine besondere Verpflichtung, sich um Versöhnung zu bemühen. Sie müssen dabei – in der umfassenden Bedeutung des Begriffs – „ökumenisch" ausgerichtet sein: als Brückenbauer, Vermittler zwischen den Kirchen, zwischen Kulturen und Sprachen, oder als Wegbereiter für wiedergefundene gemeinsame Identitäten.

Die vorliegende Veröffentlichung zeigt auf, dass die oft als wirkungslos verdächtigte ökumenische Grundhaltung sehr wohl schöpferische Früchte hervorbringen kann. Auf beiden Seiten des Rheins sind Grenzen überwunden worden und neue Beziehungen entstanden. Noch dazu haben sie sich aus der Asche so zahlreicher „für das Vaterland" Gestorbener auf beiden Seiten heraus entwickelt! Dieser Prozess setzte zunächst einmal auf politischer und wirtschaftlicher Ebene ein. Auf diesem schicksalhaften Weg in Richtung Versöhnung waren aber auch die Kirchen stark eingebunden. Am Ende der kriegerischen Auseinandersetzungen zeigten sich alle Kirchen in Europa von den menschlichen Dramen so sehr erschüttert, dass sie sich aufgemacht haben, antagonistische Positionen und erstarrte Feindbilder aufzugeben. Die von den Weltkriegen ausgelösten schockierenden Nöte brachten die Christen einander näher, auch wenn sie durch die politischen Konstellationen oder durch Armutsverhältnisse noch getrennt blieben.

Und trotzdem besteht kein Anlass zum Jubilieren, weil sich vor Ort Verbitterung und Groll hartnäckig gehalten haben und dieses Erbe von Generation zu Generation weitergegeben wird – selbst wenn die Kirchen und Regierungen aktiv geworden sind und offiziell ihre Versöhnungsbereitschaft dokumentiert haben. Im Elsass sind Familien- und Freundschaftsbande zerrissen, Dorfgemeinschaften sind zerbrochen aus Loyalitätsverpflichtungen gegenüber dem einen oder anderen Land. In der Gegenwart wirken zahlreiche Feindseligkeiten latent weiter, manchmal sogar, ohne dass man dafür genaue Gründe angeben könnte. Wenn die ökumenischen Beziehungen zwischen den Kirchen wirklich auf lokaler Ebene durchdringen sollen, so müssen ihre Aktionen weit mehr an Tiefe gewinnen als dies bloße Erklärungen und offizielle Veranstaltungen und Feiern vermögen. Es geht hier um eine andere, weit ausgreifendere Wirklichkeit als die Theologie, denn das Aufeinandertreffen von Geschichte, Politik, sozialen und wirtschaftlichen Interessen bildet eine äußerst schicksalhafte Konstellation für die Versöhnung. Diese Identitätsparameter stehen immer in Gefahr, verabsolutiert zu werden und können unterschwellig die Zukunft über Generationen hinweg blockieren. Die ökumenischen Bemühungen müssen gerade hier weiterhin neue Wege beschreiten, um unausgesprochene Vorbehalte sowie überkommene Einstellungen aufzubrechen.

Ökumene als dynamische Kraft zur Veränderung von Kirchen und Gläubigen

Es wird oft beklagt, dass die ökumenische Bewegung keine überzeugenden Ergebnisse vorweisen kann. In der Tat haben nur wenige Dokumente auf der Grundlage gegenseitiger Konsultationen zu echten Erklärungen geführt, die alle Kirchen zu gemeinsamem Handeln verpflichten. Anders liegt der Fall bei den aus der Reformation in Europa hervorgegangenen Kirchen, weil sie sich bereits 1973 mit der *Leuenberger Konkordie* zur vollen gegenseitigen Kirchengemeinschaft bekannt haben und damit zu einer einzigen Familie geworden sind, d.h. zur Gemeinschaft Evangelischer Kirchen in Europa (GEKE).

Es gilt hier anzumerken, dass die Verlautbarungen allein nicht den ganzen prozesshaften Weg wiedergeben. Bei genauerer Betrachtung wird man allerdings konstatieren, dass die Ökumene die Kirchen verändert hat, weil sie dabei viel gelernt haben, manchmal sogar, ohne sich dessen bewusst zu werden. Allein schon die *Bewegung*, das Streben nach der Einheit an sich, hat die sich darin engagierenden Kirchen verändert.

Die einzelnen Stufen des ökumenischen Prozesses verkörpern in der Tat für sich allein schon einen echten *Weg ökumenischer Spiritualität*. Man könnte sie wegen der Neuausrichtung aller Kirchen auf die zentrale Botschaft des Evangeliums, die im Reichtum unterschiedlicher Erscheinungsformen geteilt wird, als Pädagogik des Inanspruchnehmens des „Anderen" charakterisieren.

Auf dem Weg zur Versöhnung bestand der erste Schritt in der gemeinsamen Überprüfung der Vergangenheit mit der Loslösung von den überkommenen Vorstellungen von „Opfern" oder „Schuldigen". Die gegenseitige Darlegung der eigenen Interpretation der Geschichte heißt nun nicht, einen Streit über die „richtige" Interpretation zu führen, sondern zur Kenntnis zu nehmen, dass eine unverändert übernommene *Interpretation* der Vergangenheit für die Zukunft genauso verhängnisvoll sein kann wie die gelebte Wirklichkeit!

Der zweite Schritt in den Verlautbarungen der ökumenischen Dialoge konzentrierte sich auf die Anerkennung, dass man in der Vergangenheit (und teilweise auch noch in der Gegenwart) ein zu einseitig negatives Bild von der anderen Kirche tradiert hat. Die Frage stellte sich nun, welche Vorstellungen man in dieser Hinsicht weitergeben will und wie man die „Anderen" einschätzt.

Der dritte Schritt, den einige wichtige Dokumente vollzogen haben, war die Bitte um Verzeihung, wo es Verfolgungen gab. Wenn eine Kirche oder eine Gesellschaft den Mut aufbringt, öffentlich um Verzeihung zu bitten für das von ihr verursachte Unrecht, ändert sich nicht nur ihr Blick auf die anderen, sondern sie ändert sich selbst.

Der vierte Schritt der Kirchen im Dialogprozess entsprach dem wichtigsten Ziel: der gemeinsamen Formulierung fundamentaler Glaubenswahrheiten. Das Anliegen jeder gemeinsamen Verlautbarung besteht in der Unterscheidung zwischen der fundamentalen „Botschaft" und ihrer von den Besonderheiten der Geschichte oder dem Kontext bei der Entstehung der Texte geprägten Ausdrucksformen. Worauf es aber ankommt, ist nicht die Ausformulierung, sondern die dargelegte Glaubenswahrheit. Mithilfe dieser Unterscheidung wird es möglich, die Treue zum gelebten und weitergegebenen christlichen Glauben bei den anderen Kirchen anzuerkennen.

Der fünfte Schritt der Kirchen hieß zu lernen, die Unterschiede bei den anderen gelten zu lassen, soweit diese nicht trennend sind. Damit kann die theologische Debatte fruchtbar weitergeführt werden.

Der sechste Schritt bestand in der zunehmenden gemeinsamen Teilhabe an Verkündigung und Dienst – jedenfalls überall dort, wo es möglich ist.

Viele Beispiele könnten aufzeigen, dass auf dem Hintergrund dieser erreichten Positionen eine Rückwärtswendung unmöglich wird – und dies gilt auch für die Gegenwart, wo so oft von Stagnation, sogar von Blockade in der ökumenischen Bewegung die Rede ist. Diese Bewegung hängt nicht von ihrem Misserfolg, sondern ihrem Erfolg ab! Die Versöhnung zieht unweigerlich eine Veränderung der Kirchen nach sich.

Aber die Kirchen haben sich so sehr angenähert, dass sie fast schon Angst davor haben, sich zu ähnlich zu werden! Daher müssen neue Wege erdacht werden, um die Versöhnung der Kirchen und der Völker fortsetzen zu können.

Der Prozess „Heilung der Erinnerungen" als Leitgedanke für vorliegende Veröffentlichung

In der ökumenischen Bewegung, mit der die Herausbildung der GEKE begründet wurde, konzentrierten sich die Kirchen zunächst ausschließlich auf theologische Probleme, die zur Trennung der lutherischen und reformierten Kirchen im 16. Jahrhundert geführt hatten. Ihnen war in den Anfangszeiten kaum bewusst, welch entscheidende Rolle die sozio-historischen Kontexte gegenüber den theologischen Fixierungen gewinnen sollten. Erst 20 Jahre nach der *Leuenberger Konkordie* erschien die Studie *Kirche, Staat, Volk und Nation* (1995–1998)[1]. Auch in der Veröffentlichung *Theologie für Europa*, in der die Kirchen das Verständnis ihrer eigenen Identität, ihrer Gegenwart und Zukunft darlegten, unternahmen sie den Versuch, diesen allzu lange verborgenen kontextuellen Gegebenheiten gerecht zu werden[2].

Auf diesem Hintergrund ging von der GEKE eine innovative ökumenische Methode aus, nämlich der in Zusammenarbeit mit der Konferenz Europäischer Kirchen (KEK) und dem Gustav-Adolf-Werk 2005 in Rumänien initiierte Prozess „Healing of Memories" (Heilung der Erinnerungen)[3]. Dieser Prozess erfuhr seine Erprobung in Rumänien, einem von ethnischen, kulturellen, historischen und konfessionellen Spaltungen in herausragender Weise geprägten Land. Die Überraschung war überwältigend, wurde dieser Prozess doch von zehn christlichen Kirchen und von theologischen wie philosophischen Fakultäten an acht Universitäten aufgegriffen und weitergeführt. Gemeinsam und mit universitärer Unterstützung haben die Kirchen die überkommenen Bilder des „Anderen", die Gründungsmythen und Interpretationszugänge zur Geschichte überprüft, um daraufhin ursprünglich als unmöglich erachtete Partnerschaften auf kirchlicher und gemeindlicher Ebene zu entwickeln.

Das Ziel bestand zunächst darin, gemeinsam die Geschichte des Landes neu aufzuarbeiten – allerdings nicht im Sinn einer Entscheidung darüber, welche Erinnerung die richtige Interpretation der Vergangenheit biete, sondern in der Auseinandersetzung mit der Sichtweise des „Anderen", von dem man doch eigentlich nichts wissen wollte! Die nur auf eine Seite beschränkte, unvollständige und einseitige „memoria" wurde so zu einer erweiterten „memoria", weil sie die Perspektive der „anderen Seite" berücksichtigte und zu einer gemeinsam geteilten „Erinnerung" – wenn auch mit unterschiedlichen Facetten – wurde. Über die gegenseitige Darlegung ihrer jeweiligen Perspektiven konnten sich die Kirchen Rechenschaft darüber geben, wie stark sie unterschiedlichen Interpretationen ihrer Geschichte verhaftet geblieben sind, die doch ihre gemeinsame Geschichte ist.

Bei der gemeinsamen historischen Aufarbeitung handelt es sich also nicht um eine rein informative Analyse der dogmatischen Lehre zur Klärung von Positionen, sondern sie erweist sich als *ergebnisorientiert*, weil die Kirchen über die gemeinsame Bewältigung dieser Fragen ihre eigenen Standpunkte weiterentwickeln, die Berücksichtigung anderer Perspektiven einüben und möglicherweise für die Zukunft gemeinsame Orientierungen zu übernehmen lernen.

Gerade im Hinblick auf diese dynamische Perspektive mit ihren vielversprechenden Möglichkeiten für die Zukunft von Grenzvölkern könnte ein Programm „Heilung der Erinnerungen" – wie das in Rumänien begonnene – auch für die Region der beiden Rheinufer sehr fruchtbar werden, um eingefahrene Vorstellungen durch offenen, von Infragestellung oder gar Polemik befreiten Meinungsaustausch abzulösen und so zu Überlegungen über gemeinsame Orientierungen zu gelangen.

Der Weg über Geschichte und Geschichtsbilder hinaus

Oft wird der Ökumene Rückwärtswendung in die Vergangenheit vorgeworfen, als wenn sie sich nur damit beschäftigt hätte, alte, angesichts der Herausforderungen der Gegenwart längst überholte Rechnungen zu begleichen. Wenn sich nun seit 1982 die Bemühungen um Versöhnung zwischen den Kirchen der Verpflichtung verschrieben haben, immer deutlicher den Weg über historische Erinnerungen zu beschreiten, so liegt dies eben an der Einsicht, dass dogmatische Überlegungen allein nicht hinreichend die Antagonismen und aus der Identitätsverhaftung geborenen Widerstände überwinden können. Eine Kirche entsteht nicht allein aus theologischen Überzeugungen, sondern aus einer Geschichte heraus. Seit der Veröffentlichung des berühmtesten Dokumentes des ÖRK über „Taufe, Eucharistie und Amt" von 1982 („Lima-Papier") wissen die Kirchen, dass der Vergleich theologischer Positionen auf der Suche nach einer „Konvergenz im Glauben" ungenügend ist[4]. Eine Kirche lebt nämlich auch aus ihrer Geschichte, aus dem Werdegang ihrer schicksalhaften Existenz in einem spezifischen Kontext, aus der Art und Weise, wie die Gläubigen ihren Glauben leben und darüber reden. Eine besondere Identität entsteht und besteht aus einer komplexen Konstellation von Gründungsmythen, von Riten und dogmatischen Inhalten, aber auch von herausragenden Gestalten und Ereignissen innerhalb eines besonderen Kontextes. Gerade deswegen muss diese Identität weitergegeben und beschrieben werden zum besseren Verständnis nicht der lehrmäßigen Vorstellungen, sondern der *gelebten Erfahrungen*, die zur Herausbildung von Identitäten geführt haben. Diese gelebten, weitergegebenen und erzählten Erfahrungen verdienen formuliert zu werden, damit der „Andere" nicht nur deren Sinn, sondern deren *Wirkungen* verstehen kann.

Die Erinnerung und die aus ihr hervorgehenden Berichte sind in einer Euro-Region, die reich an Geschichte und an Zukunftsmöglichkeiten ist, für das bessere Verhältnis der einen mit den anderen und für die Hinwendung der einen zu den anderen unentbehrlich. Entscheidend ist, dass Initiativen wie die vorliegende Veröffentlichung dazu beitragen, dass Grenzvölker und andere getrennte Völker gemeinsame Identitäten finden, dass sie ihr Profil nicht im Kontrast zu den anderen entwerfen, sondern durch den Bau von Brücken über eine leidvolle Geschichte hinweg gemeinsam aufbauen.

Bei derartigen Initiativen geht es um nichts Geringeres als um die Zukunft der nachwachsenden Generationen von Europäern. Für sie dürfen die Grenzen nicht mehr einen Schutzzaun oder eine Abgrenzung darstellen. Sie werden sich als Erben einer ökumenischen Bewegung verstehen können, die von Identitäten zu sprechen weiß, allerdings in versöhnter Perspektive – Erben einer Erinnerung in der Solidarität mit der Vergangenheit, ohne darin aufzugehen – Erben einer Hoffnung auf Jesus Christus nicht im Spiegelbild seiner vergangenen Geschichte, sondern seiner Wiederkunft.

Anmerkungen

1 *Kirche, Staat, Volk und Nation. Ein Beitrag zu einem schwierigen Verhältnis* (Leuenberger Texte 7), Frankfurt a. M. 2002.

2 Martin Friedrich u.a. (Hgg.), *Theologie für Europa. Perspektiven Evangelischer Kirchen*, Frankfurt a. M. 2006.

3 http://cid.ceceurope.org/working-priorities/healing-of-memories.

4 *Baptême-Eucharistie-Ministère. Convergence de la foi*, Taizé 1982; dt. Übersetzung: *Taufe, Eucharistie und Amt. Konvergenzerklärungen der Kommission für Glauben und Kirchenverfassung des Ökumenischen Rates der Kirchen*, Frankfurt a. M. 1982.

Leben ist Begegnung

Vivre ensemble

Anhang I: Kirchen am Oberrhein – Einige Daten

I.1. Mitgliedskirchen der Arbeitsgemeinschaft Christlicher Kirchen in Baden-Württemberg

Für ausführliche Informationen siehe: www.ack-bw.de
Geschäftsstelle: Stafflenbergstraße 46, 70184 Stuttgart, Telefon: 0711 243114

Armenisch-Apostolische Orthodoxe Kirche

Armenische Gemeinde Baden-Württemberg e.V., Postfach 0126, 73001 Göppingen
Ca. 3.500 Armenier in Baden-Württemberg, 2 Kirchengemeinden, die „Armenische Gemeinde Kehl" und die „Armenische Gemeinde Baden-Württemberg" (Göppingen).
www.agbw.org

Bund Evangelisch-Freikirchlicher Gemeinden Landesverband Baden-Württemberg

Bund Evangelisch-Freikirchlicher Gemeinden Landesverband Baden-Württemberg,
Renate Girlich-Bubeck, Lichtensteinstraße 10, 71522 Backnang
Pastor Manfred Ewaldt, Eichenstraße 65, 71384 Weinstadt
Ca. 10.020 Mitglieder* (Stand 1.1.2007), 64 selbstständige Ortsgemeinden mit 17 Zweiggemeinden, 65 Pastorinnen/Pastoren.
www.baptisten.de

Council of Anglican Episcopal Churches in Germany/Anglikanische Arbeitsgemeinschaft in Deutschland

The Reverend Kenneth Dimmick, Lorenzstaffel 8, 70182 Stuttgart
Ca. 150 Mitglieder in Baden-Württemberg. Es bestehen 3 Gemeinden (Freiburg, Heidelberg, Stuttgart) und eine Mission (Karlsruhe).
www.europe.anglican.org; www.episcopalchurch.org/europe

Die Heilsarmee

Die Heilsarmee, Rotebühlstraße 117, 70178 Stuttgart
Ca. 3.000 Mitglieder* (Deutschland), 16 Missionsstationen, 4 Vorposten, 6 soziale Einrichtungen.
www.heilsarmee.de

Evangelische Brüder-Unität (Herrnhuter Brüdergemeine)

Evangelische Brüder-Unität, Badwasen 6, 73087 Bad Boll
Ca. 1.300 Gemeindeglieder in den Gemeinden Bad Boll und Königsfeld.
www.ebu.de

Evangelische Landeskirche in Baden

Evangelische Landeskirche in Baden, Blumenstraße 1-7, 76133 Karlsruhe
Ca. 1,29 Millionen Mitglieder, 600 Gemeindepfarrstellen, 1.100 Pfarrer/innen (einschließlich
Pfarrvikariat, Pfarrdiakone), 5.500 Kirchenälteste.
www.ekiba.de

Evangelische Landeskirche in Württemberg

Evangelische Landeskirche in Württemberg, Gänsheidestraße 4, 70184 Stuttgart
Ca. 2,3 Millionen Mitglieder, 11.000 Kirchengemeinderäte, 2.500 Pfarrer/innen, Vikare und
hauptamtliche Religionslehrer/innen.
www.elk-wue.de

Evangelisch-Lutherische Kirche in Baden

Evangelisch-Lutherische Kirche in Baden, Stadtstraße 22, 79104 Freiburg
Ca. 3.200 Mitglieder, 6 Gemeinden mit 7 Pfarrern.
www.elkib.de

Evangelisch-methodistische Kirche

Evangelisch-methodistische Kirche in Baden, Landhausstraße 17, 69115 Heidelberg
Evangelisch-methodistische Kirche in Württemberg, Giebelstraße 16, 70499 Stuttgart
Ca. 31.000 Kirchenglieder und getaufte Angehörige sowie 11.000 Freunde, 130 Gemeindebezirke
mit 280 Gemeinden und 100 Predigtplätzen, 170 Pastoren und Pastorinnen.
www.emk.de

Griechisch-Orthodoxe Metropolie von Deutschland, Exarchat von Zentraleuropa

Bischof Vasilios von Aristi, Obere Paulusstraße 82/1, 70197 Stuttgart
Ca. 420.000 Glieder (in der Metropolie), 68 Gemeinden, 1 Metropolit, 3 Vikarbischöfe, 68 Priester;
davon 16 Priester mit 14 Gemeinden in Baden-Württemberg. (Eingeschlossen sind die rumänischen
orthodoxen Priester und Gemeinden, die sich in Deutschland dem Ökumenischen Patriarchat
unterstellt haben.)
www.orthodoxie.net

Katholisches Bistum der Alt-Katholiken in Deutschland, Landessynodalbezirk Baden-Württemberg

Nordbaden-Württemberg: Dekan Hans Theil, M 7,2, 68161 Mannheim
Südbaden: Dekan Hermann-Eugen Heckel, Otto-Raggenbass-Straße 11, 78462 Konstanz
Ca. 8.000 Mitglieder, 20 Kirchengemeinden, 26 Filialgemeinden, 12 Pfarrer, 8 ehrenamtliche
Geistliche (Priester und Diakone).
www.alt-katholisch.de

Mülheimer Verband Freikirchlich-Evangelischer Gemeinden

Mülheimer Verband Freikirchlich-Evangelischer Gemeinden
Pastor Alexander Stavnichuk, Im Hauptstraße 149, 76703 Kraichtal
Ca. 1.500 Mitglieder*, 32 Hauptgemeinden und Predigtstationen, 12 Pastoren.
www.muelheimer-verband.de

Römisch-Katholische Kirche, Erzdiözese Freiburg

Erzdiözese Freiburg, Schoferstraße 2, 79098 Freiburg i. Br.
Ca. 2,02 Millionen Mitglieder (2009), 328 Seelsorgeeinheiten (1.049 Pfarreien, 26 Kuratien), 1.141
Welt- und Ordenspriester, 267 Pastoralreferenten/-innen, 307 Gemeindereferenten/-innen.
www.erzbistum-freiburg.de

Römisch-Katholische Kirche, Diözese Rottenburg-Stuttgart

Diözese Rottenburg-Stuttgart, Eugen-Bolz-Platz 1, 72108 Rottenburg
Ca. 1,94 Millionen Mitglieder, 1.038 Kirchengemeinden, 282 Seelsorgeeinheiten, 25 Dekanate,
1.008 Welt- und Ordenspriester, 191 Diakone im Haupt- und im Zivilberuf, 309 Pastoralrefe-
renten/-innen, 291 Gemeindereferenten/-innen.
www.drs.de

Selbständige Evangelisch-Lutherische Kirche (SELK)

Selbständige Evangelisch-Lutherische Kirche, Kirchenbezirk Süddeutschland,
Melanchthonstraße 1 A, 66564 Ottweiler
Ca. 1.200 Mitglieder in 7 Gemeinden mit 5 Pfarrern.
www.selk.de

Serbisch-Orthodoxe Diözese für Mitteleuropa

Serbisch-Orthodoxe Kirche, Möhringer Straße 81a, 70199 Stuttgart
In Baden-Württemberg leben einige Tausend orthodoxe Serben. Derzeit gibt es acht Pfarreien
in Baden-Württemberg.
www.serbische-diozese.org

Syrisch-Orthodoxe Kirche von Antiochien in Deutschland

Syrisch-Orthodoxe Kirche, Dekan Abdulahad Kis Afrem, Pleidelsheimer Straße 6, 71634 Ludwigsburg
Ca. 8.000–9.000 Mitglieder in 15 Gemeinden, 11 Priester.
www.suryoyo-online.de; www.aramaeer.org

Verband der Mennonitengemeinden in Baden-Württemberg

Verband der Mennonitengemeinden in Baden-Württemberg, Mennostraße 6, 71522 Backnang
Ca. 1.000 Mitglieder* in 14 selbstständigen Ortsgemeinden.
www.mennonitisch.de

Beratend mitwirkende Kirchen

Bund Freier evangelischer Gemeinden Baden-Württemberg Nord- und Südkreis

Bund Freier evangelischer Gemeinden Baden-Württemberg, Pastor Michael Bitzer,
Steißlinger Straße 22, 78239 Rielasingen-Worblingen
Ca. 3.500 Mitglieder* in 40 selbstständigen Ortsgemeinden.
www.feg.de

Bund Freikirchlicher Pfingstgemeinden, Region Baden-Württemberg

Regionalleiter Dieter Mundt, Lenaustraße 2, 74074 Heilbronn
Sekretariat: Reiner Sahm, Ringstrasse 11, 74391 Erligheim
Ca. 5.852 Mitglieder (zuzüglich ca. 2.800 Kinder) in 85 selbstständigen Gemeinden. Davon 23
internationale Gemeinden (Stand 01.01.2011).
www.bfp.de

Volksmission entschiedener Christen, Mitglied im Bund Freikirchlicher Pfingstgemeinden

Volksmission – Sekretariat, Industriestraße 3, 74321 Bietigheim-Bissingen
Ca. 4.300 Mitglieder*, 53 Gemeinden in Baden-Württemberg, Bayern und Berlin.
www.volksmission.de

Anmerkung: Die mit * gekennzeichneten Gliederzahlen einiger kleinerer Kirchen und kirchlicher Gemeinschaften umfassen nur die abendmahlsberechtigten bzw. auf Grund persönlicher
Entscheidung in die Kirchengliedschaft aufgenommenen Personen. Die Zahlen können daher
nur bedingt mit den Gliederzahlen anderer Kirchen verglichen werden.

I.2. Mitgliedskirchen der Arbeitsgemeinschaft Christlicher Kirchen in Rheinland-Pfalz und im Saarland

Geschäftsstelle: Westbahnstraße 4, 76829 Landau
Postadresse: Postfach 2205, 76812 Landau
Telefon: 06341 928911
www.ack-suedwest.de

Katholisches Bistum der Alt-Katholiken in Deutschland

Gemeinden: Andernach, Dittelsheim-Heßloch, Friedewald, Kaiserlautern, Koblenz, Landau, Ludwigshafen, Mainz, Trier
Weitere Informationen (Gemeinden, Mitgliedzahlen, usw.): www.alt-katholisch.de

Vereinigung Rheinland-Pfalz/Saarland im Bund Evangelisch-Freikirchlicher Gemeinden K.ö.R.

Weitere Informationen (Gemeinden, Mitgliedzahlen, usw.): www.landesverband-suedwest.de/

Evangelische Brüder-Unität (Herrnhuter Brüdergemeine)

Die Brüder-Unität hat weltweit ca. 800.000 Mitglieder, in Deutschland sind es ca. 7.000.
In Rheinland-Pfalz gibt es eine Gemeinde in Neuwied/Rhein mit ca. 500 Mitgliedern.
www.ebu.de

Evangelische Kirche im Rheinland

Evangelische Kirche im Rheinland, Hans-Böckler-Straße 7, 40476 Düsseldorf
Die EKiR hat 756 Gemeinden in 38 Kirchenkreisen mit insgesamt 2,93 Mio. Gemeindegliedern in vier Bundesländern (Stand: 1.6.2011). Im Bereich der ACK-Region Südwest liegen elf Kirchenkreise mit 256 Gemeinden und rund 570.000 Gemeindegliedern.
www.ekir.de

Evangelische Kirche der Pfalz (Protestantische Landeskirche)

Evangelische Kirche der Pfalz, Domplatz 5, 67346 Speyer
Die Evangelische Kirche der Pfalz umfasst 430 Gemeinden in den Bundesländern Rheinland-Pfalz und Saarland mit derzeit 643.000 Mitgliedern.
www.evpfalz.de

Arbeitsgemeinschaft Südwestdeutscher Mennonitengemeinden K.d.ö.R (ASM)

Dora Schmidt, Nogatstraße 27, 67677 Enkenbach
Zur ASM gehören 16 Gemeinden mit ca. 1.700 Mitgliedern. Im Gebiet der ACK-Region Südwest
sind davon 13 Gemeinden mit ca. 1.400 Mitgliedern - daneben gibt es andere mennonitische
Gemeinden, die aus historischen oder organisatorischen Gründen nicht zur ASM gehören.
www.mennoniten.de/asm.html

Evangelisch-methodistische Kirche in Deutschland (EmK)

EmK, Auer Straße 20, 76227 Karlsruhe
Weitere Informationen (Gemeinden, Mitgliedzahlen, usw.): www.emk.de

Griechisch-orthodoxe Metropolie in Deutschland

Griechisch-orthodoxe Metropolie in Deutschland, Postfach 30 05 55, 53185 Bonn
Weitere Informationen (Gemeinden, Mitgliedzahlen, usw.): www.orthodoxie.net

Bistum Speyer

Bischöfliches Ordinariat, Kleine Pfaffengasse 16, 67346 Speyer
Das Bistum hat 348 Pfarreien mit 626.253 Mitgliedern.
www.bistum-speyer.de

Bistum Trier

Bistum Trier, Hinter dem Dom 6, 54290 Trier
Postadresse: Postfach 1340, 54203 Trier
Das Bistum hat 965 Pfarreien mit 1.621.000 Mitgliedern.
www.bistum-trier.de

Selbständige Evangelisch-Lutherische Kirche (SELK)

Selbständige Evangelisch-Lutherische Kirche, Schopenhauerstraße 7, 30625 Hannover
Im Bereich der ACK-Region Südwest gibt es sechs Gemeinden mit insgesamt 1.740 Gemeindegliedern.
www.selk.de

I.3. Die Religionsgemeinschaften im Elsass

I.3.1. Statistik

	Katholiken	Protestanten	Juden	Moslems	Religionslose	Insgesamt
1789	500.000 (70%)	190.000 (26%)	20.000 (2,8%)			710.000
1962	1.100.000 (80%)	250.000 (18%)	20.000 (1,4%)			1.370.000
1999	1.200.000	250.000	30.000	110.000	110.000	1.700.000

1962 war das letzte Jahr einer Volkszählung mit Angaben zur Religionszugehörigkeit.

1999: geschätzte Zahlen. Nach der Katastrophe des Zweiten Weltkrieges haben die Juden im Jahr 1962 den niedrigsten Stand seit 1789 erreicht. Nach 1962 ist die Zahl jüdischer Religionszugehörigkeit mit der Repatriierung nordafrikanischer Juden stark angestiegen (mehr als 40.000 Mitglieder). Dieser Zuwachs von außen konnte jedoch das insgesamt geringere Ansteigen der Mitglieder kaum verhindern, das mit dem fast vollständigen Verschwinden der Juden in den elsässischen Dörfern zusammenhängt.

Quellen:
René Epp, Marc Lienhard und Freddy Raphaël, *Catholiques, protestants, juifs en Alsace*, Strasbourg 1992, S. 18.
Die statistischen Werte stammen vom Meinungsforschungsinstitut INSEE im Zusammenhang mit dem *ad limina*-Bericht der französischen Bischöfe.

I.3.2. Mitgliedskirchen des Conseil des Églises Chrétiennes de Strasbourg (Rats der christlichen Kirchen von Straßburg)

Armenische Gemeinde

Communauté arménienne, 64 avenue de la Forêt Noire, 67000 Strasbourg
Gottesdienstraum: Chapelle de la Paroisse Sainte Madeleine, 12 rue des Bateliers, Straßburg
Ca. 250 Mitglieder

Koptische Gemeinde

Communauté copte, Paroisse Saint Maurice, 41 avenue de la Forêt Noire, 67000 Strasbourg
Die Koptisch-Orthodoxe Kirche St. Mercurius (Philopatir) & St. Anba Bishoy trifft sich regelmäßig
in der Paroisse Saint Maurice, 41 avenue de la Forêt Noire, oder in der Paroisse Saint Bernard,
4 boulevard Jean-Sébastien Bach, beide in Straßburg.
Mitglieder: etwa 20 Familien
www.eglisecoptestrasbourg.com

Anglikanische Gemeinde

Communion anglicane, 2 quai Mathis, 67000 Strasbourg
Die Gemeinde trifft sich im Couvent des Dominicains, 41 boulevard de la Victoire, Straßburg.
Ca. 250 Mitglieder
www.saintalbanstrasbourg.org.uk

Römisch-Katholische Kirche, Erzbistum Straßburg

Archevêché de Strasbourg, 16 rue Brûlée, 67081 Strasbourg Cedex
767 Pfarreien in 169 Kirchengemeinden
1.300.000 Mitglieder
www.diocese-alsace.fr

Union der protestantischen Kirchen von Elsass-Lothringen (UEPAL)

Union des Églises protestantes d'Alsace et de Lorraine (UEPAL),
1 quai Saint Thomas, 67000 Strasbourg
247 Pfarreien in Elsass und Lothringen
250.000 Mitglieder
www.uepal.fr

Griechisch-Orthodoxe Kirche

Église orthodoxe grecque, 7 rue de la Manufacture des Tabacs, 67000 Strasbourg
Die Gemeinde trifft sich in 7 rue de la Manufacture des Tabacs, Straßburg.
Ca. 250 Mitglieder

Rumänisch-Orthodoxe Kirche

Église orthodoxe roumaine, 14 rue Sainte Elisabeth, 67000 Strasbourg
Die Gemeinde trifft sich in der Église Saint-Jean-le-Précurseur, Straßburg.
Ca. 250 Mitglieder
www.borstrasbourg.free.fr/index_fr

Russisch-Orthodoxe Kirche (Patriarchat von Moskau)

Église orthodoxe russe, 4 rue de Niederbronn, 67000 Strasbourg
Die Gemeinde trifft sich in der Paroisse de tous les Saints, Straßburg.
Ca. 250 Mitglieder
www.z90925.infobox.ru; www.strasbourg-reor.org

Verband der evangelischen Freikirchen

Entente des Églises Évangéliques libres, 39 rue de Darstein, 67300 Schiltigheim
Mitglieder des Verbandes der evangelischen Freikirchen in Straßburg sind die Gemeinde der Heilsarmee, die Evangelische Baptistengemeinde, die Evangelische Gemeinde „La Bonne Nouvelle" (Die Gute Nachricht), die Evangelisch-Charismatische „Agape"-Gemeinde, die Evangelische Mennonitengemeinde, die Evangelisch-Methodistische Gemeinde, die Evangelische Pfingstgemeinde „EPIS" und die Evangelische „Zedern"-Gemeinde.
Anwartschaft auf die Aufnahme in dem Verband hat die Evangelische Gemeinde „MIEL" (Ministère International pour l'Évangélisation et la Louange à Dieu/Internationaler Dienst zur Evangelisation und zum Lobe Gottes)
Insgesamt ca. 2.000 Mitglieder
www.entente-strasbourg.fr

Anhang II: Kirchengeschichtliche und kulturelle Institutionen

II.1. Archive

II.1.1. Die kirchlichen Archive des Erzbistums Freiburg und des Bistums Speyer

CHRISTOPH SCHMIDER UND HANS AMMERICH

Neben den kirchlichen Archiven des Erzbistums Freiburg und des Bistums Speyer kommen dem Generallandesarchiv Karlsruhe und dem Landesarchiv Speyer besondere Bedeutung für die Erforschung der Kirchengeschichte des Oberrheins zu. Die beiden staatlichen Archive und ihre Bestände verdienen deshalb eine eigene Würdigung.

II.1.1.1. Oberrheinische Archivalien im Erzbischöflichen Archiv Freiburg (EAF)

CHRISTOPH SCHMIDER

Das EAF als Diözesanarchiv des Erzbistums Freiburg verwahrt – neben den seit der definitiven Errichtung des Bistums am 21. Oktober 1827 angefallenen Archivalien – auch mehr oder minder umfangreiche Bestände aus den Vorgängerbistümern Konstanz, Straßburg, Speyer, Worms, Mainz und Würzburg. Das Bistumsgebiet, das flächenmäßig dem ehemaligen Großherzogtum Baden sowie den beiden hohenzollerischen Fürstentümern entspricht, umfasst demgemäß die gesamte rechtsrheinische Hoch- und Oberrheinregion vom Bodensee über Basel bis an die Bergstraße. Die Bestände des EAF sind, archivischen Standards entsprechend, nach dem Provenienzprinzip gebildet, und die Tektonik spiegelt die Entstehungszusammenhänge getreulich wider. Da jedoch zu Beginn des 19. Jahrhunderts bei der Aufteilung der Archivalien der alten Bistümer das Pertinenzprinzip angewandt wurde, ist grundsätzlich nur Archivgut vorhanden, das sich auf das heutige Bistumsgebiet bezieht. Freilich lagen zum Zeitpunkt der Bistumserrichtung – kirchenrechtlich erfolgte sie mit der päpstlichen Bulle *Provida solersque* vom 16. August 1821 – gleich mehrere bischöfliche Ordinariate bzw. Generalvikariate auf dem heutigen Bistumsgebiet: Konstanz bzw. Meersburg für das Bistum Konstanz, Ettenheim (seit der Französischen Revolution) für Straßburg, und Bruchsal für Speyer und Worms. Das Generalvikariat Bruchsal war zuletzt auch für die Verwaltung der badischen Anteile der Bistümer Mainz und Würzburg zuständig, und die rechtsrheinischen Gebiete des Bistums Straßburg wurden ab 1808 von Konstanz aus verwaltet.

Aus der Entstehungsgeschichte des Erzbistums Freiburg und der Geschichte des EAF ergibt sich zwanglos, dass die Bestände fast ausnahmslos einen Bezug zur Oberrheinregion aufweisen. Und da bei der Aufteilung und Ablieferung der Bestände der Vorgängerbistümer das Pertinenzprinzip weder in regionaler noch in sachlicher Hinsicht mit letzter Konsequenz durchgehalten werden konnte – vor allem bei der Trennung zwischen „geistlichem" und „weltlichem" Schriftgut kam es bisweilen zu recht willkürlichen Entscheidungen –, gibt es durchaus Archivalien, deren Inhalte die heutigen kirchlichen und weltlichen Grenzen überschreiten. Beispielhaft seien die Amtsbuchserien des Bistums Konstanz oder diverser kurpfälzischer Schaffneien genannt, aber auch die Protokolle des Bruchsaler Geistlichen Rats. Selbst aus dem Straßburger Generalvikariat Ettenheim ist – wenn auch wenig – Archivgut vorhanden, dessen Inhalte über das heutige Erzbistum Freiburg hinausreichen. Insofern ist das EAF weit mehr als ein zum Zweck der Rechtssicherung und Dokumentation eingerichtetes Endarchiv für die Bistumsverwaltung, sondern dient nicht zuletzt der Erforschung der Geschichte des Erzbistums Freiburg, seiner historischen Vorläufer und der angrenzenden Bistümer.

II.1.1.2. Bestände zur oberrheinischen Kirchengeschichte im Archiv des Bistums Speyer (ABSp)

HANS AMMERICH

Mit der Wiedererrichtung des Bistums Speyer (1817/21) hat das heutige Diözesanarchiv seinen Anfang genommen. In der Zeit des alten Bistums Speyer unterschied man zwischen dem fürstbischöflichen Archiv und dem Archiv des Domkapitels. Die Urkunden des fürstbischöflichen Archivs wurden 1523 in einer Lade auf der im Besitz des Fürstbischofs befindlichen Kästenburg (heute Hambacher Schloss) verwahrt, das Archiv des Domkapitels 1463 im „Gewölbe" oberhalb der Sakristei an der Speyerer Domkirche. Beide Archive waren im Laufe der Jahrhunderte an verschiedenen Orten untergebracht. Durch die vielen Auslagerungen traten starke Verluste ein. Beim Stadtbrand von Speyer 1689 wurde mit dem Dom auch der Archivraum des Domkapitels zerstört, wertvolle Dokumente gingen verloren.

Das fürstbischöfliche Archiv war 1722 in Bruchsal im Kanzleigebäude aufbewahrt. In den Wirren der Französischen Revolutionszeit mussten die Archivalien mehrfach geflüchtet werden. Der Fluchtweg führte schließlich wieder nach Bruchsal zurück. Am 19. August 1800 musste die fürstbischöfliche Verwaltung die Akten mit linksrheinischem Betreff an die Franzosen in Mainz ausliefern. Aufgrund der Säkularisation des alten Bistums Speyer ging am 21. März 1803 der weitaus größte Teil des fürstbischöflichen Archivs und des Archivs des Domkapitels in Bruchsal in den Besitz des Markgrafen und späteren Großherzogs von Baden über. Er ließ die Archivalien von Bruchsal nach Karlsruhe bringen, wo sie sich noch heute größtenteils im Generallandesarchiv befinden.

Nachdem seit dem 1. Mai 1816 das Gebiet der heutigen Pfalz zu Bayern gekommen war, wurden dem neu gegründeten Kreisarchiv Speyer von Karlsruhe diejenigen Archivalien, welche die linksrheinischen Gebiete betrafen, zurückgegeben. Die Extradition dauerte bis 1891. Dieses

Archiv, das heutige Landesarchiv Speyer, verwahrt neben zahlreichen Urkunden von Klöstern und Stiften im pfälzischen Raum, einschließlich der Stadt Speyer, auch Urkunden des Domkapitels und des Hochstifts Speyer. In der Zeit von 1868 bis 1873 überließ die Regierung des Großherzogtums Baden dem Reichsarchiv München weit über 2.500 Urkunden zur Geschichte der Stifte, Klöster und Orte des Hochstifts Speyer. Heute werden diese Urkunden im Bayerischen Hauptstaatsarchiv München aufbewahrt. So ist zu erklären, dass sich im Bistumsarchiv von wenigen Ausnahmen abgesehen, etwa dem Archiv der Stuhlbrüder, nur Bestände seit der Neuumschreibung der Diözese Speyer 1817/21 befinden.

Einen wichtigen Bestandteil des Archivs bilden die Pfarrakten. Sie sind eine wertvolle Quelle für die Geschichte des Bistums seit 1817/1821 und der einzelnen Pfarreien, für die Rechtsverhältnisse, für die religiöse Entwicklung, für die sozialen Verhältnisse. Die Generalia aus der Bistumsverwaltung stellen den umfangreichsten Bestand dar. In der älteren Abteilung handelt es sich um Schriftgut verschiedener Provenienz, das vereinigt und innerhalb der Abteilungen nach Pertinenzen geordnet wurde. Die neuere Abteilung – sie beginnt in den dreißiger Jahren des 20. Jahrhunderts – ist aus der Behördenregistratur erwachsen. Im Archiv des Domkapitels werden Akten zu Rechts- und Eigentumsfragen, zur baulichen Unterhaltung, Sicherung, Innenausstattung und Umgebung des Domes, die Statuten des Domkapitels, Unterlagen zur Ernennung des Domkapitels sowie die Sitzungsprotokolle (1821–1913) verwahrt. Im Bestand „Bischöfliches Archiv" werden Unterlagen zu den Bayerischen und Fuldaer Bischofskonferenzen aufbewahrt, weiterhin Verhandlungen zum bayerischen Konkordat 1924, Dokumente zum Reichskonkordat, Hirtenbriefe deutscher Bischöfe, Visitationsberichte und die Akten der Speyerer Bischöfe. Aber auch für eine Fülle wissenschaftlicher Forschungen bezüglich kirchlicher Vereine, Bruderschaften, Klöster u.a. m. lassen sich im Bischöflichen Archiv Unterlagen finden. Für familienkundliche Nachforschungen stehen im Bistumsarchiv Mikrofilme und Mikrofiches der Tauf-, Heirats- und Sterbebücher sowie die Elenchen (Zweitschriften von Kirchenbüchern) katholischer Pfarreien des Bistums bereit, für deren Benutzung stets Voranmeldung erforderlich ist. Das Bistumsarchiv verwahrt des Weiteren Nachlässe von Diözesanpriestern und von bedeutenden Laien des Bistums, die bereits erwähnten Urkunden der Stuhlbruderschaft, verschiedene Sammlungen und als Deposita die Akten der Dompfarrei sowie verschiedener Pfarreien.

II.1.2. Evangelische Kirchenarchive am Oberrhein (mit einem Hinweis zu den katholischen Archivalien im Elsass)

Udo Wennemuth

Als Körperschaften des öffentlichen Rechtes sind die evangelischen Landeskirchen in Deutschland verpflichtet, eigene Archive zu führen, nicht nur um ihre Überlieferung zu bewahren und ihre Rechtsansprüche zu sichern, sondern auch um durch die Erschließung der Unterlagen ihre Benutzung zu ermöglichen und damit für die Öffentlichkeit bereitzustellen. Da die Kirchen über Jahrhunderte als unselbstständige Einrichtungen des Staates behandelt wurden, oblag die Archivierung kirchlicher Unterlagen in dieser Zeit weitestgehend den zuständigen staatlichen

Archiven. Erst mit ihrer „Entlassung" in die Selbstständigkeit und der fortschreitenden Trennung von Kirche und Staat seit 1918/19 erwuchs allmählich die Notwendigkeit zur Einrichtung eigener Archive, die sich aus der Übernahme nicht mehr benötigter Registraturbestände in den Zentralbehörden ergab. Anders als in den zentralen Behörden reichen die Unterlagen in den Gemeinden, also den Pfarrarchiven, vor Ort oft weit ins 18., gelegentlich ins 17., aber nur selten bis ins 16. Jahrhundert zurück.

II.1.2.1. Landeskirchliches Archiv Karlsruhe

Als Behördenarchiv ist das Landeskirchliche Archiv (LKA) zuständig für die Bewahrung und Erschließung der Überlieferung der Zentralbehörde, des Evangelischen Oberkirchenrats (EOK), und der landeskirchlichen Einrichtungen, Ämter und Dienste. Daneben übt das LKA die Fachaufsicht über alle anderen Archive, überwiegend Dekanats- und Pfarrarchive, in der Landeskirche aus.

Das Archiv bildet von Anbeginn eine Verwaltungseinheit mit dem EOK. Die Aufgaben des LKA umfassen neben den „klassischen" Diensten eines Archivs (der Übernahme und Bewertung, der Sicherung und Bewahrung, schließlich der Erschließung und dem Präsentieren des Archivgutes sowie seiner Bereitstellung für Benutzer aus Verwaltung, Wissenschaft und einer breiten Öffentlichkeit) auch Tätigkeiten im Bereich der Familienforschung, die Archivpflege in den Kirchenbezirken, Kirchen- und Pfarrgemeinden, Schulungen in der Registratur- und Archivpflege, die Beratung der Benutzer sowie die Anregung, Unterstützung und Durchführung kirchengeschichtlicher Forschungen. Für ausgewählte Bestände ist eine Digitalisierung vorgesehen. Die Findmittel der wichtigsten Bestände sollen im Internet zugänglich gemacht werden.

Mit der Entstehung des Großherzogtums Baden ab 1803 wurden die bestehenden lutherischen und reformierten Kirchenräte 1807 zu einem gemeinsamen Oberkirchenrat in Karlsruhe vereinigt. Bis 1860 fungierte die oberste Kirchenbehörde als Sektion im badischen Innenministerium. Erst 1860 wurde die Kirchenbehörde, nun als Evangelischer Oberkirchenrat (EOK), eine selbstständige Einrichtung mit einer eigenen aktenmäßigen Überlieferung. Aufgrund der Verwaltungsgeschichte der kirchlichen Zentralbehörde setzt die im Landeskirchlichen Archiv verwahrte Überlieferung im Allgemeinen erst mit der Mitte des 19. Jahrhunderts ein, während umgekehrt noch bis zum Beginn des 20. Jahrhunderts Ablieferungen von Akten aus der Zentralbehörde an das staatliche Archiv, das Generallandesarchiv in Karlsruhe, erfolgten. Durch den Zugang von Beständen landeskirchlicher Einrichtungen kamen auch Unterlagen insbesondere aus dem Bereich der Güter- und Vermögensverwaltung in das Archiv, die teilweise bis in das 16. Jahrhundert zurückreichen.

Die wichtigsten Bestände des LKA bilden die drei Hauptaktengruppen des Evangelischen Oberkirchenrats: die Generalakten, die Spezialakten (Ortsakten) und die Personalakten.

Die Generalakten verwahren das archivwürdige Schriftgut der Behörde, soweit es sich nicht speziell auf einzelne Pfarreien bezieht. Zwar reichen Vorgänge der Generalakten bis etwa 1790 zurück, doch finden sich Überlieferungsstränge bis in die Mitte des 19. Jahrhunderts auch in Beständen des Generallandesarchivs. Die Generalakten enthalten Vorgänge zu allen kirchlichen Lebensäußerungen, soweit sie mit der badischen Landeskirche zu tun haben. Überregional interessante Überlieferungen finden sich dort, wo Vertreter der badischen Landeskirche in nationalen oder internationalen Gremien führend tätig wurden (so im Lutherischen Weltbund oder der Liturgiekommission der EKD). Die Generalakten sind durch einen Katalog gut erschlossen. Der Bestand ist geordnet nach dem seit 1974, in revidierter Fassung 1989, gültigen Aktenplan der Landeskirche, dem der Gesamtbestand, unabhängig von (Vor-)Provenienzen, unterworfen wurde. So sind auch Akten und Amtsbücher der Kirchenbehörden aus dem Alten Reich und anderer zentraler kirchlicher Verwaltungsstellen ohne Rücksicht auf die Provenienz den Generalakten zugeordnet. Weil sie in den Beständen des EOK nicht vermutet werden konnten, sind diese Akten der Forschung weitgehend unbekannt geblieben. Von besonderem Interesse sind die Protokollbücher des Reformierten Kirchenrats in Heidelberg von 1794–1807 und des Kirchenrats des Herzogtums Leiningen von 1803–1807. Hervorzuheben ist die älteste bekannte Abschrift der Wormser Synodale von 1496 aus dem Jahr 1528. Da das LKA im Zweiten Weltkrieg kaum Verluste erlitt, bilden die Generalakten einen hervorragenden Fundus zu Forschungen zu fast allen Fragestellungen der Kirchengeschichte, soweit sie den südwestdeutschen Raum betreffen.

Die Spezialakten stellen das Pendant zu den Generalakten dar. Sie enthalten alle Vorgänge, die auf Korrespondenzen zwischen der Kirchenbehörde und den Pfarreien bzw. Kirchengemeinden beruhen. Die Spezialakten stellen somit einerseits eine zuverlässige Parallelüberlieferung zu den Pfarrarchiven dar, andererseits verwahren sie dort, wo durch Verluste Pfarrarchive in ihrer Überlieferung geschädigt sind, oft die einzigen Quellen zur örtlichen Kirchengeschichte und zur Ortsgeschichte. Wie die Generalakten reichen die Spezialakten bis in das ausgehende 18. Jahrhundert zurück. Sie enthalten vor allem Vorgänge zur Gründung und Organisation von Pfarreien und Gemeinden, zu den Besitz- und Vermögensverhältnissen, zu den kirchlichen Bauten, insbesondere den Kirchen, sowie zu den Pfarrstellenbesetzungen und Visitationen, vereinzelt auch zum kirchlichen Vereinswesen. Der Bestand ist durch Karteikarten gut erschlossen. Ein umfangreicher Bestand an Spezialakten ist im Generallandesarchiv verwahrt. Sie sind im Katalog des LKA mit erfasst.

Die Personalakten bilden unabhängig vom Aktenplan einen Sonderbestand der Kirchenbehörde. Hier werden die Personalia sämtlicher Geistlicher der Landeskirche, die Ausbildungs- und Prüfungsakten der Pfarrkandidaten sowie die Akten der Angestellten der Landeskirche in leitender Position und der Personen in herausgehobener ehrenamtlicher Stellung verwahrt. In diesem Bestand des EOK befinden sich jedoch keine Personalakten von Angestellten von Kirchengemeinden. Zahlreiche Personalakten aus dem 19. Jahrhundert befinden sich im Generallandesarchiv.

Der umfangreiche Bestand der Lager-, Renovations- und Rechnungsbücher der landeskirchlichen Fonds reicht bis ins Jahr 1543 zurück. Die Akten der landeskirchlichen Einrichtungen (die teilweise in den Generalakten aufgegangen sind) reichen vereinzelt zwar bis ins 18. Jahrhundert zurück (Pflege Schönau, Orgel- und Glockenprüfungsamt), betreffen in der Hauptsache jedoch das 19. und vor allem 20. Jahrhundert.

Das LKA verwahrt derzeit über 90 Nachlässe von Persönlichkeiten des geistlichen Lebens in der evangelischen Kirche in Baden. Die Sammlungen umfassen Predigten, Bilder und Grafiken, Plakate, Pläne und Karten, Manuskripte und Zeitungen sowie Siegel und vereinzelt auch Gemälde und andere Realien. Einen großen Schatz stellen die Kirchenbücher dar, die als Eigentum der

Gemeinden im LKA deponiert sind. Das älteste Kirchenbuch stammt von 1564. Eintragungen in den Kirchenbüchern reichen vereinzelt aber auch bis in vorreformatorische Zeit zurück. Zur Sicherung wurden sämtliche badischen Kirchenbücher verfilmt.

Während historische Dekanatsarchive grundsätzlich ebenfalls im LKA verwahrt werden, verbleiben die Pfarrarchive in aller Regel vor Ort, da sie als wesentlicher Bestandteil der Identität einer Gemeinde gelten. Nur in Ausnahmefällen (aufgrund ihrer herausragenden und weiterreichenden historischen Bedeutung oder um ein in seinem Bestand gefährdetes Archiv zu retten) werden Pfarrarchive als Depositum in das LKA übernommen. Das LKA in Karlsruhe ist also im Gegensatz zum Zentralarchiv der Evangelischen Kirche der Pfalz in Speyer kein Zentralarchiv.

II.1.2.2. Zentralarchiv der Evangelischen Kirche der Pfalz in Speyer

Die Zuständigkeit des Zentralarchivs (ZA) in Speyer bezieht sich auf das Gebiet der ehemaligen bayerischen Pfalz; es umfasst somit den südöstlichen Teil von Rheinland-Pfalz sowie einen Streifen des östlichen Saarlandes. Die Aufgaben, Überlieferungsbedingungen und Aktencorpora des ZA entsprechen für seinen Zuständigkeitsbereich *cum grano salis* denen des LKA in Karlsruhe für Baden. Als zusätzliche Aufgabe ist im Speyerer Archiv die Inventarisierung der Vasa Sacra angesiedelt. Als Zentralarchiv verwahrt das Speyerer Archiv nicht nur die archivwürdigen Unterlagen der Zentral- und Mittelbehörden, sondern grundsätzlich auch sämtliche Pfarrarchive der Pfalz.

Die Bestände-Übersicht, die für die zentralen Bestände eine deutlich differenziertere Tektonik ausweist als die große Karlsruher Gruppe der Generalakten, bezeichnet neben den zentralen Beständen auch die der landeskirchlichen Einrichtungen und Werke sowie von Einrichtungen des Diakonischen Werkes. Die Überlieferung der Mittelinstanzen führt Unterlagen der Inspektionen der Kurpfalz und Pfalz-Zweibrückens, der Synoden und Inspektionen der Departements Mont-Tonnerre (Donnersberg), Bas-Rhin und Sarre, der Lokalkonsistorien, Dekanate und Verwaltungsämter. Einen Hauptbestand machen die Archive der Kirchengemeinden sowie die Kirchenbücher der pfälzischen Gemeinden aus, die teilweise bis ins 16. Jahrhundert zurückgehen. Kleinere Abteilungen bezeichnen die Bestände zum Schulwesen sowie Überlieferungsfragmente (teilweise ins 16. Jahrhundert zurückreichend) von kirchlichen Behörden ehemaliger Territorien im Bereich der Landeskirche. Eine bedeutsame Überlieferung, die bis ins 15. Jahrhundert zurückreicht, findet sich in der Abteilung der Kirchen- und Klosterschaffneien. Hervorzuheben ist ferner das Archiv der Herzog-Wolfgang-Stiftung, das als eines der wenigen Archive nach wie vor dezentral in Zweibrücken verwahrt wird. Unter den Beständen der kirchlichen Vereine, Einrichtungen und Gruppierungen ist der des Bauvereins der Gedächtniskirche in Speyer hervorzuheben. Bemerkenswert ist auch, dass die Überlieferung der Diakonissenanstalt Speyer im Zentralarchiv verwahrt wird. Derzeit verwahrt das Zentralarchiv über 150 Nachlässe. Besonders zu verweisen ist auf die außergewöhnliche und auch überregional bedeutsame Überlieferung der deutschen und schweizerischen Ostasienmission, und hier besonders auf die über 3.000 Glasdias, die die Arbeit der Ostasienmission seit 1860 auch visuell vergegenwärtigen. Ferner darf auf die Sammlungen zur Frömmigkeitsgeschichte hingewiesen werden.

II.1.2.3. Kirchliche Archivalien im Elsass

Die Überlieferung der kirchlichen Archivalien des Elsass unterscheidet sich in mancher Hinsicht von den Entwicklungen in Baden und der Pfalz. Durch die Revolutionsgesetze wurden 1790 und 1793 auch die Akten der Kirchen im Allgemeinen den Archiven der Départements Bas-Rhin (ABR) und Haut-Rhin (AHR) übergeben.

Das Archiv des Bistums Straßburg ist beim ABR deponiert und kann dort konsultiert werden (Série 1 V). Der während der Revolution konfiszierte Teil des Archivs des Straßburger Domkapitels ist in das ABR integriert worden (Série G); der Teil, der der Beschlagnahmung entging, wurde im Münster aufbewahrt und ist 1968 im Straßburger Stadtarchiv deponiert worden (Archives municipales de Strasbourg (AMS), Sous-série 117 Z). Die Archive der katholischen Pfarrämter sind teilweise im ABR und im AHR (Sous-série 2 G) deponiert worden.

Im Bereich der modernen Akten ab 1800 werden die katholischen Archive auch gesondert geführt. Glücklicherweise wurden die Provenienzen bewahrt. Allerdings wurden durch Archivalientausch dann doch einzelne Bestände zerstückelt.

Das berühmte Thomasarchiv, das als Gemeindearchiv die wichtigen Überlieferungen der evangelischen Kirche in Straßburg seit der Reformation bis ins 20. Jahrhundert enthält (darin befindet sich u.a. die Korrespondenz Martin Bucers, aber auch der Bestand der Straßburger Hohen Schule und Akademie), wurde dem AMS (Séries 1 AST und 2 AST; Sous-Série 60 Z) übergeben.

Im AMS befinden sich auch die Kirchenbücher bis 1792. Mit dem Bestand P 29 Straßburg (Laufzeit 1656–1823) befindet sich eine wichtige Überlieferung zur elsässischen Kirchengeschichte auch im Staatsarchiv Basel-Stadt.

Die Archive der Directoire et du Consistoire Supérieur de l'Église de la Confession d'Augsbourg (ECAAL) und der Église Réformée d'Alsace-Lorraine (ERAAL) sind im ABR für die Zeit bis 1870 (Sous-Série 2 V) deponiert worden. Die Archive der lutherischen Konsistorien und protestantischen Pfarrämter sind zum Großteil im ABR und AHR deponiert worden (Sous-Série 2 G).

Die kirchliche Überlieferung des Oberelsass wird überwiegend im Departement-Archiv in Colmar, so vor allem die Kirchenbücher, verwahrt. Daneben sind aber auch hier die kommunalen Archive zu beachten. Das Archiv der reformierten Gemeinde von Mülhausen ist beispielsweise im örtlichen Stadtarchiv (Archives municipales de Mulhouse) deponiert.

II.1.2.4. Kirchliche Archivalien in Basel (katholisch und evangelisch)

Ein Blick auf Basel verrät ähnliche Verhältnisse wie im Elsass. Auch hier sind die kirchlichen Archivalien im Staatsarchiv verwahrt. In der Reihe der älteren Nebenarchive im Staatsarchiv weist das bedeutsame Kirchenarchiv eine Laufzeit von 1328 bis 1960 auf. Der Schwerpunkt der Überlieferung liegt allerdings auf dem Zeitraum vom 18. Jahrhundert bis zum Beginn des 20. Jahrhunderts, doch reichen zentrale Bestände (wie Protokolle, Amtsbücher, Pfarrerakten, Rechnungsakten) regelmäßig auch bis ins 16. Jahrhundert zurück. Die Untergliederung des Kirchenarchivs ist strukturell und sachthematisch begründet.

Auf Strukturen bezogen sind die Abteilungen Generalkapitel, Synode und Kirchenrat, Acta ecclesiastica (Kirchenratsprotokolle) sowie die Überlieferungen einzelner Gemeinden (etwa der Münstergemeinde). Kirchliche Schriften und Amtsbücher sind in gesonderten Gruppen der aktenmäßigen Überlieferung vorgeschaltet.

Die wichtigsten Sachgruppen betreffen Konfession, Agende und Liturgie, Amtshandlungen von der Taufe über den Unterricht bis zu Ehesachen, Bausachen, dem Beerdigungswesen, Feste und Feiern (darin auch Unterlagen zu den Säkularfeiern der Reformation), Witwen- und Waisenversorgung, dem Armen- und Schulwesen und zu den Beziehungen zu anderen Religions- und Konfessionsgemeinschaften (Lutheraner, Katholiken und Israeliten werden so in einer Gruppe zusammengefasst). Bedeutsam ist die Gruppe P „Auswärtige Pfarrdienste", in der auch Unterlagen zu badischen und elsässischen Gemeinden verwahrt werden, so zu Karlsruhe (P 12, Laufzeit 1719–1797) oder Mannheim (P 16, Laufzeit 1671); auf die Überlieferung zu Straßburg wurde bereits hingewiesen (P 29). Auch zur Geschichte der französischen „Refugianten", der Waldenser und der reformierten Gemeinden von Ungarn bis nach Nord- und Südamerika, weist der Bestand eine erstaunliche Fülle auf.

Die Sektion der Älteren Nebenarchive enthält auch das Bischofsarchiv und die Klosterarchive, die Bestände der Almosenpflege, der Kirchengüter und der Schaffneien, des Hospitalwesens und das Waisenhausarchiv, deren Akten teilweise ins 14. Jahrhundert zurückreichen, die des Klosterarchivs und Bischofsarchivs sogar bis ins 11. Jahrhundert.

Als besondere Archive in Basel sei noch auf das Archiv der Basler Mission und das von einer Stiftung getragene Karl-Barth-Archiv hingewiesen. Letzteres enthält den Nachlass Karl Barths, der auch manche Bezüge zu Baden und anderen Regionen enthält.

Weiterführende Literatur

Wolff, Christian: Les archives anciennes des paroisses protestantes d'Alsace et du pays de Montbéliard, in: Gazette des archives Nr. 77 (1972), S. 123–132

Rödel, Volker (Hg.): Umbruch und Aufbruch. Das Archivwesen nach 1800 in Süddeutschland und im Rheinland. Tagung zum 200-jährigen Bestehen des Generallandesarchivs Karlsruhe am 18./19. September 2003 in Karlsruhe (Werkhefte der Staatlichen Archivverwaltung Baden-Württemberg Serie A Heft 20), Stuttgart 2005

II.1.3. Überlieferungen geistlicher Institutionen im Generallandesarchiv Karlsruhe

Kurt Andermann

Das 1803 gegründete badische Generallandesarchiv birgt aus der Zeit des Alten Reiches neben der originär alt- respektive markgräflich badischen Überlieferung die schriftliche Hinterlassenschaft zahlreicher größerer und kleinerer, sowohl weltlicher als auch geistlicher Territorien, Herrschaften und Institutionen, die in den ersten Jahren des 19. Jahrhunderts infolge von Säkularisation und Mediatisierung an das Kurfürstentum (seit 1803), dann Großherzogtum (seit 1806) Baden gefallen sind. Für den rechten Zugriff auf diese Quellen ist vorab wichtig zu wissen, dass die badischen Archivare jener Zeit alle Provenienzen auflösten und zumeist regional bezogene Pertinenzbestände in der Weise bildeten, dass sie die Generalia nach Sachrubriken, die Specialia nach Orts- und Sachbetreffen ordneten. Daher handelt es sich auch bei jenen Beständen, die dem Namen nach auf den ersten Blick provenienzgerecht erscheinen, in der Regel nicht um Provenienz-, sondern um Mischbestände. Mit anderen Worten: Nicht überall, wo Konstanz draufsteht, ist auch in jedem Fall immer Konstanz drin. Zusätzlich wurden die von Baden übernommenen Registraturen und Archive im 19. Jahrhundert einerseits durch Extraditionen vermindert, andererseits aber auch wieder durch die Übernahme badischer Lokalpertinenzen sonstiger Herkunft vermehrt.

Unter den geistlichen Überlieferungen, die ins Generallandesarchiv gelangten, sind zuallererst die der Hochstifte Konstanz (Bestände 5, 82, 82a, 83) und Speyer (42, 78) zu nennen. Diese umfassen das in Konstanz und Meersburg beziehungsweise in Bruchsal verwahrt gewesene zentrale Schriftgut der jeweiligen sowohl landesherrlichen als auch geistlichen Verwaltungen, freilich vermindert durch Selektionen und die bereits erwähnten Extraditionen. Das Archiv des Konstanzer Domkapitels kam entsprechend an Baden, ebenfalls das jahrhundertelang beim Dom in Speyer verwahrte Archiv des dortigen Kapitels infolge Flüchtung zur Zeit der Revolutionskriege. Desgleichen wurde die nach Regensburg geflüchtete Registratur des im Rechtsrheinischen begütert gewesenen Basler Domstifts (19, 85) im Zuge der Säkularisation an Baden ausgeliefert, das Archiv der Bischöfe von Basel hingegen liegt seit 1529 in Pruntrut. Straßburger Überlieferungen geistlicher Provenienz (33), zumeist Urkunden des Hoch- und Domstifts, aber auch solche anderer Straßburger Stifte und Klöster, gelangten, soweit sie badisches Gebiet betreffen, erst im späteren 19. Jahrhundert durch Extradition ins Generallandesarchiv.

Groß ist die Zahl der mit der Säkularisation an Baden gefallenen Kloster- und Stiftsarchive, für die die primär einschlägigen Bestände (Urkunden, Akten) hier nur alphabetisch aufgezählt werden können: Allerheiligen im Schwarzwald (34, 84), Ettenheimmünster (27a, 87), Frauenalb (40, 88), Gengenbach (30), Günterstal (23), Himmelspforte (17, 91), Lichtenthal (35, 92), Oberried (22), Odenheim (42, 94), Petershausen (1, 95), Reichenau (5, 96), Säckingen (16, 97), Salem (4, 98, 98-1, 98a), St. Blasien (11, 99), St. Georgen (12, 100), St. Märgen (13, 101), St. Peter (14, 102), St. Trudpert (15, 103), Schuttern (29, 104), Schwarzach (37, 105), Tennenbach (24, 106), Waldkirch (26, 107) und Wonnental (25). Allerdings gilt es dabei wiederum zu beachten, dass es sich nicht um Provenienz-, sondern um Mischbestände handelt, und selbstverständlich hat jede dieser Überlieferungen ihre eigene Geschichte und ihre eigenen Umstände, auf die hier nicht weiter eingegangen werden kann. Überdies wurden viele geistliche Splitterprovenienzen in regionale Sammelbestände eingereiht, wie beispielsweise in den Bestand Vereinigte Breisgauer Archive (21), in dem nicht nur viele Urkunden Freiburger Klöster und der Freiburger Deutsch-Ordens-Kommende, sondern auch solche der Klöster Alpirsbach und St. Gallen zu finden sind, oder in den Urkundenbestand Pfalz (43), der Lokalpertinenzen vom Lobdengau und dem Kraichgau über den Odenwald, das Bauland und den ehedem badischen Taubergrund bis ins unmittelbare Hinterland von Würzburg umfasst, darunter manche (Teil-)Überlieferungen von einst in diesen Landschaften gelegenen größeren und kleineren Klöstern. Entsprechendes gilt für die in ihrem Kern markgräflich badischen Bestände (36–38, 74–76), in denen ebenfalls allerhand Geistliches aufgegangen ist, darunter Archivreste des Kollegiatstifts in Baden-Baden, des Franziskanerklosters auf dem Baden-Badener Fremersberg oder des schon in der Reformation aufgehobenen

Kollegiatstifts an der Pforzheimer Michaelskirche. Überlieferungen der und zu den großen Ritterorden gibt es für den Deutschen Orden in erster Linie in den Beständen Beuggen (18, 86) und Mainau (3, 93), für den Johanniter- beziehungsweise Malteser-Orden in den Beständen Johanniterarchive (20), Heitersheim (89, 90) und Grünenwörth zu Straßburg (32).

Über die bisher genannten Bestände hinaus findet sich Schriftgut geistlicher Provenienz natürlich auch in den verschiedenen Selektbeständen des Generallandesarchivs: königliche und päpstliche Privilegien und sonstige Diplome in den Beständen A und D (Kaiser- und Königsurkunden bis 1518), B und E (Papsturkunden bis 1302) sowie C (Privaturkunden vor 1200). Bestand 44 umfasst Lehnsreverse und sonstige Lehnsurkunden ganz verschiedener Provenienzen. Domkapitels-, Hofrats- und vielerlei sonstige Protokolle sind in den Bestand 61 (Protokolle) eingereiht, Rechnungen von Landschreibereien, Vogteien und allerlei Ämtern, darunter der Konstanzer Münsterfabrik, gibt es in Bestand 62. Vornehmlich kurpfälzische, aber auch baden-durlachische Pfarr- und Schulkompetenzen sind in den Kompetenzbüchern des Bestands 63 dokumentiert. Unter der Bestandssignatur 64 sind Nekrologe und Anniversarien zahlreicher Pfarr-, Stifts- und Klosterkirchen zu finden, so auch jene der Domstifte von Konstanz, Basel und Speyer. Desgleichen sind die Handschriften- (65), Berain- beziehungsweise Urbar- (66) und Kopialbücherbestände (67) bunte Mischbestände von großer Reichhaltigkeit mit ungezählten geistlichen Provenienzen aus ganz verschiedenen administrativen Kontexten. Den bei weitem umfangreichsten Bestand des Generallandesarchivs machen mit nahezu 120.000 Nummern die Akten badischer Orte (229) aus; dort sind praktisch alle Spezialakten mit primär lokalem Bezug versammelt, das heißt nicht zuletzt alles, was die örtlichen Kirchen angeht. Der kleine, aber feine Bestand Aufschwörungen und Stammbäume (73) enthält die entsprechenden, großformatigen und reich mit Wappen geschmückten Überlieferungen der Domkapitel von Konstanz und Speyer sowie des Johanniter-Großpriorats Heitersheim. Karten, Pläne und Ansichten verschiedener Provenienzen liegen unter G (Baupläne und technische Pläne), H (Karten) und J (Bilder), Druckschriften unter K (ältere Druckschriften und Flugblätter) und unter L (Deduktionen und Staatsschriften).

Zwar nicht geistlicher Provenienz, aber für die Kirchengeschichte in einem weiteren Sinn ebenfalls von Interesse sind natürlich auch die Überlieferungen landesherrlicher Kirchenbehörden in weltlichen Territorien, wie beispielsweise die der diversen baden-durlachischen Geistlichen Verwaltungen oder der kurpfälzischen Geistlichen Güteradministration zu Heidelberg, in denen mitunter auch klösterliche Vorprovenienzen zu finden sind. Und schließlich bleibt noch auf ein Depositum hinzuweisen, auf das Archiv des 1718 gegründeten evangelischen Kraichgauer Adeligen Damenstifts, den Provenienzbestand einer Einrichtung, die zwar ihrer Verfassung nach weltlich ist, sich aber in älterer Zeit stark an klösterlichen Vorbildern orientierte und tiefe Einblicke in das Frömmigkeitsverständnis und das Sozialverhalten des vormals reichsritterschaftlichen Adels eröffnet.

II.1.4. Das Landesarchiv Speyer und seine Bestände zur Kirchengeschichte

Paul Warmbrunn

Das Landesarchiv Speyer ist im Rahmen der Landesarchivverwaltung Rheinland-Pfalz zuständig für die Mittel- und Unterbehörden des Landes sowie für alle kommunalen und sonstigen öffentlichen Dienststellen, die ihren Sitz im ehemaligen Regierungsbezirk Rheinhessen-Pfalz haben, soweit sie keine eigenen Archive unterhalten. Die Zuständigkeit erstreckt sich auch auf die Archivalien der früher in diesem Bereich bestehenden Staaten, Länder und Institutionen.

Vor der Französischen Revolution waren die Pfalz und Rheinhessen unter ca. 50 verschiedene Territorien und Herrschaften aufgeteilt. Von einem Großteil dieser Gebiete besitzt das Landesarchiv in seinen Beständen des Alten Reiches (vor allem Abteilungen A – F) bis ins frühe Mittelalter zurückreichende Urkunden, Amtsbücher und Akten. Ein erheblicher Teil dieser Unterlagen betrifft kirchliche Territorien und Institutionen. In der Säkularisation gelangten mit dem Besitz der aufgelösten Bistümer, Stifte und Klöster in der Pfalz auch deren Archive in staatliche Obhut und Verwaltung und über die zuständigen Departementalarchive der Französischen Zeit (1798–1814) in das 1817 für den bayerischen Rheinkreis (ab 1838: Kreis „Pfalz") errichtete „Kreisarchiv" mit Sitz in Speyer. Nach mehrfacher Umbenennung (1921–1938 „Bayerisches Staatsarchiv Speyer", 1938–1974 „Staatsarchiv Speyer") trägt dieses seit dem 1. Januar 1975 die Bezeichnung „Landesarchiv Speyer" und ist ab 1946 eines der beiden staatlichen Archive in der rheinland-pfälzischen Landesarchivverwaltung und seit 1968 auch für Rheinhessen zuständig.

Die Archivalien geistlicher Territorien und Institutionen des Alten Reiches in der linksrheinischen Pfalz sind in der Abteilung D des Landesarchivs Speyer konzentriert. Neben Beständen zu den Hochstiften Speyer (D 1 – D 5) und Worms (D 11 – D 13) sind darin auch die erhaltenen Archivbestände, vor allem Urkunden, der – durch protestantisch gewordene Territorien im 16. Jahrhundert sowie in der Französischen Zeit – säkularisierten Klöster und Stifte (D 21 ff.) enthalten, als bedeutendste neben dem Domstift Speyer (D 21) und den drei Speyerer Nebenstiften (Allerheiligen: D 22, St. German: D 23, St. Guido: D 24) Klingenmünster (D 29), Limburg (D 30) und Hornbach (D 32), außerdem des Deutschen Ordens (D 51 – D 54) und Johanniterordens (D 57 – D 59) sowie der Klöster in den Reichsstädten Speyer (D 25) und Landau (D 26). Einschränkend muss gesagt werden, dass sich diese Archivalien in der Regel nur auf die linksrheinischen Ämter und Orte erstrecken und die ursprüngliche Urkundenüberlieferung des Landesarchivs generell mit ganz wenigen Ausnahmen erst 1400 einsetzt – Urkunden aus früherer Zeit sind im Bayerischen Hauptstaatsarchiv München („Rheinpfälzer Urkunden") zu suchen, wohin sie im Zuge der Zentralisierung im bayerischen Archivwesen schon im 19. Jahrhundert gelangt sind.

Daneben finden sich kirchengeschichtlich aufschlussreiche und bedeutsame Unterlagen auch in den Beständen der weltlichen Territorien, mit einem Schwergewicht auf Pfalz-Zweibrücken (Abteilung B). Die Einführung der Reformation ab 1533 und der endgültig 1588 vollzogene

Übergang dieses Territoriums von der lutherischen zur reformierten Konfession sind gut in Bestand B 2 (Pfalz-Zweibrücken, Akten) dokumentiert. In den Ortsakten über die Stadt Zwei-brücken befinden sich Autographen berühmter Reformatoren, so von Philipp Melanchthon (1497–1560, B2 Nr. 1445/1 fol. 17 r-v) und von Kaspar Hedio (1494–1552).

Von der Überlieferung zur Kurpfalz (Abteilung A) sind neben einzelnen Urkunden in A 1 (Kurpfalz, Urkunden) und den vom Umfang her recht überschaubaren Akten über „Kirchen- und Schulsachen" in A 2 (Kurpfalz, Akten) Nr. 38/1-62 vor allem die Bestände des Evangelisch-lutherischen Konsistoriums (A 12) und der Geistlichen Güteradministration (A 13 – A 15) zu nennen. Visitationsakten, die oft ein plastisches Bild der kirchlichen Zustände während und nach der Reformation bzw. der katholischen Reform vermitteln, sind in größerem Umfang für das Herzogtum Pfalz-Zweibrücken (1558: B 2 Nr. 160/2, 1580: B 2 Nr. 187/1, 1589: B 2 Nr. 161/2) und für das Hochstift Speyer (1583: D 2 Nr. 306/10, 1701: D 2 Nr. 306/6) vorhanden.

Unter den überterritorialen Beständen (Abteilung E) sind die mit rund 2.500 Prozessakten umfangreiche, erst seit 2003 im Landesarchiv verwahrte Überlieferung des Reichskammer-gerichts zu Prozessen mit pfälzischem Bezug (E 6), die auch zahlreiche Streitfälle mit Betei-ligung geistlicher Personen und Institutionen umfasst, unter den Selektbeständen des Alten Reiches (Abteilung F) neben Kopialbüchern der geistlichen Herrschaften (in F 1) die rund 400 Kirchenbücher (F 6), ein von den Familienforschern sehr eifrig benutzter Bestand, besonders hervorzuheben. Der größte Teil des 1997 durch das Land Rheinland-Pfalz erworbenen, 4.458 Urkunden (darunter 1.135 vor 1400!) und eine zahlenmäßig ähnlich umfangreiche Diploma-tische Sammlung umfassenden „Gatterer-Apparats" (F 7) entstammt dem Archiv der Geist-lichen Güteradministration, das sich seinerseits im Wesentlichen aus den Archivalien der in der Reformation durch die in der Kurpfalz säkularisierten Stifte und Klöster zusammensetzt. Daher sind auch in diesem Bestand zahlreiche zur Kirchengeschichte einschlägige Dokumente, darunter allein 39 Papst- und 100 Bischofsurkunden, vorhanden.

Die religiös-konfessionellen Verhältnisse der Umbruchzeit nach der französischen Besetzung des linken Rheinufers spiegeln sich in den betreffenden Archivalien der Abteilung G, insbeson-dere in G 6 (Departement Donnersberg, Allgemeine Verwaltung) Nr. 103–196 wieder. Die in Best. G 11 (Domänendirektion des Departements Donnersberg) Nr. 113 enthaltenen Affichen über Nationalgüterversteigerungen betreffen zu einem großen Teil ehemals kirchlichen Besitz.

Durch die Mitwirkung und die Kontrollbefugnisse des Staates vor allem bei der Finanzver-waltung und beim Bauwesen der Kirchengemeinden sind auch bei den Behördenarchiven der staatlichen (bayerischen und rheinland-pfälzischen) Verwaltung im Landesarchiv (Abteilungen H–R) zahlreiche Archivalien mit kirchlich-religiösem Bezug erwachsen. Zu nahezu jeder Kir-chengemeinde der beiden großen christlichen Kirchen in der Pfalz sind Akten in H 3 (Regierung der Pfalz, Kammer des Innern und der Finanzen) vorhanden, in vielen Fällen ergänzt durch entsprechende Archivalien in den Beständen der pfälzischen Bezirks- bzw. Landratsämter (H 31 ff.), der rheinhessischen Kreis- bzw. Landratsämter (H 51 ff.) sowie der – insgesamt über 300 – im Landesarchiv deponierten Stadt- und Gemeindearchive (Abteilung U). Auch zur jüngeren kirchlichen Zeitgeschichte kann das Landesarchiv Material bereitstellen. So ist die nationalsozialistische Verfolgung von Geistlichen und Kirchenvertretern in den Archivalien der

Allgemeinen Verwaltung und Polizei (Abteilung H), insbesondere den Akten der Gestapostelle Neustadt (H 91), sowie in Justizakten (Abteilung J) dokumentiert.

Unter den nichtstaatlichen Deposita des Landesarchivs ist vor allem der Nachlass von Franz Xaver Glasschröder (1864–1933), von 1891–1902 als Archivar am heutigen Landesarchiv und danach am Bayerischen Hauptstaatsarchiv in München tätig, zu erwähnen (V 8). Er enthält umfassendes Material zur pfälzischen Kirchen- und Pfründegeschichte im Mittelalter, das den Grundstock für die mittlerweile sechs Bände umfassende Reihe *Palatia Sacra* zu den linksrheinischen Archidiakonaten des Bistums Speyer einschließlich der Bischofsstadt Speyer (1988 ff.) bildet.

Die Archivsituation zur Kirchengeschichte im Landesarchiv Speyer muss, zusammenfassend gesagt, im Kontext der gesamten archivalischen Überlieferungslage zur linksrheinischen Pfalz und zu Rheinhessen gesehen werden, die durch eine starke Zersplitterung und – leider – auch durch große Verluste, zuletzt infolge der Kriegsauslagerung im Zweiten Weltkrieg, gekennzeichnet ist. So wird man die Archivalien im Landesarchiv Speyer zum Kirchenwesen im Regelfall ergänzend zur Überlieferung in anderen Archiven heranziehen, die im Alten Reich für die Pfalz vorrangig im Generallandesarchiv Karlsruhe und im Bayerischen Hauptstaatsarchiv München, für das 19. und 20. Jahrhundert vor allem in den kirchlichen und kommunalen Archiven zu suchen ist. Gleichwohl ist im Landesarchiv ein reichhaltiger und inhaltlich vielschichtiger Quellenfundus zur Kirchengeschichte am linksrheinischen Oberrhein vorhanden, der sowohl zu mediävistischen wie auch zu neuzeitlichen Arbeiten bisher schon häufig herangezogen wurde und der weiteren Auswertung harrt.

II.2. Bibliotheken

II.2.1. Kirchliche Bibliotheken im Elsass

LOUIS SCHLAEFLI

Während der Französischen Revolution wurden die katholischen Kirchengüter – einschließlich Archive und Bibliotheken – konfisziert. Die protestantischen Kirchengüter waren davon nicht betroffen, weil sie als schon in der Reformationszeit säkularisiert galten.

Die Archivbestände wurden zunächst den Hauptorten der Distrikte übergeben, dann den Archiven der Départements Bas-Rhin (ABR) und Haut-Rhin (AHR). Handschriften und Bücher gingen an die Stadtbibliotheken von Straßburg und Colmar. Die Straßburger Stadtbibliothek mit ihren Kostbarkeiten (einschließlich Handschriften wie dem *Hortus deliciarum*) wurde jedoch in der Nacht vom 24. auf den 25. August 1870 ein Opfer des deutschen Artilleriefeuers.

> *Nach der Zerstörung der alten Straßburger Stadtbibliothek wurde 1871 die neue Kaiserliche Universitäts- und Landesbibliothek zu Straßburg (KULBS) gegründet, die heutige Bibliothèque Nationale et Universitaire de Strasbourg (BNUS) – mit ihren rund 3.000 000 Bänden und 50. 000 Zeitschriften zweitgrößte Bibliothek Frankreichs. Neben den herausragenden ägyptologischen Sammlungen sind die Religionswissenschaften als Dokumentations- und Informationszentrum wesentlicher Schwerpunkt dieser Bibliothek und der Bibliothèque Nationale de France angegliedert. Das im Aufbau befindliche Internet-Portal „Religion" gilt der Vernetzung der universitären Dokumentationszentren und der städtischen Mediatheken Straßburgs.*
>
> *Seit vielen Jahren schon verfügen die beiden Fakultäten der protestantischen und katholischen Theologie in Straßburg über eine gemeinsame Bibliothek als Zeichen der gegenseitigen ökumenischen Beziehungen.*
>
> *Die Universitätsbibliothek des Oberelsass in Mülhausen umfasst etwa 170.000 Werke und 2.600 Zeitschriften. Viele theologische und religiöse Schriften enthalten etwa auch die gut ausgestatteten Stadtbibiotheken von Straßburg, Colmar und Mülhausen.*

Im Gegensatz zu anderen Diözesen besitzt das Bistum Straßburg keine eigene Bibliothek. Dies lässt sich mit der Präsenz und reichen Ausstattung großer öffentlicher Bibliotheken in Straßburg erklären: die Bibliothèque Nationale et Universitaire de Strasbourg (BNUS), die Bibliothek der katholischen Theologischen Fakultät und die zur Mediathek André Malraux gewordene Straßburger Stadtbibliothek.

Alle Orden, die nach der Französischen Revolution ins Elsass zurückkehrten, haben wieder eine mehr oder weniger reichhaltige Klosterbibliothek aufgebaut. Die der Dominikaner dient der Novizenausbildung. Die Franziskaner haben ihre Bibliotheken inzwischen bei der BNUS deponiert, die Redemptoristen werden diesem Beispiel folgen, und die Kapuziner haben ihre Bibliotheken im Kloster

Straßburg-Koenigshoffen vereint. Die alten Liturgie-Bestände der nach Baumgarten verlegten Abtei Ergersheim sind nach Cîteaux abgegeben worden. Angesichts der vorhersehbaren Schließung von Klöstern ist die Suche nach einem zentralen Standort für ihre Bibliotheken, die bald keine Besitznachfolger mehr haben werden, dringend geboten, damit nicht ein vielleicht ebenso wichtiges Erbe zerstreut wird, wie es in der Zeit der Französischen Revolution enteignet und zentralisiert worden ist.

Viele Kirchengemeinden haben – vor allem in der Zeit, als das Elsass Reichsland war – eigene Bibliotheken mit erbaulichen und volkstümlichen Schriften eingerichtet. Ihre ersten deutschsprachigen Bestände fanden in der Folgezeit keine Leser mehr, auch fehlte es an nennenswerten Neuzugängen, sodass sie im Medienzeitalter sehr bald außer Gebrauch gekommen sind. Auf einige wichtige Bestände sei hier hingewiesen:

II.2.1.1. Katholische Bibliotheken

Bibliothèque du Grand Séminaire de Strasbourg

Die Bibliothek des Straßburger Priesterseminars (seit 1683) ist aus der von den Jesuiten in Molsheim angelegten Bibliothek für ihr Gymnasium (1580) und das Priesterseminar (1607) hervorgegangen und hat ihre alten Bestände im prächtigen Galeriesaal aus dem 18. Jahrhundert untergebracht. In der Französischen Revolution wurde sie konfisziert, 1827 zum Teil zurückerstattet und in der Folgezeit durch Schenkungen zahlreicher Kleriker, aber auch von Privatleuten erweitert. Zu ihren Schätzen gehören mehr als 40 alte Handschriften, darunter der *Codex Guta-Sintram* (von 1154), Bedas Werk *De natura rerum* (9./10. Jahrhundert), ein griechisches Neues Testament (10./11. Jahrhundert) und etwa 2.000 handgeschriebene historische Dokumente. Sie zählt zu ihren Beständen 237 Inkunabeln (Werke, die vor 1500 gedruckt wurden) und fast 4.000 Werke des 16. Jahrhunderts. Den Großteil der alten Bibliothek machen Werke des 17. und 18. Jahrhunderts aus, vor allem theologische Schriften (mehr als 75%). Die späteren Werke (wohl mehr als 100.000 Bände) müssten zur besseren Benutzung in geeigneten größeren Räumlichkeiten untergebracht werden. Angeschlossen ist die Musikaliensammlung – ein gemeinsamer Besitz des Sankt-Cäcilienverbands und des Priesterseminars, die vor allem Handschriften des Kapellmeisters Franz-Xaver Richter und anderer Musiker umfasst sowie alte Notendrucke – und die reichhaltige Bibliothek der Alsatica (Schriften über das Elsass).

Bibliothèque du Mont Sainte-Odile

Die Bibliothek vom St. Odilien-Berg wurde im 19. Jahrhundert angelegt, vor allem um leerstehende Bücherregale zu füllen. Die Bestände gehen zum großen Teil auf Geschenke des Grand Séminaire und von Geistlichen zurück. Teilweise besteht sie aus unvollständigen Reihenwerken, enthält aber immerhin 10 Inkunabeln, 148 Werke des 16. Jahrhunderts und 177 des 17. Jahrhunderts. Vor einigen Jahren wurde diese Bibliothek gestohlen, konnte jedoch wiedergefunden und in vollem Umfang wiederhergestellt werden.

Bibliothèque de l'Abbaye cistercienne d'Oelenberg

Die Bibliothek der Zisterzienserabtei Oelenberg umfasst etwa 145.000 Bände, vor allem aus dem 19. und 20. Jahrhundert, dazu Archivalien, ein Antiphonarium des 15. Jahrhunderts, zwei

Inkunabeln und andere alte Werke, darunter Alsatica, einschließlich einiger Restbestände der ehemaligen Jesuitenbibliothek vor Ort.

Bibliothèque du couvent de la Divine Providence Ribeauvillé

Das Kloster in Rappoltsweiler war das Mutterhaus der Orden der Schwestern der Göttlichen Vorsehung und hatte natürlich, weil dort die künftigen Schwestern als Lehrerinnen ausgebildet wurden, eine Bibliothek. Die Bücherbestände der „Stationen" der Schwestern sind nach ihrer jeweiligen Schließung dort integriert worden. Außerdem enthält sie den von den Jesuiten im Noviziat von Isenheim (1843–1870) aufgebauten Altbestand. Nachdem die Jesuiten 1872 im Zusammenhang mit dem Kulturkampf ausgewiesen wurden, haben sie 1882 den Schwestern von Rappoltsweiler ihr Haus samt Einrichtungen verkauft. Somit hat die Bibliothek, auch dank einiger besonderer Schenkungen, einen wertvollen Altbestand, der aus 16 Inkunabeln, 43 Post-Inkunabeln (Werke, die zwischen 1500 und 1530 gedruckt wurden), 117 Werken aus der Zeit von 1530 bis 1600, 467 aus dem 17. Jahrhundert und 1661 aus dem 18. Jahrhundert besteht.

Bibliothèque du Collège épiscopal de Zillisheim

Die ehemalige Bibliothek des bischöflichen Kollegiums von Zillisheim ist keine Präsenzbibliothek mehr. Einige wertvolle Bände wurden in das erzbischöfliche Palais nach Straßburg gebracht und vor kurzem mit anderen Beständen in einem umgebauten großen Kellerraum aufgestellt.
Die meisten derartigen kirchlichen Bibliotheken werden von ehrenamtlich tätigen Personen verwaltet, die nicht immer Nachfolger finden, sodass deren baldige Schließung zu befürchten ist. Es ist wünschenswert, dass zumindest die wertvollsten Dokumente erfasst werden, wie dies für einen großen Teil der Handschriften des Straßburger Priesterseminars geschehen ist, um sie für die Forschung zugänglich zu machen.

II.2.1.2. Protestantische Bibliotheken

Bibliothèque du Collegium Wilhelmitanum

Diese theologische und allgemein kulturgeschichtliche Bibliothek war zunächst für das 1544 im ehemaligen St. Wilhelm-Kloster eingerichtete Internat bestimmt und wurde später in den Gebäuden des St. Thomas-Kapitels untergebracht. 1894 umfasste sie etwa 50.000 Bücher und 10.000 Pamphlete, deren Zahl in der Folgezeit stark vermehrt worden ist. 1989 sind die Altbestände (2.000 Bände aus dem 16. Jahrhundert, ebenso viele aus dem 17. Jahrhundert) in dem Rodolphe-Peter-Saal zusammengefasst worden, die übrigen Werke wurden auf verschiedene Lokalitäten verteilt, darunter auch in dem Turm der St. Thomas-Kirche.

La Médiathèque protestante de Strasbourg

Das protestantische Medienzentrum ist ebenfalls in den Gebäuden des St. Thomas-Kapitels untergebracht. Ihre Neubestände sind der Öffentlichkeit zugänglich, auch werden dort Ausstellungen veranstaltet.

Bibliothèque du Consistoire luthérien de Colmar

Die Lutherische Konsistorialbibliothek von Colmar umfasst 139 Handschriften, 85 Inkunabeln und 2.300 alte Drucke, die aus den ehemaligen Bibliotheken der Franziskaner, Jesuiten, der literarischen Pfeffel-Gesellschaft und mehrerer Colmarer Pfarrer stammen. Sie ist der Stadtbibliothek von Colmar zur Aufbewahrung gegeben.

Weiterführende Literatur

Centre de Recherches historiques alsaciennes (Hg.), Répertoire des Archives, Bibliothèques, Musées, Organismes officiels, Sociétés, Comités et Revues au service de la recherche historique en Alsace, Strasbourg 1939
Wolff, Christian: Le protestantisme luthérien français de 1802 à 1870 vu à travers les archives du Directoire, in: Bulletin de la Société de l'Histoire du Protestantisme Français 129 (1983), S. 110–119
Patrimoine des bibliothèques de France, Bd. IV: Alsace, Franche-Comté, Paris 1995 (Bibliothek des Collegium Wilhelmitanum, S. 126–131; Bibliothek des Priesterseminars, S. 142–147)
Le Minor, Jean-Marie: Catalogue de la Bibliothèque ancienne du Mont Sainte-Odile. Incunables, seizième, dix-septième siècles, Baden-Baden 2002
Schlaefli, Louis: Catalogue de la Bibliothèque du Couvent de la Divine Providence à Ribeauvillé. Fonds anciens (XVe–XVIIe siècles), Baden-Baden 2002

II.2.2. Kirchliche Bibliotheken im deutschen Oberrheingebiet

Gerhard Schwinge

Ein öffentliches kirchliches Bibliothekswesen, zusätzlich zum staatlichen Bibliothekswesen, entstand erst als eine der Folgen der Säkularisation und der territorialen Neuordnung unter und nach Napoleon im Laufe des 19. Jahrhunderts. Zuvor gab es vor allem Klosterbibliotheken, Hofbibliotheken, Ratsbibliotheken und Lateinschulbibliotheken; sie sind nur in Einzelfällen erhalten geblieben. Nun aber benötigten die neuen eigenständigen kirchlichen Behörden vor allem rechtliche Quellen- und Literaturwerke; so entstanden kirchliche Behördenbibliotheken. Erst im Zuge der Spezialisierung von kirchlicher Aus-, Fort- und Weiterbildung wurden in der Mitte des 20. Jahrhunderts daraus landeskirchliche Zentralbibliotheken. Zusätzlich gibt es kirchliche Spezialbibliotheken sowie die Bibliotheken kirchlicher Ausbildungs- und anderer Bildungseinrichtungen. – Im Folgenden werden die sechs wichtigsten oder interessantesten kirchlichen Bibliotheken in Baden und der Pfalz genannt[1]. Sie sind alle öffentlich zugänglich, ihre Bestände sind größtenteils online recherchierbar, zumeist über den Karlsruher Virtuellen Katalog (www.ubka.uni-karlsruhe.de/kvk.html).

II.2.2.1. Landeskirchliche Zentralbibliotheken

Landeskirchliche Bibliothek (LKB) Karlsruhe

Nach der Entstehung des Großherzogtums Baden existierte seit 1807 eine evangelisch-kirchliche Zentralverwaltung in Karlsruhe innerhalb des Innenministeriums, konsolidiert durch die Union von 1821. Ein erster handschriftlicher Katalog der Bibliothek des Evangelischen Oberkirchenrats stammt, nachdem der Oberkirchenrat 1855 eine selbstständige Behörde geworden war, aus dem Jahr 1856, ein erster gedruckter Katalog von 1874. Die seit 1973 Landeskirchliche Bibliothek heißende theologische Zentralbibliothek hat heute etwa 120.000 Bände. Als Sondersammlungen aus der ersten Hälfte des 19. Jahrhunderts gehören dazu die Bibliothek des badischen Erweckungspredigers Aloys Henhöfer und die theologischen Bestände der alten Karlsruher Lyzeumsbibliothek aus Johann Peter Hebels Zeiten sowie aus späterer Zeit eine umfangreiche Gesangbuch-Sammlung.

Bibliothek und Medienzentrale der Evangelischen Kirche der Pfalz (BMZ) in Speyer

Schon in der Zeit der Bayerischen Pfalz gab es nach einer Aktennotiz von 1831 eine zentrale kirchliche Behördenbibliothek, vermutlich schon seit Einrichtung des Königlichen Konsistoriums 1816. Dieses war seit 1818 die Kirchenbehörde der unierten pfälzischen Landeskirche. Ein erstes Inventarverzeichnis stammt aus dem Jahr 1880. Heute umfasst die BMZ etwa 135.000 Bände und 12.000 audiovisuelle Medien. Zu den Aufgabengebieten gehören neuerdings auch die Ausleihe und Pflege der Notenbibliothek des Amts für Kirchenmusik (rund 1.000 Werke vorwiegend geistlicher Musik mit 100.000 Notenblättern) und der rund 21.000 Bände umfassenden Bibliothek des Vereins für Pfälzische Kirchengeschichte, die in der BMZ als Depositum untergebracht ist. Die BMZ verfügt über einige Sondersammlungen wie z.B. die „Zentralbibliothek Französischer Protestantismus" und eine Gesangbuchsammlung.

II.2.2.2. Große katholische Bibliotheken

Die behördliche Bibliothek des Ordinariats des Bistums Speyer ist nicht öffentlich. Die Bibliothek des Erzbischöflichen Ordinariats Freiburg, die 2008 mit den Bibliotheken des „Collegium Borromaeum" und des ehemaligen Priesterseminars St. Peter zur „Erzbischöflichen Bibliothek Freiburg" vereinigt wurde, steht, wenngleich mit Einschränkungen, allen Interessierten offen. Die Online-Katalogisierung ist noch nicht abgeschlossen, doch die Bestände (ca. 170.000 Bände und ca. 1.200 Fortsetzungswerke) sind großenteils schon heute über die UB Freiburg bzw. über den SWB recherchierbar. Darüber hinaus ist hinzuweisen auf zwei öffentlich zugängliche große katholische Bibliotheken:

Bibliothek des Bischöflichen Priesterseminars Speyer (Diözesanbibliothek)

Zu ihren Vorgängern, der Dombibliothek in Speyer und der Seminarbibliothek in Bruchsal, besteht eine Kontinuität nur in vereinzelten Werken. Dennoch ist die bald nach der Neuerrichtung des Bistums entstandene heutige Bibliothek die älteste aktive Bibliothek der Stadt. Mit etwa 250.000 Bänden und 300 laufenden Zeitschriften gehört sie zu den größten theologischen Bibliotheken in Deutschland. Der Sammelschwerpunkt liegt auf den praktisch-theologischen Fächern. Daneben besitzt sie einen großen Bestand an Werken des 15.–18. Jahrhunderts. Mit der „Sammlung Rathofer" verfügt sie über die wohl größte Privatsammlung mittelalterlicher Handschriften in Faksimiles. Für das Bistum Speyer erfüllt sie die Aufgaben einer Diözesanbibliothek.

Bibliothek des Deutschen Caritasverbandes, Freiburg

Die Caritasbibliothek wurde 1896 nach Gründung der deutschen Caritaszentrale als Arbeitsbücherei eingerichtet und ist seit den 1950er Jahren eine öffentliche Fachbibliothek für Wohlfahrtspflege. Allgemeine Sammelgebiete: Pädagogik, Psychologie, Sozialpolitik, Soziologie, Sozialgeschichte. Besondere Sammelgebiete: Soziale Nöte und Hilfen, Sozialarbeit und Sozialpädagogik, Religionspädagogik, Heilpädagogik. Heute umfasst die Bibliothek etwa 250.000 Bände.

II.2.2.3. Zwei kleinere theologisch-kirchliche Spezialbibliotheken

Bibliothek des Melanchthonhauses Bretten

Das Melanchthon-Gedächtnishaus in der Geburtsstadt des Humanisten, Universalgelehrten und Reformators Philipp Melanchthon wurde durch die Initiative des (aus der Pfalz stammenden) Berliner Kirchenhistorikers Nikolaus Müller errichtet und 1903 eröffnet. Auch der Grundbestand der Bibliothek war eine Stiftung des Gründers. Es handelt sich um eine Spezialbibliothek zu Humanismus und Reformation mit vielen alten Drucken, neueren Quellensammlungen sowie einschlägiger Forschungsliteratur. Auf Grund einer Neukatalogisierung durch Fachkräfte der Badischen Landesbibliothek Karlsruhe seit 1987 ist der Gesamtbestand jetzt ebenfalls online recherchierbar. Die Bibliothek umfasst heute etwa 12.000 Bände, fast zur Hälfte historische Drucke.

Wessenberg-Bibliothek Konstanz

Die Privatbibliothek des Ignaz Heinrich Freiherr von Wessenberg (1774–1860), Konstanzer Bistumsverweser und Generalvikar bis 1827, danach Privatier, wurde drei Jahre nach dessen Tod auf Grund einer testamentarischen Verfügung als „Städtische Wessenberg-Bibliothek" eröffnet. Die wissenschaftliche Stadtbibliothek wurde wiederholt durch weitere Sammlungen ergänzt. Allgemeine Sammelgebiete: Ergänzung zu Schwerpunkten der Sammeltätigkeit von Wessenbergs, insbesondere zur Geschichte, Kirchengeschichte, Kunst und Literatur der ersten Hälfte des 19. Jahrhunderts. Besondere Sammelgebiete: Literatur von und über von Wessenberg und seine Zeit; Literatur zu Konstanz und Konstanzer Drucke. Die Bibliothek umfasst gut 60.000 Bände und befindet sich jetzt als Dauerleihgabe in der Universitätsbibliothek Konstanz.

Anmerkungen

1   Die hier vorgelegten Angaben wurden vor allem dem *Jahrbuch der deutschen Bibliotheken*, hg. vom Verein Deutscher Bibliothekare (letzte zugängliche Ausgabe: Bd. LXII, 2007/08) und dem *Handbuch der historischen Buchbestände in Deutschland* (27 Bde., 1992–2000, komplette Online-Ausgabe 2003) entnommen; dort finden sich umfassende weitere Details. – Die kirchlichen Bibliotheken Deutschlands (so auch die ersten vier hier genannten Bibliotheken) sind in zwei konfessionellen Verbänden zusammengeschlossen: im Verband kirchlich-wissenschaftlicher Bibliotheken (VkwB) unter dem Dach der Arbeitsgemeinschaft der Archive und Bibliotheken der evangelischen Kirche (AABevK) bzw. in der Arbeitsgemeinschaft katholisch-theologischer Bibliotheken (AKThB). Zwischen beiden Verbänden gibt es vielfältige Kooperationen.

II.3. Religiöse Erinnerungskultur am Oberrhein

Michael Landgraf

Erinnerungskultur ist der Versuch, Vergangenes gezielt zu vergegenwärtigen und öffentlich darzustellen. Formen sind beispielsweise ereignisabhängige Gedenktage oder Gedenkstätten, die den Einblick in ein historisch relevantes Ereignis oder eine Epoche geben. Die öffentliche Erinnerung und Geschichtswahrnehmung hängt dabei eng mit der Suche nach Identität zusammen, die sich im 19. Jahrhundert formte. Diese führte zur Blüte einer Erinnerungskultur mit restaurativen Formen sowohl in der Architektur als auch in der bildenden Kunst[1].

Ein Höhepunkt dieser Bewegung stellt die 1904 eingeweihte Gedächtniskirche in Speyer dar. Ihr Bau wurde von Protestanten weltweit gefördert und dient heute noch als Entdeckungsort zur Geschichte des Protestantismus[2]. Doch selbst kleine Dorfkirchen wurden mithilfe figürlicher Darstellungen oder durch Kirchenfenster (z.B. durch die Abbildung bedeutender Reformatoren) im 19. Jahrhundert zu historischen Erinnerungsorten[3]. Wie unterschiedlich jedoch Erinnerungskultur gestaltet werden kann, zeigt der Vergleich zwischen den Luther-Denkmälern in Worms (1868 nach einem Entwurf von Ernst Rietschel), Speyer (1903 Vorhalle zur Gedächtniskirche von Hermann Hahn) und dem aktuell von Gernot Rumpf gestalteten Reformationsensemble vor der zerstörten Lutherkirche in Ludwigshafen/Rhein.

Im Folgenden soll es primär um beispielhafte Gedenkstätten und Museen gehen, die für die Kirchengeschichte des Oberrheins von Bedeutung sind. Dabei lassen sich unterschiedliche Formen von Museen und Gedenkstätten finden:

II.3.1. Museen zur Sakralkunst

Diese Museen legen den Schwerpunkt auf die sakralen Kunstwerke, die in der Region entstanden sind oder in Kirchen zu finden waren. Das 2010 neu eröffnete Augustinermuseum Freiburg (www.museen.freiburg.de), von den Beständen her ein klassisches Diözesanmuseum, aber in städtischer Trägerschaft, wartet mit einer Sammlung aus den Bereichen religiöser Skulptur, Glasmalerei und bildender Kunst (u.a. von Hans Baldung Grien, Mathias Grünewald und Lucas Cranach d. Ä.) auf. Ein weiteres Beispiel ist das in einem Dominikanerkloster untergebrachte Unterlindenmuseum in Colmar (www.musée-unterlinden.com), dessen bedeutendstes Werk, der Isenheimer Altar von Mathias Grünewald, in der ehemaligen Kapelle zu sehen ist. Das Historische Museum (www.hmb.ch) in der Barfüßerkirche in Basel ist eines der wichtigsten Museen zur Geschichte des Oberrheins und enthält bedeutende Kunstwerke aus der Zeit vor der Reformation, insbesondere die Darstellung des Basler Totentanzes.

II.3.2. Museen mit Sammlungen zur regionalen Kirchengeschichte

Diese Museen zeigen innerhalb einer regionalgeschichtlichen Sammlung die Bedeutung der Religion in der Region. Das Historische Museum der Pfalz in Speyer (www.museum.speyer.de)

hat sich dieser Aufgabe in besonderer Weise verpflichtet. Die Dauerausstellung „Domschatz" dokumentiert die fast tausendjährige Dombaugeschichte. Zu sehen sind liturgische Gewänder und Geräte, aber auch Kunstwerke, in denen sich die Frömmigkeit in der Region seit dem 7. Jahrhundert widerspiegelt. Eine Besonderheit ist die letzte Seite des *Codex Argenteus* (Abschrift der Ulfilas-Bibel um 500), eine der wertvollsten Bibelhandschriften überhaupt. Eine Lernstraße durch 500 Jahre Protestantismus in der Pfalz bietet die Dauerausstellung „Evangelische Kirche der Pfalz" mit den Schwerpunkten Reformation und Protestation, Dreißigjähriger Krieg, Pfälzer Union und das 19. Jahrhundert. Dabei wählt man die Methode, historische Ereignisse mit Gegenständen aus der Zeit, Hörstationen (Predigt Luthers und Calvins) und visuellem Erleben an Touchscreens zu verbinden[4].

Das Landesmuseum im Karlsruher Schloss (www.landesmuseum.de) beherbergt im Rahmen seiner regionalgeschichtlichen Abteilung Sakralkunst sowie den Schwerpunkt „Reformation". Auch das Musée alsacien in Straßburg hat eine kleine Sammlung von Gegenständen religiöser Sakralkultur des Elsass.

II.3.3. Museen religiöser Bewegungen

Diese Museen geben Einblicke in die Geschichte religiöser Gruppierungen, die am Oberrhein Heimat gefunden haben. Beispiele hierfür sind das Waldensermuseum (Henri-Arnaud-Haus) in Ötisheim-Schönenberg bei Mühlacker (www.waldenser.de), das an die Geschichte der Vertreibung der Waldenser aus Savoyen-Piemont (1698) und deren Ansiedelung in Südhessen, Württemberg und Baden erinnert. Das Haus ist nach dem Waldenserpfarrer Henri Arnaud (1643–1721) benannt, dessen Grab in der Kirche von Schönenberg zu finden ist. Ein weiteres Beispiel ist das Hugenottenmuseum in Friedrichstal (www.stutensee.net), wo der religionsgeschichtliche Hintergrund sowie das durch die Hugenotten geförderte Handwerk in der Region beleuchtet wird. Schließlich ist noch das Johannitermuseum in Krautheim (www.johannitermuseum.de) zu nennen, das die Geschichte des Ordens allgemein und eine Spurensuche in der Region nachzeichnet.

II.3.4. Museen der Religionen

Diese Museen versuchen, einen allgemeinen Einblick in die Geschichte und Gegenwart der Religionen zu geben. Hierzu befindet sich in Germersheim ein Museum im Aufbau.

II.3.5. Bibelmuseen

Diese Museen sind relativ junge Orte der Erinnerungskultur, die aber in vielen Regionen Deutschlands anzutreffen sind[5]. Ihr Ziel ist es, einen aktiven Zugang zum Buch der Bücher zu schaffen. Zwei Beispiele in der Region sind das Pfälzische Bibelmuseum Neustadt an der Weinstraße (www.bibelverein.de) und die Bibelgalerie Meersburg (www.bibelgalerie.de) – beide getragen von den regionalen Bibelgesellschaften. Eine regionale Bibelgeschichte ist jeweils in die Ausstellungen integriert. In Neustadt an der Weinstraße wird eine Sammlung historisch wichtiger Bibelausgaben der Region Oberrhein präsentiert, beispielsweise die Neustadter Bibeln von 1579–1594 oder das Neue Testament des Jacob Beringer (Straßburg/Speyer 1526/27).

II.3.6. Personenmuseen

Diese Museen beleuchten für die Region bedeutende Persönlichkeiten[6]. Das Melanchthonhaus Bretten (www.melanchthon.com) ist dabei ein klassisches Beispiel der Erinnerungskultur des 19. Jahrhunderts. Das im neugotischen Stil erbaute Gebäude (1897–1903) steht an der Stelle des 1689 abgebrannten Geburtshauses des Reformators. Zum 400. Geburtstag Philipp Melanchthons schuf man eine Gedächtnishalle mit Fresken und Statuen zu Melanchthon und der Reformation im Stil der Zeit um 1900. Kunstgegenstände, Gedenkmünzen, Graphiken sowie rund 450 Autographen finden sich im Museum, wo auch Städte-, Theologen-, Fürsten- und Humanistenzimmer auf die vielfältigen Kontakte des Reformators hinweisen. Das Haus beherbergt eine Bibliothek reformatorischer Schriften sowie die Forschungs- und Dokumentationsstelle der internationalen Melanchthonforschung, die Europäische Melanchthon-Akademie (Farbbild 52).

Das Oberlinmuseum im elsässischen Waldersbach (www.musee-oberlin.com) erinnert an den Pädagogen und Theologen Johann Friedrich Oberlin (1740–1826), der knapp 59 Jahre im Steintal wirkte.

An den Theologen, Mediziner, Musiker und Menschenfreund Albert Schweitzer erinnern gleich mehrere Museen und Gedenkhäuser. In seiner elsässischen Heimat steht in Kaysersberg das Albert-Schweitzer-Museum (www.kaysersberg.com), das viele Gegenstände aus seiner Tätigkeit beherbergt und seine Lebensgeschichte dokumentiert. Beschaulicher sind die ehemaligen Wohnhäuser Schweitzers, vor allem in Günsbach (Elsass; www.schweitzer.org), das er ab 1929 bei seinen Aufenthalten in Europa bewohnte, und dann ein im badischen Königsfeld im Schwarzwald gelegenes Haus, das zuvor Wohnstätte der Familie Schweitzer war (www.albertschweitzer-haus.de).

Religiöse Erinnerungskultur lässt sich in jedem Ort erkunden. Kirchen, Inschriften an alten Häusern oder Kreuzwege bieten hierzu Gelegenheit. Es gibt inzwischen auch Reiserouten durch die Kirchen der Region. Besonders anregend ist die im Jahre 2008 erschienene deutsch-französische Ausgabe: *Wege der Versöhnung/Chemins de la réconciliation*, ein grenzüberschreitender Kirchenführer durch das Nordelsass und die Südpfalz. Inzwischen entstand in einigen Kirchen am Oberrhein der Arbeitsbereich Kirchenpädagogik, der an religionspädagogischen Instituten oder im Bereich der Erwachsenenbildung angesiedelt ist. Hierbei werden zumeist Laien zu Kirchenführern ausgebildet. Diese Bewegung bringt die Kirchenräume als religiöse Erinnerungsorte in der Region neu zur Geltung.

Anmerkungen

1 Zu nennen ist hier das *Eisenacher Regulativ* (1861), das den neugotischen Stil als Standard für den protestantischen Kirchenbau definierte, während man sich auf katholischer Seite dem Neubarock zuwandte. Auch kann die Kunst der Nazarener, die in vielen Kirchen wie beispielsweise auch dem Speyerer Dom Einzug hielt, damit in Zusammenhang gebracht werden (siehe Farbbild 38).

2 Siehe hierzu Michael Landgraf, Die Gedächtniskirche als kirchengeschichtlicher Lernort, in: *Blätter für pfälzische Kirchengeschichte und religiöse Volkskunde 71* (2004), S. 467–486.

3 Viele Beispiele hierzu finden sich in: Anke Elisabeth Sommer, *Glasmalereien der Protestantischen Landeskirche der Pfalz*, Regensburg 2007. Zu nennen ist hierbei als Beispiel das Reformatorenfenster (Luther, Pareus und Ursinus) und das Fürstenfenster (Gustav Adolf von Schweden, Kurfürst Ottheinrich und Pfalzgraf Johann Casimir) in der Stiftskirche zu Neustadt a. d. Weinstraße.

4 Die Dokumentation zur Pfälzischen Kirchengeschichte findet sich auf der CD-ROM: *Pfälzische Kirchengeschichte multimedial* von Traudel Himmighöfer, Michael Landgraf und Gabriele Stüber, Ubstadt-Weiher 2001.

5 www.deutschebibelmuseen.de; Michael Landgraf, *Der Bibel begegnen,* Neustadt a. d. Weinstraße 2012.

6 An regional bedeutende Gestalten der Reformation erinnern außerdem mancherorts Gedenktafeln, beispielsweise zu Martin Bucer in Schlettstadt, Weißenburg und Straßburg.

II.4. Kirchengeschichtliche Vereine (katholisch)

II.4.1. Gesellschaft für elsässische Kirchengeschichte

RENÉ EPP †

Die Gesellschaft für elsässische Kirchengeschichte wurde am 20. April 1926 von dem damaligen Archivar des Straßburger Bistums Joseph Brauner (1892–1945) gegründet. Es war sein Ziel, wissenschaftliche Untersuchungen zur Geschichte der katholischen Kirche im Elsass zu fördern. In der Geschichte dieses Vereins lassen sich vier Perioden unterscheiden:

1. Von 1926 bis 1944 veröffentlichte die Gesellschaft das Jahrbuch *Archiv für elsässische Kirchengeschichte* (AEKG), von dem 16 Bände erschienen. Von einer Ausnahme abgesehen, waren alle Aufsätze in deutscher Sprache abgefasst. Jeder Band enthielt etwa 12 Beiträge. Die Mitarbeiter waren fast ausnahmslos Priester. Das Jahrbuch stützte sich insbesondere auf die herausragenden historischen Arbeiten von Abbé Lucien Pfleger (1876–1944) und Abbé Médard Barth (1886–1976). Der Schwerpunkt lag auf der mittelalterlichen Kirchengeschichte. Mit seinem hohen wissenschaftlichen Standard erreichte das AEKG bald den Stand von 1.000 Abonnenten.

   Das Jahrbuch war wegen seiner streng kirchlichen Ausrichtung und Orientierung auf religiöse Themen hauptsächlich für Geistliche bestimmt. Dadurch trat es mit der Zeit in Konkurrenz zu der 1859 gegründeten *Revue Catholique d'Alsace* (RCA), die ihrerseits nur französische Beiträge enthielt. Nach dem Tod von Abbé Nicolas Delsor, der 1882 die RCA nach einer Unterbrechung von 12 Jahren neu begründet hatte, wurde Abbé Joseph Gass (1867–1951) Schriftleiter der RCA im Jahre 1928. Da er für beide Zeitschriften Beiträge zur Verfügung stellte, wurde er zum Bindeglied.

   1930 wurde Joseph Brauner zum Direktor der Stadtbibliothek und des Stadtarchivs in Straßburg berufen. Im Herbst 1939 wurde er festgenommen und wegen des Vorwurfs auf Verstoß gegen die Staatssicherheit inhaftiert, weil er von Berlin Gelder zur finanziellen Unterstützung pangermanischer Kreise empfangen hatte. Nach seiner Befreiung beim Einmarsch der Deutschen unterzeichnete er am 17. Juli 1940 mit etwa 15 Politikern in dem Ort Trois-Épis das Manifest zur Wiedereingliederung des Elsass ins Reich. Er nahm seine Tätigkeit wieder auf und erreichte noch während des Krieges die Veröffentlichung von zwei Bänden des AEKG: die Jahresbände 1941/42 und 1943. Nach der Befreiung von der Nazi-Herrschaft wurde er im Lager Natzweiler-Struthof interniert und als Todkranker ins Straßburger Krankenhaus gebracht, wo er am 1. Juni 1945 verstarb.

2. Außergewöhnliche Anstrengungen waren nötig, um nach dem Krieg die publizistische Arbeit weiterzuführen. Dass dies gelang, war dem großen Sachverstand und der Hingabe von Abbé André Marcel Burg (1913–1987) zu verdanken, der 1946 zunächst zum stellvertretenden Direktor und dann zum Direktor der Stadtbibliothek und des Stadtarchivs sowie des Museums von Hagenau ernannt worden war. Bei der Generalversammlung vom

24. Januar 1946 nahm die Gesellschaft den Namen „Société d'Histoire de l'Église d'Alsace"
(Gesellschaft für elsässische Kirchengeschichte) an, während das *Jahrbuch* in *Archives de
l'Église d'Alsace* umbenannt wurde. Vorsitzender der neuformierten Gesellschaft wurde
Abbé René Metz (1910–2006), Professor an der Katholisch-Theologischen Fakultät der
Straßburger Universität. Generalsekretär und Herausgeber der *Archives* wurde Abbé Burg.
Der erste Band der neuen Folge konnte bereits 1946 erscheinen.

Unter der Schriftleitung von Abbé Burg wurden insgesamt 23 Bände der *Archives* publiziert.
Sie bilden den Höhepunkt in der Geschichte der Zeitschrift. Die Schwerpunkte lagen beim
Mittelalter und der Neuzeit, während Beiträge zur Zeitgeschichte nur sporadisch vorkamen.
Es kristallisierten sich im Laufe der Jahre zwei neue Linien heraus: es gab immer mehr
französischsprachige Beiträge und zunehmend Aufsätze, die für die breite Öffentlichkeit
bestimmt waren. Die Zeitschrift wahrte jedoch immer ein hohes Niveau und damit auch
seinen guten Ruf in der Wissenschaft. Und dennoch nahm die Abonnentenzahl mit der
Zeit ab: von 1.500 im Jahre 1946 fiel sie auf 500 im Jahre 1979. So appellierte Marcel Burg
bereits Ende der 70er Jahre des 20. Jahrhunderts an die elsässische Geistlichkeit: „Rettet
die *Archives de l'Église d'Alsace*".

3. Im Jahre 1980 begann ein neuer Abschnitt in der Geschichte der Gesellschaft. Abbé René
   Epp, ebenfalls Professor an der Katholisch-Theologischen Fakultät in Straßburg, löste Abbé
   René Metz als Vorsitzenden ab. Die *Archives* wurden in den Jahren 1980 bis 1987 von dem
   Geschichtslehrer Claude Muller, in den Jahren von 1987 bis 1999 von Abbé René Levresse
   (damals Leiter der Kanzlei und Generalsekretär des Erzbistums) herausgegeben. In neuem
   Format und unter der Mitarbeit eines effektiven Redaktionsteams erschienen weitere
   13 Bände des Jahrbuches. Drei Kennzeichen charakterisieren diese Periode: zunächst die
   wachsende Zahl von Nicht-Geistlichen unter den Autoren, dann die Redaktion der meisten
   Beiträge in französischer Sprache, schließlich der zunehmende Anteil der Zeitgeschichte.
   Allerdings nahm die Zahl der Abonnenten vor allem aufgrund des einsetzenden Priester-
   mangels kontinuierlich ab. Die Kirchenfabrikräte hatten zwar die Möglichkeit, auf Kosten
   der örtlichen Kirchenkasse ein Abonnement zu subskribieren, haben davon aber kaum
   Gebrauch gemacht. Ergebnislos blieben die beiden Aufrufe, die der Vorsitzende der Ge-
   sellschaft in Absprache mit dem Bischof Léon-Arthur Elchinger (1966–1984) und dessen
   Nachfolger Charles Amarin Brand (1984–1997) in der Diözesanmonatsschrift *L'Église en
   Alsace* veröffentlichte. Der Weiterbestand der Zeitschrift konnte für einige Zeit nur mit Hilfe
   des elsässischen Regionalrats (Conseil régional d'Alsace) und der Generalräte des Unter- und
   Oberelsass gesichert werden, die von jeder Veröffentlichung eine bestimmte Anzahl von
   Exemplaren erwarben und Mittelschulen wie Gymnasien zur Verfügungen stellten.

   Nachdem die Zahl der Abonnenten auf 250 zurückgegangen war und die finanziellen
   Schwierigkeiten immer größer wurden, beschloss eine außerordentliche Generalversammlung am 17. März 1999 mit großem Bedauern und leichter Verbitterung die Einstellung
   der *Archives*. Die Generalversammlung war davon überzeugt, dass mit dem Verschwinden
   des Jahrbuchs ein Teil des religiösen elsässischen Erbes verlorenging, und damit etwas von
   der elsässischen Seele.

4. Die *Archives* verschwanden, aber die „Société d'Histoire de l'Église d'Alsace" blieb bestehen. René Epp gab die Hoffnung nicht auf, dass sie zu ihrer ursprünglichen Vitalität zurückfinden werde. In der Folgezeit hatte allerdings die Gesellschaft den Tod zweier äußerst verdienst-voller Mitglieder zu beklagen: der Generalsekretär René Levresse starb im Juli 2005, der frühere Präsident René Metz im Oktober 2006. Dafür tauchten am Horizont hoffnungs-volle Zeichen auf: zu Beginn des 21. Jahrhunderts traten neue Kräfte in Erscheinung und es wurden vermehrt religionsgeschichtliche Werke veröffentlicht. Auf dem Hintergrund des unverbrüchlichen Wohlwollens wie der beständigen Unterstützung von Seiten der Vorsitzenden der „Fédération des Sociétés d'Histoire et d'Archéologie d'Alsace" (Verband der Gesellschaften für elsässische Geschichte und Archäologie), Marcel Thomann und Jean-Pierre Kintz, und der Ermutigung durch Abbé André Grossmann, dem Schatzmeister der Gesellschaft, berief der Vorsitzende eine außerordentliche Generalversammlung zur Neustrukturierung der „Société d'Histoire de l'Église d'Alsace" ein.

   Sie fand am 20. Februar 2008 im Universitätsgebäude (Palais Universitaire) zu Straßburg statt. Auf Vorschlag des Vorsitzenden konstituierte sich ein neuer Vorstand. Einstimmig wurden gewählt: als Vorsitzender Bernard Xibaut, Kanzler und Generalsekretär des Erzbistums, der auch Historiker ist, als stellvertretender Vorsitzender Louis Schlaefli, Konservator an der Bibliothek des Priesterseminars und bekannter Historiker; als Generalsekretär Jean-François Kovar, Professor für Religionswissenschaften. Das Amt des Schatzmeisters blieb für eine Übergangszeit weiterhin in den Händen von André Grossmann als pensioniertem Gymna-siallehrer für Geschichte und Geographie. Auch neue Mitglieder wurden in die Gesellschaft aufgenommen. Schließlich ernannte die Versammlung René Epp zum Ehrenpräsidenten der Gesellschaft.

Die Adresse der Gesellschaft ist: Société d'Histoire de l'Église d'Alsace; 16, Rue Brûlée; F–67081 Strasbourg Cedex. Es ist eine eigene Webseite geplant, auf der Arbeiten zur elsässischen Kirchen-geschichte erscheinen werden.

II.4.2. Kirchengeschichtlicher Verein für das Erzbistum Freiburg

Christoph Schmider

Im Sommer 1862 schlossen sich in Freiburg „gegen zwanzig geistliche und weltliche Herren" zu einem Verein zusammen. Ihr wichtigstes Ziel war die Herausgabe einer *Kirchlich-Historischen Zeitschrift für die Erzdiöcese Freiburg*. Die definitive Gründung des Kirchengeschichtlichen Vereins für das Erzbistum Freiburg (KGV) erfolgte am 25. Oktober 1864, die erste Nummer der Zeitschrift *Freiburger Diöcesan-Archiv* (FDA) erschien im Dezember 1865.

Ziele und Aufgaben des KGV sind bis heute unverändert und in der Satzung festgeschrieben: „Der Verein bezweckt die wissenschaftliche Erforschung der Kirchengeschichte und kirchlichen Kunstgeschichte im Bereich des heutigen Erzbistums Freiburg unter Berücksichtigung der an-grenzenden Bistümer. Diesen Zweck verwirklicht der Verein insbesondere durch die Herausgabe der Zeitschrift ‚Freiburger Diözesan-Archiv' und durch wissenschaftliche Veranstaltungen."

Nach etwa sieben Jahrzehnten erfolgreicher Arbeit geriet der Verein in eine ernsthafte Krise, nicht nur aufgrund der nationalsozialistischen Repressalien: Mittlerweile war auch die Zahl der Mitglieder so weit zurückgegangen, dass die weitere Existenz ernsthaft bedroht schien. Daher verfügte das Erzbischöfliche Ordinariat am 14. Dezember 1934, dass fortan „jede Pfarrei und Kuratie der Erzdiözese als solche" dem Verein angehören solle. So wuchs die Zahl der Mitglieder bis zum 25. Januar 1936 auf 1558, worunter allerdings 931 Pfarreien waren. Diese Vereinsstruktur besteht bis heute, wobei sich das Verhältnis der Mitgliederzahlen zuletzt immer weiter zuungunsten der persönlichen Mitglieder verschoben hat.

An der Spitze des Vereins steht ein von der Mitgliederversammlung gewählter Vorsitzender; seit dem von 1914 bis 1933 amtierenden Emil Göller ist dies traditionell stets ein Professor der Freiburger Theologischen Fakultät. 2008 hat der Kirchenhistoriker Karl-Heinz Braun den Vorsitz übernommen; unmittelbare Vorgänger waren Heribert Smolinsky (1998–2008), Karl Suso Frank (1982–1998) und Wolfgang Müller (1961–1982).

Zu den Aufgaben des KGV gehört gemäß der 1985 neu gefassten Satzung die Durchführung „wissenschaftlicher Veranstaltungen". In der Regel sind dies Tagungen, die – zumeist in Kooperation mit anderen Institutionen – an wechselnden Orten im Erzbistum oder in den benachbarten Bistümern durchgeführt werden. Gewissermaßen eine Vorstufe hierzu hatte in früheren Jahrzehnten die Gepflogenheit gebildet, die Mitgliederversammlungen gelegentlich außerhalb von Freiburg abzuhalten.

Das FDA ist seit 1865 fast jedes Jahr in bis heute (zuletzt 2011) 131 Bänden erschienen, die einzige längere Unterbrechung gab es von 1942 bis 1948. Das inhaltliche Spektrum entspricht in seiner Spannbreite der Vielgestaltigkeit der Erzdiözese Freiburg, wobei schon immer ein deutlicher Schwerpunkt auf der Geschichte des Bistums Konstanz lag. Das Amt des Schriftleiters des FDA ist mit Band 129 (2009) von Hugo Ott – der es mehr als 40 Jahre lang versehen hatte – auf Christoph Schmider übergegangen.

Wiederholt erschienen Sonderbände zu besonderen Anlässen. Beispiele sind Band 48 (1920): *Der Stadt Freiburg zur Feier ihres achthundertjährigen Bestehens gewidmet*, und die Bände 55 (1927), 56 (1928) und 57 (1930), die anlässlich des „Jahrhundertjubiläums" der Erzdiözese Freiburg (1927) *Beiträge zur Gründungsgeschichte der Oberrheinischen Kirchenprovinz* versammelten. Band 100 (1980) war unter dem Titel *Kirche am Oberrhein* als Festschrift für den langjährigen Vorsitzenden Wolfgang Müller konzipiert, und Band 109 (1989) schließlich stand ganz im Zeichen der *Konstanzer Münsterweihe von 1089 in ihrem historischen Umfeld*. Stark ausgeprägte thematische Schwerpunkte hatten auch die Bände 85 (1965) und 87 (1967), die sich liturgischen Reformbemühungen der Aufklärungszeit widmeten, oder 98 (1978) und 99 (1979) mit wesentlichen Arbeiten zur *Säkularisation der Klöster in Baden* und zur Errichtung der Oberrheinischen Kirchenprovinz.

Die als Ergänzung gedachte Reihe *Abhandlungen zur oberrheinischen Kirchengeschichte*, die 1922 gestartet worden war, brachte leider nicht den erwarteten Erfolg. Nach der Veröffentlichung von sechs Bänden bis zum Jahr 1931 schlief die Reihe ein und konnte seither nicht mehr wirklich wiederbelebt werden, auch wenn 1979 noch einmal ein Band publiziert wurde.

Die Zukunft des KGV ist mit kleinen Fragezeichen zu versehen: Die Zahl der persönlichen Mitglieder ist weiterhin, wie schon seit Beginn der 1990er Jahre, rückläufig, was in Verbindung mit

der Überalterung und dem weitgehend ausbleibenden Nachwuchs eher ungünstige Perspektiven
eröffnet. Auch die 2015 anstehende Strukturreform der Erzdiözese wird Auswirkungen auf den
Verein haben. Gleichwohl steht zu hoffen, dass der KGV noch lange existieren möge, denn zu
erforschen und zu beschreiben gibt es in der südwestdeutschen Kirchengeschichte nach wie vor
mehr als genug, sodass der von den Gründern formulierte Auftrag längst nicht erfüllt ist.
Geschäftsstelle: Erzbischöfliches Ordinariat (Schoferstraße 2, 79098 Freiburg).
Mitgliederzahl (Stand März 2012): 412, dazu 1059 Kirchengemeinden.

Literatur

Dietrich Blaufuß/Thomas Scharf-Wrede (Hgg.): Territorialkirchengeschichte. Handbuch für Landeskirchen-
    und Diözesangeschichte (Veröffentlichungen der Arbeitsgemeinschaft der Archive und Bibliotheken
    in der Evangelischen Kirche 26), Neustadt/Aisch 2005, S. 251–260.

II.4.3. Bistumsgruppe Speyer der Gesellschaft
       für mittelrheinische Kirchengeschichte

HANS AMMERICH

Erste Überlegungen zur Gründung einer kirchenhistorischen Forschungsstelle, an denen Prof.
Dr. Joseph Ahlhaus (Heidelberg) maßgeblich beteiligt war, führten 1946 zur Bildung einer
Arbeitsgemeinschaft mittelrheinischer Kirchenhistoriker. Am 21. Januar 1947 fand in Mainz
eine Konferenz statt, auf der die Gründung einer Gesellschaft für mittelrheinische Kirchengeschichte beschlossen wurde. Die Gründungsversammlung fand, nachdem die Satzung von
den Bischöfen von Limburg, Mainz, Speyer und Trier approbiert worden war, am 10. November
1948 in Mainz statt. Einen Monat später erteilte die französische Militärregierung der Gesellschaft die Genehmigung, ihre Tätigkeit aufzunehmen. Seitdem finden regelmäßig jährliche
Mitgliederversammlungen – sie sind stets mit einem wissenschaftlichen Vortragsprogramm
und einer Exkursion verbunden – statt, die im turnusmäßigen Wechsel von den verschiedenen
Bistumsgruppen ausgerichtet werden. Auf ihrer 40. Jahresversammlung 1988 in Ludwigshafen
nahm die Gesellschaft als fünfte Bistumsgruppe Fulda auf. Dadurch wurde die kirchengeschichtliche Forschungsarbeit auf den Bereich aller Bistümer in den Bundesländern Rheinland-Pfalz,
Saarland und Hessen ausgeweitet.

    In jedem der fünf Bistümer bilden die Mitglieder der Gesellschaft eine Bistumsgruppe. Sie
hat die Aufgabe, das Interesse für regionale Kirchengeschichte, für Kunst und Denkmalpflege
zu wecken und zu pflegen. Des Weiteren soll sie die kirchengeschichtlich Interessierten bei der
Vertiefung und Erweiterung ihres Wissens fördern sowie Vorträge und Tagungen über regionale
Kirchengeschichte durchführen.

    Die Forschungsergebnisse werden seit 1949 jährlich in der Zeitschrift der Gesellschaft,
dem *Archiv für mittelrheinische Kirchengeschichte*, veröffentlicht. Außerdem wird von der
Gesellschaft für mittelrheinische Kirchengeschichte die Reihe *Quellen und Abhandlungen zur
mittelrheinischen Kirchengeschichte* herausgegeben.

II.5.   Kirchengeschichtliche Vereine (evangelisch) und eine Biographie

II.5.1.   Verein für Kirchengeschichte in der Evangelischen Landeskirche in Baden

JOHANNES EHMANN

Durch Entschließung der Landessynode 1920 trat eine Evangelische kirchenhistorische Kommission zusammen, zu der je ein Mitglied des Oberkirchenrats, der Landessynode und der Theologischen Fakultät Heidelberg gehörten. Die Kommission gab drei Veröffentlichungen heraus. Diese Kommission kann als Vorläufer des territorialkirchlichen Vereins in Baden angesehen werden, der am 17. Februar 1928 gegründet wurde. Unter den landeskirchlichen historischen Vereinen ist der badische also ein Spätling.

Die ersten drei Jahre erfuhr der Verein die erhebliche Unterstützung von jährlich 2.000 RM, die mit Anbruch des Jahres 1932 aber radikal gekürzt wurde. Allerdings war die Landeskirche zur großzügigen Förderung einzelner Druckerzeugnisse des Vereins bereit.

Die Vereinsführung war hochkarätig besetzt. Zunächst präsidierte Johannes Bauer, dann Walter Köhler, beide bekannte Universitätsprofessoren der Heidelberger Theologischen Fakultät. Bis zum Ausbruch des Zweiten Weltkriegs konnten vierzehn teils herausragende Veröffentlichungen erscheinen, die häufig bis heute den Forschungsstand badischer Kirchengeschichte markieren, wenngleich insbesondere die editorischen Standards nicht mehr heutigen Erfordernissen entsprechen – eine Wahrnehmung, die freilich auch für manche Nachkriegsveröffentlichung zutrifft.

Erst 1951 konnte der Verein wieder eine regelrechte Arbeit aufnehmen. Schriftführer war noch und wieder der seit der ersten Stunde amtierende Oberkirchenrat Dr. Otto Friedrich. Vorsitzender wurde nun Prof. lic. Friedrich (Fritz) Hauß. Wie bei vielen wissenschaftlichen Vereinigungen beschränkte sich das Vereinsleben nahezu auf die finanzielle Unterstützung der Publikationen bzw. auf die Nutzung der Veröffentlichungen durch die Vereinsmitglieder. Quelleneditionen, Dissertationen, Aufsatzsammlungen fanden Aufnahme in die Veröffentlichungen des Vereins für Kirchengeschichte in der Evangelischen Landeskirche in Baden, geführt unter dem Kürzel VVKGELB oder (später) VVKGB. 1994 konnte der 50. Band der Reihe erscheinen. Im Mittelpunkt des Interesses stand selbstverständlich die Erforschung der Geschichte der Landeskirche, der Pfarrerschaft sowie des kirchlichen Vereinswesens.

Um die Jahrtausendwende gesellten sich zur wissenschaftlichen Reihe der Veröffentlichungen noch Sonderveröffentlichungen des Vereins (zuletzt 2011) und als Periodikum zur Mitgliederpflege *Die Union* als „Korrespondenzblatt" des Vereins. Zu den Sonderveröffentlichungen zählen auch die auf fünf Bände projektierten *Lebensbilder aus der evangelischen Kirche in Baden im 19. und 20. Jahrhundert*.

Mit dem Jahr 2007 wurde die Publikationsarbeit auf neue Grundlagen gestellt: Die wissenschaftliche Reihe – ein Nachkömmling der VVKGB erschien mit der Bandzahl 63 noch

2009 – wurde nun unter dem programmatischen Titel *Veröffentlichungen zur badischen Kirchen- und Religionsgeschichte* weitergeführt. Als Periodikum erscheint seit 2007 das *Jahrbuch für badische Kirchen- und Religionsgeschichte.*

Vorsitzende des Vereins waren seit den 80er Jahren Prof. Dr. Walter Eisinger (Heidelberg), Dekan Dr. Hans Pfisterer (Lörrach), Dekan Dr. Martin Schneider (Eppingen); heute steht dem Verein apl. Prof. Dr. Johannes Ehmann (Heidelberg) vor. Neben den gewählten Mitgliedern des Vorstandes wird der rechtlich nicht selbstständige Verein durch vom EOK, der Landessynode und der Theologischen Fakultät Heidelberg entsandte Vorstandsmitglieder geführt, ein sehr sinnvolles Relikt der Ursprünge des Vereins. Die Geschäftsführung oblag bzw. obliegt der Leitung der Landeskirchlichen Bibliothek bzw. zuvor des Archivs (Hermann Erbacher, Dr. phil. Hermann Rückleben, Dr. theol. Gerhard Schwinge, Dr. phil. Martina Jantz, derzeit Dr. phil. Udo Wennemuth).

Das Vereinsleben hat seit Mitte der 80er Jahre eine Belebung erfahren. So werden (unter Einschluss der notwendigen Mitgliederversammlungen) pro Jahr nach Möglichkeit eine gegebenenfalls mehrtägige Zusammenkunft sowie ein Studientag angeboten, oft in Kooperation mit der Evangelischen Akademie Baden oder derzeit mit der Europäischen Melanchthon-Akademie Bretten (Melanchthonhaus).

Literatur

Dietrich Blaufuß/Thomas Scharf-Wrede (Hgg.): Territorialkirchengeschichte. Handbuch für Landeskirchen- und Diözesangeschichte, Neustadt/Aisch 2005, S. 9–15.

II.5.2. Verein für Pfälzische Kirchengeschichte

Klaus Bümlein

Der Verein für Pfälzische Kirchengeschichte wurde 1925 gegründet, als Initiative von Pfarrern und mit aktiver Unterstützung des Landeskirchenrates. Ziel war es, die Erforschung der pfälzischen Kirchengeschichte und den Austausch der Interessierten an territorialgeschichtlichen Themen zu fördern. Mitglieder des Vorstands waren wichtige protestantische Regionalhistoriker wie Theodor Zink (1871–1934) oder Albert Becker (1879–1957). Als Vorsitzende indes fungierten von Anfang an Pfarrer, so zuerst 1925–1934 der angesehene Erforscher der Luther-Bibel Adolf Risch (1869–1940), 1951–1972 der auch für den Aufbau der Vereinsbibliothek engagierte Kirchenhistoriker Dr. Theodor Kaul (1908–1974). Im Bereich der pfälzischen Unionskirche gab es keine theologische Fakultät mit Lehrstühlen für Kirchengeschichte. So war die Arbeit des Vereins auf den wissenschaftlichen Kontakt mit den benachbarten Universitäten angewiesen. In der 1946 neugegründeten „Landesuniversität" Mainz wurde ein Lehrauftrag für pfälzische Territorialkirchengeschichte eingerichtet; 1971 folgte der Lehrauftrag für Pfälzische Kirchengeschichte in Heidelberg.

Charakteristisch für den pfälzischen Verein war von Anfang an die starke Verwurzelung in den Kirchengemeinden; viele Kirchengemeinden wurden und blieben Mitglieder im Verein. Darin lag die Chance einer populären Vermittlung kirchengeschichtlicher Themen. Gleich zu Beginn wurde auch die Publikation der *Blätter für pfälzische Kirchengeschichte und religiöse Volkskunde* gewagt. Sie erschienen zunächst als Hefte mehrmals im Jahr; seit 1967 als Jahresband. Seit 1967 sind dem Jahresband auch die *Ebernburg-Hefte* beigebunden, in denen vor allem die reformationsgeschichtlichen Vorträge der Ebernburg-Stiftung publiziert werden. Für die Arbeit an den *Blättern* war der Einsatz der Schriftleiter von besonderem Gewicht. Diese Aufgabe versahen so angesehene Kirchenhistoriker wie Prof. Georg Biundo (1892–1988) in der langen Zeit von 1925 bis 1958, der früh verstorbene, habilitierte Johannes Müller (1926–1965) in den Jahren 1959 bis 1962. Die entsagungsvolle Arbeit des Schriftleiters führten weiter der Leiter des kirchlichen Zentralarchivs Dr. Wolfgang Eger 1963–1973, die Pfarrer Dr. Alfred Kuby 1973–1992 und seit 1992 Friedhelm Hans.

In unregelmäßigen Abständen kamen seit 1939 die *Veröffentlichungen des Vereins für pfälzische Kirchengeschichte* (VVPfKG) heraus. Die letzten Publikationen (Band 26–29) sind: Klaus Bümlein (Hg.), *Das Zweibrücker Gesangbuch 1557* (2007); Friedhelm Hans/Gabriela Stüber, *Pfälzische Kirchen und Synodalpräsidenten seit 1920* (2008); Wolfgang Eger, *Die Pfälzische Landeskirche seit dem Ende des Zweiten Weltkrieges bis 1963* (2008); Dominique Ehrmantraut/Michael Martin, *Das Protokollbuch der französisch reformierten Gemeinde zu Frankenthal 1658–1689* (2009). Seit 2003 gibt es auch die Reihe *Neue Medien* (VVPfKG-NM). Als erste Publikation erschien eine CD-ROM mit dem Titel *Pfälzische Kirchengeschichte*, herausgegeben von Traudel Himmighöfer, Michael Landgraf und Gabriele Stüber.

Seit langem gehören zu den Angeboten des Vereins die Tagungen zweimal im Jahr: im Januar eine mehrtägige Arbeitstagung, die bis 2011 in Enkenbach ausgerichtet wurde; dazu meist im Frühjahr eine Jahrestagung, zu der an wechselnden Orten der Pfalz eingeladen wird. Die Themen reichen von der Reformationsgeschichte bis zur Zeitgeschichte. Seit 2010 ist die Kooperation mit der Evangelischen Akademie für die Arbeitstagungen wieder aufgenommen. Themen waren 2010 „Krieg und Frieden in der Pfalz" seit dem Ersten Weltkrieg; 2011 „Perspektiven protestantischen Bildungshandelns" im Melanchthonjahr, 2012 „Die Pfälzische Kirche im Nationalsozialismus. Das Umbruchjahr 1933". Der Verein beteiligt sich an der kritischen Erforschung der Zeitgeschichte, unter anderem durch die Mitarbeit an einem Handbuch *Die Pfälzische Landeskirche in der NS-Zeit*, das 2014 erscheinen soll.

Der Verein hat eine wissenschaftliche Bibliothek aufgebaut, die bis 2008 bei der Bibliotheca Bipontina in Zweibrücken betreut wurde; seither steht sie in Speyer als Depositum des Vereins in der Bibliothek und Medienstelle der Landeskirche zur Verfügung.

Von den knapp 600 Mitgliedern sind mehr als ein Drittel jeweils natürliche Personen und Kirchengemeinden. Dazu kommen wissenschaftliche Institutionen und Bibliotheken als Tauschpartner. Ein von der Mitgliederversammlung für drei Jahre gewählter Vorstand umfasst 13 Personen; zwei können zusätzlich berufen werden. Die letzten Vorsitzenden waren: Dr. Werner Seeling 1973–1982, Helmut Kimmel 1982–1992, Dr. Bernhard H. Bonkhoff 1992–2004. 2004–2013 war Dr. Klaus Bümlein Vorsitzender und, in Kooperation mit dem Zentralarchiv der Evangelischen Kirche der Pfalz, Geschäftsführer. Seit dem 19. Januar 2013 ist Pfarrer Helmut Meinhardt erster Vorsitzender.

Literatur

Dietrich Blaufuß/Thomas Scharf-Wrede (Hgg.): Territorialkirchengeschichte. Handbuch für Landeskirchen- und Diözesangeschichte, Neustadt/Aisch 2005, S. 81–84.

II.5.3. Jean Rott (1911–1998) – Ein Leben mit historischen Quellen

MARC LIENHARD

Bild 117: Jean Rott (Foto: Privat)

Wer sich mit der Geschichte des Oberrheins im 16. Jahrhundert befasst, wird unvermeidlich auf den Namen und das Werk Jean Rotts stoßen. In der berühmten Pariser Archivschule „École des Chartes" erhielt er seine Ausbildung zum Archivar und Paläographen. Wie kaum ein anderer hat er sich dann ein Leben lang lateinischen, französischen und deutschen Quellen zugewandt, insbesondere den nur handschriftlich überlieferten.

Im Jahr 1938 veröffentlichte er die *Classicae Epistolae*, ein Standardwerk des Straßburger Humanisten und Rektors der Hohen Schule Johannes Sturm (1507–1589). In der Folgezeit war er Archivrat am Bezirksarchiv von Straßburg, dann Bibliothekar an der dortigen National- und Universitätsbibliothek (BNUS), schließlich Forschungsbeauftragter des „Centre National de la Recherche Scientifique" (CNRS). Er sammelte auf verschiedenen Archivreisen durch ganz Europa die erhaltenen Briefe von und an Johannes Sturm und erstellte dann in mühevoller Kleinarbeit das umfangreiche Briefkorpus von Martin Bucer (1491–1551), von dem er bis zu seinem Tode drei Bände (bis 1529) der Forschung als Quellenbasis zur Verfügung gestellt hat. Aufgrund von Rotts Vorarbeiten und den von ihm gesammelten Briefen konnte die Edition in Erlangen, in Zusammenarbeit mit Straßburg, weitergeführt werden. Im Jahr 2011 erschien der achte Band (April 1532–August 1532).

Nachdem schon Johannes Adam (1867–1936) mit der Sammlung von Quellen zur Geschichte der Täufer im Elsass begonnen hatte, setzte Rott diese Arbeit fort und veröffentlichte in Zusammenarbeit mit dem Pfälzer Manfred Krebs (1892–1971) zwei Bände in der Reihe *Quellen zur Geschichte der Täufer* (*Elsaß*, I. Teil: *Stadt Straßburg 1522–1532*, Gütersloh 1959; *Elsaß*, II. Teil: *Stadt Straßburg, 1533–1535*, Gütersloh 1960). Diese Bände wurden bahnbrechend. Rott hat (in Zusammenarbeit mit Marc Lienhard und Stephen Nelson) die Veröffentlichung um zwei weitere Bände (*Elsaß*, III. Teil: *Stadt Straßburg 1536–1542*, Gütersloh 1986; *Elsaß*, IV. Teil: *Stadt Straßburg 1543–1552*, Gütersloh 1988) bereichert.

Neben diesen großen Editionen sind noch mehrere kleinere zu erwähnen, wie zum Beispiel Calvins Briefe aus der Sammlung Sarraut und der reformatorisch geprägte Aufruf des Straßburger Karmeliter-Lesemeisters Tilman von Lyn (1522). Außerdem hat er über hundert Beiträge in wissenschaftlichen Zeitschriften und Sammelbänden vorgelegt, die zum großen Teil in dem zweibändigen Werk *Investigationes historicae: Églises et société au 16e siècle. Gesammelte Aufsätze zur Kirchen- und Sozialgeschichte* (Straßburg 1986) wieder veröffentlicht worden sind.

Die Einzeluntersuchungen Rotts betreffen die spätmittelalterliche Kirchengeschichte, soziale Bewegungen wie den Bauernkrieg, die Reformation in Straßburg, die Reformation in Frankreich, das Täufertum, Biographien des 16. Jahrhunderts. Sein Interesse galt sowohl der Alltagsgeschichte der Menschen wie den Institutionen, insbesondere den Schulen und den großen kulturellen und religiösen Strömungen. Er befasste sich sowohl mit sozialen Gruppen wie mit einzelnen Personen. Es gibt kaum eine Schlüsselfigur im Straßburger 16. Jahrhundert, die nicht dank seiner Forschungen einer Neubewertung zugeführt worden ist. Immer wieder hat er auch die Verflechtung Straßburgs mit der europäischen Geschichte herausgearbeitet.

Das Lebenswerk des Straßburger Gelehrten wurde mehrfach gewürdigt. Als Historiker an der Straßburger Historischen Fakultät habilitiert, wurde er auch Ehrendoktor der Universitäten Münster und Neuchâtel. Eine Festschrift wurde ihm 1980 überreicht. Sie trägt den Titel: *Horizons européens de la Réforme en Alsace*.

Rott aber blieb immer bescheiden. Der elsässische Pfarrersohn hielt sich an seinen Konfirmationsspruch: „Wenn ihr alles getan habt, was euch befohlen ist, so sprecht: Wir sind unnütze Knechte, wir haben getan was wir zu tun schuldig waren" (Luk. 17,10). Er war sich bewusst, dass unser Wissen Stückwerk ist, dass stets neue Quellen zu entdecken sind und dass wir auch als Wissenschaftler aufeinander angewiesen sind. Er verstand Forschung als Gemeinschaftsarbeit. Für viele Historiker war er immer die letzte Zuflucht, wenn sie nicht mehr weiter wussten, und das betraf nicht nur die Entzifferung eines Dokumentes. Er stellte immer die Sache und die Förderung der Wissenschaft über die eigene Ehre.

II.6. Kirchliches Radio, Fernsehen und Internet

HANNO GERWIN

Es war am 1. Januar 1984, als am Oberrhein ein kleiner medienpolitischer Urknall die Ära des Privatfernsehens in Deutschland eröffnete. Der erste private Fernsehveranstalter, die Programmgesellschaft für Kabel- und Satellitenrundfunk (PKS), ging aus einem Kellerstudio aus Ludwigshafen am Rhein auf Sendung. Ein Jahr später hieß der Sender dann Sat.1 und das Ludwigshafener Kabelpilotprojekt war in die Geschichte der Medienentwicklung in Deutschland eingegangen.

Damals standen die Kirchen in ihrer Gesamtheit dem beginnenden Privatfernsehen skeptisch bis ablehnend gegenüber. Mit dem öffentlich-rechtlichen Rundfunk und der dort fest verankerten kirchlichen Mitwirkung hatte man gute Erfahrungen gemacht. Insofern lag es kirchlichen Rundfunkbeauftragten und Gremienvertretern nahe, sich die Polemik der öffentlich-rechtlichen Sender zu eigen zu machen und den kommerziell finanzierten Rundfunk und damit das von der Politik gewollte duale Rundfunksystem lautstark abzulehnen. Dies war am Oberrhein nicht anders als in den übrigen Bundesländern. 1986 kam dann als Fenster im RTL-Programm das Rhein-Neckar-Fernsehen (RNF) als erstes regionales Privatfernsehen zur Ausstrahlung, zunächst nur in der Pfalz, zum Jahresende hin dann auch in Baden. Auch hier war also wieder eine Region am Oberrhein Vorreiter für die Medienentwicklung in Deutschland.

Als zum 1. Januar 1987 dann das baden-württembergische Landesmediengesetz in Kraft trat und erstmals privaten Rundfunk auch in Baden-Württemberg ermöglichte, wurde die Fernsehlandschaft für die evangelischen Landeskirchen wie die katholischen Diözesen zu einer echten Herausforderung. Es galt die Frage zu beantworten, ob man dauerhaft in der Verweigerung des dualen Systems und bei der Ablehnung der Privatsender stehen bleiben wollte, oder ob nicht vielmehr die Menschen, die privaten Rundfunk konsumieren, auch kirchliche Botschaften empfangen sollten. In heftigen und kontrovers geführten synodalen Debatten in Baden wie in Württemberg entschied man sich dann im Herbst 1987 mehrheitlich für die kirchliche Mitwirkung beim privaten Rundfunk.

Kirchliche Agenturen wurden gegründet, die Konzepte und Beteiligungsmodelle entwickeln sollten. Das war in Baden die Geburtsstunde des Evangelischen Rundfunkdienstes Baden (ERB) mit Sitz in Karlsruhe. Auf katholischer Seite gab es die Hörfunkarbeit für die privaten Sender am Sitz des Ordinariats der Erzdiözese Freiburg. In enger ökumenischer Abstimmung und in ständiger Absprache auch mit der württembergischen Landeskirche und der Privatfunkarbeit der Diözese Rottenburg-Stuttgart entstand das Konzept für kirchliche Mitwirkung im privaten Radio und Fernsehen.

Anders als beim öffentlich-rechtlichen Rundfunk, wo der SWR eine sendereigene Kirchenfunkredaktion betreibt und die kirchlichen Beauftragten vor allem für die Verkündigungssendungen zuständig sind, kam es im Privatfunk von vornherein darauf an, auch Informationssendungen zu produzieren. Die besondere Herausforderung war und ist es dabei, kirchliche Themen, Glaubensfragen und Informationen über Religion für ein breites und vor allem an Unterhaltung interessiertes Publikum aufzubereiten. Weder zu ernste oder gar belehrende Inhalte noch eine kirchliche Terminologie haben eine Chance, im privaten Rundfunk wahrgenommen oder akzeptiert zu werden.

„Der Boulevard als Teststrecke für die Kirche" war deshalb das erste Konzept des ERB für eine kirchliche Mitwirkung im privaten Rundfunk am Oberrhein überschrieben. Der ERB wollte damit deutlich machen, dass sich im privaten Rundfunk exemplarisch beweisen kann und muss, ob es der Kirche gelingt, ihre Traditionen und ihre über die Jahrhunderte geltenden Wahrheiten in einem sich ständig wandelnden gesellschaftlichen Umfeld zu formulieren und glaubwürdig zu vermitteln.

Heute, nach über 20 Jahren Erfahrung im privaten Rundfunk am Oberrhein, sprechen die Einschaltquoten eine klare Sprache: Die Akzeptanz kirchlicher Themen im privaten Rundfunk kann gelingen. Die kirchlichen Radiosendungen in Baden erreichen bei den sechs badischen privaten Radiosendern gemäß der von Infratest durchgeführten Media Analyse wöchentlich 920.000 Hörerinnen und Hörer. Die seit 1997 regelmäßig von den Kirchen produzierten und ausgestrahlten Fernsehsendungen erreichen bei fünf badischen privaten Fernsehsendern sogar 1,02 Mio. Zuschauerinnen und Zuschauer. Durch die kirchliche Mitwirkung beim landesweiten privaten Fernsehsender bw family. tv ist es sogar gelungen, die Landeskirchen in Baden und Württemberg über Tochtergesellschaften direkt am Sender und dessen Vermarktung zu beteiligen und den Sitz des Senders nach Karlsruhe an den Oberrhein zu holen.

In der benachbarten Pfalz, wo der Evangelische Rundfunkdienst Pfalz (ERD) in Speyer für den Raum der Evangelischen Kirche der Pfalz Radiosendungen und Beiträge produziert und bei den Privatsendern in Rheinland-Pfalz ausstrahlt, ist das Konzept ähnlich wie in Baden.

Im benachbarten Elsass dagegen produzieren die Kirchen keine eigenen Sendungen. Dafür gibt es aber in Straßburg einen kleinen privaten Radiosender „Arc-en-ciel", der vor allem morgens und vormittags ein christliches Radioprogramm ausstrahlt. Hier handelt es sich allerdings um ein Spartenradio, das sich mit seiner christlichen Botschaft speziell an christlich interessierte Hörerinnen und Hörer wendet. Insofern ist dies ein anderes Konzept als die Herausforderung, Kirche auf dem Boulevard zu vertreten.

Gerade für kirchlich interessierte Menschen und Mediennutzer bietet inzwischen natürlich das Internet sehr viele Möglichkeiten. So bietet z.B. der ERD seine Sendungen für Interessierte auch als zu abonnierenden Podcast an, und der ERB stellt ebenfalls alle seine Fernsehbeiträge im Internet auf Abruf zur Verfügung. Zukünftig werden die Kirchen am Oberrhein über das Internet also auch vernetzte Angebote machen, in denen Textinformationen, Veranstaltungshinweise zusammen mit Filmen, Videos oder Audiopodcasts genutzt werden können. Eine Entwicklung, die vor über 20 Jahren begonnen hat und heute dazu führt, dass die Kirchen am Oberrhein elektronisch vernetzt und nur einen Mausklick voneinander entfernt auf die Menschen zugehen.

Links

www.erba.de
www.ekibatv.de
www.ekiba.de
www.evpfalz.de
www.erd-pfalz.de
www.erzbistum-freiburg.de
www.kip-medien.de
www.radioarcenciel.com

Autorinnen, Autoren und Mitarbeiter

Prof. Dr. Hans **Ammerich**, geboren 1949 in Zweibrücken. Ab Sommersemester 1970 Studium der Fächer Geschichte, Katholische Theologie und Germanistik in Saarbrücken und München, 1975 Staatsexamen für das Lehramt am Gymnasium, 1979 Promotion zum Dr. phil. in München. 1975–1977 Wissenschaftlicher Mitarbeiter am Institut für Katholische Theologie in Saarbrücken, 1977–1979 Wissenschaftlicher Assistent an der Katholischen Fakultät der Universität München. Ab Oktober 1979 Leiter des Bistumsarchivs Speyer. 1982 (zweites) Staatsexamen für Archivwissenschaft an der Archivschule Marburg. Seit 1984 Dozent für Diözesangeschichte am Bischöflichen Priesterseminar in Speyer. Ab 1992 Lehrbeauftragter an der Universität Koblenz-Landau, Abteilung Landau, Institut für Katholische Theologie. Ernennung zum Honorarprofessor an der Universität Landau-Koblenz (seit Juli 2004). Verfasser zahlreicher Beiträge zur südwestdeutschen Kirchengeschichte und zur pfälzischen Landesgeschichte.

Prof. Dr. Kurt **Andermann**, geboren 1950 in Speyer. 1971–1977 Studium der Fächer Geschichte, Germanistik, Politische Wissenschaften und Deutsche Rechtsgeschichte an der Universität Mannheim, 1976/77 Staatsexamen für das Lehramt an Gymnasien, 1982 Promotion in Mannheim (Prof. Dr. Fritz Trautz). Seit 1978 im staatlichen Archivdienst des Landes Baden-Württemberg, 1980–1982 Archivschule Marburg, 1982–2010 Landes- und Kreisbeschreibung, seit 2011 Referatsleiter für die Altbestände im Generallandesarchiv Karlsruhe, 2012/13 interimistischer Leiter des Hohenlohe-Zentralarchivs Neuenstein. 1989–1999 Lehrauftrag am Historischen Institut der Universität Mannheim, seit 2000 in gleicher Funktion am Historischen Seminar der Albert-Ludwigs-Universität Freiburg (Abt. Landesgeschichte), 2012 Honorarprofessor, Mitglied verschiedener Kommissionen, Beiräte und Ausschüsse. Zahlreiche Veröffentlichungen zur südwestdeutschen und vergleichenden Landesgeschichte sowie zur allgemeinen Verfassungs- und Sozialgeschichte des Mittelalters und der Frühen Neuzeit.

Dr. habil. Frank Martin **Brunn**, geboren 1972 in Wiesbaden, studierte von 1991–1997 Theologie in Oberursel, Frankfurt a. M. und Marburg. Von 1997 bis 2000 Vikariat in Spiesen-Elversberg, von 2001 bis 2011 Koordination des Ethisch-Philosophischen Grundlagenstudiums an der Universität Heidelberg, von 2005 bis 2011 zudem Geschäftsführung des Interdisziplinären Forums für Biomedizin und Kulturwissenschaften Heidelberg, 2004 Promotion an der Universität Heidelberg in Systematischer Theologie, 2012 Habilitation im Fach Systematische Theologie an der Universität Frankfurt a. M. Seit 2012 Pastor der Evangelisch-Lutherischen Kirchengemeinde Herrnburg. Forschungsschwerpunkte: Kirchliches Bekenntnis und Ekklesiologie, Ethik im Sport. Veröffentlichungen: *Union oder Separation? Eine Untersuchung über die historischen, ekklesiologischen und rechtlichen Aspekte der lutherischen Separation in Baden in der Mitte des 19. Jahrhunderts* (VVKGB 64), Karlsruhe 2006; (mit Alexander Dietz): *Selbstbestimmung in der Perspektive theologischer Ethik* (Marburger Theologische Studien 112), Leipzig 2011.

Dr. Klaus **Bümlein**, geboren 1943 in Ludwigshafen (Rhein), studierte 1962–1967 Evangelische Theologie in Mainz, Heidelberg, München und Münster. Nach der Promotion bei Prof. Edmund Schlink und seiner Vikarsausbildung 1972–2005 Pfarrer in Schifferstadt und Landau, Oberkirchenrat in Speyer. Vorsitzender des Vereins für Pfälzische Kirchengeschichte 2004–2013. Veröffentlichungen zur südwestdeutschen Kirchengeschichte, zur ökumenischen Theologie und Spiritualität. Bibliographie in: *Blätter für Pfälzische Kirchengeschichte* 79 (2012).

Dr. Paul **Clark**, geboren 1952 in Michigan, USA, Studium der Soziologie 1978–1982 in Saginaw, Michigan; Studium und Promotion (Missiologie) 2007–2011 in Springfield, Missouri. Seit 1984 Pastor im Bund Freikirchlicher Pfingstgemeinden K.d.ö.R. Forschungsschwerpunkt: Kirchengeschichte und Gemeindegründung innerhalb der Deutschen Pfingstbewegung. Veröffentlichung: *Die Gründung von Pfingstgemeinden in Deutschland 1945–2005: Implikationen für intentionale Mission im 21. Jahrhundert*, Bad Dürkheim 2011.

Prof. Dr. Johannes **Ehmann**, geboren 1958 in Pforzheim, studierte 1977–1984 Evangelische Theologie in Berlin, Jerusalem, Göttingen, Tübingen und Heidelberg. Pfarrdienst in der Evangelischen Studentengemeinde, später an der Konkordienkirche Mannheim. 1999–2007 Geschäftsführer der ACK Baden-Württemberg. Seit 2010 hauptberuflich tätig als apl. Professor für Kirchengeschichte an der Theologischen Fakultät der Universität Heidelberg mit Schwerpunkt Reformationsgeschichte und Territoriale Kirchengeschichte.
Veröffentlichungen: *Union und Konstitution. Die Anfänge des kirchlichen Liberalismus in Baden im Zusammenhang der Unionsgeschichte (1797–1834)*, Karlsruhe 1994 (VVKGB 50); *Die badischen Unionskatechismen. Vorgeschichte und Geschichte* (im Druck).

Prof. Dr. Hermann **Ehmer**, geboren 1943 in Beilstein/Württemberg, studierte von 1963–1968 Evangelische Theologie in Tübingen, Heidelberg und Mainz. Nach Ausbildung für den höheren Archivdienst tätig in Archiven des Landes Baden-Württemberg, u.a. am Generallandesarchiv Karlsruhe. 1988–2008 Direktor des Landeskirchlichen Archivs Stuttgart. 1996–2012 Lehrauftrag für Württembergische Kirchengeschichte an der Evangelisch-Theologischen Fakultät der Universität Tübingen. Veröffentlichungen zur südwestdeutschen Landesgeschichte und zur Landeskirchengeschichte

Dr. René **Epp**, geboren 1927 in Natzweiler, studierte zuerst Katholische Theologie (1945–1950), dann Geschichte an der Universität Straßburg. Seine Doktorarbeit widmete er dem Ultramontanismus im Elsass (1973), die 1975 in Lille unter dem Titel: *Le Mouvement ultramontain dans l'Église catholique en Alsace au XIXe siècle (1802–1870)* erschien. Von 1968 bis 1992 lehrte er Kirchengeschichte an der Katholisch-theologischen Fakultät in Straßburg. Er starb am 16. Juli 2009. Sein Forschungsschwerpunkt war die Geschichte des elsässischen Klerus, insbesondere während der Nazizeit.

Dr. Marc **Feix**, geboren 1963 in Straßburg, studierte 1984–1987 und 1989–1996 Katholische Theologie in Straßburg (Promotion) und 1987–1991 Politik-, Ökonomie- und Sozialwissenschaft in Paris (Master). Er wurde 2009 graduiert in Europäischer Wissenschaft (Schuljahr Valéry Giscard d'Estaing) an der ENA (École Nationale d'Administration). Seit 2002 ist er als katholischer Priester Bischofsdelegierter für Europäische Fragen. Seit 2005 lehrt er Ethik und Moraltheologie an der Katholisch-theologischen Fakultät und am CEERE (Centre Européen d'Enseignement et de Recherche en Éthique) der Universität Straßburg. Veröffentlichungen: *L'Église aux carrefours*, sous la direction de Joseph Doré, Bd. II: *Des réalités sociales et politiques*, Strasbourg 2006.

Frank **Fornaçon** ist Pastor der Evangelisch-Freikirchlichen Gemeinde Kassel-West. Er ist zweiter Vorsitzender des Historischen Beirates des Bundes Evangelisch-Freikirchlicher Gemeinden in Deutschland und lebt in Ahnatal bei Kassel. Internetseite: www.verlagff.de

Hanno **Gerwin**, geboren 1953, studierte nach dem Abschluss einer kaufmännischen Lehre Evangelische Theologie und Psychologie in Tübingen und Heidelberg. Nach Vikariat und Ordination als evangelischer Pfarrer folgte eine journalistische Ausbildung beim Süddeutschen Rundfunk, danach der Aufbau und die Leitung des Evangelischen Rundfunkdienstes Baden ERB als Agentur für privaten Rundfunk. Heute leitet er zusätzlich die ERB Medien GmbH und ist Geschäftsführer und Programmchef des baden-württembergischen Landessenders BW family.tv. Veröffentlichung: *Was Deutschlands Prominente glauben*, 2. Aufl., Gütersloh 2005. Internetseite: www.gerwin.de

Pierre **Greib**, geboren 1947 in Straßburg, 1965–1967 Studium der evangelischen Theologie in Straßburg, anschließend Studium der Geschichtswissenschaften. 1976–2008 als „professeur agrégé" Gymnasiallehrer für Geschichte und Erdkunde. Als Mitglied des CLAPEST und der CIMADE ehrenamtlich engagiert in der Migrationsarbeit. Mitglied der Kommission für soziale, politische und wirtschaftliche Fragen der UEPAL. Mitverfasser der Geschichte der CIMADE: *„Parce qu'il n'y a pas d'étrangers sur cette terre". 1939–2009. Une histoire de La CIMADE*, Paris 2009 (siehe Farbbild 43) und von *Vivre ensemble. Identité – Intégration. Invitation à la réflexion*, hg. von der Commission des Affaires Sociales, Politiques et Économiques (CASPE) der UEPAL, Strasbourg 2012.

PD Pfarrer Dr. Albrecht **Haizmann**, geboren 1960 in Freudenstadt. 1979–86 Studium der Evangelischen Theologie in Tübingen und Vancouver B.C., Canada; ab 1987 Wissenschaftlicher Angestellter an der Evangelisch-Theologischen Fakultät der Universität Tübingen, ab 1993 Pfarrer der Evangelischen Landeskirche in Württemberg, 1995 Promotion zum Dr. theol., ab 1996 Repetent, ab 2001 Studieninspektor am Evangelischen Stift in Tübingen, 2006 Habilitation, Privatdozent für Praktische Theologie an der Universität Tübingen; seit 2007 Geschäftsführer der ACK Baden-Württemberg in Stuttgart. Veröffentlichungen: *Erbauung als Aufgabe der Seelsorge bei Philipp Jakob Spener* (Arbeiten zur Pastoraltheologie 30), Göttingen 1997; *Indirekte Homiletik. Kierkegaards Predigtlehre in seinen Reden*, Leipzig 2006; *Himmlisch einfach. Predigten und Andachten aus dem Tübinger Stift*. Mit einem Vorwort von Eberhard Jüngel, Stuttgart 2007.

Dr. iur. utr. Frank Jürgen Werner **Hennecke**, Assessor iur., geboren 1943 in Wertheim am Main. Er studierte von 1962–1967 Rechtswissenschaft in Heidelberg. Von 1971–2008 war er tätig in der Landesregierung Rheinland-Pfalz, zuletzt als Leitender Ministerialrat im Ministerium für Umwelt, Forsten und Verbraucherschutz; zeitweise war er Mitglied der Oberrheinkonferenz, Lehrbeauftragter für „Umweltrecht" an den Universitäten Konstanz (1980–1984) und Kaiserslautern (1985–2011) und für „Umweltpolitik" an der Universität Speyer (2005–2011). Seit 2008 ist er Umweltbeauftragter der Diözese Speyer.
Schwerpunkt seiner Forschung und Arbeit sind Umweltpolitik sowie Kirche und Umwelt, zuvor Recht des Bildungswesens. Veröffentlichungen: Wolf-Dietrich Gumz/Frank J. Hennecke (Hgg.), *Rheinreise. Gedichte und Lieder*, Stuttgart 1986; Frank Hennecke, *Der Umweltjurist. Bilanz und Perspektiven einer Laufbahn*, Speyer 2011.

Dr. Barbara **Henze**, geboren 1958 in Oberhausen/Rheinland. 1983/84 Erstes Staatsexamen in Mathematik und Katholischer Theologie für das Lehramt an Gymnasien an der Ruhr-Universität Bochum, 1986 Diplom, 1993 Promotion in Katholischer Theologie. Seit 1996 Akademische Rätin für Frömmigkeitsgeschichte und Kirchliche Landesgeschichte an der (Katholisch-) Theologischen Fakultät in Freiburg i. Br. Forschungsschwerpunkte: Juden und Christen in Baden, Zweites Vatikanisches Konzil, Ordensgeschichte. Veröffentlichungen: *Aus Liebe zur Kirche Reform. Die Bemühungen Georg Witzels um die Kircheneinheit* (Reformationsgeschichtliche Studien und Texte 133), Münster 1995; Die Orden im Erzbistum Freiburg bis 1918, hier: Die übrigen Orden, in: Heribert Smolinsky (Hg.), *Die Geschichte der Erzdiözese Freiburg*, Bd. 1: *Von der Gründung bis 1918*, Freiburg 2008, S. 331–387. Als Herausgeberin: *Aggiornamento im Erzbistum Freiburg. Das Zweite Vatikanische Konzil in Erinnerung und Dialog. Tagungsberichte der Katholischen Akademie der Erzdiözese Freiburg*, Freiburg 2011. Internetseite: www.theol.uni-freiburg.de/institute/ibht/nkg/personen/henze

Dr. Jean-Luc **Hiebel**, geboren 1946 in Weißenburg/Frankreich, studierte katholische Theologie in Straßburg (Promotion 1976) und DEA Politische Wissenschaften (1977) in Paris. Er promovierte 1985 in Straßburg mit einer kirchenrechtlichen Arbeit. Priester der Diözese Straßburg und Jugendseelsorger von 1972 bis 1986. Von 1987 bis 2012 tätig am „Institut de Droit Canonique" (Kirchenrechtliches Institut) der Katholisch-Theologischen Fakultät der Universität von Straßburg. Seit 1988 Direktor des FEC und des ERCAL (Équipe de Recherche sur le Catholicisme en Alsace). Forschungsschwerpunkte: Pastoraltheologie und Kirchenrecht, Jugendseelsorge, humanitäres Völkerrecht. Veröffentlichungen: *Assistance spirituelle et conflits armés. Droit humain*, Genève 1973; *Accompagner des jeunes*, Strasbourg 1985.

Dr. Martin **Hussong**, geboren 1939 in Kusel/Pfalz. Von 1960 bis 1966 Studium der Germanistik und Evangelischen Theologie in Heidelberg. Nach dem anschließenden Referendariat in Speyer ab 1968 Lehrer an einem dortigen Gymnasium für Deutsch und evangelische Religion. Ab 1971 Fachleiter am Studienseminar für das Lehramt an Gymnasien am gleichen Ort. Vielfältige Tätigkeiten im Bereich des Schülertheaters und der Didaktik. 1982 Promotion zum Dr. phil. am

Institut für Jugendbuchkunde der Universität Frankfurt a. M. Mehr als zwanzig Jahre Mitglied des Stadtrats. 2003 Eintritt in den Ruhestand. Seither Vortragstätigkeit über unterschiedliche Themen aus den Bereichen Literatur, Religionswissenschaft und Wissenschaftsgeschichte. Presbyter seiner Heimatgemeinde in Speyer.

Dr. Ewald **Keßler**, geboren 1940 in Neckarelz (Mosbach/Baden), studierte bis 1967 Theologie in München und Bonn, dann Geschichte in München mit abschließender Promotion 1973. Berufliche Tätigkeit als Archivar in München, Ludwigsburg, Mannheim und ab 1982 in Heidelberg, daneben 1985 bis 1989 Assistent am alt-katholischen Universitätsseminar in Bonn. Forschungsschwerpunkt: Geschichte des Alt-Katholizismus. Veröffentlichungen: *Johann Friedrich (1836–1917). Ein Beitrag zur Geschichte des Altkatholizismus*, München 1975 und Beiträge zur *Internationalen Kirchlichen Zeitschrift* (Bern) und anderen Zeitschriften und Büchern.

Pfarrer Albrecht **Knoch**, geboren 1966, studierte nach einem Freiwilligendienst im Rahmen der Aktion Sühnezeichen Friedensdienste in Taizé 1985–1987 Evangelische Theologie in Tübingen, Berlin und Paris (élève titulaire der École Pratique des Hautes Études/ V° section). Zuerst Pfarrer der Lutherischen Kirche in Frankreich in Héricourt 1999–2001, danach Pfarrer der württembergischen Landeskirche in Leutkirch 2001–2011, seit 2011 Pfarrer in Sigmaringen und Prodekan im Kirchenbezirk Balingen. Seit 2004 Mitglied in der deutsch-französischen Fachgruppe der ACK Baden-Württemberg. Migrationsbeauftragter im Kirchenbezirk Ravensburg bis 2010.

Pastor Günther **Krüger**, geboren 1944 in Marienwerder/Westpreußen. Von 1989 bis 2006 Vorsitzender des Verbandes der Mennonitengemeinden in Baden-Württemberg und bis 2002 Geschäftsführer des Mennonitischen Hilfswerkes. In einem fast 10jährigen Prozess hat er die ökumenische Öffnung des Verbandes hin zur Mitgliedschaft in der ACK Baden-Württemberg geführt. Mitglied im Mennonitischen Geschichtsverein. Veröffentlichung: *75 Jahre und noch kein bißchen müde*. Im Auftrag des Mennonitischen Hilfswerks Christenpflicht e.V. hg. von Günther Krüger, Weissach im Tal 1997.

Prof. Dr. Jürgen **Krüger**, geboren 1950 in Hohentwiel. 1974–1983 Studium der Kunstgeschichte, Geschichte und Archäologie in Würzburg und Rom; seit 1986 in Karlsruhe ansässig; Assistent am Kunsthistorischen Institut der Universität Karlsruhe, 1993 habilitiert, seit 2000 Professor dort (heute KIT). Seit 2005 freiberuflich tätig, Leiter der Firma arte factum Verlag und Kulturmanagement e.K. mit folgenden Schwerpunkten: Herausgabe von Kunstführern für Kirchgemeinden und Reisen für Bildungswerke. Forschungsschwerpunkt: Kirchenbau in Deutschland, Italien und im Heiligen Land; Geschichte der deutschen Auslandsgemeinden, besonders in Italien. Veröffentlichungen: *Rom und Jerusalem. Kirchenbauvorstellungen der Hohenzollern im 19. Jahrhundert*, Berlin 1995; *Die Grabeskirche zu Jerusalem. Geschichte, Gestalt und Bedeutung*, Regensburg 2000. Internetseite: www.verlag-arte-factum.de

Dipl. Theol. Pfarrer Michael **Landgraf**, geboren 1961 in Ludwigshafen, studierte von 1983–1989 Evangelische Theologie in Heidelberg und Göttingen. War von 1991 bis 1999 tätig als Pfarrer im Schuldienst am Goethe-Gymnasium Germersheim, ist seit 1999 Leiter des Religionspädagogischen Zentrums Neustadt an der Weinstraße sowie Lehrbeauftragter der Pädagogischen Hochschule Karlsruhe. Forschungsschwerpunkt: Bibel und Kirchengeschichte im Religionsunterricht; Außerschulische Lernorte. Veröffentlichungen: *Die Bibel und die Pfalz*, Ubstadt-Weiher/Basel 2005; *Reformation*, Speyer/Stuttgart, 2. Aufl., 2008. Internetseite: www.michael-landgraf.de

Dr. Albert **de Lange**, geboren 1952 in Zwolle/Niederlanden, studierte von 1970 bis 1977 Theologie in Kampen. Von 1986 bis 1990 arbeitete er bei der Società di Studi Valdesi in Torre Pellice in Italien. Seit 1990 wohnhaft in Deutschland, jetzt in Karlsruhe, und tätig als freischaffender Kirchenhistoriker, unter anderem für die Europäische Melanchthon-Akademie in Bretten. Wissenschaftlicher Vorstand der Deutschen Waldenservereinigung. Forschungsschwerpunkt: Geschichte der Waldenser. Veröffentlichungen: *Dreihundert Jahre Waldenser in Deutschland*, 2. Aufl., Karlsruhe 1999. Internetseite: www.albert-de-lange.de

Prof. Dr. Dr. h.c. Marc **Lienhard**, geboren 1935 in Colmar, studierte von 1953 bis 1958 Evangelische Theologie in Straßburg, Montpellier und Basel. Promotion 1965; Habilitation 1971; Pfarrer in Algerien und im Elsass von 1960 bis 1968; Forschungsprofessor am Straßburger Ökumenischen Institut 1968–1973; Professor für neuere Kirchengeschichte an der Evangelisch-theologischen Fakultät der Universität Straßburg 1973–1997; Gastprofessor in Paris, Neuchâtel und Berlin; Präsident des Direktoriums der ECAAL 1997–2003. Forschungsgebiete: Luther und die Reformation, Geschichte des Protestantismus im Elsass, Ökumenische Bewegung. Jüngste Veröffentlichungen: *Identité confessionnelle et quête de l'unité. Catholiques et Protestants face à l'exigence œcuménique*, Lyon 2007; *Histoire et aléas de l'identité alsacienne*, Strasbourg 2011 (deutschsprachige Ausgabe im Druck).

Dr. Martin-Christian **Mautner**, geboren 1964 in München, studierte 1983 bis 1989 Evangelische Theologie in Heidelberg und Bern; Pfarrer der Evangelischen Landeskirche in Baden, tätig als Dozent für Liturgik am Predigerseminar und für die theologischen Fächer an der Hochschule für Kirchenmusik Heidelberg, dort auch Lehrbeauftragter der Theologischen Fakultät der Universität. Forschungs- und Tätigkeitsschwerpunkte sind liturgische Fragen und solche, die mit der Verbindung zwischen Theologie und Kirchenmusik zu tun haben (z.B. theologische Bach-Forschung). Veröffentlichungen: *Mach einmal mein Ende gut. Zur Sterbekunst in den Kantaten Johann Sebastian Bachs zum 16. Sonntag nach Trinitatis*, Frankfurt a. M. 1997; „Priester müssen wir sein..." – Hermann Meinhard Poppen als Spiritus Rector der Evangelischen Kirchenmusik in der Badischen Landeskirche während der Umbruchzeit nach 1918, in: Renate Steiger (Hg.), *Die Hochschule für Kirchenmusik Heidelberg und ihr Gründer Hermann Meinhard Poppen. Festschrift zum 75jährigen Bestehen*, München/Berlin 2006.

Radu Constantin **Miron**, M.Th., geboren 1956 in Bonn, Schulbesuch in Freiburg i. Br., studierte von 1974 bis 1978 Theologie in Thessaloniki. Pfarrer der griechisch-orthodoxen Kirchenge-meinde Brühl/Rheinland; Ökumenebeauftragter der Griechisch-Orthodoxen Metropolie von Deutschland und der Orthodoxen Bischofskonferenz in Deutschland (OBKD); Straßburg-Preis 1973 der Stiftung F.V.S. Veröffentlichung: *Die Orthodoxie in den Beschreibungen der westlichen Beobachter* (griechisch), Thessaloniki 2009.

Prof. Dr. Elisabeth **Parmentier**, geboren 1961 in Pfalzburg/Frankreich, studierte von 1981 bis 1986 zuerst Germanistik, dann Evangelische Theologie in Strasbourg. Lutherische Pastorin, lehrt seit 1996 an der Evangelisch-Theologischen Fakultät der Universität Strasbourg, seit 1999 auf dem Lehrstuhl Praktische Theologie. Von 2001 bis 2006 Präsidentin der GEKE. For-schungsschwerpunkte: Ökumenische Theologie, feministische Theologie, biblische Hermeneutik, Homiletik. Veröffentlichungen: *Grenzüberschreitungen für ein versöhntes Europa. Baustellen für die evangelischen Kirchen und ihre Theologie*, in: Martin Friedrich, Hans-Jürgen Luibl und Christine-Ruth Müller (Hgg.), *Theologie für Europa. Perspektiven Evangelischer Kirchen*, Frankfurt a. M. 2006, S. 69–80. Zusammen mit Michel Deneken: *Pourquoi prêcher. Plaidoyers catholique et protestant pour la prédication*, Genève 2010.

Louis **Schlaefli**, geboren 1938 in Neubreisach/Frankreich. 41 Jahre im Schulfach tätig (Collège Saint-Étienne Strasbourg). Seit 1964 ehrenamtlicher Bibliothekar des Grand Séminaire de Strasbourg. Über 500 Publikationen historischen Inhalts. Veröffentlichungen: *Catalogue des livres du seizième siècle de la bibliothèque du Grand Séminaire de Strasbourg*, Baden-Ba-den/Bouxwiller 1995; Der Pfarrklerus der Ortenau. Die drei rechtsrheinischen Ruralkapitel des ehemaligen Bistums Strassburg (14. bis 17. Jahrhundert), in: *Simpliciana* 25 (2003), S. 277–378 und 27 (2005), S. 213–308.

Dr. phil. Christoph **Schmider**, geboren 1960 in Hornberg (Ortenaukreis), studierte von 1981 bis 1991 Musikwissenschaft, Geschichte und Anglistik in Freiburg i. Br. Seit 1987 tätig als Mitarbeiter des Erzbischöflichen Archivs Freiburg (EAF). Von 1993 bis 1995 Ausbildung zum wissenschaftlichen Archivar, seit 1998 Leiter des EAF sowie der Stabsstelle Archiv, Bibliothek, Registratur im Erzbischöflichen Ordinariat Freiburg. Forschungsschwerpunkte: Geschichte des Erzbistums Freiburg und seiner Vorgängerbistümer sowie zur oberrheinischen Musik-, Regional- und Ortsgeschichte. Seit 2009 Schriftleiter der Zeitschrift *Freiburger Diözesan-Archiv*. Veröf-fentlichungen: *„Gotteslob mit Hörnerschall" oder „Gräuel an heiliger Stätte"? Untersuchungen zur kirchenmusikalischen Praxis im Erzbistum Freiburg in der Zeit zwischen Errichtung des Bistums und Gründung des Diözesan-Cäcilien-Verbandes (1821/27–1878)*, Freiburg 1994; *Die Freiburger Bischöfe. Eine Bistumsgeschichte in Lebensbildern*, Freiburg 2002.

Dr. theol. Gerhard **Schwinge**, geboren 1934 in Berlin, studierte 1955 bis 1959 Evangelische Theologie in Hamburg, Heidelberg und Göttingen. 1959 bis 1970 war er Vikar und Pfarrer in der Evangelisch-lutherischen Kirche in Oldenburg und Militärpfarrer in Jever und Varel. Nach der staatlichen Ausbildung für den höheren wissenschaftlichen Bibliotheksdienst in Göttingen und Köln war er 1972 bis 1996 Leiter der Landeskirchlichen Bibliothek der Evangelischen Landeskirche in Baden (Kirchenbibliotheksdirektor), 1989 bis 1996 zugleich Geschäftsführer des Vereins für Kirchengeschichte in der Evangelischen Landeskirche in Baden; seitdem lebt er im Ruhestand in Durmersheim (Baden). Promotion 1993 an der Universität Mainz über Jung-Stilling; zahlreiche Monographien und Beiträge zur theologischen Bibliographie und Terminologie, zu Jung-Stilling und zur badischen Kirchen- wie Regionalgeschichte des 19. u. 20. Jahrhunderts. Internetseite: www.gerhard-schwinge.de

Prof. Dr. Gilberto da **Silva**, geboren 1965 in Florianópolis/Brasilien, studierte von 1985 bis 1994 Theologie und Geschichte in São Leopoldo und Canoas. Seit 1995 in Deutschland lebend, wurde er an der Theologischen Fakultät zu Erlangen 2001 promoviert. Seit 2002 ist er an der Lutherischen Theologischen Hochschule Oberursel, zunächst als Dozent, dann seit 2008 als Professor für Historische Theologie tätig. Seine Forschungsschwerpunkte sind der Übergang des Mittelalters zur Reformation und die Geschichte selbstständiger evangelisch-lutherischer Kirchen in Deutschland. Veröffentlichungen: *Quellen zur Geschichte selbstständiger evangelisch-lutherischer Kirchen in Deutschland. Dokumente aus dem Bereich konkordienlutherischer Kirchen* (zusammen mit Werner Klän), 2. Aufl., Göttingen 2010; *Und es geschah doch 19 Jahre später ... Der Beitritt der Evangelisch-lutherischen (altlutherischen) Kirche in der ehemaligen DDR zur Selbständigen Ev.-Luth. Kirche 1991* (zusammen mit Stefan Süß), Oberursel 2011. Internetseite: www.lthh-oberursel.de

Prof. Dr. Bernard **Vogler**, geboren 1935 in Obermodern im Unterelsass, studierte von 1955 bis 1960 Geschichte in Lyon. Professor für elsässische Landesgeschichte in Straßburg von 1976 bis 2003. Seit 2003 emeritiert. Forschungen über elsässische Geschichte und über den Protestantismus am Oberrhein und Kurpfalz. Veröffentlichungen: *Histoire culturelle de l'Alsace*, Strasbourg 1993; *Histoire des chrétiens en Alsace*, Paris 1994; *Geschichte des Elsasses* (Urban-Taschenbücher 719), Stuttgart 2012.

Karl Heinz **Voigt**, geboren 1934 in Delmenhorst (Oldenburg). Pastor der Ev.-methodistischen Kirche. Theologische Ausbildung von 1955–1959 in Frankfurt a. M. und 1960 in Mainz. Tätig als Geschäftsführer der Diakonischen Arbeitsgemeinschaft evangelischer Kirchen in Deutschland (1963–1968), Pastor in Bremen, später in Kiel, Superintendent in Berlin (West) mit Vorsitz im Ökumenischen Rat Berlin. Mitarbeit u.a. im Verein für Freikirchenforschung. Forschungsschwerpunkt: Geschichte der methodistischen Kirche und anderer Minderheiten. Wichtigste Veröffentlichungen: *Freikirchen in Deutschland (19. und 20. Jahrhundert)* (Kirchengeschichte in Einzeldarstellungen III/6), Leipzig 2004; *Internationale Sonntagsschule und deutscher Kindergottesdienst* (Kirche – Konfession – Religion 52), Göttingen 2007.

Dr. Paul **Warmbrunn**, geb. 1953 in Stuttgart. 1972–1978 Studium (Geschichte, Germanistik, Geographie) in Würzburg und Freiburg i. Br., 1982 Promotion in Geschichte. Seit 1985 Archivar (derzeit Oberarchivrat und stellvertretender Dienststellenleiter) am Landesarchiv Speyer. Ordentliches Mitglied der Pfälzischen Gesellschaft zur Förderung der Wissenschaften, Vorstandsmitglied des Historischen Vereins der Pfalz (Leiter der Wissenschaftlichen Kommission) und Herausgeber der Zeitschrift *Mitteilungen des Historischen Vereins der Pfalz*. Veröffentlichungen vor allem zur süd- und südwestdeutschen Stadt-, Territorial- und Kirchengeschichte der Frühen Neuzeit, zur Archivgeschichte und Kartographie und zur Justiz im Nationalsozialismus.

Kirchenrat Dr. Udo **Wennemuth**, geboren 1955. Studium der Geschichte, Germanistik, Geographie und Musikwissenschaft an der Universität Heidelberg. Seit 1999 Abteilungsleiter Archiv mit Registratur und Bibliothek im Evangelischen Oberkirchenrat in Karlsruhe. Geschäftsführer des Vereins für Kirchengeschichte in der Evangelischen Landeskirche in Baden, Herausgeber des *Jahrbuchs für badische Kirchen- und Religionsgeschich*te. Zahlreiche Veröffentlichungen zur Landes- und Kirchengeschichte Badens.

Dr. theol. Gerhard Philipp **Wolf**, geboren 1943 in Erlangen. Studium der Evangelischen Theologie sowie der Fächer Französisch und Geschichte (1963–1970) in Erlangen, Straßburg und Paris. 1967 erstes Theologisches Examen bei der bayerischen Landeskirche. Von 1969 bis 1972 wissenschaftlicher Assistent am Lehrstuhl für Allgemeine Kirchengeschichte der Universität Erlangen-Nürnberg. 1972 Promotion zum Dr. theol. Von 1973 bis 1975 Referendariat für das gymnasiale Lehramt, 1974 zweites Theologisches Examen bei der bayerischen Landeskirche. Von 1976 bis 2004 Lehrer am Gymnasium in Pegnitz/Oberfranken. Als Studiendirektor i.R. Lehrauftrag für Kirchengeschichte an der Universität Bayreuth in den Jahren 2005 bis 2009. Veröffentlichungen: *Das neuere französische Lutherbild*, Wiesbaden 1974 (VIEG 72); *Armut – Judentum – Lutherforschung. Beiträge zur fränkischen und französischen Kirchengeschichte*, Neustadt/Aisch 2004 [mit Bibliographie]; daneben zahlreiche Aufsätze zur Kirchengeschichte Frankens und Übersetzungen aus dem Französischen, u.a. bei mehreren Bänden der im Herder-Verlag Freiburg herausgegebenen *Geschichte des Christentums*. Von 1992 bis 2011 Betreuer des Rezensionsteils in der *Zeitschrift für bayerische Kirchengeschichte* (ZBKG). Übersetzungen in dieser Veröffentlichung: Einführung (S.15–21;); Kap. 3.1.–9. (S. 81–94); Kap. 3.10.2. (S. 104–111); Kap. 5 (S. 225–254); Kap. 6 (S. 261–271); Kap. 8 (S. 365–393); Kap. 9 (S. 399–427); Nachwort (S. 576–579); Anhang: II.2.1. (S. 604–606); II.5.3. (S. 622f.).

Verzeichnis der wichtigsten Abkürzungen

ACK	Arbeitsgemeinschaft Christlicher Kirchen
ADB	*Allgemeine deutsche Biographie*, 56 Bde., Leipzig 1875–1912
AGDF	Aktionsgemeinschaft Dienst für den Frieden
BBKL	*Biographisch-Bibliographisches Kirchenlexikon*, 33. Bde., Hamm (Westf.) u.a., 1970–2012
BDKJ	Bund Deutscher Katholischer Jugend
BK	Bekennende Kirche
CIARUS	Centre International d'Accueil et de Rencontre Unioniste de Strasbourg
CIMADE	Comité Inter-Mouvements Auprès Des Evacués
CLAPEST	Comité de Liaison d'Associations pour la Promotion des Immigrés en Alsace
CCEE	Consilium Conferentiarum Episcoporum Europae (Rat der europäischen Bischofskonferenzen)
CVJM	Christlicher Verein Junger Menschen (früher: Männer)
DC	Deutsche Christen
DFG-VK	Deutsche Friedensgesellschaft – Vereinigte KriegsdienstgegnerInnen
EAK	Evangelische Arbeitsgemeinschaft zur Betreuung der Kriegsdienstverweigerer
ECAAL	Église de la Confession d'Augsbourg d'Alsace et de Lorraine (Kirche Augsburgischen Bekenntnisses von Elsass-Lothringen)
EKD	Evangelische Kirche in Deutschland
ERAL	Église réformée d'Alsace et de Lorraine (Reformierte Kirche von Elsass-Lothringen)
FEC	Foyer de l'Étudiant catholique
FEST	Forschungsstätte der Evangelischen Studiengemeinschaft
FPF	Fédération Protestante de France (Bund der protestantischen Kirchen Frankreichs)
GEKE	Gemeinschaft Evangelischer Kirchen in Europa
GKKE	Gemeinsame Konferenz Kirche und Entwicklung
HBWG	*Handbuch der baden-württembergischen Geschichte*, im Auftrag der Kommission für Geschichtliche Landeskunde in Baden-Württemberg hg. von Meinrad Schaab, bzw. Hansmartin Schwarzmaier, 5 Bde., Stuttgart 1995–2007
IFOR	International Fellowship of Reconciliation (Internationaler Versöhnungsbund)
KEK	Konferenz Europäischer Kirchen
KKR	Konferenz der Kirchen am Rhein
KIRK	Kirchen am Rheinknie
MIR	Mouvement International de la Réconciliation, französischer Zweig der IFOR
NDBA	*Nouveau Dictionnaire de Biographie Alsacienne*, hg. von Christian Baechler u.a., 49 Bde., Strasbourg, Fédération des Sociétés d'Histoire et d'Archéologie d'Alsace, 1982–2007
ÖRK	Ökumenischer Rat der Kirchen (World Council of Churches)
RGG	*Religion in Geschichte und Gegenwart: Handwörterbuch für Theologie und Religionswissenschaft*, hg. von Hans Dieter Betz u.a., 4. Aufl., 8 Bde., Tübingen 1998–2005
SELK	Selbständige Evangelisch-Lutherische Kirche
SEMIS	Société Évangélique de Mission Intérieure de Strasbourg (Evangelische Gesellschaft für Innere Mission in Straßburg)
TRE	*Theologische Realenzyklopädie*, hg. von Gerhard Müller u.a., 36 Bde., Berlin 1977–2007
UEPAL	Union des Églises Protestantes d'Alsace-Lorraine
VVKGB	Veröffentlichungen des Vereins für Kirchengeschichte in der Evangelischen Landeskirche in Baden
VVPfKG	Veröffentlichungen des Vereins für pfälzische Kirchengeschichte
ZGO	*Zeitschrift für die Geschichte des Oberrheins*, hg. von der Kommission für geschichtliche Landeskunde in Baden-Württemberg

Ortsverzeichnis (Elsass)

Ortsregister

Personenregister

Dieses Personenregister bezieht sich im Wesentlichen auf historische Persönlichkeiten. Autoren und Herausgeber von Werken, die in der „Weiterführenden Literatur" bzw. in den Anmerkungen Erwähnung finden, bleiben daher in der Regel unberücksichtigt.